BTEC Cenedlaethol

Chw

Llyfr Myfyrwyr 1

Mark Adams

Mathew Fleet

Adam Gledhill

Chris Lydon

Chris Manle

Alex Sergison

Louise Sutton

Richard Taylor

atebol

Y fersiwn Saesneg

© Pearson Education Limited, 80 Strand, Llundain WC2R 0RL

Gellir gweld copïau o'r manylebau swyddogol ar gyfer holl gymwysterau Edexcel ar eu gwefan: www.edexel.com

© Testun Pearson Education Limited 2016

Mae Mark Adams, Mathew Fleet, Adam Gledhill, Chris Lydon, Chris Manley, Alex Sergison, Louise Sutton a Richard Taylor wedi datgan eu hawl o dan Ddeddf Hawlfreintiau, Dyluniadau a Phatentau 1988 i gael eu cydnabod fel awduron y llyfr hwn.

Cyhoeddwyd gyntaf yn 2016

Y fersiwn Cymraeg

Hawlfraint y cyhoeddiad Cymraeg © Atebol Cyfyngedig 2020

Cyhoeddwyd yn Gymraeg gan Atebol Cyfyngedig, Adeiladau'r Fagwyr, Llanfihangel Genau'r Glyn, Aberystwyth, Ceredigion SY24 5AQ

Cyfieithwyd gan Elidir Jones
Golygwyd gan Eirian Jones a Ffion Eluned Owen
Dyluniwyd gan Owain Hammonds
Arbenigwyr pwnc: Sioned Parry a Huw Jenkins

Ariennir yn Rhannol gan **Lywodraeth Cymru** Part Funded by **Welsh Government**

CYMRAEG **Byd Addysg** In Education

Ariennir yn rhannol gan Lywodraeth Cymru fel rhan o'i rhaglen gomisiynu adnoddau addysgu a dysgu Cymraeg a dwyieithog

Data Catalogio Llyfrgelloedd Prydain ar gyfer Llyfrau sydd wedi'u Cyhoeddi

Mae cofnod catalog ar gyfer y llyfr hwn ar gael o'r Llyfrgell Brydeinig

ISBN 978-1-913245-19-1

www.atebol-siop.com

Cydnabyddiaethau

Hoffai'r awduron a'r cyhoeddwr ddiolch i'r unigolion a'r sefydliadau a ganlyn am ganiatâd i atgynhyrchu ffotograffau:

(Allwedd: g-gwaelod; c-canol; ch-chwith; dd-dde; t-top)

123RF.com: 56tdd, Daniel Ernst 175tdd, Inspirestock International 243cdd; **Alamy Images**: Chatchai Somwat 332g, Colin Hawkins / Cultura Creative (RF) 185cdd, Dave Johnson 457tch, dpa picture alliance archive 137tch, 274tch, Hero Images Inc Inc 122tdd, Imageplotter 18tc, Juice Images 219tdd, 228t, Kidstock / Blend Images 168c, Neil Tingle 322c, pa european pressphoto agency b.v. 438gdd, Radius Images 365tdd, Ulrich Doering 66cch, Zoonar GmbH 1, 373cch; **Corbis**: Christophe Dupont Elise / Icon SMI 48cdd, Image 100 / Glow Images 154g, Lu Bo'an / Xinhua Press 213, Phil McElhinney / Demotix 35gdd, Thomas Peter / Reuters 257; **Trwy garedigrwydd Bodystat Ltd**: 236t; **Trwy garedigrwydd SKLZ**: 115tdd; **Trwy garedigrwydd Sports Coach UK**: 149tdd; **Food Standards Agency**: © Hawlfraint a Goron 2016 62g; **Fotolia.com**: antiksu 211tdd, bst2012 341tdd, ffongbeer69 110c, Intellistudies 470tch, leungchopan 425tdd, mimagephotos 255tdd, Monkey Business Images 357cch; **Functional Movement Systems**: 488g; **Getty Images**: Adam Pretty 351gch, Adrian Peacock 145tch, Andrew yates 185gdd, Andy Lyons 305, annebaek 232gch, ANTONIN THUILLIER / AFP 385, Bryn Lennon 348cch, China Photos 156t, Clive Brunskill 130gdd, Clive Rose 184ch, Fuse 127, Gary Dineen / NBAE 287tch, Glyn Kirk / AFP 289tc, Ian Hoten / SPL 479c, Ian Walton 24tch, Jana Chytilova / Freestyle Photography 177, Joosep Martinson 471, Kali Nine LLC 204g, londoneye 383tdd,

Mariano Sayno / husayno.com 59, Minas Panagiotakis 270gch, olga Akmen / Anadolu Agency 314gdd, PhotoAlto / Sandro Di Carlo Darsa 343, quavondo 113gdd, Quinn Rooney 427, Stu Forster 14gch, Westend61 186gdd; **Pearson Education Ltd**: Gareth Boden 176tch, 256tch, 426tch; **Ffisiotherapydd: Jessie Wong**: Model: Elisa Wong 487tch; **Press Association Images**: Gareth Copely / PA Archive 337tdd, Steve Parsons 431gch; **Rex Shutterstock**: Derek Catten 461cdd, Vaughan Pickhaver 447tdd; **Science Photo Library Ltd**: Arthur Glauberman 70c; **Shutterstock.com**: A and N photography 303tdd, Andrey Khrolenok 132tch, Dziurek 353gch, Featureflash 47tdd, IAKOBCHUK VIACHESLAV 98c, Istvan Csak 26gch, Kaliva 366tdd, MaraZe 64gdd, Mitch Gunn 139cdd, Monkey Business Images 212tch, Pal2iyawit 393tc, PT Images 515tdd, Rido 105gdd, 304tch, 516tl, Roger Jegg - Fotodesign-Jegg.de 342tch, Sergey Nivens 166t, wavebreakmedia 384tch; **Squawka Ltd**: 492g; **Stuart Smith**: 469tdd; **Takei Scientific Instruments Co.,Ltd**: 225tdd; **UK Anti-Doping**: 2016 437tdd

Llun clawr: © Rocksweeper/Shutterstock.com

Pob delwedd arall © Pearson Education

Hoffai'r cyhoeddwr ddiolch i'r sefydliadau a ganlyn am eu caniatâd caredig i atgynhyrchu eu deunyddiau:

Astudiaeth Achos (**t 35**), Dewislen (**t 65**), Tabl 2.4 (**t 68**) i gyd wedi'u cymryd o'r GIG. Wedi'u defnyddio gyda chaniatâd NHS Choices. Ymchwil (**t 63**) Data arolwg iechyd © 2015, wedi'i ailddefnyddio gyda chaniatâd y Ganolfan Gwybodaeth Iechyd a Gofal Cymdeithasol. Cedwir pob hawl. Tabl 2.4 (**t 69**), Detholion o ddeddfwriaeth (**tt 144-7**) a gymerwyd o UK GOV. Tabl 2.10 (**t 86**) Cyfrifo CMS wedi'i addasu o Schofield, W.N. (1985) Predicting basal metabolic rate, new standards and review of previous work, *Human Nutrition. Clinical Nutrition* 39 Supply 1: 5-41. US National Library of Medicine. Llywodraeth UDA. Tabl 2.14 (**t 92**) gan Bush, Gledhill, Mackay. Atgynhyrchwyd gyda chaniatâd Pearson Education Ltd. Damcaniaeth ar waith (**t 94**) Wedi'i chymryd gan Faethwyr yn yr English Institute of Sport. Wedi'i ddefnyddio gyda chaniatâd. Model amlddimensiwn o arweinyddiaeth chwaraeon (**t 282**) wedi ei ddefnyddio gyda chaniatâd Dr. Chelladurai. Astudiaeth achos (**t 451**) gyda gwybodaeth wedi'i chymryd o XPRO. Wedi'i ddefnyddio gyda chaniatâd EXPRO.org. Tabl 28.7 (**t 485**) wedi'i gymryd o Davis, B. et al (2000) *Physical Education and the study of sport*, 4ydd argraffiad, Spain: Harcourt. Wedi'i ddefnyddio gyda chaniatâd.

Gwefannau

Nid yw Atebol Cyfyngedig yn gyfrifol am gynnwys unrhyw wefannau rhyngrwyd allanol. Mae'n hanfodol i diwtoriaid edrych ar bob gwefan cyn ei defnyddio yn y dosbarth er mwyn sicrhau bod yr URL yn dal i fod yn gywir, yn berthnasol ac yn briodol. Awgrymwn fod tiwtoriaid yn rhoi nod tudalen ar wefannau defnyddiol ac yn ystyried galluogi myfyrwyr i'w cyrchu trwy fewnrwyd yr ysgol/coleg.

Nodiadau gan y cyhoeddwr

Er mwyn sicrhau bod yr adnodd hwn yn cynnig cefnogaeth o ansawdd uchel ar gyfer y cymhwyster cysylltiedig, mae wedi bod trwy broses adolygu gan y corff dyfarnu. Mae'r broses hon yn cadarnhau bod yr adnodd hwn yn ymdrin yn llawn â chynnwys addysgu a dysgu'r fanyleb neu ran o'r fanyleb yr anelir ati. Mae hefyd yn cadarnhau ei fod yn dangos cydbwysedd priodol rhwng datblygu sgiliau pwnc, gwybodaeth a dealltwriaeth, yn ogystal â pharatoi ar gyfer asesu.

Nid yw'r ardystiad yn cynnwys unrhyw ganllawiau ar weithgareddau neu brosesau asesu (e.e. cwestiynau ymarfer neu gyngor ar sut i ateb cwestiynau asesu) a gynhwysir yn yr adnodd ac nid yw'n rhagnodi unrhyw ddull penodol o addysgu neu ddull o gyflwyno cwrs cysylltiedig.

Er bod y cyhoeddwyr wedi gwneud pob ymdrech i sicrhau bod y cyngor ar y cymhwyster a'i asesiad yn gywir, y fanyleb swyddogol a'r deunyddiau canllaw asesu cysylltiedig yw'r unig ffynhonnell awdurdodol o wybodaeth a dylid cyfeirio atynt bob amser i gael arweiniad pendant.

Nid yw arholwyr Pearson wedi cyfrannu at unrhyw adrannau yn yr adnodd hwn sy'n ymwneud â phapurau arholiad y mae ganddynt gyfrifoldeb amdanynt.

Ni fydd arholwyr yn defnyddio adnoddau ardystiedig fel ffynhonnell o ddeunydd ar gyfer unrhyw asesiad a osodir gan Pearson.

Nid yw ardystio adnodd yn golygu bod angen yr adnodd i gyflawni'r cymhwyster Pearson hwn, ac nid yw'n golygu ychwaith mai hwn yw'r unig ddeunydd addas sydd ar gael i gefnogi'r cymhwyster, a bydd unrhyw restrau adnoddau a gynhyrchir gan y corff dyfarnu yn cynnwys hwn ac adnoddau priodol eraill.

Cynnwys

Cyflwyniad — iv

1 Anatomeg a Ffisioleg — Chris Lydon — 1

2 Hyfforddi a Rhaglennu Ffitrwydd ar gyfer Iechyd, Chwaraeon a Lles — Richard Taylor — 59

3 Datblygiad Proffesiynol yn y Diwydiant Chwaraeon — Chris Manley — 127

4 Arweinyddiaeth Chwaraeon — Alex Sergison — 177

5 Cymhwyso Profion Ffitrwydd — Chris Lydon — 213

6 Seicoleg Chwaraeon — Adam Gledhill — 257

7 Perfformiad Chwaraeon Ymarferol — Mark Adams — 305

8 Hyfforddi ar gyfer Perfformiad — Mark Adams — 343

26 Gofynion Technegol a Thactegol Chwaraeon — Chris Manley — 385

27 Ffordd o Fyw yr Athletwr — Louise Sutton & Matthew Fleet — 427

28 Dadansoddiad Perfformiad Chwaraeon — Richard Taylor — 471

Mynegai — 517

Sut i ddefnyddio'r llyfr hwn

Croeso i'ch cwrs BTEC Cenedlaethol mewn Chwaraeon!

Mae'r BTEC Cenedlaethol mewn Chwaraeon yn un o'r cyrsiau BTEC mwyaf poblogaidd. Mae'n gymhwyster galwedigaethol a fydd yn helpu i'ch paratoi ar gyfer ystod enfawr o yrfaoedd. Efallai eich bod chi'n ystyried gyrfa fel perfformiwr chwaraeon elitaidd neu fel hyfforddwr. Ar hyn o bryd, mae tua 1.2 miliwn o hyfforddwyr ym Mhrydain. Efallai eich bod yn ystyried ymuno â'r diwydiant iechyd a ffitrwydd fel gweithiwr ymarfer corff proffesiynol. Mae'r swydd hon yn gofyn i chi oruchwylio a chyfarwyddo pobl sy'n cymryd rhan mewn dosbarthiadau ymarfer corff neu sesiynau hyfforddi.

Mae ymchwil yn dangos cysylltiad clir rhwng ffordd o fyw egnïol ac iechyd da. O ganlyniad, mae'r diwydiant iechyd a ffitrwydd wedi tyfu'n sylweddol yn ystod y deng mlynedd diwethaf, ac mae'n debyg y bydd yn parhau i dyfu. Mae galw am weithwyr proffesiynol ymarfer corff ac mae cyfleoedd da i gael gwaith. Cewch wybod am rai ohonyn nhw yn y llyfr hwn.

Sut mae'ch BTEC wedi'i strwythuro

Rhennir eich BTEC Cenedlaethol yn **unedau gorfodol** (y rhai y mae'n rhaid i chi eu gwneud) ac **unedau dewisol** (y rhai y gallwch chi ddewis eu gwneud).

Bydd nifer yr unedau gorfodol a dewisol yn amrywio yn dibynnu ar y math o BTEC Cenedlaethol rydych chi'n ei wneud. Mae'r llyfr yma yn cefnogi'r holl unedau gorfodol a'r unedau dewisol mwyaf poblogaidd i'ch galluogi i gwblhau'r canlynol:

▶ Tystysgrif
▶ Tystysgrif Estynedig
▶ Diploma Sylfaen

Mae'r llyfr hwn hefyd yn cynnwys nifer o unedau gorfodol a dewisol ar gyfer y Diploma a'r Diploma Estynedig. Mae Llyfr Myfyrwyr 2 ar gyfer BTEC Cenedlaethol mewn Chwaraeon yn cwmpasu'r unedau gorfodol a dewisol sy'n weddill ar gyfer y cymwysterau hyn, yn ogystal â'r unedau dewisol sy'n weddill ar gyfer y Diploma Sylfaen.

Eich profiad dysgu

Efallai nad ydych chi'n sylweddoli hynny ond rydych chi bob amser yn dysgu. Mae eich addysg a'r profiadau mewn bywyd yn siapio'ch syniadau a'ch ffordd o feddwl yn gyson, yn ogystal â'r modd rydych chi'n edrych ar y byd o'ch cwmpas ac yn ymwneud ag ef.

Chi yw'r person sydd bennaf gyfrifol am eich profiad dysgu eich hun, felly mae'n rhaid i chi ddeall yr hyn rydych chi'n ei ddysgu, pam rydych chi'n ei ddysgu, a pham ei fod yn bwysig i'ch cwrs ac i'ch datblygiad personol. Meddyliwch am eich dysgu fel taith ag iddi bedair rhan.

Rhan 1	Rhan 2	Rhan 3	Rhan 4
Rydych chi'n cael eich cyflwyno i bwnc neu gysyniad a byddwch yn dechrau datblygu ymwybyddiaeth o'r hyn sy'n ofynnol i'w ddysgu.	Rydych chi'n archwilio'r pwnc neu'r cysyniad trwy wahanol ddulliau (e.e. ymchwil, cwestiynu, dadansoddi, meddwl yn ddwfn, gwerthuso beirniadol) ac yn ffurfio'ch dealltwriaeth eich hun.	Rydych chi'n cymhwyso'ch gwybodaeth a'ch sgiliau i dasg sydd wedi'i llunio i brofi'ch dealltwriaeth.	Rydych chi'n myfyrio ar eich dysgu, yn gwerthuso'ch ymdrechion, yn nodi'r bylchau yn eich gwybodaeth ac yn edrych am ffyrdd o wella.

Yn ystod pob cam, byddwch yn defnyddio gwahanol strategaethau dysgu i gael y wybodaeth a'r sgiliau craidd sydd eu hangen arnoch. Ysgrifennwyd y llyfr myfyrwyr hwn gan ddefnyddio egwyddorion, strategaethau ac offer dysgu tebyg. Mae wedi'i gynllunio i gefnogi'ch taith ddysgu, i roi rheolaeth i chi dros eich dysgu eich hun, ac i'ch arfogi â'r wybodaeth, y ddealltwriaeth a'r offer sydd eu hangen arnoch i fod yn llwyddiannus yn eich astudiaethau neu'ch gyrfa yn y dyfodol.

Nodweddion y llyfr hwn

Yn y llyfr hwn i fyfyrwyr mae yna lawer o wahanol nodweddion. Eu diben yw eich helpu chi i ddysgu am bynciau eich cwrs mewn gwahanol ffyrdd a'i ddeall o sawl safbwynt. Gyda'i gilydd, mae'r nodweddion hyn:

▶ yn esbonio beth yw pwrpas eich dysgu
▶ yn eich helpu i adeiladu ar eich gwybodaeth
▶ yn eich helpu i ddeall sut i lwyddo yn eich asesiad
▶ yn eich helpu i fyfyrio ar eich dysgu a'i werthuso
▶ yn eich helpu i wneud y cysylltiad rhwng eich dysgu â'r gweithle.

Yn ogystal, mae gan bob nodwedd unigol bwrpas penodol, er mwyn cefnogi strategaethau dysgu pwysig. Er enghraifft, bydd rhai nodweddion:

▶ yn gwneud i chi gwestiynu rhagdybiaethau am yr hyn rydych chi'n ei ddysgu
▶ yn gwneud i chi feddwl y tu hwnt i'r hyn rydych chi'n darllen amdano
▶ yn eich helpu i wneud cysylltiadau ar draws eich dysgu ac ar draws unedau
▶ yn gwneud cymariaethau rhwng eich dysgu eich hun ac amgylcheddau gweithio'r byd go iawn
▶ yn eich helpu i ddatblygu rhai o'r sgiliau pwysig y bydd eu hangen arnoch chi ar gyfer y gweithle, gan gynnwys gwaith tîm, cyfathrebu effeithiol a datrys problemau.

Nodweddion sy'n egluro beth yw pwrpas eich dysgu

Dod i adnabod eich uned

Mae'r adran hon yn cyflwyno'r uned ac yn egluro sut y cewch eich asesu. Mae'n rhoi trosolwg o'r hyn fydd yn cael ei drafod a bydd yn eich helpu i ddeall pam eich bod yn gwneud y pethau y gofynnir i chi eu gwneud yn yr uned hon.

Dechrau arni

Mae'r adran hon wedi'i chynllunio i'ch annog chi i feddwl am yr uned a'r hyn sydd ynddi. Bydd y nodwedd hon hefyd yn eich helpu i ganfod beth rydych chi eisoes yn ei wybod am rai o'r pynciau yn yr uned a gweithredu fel man cychwyn ar gyfer deall y sgiliau a'r wybodaeth y bydd angen i chi eu datblygu i gwblhau'r uned.

Nodweddion sy'n eich helpu i adeiladu ar eich gwybodaeth

Ymchwil

Mae hyn yn gofyn i chi ymchwilio i bwnc yn fanylach. Bydd y nodweddion hyn yn eich helpu i ehangu eich dealltwriaeth o bwnc a datblygu eich sgiliau ymchwil ac ymchwilio. Bydd hyn oll yn amhrisiadwy ar gyfer eich cynnydd yn y dyfodol, yn broffesiynol ac yn academaidd.

Enghraifft ar waith

Mae enghreifftiau ar waith yn dangos y broses y mae'n rhaid i chi ei dilyn i ddatrys problem, fel hafaliad mathemateg neu wyddoniaeth, neu'r broses ar gyfer ysgrifennu llythyr neu femo. Bydd yr enghreifftiau hyn hefyd yn eich helpu i ddatblygu eich dealltwriaeth a'ch sgiliau rhifedd a llythrennedd.

Awgrym diogelwch

Mae'r awgrymiadau hyn yn rhoi cyngor am iechyd a diogelwch wrth weithio ar yr uned. Byddant yn helpu i adeiladu eich gwybodaeth am yr arferion gorau yn y gweithle, yn ogystal â sicrhau eich bod yn cadw'n ddiogel.

Damcaniaeth ar waith

Yn y nodwedd hon gofynnir i chi ystyried y modd y mae pwnc neu gysyniad o'r uned yn gweithio yn y gweithle neu mewn diwydiant. Bydd hyn yn eich helpu i ddeall perthnasedd eich dysgu cyfredol a'r ffyrdd y gallai effeithio ar yrfa yn y sector o'ch dewis yn y dyfodol.

Trafodaeth

Mae'r nodweddion trafod yn eich annog i siarad â myfyrwyr eraill am bwnc, gan weithio gyda'ch gilydd i gynyddu eich dealltwriaeth ohono ac i ddeall safbwyntiau pobl eraill am fater. Bydd y nodweddion hyn hefyd yn helpu i adeiladu eich sgiliau gwaith tîm, a fydd yn amhrisiadwy yn eich gyrfa broffesiynol ac academaidd yn y dyfodol.

Termau allweddol

Darperir diffiniadau cryno a syml ar gyfer geiriau, ymadroddion a chysyniadau allweddol, gan roi cipolwg clir i chi o'r syniadau allweddol ym mhob uned. Mae termau allweddol yn cael eu dangos mewn **print trwm** yn y mynegai.

Cysylltiad

Mae'r nodweddion hyn yn dangos unrhyw gysylltiad rhwng unedau neu o fewn yr un uned, gan eich helpu i nodi gwybodaeth rydych chi wedi'i dysgu mewn man arall a fydd yn eich helpu i gyflawni gofynion yr uned. Cofiwch, er bod eich BTEC Cenedlaethol yn cynnwys sawl uned, mae yna themâu cyffredin sy'n cael eu harchwilio o wahanol safbwyntiau ar draws eich cwrs cyfan.

Deunydd darllen ac adnoddau pellach

Mae'r nodwedd hon yn rhestru adnoddau eraill – fel llyfrau, cyfnodolion, erthyglau neu wefannau – y gallwch eu defnyddio er mwyn ehangu eich gwybodaeth am gynnwys yr uned. Mae hwn yn gyfle da i chi gymryd cyfrifoldeb am eich dysgu eich hun, a pharatoi ar gyfer tasgau ymchwil y gallai fod angen i chi eu cwblhau yn academaidd neu'n broffesiynol.

Nodweddion sy'n gysylltiedig â'ch asesiad

Mae'ch cwrs yn cynnwys unedau gorfodol a dewisol. Mae dau fath gwahanol o uned orfodol:

▶ uned sy'n cael ei hasesu'n allanol

▶ uned sy'n cael ei hasesu'n fewnol.

Mae'r nodweddion sy'n eich helpu i baratoi ar gyfer yr asesiadau wedi'u nodi isod. Ond yn gyntaf, beth yw'r gwahaniaeth rhwng y ddau fath gwahanol hyn o uned?

Unedau sy'n cael eu hasesu'n allanol

Bydd yr unedau hyn yn gyfle i chi ddangos eich gwybodaeth a'ch dealltwriaeth, neu'ch sgiliau, mewn ffordd uniongyrchol. Ar gyfer yr unedau hyn byddwch yn cwblhau tasg, a osodwyd dan amodau sydd wedi'u rheoli. Gallai hyn fod ar ffurf arholiad neu gallai fod yn fath arall o dasg. Efallai y cewch gyfle i baratoi ymlaen llaw, i ymchwilio ac i wneud nodiadau am bwnc y gellir ei ddefnyddio wrth gwblhau'r asesiad.

Unedau sy'n cael eu hasesu'n fewnol

Bydd y rhan fwyaf o'ch unedau yn cael eu hasesu'n fewnol a byddant yn golygu eich bod yn cwblhau cyfres o aseiniadau, a fydd yn cael eu gosod a'u marcio gan eich tiwtor. Bydd yr aseiniadau y byddwch chi'n eu gwneud yn gyfle ichi arddangos eich dysgu mewn nifer o wahanol ffyrdd, o adroddiad ysgrifenedig a chyflwyniad i recordiad fideo a datganiadau arsylwi ohonoch chi'n cwblhau tasg ymarferol. Beth bynnag fo'r dull, bydd angen i chi sicrhau bod gennych dystiolaeth glir o'r hyn rydych wedi'i gyflawni a sut gwnaethoch chi hynny.

Ymarfer asesu

Mae'r nodweddion hyn yn gyfle i chi ymarfer rhai o'r sgiliau y bydd eu hangen arnoch yn ystod yr asesiad. Nid ydynt yn adlewyrchu'r tasgau asesu yn llwyr ond byddant yn eich helpu i baratoi ar eu cyfer.

Cynllunio – Gwneud – Adolygu
Fe welwch gyngor defnyddiol hefyd ar sut i gynllunio, cwblhau a gwerthuso'ch gwaith. Cynlluniwyd hyn i'ch annog chi i feddwl am y ffordd orau o gwblhau'ch gwaith ac i adeiladu'ch sgiliau a'ch profiad cyn gwneud yr asesiad go iawn. Bydd y cwestiynau hyn yn eich annog i feddwl am y ffordd rydych chi'n gweithio a pham mae tasgau penodol yn berthnasol.

Paratoi ar gyfer asesiad

Ar gyfer unedau sy'n cael eu hasesu'n fewnol, rhoddir astudiaeth achos o fyfyriwr ar gwrs BTEC Cenedlaethol, yn siarad am sut y gwnaethon nhw gynllunio a gwneud eu haseiniad a beth fydden nhw'n ei wneud yn wahanol pe bydden nhw'n ei wneud eto. Bydd yn rhoi cyngor i chi ar baratoi ar gyfer eich asesiadau mewnol, gan gynnwys pwyntiau i feddwl amdanyn nhw i chi eu hystyried ar gyfer eich datblygiad eich hun.

Paratoi ar gyfer asesiad

Bydd yr adran hon yn eich helpu i baratoi ar gyfer asesiad allanol. Mae'n rhoi cyngor ymarferol ar baratoi ar gyfer arholiadau neu dasg benodol. Mae'n darparu cyfres o atebion enghreifftiol ar gyfer y mathau o gwestiynau y bydd angen i chi eu hateb yn eich asesiad allanol, gan gynnwys arweiniad ar bwyntiau da'r atebion hynny a sut y gellid eu gwella.

Nodweddion i'ch helpu i fyfyrio ar eich dysgu

⏸ MUNUD I FEDDWL

Mae Munud i Feddwl yn ymddangos yn rheolaidd trwy'r llyfr ac yn gyfle i chi adolygu a myfyrio ar eich dysgu. Mae'r gallu i fyfyrio ar eich perfformiad eich hun yn sgìl allweddol y bydd angen i chi ei ddatblygu a'i ddefnyddio trwy gydol eich bywyd, a bydd yn hanfodol ni waeth beth yw'ch cynlluniau ar gyfer y dyfodol.

Awgrym
Ymestyn

Mae'r adrannau yma yn rhoi awgrymiadau i chi er mwyn helpu i gadarnhau eich gwybodaeth ac yn awgrymu meysydd eraill y gallwch edrych arnynt i ehangu'r wybodaeth honno.

Nodweddion sy'n cysylltu eich dysgu â'r gweithle

Astudiaeth achos

Bydd astudiaethau achos trwy'r llyfr yn rhoi'r cyfle i chi gymhwyso'r dysgu a'r wybodaeth o'r uned i sefyllfa o'r gweithle neu'r diwydiant. Mae'r astudiaethau achos yn cynnwys cwestiynau i'ch helpu chi i ystyried cyd-destun ehangach y pwnc. Dyma gyfle i weld sut mae cynnwys yr uned yn cael ei adlewyrchu yn y byd go iawn, a chyfle i chi ddod yn gyfarwydd â materion y gallech ddod ar eu traws mewn gweithle yn y byd go iawn.

BETH AM
▶ Y DYFODOL?

Astudiaeth achos arbennig yw hon ble mae rhywun sy'n gweithio yn y diwydiant yn siarad am y rôl maen nhw'n ei gyflawni a'r sgiliau sydd eu hangen arnyn nhw. Mae'r adran *Canolbwyntio eich sgiliau* yn awgrymu ffyrdd i chi ddatblygu'r sgiliau a'r profiadau cyflogadwyedd y bydd eu hangen arnoch i fod yn llwyddiannus mewn gyrfa yn y sector o'ch dewis chi. Mae hyn yn gyfle ardderchog i'ch helpu i nodi'r hyn y gallech ei wneud, fel rhan o'ch astudiaethau BTEC Cenedlaethol neu yn allgyrsiol, er mwyn meithrin eich sgiliau i fod yn fwy cyflogadwy.

Gwobrau BTEC cenedlaethol

Bob blwyddyn mae Pearson yn cynnal seremoni wobrwyo sy'n dathlu rhagoriaeth yng ngraddau BTEC Cenedlaethol. Mae athrawon a thiwtoriaid yn enwebu eu myfyrwyr BTEC rhagorol (yn 2015, roedd dros 800 o enwebiadau) ac mae panel beirniadu yn rhoi gwobrau i'r myfyriwr y bernir ei fod y mwyaf rhagorol ar gyfer pob pwnc. Gwnaethom siarad â Joe Holland, Myfyriwr Chwaraeon Eithriadol y Flwyddyn BTEC yn 2014, a rannodd ei brofiad o astudio ar gyfer BTEC – a'r hyn yr aeth ymlaen i'w wneud yn y dyfodol.

Pam wnaethoch chi wneud y BTEC Cenedlaethol mewn Chwaraeon?

Rwy'n unigolyn sy'n hoff iawn o chwaraeon felly dilynais BTEC Chwaraeon Cyntaf ym Mlwyddyn 10, dod allan gyda'r marciau uchaf, felly meddyliais y byddwn yn parhau â'm BTEC ym Mlwyddyn 12/13. Meddyliais am yr hyn yr oeddwn am ei wneud ar ôl ysgol ac roeddwn i eisiau mynd i'r brifysgol a dod yn athro. Roedd y BTEC hyd yn oed yn well nag yr oeddwn i'n meddwl y byddai. Fe ddysgodd lawer o wahanol bethau i mi, fel sgiliau bywyd. Mae'n gwrs annibynnol iawn ac yn dysgu llawer i chi amdanoch chi'ch hun.

Ym Mlwyddyn 12, sefydlais raglen arweinyddiaeth chwaraeon, er mwyn helpu i hyfforddi arweinwyr eraill i helpu myfyrwyr iau. Rwy'n gwneud llawer o wirfoddoli mewn Chwaraeon a phan es i at fy athrawon gyda'r syniad hwn roeddent yn ei hoffi'n fawr. Aeth y flwyddyn gyntaf o'i wneud yn well nag yr oeddwn i'n meddwl – a bod yn onest roedd yn anhygoel. Rhoddodd BTEC y cyfle hwn i mi, ac ni fyddwn wedi ei gael mewn pynciau eraill.

Sut wnaethoch chi sefydlu'r rhaglen arweinyddiaeth chwaraeon?

Fe wnes i lunio cynllun, ei addasu gyda fy athrawon ac yna es i o amgylch pob dosbarth AG a gofyn i bobl a oedd ganddyn nhw ddiddordeb. Dechreuais gyda 50 a'u hyfforddi. Aeth hyn yn dda iawn felly roeddwn i'n gallu dod â chwpl o fyfyrwyr Blwyddyn 12 i mewn i helpu. Fe wnes i eu hyfforddi i gynnal eu sesiynau eu hunain: felly eu hyfforddi i hyfforddi eraill. Roedd hyn hefyd yn golygu pan adewais yr ysgol fy mod yn gallu pasio'r rhaglen ymlaen, felly parhaodd i fynd. Fe wnes yn siŵr pan adewais fod ganddynt fy nodiadau, ond dywedais fod angen iddynt wneud rhywbeth newydd ag ef hefyd: fel arall flwyddyn ar ôl blwyddyn bydd yr arweinwyr chwaraeon yn gwneud yr un pethau ac nid yw hynny'n mynd i'w datblygu nhw. Roedd yn anodd ar y dechrau ond nawr mae wedi adeiladu etifeddiaeth a fydd yn dal i fynd – rwy'n eithaf balch ohoni!

Fe wnaeth sefydlu'r rhaglen fy helpu i ddeall yr hyn rydw i eisiau ei wneud. Rwy'n mwynhau dysgu, rwy'n mwynhau gwylio pobl yn datblygu. Fe helpodd fi yn fawr i ddatblygu ac i ddeall mwy amdanaf fy hun. Oherwydd i mi sefydlu'r cwrs, deuthum yn fodel rôl i'r myfyrwyr iau. Pan fyddaf yn mynd yn ôl i'r ysgol i ddysgu, maen nhw'n dal i fy adnabod ac yn dweud wrtha i am yr hyn maen nhw'n ei wneud. Mae'n anhygoel.

Beth ydych chi'n ei wneud nawr?

Rydw i yn fy ail flwyddyn yn y brifysgol, yn astudio Addysg Gorfforol a Gwyddorau Chwaraeon. Mae dewis y cwrs hwn yn caniatáu i mi fynd i mewn i unrhyw un o'r meysydd hyn. Rwyf hefyd yn gweithio i School Games, sefydliad mawr sy'n helpu i roi cystadleuaeth chwaraeon ym mywydau pobl ifanc. Rwy'n cynnal digwyddiadau a hefyd yn gwirfoddoli mewn ysgolion. Rwy'n gynorthwyydd hamdden yn ActiveLife ac rwy'n gweithio i'r Youth Sports Trust, sy'n sefydliad chwaraeon mawr. Fe wnaeth Gwobr BTEC fy helpu i gael y cyfleoedd hyn. Enillais wobr yr Youth Sports Trust hefyd, gan roi cyfle i mi wirfoddoli yn y digwyddiad cenedlaethol. O'r fan honno, cysylltwyd â mi am swydd fel un o 40 o Arweinwyr Tîm. Daeth y cyfle hwn i gyd yn gyntaf gan BTEC.

Beth yw eich cynlluniau ar gyfer y dyfodol?

Rydw i eisiau bod yn athro AG ond rydw i hefyd am fynd i Camp America am flwyddyn neu ddwy yn yr Haf ac edrych i mewn i Ddatblygiad Chwaraeon. Rwyf wrth fy modd â'r naws yn yr Youth Trust, ac yn mwynhau gweithio gyda'r plant a'r hyfforddwyr eraill. Rydw i'n ei chael yn anodd penderfynu ar hyn o bryd, ond addysgu yw fy mhrif nod. Bydd yn anodd cyrraedd yno, ond dyna'r cynllun.

Beth fyddech chi'n ei ddweud wrth bobl sy'n cychwyn graddau BTEC?

Bydd yn dysgu llawer o bethau i chi ond peidiwch â chymryd pwnc nad ydych chi am ei wneud yn y dyfodol. Mae BTEC yn cynnig llawer o gyfleoedd ar gyfer y dyfodol. Mae'n strwythuredig ond mae rhyddid hefyd: rydych chi'n cael y wybodaeth ac yn bwrw ati gyda'r gwaith, gan ddatblygu arddull gweithio fel yn y brifysgol.

Yr awduron

Mark Adams

Mae Mark yn wiriwr safonau uwch ar gyfer cymwysterau QCF a NQF BTEC Chwaraeon ac mae wedi gweithio i Pearson ers dros 10 mlynedd. Mae wedi dysgu cymwysterau BTEC mewn ysgolion a cholegau ac yn fwyaf diweddar mewn amgylchedd chwaraeon o'r radd flaenaf. Ar hyn o bryd mae Mark yn Bennaeth Addysg mewn clwb pêl-droed yn Uwch Gynghrair Lloegr. Mae wedi cyfrannu fel awdur a golygydd cyfres ar gyfer nifer o lyfrau testun BTEC Chwaraeon ar Lefel 2 a Lefel 3.

Matthew Fleet

Mae Matthew yn uwch ddarlithydd mewn AG a Hyfforddi ym Mhrifysgol Southampton Solent. Yn ystod y degawd diwethaf, mae wedi gweithio mewn dros 150 o ysgolion a cholegau, gan arwain at arbenigedd helaeth mewn addysg gorfforol. Mae Matthew hefyd wedi gweithio fel dilysydd allanol, cymedrolwr ac arholwr arweiniol, ac fel hyfforddwr athrawon ar gyfer addysg gorfforol, gan helpu i gefnogi a datblygu athrawon newydd a phrofiadol.

Adam Gledhill

Mae gan Adam 15 mlynedd o brofiad yn gweithio ym maes addysg bellach ac addysg uwch. Mae'n gweithio ym maes datblygu cymwysterau i Pearson ac mae'n gyd-awdur rhifynnau blaenorol o'r llyfr hwn. Mae gan Adam brofiad o ddarparu cymorth gwyddoniaeth chwaraeon rhyngddisgyblaethol i wahanol boblogaethau o athletwyr; o chwaraewyr pêl-droed rhyngwladol ieuenctid ac uwch, i athletwyr ieuenctid mewn ystod o chwaraeon. Ymhlith ei rolau ymgynghori, mae wedi gweithio fel Pennaeth Gwyddor Chwaraeon i dîm Uwch Gynghrair Merched FA ac fel Pennaeth Datblygu Seicogymdeithasol ar gyfer Canolfan Ragoriaeth Pêl-droed Merched Trwyddedig yr FA.

Chris Lydon

Mae Chris wedi gweithio ym maes addysg bellach ac uwch ers ugain mlynedd fel uwch-ddarlithydd gwyddor chwaraeon sy'n arbenigo mewn anatomeg a ffisioleg a hyfforddiant ffitrwydd. Mae hefyd wedi gweithio fel gwiriwr safonau allanol i Pearson ac arholwr allanol i nifer o brifysgolion. Ar hyn o bryd mae wedi ei gyflogi fel Pennaeth Cynorthwyol mewn coleg Addysg Bellach mawr ble mae'n gyfrifol am recriwtio a chefnogi staff a myfyrwyr. Mae Chris wedi ysgrifennu nifer o lyfrau yn ymwneud â chymwysterau BTEC Chwaraeon.

Chris Manley

Mae Chris yn rhannu ei amser rhwng rolau fel Tiwtor Addysg Ôl-raddedig ym Mhrifysgol Eglwys Grist Caergaint ac fel Uwch-ymarferydd mewn coleg Addysg Bellach. Mae Chris wedi bod yn hyfforddwr pêl-fasged, tiwtor a dyfarnwr y Gynghrair Genedlaethol a bu hefyd yn llwyddiannus wrth rasio canŵ slalom. Mae ganddo radd Meistr mewn Addysg a chymwysterau ôl-raddedig mewn cymdeithaseg chwaraeon, ac mae'n gweithio mewn amrywiaeth o rolau ar gyfer Pearson sy'n gysylltiedig â BTEC. Mae Chris wedi cyhoeddi ar gyfer BTEC ac ar gyfer gweithwyr proffesiynol sy'n astudio cymwysterau addysgu.

Alex Sergison

Mae Alex wedi gweithio yn y diwydiant chwaraeon ers dros 15 mlynedd ac mae'n arbenigo mewn addysg awyr agored. Mae wedi gweithredu fel ymgynghorydd ar gyfer nifer o fusnesau bach yn ogystal â rhedeg ei fusnes ei hun. Mae'n rheoli adran addysg awyr agored Coleg Weymouth, sydd wedi'i lleoli yn Portland. Yn ystod y chwe mlynedd diwethaf, mae Alex wedi bod yn ysgrifennu cyrsiau a chanllawiau astudio i Pearson.

Louise Sutton

Mae Louise yn brif ddarlithydd mewn maeth chwaraeon ac ymarfer corff ym Mhrifysgol Leeds Beckett. Mae ganddi ddiddordeb arbennig mewn cymhwyso deieteg chwaraeon yn ymarferol mewn amgylcheddau elitaidd dros yr 20 mlynedd diwethaf, ar ôl bod yn cynghori athletwyr o'r radd flaenaf mewn amrywiaeth o chwaraeon proffesiynol. Mae ganddi brofiad helaeth o ddarparu rhaglenni addysg maeth er mwyn cefnogi datblygiad athletwyr iau ac yn ddiweddar dyfarnwyd Rôl Anrhydedd Cymdeithas Ddeieteg Prydain am ei chyfraniad at ddatblygiad y Gofrestr Maeth Chwaraeon ac Ymarfer Corff.

Richard Taylor

Mae Richard yn gyn-rwyfwr a hyfforddwr personol ac mae ganddo sawl blwyddyn o brofiad mewn addysgu rhaglen chwaraeon addysg bellach, addysg uwch ac Addysg Gorfforol mewn ysgolion. Ar hyn o bryd, mae Richard yn diwtor i academi Clwb Pêl-droed Gillingham, ac mae wedi gweithio gyda nifer o glybiau pêl-droed proffesiynol, wedi ysgrifennu sawl rhaglen chwaraeon ar gyfer addysg uwch ac wedi cyfrannu at rifynnau blaenorol o'r llyfr hwn.

Anatomeg a Ffisioleg 1

Dod i adnabod eich uned

Er mwyn deall beth sy'n digwydd yn ystod chwaraeon ac ymarfer corff, rhaid i chi wybod am systemau'r corff. Mae'r uned hon yn esbonio sut mae'r corff yn cynnwys nifer o wahanol systemau, sut mae'r systemau hyn yn rhyngweithio ac yn gweithio gyda'i gilydd, a pham eu bod yn bwysig i berfformiad chwaraeon. Byddwch yn:

▶ cael eich cyflwyno i strwythurau a swyddogaethau'r pum system allweddol a'r effeithiau y mae chwaraeon ac ymarfer corff yn eu cael arnynt

▶ ymchwilio i strwythur a swyddogaeth y systemau sgerbydol a chyhyrol a'u rôl wrth achosi symudiad mewn chwaraeon ac ymarfer corff

▶ archwilio strwythur a swyddogaethau'r systemau cardiofasgwlaidd a resbiradol

▶ deall pam bod y galon yn gweithio fel y mae a sut mae'n gweithio gyda'r ysgyfaint er mwyn caniatáu i fabolgampwyr ymdopi â gofynion chwaraeon

▶ edrych ar y tair system egni wahanol a'r chwaraeon ble mae'r mwyaf o ddefnydd ohonynt.

Mae hon yn uned orfodol ac yn cyflwyno gwybodaeth a fydd yn cysylltu â phob uned arall yn y cwrs.

Sut y cewch eich asesu

Bydd yr uned hon yn cael ei hasesu gan arholiad a osodir gan Pearson. Bydd yr arholiad yn cynnwys nifer o gwestiynau atebion byr ac atebion hir. Byddwch yn cael eich asesu ar gyfer eich dealltwriaeth o'r pynciau canlynol mewn perthynas â pherfformiad chwaraeon:

▶ y system sgerbydol

▶ y system gyhyrol

▶ y system resbiradol

▶ y system gardiofasgwlaidd

▶ y system egni.

Yn ystod yr arholiad hwn bydd angen i chi ddangos eich gwybodaeth a'ch dealltwriaeth o'r gydberthynas rhwng y gwahanol systemau corff hyn ar gyfer perfformiad chwaraeon.

Trwy gydol yr uned hon fe welwch ymarferion asesu i'ch helpu chi i baratoi ar gyfer yr arholiad. Bydd cwblhau pob un o'r ymarferion hyn yn rhoi cipolwg i chi o'r mathau o gwestiynau a ofynnir ac, yn bwysig, sut i'w hateb.

Mae gan Uned 1 bum canlyniad asesu (CA) a fydd yn cael eu cynnwys yn yr arholiad allanol. Mae rhai 'geiriau gorchymyn' yn gysylltiedig â phob canlyniad asesu. Mae Tabl 1.1 yn egluro'r hyn y mae'r geiriau gorchymyn hyn yn gofyn ichi ei wneud.

Gan y gall y canllawiau ar gyfer asesu newid, dylech gyfeirio at y canllawiau asesu swyddogol ar wefan Cymwysterau Pearson ar gyfer y cyngor diweddaraf.

Canlyniadau asesu'r uned yw:

▶ **AO1** Dangos gwybodaeth am systemau, strwythurau, swyddogaethau, nodweddion a diffiniadau'r corff a ffactorau eraill sy'n effeithio ar bob un o systemau'r corff
  • Geiriau gorchymyn: adnabod, disgrifio, rhoi, nodi, enwi
  • Marciau: yn amrywio o 1 i 5 marc

▶ **AO2** Dangos dealltwriaeth o bob un o systemau'r corff, effeithiau tymor byr a thymor hir chwaraeon ac ymarfer corff ar bob system, a ffactorau ychwanegol allai effeithio ar systemau'r corff mewn perthynas ag ymarfer corff a pherfformiad chwaraeon
  • Geiriau gorchymyn: disgrifio, esbonio, rhoi, nodi, enwi
  • Marciau: yn amrywio o 1 i 5 marc

▶ **AO3** Dadansoddi symudiadau mewn ymarfer corff a chwaraeon, sut mae'r corff yn ymateb i ymarfer tymor byr a thymor hir, a ffactorau ychwanegol eraill sy'n effeithio ar bob un o systemau'r corff
  • Geiriau gorchymyn: dadansoddi, asesu
  • Marciau: 6 marc

▶ **AO4** Gwerthuso sut mae systemau'r corff yn cael eu defnyddio a sut maen nhw'n cydberthyn er mwyn creu symudiadau mewn ymarfer corff a chwaraeon
  • Geiriau gorchymyn: gwerthuso, asesu
  • Marciau: 6 marc

▶ **AO5** Gwneud cysylltiadau rhwng systemau'r corff mewn ymateb i ymarfer corff tymor byr a thymor hir a chyfranogi mewn chwaraeon. Gwneud cysylltiadau rhwng y cyhyrau a'r holl systemau eraill, systemau cardiofasgwlaidd a resbiradol, systemau egni a chardiofasgwlaidd
  • Geiriau gorchymyn: dadansoddi, gwerthuso, asesu, trafod, i ba raddau
  • Marciau: 8 marc

▶ **Tabl 1.1:** Geiriau gorchymyn a ddefnyddir yn y canlyniadau asesu

Gair gorchymyn	Diffiniad – yr hyn y mae'n gofyn ichi ei wneud
Dadansoddi	Nodi sawl ffaith berthnasol mewn pwnc, dangos sut maen nhw'n gysylltiedig ac yna egluro pwysigrwydd pob un, yn aml mewn perthynas â'r ffeithiau eraill.
Asesu	Gwerthuso neu amcangyfrif natur, gallu neu ansawdd rhywbeth.
Disgrifio	Rhoi adroddiad llawn o'r holl wybodaeth am bwnc, gan gynnwys holl fanylion perthnasol unrhyw nodweddion.
Trafod	Ysgrifennu am y pwnc yn fanwl, gan ystyried gwahanol syniadau a barnau.
Gwerthuso	Dod â'r holl wybodaeth berthnasol sydd gennych ar bwnc at ei gilydd a llunio barn (er enghraifft, ar ei lwyddiant neu bwysigrwydd). Dylai eich dyfarniad gael ei ategu'n glir gan y wybodaeth rydych wedi'i chasglu.
Esbonio	Gwneud syniad, sefyllfa neu broblem yn glir i'ch darllenydd trwy ei ddisgrifio'n fanwl, gan gynnwys unrhyw ddata perthnasol neu ffeithiau.
Rhoi	Enghreifftiau, cyfiawnhad a/neu resymau.
Adnabod	Nodi'r ffaith/ffeithiau allweddol am bwnc. Mae'r gair *Amlinellu* yn debyg.
Nodi/enwi	Rhoi diffiniad neu enghraifft.
I ba raddau	Arolygu gwybodaeth ac yna dod â phethau ynghyd i ffurfio dyfarniad neu gasgliad, ar ôl rhoi dadl gytbwys a rhesymol.

Dechrau arni

Mae **anatomeg** a **ffisioleg** yn gynhwysion hanfodol ym mhob perfformiad chwaraeon ac ymarfer corff. Rhestrwch y newidiadau y mae eich corff yn eu profi pan fyddwch chi'n cymryd rhan mewn chwaraeon neu ymarfer corff. Pan fyddwch wedi gwneud hyn, ystyriwch bob newid a cheisiwch adnabod pa un o systemau'r corff sy'n cael ei heffeithio.

A Effeithiau ymarfer corff a pherfformiad chwaraeon ar y system sgerbydol

Strwythur y system sgerbydol

Cyn i ni edrych ar swyddogaethau'r system sgerbydol, mae'n bwysig deall pa esgyrn sy'n ffurfio'r sgerbwd a sut maen nhw'n cael eu defnyddio i berfformio'r ystod helaeth o dechnegau a gweithredoedd sy'n ofynnol mewn chwaraeon. Heb esgyrn, byddech chi'n lwmp di-siâp o gyhyrau a meinwe, yn methu symud. Mae'r system sgerbydol yn cynnwys esgyrn, cartilag a chymalau.

Mae eich sgerbwd yn cynnwys 206 o esgyrn sy'n darparu fframwaith sy'n cefnogi'ch cyhyrau a chroen ac yn amddiffyn eich organau mewnol.

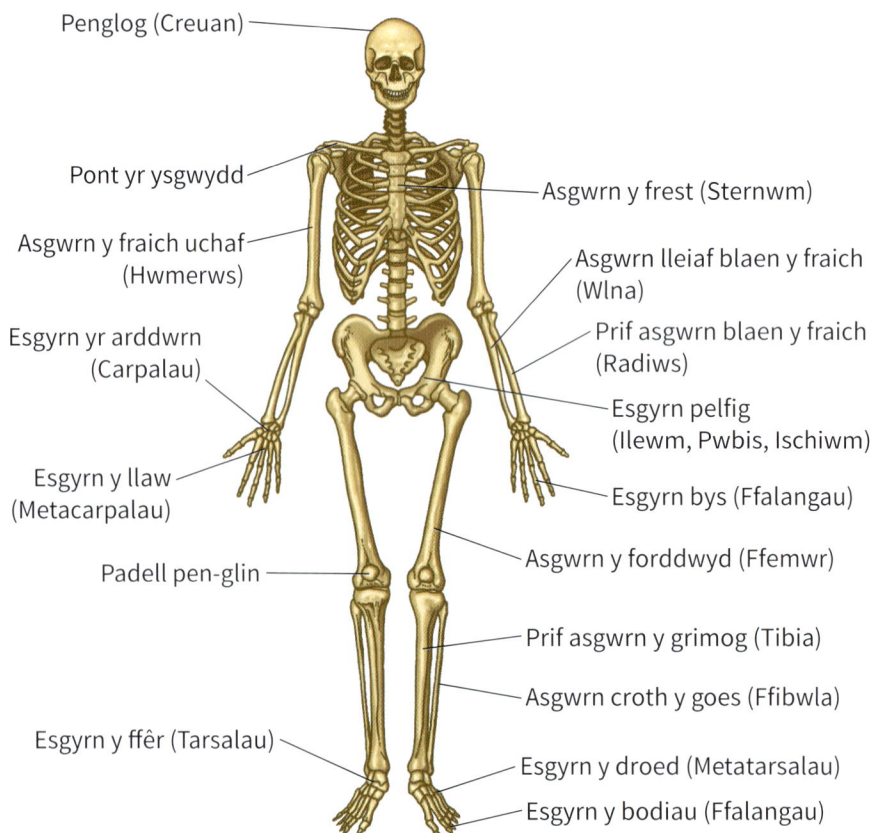

Penglog (Creuan)
Pont yr ysgwydd
Asgwrn y fraich uchaf (Hwmerws)
Esgyrn yr arddwrn (Carpalau)
Esgyrn y llaw (Metacarpalau)
Padell pen-glin
Esgyrn y ffêr (Tarsalau)

Asgwrn y frest (Sternwm)
Asgwrn lleiaf blaen y fraich (Wlna)
Prif asgwrn blaen y fraich (Radiws)
Esgyrn pelfig (Ilewm, Pwbis, Ischiwm)
Esgyrn bys (Ffalangau)
Asgwrn y forddwyd (Ffemwr)
Prif asgwrn y grimog (Tibia)
Asgwrn croth y goes (Ffibwla)
Esgyrn y droed (Metatarsalau)
Esgyrn y bodiau (Ffalangau)

▶ **Ffigur 1.1:** Esgyrn y sgerbwd dynol

Defnyddir llawer o dermau i ddisgrifio lleoliad (neu safle anatomegol) esgyrn. Mae'r rhain wedi eu disgrifio yn Nhabl 1.2. Efallai y byddai'n ddefnyddiol i chi wneud nodyn ohonynt.

► **Tabl 1.2:** Termau a ddefnyddir i ddisgrifio lleoliad yr esgyrn

Term	Ystyr
Blaen (*anterior*)	I'r blaen neu o'ch blaen
Ôl (*posterior*)	Yn y cefn neu'r tu ôl
Canolig (*medial*)	Tuag at y llinell ganol neu'r echelin, llinell ddychmygol i lawr canol y corff
Ochrol (*lateral*)	I ffwrdd o'r llinell ganol neu'r echelin
Procsimol	Yn agos at y gwreiddyn neu'r tarddiad (mae procsimol y fraich tuag at yr ysgwydd)
Distal	I ffwrdd o'r gwreiddyn neu'r tarddiad (mae distal y fraich tuag at y llaw)
Uwch (*superior*)	Uwchben
Isaf (*inferior*)	Oddi tan

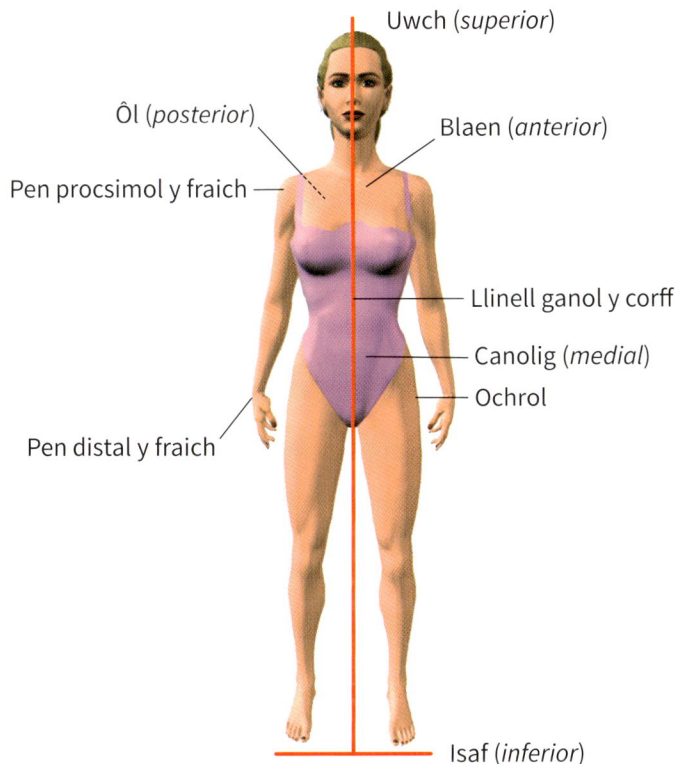

► **Ffigur 1.2:** Safleoedd anatomegol

Mathau o asgwrn

Mae gan y sgerbwd bum prif fath o asgwrn yn ôl eu siâp a'u maint. Gallwn ddosbarthu'r rhain fel:

► **esgyrn hir** – yr esgyrn a geir yn aelodau'r corff. Mae ganddyn nhw siafft o'r enw'r **diaffysis** a dau ben estynedig a elwir yr **epiffysis**.

► **esgyrn byr** – esgyrn bach, ysgafn, cryf, siâp ciwb sy'n cynnwys **asgwrn mandyllog** wedi'i amgylchynu gan haen denau o asgwrn cywasg. Mae carpalau a tharsalau yr arddyrnau a fferau (a gyflwynir yn ddiweddarach yn yr adran hon) yn enghreifftiau o esgyrn byr.

► **esgyrn gwastad** – tenau, gwastad ac ychydig yn grwm, gydag arwynebedd mawr. Mae enghreifftiau'n cynnwys padell yr ysgwydd, y sternwm a'r greuan.

► **esgyrn afreolaidd** – esgyrn â siapiau cymhleth nad ydyn nhw'n ffitio i'r un o'r categorïau uchod. Mae esgyrn yr asgwrn cefn yn enghraifft dda.

► **esgyrn sesamoid** – mae ganddyn nhw swyddogaeth arbenigol ac maent fel arfer i'w cael o fewn tendon. Mae'r esgyrn hyn yn darparu arwyneb llyfn i'r tendon lithro drosto. Yr asgwrn sesamoid mwyaf yw'r badell pen-glin yng nghymal y pen-glin.

Term allweddol

Asgwrn mandyllog – deunydd asgwrn ysgafn a mandyllog sy'n ymddangos yn sbwngaidd neu fel diliau mêl.

Rhannau o'r sgerbwd

Gellir rhannu'r sgerbwd yn ddwy ran: mae 80 asgwrn yn ffurfio'ch **sgerbwd echelinol** – **echelin** hir eich corff; mae'r 126 asgwrn arall yn ffurfio'ch **sgerbwd atodol** – yr esgyrn sydd ynghlwm wrth yr echelin hon.

Sgerbwd echelinol

Y sgerbwd echelinol yw prif graidd neu echelin eich sgerbwd ac mae'n cynnwys:

► y benglog (gan gynnwys esgyrn y greuan a'r wyneb)

► y cawell thorasig (sternwm ac asennau)

► yr asgwrn cefn.

Talcen — Parwydol
Sffenoid —
Trwynol —
Lacrimaidd —
Ethmoidol —
Sygomatig —
Macsila —
— Ocsipitol
(a) — Arleisiol
Mandibl

Fertebra gyddfol (saith)
Fertebra thorasig (deuddeg)
— Disgiau rhyngfertebro
Fertebra meingefnol (pump wedi'u hasio)
Fertebra'r sacrwm (pump)
Fertebra'r cwtyn (pedwar wedi'u hasio)
(c)

Sternwm —
Asennau —
(b)

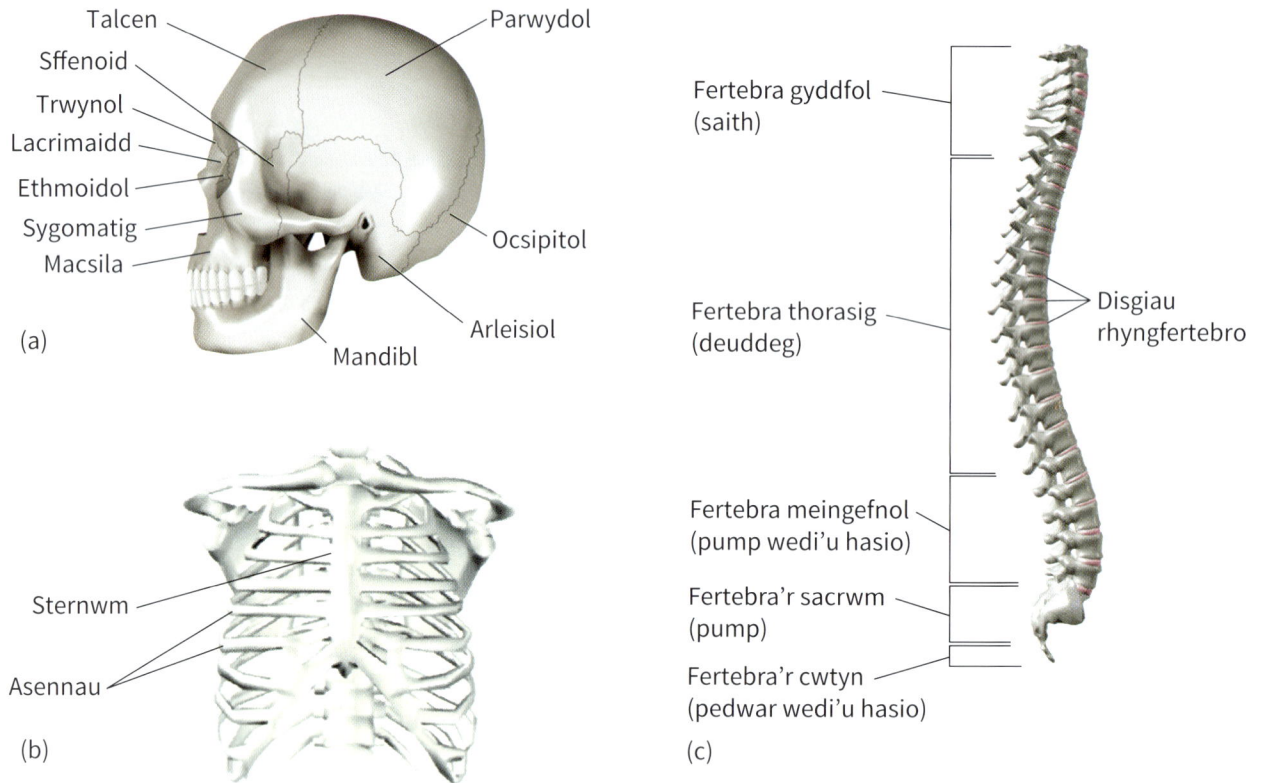

► **Ffigur 1.3:** Y sgerbwd echelinol: (a) y benglog, (b) y thoracs a (c) yr asgwrn cefn

Y sgerbwd atodol

Mae'r sgerbwd atodol yn cynnwys yr esgyrn sydd ynghlwm wrth y sgerbwd echelinol. Bydd yr esgyrn hyn yn cael eu cyflwyno'n fanylach yn nes ymlaen yn yr adran hon, ond mae'r sgerbwd atodol yn cynnwys y rhannau canlynol.

► Mae'r aelodau uchaf yn cynnwys 60 asgwrn (30 ym mhob braich) gan gynnwys yr hwmerws, radiws, wlna, carpalau, metacarpalau a ffalangau.

► Mae'r aelodau isaf yn cynnwys 60 asgwrn (30 ym mhob coes) gan gynnwys y ffemwr, tibia, ffibwla, padell pen-glin, tarsalau, metatarsalau a ffalangau.

► Mae gwregys yr ysgwydd yn cynnwys pedwar asgwrn – dwy bont yr ysgwydd a dau sgapwla – sy'n cysylltu aelodau uchaf y corff â'r thoracs.

► Mae'r gwregys pelfig wedi'i wneud o dri asgwrn: yr ilewm, pwbis a'r ischiwm. Mae'r rhain yn asio ynghyd wrth heneiddio ac fe'u gelwir gyda'i gilydd yn asgwrn anenwol. Prif swyddogaeth y gwregys pelfig yw darparu sylfaen gadarn i drosglwyddo pwysau rhan uchaf y corff. Mae hefyd yn darparu cydfan (*attachment*) ar gyfer cyhyrau pwerus gwaelod y cefn a'r coesau, ac yn amddiffyn yr organau treulio ac atgenhedlu.

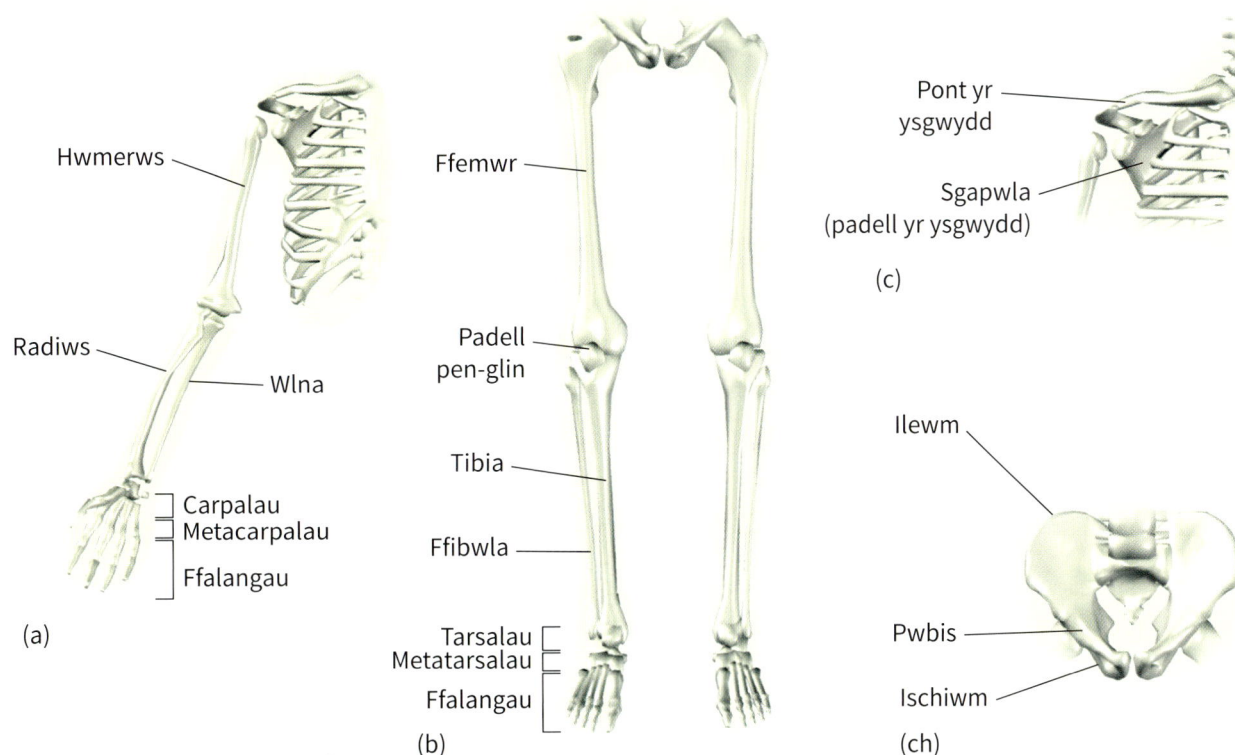

Pont yr
ysgwydd

Sgapwla
(padell yr ysgwydd)

(c)

Hwmerws

Ffemwr

Radiws

Wlna

Padell
pen-glin

Carpalau
Metacarpalau

Ffalangau

Tibia

Ffibwla

Ilewm

Pwbis

Ischiwm

Tarsalau
Metatarsalau

Ffalangau

(a)

(b)

(ch)

▶ **Ffigur 1.4:** Y sgerbwd atodol: (a) aelodau uchaf, (b) aelodau isaf, (c) gwregys yr ysgwydd a (ch) gwregys pelfig

Yr asgwrn cefn neu golofn yr asgwrn cefn

Gelwir colofn yr asgwrn cefn yn gyffredin fel asgwrn cefn ac mae'n ymestyn o waelod y greuan i'r pelfis, gan ddarparu echelin ganolog i'r corff. Mae wedi ei wneud o hyd at 33 o esgyrn afreolaidd o'r enw **fertebrâu**.

Mae'r asgwrn cefn oddeutu 40 y cant o uchder cyffredinol unigolyn. Mae'r fertebrâu yn cael eu dal gyda'i gilydd gan y **gewynnau** pwerus. Ychydig o symudiad mae'r rhain yn eu caniatáu rhwng fertebrâu cyfagos ond mae cryn dipyn o hyblygrwydd ar hyd yr asgwrn cefn ar y cyfan.

Gellir dosbarthu'r asgwrn cefn yn bum rhan neu ranbarth (gweler Ffigur 1.3 (c)):

▶ **fertebrâu gyddfol** – saith fertebra'r gwddf. Gelwir y ddau gyntaf yn atlas (C1) ac echelin (C2). Maen nhw'n ffurfio cymal cylchdroi sy'n caniatáu i'r pen a'r gwddf symud yn rhydd. Rhain yw'r fertebrâu lleiaf a'r mwyaf agored i niwed yn yr asgwrn cefn.

▶ **fertebrâu thorasig** – 12 fertebra canol yr asgwrn cefn, sy'n ymgymalu â'r asennau. Maen nhw'n gorwedd yn y thoracs, yn strwythur siâp cromen sy'n amddiffyn y galon a'r ysgyfaint.

▶ **fertebrâu meingefnol** – y pum fertebra symudol mwyaf, wedi eu lleoli yng ngwaelod y cefn. Maen nhw'n cynnal mwy o bwysau na fertebrâu eraill ac yn darparu cydfan ar gyfer llawer o gyhyrau'r cefn. Mae'r disgiau rhwng y fertebrâu hyn yn cynhyrchu siâp **ceugrwm** yn y cefn.

▶ **fertebrâu'r sacrwm** – mae pum fertebra'r sacrwm yn cael eu hasio gyda'i gilydd i ffurfio'r sacrwm, asgwrn trionglog wedi'i leoli o dan y fertebrâu meingefnol. Mae'n ffurfio wal gefn y gwregys pelfig, yn eistedd rhwng y ddau asgwrn clun. Mae'r rhan uchaf yn cysylltu â'r fertebra meingefnol olaf a'r rhan waelod gyda chwtyn y cefn.

▶ **fertebrâu'r cwtyn** – ar waelod yr asgwrn cefn mae yna bedwar o fertebrâu'r cwtyn, sy'n cael eu hasio gyda'i gilydd i ffurfio cwtyn y cefn neu'r asgwrn cynffon.

> **Termau allweddol**
>
> **Gewynnau** – bandiau byr o feinwe hyblyg caled a ffibrog sy'n dal esgyrn at ei gilydd.
>
> **Ceugrwm** – rhywbeth gydag amlinell neu arwyneb sy'n crymu ar i mewn.

Mae gan yr asgwrn cefn lawer o swyddogaethau. Mae'n amddiffyn madruddyn y cefn ac yn cynnal y cawell asennau. Mae fertebrâu mwy yr ardal feingefnol yn cynnal llawer iawn o bwysau'r corff. Mae'r fertebrâu thorasig mwy gwastad yn cynnig cydfan ar gyfer cyhyrau mawr y cefn. Mae'r rhain, ynghyd â'r **disgiau rhyngfertebrol**, yn derbyn ac yn dosbarthu trawiadau yn gysylltiedig â pherfformiad chwaraeon, gan leihau sioc.

Gwyriadau osgo

Mae siâp unigryw i 33 fertebra'r asgwrn cefn wrth gael eu pentyrru ar bennau ei gilydd. Mae'r siâp arferol yn cynnwys crymu yn yr ardaloedd gyddfol (gwddf), thorasig (canol y cefn) a meingefnol (gwaelod y cefn) wrth edrych arnynt o'r ochr. Mae **asgwrn cefn niwtral** yn cyfeirio at osgo da gyda lleoliadau cywir i'r tair cromlin naturiol. Wrth edrych ar yr asgwrn cefn o'r blaen (*anterior*), dylai fod yn gwbl fertigol. Weithiau gall yr asgwrn cefn ddioddef o anhwylderau a all achosi'r crymedd naturiol i newid.

▶ **Cyffosis** – crymedd allanol gormodol yn ardal thorasig yr asgwrn cefn sy'n achosi ymddangosiad o gefn crwca (*hunchback*). Mae hyn yn aml yn cael ei achosi gan osgo gwael ond gall gael ei achosi gan anffurfiadau yn y fertebrâu.

▶ **Sgoliosis** – crymedd annormal yr asgwrn cefn naill ai i'r chwith neu i'r dde (crymedd ochrol). Yn fwyaf tebygol o ddigwydd yn yr ardal thorasig. Yn aml i'w gael mewn plant ond gellir ei ganfod mewn oedolion. Ni chredir bod cysylltiad â'r cyflwr hwn ag osgo gwael a dydi'r union resymau drosto ddim yn hysbys, er ei bod yn ymddangos ei fod yn etifeddol.

Prif esgyrn y system sgerbydol

Mae'r system sgerbydol yn cynnwys yr esgyrn canlynol.

▶ **Creuan** – mae'r ceudod (gofod) tebyg i flwch hwn yn cynnwys darnau o asgwrn sy'n cydgysylltu ac wedi asio gyda'i gilydd. Mae'r greuan yn cynnwys ac yn amddiffyn yr ymennydd.

▶ **Pont yr ysgwydd** – dyma'r esgyrn hir, main sy'n ffurfio rhan flaen gwregys yr ysgwydd. Mae'n darparu cydfan cryf ar gyfer y breichiau.

▶ **Asennau** – mae 12 pâr o asennau ac maen nhw'n rhan o'r cawell thorasig. Mae'r saith pâr cyntaf ynghlwm wrth y sternwm (gweler isod) ac fe'u gelwir yn asennau gwir; fe elwir y pum pâr sy'n weddill yn asennau ffug gan nad ydyn nhw'n glynu wrth y sternwm. Mae'r asennau yn esgyrn hir, gwastad.

▶ **Sternwm (asgwrn y frest)** – dyma'r asgwrn hir, gwastad sy'n rhedeg i lawr canol y frest ac yn ffurfio blaen y cawell thorasig. Mae saith pâr o asennau ynghlwm wrth y sternwm, sy'n darparu amddiffyniad a chydfan cyhyrol.

▶ **Sgapwla** – a elwir yn gyffredin yn **badell yr ysgwydd**, mae'r esgyrn, mawr, trionglog, gwastad yma'n ffurfio rhan ôl gwregys yr ysgwydd.

▶ **Hwmerws** – dyma asgwrn hir y fraich uchaf ac asgwrn mwyaf yr aelodau uchaf. Mae pen yr hwmerws yn ymgymalu (ymuno) â'r sgapwla i ffurfio cymal yr ysgwydd. Mae'r pen distal yn ymgymalu â'r radiws a'r wlna i ffurfio cymal y penelin.

▶ **Radiws ac wlna** – yr wlna yw'r hiraf o ddau asgwrn y fraich. Mae'r wlna a'r radiws yn ymgymalu'n ddistalaidd (gweler Tabl 1.2) gyda'r arddwrn.

▶ **Carpalau** – dyma'r wyth asgwrn bach sy'n ffurfio'r arddwrn. Maen nhw'n esgyrn afreolaidd, bach wedi'u trefnu mewn dwy res o bedair. Maen nhw'n ffitio'n agos i'w gilydd ac yn cael eu dal yn eu lle gan y gewynnau.

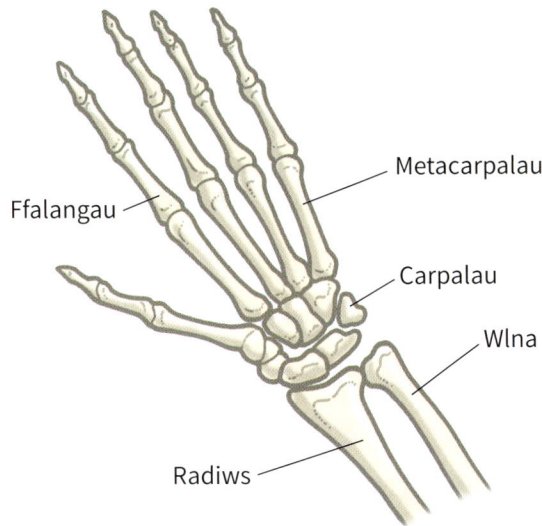

▶ **Ffigur 1.5:** Esgyrn yr arddwrn a'r llaw

▶ **Metacarpalau** – pum asgwrn hir yng nghledr y llaw, un yn cyfateb i bob un digid (bys neu fawd). Mae'r rhain yn rhedeg o esgyrn carpal yr arddwrn i waelod pob digid yn y llaw.

▶ **Ffalangau** – yr esgyrn sy'n ffurfio'r bodiau, y bysedd a bysedd y traed. Mae'r rhan fwyaf o fysedd a bysedd traed yn cynnwys tri ffalang, ond mae gan y bodiau a'r bysedd traed mawr ddau.

▶ **Pelfis** – mae'r pelfis yn cynnwys dau asgwrn clun sydd yn eu tro yn cynnwys tri rhan (**ilewm**, **ischiwm** a **pwbis**) sy'n asio gyda'i gilydd yn ystod y glasoed i ffurfio un asgwrn. Mae strwythur yr ilewm yn darparu'r soced ar gyfer cymal pelen a chrau (gweler Ffigur 1.8) y ffemwr, gan ganiatáu i'r coesau fod ynghlwm wrth y prif sgerbwd.

▶ **Ffemwr** – yr asgwrn hiraf a chryfaf yn y corff, y cyfeirir ato weithiau fel asgwrn y forddwyd. Mae'r pen yn ffitio i soced y pelfis i ffurfio cymal y glun; mae'r pen isaf yn ymuno â'r tibia i ffurfio cymal y pen-glin.

▶ **Padell pen-glin** – yr asgwrn sesamoid mawr, trionglog a geir yn **nhendon** ffemoris y cyhyrau pedwarpen. Mae'n amddiffyn cymal y pen-glin.

▶ **Tibia a ffibwla** – yr esgyrn hir sy'n ffurfio'r goes isaf. Y tibia yw'r asgwrn mewnol a mwyaf trwchus, a elwir hefyd yn **asgwrn crimog**. Mae pen uchaf y tibia yn ymuno â'r ffemwr i ffurfio cymal y pen-glin, tra bod y pen isaf yn ffurfio rhan o gymal y ffêr. Y ffibwla yw asgwrn allanol, teneuach y goes isaf; nid yw'n cyrraedd y pen-glin, ond mae'r pen isaf yn rhan o gymal y ffêr.

▶ **Tarsalau** – ynghyd â'r tibia a'r ffibwla, mae saith asgwrn a elwir gyda'i gilydd yn darsalau yn ffurfio cymal y ffêr gan gynnwys y sawdl. Y calcaneus, neu asgwrn y sawdl, yw'r asgwrn tarsal mwyaf. Mae'n helpu i gynnal pwysau'r corff ac yn darparu cydfan ar gyfer cyhyrau croth y goes trwy'r tendon Achilles. Mae'r tarsalau'n esgyrn byr ac afreolaidd.

▶ **Metatarsalau** – mae yna bum metatarsal ym mhob troed; maen nhw wedi'u lleoli rhwng y tarsalau a'r ffalangau (bysedd traed). Mae gan bob metatarsal strwythur tebyg, gyda phen distal a phrocsimol wedi'i uno â siafft tenau (corff). Mae'r metatarsalau yn gyfrifol am gynnal cryn dipyn o bwysau, ac maen nhw'n cydbwyso pwysau trwy beli'r traed. Mae'r metatarsalau yn fan cyffredin ar gyfer torri esgyrn mewn chwaraeon.

Term allweddol

Tendon – meinwe cryf a ffibrog sy'n cysylltu cyhyrau i esgyrn.

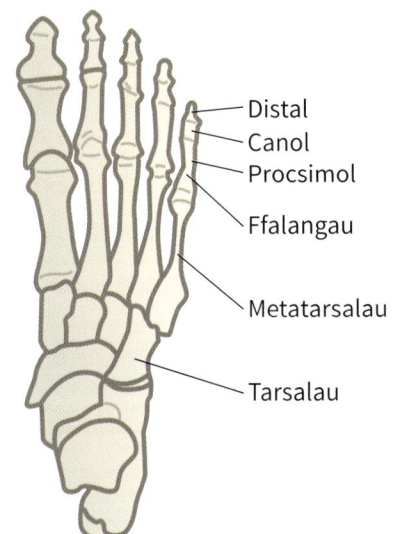

▶ **Ffigur 1.6:** Esgyrn y droed

Awgrym

Ystyriwch gamp o'ch dewis a nodwch yr esgyrn sy'n cael eu defnyddio yn y prif weithredoedd sy'n ymwneud â'r gamp honno.

Ymestyn

Sut gallai deall sut mae'r esgyrn hyn yn gweithio effeithio ar eich perfformiad mewn chwaraeon? Ar gyfer pob gweithred a nodwyd gennych, eglurwch swyddogaethau'r esgyrn hynny.

Term allweddol

Calsiwm – mwyn sy'n hanfodol ar gyfer tyfiant esgyrn ac sydd i'w gael mewn ystod eang o fwydydd gan gynnwys llaeth, caws, iogwrt, cnau, brocoli a ffa.

Proses tyfiant esgyrn

Mae asgwrn yn organ byw sy'n cael ei ail-lunio'n barhaus trwy broses o'r enw ailfodelu. **Asgwrneiddiad** yw'r broses lle mae esgyrn yn cael eu ffurfio. Trwy gydol y broses yma mae rhannau o'r asgwrn yn cael eu hailamsugno fel bod **calsiwm** diangen yn cael ei dynnu allan (trwy gelloedd o'r enw **osteoclastau**) tra bod haenau newydd o feinwe esgyrn yn cael eu creu.

Gelwir y celloedd sy'n dod â'r calsiwm i'ch esgyrn yn **osteoblastau** ac maen nhw'n gyfrifol am greu defnydd esgyrn. Mae gweithgaredd osteoblast yn cynyddu pan fyddwch chi'n ymarfer corff, felly bydd eich esgyrn yn dod yn gryfach po fwyaf o ymarfer corff rydych chi'n ei wneud. Mae hyn yn golygu bod eich storfeydd calsiwm esgyrn yn cynyddu i ymdopi â'r galw am galsiwm, felly mae ymarfer corff hefyd yn lleihau'r risg o osteoporosis. Mae'r gweithgareddau a all adeiladu esgyrn cryfach yn cynnwys tennis, pêl-rwyd, pêl-fasged, aerobeg, cerdded a rhedeg.

Mae pennau pob asgwrn hir yn cynnwys rhannau sy'n tyfu – neu blatiau – sy'n caniatáu i'r asgwrn dyfu'n hirach. Mae hyn yn parhau trwy gydol plentyndod nes iddynt gyrraedd aeddfedrwydd llawn. Gelwir y rhannau hyn yn **blatiau ardyfiannol** ac maen nhw'n caniatáu i'r esgyrn hir ymestyn. Unwaith y bydd asgwrn hir wedi'i ffurfio'n llawn, mae'r pen – neu ddiwedd pob asgwrn – yn asio â'r brif siafft (diaffysis) i greu'r **llinell ardyfiannol**.

Swyddogaeth y system sgerbydol

Mae gan eich sgerbwd nifer o swyddogaethau pwysig mewn chwaraeon ac ym mywyd bob dydd. Wrth berfformio chwaraeon neu ymarfer corff mae wyth prif swyddogaeth.

▶ **Cefnogaeth** – gyda'i gilydd, mae eich esgyrn yn rhoi siâp i'ch corff ac yn darparu'r fframwaith cefnogol ar gyfer meinweoedd meddal eich corff.

▶ **Amddiffyn** – mae esgyrn eich sgerbwd yn amgylchynu ac yn amddiffyn meinweoedd ac organau hanfodol yn eich corff. Mae'ch penglog yn amddiffyn eich ymennydd, mae'ch calon a'ch ysgyfaint wedi eu gwarchod gan eich thoracs, mae'ch asgwrn cefn yn amddiffyn madruddyn y cefn bregus, a'ch pelfis yn amddiffyn eich organau abdomenol ac atgenhedlu.

▶ **Cydfan ar gyfer cyhyrau sgerbydol** – mae rhannau o'ch sgerbwd yn darparu arwyneb er mwyn i'ch cyhyrau sgerbydol gysylltu â nhw, gan ganiatáu ichi symud. Mae tendonau yn cysylltu cyhyrau i esgyrn, gan ddarparu trosoledd (*leverage*). Mae cyhyrau sy'n tynnu esgyrn yn gweithredu fel liferi, ac mae symudiad yn digwydd yn y cymalau fel y gallwch gerdded, rhedeg, neidio, cicio, taflu ac ati. Y math o gymal (gweler tudalen 12) sy'n penderfynu ar y math o symudiad sy'n bosibl.

▶ **Ffynhonnell cynhyrchu celloedd gwaed** – nid yw'ch esgyrn yn hollol solet, gan y byddai hyn yn gwneud eich sgerbwd yn drwm ac yn anodd ei symud. Mae pibellau gwaed yn bwydo canol eich esgyrn, ac wedi ei storio o fewn yr esgyrn mae **mêr**. Mae mêr eich esgyrn hir yn cynhyrchu celloedd coch y gwaed a chelloedd gwyn y gwaed yn barhaus. Mae hyn yn swyddogaeth hanfodol gan fod nifer fawr o gelloedd gwaed, yn enwedig celloedd coch y gwaed, yn marw bob munud.

- **Storfa mwynau** – mae asgwrn yn gronfa ar gyfer mwynau fel calsiwm a ffosfforws, sy'n hanfodol ar gyfer tyfiant esgyrn a chynnal iechyd esgyrn. Mae'r mwynau hyn yn cael eu storio a'u rhyddhau i lif y gwaed yn ôl yr angen, gan gydbwyso'r mwynau yn eich corff.
- **Trosoledd** – mae'r esgyrn yn darparu system lifer y gall cyhyrau dynnu yn ei erbyn er mwyn creu symudiad.
- **Cynnal pwysau** – mae eich esgyrn yn gryf iawn a byddant yn cynnal pwysau eich meinwe gan gynnwys cyhyrau. Yn ystod chwaraeon cymhwysir grymoedd mawr i'ch corff, ac mae eich sgerbwd yn darparu'r cryfder strwythurol i atal anaf.
- **Lleihau ffrithiant ar draws cymalau** – mae gan y sgerbwd lawer o gymalau o wahanol fathau. Mae cymalau synofaidd yn secretu hylif sy'n atal esgyrn rhag rhwbio'i gilydd, gan leihau ffrithiant rhwng yr esgyrn.

Prif swyddogaeth gwahanol fathau o esgyrn

Mae gan yr esgyrn yn eich corff lawer o wahanol swyddogaethau, yn dibynnu ar eu siâp a lleoliad. Ystyriwch esgyrn y breichiau a'r coesau a sut maen nhw'n cael eu defnyddio mewn chwaraeon. Ar y cyd â'ch cyhyrau, gall yr esgyrn hir hyn gynhyrchu symudiadau mawr fel cicio neu daflu wrth i'r esgyrn hir ymddwyn fel liferi. Mae esgyrn gwastad y corff hefyd yn bwysig mewn chwaraeon gan eu bod yn gallu amddiffyn rhag gwrthdrawiad, gan sicrhau bod eich organau hanfodol yn parhau i weithredu. Edrychwch ar Dabl 1.3 am enghreifftiau o'r gwahanol esgyrn a'u prif swyddogaethau.

- **Tabl 1.3:** Swyddogaeth gwahanol fathau o esgyrn

Math o asgwrn	Swyddogaeth	Enghreifftiau
Hir	Symudiad, cefnogaeth, cynhyrchu celloedd coch y gwaed	Ffemwr, hwmerws, tibia, radiws, wlna
Byr	Symudiadau ysgafn neu fach; amsugno sioc, sefydlogrwydd, cynnal pwysau	Carpalau, tarsalau
Gwastad	Cydfan ar gyfer cyhyrau; amddiffyn	Sternwm, sgapwla, pelfis, creuan
Sesamoid	Amddiffyn; lleihau ffrithiant ar draws y cymalau	Padell pen-glin, pisifform (garddwrn)
Afreolaidd	Amddiffyn (madruddyn y cefn); symudiad	Fertebrâu

MUNUD I FEDDWL   Beth yw prif swyddogaethau'r sgerbwd? Pam bod y rhain yn bwysig mewn chwaraeon ac ymarfer corff?

Awgrym   Ysgrifennwch brif swyddogaethau'r sgerbwd echelinol a'r sgerbwd atodol.

Ymestyn   Ystyriwch weithred chwaraeon. Beth yw rolau'r sgerbwd echelinol ac atodol yn y weithred hon?

Cymalau

Rydych chi wedi gweld bod eich sgerbwd yn cynnwys esgyrn sy'n cefnogi ac yn amddiffyn eich corff. Er mwyn i symudiad ddigwydd, rhaid cysylltu'r esgyrn. Mae cymal yn cael ei ffurfio ble mae dau neu fwy o esgyrn yn cwrdd. Gelwir hyn yn **ymgymalu**. Mae corff oedolyn dynol yn cynnwys tua 350 o gymalau, y gellir eu dosbarthu mewn gwahanol ffyrdd yn dibynnu ar eu strwythur.

Dangosir esgyrn yr ysgwydd yn Ffigur 1.4(c) ar dudalen 7 ac esgyrn y glun, y pen-glin a'r ffêr yn Ffigur 1.4(b). Mae strwythur a symudiad y fertebrâu wedi eu disgrifio ar dudalennau 7–8 o dan y pennawd 'Yr asgwrn cefn neu golofn yr asgwrn cefn.'

> **Term allweddol**
>
> **Ymgymalu** – ble mae dau neu fwy o esgyrn yn cyfarfod.

Dosbarthiad cymalau

Mae tri math o gymal, wedi'u dosbarthu yn ôl graddfa'r symudiad y maent yn ei ganiatáu:

- ▶ sefydlog
- ▶ ychydig yn symudol
- ▶ synofaidd.

Cymalau sefydlog

Nid yw cymalau sefydlog, neu **gymalau ffibrog** neu **disymud**, yn symud. Mae cymalau sefydlog yn ffurfio pan mae esgyrn yn cyd-gloi ac yn gorgyffwrdd yn ystod plentyndod cynnar. Mae'r cymalau hyn yn cael eu dal gyda'i gilydd gan fandiau o feinwe ffibrog caled ac maen nhw'n gryf heb unrhyw symud rhwng yr esgyrn. Un enghraifft yw'r ardal rhwng y platiau esgyrn yn eich creuan, sydd wedi eu glynu gyda'i gilydd i amddiffyn eich ymennydd.

Cymalau ychydig yn symudol

Mae cymalau ychydig yn symudol neu **gymalau cartilagaidd** yn caniatáu ychydig o symudiad. Mae pennau'r esgyrn wedi'u gorchuddio â gorchudd llyfn, sgleiniog, a elwir yn gartilag cymalol neu hyalin, sy'n lleihau ffrithiant rhwng yr esgyrn. Mae'r esgyrn wedi'u gwahanu gan badiau o ffibrocartilag gwyn (cartilag caled sy'n gallu amsugno llwythi sylweddol). Mae'r ychydig o symudiad ar yr arwynebau asio hyn yn bosibl oherwydd bod padiau cartilag yn cyfangu, er enghraifft rhwng y mwyafrif o fertebrâu.

Cymalau synofaidd

Mae cymalau synofaidd neu **gymalau symudol** yn cynnig y lefel uchaf o symudedd mewn cymal ac maent yn hanfodol i bob symudiad o fewn chwaraeon. Mae'r rhan fwyaf o'r cymalau yn eich breichiau a'ch coesau yn synofaidd.

Mae cymal synofaidd (gweler Ffigur 1.7) yn cynnwys dau neu fwy o esgyrn, eu pennau wedi eu gorchuddio â chartilag cymalol, sy'n caniatáu i'r esgyrn symud dros ei gilydd gyda lleiafswm o ffrithiant. Mae gan gymalau synofaidd geudod neu wagle synofaidd rhwng yr esgyrn. Mae'r ceudod hwn wedi'i amgylchynu'n llwyr gan gapsiwl ffibrog, wedi'i leinio â philen synofaidd, a'i bwrpas yw rhyddhau neu secretu hylif a elwir yn hylif synofaidd i mewn i geudod y cymal. Mae hyn yn iro ac yn maethu'r cymal. Mae capsiwl y cymal yn cael ei ddal gyda'i gilydd gan fandiau caled o feinwe gyswllt o'r enw gewynnau. Mae'r gewynnau hyn yn darparu'r cryfder i osgoi datgymaliad, tra'n ddigon hyblyg i ganiatáu ystod lydan o symudiadau.

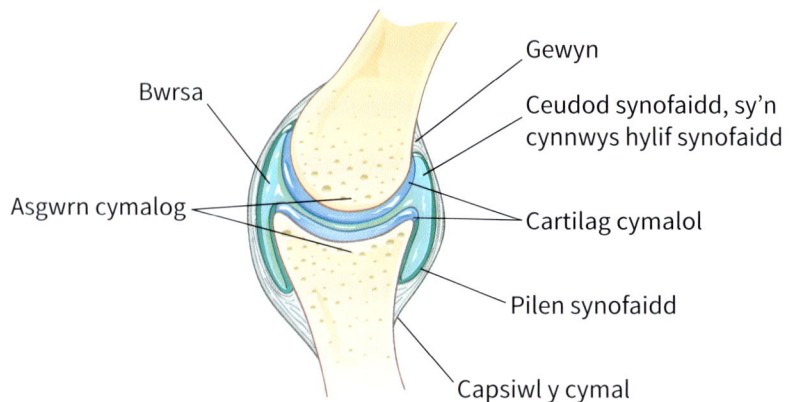

Gewyn
Bwrsa
Ceudod synofaidd, sy'n cynnwys hylif synofaidd
Asgwrn cymalog
Cartilag cymalol
Pilen synofaidd
Capsiwl y cymal

▶ **Ffigur 1.7:** Cymal synofaidd

Mae pob cymal synofaidd yn cynnwys y nodweddion canlynol.

- ▶ **Capsiwl y cymal** neu gapsiwl ffibrog – llawes allanol sy'n helpu i ddal yr esgyrn yn eu lle ac amddiffyn y cymal. Bydd y capsiwl hwn hefyd yn cynnwys prif strwythur y cymal synofaidd.

- **Bwrsa** – sach fach llawn hylif sy'n darparu clustog rhwng y tendonau a'r esgyrn, gan atal ffrithiant. Mae bwrsâu wedi eu llenwi â hylif synofaidd.
- **Cartilag cymalol** ar bennau'r esgyrn – yn darparu gorchudd llyfn a llithrig i atal yr esgyrn rhag rhwbio neu rygnu gyda'i gilydd.
- **Pilen synofaidd** – leinin y capsiwl sy'n rhyddhau hylif synofaidd.
- **Hylif synofaidd** – hylif gludiog (trwchus) sy'n iro'r cymal ac yn lleihau'r ffrithiant rhwng yr esgyrn, gan eu hatal rhag rhwbio'i gilydd. Mae hylif synofaidd hefyd yn darparu maetholion i'r cartilag cymalol.
- **Gewynnau** – yn dal yr esgyrn gyda'i gilydd a'u cadw yn eu lle.

Mathau o gymal synofaidd

Mae chwe math o gymal synofaidd, wedi'u categoreiddio yn ôl eu strwythur a'r symudiadau y maent yn eu caniatáu. Bydd y cymalau hyn yn caniatáu symudiadau penodol a, gyda'i gilydd, yn eich galluogi i berfformio technegau cymhleth fel trosben neu serfiad mewn tennis.

- **Colfach** – Mae'r rhain yn caniatáu symud i un cyfeiriad yn unig (yn debyg i golfach ar ddrws). Mae cymalau penelin a phen-glin yn enghreifftiau nodweddiadol a dim ond yn caniatáu symudiadau ymlaen ac yn ôl. Mae enghreifftiau mewn ymarfer corff yn cynnwys rhedeg gyda'r pen-glin yn plygu neu gyrlio'r cyhyrau deuben.
- **Pelen a chrau** – Mae pen crwn un asgwrn yn ffitio i soced siâp cwpan yn yr asgwrn arall, gan ganiatáu symudiad i bob cyfeiriad. Ymhlith yr enghreifftiau mae cymylau'r glun a'r ysgwydd, a ddefnyddir wrth redeg ac wrth daflu gwrthrych fel gwaywffon.
- **Cambylaidd** – Fe'i gelwir hefyd yn gymalau elipsoidol. Mae'r rhain yn debyg i gymalau pelen a chrau, ble mae lwmp (cambwl) ar un asgwrn yn eistedd yn y pant a ffurfiwyd gan un arall. Mae'r symudiad yn ôl ac ymlaen ac o ochr i ochr. Mae gewynnau'n aml yn atal cylchdroi. Enghraifft o gymal cambylaidd ar waith yw yn ystod gêm bêl-fasged pan fydd chwaraewr yn driblo neu'n bownsio'r bêl, gyda'r arddwrn yn cael ei ddefnyddio i greu'r weithred hon.
- **Llithro** – Mae'r cymalau hyn yn caniatáu symud dros arwyneb gwastad i bob cyfeiriad, ond mae'r symudiad yn cael ei gyfyngu gan y gewynnau neu chwydd esgyrnog, er enghraifft mewn carpalau a tharsalau yr arddyrnau a'r fferau. Gellir gweld hyn mewn naid pêl-rwyd gyda'r droed yn pwyntio tuag i lawr.

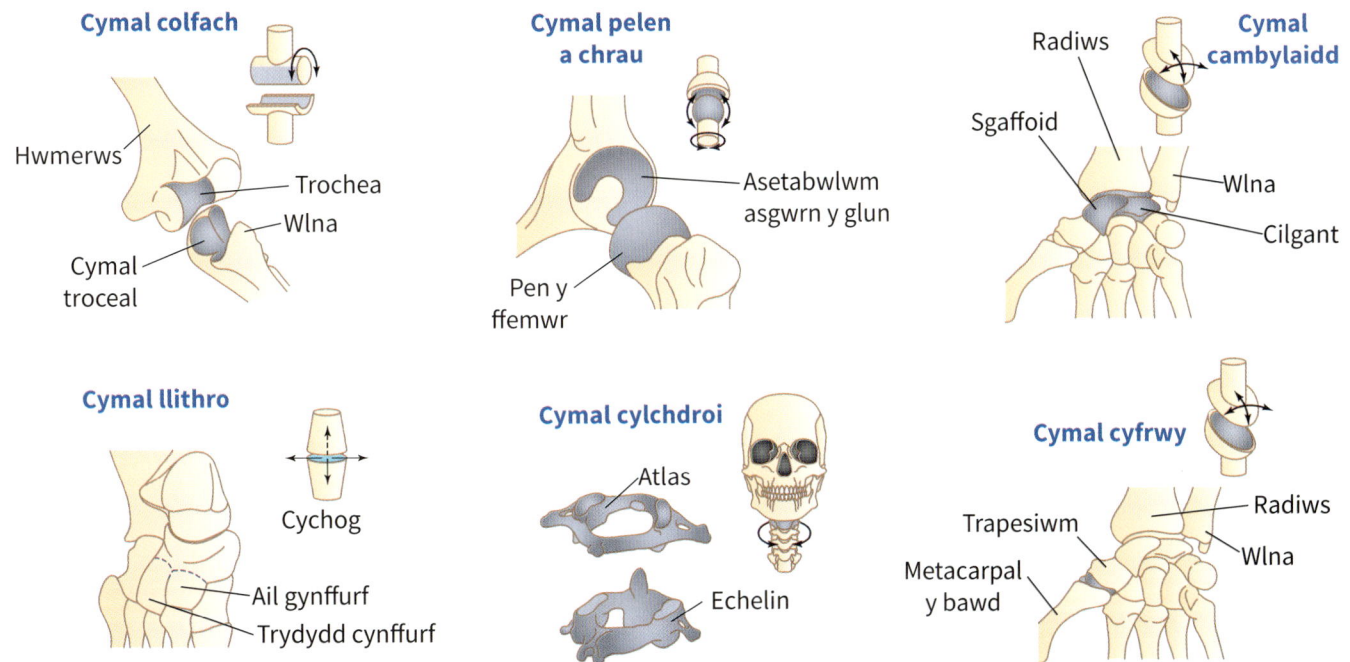

▶ **Ffigur 1.8:** Mathau o gymal synofaidd

Termau allweddol

Ceugrwm – ble mae'r asgwrn yn troi neu wedi'i bantio ar i mewn.

Amgrwm – ble mae'r asgwrn yn troi am allan.

▶ **Cylchdroi** – Mae asgwrn crwn yn ffitio dros beg asgwrn arall, gan ganiatáu rheoli symudiad cylchdro, fel cymal yr atlas a'r echelin yn y gwddf. Mae'r cymal yma'n caniatáu ichi droi eich pen o ochr i ochr. Pan fyddwch chi'n troi'ch pen mewn chwaraeon fe fyddwch yn defnyddio cymal cylchdroi.

▶ **Cyfrwy** – Mae'r rhain yn debyg i gymalau cambylaidd ond mae'r arwynebau'n **geugrwm** ac **amgrwm**. Mae'r cymal wedi'i siapio fel cyfrwy gyda'r asgwrn arall yn gorffwys arno fel marchog ar geffyl. Mae'r symudiad yn ôl ac ymlaen ac o ochr i ochr, fel ar waelod y bawd. Byddech chi'n defnyddio cymal cyfrwy wrth afael mewn raced wrth chwarae tennis neu sboncen.

❚❚ MUNUD I FEDDWL — Beth yw'r gwahanol fathau o gymalau? Allwch chi nodi lleoliad pob un o'r mathau yma o gymylau?

Awgrym — Disgrifiwch leoliad pob un o'r cymalau synofaidd yn y corff.

Ymestyn — Gwnewch lun o gymal synofaidd, gan labelu'r prif nodweddion strwythurol.

Yr ystod o symudiadau mewn cymalau synofaidd

Mae'r math o symudiad y mae pob cymal synofaidd yn ei ganiatáu yn cael ei bennu gan ei strwythur a'i siâp. Mae technegau chwaraeon fel arfer yn defnyddio cyfuniad o wahanol gymalau i ganiatáu ystod eang o symudiadau neu dechnegau. Er enghraifft, fe fydd cricedwr yn bowlio pêl yn defnyddio cymalau yn y bysedd (ffalangau), arddwrn, penelin ac ysgwydd. Fe fyddan nhw hefyd yn defnyddio cymalau'r droed, y ffêr, y pen-glin a'r glun wrth redeg.

Mae'n bwysig wrth astudio mabolgampwyr ar waith eich bod yn gallu dadansoddi'r technegau hyn a nodi'r symudiadau penodol ym mhob cymal. Bydd hyfforddwr yn aml yn dadansoddi'r symudiadau a gynhyrchir gan athletwr er mwyn gwella techneg, ac mae'n gyffredin gweld symudiadau'n cael eu ffilmio a'u dadansoddi'n fanwl gan ddefnyddio meddalwedd cyfrifiadur.

Termau allweddol

Hyblygrwydd – yr ystod o symudiad o amgylch cymal neu grŵp o gymalau.

Meinwe feddal – y feinwe sy'n cysylltu, cefnogi ac yn amgylchynu strwythurau fel cymalau neu organau. Mae'n cynnwys tendonau, gewynnau, croen, braster a chyhyrau.

Ystod y symudiad yw maint y symudiad mewn cymal ac yn aml cyfeirir ato fel **hyblygrwydd** cymal. Bydd hyblygrwydd hefyd yn dibynnu ar nifer o ffactorau gan gynnwys oedran, tensiwn y meinweoedd cysylltiol ategol (tendonau) a'r cyhyrau sy'n amgylchynu'r cymal, a faint o **feinwe feddal** sy'n amgylchynu'r cymal.

Mae'r symudiadau canlynol yn gyffredin ar draws ystod eang o chwaraeon ac maen nhw'n bwysig wrth berfformio technegau chwaraeon ac ymarfer corff.

▶ **Plygu** – lleihau'r ongl rhwng esgyrn mewn cymal: mae cyhyrau'n cyfangu, gan symud y cymal i safle wedi plygu. Ymhlith yr enghreifftiau mae plygu'ch braich mewn gweithred cyrlio'r cyhyrau deuben neu blygu'r pen-glin wrth baratoi i gicio pêl-droed.

▶ **Estyn** – sythu i gynyddu'r ongl yn y cymal, fel sythu'ch braich i ddychwelyd i'ch man cychwyn mewn gweithred cyrlio'r cyhyrau deuben neu'r weithred o gicio wrth gymryd cic gosb mewn pêl-droed gyda'r pen-glin yn sythu.

▶ **Cefnblygiad** – symudiad ar i fyny, fel wrth symud y droed i dynnu bysedd y traed tuag at y pen-glin wrth gerdded.

▶ **Gwadnblygiad** – symudiad sy'n pwyntio bysedd y traed tuag i lawr trwy sythu'r ffêr. Mae hyn yn digwydd wrth neidio i saethu mewn pêl-rwyd.

▶ **Plygiad ochrol** – symudiad plygu i'r ochr, er enghraifft yng nghanol y corff.

▶ **Plygiad llorweddol** ac **estyniad llorweddol** – plygu'r penelin tra bod y fraich o flaen eich corff; mae sythu'r fraich wrth y penelin yn **estyniad**.

▶ Mae cricedwyr yn defnyddio nifer fawr o gymalau a symudiadau wrth fowlio

▶ **Gorestyniad** – yn golygu symud y tu hwnt i'r safle anatomegol arferol mewn cyfeiriad i'r gwrthwyneb i blygu. Mae hyn yn digwydd yn yr asgwrn cefn pan fydd cricedwr yn crymu ei gefn neu ei chefn wrth agosáu at y crîs i fowlio.

▶ **Alldyniad** – symudiad i ffwrdd o linell ganol fertigol y corff, fel gyda'r glun wrth ochrgamu mewn gymnasteg.

▶ **Atyniad** – symud tuag at linell ganol fertigol y corff, fel wrth dynnu ar y rhwyfau wrth rwyfo.

▶ **Alldyniad ac atyniad llorweddol** – dyma'r symudiad o ddod â'ch braich ar draws eich corff (plygu) ac yna yn ôl eto (estyn).

▶ **Cylchddwythiad** – symudiad cylchol yw hwn sy'n arwain at weithrediad conigol.

▶ **Cylchdroi** – aelod yn symud yn gylchol. Mae cylchdro yn digwydd yn achos cymal yr ysgwydd yn ystod serfiad tennis.

Myfyrio

Meddyliwch am symudiad chwaraeon cyffredin fel taflu gwaywffon. Ystyriwch y symudiad ym mhob cymal a nodwch y math o weithred sy'n digwydd.

Plygu   **Estyn**

Gwadnblygiad a chefnblygiad

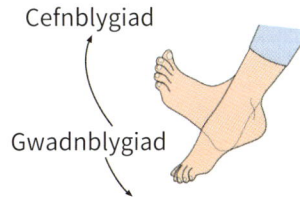

Cefnblygiad

Gwadnblygiad

Plygiad ochrol

Plygiad ochrol

Gorestyniad

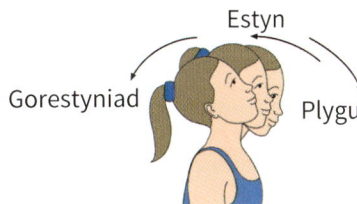

Estyn

Gorestyniad

Plygu

Cylchdroi

Alldyniad, atyniad a chylchddwythiad

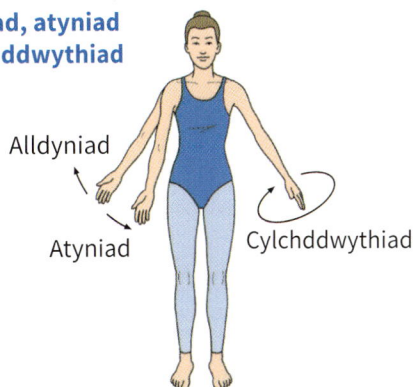

Alldyniad

Atyniad

Cylchddwythiad

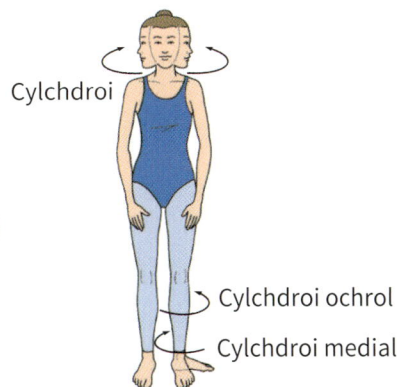

Cylchdroi

Cylchdroi ochrol

Cylchdroi medial

▶ **Ffigur 1.9:** Termau anatomegol a biomecanyddol yn ymwneud â symudiadau'r cyhyrau

Mae llawer o symudiadau chwaraeon yn edrych yn gymhleth ond mewn gwirionedd gellir eu hystyried a'u dadansoddi fel symudiadau llai, ar wahân. Mae'n beth cyffredin i hyfforddwyr modern ddefnyddio offer fideo i ffilmio technegau penodol fel y gellir dadansoddi a thrafod y gyfres o symudiadau gyda'r athletwr.

Ystyriwch y weithred o daflu pêl. Byddwch yn defnyddio nifer o wahanol gymalau gan gynnwys cymal pelen a chrau'r ysgwydd, cymal colfach y penelin a chymalau llithro yr arddwrn (carpalau). Gyda'r cyhyrau sgerbydol, byddwch chi'n gallu defnyddio'r esgyrn hir fel liferi i gynhyrchu symudiad mawr a phwerus er mwyn taflu'r bêl.

Nawr ystyriwch serfiad tennis a symudiadau'r cymalau a ddefnyddir. Sut mae'r rhain yn debyg i'r weithred o daflu pêl? Bydd llawer o wahanol dechnegau chwaraeon yn defnyddio cyhyrau a symudiadau cymal tebyg sy'n cael eu mireinio i gyrraedd anghenion y dechneg chwaraeon benodol.

Gwiriwch eich gwybodaeth

1 Allwch chi feddwl am unrhyw dechnegau chwaraeon eraill sydd yn debyg?

2 Pa chwaraeon sy'n rhannu'r un symudiadau?

3 Sut byddai athro neu hyfforddwr AG yn elwa o fedru adnabod symudiadau chwaraeon gwahanol a thebyg?

Ymatebion y system sgerbydol i un gamp neu sesiwn ymarfer corff

Mae'n debyg eich bod yn ymwybodol bod cyfradd curiad y galon a chyfradd anadlu yn ystod ymarfer corff yn cynyddu, ond a oeddech chi'n gwybod y byddai eich system sgerbydol hefyd yn ymateb i ymarfer corff? Mae hyn weithiau'n cael ei anwybyddu gan fod y newidiadau'n fach ac o'r golwg. Pan fyddwch chi'n ymarfer corff neu gymryd rhan mewn chwaraeon bydd systemau eich corff yn addasu bron yn syth fel bod eich corff yn barod am y straen ychwanegol a roddir arno. Mae hyn yn un o'r rhesymau pam y dylech chi bob amser gwblhau sesiwn gynhesu wedi'i chynllunio a'i pherfformio'n dda cyn dechrau unrhyw weithgaredd corfforol.

Bydd eich system sgerbydol yn ymateb i ymarfer corff yn y tymor byr trwy gynhyrchu mwy o hylif synofaidd yn y cymalau synofaidd. Mae hyn er mwyn i'r cymalau gael eu hiro i'w galluogi i amddiffyn yr esgyrn yn ystod y gofynion cynyddol y mae ymarfer corff yn eu rhoi ar y sgerbwd a'r cymalau. Bydd yr hylif hefyd yn dod yn llai **gludiog** a bydd ystod y symudiadau yn y cymal yn cynyddu. Bydd rhyddhau hylif synofaidd o'r bilen synofaidd hefyd yn darparu mwy o faetholion i'r cartilag cymalol.

Ymateb acíwt arall i ymarfer corff yw'r nifer cynyddol o fwynau yn yr esgyrn. Yn yr un modd ag y mae cyhyrau'n dod yn gryfach po fwyaf y byddwch chi'n eu defnyddio, daw asgwrn yn gryfach ac yn ddwysach pan fyddwch chi'n gosod gofynion ymarfer corff arno yn rheolaidd. Bydd y corff yn amsugno mwynau fel calsiwm a fydd yn cynyddu dwysedd mwynol eich esgyrn. Mae hyn yn arbennig o bwysig ar gyfer ymarferion cynnal pwysau fel gwasgau mainc (bench presses). Pan mae mwy o straen a grym ar yr esgyrn, rhaid iddynt fod yn ddigon cryf i ymdopi â'r gofynion cynyddol.

Addasiadau'r system sgerbydol i ymarfer corff

Mae eich corff yn ymateb i straen ymarfer corff neu weithgaredd corfforol mewn sawl ffordd. Mae rhai o'r rhain yn digwydd yn syth ac yn aml cyfeirir atynt fel ymatebion acíwt i ymarfer corff. Mae eraill yn hirdymor, ac yn aml cyfeirir atynt fel **ymatebion cronig** neu addasiadau cronig sy'n cyfrannu at well ffitrwydd ar gyfer cymryd rhan mewn chwaraeon a llai o risg i iechyd.

Termau allweddol

Gludiog – yn disgrifio pa mor drwchus yw hylif. Os yw hylif synofaidd yn rhy drwchus yna bydd yn anodd symud y cymal.

Ymatebion acíwt – pan fydd y corff yn newid neu'n ymateb ar unwaith; y gwrthwyneb yw **ymatebion cronig** ac yn digwydd dros gyfnod hirach o amser.

Fel systemau eraill y corff, bydd y system sgerbydol yn addasu i ymarfer corff. Bydd ymarfer corff yn cynyddu dwysedd mwynol eich esgyrn a thros amser bydd hyn yn arwain at esgyrn cryfach a fydd yn fwy gwrthiannol i'r grymoedd a geir mewn chwaraeon fel cicio, neidio neu redeg.

Bydd gweithgaredd corfforol hirdymor hefyd yn cynyddu cryfder y gewynnau sy'n dal eich esgyrn gyda'i gilydd mewn cymalau synofaidd. Pan fyddwch chi'n ymarfer fel rhan o raglen o hyfforddiant, bydd eich gewynnau yn ymestyn ychydig ymhellach na'r arfer ac o ganlyniad byddant yn dod yn fwy ystwyth dros amser, gan arwain at fwy o hyblygrwydd.

> **❙❙ MUNUD I FEDDWL**   Pan fyddwch chi'n ymarfer corff, beth yw'r ymatebion uniongyrchol y mae eich corff yn eu gwneud?
>
> **Awgrym**   Meddyliwch am eich cynhesu cyn ymarfer corff. Beth sy'n digwydd i'ch corff a pham?
>
> **Ymestyn**   Ymchwiliwch a lluniwch restr o'r newidiadau sy'n digwydd yn y system sgerbydol ac esboniwch pam maen nhw'n digwydd yn ystod ymarfer corff.

Ffactorau ychwanegol sy'n effeithio ar y system sgerbydol

Mae manteision cymryd rhan mewn ymarfer corff neu weithgaredd corfforol rheolaidd yn enfawr. Mae pobl sy'n cymryd rhan mewn ymarfer corff rheolaidd yn fwy tebygol o fyw yn hirach ac yn llai tebygol o ddatblygu afiechydon difrifol. Dylai ymarfer corff fod yn rhan o ffordd iach o fyw ac mae'n gyffredin i glywed am fanteision gweithgaredd corfforol wrth atal clefyd y galon a rheoli pwysau. Gall ymarfer corff rheolaidd hefyd helpu afiechydon sgerbydol cyffredin fel llid y cymalau ac osteoporosis.

Arthritis

Mae crudcymalau neu arthritis yn gyflwr lle mae llid yn y cymal synofaidd, sy'n achosi poen ac anystwythder yn y cymal. Y math mwyaf cyffredin o arthritis yw osteoarthritis. Mae hyn yn cael ei achosi gan draul gyffredinol dros gyfnod hir o amser. Mae hyn yn lleihau'r swm arferol o feinwe cartilag, a all arwain at bennau'r esgyrn yn rhwbio yn erbyn ei gilydd. Bydd anaf i'r cymal yn gallu gwaethygu'r draul naturiol hon o feinwe cartilag.

Fodd bynnag, gall ymarfer corff rheolaidd atal arthritis. Yn ystod gweithgaredd corfforol bydd eich cymalau'n cynhyrchu mwy o hylif synofaidd a fydd nid yn unig yn gwella iro'r cymalau, gan leihau ffrithiant rhwng yr esgyrn, ond bydd hefyd yn darparu mwynau pwysig i'r cartilag. Bydd ymarferion fel ymestyn hefyd yn gwella ystod symudiad y cymal, yn ymestyn y gewynnau sy'n dal yr esgyrn yn eu lle ac yn gwella hyblygrwydd.

Osteoporosis

Osteoporosis yw gwanhâd yr esgyrn sy'n cael ei achosi gan golli calsiwm neu ddiffyg **fitamin D**. Wrth ichi heneiddio bydd eich esgyrn yn colli eu dwysedd mwynol yn araf ac yn dod yn frau yn naturiol, yn fregus ac yn fwy tebygol o dorri dan straen. Fodd bynnag, gall gweithgaredd corfforol ac ymarfer corff helpu i atal osteoporosis trwy annog mwy o fewnlifiad o fwynau o fewn yr esgyrn, gan arwain at gynnydd yn nwysedd mwynol esgyrn. Mae hyfforddiant gwrthiannol yn ddull da o atal osteoporosis, gan y bydd gorlwytho'r sgerbwd yn cynyddu dwysedd esgyrn.

Oed

Mae'r system sgerbydol yn feinwe fyw sy'n tyfu'n gyson ac yn atgyweirio ei hun fel ei bod yn gallu darparu cefnogaeth ac amddiffyniad. Yn gyffredinol, bydd ymarfer corff a chwaraeon yn gwneud lles i chi. Yr eithriad i hyn yw hyfforddiant gwrthiannol (hyfforddiant pwysau) mewn plant, gan y gall hyn achosi mwy o niwed nag o les. Y rheswm am hyn yw bod esgyrn plentyn yn dal i dyfu a gall rhoi gormod o rym arnynt niweidio'r platiau ardyfiannol sydd i'w cael ar bob pen i'r esgyrn hir. Gall niwed i'r platiau hyn yn ystod plentyndod a'r glasoed arwain at dyfiant crebachaidd ar yr esgyrn.

> **Term allweddol**
>
> **Fitamin D** – yn cael ei ddefnyddio i reoleiddio faint o galsiwm sydd yn y corff ac yn cael ei gynhyrchu drwy olau haul ar ein croen; mae'n cael ei greu o dan y croen. Gellir hefyd ddod o hyd i ychydig bach o fitamin D mewn pysgod olewog ac wyau.

1 Esboniwch sut mae esgyrn y sgerbwd yn cael eu defnyddio wrth symud o fewn chwaraeon. **(2 farc)**

2 Mae gan Jack osteoporosis yn ei gamau cyntaf. Mae wedi cael ei gynghori i gymryd rhan mewn ymarfer corff i helpu i rwystro'r cyflwr hwn rhag gwaethygu. Nodwch un math o ymarfer corff y gallai Jack gymryd rhan ynddo er mwyn rhwystro'r osteoporosis rhag gwaethygu. **(1 marc)**

3 Esboniwch pam y bydd ymarferion cynnal pwysau yn rhwystro osteoporosis rhag gwaethygu. **(3 marc)**

4 Dadansoddwch sut mae symudiad yn y cymalau synofaidd yn y sgerbwd uchaf yn caniatáu chwaraewr tennis i serfio'r bêl fel y dangosir yn y llun. **(6 marc)**

Cynllunio
- Beth mae'r cwestiwn yn ei ofyn i mi ei wneud? Oes angen i mi roi enghreifftiau o fyd chwaraeon?
- Beth yw'r geiriau allweddol y byddaf angen eu cynnwys yn ymwneud â'r system sgerbydol?

Gwneud
- Byddaf yn ysgrifennu'r termau allweddol sydd angen eu cynnwys ym mhob ateb.
- Byddaf yn sicrhau fy mod wedi rhoi enghreifftiau digonol yn ymwneud â'r nifer o farciau sydd ar gael.

Adolygu
- Byddaf yn gwirio fy ateb. A yw'n glir? Ydw i'n rhoi enghreifftiau addas?

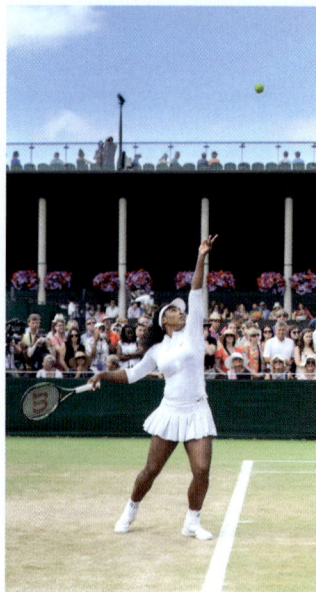

B Effeithiau ymarfer corff a pherfformiad chwaraeon ar y system gyhyrol

Mae dros 640 o gyhyrau wedi'u henwi yn y corff dynol ac mae'r rhain yn ffurfio oddeutu 40 y cant o fàs eich corff. Yr enw ar y cyhyrau sy'n symud eich esgyrn yn ystod gweithgaredd yw'r **cyhyrau sgerbydol**. Yn yr adran hon byddwch yn dysgu am y prif gyhyrau sgerbydol, eu gweithredoedd cysylltiedig, a mathau o ffibr cyhyrau. Mae'r adran hon hefyd yn edrych ar y gwahanol fathau o gyhyrau a'u swyddogaethau penodol, yn ogystal ag ymatebion ac addasiadau'r system gyhyrol i chwaraeon neu ymarfer corff.

Nodweddion a swyddogaethau gwahanol fathau o gyhyrau

Mae tri phrif fath o feinwe gyhyrol yn y corff dynol.

▶ **Cyhyr sgerbydol** – a elwir hefyd yn gyhyr rhesog neu streipiog oherwydd ei ymddangosiad streipiog wrth edrych arno o dan ficrosgop. Mae'r math hwn o gyhyr yn un rheoledig, sy'n golygu ei fod o dan reolaeth ymwybodol. Mae cyhyrau sgerbydol yn hanfodol i chwaraeon ac ymarfer corff gan eu bod wedi'u cysylltu â'r system sgerbydol trwy dendonau ac yn bennaf gyfrifol am symudiad. Mae cyhyrau sgerbydol yn cyfangu ac, o ganlyniad, yn tynnu ar eich esgyrn i greu symudiad. Gallant ddiffygio yn ystod ymarfer corff. Trafodir cyhyrau sgerbydol mewn fwy o fanylder o dudalen 19.

▶ **Cyhyr cardiaidd** – dim ond yn wal eich calon y mae'r math hwn o feinwe cyhyrau i'w gael. Mae'n gweithio'n barhaus. Mae'n gyhyr anrheoledig, sy'n golygu nad yw o dan reolaeth ymwybodol. Mae wedi ei wneud o fath arbennig o feinwe rhesog sydd â'i gyflenwad gwaed ei hun. Mae ei gyfangiadau yn helpu i orfodi gwaed trwy'ch pibellau gwaed i bob rhan o'ch corff. Mae pob cyfangiad ac ymlaciad o gyhyr eich calon yn ei gyfanrwydd yn cynrychioli un curiad calon. Nid yw'r cyhyr cardiaidd yn diffygio, sy'n golygu nad yw'n blino yn ystod ymarfer corff.

▶ **Cyhyr llyfn** – cyhyr anrheoledig sy'n gweithio heb feddwl yn ymwybodol, sy'n gweithredu o dan reolaeth eich system nerfol. Mae wedi ei leoli o fewn waliau eich system dreulio a'ch pibellau gwaed ac yn helpu i reoleiddio treuliad a phwysedd gwaed.

Trafodaeth

Mewn grwpiau bach, cymharwch y gwahanol fathau o feinwe cyhyrau a'u swyddogaeth. Trafodwch bwysigrwydd pob swyddogaeth mewn perthynas â nodweddion y cyhyr.

Prif gyhyrau sgerbydol y system gyhyrol

Mae cyhyrau sgerbydol yn gyhyrau rheoledig sy'n golygu eu bod o dan eich rheolaeth. Er enghraifft, rhaid i chi anfon signal ymwybodol o'ch ymennydd i'ch cyhyrau er mwyn perfformio unrhyw weithred chwaraeon. Mae cyhyrau sgerbydol wedi eu cysylltu i'ch sgerbwd gan dendonau sy'n tynnu esgyrn penodol pan fydd cyhyr yn cyfangu. Nid yn unig y mae cyhyrau sgerbydol yn darparu symudiad, cryfder a phŵer i chi ond maen nhw hefyd yn gyfrifol am gynnal osgo'r corff a chynhyrchu gwres sy'n cynnal eich tymheredd corff arferol.

Gall fod yn anodd cofio enwau, lleoliad a swyddogaeth yr holl brif gyhyrau sgerbydol yn y corff. Bydd Ffigur 1.10 a Thabl 1.4 yn eich helpu i ddod o hyd i'r prif rai sy'n bwysig i chwaraeon ac ymarfer corff. Dylech allu adnabod y prif gyhyrau a ddefnyddir wrth berfformio symudiadau cyffredin fel cic mewn rygbi, serfiad mewn tennis neu ymarfer syml fel gwasgau byrfraich (*press-ups*).

▶ **Tabl 1.4:** Y prif gyhyrau sgerbydol a'u swyddogaeth

Cyhyr	Swyddogaeth	Lleoliad	Tarddiad	Mewnosodiad	Ymarfer corff / gweithgaredd
Triphen (*triceps*)	Ymestyn y fraich isaf	Tu allan i'r fraich uchaf	Hwmerws a sgapwla	Proses olecranon	Dipio, gwasgau byrfraich, gwasgau uwch eich pen
Deltoidau	Alldynnu, plygu ac ymestyn y fraich uchaf	Yn ffurfio cap yr ysgwydd	Pont yr ysgwydd, sgapwla ac acromion	Hwmerws	Codi'r fraich ymlaen, yn ôl, ac yn ochrol, codi pwysau uwch eich pen
Pectoralau	Plygu ac atynnu'r fraich uchaf	Cyhyr mawr y frest	Sternwm, pont yr ysgwydd a chartilag yr asennau	Hwmerws	Pob symudiad gwasgau
Deuben (*biceps*)	Plygu'r fraich isaf yn y penelin	Blaen y fraich uchaf	Sgapwla	Radiws	Cyrlio'r cyhyrau deuben, ymarferion tynnu-i-fyny
Cyhyrau plygu'r arddwrn	Plygu'r llaw wrth yr arddwrn	Ym mlaen blaen y fraich	Hwmerws	Metacarpal	Bownsio pêl-fasged tra'n dribllo
Cyhyrau estyn yr arddwrn	Ymestyn neu sythu'r llaw wrth yr arddwrn	Yng nghefn blaen y fraich	Hwmerws	Metacarpal	Sythu'r arddwrn
Cyhyrynnau dyleddfol (*supinators*)	Yn dyleddfu blaen y fraich	Top a chefn blaen y fraich	Hwmerws	Wlna	Ôl-sbin mewn chwaraeon raced, bowlio troellog mewn criced
Pronadwyr (*pronators*)	Yn pronadu blaen y fraich	Top a blaen yr elin	Hwmerws	Wlna	Top-sbin mewn chwaraeon raced, bowlio troellog mewn criced

Cyhyr	Swyddogaeth	Lleoliad	Tarddiad	Mewnosodiad	Ymarfer corff / gweithgaredd
Cyhyrau'r abdomen	Plygu a throi adran y meingefn o'r asgwrn cefn	Cyhyr y 'six-pack' yn rhedeg i lawr yr abdomen	Crib pwbig a symffysis	Y cambwl cleddyfaidd	Eisteddidau
Cyhyrau plygu'r glun	Plygu cymal y glun (codi'r forddwyd yn y glun)	Adran meingefn yr asgwrn cefn i dop y forddwyd (ffemwr)	Fertebrâu meingefnol	Ffemwr	Codi'r pen-glin, rhagwthion, ysgogi cyrcydu
Pedwarpen (*quadriceps*) • rectus femoris • vastus lateralis • vastus medialis • vastus intermedius	Ymestyn y goes isaf a phlygu'r forddwyd	Blaen y forddwyd	Ilewm a ffemwr	Tibia a ffibwla	Cyrcydau, plygu'r pen-glin
Llinynnau'r garrau (*hamstrings*) • semimembranosus • semitendoninosus • femoris deuben	Plygu'r goes isaf ac ymestyn y forddwyd	Cefn y forddwyd	Ischiwm a ffemwr	Tibia a ffibwla	Cyrlio'r goes, codi pwysau â choes syth
Cyhyr croth y goes (*gastrocnemius*)	Gwadnblygiad, plygu'r pen-glin	Cyhyr mawr croth y goes	Ffemwr	Asgwrn sawdl (calcaneus)	Rhedeg, neidio, a sefyll ar flaenau'ch traed
Soleus	Gwadnblygiad	Cefn y goes isaf	Ffibwla a tibia	Asgwrn sawdl	Rhedeg a neidio
Cyhyr crimogol blaen (*tibialis anterior*)	Cefnblygiad y droed	Blaen y tibia ar y goes isaf	Cambwl ochrol	Gerfydd tendon i arwyneb y cynffurf medial	Pob ymarfer corff rhedeg a neidio
Erector spinae	Ymestyn yr asgwrn cefn	Cyhyr hir yn rhedeg bob ochr i'r asgwrn cefn	Fertrebrâu gyddfol, thorasig a meingefnol	Fertebrâu gyddfol, thorasig a meingefnol	Grym symudol ymestyn y cefn
Teres major	Troi ac alldynnu'r hwmerws	Rhwng y sgapwla a'r hwmerws	Arwyneb cefn y sgapwla	Swlcws rhyngbibellol yr hwmerws	Pob symudiad rhwyfo a thynnu, tynnu'r wyneb, rhwyfo wedi plygu drosodd
Trapesiws	Codi a chyfangu'r sgapwla	Cyhyr mawr trionglog ar dop y cefn	Mewniad parhaol ar hyd yr acromion	Asgwrn gwegil a phob fertebra thorasig	Codi'r ysgwyddau a chodi uwch eich pen
Latissimus dorsi	Ymestyn ac atynnu'r fraich isaf	Cyhyr mawr yn gorchuddio cefn yr asennau isaf	Fertebrâu a'r grib iliag	Hwmerws	Ymarferion tynnu-i-fyny, symudiadau rhwyfo
Cyhyrau lletraws (*obliques*)	Plygu ochrol y bongorff	Gwasg	Crib pwbig a'r grib iliag	Stribedi cigog i'r wyth asen isaf	Cyrlio'r cyhyrau lletraws
Ffolennau (*gluteals*)	Ymestyn y forddwyd	Cyhyr mawr ar y ffolennau	Ilewm, sacrwm a chwtyn y cefn	Ffemwr	Symudiadau plygu'r pen-glin, beicio, cyrcydu

⏸ MUNUD I FEDDWL Beth yw'r mathau gwahanol o gyhyrau?

Awgrym Rhestrwch nodweddion a swyddogaeth pob math o gyhyr.

Ymestyn Esboniwch bwysigrwydd y mathau gwahanol o gyhyr o fewn chwaraeon ac ymarfer corff.

Trapesiws
Deltoid

Pectoralis major ⎤
Pectoralis minor ⎦ Pectoralau

Cyhyrau triphen breichiol
Cyhyrau deuben breichiol

Cyhyryn dyleddfol

Pronadwr

Rectus abdominis
Lletraws allanol
Lletraws mewnol ⎤ Lletraws
Transversus abdominis

Cyhyrau'r abdomen

Cyhyrau plygu'r arddwrn ⎡ Flexor carpi radialis
⎣ Palmaris longus

Cyhyrau plygu'r glun ⎡ Iliopsoas
⎣ Pectineus

Tensor fasciae latae
Sartorius
Atynnwr longus
Gracilis

Cyhyrau pedwarpen ⎡ Rectws femoris
⎢ Vastus intermedius
⎢ Vastus lateralis
⎣ Vastus medialis

Gastrocnemius
Soleus

Tibialis anterior

Erector spinae

Trapesiws

Cyhyrau triphen breichiol

Deltoid
Infraspinatus
Teres major
Latissimus dorsi

Cyhyrau estyn yr arddwrn ⎡ Carpi radialis longus
⎢ Carpi ulnaris
⎣ Cyhyryn estyn digitorum

Gluteus medius ⎤
Gluteus maximus ⎦ Cyhyrau ffolen

Gastrocnemius
Soleus

Atynnwr magnus
Biceps femoris
Semitendinosus
Semimembranosus

Llinynnau'r garrau

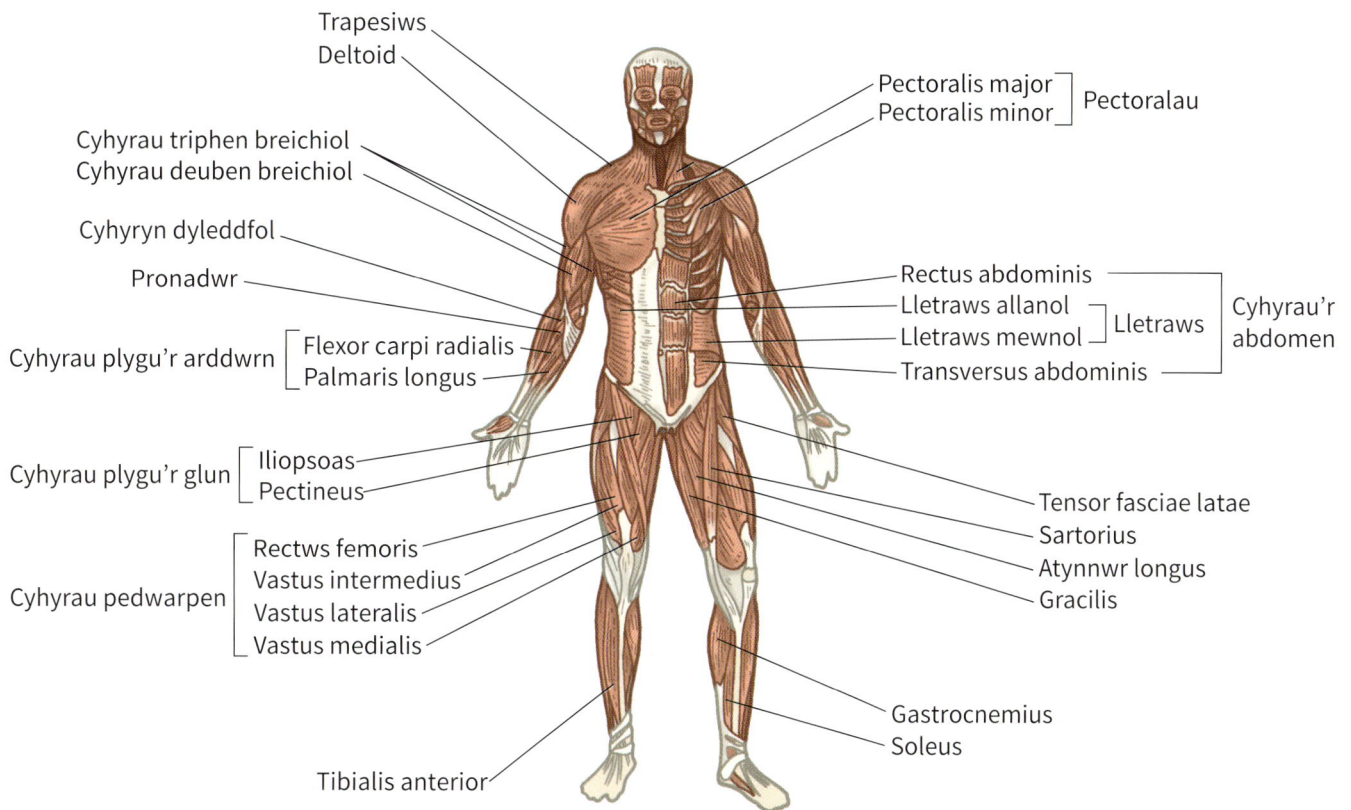

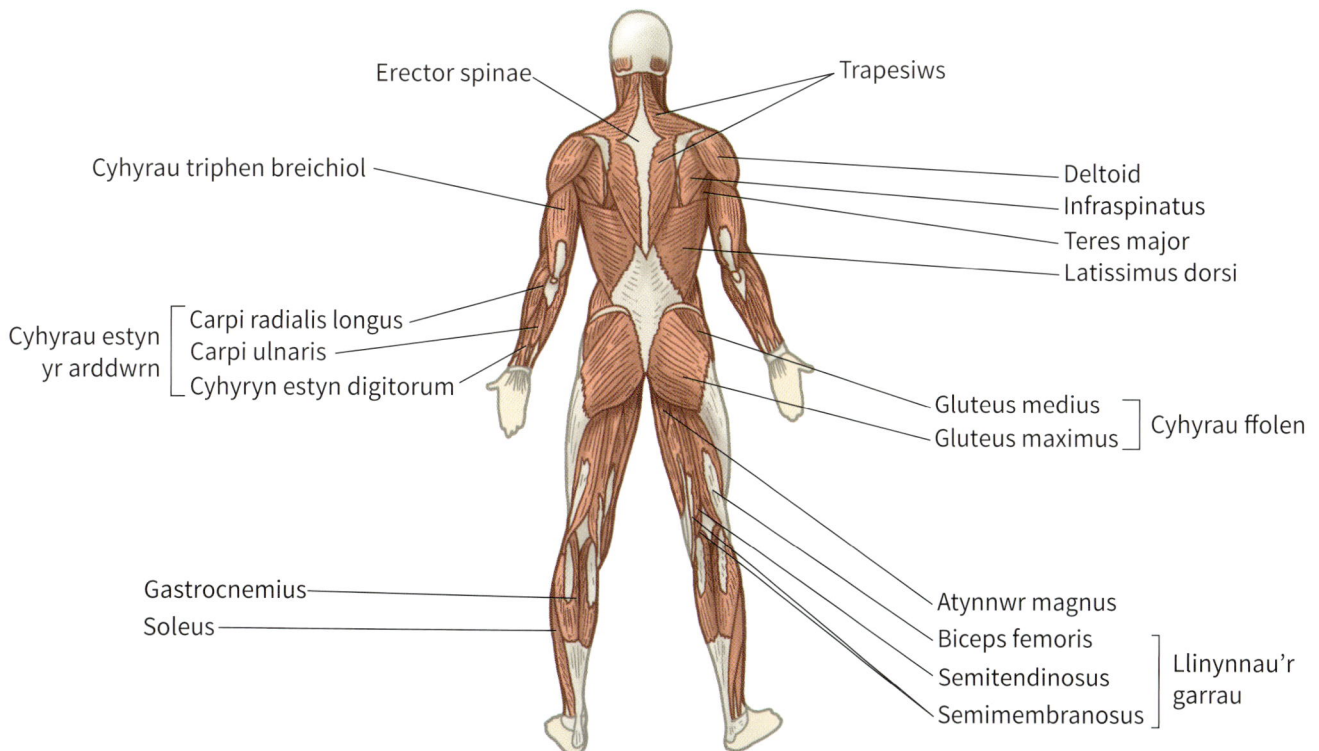

▶ **Ffigur 1.10:** Prif gyhyrau sgerbydol a'u lleoliad

Parau o gyhyrau gwrthweithiol

Pan fydd cyhyr yn cyfangu, mae'n gweithredu grym tynnu ar yr esgyrn mae'n ynghlwm iddynt, gan achosi iddynt symud gyda'i gilydd o amgylch y cymal. Rhaid i gyhyrau groesi'r cymalau maen nhw'n nhw'n eu symud. Pe na bai cyhyr yn croesi cymal, ni allai unrhyw symudiad ddigwydd.

O dan amgylchiadau arferol, mae'r cyhyrau mewn cyflwr o gyfangiad rhannol, yn barod i ymateb i ysgogiad o'ch system nerfol. Pan fydd ysgogiad o'r cyflenwad nerfau'n digwydd, mae ffibrau cyhyrau'n gweithio ar sail 'popeth neu ddim' – naill ai'n cyfangu'n llwyr neu ddim o gwbl. Ar y pwynt o gyfangu mae eich cyhyrau'n byrhau ac yn tynnu ar yr esgyrn y maent ynghlwm wrthynt. Pan fydd cyhyr yn cyfangu, mae un pen fel rheol yn aros yn llonydd tra bod y pen arall yn cael ei dynnu tuag ato. Mae'r pen sy'n aros yn llonydd yn cael ei alw'n **darddiad**, a gelwir y pen sy'n symud yn **fewnosodiad**.

Nid yw cyhyrau'n gweithio ar eu pennau eu hunain. Maen nhw wedi ymgasglu mewn grwpiau ac yn gweithio gyda'i gilydd i achosi symudiad. Dim ond trwy gyfangu a thynnu y maent yn gweithredu. Dydyn nhw ddim yn gwthio, er eu bod yn gallu cyfangu heb fyrhau, ac felly maen nhw'n dal cymal yn gadarn ac yn sefydlog mewn safle penodol. Pan ddaw'r cyfangiad i ben, mae'r cyhyrau'n troi'n feddal ond ddim yn mynd yn hwy nes bod cyfangiad y cyhyrau gwrthweithiol yn eu hymestyn. Mae llawer o gyhyrau'n gweithio mewn parau gwrthweithiol; er enghraifft, mae Ffigur 1.11 yn dangos sut mae'r cyhyr deuben a'r cyhyr triphen yn gweithio gyda'i gilydd i berfformio cyrl cyhyr deuben.

Termau allweddol

Tarddiad – pen sefydlog y cyhyr sy'n aros yn llonydd.

Mewnosodiad – pen y cyhyr sy'n symud. Mae'r mewniad fel arfer yn croesi dros gymal i ganiatáu symudiad pan fydd y cyhyr yn byrhau.

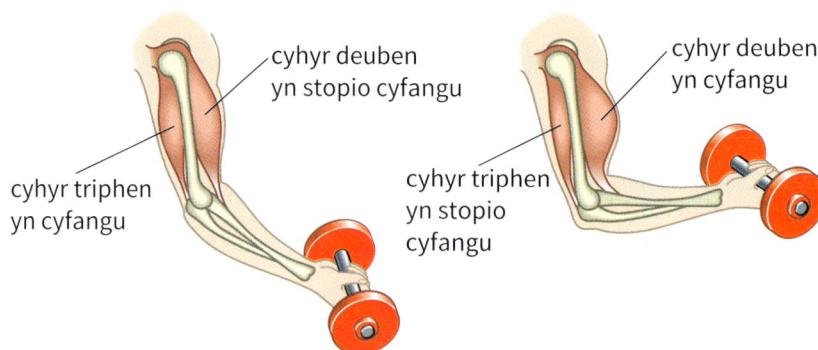

▶ **Ffigur 1.11:** Cyhyrau deuben a triphen yn gweithio gyda'i gilydd yn ystod cyrl cyhyrau deuben

Myfyrio

Ystyriwch y prif gyhyr yn cyfangu a'r cyhyr gwrthweithiol yn ymlacio yn ystod symudiad. Beth sy'n digwydd pan mae symudiad gwrthweithiol yn digwydd?

Yr enw ar y cyhyr sy'n byrhau er mwyn symud cymal yw'r **gweithydd** (*agonist*) neu'r grym symudol. Dyma'r cyhyr sy'n bennaf gyfrifol am y symudiad sy'n digwydd – y cyhyr cyfangol.

Gelwir y cyhyr sy'n ymlacio mewn gwrthwynebiad i'r gweithydd yn **wrthweithydd** (*antagonist*). Dyma'r cyhyr sy'n gyfrifol am y symudiad i'r gwrthwyneb, a'r un sy'n ymlacio fel mae'r gweithydd yn gweithio. Pe na bai'n ymlacio, ni fyddai unrhyw symudiad. Mae gwrthweithyddion yn gweithredu rheolaeth 'brecio' dros y symudiad.

Mae **synergyddion** yn gyhyrau sy'n gweithio gyda'i gilydd i alluogi'r gweithyddion i weithredu'n fwy effeithiol. Maent yn gweithio gyda'r gweithyddion er mwyn rheoli a chyfeirio symudiadau trwy addasu neu newid y cyfeiriad tynnu ar y gweithyddion i'r safle mwyaf manteisiol.

Mae **cyhyrau sefydlogi** yn atal unrhyw symudiad diangen drwy'r corff cyfan trwy drwsio neu sefydlogi'r cymal neu'r cymalau dan sylw. Mae cyhyrau sefydlogi yn sefydlogi'r tarddiad fel bod y gweithydd yn gallu cyflawni'r cyfangiad mwyaf effeithiol.

⏸ MUNUD I FEDDWL   Allwch chi enwi'r prif gyhyrau sgerbydol a ble maen nhw?

> Awgrym   Ystyriwch gamp a disgrifiwch rôl y cyhyrau penodol yn y gamp hon.
>
> Ymestyn   Meddyliwch am symudiad chwaraeon a rhestrwch y parau o gyhyrau sy'n cael eu defnyddio ar gyfer pob un rhan o'r symudiad.

Damcaniaeth ar waith

Pan fydd eich corff yn symud yn ystod chwaraeon ac ymarfer corff, bydd eich cyhyrau'n byrhau, yn aros yr un hyd neu'n ymestyn.

1 Gan ddefnyddio dymbel neu bwysau gwrthiant addas arall, plygwch blaen eich braich am i fyny fel bod eich penelin yn plygu mewn gweithred cyrlio'r cyhyr deuben. Ystyriwch eich cyhyr deuben. Beth sy'n digwydd?

2 Nawr dychwelwch eich braich i'r man cychwyn trwy ostwng blaen y fraich yn araf. Beth sy'n digwydd i'r cyhyr deuben nawr? Ystyriwch weithred y cyhyr triphen ar yr ochr arall i gymal y penelin.

3 Ystyriwch sut mae'r cyhyrau hyn yn gweithio fel pâr. Sut mae'r cyhyrau hyn yn rheoli'r symudiad?

Mathau o gyfangiad cyhyrau sgerbydol

Mae tri math gwahanol o gyfangiad cyhyrau a fydd yn cael eu defnyddio yn dibynnu ar y dechneg chwaraeon neu ymarfer corff.

Isometrig

Yn ystod cyfangiad isometrig nid yw hyd cyhyr yn newid ac nid yw ongl y cymal yn newid. Fodd bynnag, mae'r cyhyr yn cymryd rhan weithredol mewn aros mewn safle statig. Enghraifft yw ystum abdomen gwastad. Mae'r math yma o waith cyhyrol yn hawdd ei gyflawni ond mae'n arwain yn gyflym at flinder. Gall achosi cynnydd sydyn mewn pwysedd gwaed wrth i lif y gwaed leihau.

Consentrig

Pan fyddwch chi'n gwneud unrhyw symudiad fel cyrlio'r cyhyrau deuben, bydd eich cyhyrau'n byrhau wrth i ffibrau'r cyhyrau gyfangu. Wrth gyrlio'r cyhyrau deuben, mae'r bracialis a'r cyhyrau deuben yn byrhau, gan ddod â blaen eich braich tuag at eich braich uchaf. Weithiau mae cyfangiadau consentrig yn cael eu hadnabod fel **cyfnod positif** cyfangiad cyhyrau.

Ecsentrig

Cyfangiad cyhyrol ecsentrig yw pan fydd cyhyr yn dychwelyd i'w hyd arferol ar ôl byrhau yn erbyn gwrthiant. Gan ddefnyddio cyrl y cyhyr deuben fel enghraifft unwaith eto, dyma ostyngiad rheoledig eich braich i'w safle cychwynnol. Ar y pwynt hwn mae eich cyhyrau yn gweithio yn erbyn disgyrchiant ac yn gweithredu fel mecanwaith brecio. Gall y cyfangiad hwn fod yn haws ei berfformio, ond mae'n achosi dolur yn y cyhyrau.

Mae cyfangiadau ecsentrig yn digwydd mewn llawer o weithgareddau bob dydd ac o fewn chwaraeon. Mae cerdded i lawr y grisiau a rhedeg i lawr allt yn golygu cyfangiad ecsentrig o'ch cyhyrau pedwarpen sy'n cael eu defnyddio i reoli'r symudiad. Gall cyfangiad ecsentrig fod yn ffactor sylweddol yn yr ysgogiad sy'n achosi cynnydd mewn cryfder a maint cyhyrau. Mae cyfangiadau ecsentrig weithiau'n cael eu hadnabod fel **cyfnod negatif** cyfangiad cyhyrau.

Dim ond tynnu ar asgwrn gall cyhyrau wneud, ni allant fyth wthio. Mewn grwpiau bach, trafodwch sgrym rygbi lle mae angen grym gwthio. Esboniwch sut mae grym gwthio yn cael ei gynhyrchu pan mai dim ond tynnu gall cyhyrau wneud. Pa gyhyrau sy'n cael eu defnyddio i greu'r symudiad hwn?

MUNUD I FEDDWL Allwch chi egluro pwysigrwydd gwahanol gyfangiadau cyhyrau mewn chwaraeon?

Awgrym

Ymestyn

Meddyliwch am wasg byrfraich (*press-up*). Pa gyhyrau sy'n gweithio fel parau gwrthweithiol yn yr ysgwydd?

Pa fathau o gyfangiad sy'n digwydd ar gyfer pob cam o ymwthiad yng nghymal yr ysgwydd?

Mathau o ffibr

Mae'r holl gyhyrau sgerbydol wedi eu gwneud o ffibrau cyhyrol. Mae'r ffibrau hyn wedi eu dosbarthu'n ddau brif gategori yn dibynnu ar gyflymder eu cyfangiad: Math I ('plyciad-araf') a Math II ('plyciad-cyflym'). Mae'r gymysgedd o ffibrau'n amrywio o unigolyn i unigolyn, ac oddi mewn yr unigolyn o grŵp cyhyrau i grŵp cyhyrau. I raddau helaeth mae'r gymysgedd yma o ffibrau yn etifeddol. Fodd bynnag, gall hyfforddiant ddylanwadu ar effeithlonrwydd y gwahanol fathau o ffibr.

Math I

Mae ffibrau math I (plyciad-araf – *slow twitch*) yn cyfangu'n araf a gyda llai o rym. Maent yn araf i flino ac yn addas ar gyfer gweithgaredd **aerobig** hirach. Mae gweithgaredd aerobig yn disgrifio ymarfer corff lle mae egni'n cael ei gynhyrchu gan ddefnyddio ocsigen. Y gwrthwyneb i hyn yw gweithgaredd **anaerobig**, ble mae symudiadau'n cael eu cynhyrchu gan ddefnyddio egni sydd wedi'i greu heb ocsigen. Mae gan ffibrau plyciad-araf gyflenwad gwaed cyfoethog ac maent yn cynnwys llawer o **fitocondria** er mwyn cynnal metaboledd aerobig. Mae gan ffibrau Math I gapasiti uchel ar gyfer **resbiradu aerobig**. Maent yn cael eu defnyddio ar gyfer gweithgareddau o ddwysedd is, o hyd hirach fel rhedeg a nofio am bellter hir.

Math IIa

Mae ffibrau Math IIa (a elwir hefyd yn ffibrau plyciad-cyflym neu gyflym-ocsidiol) yn cyfangu'n gyflym, yn gallu cynhyrchu grym mawr, ac maent hefyd yn gallu gwrthsefyll blinder. Mae'r ffibrau hyn yn llai dibynnol ar ocsigen ar gyfer egni a gyflenwir gan y gwaed ac felly yn blino'n gyflymach na ffibrau plyciad-araf. Mae ffibrau Math IIa yn addas ar gyfer gweithgareddau cyflymder, pŵer a chryfder fel hyfforddiant pwysau gydag ailadrodd (*reps*) dro ar ôl tro (10–12 *reps*) a digwyddiadau yn ymwneud â rhedeg yn gyflym fel y 400 metr.

Math IIx

Mae ffibrau Math IIx (a elwir hefyd yn ffibrau plyciad-cyflym neu ffibrau cyflym-glycolig) yn cyfangu'n gyflym ac mae ganddyn nhw'r gallu i gynhyrchu llawer iawn o rym, ond maent yn blino'n haws, sy'n golygu eu bod yn fwy addas ar gyfer **gweithgaredd anaerobig**. Maen nhw'n dibynnu bron yn llwyr ar **resbiradaeth anaerobig** ac yn cael eu defnyddio ar gyfer gweithgareddau byrrach, o ddwysedd uwch. Maen nhw'n bwysig mewn chwaraeon sy'n cynnwys llawer o weithgareddau stopio-a-mynd neu newid cyflymder fel rygbi neu bêl-droed.

▶ Mae sbrintwyr yn defnyddio ffibrau plyciad-cyflym math IIx

Termau allweddol

Mitocondria – yr organynnau (rhannau o gelloedd) yn y corff ble mae resbiradaeth aerobig yn digwydd.

Resbiradaeth aerobig – y broses o gynhyrchu egni gan ddefnyddio ocsigen, ble mae egni'n cael ei ryddhau o glwcos.

Gweithgaredd anaerobig – gweithgaredd lle mae'ch corff yn defnyddio egni heb ocsigen; hynny yw, gweithgaredd sy'n arwain at gelloedd cyhyrau yn defnyddio resbiradaeth anaerobig.

Resbiradaeth anaerobig – y broses o chwalu glwcos heb ocsigen i gynhyrchu egni.

Deddf popeth neu ddim

Er mwyn i gyhyr gyfangu rhaid iddo dderbyn ysgogiad nerfol, a rhaid i'r ysgogiad hwn fod yn ddigonol i ysgogi o leiaf un uned modur sy'n cynnwys y niwron modur (nerfgell) a'r ffibrau cyhyrol sydd ynghlwm. Ar ôl ei ysgogi, mae'r **holl** ffibrau cyhyrol yn yr uned modur yn cyfangu ac yn cynhyrchu plyciad cyhyr. Gelwir hyn yn ddeddf 'popeth neu ddim', gan fod ffibrau cyhyrol naill ai'n ymateb yn llwyr (popeth) neu ddim o gwbl (dim).

⏸ MUNUD I FEDDWL   Allwch chi egluro sut mae gwahanol fathau o ffibr cyhyrol yn effeithio ar chwaraeon?

Awgrym   Rhestrwch dair camp a'r mathau o ffibr cyhyrol sy'n ofynnol ar gyfer pob un.

Ymestyn   Esboniwch pam bod angen y mathau hyn o ffibr ar eich chwaraeon dewisol a sut y gall athletwr wella ei berfformiad trwy ddeall hyn.

Ymatebion y system gyhyrol i un gamp neu sesiwn ymarfer corff

Pan fyddwch chi'n ymarfer corff neu'n cymryd rhan mewn chwaraeon bydd eich cyhyrau'n ymateb mewn amrywiaeth o ffyrdd. Mae rhai o'r ymatebion hyn yn digwydd ar unwaith ac fe'u gelwir yn ymatebion acíwt. Gelwir ymatebion sy'n digwydd dros gyfnod hirach o amser yn ymatebion cronig.

> **Trafodaeth**
>
> Mewn grwpiau bach, rhestrwch y newidiadau yn eich corff yn syth ar ôl dechrau ymarfer dwysedd uchel. Beth sy'n digwydd i'ch corff? Pam? Nawr meddyliwch am wahanol chwaraeon sy'n gofyn am ddwyseddau gwahanol. Sut mae mabolgampwyr yn hyfforddi i fodloni gofynion y gweithgareddau corfforol hyn?

Cyflenwad gwaed uwch

Mae effeithiau tymor byr ymarfer corff ar eich cyhyrau yn cynnwys cynnydd mewn gweithgaredd metabolaidd (y gyfradd y mae'r cyhyrau'n cynhyrchu ac yn rhyddhau egni fel bod symudiad yn gallu digwydd). O ganlyniad i'r cynnydd hwn mewn gweithgaredd metabolig, mae mwy o alw am ocsigen a glwcos yn y cyhyrau, sy'n cael ei ateb gan gynnydd yn y cyflenwad gwaed. Mae pibellau gwaed yn ehangu neu'n lledaenu i ganiatáu mwy o waed fynd i mewn i'ch cyhyrau. Gelwir hyn yn **fasoymlediad**. Mae llif y gwaed yn cynyddu'n sylweddol er mwyn sicrhau bod y cyhyrau gweithiol yn cael eu cyflenwi â'r ocsigen sydd ei angen arnyn nhw yn ogystal â chael gwared ar gynhyrchion gwastraff fel carbon deuocsid.

Tymheredd cyhyrol uwch

Pan fyddwch chi'n ymarfer corff rydych chi'n cynhesu. Mae hyn oherwydd bod angen egni ar eich cyhyrau o danwydd fel brasterau a charbohydradau, sy'n cael eu torri i lawr gan ddefnyddio adweithiau cemegol sy'n cynhyrchu gwres fel cynnyrch gwastraff. Po fwyaf y byddwch chi'n ymarfer corff neu'r caletaf y byddwch chi'n hyfforddi, y mwyaf o egni sydd ei angen ar eich cyhyrau. Mae hyn yn arwain at gynhyrchu mwy o wres. Mae'r maint o wres y mae eich cyhyrau'n ei gynhyrchu mewn perthynas uniongyrchol â faint o waith maen nhw'n ei wneud – y caletaf y byddwch chi'n ymarfer corff, y mwyaf o wres y bydd eich cyhyrau'n ei gynhyrchu. Mae'r egwyddor yma'n cael ei defnyddio mewn ymarfer cynhesu sy'n paratoi'ch cyhyrau ar gyfer ymarfer corff drwy gynyddu eu tymheredd yn araf.

Cynyddu ystwythder cyhyrau

Mae cynhesu'ch cyhyrau yn ystod gweithgaredd yn eu gwneud yn fwy ystwyth a hyblyg. Mae cyhyrau ystwyth yn llai tebygol o ddioddef o anafiadau fel straen cyhyrau. Bydd cynnydd mewn ystwythder yn gwella hyblygrwydd y cymalau, gan fod cyhyrau cynnes ac ystwyth yn gallu ymestyn ymhellach.

Lactad (ymarfer corff dwysedd uchel)

Efallai eich bod wedi profi teimlad llosgi anghyfforddus yn eich cyhyrau yn ystod ymarfer corff dwysedd uchel. Mae hyn yn fwyaf tebygol o gael ei achosi gan grynhoad **asid lactig** sy'n gynnyrch gwastraff a gynhyrchir yn ystod ymarfer corff anaerobig. Bydd y crynhoad hwn o asid yn y meinwe cyhyrol yn arwain at flinder yn gyflym a bydd yn rhwystro cyfangiadau cyhyrol os na chaiff ei waredu'n gyflym.

Rhwygiadau micro (ymarfer gwrthiant)

Yn ystod hyfforddiant gwrthiant fel hyfforddiant pwysau, rhoddir eich cyhyrau dan straen nes bod rhwygiadau bach yn digwydd yn y ffibrau cyhyrol. Mae'r rhwygiadau micro hyn yn achosi chwyddo yn y meinwe cyhyrol sy'n achosi pwysau ar derfynau nerfau a phoen. Dim ond os gall y corff orffwys a chael amser i atgyweirio'r rhwygiadau micro hyn y bydd gwelliannau mewn hyfforddi yn cael eu gwneud, gan wneud y cyhyr ychydig yn gryfach nag yr oedd o'r blaen. Defnyddir proteinau i atgyweirio meinwe cyhyrol.

Cychwyn gohiriedig dolur cyhyrau

Cychwyn gohiriedig dolur cyhyrau (neu DOMS – *delayed onset of muscle soreness*) yw'r boen a deimlir yn y cyhyrau 24–48 awr (yn nodweddiadol) ar ôl cymryd rhan mewn ymarfer corff egnïol. Mae'r dolur fel arfer yn digwydd o leiaf ddiwrnod ar ôl ymarfer corff a gall bara hyd at dri diwrnod. Mae DOMS yn cael ei achosi gan y rhwygiadau micro sy'n digwydd wrth ymarfer, yn enwedig os nad ydych chi'n gyfarwydd â dwysedd ymarfer corff. Mae DOMS yn aml yn gysylltiedig ag ymarferion lle mae **cyfangiad cyhyrol ecsentrig** wedi digwydd.

> **Term allweddol**
>
> **Cyfangiad cyhyrol ecsentrig** – pan mae cyhyr yn ymestyn wrth iddo gyfangu. Mae cyfangiadau o'r fath yn digwydd wrth reoli grym neu symudiad.

⏸ **MUNUD I FEDDWL**   Beth yw'r ymatebion uniongyrchol y mae eich cyhyrau'n eu gwneud wrth ymarfer corff?

Awgrym   Pam bod y newidiadau hyn yn digwydd yn ystod ymarfer corff?

Ymestyn   Pa agweddau ar y sesiwn gynhesu a ddefnyddir i atal anaf i'r cyhyrau? Pam bod sesiwn gynhesu cyn ymarfer corff yn bwysig i'ch cyhyrau?

Addasiadau'r system gyhyrol i ymarfer corff

Bydd hyfforddi neu ymarfer yn rheolaidd dros gyfnod hir o amser yn caniatáu i system gyhyrol eich corff newid ac addasu. Er enghraifft, byddwch yn sylwi bod eich cyhyrau'n newid mewn maint os ydych chi'n ymgymryd â rhaglen hyfforddiant cryfder neu wrthiant. Gelwir newidiadau o'r fath yn addasiadau cronig i ymarfer corff.

Hypertroffedd (gordyfiant)

Bydd hyfforddiant gwrthiant rheolaidd lle mae'r cyhyrau'n cael eu gorlwytho yn cynyddu maint a chryfder y cyhyrau. Mae'r cynnydd hwn ym maint y cyhyrau yn ganlyniad i dyfiant yn y ffibrau cyhyrol oherwydd cynnydd mewn protein yn y celloedd cyhyrol. Gelwir hyn yn ordyfiant neu hypertroffedd. Mae'r ffibrau cyhyrol yn cynyddu mewn maint dros amser fel y gallant gyfangu â mwy o rym.

Cryfder tendon cynyddol

Mae tendonau yn fandiau caled o feinwe cyswllt ffibrog sydd wedi'u cynllunio i wrthsefyll tensiwn. Fel cyhyrau, mae tendonau'n addasu i orlwytho ymarfer corff rheolaidd. Bydd gewynnau a thendonau, y strwythurau meinwe cyswllt o amgylch cymalau, yn cynyddu mewn hyblygrwydd a chryfder gydag ymarfer corff rheolaidd. Mae cartilag hefyd yn dod yn fwy trwchus.

Cynnydd yn nifer a maint y mitocondria

Pan fydd cyhyrau'n cael eu gorlwytho fel rhan o hyfforddiant gwrthiant, bydd y ffibrau cyhyrol yn dod yn fwy (hypertroffedd). O fewn y ffibrau cyhyrol hyn mae strwythurau bach o'r enw mitocondria sy'n gyfrifol am gynhyrchu egni. Oherwydd y cynnydd ym

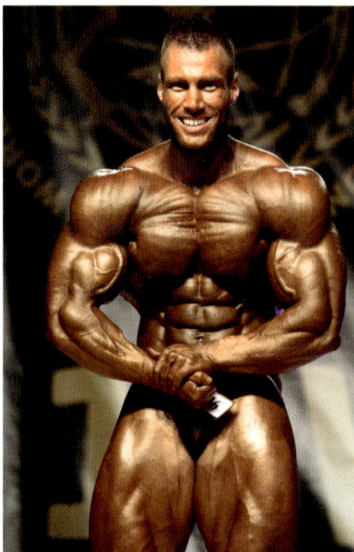

▶ Mae gordyfiant (hypertroffedd) yn digwydd pan mae cyhyrau wedi eu gorlwytho'n rheolaidd

maint ffibrau, mae lle i nifer cynyddol o fitocondria mwy, sy'n golygu bod y cyhyrau'n gallu cynhyrchu mwy o egni aerobig a fydd yn gwella perfformiad aerobig.

Cynnydd mewn storfeydd myoglobin

Mae myoglobin yn fath o haemoglobin (y protein coch mewn gwaed sy'n cael ei ddefnyddio i gludo ocsigen) a geir yn y cyhyrau yn unig. Mae'n gyfrifol am rwymo a storio ocsigen yn y gwaed o fewn cyhyrau sgerbydol. Trwy ddilyn rhaglen ymarfer corff wedi'i chynllunio, gallwch gynyddu faint o fyoglobin sy'n cael ei storio yn eich cyhyrau. Mae hyn yn bwysig gan y bydd myoglobin yn cludo ocsigen i'r mitocondria a fydd yn ei dro yn rhyddhau egni. Po fwyaf o fyoglobin sydd gennych, y mwyaf o egni fydd ar gael i'r cyhyr.

Cynnydd mewn storfeydd glycogen

Mae angen cyflenwad parhaol a chyson o **glycogen** ar eich corff er mwyn cynhyrchu egni. Wrth i'ch corff addasu i ymarfer corff hirdymor, gall eich cyhyrau storio mwy o glycogen. Mae hyn yn golygu y byddwch chi'n gallu hyfforddi ar ddwysedd uwch am gyfnod hirach, gan nad oes angen ocsigen ar glycogen cyhyrol i gynhyrchu egni.

Cynnydd mewn storfeydd braster

Rydych chi'n gallu defnyddio'ch storfeydd braster i gynhyrchu egni trwy broses o'r enw **glycolysis aerobig**. Mae athletwyr sydd wedi'u hyfforddi'n dda yn gallu defnyddio'r brasterau hyn yn fwy effeithlon, gan eu torri i lawr yn asidau brasterog ac yn egni gan ddefnyddio ocsigen. Mae hyn yn eu galluogi i ddefnyddio brasterau fel ffynhonnell egni pan fydd **carbohydrad** yn mynd yn brin.

Mwy o oddefiad i lactad

Mae hyfforddiant anaerobig yn ysgogi'r cyhyrau i oddef asid lactig yn well, a'i waredu yn fwy effeithlon. Gyda hyfforddiant dygnwch mae'r rhwydwaith capilari (gweler tudalen 39) yn ymestyn, gan ganiatáu i gyfeintiau mwy o waed gyflenwi ocsigen a maetholion i'r cyhyrau. Mae'r cyhyrau'n gallu defnyddio mwy o fraster fel ffynhonnell danwydd, a dod yn fwy effeithlon wrth ddefnyddio ocsigen, gan gynyddu gallu'r corff i weithio'n galetach am gyfnod hirach heb flino. Y canlyniad net yw cynnydd yn y treuliant mwyaf posibl o ocsigen yn y corff.

> **Termau allweddol**
>
> **Glycogen** – y ffurf o glwcos sydd wedi'i storio.
>
> **Carbohydrad** – y siwgrau a'r startsh a geir mewn bwydydd fel tatws, gwenith a reis. Mae'r corff yn dadelfennu carbohydradau yn siwgrau a ddefnyddir i gynhyrchu egni.

⏸ MUNUD I FEDDWL   Pa addasiadau hirdymor sy'n digwydd yn eich cyhyrau pan fyddwch chi'n ymarfer corff?

Awgrym   Ystyriwch y gwahanol fathau o ffibr cyhyrol a rhestrwch yr ymarferion y gellid eu defnyddio'n benodol i'w hyfforddi.

Ymestyn   Esboniwch sut mae hyfforddiant cryfder yn newid strwythur y cyhyrau a beth yw buddion hyn i berfformiad chwaraeon.

Ffactorau ychwanegol sy'n effeithio ar y system gyhyrol

Mae dau brif ffactor ychwanegol a fydd yn effeithio ar eich system gyhyrol ac yn ei dro yn effeithio ar ymarfer corff a pherfformiad chwaraeon.

Oed

Wrth ichi heneiddio bydd eich màs cyhyrol yn lleihau. Mae cychwyn y golled màs cyhyrol hwn yn dechrau tua throi'n 50 oed a cyfeirir ato fel **sarcopenia**. Mae cyhyrau'n mynd yn llai, gan arwain at ostyngiad yng nghryfder a phŵer y cyhyrau.

Cramp

Cramp yw cyfangiad anrheoledig sydyn eich cyhyrau. Gall y teimlad o sbasm cyhyrau lle nad oes gennych unrhyw reolaeth dros dynhau'r ffibrau cyhyrol fod yn boenus a gall ymarfer corff ei ysgogi. Mae cyhyrau'r goes isaf yn arbennig o agored i gramp yn ystod ymarfer corff. Gall cramp bara o ychydig eiliadau hyd at 10 munud.

Mae yna nifer o ffactorau sy'n gallu cyfrannu at gramp. Yr un mwyaf cyffredin mewn chwaraeon yw dadhydradiad a all arwain at gyflenwad annigonol o waed i'r cyhyrau, gan leihau'r cyflenwad o ocsigen a mwynau hanfodol. Er mwyn atal cramp dylech sicrhau eich bod yn yfed digon o hylif yn ystod ymarfer corff a chwaraeon, yn enwedig os yw'r tywydd yn boeth. Gall ymestyn hefyd helpu i atal cramp gan y bydd hyn yn ymestyn y ffibrau cyhyrol ac yn gwella hyblygrwydd cyhyrau.

Ymarfer asesu 1.2

Mae Nancy yn chwaraewr pêl-rwyd. Mae hi'n rhagwthio (*lunge*) gyda phwysau fel rhan o'i hyfforddiant fel y dangosir.

1 Esboniwch sut bydd y defnydd o ragwthio gyda phwysau yn gwella perfformiad Nancy mewn pêl-rwyd. **(3 marc)**

2 Dau ddiwrnod ar ôl sesiwn hyfforddi Nancy mae hi'n profi cychwyn gohiriedig dolur cyhyrau (DOMS). Disgrifiwch pam y gall hyfforddiant Nancy achosi DOMS. **(1 marc)**

3 Esboniwch sut mae addasu cyhyrau yn digwydd o ganlyniad i hyfforddiant gwrthiant Nancy. **(2 farc)**

4 Mae'r ail lun yn dangos hyfforddiant Nancy ar beiriant gwrthiant. Esboniwch sut mae cyhyrau Nancy yn gweithio fel parau gwrthweithiol ar gyfer pob cam o'r symudiad. **(4 marc)**

Cynllunio
- Beth yw'r termau a'r geiriau allweddol sy'n cael eu defnyddio?
- A oes angen i mi gynnwys enghreifftiau penodol fel gwahanol fathau o symudiadau?

Gwneud
- Byddaf yn ysgrifennu'r geiriau allweddol ac yn egluro pob un ohonynt.
- Byddaf yn sicrhau fy mod yn rhoi fy atebion mewn cyd-destun trwy roi enghreifftiau perthnasol.

Adolygu
- Ydw i wedi rhoi digon o enghreifftiau yn gysylltiedig â'r marciau sydd ar gael?
- Ydw i wedi dosbarthu unrhyw symudiadau yn gyfnodau allweddol ac wedi esbonio'r holl dermau allweddol a ddefnyddir?

C Effeithiau ymarfer corff a pherfformiad chwaraeon ar y system resbiradol

Mae'r system resbiradol yn darparu ocsigen i'r holl feinwe fyw yn eich corff, yn ogystal â chael gwared ar gynhyrchion gwastraff fel carbon deuocsid, gwres ac anwedd dŵr. Mae angen ocsigen er mwyn i bob cell yn eich corff weithredu. Yn ganolog i'r system resbiradol mae eich ysgyfaint, sy'n galluogi ocsigen i fynd i mewn i'r corff a symud gwastraff carbon deuocsid trwy'r mecanwaith o anadlu. Mae gallu eich corff i fewnanadlu a chludo ocsigen wrth gael gwared ar gynhyrchion gwastraff yn hanfodol i berfformiad chwaraeon: y mwyaf effeithiol yw eich corff yn y broses hon, y gorau y byddwch chi'n gallu ymarfer neu berfformio mewn chwaraeon.

Strwythur a swyddogaethau'r system resbiradol

Mae aer yn cael ei dynnu i mewn i'ch corff trwy'r trwyn ac weithiau trwy'r geg, ac yn mynd trwy gyfres o lwybrau anadlu i gyrraedd yr ysgyfaint. Cyfeirir at y gyfres hon o lwybrau anadlu fel y **llwybr resbiradu** a gellir ei rannu'n ddwy brif ran. Mae'r llwybr resbiradu uchaf yn cynnwys y trwyn, y ceudod trwynol, y geg, y ffaryncs a'r laryncs. Mae'r llwybr resbiradu isaf yn cynnwys y tracea, bronci a'r ysgyfaint.

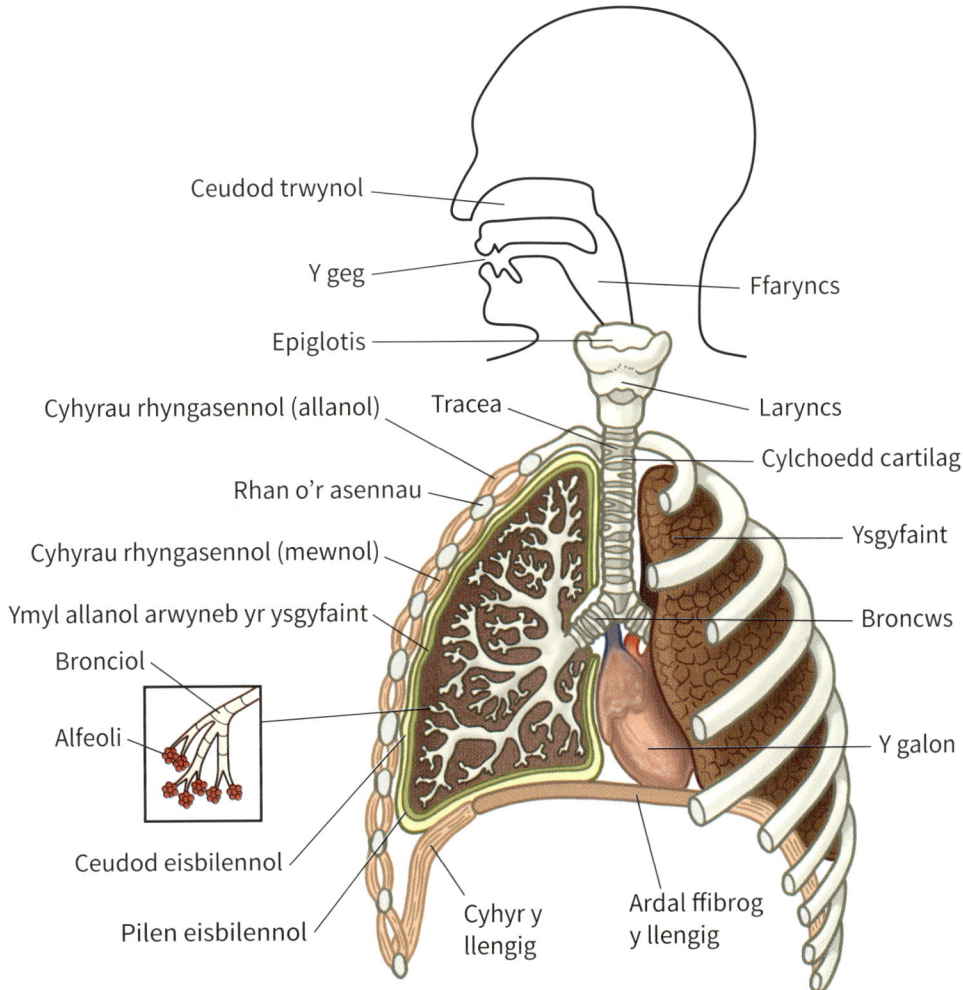

▶ **Ffigur 1.12:** Bronci, y goeden fronciol a'r ysgyfaint

Ceudod trwynol

Pan fyddwch chi'n anadlu i mewn, mae aer yn mynd i mewn i'r ceudod trwynol wrth basio trwy'r ffroenau. Mae blew yn y ceudod yn hidlo llwch, paill a gronynnau estron eraill cyn i'r aer basio i ddau lwybr y ceudod trwynol mewnol. Yma mae'r aer yn cael ei gynhesu a'i wlychu cyn iddo basio i'r nasoffaryncs. Mae haen mwcaidd gludiog yn dal gronynnau estron llai, ym mhle mae blew bach o'r enw cilia yn eu cludo i'r ffaryncs i'w llyncu.

Ffaryncs

Gwddf yw'r enw cyffredin ar ffaryncs. Tiwb bach yw'r ffaryncs sy'n mesur oddeutu 10–13 cm o waelod y benglog i lefel y chweched fertebra gyddfol. Mae wal gyhyrol y ffaryncs yn cynnwys cyhyrau sgerbydol ar ei hyd. Mae'r ffaryncs siâp twmffat yn cysylltu'r ceudod trwynol a'r geg â'r laryncs (aer) a'r oesoffagws (bwyd). Mae'n lwybr ar gyfer bwyd yn ogystal ag aer, felly mae angen addasiadau arbennig i atal tagu pan fydd bwyd neu hylif yn cael ei lyncu.

Laryncs

Mae gan y laryncs, neu'r blwch llais, waliau anhyblyg o gyhyr a chartilag, mae'n cynnwys y tannau lleisiol (*vocal cords*) ac yn cysylltu'r ffaryncs â'r tracea. Mae'n ymestyn am oddeutu 5 cm o lefel y trydydd i'r chweched fertebra.

Tracea

Mae'r tracea neu'r bibell wynt yn dynodi dechrau'r llwybr resbiradu is. Mae tua 12 cm o hyd a 2 cm mewn diamedr. Mae'n cynnwys cylchoedd o gartilag i'w atal rhag dymchwel, ac mae'n hyblyg. Mae'n teithio i lawr y gwddf o flaen yr oesoffagws ac yn canghennu i'r bronci de a chwith.

Epiglotis

Yr epiglotis yw'r fflap bach o gartilag yng nghefn y tafod sy'n cau top y tracea pan fyddwch chi'n llyncu er mwyn sicrhau bod bwyd a diod yn pasio i'ch stumog ac nid i'ch ysgyfaint.

Ysgyfaint

Eich ysgyfaint yw'r organ sy'n caniatáu i ocsigen gael ei dynnu i mewn i'r corff. Mae'r pâr o ysgyfaint de a chwith yn llenwi'r rhan fwyaf o'r ceudod thorasig ac yn ymestyn i lawr i'r llengig. Maent yn hongian yn y ceudodau eisbilennol (*pleural cavity*) de a chwith sydd bob ochr i'r galon. Mae'r ysgyfaint chwith yn llai na'r dde.

Bronci

Mae'r bronci yn canghennu oddi ar y tracea ac yn cludo aer i'r ysgyfaint. Erbyn i aer wedi'i fewnanadlu gyrraedd y bronci, mae'n gynnes, yn glir o'r mwyafrif o amhureddau ac yn ddirlawn ag anwedd dŵr.

Unwaith y bydd y tu mewn i'r ysgyfaint, mae pob broncws yn ymrannu'n bronci llabedol: tri ar y dde a dau ar y chwith. Mae'r bronci llabedol yn canghennu'n bronci segmentol, sy'n rhannu eto yn bronci llai a llai. Yn gyffredinol, mae oddeutu 23 gradd (maint) o lwybrau resbiradu bronciol canghennog yn yr ysgyfaint. Oherwydd y patrwm canghennog hwn, gelwir y rhwydwaith bronciol yn yr ysgyfaint yn aml yn **goeden fronciol**.

Bronciolynnau

Mae bronciolynnau yn llwybrau resbiradu bach sy'n ymestyn o'r bronci ac yn cysylltu'r bronci â chlystyrau bach o sachau aer â waliau tenau, a elwir yn alfeoli. Mae bronciolynnau oddeutu 1 mm mewn diamedr a nhw yw canghennau llwybr resbiradu cyntaf y system anadlu nad ydyn nhw'n cynnwys cartilag.

Alfeoli

Ar ddiwedd pob bronciolyn mae casgliad o sachau aer o'r enw alfeoli. Ym mhob ysgyfaint mae oddeutu 300 miliwn o alfeoli llawn nwy. Mae'r rhain yn gyfrifol am drosglwyddo ocsigen i'r gwaed a thynnu gwastraff fel carbon deuocsid allan o'r gwaed. **Cyfnewid nwyol** yw'r enw ar y broses drosglwyddo hon. Gyda'i gilydd, mae gan yr alfeoli arwynebedd enfawr ar gyfer y cyfnewid nwyon mwyaf posibl – maint cwrt tennis yn fras. O amgylch pob alfeolws mae rhwydwaith trwchus o **gapilarïau** i hwyluso'r broses o gyfnewid nwyol. Am fwy o wybodaeth ar gyfnewid nwyol, gweler tudalen 32.

❚❚ MUNUD I FEDDWL   Esboniwch sut mae aer yn mynd i mewn i'r corff a sut mae'n cael ei ddefnyddio.

Awgrym   Rhestrwch daith yr aer o'r geg i'r alfeoli.

Ymestyn   Lluniwch ddiagram o daith yr aer o'r trwyn i'r alfeoli. Labelwch bob rhan o'r system resbiradol ar eich diagram.

Y llengig (diaffram)

Mae'r llengig yn gyhyr gwastad sydd wedi'i leoli o dan yr ysgyfaint yn y ceudod thorasig ac yn gwahanu'r frest o'r abdomen. Mae'r llengig yn un o sawl cydran sy'n ymwneud ag anadlu, sef y mecanwaith o dynnu aer – gan gynnwys ocsigen – i'r corff (mewnanadliad) a gwaredu nwyon gan gynnwys carbon deuocsid (allanadliad). Mae cyfangiad y llengig yn cynyddu cyfaint ceudod y frest, gan dynnu aer i'r ysgyfaint, tra bod ymlacio'r llengig yn lleihau cyfaint ceudod y frest, gan wthio aer allan.

Ceudod thorasig

Dyma siambr y frest sy'n cael ei gwarchod gan y wal thorasig (cawell asennau). Mae'n cael ei gwahanu o'r ceudod abdomenol gan y llengig.

Cyhyrau rhyngasennol mewnol ac allanol

Mae'r cyhyrau rhyngasennol (*intercostal*) yn gorwedd rhwng yr asennau. Er mwyn helpu gyda mewnanadlu ac allanadlu, maen nhw'n ymestyn ac yn cyfangu.

▶ Mae'r cyhyrau **rhyngasennol mewnol** yn gorwedd y tu mewn i'r cawell asennau. Maen nhw'n tynnu'r asennau i lawr ac i mewn, gan leihau cyfaint ceudod y frest a gorfodi aer allan o'r ysgyfaint wrth allanadlu.

▶ Mae'r cyhyrau **rhyngasennol allanol** yn gorwedd y tu allan i'r cawell asennau. Maen nhw'n tynnu'r asennau i fyny ac allan, gan gynyddu cyfaint ceudod y frest a thynnu aer i'r ysgyfaint wrth fewnanadlu.

Mecanweithiau anadlu

Anadlu neu **awyru ysgyfeiniol** yw'r broses ble mae aer yn cael ei gludo i mewn ac allan o'r ysgyfaint, a gellir ystyried bod ganddo ddau gam. Mae'n gofyn i'r thoracs gynyddu mewn maint er mwyn caniatáu cymryd aer i mewn, ac yna lleihau er mwyn caniatáu i aer gael ei orfodi allan.

Mewnanadliad

Mewnanadliad yw'r broses o anadlu aer i'r ysgyfaint. Mae'r cyhyrau rhyngasennol yn cyfangu i godi'r asennau i fyny ac allan, tra bod y llengig yn cael ei orfodi tuag i lawr. Mae'r ehangiad hwn o'r thoracs i bob cyfeiriad yn achosi cwymp yn y pwysedd o fewn yr ysgyfaint i bwynt o dan bwysedd atmosfferig (gwasgedd yr aer y tu allan i'r corff), sy'n annog aer i gael ei dynnu i'r ysgyfaint.

Allanadliad

Y gwrthwyneb i fewnanadliad yw allanadliad, ac mae hyn yn digwydd pan fydd y cyhyrau rhyngasennol yn ymlacio. Mae'r llengig yn ymlacio, gan symud i fyny, ac mae'r asennau'n symud tuag i lawr ac i mewn. Mae'r pwysedd o fewn yr ysgyfaint yn cynyddu ac mae aer yn cael ei waredu neu ei wthio allan o'r corff.

Yn ystod chwaraeon neu ymarfer corff, mae angen mwy o ocsigen, felly mae'n rhaid i'r cyhyrau rhyngasennol a'r llengig weithio'n galetach. Mae hyn yn arwain at gynnydd yn eich cyfradd anadlu a chynnydd yng ngrym eich anadl.

Rheoli anadlu

Rheolaeth niwral

Mae anadlu yn broses gymhleth sy'n anrheoledig i raddau helaeth gan ganolfannau resbiradol eich ymennydd. Mae mewnanadliad yn broses weithredol, wrth i gyhyr y llengig gyfangu'n **weithredol** sy'n achosi aer fynd i mewn i'r ysgyfaint. Mae allanadliad yn broses oddefol, wrth i gyhyr y llengig **ymlacio** i ganiatáu i aer adael yr ysgyfaint. Mae'r broses hon yn cael ei rheoli gan niwronau (celloedd sy'n dargludo ysgogiadau nerfol) yng nghoesyn yr ymennydd. Mae niwronau mewn dwy ran o'r **medulla oblongata** yn hanfodol mewn resbiradaeth.

Term allweddol

Medulla oblongata – wedi'i leoli yng nghanol eich ymennydd, mae hwn yn gyfrifol am swyddogaethau anrheoledig fel anadlu, curiad y galon a thisian.

Dyma'r grŵp resbiradol dorsal (DRG) a'r grŵp resbiradol fentrol (VRG). Credir bod y VRG yn gyfrifol am gynhyrchu'r rhythm sy'n caniatáu anadlu rhythmig a pharhaus.

Rheoli cemegol

Ffactorau eraill sy'n rheoli anadlu yw'r lefelau ocsigen a charbon deuocsid sy'n newid yn barhaus yn y gwaed. Gelwir synwyryddion sy'n ymateb i amrywiadau cemegol o'r fath yn **gemodderbynyddion**. Mae'r rhain i'w cael yn y medulla ac yn y **bwa aortig** a'r **rhydwelïau carotid**. Mae'r cemodderbynyddion hyn yn canfod newidiadau yn lefelau carbon deuocsid gwaed ynghyd â newidiadau yn asidedd y gwaed, ac yn anfon signalau i'r medulla a fydd yn gwneud newidiadau i gyfraddau anadlu.

Cyfnewid nwyol

Cyfnewid nwyol yw'r broses lle mae un math o nwy yn cael ei gyfnewid am un arall. Yn yr ysgyfaint, mae cyfnewid nwyol yn digwydd trwy **drylediad** rhwng aer yn yr alfeoli a gwaed yn y capilarïau o amgylch eu waliau. Mae'n cludo ocsigen o'r ysgyfaint i'r llif gwaed ac yn tynnu carbon deuocsid o'r llif gwaed i'r ysgyfaint.

Mae'r waliau alfeolaidd a chapilarïaidd yn ffurfio **pilen resbiradol** sydd â nwy ar un ochr a gwaed yn llifo heibio ar yr ochr arall. Mae cyfnewid nwyol yn digwydd yn rhwydd trwy drylediad syml ar draws y bilen resbiradol. Mae gan waed sy'n mynd i mewn i'r capilarïau o'r rhydwelïau ysgyfeiniol grynodiad ocsigen is a chrynodiad carbon deuocsid uwch na'r aer yn yr alfeoli. Mae ocsigen yn tryledu i'r gwaed trwy wyneb yr alfeoli, trwy waliau tenau'r capilarïau, trwy'r gellbilen goch ac yn olaf yn cydio i'r haemoglobin. Mae carbon deuocsid yn tryledu i'r cyfeiriad arall, o'r plasma gwaed i'r alfeoli.

Term allweddol

Trylediad – y broses ble mae sylwedd fel ocsigen yn pasio trwy gellbilen naill ai i fynd i mewn i'r gell neu i fynd allan o'r gell. Mae sylweddau'n symud trwy drylediad o ardal ble mae mwy o grynhoad ohonynt i ardal ble maent yn llai dwys.

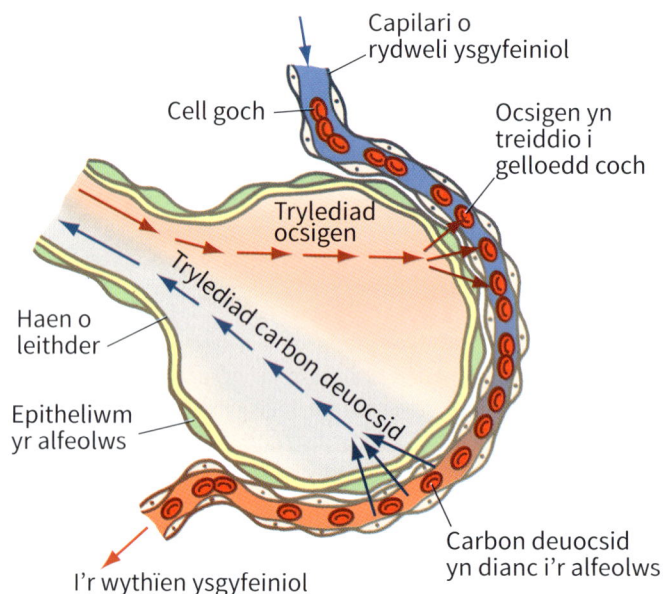

▶ **Ffigur 1.13:** Cyfnewid nwyol ar waith mewn alfeolws

Cyfeintiau'r ysgyfaint

Beth sy'n digwydd i'ch anadlu pan fyddwch chi'n ymarfer corff? Mae'ch ysgyfaint wedi eu cynllunio i gymryd mwy o aer yn ystod ymarfer corff fel y gall mwy o ocsigen gyrraedd yr alfeoli a chael gwared â mwy o garbon deuocsid. Bydd eich anadlu'n dod yn ddyfnach ac yn amlach i ymdopi â'r gofynion y mae ymarfer corff yn eu rhoi ar eich corff.

Eich **cyfradd resbiradol** yw faint o aer rydych chi'n ei anadlu mewn un munud. Ar gyfer bachgen nodweddiadol 18 oed, mae hyn yn cynrychioli tua 12 anadl y funud wrth orffwys, ac yn ystod yr amser hwnnw mae tua 6 litr o aer yn pasio trwy'r ysgyfaint. Gall hyn gynyddu'n sylweddol yn ystod ymarfer corff, cymaint â 30–40 anadl y funud.

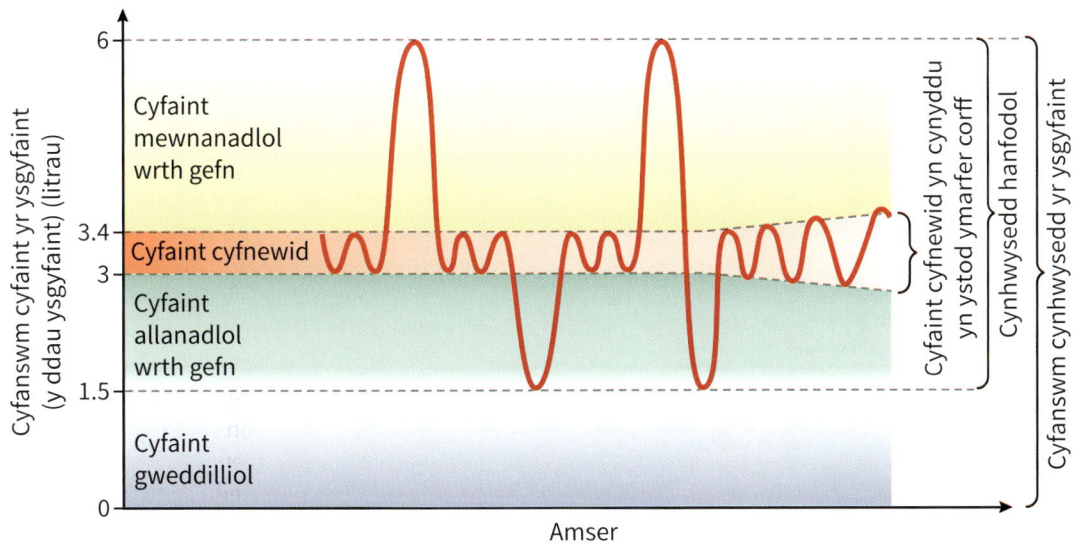

▶ **Ffigur 1.14:** Cyfaint a chynwyseddau ysgyfaint oedolyn iach

Cyfaint cyfnewid

Cyfaint cyfnewid yw'r term a ddefnyddir i ddisgrifio cyfaint yr aer sy'n cael ei anadlu i mewn ac allan gyda phob anadl. O dan amodau arferol mae hyn yn cynrychioli tua 500 cm^3 o aer wedi'i anadlu, wedi'i fewnanadlu a'i allanadlu. O hyn, mae tua dwy ran o dair (350 cm^3) yn cyrraedd yr alfeoli yn yr ysgyfaint ble mae cyfnewid nwyol yn digwydd. Mae'r 150 cm^3 sy'n weddill yn llenwi'r ffaryncs, y laryncs, y tracea, y bronci a'r bronciolynnau ac fe'i gelwir yn aer marw neu lonydd.

Yn ystod ymarfer corff, mae'r cyfaint cyfnewid yn cynyddu i ganiatáu mwy o aer basio trwy'r ysgyfaint. Gelwir cyfaint yr aer sy'n pasio trwy'r ysgyfaint bob munud yn **gyfaint munud** – mae'n cael ei bennu gan y gyfradd anadlu a faint o aer sy'n cael ei gymryd gyda phob anadl.

▶ Mae'r ysgyfaint fel arfer yn cynnwys tua 350 cm^3 o aer iach, 150 cm^3 o aer marw a 2500 cm^3 o aer sydd eisoes wedi cael ei gyfnewid yn nwyol â'r gwaed.

▶ Nid yw'r ysgyfaint byth yn cael eu gwagio'n llawn o aer, oherwydd byddent yn dymchwel. Mae'r aer sy'n aros yn yr ysgyfaint ar ôl yr uchafswm o allanadliad, pan fyddwch chi'n anadlu allan mor galed ag y gallwch, yn cael ei gyfeirio ato fel **cyfaint gweddilliol**. Mae'r cyfaint oddeutu 1200 cm^3 ar gyfer gwryw cyffredin.

▶ **Cynhwysedd hanfodol** yw faint o aer y gellir ei orfodi allan o'r ysgyfaint ar ôl y mewnanadliad mwyaf posibl. Mae'r cyfaint oddeutu 4800 cm^3.

▶ Trwy fewnanadlu'n ddwfn, mae'n bosibl cymryd mwy o aer nag arfer fel y gall mwy o ocsigen gyrraedd yr alfeoli. Mae hyn yn arbennig o bwysig yn ystod ymarfer corff. Gallwch anadlu hyd at 3000 cm^3 ychwanegol o aer iach ar ben y cyfaint cyfnewid arferol – gelwir hyn yn **gyfaint mewnanadlol wrth gefn**.

▶ Y **cyfaint allanadlol wrth gefn** yw faint o aer ychwanegol y gellir ei anadlu allan ar ôl allanadliad arferol. Gall hyn fod hyd at 1500 cm^3. Ar ddiwedd anadl arferol, mae'r ysgyfaint yn cynnwys y cyfaint gweddilliol ynghyd â'r cyfaint allanadlol wrth gefn. Petasech wedyn yn allanadlu cymaint â phosibl, dim ond y cyfaint gweddilliol fyddai ar ôl.

▶ **Cyfanswm cyfaint yr ysgyfaint** yw cyfanswm cynhwysedd yr ysgyfaint ar ôl i chi fewnanadlu mor ddwfn a chymaint ag y gallwch, ar ôl y mewnanadliad mwyaf. Mae hyn fel arfer oddeutu 6000 cm^3 ar gyfer gwryw o faint cyfartalog.

Awgrym   Ysgrifennwch restr o wahanol gyfeintiau yr ysgyfaint a disgrifiwch bob un yn fyr.

Ymestyn   Meddyliwch sut mae'ch anadlu'n newid yn ystod ymarfer corff. Esboniwch beth sy'n digwydd i bob cyfaint ysgyfaint penodol.

Ymatebion y system resbiradol i un sesiwn chwaraeon neu ymarfer corff

Mae eich corff yn rhyfeddol o ansensitif i lefelau ocsigen yn gostwng, ac eto mae'n sensitif i lefelau uwch o garbon deuocsid. Nid yw lefelau ocsigen mewn gwaed rhydwelïol yn amrywio fawr ddim, hyd yn oed yn ystod ymarfer corff, ond mae lefelau carbon deuocsid yn amrywio mewn cyfranneddd uniongyrchol i lefel y gweithgaredd corfforol. Po fwyaf dwys yw'r ymarfer corff, y mwyaf yw'r crynodiad o garbon deuocsid yn y gwaed. Er mwyn brwydro yn erbyn hyn, mae eich cyfradd anadlu yn cynyddu i sicrhau y gellir gwaredu'r carbon deuocsid trwy allanadliad.

Cyfradd anadlu uwch

Mae ymarfer corff yn arwain at gynnydd yng nghyfradd a dyfnder yr anadlu. Yn ystod ymarfer corff mae eich cyhyrau'n mynnu mwy o ocsigen, ac mae'r cynnydd cyfatebol mewn cynhyrchu carbon deuocsid yn ysgogi anadlu'n gyflymach a dyfnach. Mae'r rhwydwaith capilari o amgylch yr alfeoli yn ehangu, gan gynyddu llif y gwaed i'r ysgyfaint a thrylediad yr ysgyfaint.

Gelwir cynnydd bach yn y gyfradd anadlu cyn ymarfer corff yn godiad rhagweladwy. Pan fydd ymarfer corff yn cychwyn mae cynnydd sylweddol ar unwaith yn y gyfradd anadlu, y credir ei fod o ganlyniad i dderbynyddion yn gweithio yn y cyhyrau a'r cymalau.

Ar ôl sawl munud o ymarfer corff aerobig, mae anadlu'n parhau i godi, ond ar gyfradd arafach, ac mae'n lefelu os yw'r dwysedd ymarfer corff yn aros yn gyson. Os yw'r ymarfer corff ar ei anterth, bydd y gyfradd anadlu yn parhau i godi nes cyrraedd cyflwr o flinder mawr. Ar ôl ymarfer corff mae'r gyfradd anadlu yn dychwelyd i'w lefel arferol, yn gyflym i ddechrau ac yna'n araf.

Cynnydd yn y cyfaint cyfnewid

Yn ystod ymarfer corff, mae'r cyfaint cyfnewid yn cynyddu i ganiatáu mwy o aer basio trwy'r ysgyfaint. Mae'r cyfaint cyfnewid yn codi gan ymarfer corff aerobig ac anaerobig ill dau. Yn ystod ymarfer corff, mae ocsigen yn cael ei wagio o'ch corff, gan sbarduno cyfaint cyfnewid dyfnach i wneud iawn amdano.

Yn ystod ymarfer corff egnïol, gall trylediad ocsigen gynyddu cymaint â thair gwaith yn uwch na'r lefel gorffwys. Yn yr un modd, mae'r awyriad mewn munud yn dibynnu ar gyfradd anadlu a chyfanswm y cyfaint. Yn ystod ymarfer corff, yn gyffredinol, gall oedolion gyrraedd awyriad munud tua 15 gwaith yn fwy na'r gyfradd ar orffwys.

Addasiadau'r system resbiradol i ymarfer corff

Fel y system gardiofasgwlaidd, mae'r system anadlu yn mynd drwy addasiadau penodol mewn ymateb i raglen hyfforddi drefnus a rheolaidd. Mae'r addasiadau hyn yn helpu i gynyddu effeithlonrwydd y system resbiradol i'r eithaf; gellir danfon ocsigen i'r cyhyrau gweithiol er mwyn bodloni gofynion yr ymarfer tra gellir tynnu cynhyrchion gwastraff yn gyflym.

Cynhwysedd hanfodol cynyddol

Mae eich cynhwysedd hanfodol yn cynyddu mewn ymateb i ymarfer corfforol hirdymor er mwyn darparu cyflenwad cynyddol a mwy effeithlon o ocsigen i'r cyhyrau gweithiol.

Cryfder cynyddol y cyhyrau resbiradol

Mae'r llengig a'r cyhyrau rhyngasennol yn cynyddu mewn cryfder, gan ganiatáu ehangiad pellach ceudod y frest. Bydd hyn yn golygu ei bod yn haws cymryd anadliadau dyfnach gan y bydd y cyhyrau cryfach a mwy ystwyth yn caniatáu i geudod y frest ehangu ymhellach.

Cynnydd yng nghyfradd trylediad ocsigen a charbon deuocsid

Mae eich system resbiradol yn addasu gydag ymarfer rheolaidd, gan ganiatáu i ocsigen a charbon deuocsid ymledu yn gyflymach. Mae cynnydd yng nghyfraddau trylediad mewn meinweoedd yn golygu y gallwch ymarfer yn hirach ac yn galetach, gan y bydd eich cyhyrau'n derbyn mwy o ocsigen a bydd y cynnydd mewn carbon deuocsid yn cael ei waredu'n gyflymach.

> ⏸ **MUNUD I FEDDWL**   Pam bod y system resbiradol mor bwysig i berfformiad chwaraeon?
>
> Awgrym   Disgrifiwch sut mae'r system resbiradol yn addasu i ymarfer corff hirdymor.
>
> Ymestyn   Esboniwch pam y gall pob addasiad wella perfformiad chwaraeon ac ymarfer corff.

Ffactorau ychwanegol sy'n effeithio ar y system resbiradol

Er y bydd ymarfer rheolaidd yn gwella effeithlonrwydd eich system resbiradol, mae yna nifer o ystyriaethau ychwanegol a all effeithio ar y system hon.

Asthma

Mae asthma yn gyflwr cyffredin ble y gall llwybrau'r system resbiradol ddod yn gyfyngedig, gan ei gwneud hi'n anoddach i aer fynd i mewn i'r corff, gan arwain at beswch, gwichian neu ddiffyg anadl.

Yn ystod anadlu arferol, mae'r bandiau o gyhyrau sy'n amgylchynu'r llwybrau anadlu wedi ymlacio ac mae'r aer yn symud yn rhydd. Fodd bynnag, mae asthma yn cyfangu a thynhau'r bandiau o gyhyrau sy'n amgylchynu'r llwybrau anadlu fel na all aer symud yn rhydd i mewn neu allan o'r corff. Gall asthma gael effaith negyddol ar berfformiad chwaraeon gan na fydd pobl sydd â'r cyflwr yn gallu cael digon o ocsigen i'w hysgyfaint i gyflenwi eu cyhyrau, yn enwedig gyda'r symiau uwch sy'n ofynnol yn ystod ymarfer corff.

Fodd bynnag, bydd ymarfer corff rheolaidd yn cryfhau'ch system resbiradol ac yn helpu i atal asthma. Gall ymarfer aerobig rheolaidd helpu i wella anadlu a chryfder cyhyrau, a bydd hyfforddiant dygnwch hefyd yn gwella mewnlifiad ocsigen.

> **Awgrym diogelwch**
>
> Os ydych chi'n dioddef o asthma, cariwch eich anadlydd drwy'r amser. Os byddwch chi'n dechrau profi symptomau asthma yna stopiwch yr ymarfer ar unwaith.

> **Ymchwil**
>
> Am ragor o wybodaeth am asthma, gweler NHS Choices – www.nhs.uk/Livewell/asthma.

Astudiaeth Achos

Paula Radcliffe

Mae'r rhedwr marathon record byd Paula Radcliffe wedi cael asthma a achosir gan ymarfer corff ar hyd ei hoes. Fodd bynnag, trwy ddyfalbarhad a'r feddyginiaeth gywir, mae hi wedi gallu cystadlu'n llwyddiannus ar y lefel uchaf. Hyd at 2018, hi oedd deiliad record y byd ar gyfer y marathon i fenywod.

Er mwyn sicrhau ei bod hi'n gallu hyfforddi a chystadlu, mae Paula bob amser yn cynhesu'n ysgafn ac yn raddol fel nad yw ei asthma yn ymyrryd. Wrth ymarfer, bydd yn defnyddio ei hanadlydd rhwystrol y peth cyntaf yn y bore ac yna ei hanadlydd esmwythol cyn iddi ddechrau ymarfer corff.

Mae neges Paula yn glir: 'rheolwch eich asthma, peidiwch â gadael iddo eich rheoli chi'.

Gwiriwch eich gwybodaeth

1 Sut mae asthma yn effeithio ar berfformiad chwaraeon?
2 Beth yw'r gwahaniaeth rhwng anadlydd rhwystrol ac anadlydd esmwythol?

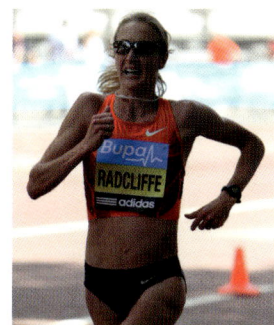

► Mae Paula Radcliffe yn un o lawer o athletwyr elitaidd sy'n cystadlu'n llwyddiannus er gwaethaf bod ag asthma

Effeithiau uchder/gwasgedd rhannol ar y system resbiradol

Mae llawer o athletwyr elitaidd yn hoffi ymarfer ar uchder uchel gan fod y gwasgedd aer yn is a'r gronynnau ocsigen yn bellach oddi wrth ei gilydd. Mae hyn yn golygu bod dwysedd yr ocsigen yn yr awyr yn is ac mae'n anoddach anadlu (mewnanadlu) yr ocsigen hwn i'ch corff oherwydd gwasgedd rhannol is. Dros amser bydd system resbiradol yr athletwyr yn addasu i'r gwasgedd is hwn ac yn dod yn fwy effeithlon.

Yn y tymor byr, effeithiau uchder ar y corff yw bod yn rhaid i'ch ysgyfaint weithio'n galetach. Gall symptomau gynnwys diffyg anadl, pendro, cur pen ac anawsterau canolbwyntio. Gall llai o ocsigen ar uchderau uwch arwain yn gyflym at hypocsia, sy'n digwydd pan nad oes gan y corff fynediad digonol at ocsigen. Er mwyn ymdopi â'r gostyngiad yn yr ocsigen sydd ar gael, rhaid i chi anadlu'n gyflymach ac yn ddyfnach.

Fel systemau eraill y corff, bydd y system resbiradol yn addasu dros gyfnod hir fel y gall ymdopi â'r gostyngiad yn yr ocsigen sydd ar gael ar uchderau uwch. Bydd eich ysgyfaint yn cynefino trwy ddod yn fwy sy'n eu galluogi i ddal mwy o ocsigen. Bydd y corff hefyd yn cynhyrchu mwy o gelloedd coch y gwaed a chapilarïau, gan alluogi'r ysgyfaint i ocsigenu'r gwaed yn fwy effeithlon.

Mae athletwyr sy'n ymarfer ar uchder yn teimlo buddion system resbiradol fwy effeithlon pan fyddant yn dychwelyd i gystadlu ar uchderau is. Mae athletwyr a anwyd ar uchder uchel yn elwa hyd yn oed yn fwy, gan eu bod wedi tyfu i fyny a datblygu yn yr amgylchedd hwnnw.

Ymarfer asesu 1.3

Mae Freddie yn chwaraewr pêl-droed.

1 Esboniwch effaith tymor byr cymryd rhan mewn pêl-droed ar gyfaint cyfnewid Freddie. **(3 marc)**

2 Esboniwch rôl carbon deuocsid o fewn rheolaeth gemegol anadlu yn ystod ymarfer corff. **(3 marc)**

3 Esboniwch sut mae cynyddu cryfder y cyhyrau resbiradol yn cynorthwyo perfformiad wrth redeg pellter hir. **(4 marc)**

Cynllunio
- Byddaf yn cynllunio atebion hirach trwy nodi'r geiriau allweddol a'r enghreifftiau tebygol.
- Byddaf yn edrych ar y marciau sydd ar gael ac yn caniatáu amser i ysgrifennu ateb llawn.

Gwneud
- Byddaf yn ysgrifennu ateb strwythuredig, yn enwedig ar gyfer cwestiynau sy'n cynnig mwy o farciau.
- Rhoddaf enghreifftiau perthnasol sy'n gysylltiedig â'r damcaniaethau allweddol.

Adolygu
- Ydw i wedi ailddarllen fy atebion? Ydw i wedi cynnwys ymateb i'r termau allweddol?
- Ydw i wedi ateb y cwestiwn yn llawn, gan sicrhau bod y nifer perthnasol o bwyntiau sy'n gysylltiedig â'r marciau ar gael?

D Effeithiau ymarfer corff a pherfformiad chwaraeon ar y system gardiofasgwlaidd

Weithiau cyfeirir at y system gardiofasgwlaidd fel y **system cylchrediad gwaed** ac mae'n cynnwys y galon, pibellau gwaed a'r gwaed. Y system gardiofasgwlaidd yw'r brif system gludo yn eich corff, gan gludo bwyd, ocsigen a'r holl gynhyrchion hanfodol eraill i gelloedd, a chymryd cynhyrchion gwastraff resbiradaeth a phrosesau cellog eraill, fel carbon deuocsid, i ffwrdd. Mae ocsigen yn cael ei gludo o'r ysgyfaint i feinweoedd y corff, tra bod carbon deuocsid yn cael ei gario o feinweoedd y corff i'r ysgyfaint i'w ysgarthu.

Strwythur y system gardiofasgwlaidd

Y galon

Cyhyr unigryw a phwmp y system gardiofasgwlaidd yw'r galon. Mae wedi'i lleoli o dan y sternwm (sy'n darparu amddiffyniad) ac mae tua maint dwrn caeedig. Swyddogaeth y galon yw gyrru gwaed i mewn a thrwy'r rhydwelïau er mwyn ei ddanfon i'r meinweoedd a'r cyhyrau gweithiol.

Mae'r galon wedi'i hamgylchynu gan goden haen-dwbl o'r enw'r pericardiwm. Mae'r ceudod rhwng yr haenau wedi'i lenwi â hylif pericardiol, a'i bwrpas yw atal ffrithiant wrth i'r galon guro. Mae wal y galon ei hun yn cynnwys tair haen: yr epicardiwm (yr haen allanol), y myocardiwm (yr haen ganol gref sy'n ffurfio'r rhan fwyaf o wal y galon), a'r endocardiwm (yr haen fewnol).

Mae ochr dde'r galon wedi'i gwahanu o'r chwith gan wal solet o'r enw'r **septwm**. Mae hyn yn atal y gwaed ar yr ochr dde rhag dod i gysylltiad â'r gwaed ar yr ochr chwith.

Allwedd

← = gwaed ocsigenedig   ← = gwaed dadocsigenedig

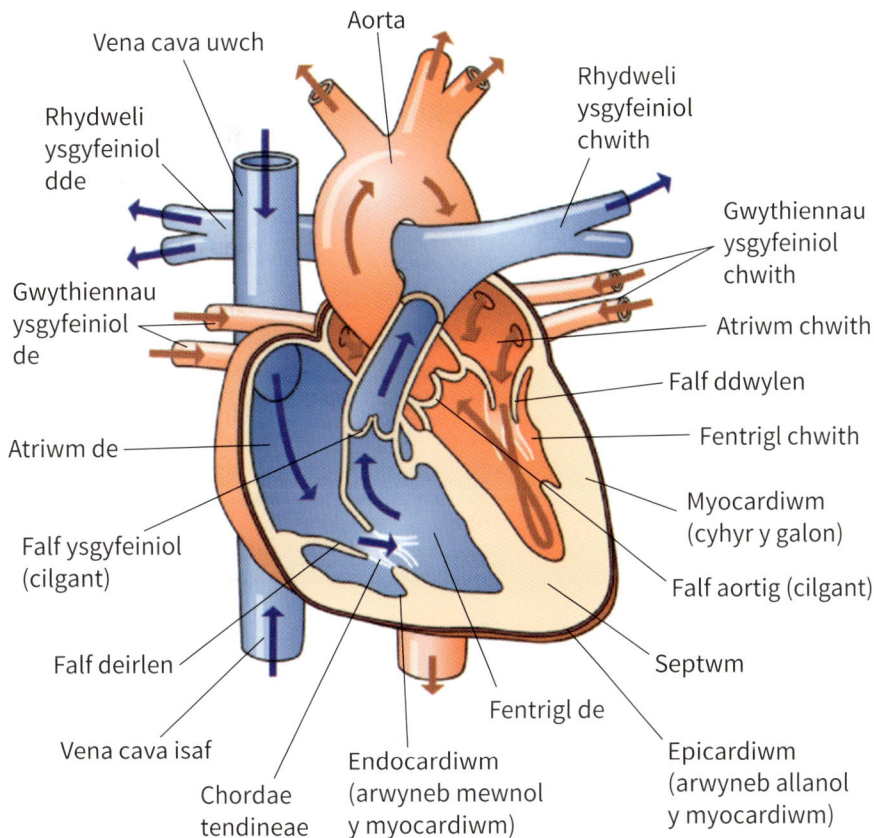

▶ **Ffigur 1.15:** Diagram o'r galon

Gellir meddwl am y galon fel dau bwmp: y ddwy siambr ar y dde (yr atriwm de a'r fentrigl de) a'r ddwy siambr ar y chwith (yr atriwm chwith a'r fentrigl chwith; gweler Ffigur 1.15). Mae'r siambrau ar y dde yn cyflenwi gwaed ar bwysedd isel i'r ysgyfaint trwy'r rhydwelïau ysgyfeiniol, y rhydwelïynnau a'r capilarïau, lle mae cyfnewid nwyol yn digwydd. Yna dychwelir y gwaed hwn i ochr chwith y galon trwy'r capilarïau, y gwythienigau a'r gwythiennau.

Pan fydd siambrau ochr chwith y galon yn llawn, mae'n cyfangu ar yr un pryd â'r ochr dde, gan weithredu fel pwmp pwysedd uchel. Mae'n cyflenwi gwaed ocsigenedig trwy'r rhydwelïau, y rhydwelïynnau a'r capilariau i feinweoedd y corff fel celloedd cyhyrau. Mae ocsigen yn pasio o'r gwaed i'r celloedd a chaiff carbon deuocsid (cynnyrch gwastraff resbiradaeth aerobig) ei dderbyn. Yna mae'r gwaed yn dychwelyd i atriwm de'r galon trwy'r capilariau, y gwythienigau a'r gwythiennau.

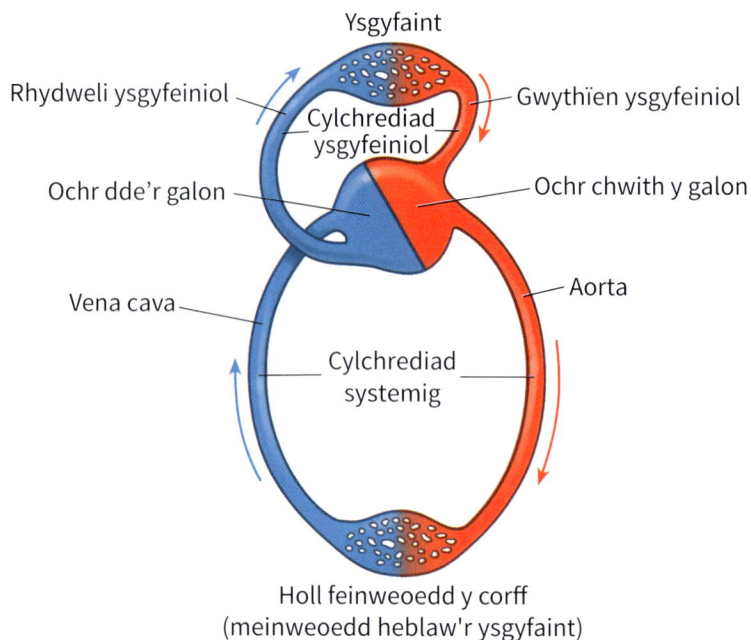

Ysgyfaint

Rhydweli ysgyfeiniol

Cylchrediad ysgyfeiniol

Gwythïen ysgyfeiniol

Ochr dde'r galon

Ochr chwith y galon

Vena cava

Aorta

Cylchrediad systemig

Holl feinweoedd y corff
(meinweoedd heblaw'r ysgyfaint)

▶ **Ffigur 1.16:** Cylchrediad dwbl trwy'r galon

Mae prif rannau'r galon fel a ganlyn.

▶ **Rhydwelïau coronaidd** – dyma'r pibellau gwaed sy'n cyflenwi gwaed ocsigenedig i gyhyr y galon. Mae dwy o rydwelïau coronaidd, y chwith a'r dde.

▶ **Atria** – dyma siambrau uchaf y galon. Maen nhw'n derbyn gwaed sy'n dychwelyd i'ch calon naill ai o'r corff neu'r ysgyfaint. Mae'r atriwm de yn derbyn **gwaed dadocsigenedig** o'r vena cava uchaf ac isaf. Mae'r atriwm chwith yn derbyn **gwaed ocsigenedig** o'r gwythiennau ysgyfeiniol chwith a de.

▶ **Fentriglau** – siambrau pwmpio'r galon. Mae ganddyn nhw waliau mwy trwchus na'r atria. Mae'r fentrigl de yn pwmpio gwaed i'r cylchrediad ysgyfeiniol ar gyfer yr ysgyfaint, ac mae'r fentrigl chwith yn pwmpio gwaed i'r cylchrediad systemig ar gyfer y corff gan gynnwys y cyhyrau.

▶ **Falf ddwylen (meitrol)** – un o'r pedair falf yn y galon, wedi'i lleoli rhwng yr atriwm chwith a'r fentrigl chwith. Mae'n caniatáu i'r gwaed lifo i un cyfeiriad yn unig, o'r atriwm chwith i'r fentrigl chwith.

▶ **Falf deirlen** – wedi'i lleoli rhwng yr atriwm de a'r fentrigl de, mae'n caniatáu i'r gwaed lifo o'r atriwm de i'r fentrigl de ac yn atal gwaed rhag llifo tuag yn ôl.

▶ **Falfiau cilgant (falf aortig a falf ysgyfeiniol)** – mae'r falf aortig wedi'i lleoli rhwng y fentrigl chwith a'r aorta ac yn atal llif o'r aorta yn ôl i'r fentrigl chwith. Mae'r falf ysgyfeiniol wedi'i lleoli rhwng y fentrigl de a'r rhydweli ysgyfeiniol.

Mae'r prif bibellau gwaed sy'n gysylltiedig â'r galon fel a ganlyn.

▶ **Aorta** – dyma brif rydweli'r corff. Mae'n tarddu yn y fentrigl chwith ac yn cludo gwaed ocsigenedig i bob rhan o'r corff ac eithrio'r ysgyfaint.

▶ **Vena cava uchaf** – gwythïen sy'n derbyn gwaed dadocsigenedig o ran uchaf y corff er mwyn gwagio i atriwm de'r galon.

▶ **Vena cava isaf** – gwythïen sy'n derbyn gwaed dadocsigenedig o ran isaf y corff er mwyn gwagio i atriwm de'r galon.

▶ **Gwythïen ysgyfeiniol** – yn cludo gwaed ocsigenedig o'r ysgyfaint i atriwm chwith y galon.

▶ **Rhydweli ysgyfeiniol** – yn cludo gwaed dadocsigenedig o'r galon yn ôl i'r ysgyfaint. Dyma'r unig rydweli sy'n cario gwaed dadocsigenedig.

⏸ MUNUD I FEDDWL   Esboniwch swyddogaeth y galon yn y system gardiofasgwlaidd.

Awgrym   Caewch y llyfr a lluniwch ddiagram o'r galon. Ceisiwch labelu pob rhan o'ch diagram.

Ymestyn   Labelwch y llif gwaed trwy'r galon, gan ddangos i ble ac o ble mae'r gwaed yn llifo.

Strwythur pibellau gwaed

Wrth i'r galon gyfangu, mae gwaed yn llifo o amgylch y corff mewn rhwydwaith cymhleth o bibellau. Mae tua 96,000 km o rydwelïau, rhydwelïynnau, capilarïau, gwythienigau a gwythiennau yn caniatáu cylchrediad y gwaed trwy'r corff. Mae strwythur y gwahanol bibellau hyn yn cael ei bennu gan eu gwahanol swyddogaethau a'r pwysedd gwaed ynddynt.

Mae gwaed sy'n llifo trwy'r rhydwelïau yn ymddangos yn goch llachar oherwydd ei ocsigeniad. Wrth iddo symud trwy'r capilarïau mae'n gollwng ocsigen ac yn codi carbon deuocsid. Erbyn iddo gyrraedd y gwythiennau mae'n lliw coch tywyllach na gwaed ocsigenedig.

Rhydwelïau

Mae rhydwelïau'n cario gwaed i **ffwrdd** o'r galon, ac eithrio'r rhydweli ysgyfeiniol maen nhw'n cario gwaed ocsigenedig. Mae ganddyn nhw waliau cyhyrog trwchus i gario gwaed ar gyflymder uchel o dan bwysedd uchel. Pan fydd y galon yn gwaredu gwaed i'r rhydwelïau mawr, mae'r rhydwelïau'n ehangu i gynnwys y gwaed hwn. Nid oes angen falfiau arnynt gan fod y pwysedd ynddynt yn parhau'n uchel bob amser, ac eithrio yn y man lle mae'r rhydweli ysgyfeiniol yn gadael y galon. Mae gan rydwelïau ddau brif briodwedd: **hyblygrwydd** a **chyfangoldeb**.

Mae'r cyhyrau llyfn sy'n amgylchynu'r rhydwelïau yn galluogi lleihau a chynyddu eu diamedr yn ôl yr angen. Mae cyfangoldeb (*contractility*) y rhydwelïau yn helpu i gynnal pwysedd gwaed mewn perthynas â newidiadau yn llif y gwaed. Mae'r rhydwelïau wedi'u lleoli'n ddwfn yn y corff yn bennaf, ac eithrio lle medrir eu teimlo ar bwynt curiad y galon. Mae'r pibellau hyn yn canghennu i rydwelïynnau llai sydd yn y pen draw yn danfon gwaed i'r capilarïau.

Rhydwelïynnau

Mae gan rydwelïynnau (*arterioles*) waliau teneuach na rhydwelïau. Maen nhw'n rheoli dosbarthiad gwaed trwy newid eu diamedr. Mae'r mecanwaith hwn yn addasu llif y gwaed i'r capilarïau mewn ymateb i wahanol alwadau am ocsigen. Yn ystod ymarfer corff, mae angen llif gwaed uwch ar y cyhyrau er mwyn derbyn ocsigen ychwanegol, felly mae diamedr y rhydwelïynnau sy'n arwain at y cyhyrau'n lledu, neu'n ehangu. I wneud iawn am y cynnydd hwn yn y galw am waed gan y cyhyrau, mae'r llif mewn rhannau eraill, fel y perfedd, yn cael ei leihau dros dro, ac mae diamedr eu rhydwelïau yn lleihau. Rhydwelïynnau sy'n gyfrifol yn y bôn am reoli llif y gwaed i'r capilarïau.

Capilarïau

Mae capilarïau yn cysylltu rhydwelïau a gwythiennau trwy uno rhydwelïynnau a gwythienigau. Nhw yw'r lleiaf o'r holl bibellau gwaed, yn gul ac yn denau. Gall nifer y capilarïau yn y cyhyrau gynyddu trwy ymarfer corff addas yn aml. Maen nhw'n rhan hanfodol o'r system gardiofasgwlaidd gan eu bod yn caniatáu trylediad ocsigen a maetholion sy'n ofynnol gan gelloedd y corff. Mae capilarïau sy'n amgylchynu cyhyrau yn sicrhau eu bod yn cael yr ocsigen a'r maetholion sydd eu hangen arnynt i gynhyrchu egni. Dim ond un gell o drwch yw waliau capilarïau, sy'n caniatáu i faetholion, ocsigen a chynhyrchion gwastraff basio trwyddynt. Mae pwysedd gwaed o fewn y capilarïau yn uwch na'r pwysau mewn gwythiennau, ond yn is nag yn y rhydwelïau.

Gwythiennau

Mae gwythiennau'n hwyluso **dychweliad gwythiennol** – dychwelyd gwaed dadocsigenedig i'r galon. Mae ganddyn nhw waliau teneuach na rhydwelïau a diamedr cymharol fawr. Erbyn i waed gyrraedd y gwythiennau, mae'n llifo'n araf ac o dan bwysedd isel. Mae cyhyrau cyfangol yn gwthio waliau tenau'r gwythiennau i mewn gan helpu i wasgu'r gwaed yn ôl tuag at y galon. Gan fod y cyfangiadau cyhyrol hyn yn ysbeidiol, mae nifer o falfiau poced yn y gwythiennau sy'n helpu i atal unrhyw ôl-lif pan fydd y cyhyrau'n ymlacio. Mae gwythiennau'n agos at yr wyneb yn bennaf a gellir eu gweld o dan y croen. Maen nhw'n canghennu i mewn i bibellau llai o'r enw **gwythienigau**, sy'n ymestyn i'r rhwydwaith capilari.

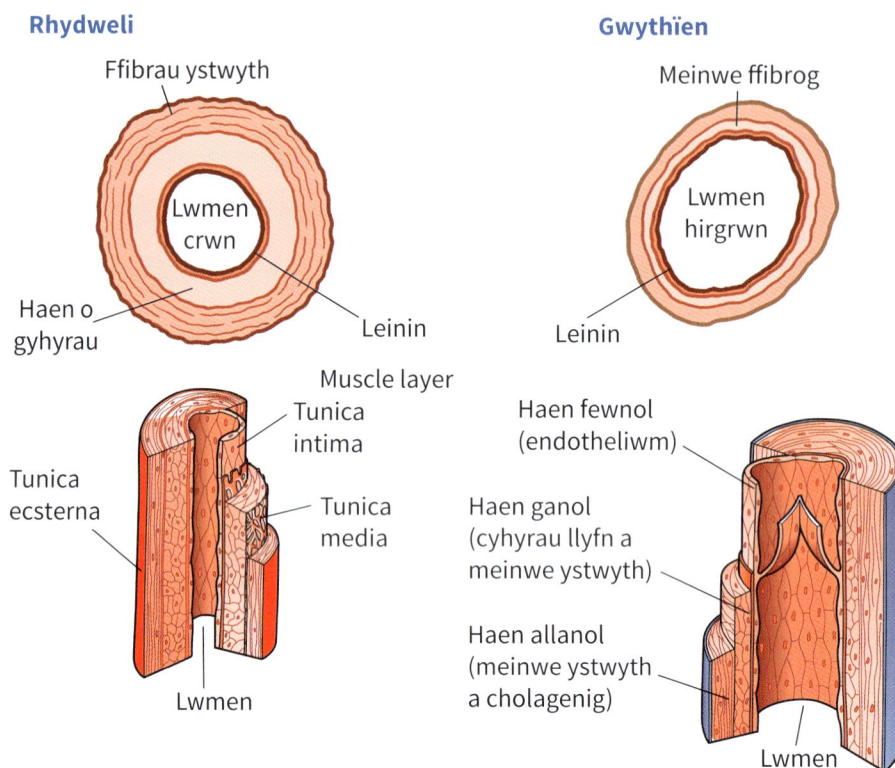

▶ **Ffigur 1.17:** Strwythur rhydwelïau a gwythiennau

▶ **Tabl 1.5:** Cymhariaeth rhwng gwythiennau a rhydwelïau

Gwythiennau	Rhydwelïau
Cludo gwaed o feinweoedd y corff i'r galon	Cludo gwaed o'r galon i feinweoedd y corff
Fel arfer i'w cael ychydig o dan y croen	I'w cael yn ddyfnach o fewn y corff
Gyda llai o waliau cyhyrol na rhydwelïau	Yn fwy cyhyrog na gwythiennau, gyda llawer mwy o ffibrau ystwyth
Gyda falfiau i atal ôl-lif gwaed	Ddim yn cynnwys falfiau
Cynnwys gwaed o dan bwysedd isel	Cynnwys gwaed o dan bwysedd uchel

Gwythienigau

Gwythienigau yw'r pibellau bach sy'n cysylltu'r capilarïau â'r gwythiennau. Bydd y gwythienigau'n cymryd y gwaed o'r capilarïau ac yn cludo'r gwaed dadocsigenedig hwn o dan bwysedd isel i'r gwythiennau a fydd, yn eu tro, yn arwain yn ôl i'r galon.

> **⏸ MUNUD I FEDDWL** Esboniwch swyddogaethau gwythiennau, gwythienigau, rhydwelïau, rhydwelïynnau a chapilarïau.
>
> **Awgrym** Caewch y llyfr a rhestrwch y gwahaniaethau rhwng rhydwelïau a gwythiennau.
>
> **Ymestyn** Esboniwch pam bod gwahaniaethau strwythurol rhwng rhydwelïau a gwythiennau.

Cyfansoddiad gwaed

Mae gan yr oedolyn cyffredin oddeutu 4-5 litr o waed. Mae'r gwaed hwn yn cynnwys:

▶ **celloedd coch y gwaed** (erythrosytau) – prif swyddogaeth celloedd coch y gwaed yw cario ocsigen i'r holl feinwe fyw. Mae pob un o gelloedd coch y gwaed yn cynnwys protein o'r enw haemoglobin sy'n rhoi'r lliw coch i waed ac o'i gyfuno ag ocsigen mae'n ffurfio ocsihaemoglobin. Mae celloedd coch y gwaed yn ddisgiau crwn, gwastad gyda siâp pantiog sy'n rhoi arwynebedd mawr iddynt ac sy'n caniatáu iddynt lifo'n hawdd o fewn plasma. Mae diferyn o waed yn cynnwys miliynau o gelloedd coch y gwaed.

▶ **plasma** – yr hylif lliw gwellt lle mae'r holl gelloedd gwaed yn cael eu dal. Mae'n cynnwys oddeutu 90 y cant o ddŵr yn ogystal ag electrolytau fel sodiwm, potasiwm a phroteinau. Mae'r plasma hefyd yn cario carbon deuocsid, wedi'i hydoddi fel asid carbonig.

▶ **celloedd gwyn y gwaed** (lewcocytau) – cydrannau o waed sy'n amddiffyn y corff rhag heintiau. Mae celloedd gwyn y gwaed yn adnabod, dinistrio a thynnu pathogenau fel bacteria neu firysau o'r corff. Mae celloedd gwyn y gwaed yn tarddu ym mêr yr esgyrn ac yn cael eu storio yn eich gwaed.

▶ **platennau** (thrombosytau) – darnau celloedd siâp disg a gynhyrchir ym mêr yr esgyrn. Prif swyddogaeth platennau yw ceulo i atal colli gwaed.

Swyddogaeth y system gardiofasgwlaidd

Mae'r system gardiofasgwlaidd yn cyflawni nifer o swyddogaethau pwysig yn ystod ymarfer corff a pherfformiad chwaraeon.

Dosbarthu ocsigen a maetholion

Swyddogaeth allweddol y system gardiofasgwlaidd yw cyflenwi ocsigen a maetholion i feinweoedd y corff trwy lif y gwaed. Yn ystod ymarfer corff bydd angen mwy o'r rhain ar eich corff felly mae'r system gardiofasgwlaidd yn ymateb er mwyn sicrhau bod cyflenwad addas i ateb y gofynion cynyddol. Pan na all y system gardiofasgwlaidd fodloni'r gofynion hyn mwyach, bydd blinder yn digwydd yn y cyhyrau a bydd perfformiad yn dirywio.

Gwaredu cynhyrchion gwastraff – carbon deuocsid a lactad

Yn ogystal â darparu ocsigen a maetholion i'r holl feinweoedd yn y corff, mae'r system cylchrediad gwaed yn cludo cynhyrchion gwastraff o'r meinweoedd i'r arennau a'r iau, ac yn dychwelyd carbon deuocsid o'r meinweoedd i'r ysgyfaint. Yn ystod ymarfer corff bydd eich cyhyrau'n cynhyrchu mwy o garbon deuocsid a lactad ac mae'n hanfodol bod y rhain yn cael eu gwaredu, neu fel arall bydd blinder cyhyrol yn digwydd.

Thermoreoli

Mae'r system gardiofasgwlaidd yn gyfrifol am ddosbarthu ac ailddosbarthu gwres yn eich corff i gynnal cydbwysedd thermol yn ystod ymarfer corff. Mae hyn yn sicrhau na fyddwch yn gorboethi yn ystod ymarfer corff.

Mae eich system gardiofasgwlaidd yn defnyddio'r ffyrdd canlynol o reoli a dosbarthu gwres o amgylch eich corff.

▶ **Fasoymlediad pibellau gwaed ger y croen** – yn ystod ymarfer corff, mae fasoymlediad pibellau gwaed yn digwydd yn y rhannau o'r cyhyrau gweithredol ble mae cyfnewid nwyol yn digwydd. Mae fasoymlediad yn cael ei achosi gan ymlacio'r ffibrau cyhyrol anrheoledig yn waliau'r pibellau gwaed ac mae'n achosi cynnydd yn niamedr y pibellau gwaed. Mae hyn yn lleihau'r ymwrthedd i lif y gwaed yn yr ardal a gyflenwir gan y pibellau. Bydd hyn yn arwain at ostyngiad yn nhymheredd y corff oherwydd gellir cludo gwres yn y gwaed i arwyneb y croen.

▶ **Fasogyfyngiad pibellau gwaed ger y croen** – gall pibellau gwaed hefyd gau i lawr dros dro neu gyfyngu llif y gwaed i feinweoedd. Gelwir y broses hon yn fasogyfyngiad ac mae'n achosi gostyngiad yn niamedr pibellau gwaed. Bydd hyn yn arwain at gynnydd yn nhymheredd y corff, wrth i golled gwres leihau wrth i waed gael ei symud i ffwrdd o'r arwyneb.

Ymladd haint

Mae lewcocytau (celloedd gwyn y gwaed) yn cael eu cynhyrchu'n gyson y tu mewn i fêr yr esgyrn. Maent yn cael eu storio yn y gwaed a'u cludo o amgylch y corff. Gallant fwyta ac amlyncu pathogenau (sylweddau sy'n achosi salwch) a'u dinistrio, cynhyrchu gwrthgyrff a fydd hefyd yn dinistrio pathogenau. Hefyd gallant gynhyrchu gwrthwenwynau a fydd yn niwtraleiddio'r tocsinau a all gael eu rhyddhau gan bathogenau.

Ceulo gwaed

Mae ceulo yn broses gymhleth ble mae celloedd gwyn y gwaed yn ffurfio ceuladau solet. Bydd wal pibell waed wedi'i difrodi yn cael ei gorchuddio â cheulad ffibrin i helpu i atgyweirio'r bibell sydd wedi'i difrodi. Mae platennau'n ffurfio plwg ar safle'r difrod. Mae cydrannau'r plasma a elwir yn ffactorau ceulo yn ymateb i ffurfio llinynnau ffibrin sy'n cryfhau'r plwg platennau. Gwneir hyn yn bosibl trwy gyflenwad gwaed cyson trwy'r system gardiofasgwlaidd.

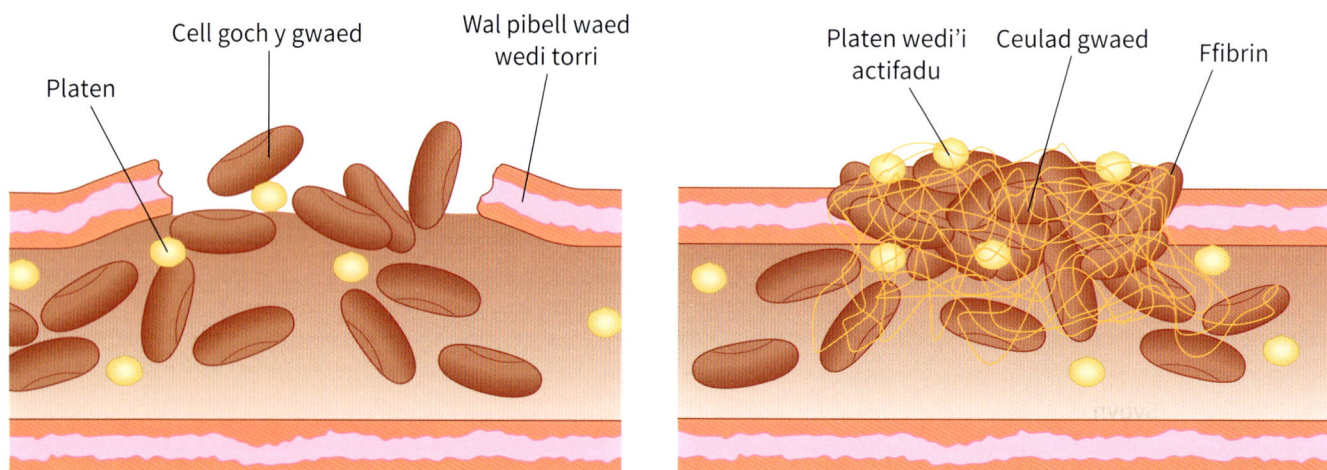

▶ **Ffigur 1.18:** Mae ceulo'n atal gwaedu gormodol pan fydd pibell waed yn cael ei difrodi

MUNUD I FEDDWL — Nodwch swyddogaethau'r system gardiofasgwlaidd ac egluro pam eu bod yn bwysig i berfformiad chwaraeon.

Awgrym — Disgrifiwch brif swyddogaethau'r system gardiofasgwlaidd.

Ymestyn — Esboniwch bob un o brif swyddogaethau'r system gardiofasgwlaidd ac eglurwch pam eu bod mor bwysig i berfformiad chwaraeon.

Rheolaeth nerfol y gylchred gardiaidd

Mae'ch calon yn pwmpio (neu'n curo) pan fydd yr atria a'r fentriglau'n gweithio gyda'i gilydd. Mae'r atria a'r fentriglau yn cyfangu'n annibynnol, gan wthio gwaed allan o siambrau'r galon. Gelwir y broses o lenwi'r galon â gwaed ac yna cyfangiad ble mae'r gwaed yn cael ei bwmpio allan yn **gylchred gardiaidd**. System drydanol eich calon yw'r ffynhonnell bŵer sy'n gwneud hyn yn bosibl.

Mae system drydanol eich calon yn cynnwys tair prif ran: y nod sinoatriaidd, y nod atriofentriglaidd a sypyn o ffibrau His a Purkinje (Ffigur 1.19).

Nod sinoatriaidd (SAN)

Cyfeirir at y nod sinoatriaidd (SAN) yn gyffredin fel rheoliadur y galon ac mae wedi'i leoli o fewn wal yr atriwm de. Mae'r SAN yn anfon ysgogiad neu signal o'r atriwm de trwy waliau'r atria, gan beri i'r waliau cyhyrol gyfangu. Mae'r cyfangiad hwn yn gwthio'r gwaed o fewn yr atria i lawr i'r fentriglau.

Nod atriofentriglaidd (AVN)

Mae'r nod atriofentriglaidd (AVN) wedi'i leoli yng nghanol y galon rhwng yr atria a'r fentriglau, ac mae'n gweithredu fel byffer neu gât sy'n arafu'r signal o'r SAN. Mae arafu'r signal yn caniatáu i'r atria gyfangu **cyn** y fentriglau, sy'n golygu bod y fentriglau wedi ymlacio (neu'n agored) ac yn barod i dderbyn y gwaed o'r atria ar dop y galon.

Sypyn ffibrau His a Purkinje

Sypyn His yw celloedd cyhyrol arbenigol y galon sy'n gyfrifol am gludo'r ysgogiadau trydanol o'r AVN. Fe'u ceir yn waliau'r fentriglau a'r septwm. Ar ddiwedd Sypyn His mae ffilamentau tenau o'r enw ffibrau Purkinje sy'n caniatáu i'r fentrigl gyfangu ar ysbeidiau wedi'u rheoleiddio. Mae'r cyfangiad hwn yn achosi'r gwaed yn y fentrigl gael ei wthio i fyny ac allan o'r galon, naill ai i'r ysgyfaint neu i'r cyhyrau gweithiol.

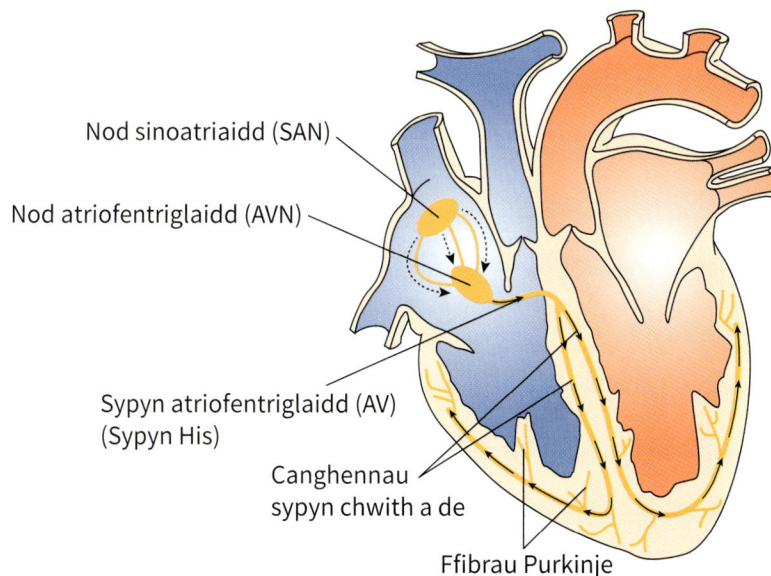

▶ **Ffigur 1.19:** System drydanol y galon

Effeithiau'r system nerfol sympathetig a pharasympathetig

Y system nerfol awtonomig yw'r rhan o'r system nerfol sy'n rheoleiddio swyddogaethau'r corff fel anadlu a churiad eich calon, ac mae'n anrheoledig.

Gellir rhannu'r system hon ymhellach i'r systemau nerfol canlynol.

▶ **System nerfol sympathetig** – yn paratoi'r corff ar gyfer gweithgaredd corfforol dwys ac yn aml cyfeirir ato fel yr ymateb 'ymladd neu ffoi'.

▶ **System nerfol parasympathetig** – yn ymlacio'r corff ac yn atal neu arafu llawer o swyddogaethau egni uchel. Cyfeirir at hyn yn aml fel yr ymateb 'gorffwys a threulio'.

Yn ystod ymarfer corff a chwaraeon bydd y **system nerfol sympathetig** yn achosi'r galon i guro'n gyflymach a'ch ysgyfaint i weithio'n galetach, gan ganiatáu ichi gynhyrchu mwy o egni a chwrdd â gofynion yr ymarfer.

Ar ôl ymarfer corff bydd angen i gyfradd eich calon arafu i'w lefelau gorffwys arferol. Gwaith y **system nerfol barasympathetig** yw gwneud hyn; pe na bai'r system nerfol barasympathetig yn gweithredu yna byddai cyfradd curiad eich calon yn parhau i gyflymu.

Ymatebion y system gardiofasgwlaidd i un sesiwn chwaraeon neu ymarfer corff

Yn ystod ymarfer corff mae angen cyflenwad parhaus o faetholion ac ocsigen ar eich cyhyrau cyfangol i gefnogi cynhyrchu egni. Mae'r gofynion hyn yn ychwanegol at y gofynion sydd eu hangen i gefnogi gweithgareddau gweithio neu orffwys arferol. Rhaid i'ch calon guro'n galetach ac yn gyflymach i ateb y gofynion cynyddol hyn. Os bydd y galwadau hyn yn cael eu hailadrodd yn aml o ganlyniad i raglen hyfforddi systematig, dros amser bydd eich calon yn dod yn gryfach a bydd eich system gardiofasgwlaidd yn dod yn fwy effeithlon wrth gyflenwi ocsigen a chael gwared ar gynhyrchion gwastraff.

Cynnydd disgwyliedig yng nghyfradd curiad y galon cyn ymarfer corff

Efallai eich bod wedi profi'r teimlad bod eich calon yn curo'n gyflymach nag arfer yn union cyn gêm chwaraeon. Gelwir hyn yn **ymateb rhagweladwy**. Bydd cyfradd curiad eich calon yn cynyddu ychydig cyn ymarfer corff er mwyn paratoi ar gyfer y galwadau cynyddol sydd ar fin cael eu rhoi ar eich corff. Gall nerfau sy'n cyflenwi'ch calon yn uniongyrchol a chemegion yn eich gwaed newid cyfradd curiad eich calon yn gyflym. Gwelir yr ymateb rhagweladwy mwyaf yng nghyfradd curiad y galon mewn digwyddiadau sbrintio byr.

Cyfradd curiad y galon cynyddol

Er mwyn i'ch cyhyrau dderbyn mwy o waed ocsigenedig, bydd cyfradd curiad eich calon yn cynyddu yn ystod ymarfer corff. Mae canolfannau nerf yn eich ymennydd yn synhwyro gweithgaredd cardiofasgwlaidd ac mae hyn yn arwain at addasiadau sy'n cynyddu cyfradd a chryfder pwmpio eich calon. Ar yr un pryd, mae llif gwaed rhanbarthol yn cael ei newid yn gymesur â dwysedd gweithgaredd a wneir.

Allbwn cardiaidd cynyddol

Allbwn cardiaidd yw faint o waed sy'n cael ei bwmpio allan o ochr chwith y galon i'r corff mewn un munud. Mae'n gynnyrch cyfradd curiad y galon (curiadau'r funud) a chyfaint strôc (faint o waed fesul pob curiad o'r galon):

▶ allbwn cardiaidd = cyfradd curiad y galon × cyfaint strôc

Wrth gymryd rhan mewn chwaraeon ac ymarfer corff, bydd allbwn cardiaidd yn fwy o ganlyniad i gynnydd yng nghyfradd curiad y galon a/neu gyfaint strôc (*stroke volume*). Nid yw cyfaint strôc yn cynyddu'n sylweddol y tu hwnt i gyfraddau gwaith ysgafn ymarfer corff dwysedd isel. Felly cyflawnir y cynnydd mewn allbwn cardiaidd sy'n ofynnol ar gyfer cyfraddau gwaith cymedrol i ddwysedd uchel yn bennaf trwy godiadau yng nghyfradd curiad y galon. Mae eich uchafswm allbwn cardiaidd cyraeddadwy yn gostwng gydag oedran cynyddol, yn bennaf o ganlyniad i ostyngiad yn uchafswm cyfradd curiad y galon.

Pwysedd gwaed cynyddol

Pwysedd gwaed yw pwysedd y gwaed yn erbyn waliau eich rhydwelïau ac mae'n deillio o ddau rym:

▶ **pwysedd systolig** – y pwysedd a roddir ar waliau eich rhydweli pan fydd eich calon yn cyfangu ac yn gwthio gwaed allan o'r galon ac i'r corff

▶ **pwysedd diastolig** – y pwysedd ar waliau'r pibellau gwaed pan fydd y galon yn gorffwys rhwng curiadau ac yn llenwi â gwaed.

Yn ystod ymarfer corff mae eich pwysedd gwaed systolig yn cynyddu gan fod eich calon yn gweithio'n galetach i gyflenwi mwy o waed ocsigenedig i'r cyhyrau gweithiol. Mae eich pwysedd gwaed diastolig yn aros yn gyson neu'n gostwng ychydig.

Pan fydd pwysedd gwaed yn cael ei fesur, mae'n cael ei ysgrifennu gyda'r pwysedd systolig a diastolig wedi eu nodi.

Y rhif uchaf yw'r **pwysedd systolig** a'r rhif gwaelod yw'r **pwysedd diastolig**, e.e. $\frac{120}{80}$ mm Hg

Ailgyfeirio llif y gwaed

Er mwyn sicrhau bod gwaed yn cyrraedd y rhannau o'r corff sydd ei angen fwyaf yn ystod ymarfer corff (h.y. y cyhyrau gweithiol), bydd eich corff yn ailgyfeirio ac yn ailddosbarthu llif y gwaed. Mae hyn yn sicrhau y gall y mwyafswm o waed ocsigenedig gyrraedd y cyhyrau, ond bydd rhannau eraill o'r corff sydd angen llai o ocsigen yn ystod ymarfer corff yn derbyn llai o waed. Mae'r corff yn gwneud hyn gan ddefnyddio fasoymlediad a fasogyfangiad – cyfeiriwch yn ôl at yr adran ar thermoreoli ar dudalen 41 i gael mwy o wybodaeth.

Damcaniaeth ar waith

Mewn parau, dewiswch gamp y mae'r ddau ohonoch yn ei mwynhau. Cymerwch 8–10 munud i gynhesu'n drwyadl ac yna cymerwch ran yn eich gweithgaredd dewisol am o leiaf 20 munud ar lefel o ddwysedd cymedrol. Ar ddiwedd y sesiwn cymerwch oddeutu pum munud i oeri.

Yn ystod pob rhan o'r gweithgaredd, talwch sylw'n fanwl i'r newidiadau sy'n digwydd yn eich corff. Gofynnwch i'ch partner gofnodi'r rhain ar eich rhan.

1 Yn ystod y sesiwn gynhesu, pa newidiadau a ddigwyddodd i gyfradd curiad eich calon a'ch anadlu?

2 Yn ystod y prif ymarfer pa newidiadau a ddigwyddodd? Meddyliwch sut roeddech chi'n teimlo: a wnaethoch chi boethi? Sut gwnaeth eich corff addasu i reoli'ch tymheredd? Beth ydych chi'n meddwl fyddai wedi digwydd pe byddech chi wedi ymarfer ar ddwysedd uwch?

Addasiadau i'r system gardiofasgwlaidd oherwydd ymarfer corff

Os byddwch yn ymgymryd â rhaglen ymarfer corff bwrpasol sydd wedi'i chynllunio'n dda, bydd eich system gardiofasgwlaidd yn addasu dros amser a byddwch yn dod yn fwy heini ac yn fwy abl i ymdopi â gofynion ymarfer corff. Bydd maint y newidiadau hyn yn dibynnu ar fath, dwysedd ac amlder yr ymarfer corff a wneir, a'r gorlwytho a gyflawnir.

Hypertroffedd (gordyfiant) cardiaidd

Hypertroffedd cardiaidd yw helaethiad y galon dros gyfnod hir. Bydd ymarfer yn achosi i waliau eich calon dewychu. Yn benodol, bydd wal y fentrigl chwith yn tewhau, gan gynyddu potensial cryfder ei gyfangiadau.

Cynnydd mewn cyfaint strôc wrth orffwys ac ymarfer

Cyfaint strôc yw faint o waed y gellir ei waredu o'r galon mewn un curiad. Yn syml, po fwyaf o waed y gellir ei wthio allan o'r galon, y mwyaf o ocsigen all gyrraedd y cyhyrau. Dangoswyd bod y cyfaint strôc wrth orffwys yn sylweddol uwch ar ôl rhaglen hyfforddi dygnwch hir. Felly gall y galon bwmpio mwy o waed y funud, gan gynyddu allbwn cardiaidd yn ystod y lefelau uchaf o ymarfer corff. Mae llif y gwaed yn cynyddu o ganlyniad i gynnydd ym maint a nifer y pibellau gwaed. Mae hyn yn caniatáu ar gyfer dosbarthu ocsigen a maetholion yn fwy effeithlon.

Gostyngiad yng nghyfradd curiad y galon tra'n gorffwys

Canlyniad i hypertroffedd cardiaidd a chynnydd yng nghyfaint strôc trwy ymarfer corff hirdymor yw bod cyfradd curiad eich calon yn gostwng, gan leihau'r llwyth gwaith ar eich calon.

Gostyngiad mewn pwysedd gwaed tra'n gorffwys

Mae ymarfer corff yn achosi i'ch pwysedd gwaed godi am gyfnod byr. Fodd bynnag, pan fyddwch chi'n stopio, dylai eich pwysedd gwaed ddychwelyd i normal. Po gyflymaf y mae'n gwneud hyn, y fwyaf ffit rydych chi'n debygol o fod. Mae ymchwil yn dangos y gall ymarfer corff rheolaidd gyfrannu at ostwng pwysedd gwaed. I bobl sy'n dioddef o bwysedd gwaed uchel (gorbwysedd), argymhellir ymarfer aerobig cyson yn aml i leihau hyn.

Dirywiad yn amser adfer cyfradd curiad y galon

Mae adferiad cyfradd curiad y galon yn fesur o faint mae cyfradd curiad eich calon yn disgyn yn ystod y munud cyntaf ar ôl ymarfer corff. Po fwyaf ffit eich calon, y cyflymaf y bydd yn dychwelyd i'r arfer ar ôl ymarfer corff. Yn gyffredinol, mae unigolion mwy ffit yn gwella'n gyflymach oherwydd gall eu system gardiofasgwlaidd addasu'n gyflymach i ofynion ymarfer corff.

Capilareiddio cyhyrau sgerbydol a'r alfeoli

Gall ymarfer corff hirdymor, yn enwedig ymarfer corff aerobig, arwain at gynnydd yn nifer y capilarïau yn y cyhyrau cardiaidd a sgerbydol. Mae llif y gwaed yn cynyddu o ganlyniad i'r cynnydd hwn ym maint a nifer y pibellau gwaed. Mae hyn yn caniatáu ar gyfer dosbarthu ocsigen a maetholion yn fwy effeithlon.

Cynnydd yng nghyfaint gwaed

Mae eich cyfaint gwaed yn cynrychioli faint o waed sy'n cylchredeg yn eich corff. Mae'n amrywio o unigolyn i unigolyn, ac yn cynyddu o ganlyniad i ymarfer. Mae cyfaint gwaed yn cynyddu o ganlyniad i gapilareiddio. Mae cynnydd yng nghyfaint y gwaed yn golygu y gall eich corff gyflenwi mwy o ocsigen i'ch cyhyrau gweithiol. Bydd eich corff hefyd yn gallu rheoleiddio tymheredd eich corff yn fwy effeithiol yn ystod ymarfer corff.

MUNUD I FEDDWL Beth yw ystyr 'allbwn cardiaidd'?

Awgrym Disgrifiwch beth sy'n digwydd i'ch allbwn cardiaidd yn ystod ymarfer corff.

Ymestyn Ystyriwch ddwy gydran allbwn cardiaidd. Beth yw'r addasiadau hirdymor sy'n effeithio ar eich allbwn cardiaidd oherwydd rhaglen ymarfer corff?

Ffactorau ychwanegol sy'n effeithio ar y system gardiofasgwlaidd

Mae gan hyfforddiant rheolaidd lawer o fuddion hirdymor i'r system gardiofasgwlaidd. Fodd bynnag, wrth ystyried unrhyw raglen hyfforddi mae nifer o ffactorau ychwanegol a all effeithio ar y system gardiofasgwlaidd a fydd yn effeithio ar ymarfer corff a pherfformiad chwaraeon. Felly wrth gychwyn unrhyw raglen hyfforddi newydd, ac yn enwedig os nad ydych wedi ymarfer corff am gyfnod hir, dylech weld meddyg i gael archwiliad.

Syndrom marwolaeth arhythmig sydyn (SADS)

Mae syndrom marwolaeth arhythmig sydyn (SADS – *sudden arrhythmic death syndrome*) yn gyflwr genetig y galon a all achosi marwolaeth sydyn mewn pobl ifanc, sy'n ymddangos yn iach, er nad oes gan yr unigolyn unrhyw glefyd sy'n effeithio ar strwythur y galon. Os bydd rhythm naturiol, arferol y galon, yn cael ei amharu yna gall y galon roi'r gorau i guro, a gall achosi marwolaeth. Bu nifer o achosion proffil uchel ble mae chwaraewyr o'r radd flaenaf wedi dioddef o SADS, fel pêl-droediwr Bolton Wanderers Fabrice Muamba.

Astudiaeth Achos

Fabrice Muamba

Pêl-droediwr proffesiynol oedd Fabrice Muamba yn chwarae i Bolton Wanderers yn Uwch Gynghrair Lloegr. Yn ystod gêm yng Nghwpan FA Lloegr rhwng Tottenham Hotspur a Bolton ar 17 Mawrth 2012 dioddefodd ataliad y galon (trawiad ar y galon) a disgynnodd ar y cae.

Derbyniodd Muamba driniaeth hir ar y cae i'w adfywio a throsglwyddwyd ef i ysbyty arbenigol ar y galon, ble y datgelwyd yn ddiweddarach fod ei galon wedi rhoi'r gorau i guro am 78 munud. Fe wellodd Muamba yn llawn, ond oherwydd difrifoldeb y digwyddiad mae wedi ymddeol o bêl-droed.

Mae'r digwyddiad hwn yn pwysleisio y gall hyd yn oed athletwyr o'r radd flaenaf sy'n ymddangos yn ffit ac yn iach ddioddef o salwch difrifol, ac mae llawer o glybiau bellach yn darparu profion calon arbenigol rheolaidd ar gyfer eu holl athletwyr.

Mewn parau, darganfyddwch fwy am Syndrom Marwolaeth Arrhythmig Sydyn (SADS). Ewch i wefan Risg Cardiaidd yn yr Ifanc (CRY), www.c-r-y.org.uk.

Gwiriwch eich gwybodaeth

1 Dewch o hyd i enghreifftiau o SADS mewn chwaraeon.

2 Beth sy'n cael ei wneud i helpu i amddiffyn chwaraewyr rhag SADS?

3 Adroddwch eich canfyddiadau yn ôl i weddill y grŵp.

▶ Yn 2012 fe ddisgynnodd y pêl-droediwr Fabrice Muamba, 23 oed, ar y cae yn ystod gêm Bolton Wanderers yn erbyn Tottenham Hotspur.

Pwysedd gwaed uchel ac isel

Mae buddion hirdymor ymarfer corff yn enfawr. Fodd bynnag, gall ymarfer corff effeithio ar eich pwysedd gwaed, yn enwedig yn ystod ymarfer corff. Pan fyddwch chi'n dechrau ymarfer corff, bydd eich pwysedd gwaed yn cynyddu wrth i'ch calon weithio'n galetach ac yn gwthio mwy o waed allan o'r galon gyda mwy o rym. Os ydych chi eisoes yn dioddef o bwysedd gwaed uchel (**gorbwysedd**), gall y cynydd sydyn hwn yn y gofynion ar y galon fod yn beryglus oherwydd gall gormod o rym gael ei roi ar y galon a'r rhydwelïau. Dylai unrhyw un sy'n dioddef o orbwysedd ofyn am gyngor meddygol cyn dechrau rhaglen ymarfer corff.

Mae pwysedd gwaed isel (**isbwysedd**) yn golygu bod eich gwaed yn symud yn araf o amgylch eich corff, a all gyfyngu ar faint o waed sy'n cyrraedd organau a chyhyrau hanfodol. Mae symptomau pwysedd gwaed isel yn cynnwys pendro, llewygu a blinder. Os ydych chi'n dioddef o bwysedd gwaed isel yna bydd yn anoddach i'ch system gardiofasgwlaidd ymateb yn ystod ymarfer corff; os nad yw'ch cyhyrau'n derbyn digon o waed ocsigenedig, bydd hyn yn effeithio ar berfformiad. Os na chyflenwir digon o waed i'r ymennydd yna gall llewygu ddigwydd. Fel gyda gorbwysedd, dylai unrhyw un sy'n dioddef o isbwysedd ofyn am gyngor meddygol cyn dechrau rhaglen ymarfer corff.

Hyperthermia/hypothermia

Dylai pob athletwr fod yn ymwybodol o hyperthermia a hypothermia, a'u hachosion a'u symptomau.

▶ **Hyperthermia** (gorgynhesu) yw'r cynnydd estynedig yn nhymheredd y corff sy'n digwydd pan fydd y corff yn cynhyrchu neu'n amsugno gormod o wres. Pan fyddwch chi'n ymarfer corff mae'ch corff yn cynhyrchu gwres fel cynnyrch gwastraff. Bydd eich system gardiofasgwlaidd yn rheoleiddio tymheredd eich corff trwy ymledu'r pibellau gwaed yn agosach at wyneb y corff a gwneud ichi chwysu fel y gall y gwres wasgaru. Fodd bynnag, os ydych chi'n gwneud ymarfer corff mewn amgylchedd poeth mae'n anodd gwasgaru'r gwres. Yn yr un modd, os ydych chi'n gwisgo'r dillad anghywir sy'n dal y gwres yna fe allech chi ddioddef o hyperthermia.

▶ Gall ymarfer corff mewn amodau poeth gyfrannu at hyperthermia

▶ **Hypothermia** (goroeri) yw pryd mae'ch corff yn mynd yn rhy oer, gyda'ch tymheredd craidd yn gostwng o dan 35°C. (Y tymheredd corff mewnol delfrydol ar gyfer bodau dynol yw 37°C.) Bydd y symptomau'n cynnwys crynu, dryswch ac, mewn achosion difrifol, risg uwch i'ch calon stopio. Gall hypothermia ddigwydd os ydych chi'n ymarfer mewn amgylchedd oer heb ddillad digonol.

Ymarfer asesu 1.4

1 Disgrifiwch lwybr llif y gwaed o'r galon trwy'r prif bibellau gwaed i'r corff a'r ysgyfaint. **(4 marc)**

2 Nodwch swyddogaeth y falf ddwylen. **(1 marc)**

3 Disgrifiwch reolaeth nerfol y gylchred gardiaidd. **(4 marc)**

4 Mae Grace yn chwaraewr pêl-fasged. Mae'r tabl yn dangos cyfradd curiad calon Grace wrth orffwys ac yna un munud cyn cymryd rhan mewn pêl-fasged. Mae Grace wedi bod yn cymryd rhan mewn pêl-fasged rheolaidd ers dros 8 mis. Yn yr amser hwn mae cyfradd curiad y galon gorffwys Grace wedi gostwng o 77 i 70 bpm (curiadau y funud). Esboniwch pam bod cyfradd curiad y galon gorffwys Grace wedi gostwng. **(3 marc)**

Cyfradd curiad y galon gorffwys (bpm)	Cyfradd curiad y galon un munud cyn cymryd rhan mewn pêl-fasged (bpm)
70	80

5 Esboniwch y newid yng nghyfradd curiad calon Grace a ddangosir yn nwy golofn y tabl. **(4 marc)**

Cynllunio
• Byddaf yn cynllunio fy ateb a gyda syniad clir o'r pwynt rwy'n ei wneud. Byddaf yn sicrhau bod y pwynt hwn yn eglur ym mhopeth a ysgrifennaf.
• Wrth ddarllen trwy gwestiwn, byddaf yn ysgrifennu nodiadau ar dudalen wag.

Gwneud
• Byddaf yn ceisio ateb yr holl gwestiynau symlach yn gyntaf ac yna dod yn ôl at y cwestiynau anoddaf.
• Byddaf yn caniatáu amser i ateb yr holl gwestiynau ac i wirio fy atebion.

Adolygu
• Byddaf yn ailddarllen fy atebion ac yn gwneud unrhyw gywiriadau.

E Effeithiau ymarfer corff a pherfformiad chwaraeon ar y systemau egni

Mae angen egni ar bob symudiad. Mae'r ffordd y mae eich corff yn cynhyrchu egni yn cael ei benderfynu gan ddwysedd a hyd y gweithgaredd sy'n cael ei wneud. Mae gweithgareddau sy'n gofyn am gyfnodau byr o ymdrech, fel sbrintio neu neidio, yn ei gwneud yn ofynnol i'r corff gynhyrchu llawer iawn o egni dros gyfnod byr. Mewn cyferbyniad, mae rhedeg marathon neu feicio yn gofyn am gynhyrchu egni parhaus dros gyfnod hirach ac ar gyfradd arafach.

Mae systemau egni'r corff yn hwyluso'r prosesau hyn. Gall systemau egni'r corff weithredu'n aerobig (gydag ocsigen) neu'n anaerobig (heb ocsigen). Mae symudiadau sy'n gofyn am gyfnodau sydyn o ymdrech yn cael eu pweru gan systemau egni nad oes angen ocsigen arnynt – systemau anaerobig – tra bod gweithgareddau hirfaith yn aerobig ac angen ocsigen.

Mae'r holl systemau egni'n gweithio gyda'i gilydd, ond y math o weithgaredd a'i ddwysedd fydd yn penderfynu pa un yw'r prif system.

Rôl ATP mewn ymarfer corff

Mae angen egni er mwyn gwneud i'r ffibrau cyhyrol gyfangu. Mae'r egni hwn i'w gael o ddadelfennu bwydydd yn y deiet, yn enwedig carbohydrad a braster. Mae'r corff yn cynnal cyflenwad parhaus o egni trwy ddefnyddio **adenosin triffosffad (ATP)**, y cyfeirir ato'n aml fel arian cyfredol egni'r corff.

Moleciwl yw ATP sy'n storio ac yn rhyddhau egni cemegol i'w ddefnyddio yng nghelloedd y corff. Pan fydd ATP yn cael ei ddadelfennu, mae'n cyflenwi egni ar gyfer cyfangiadau cyhyrol ar unwaith. Dyma'r unig foleciwl sy'n gallu cyflenwi'r egni a ddefnyddir wrth gyfangu ffibrau cyhyrol (gweler Ffigur 1.20).

Mae ATP yn cynnwys sylfaen (adenin) a thri grŵp ffosffad. Fe'i ffurfir gan adwaith rhwng moleciwl **adenosin deuffosffad (ADP)** a ffosffad. Mae egni'n cael ei storio yn y bondiau cemegol yn y moleciwlau; pan fydd bond yn cael ei dorri, mae egni'n cael ei ryddhau.

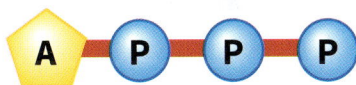

(a) Mae ATP yn cael ei ffurfio pan fydd adenosin deuffosffad (ADP) yn glynu wrth ffosffad

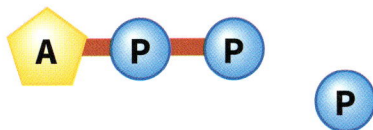

(b) Pan fydd angen egni ar gell, mae'n torri'r bond rhwng y grwpiau ffosffad i ffurfio ADP a moleciwl ffosffad rhydd

▶ **Ffigur 1.20:** ATP ac egni a ryddhawyd o ddadelfeniad ATP

Mae ATP yn gweithio fel batri y gellir ei ailwefru. Mae egni'n cael ei ryddhau trwy drosi ATP i ADP, sef y ffurf 'heb ei wefru'. Trwy lynu'r ffosffad yn ôl gyda'r ADP i ailsyntheseiddio ATP, mae'r 'batri' yn cael ei wefru eto ac yn barod i'w ddefnyddio ar gyfer cyfangiadau cyhyrol uniongyrchol a phwerus.

Fodd bynnag, dim ond ychydig bach o ATP sydd gan eich cyhyrau wedi'i storio ynddynt, felly er mwyn ailgyflenwi ATP yn gyflym, mae'n rhaid i'r corff ddefnyddio nifer o systemau eraill hefyd.

Y system ATP-PC (alactig) mewn ymarfer corff a pherfformiad chwaraeon

Mae'r system ATP-PC (alactig) yn **anaerobig**, sy'n golygu nad oes angen ocsigen arno i gynhyrchu egni. Mae hyn yn bwysig mewn chwaraeon lle mae angen symudiadau sydyn a phwerus, fel taflu pwysau neu sbrintio, oherwydd gall y cyhyrau ddefnyddio ATP i gynhyrchu egni a symud heb orfod 'aros' i ocsigen gael ei drosglwyddo.

Mae gan gell gyhyrol ychydig bach o ATP ynddi y gall ei ddefnyddio ar unwaith, ond dim ond digon i bara am oddeutu tair eiliad. Er mwyn ailgyflenwi'r lefelau ATP yn gyflym, mae celloedd cyhyrol hefyd yn cynnwys cyfansoddyn ffosffad egni uchel o'r enw ffosffad creatin (neu ffosffocreatin, neu PCr). Pan fydd y bond egni uchel mewn PCr yn cael ei dorri, mae'r egni y mae'n ei ryddhau yn cael ei drosglwyddo i ADP i ailsyntheseiddio ATP.

Dim ond am gyfnodau byr (tua 10 eiliad) y mae'r system ATP-PC yn cefnogi ymarfer dwysedd uchel wrth i'r storfa PC redeg allan yn gyflym. Os bydd ymarfer corff yn parhau ar ddwysedd uchel dim ond yn rhannol y bydd y storfeydd hyn yn ailgyflenwi, gan na fydd digon o egni ar gael i greatin a ffosffad ailffurfio ffosffocreatin. Gellir defnyddio cymhareb o'r enw 'cymhareb gwaith-i-orffwys' i bennu pa mor gyflym y bydd system yn ailgyflenwi. Ar gyfer y system ATP-PC y gymhareb hon yw 1: 10–12. Mae hyn yn golygu bod angen i chi ganiatáu 10–12 eiliad i adfer ar gyfer pob eiliad o waith.

Y system lactad mewn ymarfer corff a pherfformiad chwaraeon

System egni tymor byr yw'r system lactad ac fe'i defnyddir i fodloni gofynion egni dwysedd uwch dros gyfnod hirach, fel yn ystod ras 400 metr. Mae'n broses **anaerobig** nad oes angen ocsigen arni ac felly nid yw'n gynaliadwy dros gyfnod hir.

Mae'r corff yn dadelfennu'r rhan fwyaf o garbohydradau o'r bwydydd rydyn ni'n eu bwyta ac yn eu trosi i fath o siwgr o'r enw glwcos. Pan nad oes angen i'r corff ddefnyddio'r glwcos ar gyfer egni, mae'n storio peth ohono yn yr iau a'r cyhyrau ble mae'n hawdd ei gyrraedd ar gyfer cynhyrchu egni ac fe'i gelwir yn **glycogen**.

Yn y system egni lactad, mae ATP yn cael ei wneud trwy ddadelfeniad rhannol o glwcos a glycogen trwy'r broses **glycolysis anaerobig**. Mae uchafswm o tua 60–90 eiliad o waith yn bosibl gan ddefnyddio'r system hon.

Glycolysis anaerobig

Pan fydd y system ATP–PC yn dechrau pylu ar oddeutu 10 eiliad, mae'r broses o glycolysis anaerobig yn dechrau. Mae'r system hon yn chwalu storfeydd glycogen yr iau a'r cyhyrau heb fod angen presenoldeb ocsigen. Mae dadelfeniad glwcos a glycogen yn rhyddhau egni y gellir ei ddefnyddio i ailsyntheseiddio ATP. Mae dadelfeniad glwcos yn cynhyrchu dau foleciwl o ATP, ond gall dadelfeniad glycogen gynhyrchu tri moleciwl o ATP.

Cynhyrchu asid lactig

Yn anffodus, mae glycolysis anaerobig yn cynhyrchu asid lactig fel sgil-gynnyrch. Asid lactig yw ffactor cyfyngol y system anaerobig. Mae'n cronni ac yn tryledu i'r hylif meinwe a'r gwaed. Os na chaiff y sylwedd hwn ei waredu'n ddigon cyflym gan y system cylchrediad gwaed, mae'n cronni i rwystro cyfangiad cyhyrau ac yn achosi blinder. Efallai eich bod wedi profi hyn fel teimlad llosgi anghyffordus a dolur yn eich cyhyrau yn ystod ymarfer corff o ddwysedd uchel.

Bydd amser adfer o oddeutu wyth munud yn cynorthwyo i dynnu asid lactig o'r cyhyrau yn ogystal â storio glycogen yn eich cyhyrau.

Y system aerobig mewn ymarfer corff a pherfformiad chwaraeon

Y system egni **aerobig** yw'r system egni hirdymor. Os oes digon o ocsigen ar gael, fel y mae yn ystod symudiadau bob dydd ac ymarfer corff ysgafn, mae glycogen ac asidau brasterog yn torri i lawr i gynhyrchu'r symiau mwyaf o ATP. Mae hyn yn cynhyrchu carbon deuocsid a dŵr, nad ydynt yn effeithio ar allu'r cyhyrau i gyfangu, yn wahanol i'r asid lactig a gynhyrchir gan y system lactad.

Mae cynhyrchu egni aerobig yn digwydd ym mitocondria'r celloedd cyhyrol. Mae'r system aerobig yn dibynnu ar ddadelfennu carbohydradau a brasterau wedi'u storio i gynhyrchu egni, ac mae gwell ffitrwydd aerobig yn ei gwneud hi'n haws i'r corff drosi'r ffynonellau bwyd hyn.

Mae cynhyrchu egni o fewn y system aerobig yn araf i ymgysylltu oherwydd ei bod yn cymryd ychydig funudau i'r galon gyflwyno gwaed ocsigenedig i gyhyrau gweithiol. Mae ymarfer corff hir, parhaus a chymedrol, fel rhedeg am bellter hir, yn cynhyrchu egni gan ddefnyddio'r system hon.

Gellir rhannu'r system egni aerobig yn dair proses.

1 **Glycolysis aerobig** – dyma gam cyntaf **metaboledd aerobig** (dadelfeniad bwydydd yn egni). Mae'n trosi carbohydradau (ar ffurf naill ai glwcos neu glycogen) yn asid pyrwfig gan ddefnyddio ocsigen. Mae'r dadelfeniad hwn yn gofyn am ddeg adwaith cemegol: rheswm arall pam bod y system aerobig yn arafach i gyflenwi egni ac yn addas ar gyfer perfformiad chwaraeon cyson. Mae'r broses o glycolysis aerobig yn cynhyrchu dau foleciwl o ATP.

2 **Cylchred Krebs** – a elwir weithiau'n **gylchred asid sitrig**, dyma'r ail gam yn y broses o fetaboledd anaerobig. Mae'n digwydd yn y mitocondria. Mae'r asid pyrwfig a gynhyrchwyd yn ystod glycolysis aerobig yn mynd i mewn i'r mitocondria ac yn cael ei drawsnewid yn asid sitrig. Mae hyn yn arwain at gynhyrchu dau foleciwl o ATP, gyda charbon deuocsid a hydrogen yn cael ei gynhyrchu fel cynhyrchion gwastraff. Bydd y carbon deuocsid yn cael ei allanadlu gan yr ysgyfaint a bydd yr hydrogen yn cael ei ddefnyddio yng ngham nesaf cynhyrchu egni, y gadwyn cludo electronau.

3 **Cadwyn cludo electronau** – mae'r hydrogen a ryddhawyd fel rhan o gylchred Krebs yn hanfodol wrth gynhyrchu egni. Y gadwyn cludo electronau yw'r cam pwysicaf mewn cynhyrchu egni a dyma ble mae'r mwyafrif o ATP yn cael ei greu. Bydd y broses hon yn creu 34 moleciwl o ATP o glwcos. Mae'r hydrogen sy'n cael ei greu fel rhan o gylchred Krebs yn cael ei dderbyn gan y derbynnydd hydrogen a geir yn y mitocondria ble, ym mhresenoldeb ocsigen, gellir cynhyrchu ATP.

Bydd y system egni aerobig yn cynhyrchu cyfanswm o 38 moleciwl o ATP o un moleciwl o glwcos. Yn dibynnu ar hyd a dwysedd yr ymarfer, yn ogystal â lefel eich ffitrwydd, gall adferiad y systemau egni aerobig amrywio o ychydig oriau i 2–3 diwrnod.

Y systemau egni mewn cyfuniad

Yn ystod ymarfer corff nid yw'r corff yn newid o un system i'r llall – mae egni ar unrhyw adeg yn deillio o'r tair system. Fodd bynnag, mae'r pwyslais yn newid yn dibynnu ar ddwysedd y gweithgaredd o'i gymharu ag effeithlonrwydd eich ffitrwydd aerobig, h.y. eich gallu i gyflenwi a defnyddio ocsigen. Mae Tabl 1.6 yn dangos gwahanol fathau o chwaraeon a'r cyfraniadau cymharol a wneir gan y gwahanol systemau egni. Mae Ffigur 1.21 yn dangos cyfraniad gwahanol systemau egni yn ystod ymarfer corff.

Pan fyddwch chi'n dechrau rhedeg, mae'r broses ganlynol yn digwydd.

▶ Mae'r celloedd cyhyrol yn llosgi'r ATP sydd ganddyn nhw eisoes mewn tua thair eiliad.

▶ Mae'r system ffosffad creatin yn cychwyn ac yn cyflenwi egni am 8–10 eiliad. Dyma fyddai'r brif system egni a ddefnyddir gan gyhyrau sbrintiwr 100-metr neu godwr pwysau, ble mae ymarfer cyflymu cyflym, hyd byr yn digwydd.

▶ Os yw ymarfer corff yn parhau, mae'r system egni asid lactig yn cychwyn. Mae hyn yn digwydd mewn ymarferion pellter byr fel rhediad 200-metr neu 400-metr neu nofio 100-metr.

▶ Os yw ymarfer corff yn parhau, mae'r system egni aerobig yn cymryd drosodd. Mae hyn yn digwydd mewn digwyddiadau dygnwch fel rhedeg 800-metr, rhedeg marathon, rhwyfo, sgïo traws gwlad a sglefrio dros bellter.

▶ **Tabl 1.6:** Y gwahanol gyfnodau o amser ar gyfer pob system egni, gydag enghreifftiau chwaraeon

Hyd	Dosbarthiad	Egni wedi ei gyflenwi gan	Enghraifft o chwaraeon
1–3 eiliad	Anaerobig	ATP (yn y cyhyrau)	Ergyd mewn bocsio
3–10 eiliad	Anaerobig	ATP + PC	Sbrint 100-metr
10–45 eiliad	Anaerobig	ATP + PC + glycogen cyhyrol	Rhedeg 200-metr
45 eiliad– 2 funud	Anaerobig, Lactig	Glycogen cyhyrol	Rhedeg 400-metr
2 funud– 4 munud	Aerobig + Anaerobig	Glycogen cyhyrol + asid lactig	Rhedeg 1500-metr
Dros 4 munud	Aerobig	Glycogen cyhyrol + asidau brasterog	Rhedeg marathon

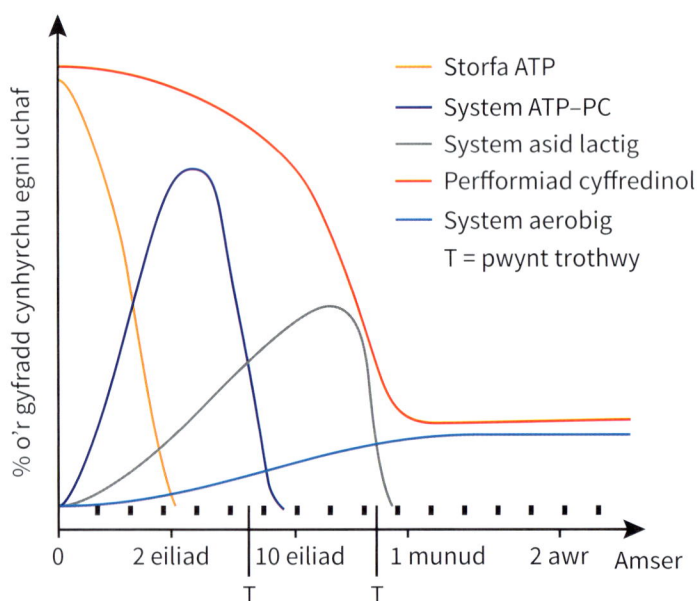

▶ **Ffigur 1.21:** Mae Ffigur 1.21 yn dangos cyfraniad gwahanol systemau egni yn ystod ymarfer corff

⏸ MUNUD I FEDDWL Pam bod gwahanol chwaraeon yn defnyddio gwahanol systemau egni?

Awgrym Dewiswch gamp. Beth yw'r brif system egni sy'n cael ei defnyddio?

Ymestyn Nawr ystyriwch chwaraeon tîm a safle penodol. A ddefnyddir gwahanol systemau egni wrth berfformio? Os felly, pam?

Astudiaeth achos

Mo Farah yn erbyn Usain Bolt

Fel rhan o'i elusen, y Mo Farah Foundation, mae Mo Farah wedi herio pencampwr 100-metr y byd, Usain Bolt, i rasio dros bellter na fyddai'n addas i'r naill redwr na'r llall. Mo Farah yw'r pencampwr Olympaidd presennol dros 5000 metr a 10,000 metr, ac Usain Bolt yw'r pencampwr Olympaidd dros 100 metr a 200 metr. Mae Farah wedi awgrymu eu bod yn rasio rhwng 600–800 metr.

1 Awgrymwch y pellter gorau posibl a fyddai'n deg i'r ddau athletwr.

2 Pam ydych chi'n meddwl bod un athletwr yn fwy addas ar gyfer un pellter na phellter arall?

Addasiadau'r systemau egni i ymarfer corff

Bydd ymarfer corff hirdymor yn caniatáu i systemau egni'r corff addasu i ofynion corfforol ymarfer corff. Mae hyn yn golygu, trwy ddilyn rhaglen ymarfer corff, ei bod yn bosibl hyfforddi pob system egni fel y gallwch berfformio am gyfnodau hirach ac anoddach.

Cynnydd mewn storfeydd creatin

Bydd sesiynau hyfforddi ysbeidiol, byr eu hyd gan ddefnyddio ymarferion dwysedd uchel yn gwella'ch gallu i gynhyrchu egni anaerobig. Bydd eich corff yn addasu ac yn gallu storio mwy o greatin yn y cyhyrau a fydd yn gwella'r system ATP-PC. Bydd hyn yn golygu y byddwch chi'n gallu ymarfer yn anaerobig am gyfnod hirach gan ddefnyddio symudiadau cyflym a phwerus.

Mwy o oddefgarwch i asid lactig

Mae hyfforddiant anaerobig yn ysgogi'r cyhyrau i oddef asid lactig yn well, a'i waredu'n fwy effeithlon. Gyda hyfforddiant dygnwch mae'r rhwydwaith capilari (gweler tudalen 39) yn ymestyn, gan ganiatáu i gyfeintiau mwy o waed gyflenwi'r cyhyrau ag ocsigen a maetholion. Mae'r cyhyrau'n gallu defnyddio mwy o fraster fel ffynhonnell danwydd, a dod yn fwy effeithlon wrth ddefnyddio ocsigen, gan gynyddu gallu'r corff i weithio'n galetach am gyfnod hirach heb flino. Y canlyniad net yw cynnydd yn y treuliant mwyaf posibl o ocsigen yn y corff.

System egni aerobig

Bydd ymarfer corff hirdymor yn gwella gallu'r system egni aerobig i gynhyrchu egni, gan y bydd gwelliannau yn y system gardiofasgwlaidd yn caniatáu i fwy o ocsigen gael ei gyflenwi sydd ei angen i gynhyrchu ATP yn aerobig. Yn yr un modd, bydd addasiadau i'r system gardiofasgwlaidd yn cynorthwyo i waredu asid lactig trwy ocsidiad.

Mwy o ddefnydd o frasterau fel ffynhonnell egni

Braster yw'r brif ffynhonnell egni yn ystod ymarfer dwysedd isel. Mae llosgi braster yn pweru ymarfer corff bron i gyd ar oddeutu 25 y cant o **gapasiti aerobig** (sef tua 60–70 y cant o'ch cyfradd curiad y galon uchaf). Mae ocsidiad braster yn cynyddu os yw ymarfer corff yn ymestyn i gyfnodau hir, wrth i lefelau glycogen ostwng. Wrth ystyried effeithiau hirdymor ymarfer corff, mae gan yr athletwr hyfforddedig fwy o gyfle i losgi braster fel tanwydd na'r athletwr heb hyfforddiant oherwydd bod ganddo system fwy effeithlon o gyflenwi ocsigen i'r cyhyr gweithiol, yn ogystal â nifer mwy o mitocondria.

Term allweddol

Capasiti aerobig – yr uchafswm o ocsigen y gellir ei ddefnyddio yn ystod yr ymarfer mwyaf posibl.

Mwy o storio glycogen a mwy o fitocondria

Mae cyhyrau'n cynyddu eu gallu ocsidiol gyda hyfforddiant rheolaidd. Cyflawnir hyn trwy gynnydd yn nifer y mitocondria yn y celloedd cyhyrol, cynnydd yn y cyflenwad o ATP a chynnydd yn nifer yr ensymau sy'n gysylltiedig ag anadlu. Mae gallu'r cyhyrau i storio mwy o glycogen hefyd yn cynyddu, sy'n golygu y gall glycolysis anaerobig bara am fwy o amser

> **Cysylltiad**
>
> Gallwch ddod o hyd i ragor o wybodaeth am y pwnc hwn yn *Uned 5: Cymhwyso Profion Ffitrwydd.*

Ffactorau ychwanegol sy'n effeithio ar y system egni

Mae dau brif ffactor ychwanegol y mae'n rhaid eu hystyried wrth archwilio'r systemau egni a'u heffaith ar berfformiad chwaraeon ac ymarfer corff.

Diabetes a hypoglycaemia

Mae diabetes yn gyflwr ble mae'r swm o glwcos yn eich gwaed yn rhy uchel. Gelwir hyn yn ddiabetes math I. Mae'n datblygu pan na all glwcos fynd i mewn i gelloedd y corff er mwyn ei ddefnyddio fel tanwydd. **Inswlin** yw'r hormon a gynhyrchir gan y pancreas sy'n caniatáu i glwcos fynd i mewn i gelloedd y corff, ble mae'n cael ei ddefnyddio fel tanwydd ar gyfer egni. Os oes diabetes gennych, ni all eich corff wneud defnydd cywir o'r glwcos hwn felly mae'n cronni yn y gwaed ac ni ellir ei ddefnyddio.

Hypoglycaemia yw lefel anarferol o isel o glwcos yn eich gwaed. Pan fydd eich lefel glwcos (siwgr) yn rhy isel, nid oes gan eich corff ddigon o egni i gyflawni ei weithgareddau. Mae hypoglycaemia yn digwydd yn bennaf os yw rhywun â diabetes yn cymryd gormod o inswlin, yn colli pryd bwyd neu'n ymarfer yn rhy galed. Arwyddion rhybuddiol cynnar nodweddiadol yw teimlo'n llwglyd, crynu neu deimlo'n anniddig, a chwysu. Mae symptomau ychwanegol yn cynnwys dryswch, ac efallai y cewch anhawster canolbwyntio. Mewn achosion difrifol, gall unigolyn sy'n profi hypoglycaemia golli ymwybyddiaeth.

Diffyg system lactad mewn plant

Er bod gan bob un ohonom yr un systemau corff, mae systemau corff plentyn yn dal i dyfu a datblygu, gyda newidiadau sylweddol yn digwydd yn ystod y glasoed. Un maes o'r fath yw'r system egni lactad, nad yw wedi'i ddatblygu'n llawn mewn plant. Yn ystod ymarfer corff dwysedd uchel, bydd asid lactig yn cronni yn y cyhyrau ac, oherwydd eu system gardiofasgwlaidd sy'n datblygu, mae'n anoddach i blant waredu'r cynnyrch gwastraff hwn. Felly argymhellir yn gyffredinol bod plant yn ymarfer yn aerobig.

Ymarfer asesu 1.5

1 Esboniwch pam ei bod yn fantais i redwyr marathon gael niferoedd uchel o mitocondria. (**2 farc**)

2 Disgrifiwch y broses o gynhyrchu ATP o garbohydradau trwy'r system egni aerobig. (**5 marc**)

3 Mae'r graff (Ffigur 1.22) yn dangos y storfeydd ATP-PC yng nghyhyrau perfformiwr wrth gystadlu mewn gêm rygbi. Esboniwch pam y bydd chwarae mewn gêm rygbi yn cael yr effaith hon ar storfeydd cyhyrol ATP–PC. (**3 marc**)

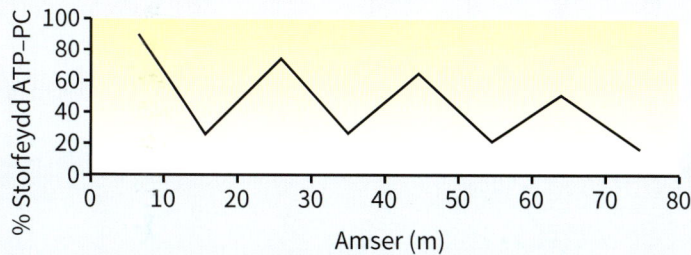

▶ **Ffigur 1.22:** ATP yw'r unig ffynhonnell egni y gellir ei defnyddio ar unwaith yn y corff dynol

4 Cymharwch a chyferbynnwch bwysigrwydd y systemau egni aerobig ac anaerobig ar gyfer sbrintiwr 100-metr o'r radd flaenaf mewn cystadleuaeth ac wrth hyfforddi. (**8 marc**)

5 Mae Denise yn hyfforddi ar gyfer marathon. Dadansoddwch sut y gallai addasiadau i system gardioresbiradol Denise wella ei pherfformiad rhedeg marathon. (**8 marc**)

6 Nodwch bedwar addasiad hirdymor allweddol sy'n gysylltiedig â hyfforddiant aerobig ac eglurwch fudd pob addasiad. (**8 marc**)

Cynllunio
- Byddaf yn gwrando ar, ac yn darllen yn ofalus, unrhyw gyfarwyddiadau a roddir imi.
- Byddaf yn edrych am y geiriau gorchymyn yn y cwestiwn ac yn cynllunio ymateb iddynt.

Gwneud
- Byddaf yn sicrhau fy mod yn ysgrifennu ymateb manwl ar gyfer y cwestiynau gyda mwy o farciau.
- Byddaf yn cynnwys geiriau a gwybodaeth allweddol ac yn eu defnyddio i strwythuro fy ateb.

Adolygu
- Byddaf yn gwirio fy mod wedi ateb yr holl gwestiynau.
- Byddaf yn gwirio fy mod wedi rhoi enghreifftiau a'u bod yn glir.

Deunydd darllen ac adnoddau pellach

Llyfrau

Bartlett, R. (2014) *Introduction to Sports Biomechanics*, Llundain: Routledge.

Marieb, E. (2015) *Human Anatomy and Physiology*, Rhydychen: Pearson.

Palastanga, N. (2012) *Anatomy and Human Movement: Structure and Function*, Llundain: Churchill Livingstone.

Sharkey, B.J. a Gaskill, S.E. (2006) *Fitness and Health*, Champaign, IL: Human Kinetics.

Tortora, G.J. a Derrickson, B.H (2008) *Principles of Anatomy and Physiology*, Llundain: John Wiley and Sons.

Gwefannau

www.humankinetics.com – Human Kinetics: adnoddau addysgol sy'n ymwneud â phob maes chwaraeon a gweithgaredd corfforol.

www.sportsci.org – Sport Science: ymchwil i chwaraeon, gan gynnwys erthyglau sy'n ystyried swyddogaethau gwahanol systemau corfforol mewn chwaraeon.

www.topendsports.com – Top End Sports: gwybodaeth am lawer o agweddau ar anatomeg a ffisioleg.

BETH AM ▶▶ Y DYFODOL?

Helen Reardon

Therapydd Chwaraeon

Rwyf wedi bod yn gweithio fel therapydd chwaraeon ers saith mlynedd, a dros yr amser hwn rwyf wedi gweithio gydag ystod eang o bobl mewn amrywiaeth o leoedd. Mewn unrhyw ddiwrnod penodol, byddaf yn gweithio gyda gwahanol bobl, a bydd gan bob un ohonynt nodau ffitrwydd penodol. Er enghraifft, efallai y byddaf yn darparu cefnogaeth un-i-un i rywun sy'n hyfforddi i redeg marathon neu weithio gydag athletwr sy'n dychwelyd o anaf hirdymor.

Mae bod â gwybodaeth fanwl am anatomeg a ffisioleg yn hanfodol i'm swydd, gan fod yn rhaid i mi ddeall sut mae pob un o systemau'r corff yn gweithio a sut y bydd ymarfer yn effeithio ar y corff. Yn benodol mae'n rhaid i mi ddeall anatomeg a ffisioleg er mwyn i mi allu rheoli ac atal anafiadau chwaraeon. Mae'n hanfodol fy mod yn deall yr addasiadau y mae'r corff yn eu gwneud er mwyn i mi allu gosod amcanion personol a heriol i bob un o'm cleientiaid a datblygu rhaglenni hyfforddi penodol. Yn aml, byddaf yn gweithio gyda chleientiaid sy'n dychwelyd o anaf, felly mae'n hanfodol bod y rhaglenni rwy'n eu gosod ar y lefel gywir fel nad yw'r anaf yn digwydd eto. Mae'n rhaid i mi sicrhau bod pob un o'm cleientiaid yn gallu ymarfer yn ddiogel a defnyddio'r technegau cywir fel nad ydyn nhw'n anafu eu hunain.

Fel rhan o fy swydd rwy'n gyfrifol am ddarparu tylino chwaraeon a rhoi cyngor ar ymarferion ataliol ac adferol i helpu i atal a rheoli anafiadau. Mae fy ngwaith hefyd yn cynnwys profi cymalau er hwylustod ac ystod symud, strapio a thapio, a chynghori ar ymarferion ymestyn a chynhesu ac oeri.

Un o'r sgiliau pwysicaf ar gyfer therapydd chwaraeon llwyddiannus yw'r gallu i ysgogi pobl. Mae gallu cael cleient i gyrraedd ei nod pan fydd wedi blino neu'n dychwelyd o anaf yn heriol ond hefyd yn un o rannau mwyaf buddiol fy swydd. Mae gweld unigolion a thimau yn cyflawni eu hamcanion hirdymor a gwybod eich bod yn allweddol i'w llwyddiant yn hynod foddhaol.

Canolbwyntio eich sgiliau

Meddyliwch am rôl hyfforddwr personol. Ystyriwch y cwestiynau canlynol.

- Pa fathau o bobl y byddwch chi'n gweithio gyda nhw a sut y byddwch chi'n eu cefnogi?
- Pa rôl fyddwch chi'n ei chwarae i'w helpu i gyflawni eu hamcanion?
- Pa wahanol fathau o ymarfer corff y byddwch chi'n eu hargymell a sut bydd y rhain yn effeithio ar bob un o systemau'r corff?

- Pa fathau o amcanion hyfforddi y bydd eu hangen arnoch i helpu pobl? A fyddwch chi'n gweithio gydag athletwyr ar y radd flaenaf neu bobl sy'n ceisio colli pwysau?
- Pa sgiliau sydd gennych chi ar hyn o bryd? Yn eich barn chi, pa sgiliau y gallai fod angen eu datblygu ymhellach?

Paratoi ar gyfer asesiad

Ysgrifennwyd yr adran hon i'ch helpu chi i wneud eich gorau pan fyddwch chi'n sefyll y prawf asesu. Darllenwch drwyddo yn ofalus a gofynnwch i'ch tiwtor os oes unrhyw beth nad ydych yn siŵr amdano o hyd.

Ynglŷn â'r prawf

Bydd y prawf asesu yn gofyn ystod o gwestiynau ateb byr yn ogystal â rhai cwestiynau ateb hir.

Cofiwch fod yr holl gwestiynau'n orfodol a dylech geisio ateb pob un. Ystyriwch y cwestiwn yn llawn a chofiwch ddefnyddio'r geiriau allweddol i ddisgrifio, egluro a dadansoddi. Am gwestiynau hirach bydd gofyn i chi gynnwys nifer o esboniadau yn eich ymateb; cynlluniwch eich ateb ac ysgrifennu'n fanwl.

Gan y gall y canllawiau ar gyfer asesu newid, dylech gyfeirio at y canllawiau asesu effeithlonrwydd ar wefan Cymwysterau Pearson i gael y canllawiau diffiniol diweddaraf.

Awgrymiadau defnyddiol

- **Cynlluniwch amserlen adolygu** – nodwch yr holl bynciau y mae angen i chi eu hadolygu a cheisiwch dreulio sawl sesiwn adolygu fer ar bob un ohonynt. Bydd dod yn ôl at bob pwnc sawl gwaith yn eich helpu i atgyfnerthu'r ffeithiau allweddol yn eich cof.
- **Cymerwch seibiau rheolaidd** – mae pyliau byr o 30-40 munud yn fwy effeithiol nag oriau hir o adolygu. Cofiwch, mae gallu'r mwyafrif o bobl i ganolbwyntio yn dirwyn i ben ar ôl awr ac mae angen saib arnyn nhw.
- **Gorffwyswch** – peidiwch â llenwi'ch holl amser gydag adolygu. Fe allech chi drefnu un noson allan yr wythnos, neu drefnu 'gwyliau adolygu' o ychydig ddyddiau.
- **Gofalwch amdanoch eich hun** – cadwch yn iach a gorffwys, a bwyta'n iawn – bydd hyn yn eich helpu i berfformio ar eich gorau. Y lleiaf o bwysau sydd arnoch chi, yr hawsaf y byddwch chi'n ei chael i ddysgu.

Adolygwch yr holl feysydd allweddol sy'n debygol o gael sylw – lluniwch restr wirio i sicrhau nad ydych chi'n anghofio unrhyw beth! Darllenwch bob cwestiwn yn ofalus cyn ei ateb i sicrhau eich bod yn deall yr hyn sy'n rhaid i chi ei wneud.

Sefyll y prawf

- Gwrandewch ar, a darllenwch yn ofalus, unrhyw gyfarwyddiadau a roddir i chi. Collir llawer o farciau oherwydd nad yw pobl yn darllen cwestiynau yn iawn ac yna'n methu â chwblhau eu hatebion yn gywir.

Paratoi ar gyfer y prawf

Er mwyn gwella'ch gobeithion ar y prawf bydd angen i chi sicrhau eich bod wedi adolygu'r holl **ganlyniadau asesu** allweddol sy'n debygol o ymddangos. Cyflwynwyd y canlyniadau asesu i chi ar ddechrau'r uned hon.

Peidiwch â dechrau adolygu'n rhy hwyr! Mae gwthio gwybodaeth ar y funud olaf yn achosi straen ac nid yw'n gweithio.

- Mae'r rhan fwyaf o gwestiynau'n cynnwys geiriau gorchymyn (gweler Tabl 1.1). Bydd deall ystyr y geiriau hyn yn eich helpu i ddeall yr hyn y mae'r cwestiwn yn gofyn ichi ei wneud.
- Gall nifer y marciau ymwneud â nifer yr atebion y mae disgwyl i chi eu rhoi – os yw cwestiwn yn gofyn am ddwy enghraifft, peidiwch â rhoi un yn unig! Yn yr un modd, peidiwch â chynnig mwy o wybodaeth nag sydd ei hangen ar y cwestiwn: os oes dau farc am ddwy enghraifft, peidiwch â rhoi pedair enghraifft.
- Cynlluniwch eich amser yn ofalus. Gweithiwch allan yr hyn sydd angen i chi ei ateb ac yna trefnwch eich defnydd o amser. Dylech dreulio mwy o amser ar gwestiynau hirach. Gosodwch amserlen i'ch hun ar gyfer gweithio drwy'r prawf ac yna cadwch ati – peidiwch â threulio oesoedd ar gwestiwn byr yn cynnig 1–2 o farciau ac yna darganfod mai dim ond ychydig funudau sydd gennych ar gyfer cwestiwn 7–8 o farciau.
- Mae'n ddefnyddiol tra'n darllen drwy gwestiwn i ysgrifennu nodiadau ar dudalen wag. Fel hyn, gallwch ysgrifennu'r holl eiriau a gwybodaeth allweddol sy'n ofynnol a defnyddio hyn i strwythuro'ch ateb.
- Os ydych chi'n ysgrifennu ateb i gwestiwn hirach, ceisiwch gynllunio'ch ateb cyn i chi ddechrau ysgrifennu. Gwnewch yn siŵr bod gennych chi syniad clir o'r pwynt rydych chi am ei wneud, a bod y pwynt hwn yn amlwg ym mhopeth rydych chi'n ei ysgrifennu.
- Os byddwch chi'n gorffen yn gynnar, defnyddiwch yr amser i ailddarllen eich atebion a gwneud unrhyw gywiriadau – gallai hyn helpu i wneud eich atebion hyd yn oed yn well a gallai wneud gwahaniaeth mawr i'ch marc terfynol.

Atebion enghreifftiol

Ar gyfer rhai cwestiynau byddwch yn derbyn rhywfaint o wybodaeth gefndir y mae'r cwestiynau'n seiliedig arni. Edrychwch ar y cwestiynau enghreifftiol sy'n dilyn a'n hawgrymiadau ar sut i'w hateb yn dda.

Ateb cwestiynau ateb byr

- ☐ Darllenwch y cwestiwn yn ofalus ac amlygwch neu tanlinellwch eiriau allweddol.
- ☐ Nodwch y nifer o farciau sydd ar gael.
- ☐ Gwnewch nodiadau ychwanegol y gallwch eu cynnwys yn eich ateb.
- ☐ Gwnewch yr un nifer o ddatganiadau ag y mae marciau ar gael. Er enghraifft, mae angen dau ddatganiad ar gwestiwn dau farc.

Enghraifft Ymarferol

Esboniwch yr effeithiau o gymryd rhan mewn ymarfer corff ar gyfaint cyfnewid. [3]

Ateb: *Mae'r cyfaint cyfnewid yn cynyddu yn ystod ymarfer corff oherwydd yn ystod ymarfer corff mae'n rhaid i unigolyn gymryd (anadlu) mwy o aer. Mae angen mwy o aer gan ei fod yn cynnwys ocsigen sydd ei angen i ddarparu egni ar gyfer y cyhyrau gweithiol.*

> Mae'r ateb hwn yn rhoi disgrifiad byr o'r hyn sy'n digwydd i'r cyfaint cyfnewid yn ystod ymarfer corff (1 marc) ynghyd ag esboniad o sut (1 marc) a pham mae hyn yn cynyddu (1 marc).

Ateb cwestiynau ateb estynedig

Enghraifft:

Mae Craig yn nofiwr 17 oed sydd ag asthma. Trafodwch effeithiau cymryd rhan mewn nofio ar y system resbiradol ar gyfer unigolyn sy'n dioddef o asthma. [6]

Ateb: *Efallai y bydd Craig yn profi effeithiau cadarnhol a negyddol nofio. Yr agweddau cadarnhaol ar nofio i ddioddefwr asthma yw y bydd yr aer sy'n cael ei fewnanadlu yn llaith ac yn gynnes, sy'n lleihau'r siawns o gael pwl o asthma a achosir gan ymarfer corff. Bydd ymarfer corff hefyd yn cynyddu capasiti hanfodol Craig ac yn cryfhau'r cyhyrau resbiradol. Bydd hyn yn caniatáu anadlu mwy o aer, a fydd yn helpu i leihau effeithiau asthma.*

Effaith negyddol neu anfantais ymarfer corff i Craig yw y gallai ddioddef pwl o asthma a achosir gan ymarfer corff. Gall hyn arwain at wichian wrth anadlu neu besychu. Efallai y bydd Craig yn profi tyndra yn ei frest. Os bydd asthma yn digwydd yna gall y bronci fynd yn llidus neu gallai'r llwybrau anadlu gulhau, a fydd yn lleihau faint o aer sy'n mynd i'r ysgyfaint.

> Ar gyfer cwestiwn sy'n defnyddio'r gair 'trafodwch', rhaid i chi wneud mwy nag egluro yn unig. Efallai y bydd angen i chi siarad am faterion neu fanteision (cadarnhaol) ac anfanteision (negyddol) dull neu thema.

> Mae'r ateb hwn yn disgrifio achosion a symptomau asthma yn gyffredinol yn ogystal ag mewn perthynas ag ymarfer corff. Mae trafodaeth bellach yn cynnwys manteision ac anfanteision ymarfer corff gan gyfeirio'n benodol at nofio.

> Wrth ateb cwestiwn ateb estynedig, gallwch ysgrifennu sawl paragraff. Cofiwch wneud nodiadau cyn i chi ddechrau ateb y cwestiwn a sicrhau eich bod chi'n cynllunio pob agwedd ar eich ateb hir i ennill yr holl farciau sydd ar gael.

Hyfforddi a Rhaglennu Ffitrwydd ar gyfer Iechyd, Chwaraeon a Lles

2

Dod i adnabod eich uned

Asesiad

Byddwch yn cael eich asesu gan ddefnyddio tasg ysgrifenedig a osodir yn allanol sy'n werth 60 o farciau.

Yn yr uned hon, byddwch yn archwilio'r ffyrdd o sgrinio cleientiaid ac asesu eu ffordd o fyw a'u harferion maethol. Mae'r gallu i sgrinio cleientiaid a dylunio rhaglenni hyfforddiant ffitrwydd yn hanfodol i unrhyw un sy'n gweithio yn y diwydiant iechyd a ffitrwydd, ac i hyfforddwyr chwaraeon sy'n ceisio gwella perfformiad unigolion neu dimau.

Dewiswyd yr uned hon fel uned a aseswyd yn allanol, gan ei bod yn cyflwyno llawer o'r sgiliau a'r prosesau sy'n ofynnol yn y diwydiant.

Mae'r uned hon yn cysylltu ag *Uned 5: Cymhwyso Profion Ffitrwydd* ac *Uned 7: Perfformiad Chwaraeon Ymarferol*.

Sut y cewch eich asesu

Bydd yr uned hon yn cael ei hasesu yn allanol gydag arholiad a osodir gan Pearson. Bydd dwy ran i'r arholiad.

▶ Mae **Rhan A** yn gosod cyfnod penodol o amser cyn eich arholiad fel y medrwch gynnal ymchwil annibynnol am senario yn seiliedig ar unigolyn sydd angen arweiniad ar hyfforddiant, ffordd o fyw a maeth.

▶ Mae **Rhan B** yn arholiad ysgrifenedig o dan amodau rheoledig ble y medrwch ddefnyddio'ch nodiadau ymchwil i gwblhau tasg sy'n adeiladu ar Ran A.

Gan y gall y canllawiau ar gyfer asesu newid, dylech gyfeirio at y canllawiau asesu effeithlonrwydd ar wefan Cymwysterau Pearson i gael y canllawiau diffiniol diweddaraf.

Byddwch yn cael eich asesu ar eich dealltwriaeth o'r pynciau a ganlyn:

▶ ffactorau ffordd o fyw a'u heffaith ar iechyd a lles
▶ argymhellion i hybu iechyd a lles
▶ prosesau sgrinio ar gyfer rhaglennu hyfforddiant
▶ anghenion maethol sy'n gysylltiedig â rhaglen
▶ dulliau hyfforddi ar gyfer gwahanol gydrannau o ffitrwydd
▶ gweithgareddau hyfforddi priodol i gwrdd ag anghenion cleient penodol
▶ egwyddorion rhaglennu hyfforddiant ffitrwydd.

Trwy gydol yr uned hon fe welwch ymarferion a fydd yn eich helpu i weithio tuag at eich asesiad. Ni fydd cwblhau'r ymarferion hyn yn golygu eich bod wedi cyflawni gradd benodol, ond byddwch wedi cynnal ymchwil neu waith paratoi defnyddiol a fydd yn eich helpu yn nes ymlaen pan fyddwch yn gwneud eich asesiad allanol.

Mae gan Uned 2 bum canlyniad asesu (CA) a fydd yn cael eu cynnwys yn yr arholiad allanol. Mae rhai 'geiriau gorchymyn' yn gysylltiedig â phob canlyniad asesu. Mae Tabl 2.1 yn egluro'r hyn y mae'r geiriau gorchymyn hyn yn gofyn ichi ei wneud.

Canlyniadau asesu'r uned yw:

▶ **CA1** Dangos gwybodaeth a dealltwriaeth o effeithiau dewisiadau ffordd o fyw ar iechyd a lles unigolyn

▶ **CA2** Cymhwyso gwybodaeth a dealltwriaeth o egwyddorion a theori ffitrwydd, technegau addasu ffordd o fyw, gofynion maethol a dulliau hyfforddi i anghenion ac amcanion unigolyn

▶ **CA3** Dadansoddi a dehongli gwybodaeth sgrinio sy'n ymwneud â holiadur ffordd o fyw a phrofion mesur iechyd unigolyn

▶ **CA4** Gwerthuso tystiolaeth ansoddol a meintiol i lunio barnau gwybodus ynghylch sut y gellid gwella iechyd a lles unigolyn

▶ **CA5** Y gallu i ddatblygu rhaglen hyfforddiant ffitrwydd gyda chyfiawnhad priodol

▶ **Tabl 2.1:** Geiriau gorchymyn a ddefnyddir yn yr uned hon

Gair gorchymyn	Diffiniad
Cyfiawnhad	Rhowch resymau neu dystiolaeth i: • gefnogi barn neu benderfyniad • profi rhywbeth yn gywir neu'n rhesymol
Tystiolaeth ansoddol	Gwybodaeth ddisgrifiadol o gyfweliadau neu holiaduron
Tystiolaeth feintiol	Gwybodaeth rifiadol neu ystadegol
Dehongliad	Tynnu ystyr, pwrpas neu rinweddau rhywbeth o ddeunydd craidd
Perthnasedd	Pwysigrwydd i'r mater dan sylw

Dechrau arni

Ystyriwch sut mae athletwyr yn hyfforddi i fodloni gofynion corfforol eu camp ar y lefel uchaf. Nawr ystyriwch y lefelau cynyddol o ordewdra a chlefyd y galon yn y byd. Sut gall gwybodaeth am hyfforddiant a rhaglennu ffitrwydd helpu yn y ddau senario gwahanol hyn?

A Archwilio ffactorau ffordd o fyw a'u heffaith ar iechyd a lles

Ffactorau ffordd o fyw cadarnhaol a'u heffaith ar iechyd a lles

Mae tystiolaeth yn awgrymu bod byw'n iach trwy ddilyn deiet synhwyrol, cymryd rhan mewn gweithgaredd corfforol rheolaidd, cynnal pwysau corff iach ac osgoi ysmygu, yfed gormod o alcohol a straen, yn bwysig i iechyd a lles.

> **Myfyrio**
>
> Meddyliwch am eich ffordd o fyw eich hun a pha bwysau a allai effeithio ar eich gallu i hyfforddi neu gystadlu. Ystyriwch bum ffactor a allai gyfyngu ar faint o amser sydd gennych ar gyfer gweithgareddau chwaraeon. Sut allech chi ddechrau goresgyn y pwysau hyn?

Ymarfer corff a gweithgaredd corfforol

Mae tystiolaeth wyddonol ysgubol sy'n profi bod pobl sy'n arwain bywydau egnïol yn llai tebygol o farw'n gynnar neu ddioddef o glefyd cronig fel **canser, clefyd coronaidd y galon (CCG)** neu **ddiabetes math 2**. Maen nhw hefyd yn gallu ymdopi'n well â straen a phryder. Mae Ffigur 2.1 yn dangos dim ond rhai o fuddion ymarfer corff.

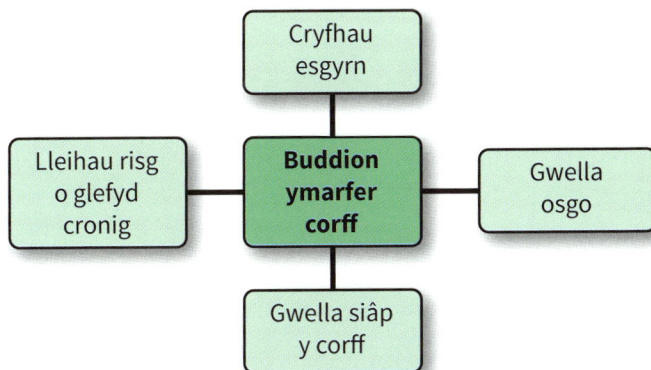

▶ **Ffigur 2.1:** Buddion ymarfer corff a gweithgaredd corfforol ar iechyd a lles

Mae'r Adran Iechyd yn argymell bod pobl yn gwneud o leiaf 30 munud o ymarfer corff cymedrol am o leiaf bum diwrnod yr wythnos. Mae 'cymedrol' yn golygu bod yn rhaid i chi fynd ychydig yn gynhesach ac ychydig allan o wynt – po fwyaf egnïol yw'r gweithgaredd, y mwyaf yw'r cynnydd mewn iechyd cardiofasgwlaidd. Gall yr ymarfer fod yn unrhyw beth sy'n codi traul egni uwchlaw lefel gorffwys, sy'n ddigon i ddefnyddio tua 200 o galorïau. Gall hyn gynnwys cerdded yn sionc, nofio, beicio, loncian neu hyd yn oed arddio.

> **Termau allweddol**
>
> **Canser** – grŵp o afiechydon a nodweddir gan dwf afreolus celloedd annormal a all ledaenu trwy'r corff.
>
> **Clefyd coronaidd y galon (CCG)** – pan fydd eich rhydwelïau coronaidd (sy'n cyflenwi cyhyr y galon â gwaed sy'n llawn ocsigen) yn cael eu culhau gan fod deunydd brasterog yn cronni'n raddol yn eu waliau.
>
> **Diabetes math 2** – anhwylder a nodweddir gan gynnydd yn lefelau glwcos yn y gwaed sydd fel arfer yn datblygu mewn oedolion.

Gall ymarfer corff hefyd fod â buddion cymdeithasol, economaidd a seicolegol. Dangosir rhai o'r rhain yn Nhabl 2.2.

▶ **Tabl 2.2:** Buddion ehangach gweithgaredd corfforol ac ymarfer corff

Cymdeithasol	Economaidd	Seicolegol
• Annog rhyngweithio cymdeithasol	• Lleihau costau'r GIG	• Lleddfu straen
• Gwella sgiliau cymdeithasol	• Creu cyflogaeth	• Lleihau iselder
• Lleihau arwahanrwydd	• Cefnogi busnesau lleol	• Gwella hwyliau
• Gwella hunan-barch a hyder	• Lleihau absenoldeb o'r gwaith	• Gwella'r gallu i ganolbwyntio

Deiet cytbwys

Mae 'deiet' yn cyfeirio at eich defnydd nodweddiadol o fwyd, tra bod 'deiet cytbwys' yn un sy'n darparu'r maint cywir o faetholion sy'n ofynnol gan eich corff.

Canllaw Bwyta'n Dda

Mae Canllaw Bwyta'n Dda yn ffordd y mae Llywodraeth y DU yn hyrwyddo deiet cytbwys. Mae'n cynnwys y grwpiau bwyd canlynol:

▶ bara, reis, tatws, pasta a bwydydd carbohydrad startshlyd eraill
▶ ffrwythau a llysiau
▶ llaeth a dewisiadau amgen
▶ cig, pysgod, wyau, ffa, ffacbys a phrotein arall
▶ olew a thaenau.

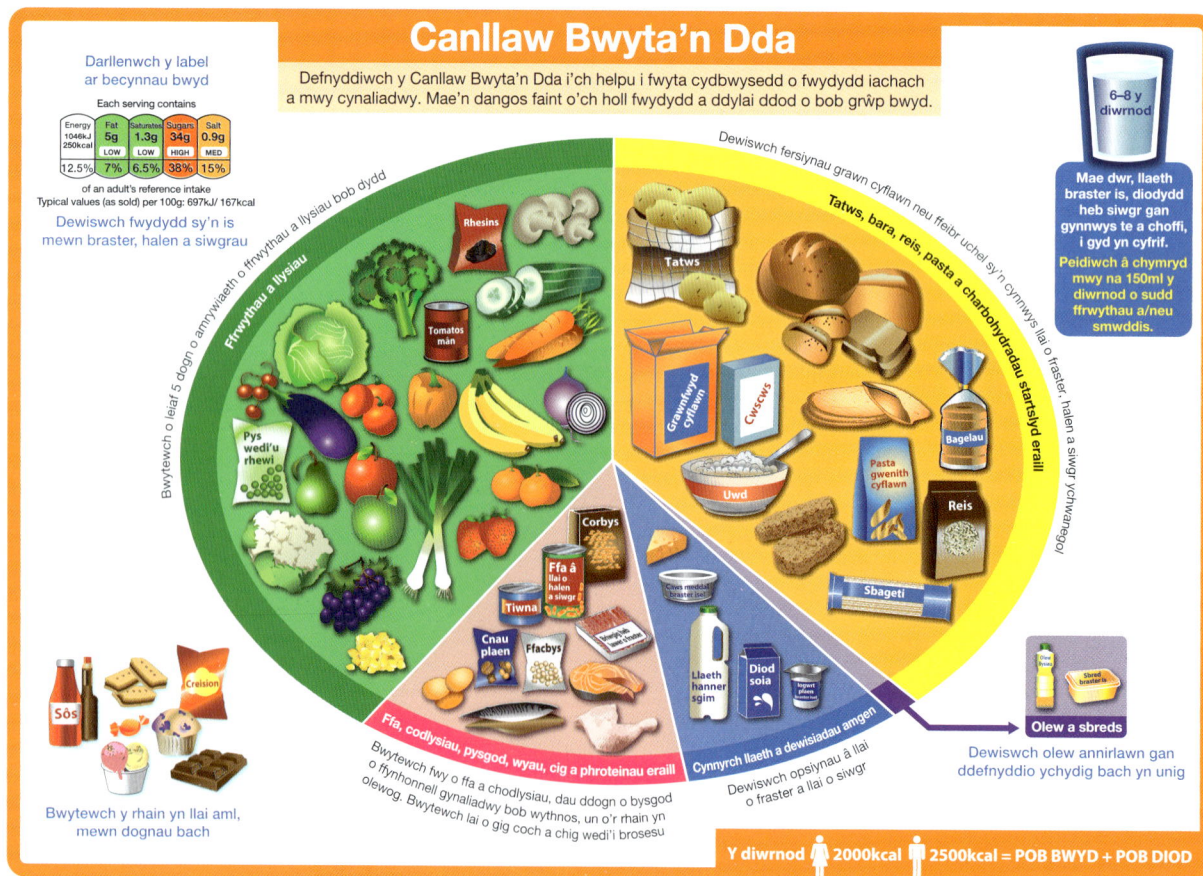

▶ **Ffigur 2.2:** Canllaw Bwyta'n Dda

Mae'r model yn nodi'r mathau a'r cyfrannau o fwyd o bob grŵp sy'n ofynnol i gael deiet iach, cytbwys. Fe'i dangosir gan blât gyda rhaniadau o wahanol feintiau yn cynrychioli pob un o'r pum prif grŵp bwyd (gweler Ffigur 2.2). Po fwyaf yw sleis y plât, y mwyaf y dylai'r grŵp bwyd hwnnw ymddangos yn eich deiet, tra dylid bwyta'r rhai â sleisys llai mewn dognau llai neu dim ond yn achlysurol.

Buddion deiet iach

Gwell system imiwnedd

Gall deiet gwael orfodi'r system imiwnedd – sef amddiffyniad naturiol y corff sy'n ymladd yn erbyn afiechyd – i weithio heb ddigon o gefnogaeth maethol, gan leihau ei gallu i amddiffyn y corff. Mae system imiwnedd wan yn arwain at risg uwch o salwch, a all achosi colli awydd bwyd. Mae hyn wedyn yn gwanhau'r system imiwnedd ymhellach, gan greu cylch y mae'n rhaid ei dorri er mwyn caniatáu adferiad. Mewn cyferbyniad, mae deiet iach yn helpu i roi hwb i'r system imiwnedd ac yn atal y cylch hwn o faeth gwael rhag arwain at afiechyd.

Cynnal pwysau corff iach

Gall deiet iach ac ymarfer corff rheolaidd eich helpu i osgoi ennill gormod o bwysau ac i gynnal pwysau iach. Gall bwyta deiet braster isel a siwgr isel hefyd helpu i reoli pwysau. Gall gychwyn y diwrnod gyda brecwast iach helpu i leihau bwyta byrbrydau yn hwyrach yn y dydd. Mae'r llywodraeth yn argymell ymgorffori 'pump y dydd' – pum dogn o ffrwythau a llysiau sy'n isel mewn calorïau ac sy'n cynnwys llawer o faetholion – yn eich deiet i helpu gyda rheoli pwysau.

> **Ymchwil**
>
> Mae'r data sydd ar gael o Iechyd Cyhoeddus Cymru yn awgrymu bod 26 y cant o blant wedi'u dosbarthu fel rhai dros bwysau neu'n ordew yn 2019.
>
> Ymchwiliwch i achosion posib y cynnydd hwn mewn gordewdra plentyndod. Ystyriwch y mathau o fwyd a diod sydd ar gael, a'r cyfleoedd y mae plant yn eu cael i wneud ymarfer corff, gartref ac yn yr ysgol.

Lleihau'r risg o glefydau cronig

Gall deiet iach leihau'r risg o glefydau cronig fel clefyd coronaidd y galon, strôc a **gorbwysedd** trwy gynyddu'r lefelau yn ein corff o lipoprotein dwysedd uchel (HDL) neu golesterol 'da' a gostwng lefelau lipoprotein dwysedd isel (L) neu golesterol 'drwg'. Mae hyn yn cadw'ch gwaed i lifo'n esmwyth, gan leihau'r risg o glefyd y galon a gorbwysedd. Gall deiet iach hefyd helpu i atal neu reoli ystod o broblemau iechyd cronig eraill, gan gynnwys diabetes, iselder ysbryd, canser ac osteoporosis.

Gofynion derbyn hylif

Mae 55-60 y cant o hylifau corff oedolyn yn ddŵr. Mae holl adweithiau cemegol y corff yn digwydd yno, a dŵr yw'r prif fecanwaith cludo yn eich corff, sy'n cario maetholion, cynhyrchion gwastraff a secretiadau mewnol. Mae dŵr hefyd yn chwarae rhan hanfodol wrth reoleiddio'ch tymheredd, yn enwedig yn ystod ymarfer corff, ac mae'n cynorthwyo taith bwyd trwy'ch system dreulio. Felly, mae'n hanfodol aros yn hydradol bob amser.

Daw tua 10 y cant o'ch gofynion hylif dyddiol o'r **prosesau metabolaidd** sy'n rhyddhau dŵr yn eich corff. Daw'r 90 y cant arall o'ch deiet. Daw tua 60 y cant o hyn o hylifau a'r gweddill o fwyd, yn enwedig bwyd sydd â chynnwys dŵr uchel.

> **Termau allweddol**
>
> **Gorbwysedd** – a elwir hefyd yn bwysedd gwaed uchel. Mae'n gyflwr meddygol cronig ble mae'r pwysedd gwaed yn y rhydwelïau yn cael ei godi'n barhaus. Fe'i hystyrir yn fygythiad posibl i iechyd a lles.
>
> **Prosesau metabolaidd** – adweithiau cemegol sy'n digwydd yn y corff i gynnal bywyd.

Caffein – symbylydd y system nerfol ganolog sydd ychydig yn gaethiwus ac fe'i ceir mewn coffi, te a rhai diodydd egni.

Cyfradd metabolaeth – yr egni sy'n cael ei ddefnyddio gan unigolyn dros gyfnod o amser, fel arfer wedi'i fynegi mewn unedau egni fesul uned o fàs y corff, fesul uned o amser.

Symbylydd sylwedd sy'n codi lefelau gweithgaredd ffisiolegol neu nerfol yn y corff.

Cymedroli cymeriant caffein

Nid yw **caffein** yn darparu unrhyw werth maethol. Fodd bynnag, oherwydd ei fod yn **symbylydd** caethiwus (*addictive stimulant*), ysgafn, gall effeithio ar eich hwyliau ac achosi sgîl-effeithiau corfforol. Mae caffein i'w gael mewn coffi, te, diodydd egni a rhai diodydd pefriog (yn enwedig cola). Gellir ystyried defnydd cymedrol o gaffein, o tua 400 mg o gaffein neu'r hyn sy'n cyfateb i hyd at 4-5 cwpanaid o goffi y dydd (yn dibynnu ar gryfder y blend), yn rhan o ddeiet cytbwys iach.

Mae ymchwil yn dangos y gall caffein wella perfformiadau corfforol sy'n gofyn am gyflymder a chryfder. Fodd bynnag, gall defnyddio mwy o gaffein arwain at sgîl-effeithiau ffisiolegol negyddol fel gorbwysedd a phroblemau treulio.

Trafodaeth

Yn 2004, cymerwyd caffein oddi ar restr Asiantaethau Gwrth Gyffuriau'r Byd (WADA) o sylweddau gwaharddedig. Fodd hynnag, mae ymchwil wedi dangos y gall caffein godi curiad y galon a gwella perfformiad chwaraeon. Pam wnaeth WADA dynnu caffein oddi ar y rhestr o sylweddau gwaharddedig? Ydych chi'n meddwl mai hwn oedd y dewis cywir? Trafodwch hyn fel grŵp bach.

Strategaethau ar gyfer gwella cymeriant deietegol

Dylai mabolgampwyr fwyta bwydydd a all wella eu paratoad ar gyfer hyfforddiant a chystadleuaeth, ac adferiad ohono. Bydd y mwyafrif o fabolgampwyr yn cael yr holl egni a maetholion sydd eu hangen arnyn nhw trwy fwyta pan maen nhw'n llwglyd a dewis deiet cytbwys ac amrywiol. Er mwyn gwella eu cymeriant deietegol, dylai mabolgampwyr ystyried y ffactorau canlynol:

▶ **Amseru prydau bwyd** – Mae'r hyn rydych chi'n ei fwyta yn cael effaith ar eich iechyd a'ch lles. Fodd bynnag, gall pryd a sut rydych chi'n bwyta gael effaith hefyd. Dylech geisio bwyta bob 3–4 awr. Bydd amseru'ch prydau bwyd fel hyn yn gwella llosgi braster, yn helpu i reoli'ch chwant bwyd a chydbwyso'ch hormonau straen. Fe ddylech chi hefyd geisio bwyta'ch prydau bwyd ar yr un amser bob dydd.

Mae'n bwysig cychwyn eich diwrnod gyda brecwast da. Mae ymchwil wedi dangos bod pobl sy'n hepgor brecwast yn rheolaidd yn fwy tueddol o ennill pwysau (efallai oherwydd eu bod yn fwy tebygol o fwyta byrbrydau yn ystod y dydd) a diabetes math 2.

Mae bwyta'n rhy agos at amser gwely yn codi tymheredd eich corff ac yn cynyddu lefelau siwgr yn y gwaed. Mae'r ffactorau hyn yn ymyrryd ag ansawdd eich cwsg a'r buddion llosgi braster naturiol sy'n dod o gael noson dda o orffwys.

▶ Mae bwyta brecwast iach yn cychwyn eich metaboledd am y dydd

▶ **Bwyta llai/mwy o rai grwpiau bwyd** – fel y gwelsom, mae Canllaw Bwyta'n Dda yn dangos y dylech geisio bwyta amrywiaeth da o wahanol fwydydd, er mwyn cael deiet iach a chytbwys, gyda thua dwy ran o dair o'ch deiet yn cynnwys:

- ffrwythau a llysiau
- bwydydd â starts, fel bara, reis, tatws a phasta.

Mae rhai mabolgampwyr yn newid cydbwysedd eu deiet yn dibynnu ar eu gofynion ar y pryd, fel bwyta mwy o brotein (i gynorthwyo adferiad cyhyrau) neu garbohydradau (i ddarparu egni sy'n rhyddhau'n araf cyn gornest).

Astudiaeth achos

Bwydlen ar gyfer rhwyfwr Olympaidd

Bydd rhwyfwr pwysau trwm wrth hyfforddi ar gyfer y Gemau Olympaidd yn mynd trwy raglen hyfforddi drwyadl sy'n aml yn flinderus ac yn cynnwys tair sesiwn hyfforddi y dydd am 6 diwrnod yr wythnos. Er mwyn cynnal dwysedd y drefn hon, bydd angen i'r rhwyfwr fwyta tua 6000 o galorïau'r dydd. Mae'r cynllun prydau bwyd dyddiol a ddangosir yn Nhabl 2.3 yn rhoi syniad o ba fath o ddeiet sydd ei angen ar athletwr ar y lefel uchaf er mwyn hyfforddi a chystadlu.

▶ **Tabl 2.3:** Cynllun prydau bwyd dyddiol enghreifftiol ar gyfer rhwyfwr Olympaidd

Amser	Pryd
7 am: brecwast	• powlen fawr o rawnfwyd neu uwd a 500ml o laeth sgim • 2 dafell o fara gwenith cyflawn gyda mêl • gwydraid o sudd ffrwythau • 1 litr o ddiod ffrwythau
8 am: hyfforddiant	• 1 litr o ddiod chwaraeon isotonig yn ystod yr hyfforddiant
9:30 am: ôl-hyfforddiant	• 4 wy wedi'u sgramblo • 2 sleisen o gig moch wedi'i grilio • dogn o domatos wedi'u grilio • 2 dafell o fara gwenith cyflawn gyda mêl • 1 litr o ddiod ffrwythau
11 am: hyfforddiant	• 1 litr o ddiod chwaraeon isotonig yn ystod yr hyfforddiant • 500 ml o ysgytlaeth protein yn syth ar ôl hyfforddi
12:30 pm: cinio	• pasta gyda brest cyw iâr wedi'i grilio • salad gwyrdd ar yr ochr • darn o ffrwyth • 1 litr o ddiod ffrwythau
4 pm: hyfforddiant	• 1 litr o ddiod chwaraeon isotonig yn ystod yr hyfforddiant
5:30 pm: ôl-hyfforddiant	• powlen fawr o rawnfwyd neu uwd a 500ml o laeth sgim • darn o ffrwyth • 500 ml o ddŵr
7:30 pm: swper	• cig neu bysgod heb fraster wedi'i grilio • 6–8 tatws newydd neu 1 cwpan o reis wedi'i ferwi • dogn mawr o lysiau wedi'u stemio • 1 iogwrt braster isel • darn o ffrwyth • 750 ml o ddiod ffrwythau
9:30 pm: byrbryd amser gwely	• 1 bar grawnfwyd
10:30 pm: gwely	

Yn y DU, mae llawer o bobl yn bwyta ac yn yfed gormod o galorïau, gormod o fraster, siwgr a halen, a dim digon o ffrwythau, llysiau, pysgod olewog a **ffibr**. Mae'n bwysig cael rhywfaint o fraster yn eich deiet, ond fel rhan o ddeiet iach ceisiwch osgoi bwydydd sy'n cynnwys llawer o fraster a/neu siwgr.

▶ **Pump y dydd** – mae 'Pump y dydd' yn tynnu sylw at fanteision iechyd cynnwys pum dogn 80 g o ffrwythau a llysiau fel rhan o ddeiet iach. Mae'n seiliedig ar gyngor gan Sefydliad Iechyd y Byd (WHO – *World Health Organisation*), sy'n argymell bwyta o leiaf 400 g o ffrwythau a llysiau i leihau'r risg o broblemau iechyd cronig.

Mae cynnwys ffrwythau a llysiau yn eich deiet yn ffordd wych o wella eich cymeriant deietegol oherwydd bod ffrwythau a llysiau:

- yn ffynonellau da o fitaminau a mwynau
- yn ffynhonnell ardderchog o ffibr deietegol, sy'n helpu i gynnal system dreulio iach
- yn gallu helpu i leihau'r risg o glefyd y galon, strôc a chanser
- yn gyffredinol isel mewn braster a chaloríau, felly gallant helpu i gynnal pwysau iach.

Astudiaeth achos

Gwyddonydd Chwaraeon: Jack Donnelly a'r dilema maeth

Mae Jack yn wyddonydd chwaraeon cymwys mewn clwb pêl-droed proffesiynol. Mae'n gweithio gydag academi'r clwb, ble mae bechgyn a merched rhwng 9 ac 16 oed yn cael eu datblygu'n chwaraewyr pêl-droed. Mae Jack yn gyfrifol am ystod o ddyletswyddau, gan gynnwys monitro holl daldra a phwysau'r chwaraewyr trwy gydol y tymor hyfforddi, a gweithio gyda hyfforddwyr i osod rhaglenni hyfforddi, gwella ffitrwydd a rhoi cyngor maethol.

Mae deiet cytbwys yn hanfodol ar gyfer perfformiad iechyd, lles a chwaraeon y chwaraewyr, felly mae'n rhaid i Jack sicrhau bod y cyngor y mae'n ei roi yn gyfredol ac yn gywir fel bod y chwaraewyr, waeth beth fo'u hoedran neu eu gallu, yn cael y gorau o'u sesiynau gydag ef. Mae'n cael gweithio gyda phob oedran fel rhan o'i swydd ac mae cael y cyfle i wella eu harferion deietegol yn werth chweil.

Yn ddiweddar, daeth rhieni chwaraewr dan-9 at Jack a oedd yn poeni nad oedd eu mab yn bwyta llawer o ran ffrwythau neu lysiau. Roeddent yn pryderu y gallai fod yn effeithio ar ei berfformiad gan ei fod wedi blino ar ôl hyfforddi a gemau.

Gwiriwch eich gwybodaeth

1 Trafodwch fel grŵp pa gyngor y byddech chi'n ei roi i'r rhieni pe byddech chi yn swydd Jack.

2 Lluniwch gynllun pum pwynt sy'n delio â'r bylchau yn niet y chwaraewr ac sy'n egluro i'r rhieni beth sydd angen iddyn nhw ei ystyried wrth fynd i'r afael ag arferion bwyta eu mab.

3 Cyflwynwch y cynllun hwn fel trafodaeth lafar, mewn e-bost i'r rhieni neu trwy gynhyrchu taflen y gellid ei defnyddio fel canllawiau ar gyfer achlysuron tebyg.

▶ **Lleihau cymeriant halen** – Gall gormod o halen godi eich pwysedd gwaed, gan eich rhoi mewn mwy o berygl o glefyd y galon a strôc. Gall deiet sy'n cynnwys llawer o halen godi eich pwysedd gwaed (gorbwysedd) – mae'r cyflwr hwn ar hyn o bryd yn effeithio ar fwy na thraean o oedolion y DU. Mae ychwanegu halen at eich deiet yn aml yn ddiangen: mae 75 y cant o'r halen rydyn ni'n ei fwyta eisoes yn ein deiet ar ffurf bara a grawnfwydydd brecwast. Dim ond rhan fach o'r ateb yw lleihau halen ychwanegol. Mae angen i chi ddod yn ymwybodol o'r halen sydd eisoes yn y bwydydd rydych chi'n eu prynu, a dewis opsiynau â halen is. Ni ddylai oedolion fwyta mwy na 6 g o halen y dydd.

▶ **Dewisiadau amgen iach** – Gall dewis deiet iachach olygu newidiadau bach i'r hyn rydych chi'n ei fwyta yn unig. Ceisiwch fwyta llai o fwydydd sy'n cynnwys llawer o fraster, halen neu siwgrau a rhowch ffrwythau neu lysiau yn eu lle. Er enghraifft, dewiswch laeth sgim neu led-sgim yn lle llaeth braster llawn, neu fara grawn cyflawn yn lle bara gwyn. Ffordd syml o fonitro'ch deiet a'r hyn rydych chi'n ei fwyta yw edrych ar labeli maeth coch, ambr a gwyrdd ar flaen pecynnau bwyd. Mae'r rhain wedi bod mewn grym ers 2013 ac yn dangos i chi a oes gan y bwyd niferoedd uchel, canolig neu isel o fraster, braster dirlawn, siwgrau a halen.

Gall bwyta'n iach hefyd gynnwys ychwanegu bwydydd newydd i'ch deiet. Gall bwydydd soia efelychu cig a chynhyrchion llaeth fel llaeth, caws ac iogwrt. Mae soia yn cynnig buddion iechyd gan ei fod yn cynnwys llawer o brotein, fitaminau, mwynau a ffibr. Mae llysieuwyr yn tueddu i fwynhau deietau sy'n cynnwys llawer o garbohydradau, ffibr a fitaminau. Mae ymchwil yn dangos bod llysieuwyr yn llai tebygol o ddioddef o ordewdra, diabetes math 2 a gorbwysedd.

❚❚ MUNUD I FEDDWL　Ydych chi'n deall elfennau deiet cytbwys a'u cyfraniad at iechyd a lles cyffredinol?

Awgrym　Mae deiet cytbwys yn cynnwys y niferoedd cywir o faetholion sy'n ofynnol gan y corff.

Ymestyn　Pa ffynonellau gwybodaeth ychwanegol sydd ar gael ichi sy'n cefnogi ac yn hyrwyddo ffordd gadarnhaol o fyw o ran deiet cytbwys?

Gweithgareddau cymryd risg cadarnhaol

Nid yw cymryd risg bob tro'n ddrwg. Mewn gwirionedd, mae rhai risgiau'n dda ac yn hyrwyddo datblygiad iach. Mae cymryd risg yn gysylltiedig â newidiadau datblygiadol yn yr ymennydd sy'n eich helpu i ddod yn oedolyn iach. Mae elfen gadarnhaol o gymryd risg yn angenrheidiol ar gyfer plant ac oedolion ifanc fel y gallant brofi eu ffiniau a datblygu fel unigolion.

Trafodaeth

Mae ymchwil yn dangos bod yn well gan lawer o blant yn y DU wylio'r teledu, chwarae gemau cyfrifiadur neu fynd ar-lein yn hytrach na chwarae yn yr awyr agored, a rhieni – am amrywiaeth o resymau – yn cytuno i ddewisiadau llai egnïol eu plant. Ydych chi'n meddwl y bydd plentyndod sydd â diffyg chwarae yn yr awyr agored yn cael effaith niweidiol ar fywyd fel oedolyn yn nes ymlaen? Trafodwch y mater cymhleth hwn fel dadl ddosbarth.

Gweithgareddau awyr agored ac anturus

Mae gweithgareddau awyr agored ac anturus yn fwyfwy poblogaidd gydag oedolion fel ymarferion adeiladu tîm neu fel rhan o'u datblygiad proffesiynol parhaus (DPP). Yr hyn sy'n gwneud y gweithgareddau hyn yn beryglus yw eu bod yn cynnwys y potensial am fethiant. Mae dysgu sut i ennill a cholli, llwyddo a methu, mentro i helpu eraill a chwrdd â heriau mewn amgylchedd anghyfarwydd yn ffactorau pwysig ar gyfer datblygiad pobl.

Awgrym diogelwch

Er y dylid lleihau risgiau bob amser i atal niwed neu anaf, gellir rheoli'r risgiau hyn o fewn ffiniau derbyniol i hyrwyddo datblygiad iach. I gyflawni hyn, dylech ystyried beth allai achosi niwed a phenderfynu a ydych chi'n cymryd camau rhesymol i atal hyn rhag digwydd.

Rhyddhau endorffinau

Ydych chi wedi clywed am geiswyr gwefr yn teimlo'n ecstatig ar ôl naid bynji neu naid parasiwt tandem? Mae'r 'wefr' hon oherwydd bod **endorffinau** yn cael eu rhyddhau i'r ymennydd wrth ymarfer. Mae endorffinau yn **niwrodrosglwyddion**, sef cemegion y gellir eu cysylltu â rhagolwg egnïol a chadarnhaol ar fywyd. Mae ganddyn nhw fuddion posib eraill hefyd, trwy:

▶ leihau straen
▶ helpu i frwydro yn erbyn pryder ac iselder
▶ hybu hunan-barch
▶ hyrwyddo cwsg aflonydd.

Gwell hyder

Gall ymarfer corff effeithio ar eich iechyd a'ch lles trwy wella'ch hyder mewn sawl ffordd.

▶ Rydych chi'n teimlo'n well yn gorfforol ac yn feddyliol, gan helpu i ddatblygu agwedd gadarnhaol.
▶ Gall ymarfer corff helpu i adeiladu eich hunan-barch trwy wella cyflwr corfforol eich corff a sut rydych chi'n meddwl amdano.
▶ Pan welwch yr hyn y gall eich corff ei wneud yn gorfforol, gall eich hunanhyder gynyddu.
▶ Rydych chi'n teimlo teimlad o gyflawniad o gwblhau eich amcanion ymarfer corff.

Argymhelliad / canllawiau'r llywodraeth

Argymhellion Llywodraeth y DU

Er mwyn hyrwyddo poblogaeth iach, mae Llywodraeth y DU a Llywodraeth Cymru yn cyhoeddi canllawiau. Y gobaith yw y bydd pobl yn dilyn yr awgrymiadau hyn ac yn mwynhau ffordd o fyw iach, gan leihau faint o arian y mae'n rhaid i'r GIG ei wario i frwydro yn erbyn gordewdra a chlefydau sy'n gysylltiedig ag ysmygu.

O ran **gweithgaredd corfforol**, mae'r llywodraeth yn cynghori oedolion 19-64 oed i wneud dau fath o ymarfer corff bob wythnos: ymarferion aerobig a chryfder. Mae'r argymhellion ar gyfer plant ychydig yn wahanol (gweler Tabl 2.4).

▶ **Tabl 2.4:** Cyngor y llywodraeth ar weithgaredd corfforol

Oedran y cyfranogwyr	Mathau o ymarfer corff
Plant 5-18 oed	O leiaf 60 munud o weithgaredd corfforol bob dydd fel beicio a gweithgareddau maes chwarae, a gweithgaredd egnïol fel rhedeg neu dennis. Ar dri diwrnod o'r wythnos, dylai'r gweithgareddau hyn gynnwys ymarferion ar gyfer datblygu cyhyrau cryf, fel gwasgau byrfraich (*push-ups*), ac ymarferion ar gyfer esgyrn cryf fel rhedeg a neidio.
Oedolion 19-64 oed	Dylent fod yn egnïol bob dydd a gwneud o leiaf 150 munud o weithgaredd aerobig cymedrol fel beicio neu gerdded yn gyflym bob wythnos, ac ymarferion cryfder ar ddau ddiwrnod neu fwy yr wythnos sy'n gweithio'r holl brif grwpiau cyhyrau.

Mae alcohol yn gyffur sy'n effeithio ar bob organ yn eich corff. Mae'n iselydd (*depressant*) y system nerfol ganolog sy'n cael ei amsugno'n gyflym gan eich stumog a'ch coluddyn bach i'r llif gwaed. Mae 'goryfed mewn pyliau' (gor-yfed alcohol mewn diwrnod neu nos sengl) yn bryder iechyd cyhoeddus mawr. Canllawiau cyfredol y llywodraeth ar gyfer **yfed alcohol** yw 14 uned yr wythnos ar gyfer dynion a menywod (sy'n cyfateb i tua hanner peint o lager, cwrw neu seidr neu un gwydraid 175 ml o win y dydd). Dylai unrhyw gymeriant alcohol gael ei wasgaru dros wythnos er mwyn osgoi goryfed mewn pyliau a dylai gynnwys dau neu dri diwrnod heb alcohol bob wythnos. Mae un uned yn cyfateb i 8 gram o alcohol, yn nodweddiadol gwydraid bach o win, hanner peint o gwrw, lager neu seidr, neu un mesur tafarn o wirodydd.

Mae'r llywodraeth yn cymryd **bwyta'n iach** o ddifrif ac wedi cyflwyno nifer o fentrau sydd wedi'u cynllunio i annog gwell arferion deietegol – gweler Tabl 2.5 am ragor o fanylion.

▶ **Tabl 2.5:** Mentrau bwyta'n iach y llywodraeth

Menter	Manylion
Carwch eich labeli	Y ffordd orau o wirio'r hyn rydych chi'n ei fwyta yw edrych ar labeli bwyd, oherwydd gallant ddweud wrthych beth sydd y tu mewn i'r bwyd. Unwaith y byddwch chi'n gwybod sut i'w defnyddio, cyn bo hir byddwch chi'n gallu gwneud dewisiadau iachach wrth siopa.
Canllaw Bwyta'n Dda	Mae Canllaw Bwyta'n Dda yn eich helpu i fwyta deiet cytbwys trwy ddangos i chi faint o bob math o fwyd i'w fwyta ym mhob pryd bwyd.
Bwyta ychydig yn arafach	Mae'n cymryd amser i'r ymennydd adnabod eich bod chi'n llawn, felly ceisiwch amseru'ch hun a bwyta'n arafach.
Ceisiwch deimlo'n fodlon, heb stwffio'ch hun	Rhowch gynnig ar fwyta un plât o fwyd yn unig a pheidiwch â mynd yn ôl am ail siâr.

Ffactorau ffordd o fyw negyddol a'u heffaith ar iechyd a lles

Ysmygu

Mae mwg tybaco yn cynnwys **nicotin** a thar sydd ill dau yn niweidiol i iechyd. Pan fyddwch chi'n ysmygu, mae mwy na 7000 o gemegion yn ymledu drwy eich corff a thrwy eich holl organau. Mae nicotin yn un o'r cemegion hyn, cyffur pwerus sy'n achosi dibyniaeth. Mae'n ysgogi'r system nerfol ganolog ac yn cynyddu cyfradd curiad y galon a phwysedd gwaed. Mae tar yn gymysgedd cymhleth o gemegion, gyda llawer ohonynt yn achosi canser. Mae tar yn ymgasglu i raddau helaeth yn y llwybr resbiradol ac yna'n cael ei amsugno'n raddol.

Peryglon iechyd sy'n gysylltiedig ag ysmygu

Mae'r risg o glefyd yn cynyddu nid yn unig gyda maint yr ysmygu a nifer y blynyddoedd sy'n cael eu treulio'n ysmygu, ond hefyd pa mor ddwfn y mae'r mwg yn cael ei anadlu.

▶ **Clefyd coronaidd y galon (CCG)** – term generig i ddisgrifio cyflyrau a achosir gan lif gwaed bylchog neu is trwy'r rhydweliau coronaidd i'r galon. Mae gan ysmygwyr risg uwch o ddatblygu **atherosglerosis** (crynhoad dyddodion brasterog yn y rhydweliau) sy'n cyfrannu'n bennaf at CCG. Mae ysmygu ar ei ben ei hun yn arwain at risg uwch, ond pan gaiff ei gyfuno â ffactorau risg eraill – fel pwysedd gwaed uchel, colesterol uchel ac anweithgarwch corfforol – mae'n cynyddu'r tebygolrwydd y bydd y gwaed yn ceulo, gan arwain at drawiad ar y galon.

▶ **Canser** – canser yr ysgyfaint yw'r math mwyaf cyffredin o ganser ledled y byd a'r math sy'n fwyaf cyffredin yn gysylltiedig ag ysmygu. Po gynharaf mewn bywyd y byddwch chi'n dechrau ysmygu, yr uchaf fydd eich risg o ddatblygu canser yr ysgyfaint. Dangosodd astudiaeth o gyn ysmygwyr fod gan y rhai a ddechreuodd ysmygu cyn 15 oed ddwywaith cymaint o fwtadiadau'r celloedd (ffactor allweddol yn natblygiad canser) na'r rhai a ddechreuodd ar ôl 20 oed. Mae ysmygu nid yn unig yn arwain at risg uwch o ganser yn yr ysgyfaint – mae astudiaethau wedi dangos ei fod hefyd yn gysylltiedig â chanserau'r geg, yr oesoffagws, y bledren, y fron, ceg y groth, y colon, yr iau a'r arennau.

▶ **Clefyd yr ysgyfaint** – mae ysmygwyr yn debygol o ddioddef mwy o heintiau'r llwybr resbiradol na'r rhai nad ydynt yn ysmygu. Maen nhw'n fwy tebygol o ddioddef o annwyd a'r ffliw, ac yn cymryd mwy o amser i wella. Mae niwmonia yn haint ysgyfaint difrifol ac mae'n fwy tebygol o fod yn angheuol ymhlith ysmygwyr oherwydd effeithiau ysmygu ar eu hysgyfaint. Ysmygu yw achos mwyaf **emffysema** o bell ffordd, afiechyd cronig yn yr ysgyfaint sy'n achosi trafferthion anadlu. Mae

Term allweddol

Nicotin – cemegyn caethiwus a geir mewn tybaco sy'n ysgogi'r system nerfol ganolog. Mae ymchwil yn awgrymu bod nicotin yn cael effaith negyddol ar berfformiad corfforol oherwydd ei effeithiau ar y system gardioresbiradol.

Acíwt – cyflwr sy'n datblygu'n gyflym ac yn digwydd am gyfnod byr.

Cronig – cyflwr sy'n datblygu'n araf ac yn digwydd dros gyfnod hir.

Cilia – blew bach sy'n amddiffyn y llwybr resbiradol trwy hidlo gronynnau a mwcws i ffwrdd o'r ysgyfaint.

emffysema yn arwain at niwed i'r meinweoedd sy'n cynnal siâp a swyddogaeth yr ysgyfaint. Yn raddol, ni all ysgyfaint dioddefwyr ddal eu siâp yn iawn pan fyddan nhw'n anadlu allan, gan wneud yr ysgyfaint yn aneffeithlon wrth drosglwyddo ocsigen i'r gwaed, a thynnu carbon deuocsid ohono. Mae hyn yn arwain at oddeutu 25,000 o farwolaethau yn y DU bob blwyddyn.

▶ **Broncitis** – cyflwr sy'n gwneud leinin y tiwbiau bronciol yn llidus; gall fod yn gyflwr acíwt neu'n **gronig**. Symptom mwyaf cyffredin broncitis yw pesychu. Mae broncitis acíwt yn aml yn cael ei achosi gan haint firol neu facteriol, tra bod broncitis cronig i'w weld amlaf mewn ysmygwyr. Mae ysmygu yn achosi niwed i'r **cilia** sy'n leinio'r llwybrau anadlu; dros amser maen nhw'n dod yn llai effeithlon wrth glirio malurion a llidwyr, gan wneud yr ysgyfaint yn fwy agored i haint.

▶ **Anffrwythlondeb** – mae ysmygwyr yn debygol o gael mwy o broblemau ffrwythlondeb na'r rhai nad ydynt yn ysmygu. Mae gan ysmygwyr benywaidd fwy o siawns o ddatblygu problemau ofwliad. Gall ysmygwyr gwrywaidd ddioddef cyfrif sberm is ac anhawster codiad. Mae ysmygu ail-law neu oddefol hefyd yn gysylltiedig â phroblemau ffrwythlondeb, yn ogystal ag ystod o faterion eraill sy'n gysylltiedig ag iechyd.

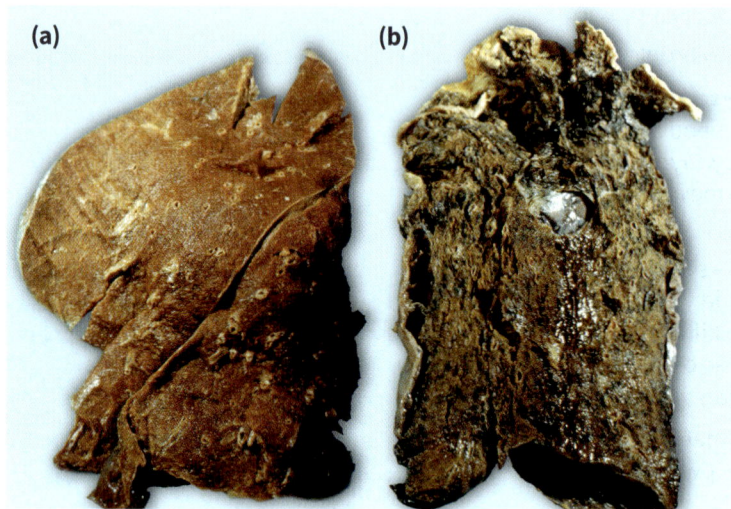

▶ Effeithiau mewnol ysmygu: (a) ysgyfaint iach a (b) ysgyfaint ysmygwr

Alcohol

Credir bod yfed alcohol yn gymedrol yn helpu i leihau peryglon clefyd y galon. Fodd bynnag, gall gormod o alcohol achosi problemau iechyd fel diffyg maeth, sirosis yr iau, rhai mathau o ganser a phroblemau iechyd seicolegol.

Peryglon iechyd sy'n gysylltiedig ag yfed gormod o alcohol

▶ **Strôc** – mae hyn yn digwydd pan fydd meinwe'r ymennydd yn marw o ganlyniad i darfu sydyn a difrifol ar lif y gwaed i'r ymennydd. Mae defnydd trwm o alcohol yn gysylltiedig â risg uwch o gael strôc.

▶ **Sirosis** – gall cam-drin alcohol yn gronig dros gyfnod hir arwain at sirosis, sy'n disodli meinwe iau iach yn raddol â meinwe craith, a all arwain at fethiant yr iau a marwolaeth.

▶ **Gorbwysedd** – mae'r berthynas rhwng defnyddio alcohol a phwysedd gwaed yn bwysig gan fod gorbwysedd yn ffactor allweddol yn y risg o glefyd coronaidd y galon a strôc. Diffinnir gorbwysedd fel **pwysedd gwaed systolig** uwch na 140 mm Hg a **phwysedd gwaed diastolig** uwchlaw 90 mm Hg.

▶ **Iselder** – gall yfed gormod o alcohol achosi iselder. Gall dibyniaeth ar alcohol ac iselder ddigwydd gyda'i gilydd, a gwelir iselder yn aml mewn pobl sy'n cael eu trin am ddibyniaeth ar alcohol.

Meinwe craith – meinwe gyswllt yn disodli meinwe wedi'i difrodi a fethodd â gwella ei hun.

Pwysedd gwaed systolig – pwysedd a weithredir yn y rhydwelïau pan fydd y galon yn cyfangu.

Pwysedd gwaed diastolig – pwysedd a weithredir yn y rhydwelïau pan fydd y galon yn ymlacio ac yn llenwi â gwaed.

II MUNUD I FEDDWL   Ydych chi'n deall y risgiau tebygol i iechyd a lles o yfed gormod o alcohol?

Awgrym Meddyliwch am y pedwar prif gyflwr iechyd sy'n gysylltiedig ag yfed gormod o alcohol.

Ymestyn Darganfyddwch, o ystadegau'r llywodraeth, faint o bobl yr effeithiwyd arnynt gan bob un o'r pedwar cyflwr iechyd hyn yn ystod y flwyddyn galendr ddiwethaf.

Straen

Mae straen yn ymateb ffisiolegol a meddyliol i'ch amgylchedd. Gelwir ffactorau sy'n arwain at straen yn 'straenachoswyr' ac maen nhw'n ymddangos mewn gwahanol ffurfiau. Ymhlith y straenachoswyr posib mae digwyddiadau bywyd mawr, fel ysgariad a symud tŷ; anaf neu drawma; a sefyllfaoedd amgylcheddol fel amgylchedd gwaith heriol neu hyd yn oed gystadleuaeth chwaraeon. Beth bynnag yw'r straen, mae'r ymatebion fel arfer yn cynnwys teimladau o **orbryder** a thensiwn.

Peryglon iechyd sy'n gysylltiedig â straen gormodol

Mae llawer o broblemau iechyd yn cael eu hachosi gan, neu eu gwaethygu gan, straen.

- **Gorbwysedd** – mae'r corff yn cynhyrchu ton o hormonau (**adrenalin** a **chortisol**) wrth wynebu sefyllfa llawn straen. Mae'r hormonau hyn – adrenalin yn benodol – yn achosi cynnydd sydyn dros dro mewn pwysedd gwaed. Efallai y bydd y pigau tymor byr hyn mewn pwysedd gwaed sy'n cael eu hychwanegu at ei gilydd dros amser yn eich rhoi mewn perygl o ddatblygu gorbwysedd hirdymor.
- **Angina** – sy'n gysylltiedig â phoen yn y frest ac fel arfer yn symptom o glefyd coronaidd y galon (CCG) pan mae culhau a chaledu'r rhydwelïau coronaidd yn cyfyngu llif y gwaed i'r galon. Mae straen yn cynyddu curiad y galon a phwysedd gwaed, ac os yw'r rhydwelïau coronaidd yn culhau, ni fydd y gwaed yn gallu cyrraedd y galon yn effeithlon, gan achosi poen yn y frest yn aml.
- **Strôc** – mae straen yn achosi cynnydd dros dro mewn pwysedd gwaed. Prif achos strôc yw pwysedd gwaed uchel a all, yn ei dro, wanhau'r rhydwelïau yn yr ymennydd a'u hollti neu eu rhwygo, gan achosi gwaedu ar yr ymennydd neu o'i gwmpas.
- **Trawiad ar y galon** – er ei bod yn anodd cysylltu straen yn uniongyrchol â thrawiadau ar y galon, gall symptomau straen (fel gorbwysedd a phrofi lefelau uchel o hormonau straen) gyfrannu at drawiadau ar y galon.
- **Wlseri stumog** – credwyd bod ffactorau ffordd o fyw fel straen ac alcohol yn achosi wlseri ar y stumog. Fodd bynnag, mae ymchwil diweddar yn awgrymu nad oes llawer o dystiolaeth i gadarnhau hyn, er y gallai ffactorau ffordd o fyw o'r fath waethygu symptomau wlser ar y stumog.
- **Iselder** – gall straen tymor byr fod yn dda i chi – mae'n eich cadw'n effro ac yn barod i weithredu. Fodd bynnag, gall straen cronig arwain at iselder. Os yw ymatebion straen yn methu â chau unwaith y bydd sefyllfa anodd yn mynd heibio, gall lefelau uwch o gortisol a lefelau is o serotonin, hormon 'teimlo'n dda', arwain at iselder.

Diffyg cwsg

Peryglon iechyd sy'n gysylltiedig â diffyg cwsg

Mae cwsg yn caniatáu i'ch corff orffwys ac ymadfer ei hun ac mae'n chwarae rhan hanfodol mewn byw'n iach. Gall cael y maint cywir o gwsg helpu i amddiffyn eich iechyd meddwl a chorfforol, a gwella ansawdd eich bywyd. Mae diffyg cwsg yn gysylltiedig â risg uwch o glefyd y galon.

Termau allweddol

Gorbryder – teimlad o bryder a thensiwn ffisiolegol uwch.

Adrenalin – hormon sy'n gyfrifol am baratoi'r corff ar gyfer y mecanwaith 'ymladd neu ffoi' trwy gynyddu cyfradd curiad y galon, y gyfradd anadlu a chyfradd metabolaeth. Gall hefyd wella grym gweithredu cyhyrau ac oedi dechrau blinder.

Cortisol – hormon sy'n gysylltiedig â straen sy'n cynyddu lefelau siwgr yn y gwaed, yn atal y system imiwnedd ac yn cynorthwyo metaboledd macrofaetholion.

Mae ymchwil gan y Sefydliad Cwsg Cenedlaethol yn awgrymu bod angen rhwng saith a naw awr o gwsg bob nos ar oedolyn iach. Yn aml mae athletwyr angen mwy o gwsg oherwydd y gofynion ymadfer ac atgyweirio ychwanegol o ganlyniad i hyfforddiant.

▶ **Iselder** – un o symptomau iselder yw anhunedd (*insomnia*) neu methu cysgu'n iawn. Gall hyn yn ei dro gael effaith negyddol ar iechyd a lles cyffredinol, gan arwain at gylch o symptomau meddyliol a chorfforol cronig os na chânt eu trin.

▶ **Gorfwyta** – mae faint rydyn ni'n cysgu yn chwarae rhan bwysig wrth reoleiddio faint rydyn ni'n ei fwyta, nifer y calorïau rydyn ni'n eu llosgi a phryd rydyn ni'n bwyta. Gall bwyta pryd y dylem fod yn cysgu gynyddu ennill pwysau.

Ffordd o fyw eisteddog

Yn gyffredinol, anweithgarwch corfforol yw gwneud llai na 30 munud o weithgaredd corfforol yr wythnos. Mae ymddygiad **eisteddog** yn cyfeirio at weithgareddau nad ydyn nhw'n defnyddio llawer o egni (er enghraifft, gwylio'r teledu neu eistedd i lawr). Dangoswyd bod anweithgarwch corfforol ac ymddygiad eisteddog yn ffactorau risg sylweddol yn y cynnydd mewn afiechydon cronig fel CCG, strôc, diabetes math 2, rhai mathau o ganser a gorbwysedd. Gall anweithgarwch corfforol hefyd ychwanegu at deimladau o iselder.

> **Term allweddol**
>
> **Eisteddog** – unigolyn sy'n gymharol anactif ac sydd â ffordd o fyw wedi'i nodweddu gan eistedd.

Technegau i addasu ffordd o fyw

Rhwystrau cyffredin i newid

Mae iechyd gwael yn faich ar adnoddau cenedlaethol ac yn cynyddu'r swm sy'n cael ei wario ar ofal iechyd gan y llywodraeth. Fodd bynnag, mae llawer o bobl yn cael anawsterau wrth fyw bywyd iach. Gall oedran, ethnigrwydd a statws cymdeithasol ac economaidd oll gyflwyno heriau o ran sicrhau lles.

▶ **Amser** – mae ffyrdd o fyw modern yn brysur ac amser yn gallu ymddangos yn brin. Mae oriau gwaith yn newid yn gyson ac nid yw gweithio rhwng 9 am a 5 pm yn norm i bawb. Efallai y bydd yn anodd dod o hyd i'r amser i wneud ymarfer corff neu hyd yn oed i ymgymryd â rhyw fath o weithgaredd corfforol. Er mwyn goresgyn hyn, mae rhai pobl yn cyflwyno mwy o weithgaredd corfforol i'r ffordd maen nhw'n cyrraedd y gwaith (fel beicio), beth maen nhw'n ei wneud yn y gwaith, neu'r hyn maen nhw'n ei wneud yn ystod eu hamser hamdden. Mae'n bwysig gwneud ymdrech i wneud ymarfer corff yn ystod y dydd a cheisio ei fwynhau.

▶ **Cost** – os oes gan bobl yr amser a'r arian, gallan nhw ymuno â champfa. Os nad oes, mae rhai mathau o weithgaredd corfforol fwy neu lai'n rhad ac am ddim. Nid yw cerdded i'r gwaith neu gynyddu'r gweithgaredd corfforol rydych chi'n ei wneud gartref (er enghraifft, gwaith tŷ neu arddio) yn costio dim. Mae prynu pâr o esgidiau rhedeg a thracwisg a mynd i gerdded neu loncian yn ddewis arall rhatach yn lle campfa.

▶ **Cludiant** – mae llawer o gampfeydd, clybiau iechyd a hyd yn oed mannau agored yn ddim ond taith fer mewn car i ffwrdd. Fodd bynnag, nid oes gan bawb fynediad at gar, felly mae llawer o bobl yn dibynnu ar drafnidiaeth gyhoeddus i gyrraedd yno. Gall hyn ychwanegu cost ychwanegol. Pa mor ddibynnol ydych chi ar gar ar gyfer siwrneiau llai na 5 milltir? A allech chi gerdded neu feicio unrhyw un o'r teithiau hyn? Byddai'n arbed arian i chi ac yn helpu i gynyddu eich lefelau ffitrwydd.

▶ **Lleoliad** – mae'r lle rydych chi'n byw yn aml yn dylanwadu ar eich dewisiadau ffordd o fyw. Mae argaeledd gweithgareddau hamdden, eu cost a'r rhwyddineb i gyrraedd yno yn aml yn penderfynu math a lefel y gweithgaredd corfforol a wnawn. Fodd bynnag, rydym yn aml yn anghofio'r hyn y gallwn ei wneud yn ein hamgylchedd cyfagos. Er enghraifft, os ydych chi'n byw mewn fflat, fe allech chi gerdded i fyny ac i lawr y grisiau yn lle cymryd y lifft. Ystyriwch bob amser sut y gellir defnyddio'ch lleoliad a'ch amgylchedd er budd y mwyafswm o ymarfer corff.

Hyfforddi a Rhaglennu Ffitrwydd ar gyfer Iechyd, Chwaraeon a Lles

Strategaethau i gynyddu lefelau o weithgaredd corfforol

Er gwaethaf yr achos cryf dros gadw'n egnïol, mae llawer o bobl yn ei chael hi'n anodd ymarfer corff. I rai pobl mae ymarfer corff yn creu meddyliau annymunol, fel dosbarthiadau ymarfer corff diflas, neu chwaraeon cystadleuol corfforol sydd â risg o anaf.

Ni ddylai pobl nad ydynt erioed wedi ymarfer o'r blaen, neu sydd yn ffit, ddisgwyl canlyniadau ar unwaith. Mae sicrhau ffitrwydd corfforol yn gofyn am amser a chysondeb, ond mae yna strategaethau y gellir eu defnyddio yn eu bywydau bob dydd i helpu i gynhyrchu gwelliannau.

Yn y cartref

Mae'n debyg bod cynyddu gweithgaredd corfforol gartref yn haws nag yr ydych chi'n meddwl. Ei brif fantais yw y gallwch reoli eich amser eich hun, a bydd yn helpu i annog eraill (fel plant) i fod yn egnïol. Gellir ychwanegu gweithgareddau at arferion beunyddiol a gellir gwella tasgau cartref i gynyddu ffitrwydd cyffredinol, er enghraifft:

▶ mynd am dro byr – rhwng 10 a 30 munud – cyn brecwast

▶ gwneud gwaith tŷ yn lle cyflogi rhywun i'w wneud neu, os ydych chi eisoes yn gwneud eich gwaith tŷ eich hun, ei wneud yn fwy egnïol

▶ sefyll i fyny wrth siarad ar y ffôn

▶ garddio – mae dim ond 30 munud y dydd yn helpu i wella lefelau ffitrwydd

▶ mynd â'r ci am dro.

Yn y gwaith

Mae tystiolaeth yn awgrymu y gellir hyrwyddo gweithgareddau ffordd o fyw cymedrol-ddwys, fel cymryd y grisiau yn lle'r lifft, yn fwy llwyddiannus na rhaglenni ymarfer corff egnïol. Gall dringo grisiau ddigwydd trwy gydol y dydd a, gyda chost egni o oddeutu 8–10 kcal y funud, gall helpu gyda rheoli pwysau, yn ogystal â phŵer coesau, cryfder esgyrn a ffitrwydd cardiofasgwlaidd. Gellir hefyd annog pobl i fynd am dro neu loncian yn ysgafn yn ystod eu hawr ginio am 20 munud – gan adael amser i gael cawod a rhywbeth i'w fwyta.

Yn ystod amser hamdden

Mae yna lawer o gyfleoedd ar gyfer gweithgaredd corfforol yn ystod amser hamdden. Os yw amser yn caniatáu, gall pobl chwarae camp newydd, ymuno â chlwb sy'n hyrwyddo gweithgaredd corfforol (teithiau cerdded, cylchdeithiau, dawnsio, ac ati) neu gynllunio gwibdeithiau teulu sy'n cynnwys gweithgaredd corfforol (fel heicio, cerdded, nofio, ac ati). Gall pobl hefyd wrando ar gerddoriaeth – a all gynyddu cymhelliant – wrth wneud ymarfer corff. Beth bynnag a ddewisant, gan mai dyma eu hamser hamdden, dylent ei fwynhau.

Dull o deithio

Mae tystiolaeth wyddonol yn cefnogi buddion cerdded yn rheolaidd ar gyfer iechyd a lles. Mae'n ffordd hawdd ac economaidd i ddod ac aros yn egnïol. Gall pob oedran gymryd rhan a gall fod yn weithgaredd cymdeithasol.

Er mwyn sicrhau buddion iechyd, byddwch yn anelu at 10,000 o gamau y dydd (tua 5 milltir). Mae'r unigolyn eisteddog ar gyfartaledd yn cyflawni tua 2000-3000 cam y dydd. Os gallan nhw gerdded i ben eu taith yn hytrach na chymryd y car neu'r bws, efallai y byddant yn synnu faint o gamau ychwanegol – a chaloriau – y byddan nhw'n eu defnyddio. Gellir defnyddio **pedomedr** fel offeryn ysgogol i fesur cynnydd tuag at gyrraedd targed. Dull synhwyrol o gyrraedd y targed o 10,000 y dydd yw cynyddu camau dyddiol o 500 bob wythnos nes cyrraedd y targed o 10,000. Os yw rhywun yn cymudo i'r gwaith, gallent gynyddu eu camau trwy adael un stop yn gynharach a cherdded y pellter sydd ar ôl.

> **Term allweddol**
>
> **Pedomedr** – offeryn ar gyfer amcangyfrif y pellter a deithir ar droed trwy gofnodi nifer y camau a gymerwyd. Mae llawer o ffonau clyfar bellach yn cynnwys ap pedomedr.

Gyda thua 70 y cant o bob taith mewn car yn llai na 5 milltir, gall beicio fod yn fath rhagorol o gludiant, oherwydd gallwch gwmpasu pellteroedd llawer mwy nag wrth gerdded. Mae beicio hefyd yn fath effeithiol a dymunol o ymarfer corff. Dangoswyd bod beicio'n ddyddiol yn arwain at fuddion iechyd sylweddol. Gall pobl ar y rhan fwyaf o lefelau ffitrwydd gymryd rhan mewn beicio, er y dylai unrhyw un â chlefyd y galon neu gyflyrau eraill sy'n bodoli'n barod ymgynghori â'u meddyg o flaen llaw.

⏸ MUNUD I FEDDWL A allwch chi gydnabod ac egluro'r rhwystrau i newid ffordd o fyw eisteddog?

Awgrym Gan ddefnyddio papur, bwrdd gwyn neu dabled, rhestrwch y rhwystrau i newid.

Ymestyn Beth yw'r ffordd orau yn eich barn chi i oresgyn y rhwystrau hyn? Sut fyddech chi'n mynd ati i newid neu gynghori pobl sydd â ffordd o fyw eisteddog?

Strategaethau rhoi'r gorau i ysmygu

Mae ysmygu yn cynyddu'r risg o ganser yr ysgyfaint a chlefyd y galon. Yn yr un modd â'r mwyafrif o amcanion newid ymddygiad, i roi'r gorau i ysmygu mae'n rhaid i'r ysmygwr fod eisiau stopio. Ar ôl hyn mae yna sawl dull a all helpu.

▶ **Aciwbigo** – therapi Tsieineaidd traddodiadol a allai helpu rhywun i roi'r gorau i ysmygu trwy gynyddu cynhyrchiad y corff o endorffinau sy'n gwella hwyliau sy'n lleihau neu'n lliniaru symptomau diddyfnu.

▶ **Llinell gymorth ysmygu'r GIG** – lansiwyd hon yn 2000 fel rhan o fenter i annog 1.5 miliwn o bobl yn y DU i roi'r gorau i ysmygu erbyn 2010. Mae'r llinell gymorth yn cynnig gwybodaeth, cyngor a chefnogaeth.

▶ **Gwasanaethau ysmygu'r GIG** – mae'r ystod o wasanaethau a hyrwyddir yn cynnwys cwnsela grŵp ac un-i-un a gwybodaeth am therapi amnewid nicotin. Mae astudiaethau'n dangos eich bod yn fwy tebygol o roi'r gorau i ysmygu os gwnewch hynny trwy'r GIG.

▶ **Therapi amnewid nicotin** – mae hyn yn cyfeirio at ystod o gynhyrchion (gwm, clytiau, losin a chwistrelli) sydd ar gael i helpu ysmygwyr i roi'r gorau iddi. Maen nhw ar gael ar bresgripsiwn ac yn addas ar gyfer y mwyafrif o ysmygwyr, er y dylai menywod beichiog neu unrhyw un sy'n cymryd meddyginiaeth reolaidd ymgynghori â'u meddyg yn gyntaf. Yn wahanol i sigaréts, nid ydynt yn cynnwys y cemegion gwenwynig niweidiol sy'n achosi canser.

▶ **Pecynnau cymorth Quit Kit** – wedi'u hariannu gan y GIG, mae'r citiau hyn yn cynnig cefnogaeth am ddim. Gall ysmygwyr gael Pecyn Quit Kit, lawrlwytho ap, a derbyn rhaglen e-bost neu negeseuon testun a fydd yn helpu i barhau i ganolbwyntio ar roi'r gorau i ysmygu.

Strategaethau i leihau yfed alcohol

Pan ddaw rhywun i yfed alcohol yn ormodol ac yn aml, mae'n cael effaith ddifrifol a negyddol ar iechyd. Gelwir hyn yn **alcoholiaeth**. Mae gan alcoholigion chwant dwys am alcohol ac maen nhw'n dod yn ddibynnol arno'n gorfforol. Mae alcoholiaeth yn ddifrifol, ond mae gwellhâd yn bosibl os yw'r alcoholig wedi'i gymell yn gryf i stopio. Ymdrinir â rhai triniaethau posibl isod.

▶ **Grwpiau hunangymorth** – mae triniaeth lwyddiannus yn dibynnu ar ddioddefwyr yn cydnabod bod ganddyn nhw broblem. Mae grwpiau hunangymorth fel Alcoholics Anonymous (AA) yn helpu llawer o ddioddefwyr trwy raglen gwella cam wrth gam.

▶ **Cwnsela** – darperir cwnsela unigol neu grŵp gan therapyddion sydd wedi'u hyfforddi'n arbennig; gallai hyn gynnwys aelodau eraill o'r teulu hefyd. Mae cwnsela a therapi yn aml yn canolbwyntio ar archwilio a datblygu ymwybyddiaeth o'r sbardunau ar gyfer yfed alcohol ac ar newid ymddygiad. Mae ailwaeledd, neu lithro yn ôl i arferion blaenorol, yn digwydd yn aml i alcoholigion, felly mae atal hyn yn nodwedd allweddol o'r broses. Mae triniaeth ar gyfer cam-drin alcohol yn aml yn

Term allweddol

Alcoholiaeth – anhwylder cronig gyda dibyniaeth ar alcohol.

dechrau gyda dadwenwyno a rhoi'r gorau i alcohol. Mae hyn yn angenrheidiol pan fydd yfed alcohol wedi parhau am gyfnodau hir. Gall fod yn broses anghyfforddus gyda symptomau diddyfnu annymunol. Mewn achosion eithafol gall fod yn angheuol (a dyna pam mae dadwenwyno fel arfer yn cael ei wneud o dan oruchwyliaeth mewn cyfleuster trin alcohol).

▶ **Triniaethau amgen** – gall rhai defnyddwyr alcohol edrych am driniaethau a therapïau amgen fel aciwbigo a hypnosis y credir eu bod yn lleihau symptomau diddyfnu. Fodd bynnag, mae barn gymysg am eu gwerth yn y proffesiwn meddygol.

⏸ MUNUD I FEDDWL   Ydych chi'n deall effeithiau alcohol ar y corff?

Awgrym   Ystyriwch dri o oblygiadau negyddol (corfforol a/neu feddyliol) gor-yfed alcohol ar iechyd a lles.

Ymestyn   Ymchwiliwch i effaith yfed gormod o alcohol ar fywydau'r cyn-bêl-droedwyr George Best, Tony Adams neu Paul Merson. A yw dull y pêl-droediwr modern o yfed alcohol wedi newid ac, os felly, sut?

Technegau rheoli straen

Mae dau ddull cyffredinol o reoli straen.
▶ Ceisio lleihau y maint cyffredinol o straen.
▶ Datblygu technegau ymdopi neu reoli straen.

Er mwyn lleihau straen cyffredinol, dylid nodi'r ffactorau sy'n hybu straen ac, os yn bosibl, eu dileu neu eu lleihau. Gall rheoli amser yn ofalus a blaenoriaethu llwythi gwaith ac ymrwymiadau helpu unigolyn i reoli ei straen yn well.

Nid yw'n bosibl dileu'r holl straen ym mywyd o ddydd i ddydd. Felly, bydd cael technegau neu gymryd rhan mewn gweithgareddau i leihau lefelau straen yn cael effaith gadarnhaol ar iechyd a lles. Gellir ystyried ymarfer corff fel straen cadarnhaol i'r corff. Disgrifir ffyrdd eraill o reoli straen isod.
▶ **Hyfforddiant hunanhyder** – y gallu i fynegi eich teimladau a'ch hawliau wrth barchu teimladau eraill. Efallai y bydd hunanhyder yn dod yn naturiol i rai, ond mae'n sgìl y gellir ei ddysgu. Gall helpu pobl i ddelio â sefyllfaoedd o wrthdaro a allai fod yn achos straen yn eu bywyd bob dydd.
▶ **Gosod amcanion** – gall amcanion sydd wedi'u gosod yn iawn fod yn ysgogol ac yn werthfawr. Gall cyflawni'r amcanion hyn adeiladu hunanhyder a lleihau straen.
▶ **Rheoli amser** – mae hon yn elfen hanfodol o reoli straen yn effeithiol. Mae rheoli amser yn ymwneud â chyflawni'ch tasgau mewn da bryd trwy ddefnyddio technegau fel gosod amcanion, cynllunio tasgau a lleihau'r amser a dreulir ar weithgareddau anghynhyrchiol.
▶ **Gweithgaredd corfforol** – gall hyn gael effaith gadarnhaol ar bryder, iselder ysbryd, hunan-barch a thymer. Gall leddfu straen trwy gynhyrchu mynegiant ar gyfer rhwystredigaeth, rhyddhau endorffinau (yr hormonau 'teimlo'n dda' sy'n codi hwyliau) a thynnu sylw oddi wrth straen.
▶ **Hunansiarad cadarnhaol** – dyma'r ddeialog fewnol rydych chi'n ei chael gyda chi'ch hun. Mae'n dylanwadu ar y rhan fwyaf o'ch bywyd emosiynol ac yn adlewyrchu sut rydych chi'n ymateb i'ch meddyliau, eich teimladau a'ch gweithredoedd. Gall hunansiarad fod yn negyddol neu'n gadarnhaol. Mae hunansiarad cadarnhaol yn cynnwys cymryd golwg optimistaidd ar fywyd a'ch sefyllfa. Ym mywyd bob dydd byddwch yn wynebu llawer o heriau, anawsterau a therfynau amser – mae cymryd golwg gadarnhaol ar y rhain a chael ffyrdd adeiladol o ddelio â hwy yn helpu i leihau a rheoli straen.
▶ **Ymlacio** – nid ymlacio yw gorwedd ar soffa neu fynd i gysgu ond proses sy'n weithgar yn feddyliol sy'n sicrhau bod y corff yn hamddenol ac yn ddigynnwrf. Pan fyddwch chi'n ymlacio, mae cyfres o ymatebion yn cael eu hysgogi sy'n gostwng cyfradd curiad eich calon, yn gostwng eich cyfradd anadlu, yn gostwng eich

pwysedd gwaed ac yn helpu'ch cyhyrau i ymlacio. Nid oes un dechneg ymlacio sy'n gweithio i bawb, ond yn gyffredinol mae technegau fel myfyrdod neu dechnegau anadlu yn gweithio i'r mwyafrif o bobl.

- **Technegau anadlu** – mae ymarferion sy'n canolbwyntio ar anadlu yn ffordd syml o geisio rheoli neu leihau straen. Maen nhw'n cynnwys mewnanadlu ac allanadlu dan reolaeth, ac mae'n well eu cyflawni pan fydd y cyfranogwr yn dawel ac yn gyffyrddus.
- **Myfyrdod** – mae myfyrdod yn cynhyrchu cyflwr o ymlacio dwfn a meddwl tawel. Yn ystod myfyrdod, bydd unigolyn yn canolbwyntio ei sylw ar ddileu unrhyw feddyliau sy'n achosi straen. Gall hyn hyrwyddo ymdeimlad o dawelwch a chydbwysedd sydd o fudd i les corfforol a meddyliol.

▶ **Therapïau amgen** – gall y rhain weithio orau pan gânt eu defnyddio ochr yn ochr â thriniaeth draddodiadol fel cwnsela neu feddyginiaeth. Gall therapïau amgen gynnwys meddyginiaethau llysieuol. Mae ymchwil yn parhau i ymchwilio i effeithiau meddyginiaethau llysieuol i drin straen a phryder. Felly, mae'n syniad da siarad â'ch meddyg cyn dechrau ar unrhyw driniaeth amgen gan y gall rhai meddyginiaethau llysieuol achosi cymhlethdodau os cânt eu cyfuno â rhai meddyginiaethau presgripsiwn.

▶ **Newidiadau i gydbwysedd rhwng bywyd a gwaith** – mae pwysau diwylliant gwaith sy'n cynyddu fwyfwy yn ffactor arwyddocaol ar lefelau straen. Gall pobl feddwl mwy am eu dull o weithio ac ystyried:

- cymryd seibiannau iawn yn y gwaith
- sicrhau bod llinell yn cael ei thynnu rhwng gwaith a hamdden trwy geisio peidio â mynd â gwaith adref
- hysbysu cyflogwyr os ydych chi'n teimlo dan straen
- defnyddio technegau ymlacio ar ôl gwaith
- cymryd rhan mewn gweithgareddau hamdden a threulio amser gyda theulu a ffrindiau.

Ymarfer asesu 2.1

Rydych wedi sicrhau swydd fel hyfforddwr cymunedol cynorthwyol mewn clwb tennis lleol fel rhan o ofyniad profiad gwaith eich cwrs. Yn ogystal â chynorthwyo'r hyfforddwr amser llawn gyda hyfforddiant ffitrwydd a rhaglennu ffitrwydd ar gyfer bechgyn a merched rhwng 9 ac 16 oed, gofynnwyd i chi ddylunio cyflwyniad ar iechyd a lles cyffredinol fel rhan o noson sefydlu yn y clwb tennis.

Mae'r clwb yn disgwyl tua 30–40 set o rieni a'u plant, sef y chwaraewyr. Rydych chi ymlaen yn gyntaf ac mae gennych slot 30 munud (20 munud ar gyfer y cyflwyniad a 10 munud ar gyfer cwestiynau ac atebion). Mae rheolwr cyffredinol y clwb wedi gofyn ichi baratoi cyflwyniad mewn fformat o'ch dewis (PowerPoint, posteri, sioe sleidiau, ac ati) ond rhaid iddo fynd i'r afael â'r pwyntiau allweddol canlynol:

- ffactorau ffordd o fyw cadarnhaol
- ffactorau ffordd o fyw negyddol
- technegau addasu ffordd o fyw.

Bydd angen i chi wneud rhywfaint o ymchwil ar y tri phwynt hyn a dangos eich bod yn deall ystyr pob un o'r tri phwynt a sut y gallan nhw fod yn berthnasol i'ch cynulleidfa (chwaraewyr a rhieni). Sicrhewch fod eich cyflwyniad yn berthnasol ac yn addysgiadol. Bydd angen i chi amlinellu pwysigrwydd y ffactorau ffordd o fyw cadarnhaol a sut y gallen nhw fod o fudd i berfformiad, sut y gall y ffactorau negyddol gyfrannu at ffordd afiach o fyw a gostyngiad tebygol mewn perfformiad, a sut y gall technegau addasu ffordd o fyw helpu i leihau arferion afiach.

Cynllunio

- Beth yw'r dasg? Beth ddylwn i ymdrin ag ef yn fy nghyflwyniad?
- Pa mor hyderus ydw i'n teimlo yn fy ngalluoedd fy hun i gyflawni'r dasg hon? A oes unrhyw feysydd y credaf y byddaf yn cael anhawster â hwy?

Gwneud

- Rwy'n gwybod sut i archwilio ffactorau ffordd o fyw a'u heffaith ar iechyd a lles.
- Gallaf nodi pryd y gallai fy nghyflwyniad fod wedi mynd o'i le ac addasu fy ngwaith meddwl/dull i gael fy hun yn ôl ar y trywydd iawn.

Adolygu

- Gallaf egluro beth oedd y dasg a sut es i ati i adeiladu fy nghyflwyniad.
- Gallaf egluro sut y byddwn yn mynd i'r afael â'r elfennau anoddach yn wahanol y tro nesaf (h.y. yr hyn y byddwn yn ei wneud yn wahanol).

B   Deall y prosesau sgrinio ar gyfer rhaglennu hyfforddiant

Prosesau sgrinio

Mae rhaglenni hyfforddi gwael neu'r math anghywir o hyfforddiant yn arwain at ddiffyg cymhelliant ac ychydig o enillion o hyfforddi. Mae casglu gwybodaeth briodol am eich cleient trwy broses sgrinio effeithlon a allai gynnwys amcanion, gwybodaeth am ffordd o fyw, hanes meddygol a hanes gweithgaredd corfforol, yn golygu y byddwch yn cynhyrchu rhaglen fwy effeithiol i'ch cleient.

Holiaduron sgrinio

Holiaduron ffordd o fyw

Wrth ddylunio rhaglen hyfforddi, mae angen i chi wybod am ffactorau ffordd o fyw'r cleient fel cymeriant alcohol, deiet, argaeledd amser, galwedigaeth, sefyllfa deuluol ac ariannol – bydd pob un o'r rhain yn dylanwadu ar sut rydych chi'n dylunio eu rhaglen hyfforddi. Dylai'r rhaglen hyfforddi gael ei chynnwys yn y drefn arferol yn hytrach na dod yn straen ychwanegol, gan y bydd hyn yn helpu'ch cleient i gadw at y rhaglen a bydd yn cynhyrchu'r canlyniadau gorau. Gallwch chi gasglu'r wybodaeth hon gan ddefnyddio holiadur ffordd o fyw tebyg i'r un a ddangosir yn Ffigur 2.3.

Holiaduron Parodrwydd Gweithgaredd Corfforol (H-PGC)

I'r rhan fwyaf o bobl, mae gweithgaredd corfforol yn ddiogel ac ni fydd yn achosi unrhyw broblemau na pheryglon. Fodd bynnag, bydd angen i rai pobl wirio â'u meddyg cyn iddyn nhw ddechrau ymarfer corff yn rheolaidd. Mae cwblhau H-PGC yn gam cyntaf a argymhellir os yw cleient yn bwriadu cychwyn neu gynyddu faint o ymarfer corff rheolaidd y mae'n ei wneud. Mae'r H-PGC wedi'i gynllunio i ddynodi'r bobl hynny y gallai gweithgaredd corfforol fod yn amhriodol ar eu cyfer, neu a ddylai ystyried cyngor meddygol ynghylch pa fath o weithgaredd fydd fwyaf addas ar eu cyfer.

Os yw'ch cleient rhwng 15 a 69 oed, bydd yr H-PGC yn dweud wrthych a ddylent wirio â'u meddyg cyn iddyn nhw ddechrau. Os yw'ch cleient dros 69 oed, a heb arfer â bod yn gorfforol egnïol, mae'n hanfodol ei fod yn gwirio gyda'i feddyg cyn dechrau rhaglen ymarfer corff. Cyn i chi ddylunio rhaglen ymarfer corff ar gyfer cleient, gwnewch yn siŵr bod eich cleient yn ateb H-PGC o fformat tebyg i'r enghraifft yn Ffigur 2.4.

Os yw cleient yn ateb 'Ydw' i un neu fwy o gwestiynau ar yr H-PGC, mae angen iddyn nhw siarad â'u meddyg cyn sefyll unrhyw brofion ffitrwydd neu ddechrau rhaglen hyfforddi. Os yw cleient benywaidd yn feichiog, neu yn bosibl o fod, dylent hefyd ymgynghori â meddyg cyn dechrau.

Ystyriaethau cyfreithiol

Mae casglu gwybodaeth am eich cleient yn bwysig, nid yn unig i wneud eich rhaglen yn effeithiol, ond hefyd am resymau iechyd a diogelwch. Os ydych chi'n hyfforddwr ffitrwydd hunangyflogedig neu'n hyfforddwr personol, mae hefyd yn bwysig i'ch yswiriant eich hun. Cofiwch fod y wybodaeth sydd gennych am gleientiaid yn freintiedig ac ynghlwm â'r **Ddeddf Diogelu Data**. Mae hyn yn golygu bod yn rhaid i chi gadw eu gwybodaeth bersonol yn ddiogel ac allan o gyrraedd pobl eraill. Dylid cynnal cyfrinachedd cleientiaid bob amser.

Cyn i chi gychwyn unrhyw raglen hyfforddi, neu weinyddu unrhyw brawf iechyd neu ffitrwydd, rhaid i chi sicrhau bod eich cleient wedi llenwi ffurflen ganiatâd gwybodus. Mae hyn yn dangos eich bod wedi rhoi'r holl wybodaeth sydd ei hangen ar eich cleient am yr hyn y bydd y rhaglen neu'r prawf yn ei gynnwys ac unrhyw ganlyniadau posibl. Gallwch ddarganfod mwy am ffurflenni caniatâd gwybodus yn *Uned 5: Cymhwyso Profion Ffitrwydd*.

> **Term allweddol**
>
> **Deddf Diogelu Data** – deddf sy'n rheoli sut mae gwybodaeth bersonol yn cael ei defnyddio gan sefydliadau, busnesau neu'r llywodraeth.

Holiadur ffordd o fyw

Gwaith

1. Beth yw eich swydd?

2. Pa mor gorfforol heriol yw eich swydd?
   ☐ Dim o gwbl   ☐ Cymedrol   ☐ Eithriadol

3. Ar ddiwrnod cyffredin, faint o amser ydych chi'n ei dreulio yn eistedd i lawr?
   ☐ 0–2 awr   ☐ 2–5 awr   ☐ 5–10 awr   ☐ 10+ awr

Cwsg

4. Sawl awr o gwsg rydych chi'n ei gael bob nos fel arfer?

5. Pan fyddwch chi'n deffro, a ydych chi'n teimlo wedi'ch adfywio?
   ☐ Bob tro   ☐ Fel arfer   ☐ Ambell waith   ☐ Byth

6. Ydych chi'n cael trafferth mynd i gysgu neu'n aml yn deffro yn y nos?
   ☐ Bob tro   ☐ Fel arfer   ☐ Ambell waith   ☐ Byth

Ffordd o Fyw

7. Ydych chi'n ysmygu?
   ☐ Ydw
   ☐ Nac ydw

8. Os ydych chi, yn fras faint o sigaréts ydych chi'n eu smygu bob dydd?

9. Os ydych chi wedi ysmygu yn y gorffennol, pa mor bell yn ôl wnaethoch chi roi'r gorau iddi?

10. Ydych chi'n yfed alcohol?
    ☐ Ydw
    ☐ Nac ydw

11. Os ydych chi, faint o unedau'n fras o alcohol ydych chi'n eu hyfed bob wythnos?

Ymarfer corff

12. Ar raddfa 1–10 (1 = ddim yn weithgar, 10 = yn weithgar iawn), pa mor egnïol ydych chi bob dydd?

   1   2   3   4   5   6   7   8   9   10

13. Pa ymarfer corff ydych chi'n ei wneud mewn wythnos arferol? (*e.e. Ydych chi'n cymryd rhan mewn gweithgaredd chwaraeon rheolaidd, neu'n mynd i'r gampfa yn rheolaidd?*)

▶ **Ffigur 2.3:** Holiadur ffordd o fyw enghreifftiol

HOLIADUR PARODRWYDD GWEITHGAREDD CORFFOROL (H-PGC)

1.	A yw'ch meddyg erioed wedi dweud wrthych fod gennych gyflwr y galon ac mai dim ond gweithgaredd corfforol a argymhellir gan feddyg y dylech wneud?	☐ Ydy ☐ Nac ydy
2.	Ydych chi erioed wedi teimlo poen yn eich brest wrth wneud ymarfer corff?	☐ Ydw ☐ Nac ydw
3.	Ydych chi erioed wedi teimlo poen yn eich brest pan DDIM yn gwneud ymarfer corff?	☐ Ydw ☐ Nac ydw
4.	Ydych chi erioed wedi dioddef o fyrder anarferol o anadl wrth orffwys neu yn ystod ymarfer corff ysgafn?	☐ Ydw ☐ Nac ydw
5.	Ydych chi'n aml yn teimlo'n wangalon, yn cael cyfnodau o bendro, neu'n colli ymwybyddiaeth?	☐ Ydw ☐ Nac ydw
6.	A yw'ch meddyg erioed wedi dweud wrthych fod gennych broblem gyda'ch esgyrn neu'ch cymalau y gallai ymarfer corff ei waethygu?	☐ Ydy ☐ Nac ydy
7.	Oes gennych chi bwysedd gwaed uchel?	☐ Oes ☐ Nac oes
8.	Oes gennych chi bwysedd gwaed isel?	☐ Oes ☐ Nac oes
9.	Oes gennych chi ddiabetes sy'n ddibynnol ar inswlin neu unrhyw glefyd metabolig arall?	☐ Oes ☐ Nac oes
10.	A yw'ch meddyg erioed wedi dweud wrthych fod gennych lefelau colesterol uchel?	☐ Ydy ☐ Nac ydy
11.	Ydych chi'n cymryd unrhyw feddyginiaeth ar bresgripsiwn ar hyn o bryd?	☐ Ydw ☐ Nac ydw
12.	A oes unrhyw hanes o glefyd coronaidd y galon yn eich teulu?	☐ Oes ☐ Nac oes
13.	A ydych chi'n feichiog, neu a oes unrhyw bosibilrwydd y gallech chi fod?	☐ Ydw ☐ Nac ydw

Os gwnaethoch chi ateb yn gadarnhaol i unrhyw un o'r cwestiynau hyn, rhowch y manylion isod.

....
....
....
....
....
....
....
....

▶ **Ffigur 2.4:** Enghraifft o H-PGC

❚❚ MUNUD I FEDDWL   Ar ba adeg yn ystod proses sgrinio fyddech chi'n atgyfeirio cleient i weld meddyg teulu?

Awgrym   Meddyliwch am y cwestiynau ar yr H-PGC a'r atebion a allai godi pryderon.

Ymestyn   Sut fyddech chi'n dweud wrth gleient efallai na fydden nhw'n medru parhau â'u profion iechyd, rhaglen hyfforddi ac ymarfer corff? Pa sgiliau y dylech yn ddelfrydol eu cael er mwyn esbonio eich penderfyniad?

Profion monitro iechyd a'u canlyniadau

Cyn cynllunio rhaglen hyfforddi ar gyfer cleient, dylech hefyd wneud rhai profion monitro iechyd. Mae'r rhain yn cynnwys cyfrifo eu pwysedd gwaed, cyfradd curiad y galon, mynegai màs y corff (BMI – *body mass index*) a'u cymhareb gwasg-i-glun (*waist-to-hip*). Gellir gwneud y profion hyn eto yn ystod ac ar ôl y rhaglen ffitrwydd i helpu i fesur cynnydd.

Mae'n bwysig dilyn y protocol cywir wrth gynnal profion monitro iechyd. Os gwnewch brawf un ffordd ac yna ei ail-wneud mewn ffordd ychydig yn wahanol, bydd y canlyniadau'n annilys ac ni fyddwch yn gallu cymharu yn erbyn data normadol (gweler isod). Cofiwch bob amser y gall y cleient fod yn nerfus yn ystod prawf – gall profion sy'n gysylltiedig ag iechyd arwain at ganlyniadau pellgyrhaeddol, felly rhaid i chi drin eich cleient â chwrteisi a pharch bob amser a cheisiwch eu helpu i ymlacio.

Dehongli canlyniadau yn erbyn data normadol

Gallwch ddefnyddio tablau dehongli data cyhoeddedig i gymharu canlyniadau eich cleientiaid yn erbyn data ar gyfer perfformwyr chwaraeon ac athletwyr o'r radd flaenaf. Bydd eich dewis wrth ddewis tablau data ar gyfer dehongli canlyniadau profion ffitrwydd yn dibynnu ar yr unigolyn a ddewiswyd gennych, ei anghenion a'i amcanion personol. Fodd bynnag, bydd gan y mwyafrif o unigolion ddiddordeb mewn gwybod sut maen nhw'n cymharu â data normadol.

⏸ MUNUD I FEDDWL

Sut gallai ffactorau ffordd o fyw negyddol a drafodir yn yr uned hon ddylanwadu ar ganlyniadau prawf cyfradd curiad y galon tra'n gorffwys?

Awgrym

Ystyriwch sut y gallai pob un o'r ffactorau ffordd o fyw negyddol effeithio ar guriad y galon tra'n gorffwys. Defnyddiwch wefannau fel **www.nhs.uk/Livewell** i ddod o hyd i ragor o wybodaeth.

Ymestyn

Beth yw'r arwyddion y gallai cleient fod o dan ddylanwad ffactorau ffordd o fyw negyddol? Gwnewch restr o'r hyn i edrych amdano.

Normau poblogaeth

Gall llunio barn am ganlyniadau profion monitro iechyd fod yn oddrychol. Dylech gofio eich bod yn delio ag unigolyn, ac mae unigolion i gyd yn wahanol. Wrth farnu profion yn erbyn normau poblogaeth, cofiwch fod y normau hyn yn feincnodau sy'n bodoli i arwain eich gweithred nesaf gyda'ch cleient. Nid ydynt yn ddull o wneud diagnosis o gleient â salwch neu anhwylder.

Normau ar gyfer perfformiad chwaraeon

Mae'n anodd dehongli normau ar gyfer perfformiad chwaraeon. Y cyngor gorau y gellir ei roi yw y dylent fod rhwng cyfartaledd y boblogaeth ac athletwyr o'r radd flaenaf.

Normau ar gyfer athletwyr o'r radd flaenaf

Mae'n rhesymol disgwyl i ganlyniadau profion monitro iechyd ar gyfer athletwyr o'r radd flaenaf fod ar ben uchaf yr hyn y gellir ei ddisgwyl. Nid oes setiau data diffiniol ar gyfer athletwyr o'r radd flaenaf, ond mae'n deg dweud ei bod yn annhebygol y byddai rhywun yn gallu cystadlu ar y lefel yna pe bai canlyniadau eu profion yn gyffredin o gymharu â normau poblogaeth.

Prawf pwysedd gwaed

Gellir mesur pwysedd gwaed gan ddefnyddio monitor pwysedd gwaed digidol, sy'n darllen pwysedd gwaed fel: pwysedd gwaed systolig/pwysedd gwaed diastolig (wedi'i fynegi mewn unedau o mm Hg).

Ystodau iechyd derbyniol

Mae Tabl 2.6 yn dangos yr ystodau iechyd derbyniol o ganlyniadau pwysedd gwaed i ddynion a menywod.

▶ **Tabl 2.6:** Amrywiadau pwysedd gwaed derbyniol ar gyfer dynion a menywod

Dosbarthiant	Darlleniad pwysedd gwaed (mm Hg)
Cyfartaledd (dymunol)	120/80 mm Hg
Uwchlaw'r cyfartaledd (gorbwysedd ffiniol)	140/90 mm Hg
Pwysedd gwaed uchel (gorbwysedd)	160/100 mm Hg*

* Dylai unigolyn ofyn am gyngor gan ei feddyg teulu os yw pwysedd gwaed yn >160/100 mm Hg ar o leiaf ddau achlysur gwahanol.

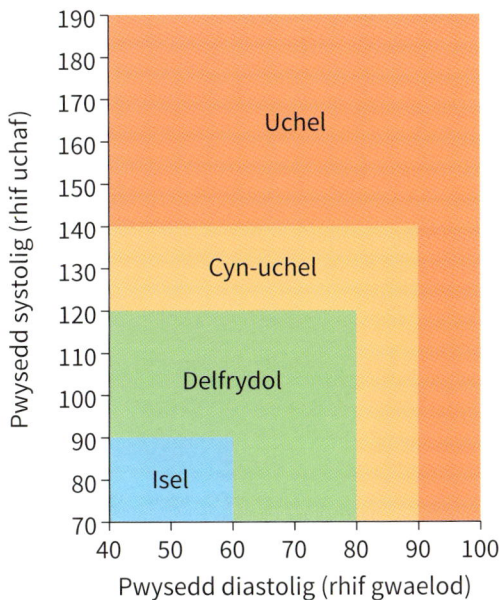

▶ **Ffigur 2.5:** Siart pwysedd gwaed

⏸ MUNUD I FEDDWL Beth allai fod angen i chi ei gofio wrth gynnal prawf pwysedd gwaed? Pa anghysonderau a allai ddigwydd yn ystod y prawf a pham?

Awgrym Meddyliwch sut y gallech chi deimlo pe byddech chi'n profi'ch pwysedd gwaed.

Ymestyn Sut allech chi baratoi cleient ar gyfer profion ffitrwydd? Pa strategaethau y gallech eu defnyddio i sicrhau bod eich profion yn gywir a bod eich cleient wedi ymlacio?

Prawf cyfradd curiad y galon ar orffwys

Gellir mesur hyn â llaw trwy'r rhydweli reiddiol yn yr arddwrn neu ddefnyddio monitor pwysedd gwaed digidol. Mae cyfradd gorffwys curiad y galon yn cael ei fesur mewn curiadau y funud (bpm). Cyfradd gorffwys curiad y galon cyfartalog ar gyfer gwryw yw 68 bpm a 72 bpm ar gyfer merch. Mae'r gwahaniaeth hwn oherwydd bod gan wrywod galonnau mwy na menywod yn gyffredinol, a all bwmpio mwy o waed ocsigenedig o amgylch y corff fesul curiad. Mae cyfradd gorffwys uchel curiad y galon (**tacycardia**) yn uwch na 100 bpm.

Term allweddol

Tacycardia – cyfradd curiad y galon cyflym a nodweddir gan gyfradd gorffwys curiad y galon o dros 100 bpm neu 20–30 curiad uwchlaw cyfradd curiad y galon arferol.

Ystodau iechyd derbyniol

Mae tablau 2.7 a 2.8 yn dangos yr ystodau iechyd derbyniol ar gyfer dynion a menywod.

▶ **Tabl 2.7:** Data ar gyfradd gorffwys curiad y galon i ddynion (bpm)

Oed	18–25	26–35	36–45	46–55	56–65	65+
Athletwr	49–55	49–54	50–56	50–57	51–56	50–55
Ardderchog	56–61	55–61	57–62	58–63	57–61	56–61
Da	62–65	62–65	63–66	64–67	62–67	62–65
Uwchlaw'r cyfartaledd	66–69	66–70	67–70	68–71	68–71	66–69
Cyfartaledd	70–73	71–74	71–75	72–76	72–75	70–73
Is na'r cyfartaledd	74–81	75–81	76–82	77–83	76–81	74–79
Gwael	82+	82+	83+	84+	82+	80+

▶ **Tabl 2.8:** Data ar gyfradd gorffwys curiad y galon i fenywod (bpm)

Oed	18–25	26–35	36–45	46–55	56–65	65+
Athletwr	54–60	54–59	54–59	54–60	54–59	54–59
Ardderchog	61–65	60–64	60–64	61–65	60–64	60–64
Da	66–69	65–68	65–69	66–69	65–68	65–68
Uwchlaw'r cyfartaledd	70–73	69–72	70–73	70–73	69–73	69–72
Cyfartaledd	74–78	73–76	74–78	74–77	74–77	73–76
Is na'r cyfartaledd	79–84	77–82	79–84	78–83	78–83	77–84
Gwael	85+	83+	85+	84+	84+	84+

Prawf mynegai màs y corff (BMI)

Mae BMI yn fesur o **gyfansoddiad y corff** (wedi'i fynegi mewn kg/m^2) ac fe'i defnyddir i benderfynu a yw unigolyn o bwysau iach. Amcangyfrif yn unig ydyw, gan nad yw'r prawf yn ystyried maint ffrâm na màs cyhyrau'r unigolyn.

I gyfrifo BMI rhywun:

1. Mesurwch bwysau corff yr unigolyn mewn cilogramau a'i uchder mewn metrau.
2. Rhannwch eu pwysau yn ôl eu taldra.
3. Rhannwch yr ateb yn ôl eu taldra eto i ddarganfod gwerth ar gyfer eu BMI (wedi'i fynegi mewn kg/m^2).

Mae ymchwil yn dangos perthynas sylweddol rhwng BMI uchel ac achosion o glefyd cardiofasgwlaidd, a BMI uchel a diabetes. Mae'r risg o glefyd cardiofasgwlaidd yn cynyddu'n sydyn ar BMI o 27.8 kg/m^2 i ddynion a 27.3 kg/m^2 i fenywod.

> *Enghraifft ar waith*
>
> Mae dyn yn 1.8m o daldra ac yn pwyso 78 kg. Cyfrifwch ei BMI.
>
> 1. $78 \div 1.8 = 43.33$
>
> 2. $43.33 \div 1.8 = 24.07$
>
> BMI y dyn yw 24.07 kg/m^2.

Term allweddol

Cyfansoddiad y corff – y symiau cymharol o fàs di-fraster (neu braster isel) a màs brasterog yn y corff.

Ystodau iechyd derbyniol

Mae Tabl 2.9 yn dangos yr ystodau iechyd derbyniol ar gyfer BMI i ddynion a menywod.

▶ **Tabl 2.9:** Data BMI ar gyfer dynion a menywod

BMI	Sylwadau
<18.5	Mae'ch pwysau yn rhy isel; ymgynghorwch â'ch meddyg teulu i drafod cynllun i sicrhau pwysau mwy iach
18.5–24.9	Ystod iach
25–30	Uwchlaw'r ystod iach – efallai eich bod dros bwysau ac yn debygol o fod yn drymach nag sy'n iach i rywun o'ch taldra
>30	Wedi'i ddosbarthu'n ordew; mae bod yn ordew yn eich rhoi mewn mwy o berygl o broblemau iechyd (e.e. CCG, strôc a diabetes math 2)

❙❙ MUNUD I FEDDWL   A yw BMI yn fesur cywir o p'un a yw unigolyn o bosibl dros ei bwysau ai peidio?

Awgrym   Ystyriwch athletwyr fel chwaraewyr rygbi, codwyr pwysau a bocswyr. Efallai fod ganddyn nhw BMIau dros 25 ond yn cael eu hystyried yn athletwyr o'r radd flaenaf.

Ymestyn   Beth allai esbonio'r BMI uchel hyn? Meddyliwch yn nhermau'r mathau penodol o gyfansoddiad y corff sy'n bwysig yn y chwaraeon hyn.

Prawf cymhareb gwasg-i-glun

Gall y gymhareb gwasg-i-glun bennu lefelau gordewdra a helpu i ddynodi'r rhai sydd mewn perygl o glefyd y galon. Defnyddiwch dâp mesur wedi'i osod yn gadarn yn erbyn croen yr unigolyn i fesur cylchedd ei ganol mewn centimetrau ar lefel gul y torso. Nesaf, mesurwch gluniau'r unigolyn trwy osod y tâp mesur ar gylchedd uchaf y ffolennau. Sicrhewch fod y tâp mesur yn wastad wrth gymryd mesuriadau. Rhannwch fesuriad y wasg (cm) â mesuriad y glun (cm) i gael y gymhareb gwasg-i-glun.

Ystodau iechyd derbyniol

Mae cymhareb o 1.0 neu fwy mewn dynion neu 0.85 neu fwy mewn menywod yn dangos bod unigolyn yn cario gormod o bwysau.

Damcaniaeth ar waith

Gall canlyniadau profion monitro iechyd fod yn gam cyntaf wrth adnabod problem neu anhwylder iechyd cronig sylfaenol sydd heb ddod i'r amlwg ers blynyddoedd. Er y bydd meddyg teulu yn trin unrhyw broblem neu anhwylder, maen nhw'n weithwyr proffesiynol prysur ac efallai na fydd ganddynt yr amser i gynnal profion o'r fath yn rheolaidd.

Beth ydych chi'n meddwl yw buddion cymdeithasol neu economaidd ehangach o gael gwyddonwyr chwaraeon hyfforddedig neu ymarferwyr iechyd chwaraeon i gynnal profion monitro iechyd ar gleifion ar gyfer meddygon teulu fel rhan o gynllun atgyfeirio?

Mae eich rôl mewn clwb tennis lleol yn mynd yn dda ac rydych chi yng nghanol wythnos olaf eich gofyniad profiad gwaith. Yn dilyn eich cyflwyniad ar iechyd a lles, mae'r clwb tennis bellach yn cynnig profion iechyd cyffredinol i'r holl aelodau. Mae'r rheolwr cyffredinol wedi gofyn ichi ddylunio llyfryn monitro iechyd newydd i'w ddefnyddio gan yr hyfforddwr ffitrwydd amser llawn a'i roi i aelodau'r clwb. Bydd tair adran i'r llyfryn:

1 Disgrifiad o bob prawf a pham y caiff ei gynnal.

2 Templed gwag ar gyfer pob prawf y gellir mewnosod y canlyniadau iddo.

3 Prawf enghreifftiol gyda chanlyniadau ffug wedi'u llenwi a'u dadansoddi.

Chi sydd i benderfynu ar ddyluniad y llyfryn, ond rhaid iddo fod ar ffurf y tair rhan hyn a dylai gynnwys y nodweddion allweddol canlynol:
- H-PGC
- cadarnhad ysgrifenedig o ymrwymiad i gyfrinachedd cleientiaid
- prawf pwysedd gwaed a dehongliad o'r canlyniadau
- prawf cyfradd gorffwys curiad y galon a dehongliad o'r canlyniadau
- prawf mynegai màs y corff (BMI) a dehongliad o'r canlyniadau
- prawf cymhareb gwasg-i-glun a dehongliad o'r canlyniadau

Bydd angen i chi wneud ymchwil i gyflawni'r dasg hon. Dylech allu dangos eich bod yn deall pob un o'r tair adran a sut mae'r nodweddion allweddol yn ffitio i fformat y llyfryn. Sicrhewch fod eich llyfryn yn berthnasol ac yn addysgiadol. Bydd angen i chi dynnu sylw at ganlyniadau iach a nodi meysydd pryder posibl (gan ddefnyddio system goleuadau traffig efallai).

Cynllunio
- Beth yw'r dasg? • Beth mae'n rhaid i fy llyfryn ymdrin ag ef?
- A oes unrhyw feysydd o'r dadansoddiad prawf y credaf y byddaf yn cael anhawster â hwy?

Gwneud
- Rwy'n gwybod sut i ddylunio fy llyfryn fy hun, rhoi H-PGC ar waith, cynnal y profion monitro iechyd a dehongli canlyniadau'r profion hyn yn gywir.
- Gallaf nodi ble y gallai fy llyfryn fod wedi mynd o'i le ac addasu fy ngwaith meddwl i gael fy hun yn ôl ar y trywydd iawn.

Adolygu
- Gallaf egluro beth oedd y dasg a sut es ati i adeiladu fy llyfryn.
- Gallaf egluro sut y byddwn yn mynd at y rhannau anoddaf yn wahanol y tro nesaf.

C Deall anghenion maethol sy'n gysylltiedig â rhaglen

Terminoleg gyffredin

Mae'r diwydiant iechyd a ffitrwydd yn defnyddio rhai termau eithaf safonol wrth siarad am faeth. Mae'n bwysig eich bod yn deall ystyr y termau hyn fel y medrwch ymgysylltu'n iawn â gweithwyr proffesiynol eraill sy'n gweithio yn y diwydiant ac esbonio'r telerau i'ch cleientiaid.

Gwerthoedd Cyfeirio Deietegol (GCDau)

Mae safonau deietegol wedi cael eu defnyddio yn y DU ers y 1940au. Roedd y set gyntaf o safonau yn canolbwyntio ar Lwfans Dyddiol a Argymhellir (LDA) ar gyfer pob maetholyn, a oedd yn anelu at atal diffyg maethol. Ar ddiwedd yr 1980au, sefydlodd y llywodraeth banel o arbenigwyr i adolygu'r LDAu a sefydlwyd **Gwerthoedd Cyfeirio Deietegol** (GCDau) newydd. Dychmygodd y panel grŵp o bobl a chyfrifo gofynion maethol y bobl yn y grŵp hwnnw i weld beth oedd y gofynion 'arferol'. Bellach Awdurdod Diogelwch Bwyd Ewrop sy'n gyfrifol am GCDau ac, yn dilyn rheoliad Ewropeaidd yn 2011, ni ddefnyddir LDAau mwyach. Mae'r term 'gwerth cyfeirio deietegol' yn cwmpasu'r holl fesurau canlynol o gymeriant maetholion:

▶ **Cymeriant Maetholion Cyfeiriol (CMC)** (*Reference Nutrient Intake*) – yr amcangyfrif gorau o faint o faetholion yr ystyrir ei fod yn ddigonol i 97 y cant o bobl yn y grŵp.

- **Amcangyfrif o'r Gofynion Cyfartalog (AGC)** (*Estimated Average Requirements*) – y cymeriant o faetholion sydd ei angen i fodloni gofynion cyfartalog (canolrifol) y grŵp. Fel rheol bydd angen mwy na'r AGC ar oddeutu hanner y bobl hyn ac fel arfer bydd angen llai ar hanner ohonynt.
- **Cymeriant Maetholion Cyfeiriol Is (CMCI)** (*Lower Reference Nutrient Intake*) – faint o faetholion sy'n ddigonol ar gyfer dim ond rhai o aelodau'r grŵp sydd â gofynion eithriadol o isel. Bydd cymeriannau o dan y CMCI gan y mwyafrif o unigolion yn y grŵp bron yn sicr yn annigonol.
- **Cymeriant Diogel (CD)** (*Safe Intake*) – yr ystod o gymeriant o faetholion nad oes digon o wybodaeth ar ei gyfer i sefydlu CMC, AGC neu CMCI. Mae'n swm sy'n ddigonol i fwyafrif y grŵp ond nid mor fawr fel ei fod yn achosi sgîl-effeithiau negyddol.

⏸ MUNUD I FEDDWL   Beth yw Cymeriant Maetholion Cyfeiriol (CMC)? Beth mae'n ei ddweud wrthym am ein harferion deietegol?

Awgrym   Meddyliwch am y CMC (a elwir weithiau'n Cymeriant Cyfeiriol) ar gyfer gwahanol **facrofaetholion** a **microfaetholion**. Defnyddiwch wefannau fel **www.nhs.uk/Livewell** os ydych chi angen rhagor o wybodaeth.

Ymestyn   Beth a gafoch i'w fwyta ddoe? Cymharwch eich cymeriant deietegol â gwerthoedd y CMC. Ydy'ch deiet yn iach ai peidio?

Egni

Daw egni o'r bwydydd rydyn ni'n eu bwyta. Fe'i defnyddir i gefnogi eich **cyfradd metabolaeth waelodol** a'r holl weithgaredd ychwanegol a wneir yn y gwaith ac yn ystod hamdden. Mae egni'n cael ei fesur mewn **calorïau** neu **joules**. Gan fod y ddwy uned hon yn fach, cânt eu lluosi â 1000 a chyfeirir atynt fel **cilocalorïau** (system y DU) neu **cilojoules** (y system fetrig neu ryngwladol).

Termau allweddol

Macrofaetholion – maetholion sy'n ofynnol mewn niferoedd mawr (carbohydradau, brasterau a phroteinau) i gynnal iechyd a lles.

Microfaetholion – maetholion sy'n ofynnol mewn niferoedd bach (fitaminau a mwynau) i gynnal iechyd a lles.

Cyfradd metabolaeth waelodol (BMR – *Basal Metabolic Rate*) – isafswm y gyfradd metabolaeth mewn unigolyn nad yw'n treulio nac yn amsugno bwyd. Mae BMR yn cynrychioli'r gyfradd isaf o ddefnydd egni a all gynnal bywyd.

Calorïau – un calori yw'r egni sydd ei angen i godi tymheredd 1 gram o ddŵr fesul 1°C.

Joules – mae 1 joule o egni yn symud màs o 1 gram ar gyflymder o 1 metr yr eiliad. Tua 4.2 joule = 1 calori.

Cilocalorïau (kcal) – un cilocalori yw'r egni sy'n ofynnol i godi tymheredd 1 litr o ddŵr fesul 1°C. Mae'n cyfateb i 1000 o galorïau ac yn cael ei ddefnyddio i nodi gwerth egni bwyd. Cyfeirir at gilocalorïau yn aml yn syml fel calorïau.

Cilojoules (kJ) – uned egni, sy'n cyfateb i 1000 o joules.

Cydbwysedd egni

Rydych chi mewn 'cydbwysedd egni' pan fo faint o egni rydych chi'n ei gymryd i mewn fel bwyd a diod (eich mewnbwn egni) yr un fath â faint o egni rydych chi'n ei wario (eich allbwn egni). Ni fyddwch yn colli nac yn ennill pwysau.

Mae pedair prif gydran o allbwn egni: cyfradd metabolaeth tra'n gorffwys, thermogenesis deietegol, gweithgaredd corfforol a thermogenesis addasol.

▶ **Cyfradd metabolaeth tra'n gorffwys** (CMG) (*Resting Metabolic Rate*) – dyma gyfradd metabolaeth unigolyn wrth orffwys ac mae'n cyfrif am 60-75 y cant o gyfanswm yr allbwn egni. Mae'n cynrychioli'r gydran fwyaf o gyfanswm y gwariant egni dyddiol. Mae gan CMG gysylltiad agos â màs corff heb lawer o fraster ac mae cyfansoddiad eich corff yn dylanwadu arno: mae meinwe cyhyrol yn llawer mwy gweithredol yn fetabolig na meinwe braster (mae cyhyrau'n llosgi egni yn gyflymach na'r un pwysau o fraster). Bydd enillion mewn màs cyhyrau yn arwain at gynnydd mewn CMG. Mae CMG hefyd yn cael ei ddylanwadu gan eich oedran, rhyw, a'ch cefndir genetig.

▶ **Thermogenesis deietegol** (ThD) (*Dietary Thermogenesis*) – yn cyfeirio at unrhyw egni sy'n cael ei ddefnyddio dros CMG ar gyfer treulio, amsugno, cludo a storio bwyd. Mae cynnwys calorïau a chyfansoddiad eich deiet a'ch anghenion maethol eich hun yn dylanwadu arno. Mae cymeriant egni uchel a phatrwm bwyta rheolaidd yn helpu i gynnal cyfraddau uwch o thermogenesis deietegol. Mewn unigolyn iach mae hyn yn golygu bod ThD yn cyfrif am oddeutu 10 y cant o gyfanswm gwariant egni'r dydd, tra bod hepgor prydau bwyd ac arferion deietegol cyfyngol eraill yn lleihau'r nifer hwn.

▶ **Gweithgaredd corfforol** (GC) – yn cynrychioli cydran fwyaf newidiol cyfanswm eich gwariant egni. Dyma'r egni ychwanegol sy'n cael ei wario uwchben CMG a ThD, ac mewn unigolion egnïol mae'n bosib mai hwn yw'r cyfanswm uchaf o egni dyddiol. Mae faint yn union ydyw yn dibynnu ar ba mor egnïol yw eich ffordd cyffredinol o fyw – pa mor aml, pa mor egnïol ac am ba hyd rydych chi'n cymryd rhan mewn chwaraeon ac ymarfer corff, a pha fath o weithgaredd rydych chi'n ei wneud.

▶ **Thermogenesis addasol** (ThA) (*Adaptive Thermogenesis*) – gwariant egni yw hwn sy'n dod o straen amgylcheddol neu ffisiolegol a allai ofyn i chi ymateb trwy grynu, neu straen sy'n achosi pryder neu wingo.

Metabolaeth waelodol

I amcangyfrif gofynion egni, yn gyntaf mae angen i chi gyfrifo cyfradd metabolaeth waelodol (BMR) mewn cilocalorïau fesul dydd. Dangosir y ffordd o wneud hyn i ddynion a menywod o wahanol oedrannau yn Nhabl 2.10.

▶ **Tabl 2.10:** Cyfrifo BMR

	Oedran (blynyddoedd)	Cyfraddau metabolaeth waelodol mewn kcal y dydd (P = pwysau mewn kg)
Dynion	10–17	BMR = 17.7P + 657
	18–29	BMR = 15.1P + 692
	30–59	BMR = 11.5P + 873
	60–74	BMR = 11.9P + 700
Menywod	10–17	BMR = 13.4P + 691
	18–29	BMR = 14.8P + 487
	30–59	BMR = 8.3P + 846
	60–74	BMR = 9.2P + 687

Mae nifer o wahanol ffactorau yn effeithio ar BMR.

▶ **Oedran** – mae metabolaeth waelodol yn gostwng gydag oedran. Ar ôl 30 oed, mae'n gostwng oddeutu 2 y cant fesul degawd.

▶ **Rhyw** – yn gyffredinol mae gan wrywod fwy o fàs cyhyrau na menywod, felly yn gyffredinol mae ganddyn nhw gyfradd metabolaeth waelodol uwch.

▶ **Hinsawdd** – mae dod i gysylltiad â hinsoddau poeth neu oer yn achosi cynnydd mewn metabolaeth waelodol er mwyn cynnal tymheredd mewnol y corff.

▶ **Gweithgaredd corfforol** – i amcangyfrif cyfanswm y gofynion egni, mae angen i chi ystyried lefel eich gweithgaredd corfforol a'ch hyfforddiant hefyd. Mae hyn yn cynnwys ystyried y calorïau a ddefnyddir mewn gwahanol weithgareddau corfforol a'r dwysedd a hyd yr amser y gwnaethoch y gweithgaredd. Gellir amcangyfrif eich lefelau dwysedd trwy wisgo monitor cyfradd curiad y galon a chyfrifo cyfradd curiad eich calon i gyfrifo eich ystod iechyd (gweler Tablau 2.7 a 2.8).

Cydrannau o ddeiet cytbwys

Mae unrhyw weithgaredd yn effeithio ar angen eich corff am danwydd a hylif. Mae gwybod y maetholion sydd eu hangen ar eich corff, ynghyd â'u gwahanol swyddogaethau, yn sail ar gyfer deall maeth.

Macrofaetholion

Mae maetholion mewn bwyd yn cael eu categoreiddio yn ôl y niferoedd cymharol sy'n ofynnol ar eich corff. Gelwir carbohydrad, protein a braster yn **facrofaetholion**, gan fod eu hangen mewn niferoedd cymharol fawr yn ddyddiol. Y maetholion hyn hefyd yw'r maetholion sy'n darparu egni yn eich deiet.

Carbohydrad

Carbohydradau yw'r ffynhonnell egni yn eich corff sydd yn fwyaf hawdd eu cyrraedd a gellir eu defnyddio'n gyflym. Mae un gram o garbohydrad yn darparu oddeutu 4 kcal o egni. Rhennir bwydydd carbohydrad yn ddau fath sylfaenol: syml a chymhleth.

Siwgrau yw **carbohydradau syml**. Mae'n hawdd eu treulio a'u hamsugno er mwyn darparu ffynhonnell egni gyflym. Yr uned garbohydrad symlaf yw monosacarid (ystyr **sacarid** yw 'siwgr', ystyr **mono** yw 'un'). Mae carbohydradau syml i'w cael yn y mwyafrif o fwydydd sy'n blasu'n felys fel ffrwythau, sudd ffrwythau a mêl.

Gelwir cadwyni hirach o siwgrau syml yn bolysacaridau neu **garbohydradau cymhleth**. Mae carbohydradau cymhleth i'w cael mewn bara, reis, pasta, tatws, ffa a ffacbys.

Mae carbohydradau cymhleth yn ffynhonnell egni bwysig gan eu bod yn cael eu torri i lawr yn araf yn eich corff i ryddhau egni dros gyfnodau hirach. Dylent ffurfio'r ganran fwyaf o gyfanswm eich cymeriant carbohydrad. Ffynonellau amhuredig fel bara gwenith cyflawn, reis grawn cyflawn a phasta gwenith cyflawn sydd orau gan eu bod hefyd yn cynnwys gwerth maethol uwch o facrofaetholion ac yn darparu ffynhonnell o ffibr.

Ar ôl i chi fwyta bwydydd sy'n cynnwys carbohydradau mae lefel siwgr eich corff yn codi. Mae hyn yn achosi i'r pancreas ryddhau'r hormon inswlin. Mae inswlin yn normaleiddio lefelau siwgr yn y gwaed ac yn helpu i gludo **glwcos** o'r gwaed i'r celloedd. Yna defnyddir glwcos yn uniongyrchol gan y celloedd ar gyfer egni neu mae'n cael ei storio fel **glycogen** yn eich iau a'ch cyhyrau. Mae glycogen yn ffynhonnell hanfodol o glwcos ar gyfer gweithgareddau tanwydd.

Mae tua 80 y cant o glycogen yn cael ei storio yn eich cyhyrau tra bod y gweddill yn cael ei storio yn eich iau, gydag ychydig bach o glwcos yn cylchredeg yn eich llif gwaed fel glwcos gwaed. Mae carbohydrad nad oes ei angen ar gyfer storfeydd glycogen yn cael ei drawsnewid yn fraster a'i storio ym meinwe bloneg eich corff.

Term allweddol

Sacarid – cyfansoddyn sy'n cynnwys siwgr neu siwgrau.

Termau allweddol

Glwcos – monosacarid sy'n cael ei drawsnewid yn glycogen yn y corff.

Glycogen – math o siwgr gwaed a phrif ffynhonnell tanwydd y mae'r corff yn ei drosi o garbohydradau deietegol.

Dim ond mewn symiau cyfyngedig y gellir storio carbohydrad fel glycogen – tua 375–477 gram – mewn oedolyn cyffredin, sy'n cyfateb i tua 1500–2000 kcal. Mae cymeriant carbohydrad deietegol a lefelau o weithgaredd corfforol neu hyfforddiant yn dylanwadu ar storfeydd glycogen o ddydd i ddydd. Gall ymarfer corff rheolaidd annog cyhyrau i addasu er mwyn storio mwy o glycogen. Mae hyn yn addasiad pwysig mewn hyfforddi ar gyfer athletwyr o'r radd flaenaf, yn enwedig mewn chwaraeon sy'n ddibynnol ar ddygnwch.

Argymhelliad cyffredinol yw y dylai carbohydradau gynnwys 45–70 y cant o gyfanswm y calorïau rydych yn eu bwyta. Os yw lefel eich gweithgaredd yn uchel, er enghraifft mewn chwaraeon sy'n ddibynnol ar ddygnwch, bydd angen i chi agosáu at 70 y cant i adennill eich storfeydd o glycogen sydd wedi eu defnyddio. Bydd lefel gweithgaredd is, er enghraifft cerdded ymhell, angen yn agosach at 45 y cant.

▶ **Tabl 2.11:** Ffynonellau carbohydrad

Carbohydradau syml Egni 'rhyddhau'n gyflym'	Carbohydradau cymhleth Egni 'rhyddhau'n araf'
Siwgr, surop, jam, mêl, marmaled, diodydd pefriog siwgrog, losin wedi'u berwi, cyffug, sudd ffrwythau, diodydd chwaraeon, geliau egni.	Bara, bagelau, bara crimp, craceri, reis, pasta, nwdls, couscous, tatws, grawnfwydydd brecwast, ffacbys, gwreiddlysiau.

Brasterau

Mae braster yn faetholyn sylfaenol hanfodol a ffynhonnell egni fwyaf dwys y corff. Mae pob gram o fraster yn rhoi tua 9 kcal o egni. Mae brasterau hefyd yn darparu deunydd inswleiddio gwres, clustogi mecanyddol a hynofedd i'r corff.

Triglyseridau yw cydran sylfaenol brasterau. Gwneir pob triglyserid o foleciwl glyserol gyda thri asid brasterog ynghlwm. Pan fydd triglyseridau yn cael eu treulio a'u hamsugno gan eich corff maen nhw'n torri i lawr i'r ddau sylwedd hyn. Daw brasterau o ffynonellau anifal a llysieuol ac mae dau brif fath:

▶ **Brasterau dirlawn** – asidau brasterog, yn bennaf o ffynonellau anifail; ynghyd â cholesterol, maen nhw'n gysylltiedig â chronni sylweddau brasterog ar waliau rhydwelïau. Mae brasterau dirlawn fel arfer yn solet ar dymheredd ystafell.

▶ **Braster annirlawn** – mae asidau brasterog fel arfer yn hylif ar dymheredd ystafell ac yn cael eu hystyried yn llai tebygol o gronni asidau brasterog ar waliau rhydwelïau.

Mae'r rhan fwyaf o arbenigwyr deietegol yn argymell torri'n ôl ar gymeriant braster. Mae llawer o bobl yn y DU yn bwyta gormod o fraster dirlawn. Mae'r llywodraeth yn argymell na ddylai dyn cyffredin gael mwy na 30 g bob diwrnod, a menyw gyffredin ddim mwy nag 20 g.

Mae lleihau cymeriant braster yn gyngor arbennig o dda i athletwyr gan ei fod yn caniatáu iddyn nhw ennill cyfran fwy o'u cymeriant egni o garbohydradau (gan gynnal storfeydd glycogen), er mwyn cefnogi hyfforddiant a chystadleuaeth. Prif swyddogaeth brasterau yw darparu ffynhonnell egni ddwys, gan ffurfio ffynhonnell egni mwyaf posibl eich corff. Mae gan hyd yn oed y bobl fwyaf main lawer o egni wedi'i storio fel braster. Mae braster fwy na dwywaith mor ddwys o ran egni â macrofaetholion eraill, gan gynhyrchu 9 o galorïau fesul gram.

Mae brasterau yn amddiffyn ac yn clustogi'ch organau hanfodol, yn darparu deunydd strwythurol ar gyfer celloedd ac yn gweithredu fel ynysydd. Mae brasterau anifail yn ffynhonnell fitaminau A, D, E a K sy'n toddi mewn braster. Mae brasterau yn ychwanegu blas a gwead at fwydydd, a all fod yn reswm dros or-fwyta.

Mae'r holl frasterau yn eich deiet yn gymysgedd o dri math o asid brasterog (gweler Tabl 2.12). Mae brasterau sy'n cynnwys asidau brasterog dirlawn yn bennaf (fel menyn a margarîn cyffredin) yn gyffredinol solet ar dymheredd ystafell ac fel arfer maen nhw i'w cael mewn cig, wyau a bwydydd llaeth. Y ddau eithriad yw olew palmwydd a chnau coco, sy'n ffynonellau planhigion. Mae brasterau sy'n cynnwys asidau brasterog annirlawn yn bennaf fel arfer yn hylif ar dymheredd ystafell, er enghraifft, olew olewydd neu flodau haul.

▶ **Tabl 2.12:** Ffynonellau braster

Dirlawn	Monoannirlawn	Amlannirlawn
Cynhyrchion llaeth braster llawn, menyn, margarîn caled, saim, dripin, siwet, cig brasterog, pasteiod cig, pâté, hufen, cacennau, bisgedi, siocled, cnau coco, olew cnau coco	Olew olewydd, taeniadau olew olewydd, olew had rêp, olew corn, cnau mwnci, menyn cnau daear, olew cnau mwnci	Margarîn meddal, taeniadau braster isel wedi'u labelu fel rhai uchel mewn brasterau aml-annirlawn, olew blodyn yr haul, olew safflwr, olew soia, pysgod olewog, cnau

Protein

Mae proteinau yn hanfodol ar gyfer cynnal iechyd a pherfformiad corfforol. Maen nhw'n chwarae rhan hanfodol yn strwythur a swyddogaeth celloedd, ensymau, hormonau a gwrthgyrff.

Yr unedau lleiaf o brotein yw **asidau amino**. Nid oes angen i chi wybod enwau a swyddogaethau'r 20 asid amino unigol, ond mae'r corff eu hangen i gyd i fod yn bresennol ar yr un pryd er mwyn tyfu a gweithredu'n iawn. Mae gwahanol broteinau yn cynnwys gwahanol niferoedd a chyfuniadau o asidau amino. Gelwir yr wyth na all eich corff eu gwneud yn **asidau amino hanfodol** (AAHau) – maen nhw'n rhan angenrheidiol o'ch deiet. Gelwir yr asidau amino sy'n weddill yn an-hanfodol – gall eich corff eu syntheseiddio os yw'r holl rai hanfodol yn bresennol.

Prif rôl protein yn eich corff yw adeiladu ac atgyweirio meinwe. Gellir defnyddio proteinau hefyd fel ffynhonnell egni eilaidd pan fo carbohydrad a brasterau yn gyfyngedig, fel tuag at ddiwedd digwyddiadau dygnwch hir neu yn ystod cyfyngiad egni difrifol a allai gyd-fynd â mynd ar ddeiet.

Mae gan broteinau, fel carbohydradau, werth egni o tua 4 calori fesul gram. Yn wahanol i garbohydrad a braster, ni ellir storio gormod o brotein yn eich corff. Mae pob protein yn cyflawni rôl swyddogaethol, felly mae angen derbyn protein bob dydd. Os yw eich cymeriant protein yn fwy na'ch gofynion ar gyfer twf ac atgyweirio, bydd y cymeriant gormodol yn cael ei ddefnyddio i ddarparu egni ar unwaith neu'n cael ei drawsnewid yn fraster neu garbohydrad a'i storio.

Mae bwydydd protein yn cael eu dosbarthu'n ddau grŵp (gweler Tabl 2.13). Mae gwerth bwydydd ar gyfer diwallu anghenion protein eich corff yn cael ei bennu gan eu asidau amino. Gelwir bwydydd sy'n cynnwys pob un o'r AAHau yn broteinau dosbarth cyntaf neu **broteinau cyflawn**. Daw'r rhain yn bennaf o anifeiliaid (er enghraifft, wyau, cig, pysgod, llaeth a chynhyrchion llaeth eraill) a soia. Gelwir bwydydd sydd heb un neu fwy o'r AAHau yn broteinau ail ddosbarth neu **broteinau anghyflawn**. Daw'r rhain o ffynonellau planhigion fel grawnfwydydd, bara, reis, pasta, ffacbys, cnau a hadau.

Rhaid i lysieuwyr a feganiaid sicrhau eu bod yn bwyta amrywiaeth o broteinau anghyflawn mewn cyfuniadau gofalus er mwyn sicrhau cymeriant digonol o'r holl AAHau. Er enghraifft, mae ffa a gwenith yn ategu ei gilydd yn dda.

▶ **Tabl 2.13:** Ffynonellau protein

Proteinau cyflawn	Proteinau anghyflawn
Cig, cyw iâr, offal, pysgod, wyau, llaeth, caws, iogwrt, soia	Grawnfwydydd, bara, reis, pasta, nwdls, corbys, pys, ffa, ffacbys, cnau, hadau

Ar gyfartaledd, dylai dynion fwyta 55 g a dylai menywod fwyta 45 g o brotein y dydd. Mae hyn yn fras yn ddau ddogn maint cledr eich llaw o brotein.

> **Term allweddol**
>
> **Asidau amino** – y cemegion sy'n ffurfio blociau adeiladu protein.

Yn ystod eu gyrfaoedd, mae Venus a Serena Williams wedi newid i ddeiet fegan neu lysieuol. Mae'r ddwy yn honni bod y deietau hyn wedi gwella eu gallu athletaidd, a'u hiechyd a'u lles. Dywed Venus fod bwydydd amrwd, organig yn allweddol i gynnal ei chorff ar ei lefel gorau posibl o iechyd, er ei bod yn cyfaddef bod anghenion caloriffig hyfforddiant a chystadleuaeth yn ei gwneud yn ofynnol iddi fwyta pasta, bara a reis cyn gemau oherwydd gwerth caloriffig isel bwydydd fegan amrwd.

Meddyliwch pa fwydydd deiet fegan neu lysieuol a allai gynnwys y protein sy'n ofynnol gan athletwr ar y lefel uchaf. Ydych chi'n meddwl ei bod hi'n bosibl i athletwr ar y radd flaenaf fod yn fegan neu'n llysieuwr trwy gydol eu gyrfa?

Microfaetholion

Cyfeirir at fitaminau a mwynau fel microfaetholion gan fod eu hangen mewn niferoedd llawer llai na macrofaetholion. Er gwaethaf y gofynion cymharol fach ar gyfer y maetholion hyn, mae llawer yn chwarae rhan hanfodol wrth reoleiddio'r adweithiau cemegol yn eich corff.

Fitaminau A, B, C a D

Mae fitaminau yn faetholion hanfodol, di-galoriffig sy'n ofynnol mewn niferoedd bach iawn. Maen nhw'n cyflawni swyddogaethau metabolaidd penodol ac yn atal diffygion a chlefydau penodol. Er enghraifft:

▶ **Fitamin A** – yn helpu gyda gweithrediad arferol y llygaid a'r llwybr resbiradol. Mae fitamin A i'w gael mewn llysiau gwyrdd a moron.

▶ **Fitamin B** – mae'r grŵp hwn o fitaminau yn chwarae rhan hanfodol wrth ryddhau egni o fwydydd. Mae'r fitaminau B i'w cael mewn cigoedd heb fraster, wyau, grawnfwydydd, grawn cyflawn a llaeth.

▶ **Fitamin C** – yn hanfodol ar gyfer ffurfio a gweithredu iach colagen (un o brif gydrannau'r croen, asgwrn a meinwe gyswllt) a symbylydd ar gyfer mecanweithiau amddiffyn y corff. Mae fitamin C i'w gael mewn llysiau a ffrwythau sitrws.

▶ **Fitamin D** – yn helpu gydag amsugno calsiwm a ffosfforws i gynorthwyo iechyd esgyrn. Mae fitamin D i'w gael mewn pysgod olewog, wyau a margarîn, neu mae'n cael ei gynhyrchu yn y croen trwy weithred golau uwchfioled.

Ni all eich corff gynhyrchu'r mwyafrif o fitaminau sy'n ofynnol i gynnal iechyd a rhaid iddynt gael eu cyflenwi gan eich deiet. Yr eithriadau yw fitamin D, y gall eich corff ei syntheseiddio trwy weithred golau haul ar y croen, a fitamin K, y gellir ei gynhyrchu gan y bacteria yn y coluddyn mawr. Mae fitaminau yn chwarae rhan hanfodol wrth reoleiddio'r prosesau metabolaidd niferus yn eich corff, yn enwedig y rhai sy'n rhyddhau egni. Maen nhw hefyd yn cefnogi twf a'r system imiwnedd a nerfol, ac mae rhai'n ymwneud â chynhyrchu hormonau.

Mae gan fitaminau penodol swyddogaethau penodol ac mae eu hangen mewn niferoedd gwahanol, a awgrymir gan y Gwerthoedd Cyfeirio Deietegol (GCDau) – cyfeiriwch yn ôl i dudalen 84 i gael mwy o wybodaeth. Dylai deiet cytbwys ac amrywiol gyda chynnwys egni digonol gyflenwi digon o bob fitamin.

Mae'n bwysig nodi y gall niferoedd mawr o rai fitaminau niweidio'ch iechyd. Mae hyn yn arbennig o wir ar gyfer fitaminau sy'n toddi mewn braster, oherwydd gellir eu storio yn eich corff. Yr unig sefyllfa ble y medrai dognau mawr o unrhyw fitamin fod yn dda i chi yw pan fydd gan y corff ddiffyg difrifol o fitamin penodol neu pan na all amsugno na metaboleiddio fitaminau yn effeithlon.

Mae fitaminau ar gael mewn amrywiaeth o ffynonellau planhigion ac anifeiliaid ac maen nhw wedi'u grwpio'n fras yn dibynnu a ydynt yn doddadwy mewn braster neu ddŵr. Mae fitaminau A a D yn y grŵp sy'n hydoddi mewn braster, gyda B ac C yn hydawdd mewn dŵr.

▶ Mae gan bob fitamin sy'n hydoddi mewn braster fel A a D nodweddion cyffredin. Fe'u ceir mewn rhannau brasterog neu olewog bwydydd. Ar ôl eu treulio maen nhw'n cael eu hamsugno a'u cludo i'r gwaed yn y system lymffatig. Oherwydd eu bod yn anhydawdd mewn dŵr, ni chânt eu tynnu o'r corff mewn wrin a gallant gronni yn yr iau a'r **meinwe bloneg**.

▶ Mae fitaminau B ac C yn hydawdd mewn dŵr. Mae llawer o fitaminau B yn cyflawni swyddogaethau tebyg, gan helpu'r defnydd o egni yn eich corff. Mae fitaminau gormodol o'r math hwn yn cael eu hysgarthu mewn wrin, felly dim ond storfeydd cyfyngedig sydd gan eich corff, sy'n golygu bod angen i chi gael cymeriant rheolaidd ohonynt. Mae llawer o'r fitaminau hyn yn cael eu dinistrio trwy brosesu a pharatoi bwyd.

Mwynau

Mae mwynau yn faetholion nad ydynt yn rhai caloriffig sy'n hanfodol i fywyd. Fel fitaminau mae eu hangen mewn niferoedd bach neu hybrin. Dosberthir mwynau mewn dau gategori yn dibynnu ar y niferoedd cymharol sy'n ofynnol gan eich corff:

▶ Mae angen **macrofwynau** fel calsiwm mewn niferoedd cymharol fawr, weithiau cymaint â channoedd o filigramau'r dydd.

▶ Mae angen **elfennau hybrin** (*trace elements*) fel copr (a geir mewn bwyd môr, cnau, hadau a grawn cyflawn) a seleniwm (a geir mewn bwyd môr, pysgod, cig heb lawer o fraster a grawn cyflawn) mewn niferoedd llawer llai (microgramau y dydd).

Calsiwm

Mae'r mwyn hwn yn hanfodol ar gyfer datblygu esgyrn a dannedd iach, ac iechyd a lles cyffredinol. Calsiwm yw'r mwyn mwyaf niferus a geir yn y corff – mae dros 1 kg i'w gael o fewn oedolyn cyffredin – ac mae'n ofynnol ar gyfer ceulo gwaed, gweithgaredd cyhyrau a nerfau, ac athreiddedd celloedd.

Mae ffynonellau calsiwm yn cynnwys cig, ieir, pysgod, llysiau, cynhyrchion llaeth a chnau. Yn y DU, y Cymeriant Maetholion Cyfeiriol (CMC) ar gyfer calsiwm i ddynion a menywod yn eu llawn dwf yw 700 mg.

Haearn

Mae'r mwyn hwn yn rhan o haemoglobin, ac mae'n hanfodol ar gyfer iechyd a lles cyffredinol. Mae diffyg haearn yn arwain at gyflwr o'r enw anemia sy'n lleihau cludiant ocsigen yn y gwaed, gan arwain at ddifaterwch a blinder.

Ymhlith ffynonellau haearn mae cig coch, iau, ffrwythau sych, llysiau a chnau. Yn y DU, y Cymeriant Maetholion Cyfeiriol (CMC) ar gyfer haearn i oedolion 19-50 oed yw 8.7 mg ar gyfer dynion a 14.8 mg ar gyfer menywod.

Trafodaeth

Pa mor agos ddylai llywodraethau fod yn rhan o'r hyn rydyn ni'n ei fwyta? Ydych chi'n meddwl y dylai amlfitaminau neu 'bump y dydd' fod ar gael i bawb, yn ddi-dâl, ar y GIG? A fyddai hyn yn helpu i leihau'r risg o glefydau cronig neu'n lleihau effaith deiet gwael? Neu a yw deiet yn ddewis personol ac unrhyw faterion iechyd yn rhywbeth y dylai'r GIG ddelio ag ef, yn hytrach nag atal yr achosion?

Mewn grwpiau bach trafodwch y dilema hwn ac ystyriwch a ddylai'r llywodraeth ganolbwyntio ar atal neu wella.

Termau allweddol

Meinwe bloneg – meinwe sy'n cynnwys cyfran uchel o gelloedd sy'n storio braster sydd fel rheol yn ffurfio o dan y croen ble y gall weithredu fel ynysydd neu amsugnwr sioc.

Elfennau hybrin – mwynau sydd eu hangen ar y corff mewn niferoedd cymharol fach (llai na 100 mg y dydd).

Hyfforddi a Rhaglennu Ffitrwydd ar gyfer Iechyd, Chwaraeon a Lles

Awgrym

Ymestyn

Mae gan ficrofaetholion (fitaminau a mwynau) rolau penodol gwahanol yn y corff.

Darganfyddwch y gwerthoedd Cymeriant Maetholion Cyfeiriol (CMC) ar gyfer yr holl fitaminau a mwynau hanfodol ar gyfer oedolyn iach gwrywaidd a benywaidd.

Hydradiad

Dŵr yw'r prif fecanwaith cludo yn eich corff, yn cludo maetholion, cynhyrchion gwastraff a secretiadau mewnol. Mae hefyd yn chwarae rhan hanfodol wrth reoleiddio'ch tymheredd, yn enwedig yn ystod ymarfer corff, ac mae'n cynorthwyo taith bwyd trwy'ch system dreulio.

Mae dŵr yn cyfrif am tua 50-60 y cant o gyfanswm pwysau eich corff – mae'r niferoedd gwirioneddol yn amrywio yn dibynnu ar oedran, rhyw a chyfansoddiad y corff. Mae gan gyhyrau gynnwys dŵr uwch na meinwe frasterog, felly mae gan unigolion main gynnwys dŵr uwch nag unigolion tewach o'r un màs corff.

Gellir colli dŵr o'ch corff mewn sawl ffordd, gan gynnwys wrin, ysgarthion, anweddiad o'r croen ac allanadlu. Os yw colled dŵr yn uchel, bydd eich corff yn dadhydradu. Fel rheol mae'ch corff yn cynnal cydbwysedd rhwng mewnbwn ac allbwn hylif. Mae Tabl 2.14 yn dangos y cydbwysedd rhwng cymeriant dŵr a cholled dŵr.

▶ **Tabl 2.14:** Cydbwysedd dŵr dyddiol ar gyfer oedolyn gwrywaidd eisteddog 70 kg (Ffynhonnell: Bush *et al.* (2012) *Foundations in Sports Science*, Llundain: Pearson Education Ltd)

Cymeriant dŵr dyddiol		Allbwn dŵr dyddiol	
Ffynhonnell	**Mililitrau**	**Ffynhonnell**	**Mililitrau**
Hylifau	1200	Wrin	1250
Bwyd	1000	Croen	850
Metabolaeth	350	Ysgyfaint	350
		Ysgarthion	100
Cyfanswm	**2550**	**Cyfanswm**	**2550**

Gwahanol fathau o gymeriant hylif

Daw tua 10 y cant o'ch gofynion hylif dyddiol o'r prosesau metabolaidd sy'n rhyddhau dŵr yn eich corff. Daw'r 90 y cant arall o'ch deiet. Daw tua 60 y cant yn uniongyrchol o hylifau ac mae'r gweddill yn dod o fwyd. Rhestrir y ffactorau sy'n effeithio ar faint o hylif sydd ei angen arnoch isod:

▶ **Hinsawdd** – mae ble rydych chi'n byw neu'n hyfforddi, a'i hinsawdd, yn effeithio ar lefel y cymeriant hylif sydd ei angen arnoch chi. Mae hinsawdd boeth yn gofyn am gynnydd yn y cymeriant hylif a mwy felly os yw'r hinsawdd yn **llaith** (*humid*). Mae hyn oherwydd gallu llai y corff i gadw'n oer oherwydd y cynnwys dŵr uchel yn yr awyrgylch o'i amgylch. Mae angen i athletwyr sy'n hyfforddi neu'n cystadlu mewn amodau poeth neu laith fonitro lefelau **electrolyt** oherwydd faint o fwynau a halwynau a gollir oherwydd chwysu.

▶ **Lefelau ymarfer corff** – dylai athletwyr ddechrau hyfforddi wedi'u hydradu'n llawn ac yfed digon o ddŵr yn ystod ac ar ôl gweithgaredd. Mae hyfforddiant yn gyfle i ymarfer strategaethau amnewid hylif ar gyfer sefyllfaoedd cystadleuol. Mae llawer o ffactorau'n dylanwadu ar effeithiolrwydd strategaethau amnewid hylif yn ystod ymarfer corff. Sicrhewch fod eich strategaeth hydradiad yn gywir, yn enwedig ar gyfer digwyddiadau aerobig hirhoedlog. Gellir cyflymu amnewid hylif trwy yfed cyfeintiau rhesymol o ddiodydd dyfrllyd llonydd, oer. Ni ddylent fod yn rhy grynodedig, a rhaid iddynt fod yn barod i'w hyfed. Po fwyaf dwys yw'r gweithgaredd,

Termau allweddol

Llaith – aer sy'n cynnwys llawer iawn o ddŵr neu anwedd dŵr.

Electrolytau – sylweddau fel potasiwm, magnesiwm, calsiwm a sodiwm sy'n cael eu hydoddi mewn hylifau corfforol a'u colli drwy chwys. Heb electrolytau, ni fydd eich celloedd a'ch organau yn gallu gweithredu'n gywir.

y mwyaf y mae amsugno hylif yn cael ei arafu. Mae symptomau annymunol a brofir wrth yfed yn ystod ymarfer corff fel arfer yn golygu eich bod wedi dechrau yfed yn rhy hwyr a bod eich corff eisoes wedi dadhydradu. Ceisiwch yfed yn rheolaidd yn ystod ymarfer corff, yn enwedig os ydych chi'n gwneud ymarfer corff am fwy nag awr.

▶ **Amser o'r flwyddyn** – dylid annog athletwyr i gymryd mwy o ofal wrth hydradu yn ystod misoedd yr haf oherwydd tymereddau awyr agored uwch. Er bod tymereddau awyr agored yn aml yn is yn ystod misoedd y gaeaf, mae'n dal yn hanfodol sicrhau bod hydradiad cywir yn digwydd.

Dadhydradiad a gorhydradiad

Gall **dadhydradiad** leihau cryfder, pŵer a chynhwysedd aerobig. Gall dadhydradiad difrifol achosi trawiad gwres a gall fod yn angheuol. Gall colli dŵr cyn lleied â 2 y cant o fàs y corff fod yn ddigon i effeithio ar eich gallu i berfformio gwaith cyhyrol. Ar gyfer dyn 75 kg byddai hyn yn golygu dim ond 1.5 litr o golled hylifol. Cofiwch, mae syched yn ddangosydd gwael o statws hydradiad eich corff. Ymhlith yr arwyddion rhybuddio mae:

▶ diffyg egni a blinder yn gynnar yn ystod ymarfer corff

▶ croen oer a llaith neu gwridog a/neu deimlo'n boeth

▶ ddim angen mynd i'r toiled

▶ cyfog, cur pen neu ddryswch

▶ prinder anadl.

Gorhydradiad yw pan fydd gennych fwy o ddŵr na chynnwys dŵr corff arferol. Gall dechrau ymarfer corff mewn cyflwr gorhydradedig wella thermoreoli, gan wella gwasgariad gwres a pherfformiad ymarfer corff. Fodd bynnag, gall cyflwr gorhydradedig hefyd fod yn beryglus, gan achosi symptomau tebyg i ddadhydradiad.

Gall gorhydradiad hefyd achosi **hyponatremia**, cyflwr a allai fod yn angheuol. Mae'n deillio o lefel isel o sodiwm yn hylifau'r corff, a waethygir gan y defnydd gormodol o ddŵr. Mae athletwyr dygnwch, sy'n aml yn colli cyfeintiau mawr o ddŵr a sodiwm trwy chwysu, mewn perygl arbennig o gael hyponatremia os ydyn nhw'n disodli cyfeintiau dŵr ond nid sodiwm (gan wanhau ymhellach eu lefelau sodiwm sydd eisoes wedi lleihau). Argymhellir yfed diodydd chwaraeon amnewid electrolyt i atal hyn.

❚❚ MUNUD I FEDDWL   Cwblhewch archwiliad maeth dyddiol arnoch chi'ch hun neu ffrind.

Awgrym   Rhestrwch yr hyn y gwnaethoch chi neu ffrind ei fwyta ddoe a rhannwch y cymeriant dyddiol hwn yn gategorïau o facrofaetholion, microfaetholion a hydradiad.

Ymestyn   A allwch chi adnabod bylchau yn y cymeriant maethol dyddiol? Gwnewch argymhellion am ba fwydydd y gellid eu bwyta i gwmpasu'r bylchau hyn.

Strategaethau maethol ar gyfer unigolion sy'n cymryd rhan mewn rhaglenni hyfforddi

Addasu deiet er mwyn ennill neu golli pwysau

Gellir ennill pwysau trwy gynyddu'r cyfanswm o fraster neu fàs corff heb lawer o fraster. Bydd y ddau yn cofrestru fel cynnydd mewn pwysau ar set o raddfeydd, ond bydd canlyniadau cyfansoddiad eich corff yn wahanol iawn. Mae enillion pwysau brasterog yn gymharol hawdd i'w cyflawni. Fodd bynnag, dim ond o ymatebion y corff i raglen hyfforddi cryfder cynyddol y gellir sicrhau enillion mewn màs corff heb lawer o fraster, wedi'i ategu gan ddeiet digonol, sy'n cynnwys llawer o brotein (i gynorthwyo twf cyhyrau) ac yn isel mewn braster. Yn gyffredinol, mae'r deietau hyn yn cynnwys ychwanegu cig heb lawer o fraster, pysgod neu gyw iâr at eich deiet, neu ddiodydd protein â braster isel.

Mae'r rhan fwyaf o athletwyr yn ymwneud â chyflawni a/neu gynnal y **pwysau corff optimaidd**. Ymhlith y chwaraeon sy'n grwpio cyfranogwyr yn ôl categori pwysau mae cryfhau'r corff, bocsio, rasio ceffylau, crefftau ymladd (*martial arts*) a rhwyfo. Rhaid i gyfranogwyr yn y chwaraeon hyn gystadlu o fewn ystod pwysau penodol.

Ar gyfer rhai chwaraeon, gall pwysau corff isel fod yn hanfodol. Mewn rhai achosion gall hyn fod yn is na phwysau naturiol unigolyn. Gellir galw'r chwaraeon hyn yn chwaraeon a reolir gan bwysau, ac maen nhw'n cynnwys rhedeg ymhell, gymnasteg, sglefrio a deifio. Mae arferion colli pwysau amhriodol sy'n effeithio ar athletwyr yn cynnwys ymprydio neu hepgor prydau bwyd, cam-drin carthyddion, gorfwyta a gwacâu, a dadhydradiad bwriadol trwy siwtiau chwysu neu sawnâu.

Pan fydd y rhan fwyaf o athletwyr yn siarad am golli pwysau, maen nhw fel arfer yn golygu colli braster. Gall colledion mewn màs cyhyrau arwain at newidiadau anffafriol yn eu cymhareb pŵer-i-bwysau.

Damcaniaeth ar waith

Mae Chris Hoy a Nairo Quintana ill dau yn feicwyr proffesiynol, ond mae eu maint yn wahanol iawn. Mae Hoy yn feiciwr trac a oedd yn arbenigo mewn digwyddiadau sbrintio; mae'n 1.85 m o daldra ac yn pwyso 92 kg. Mae Nairo Quintana yn feiciwr ffordd sy'n arbenigo mewn digwyddiadau pellter hir fel y Tour de France; mae'n 1.66 m o daldra ac yn pwyso 58 kg.

Mae camp Hoy yn gofyn am bŵer cyhyrol i gyflawni cyflymderau uchel dros bellteroedd byr ar y trac dan do. Darperir y pŵer hwn gan gyhyrau mawr sy'n ychwanegu at bwysau corff cyffredinol Hoy. Mae camp Quintana yn gofyn am ddygnwch sylweddol, gan ganiatáu iddo feicio hyd at 200 km y dydd, weithiau i fyny mynyddoedd serth. Mae hyn yn gofyn am ddygnwch cyhyrol rhagorol, ffitrwydd cardiofasgwlaidd a phwysau corff ysgafnach o lawer.

Mae pwysau corff llai Quintana yn ddelfrydol ar gyfer beicio pellter hir. Bydd unrhyw bwysau ychwanegol yn effeithio ar ei berfformiad dros bellteroedd maith, gan y bydd angen mwy o egni i symud dim ond un cilogram ychwanegol o bwysau corff dros 200 km. Nid oes raid i Hoy boeni gormod am hyn; mae ei gamp drosodd mewn munudau.

Ydych chi'n meddwl y byddai Chris Hoy yn gallu cystadlu'n effeithiol ar gam mynydd 200 km o'r Tour de France?

Defnyddio cymhorthion ergogenig mewn rhaglenni hyfforddi

Mae athletwyr a hyfforddwyr bob amser yn chwilio am ffyrdd i ennill mantais gystadleuol a gwella perfformiad athletaidd. Mewn ymateb i hyn, mae ystod o **gymhorthion ergogenig** yn cael eu marchnata a'u gwerthu i athletwyr ar bob lefel. Mae rhai ar gael yn fasnachol ac yn gyfreithiol, eraill ar gael ar bresgripsiwn yn unig, tra bod rhai yn anghyfreithlon a gall eu defnyddio a bod â nhw yn eich meddiant arwain at ymchwiliad troseddol neu gosbau o fewn chwaraeon.

Geliau a bariau egni

Mae geliau egni wedi'u cynllunio i ailgyflenwi storfeydd carbohydradau sydd wedi prinhau ar ôl ymarfer corff. Cofiwch, mae'r corff yn dibynnu ar garbohydrad – glycogen – fel ei brif ffynhonnell tanwydd wrth ymarfer. Yn gyffredinol, y mwyaf yw'r dwysedd ymarfer corff, y mwyaf yw canran y tanwydd sy'n dod o garbohydradau. Fodd bynnag, dim ond ychydig o garbohydrad y medrwn ei storio yn ein cyhyrau ysgerbydol a'n iau.

Nid yw geliau egni yn darparu amnewidiad syml un-i-un oherwydd nid yw'r glycogen rydych chi'n ei amlyncu o geliau bob amser yn cyrraedd y cyhyrau gweithiol. Er mwyn i glycogen gyrraedd y cyhyrau, rhaid ei dreulio, ac yna ei amsugno gan y cyhyrau. Mae hyn yn cymryd amser ac yn aneffeithlon, yn enwedig yn ystod ymarfer corff pan fydd gwaed yn cael ei ddargyfeirio o'r system dreulio. Gall geliau egni a ddefnyddir o leiaf 30 munud cyn ymarfer corff roi'r budd mwyaf.

Diodydd protein

Defnyddir protein ar gyfer cynhyrchu cyhyrau, i gynhyrchu hormonau, ensymau a chydrannau'r system imiwnedd. Os na fyddwch yn bwyta digon o brotein, ni all eich corff lunio'r strwythurau sy'n ffurfio celloedd, meinweoedd ac organau, ac ni fydd y cyhyrau'n gwella mor gyflym, a allai arwain at anaf.

Mae bwyd solet yn cymryd mwy o amser i'w dreulio, a gall dorri protein i lawr er mwyn ei anfon i'r cyhyrau gymryd oriau. Dim ond tua 30 munud y bydd diod protein a yfir ar ôl ymarfer corff yn cymryd i gyrraedd ardal y cyhyrau.

Llwytho carbohydrad

Mae llwytho carbohydrad (a elwir hefyd yn 'llwytho glycogen') yn cael ei ddefnyddio gan athletwyr dygnwch cyn digwyddiad i wneud y mwyaf o storio glycogen mewn cyhyrau ysgerbydol. Mae llwytho carbohydrad yn golygu cynyddu eich cymeriant o garbohydrad a lleihau eich hyfforddiant am oddeutu tridiau cyn cystadlu. Mae llwytho carbohydrad yn seiliedig ar ddeiet rheoledig rheolaidd ac mae'n gyfreithlon.

Gall eich corff storio digon o glycogen i gynnal tua 90 munud o ymarfer corff. Ar ôl hyn, heb danwydd ychwanegol, rydych mewn perygl o redeg allan o egni. Gellir gwneud y mwyaf o storfeydd carbohydrad ddau i dri diwrnod cyn digwyddiad trwy gynyddu eich cymeriant o garbohydradau yn ystod amser bwyd, gyda chanllaw bras o 10 g o garbohydrad fesul cilogram o bwysau corff. Cynyddwch gynnwys carbohydradau yn eich deiet trwy ychwanegu dognau mwy o fara gwenith cyflawn, pasta, reis, tatws a digon o sudd ffrwythau yn ystod amser bwyd. Ddwy awr cyn y digwyddiad, ceisiwch fwyta byrbryd sy'n uchel mewn carbohydradau fel ffrwythau sitrws neu fyffins.

Astudiaeth achos

Gwyddonydd Chwaraeon: Jack Donnelly a'r fwydlen newydd

Mae Jack yn dod yn ei flaen yn dda fel gwyddonydd chwaraeon newydd y clwb pêl-droed. Nawr mae rheolwr yr academi wedi gofyn iddo helpu cogydd y clwb i sicrhau bod chwaraewyr yr academi yn cael y maeth cywir yn ystod eu prydau dyddiol gyda'r clwb. Gofynnwyd iddo sicrhau bod holl gydrannau deiet cytbwys yn bresennol yn y niferoedd cywir. Gall methu â gwneud hynny arwain at berfformiad gwannach ac at y chwaraewyr yn arwain ffordd o fyw llai iach.

Disgwylir i Jack eistedd i lawr gyda'r cogydd a chyfansoddi cynllun deietegol am wythnos pum niwrnod, gan gynnwys brecwast, cinio, swper a'r holl hydradiad.

Gwiriwch eich gwybodaeth

Lluniwch gynllun deietegol pum niwrnod (dydd Llun i ddydd Gwener) ar gyfer y chwaraewyr.

- Ymchwiliwch i'r niferoedd argymelledig o bob macrofaetholyn (carbohydradau, brasterau, proteinau) ar gyfer athletwyr.
- Sicrhewch fod yr holl facrofaetholion wedi'u cynnwys ac yn y niferoedd cywir.
- Defnyddiwch gymhorthion ergogenig (geliau a bariau egni, diodydd protein neu garbohydrad) os ydych chi'n eu hystyried yn briodol.
- Sicrhewch eich bod yn cynnwys amseroedd a niferoedd hydradiad.
- Meddyliwch am yr amseroedd mwyaf priodol ar gyfer pob pryd bwyd.

Defnyddio diodydd chwaraeon

Mae'r mwyafrif o ddiodydd chwaraeon yn darparu tri math o faetholyn: carbohydradau i gymryd lle egni, dŵr i gymryd lle hylif ac electrolytau i gymryd lle mwynau a gollir mewn chwys. Mae'r carbohydrad fel arfer ar ffurf glwcos, ffrwctos, swcros neu maltodecstrinau, sydd i gyd yn sacaridau sy'n cael eu hamsugno'n gyflym. Mae diodydd chwaraeon yn aml yn cynnwys ystod o fwynau a fitaminau, ond gan amlaf maen nhw'n cynnwys yr electrolytau sodiwm a photasiwm – mae'r ddau facrofwyn hyn yn cael eu colli mewn chwys. Mae sodiwm yn hyrwyddo amsugno glwcos a dŵr. Mae magnesiwm yn fwyn arall a gollir mewn chwys, ac mae'n bresennol mewn dŵr a'r mwyafrif o ddiodydd chwaraeon.

Isotonig

Mae diodydd isotonig yn cynnwys yr un crynodiad o glwcos i ddŵr â gwaed (4–8 y cant neu hyd at 8 g fesul 100 ml o ddŵr). Oherwydd hyn, er eu bod yn hydradu, nid ydynt yn cael unrhyw effaith ar gyfaint y meinweoedd na'r celloedd. Maen nhw hefyd fel arfer yn cynnwys sodiwm, gan eu gwneud yn gyflymach i amsugno i'r llif gwaed. Maen nhw'n ddefnyddiol ar gyfer ymarfer corff hir neu yn ystod tywydd cynhesach. Gellir eu defnyddio hefyd cyn ymarfer corff.

Hypertonig

Mae diodydd hypertonig yn ddiodydd chwaraeon dwys, egni-uchel sy'n cynnwys dros 8 y cant o garbohydrad; maen nhw'n cael eu hamsugno'n arafach na diodydd isotonig. Er eu bod yn darparu carbohydradau, nid ydynt yn ddelfrydol ar gyfer yr ailhydradu gorau posibl ac efallai y bydd angen eu hyfed â hylifau eraill. Mae ganddyn nhw gyfanswm crynodiad halen uwch na hylifau'r corff ac mae'n well eu defnyddio yn y cyfnod ymadfer ar ôl ymarfer corff.

Hypotonig

Mae gan ddiodydd hypotonig grynodiad is o garbohydradau ac maen nhw'n cael eu gwanhau'n fwy na diodydd isotonig neu hypertonig. Maen nhw'n cynnwys llai na 4 y cant o garbohydradau (4 g fesul 100 ml o ddŵr) ac yn gyffredinol maen nhw'n hawdd eu hamsugno ac yn cael eu goddef yn dda. Er bod dŵr yn ddigonol ar gyfer athletwyr nad ydynt yn canolbwyntio ar ddygnwch neu pan fydd colledion chwys yn fach, mae'r diodydd hyn yn annog amnewid hylif. Mae eu crynodiad halen yn is na hylifau'r corff.

Ymarfer asesu 2.3

Mae eich llyfryn monitro iechyd wedi bod yn llwyddiant ac ar hyn o bryd mae'n cael ei ddefnyddio gan yr hyfforddwr ffitrwydd amser llawn yn ddyddiol. Oherwydd eich ymdrechion a'ch ymrwymiad dros eich lleoliad profiad gwaith, mae rheolwr cyffredinol y clwb tennis wedi gofyn ichi aros ymlaen yn rhan-amser i berfformio hyfforddiant a rhaglennu ffitrwydd, ac i gynorthwyo'r hyfforddwr ffitrwydd i roi'r cyngor iechyd cywir i gleientiaid.

Y swydd gyntaf y mae'r hyfforddwr ffitrwydd wedi gofyn ichi ei gwneud yw paratoi taflen wybodaeth ar gyfer yr holl aelodau sy'n egluro eu hanghenion maethol wrth iddynt hyfforddi ar gyfer twrnameintiau tennis a chystadlu ynddynt. Dylai eich taflen gynnwys y wybodaeth ganlynol:
- esboniad o derminoleg maethol gyffredin (e.e. CMC a chydbwysedd egni)
- cydrannau o ddeiet cytbwys (e.e. macrofaetholion, microfaetholion a hydradiad)
- y gwahanol strategaethau a ddefnyddir gan chwaraewyr tennis sy'n cymryd rhan mewn rhaglenni hyfforddi.

Chi sydd i ddylunio'r daflen, ond mae'r hyfforddwr wedi gofyn ichi nodi'r gofynion maethol allweddol ac egluro pam eu bod yn bwysig i'r aelodau os ydynt yn ymgymryd â'i raglenni hyfforddi. Unwaith y bydd yr hyfforddwr yn hapus gyda'r daflen, bydd yn rhoi copïau i'r holl aelodau, gan ddweud wrthyn nhw am gysylltu â chi os oes ganddyn nhw unrhyw gwestiynau pellach.

Cynllunio
- Beth yw'r dasg? Beth y gofynnir i'm taflen fynd i'r afael ag ef?
- Pa mor hyderus ydw i'n teimlo yn fy ngalluoedd fy hun i gyflawni'r dasg hon? A oes unrhyw agweddau o'r gofynion maethol a'u heffaith y credaf y byddaf yn cael anhawster â nhw?

Gwneud
- Rwy'n gwybod sut i ddylunio fy nhaflen fy hun, cynnwys yr holl wybodaeth faethol angenrheidiol ac egluro pam bod y wybodaeth yma'n bwysig.
- Gallaf nodi ble y gallai fy nhaflen fod wedi mynd o'i le ac addasu fy ngwaith meddwl/dull i gael fy hun yn ôl ar y trywydd iawn.

Adolygu
- Gallaf egluro beth oedd y dasg a sut y gwnes i fynd ati i wneud fy llyfryn.
- Gallaf egluro sut y byddwn yn ymgymryd â'r rhannau anoddaf yn wahanol y tro nesaf.

D | Archwilio dulliau hyfforddi ar gyfer gwahanol gydrannau o ffitrwydd

Cydrannau o ffitrwydd i gael eu hyfforddi

Ffitrwydd yw'r gallu i fodloni gofynion eich amgylchedd. Mae'n cynnwys lles cymdeithasol, ysbrydol, seicolegol, emosiynol a chorfforol. Er ei fod yn aml yn cael ei ddiffinio fel un o'r canlynol, nid yw'n ymwneud yn unig â maint cyhyrau, tôn y corff neu'r gallu i redeg yn bell neu'n gyflym.
- **Ffitrwydd corfforol** – gan ganolbwyntio ar yr agweddau ar ffitrwydd sy'n gysylltiedig ag iechyd – mae sgorau da mewn cydrannau yn y maes hwn yn golygu mai dim ond siawns fach sydd gennych o ddatblygu problemau iechyd.
- **Ffitrwydd sy'n gysylltiedig â sgiliau** – ffitrwydd sy'n caniatáu i'r unigolyn berfformio gweithgaredd, tasg neu gamp (a elwir hefyd yn ffitrwydd echddygol).

Ffitrwydd corfforol

Mae ffitrwydd corfforol yn cynnwys chwe phrif gydran:
- **Dygnwch aerobig** – a elwir hefyd yn stamina neu'n ddygnwch cardiofasgwlaidd. Mae'n cwmpasu gallu'r systemau cardiofasgwlaidd a resbiradol i weithio'n effeithlon a chyflenwi maetholion ac ocsigen i'r cyhyrau er mwyn cynnal ymarfer corff dros amser. Mae'n bwysig nid yn unig ar gyfer tasgau bob dydd fel cerdded i'r gwaith, ond hefyd ar gyfer ystod o weithgareddau chwaraeon, hamdden ac adloniadol. Mae nifer o ddigwyddiadau yn dibynnu ar ddygnwch aerobig, a gall dygnwch aerobig gwael arwain at berfformiad gwael mewn rhai chwaraeon.

- **Cryfder** – gallu grŵp o gyhyrau neu gyhyrau penodol i roi grym yn y cyfangiad mwyaf posibl. Pan feddyliwch am gryfder, efallai y byddwch chi'n meddwl am godwyr pwysau neu focswyr, ond mae angen cryfder yn y mwyafrif o chwaraeon. Er enghraifft, mae angen cyhyrau gwddf cryf ar yrrwr Fformiwla 1 er mwyn gwrthsefyll y pwysau a roddir ar ei ben wrth fynd o gwmpas corneli yn gyflym.

- **Dygnwch cyhyrol** – mae angen hyn pan fo grŵp o gyhyrau neu gyhyrau penodol yn cyfangu dro ar ôl tro dros gyfnod sylweddol o amser (o bosibl dros nifer o funudau) yn erbyn llwyth gwrthiant sefydlog ysgafn i gymedrol. Mae enghreifftiau o fyd chwaraeon yn cynnwys:
  - bocsiwr yn gwneud pwniad dro ar ôl tro
  - gwasgau byrfraich neu eisteddiadau parhaus
  - y 400 metr mewn athletau.

▶ Mae angen dygnwch cyhyrol ar focswyr i wneud pwniadau dro ar ôl tro

- **Hyblygrwydd** – mae hyn yn bwysig mewn pob camp ac i iechyd. Mae'n ymwneud â chael ystod ddigonol o symudiad ym mhob cymal o'r corff a'r gallu i symud cymal yn llyfn trwy ei ystod gyflawn o symudiad.

- **Cyflymder** – cydran o ffitrwydd corfforol, mae angen cyflymder i wneud y gorau o berfformiad er mwyn symud y corff cyfan neu'r breichiau/coesau'n gyflym. Dyma'r gallu i symud dros bellter yn yr amser cyflymaf posibl. Mae angen lefelau uchel o gyflymder ar chwaraeon athletaidd fel y sbrint 100-metr a'r naid hir.

- **Cyfansoddiad y corff** – faint o fraster corff a meinwe corff heb fraster sydd gan athletwr. Mae'n bwysig o safbwynt perfformiad chwaraeon ac iechyd. Mae màs main y corff yn cynnwys pwysau cyfun yr organau, esgyrn, cyhyrau a meinweoedd cysylltiol hanfodol.

Ffitrwydd sy'n gysylltiedig â sgiliau

Mae ffitrwydd sy'n gysylltiedig â sgiliau yn cynnwys pum prif gydran.

- **Ystwythder** – gallu athletwr i symud neu newid cyfeiriad yn gyflym ac yn fanwl gywir wrth gynnal rheolaeth ar y symudiad.

- **Cydbwysedd** – y gallu i gynnal sefydlogrwydd neu gydbwysedd wrth berfformio. Mae dau fath o gydbwysedd: **cydbwysedd statig**, ble mae'r athletwr yn llonydd, er enghraifft mewn llawsafiad mewn gymnasteg, a **chydbwysedd dynamig**, ble mae'r athletwr yn symud, er enghraifft pêl-droediwr yn gwibio gyda'r bêl.

- **Cydsymud** – y gallu i reoli symudiad dwy ran o'r corff neu fwy, yn llyfn ac yn effeithlon, er mwyn cyflawni tasg. Mae'r rhan fwyaf o symudiadau chwaraeon yn ei gwneud yn ofynnol i wahanol gymalau a chyhyrau gael eu defnyddio mewn trefn benodol.

▶ **Amser ymateb** – yr amser a gymerir i berfformiwr chwaraeon ymateb i ysgogiad a chychwyn ei ymateb. Enghraifft amlwg yw pistol cychwyn ras (yr ysgogiad) a dechrau'r sbrint (y symudiad) mewn digwyddiadau sbrint.

▶ **Pŵer** – y gallu i gynhyrchu'r grym mwyaf posibl yn y cyfnod byrraf posibl o amser, neu i gynhyrchu a defnyddio cryfder cyhyrol yn gyflym. Mae athletwyr cryfach yn tueddu i gynhyrchu mwy o bŵer yn ystod gweithred. Yn gyffredinol mae angen pŵer yn fwy ar athletwyr mewn chwaraeon penodol ac fe'i datblygir gan ddefnyddio dulliau hyfforddi uwch. Er enghraifft, mae angen pŵer ar sbrintwyr wrth wthio i ffwrdd o'r blociau, mae angen i golffwyr daro dreif yn hir a bocswyr i roi ergyd.

Dulliau hyfforddi ar gyfer cydrannau sy'n gysylltiedig â ffitrwydd corfforol

Er mwyn datblygu gwahanol gydrannau ffitrwydd i ddiwallu anghenion gwahanol chwaraeon, yn aml mae angen i athletwyr, hyfforddwyr a hyfforddwyr personol ddefnyddio amrywiaeth o ddulliau hyfforddi. Gall y dulliau hyn fod mewn amgylcheddau dan do neu yn yr awyr agored neu'n defnyddio ystod o offer.

Dulliau hyfforddi dygnwch aerobig

Y tri dull mwyaf cyffredin a ddefnyddir i wella dygnwch aerobig (a elwir hefyd yn **VO₂ macsimwm**) yw:

▶ hyfforddiant parhaus

▶ hyfforddiant fartlek

▶ hyfforddiant ysbeidiol.

Defnyddir hyfforddiant cylchol hefyd. Nid oes tystiolaeth ddigonol i awgrymu pa ddull hyfforddi aerobig sydd orau, ond bydd pob un yn arwain at welliannau mewn dygnwch aerobig.

Mae hyfforddiant dygnwch aerobig yn aml yn cael ei ddefnyddio gan bobl sydd eisiau colli neu reoli eu pwysau trwy leihau cynnwys braster eu corff; felly, defnyddir hyfforddiant aerobig yn aml cyn y tymor gan dimau pêl-droed a rygbi. Mae braster y corff yn cael ei leihau oherwydd bod hyfforddiant yn arwain at lefelau uwch o'r hormonau **epineffrin** a **norepineffrin** sy'n helpu i ddadelfennu braster er mwyn ei ddefnyddio fel ffynhonnell egni.

Yn ogystal â'r buddion iechyd sy'n dod o ddulliau hyfforddi dygnwch aerobig, mae ganddynt fuddion gwahanol ar gyfer perfformiad chwaraeon-benodol: gallant helpu i wella cyfaint gwaed, gwella maint a dwysedd mitocondraidd, datblygu patrymau niwrogyhyrol a gwella tôn cyhyrol.

Trothwy hyfforddi

Gellir dosbarthu gwahanol ddwyseddau o ymarfer corff aerobig fel trothwyon hyfforddi (*training thresholds*) gwahanol neu barthau hyfforddiant. Er mwyn defnyddio trothwyon hyfforddi yn eich hyfforddiant, mae angen i chi ddeall yr egwyddorion y tu ôl i **gyfradd curiad y galon uchaf**. Pan fydd y corff ar waith, gall **allbwn cardiaidd** gynyddu pump i saith gwaith er mwyn cyflymu'r broses o ddanfon gwaed i gyhyrau ymarfer corff, a chwrdd â'u gofynion aerobig. Mae hyn o ganlyniad i godiadau yng nghyfradd curiad y galon, cyfaint strôc neu'r ddau. Gan nad yw **cyfaint strôc** yn cynyddu'n sylweddol y tu hwnt i gyfraddau gwaith ysgafn ymarfer corff dwysedd isel, gellir cyflawni'r cynnydd mewn allbwn cardiaidd sy'n ofynnol ar gyfer cyfraddau gwaith cymedrol i ddwysedd uchel trwy godiadau yng nghyfradd curiad y galon yn unig.

Termau allweddol

VO₂ macsimwm – yr uchafswm o ocsigen y gall y corff ei gymryd i mewn a'i ddefnyddio. Mae hefyd yn fesur o gapasiti dygnwch y systemau cardiofasgwlaidd a resbiradol a'r cyhyrau ysgerbydol wrth ymarfer.

Epineffrin – cemegyn yn y corff a ddefnyddir ar gyfer cyfathrebu rhwng celloedd yn y system nerfol a chelloedd eraill yn y corff. Mae'n gweithio gyda norepineffrin i baratoi'r corff ar gyfer yr ymateb 'ymladd neu ffoi'.

Norepineffrin – cemegyn yn y corff a ddefnyddir ar gyfer cyfathrebu rhwng celloedd yn y system nerfol a chelloedd eraill yn y corff. Mae'n gweithio gyda epineffrin i baratoi'r corff ar gyfer yr ymateb 'ymladd neu ffoi'.

Allbwn cardiaidd – cyfaint y gwaed sy'n cael ei bwmpio allan (mewn litrau) gan y fentrigl chwith mewn un munud.

Cyfaint strôc – cyfaint y gwaed sy'n cael ei bwmpio allan (mewn mililitrau) gan y fentrigl chwith yn ystod un curiad calon.

Gellir amcangyfrif cyfradd curiad y galon uchaf gan ddefnyddio'r fformiwla ganlynol:

Cyfradd curiad y galon uchaf = 220 – oed (mewn blynyddoedd)

Mae'r fformiwla'n cynnwys oedran yr unigolyn oherwydd bod cyfraddau curiad y galon yn amrywio yn ôl oedran: mae gan blant gyfraddau cymharol uwch nag oedolion, ac mae'r allbwn cardiaidd mwyaf posibl yn gostwng gydag oedran (o ganlyniad i ostyngiad yng nghyfradd curiad y galon uchaf).

Unwaith y byddwch chi'n gwybod beth yw cyfradd curiad y galon uchaf (CCGU) rhywun, gallwch eu cael i dargedu parthau cyfradd curiad y galon penodol yn ystod eu hyfforddiant a fydd yn cael effeithiau gwahanol ar sut mae eu corff yn datblygu (gweler Tabl 2.15).

▶ **Tabl 2.15:** Parthau hyfforddi

Parth hyfforddi	% CCGU	Pwrpas
Parth cynhesu neu oeri	50%	Yn bennaf ar gyfer yr unigolyn eisteddog neu ddim yn heini sydd eisiau dechrau hyfforddi.
Parth ymadfer gweithredol	60%	Yn ddefnyddiol ar gyfer cynorthwyo adferiad a chael gwared ar gynhyrchion gwastraff, ac yn darparu cam nesaf da i'r rhai sy'n newydd i hyfforddiant aerobig.
Parth llosgi braster (neu reoli pwysau)	60–70%	Dilyniant i bobl ar ôl iddynt gynyddu eu lefelau ffitrwydd, ond hefyd yn cael ei ddefnyddio gan athletwyr sy'n hyfforddi ar gyfer digwyddiadau pellter hir fel marathon. Gallwch ddefnyddio hyfforddiant parhaus wrth hyfforddi yn y parth hwn.
Parth 'targed cyfradd curiad y galon'	60–75%	Mae rhai hyfforddwyr wedi ehangu'r parth hwn mor uchel ag 85 y cant. Y parth hwn sydd â'r buddion mwyaf i iechyd cardiofasgwlaidd ac i wella gallu'r corff i ddefnyddio brasterau fel ffynhonnell egni.
Parth ffitrwydd aerobig	70–80%	Y parth ble rydych chi'n datblygu'ch dygnwch aerobig. Mae'r parth hwn yn addas ar gyfer athletwyr mwy egnïol neu hyfforddedig.
Parth perfformiad brig	80–90%	Mae'r parth uchaf o hyfforddiant aerobig wedi'i anelu at chwaraeon cystadleuol ac mae'n helpu i ddatblygu'r trothwy anaerobig. Yn aml, byddwch chi'n defnyddio dulliau nerthol fel fartlek a hyfforddiant ysbeidiol wrth hyfforddi trwy'r parthau ffitrwydd aerobig a pherfformiad brig.
Trothwy anaerobig	80–100%	Mae ymarfer corff gyda choesau sy'n dechrau mynd yn boeth, yn dynn ac yn boenus, gydag anadlu llawer mwy llafurus yn arwydd eich bod yn agos at eich trothwy anaerobig. Dyma'r pwynt ble na allwch fodloni gofynion egni ymarfer corff mwyach gan ddefnyddio'ch system egni aerobig, felly mae eich corff yn gwneud iawn trwy gynhyrchu egni gan ddefnyddio'ch systemau anaerobig. Dyma'r pwynt ble mae eich lefelau **lactad gwaed** yn cynyddu'n sylweddol. (Cyfeiriwch at Uned 1 am ragor o wybodaeth.) Mae hyfforddiant ar ganrannau uchel o'ch cyfradd curiad y galon uchaf yn helpu i gynyddu'r trothwy hwn, gan eich galluogi i hyfforddi ar ddwysedd uwch a chyfnodau hirach wrth barhau i ddefnyddio'ch system egni aerobig. Mae hyfforddiant sy'n agos at eich trothwy anaerobig yn rhoi straen sylweddol ar eich system gardiofasgwlaidd, felly nid yw'n addas ar gyfer hyfforddwyr dibrofiad. Dim ond ar gyfer athletwyr ar y radd flaenaf a hynod brofiadol yr argymhellir hyfforddiant ar 100% o'r gyfradd curiad y galon uchaf.

Term allweddol

Lactad gwaed – lactad wedi'i hydoddi mewn gwaed o ganlyniad i lefelau carbon deuocsid gwaed yn cynyddu. Nid yw lactad yr un peth ag asid lactig.

⏸ **MUNUD I FEDDWL**

Sut fyddech chi'n gwahaniaethu rhwng parth hyfforddi aerobig athletwr 18 oed a rhywun 40 oed sy'n ceisio dod yn heini ac yn iach?

Awgrym Beth yw eich cyfradd curiad y galon uchaf a pha gyfradd curiad y galon y byddech chi'n ei weld yn eich parth hyfforddi aerobig?

Ymestyn Pa ddulliau hyfforddi y gallech chi eu defnyddio i symud athletwr profiadol i'r parth perfformiad brig?

Mathau o ddulliau hyfforddi dygnwch aerobig

Hyfforddiant parhaus

Fe'i gelwir hefyd yn hyfforddiant cyflwr-cyson neu hyfforddiant pellter hir, araf: mae'r athletwr yn hyfforddi ar gyflymder cyson dros bellter hir. Dylai dwysedd hyfforddiant parhaus fod yn gymedrol (tua'r un faint â 70 y cant o VO_2 macsimwm neu lai) dros bellter ac amser hir.

Mae'r dull hwn yn addas ar gyfer rhedwyr a nofwyr pellter hir. Oherwydd y lefel is o ddwysedd, gall athletwr hyfforddi am fwy o amser. Gall hefyd fod yn ddefnyddiol ar gyfer:

▶ dechreuwyr sy'n dechrau ar ymarfer corff strwythuredig
▶ athletwyr yn gwella ar ôl anaf
▶ unigolion 'poblogaeth benodol' fel plant neu bobl oedrannus.

Mae ei anfanteision yn cynnwys risg uwch o anaf wrth redeg pellteroedd hir ar arwynebau anoddach. Gall hefyd fod yn ddiflas ac nid yw bob amser yn **chwaraeon-benodol**: mae'r buddion chwaraeon benodol yn fach.

Gellir perfformio hyfforddiant parhaus mewn campfa gan ddefnyddio ystod o offer cardiofasgwlaidd (er enghraifft, melin draed, traws-hyfforddwr neu feic ymarfer corff) neu yn yr awyr agored mewn parc neu ardal drac addas.

Hyfforddiant fartlek

Mae hyfforddiant fartlek wedi'i gynllunio i wella dygnwch aerobig athletwr. Mae'n seiliedig ar redeg yn yr awyr agored, ac mae'n amrywio dwysedd y gwaith yn unol â gofynion yr athletwr. Mae dwysedd yr hyfforddiant yn cael ei newid gan dirwedd amrywiol, fel tywod, bryniau, glaswelltir meddal neu goetir, neu trwy redeg ar gyflymder mwy cynaliadwy i dirnod fel postyn lamp neu goeden.

Mae rhai o fuddion y dull hyfforddi hwn yn cynnwys gwella dygnwch aerobig, gwella dygnwch cyhyrol a gwella cydbwysedd a **phropriodderbyniaeth** yn y ffêr, y pen-glin a'r glun, Mae gan bob un ohonynt amrywiaeth o fuddion yn amrywio o berfformiad chwaraeon gwell yn ystod gêm i helpu gydag ailhyfforddi ar ôl anafiadau.

Gall hyfforddiant fartlek fod yn fwy defnyddiol na hyfforddiant parhaus oherwydd gall fod yn chwaraeon benodol a phenodol i unigolion. Mae'r dull hwn hefyd yn defnyddio systemau egni aerobig ac anaerobig i wella dygnwch aerobig a gall gynnwys newidiadau mewn cyfeiriad, felly mae'n ddefnyddiol i chwaraewyr mewn chwaraeon tîm oherwydd gall ddynwared gofynion y gamp.

Mewn hyfforddiant fartlek nid oes unrhyw gyfnod gorffwys, ond mae gan yr athletwr fwy o reolaeth ac mae'n gallu lleihau dwysedd ar unrhyw adeg er mwyn gorffwys. Manteision hyfforddiant fartlek yw:

▶ mae'n llai technegol na dulliau eraill (fel hyfforddiant ysbeidiol), gan ei wneud yn haws ei ddefnyddio
▶ mae athletwyr yn rheoli eu cyflymder eu hunain
▶ mae diflastod hyfforddiant confensiynol yn cael ei leihau.

Gellir gwneud hyfforddiant fartlek mewn campfa gan ddefnyddio ystod o offer cardiofasgwlaidd (er enghraifft, melin draed, traws-hyfforddwr neu feic ymarfer corff) cyhyd ag y gellir newid y cyflymder, y gwrthiant neu'r graddiant yn rheolaidd. Gellir gwneud hyfforddiant fartlek yn yr awyr agored mewn parc addas ble gellir newid y dwysedd trwy amrywio'r tirwedd.

> **Termau allweddol**
>
> **Chwaraeon-benodol** – gweithgaredd hyfforddi sy'n atgynhyrchu elfen o'r gamp sy'n cael ei hyfforddi ar ei chyfer. Er enghraifft, er bod pêl-droedwyr yn gwneud llawer o redeg yn ystod eu camp, nid ydynt yn ei wneud am gyfnodau hir, parhaus ond mewn pyliau byr.
>
> **Propriodderbyniaeth** – yr ymwybyddiaeth o safle'r corff yn yr amgylchedd.

> **Ymchwil**
>
> Gall hyfforddiant fartlek ddefnyddio systemau egni aerobig ac anaerobig, sy'n cynnwys newidiadau mewn graddiant, cyflymder, gwrthiant a chyfeiriad, gan ddynwared gofynion chwaraeon penodol yn agos. Mae rhai enghreifftiau cyffredin o sesiynau fartlek yn cynnwys dulliau Astrand, Gerschler, Saltin a Watson. Ymchwiliwch i'r enghreifftiau hyn ac archwiliwch eu gwahanol ddulliau.

Hyfforddiant ysbeidiol

Mae hyfforddiant ysbeidiol (*interval training*) yn gwella cydrannau dygnwch anaerobig a dygnwch aerobig trwy amrywio dwysedd a hyd y cyfnodau o waith. Mewn hyfforddiant ysbeidiol, mae athletwyr yn perfformio cyfnod o waith, ac yna cyfnod o orffwys, cyn cwblhau cyfnod arall o waith. Gallant ailadrodd y patrwm hwn lawer gwaith, yn dibynnu ar eu lefelau ffitrwydd. Wrth ddylunio rhaglen hyfforddi ysbeidiol, dylech ystyried:

▶ nifer yr ysbeidiau (cyfnodau o orffwys a gwaith)
▶ dwysedd y cyfnodau o waith a gorffwys
▶ hyd y cyfnodau o waith a gorffwys.

Mae 'setiau' ac 'ailadroddiadau' (*reps*) yn dermau cyffredin sy'n darparu strwythur a threfn wrth gyfeirio at nifer yr ymarferion yn y rhaglen hyfforddi.

▶ Mae **ailadroddiad** yn disgrifio sawl gwaith rydych chi'n perfformio ymarfer.
▶ Mae **set** yn dweud wrthych sawl gwaith y byddwch chi'n ailadrodd yr ymarfer hwnnw ar gyfer y nifer penodol o ailadroddiadau.

Gallai enghraifft o raglen hyfforddi ysbeidiol ar gyfer dygnwch aerobig fod yn un set o dri ailadroddiad o rediadau pum munud wedi'u cymysgu â dau funud o orffwys. Byddai hyn yn cael ei ysgrifennu mewn dyddiadur hyfforddi fel 1 × 3 × 5:00 Gwaith: Gorffwys 2:00. Mae'r dull hwn o hyfforddi yn caniatáu ymgorffori dilyniant clir a **gorlwytho** yn y rhaglen trwy gynyddu dwysedd y cyfnodau gwaith, cynyddu nifer yr ysbeidiau, lleihau hyd y cyfnod gorffwys neu gynyddu dwysedd y cyfnod gorffwys (er enghraifft, defnyddio loncian yn araf yn hytrach na cherdded).

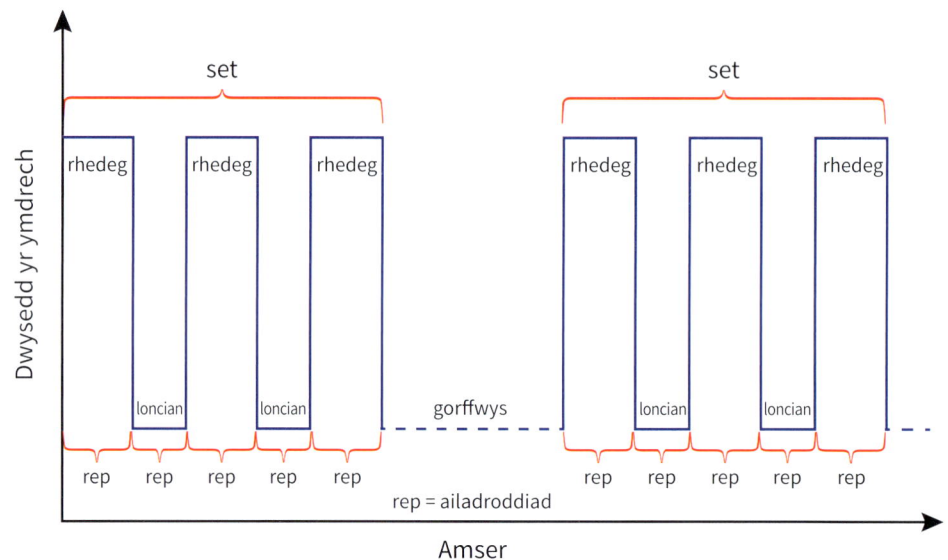

▶ **Ffigur 2.6:** Cyfuno ailadroddiadau mewn set

▶ Gellir perfformio hyfforddiant ysbeidiol mewn campfa gan ddefnyddio ystod o offer cardiofasgwlaidd (er enghraifft, melin draed, traws-hyfforddwr neu feic ymarfer corff) cyhyd ag y gellir newid y cyflymder, y gwrthiant neu'r graddiant ar yr adegau gofynnol, neu yn yr awyr agored mewn parc neu ar drac addas ble y gellir rhedeg neu feicio yn ddiogel.

Hyfforddiant cylchol

Mewn sesiwn hyfforddiant cylchol (*circuit training*), trefnir nifer o wahanol ymarferion (neu 'orsafoedd') o amgylch ystafell. Mae pob gorsaf yn cynnwys gweithgaredd gwahanol. Mae unigolion yn cael terfyn amser i wneud yr ymarferion hyn, e.e. un munud i bob gorsaf. Rhwng y gorsafoedd dylai fod cyfnod gorffwys yn dibynnu ar yr unigolyn neu'r grwpiau sy'n cwblhau'r gylched.

Gellir cynllunio cylched i wella dygnwch aerobig, dygnwch neu gryfder cyhyrol, neu gyfuniad o'r tri. Er mwyn osgoi blinder, dylai'r gorsafoedd ganiatáu ymarferion yn olynol i ddefnyddio gwahanol grwpiau cyhyrau: er enghraifft, gall sbrintio dro ar ôl tro (coesau) gael eu dilyn gan wasgau byrfraich (rhan uchaf y corff). Er mwyn cynyddu dilyniant a gorlwytho, efallai yr hoffai'r unigolyn:

▶ ostwng y cyfnodau o orffwys
▶ cynyddu nifer y gorsafoedd
▶ cynyddu nifer y cylchedau
▶ cynyddu'r amser a dreulir ym mhob gorsaf
▶ cynyddu nifer y sesiynau cylched bob wythnos.

Gellir perfformio hyfforddiant cylchol mewn campfa gan ddefnyddio ystod o offer, er y gall dod o hyd i le i'r holl orsafoedd fod yn broblem. Gall hyfforddiant cylchol ddefnyddio offer cardiofasgwlaidd, pwysau rhydd, peiriannau gwrthiant neu ymarferion pwysau corff syml yn y gorsafoedd. Gellir perfformio hyfforddiant cylchol yn yr awyr agored hefyd mewn parc neu drac addas cyn belled â bod gennych offer sy'n ddigon symudol i fynd gyda chi i'w ddefnyddio yn unrhyw un o'r gorsafoedd.

Dulliau hyfforddi cryfder cyhyrol

Os ymwelwch â champfa neu ystafell ffitrwydd, byddwch yn aml yn gweld pobl yn codi pwysau gwahanol ar gyflymder gwahanol. Y rheswm am hyn yw y gellir defnyddio nifer o'r dulliau hyfforddi a ddefnyddir i wella cryfder cyhyrau hefyd i wella dygnwch cyhyrol trwy wneud yr hyfforddiant yn wahanol, er enghraifft trwy newid y pwysau, nifer yr ailadroddiadau a nifer y setiau. Ymhlith y dulliau hyfforddi cyffredin a ddefnyddir i wella cryfder cyhyrol a dygnwch cyhyrol mae:

▶ peiriannau gwrthiant
▶ pwysau rhydd (fel dymbelau)
▶ hyfforddiant pêl ymarfer
▶ hyfforddiant cylchol
▶ hyfforddiant sefydlogrwydd craidd.

Os ydych chi'n meddwl am sut y mae ymddangosiad unigolyn yn newid ar ôl defnyddio hyfforddiant cryfder cyhyrol mewn campfa, efallai y byddwch chi'n dweud ei fod yn edrych yn 'adeiledig' neu wedi 'chwyddo'. Mae'r newidiadau hyn oherwydd cynnydd mewn tôn cyhyrol a **hypertroffedd** cyhyrol. Tôn cyhyrol yw pan mae gan y cyhyrau ymddangosiad mwy diffiniedig, ond hypertroffedd cyhyrol yw tyfiant y cyhyrau ac mae'n digwydd pan fydd **ffibrau'r cyhyrau** yn cynyddu mewn maint.

Egwyddorion wrth hyfforddi ar gyfer cryfder

Cryfder yw gallu cyhyr penodol neu grŵp cyhyrau i roi grym mewn yn y cyfangiad mwyaf posibl. Gall hyfforddiant cryfder ddarparu buddion a gwelliant i iechyd a lles trwy gynyddu cryfder cyhyrau, esgyrn a meinwe gyswllt, gwella swyddogaeth gardiofasgwlaidd a chynyddu dwysedd esgyrn a chyfradd metabolaidd. Ymhlith y chwaraeon ble mae hyfforddiant cryfder yn bwysig mae codi pwysau, trac a chae, rygbi, reslo, rhwyfo, bocsio ac, yn gynyddol, pêl-droed a phêl-fasged.

Yr egwyddorion sylfaenol ar gyfer hyfforddiant cryfder yw defnyddio pwysau uchel, ailadroddiadau isel a chyfrif set uchel. Mae hyn oherwydd bod hyfforddiant cryfder yn targedu ffibrau cyhyrau plyciad-cyflym Math IIa a Math IIx (fel y disgrifir yn Uned 1) yn bennaf. Mae ffibrau Math IIx yn defnyddio metabolaeth anaerobig i drosglwyddo egni a nhw yw'r ffibrau cyhyrau 'plyciad-cyflym' clasurol sy'n cynhyrchu pyliau cyflym, pwerus o gyflymder. Mae gan y ffibr cyhyrau hwn y gyfradd cyfangu uchaf o bob math o ffibr ond mae ganddynt gyfradd blinder llawer cyflymach hefyd. Gall ffibrau Math IIa (a elwir hefyd yn ffibrau plyciad-cyflym canolradd) ddefnyddio metabolaeth aerobig ac anaerobig i drosglwyddo egni, a gallant arddangos priodweddau tebyg i ffibrau Math IIx.

Termau allweddol

Hypertroffedd – cynnydd ym maint meinwe cyhyrau (neu organau) oherwydd tyfiant celloedd unigol heb gynnydd yn nifer cyffredinol y celloedd.

Ffibrau'r cyhyrau – yr elfen gyfangol o feinwe cyhyrau sy'n ymddangos mewn band neu streip o dan ficrosgop. Mae cyhyr sengl yn cynnwys rhwng 10,000 a 450,000 o ffibrau.

Cysylltiad

Mae'r cynnwys hwn yn cysylltu ag *Uned 1: Anatomeg a Ffisioleg.*

Mae'n bwysig sefydlu uchafswm un ailadroddiad (neu 1RM – *one-repetition maximum*) cyn ymgymryd â hyfforddiant cryfder. Dyma'r grym mwyaf y gall y cyfranogwr ei ddefnyddio mewn un ymgais ar symudiad o fewn ymarfer. Er enghraifft, gall eu gwerth 1RM nhw ar gyfer gwasg fainc fod yn 80 kg.

▶ **Ailadroddiadau a setiau** – mae'r potensial ar gyfer blinder wrth ddefnyddio llwyth trwm yn uchel. Felly, mae nifer yr ailadroddiadau yn tueddu i fod yn is (6–10 o ailadroddiadau) fel bod y cyfranogwr yn gwneud **ailadroddiadau isel a llwythi uchel**. Yn gyffredinol, mae hyfforddiant cryfder yn dibynnu ar nifer uchel o setiau i weithio'r ffibrau cyhyrau plyciad-cyflym yn hirach. Mae nifer y setiau yn dibynnu ar eich lefel ffitrwydd, profiad hyfforddi a'r maes cyhyrau sy'n cael ei weithio. Gall grwpiau cyhyrau mawr (er enghraifft, y frest neu'r coesau) oddef nifer uwch o setiau (5–8 o setiau), ond gall grwpiau cyhyrau llai (er enghraifft, breichiau) oddef llai o setiau (4–6 o setiau). Efallai y bydd defnyddiwr campfa profiadol sy'n ymarfer cyhyrau ei frest am gryfder yn gallu cyflawni'r ymarfer a ddangosir yn Nhabl 2.16.

▶ **Tabl 2.16:** Ymarfer ar gyfer defnyddiwr campfa profiadol sy'n hyfforddi cyhyrau ei frest

Ymarfer	Ailadroddiadau	Setiau	Pwysau (% o 1RM)
Gwasg fainc	8	6	75% = 60 kg

▶ **Cyfnodau gorffwys rhwng setiau** – mae ffibrau cyhyrol plyciad-cyflym yn cymryd mwy o amser i wella ar ôl ymarfer corff na ffibrau cyhyrol plyciad-araf. Oherwydd bod ffibrau cyhyrau plyciad-cyflym yn hanfodol ar gyfer sicrhau cryfder cynyddol, mae cyfnod gorffwys o 2–4 munud rhwng setiau yn ddelfrydol. Po uchaf yw eich dwysedd hyfforddi a pho fwyaf heriol ydyw ar eich corff, yr hiraf y dylech orffwys rhwng setiau. Os yw eich dwysedd hyfforddi yn is ac yn llai heriol ar eich corff, dylai eich cyfnod gorffwys fod tuag at ben byrrach yr ystod. Gellir addasu ymarfer cyhyrau'r frest a ddangosir yn Nhabl 2.16 i nodi cyfnod gorffwys (gweler Tabl 2.17).

▶ **Tabl 2.17:** Ymarfer wedi'i ddiweddaru yn targedu cyhyrau'r frest

Ymarfer	Ailadroddiadau	Setiau	Pwysau (% o 1RM)	Cyfnod gorffwys
Gwasg fainc	8	6	75% = 60 kg	3 munud

▶ **Trefn ymarfer corff i atal neu eithafiad blinder cyhyrau** – trefn ymarfer gyffredinol i atal blinder cyhyrau yw gweithio'r grwpiau cyhyrau mwyaf yn gyntaf, yna symud ymlaen i'r grwpiau llai. Mae'n cynnwys yr holl brif grwpiau cyhyrau er mwyn osgoi anghydbwyseddau cryfder yn y corff. Argymhellir eich bod chi'n hyfforddi cyhyrau eich abdomen ar ddiwedd ymarfer corff i sicrhau eu bod yn ffres er mwyn helpu i sefydlogi'ch corff wrth ymarfer grwpiau eraill o gyhyrau yn eich ymarfer nesaf. Dangosir enghraifft o ymarfer corff a ddyluniwyd i atal blinder cyhyrau yn Nhabl 2.18.

▶ **Tabl 2.18:** Trefn ymarfer corff (grwpiau cyhyrau) i atal blinder cyhyrau

Trefn	Grwpiau cyhyrau – cyhyrau
1	brest – pectoralau
2	cefn – latissimus dorsi, trapesiws
3	coesau – cyhyrau pedwarpen, llinynnau'r gar, ffolennnau, crothau'r coesau
4	ysgwyddau – deltoidau
5	breichiau – cyhyrau deuben, cyhyrau triphen
6	craidd – cyhyrau abdomenol, erectus spinae

Mae **eithafiad blinder cyhyrau** yn cael ei ddefnyddio mewn dull ymarfer penodol. Er mwyn blino cyhyr yn wirioneddol, dylid ei ymarfer gydag **ailadroddiadau hyd methiant**, dull hyfforddi uwch sy'n gofyn am 'sbotiwr' – rhywun i gefnogi'r cyfranogwr. Mae'r drefn y dylech fynd at y math hwn o hyfforddiant yn debyg i Dabl 2.18, gan ganiatáu i bob grŵp cyhyrau gael eu hyfforddi i'r graddau eithaf.

Term allweddol

Ailadroddiadau hyd methiant – ymarfer (gyda phwysau rhydd neu bwysau corff fel arfer) pan berfformir y set nes bod y cyhyrau a weithiwyd ddim yn medru cyflawni cyfangiad llawn bellach oherwydd blinder.

Dulliau

Mae **setiau pyramid** yn dechneg hyfforddi hynod effeithiol sy'n defnyddio dilyniant i fyny, yna i lawr mewn pwysau, ailadroddiadau a setiau er mwyn cynyddu cryfder cyhyrau a dygnwch i'r eithaf. Mae gan setiau pyramid nifer o fuddion. Mae dechrau gyda phwysau ysgafn yn caniatáu i gymalau a meinwe cyhyrau gynhesu fel bod eich corff wedi'i baratoi'n well ar gyfer codi pwysau trymach yn nes ymlaen. Mae hefyd yn creu trefn ddwys wrth i'r cyhyrau gael eu gorlwytho. Gellid addasu ymarfer cyhyrau'r frest a ddangosir yn Nhablau 2.16 a 2.17 i ddod yn set pyramid (a ddangosir yn Nhabl 2.19).

▶ **Tabl 2.19:** Set pyramid

Rhif y set	Ailadroddiadau	Pwysau	Gorffwys
1	12–15	50% 1RM = 40 kg	2 funud
2	10–12	70% 1RM = 56 kg	2 funud
3	8–10	80% 1RM = 64 kg	2 funud
4	4–6	90% 1RM = 72 kg	2 funud
5	8–10	80% 1RM = 64 kg	2 funud
6	10–12	70% 1RM = 56 kg	2 funud
7	12–15	50% 1RM = 40 kg	2 funud

Pan ewch yn ôl i lawr mewn pwysau (setiau 5–7 yn Nhabl 2.19), bydd eich cyhyrau'n cael eu blino fwyfwy, bydd eich cryfder yn lleihau ac efallai na fyddwch yn gallu cwblhau cymaint o ailadroddiau ag y gwnaethoch ar y dechrau (setiau 1–4).

Gellir defnyddio setiau pyramid ar lefel hyfforddiant uwch. Mae hyn fel arfer yn cynnwys addasiadau fel cynnydd pwysau bach ar gyfer setiau 5–7, a/neu ailadroddiadau hyd methiant yn set 7.

Offer

▶ **Pwysau rhydd** – barbwysau neu ddymbelau, sy'n caniatáu i unigolyn gael gwrthiant cyson yn ystod gweithredu dynamig. Mae pwysau rhydd yn cynyddu cryfder yn y tymor byr, yn cynyddu ystod y symudiadau ac yn caniatáu canolbwyntio ar rai symudiadau neu grwpiau cyhyrau, ac mae rhai symudiadau yn cynorthwyo i hyfforddi cydbwysedd a chydsymud. Fodd bynnag, gall defnyddio pwysau rhydd gynyddu'r risg o anaf. Am resymau diogelwch wrth ddefnyddio pwysau mwy, mae'n ofynnol i gynorthwywyr (neu 'sbotwyr') oruchwylio (neu 'sbotio') unigolyn.

▶ **Peiriannau gwrthiant-sefydlog** – bydd gan eich canolfan ffitrwydd leol nifer o beiriannau gwrthiant-sefydlog, sy'n caniatáu i unigolion newid y llwyth yn seiliedig ar eu rhaglen hyfforddi. Mae gwrthiant newidiol yn amrywio o 0–100 kg ar y mwyafrif o beiriannau, gan ganiatáu i'r rhaglen gynnwys gorlwytho a dilyniant, hyfforddiant pyramid, ac ati. Mae'r peiriannau hyn yn ddrud, gan eu gwneud yn anymarferol i'w defnyddio gartref. Oherwydd eu dyluniad maent wedi'u cyfyngu i ymarferion arbenigol fel ymarferion gwasgau brest neu'r goes. Ar yr ochr gadarnhaol, mae ganddyn nhw elfen ddiogelwch gynyddol o gymharu â phwysau rhydd, a gall hyfforddwyr newydd sy'n dal i ddysgu gwahanol batrymau symudiad eu defnyddio. Gellir newid yr ystod symud mewn cymal penodol trwy addasu gosodiadau'r peiriant. Mae peiriannau gwrthiant-sefydlog yn ddelfrydol ar gyfer hyfforddwyr newydd sy'n ymgymryd â hyfforddiant cryfder am y tro cyntaf, os ydyn nhw'n hyfforddi gyda chynorthwyydd ai peidio – mae'r risg o anaf o fethiant ailadrodd neu or-ymestyn cymalau yn llawer llai gyda pheiriannau gwrthiant na gyda phwysau rhydd.

▶ Dylai pobl sy'n defnyddio pwysau rhydd trwm gael 'sbotiwr' i gynnal eu diogelwch

Mae setiau pyramid yn dechneg hyfforddi sefydledig a hynod effeithiol sy'n helpu i gynyddu cryfder cyhyrol i'r eithaf a chyflawni amcanion dygnwch. Fodd bynnag, mae nifer o ddulliau anoddach eraill i hyfforddi cryfder a dygnwch cyhyrau y gellir eu hymgorffori fel rhan o raglen unrhyw ddefnyddiwr campfa canolradd neu uwch.

Ymchwiliwch i dri o'r dulliau ychwanegol hyn: sefydlu sut mae pob dull yn cael ei gynnal, pa ymarferion sy'n cael eu defnyddio, pa lwythi sy'n cael eu defnyddio, pa gyfnodau gorffwys sy'n cael eu defnyddio a sut mae nifer yr ailadroddiadau a'r setiau'n wahanol. Dylech fod yn barod i gyflwyno'ch canfyddiadau fel grŵp bach i weddill eich dosbarth.

MUNUD I FEDDWL

Os byddwch chi'n dechrau trefn cryfder pwysau rhydd gydag ymarferion ar y frest, a oes unrhyw berygl o flino grwpiau cyhyrau eraill yn gyntaf?

Awgrym

Pa grwpiau cyhyrol sy'n hwyluso gweithred gwasg frest ac yn helpu i symud y barbwysau?

Ymestyn

Ymchwiliwch i ymarferion eraill ar y frest sy'n ynysu cyhyrau'r frest ac yn rhoi llai o straen ar grwpiau cyhyrau cynorthwyol llai.

Dulliau hyfforddi dygnwch cyhyrol

Egwyddorion wrth hyfforddi ar gyfer dygnwch

Dygnwch cyhyrol yw gallu cyhyr neu grŵp o gyhyrau penodol i wneud cyfangiadau dro ar ôl tro dros gyfnod sylweddol o amser (o bosibl dros nifer o funudau). Er mwyn datblygu dygnwch cyhyrol rhaid i chi hyfforddi'r cyhyrau i oresgyn blinder. Yn wahanol i ddulliau hyfforddi cryfder cyhyrol, ni ddatblygir dygnwch cyhyrol trwy gynyddu'r pwysau a godir, ond trwy gynyddu'r amser y mae cyhyr yn ei dreulio yn cyfangu yn erbyn gwrthiant penodol. Dylai hyfforddiant dygnwch cyhyrol fod yn ddilyniant ar ôl sawl mis o hyfforddiant a dylai ddod ar ôl hyfforddiant cryfder (ailadroddiadau isel a llwyth uchel) oherwydd po fwyaf yw'r cryfder cyhyrol, y mwyaf o rym y gall ei weithredu yn ystod hyfforddiant dygnwch.

Mae gan hyfforddiant dygnwch cyhyrol fuddion tebyg i hyfforddiant cryfder cyhyrol. Gall tôn cyhyrol gynyddu a bydd cyhyrau'n profi hypertroffedd (er i raddau llai). Mae'r buddion ychwanegol yn digwydd yn y gell cyhyrau. Mae dygnwch cyhyrol yn rhoi straen ar y ffibrau cyhyrol plyciad-araf ac o ganlyniad gallant gynyddu mewn maint. Mae hyn yn golygu bod mwy o le ar gyfer gweithgaredd mitocondrion. Mae'r cynnydd ym maint a nifer y **mitocondria** yn bwysig oherwydd nhw yw'r rhan o'r cyhyr sy'n syntheseiddio egni aerobig. Trwy gynyddu eu maint a'u nifer, gallwch gynyddu perfformiad aerobig ac effeithlonrwydd **ffibrau cyhyrau math** I (a rhai ffibrau cyhyrau math IIa).

Newid pwysig arall o fewn ffibrau cyhyrau yw bod cynnydd mawr yn y cyfaint o fyoglobin. Mae hyn yn bwysig ar gyfer perfformiad aerobig, gan fod **myoglobin** yn cludo ocsigen i'r mitocondria. Os oes gennych fwy o fyoglobin, gallwch gynhyrchu mwy o egni aerobig yn y mitocondria. Gall y newidiadau hyn gynyddu VO_2 macsimwm hyd at 20 y cant. Ymhlith y chwaraeon ble mae hyfforddiant cryfder yn allweddol mae athletau, pêl-droed, hoci, bocsio, rhwyfo a thennis.

Mae hyfforddiant dygnwch cyhyrol yn helpu'r corff i ddelio â blinder ac yn cynyddu goddefgarwch i lactad gwaed. Mae'r hyfforddiant yn defnyddio llwythi cymharol ysgafn i ganolig o 40–60 y cant o 1RM, wedi'u codi am amser penodol neu nifer penodol o ailadroddiadau.

Termau allweddol

Mitocondria – organynnau (rhannau o gelloedd) sy'n cynnwys ensymau sy'n gyfrifol am gynhyrchu egni. Mitocondria yw'r rhan o gell gyhyrol sy'n gyfrifol am gynhyrchu egni aerobig.

Ffibrau cyhyrau math I – ffibrau plyciad-araf neu ocsideiddiol araf sy'n cynnwys llawer iawn o fyoglobin a mitocondria. Mae ganddyn nhw gyflymder cyfangu araf ac maen nhw'n gallu gwrthsefyll blinder.

Myoglobin – math o haemoglobin a geir mewn cyhyrau sy'n clymu ac yn storio ocsigen yn y mitocondria.

Gall hyfforddiant dygnwch cyhyrol fod naill ai'n hirdymor neu'n dymor byr. Mae hyfforddiant dygnwch cyhyrol hirdymor yn addas ar gyfer chwaraeon parhaus, sefydlog fel rhedeg pellter hir, triathlon, rhwyfo a nofio o bell. Defnyddir gwrthiant neu lwythi ysgafn fel y gellir cynnal yr hyfforddiant am gyfnod hir. Mae cyfnodau gorffwys yn cael eu cadw i leiafswm i adlewyrchu natur barhaus y digwyddiad. Mae dygnwch cyhyrol tymor byr yn addas ar gyfer digwyddiadau hyd byrrach neu rai sy'n atal a chychwyn. Defnyddir gwrthiant neu lwythi ysgafn i ganolig ac mae'r cyfnodau gorffwys yn fyr (10-30 eiliad) o hyd. Mae pwysau rhydd, peiriannau gwrthiant-sefydlog a chylchedau i gyd yn ddulliau addas ar gyfer hyfforddi dygnwch cyhyrol.

▶ **Ailadroddiadau a setiau** – mae hyfforddiant dygnwch cyhyrol yn gweithio ar yr egwyddor o berfformio llawer o ailadroddiadau yn erbyn gwrthiant penodol am gyfnod hir, neu **ailadroddiadau uchel a llwythi isel**. Yn dibynnu ar y gwrthiant, gall ailadroddiadau hyfforddiant dygnwch cyhyrol amrywio rhwng 15 a 30, a nifer y setiau o 4 i 6. Mae dygnwch cyhyrol yn ddibynnol iawn (er nad yn gyfan gwbl) ar ffibrau plyciad-araf Math I. O ystyried eu gwrthwynebiad i flinder, dylai ymarfer corff gynnwys nifer uwch o ailadroddiadau na hyfforddiant cryfder; felly, mae llwythi is (40-60 y cant o 1RM) yn briodol. Efallai y bydd defnyddiwr campfa profiadol sy'n hyfforddi ei ysgwyddau (mae 1RM ar gyfer gwasg ysgwyddau (shoulder press) gyda dymbel yn 25 kg) tuag at ddiwedd sesiwn dygnwch cyhyrol yn cyflawni'r ymarfer a ddangosir yn Nhabl 2.20.

▶ **Tabl 2.20:** Ymarfer ar gyfer defnyddiwr campfa profiadol sy'n hyfforddi ei ysgwyddau

Ymarfer	Ailadroddiadau	Setiau	Pwysau (% o 1RM)
Gwasg ysgwyddau	15	4	50% = 12.5 kg

▶ **Cyfnodau o orffwys rhwng setiau** – un amcan o hyfforddiant dygnwch cyhyrol yw cynyddu ymwrthedd i flinder a gwella goddefgarwch i lactad gwaed. Felly mae cyfnodau gorffwys rhwng setiau yn llai ac yn fyrrach nag mewn hyfforddiant cryfder. Mae cyfnodau gorffwys nodweddiadol yn amrywio rhwng 30 a 60 eiliad, yn dibynnu ar ddwysedd ymarfer corff a phrofiad yr unigolyn. Bellach gellir diweddaru'r ymarfer ysgwydd a ddangosir yn Nhabl 2.20 (fel y dangosir yn Nhabl 2.21).

▶ **Tabl 2.21:** Ymarfer wedi'i ddiweddaru yn targedu ysgwyddau

Ymarfer	Ailadroddiadau	Setiau	Pwysau (% o 1RM)	Cyfnod gorffwys
Gwasg ysgwyddau	15	4	50% = 12.5 kg	30 eiliad

▶ **Trefn yr ymarferion i atal blinder cyhyrau** – fel gyda dulliau hyfforddi cryfder, trefn gyffredinol ymarfer i atal blinder cyhyrau yw gweithio'r grwpiau cyhyrau mwyaf yn gyntaf ac yna symud ymlaen i'r grwpiau llai (gweler Tabl 2.18). Sicrhewch eich bod yn cynnwys yr holl brif grwpiau cyhyrau i osgoi anghydbwysedd cryfder.

Dulliau

▶ **Hyfforddiant cylchol** – mae'r mwyafrif o chwaraeon, p'un a ydyn nhw i dîm neu i unigolyn, i raddau helaeth yn cynnwys eiliadau o ymarfer corff dwys sy'n para 30-120 eiliad, ac yna cyfnodau o ymarfer aerobig llai dwys. Ymhlith yr enghreifftiau mae pêl-droed a thennis. Mae cylchedau yn ddull hyfforddi dygnwch cyhyrol addas sy'n cynorthwyo'r hyfforddiant am gyfnodau dwys a llai dwys ac yn atgynhyrchu anghenion yr athletwr. Mae egwyddor ailadroddiadau uchel a llwythi isel yn aros yr un fath, ond yn gyffredinol mae'r cyfnodau gorffwys yn cael eu disodli gan gyfnodau ymadfer gweithredol pan fydd yr athletwr yn trosglwyddo o un orsaf i'r llall. Gall pêl-droediwr ymgymryd â chylched dygnwch cyhyrol dros gyfnod o 6 wythnos yn debyg i'r un a ddangosir yn Nhabl 2.22.

► **Tabl 2.22:** Cylched dygnwch cyhyrol cynyddol nodweddiadol, a gynhelir dros 6 wythnos

Dwysedd	Wythnos 1	Wythnos 2	Wythnos 3	Wythnos 4	Wythnos 5	Wythnos 6
	Isel	Canolig	Uchel	Isel	Canolig	Uchel
Cyrcydau â phêl ymarfer	30 eiliad	40 eiliad	50 eiliad	30 eiliad	40 eiliad	50 eiliad
Crensiadau	15	20	25	15	20	25
Rhagwthion â dymbelau	30 eiliad	40 eiliad	50 eiliad	30 eiliad	40 eiliad	50 eiliad
Gwasgau byrfraich	15	20	25	15	20	25
Planciau	30 eiliad	40 eiliad	50 eiliad	30 eiliad	40 eiliad	50 eiliad
Estyniadau'r cefn	15	20	25	15	20	25
Codi crothau'r coesau	30 eiliad	40 eiliad	50 eiliad	30 eiliad	40 eiliad	50 eiliad
Newid rhwng gorsafoedd	20 eiliad	15 eiliad	10 eiliad	20 eiliad	15 eiliad	10 eiliad

► **Peiriannau gwrthiant-sefydlog** – yn ddefnyddiol yn ystod hyfforddiant dygnwch cyhyrol (naill ai gyda chynorthwyydd neu beidio). Mae'r risg o anaf o fethiant ailadrodd neu or-ymestyn cymalau yn llawer llai gyda pheiriannau gwrthiant na phwysau rhydd.

► **Pwysau rhydd** – yn galluogi unigolyn i wrthsefyll gwrthiant cyson yn ystod ymarfer corff, sy'n ychwanegu at yr elfen o 'ddygnwch'. Gall defnyddio pwysau rhydd gynyddu'r risg o anaf. Am resymau diogelwch, hyd yn oed wrth ddefnyddio pwysau llai o gymharu â hyfforddiant cryfder, dylai cynorthwywyr (neu 'sbotwyr') oruchwylio unigolyn gan fod risg o fethiant cyhyrol tuag at ddiwedd y set.

► **Bandiau/tiwbiau gwrthiant** – gellir defnyddio'r rhain ar gyfer ymarfer cyhyrau sengl, fel rhan o gylched dygnwch cyhyrol pan fo'r gwrthiant sy'n ofynnol yn ysgafn. Neu gellir eu defnyddio ar gyfer gweithio grŵp o gyhyrau penodol (er enghraifft llawes troëdydd – *rotator cuff*) nad yw'n addas ar gyfer pwysau rhydd, ymarferion pwysau'r corff neu beiriannau gwrthiant.

⏸ MUNUD I FEDDWL — A yw'n anodd gorlwytho grwpiau cyhyrau penodol ymhellach fel rhan o raglen dygnwch cyhyrol?

Awgrym — Mewn setiau gallwch ddefnyddio gwahanol ymarferion, un ar ôl y llall, o fewn yr un set, cyhyd â'u bod yn targedu'r un grŵp o gyhyrau.

Ymestyn — Ymchwiliwch i'r dulliau hyfforddi a elwir yn 'setiau uwch' ('*super sets*') a 'setiau anferthol' ('*super giant sets*'). Pa lefel o athletwr sy'n defnyddio'r dulliau hyn?

Dulliau hyfforddi sy'n sefydlogi'r craidd

Mae ymarferion hyfforddi sefydlogrwydd craidd yn ymarfer cyhyrau dwfn y torso i gyd ar yr un pryd. Mae'n hanfodol i'r mwyafrif o chwaraeon oherwydd bod y cyhyrau craidd yn sefydlogi'r asgwrn cefn ac yn darparu sylfaen gadarn ar gyfer symud yn y breichiau a'r coesau. Y craidd yw'r canolbwynt ar gyfer pob gweithred mewn chwaraeon – mae'n lleihau anghydbwysedd osgo ac yn chwarae rhan bwysig wrth atal anafiadau.

Dulliau
► **Ioga** – math hynafol o ymarfer corff sy'n canolbwyntio ar gryfder a hyblygrwydd wedi'i gyfuno â thechnegau anadlu i wella lles corfforol a meddyliol. Mae'n un o'r ffyrdd gorau o adeiladu sefydlogrwydd craidd, cryfder a hyblygrwydd yn eich cyhyrau, gan ei fod yn canolbwyntio ar ranbarthau'r abdomen a'r

cefn. Gellir perfformio ioga gan ddefnyddio pwysau ysgafn rhydd sy'n creu grymoedd ychwanegol ar y cyhyrau a'r cymalau, gan gynyddu gofynion cryfder a sefydlogrwydd craidd cyffredinol pob ymarfer neu ystum. Gall bandiau gwrthiant hefyd dargedu ardaloedd sydd angen symudiad manwl gywir wrth gymhwyso gwrthiant ychwanegol. Mae ymarferion ioga yn amrywiol ond gallant dargedu pob maes sy'n ofynnol ar gyfer sefydlogrwydd craidd. Dangosir enghreifftiau o ymarferion yn Ffigur 2.7 ac fe'u disgrifir isod.

- Mae **planc ochr** yn cryfhau'r cyhyrau lletraws, tra bod cyhyrau'r abdomen yn sefydlogi'r corff.
- Mae'r **triongl arnofiol** yn ymestyn ac yn cryfhau'r cyhyrau lletraws, yr abdomen a chyhyrau'r cefn.
- Mae'r **cwch** yn ymgysylltu â holl gyhyrau'r abdomen.
- Mae'r **dolffin** yn gweithio cyhyrau'r abdomen wrth ystwytho'r asgwrn cefn.
- Mae'r **locust** yn cryfhau'r cyhyrau o amgylch yr asgwrn cefn ac mae'n ddelfrydol i wrthweithio yn erbyn pob ymarfer blaenorol a chynnal cydbwysedd ymarfer corff.

Planc ochr   **Triongl arnofiol**   **Cwch**

Dolffin   **Locust**

▶ **Ffigur 2.7:** Safleoedd ioga

▶ **Pilates** – a ddatblygwyd gan Joseph Pilates, a gredai fod iechyd meddwl a chorfforol yn gysylltiedig â'i gilydd. Dylanwadwyd ar ei ddull gan fathau eraill o ymarfer corff, gan gynnwys gymnasteg, bocsio a reslo. Mae Pilates yn debyg i ioga a'i nod yw cryfhau'r corff gan ganolbwyntio'n benodol ar graidd y corff i wella cryfder, ffitrwydd cyffredinol a lles. Gall bandiau gwrthiant hefyd dargedu ardaloedd sydd angen symudiad manwl gywir wrth gymhwyso gwrthiant ychwanegol. Mae Pilates yn datblygu cryfder corff cyfan, hyblygrwydd, cydsymud, cydbwysedd, ac osgo da, gyda llai o risg o anaf o'i gymharu â mathau eraill o ymarfer corff.

▶ **Ymarferion yn y gampfa** – oherwydd bod dulliau hyfforddi sefydlogrwydd craidd yn tueddu i ddefnyddio ymarferion pwysau corff (er enghraifft, ioga a Pilates), gellir eu perfformio ar fat campfa hefyd. Gellir gwneud ymarferion fel planciau, pontio ac eistedd-V ar fat hefyd ac mae yna beiriannau gwrthiant amrywiol (er enghraifft, peiriannau ymestyn y cefn a pheiriannau crensian yr abdomen) sy'n gweithio ar agweddau o sefydlogrwydd craidd. Gall ymarferion sefydlogrwydd craidd yn y gampfa ymgorffori amrywiaeth o offer i gynorthwyo hyfforddiant, fel bandiau gwrthiant. Bydd pêl sefydlogrwydd yn ymgysylltu â'r cyhyrau craidd ymhellach trwy gyflwyno'r angen am gydsymud a chydbwysedd ychwanegol oherwydd yr effaith 'simsanu'. Mae pwysau tegell yn ymgysylltu'ch cyhyrau craidd â bron pob codiad, a gall pwysau rhydd ychwanegu gwrthiant ychwanegol i ymarfer. Gellir cyfuno pob un ar gyfer rhaglen hyfforddi cylchol sefydlogrwydd craidd.

Dulliau hyfforddi hyblygrwydd

Gellir datblygu **hyblygrwydd statig** a **hyblygrwydd dynamig** gan ddefnyddio ystod o ddulliau hyfforddi. Prif ddulliau hyfforddiant hyblygrwydd yw:

▶ ymestyn statig

▶ ymestyn dynamig

▶ ymestyn hyrwyddo propriodderbyniad niwrogyhyrol (PNF).

Egwyddor gyffredinol hyfforddiant hyblygrwydd yw gorlwytho grŵp o gyhyrau penodol trwy ymestyn y cyhyrau y tu hwnt i'r hyn y maen nhw wedi arfer ag ef. Y nod yw cynyddu ystod y symudiadau, a rhaid targedu gwaith tuag at y cymalau a'r grwpiau o gyhyrau sydd angen eu gwella. Ni ddylai'r symudiad fod yn uwch na lefel goddefgarwch y feinwe. Ar gyfer gwelliannau mewn hyblygrwydd, dylai unigolyn gynyddu amser (hyd) yr ymestyn a nifer yr ailadroddiadau i ganiatáu gorlwytho.

Gan fod tymheredd y cyhyrau a'r meinweoedd cysylltiol yn effeithio'n sylweddol ar hyblygrwydd, mae'n well cwblhau hyfforddiant hyblygrwydd ar ddiwedd sesiwn hyfforddi neu ar ôl rhyw fath o hyfforddiant aerobig. Os ydych chi'n defnyddio gweithgareddau ymestyn fel rhan o gynhesu, dylech sicrhau bod yr ymestyn o ddwysedd isel ac nad yw'n ymestyn y cyhyr neu'r cymal yn rhy bell, yn rhy fuan.

▶ Mae ymestyn yn ffordd allweddol o wella hyblygrwydd

Y tri phrif fath o ymestyn yw:

▶ **Ymestyn cynhaliaeth** – fe'i defnyddir i ddychwelyd cyhyr wedi'i weithio i'w hyd arferol. Fe'u perfformir ar ôl sesiwn ymarfer corff. Dylid eu dal am 10–15 eiliad. Ymestyn ar ôl sesiwn ymarfer corff yw un o'r meysydd hyfforddiant ffitrwydd sy'n cael ei esgeuluso fwyaf. Mae ymchwil yn dangos bod unigolion sy'n ymestyn yn rheolaidd ar ôl hyfforddi yn lleihau'r risg o anaf, yn lleihau tensiwn yn y cyhyrau ac yn gwella cydsymud cyhyrau.

▶ **Ymestyn datblygiadol** – a ddefnyddir i gynyddu hyd neu hyblygrwydd cyhyrau. Fe'u perfformir ar ddiwedd sesiwn ymarfer corff. Dylid eu dal am 6–10 eiliad i ddechrau, yna eu datblygu ychydig ymhellach am 20-30 eiliad arall. Mae'n ddull allweddol o gynyddu hyblygrwydd cyhyrau ac ystod symud unigolyn. Fodd bynnag, nid yw'n ymwneud â chyflawni mwy o hyblygrwydd yn unig, ond dylid ei ystyried yn faes arbenigol o ymestyn sydd wedi'i gynllunio i gynorthwyo a gwella ystum a lles cyffredinol.

▶ **Ymestyn cyn-gweithgaredd** – a ddefnyddir i gael y cyhyrau'n barod ar gyfer ymarfer corff. Dylid eu perfformio tra'n sefyll a'u dal am 8–10 eiliad a'u perfformio ar ôl cam cynhesu eich rhaglen ymarfer corff. Dylai ymestyniadau cyn-gweithgaredd ganolbwyntio ar y cyhyrau neu'r grwpiau o gyhyrau y bydd y rhaglen ymarfer corff yn eu targedu.

Ymestyn statig

Er mwyn gwella hyblygrwydd, gallwch ddefnyddio ymestyniadau statig, sy'n rheoledig ac yn araf. Mae dau fath:

▶ **Gweithredol** – gellir eu gwneud yn unigol. Mae ymestyn gweithredol yn cynnwys cyfangu cyhyrau penodol yn wirfoddol. Mae ymchwil yn dangos y gall hyn arwain at enillion mewn ystod o symudiadau a symudedd gweithredol cynyddol.

▶ **Goddefol** – a elwir hefyd yn ymestyn â chymorth, mae hyn angen cymorth gan unigolyn arall neu wrthrych fel wal. Mae'r unigolyn arall yn defnyddio grym allanol (gwthio neu dynnu) i orfodi'r cyhyr i ymestyn. Mae ymestyn goddefol yn un o'r dulliau mwyaf diogel o ymestyn a hefyd yn fwyaf defnyddiol ar gyfer ymlacio.

Ymestyn dynamig

Meddyliwch pryd rydych chi wedi gwylio chwaraewyr pêl-droed, chwaraewyr rygbi neu chwaraewyr pêl-fasged yn mynd trwy eu sesiwn gynhesu. Fe welwch chi nhw'n perfformio ystod o symudiadau sydd fel y symudiadau chwaraeon sydd eu hangen arnyn nhw yn ystod y gêm. Mae'r rhain yn ymarferion hyblygrwydd dynamig. Mae hyblygrwydd dynamig yn bwysig ar gyfer chwaraeon sydd â symudiadau cyflym a symudiadau sy'n mynd â chyhyr neu gymal heibio'r ystod arferol o hyblygrwydd statig.

Techneg hyrwyddo propriodderbyniad niwrogyhyrol (PNF)

Mae ymestyn hyrwyddo propriodderbyniad niwrogyhyrol (PNF) yn ffurf ddatblygedig o ymestyn ac yn un o'r ffyrdd mwyaf effeithiol o gynyddu hyblygrwydd. Mae'r mathau o symudiadau yn amrywio rhwng gwahanol gyhyrau a grwpiau o gyhyrau, ond mae'r broses gyffredinol yr un peth:

▶ Ymestynnwch y grŵp cyhyrau targed i derfyn uchaf ei ystod.

▶ Cyfangwch y cyhyr neu'r grŵp o cyhyrau yn **isometrig** yn erbyn partner am 6–10 eiliad.

▶ Ymlaciwch y cyhyr neu'r grŵp o gyhyrau wrth i'ch partner ei ymestyn i derfyn uchaf neu ystod newydd o symudiad (dylech allu ei ymestyn ymhellach y tro hwn).

Wrth ddefnyddio'r math hwn o ymestyn cofiwch mai poen yw signal y corff eich bod chi'n gweithio'n rhy galed mewn rhyw ffordd, felly pan fydd y gweithgaredd hwn yn brifo gormod rydych chi wedi mynd ag ef yn rhy bell.

> **Term allweddol**
>
> **Isometrig** – ymarfer ble nad yw grŵp o gyhyrau cysylltiol yn cynhyrchu unrhyw symudiad o'r cymal y mae'r cyhyrau ynghlwm wrtho.

Offer

▶ **Tywel** – gall lapio tywel o gwmpas eich traed neu offer sefydlog mewn campfa, er enghraifft, a dal gafael ar ddau ben iddo eich helpu i ymestyn cyhyr ychydig centimetrau ymhellach wrth gadw gweddill y corff yn sefydlog.

▶ **Belt** – gellir ei ddefnyddio i gynnal aliniad cywir o aelod yn ystod ymestyniadau i gynyddu hyblygrwydd a symudedd.

▶ **Band** – mae bandiau gwrthiant yn dod ar sawl ffurf a chryfder, ac yn ddelfrydol ar gyfer ychwanegu gwrthiant neu elfen gefnogol i ymestyniad tra'n sefydlogi'r symudiad.

▶ **Mat** – darn hanfodol o offer wrth ymestyn. Gwneir y rhan fwyaf o ymestyniadau ar y llawr felly, er mwyn cynorthwyo canolbwyntio a chefnogaeth, mae'n bwysig eich bod yn aros yn gyffyrddus, heb wasgu'ch pwysau corff yn erbyn llawr caled a allai arwain at anaf.

▶ **Partner** – yn bwysig wrth berfformio ymestyn PNF. Partnerwch gyda rhywun sy'n adnabod eich galluoedd neu'ch profiad corfforol fel eu bod yn adnabod eich ystod uchaf o symudiadau wrth gynorthwyo tra'n ymestyn.

Dulliau hyfforddi cyflymder

Egwyddorion hyfforddi cyflymder

Mae cyflymder yn rhan hanfodol o ffitrwydd yn y mwyafrif o chwaraeon, ac mae cyflymu da yn hanfodol. Mae cyflymiad o safle sefyll yn hanfodol ar gyfer llwyddiant mewn chwaraeon fel sbrintio ac mewn chwaraeon tîm fel rygbi'r gynghrair, ble mae'n rhaid i chwaraewr gyflymu gyda'r bêl heibio gwrthwynebwyr, gan newid cyflymder yn gyflym.

Er bod yna ganllawiau cyffredinol ar gyfer hyfforddiant ysbeidiol ar sail cyflymder, mae'r gofynion mwy penodol wedi'u hanelu at ofynion chwaraeon penodol a safleoedd penodol yn y chwaraeon hynny. Dylai hyfforddiant cyflymder gael ei gynnal ar ôl cyfnod gorffwys o hyfforddiant dwysedd isel i leihau'r risg o anaf neu or-hyfforddi. Dylai hyfforddiant cyflymder gael ei gynnal ar ôl sesiwn gynhesu, a dylai unrhyw hyfforddiant arall yn y sesiwn fod o ddwysedd isel.

▶ **Trothwyon hyfforddi** – mae hyfforddiant ar y cyflymder uchaf yn gweithio i raddau helaeth yn y parthau hyfforddi anaerobig, tra bod y cyfnodau o adferiad – loncian neu gerdded – yn gweithio yn y parthau hyfforddi aerobig. Canllaw cyffredinol ar gyfer hyfforddiant cyflymder yw y dylid cael cymhareb gwaith-gorffwys o 1: 5. Pe baech chi'n cael sbrint macsimaidd o 10 eiliad, byddai cyfnod gorffwys o 50 eiliad yn dilyn hyn. Defnyddir hyfforddiant ysbeidiol mewn hyfforddiant dygnwch aerobig a hyfforddiant cyflymder, felly gallwch ddefnyddio Tabl 2.23 i gynllunio sesiwn hyfforddi sy'n targedu gwahanol systemau egni.

▶ **Tabl 2.23:** Canllawiau ar gyfer hyfforddiant ysbeidiol ar sail cyflymder

System egni	Amser (mun:eiliad)	Setiau	Ailadroddiadau fesul set	Cymhareb gwaith : rhyddhad	Math o saib rhyddhad
ATP–PC	0:10	5	10	1:3	Cerdded
	0:20	4	10	1:3	
ATP–PC–LA	0:30	5	5	1:3	Loncian
	0:40	4	5	1:3	
	0:50	4	5	1:3	
	1:00	3	5	1:3	
	1:10	3	5	1:3	
	1:20	2	5	1:2	
LA–O$_2$	1:30–2:00	2	4	1:2	Loncian
	2:00–3:00	1	6	1:1	
O$_2$	3:00–4:00	1	4	1:1	Cerdded
	4:00–5:00	1	3	1:0.5	

▶ **Canran o gyfradd curiad y galon uchaf** – gan y dylai hyfforddiant cyflymder gyflawni'r cyflymderau sbrintio uchaf, mae'n gweithio yn y parth anaerobig. Ar gyflymder brig dylai athletwr fod yn gweithio tuag at 90–100 y cant o'r gyfradd curiad y galon uchaf. Fodd bynnag, dim ond canran fach o gyfanswm yr amser hyfforddi yw'r cyflymder brig – y gweddill fydd yr amser ymadfer pan fydd athletwr yn gweithio tuag at gyfradd curiad y galon o 60 y cant o'r uchafswm.

▶ **Cyfnodau ymadfer rhwng setiau** – yn dibynnu ar y dwysedd, ailadroddiadau a setiau a ddefnyddir fel rhan o'ch rhaglenni hyfforddi, efallai y bydd angen cyfnodau gorffwys o 1-3 munud arnoch rhwng setiau. Bydd y rhain yn hanfodol er mwyn i chi ailgyflenwi storfeydd egni, cynnal y dechneg gywir a lleihau'r risg o anaf.

Dulliau

- **Sbrintiau gwag** – mae chwaraeon tîm fel pêl-droed neu rygbi a chwaraeon unigol fel tennis yn gofyn i'r cyfranogwyr amrywio eu cyflymder wrth gystadlu. Mae'r newid cyflymder hwn yn gofyn am ymarfer, ac mae sbrintiau gwag (*hollow sprints*) wedi'u cynllunio i wneud hyn. Mae sbrintiau gwag yn cynnwys sbrintio am bellter penodol, arafu, ac yna cyflymu eto am bellter penodol arall. Mae'r broses hon yn helpu i hyfforddi ffibrau cyhyrol plyciad-cyflym Math IIx a Math IIa ac yn eu cyflyru i gyflymu'n gyflym dros bellteroedd byr. Dylai'r pellteroedd fod yn amrywiol trwy gydol y gweithgaredd. Dangosir enghraifft o raglen sbrint gwag yn Nhabl 2.24.

- **Tabl 2.24:** Rhaglen hyfforddi sbrint gwag nodweddiadol

Cychwyn	15 m	5 m	10 m	5 m	5 m	5 m	Gorffwys am 2 funud
	Sbrintio	Loncian	Sbrintio	Loncian	Sbrintio	Loncian	

- **Sbrintiau cyflymu** – dull hyfforddi aerobig yw hwn ble mae cyflymder rhedeg yn cynyddu'n raddol o loncian cychwynnol i **frasgamu** ac yna sbrintio ar y cyflymder uchaf. Dylai pob rhan fod tua 50 metr o hyd (cyfanswm o 150 metr). Mae'r cynnydd mewn cyflymder yn gynyddol – mae hyn yn lleihau'r risg o anafu cyhyrau.

- **Hyfforddiant ysbeidiol** – gall wella dygnwch anaerobig. Mae'r seibiau gwaith ar gyfer hyfforddiant dygnwch aerobig yn tueddu i fod yn hir ac yn isel mewn dwysedd er mwyn hyfforddi'r system aerobig. Mewn cyferbyniad, ar gyfer dygnwch anaerobig, bydd y seibiau gwaith yn fyrrach ond yn ddwysach (yn agos at yr uchafswm). Gall hyfforddiant ysbeidiol helpu athletwyr i wella cyflymder a dygnwch anaerobig (dygnwch cyflymder). Dylai athletwyr weithio ar ddwysedd uchel. Gellir dod â gorlwytho a dilyniant i mewn trwy wneud newidiadau, e.e. lleihau'r cyfnod gorffwys.

- **Driliau gwrthiant** – un o'r dulliau gorau i gynyddu cyflymder, mae ymarferion band gwrthiant yn gosod gwrthiant ychwanegol yn erbyn athletwr sy'n cyflymu dros bellteroedd byr. Mae'r gwrthiant ychwanegol hwn yn gwneud i'r cyhyrau weithio'n galetach yn ystod y cyfnod cyflymu. Pan fydd y bandiau gwrthiant yn cael eu tynnu, bydd yr athletwr yn barod i symud a chyflymu yn gyflymach yn eu rôl neu gamp. Mae egwyddor debyg yn cael ei chymhwyso os yw'r athletwr yn hyfforddi gyda pharasiwt yn lle band gwrthiant, neu'n defnyddio sled neu raffau bynji. Dewis arall yw ychwancgu gwrthiant trwy gael y cyfranogwr i redeg i fyny bryn.

Offer

Bydd y mathau canlynol o offer yn darparu llwyth ychwanegol er mwyn hyfforddi cyflymder. Mae'r llwyth hwn yn gweithio yn erbyn yr athletwr dros bellteroedd byr, gan wneud i'r cyhyrau weithio'n galetach yn ystod cyfnodau o gyflymu a chyflymder y symudiad.

- **Bandiau/tiwbiau gwrthiant** – offer rhad a ddefnyddir yn ystod ymarferion gwrthiant. Gellir amrywio'r gwrthiant yn ôl gallu'r athletwr. Mae bandiau gwrthiant wedi'u cyfyngu i bellter byr oni bai bod partner yn dal y naill ben a'r llall ac yn dilyn yr athletwr. Mae'r tensiwn o fewn y band/tiwb yn darparu'r llwyth ychwanegol.

- **Parasiwtiau** – yn debyg i fandiau gwrthiant ond gyda'r fantais nad ydyn nhw'n gyfyngedig i bellter penodol. Mae gwrthiant aer o fewn y parasiwt yn darparu'r llwyth ychwanegol.

- **Rhaff bynji** – yn debyg i fandiau gwrthiant ond, oherwydd eu hyd mwy, mae rhaffau bynji yn caniatáu i'r athletwr redeg pellter mwy. Mae'r tensiwn o fewn y rhaff yn darparu'r llwyth ychwanegol.

- **Teiars gwrthiant** – mae teiar wedi'i gysylltu â rhaff i harnais neu wregys sy'n cael ei wisgo gan yr athletwr. Mae'r offer hwn yn gweithio ar egwyddor debyg i barasiwtiau, ond mae'r ffrithiant rhwng y teiar a'r ddaear yn darparu'r gwrthiant yn hytrach na gwrthiant aer y parasiwt.

Term allweddol

Brasgamu – camau hir, parhaus sy'n gyflymach na cherdded ond yn arafach na sbrintio.

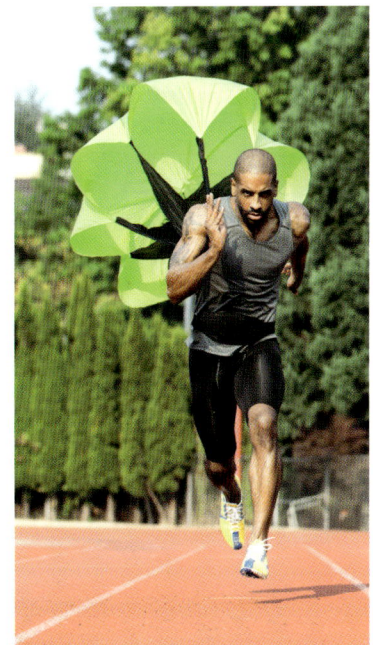

▶ Gall hyfforddiant cyflymder ddefnyddio parasiwtiau i gynyddu her driliau gwrthiant

Dulliau hyfforddi ar gyfer cydrannau ffitrwydd sy'n gysylltiedig â sgiliau

Dulliau hyfforddi ystwythder

Ystwythder yw'r gallu i newid cyfeiriad yn gyflym heb golli cyflymder na chydbwysedd. Mae ymarferion yn cynnwys newid safle'r corff yn gyflym a chyda rheolaeth ac maen nhw'n cynnwys **cyflymder, ystwythder, chwimder** (**SAQ** – *Speed, Agility, Quickness*). Mae'r rhain yn cyfuno cyflymder, y cyflymder uchaf y gall athletwr ei gyflawni a'i gynnal, a chwimder (symudiadau cyflym ac egnïol). Mae SAQ yn gweithio dros bellteroedd byr, fel arfer dros 5 metr. Perfformir pob dril cyn gynted â phosibl heb gyfaddawdu ar dechneg a gallai olygu rhedeg rhwng conau mewn patrwm igam-ogam, gan orfodi newid cyfeiriad yn gyflym. Mae SAQ wedi'i gynllunio i efelychu symudiadau penodol mewn chwaraeon fel rygbi a phêl-droed.

Dulliau hyfforddi cydbwysedd

Mae ymarferion **cydbwysedd statig** yn canolbwyntio ar gadw canolbwynt màs y corff uwchlaw sylfaen cynhaliaeth **pan yn llonydd** – os gallwch sefyll ar un goes heb ddal gafael ar unrhyw beth am o leiaf 20 eiliad, mae eich cydbwysedd statig yn dda. Mae hyfforddiant cydbwysedd yn ddefnyddiol mewn dwy ffordd. Yn gyntaf, mae sigliad rheoledig yn ymgysylltu â'ch cyhyrau craidd ac yn ail, gall eich paratoi ar gyfer newid cyfeiriad yn gyflym. Enghraifft o hyfforddiant cydbwysedd statig yw'r cydbwysedd un goes. Rydych chi'n dechrau gyda'ch traed gyda'i gilydd, yn codi un droed – gyda'r pen-glin yn wynebu ymlaen neu i'r ochr – ac yn dal y safle gyda'r llygaid ar agor, yna ar gau. Newidiwch i'r droed arall ac ailadrodd am bedwar i chwe ailadroddiad gyda phob troed.

Mewn cyferbyniad, mae ymarferion **cydbwysedd dynamig** yn canolbwyntio ar gadw canolbwynt màs y corff uwchlaw sylfaen cynhaliaeth **wrth symud**. Yn ddelfrydol, mae hyfforddiant cydbwysedd yn gofyn bod ochrau de a chwith y corff yn caniatáu ar gyfer ystod gyfartal o symudiad i gymalau eich corff. Gall clustog siglo neu hyfforddwr bwrdd cydbwysedd helpu os yw un ochr i'ch corff yn wannach na'r llall. Enghraifft o hyfforddiant cydbwysedd dynamig yw'r Dilyniant Planc, sy'n gwella cydbwysedd un ysgwydd ar y tro. Rydych chi'n dechrau mewn safle planc safonol gyda'ch penelinoedd ar ben y gromen ac yn dal am 30 eiliad. Yna, ewch ymlaen i un penelin ar y tro ac ychwanegu cylchdro os yn bosibl.

Mae sesiwn cydbwysedd effeithiol yn symud ymlaen o symudiadau cydbwysedd statig i ddynamig: er enghraifft, fe allech chi symud o gyrcydiad sylfaenol i gyrcydiad ar un goes, gan gadw rhywbeth i'ch cynnal yn agos rhag ofn y byddwch chi'n colli balans. Mae'r math hwn o ddilyniant yn helpu i wella'ch cydbwysedd gweithredol.

Dulliau hyfforddi cydsymud

Mae dulliau hyfforddi cydsymud yn ymarferion sy'n defnyddio dwy ran o'r corff neu fwy ar yr un pryd. Mae hyfforddiant cydsymud yn aml yn arwain at weithredu sgiliau chwaraeon benodol yn well oherwydd mae ymarfer parhaus ac ailadroddus yn gwella cydsymud. Er enghraifft, bydd ymarfer ergyd flaenllaw (*forehand*) mewn tennis yn barhaus yn cynyddu cydsymudiad yr ergyd flaenllaw.

Enghraifft o hyfforddiant cydsymud yw taflu'r bêl dennis. Marciwch bellter o'r wal lle rydych chi'n sefyll yn wynebu'r wal. Taflwch bêl dennis o un llaw mewn gweithred dan ysgwydd yn erbyn y wal, a cheisiwch ei dal gyda'r llaw arall. Taflwch y bêl yn ôl yn erbyn y wal a'i dal gyda'r llaw gychwynnol. Trwy ychwanegu terfyn amser penodol i gwblhau nifer o dafliadau, gallwch hefyd ychwanegu'r ffactor o weithio dan bwysau.

Dulliau hyfforddi amser ymateb

Mae amser ymateb yn hanfodol mewn llawer o chwaraeon, yn enwedig chwaraeon wedi'u hamseru ac o hyd byr. Ystyriwch pa mor bwysig yw'r cychwyn yn y sbrint 100-

metr. Yr amser ymateb i'r gwn yw ble mae'r ras yn cael ei hennill a'i cholli yn aml. Ond mae chwaraeon eraill fel tennis bwrdd hefyd yn galw am amseroedd ymateb cyflym. Gellir defnyddio'r darnau canlynol o offer:

▶ **Stopwats** – yn cael ei ddefnyddio i amseru ymatebion y cyfranogwr.

▶ **Chwiban** – ysgogiad rhagorol i gael athletwyr i ymateb. Mae'r rhan fwyaf o athletwyr wedi arfer clywed chwiban.

▶ **Ysgogiadau gweledol** – mae goleuadau lliw neu draffig, fflagiau neu signalau llaw yn enghreifftiau o ysgogiadau gweledol i nodi pryd y dylai athletwyr ymateb a chyflawni sgìl neu symud chwaraeon benodol.

▶ **Ysgogiad clywedol** – gellir defnyddio gweiddi neu ystod o synau a grëir yn electronig i gael athletwyr i ymateb. Arfer hyfforddi da yw cael ystod o synau, gyda phob sain yn cael ei ddilyn gan adwaith neu symudiad gwahanol.

▶ **Pêl Adweithio** – pêl chwe ochr a ddefnyddir i wella amser ymateb a chydsymud llaw a llygad. Mae symudiad ar hap y Bêl Adweithio yn ei gwneud yn ofynnol i'r athletwr ymateb yn gyflym a chipio – neu ddal - y bêl cyn iddi fownsio a newid cyfeiriad. Gellir defnyddio Peli Adweithio mewn ymarferion hyfforddi chwaraeon benodol fel y rhai a ddefnyddir gan faeswyr criced.

▶ Pêl Adweithio

Dulliau hyfforddi pŵer

Mae hyfforddiant **plyometrig** wedi'i gynllunio i wella pŵer ffrwydrol. Mae'n ddull hyfforddi defnyddiol oherwydd ei fod yn ymgysylltu ac yn ymestyn y grwpiau o gyhyrau neu gyhyrau targed yn ystod yr un symudiad o fewn ymarfer corff. Mae hyfforddiant plyometrig yn ddelfrydol ar gyfer chwaraeon a gweithgareddau sy'n cynnwys gweithredoedd ffrwydrol, fel slam dync mewn pêl-fasged neu ddechrau sbrint 100-metr.

Os ydych chi'n ymestyn cyhyr dan gyfangiad mae'n dod yn gryfach, ac mae'r cyhyrau'n cynhyrchu mwy o rym os ydyn nhw wedi cael eu hymestyn o'r blaen. Mae gweithgareddau plyometrig yn helpu'r broses hon o gynhyrchu grym trwy fynd â'r cyhyrau trwy weithred cyhyrau ecsentrig ac yna gweithred cyhyrau consentrig pwerus. Mae'r broses hon yn achosi echelau'r cyhyrau i achosi adwaith ymestyn, gan atal unrhyw niwed i'r cyhyrau a chynhyrchu'r grym mwyaf posibl ar gyfradd gyflym.

Defnyddir gwahanol weithgareddau mewn sesiynau hyfforddi plyometrig. Mae gweithgareddau'r corff isaf yn cynnwys neidio clwydi, llamu ag un goes, llamu â choesau am yn ail, driliau bocs a llamau dyfnder. Mae gweithgareddau'r corff uchaf yn cynnwys ymwthiadau plyometrig a thaflu peli ymarfer.

Mae'r offer y gellir eu defnyddio yn cynnwys y canlynol:

▶ **Ysgolion** – mae'r rhain yn ddarnau o offer cludadwy, 2–10m o hyd, yn ddelfrydol ar gyfer datblygu cyflymder ac ystwythder ond hefyd yn ddefnyddiol ar gyfer hyfforddiant plyometrig. Mae sbonciau yn ymarfer plyometrig sylfaenol y gellir ei addasu gan ddefnyddio ysgolion. Rydych chi'n gosod yr ysgol allan ac yn sefyll ar un pen â'ch traed gyda'i gilydd; ewch i mewn i safle cyrcydu a sboncian i lawr hyd yr ysgol ar y ddwy droed o un segment o'r ysgol i'r llall. Dilyniant o'r ymarfer hwn yw newid i sbonciau ag un droed.

▶ **Conau** – mae arferion côn yn syml ond yn effeithiol. Mae conau wedi'u gosod ar lawr ac eglurir trefn neu batrwm sydd fel rheol yn cynnwys cyfres o neidiau gydag un goes o un côn i'r llall, fel arfer o ochr i ochr. Gellir cyflawni'r arferion neidio hyn fel ymarferion plyometrig lefel isel ond maen nhw hefyd yn datblygu cydsymud a chydbwysedd.

▶ **Rhaffau neidio** – mae arferion rhaff neidio yn hyblyg ac yn ddelfrydol ar gyfer datblygu cyflymder, ystwythder a chydbwysedd a gwella eich cydsymud llaw a llygad a throed. Gellir perfformio arferion rhaff neidio fel ymarferion plyometrig lefel isel: cadwch y ddwy droed gyda'i gilydd a neidio'n gyflym wrth droi'r rhaff, gan ddod ddim uwch na 5–10 cm oddi ar y ddaear gyda sgip fach rhwng pob naid. Ailadroddwch yr ymarfer ar gyfer 50–100 o ailadroddiadau yn dibynnu ar ffitrwydd a phrofiad.

► **Pêl ymarfer** – mae gwthiad y frest gan ddefnyddio pêl ymarfer yn ymarfer plyometrig.

- O safle penlinio, daliwch bêl ymarfer gyda'r ddwy law yn erbyn y frest.
- Pasiwch drwy wthio'r bêl ymarfer mewn symudiad ffrwydrol, cyflym tuag allan o'r frest, gan wthio mor bell ymlaen â phosib.
- Gadewch i'r corff ddisgyn ymlaen gyda'r momentwm a dal eich hun ar y llawr gyda chledrau eich dwylo.

► **Clwydi** – gellir eu defnyddio i berfformio amrywiaeth o ymarferion sy'n syml i'w sefydlu a'u haddasu. Ymarfer syml ond effeithiol i'r coesau yw neidio clwydi wrth fownsio. Â'ch traed gyda'i gilydd, rydych chi'n neidio dros un o'r clwydi. Ar ôl glanio, bownsiwch unwaith yna neidiwch dros y glwyd nesaf. Parhewch â'r dilyniant hwn nes i chi gyrraedd y glwyd olaf.

► **Meinciau** – mae neidiau mainc yn ymarfer hynod effeithiol sydd wedi'i gynllunio i gynyddu pŵer a chryfder y coesau. Gellir cynyddu anhawster trwy ddefnyddio mainc dalach, ond rhaid cymryd gofal i sicrhau bod y fainc yn sefydlog, fel arall gall anaf ddigwydd.

⏸ **MUNUD I FEDDWL**   Allwch chi feddwl am unrhyw bryderon diogelwch posibl wrth wneud ymarfer corff plyometrig?

Awgrym   Mae'r symudiadau dwys a ddefnyddir wrth ailadrodd yn cynyddu'r straen ar y cymalau a'r potensial am anaf.

Ymestyn   Sut allech chi fynd ati i weithredu amrywiadau dwysedd isel i wneud plyometreg yn ddiogel ac yn effeithiol i fwy o bobl?

Ymarfer asesu 2.4

Mae'r hyfforddwr ffitrwydd yn eich galw chi i'w swyddfa. Mae'n dweud wrthych ei fod yn mynd i Sbaen ymhen 3 mis i weithio gyda'r Academi Tennis Genedlaethol. Mae wedi cytuno gyda'r rheolwr cyffredinol y dylech ymgymryd â dyfarniad hyfforddwr campfa Lefel 2, rhag ofn y bydd yn rhaid i chi ymgymryd â'i ddyletswyddau tra bydd i ffwrdd. Mae'r clwb tennis wedi cytuno'n garedig i dalu am y cwrs hwn ar yr amod eich bod yn profi bod gennych wybodaeth yn barod am wahanol ddulliau hyfforddi a gwahanol gydrannau ffitrwydd, a sut y gellir defnyddio'r rhain yn y clwb tennis.

Mae'r hyfforddwr ffitrwydd yn awgrymu eich bod chi'n cynhyrchu erthygl ar gyfer rhifyn nesaf cylchgrawn y clwb tennis sy'n ymdrin â'r holl gydrannau ffitrwydd i'w hyfforddi. Lle bo modd, dylech gymhwyso pob cydran gan ddefnyddio tennis fel yr enghraifft o fyd chwaraeon. Os nad yw hyn yn bosibl, mae'n awgrymu eich bod chi'n dewis unrhyw gamp arall o'ch dewis, ond cofiwch roi cyd-destun chwaraeon i bob cydran.

Os yw'r erthygl hon o safon dda, mae'r rheolwr cyffredinol wedi addo ei chyhoeddi yn rhifyn nesaf y cylchgrawn, felly bydd pob aelod yn cael cyfle i'w ddarllen.

Cynllunio

- Beth yw'r dasg? Beth y gofynnir imi roi sylw iddo yn yr erthygl?
- A oes unrhyw gydrannau o hyfforddiant ffitrwydd nad wyf yn gyffyrddus â nhw?
- Gellir cyhoeddi'r erthygl mewn cylchgrawn, felly mae'r dyluniad a'i effaith yn bwysig. A yw hyn yn rhywbeth y byddaf yn cael anhawster ag ef o bosibl?

Gwneud

- Rwy'n gwybod yr holl gydrannau ffitrwydd, a byddaf yn cynnwys yr holl wybodaeth angenrheidiol, gydag enghreifftiau o fyd chwaraeon, ac yn egluro pam bod yr wybodaeth yma'n bwysig. Byddaf yn sicrhau bod y manylion yn gryno ac i'r pwynt, heb ormod o fanylion i orlwytho'r darllenwyr.
- Gallaf adnabod ble y gallai fy erthygl fod wedi mynd o'i le ac addasu fy meddwl/dull i gael fy hun yn ôl ar y trywydd iawn.

Adolygu

- Gallaf egluro beth oedd y dasg a sut yr es i ati i adeiladu fy erthygl.
- Gallaf egluro sut y byddwn yn mynd at y rhannau anoddaf yn wahanol y tro nesaf.

E Deall dyluniad rhaglenni hyfforddi

Myfyrio

Ystyriwch eich profiadau hyfforddi eich hun. Sut allech chi fod wedi addasu'r hyfforddiant hwnnw pe byddech chi'n cynllunio'r rhaglen nawr? Sut fyddech chi'n dadansoddi'r gofynion hyfforddi ar gyfer eich camp? Pa ddulliau hyfforddi y gallech chi eu defnyddio nawr a pha ofynion maethol fyddech chi'n eu hystyried?

Cysylltiad

Bydd yr adran hon yn darparu gwybodaeth ddefnyddiol y gallwch ei defnyddio os ydych chi'n astudio *Uned 4: Arweinyddiaeth Chwaraeon* ac yn gorfod datblygu sesiwn.

Egwyddorion rhaglenni hyfforddi ffitrwydd

Wrth ddylunio rhaglenni hyfforddi, mae dau gwestiwn allweddol:
▶ Beth ydw i'n ceisio ei wella?
▶ Sut ydw i'n mynd i'w wella?

Mae angen gwybodaeth fanwl arnoch am wahanol gydrannau ffitrwydd, a'r gwahanol ddulliau hyfforddi a ddefnyddir i'w gwella, er mwyn ateb y cwestiynau hyn.

Cyn y gallwch chi ddylunio rhaglen hyfforddi, bydd angen i chi osod amcanion unigol. Heb y rhain, ni fyddwch yn gwybod beth i gyfeirio eich hyfforddiant tuag ato. Rhaid i'r rhaglen fod yn hyblyg ond yn gallu cyflawni'r amcanion a'r anghenion personol hyn. Mae gan bob unigolyn uchelgeisiau a dyheadau gwahanol, a dylai eich rhaglen adlewyrchu'r rhain.

Dylid rhannu nodau ac amcanion yr athletwr yn amcanion tymor byr (hyd at fis), tymor canolig (un i dri mis) a hirdymor (tri mis i flwyddyn). Dylai'r nodau ddilyn y targedau CAMPUS canlynol:
▶ **Cyraeddadwy** – maen nhw'n gamau y gallwch eu cyflawni (e.e. ymarfer a gwella hyblygrwydd trwy hyfforddiant)
▶ Wedi'i **Amseru** – mae ganddyn nhw derfynau amser (e.e. i gyrraedd y targed o fewn chwe wythnos)
▶ **Mesuradwy** – gallwch brofi eich bod wedi eu cyrraedd (e.e. cynyddu hyblygrwydd o 5 cm gan ddefnyddio'r prawf eistedd a chyrraedd)
▶ **Penodol** – maen nhw'n dweud yn union beth rydych chi'n ei olygu (e.e. i wella hyblygrwydd yng ngrŵp cyhyrau llinynnau'r gar)
▶ **Uchelgeisiol** ond **Synhwyrol** (realistig) – byddwch chi'n medru eu cyflawni ond byddan nhw'n dal i'ch herio (e.e. mae'n rhaid i'r cynnydd mewn hyblygrwydd fod yn bosibl – nid oes modd cyflawni cynnydd o 20 cm mewn pythefnos)

Gellir ymestyn targedau CAMPUS ymhellach i gynnwys y canlynol:
▶ **Cyffrous** – gwnewch yn siŵr eich bod chi'n edrych ymlaen at eich rhaglen hyfforddi a pheidiwch byth â diflasu arni
▶ **Cofnodadwy** – cadwch gofnodion cywir o bopeth a wnewch mewn dyddiadur hyfforddi.

Bydd hwn yn adnodd rhagorol ac yn ffynhonnell o ysbrydoliaeth i'ch cadw'n heini ac yn iach. Rhaid i chi hefyd ystyried yr adnoddau y bydd eu hangen arnoch ar gyfer y rhaglen hyfforddi. Mae'r ystod y gallech ddewis ohoni yn enfawr, gan gynnwys pwysau rhydd, peiriannau gwrthiant, peiriannau cardiofasgwlaidd, matiau, bandiau gwrthiant, pwysau tegell, dillad ac esgidiau addas, ac ati. Dylid ystyried lleoliad yr hyfforddiant hefyd a gallai gael cryn effaith ar yr offer sydd ar gael.

Egwyddorion hyfforddi

Un o'r egwyddorion pwysicaf wrth gynllunio sesiynau unigol a rhaglenni hyfforddi llawn yw **egwyddor FITT** (*Frequency, Intensity, Time, Type*) sef Amlder, Dwysedd, Amser, Math.

▶ Mae **amlder** sesiwn hyfforddi neu raglen yn cyfeirio at nifer y sesiynau hyfforddi bob wythnos. Er bod amlder sesiynau yn bwysig, mae dwysedd a hyd yr hyfforddiant yn bwysicach. Ni ddylai hyfforddwyr newydd hyfforddi fwy na thair gwaith yr wythnos nes bod eu lefelau ffitrwydd yn gallu ymdopi â'r llwyth hyfforddi cynyddol. Ar ôl i'ch lefelau ffitrwydd gynyddu, fe allech chi symud ymlaen i hyfforddi bum gwaith yr wythnos.

▶ Mae **dwysedd** rhaglen wedi'i chysylltu'n agos ag egwyddor hyfforddi gorlwytho – pa mor galed rydych chi'n gweithio yn ystod eich hyfforddiant. Dwysedd yw un o'r ffactorau pwysicaf wrth ddylunio rhaglen hyfforddi ac mae'n ymwneud â ffactorau fel pwysau, pellter, canrannau cyfradd curiad y galon a chyflymder.

▶ Mae **amser** yn ymwneud â hyd pob sesiwn hyfforddi, a pha mor hir y bydd y sesiwn (sesiynau) yn para.

▶ Bydd y **math** o ymarfer corff rydych chi'n ei gwblhau yn gysylltiedig â'ch anghenion unigol. Dyma'r dull hyfforddi y byddwch chi'n ei gwblhau, er enghraifft hyfforddiant pwysau rhydd.

Egwyddorion ychwanegol hyfforddi

Mae yna hefyd egwyddorion eraill i'w hystyried wrth gynllunio rhaglen hyfforddi.

▶ **Penodoldeb** – mae egwyddor penodoldeb (*specificity*) yn golygu y dylech gynllunio'ch rhaglen hyfforddi o amgylch anghenion y gamp neu'r gweithgaredd (fel grwpiau o gyhyrau penodol, cydrannau ffitrwydd neu weithredoedd chwaraeon) a'ch anghenion unigol (fel targedau sy'n benodol i chi yn hytrach na thargedau cyffredinol yn unig).

▶ **Dilyniant** – mae hyn yn bwysig oherwydd dim ond os ydych chi'n parhau i wneud yr hyfforddiant yn anoddach yn gynyddol y bydd eich corff yn addasu i hyfforddiant (gan gynyddu lefelau'r gorlwytho). Heb y lefelau cywir o orlwytho a dilyniant, bydd eich enillion hyfforddi yn dechrau lefelu i ffwrdd neu 'wastadu'. Byddwch yn ofalus wrth gynllunio dilyniant, oherwydd gall perfformiadau gwael ddeillio o ddim digon o ddilyniant neu raglen hyfforddi sy'n gorlwytho'r system. Yn ogystal â pherfformiad gwael, gall gorlwytho gormodol arwain at anaf neu salwch trwy or-hyfforddi.

▶ **Gorlwytho** – mae gorlwytho yn ymestyn systemau'r corff y tu hwnt i'w lefel gweithredol arferol ac mae'n agwedd hanfodol ar ennill effeithiau hyfforddi. Gellir addasu'r ardaloedd canlynol (eu cynyddu neu eu gostwng) i reoli lefel y gorlwytho:

• amlder: nifer y sesiynau yr wythnos, er enghraifft, yn cynyddu o ddwy i bedair

• dwysedd: faint o egni sydd ei angen i berfformio ymarfer neu weithgaredd penodol

• hyd: cyfanswm yr amser y mae sesiwn ymarfer corff neu weithgaredd yn ei gymryd, er enghraifft, gellid cynyddu un sesiwn 20 munud i sesiwn 30 munud.

▶ **Cildroadedd** (*reversibility*) – colli buddion hyfforddi ac addasiadau pan fyddwch chi'n rhoi'r gorau i hyfforddi.

▶ **Gorffwys ac adfer** – yr angen am amser digonol i wella ar ôl hyfforddi neu gystadlu. Mae eich gallu i wella ar ôl hyfforddi yr un mor bwysig â'r ymarfer corff ei hun.

▶ **Addasu** – y ffordd y mae'r corff yn 'rhaglennu' y cyhyrau i gofio symudiadau neu sgiliau. Mae'r broses o ailadrodd y symudiadau neu'r sgiliau hyn yn annog y corff i addasu fel eu bod yn dod yn haws i'w perfformio.

▶ **Amrywiad** – mae newidiadau rheolaidd mewn dwysedd hyfforddiant, hyd neu gyfaint yn aml yn arwain at enillion uwch mewn perfformiad.

▶ **Anghenion unigol** – mae anghenion ffitrwydd personol yn seiliedig ar oedran, cymhelliant, lefel ffitrwydd a rhyw, a/neu amcanion neu ofynion chwaraeon penodol, i gyd yn rhan o raglen hyfforddi lwyddiannus.

Yn ystod eich hyfforddiant, byddwch fel arfer yn ceisio cynyddu'r gorlwytho i sicrhau eich bod yn dal i weld effeithiau hyfforddi, ond mae yna adegau pan fyddwch chi eisiau neu angen lleihau'r gorlwytho. Mae'r rhain yn cynnwys:

▶ arwyddion o or-hyfforddi neu or-flino, fel anaf, salwch neu ostyngiad difrifol mewn cymhelliant

▶ gwahanol adegau o'r tymor (er enghraifft, nid yn ystod y tymor neu'n agos at gystadleuaeth fawr).

⏸ MUNUD I FEDDWL   Pa risgiau sy'n gysylltiedig â gorlwytho?

Awgrym   Ystyriwch y gwahaniaeth rhwng gorlwytho cleient yn adeiladol a'u gwthio nhw y tu hwnt i'w galluoedd.

Ymestyn   Sut allwch chi reoli lefel y gorlwytho fel bod eich cleient yn gwneud cynnydd yn hytrach na dioddef anaf neu or-flino?

Cyfnodoli

Mae'r rhan fwyaf o bobl mewn chwaraeon yn defnyddio rhaglen hyfforddi sy'n seiliedig ar gylchred strwythuredig. Gelwir hyn yn 'gyfnodoli' (*periodisation*). Gall cyfnodoli fod o fudd i chi oherwydd ei fod yn sicrhau newidiadau ffisiolegol a seicolegol parhaus, mae'n atal yr anafiadau a diflastod sy'n dod o or-hyfforddi, ac mae'n helpu i gyflawni perfformiad brig ar gyfer digwyddiadau allweddol.

Rhennir y cylch hyfforddi yn **macrogylchedau**, **mesogylchedau** a **microgylchedau**.

Macrogylchedau

Gall haen gyntaf rhaglen hyfforddi fod yn seiliedig ar gylched yn ymestyn o flwyddyn i bedair mlynedd, a elwir yn facrogylched. Er enghraifft, bydd chwaraewr pêl-droed yn hyfforddi ar sail cylched blwyddyn, o fis Mehefin i fis Mai, gan anelu at gyrraedd perfformiad brig ar gyfer gêm wythnosol neu bob yn ail wythnos, tra bydd gan athletwr Olympaidd macrogylched pedair mlynedd, gan anelu at berfformiad brig i gyd-fynd â'r Gemau Olympaidd.

Mesogylchedau

Rhennir y macrogylched yn nifer o fesogylchedau, fel arfer yn para 4–24 wythnos. Y mesogylched yw'r prif ddull o reoli'r cymarebau gwaith-i-orffwys. Er enghraifft, os oes gennych gymhareb gwaith-i-orffwys o 3:1, bydd gennych fesogylched o bedair wythnos gyda thair wythnos waith ac yna un wythnos orffwys weithredol. Os ydych chi'n hyfforddwr dibrofiad, efallai bod gennych gymhareb o 2:1, ond os ydych chi'n hyfforddwr datblygedig, fe allech chi gael cymhareb o hyd at 6:1.

Gellir **llwytho mesogylchedau'n raddol**. Mae'r dechneg hon yn defnyddio cymhareb gwaith-i-orffwys ailadroddus; er enghraifft, gyda mesogylched o bedair wythnos, fe allech chi gael cymhareb o 3:1 ac ailadrodd y gylched hon dair gwaith ond cynyddu dwysedd yr wythnosau gwaith ar ddechrau pob cylched.

Microgylchedau

Rhennir pob mesogylched yn nifer o ficrogylchedau. Mae'r microgylched wedi'i gynllunio gydag addasiad penodol mewn golwg a dylai ddilyn egwyddorion hyfforddiant FITT. Mae microgylchedau fel arfer yn para am wythnos, ond gallant amrywio rhwng 5–10 diwrnod. Dangosir rhaglen hyfforddi gyfnodol nodweddiadol yn Nhabl 2.25.

Macrogylched											
Mesogylched 1				Mesogylched 2				Mesogylched 3			
Microgylched 1	Microgylched 2	Microgylched 3	Microgylched 4	Microgylched 5	Microgylched 6	Microgylched 7	Microgylched 8	Microgylched 9	Microgylched 10	Microgylched 11	Microgylched 12
Gwaith	Gwaith	Gwaith	Gorffwys	Gwaith	Gwaith	Gwaith	Gorffwys	Gwaith	Gwaith	Gwaith	Gorffwys

⏸ MUNUD I FEDDWL Pa ffactorau neu ddigwyddiadau a allai amharu ar gyfnodoli rhaglen hyfforddi?

Awgrym Mae anafiadau, salwch ac amgylchiadau annisgwyl yn digwydd trwy'r amser. Ni allwn gynllunio ar eu cyfer, dim ond addasu iddynt.

Ymestyn Sut fyddech chi'n cael cleient yn ôl ar y trywydd iawn ar ôl anaf am 6 wythnos? A fyddech chi'n ailysgrifennu neu'n addasu eu rhaglen hyfforddi?

Astudiaeth achos

Gwyddonydd Chwaraeon: Jack Donnelly a'r her hyfforddiant ffitrwydd

Mae Jack bellach wedi hen ennill ei blwyf fel gwyddonydd chwaraeon newydd y clwb pêl-droed. Ar ôl cyflawni nifer o dasgau ledled y clwb dros y flwyddyn, gofynnwyd i Jack weithio ar ofynion hyfforddiant a ffitrwydd mwy penodol y garfan o fechgyn dan 16 oed.

Gwelodd Jack fod hwn yn gam i fyny o ran y wybodaeth ofynnol sy'n chwaraeon benodol. Felly, mae Jack wedi cymryd arno'i hun i ennill cymhwyster Hyfforddwr Personol i gynorthwyo ei rôl yn y clwb pêl-droed a helpu'r rhai dan 16 oed yn eu nod i fod yn gryfach ac yn fwy heini. Mae Jack wedi nodi'r camau canlynol er mwyn cyflawni ei nod:

- **Cam 1** – Byddwch yn realistig: a ydych chi'n ffit ac yn gallu arddangos neu berfformio ymarferion o flaen athletwyr hyfforddedig? Cyn i chi ddechrau, gwnewch yn siŵr eich bod yn rhesymol o ffit, bod gennych ddiddordeb mewn hyfforddiant a rhaglennu ffitrwydd a'ch bod yn gyffyrddus mewn lleoliad campfa.
- **Cam 2** – Ymgymryd â chymhwyster Hyfforddwr Campfa Lefel 2. Dyma'r cam cyntaf i hyfforddiant ffitrwydd a'r diwydiant ffitrwydd, ac mae'n sylfaen ar gyfer dilyniant pellach i ddod yn Hyfforddwr Personol neu'n Hyfforddwr Athletau.
- **Cam 3** – Ar ôl cymhwyso fel Hyfforddwr Campfa Lefel 2, ystyriwch symud ymlaen i Ddiploma Lefel 3 a Diploma Uwch mewn Hyfforddiant Personol. Bydd y cyrsiau hyn yn rhoi gwybodaeth uwch i chi ac yn datblygu eich sgiliau campfa. Efallai y byddwch chi hyd yn oed eisiau rhedeg eich busnes eich hun o'r pwynt hwn.
- **Cam 4** – Bydd y wybodaeth a gafwyd o'ch cymwysterau academaidd ynghyd â dechrau ar Lefel 2 Cyfarwyddyd Campfa yn eich helpu i gynnal a goruchwylio rhaglenni ffitrwydd.

Cymerwch gip ar wefannau rhai clybiau iechyd a ffitrwydd lleol i weld a ydyn nhw'n hysbysebu am hyfforddwyr campfa. Sylwch sut fyddai eu gwaith a'i gymharu â'r clybiau iechyd a ffitrwydd eraill. Mae yna hefyd gyfleoedd i hyfforddwyr ffitrwydd, hyfforddwyr personol a hyfforddwyr cryfder a chyflyru mewn clybiau chwaraeon proffesiynol. Pa wahaniaethau sydd rhwng y swyddi hyn a'r rhai mewn clybiau iechyd a ffitrwydd?

Ymarfer asesu 2.5

Mae gan yr hyfforddwr ffitrwydd gytundeb chwe mis i weithio mewn academi dennis yn Sbaen. Mae'r rheolwr cyffredinol wedi gofyn a fyddwch chi'n fodlon llenwi nes iddo ddychwelyd. Yn naturiol, rydych chi wedi cytuno!

Fodd bynnag, rydych chi wedi cymryd y dyletswyddau hyfforddiant ffitrwydd drosodd ar amser prysur ac mae'r rheolwr cyffredinol wedi gofyn ichi lunio rhaglen hyfforddi gyffredinol ar gyfer chwaraewr tennis cystadleuol mewn oed nodweddiadol. Bydd y pecyn hyfforddi 'oddi ar y silff' hwn yn eich helpu i ryddhau mwy o amser i'w neilltuo i hyfforddi sêr y dyfodol yn y grŵp dan 16 oed.

Gellir ysgrifennu'r rhaglen hon ym mha bynnag fformat y dymunwch, ond rhaid iddi gynnwys y wybodaeth ganlynol i sicrhau bod y clwb yn parhau i gynnig y cyngor hyfforddi gorau posibl:

- dyluniad rhaglen hyfforddiant ffitrwydd: nodau ac amcanion; amcanion penodol, mesuradwy, cyraeddadwy, realistig, amserol, cyffrous a chofnodi; adnoddau sydd eu hangen

- egwyddorion hyfforddi FITT; penodoldeb; gorlwytho; dilyniant; gorffwys ac adferiad

- cyfnodoli (6 mis): macrogylchedau; mesogylchedau; microgylchedau.

Dylai'r rhaglen gael ei hanelu at y twrnamaint clwb tennis blynyddol sydd ymhen 6 mis, pan fydd yr hyfforddwr ffitrwydd yn dychwelyd.

Cynllunio

- Beth yw'r dasg? Beth sydd angen i'r rhaglen hyfforddi fynd i'r afael ag ef?
- Pa mor hyderus ydw i yn fy ngalluoedd fy hun i gyflawni'r dasg hon? A oes unrhyw feysydd o fewn dylunio rhaglen hyfforddiant ffitrwydd a'i heffaith y credaf y byddaf yn cael anhawster â nhw?

Gwneud

- Rwy'n gwybod sut i ddylunio rhaglen hyfforddiant ffitrwydd, a byddaf yn cynnwys yr holl wybodaeth angenrheidiol ac yn egluro pam bod yr wybodaeth hon yn bwysig. Mae'n rhaglen chwe mis, felly byddaf yn cadw'r manylion yn weddol gryno – gall gormod o fanylion orlwytho'r cleientiaid.

Adolygu

- Gallaf egluro beth oedd y dasg a sut y gwnes i fynd ati i ddylunio fy rhaglen hyfforddiant ffitrwydd.
- Gallaf egluro sut y byddwn yn mynd at y rhannau anoddaf yn wahanol y tro nesaf.

Deunydd darllen ac adnoddau pellach

Llyfrau

Bean, A. (2013) *The Complete guide to Sports Nutrition*, Llundain: Bloomsbury.
Bean, A. (2015) *Which Sports Supplements Really Work*, Llundain: Bloomsbury.
Brooks, D. (2004) *The Complete Book of Personal Training*, Champaign, IL: Human Kinetics.
Coulson, M. (2013) *Complete Guide to Personal Training*, Llundain: Bloomsbury.
Delavier, F. (2013) *Strength Training Anatomy*, Llundain: Bloomsbury.

Gwefannau

www.chwaraeon.cymru/athrofa-chwaraeon-cymru/ – Athrofa Chwaraeon Cymru: gwybodaeth am y tîm o ymarferwyr gwyddoniaeth a meddygaeth a chynghorwyr perfformiad sy'n cefnogi athletwyr Cymru i sicrhau llwyddiant ar lwyfan y byd.

www.chwaraeon.cymru/cynnwys/athrofa-gwyddoniaeth-perfformiad-cymru/ – Sefydliad Gwyddorau Perfformio Cymru: gwybodaeth am ymchwil effaith uchel a phrosiectau gwyddorau perfformio cymhwysol amlddisgyblaethol ac arloesol ar lefel byd sy'n gwella perfformiad athletwyr Cymru.

www.eis2win.co.uk – English Institute of Sport: gwybodaeth am yr egwyddorion maethol a ddefnyddir gan yr EIS i wella perfformiad athletwyr.

www.uksca.org.uk – UK Strength and Conditioning Association: gwybodaeth a chyngor ar sut i ddod yn hyfforddwr cryfder a chyflyru achrededig.

www.bases.org.uk – British Association of Sport and Exercise Sciences: newyddion a gwybodaeth arall am wyddorau chwaraeon ac ymarfer corff.

www.nhs.uk/livewell – NHS Live Well: awgrymiadau ar gyfer arwain ffordd iach o fyw.

BETH AM ▶▶ Y DYFODOL?

Siobhan Barber

Hyfforddwr
Personol

Astudiais gwrs BTEC Cenedlaethol mewn Chwaraeon a chyn hir cymerais ddiddordeb mewn hyfforddiant a rhaglennu ffitrwydd. Yn gynnar yn y cwrs, roeddwn i'n gwybod fy mod i eisiau bod yn Hyfforddwr Personol. Yn fuan ar ôl dechrau'r cwrs, ymgymerais â'r cymhwyster hyfforddwr campfa Lefel 2. Fe wnaeth y cwrs BTEC fy helpu i basio'r arholiad. Yn fuan ar ôl pasio, llwyddais i gael swydd rhan-amser mewn clwb iechyd lleol tra'n parhau gyda fy astudiaethau yn y coleg. Ar ôl fy nghwrs BTEC roeddwn wedi cynilo digon o arian i wneud cwrs Hyfforddwr Personol Lefel 3 am 12 mis. Roedd yn waith caled, ond rydw i bellach yn Hyfforddwr Personol Uwch cymwys gyda rhestr o gleientiaid mewn clwb iechyd.

Mae'r rôl yn amrywiol ac rwy'n gweld llawer o'm cleientiaid naill ai'n gynnar yn y bore neu'n hwyrach gyda'r nos, gan fod y mwyafrif yn gweithio oriau rheolaidd yn ystod y dydd. Mae'r oriau rhydd yn ystod y dydd yn wych gan eu bod yn caniatáu imi ymlacio a rhoi amser imi gynllunio fy amserlen wythnosol, anfon anfonebau, rheoli fy llif arian a sicrhau bod fy holl yswiriant a gweinyddiaeth yn gyfredol. Wrth ymlacio, rwy'n dal i fyny ar yr ymchwil a'r erthyglau diweddaraf yn y diwydiant ffitrwydd, er mwyn aros un cam ar y blaen er budd fy nghleientiaid. Mae'r swydd yn werth chweil ond mae'n hanfodol cael perthynas dda â chleientiaid, i'w helpu i deimlo'n gyfforddus ac yn dda amdanynt eu hunain. Mae eu hiechyd, eu lles a'u cyflawniadau yn adlewyrchiad o fy ymdrechion, felly rwyf hefyd yn falch iawn o'm cleientiaid a'r cyfan y maen nhw wedi'i gyflawni yn y gampfa.

Hyfforddiant personol yw fy swydd ddelfrydol. Trwy gydol fy nghwrs BTEC roeddwn i'n gwybod mai dyna oeddwn i eisiau ei wneud, ac fe wnaeth y ffocws hwn fy helpu i orffen y cwrs hwnnw a'r holl gyrsiau dilynol. Rwy'n gwneud bywoliaeth dda ac rydw i ar fin rhoi blaendal ar fflat fel prynwr am y tro cyntaf. A fyddwn i'n newid unrhyw beth am fy ngwaith? Dim un peth.

Canolbwyntio eich sgiliau

Cynnal profion monitro iechyd

Mae'n bwysig dilyn 'protocol cywir' mewn profion monitro iechyd. Efallai y bydd cleientiaid yn teimlo'n nerfus felly mae angen i chi eu gwneud yn gartrefol.

- Mae'r gallu i gyfathrebu â chleientiaid yn bwysig, felly rhaid i chi eu trin nhw â chwrteisi a pharch, a'u helpu i ymlacio.
- Sicrhewch fod yr holl offer yn lân, yn hylan ac yn barod i'w defnyddio, e.e. mae batris ym mhob monitor a phob cyff a chaliper wedi ei sychu â chadachau gwrthfacteria.
- Cynhaliwch eich profion mewn amgylchedd addas ac mewn dull proffesiynol. Esboniwch beth rydych chi'n ei wneud a rhoi'r argraff o awdurdod digynnwrf drwyddi draw.
- Pwysleisiwch fod y canlyniadau'n gyfrinachol ac na chânt eu trosglwyddo heb gydsyniad y cleient.
- Esboniwch y canlyniadau mewn modd ystyriol a dywedwch sut maen nhw'n cael eu defnyddio i ddatblygu unrhyw raglen hyfforddi.
- Sicrhewch fod yr ardal brofi yn cael ei gadael yn union fel y daethoch o hyd iddi a bod yr holl offer profi yn cael eu cadw'n ddiogel.

Gwybodaeth ffitrwydd

- Mae hyfforddwr personol angen gwybodaeth soffistigedig am sut mae'r corff yn symud ac yn gweithredu. Mae hyn yn seiliedig ar anatomeg ddynol, ffisioleg, seicoleg, maeth a rhaglennu ymarfer corff.
- Rydych chi'n hyfforddwr ac yn diwtor i'ch cleientiaid, ac mae angen i chi gyfuno amcanion tymor hir a thechnegau ysgogol mewn rhaglen hyfforddi.
- Rydych chi'n cael y dasg o ddatblygu rhaglenni hyfforddi unigol, pob un yn wahanol ac yn gofyn am gynllunio, cydgysylltu a threfnu'n ofalus.

Paratoi ar gyfer asesiad

Ysgrifennwyd yr adran hon i'ch helpu i wneud eich gorau pan fyddwch chi'n sefyll y prawf asesu. Darllenwch drwyddi yn ofalus a gofynnwch i'ch tiwtor os oes unrhyw beth nad ydych yn siŵr amdano o hyd.

Ynglŷn â'r prawf

Mae'r prawf asesu mewn dwy ran. Bydd Rhan A yn cynnwys senario yn seiliedig ar unigolyn sydd angen arweiniad ar hyfforddiant, ffordd o fyw a maeth y dylid cynnal ymchwil eilaidd arno. Bydd y senario hwn yn cael ei ryddhau i chi gyfnod penodol o amser cyn Rhan B. Bydd Rhan B yn cynnwys gwybodaeth ysgogol atodol gan adeiladu ar y wybodaeth senario yn Rhan A. Gan y gall y canllawiau ar gyfer asesu newid, dylech gyfeirio at y canllawiau asesu swyddogol ar wefan Cymwysterau Pearson i gael y canllawiau diffiniol diweddaraf.

Paratoi ar gyfer y prawf

Er mwyn gwella'ch siawns yn ystod yr asesiad bydd angen i chi adolygu'r holl amcanion asesu allweddol sy'n debygol o ymddangos. Cyflwynwyd yr amcanion asesu i chi ar ddechrau'r uned hon. Er mwyn helpu i gynllunio'ch adolygu, mae'n ddefnyddiol gwybod pa fath o ddysgwr ydych chi. Edrychwch ar y tabl canlynol a phenderfynwch pa ddisgrifiad sy'n swnio fwyaf tebyg i chi.

Math o ddysgwr	Dysgwr gweledol	Dysgwr clywedol	Dysgwr cinesthetig
Beth mae'n ei olygu	• Angen gweld rhywbeth neu ei ddarlunio i'w ddysgu	• Angen clywed rhywbeth i'w ddysgu	• Dysgu'n well pan fydd gweithgaredd corfforol ynghlwm – dysgu trwy wneud
Ffyrdd defnyddiol o baratoi ar gyfer y prawf	• Codio gwybodaeth mewn lliw yn eich nodiadau • Gwnewch gardiau fflach byr (fel y gallwch chi weld y nodiadau yn eich meddwl) • Defnyddio diagramau, mapiau meddwl a siartiau llif • Defnyddio nodiadau *post-it* i adael nodiadau atgoffa gweladwy i chi'ch hun	• Darllen gwybodaeth yn uchel, yna ei ailadrodd yn eich geiriau eich hun • Defnyddio gemau geiriau neu mnemonigion i helpu • Defnyddio ffyrdd gwahanol o ddweud pethau – pwylais neu leisiau gwahanol ar gyfer pethau gwahanol • Recordio nodiadau adolygu byr i wrando arnynt ar eich ffôn neu'ch cyfrifiadur	• Adolygu eich nodiadau wrth gerdded – defnyddio lleoliadau gwahanol ar gyfer pynciau gwahanol • Ceisio cysylltu gweithredoedd â rhannau penodol o ddilyniant y mae angen i chi ei ddysgu • Recordio eich nodiadau a gwrando arnyn nhw wrth wneud tasgau, ymarfer corff ac ati – cysylltu'r tasgau â'r dysgu

▶ Pan fyddwch chi'n derbyn y senario ar gyfer Rhan A, dylech chi gynnal ymchwil yn annibynnol a gwneud nodiadau dros y cyfnod o amser cyn yr asesiad dan oruchwyliaeth. Cynlluniwch amserlen i fynd i'r afael â phob pwnc a gynhwysir yn y senario a pharatowch set o nodiadau i fynd gyda chi i'r asesiad dan oruchwyliaeth. Gwnewch yn siŵr eich bod chi'n gyfarwydd â'r cynnwys erbyn i chi ymgymryd â Rhan B.

▶ Darllenwch yn ofalus unrhyw gyfarwyddiadau a'r holl gynnwys a roddir i chi ar y diwrnod ar gyfer Rhan B. Gwnewch yn siŵr eich bod chi'n cyfeirio at eich nodiadau parod ac yn ystyried sut mae'r wybodaeth ysgogol atodol newydd yn adeiladu ar y senario yn Rhan A – ysgrifennwch nodiadau ar dudalen wag.

Peidiwch â dechrau adolygu'n rhy hwyr! Mae gwthio gwybodaeth ar y funud olaf yn achosi straen ac nid yw'n gweithio.

- Mae'r rhan fwyaf o gwestiynau'n cynnwys geiriau gorchymyn. Bydd deall ystyr y geiriau hyn yn eich helpu i ddeall yr hyn y mae'r cwestiwn yn gofyn ichi ei wneud. Cyflwynwyd y geiriau gorchymyn ar ddechrau'r uned hon.
- Mae cynllunio'ch amser yn rhan bwysig o lwyddo ar brawf. Gweithiwch allan beth sydd angen i chi ei ateb ac yna cynlluniwch eich amser. Os ydych chi'n ysgrifennu ateb i gwestiwn hirach, ceisiwch gynllunio'ch ateb cyn i chi ddechrau ysgrifennu. Gwnewch yn siŵr bod gennych chi syniad clir o'r pwynt rydych chi am ei wneud, ac yna gwnewch yn siŵr bod y pwynt hwn yn dod ar draws ym mhopeth rydych chi'n ei ysgrifennu, fel bod y cyfan yn canolbwyntio ar ateb y cwestiwn rydych chi wedi'i osod.

Enghraifft ar waith

Mae David Smith yn 30 oed ac yn gweithio 40 awr yr wythnos mewn rôl weinyddol mewn swyddfa. Nid yw wedi cynnal unrhyw ymarfer corff am o leiaf pum mlynedd. Mae'n mynd ar y trên i'r gwaith bob dydd, taith sy'n para tua 15 munud. Tra ar wyliau yn ddiweddar, sylwodd ei fod wedi ennill pwysau (10 kg yn y ddwy flynedd ddiwethaf). Mae ei ffrind gorau wedi awgrymu ei fod yn dechrau chwarae pêl-droed gyda ef a'i ffrindiau eto, ond mae David yn poeni na fydd yn gallu chwarae fel y medrai unwaith ac y bydd yn dioddef oherwydd ei bwysau cynyddol a'i ddiffyg ffitrwydd amlwg.

Edrychwch yn ofalus ar sut mae'r cwestiwn wedi'i nodi i weld faint o bwyntiau y mae angen i chi eu cynnwys yn eich ateb.

Mae David wedi penderfynu ymuno â champfa leol a chael asesiad ffitrwydd llawn, fel y gall ddechrau chwarae pêl-droed pump bob ochr yn ystod yr wythnosau i ddod. Mae wedi llenwi ffurflen PAR-Q ac wedi nodi nad oes ganddo gyflyrau meddygol a'i fod yn ffit i gymryd rhan mewn gweithgaredd corfforol. O ganlyniad, mae David wedi cael rhaglen hyfforddi 6 wythnos i'w dilyn.

Holiadur ffordd o fyw

Rhan 1: Manylion personol			
Enw	Mr D Smith	Dyddiad geni	01/07/1986
Cyfeiriad	10 The Drive, Milltown		
Ffôn (cartref)	01234 566786	Ffôn (symudol)	07785879657
Gwaith	Gweithiwr swyddfa		
Oriau gwaith	9 am i 6 pm gydag egwyl ginio o 1 awr		
Pa mor bell ydych chi'n byw o'ch gweithle?	Tua 5 milltir		
Sut ydych chi'n teithio i'r gwaith?	Trên		
Rhan 2: Lefelau gweithgaredd cyfredol			
Sawl gwaith yr wythnos ydych chi'n cymryd rhan mewn gweithgaredd corfforol ar hyn o bryd?	Dim		
Rhan 3: Eich ffordd o fyw			
Sawl uned o alcohol ydych chi'n ei yfed bob wythnos fel arfer?		16	
Ydych chi'n ysmygu?		Nac ydw	
Ydych chi'n profi straen yn ddyddiol?		Ydw	
Os ydych, beth sy'n achosi eich straen?		Dyddiadau cau yn y gwaith	
Ar gyfartaledd, sawl awr o gwsg ydych chi'n ei gael bob nos?		6	
Rhan 4: Profion monitro iechyd			
Pwysedd gwaed	140/90 mm Hg		
Cyfradd gorffwys curiad y galon	88 cyf		
BMI	31		
Cymhareb gwasg-i-glun	1.3		
Rhan 5: Amcanion corfforol			
Beth yw eich amcanion corfforol/chwaraeon?	Dechrau chwarae pêl-droed 5-bob-ochr yn gystadleuol eto a cholli o leiaf 10 kg mewn pwysau		
Llofnod (cleient): *D. Smith*			

Gan gyfeirio at yr holiadur ffordd o fyw a ddangosir, dehonglwch y ffactorau ffordd o fyw a gwybodaeth sgrinio ar gyfer y cleient. [12]

Ateb: *Mae'r cleient yn 30 oed ac mae ei BMI yn awgrymu ei fod dros bwysau ac mae angen iddo golli rhwng 8 a 10 kg. Mae ei bwysedd gwaed yn rhy uchel a dylai yfed llai o alcohol. Mae'n gweithio mewn swyddfa ac nid yw'n cael unrhyw ymarfer corff yn ystod y dydd neu gartref. Mae'n dweud ei fod eisiau chwarae pêl-droed eto ond yn ofni y bydd yn gwneud ffŵl ohono'i hun oherwydd ei fod yn rhy dew a ddim yn ddigon ffit. Eisiau newid ei ffordd o fyw.*

> **Mae'r ateb hwn yn gyffredinol berthnasol i ffactorau ffordd o fyw'r cleient ond nid yw'n cynnwys peth o'r wybodaeth a ddarperir gan y cleient (h.y. y dull teithio a ddefnyddir, cyfradd gorffwys curiad y galon, ffactorau straen, ac ati). Dyfarnwyd 5 marc.**

Awgrymwch ddulliau hyfforddi perthnasol ar gyfer y cleient. [8]

Ateb: *Amcanion y cleient yw colli pwysau a dod yn ffit ar gyfer pêl-droed. Rwy'n awgrymu hyfforddiant ar yr wythnos gyntaf o 3 diwrnod yr wythnos gan ganolbwyntio ar ffitrwydd cardiofasgwlaidd i fod yn sail i ddygnwch cyhyrol yn nes ymlaen, ystwythder, hyblygrwydd a ffitrwydd cardiofasgwlaidd pellach. I arolygu pwysedd gwaed ar ôl cyfnodau o dair a chwe wythnos. Ceisio gwneud hyfforddiant yn benodol i bêl-droed os yn bosibl. Hyfforddiant cardiofasgwlaidd cychwynnol i ganolbwyntio ar ymarferion melin draed isel i gymedrol i godi lefelau ffitrwydd sylfaenol y cleient. Wythnos 1 i gychwyn gyda pheiriannau gwrthiant o ddwysedd isel gan ganolbwyntio ar y coesau i gynorthwyo â phêl-droed.*

> **Mae'r ateb hwn yn awgrymu defnyddio dulliau hyfforddi sydd â pherthnasedd penodol i ofynion y cleient. Mae'n ystyried ei lefel gyfredol o ffitrwydd ac yn awgrymu addasiadau i'r rhaglen hyfforddi sy'n benodol i ofynion y cleient (pêl-droed). Dyfarnwyd 7 marc.**

Dyluniwch wythnosau 1 a 6 o raglen hyfforddi 6 wythnos ar gyfer y cleient. [6]

Ateb:

Wythnos 1	
	Gweithgaredd corfforol
Dydd Llun	Campfa: • Cynhesu cardiofasgwlaidd (CF) 5 munud ar felin draed – dwysedd isel • Ymestyn statig – pob prif grŵp o gyhyrau • Gwasgau brest a gwasgau coesau ar beiriannau gwrthiant (2 × 15 o ailadroddiadau – gwrthiant isel) • Rhedeg 20 munud ar felin draed ar 8 km/awr • 2 × 10 o gyrlau braich – gwrthiant isel • 2 × 10 o grensiadau • Sesiwn oeri CF 5 munud ar feic ymarfer corff • Oeri i lawr wrth ymestyn
Dydd Mawrth	Cerdded i'r gwaith
Dydd Mercher	Campfa: • Sesiwn gynhesu CF am 5 munud ar feic ymarfer corff – dwysedd isel • Ymestyn statig – pob prif grŵp o gyhyrau • Rhwyfo tra'n eistedd ac estyniadau'r coesau ar beiriannau gwrthiant (2 × 15 o ailadroddiadau – gwrthiant isel) • Rhwyfo am 20 munud ar ddwysedd isel • 2 × 10 o estyniadau'r cyhyrau triphen – gwrthiant isel • 2 × 10 o godiadau coes • Sesiwn oeri CF am 5 munud ar felin draed • Oeri i lawr wrth ymestyn
Dydd Iau	Gorffwys

Dydd Gwener	Campfa: • Cynhesu CF 5 munud ar felin draed – dwysedd isel • Ymestyn statig – pob prif grŵp o gyhyrau • Gwasgau brest ac estyniadau'r coesau ar beiriannau gwrthiannt (2 × 15 o ailadroddiadau – gwrthiant isel) • Rhedeg 20 munud ar felin draed ar 8 km/awr • 1 × 5 o wasgau byrfraich • 2 × 10 o grensiadau • Sesiwn oeri CF 5 munud ar feic ymarfer corff • Oeri i lawr wrth ymestyn
Dydd Sadwrn	Cerdded 30 munud o amgylch y parc lleol
Dydd Sul	Gorffwys

Wythnos 6: Dilyniant

	Gweithgaredd corfforol
Dydd Llun	Campfa: • Sesiwn gynhesu CF 10 munud ar felin draed – dwysedd isel • Ymestyn statig – pob prif grŵp o gyhyrau • Gwasgau brest a gwasgau coesau ar beiriannau gwrthiant (3 × 15 o ailadroddiadau – gwrthiant isel) • Rhedeg 30 munud ar felin draed ar 8 km/awr • 3 × 10 o gyrlau braich – gwrthiant isel • 2 × 10 o grensiadau • Sesiwn oeri CF 10 munud ar feic ymarfer corff • Oeri i lawr wrth ymestyn
Dydd Mawrth	Campfa: • Sesiwn gynhesu CF am 10 munud ar feic ymarfer corff – dwysedd isel • Ymestyn statig – pob prif grŵp o gyhyrau • Rhwyfo tra'n eistedd ac estyniadau'r coesau ar beiriannau gwrthiant (3 × 15 o ailadroddiadau – gwrthiant isel) • Rhwyfo am 25 munud ar ddwysedd isel • 3 × 10 o estyniadau'r cyhyrau triphen – gwrthiant isel • 2 × 10 o godiadau coes • Sesiwn oeri CF am 10 munud ar felin draed • Oeri i lawr wrth ymestyn
Dydd Mercher	Cerdded i'r gwaith
Dydd Iau	Campfa: • Sesiwn gynhesu CF 10 munud ar felin draed – dwysedd isel • Ymestyn statig – pob prif grŵp o gyhyrau • Gwasg ysgwyddau ac estyniadau'r coesau ar beiriannau gwrthiant (3 × 15 o ailadroddiadau – gwrthiant isel) • Rhedeg 30 munud ar felin draed ar 8 km/awr • 2 × 10 o wasgau byrfraich • 2 × 10 o grensiadau • Sesiwn oeri CF 10 munud ar feic ymarfer corff • Oeri i lawr wrth ymestyn
Dydd Gwener	Campfa: • Sesiwn gynhesu CF am 10 munud ar feic ymarfer corff – dwysedd isel • Ymestyn statig – pob prif grŵp o gyhyrau • Rhwyfo tra'n eistedd ac estyniadau'r coesau ar beiriannau gwrthiant (3 × 15 o ailadroddiadau – gwrthiant isel) • Rhwyfo am 25 munud ar ddwysedd isel • 3 × 10 o estyniadau'r cyhyrau triphen – gwrthiant isel • 2 × 10 o godiadau coes • Sesiwn oeri CF am 10 munud ar felin draed • Oeri i lawr wrth ymestyn
Dydd Sadwrn	Gorffwys
Dydd Sul	Gorffwys

Mae'r ateb hwn yn dangos perthnasedd penodol i ofynion hyfforddi'r unigolyn gyda dilyniant clir o Wythnos 1 i Wythnos 6. Mae'n cynnwys cyfnodau o orffwys priodol a chyfnodau o ymarfer corff i ffwrdd o'r gampfa i gadw diddordeb a chymhelliant y cleient. Dyfarnwyd 6 marc.

Datblygiad Proffesiynol yn y Diwydiant Chwaraeon

3

Dod i adnabod eich uned

Mae'r diwydiant chwaraeon yn y DU yn fwy nag erioed. Bellach mae gan bobl fwy o amser hamdden ac mae hyn wedi gweld cynnydd mewn cyfranogiad mewn gweithgareddau hamdden. I gael gyrfa lwyddiannus bydd angen i chi ddeall yr holl wahanol gyfleoedd sydd ar gael yn y farchnad chwaraeon a'r gwahanol gamau datblygu gyrfa y bydd angen i chi eu dilyn er mwyn cyrraedd y nod o'ch dewis chi. Bydd dysgu sut i adeiladu cynllun gyrfa yn rhan fawr o'ch gwaith yn yr uned hon. Pan fyddwch wedi gorffen yr uned hon bydd gennych well dealltwriaeth o beth yw'r diwydiant chwaraeon a'r cyfleoedd gwaith sy'n bodoli ynddo.

Sut y cewch eich asesu

Bydd yr uned hon yn cael ei hasesu'n fewnol drwy gyfrwng cyfres o dasgau a osodir gan eich tiwtor. Gall y tasgau hyn fod ar ffurf cyflwyniadau neu ddogfennau ysgrifenedig. Mae'n debygol hefyd y bydd pwyslais cryf ar arddangosiadau ymarferol ble y byddwch chi'n cael eich arsylwi.

Gall yr aseiniadau a osodwyd gan eich tiwtor arwain at gynhyrchu:
▶ adroddiadau ysgrifenedig manwl yn dangos sgiliau dadansoddol
▶ tystiolaeth o ymchwil helaeth
▶ cynlluniau gweithredu ac adolygiadau wedi'u cwblhau
▶ tystiolaeth o gymryd rhan mewn cyfweliadau.

Byddwch yn darganfod bod yr ystod a math o gyflogaeth yn y diwydiant chwaraeon yn mynd y tu hwnt i swyddi fel athro Addysg Gorfforol neu achubwr bywyd, ac mae asesiad yr uned hon yn adlewyrchu'r ystod honno o swyddi posibl a sgiliau a disgwyliadau darpar gyflogwyr.

Nod cyffredinol yr uned hon yw eich helpu i ganolbwyntio'ch sylw ar rôl gyflogaeth benodol yn y diwydiant chwaraeon, i'ch helpu i gulhau'ch ffocws a phenderfynu ar lwybr gyrfa, a chymharu a chyferbynnu rolau yn y diwydiant.

Ar gyfer Nod Dysgu A, mae'n debygol y gofynnir ichi am adroddiad sy'n archwilio dau lwybr gyrfa sy'n gysylltiedig â'ch dyheadau gyrfa eich hun.

Bydd Nodau Dysgu B, C a D yn canolbwyntio'n fwy ymarferol a gallant gynnwys senario chwarae rôl ble y byddwch chi'n ymgymryd â rolau wrth gyfweld a chael eich cyfweld. Yn y broses hon o chwarae rôl, byddwch yn dangos eich cymhwysedd a'ch gallu i fod yn hunanfeirniadol, wrth ddefnyddio offer dadansoddol cydnabyddedig.

Mae'r ymarferion yn yr uned hon wedi'u cynllunio i'ch helpu chi i ymarfer ac ennill sgiliau a fydd yn eich cynorthwyo i gwblhau eich tasgau. Bydd y damcaniaethau yn yr uned yn rhoi gwybodaeth gefndir i chi i'ch helpu i gyflawni'r aseiniadau ond ni fyddant yn gwarantu gradd benodol i chi.

I basio'r uned hon rhaid i chi sicrhau eich bod wedi cwmpasu'r holl feini prawf graddio er mwyn Llwyddo. Os ydych chi'n ceisio am radd Teilyngdod neu Ragoriaeth yna mae'n rhaid eich bod chi'n gallu dangos eich bod chi'n gallu dadansoddi'r meysydd ffocws allweddol, yn benodol cyfleoedd a gofynion cyflogaeth, gofynion ac anghenion personol a datblygiadol. Ar gyfer graddau Rhagoriaeth, mae'n ofynnol i chi gyfiawnhau'ch ffocws ar yrfaoedd penodol, dangos lefel uchel o hunanreolaeth wrth gynhyrchu cynlluniau ac arddangos y gallu i werthuso'n gryno a chynnig argymhellion.

Datblygiad Proffesiynol yn y Diwydiant Chwaraeon

Meini prawf asesu

Mae'r tabl hwn yn dangos yr hyn sy'n rhaid i chi ei wneud i **Lwyddo**, neu i gael **Teilyngdod** neu **Ragoriaeth**, a sut i ddod o hyd i weithgareddau i'ch helpu.

Llwyddo	Teilyngdod	Rhagoriaeth

Nod dysgu A Deall y cyfleoedd gyrfa a gwaith yn y diwydiant chwaraeon

A.P1

Esbonio'r gwahanol lwybrau gyrfa, y cyfleoedd gwaith cysylltiedig a'u gofynion yn y diwydiant chwaraeon.
Ymarfer asesu 3.1

A.M1

Dadansoddi'r gofynion datblygiad proffesiynol a'r cyfleoedd ar gyfer arbenigedd neu ddyrchafiad mewn gwahanol lwybrau gyrfa a'r cyfleoedd gwaith cysylltiedig yn y diwydiant chwaraeon.
Ymarfer asesu 3.1

AB.D1

Cyfiawnhau sut mae canlyniadau archwilio sgiliau eich hun, a'ch cynllun gweithredu datblygiad, yn cyd-fynd â'r llwybr gyrfa a ddewiswyd yn seiliedig ar wybodaeth a dealltwriaeth gynhwysfawr o'r yrfa.
Ymarfer asesu 3.1
Ymarfer asesu 3.2

A.P2

Esbonio'r llwybr datblygu i yrfa ddethol yn y diwydiant chwaraeon.
Ymarfer asesu 3.1

Nod dysgu B Archwilio eich sgiliau eich hun gan ddefnyddio archwiliad sgiliau i lywio cynllun gweithredu datblygiad gyrfa

B.P3

Esbonio sut mae gyrfa ddethol y diwydiant chwaraeon yn cyd-fynd â chanlyniadau eich archwiliad sgiliau personol eich hun.
Ymarfer asesu 3.2

B.M2

Dadansoddi canlyniadau archwilio sgiliau personol eich hun yn erbyn gyrfa ddethol yn y diwydiant chwaraeon.
Ymarfer asesu 3.2

B.P4

Datblygu cynllun gweithredu datblygiad gyrfa i fodloni gofynion gyrfa chwaraeon arfaethedig, gan ddefnyddio canlyniadau archwilio sgiliau.
Ymarfer asesu 3.2

B.M3

Datblygu cynllun gweithredu datblygiad gyrfa sy'n berthnasol yn benodol i ofynion canlyniadau arfaethedig archwilio gyrfa a sgiliau chwaraeon.
Ymarfer asesu 3.2

Nod dysgu C Ymgymryd â gweithgaredd recriwtio er mwyn dangos y prosesau a all arwain at gynnig swydd llwyddiannus mewn llwybr gyrfa dethol

C.P5

Paratoi dogfennaeth briodol i'w defnyddio mewn gweithgareddau dethol a recriwtio.
Ymarfer asesu 3.3

C.M4

Mewn cyfweliadau a gweithgareddau dangos ymatebion dadansoddol a chwestiynu a gweithgareddau i ganiatáu asesu sgiliau a gwybodaeth.
Ymarfer asesu 3.3

CD.D2

Arddangos cyfrifoldeb unigol a hunanreolaeth effeithiol yn ystod y gweithgaredd recriwtio.
Ymarfer asesu 3.3

C.P6

Cymryd rhan yn y cyfweliadau a'r gweithgareddau dethol, wrth gael eich cyfweld.
Ymarfer asesu 3.3

CD.D3

Gwerthuso pa mor dda y gwnaeth y dogfennau a baratowyd, a'ch perfformiad eich hun yn y gweithgareddau cyfweld, gefnogi'r broses ar gyfer mynediad i'r llwybr gyrfa a ddewiswyd.
Ymarfer asesu 3.3
Ymarfer asesu 3.4

Nod dysgu D Myfyrio ar y broses recriwtio a dethol a'ch perfformiad unigol

D.P7

Adolygu eich perfformiad eich hun yn eich rôl yn y gweithgareddau cyfweld, wedi'i ategu gan ddadansoddiad SWOT wedi'i ddiweddaru.
Ymarfer asesu 3.4

D.M5

Dadansoddi canlyniadau'r broses a sut y bydd eich datblygiad sgiliau yn cyfrannu at eich llwyddiant yn y dyfodol.
Ymarfer asesu 3.4

Mae yna lawer o wahanol yrfaoedd ar gael yn y diwydiant chwaraeon. Tynnwch gylch yng nghanol dalen o bapur ac ysgrifennwch 'Swyddi yn y diwydiant chwaraeon' y tu mewn iddo. Yna tynnwch linellau oddi ar y cylch ac, ar ddiwedd pob llinell, ysgrifennwch enw swydd yn y diwydiant chwaraeon, e.e. achubwr bywyd. Faint o swyddi allwch chi eu henwi yn y diwydiant chwaraeon?

A Deall y cyfleoedd gyrfa a gwaith yn y diwydiant chwaraeon

Cwmpas a darpariaeth y diwydiant chwaraeon

Mae'r diwydiant chwaraeon yn fawr ac yn amrywiol, ac mae'n cynnwys cyfleoedd cyflogaeth mor wahanol eu natur â hyfforddwr personol, newyddiadurwr chwaraeon neu hyd yn oed galwr bingo!

Ers i'r DU gynnal digwyddiadau chwaraeon byd-eang fel Gemau Olympaidd a Pharalympaidd Llundain 2012 a Chwpan Rygbi'r Byd 2015, bu twf sylweddol mewn cyflogaeth mewn meysydd fel hyfforddi, ffitrwydd a rheoli digwyddiadau. Mae hyn er bod llawer o bobl yn teimlo bod ganddyn nhw lai o incwm sbâr a llai o oriau hamdden. Mae'r diwydiant yn cefnogi dros 450,000 o swyddi yn y DU, a gwnaeth Gemau Olympaidd 2012 gyfrannu £16.5 biliwn i'r cynnyrch domestig gros cyffredinol (gwerth cyffredinol economi'r DU) hyd at 2017.

Bellach mae chwaraeon yn cael ei ystyried yn un o'r 15 cyflogwr prif ffrwd gorau yn economi'r DU, uwchlaw gwasanaethau cyfreithiol, cyfrifeg, telathrebu, hysbysebu a chyhoeddi. Yn ôl Sport England, mae chwaraeon bellach yn cyfrif am 2.3 y cant o weithlu'r DU.

Darpariaeth chwaraeon

Mae'r mathau o **ddarpariaeth chwaraeon** sydd ar gael i chi yn dibynnu i raddau ar ble yn y DU rydych chi'n byw. Mae gweithgareddau awyr agored – fel dringo, caiacio, crwydro a hwylio – yn fwy addas ar gyfer ardaloedd gwledig neu arfordirol. Mae digwyddiadau chwaraeon rhyngwladol mawr fel arfer yn cael eu cynnal mewn dinasoedd mawr neu'n agos atynt. Yn aml mae hyn oherwydd cyfleuster ymarferol i'r rhai sy'n cystadlu o dramor sy'n gorfod hedfan i'r wlad ac aros mewn gwesty.

Mae chwaraeon fel rhedeg, beicio a nofio yn cael eu hyrwyddo wrth i lywodraethau lleol a chenedlaethol annog pobl i wneud mwy o ymarfer corff. Mae llwyddiant mewn chwaraeon cystadleuol gan fabolgampwyr proffesiynol hefyd yn helpu i hybu diddordeb: mae beicio wedi tyfu'n fwy poblogaidd gyda llwyddiant ffigurau fel enillwyr Tour de France Geraint Thomas, Syr Bradley Wiggins, Chris Froome, a Victoria Pendleton, enillydd sawl medal Olympaidd a'r Byd. Defnyddiwyd eu llwyddiant, ynghyd ag effaith amgylcheddol isel beicio, i hyrwyddo'r gamp ar bob lefel, gan dargedu pob oedran a dosbarth o gymdeithas.

> **Term allweddol**
>
> **Darpariaeth chwaraeon**
> – cyfanswm yr ystod o weithgareddau chwaraeon a hamdden sy'n cael eu cynnig i'r cyhoedd.

▶ Mae athletwyr fel Geraint Thomas wedi cynyddu poblogrwydd beicio

Ymchwil

Ym mis Hydref 2014, cyflawnodd Beicio Prydain aelodaeth o dros 100,000 o bobl am y tro cyntaf, ac mae nifer gyffredinol y bobl sy'n cymryd rhan mewn cystadlaethau lleol mewn beicio ar y ffyrdd, beicio BMX a beicio mynydd wedi cynyddu. Ers 2011, credir bod mwy na 700,000 o bobl wedi dechrau beicio o leiaf unwaith y mis, a dywedir bod y diwydiant beicio yn cyfrannu £3 biliwn i economi'r DU ac yn cyflogi mwy na 23,000 o bobl.

Ymchwiliwch i'r hyn sydd wedi achosi'r cynnydd enfawr hwn ym mhoblogrwydd beicio. Cymerwch gip ar y mathau o gyfleoedd cyflogaeth sy'n bodoli bellach mewn beicio. Dylech fod yn barod i gyflwyno'ch canfyddiadau fel grŵp bach i weddill eich dosbarth.

Ffactorau daearyddol

Tra bod rhai chwaraeon traddodiadol, fel pêl-droed, yn parhau i dyfu mewn poblogrwydd yn y DU, mae eraill yn dioddef wrth i chwaraeon sydd newydd ddod i'r amlwg – fel parkour (rhedeg rhydd), padl-fyrddio a Cyclocross – yn denu cyfranogwyr ar eu traul. Mae'r cyrff llywodraethu cenedlaethol ar gyfer pêl-rwyd a chriced yn adrodd dirywiad yn y cyfranogwyr.

Mae'r math o chwaraeon neu weithgaredd corfforol rydych chi'n cymryd rhan ynddo yn cael ei ddylanwadu i raddau helaeth gan ble rydych chi'n byw. Yn gyffredinol, mae gan y rhai sy'n byw mewn ardaloedd yng nghanol dinas fynediad gwell at chwaraeon traddodiadol ac anhraddodiadol. Fodd bynnag, mae cymryd rhan mewn chwaraeon eraill yn fwy tebygol mewn ardaloedd gwledig, er enghraifft neidio ceffylau, chwaraeon ceffylau eraill a'r rhai sydd angen llawer iawn o le.

Mae darpariaeth chwaraeon yng nghanol dinas yn gyfyngedig i weithgareddau sydd angen ychydig o le. Erbyn hyn mae hyd yn oed y dinasoedd mwyaf, mwyaf poblog eu poblogaeth, yn aml yn gwneud defnydd clyfar iawn o le. Mae cyrsiau golff yn aml yn amgylchynu parcdir mewn ardaloedd adeiledig, ac mae llynnoedd a dyfrffyrdd – a ddyluniwyd yn wreiddiol at ddefnydd diwydiannol – yn aml yn cynnal ystod o chwaraeon dŵr wedi'u pweru a heb bŵer fel sgïo jet, rasio pac-jet ar ddŵr, canŵio a physgota.

Yr amgylchedd

Mae popeth a wnawn yn cael effaith amgylcheddol. Gan fod lefelau cyfranogiad chwaraeon a hamdden yn uwch nag erioed, mae'n dilyn bod yr effaith ar yr amgylchedd hefyd yn fwy nag erioed. Nid yw hyn wedi'i gyfyngu i'r defnydd o danwydd i deithio yn ôl ac ymlaen i ddigwyddiadau chwaraeon. Y sector sydd fwyaf ymwybodol o'i effaith ei hun yw'r sector awyr agored, sy'n cynnwys chwaraeon fel canŵio, dringo a beicio mynydd. Mae deddfwriaeth wedi ceisio cyfyngu ar erydiad llwybrau a thraciau a achosir gan filoedd o gerddwyr a chrwydrwyr (un o'r gweithgareddau sy'n tyfu gyflymaf yn y DU).

Fodd bynnag, nid gweithgareddau awyr agored yn unig sy'n ymwybodol o'u heffaith. Yn Lloegr mae 92 o glybiau pêl-droed yn y pedair cynghrair broffesiynol orau, a channoedd yn fwy o glybiau y tu allan i'r cynghreiriau, llawer ohonynt â'u stadiwm eu hunain. Mae'r clybiau hyn yn defnyddio llawer iawn o ddŵr i drin eu caeau – awgrymodd un adroddiad bod mwy na 20,000 litr y dydd yn cael ei ddefnyddio ar rai caeau (yr un cyfaint â phwll nofio bach). Mae'r miloedd lawer o gefnogwyr sy'n teithio hefyd yn gadael ôl troed amgylcheddol.

Trafodaeth

Beth sy'n achosi i gamp neu weithgaredd fynd i mewn neu allan o ffasiwn? Pam ydych chi'n meddwl bod chwaraeon traddodiadol fel pêl-rwyd a rownderi yn dirywio mewn poblogrwydd? Yn yr un modd, beth am chwaraeon 'newydd' fel rhedeg rhydd a phadl-fyrddio sy'n eu gwneud yn boblogaidd? Meddyliwch yn ofalus am sut mae pobl yn cael eu dylanwadu, pam y gallen nhw ddewis camp benodol a beth sy'n ei gwneud mor apelgar iddynt.

Gweithgareddau awyr agored – ffrind neu elyn?

Mae chwaraeon modur cefn gwlad fel moto-cross a beicio cwad wedi dod yn fwy poblogaidd yn ystod y blynyddoedd diwethaf. Gall y gweithgareddau hyn gael effaith ddinistriol ar y dirwedd ac mae ganddynt **ôl-troed carbon** sylweddol oherwydd eu defnydd o danwydd ffosil.

Gall gweithgareddau awyr agored eraill gael effaith debyg ar yr amgylchedd. Er enghraifft, gall digwyddiad BMX mawr ar drac ddenu cannoedd o gystadleuwyr a gwylwyr. Oherwydd lleoliad anghysbell llawer o gyfleusterau BMX mae dwy brif ystyriaeth: teithio a pharcio.

Gwiriwch eich gwybodaeth

1 Fel grŵp, trafodwch effaith amgylcheddol bosibl nifer fawr o gystadleuwyr a gwylwyr i gyd yn teithio i'r un lleoliad. Pa wahanol effeithiau amgylcheddol y gallai hyn eu cael?

2 Trafodwch effaith cerbydau a nifer fawr o gystadleuwyr a gwylwyr ar yr ardal sydd wedi'i rhoi o'r neilltu ar gyfer parcio. Datblygwch gynllun tri phwynt i ddelio â'r effaith honno. Gellid defnyddio'r cynllun gweithredu hwn fel canllaw ar gyfer digwyddiadau yn y dyfodol.

Termau allweddol

Ôl-troed carbon – faint o allyriadau nwyon tŷ gwydr sy'n cael eu creu o ganlyniad i weithgareddau unigolyn, digwyddiad neu sefydliad, a fesurir fel arfer mewn tunnell o CO_2.

Seilwaith – fframwaith neu nodweddion syml, sylfaenol o system neu sefydliad.

Seilwaith chwaraeon

Mae **seilwaith** chwaraeon yn cael ei bennu i raddau helaeth gan boblogrwydd camp benodol mewn ardal a datblygiad hanesyddol y gamp honno. Yn gyffredinol mae gan chwaraeon poblogaidd mawr eu cyrff llywodraethu cenedlaethol wedi'u lleoli mewn dinasoedd mawr fel Llundain. Fodd bynnag, mae poblogrwydd rhanbarthol yn golygu bod Rygbi'r Gynghrair wedi'i leoli yng ngogledd orllewin Lloegr (Leeds), syrffio yn ne orllewin Lloegr (Newquay) a chyrlio yn yr Alban (Newbridge). Mae chwaraeon eraill yn boblogaidd ym mhob rhan o'r wlad, fel beicio, triathlon a dosbarthiadau ffitrwydd milwrol.

Mae'r boblogaeth leol hefyd yn dylanwadu ar hygyrchedd chwaraeon a gweithgareddau. Er enghraifft, mae gan chwaraewr sboncen sydd am ymuno â chynghrair leol lawer mwy o siawns mewn dinas fawr nag mewn ardal wledig anghysbell. Po fwyaf o ddefnyddwyr neu gyfranogwyr posib, y mwyaf yw'r galw.

Ymchwil

Edrychwch ar y cyfraddau cyfranogi gwahanol mewn digwyddiadau cyfundrefnol tebyg sy'n cael eu cynnal ledled y DU. Gallai Parkrun, sy'n cynnig cannoedd o rediadau 5 km ym mhob rhan o'r DU, wneud cymhariaeth ddiddorol – gweler **www.parkrun.org.uk**.

Trafodaeth

Ystyriwch effaith y lle sydd ar gael ar gyfer eich camp. Darganfyddwch sut y darperir ar gyfer eich chwaraeon mewn trefi adeiledig o'i gymharu ag ardaloedd lled-wledig a gwledig.

Bydd presenoldeb neu absenoldeb cyfleusterau, lle, cludiant neu offer priodol hefyd yn effeithio ar gyfranogiad – mae'r ddarpariaeth hamdden yn dibynnu ar yr adnoddau sydd ar gael ac yn enwedig lle. Ystyriwch y cyfleusterau a'r lle sydd eu hangen ar gyfer pêl-droed, a allai mewn ardal wledig gael ei chwarae ar lawnt pentref, o'i gymharu â man wedi'i ffensio mewn dinas adeiledig.

Ffactorau economaidd-gymdeithasol

Mae tua 125,000 o glybiau chwaraeon yn y DU gyda dros 6 miliwn o aelodau. Fodd bynnag, gellir cyfyngu cyfranogiad i'r rhai sy'n gallu fforddio ymuno neu sydd â digon o amser rhydd i gymryd rhan. Er enghraifft, mae ymuno â chlwb golff yn golygu nid yn unig cost aelodaeth a ffioedd grîn, ond hefyd cost offer a ffi i chwarae bob rownd. Mae hyn yn golygu y gall cost chwarae golff yn rheolaidd redeg i filoedd o bunnoedd. I lawer o enillwyr cyflog isel, gall fod yn rhy ddrud i gymryd rhan – mae'n floc **economaidd-gymdeithasol** i gymryd rhan.

Mewn cyferbyniad, mae rhedeg ar eich pen eich hun gyda'r nos yn weithgaredd rhad. Ond os bydd yn rhaid i chi weithio oriau hir, a fyddwch chi'n rhy flinedig i fynd i redeg ar ôl gwaith?

Os yw ardal ddaearyddol gyfan dan anfantais economaidd, yna efallai bydd y cyfleusterau a gynigir yn yr ardal honno hefyd yn cael eu heffeithio – gallen nhw gael eu dirywio neu eu hesgeuluso, ond efallai y bydd ardal gefnog yn gallu fforddio costau cynnal a chadw a gwella.

> ### Trafodaeth
>
> Meddyliwch am y cyfleoedd cyfranogi sydd gan chwaraewyr pêl-droed benywaidd i'w cymharu â gwrywod. Trafodwch hyn fel grŵp.

Mae'r ffordd y mae llawer o chwaraeon wedi datblygu yn y DU yn adlewyrchu eu gwreiddiau economaidd-gymdeithasol a'u cyfranogiad cyfredol. Datblygodd chwaraeon fel rygbi, criced, rhwyfo a hoci mewn ysgolion bonedd ac o ganlyniad mae rhai o'r clybiau a'r chwaraewyr mwy llwyddiannus wedi'u lleoli mewn ardaloedd eithaf cyfoethog. Mae gwreiddiau chwaraeon eraill fel pêl-fasged, pêl-droed a sglefrfyrddio mewn meysydd mwy dosbarth gweithiol.

> ### Ymchwil
>
> Beth yw hanes cymdeithasol eich camp? Dewiswch gamp rydych chi'n ei mwynhau neu sydd o ddiddordeb i chi, ac ymchwiliwch i hanes a datblygiad y gamp honno yn y DU. Ceisiwch ddod o hyd i resymau dros y ffordd y datblygodd y gamp: er enghraifft, a ddechreuodd mewn ysgolion bonedd, a yw'n cael ei chwarae mewn ardaloedd gwledig neu drefol neu a yw'n deillio o gamp arall (e.e. pêl-foli traeth o bêl-foli draddodiadol)? Cyflwynwch eich canfyddiadau mewn cyflwyniad byr i'ch cyfoedion.

Ffactorau tymhorol

Mae ffactorau tymhorol yn effeithio ar rai chwaraeon a gweithgareddau, gyda llawer ohonynt yn gysylltiedig â'r tywydd.

▶ Mae pyllau nofio awyr agored yn y DU fel arfer yn gweithredu rhwng Ebrill a Medi (mae nifer y bobl sydd eisiau nofio y tu allan yn yr hydref a'r gaeaf yn llawer llai nag yn y gwanwyn a'r haf).

▶ Mae gwersylloedd haf ar gyfer nifer o chwaraeon yn tueddu i fod wedi'u hanelu at bobl iau ac yn cael eu cynnal yn ystod gwyliau haf hir yr ysgol pan fydd cyfranogwyr ar gael.

▶ Mae gan y mwyafrif o chwaraeon dymor wedi'i ddiffinio'n glir, llawer ohonynt yn rhedeg rhwng Medi ac Ebrill/Mai. Mae eraill fel Rygbi'r gynghrair yn gweithredu yn yr haf i fanteisio ar yr adnoddau sydd ar gael a'r tywydd.

▶ Yn aml, cynhelir gwersylloedd hyfforddi ar adegau penodol o'r flwyddyn, gan osgoi'r tymor cystadleuol ar gyfer y gamp honno. Yn aml, cynhelir gwersylloedd hyfforddi cyn y tymor mewn tywydd cynnes neu ar uchder uchel wrth baratoi ar gyfer y tymor neu'r digwyddiad sydd i ddod.

> **Term allweddol**
>
> **Ffactorau economaidd-gymdeithasol** – y profiadau a gwirioneddau cymdeithasol ac economaidd sy'n helpu i lunio'ch personoliaeth, agweddau a'ch ffordd o fyw. Gall y ffactorau hefyd ddiffinio rhanbarthau a chymdogaethau cyfan – mae asiantaethau Gwasanaethau Cyhoeddus ledled y DU, er enghraifft, yn aml yn dyfynnu bod ffactor economaidd-gymdeithasol tlodi yn gysylltiedig ag ardaloedd â chyfraddau troseddu uchel.

Awgrym

Meddyliwch am ba chwaraeon rydych chi a'ch ffrindiau yn eu chwarae.

Ymestyn

Beth mae eich awdurdod lleol yn ei wneud i gefnogi chwaraeon? Darganfyddwch beth maen nhw'n ei wneud a beth yw eu cynllun ar gyfer yr ychydig flynyddoedd nesaf.

Gyrfaoedd a swyddi yn y diwydiant chwaraeon

Mae cyfleoedd am gyflogaeth yn y diwydiant chwaraeon yn amrywiol. Gall fod yn ddefnyddiol rhannu'r diwydiant i ychydig o gategorïau (gweler Tabl 3.1). Mae llawer o'r categorïau hyn yn gorgyffwrdd ac mae eu sgiliau'n ddefnyddiol mewn gwahanol feysydd hefyd. Er enghraifft, pe byddech chi eisiau bod yn hyfforddwr personol llwyddiannus byddech yn sicr eisiau meddu ar sgiliau hyfforddwr ffitrwydd a maethegydd er mwyn bod yn effeithiol yn eich gwaith.

▶ **Tabl 3.1:** Categorïau swydd yn y diwydiant chwaraeon

Categori	Rolau swydd posib
Chwaraeon a hamdden	• Rheoli dyletswydd, e.e. canolfannau hamdden, parciau gwyliau, antur ac awyr agored, rheoli hyfforddiant • Hyrwyddo, gwerthu a marchnata • Rheoli parciau thema a sinema • Newyddiaduraeth chwaraeon, gwaith cyfryngau ar y we • Datblygu chwaraeon, swyddogion a gweinyddwyr y Corff Llywodraethol Cenedlaethol • Hyfforddwr awyr agored, hyfforddwr chwaraeon ac atgyfeirio ymarfer corff i feddyg teulu • Tirmon ac achubwr bywyd
Gwyddor chwaraeon	• Maethegydd • Seicolegydd chwaraeon • Rheoli anafiadau chwaraeon
Ymarfer corff a therapïau	• Therapydd tylino • Hyfforddwr ymarfer corff neu gampfa, hyfforddwr personol, hyfforddwr cryfder a chyflyru • Ffisiotherapydd chwaraeon, therapydd chwaraeon • Ymgynghorwr ar les a ffordd o fyw
Addysgu ac addysg	• Athro Addysg Gorfforol, tiwtor addysg bellach • Technegydd chwaraeon
Gwaith Chwarae	• Gweithiwr chwarae • Swyddogion Datblygu Blynyddoedd Cynnar a Phartneriaeth Plant • Cynorthwywyr ysgol sy'n darparu ac yn hwyluso chwaraeon
Gemau	• Rheolwyr casino, delwyr, arianwyr, arolygwyr, rheolwyr siopau betio ac arianwyr, galwyr bingo a loteri • Gemau ar-lein, meddalwedd gemau

Yn dibynnu ar eich cyflogwr, efallai y bydd gofyn i chi hefyd gyflawni ystod o ddyletswyddau sy'n newid yn rheolaidd mewn ymateb i dueddiadau hamdden sy'n newid. Er enghraifft, mewn canolfan chwaraeon rôl cynorthwyydd hamdden yn bennaf yw fel achubwr bywyd a gosod a chlirio offer chwaraeon. Fodd bynnag, dim ond cynghorol yw canllawiau'r diwydiant ar gyfer y rôl hon, sy'n golygu bod cyflogwyr yn rhydd i lunio natur y rôl sy'n addas i'r cyfleuster. Mae teitlau swyddi tebyg ar gyfer yr un swydd yn cynnwys 'cynorthwyydd hamdden' a 'chynorthwyydd gofal cwsmer' – mae'r gwahanol enwau yn adlewyrchu blaenoriaethau'r gwahanol gyflogwyr.

Mae'r cyfleoedd ar gyfer swyddi chwaraeon, hamdden a ffitrwydd yn amrywiol. Bydd nifer a math y swyddi yn eich ardal yn dibynnu ar nifer a math y cyfleusterau, y clybiau a'r sefydliadau lleol. Ymchwiliwch i'r prif gyflogwyr chwaraeon a hamdden yn eich ardal chi.

Sectorau yn y diwydiant chwaraeon

Gellir categoreiddio chwaraeon a hamdden yn y DU yn dri sector: y sectorau cyhoeddus, preifat a gwirfoddol. Yn y sectorau hyn, mae cyflogaeth yn y diwydiant chwaraeon a hamdden fel arfer ar gael naill ai ar lefel leol neu genedlaethol.

▸ Swyddi ar **lefel leol** yw'r rhai sy'n canolbwyntio ar chwaraeon neu hamdden mewn ardal leol, er enghraifft canolfan hamdden leol. Mae'r swyddi hyn yn bodoli ym mhob sector.

▸ Mae cyflogwyr ar **lefel genedlaethol** yn canolbwyntio ar y wlad gyfan. Ymhlith yr enghreifftiau mae cyrff rheoli cenedlaethol (NGBs – *National Governing Bodies*) fel Cymdeithas Bêl-droed Cymru (CBDC/FAW) a Pêl-rwyd Cymru/Welsh Netball. Ni fydd pawb sy'n gweithio ar lefel genedlaethol mewn cysylltiad â mabolgampwyr o'r radd flaenaf – mae'r mwyafrif yn gweithio i osod polisi o fewn eu camp. Mae cyrff rheoli cenedlaethol yn gyffredinol yn:

- trefnu a rhedeg timau cenedlaethol
- hyfforddi a datblygu hyfforddwyr a swyddogion
- cynnig gwasanaethau fel yswiriant i'w haelodau
- rheoli'r dehongliad o reolau o fewn eu camp
- lle bo hynny'n bosibl, buddsoddi unrhyw elw dros ben yn ôl yn y gêm genedlaethol.

Y sector cyhoeddus

Y sector cyhoeddus yw un o'r darparwyr chwaraeon mwyaf yn y wlad hon. Mae'r cyngor lleol neu'r awdurdod lleol yn berchen ar gyfleusterau'r sector cyhoeddus fel rheol ac maen nhw'n cynnwys pyllau nofio, canolfannau hamdden, cyrtiau tennis a hyd yn oed rhai cyrsiau golff.

Maen nhw'n agored i'r cyhoedd ac yn darparu gwasanaeth i'r gymuned, gyda'r nod o wneud chwaraeon yn hygyrch i bawb, yn enwedig y rhai nad ydynt yn draddodiadol wedi cymryd rhan mewn chwaraeon. Weithiau mae cyfleusterau'r sector cyhoeddus yn cael eu rhedeg gan sefydliad y mae'r cyngor wedi'i ddewis. Os penodir cwmni preifat i redeg cyfleuster yn y modd hwn, mae'n gyfrifol i'r cyngor a rhaid iddo gyrraedd targedau ar gyfer cyfranogiad lleol a phrofi ei werth i'r gymuned.

Nid yw'r sector cyhoeddus yn bodoli ar lefel leol yn unig. Mae Llywodraeth Cymru yn cynnwys adran y Celfyddydau, Diwylliant a Chwaraeon, sy'n gyflogwr sector cyhoeddus sy'n darparu cyllid cyhoeddus (arian a godir trwy drethi) i hyrwyddo cyfranogiad a rhagoriaeth mewn chwaraeon.

Mae'n annhebygol y bydd gan gydlynydd anabledd mewn chwaraeon sy'n gweithio ar lefel genedlaethol rôl 'ymarferol' wrth ddarparu sesiynau hyfforddi, ac mae'n fwy tebygol o fod yn datblygu, sefydlu a darparu strategaethau sy'n gwella mynediad a chyfleusterau i chwaraeon anabl. Efallai y byddan nhw'n gweithio'n agos gyda'r NGBs i wella cyfleoedd a gweithredu arfer cynhwysol yn eu chwaraeon.

Ystyriwch y gweithgareddau a gynigir yn eich ysgol neu goleg. A allech chi addasu rhai ohonyn nhw fel bod pawb yn gallu chwarae? A allech chi ychwanegu gweithgareddau anabledd eraill yn hawdd, fel Boccia neu gyrlio dan do? Lluniwch gynllun ar gyfer yr hyn y gallech chi ei gynnig i grŵp o gyfranogwyr anabl mewn diwrnod ysgol nodweddiadol.

Y sector preifat

Mae'r sector preifat wedi mwynhau twf mawr dros yr ychydig flynyddoedd diwethaf. Mae cyfleusterau'r sector preifat fel arfer at ddefnydd aelodau yn unig a'u nod yw darparu gwasanaeth rhagorol i bobl sy'n talu ffi ymuno gychwynnol ac yna ffioedd aelodaeth misol.

Mae llawer o'r hamdden sector preifat y gall y cyhoedd ei gyrchu yn canolbwyntio ar ffitrwydd. Mae'r mwyafrif o gyflogwyr sector preifat lleol yn ganolfannau ffitrwydd fel Nuffield Health, David Lloyd a Virgin Active. Mae aelodau fel arfer ynghlwm wrth gytundeb isafswm o flwyddyn.

Mae rhai canolfannau sector preifat yn arbenigol, fel canolfannau tennis, snwcer neu sboncen, ond mae llawer yn darparu gwasanaeth ehangach. Eu nod yw gwneud elw i'r perchnogion, a bydd gan y mwyafrif o'r tîm rheoli **gytundeb cyflog sy'n gysylltiedig â pherfformiad**. Ar lefel uwch, bydd y cwmni'n anelu at wobrwyo ei fuddsoddwyr trwy dalu 'difidendau' iddynt sy'n rhannu peth o elw'r cwmni.

Mae sefydliadau sector preifat fel arfer yn eiddo naill ai i unigolion neu grŵp ehangach o gyfranddalwyr. Mae rhai canolfannau'n eiddo i ac yn cael eu rhedeg ar sail **masnachfraint**; mae hyn yn caniatáu iddyn nhw elwa o farchnata a brandio corfforaethol wrth ddarparu gwasanaeth personol.

Mae rhai clybiau chwaraeon proffesiynol fel Chelsea FC yn sefydliadau mawr yn y sector preifat rhyngwladol gyda throsiant ariannol o filiynau o bunnoedd y flwyddyn.

Y sector gwirfoddol

Y sector gwirfoddol yw'r sector mwyaf o bell ffordd o ran nifer y bobl sy'n cymryd rhan. Mae'n darparu'r rhan fwyaf o'r chwaraeon yn y wlad hon trwy wirfoddolwyr sy'n mwynhau chwaraeon ac eisiau datblygu eu clwb neu dîm. Ymhlith yr enghreifftiau mae clybiau lleol sy'n cwrdd gyda'r nos neu ar benwythnosau, fel timau pêl-droed, clybiau nofio a thimau pêl-fasged.

Mae clybiau a thimau'r sector gwirfoddol fel arfer yn talu eu costau trwy gasglu tanysgrifiadau bob wythnos neu gael ffi aelodaeth flynyddol. Nid ydynt fel rheol yn berchen ar eu cyfleusterau ond yn eu rhentu gan gynghorau lleol neu sefydliadau preifat.

Mae gwirfoddolwyr wedi chwarae rhan enfawr wrth helpu i ddarparu chwaraeon yn y wlad hon ers blynyddoedd lawer, ac fe'u disgrifir yn aml fel asgwrn cefn chwaraeon y DU. Roedd hyn yn arbennig o wir yng Ngemau Olympaidd Llundain 2012.

Y trydydd sector

Mae'r trydydd sector yn ystod o sefydliadau nad ydynt yn gyhoeddus nac yn breifat. Yn y bôn mae'n enw arall ar y sector gwirfoddol ac mae'n cynnwys darparwyr fel sefydliadau cymunedol, elusennau, cymdeithasau crefyddol a grwpiau cymunedol eraill. Mae'r sefydliadau hyn fel arfer yn cael eu 'gyrru gan werth', gan ddewis ailfuddsoddi unrhyw elw i wella perfformiad y sefydliad neu fynd i'r afael â thargedau fel gwella iechyd pobl trwy annog cyfranogiad mewn chwaraeon.

Partneriaethau cyhoeddus/preifat

Mae canolfannau defnydd deuol, defnydd cymunedol a phartneriaeth hefyd yn sectorau sy'n tyfu.

Partneriaethau cyhoeddus/preifat yw pan fydd sefydliadau cyhoeddus a phreifat yn ymwneud ag ariannu, gweithredu neu ddefnyddio cyfleuster. Gall hyn fod yn fuddiol, oherwydd gallai ryddhau cyllid i adeiladu cyfleuster newydd na allai sefydliad cyhoeddus ei fforddio ar ei ben ei hun.

Er enghraifft, gallai cyngor lleol roi caniatâd i ddatblygwr eiddo preifat adeiladu canolfan siopa fawr ond mynnu eu bod hefyd yn gwneud cyfraniad i'r gymuned trwy adeiladu cyfleuster newydd, fel canolfan hamdden. Gelwir hyn yn 'enillion cynllunio'. Gall arwain at bartneriaeth rhwng y sectorau cyhoeddus a phreifat.

Astudiaeth achos

Gwneuthurwyr Gemau Llundain 2012

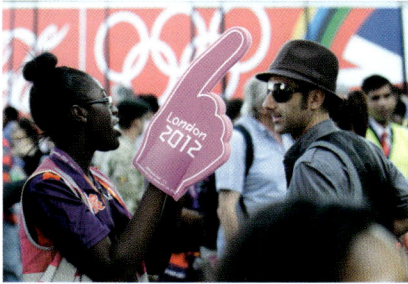

Un o'r prif heriau wrth gynnal twrnamaint chwaraeon cenedlaethol neu ryngwladol mawr fel y Gemau Olympaidd a Pharalympaidd yw ei faint. Pan ddyfarnwyd Gemau 2012 i Lundain, un o'r ffactorau allweddol yn ei lwyddiant oedd cynnig uchelgeisiol y byddai tîm o 70,000 o wirfoddolwyr, ochr yn ochr â gweithwyr proffesiynol cyflogedig, wedi'u recriwtio'n ofalus ar gyfer nifer o rolau arbenigol ac anarbenigol. Gwnaeth dros 240,000 o bobl gais am y rolau hyn.

Un o'r delweddau mwyaf parhaol o'r gemau oedd y fyddin o wirfoddolwyr mewn gwisg borffor a oedd yng nghanol y gemau ac yn bwysig i'w llwyddiant. Roedd

gan lawer o'r 'Gwneuthurwyr Gemau' hyn rolau a oedd yn delio ag aelodau'r cyhoedd, gan ddangos iddynt ble i fynd, darparu eli haul iddynt, delio â phroblemau a gweithio fel llysgenhadon yn gyffredinol i wella ansawdd cyffredinol y digwyddiad.

Ymrwymodd llawer o'r Gwneuthurwyr Gemau i sawl shifft, pob un ohonynt yn wirfoddolwyr, llawer ohonynt yn cymryd amser o'u swyddi bob dydd arferol. Mae llwyddiant y rhaglen Gwneuthurwr Gemau hon wedi ysgogi llu o ddigwyddiadau rhyngwladol eraill i recriwtio yn yr un modd.

Gwiriwch eich gwybodaeth

1 Beth yw budd defnyddio gwirfoddolwyr, ar wahân i arbed arian?

2 Oes rhaid i chi aberthu ansawdd os nad ydych chi'n talu?

3 Pam roedd cymaint o bobl yn cystadlu am rolau gwirfoddol?

4 Beth yw'r anfanteision posibl o ddefnyddio gwirfoddolwyr?

Mae cynlluniau pêl-droed yn y gymuned (FITC – *Football in the community*) hefyd yn tyfu mewn poblogrwydd. Mae mwyafrif o glybiau'r Gynghrair a'r Uwch Gynghrair yn gweld y budd o gynnig hyfforddiant pêl-droed yn eu hardal. I'r clwb gall y manteision fod yn enfawr: gall ennill cefnogwyr newydd a fydd yn ymweld â'r clwb ac yn prynu nwyddau, ac ar yr un pryd gall sgowtiaid clwb weld unrhyw dalent sy'n dod i'r amlwg ar gyfer eu rhaglenni ieuenctid.

Nid oes unrhyw beth i atal clwb (yn y sector preifat) rhag rhedeg cynllun FITC ar ei ben ei hun – mae llawer yn gwneud hynny'n llwyddiannus – ond yn aml mae perthynas yn bodoli rhwng clwb a'r cyngor lleol. Mae'r clwb yn manteisio ar gyfleusterau, cysylltiadau addysg ac adnoddau marchnata'r cyngor, ac yn gyfnewid am hynny mae'r cyngor (yn y sector cyhoeddus) yn hyrwyddo gweithgaredd iach o fewn y boblogaeth leol heb orfod recriwtio ei staff ei hun i gyflawni'r gweithgaredd.

Trafodaeth

Ystyriwch rôl hyfforddwr pêl-droed cymunedol mewn cynllun FITC. Maen nhw'n llawer mwy na hyfforddwr yn unig. Trafodwch sut y bydd angen iddynt weithio'n agos gyda'r cyngor i sicrhau bod gwasanaeth o safon yn cael ei gynnig. Lluniwch restr o'r hyn y byddai'r awdurdod lleol am ei sicrhau a thrafodwch bwysigrwydd cymharol yr ystyriaethau hyn.

⏸ **MUNUD I FEDDWL**   Beth yw'r categorïau cyflogaeth yn y diwydiant chwaraeon a beth yw'r prif rolau swyddi ym mhob categori?

Awgrym   Gan ddefnyddio papur, bwrdd gwyn neu dabled, faint o swyddi chwaraeon neu hamdden y gallwch chi eu henwi.

Ymestyn   A allai diwydiant chwaraeon y DU oroesi heb wirfoddolwyr? Sut fyddech chi'n mynd ati i recriwtio gwirfoddolwyr ar gyfer prosiect chwaraeon?

Ffynonellau o wybodaeth am yrfaoedd mewn chwaraeon

Mae yna nifer o ffyrdd i ddarganfod mwy am yrfaoedd yn y diwydiant chwaraeon a hamdden. Mae gan bob un o'r sectorau nifer o **wefannau** sy'n rhoi cyngor am gyflogaeth yn y sector hwnnw ac yn ei hyrwyddo. Mae gan y mwyafrif o NGBs hefyd restr o swyddi gwag cenedlaethol a lleol ar gyfer camp benodol – dangosir ychydig o enghreifftiau yn Nhabl 3.2.

▶ **Tabl 3.2:** Ffynonellau arweiniad gyrfa

Iechyd a ffitrwydd	Hyfforddi a gwyddorau chwaraeon
Leisure Opportunities – www.leisureopportunities.co.uk	BASES – www.bases.org.uk The Youth Sport Trust – www.youthsporttrust.org
Hamdden a'r awyr agored	**Addysg ac Addysg Gorfforol**
Skills Active – www.skillsactive.com Cymdeithas Bêl-droed Cymru - www.faw.cymru Ysgolion Cymru FA: www.welshschoolsfa.co.uk	Association for Physical Education – www.afpe.org.uk Times Education Supplement – www.tes.com/jobs
Cyngor gyrfaoedd cyffredinol	
Chwaraeon Cymru: Gyrfaoedd mewn Chwaraeon - www.chwaraeon.cymru/gyrfaoedd Gyrfa Cymru - www.gyrfacymru.cymru Careers in Sport – www.careers-in-sport.co.uk/jobs Human Kinetics – www.humankinetics.me/jobs-careers Sporting Coaching Abroad – www.sportingopportunities.com UK Sport – www.uksport.gov.uk/jobs-in-sport	

Mae partneriaethau chwaraeon sirol a rhanbarthol hefyd wedi cydnabod a diffinio cysylltiadau gyrfaoedd gyda darparwyr cyflogaeth, yn bennaf ar gyfer y rhai sy'n ceisio am gyflogaeth yn y sector cyhoeddus. Mae gan lawer o chwaraeon a sefydliadau chwaraeon **gylchgronau** sy'n cynnwys hysbysebion swyddi a newyddion o'r sector, ac mae cyfleoedd gwaith cynyddol i'w cael hefyd ar **wefannau'r cyfryngau cymdeithasol** fel Facebook a Twitter.

Mae **sefydliadau masnach** arbenigol fel Sefydliad y Tirmoniaid a Chymdeithas y Therapyddion Chwaraeon yn defnyddio eu gwefannau a'u cyfrifon cyfryngau cymdeithasol eu hunain i hyrwyddo swyddi gwag sy'n addas ar gyfer eu haelodaeth.

Mathau o gyflogaeth

Amser llawn

Fel rheol mae gan weithwyr amser llawn un swydd, ble maen nhw'n gweithio rhwng 35 a 45 awr yr wythnos. Yn y diwydiant chwaraeon mae swydd 9am i 5pm yn brin a dylai athletwyr proffesiynol chwaraeon llawn amser ddisgwyl gweithio rhai nosweithiau a phenwythnosau.

Fel rheol mae gan weithwyr llawn amser fantais o amodau a buddion da fel Tâl Salwch Statudol (SSP – *statutory sick pay*), sy'n golygu y byddan nhw'n dal i gael eu talu os ydyn nhw'n rhy sâl i weithio. Mae ganddyn nhw hawl hefyd i dâl tadolaeth/mamolaeth, derbyn taliadau cyflog rheolaidd (unwaith y mis fel arfer), ac yn aml mae eu cyflogwr yn talu cyfraniadau pensiwn.

> **Damcaniaeth ar waith**
>
> Bydd gan hyfforddwr personol gleientiaid sy'n gweithio mewn swyddi 9 tan 5 ac yn annhebygol o fod eisiau sesiynau hyfforddi yn ystod yr amseroedd hynny. Mae hyn yn golygu y bydd angen i hyfforddwyr personol gyfaddawdu eu horiau gwaith eu hunain er mwyn bod ar gael ar adegau cyfleus. Gall hyn olygu gweithio oriau anghymdeithasol.
>
> Ymchwiliwch i'r diwrnod arferol ar gyfer hyfforddwr personol, naill ai ar-lein neu trwy ofyn i rywun yn y diwydiant. Ceisiwch gynllunio wythnos nodweddiadol. Ystyriwch sut y gallech barhau i gael bywyd cymdeithasol a pha gyfaddawdu y gallech fod yn barod i'w wneud, gan feddwl am fanteision ac anfanteision y ffordd o fyw hon.

Rhan amser

Nid yw gweithwyr rhan amser yn gweithio cymaint o oriau â gweithwyr amser llawn. Mantais gweithio'n rhan amser yw y gall gynnig mwy o hyblygrwydd, fel gweithio yn ystod oriau ysgol i wneud iawn am gostau gofal plant ychwanegol. Mae rhai pobl yn cyfuno dwy swydd ran amser yn lle un swydd amser llawn oherwydd mae'n well ganddyn nhw'r amrywiaeth a'r hyblygrwydd y mae hyn yn ei gynnig.

Mae yna lawer o resymau pam y gall pobl ddewis gweithio'n rhan amser yn hytrach nag amser llawn.

▶ Efallai eu bod yn astudio'n llawn amser, sy'n ddrud, ac yn dewis gweithio'n rhan amser i helpu eu hunain yn ariannol.

▶ Efallai eu bod yn agos at ymddeol ac yn dewis gweithio llai o oriau fel bod ganddyn nhw fwy o amser iddyn nhw eu hunain wrth aros mewn cysylltiad â'r diwydiant.

Mae rhai rolau chwaraeon allweddol yn rhan amser. Mae dyfarnwyr criced ar y lefel uchaf yn gweithio'n rhan amser ond yn aros ar lefel uchaf y gêm. Yn yr un modd, er bod llawer o swyddogion pêl-droed ar y lefel uchaf yn llawn amser, mae mwyafrif o'r dyfarnwyr yn gweithio'n rhan amser, yn aml yn gweinyddu mewn sawl gêm yr wythnos. Ni allai'r rhan hon o'r diwydiant chwaraeon fforddio talu am swyddogion amser llawn felly mae gweithwyr rhan amser yn hanfodol. Mae hyfforddwyr nofio, achubwyr bywyd ar y penwythnos, swyddogion pêl-droed yn y gymuned, gweinyddwyr chwaraeon a gohebwyr hefyd yn aml yn weithwyr rhan amser.

Mae newidiadau diweddar i gyfraith cyflogaeth yn golygu bod gan weithwyr rhan amser hawl i lawer o'r un budd-daliadau â gweithwyr amser llawn.

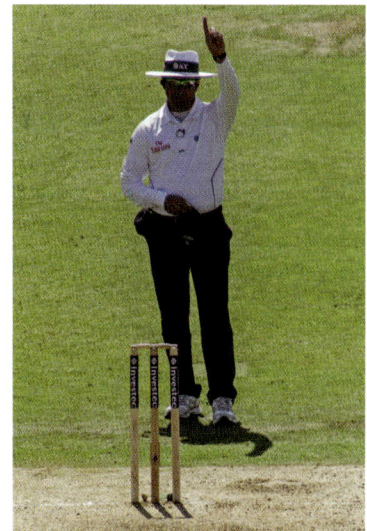

▶ Mae dyfarnwyr criced lefel uchaf fel Aleem Dar yn rhan amser

Cytundebau am gyfnod penodol

Mae gan gytundebau am gyfnod penodol (*fixed-term contracts*) ddyddiad dechrau a gorffen wedi'i ddiffinio'n glir. Mae hyn yn ddefnyddiol pan fydd gan gyflogwr adnoddau ariannol cyfyngedig neu pan na all ymrwymo am gyfnod hir, neu pan na fydd y penodiad yn bodoli ar ôl cyfnod tymor byr. Er enghraifft, bydd cyfarwyddwr twrnamaint yn gweithio cyn ac yn ystod digwyddiad ond ni fydd ei angen ar ôl i'r twrnamaint ddod i ben. Mae enghreifftiau eraill o bobl sy'n gweithio yn y diwydiant chwaraeon ar gytundebau am gyfnod penodol yn cynnwys:

▶ ymgynghorwyr addysg AG a chwaraeon, sy'n cyflwyno gweithdai grŵp bach i helpu athrawon AG i ddysgu am newidiadau i gyrsiau neu ffyrdd newydd o addysgu

▶ masnachwyr chwaraeon teithiol, sy'n gwerthu dillad chwaraeon a nwyddau mewn digwyddiadau fel pencampwriaethau'r byd, cystadlaethau gwahodd ac uwch gynghreiriau – ond dim ond yn ystod y digwyddiad y mae eu hangen.

Hunangyflogaeth

Mae unigolyn hunangyflogedig yn creu ei incwm, ei gwsmeriaid a'i bartneriaid ei hun, ac mae'n gyfrifol iddo'i hun ac i unrhyw weithwyr. Gall gweithwyr proffesiynol chwaraeon hunangyflogedig, fel rhai therapyddion chwaraeon, hyfforddwyr personol a seicolegwyr chwaraeon, weithio'n annibynnol ac maen nhw'n rhydd i fasnachu gyda phwy bynnag maen nhw ei eisiau.

Mae'n well gan bobl hunangyflogedig eraill gynnig eu cynnyrch neu wasanaethau ar sail **is-gytundeb**. Dyma lle bydd sefydliad mwy yn cyflogi unigolyn hunangyflogedig ar is-gytundeb. Er enghraifft, efallai na fydd tîm Rygbi'r Gynghrair yn dymuno cyflogi seicolegydd chwaraeon llawn amser ond efallai byddent yn hoffi bod un ar gael i'w chwaraewyr fesul achos. Mae hyn yn golygu y gall eu chwaraewyr gael eu trin gan seicolegydd dibynadwy o hyd, ond nid oes angen i'r clwb dalu am eu gwasanaethau pan nad ydyn nhw'n cael eu defnyddio.

Cytundebau dim oriau

Mae cytundeb heb oriau penodol (dim oriau neu sero oriau) wedi denu sylw yn ystod y blynyddoedd diwethaf gan ei fod yn aml yn cael ei ystyried yn ddadleuol ac yn amhoblogaidd, gyda sawl dadl proffil uchel yn ei gylch. Mae rhywun sydd wedi llofnodi cytundeb dim oriau yn cytuno y gallai fod yn ofynnol iddynt weithio ar unrhyw adeg resymol ond yn deall pan fydd busnes yn araf efallai na roddir unrhyw oriau iddyn nhw weithio.

Mae gan waith heb oriau penodol fanteision ac anfanteision:

▶ **Manteision:** mae gan weithwyr fwy o hyblygrwydd gan nad oes rheidrwydd arnynt i dderbyn gwaith pan allai effeithio ar eu hastudiaethau neu eu hyfforddiant. I'r mabolgampwr proffesiynol gallai hyn hefyd olygu ei fod yn rhydd i deithio a chymryd amser ychwanegol i ffwrdd pan fydd yn cystadlu ac yn hyfforddi dramor.

▶ **Anfanteision:** yn aml mae gan waith dim oriau batrymau shifft anrhagweladwy sy'n addas i'r busnes yn hytrach na'r gweithiwr. Mae'n debygol y bydd angen gweithiwr ar fyr rybudd a gall deimlo dan bwysau i ymgymryd â gwaith yn hytrach na gwrthod a mentro cael cynnig llai neu ddim gwaith yn y dyfodol. Hefyd, gyda'r math hwn o gytundeb nid oes unrhyw sicrwydd o unrhyw incwm.

Mae manwerthwyr chwaraeon mawr yn aml yn cynnig cytundebau dim oriau, fel y mae cwmnïau sy'n darparu diogelwch mewn digwyddiadau chwaraeon a rhai darparwyr ffitrwydd ar gyfer swyddi fel hyfforddwr personol.

Prentisiaethau

Rhaglen hyfforddi yw prentisiaeth a gynhelir yn bennaf yn y gweithle tra 'yn y swydd', gyda hyfforddiant ychwanegol yn cael ei ddarparu gan bartner addysg fel coleg addysg bellach.

Mae prentisiaid yn treulio'r rhan fwyaf o'u hwythnos waith gyda'u cyflogwr, yn gweithio ar gyfradd tâl sy'n benodol i'w hoedran neu lefel eu hyfforddiant, nes eu bod yn gwbl gymwys. Mae prentisiaethau yn amrywio o ran hyd: hyd yn oed yn y diwydiant chwaraeon mae rhai mor fyr ag 1 flwyddyn, tra bod eraill cyhyd â 6 blynedd, yn dibynnu ar lefel yr hyfforddiant.

Mae prentisiaethau yn fwyaf cyffredin ym maes gweithgynhyrchu, peirianneg a'r diwydiannau adeiladu ond mae sawl enghraifft mewn chwaraeon. Mae'r Brentisiaeth Addysg Gorfforol a Chwaraeon Ysgol yn recriwtio staff AG newydd, fel cynorthwywyr addysgu AG. Fel rhan o'u hyfforddiant, mae'r prentisiaid yn ymwneud â chymorth addysgu AG o ddydd i ddydd, arweinyddiaeth gweithgaredd a hyfforddi chwaraeon, yn ogystal ag ennill cymwysterau perthnasol yn y diwydiant.

Mae'r Urdd yn cynnig prentisiaethau chwaraeon cyfrwng Cymraeg ar draws y wlad i bobl ifanc gan roi'r cyfle i'r prentisiaid weithio a hyfforddi gyda staff profiadol yr Urdd. Am fwy o wybodaeth, ewch i www.urdd.cymru/cy/prentisiaethau.

Llwybrau hyfforddi proffesiynol, deddfwriaeth a sgiliau yn y diwydiant chwaraeon

Llwybrau gyrfa gwahanol mewn chwaraeon

Mae yna ystod o wahanol ffyrdd i geisio am gyflogaeth yn y diwydiant chwaraeon ac mae llawer o bobl yn dilyn llwybrau gwahanol iawn i gyrraedd yr un swydd. Mae'r proffiliau canlynol yn cynnig syniadau ar sut y gallwch ddilyn gyrfa mewn chwaraeon.

Dod yn hyfforddwr chwaraeon

Hyfforddwyr chwaraeon yw'r allwedd i berfformiad llwyddiannus. P'un a ydyn nhw'n gweithio gyda pherfformiwr uwch sydd angen addasiadau bach i lwyddo, neu ddechreuwr llwyr sydd angen help a chefnogaeth i'w gyflawni, mae rôl yr hyfforddwr yn hollbwysig. Yn yr un modd â phob proffesiwn mae angen hyfforddi, ymarfer a chymhwyso. Mae hwn yn llwybr nodweddiadol ar gyfer hyfforddwr beicio.

- Dechreuwch drwy ennill rhywfaint o brofiad gwaith, efallai drwy weithio fel cynorthwyydd i hyfforddwr sydd â chymwysterau cymwys a phrofiad. Ar yr un pryd ymgeisiwch am gymwysterau Hyfforddwr Beicio ar Lefel 1 ac i fyny, a chwilio am gyfleoedd gwirfoddoli mewn digwyddiadau beicio lleol.

- Tra'ch bod chi'n gwneud hyn, cymerwch ddiddordeb gweithredol, a hyfforddwch ble mae cyfleoedd yn bodoli, mewn meysydd fel diogelu ac amddiffyn plant. Datblygwch eich gwybodaeth am bob disgyblaeth – BMX, Cyclocross, beicio mynydd (MTB) a beicio ar y ffyrdd.

- Parhewch i ennill profiad ar draws pob disgyblaeth, gan gynnwys gweithio gyda phlant a hyfforddi beicio anabledd. Ble bo modd, datblygwch eich enw da trwy weithio gydag athletwyr lefel uchel.

- Ennill cymwysterau ychwanegol a fydd yn ychwanegu at y set ofynnol o sgiliau, fel dod yn *commissaire* (swyddog rasio) neu hyfforddi mewn cymorth cyntaf a mecaneg beicio.

Dod yn wyddonydd chwaraeon

Y swyddi allweddol yn y DU i wyddonwyr chwaraeon yw maethegydd, seicolegydd chwaraeon, therapydd chwaraeon ac arbenigwr anafiadau. Mae swyddi eraill yn gysylltiedig â gwella perfformiad ac ymarfer corff a ffitrwydd, fel hyfforddwyr cryfder a chyflyru. Mae cyfleoedd cyflogaeth mewn gwyddor chwaraeon yn cynyddu, ond mae'n faes cystadleuol gyda mwy na 10,000 o leoedd gwyddoniaeth chwaraeon yn cael eu cynnig bob blwyddyn mewn prifysgolion yn y DU yn unig.

- Man cychwyn da i wyddonydd chwaraeon yw cymryd gradd mewn gwyddor chwaraeon neu radd debyg yn y brifysgol. Mae'r rhan fwyaf o brifysgolion yn cynnig mwy nag un cwrs o'r math hwn; mae rhai yn arbenigo mewn iechyd a ffitrwydd ac eraill mewn maeth neu seicoleg.

- Gan bod y farchnad yn gystadleuol, mae llawer o raddedigion gwyddor chwaraeon yn mynd ymlaen i astudiaethau pellach a graddau Meistr mewn meysydd arbenigol fel Biomecaneg neu Gryfder a Chyflyru. Mae llawer yn ymgymryd â rhaglenni addysgu ôl-raddedig gyda'r bwriad o addysgu neu ddarlithio mewn gwyddorau chwaraeon.

- Mae dod yn gydnabyddedig yn y gwyddorau chwaraeon fel arfer yn cynnwys cysylltiad ag, neu aelodaeth o, un neu fwy o sefydliadau proffesiynol fel British Association of Sport and Exercise Sciences (BASES), Cymdeithas Seicolegol Prydain, neu Gymdeithas Therapyddion Chwaraeon.

Dod yn swyddog datblygu chwaraeon

Yn gyffredinol, mae swyddog datblygu chwaraeon (SDO – *sports development officer*) yn gweithio yn y sector cyhoeddus. Mae hyn yn golygu gweithio i lywodraeth genedlaethol neu lywodraeth leol. Yn gyffredinol, mae swyddogion datblygu chwaraeon-benodol yn cael eu recriwtio o'u chwaraeon a bydd ganddynt brofiad sylweddol, efallai fel hyfforddwr, perfformiwr neu weinyddwr.

- Rhan fawr o rôl pob SDO yw deall a dehongli strategaethau cenedlaethol a lleol. Mae hyn yn golygu y bydd angen i chi gael safon dda o addysg gyffredinol, yn enwedig mewn mathemateg a Saesneg.
- Mae cyrsiau prifysgol mewn Datblygu Chwaraeon yn bodoli, ond mae'r rhan fwyaf o SDOs wedi'u haddysgu'n dda ac mae ganddynt brofiad neu arbenigedd sylweddol mewn meysydd penodol, fel rheoli cyllidebau, arwain timau o wirfoddolwyr chwaraeon neu brofiad mewn chwaraeon penodol.
- Yn gyffredinol, mae SDOs yn rheoli cyllidebau a disgwylir iddynt gynhyrchu tystiolaeth o effeithiolrwydd eu gwaith yn erbyn targedau.
- Mae cyrsiau rheoli a marchnata hefyd yn ddefnyddiol a byddant yn helpu'r SDOs gyda gofynion eu gwaith o ddydd i ddydd.

Dod yn rheolwr hamdden

Mae'r diwydiant hamdden yn parhau i dyfu yn y DU, ac mae'r galw am ragoriaeth yn uwch nag erioed. Mae rheolwyr hamdden yn gyfrifol am nifer fawr o weithwyr sydd â rolau gwahanol iawn, o weinyddwyr a derbynyddion i staff arlwyo a stadia, yn ogystal â rolau mwy traddodiadol achubwr bywyd a chynorthwyydd hamdden.

- Mae profiad yn y diwydiant hamdden yn bwysig. Gallech ennill hyn trwy weithio fel achubwr bywyd neu fel derbynnydd.
- Gall y math hwn o brofiad arwain at rôl fel rheolwr dyletswydd (y person sy'n rheoli neu'n goruchwylio tîm o staff o ddydd i ddydd). Mae hyn yn cynnwys delio â materion a chwynion cwsmeriaid, materion staffio, rotâu, a chyfathrebu â staff.
- Mae'r lefel reoli nesaf yn fwy strategol, gyda chymryd rhan mewn cynllunio a sicrhau bod y sefydliad hamdden yn cwrdd â'r targedau y mae wedi'u gosod ar gyfer cyfranogiad yn y ffordd fwyaf proffidiol. Bydd gan reolwyr ar y lefel hon lawer o brofiad yn y diwydiant hamdden ac efallai eu bod wedi astudio rheolaeth hamdden, naill ai yn y brifysgol neu gyda chorff proffesiynol fel y Chartered Institute for the Management of Sport and Physical Activity (CIMSPA).

Dod yn diwtor chwaraeon neu'n athro AG

Mae gan bob ysgol uwchradd a mwyafrif o golegau addysg bellach adran chwaraeon neu AG. Maen nhw'n dysgu ac yn asesu rhaglenni chwaraeon galwedigaethol fel BTEC Chwaraeon. Addysgir y dosbarthiadau hyn gan athrawon a thiwtoriaid.

- Mae tiwtoriaid yn gweithio'n llawn amser neu'n rhan amser ac yn cael eu recriwtio ar sail eu profiad a'u cymwysterau. Mae tiwtor chwaraeon fel arfer yn cael ei addysgu i safon gradd ac mae ganddo dystysgrif addysgu, fel sydd gan athro AG. Mae hyn fel arfer yn golygu eu bod wedi astudio gradd mewn gwyddor chwaraeon ac yna wedi cwblhau cymhwyster addysgu.
- Mae llawer o athrawon AG wedi symud ymlaen i'r brifysgol, drwy TGAU a Safon Uwch. Mae eraill wedi astudio mewn meysydd eraill fel cyrsiau BTEC Chwaraeon Lefel 2 gan symud ymlaen i Lefel 3 ac yna ymlaen i'r brifysgol.
- Llwybr arall yw bod wedi adeiladu enw da mewn maes cydnabyddedig, er enghraifft fel hyfforddwr chwaraeon lefel uchel, maethegydd chwaraeon neu therapydd chwaraeon. Pan gyflogir arbenigwr diwydiant maen nhw bron bob amser yn astudio ar gyfer cymhwyster addysgu tra'u bod yn addysgu. Mae llawer o bobl ifanc yn gwerthfawrogi'r profiad y gall rhywun mewn diwydiant ei gynnig, yn enwedig os oes angen arweiniad arnynt ar weithio mewn maes penodol.

Disgrifiadau swydd

Dylai fod gan bob rôl swydd ddisgrifiad swydd. Mae hwn yn ddatganiad sy'n nodi'r hyn y bydd yn ofynnol i'r unigolyn sy'n gwneud y swydd ei wneud. Mae **manyleb person** yn canolbwyntio mwy ar sgiliau a rhinweddau'r unigolyn, ac fel rheol bydd yn deillio o'r swydd ddisgrifiad. Dangosir rhai swydd ddisgrifiadau enghreifftiol yn Ffigur 3.1.

Seicolegydd chwaraeon

Swydd ddisgrifiad

Bydd rolau o ddydd i ddydd yn amrywio yn ôl y lleoliad rydych chi'n gweithio ynddo a lefel y perfformiad. Yn nodweddiadol, bydd hyn yn cynnwys rhai neu'r cyfan o'r canlynol:

- delio â straen, sbarduno a phryder
- gwella hunan-barch
- gwytnwch meddyliol ar gyfer hyfforddi a chystadlu
- gwella canolbwyntio a ffocws
- datblygu strategaethau ymdopi ar gyfer y rhai ag anafiadau chwaraeon
- rheoli ymddygiad ymosodol
- gosod amcanion

Manyleb person

- gradd achrededig Cymdeithas Seicolegol Prydain (BPS) mewn seicoleg gan arwain at Sail Graddedigion ar gyfer Aelodaeth Siartredig (GBC)
- profiad gwaith perthnasol
- gradd Meistr achrededig gan y BPS mewn seicoleg chwaraeon ac ymarfer corff
- diddordeb mewn chwaraeon
- diddordeb a gallu mewn gwyddoniaeth a mathemateg
- sgiliau cyfathrebu a gwrando rhagorol
- y gallu i ysgogi pobl
- sgiliau datrys problemau a gwneud penderfyniadau da

Athro AG

Swydd ddisgrifiad

Yn nodweddiadol, bydd y rôl yma'n cynnwys rhai neu'r cyfan o'r canlynol:

- paratoi gwersi
- addysgu a sicrhau bod pawb yn dysgu
- rheoli ymddygiad
- gweinyddu a threfnu gornestau yn yr ysgol a'r tu allan iddi
- gweithredu protocolau iechyd a diogelwch a diogelu protocolau
- gosod a marcio gwaith cartref ac aseiniadau
- paratoi ar gyfer arholiadau a gwaith cwrs
- mynychu cyfarfodydd a hyfforddiant
- siarad â rhieni a gofalwyr am gynnydd pob myfyriwr
- mynychu digwyddiadau ysgol cyffredinol fel diwrnodau agored a gweithgareddau cymdeithasol

Manyleb person

- ffitrwydd personol i gyflawni'ch dyletswyddau
- gradd addysg Prifysgol
- Rhif Statws Athro Cymwysedig (QTS)
- gwybodaeth am addysg gorfforol a'i effaith ar ddatblygiad pobl ifanc
- gwybodaeth o'r Cwricwlwm Cenedlaethol sy'n berthnasol i'r pynciau rydych chi'n eu haddysgu
- y gallu i ddatblygu perthnasoedd gwaith da gydag ystod eang o bobl
- y gallu i weithio mewn tîm yn ogystal â defnyddio'ch blaengarwch eich hun
- brwdfrydedd dros eich pwnc er mwyn ysbrydoli pob myfyriwr
- y gallu i baratoi myfyrwyr ar gyfer arholiadau
- sgiliau trefnu a rheoli amser da
- y gallu i reoli dosbarthiadau a delio ag ymddygiad heriol
- sgiliau cyfathrebu rhagorol
- amynedd a synnwyr digrifwch da

Therapydd chwaraeon

Swydd ddisgrifiad

Yn nodweddiadol, bydd y rôl yma'n cynnwys rhai neu'r cyfan o'r canlynol:

- archwilio a gwneud diagnosis o anafiadau
- cynllunio rhaglenni triniaeth
- defnyddio dulliau fel trin, tylino, triniaeth gwres, electrotherapi a hydrotherapi
- cadw cofnodion o driniaeth a chynnydd cleifion

Manyleb person

- diddordeb a gallu mewn gwyddor iechyd a chwaraeon
- profiad o drin a rheoli anafiadau chwaraeon
- pryder am iechyd a lles cleifion
- y gallu i addysgu, cynghori ac ysgogi pobl
- y gallu i weithio'n dda fel rhan o dîm amlddisgyblaethol
- sgiliau cyfathrebu da
- sgiliau trefnu a gweinyddol da

▶ **Ffigur 3.1:** Swydd ddisgrifiadau enghreifftiol

Deddfwriaeth sector-benodol sy'n effeithio ar rolau swyddi

Diogelu

Yn ystod y blynyddoedd diwethaf mae'r diwydiant chwaraeon wedi dod yn ymwybodol o'r rôl bwysig sydd ganddo wrth amddiffyn pobl ifanc a phobl agored i niwed.

> **Ymchwil**
>
> Mae'n hanfodol amddiffyn plant mewn chwaraeon yn iawn. Mae gan wahanol chwaraeon wahanol ffyrdd y maent yn sicrhau bod hyfforddiant amddiffyn plant yn cael ei ddarparu. Un o'r ffyrdd hyn yw trwy addysg hyfforddwyr arferol. Ymchwiliwch i sut mae hyfforddwyr Lefel 2 mewn rygbi, pêl-rwyd neu bêl-fasged yn cael eu hyfforddi mewn materion diogelu.

Mae diogelu yn cyfeirio at y broses o amddiffyn plant a grwpiau agored i niwed er mwyn darparu gofal diogel ac effeithiol. Mae amddiffyn plant yn rhan o'r broses ddiogelu, gan amddiffyn plant unigol rhag niwed. Bydd gweithdrefnau amddiffyn plant o fewn sefydliad yn manylu ar sut i ymateb i unrhyw bryderon ynghylch lles plentyn.

O safbwynt cyflogaeth, mae diogelu yn hanfodol. Nid yn unig y mae'n ofynnol i weithwyr sydd â chysylltiad uniongyrchol â phlant neu oedolion agored i niwed gwblhau gwiriad y Gwasanaeth Datgelu a Gwahardd (DBS – *Disclosure and Barring Service*), mae'n ofynnol i'r cyflogwyr hefyd – yn ôl y gyfraith – sicrhau bod y broses hon yn gadarn ac yn effeithiol. Bydd methu â sicrhau bod y math hwn o ddiogelwch wedi digwydd yn arwain at ganlyniadau difrifol i'r cyflogwr hwnnw, a allai arwain at gamau cyfreithiol.

Un o nodweddion diogelu yw ei fod bob amser yn newid dehongliadau, gweithdrefnau hysbysu a hyd yn oed deddfwriaeth. O ganlyniad i hyn mae angen hyfforddi'n rheolaidd a bod yn barod i ddiweddaru'ch hyfforddiant. Fel rheol, darperir hyfforddiant wyneb yn wyneb, er ei fod ar gael yn gynyddol trwy sesiynau ar-lein a rhyngweithiol hefyd.

Y Gwasanaeth Datgelu a Gwahardd (DBS)

Mae llawer o swyddi yn y diwydiant chwaraeon yn ei gwneud yn ofynnol i ddeiliad y swydd basio gwiriad y Gwasanaeth Datgelu a Gwahardd. Mae hyn yn helpu cyflogwyr a sefydliadau chwaraeon fel NGBs a chlybiau i atal pobl anaddas rhag gweithio gyda grwpiau agored i niwed fel plant. Mae'n ofynnol i bobl sy'n gweithio fel hyfforddwyr, swyddogion, athrawon, achubwyr bywyd neu swyddi eraill sy'n cynnwys mynediad at blant ac oedolion agored i niwed lenwi ffurflenni manwl. Yna, anfonir y ffurflenni hyn at yr heddlu ac asiantaethau eraill y llywodraeth i'w gwirio. Bydd y gwiriad hwn yn tynnu sylw at unrhyw resymau a allai atal yr unigolyn hwnnw rhag gweithio gyda phlant neu oedolion agored i niwed.

Mae angen **datgeliadau uwch** ar lawer o yrfaoedd chwaraeon, sydd nid yn unig yn chwilio cronfeydd data troseddol ond hefyd yn gofyn i'r heddlu a oes ganddynt unrhyw bryderon ychwanegol. Mae datgeliad uwch yn cynnwys yr holl wybodaeth mewn datgeliad DBS arferol ynghyd â gwybodaeth berthnasol arall a gedwir yng nghofnodion yr heddlu. Mae'n nodi a yw'r ymgeisydd am swydd ddim yn cael gweithio gyda phlant nac oedolion agored i niwed.

Deddf Iechyd a Diogelwch yn y Gwaith (1974)

Y brif ddeddfwriaeth iechyd a diogelwch yw'r Ddeddf Iechyd a Diogelwch yn y Gwaith (1974). Mae'n nodi'r dyletswyddau cyffredinol sydd gan gyflogwyr, yr hunangyflogedig a'r rhai sy'n rheoli safleoedd tuag at eu gweithwyr ac eraill y gallai eu gweithgareddau gwaith effeithio arnynt (fel cwsmeriaid a chleientiaid). Mae'n rhoi dyletswydd ar weithwyr i sicrhau iechyd a diogelwch eu hunain a'i gilydd.

Astudiaeth achos

Mae Joanna yn achubwr bywyd mewn pwll nofio prysur. Mae hi wedi bod yn achubwr bywyd ers nifer o flynyddoedd. Mae llawer o bobl yn meddwl bod y swydd yn hawdd oherwydd eu bod yn meddwl eich bod yn gwneud dim ond sefyll a gwylio'r pwll nofio, ond mae yna lawer o ddyletswyddau eraill mewn gwirionedd. Mae Joanna yn argymell y camau canlynol i ddod yn achubwr bywyd, yn seiliedig ar ei phrofiad.

- **Cam 1** – Byddwch yn realistig: a ydych chi mewn iechyd corfforol da ac a allwch chi nofio? Cyn i chi ddechrau, gwnewch yn siŵr eich bod chi'n medru dilyn canllawiau'r Gymdeithas Achub Bywyd Frenhinol (RLSS) ar gyfer ffitrwydd achub bywyd, gan gynnwys gallu nofio o leiaf 50m, tynnu rhywun wedi'i anafu, plymio, adfer gwrthrych trwm o ran ddyfnaf y pwll a throedio'r dŵr.
- **Cam 2** – Sicrhewch gymhwyster Achubwr Bywyd Pwll a gymeradwywyd gan RLSS. Mae llawer o byllau lleol yn cynnig y cyrsiau hyn, yn bennaf ar gyfer staff ond hefyd i ddenu pobl newydd. Efallai y bydd rhai pyllau yn talu ar eich rhan, os cytunwch i weithio iddynt wedyn. Mae'r cwrs yn cymryd ychydig dros wythnos

a byddwch yn dysgu sut i ddelio ag amrywiaeth o ddigwyddiadau ac argyfyngau, dulliau adfywio, sut i symud y rheini ag anafiadau i'r asgwrn cefn a sut i oruchwylio nofwyr yn ddiogel.

- **Cam 3** – Ar ôl cymhwyso gallwch ddod o hyd i swydd. Mae angen achubwyr bywyd ar bron pob pwll nofio – p'un ai mewn gwestai, canolfannau hamdden neu glybiau preifat – felly ni ddylai dod o hyd i swydd fod yn rhy anodd.
- **Cam 4** – Fel rheol mae gan y swydd ystod o ddyletswyddau yn ogystal ag achub bywyd. Mae'n debyg y byddwch chi'n ymwneud â glanhau a phrofion cemegol, a bydd gofyn i chi hyfforddi'n rheolaidd a chadw cofnod o'ch hyfforddiant mewn ffolder hyfforddi.

1 Edrychwch ar dri o'r pyllau nofio agosaf atoch chi. Edrychwch ar eu gwefannau i weld a ydyn nhw'n hysbysebu am achubwyr bywyd. Ystyriwch a dychmygwch sut fyddai gweithio ym mhob pwll a'i gymharu â'r pyllau/cyfleusterau eraill.

2 Mae yna hefyd gyfleoedd ar gyfer swyddi achub bywyd eraill, fel y rhai mewn pyllau awyr agored yn yr haf. Mae achubwyr bywyd hefyd yn cael eu cyflogi gan ddarparwyr gwyliau a pharciau carafanau. Allwch chi ddod o hyd i unrhyw swyddi fel y rhain? Pa wahaniaethau sydd rhwng y swyddi hyn a'r rhai mewn pyllau nofio dan do?

3 Ar ôl ymchwilio i'r cyfleoedd hyn, lluniwch gynllun gweithredu saith pwynt sy'n dangos sut y gallech symud ymlaen o fod heb unrhyw brofiad neu brofiad cyfyngedig i gael gwaith. Nid oes rhaid i hyn fod ar gyfer rôl achubwr bywyd ond dylai fod ar gyfer swydd yn y diwydiant chwaraeon.

Egwyddorion y Ddeddf Iechyd a Diogelwch yn y Gwaith yw:

▶ sicrhau iechyd, diogelwch a lles pobl yn y gwaith

▶ amddiffyn pobl heblaw'r rhai sy'n gweithio yn erbyn risgiau i iechyd a diogelwch sy'n deillio o weithgareddau pobl yn y gwaith

▶ rheoli trin a storio sylweddau peryglus

▶ rheoli allyriadau sylweddau gwenwynig neu annymunol o'r safle.

Mae'n ddyletswydd ar y cyflogwr, cyn belled ag sy'n rhesymol ymarferol, i ddiogelu iechyd, diogelwch a lles y bobl sy'n gweithio iddynt yn ogystal â diogelwch pobl nad ydynt yn gyflogeion (er enghraifft, cwsmeriaid, ymwelwyr ac aelodau'r cyhoedd) tra eu bod yn yr adeilad. Mae'r term 'rhesymol ac ymarferol' yn golygu bod yn rhaid i chi ddefnyddio'ch barn eich hun mewn unrhyw sefyllfa i benderfynu ar y ffordd orau o weithredu. Dylech ystyried yr holl opsiynau yn ofalus, gan feddwl am y canlyniadau (h.y. beth allai ddigwydd o ganlyniad i'r penderfyniad hwn?), pa mor gyflym y gallwch chi benderfynu gwneud rhywbeth a'r adnoddau sydd ar gael. Bryd hynny, mae angen i chi benderfynu beth rydych chi'n ei ystyried yn rhesymol ac yn ymarferol.

O dan y Ddeddf Iechyd a Diogelwch yn y Gwaith mae gan y gweithiwr gyfrifoldebau hefyd. Mae gweithwyr yn gyfrifol am:

▶ ofalu am eu hiechyd a'u diogelwch eu hunain
▶ gofalu am iechyd a diogelwch eraill a allai gael eu heffeithio gan eu gweithredoedd
▶ cydweithredu â'r cyflogwr a sefydliadau perthnasol eraill i sicrhau bod gofynion y ddeddf yn cael eu bodloni (gan gynnwys hysbysu goruchwylwyr am offer neu arferion anniogel)
▶ peidio â chamddefnyddio offer a ddarperir i gynnal iechyd a diogelwch.

Rheoliadau Adrodd am Anafiadau, Clefydau a Digwyddiadau Peryglus (RIDDOR), 1995

Mae'r broses o roi gwybod am ddamweiniau a digwyddiadau yn dod o dan y Rheoliadau Adrodd am Anafiadau, Clefydau a Digwyddiadau Peryglus (1995). Gelwir y rheoliadau hyn hefyd yn RIDDOR – *Reporting of Injuries, Diseases and Dangerous Occurences Regulations*. Mae RIDDOR yn gosod dyletswydd gyfreithiol ar gyflogwyr, yr hunangyflogedig a'r rhai sy'n rheoli eiddo i adrodd:

▶ marwolaethau sy'n gysylltiedig â'r gwaith
▶ anafiadau mawr neu anafiadau sy'n para dros 3 diwrnod
▶ afiechydon sy'n gysylltiedig â'r gwaith
▶ digwyddiadau peryglus (damweiniau agos).

Mae RIDDOR ar waith er mwyn caniatáu i'r **Awdurdod Gweithredol Iechyd a Diogelwch (HSE)**:

▶ ddilyn, adrodd a gwirio arferion diogelwch a gweithdrefnau gweithredol
▶ sicrhau bod ffurflen adroddiad safonol yn cael ei defnyddio
▶ anfon swyddogion i gynghori sefydliadau ar atal damweiniau a salwch pellach
▶ caniatáu ymchwiliad er mwyn erlyn, gwahardd a gwneud gwelliannau lle bo angen.

Cyfarpar Diogelu Personol (PPE), 2002

Mae rheoliadau Cyfarpar Diogelu Personol (2002) yn ymwneud â defnyddio **cyfarpar diogelu personol** (PPE – *personal protective equipment*). Mae'r rheoliadau'n ei gwneud yn ofynnol i PPE (fel helmedau diogelwch, menig, amddiffynwyr llygaid a dillad llachar) gael eu cyflenwi a'u defnyddio yn y gwaith ble bynnag y mae risgiau i iechyd a diogelwch gweithwyr na ellir eu rheoli'n ddigonol mewn ffyrdd eraill. Mae'r rheoliadau'n mynnu bod PPE:

▶ wedi ei asesu'n iawn cyn ei ddefnyddio i sicrhau ei fod yn addas ar gyfer y gwaith sy'n cael ei wneud
▶ wedi'i gynnal a'i storio'n gywir
▶ wedi'i gyflenwi gyda chyfarwyddiadau digonol fel bod defnyddwyr yn gwybod sut i'w ddefnyddio'n ddiogel
▶ wedi'i wisgo'n gywir gan y defnyddiwr.

Rheoli Sylweddau Peryglus i Iechyd (COSHH), 2002

Mae sylweddau peryglus yn cynnwys yr holl sylweddau neu gymysgeddau o sylweddau sydd wedi'u dosbarthu fel rhai peryglus i iechyd o dan Reoliadau Cemegion (Gwybodaeth am Beryglon a Phecynnu i'w Cyflenwi) 2002 (CHIP), fel:

▶ sylweddau a ddefnyddir yn uniongyrchol mewn gweithgareddau yn y gwaith (er enghraifft, gludyddion, paent a sylweddau glanhau fel marciau a ddefnyddir ar gyfer caeau chwaraeon)
▶ sylweddau a gynhyrchir yn ystod gweithgareddau yn y gwaith (er enghraifft, mygdarthau o gemegion a ddefnyddir mewn pyllau nofio)
▶ sylweddau sy'n digwydd yn naturiol (er enghraifft, llwch grawn)
▶ sylweddau biolegol (er enghraifft, bacteria a micro-organebau eraill fel y rhai mewn pyllau nofio neu sbâu).

Gellir cydymffurfio â rheoliadau COSHH (*Control of Substances Hazardous to Health*) trwy ddilyn proses wyth cam. Gellir gweld y camau a'r gweithgareddau enghreifftiol sy'n gysylltiedig â phob cam yn Nhabl 3.3.

Termau allweddol

Awdurdod Gweithredol Iechyd a Diogelwch (HSE - *Health and Safety Executive*) – y sefydliad sy'n gyfrifol am gynnig a gorfodi rheoliadau diogelwch ledled y DU.

Cyfarpar Diogelu Personol (PPE) – yr holl offer (gan gynnwys dillad sy'n amddiffyn rhag y tywydd) y bwriedir iddo gael ei wisgo neu ei ddal gan unigolyn yn y gwaith ac sy'n eu hamddiffyn rhag un neu fwy o risgiau i'w iechyd neu ddiogelwch. Er enghraifft, helmedau diogelwch, menig, amddiffynwyr llygaid, dillad llachar ac esgidiau diogelwch.

▶ **Tabl 3.3:** Wyth cam rheoliadau COSHH

Cam	Gweithgareddau enghreifftiol
1. Cynnal asesiad risg (i'w gynnal gan unigolyn sydd wedi'i hyfforddi'n briodol)	• Nodi sylweddau peryglus • Ystyriwch y risgiau y gallai'r sylweddau hyn eu cyflwyno
2. Penderfynu pa ragofalon sydd eu hangen	• Penderfynu ar bob gweithred, fel mesurau i atal sylweddau peryglus rhag cael eu hamsugno trwy'r croen
3. Atal neu reoli amlygiad yn ddigonol (gwneud yr hyn sy'n rhesymol ymarferol)	• Newid y broses neu'r gweithgaredd fel nad oes angen sylweddau peryglus na'u cynhyrchu • Amnewid sylweddau peryglus gyda dewis arall mwy diogel • Defnyddio ar ffurf fwy diogel, er enghraifft, conau yn lle marciau
4. Sicrhau bod mesurau rheoli yn cael eu defnyddio a'u cynnal	• Darparu hyfforddiant staff • Dangos negeseuon • Sicrhau bod rheolwyr neu oruchwylwyr yn cynnal gwiriadau angenrheidiol
5. Monitro amlygiad	• Mesur crynodiad sylweddau peryglus
6. Cynnal gwyliadwriaeth iechyd briodol	• Monitro unrhyw effeithiau andwyol o ddod i gysylltiad â sylweddau peryglus
7. Paratoi cynlluniau a gweithdrefnau i ddelio â damweiniau, digwyddiadau ac argyfyngau	• Sefydlu systemau rhybuddio • Sefydlu ffyrdd o gyfathrebu yn achos digwyddiad
8. Sicrhau bod gweithwyr yn cael eu hysbysu, eu hyfforddi a'u goruchwylio'n briodol	Darparu gwybodaeth, cyfarwyddyd a hyfforddiant addas a digonol, i gynnwys: • enwau'r sylweddau maen nhw'n gweithio gyda nhw neu y gallen nhw fod yn agored iddyn nhw a'r risgiau • prif ganfyddiadau'r asesiad risg • y rhagofalon y dylid eu cymryd i amddiffyn eu hunain ac eraill • sut i ddefnyddio cyfarpar a dillad diogelu personol • canlyniadau unrhyw fonitro amlygiad a gwyliadwriaeth iechyd (heb roi enwau gweithwyr unigol) • unrhyw weithdrefnau brys y mae angen eu dilyn

Mae COSHH yn bwysig mewn pwll nofio canolfan hamdden, sy'n cynnwys gwahanol gemegion. O dan COSHH, dylid cynnal profion bacteriolegol yn rheolaidd. Mewn canolfannau hamdden cyhoeddus mae profion o'r fath yn cael eu gwirio gan yr HSE. Mewn pyllau hamdden preifat mae'r cyfrifoldeb hwn yn aml yn gyfrifoldeb Swyddog Iechyd yr Amgylchedd, a fydd yn cynnal profion bacteriolegol ar hap.

Rheoliadau Iechyd a Diogelwch (Cymorth Cyntaf) (1981)

Mae'r Rheoliadau Iechyd a Diogelwch (Cymorth Cyntaf) (1981) yn ei gwneud yn ofynnol, er mwyn darparu cymorth cyntaf i'w gweithwyr sydd wedi'u hanafu neu'n mynd yn sâl yn y gwaith, bod yn rhaid i gyflogwyr feddu ar offer, cyfleusterau a phersonél digonol a phriodol. Mae'r rheoliadau hefyd yn nodi bod yn rhaid i sefydliad ddarparu:

▶ offer cymorth cyntaf, gan gynnwys blychau cymorth cyntaf, rhestr o reolaethau a'u lleoliadau ac offer atodol fel bwrdd asgwrn cefn a phecyn adfywio

▶ ystafell cymorth cyntaf (mae'r rheoliadau hefyd yn nodi'r maint, y dyluniad a'r lleoliad)

▶ personau cymorth cyntaf ac unrhyw raglenni hyfforddi angenrheidiol (mae hyn yn cynnwys rhestr o'r bobl hynny sydd wedi derbyn tystysgrif gan gorff hyfforddi awdurdodedig – mae tystysgrifau fel arfer yn ddilys am o leiaf blwyddyn).

Rheoliadau Gweithrediadau Trafod â Llaw (1992)

Mae'r Rheoliadau Gweithrediadau Trafod â Llaw (1992) yn berthnasol i unrhyw sefyllfa ble mae gweithwyr yn cario, codi neu symud llwythi. Nid yw llwythi yn cael eu nodi gyda'r pwysau uchaf, felly mae angen asesiad risg ar bob tasg sy'n ystyried y pwysau sy'n cael ei godi neu ei gario a'r amgylchedd gwaith.

Mae'n ofynnol i gyflogwyr 'osgoi gweithrediadau trin â llaw peryglus' cyn belled ag sy'n rhesymol ymarferol.

Cyrff proffesiynol yn y sector chwaraeon

Mae corff proffesiynol fel arfer yn sefydliad nad yw'n ceisio gwneud elw ond sy'n hyrwyddo uniondeb proffesiwn neu grefft benodol. Mae cyrff proffesiynol yn siarad ar ran eu haelodau, gan amddiffyn eu buddiannau, a sicrhau bod safonau uchel yn cael eu cynnal.

Mae llawer o'r cyrff proffesiynol hyn hefyd yn cynnig hyfforddiant i'w haelodau i helpu eu datblygiad proffesiynol parhaus (DPP).

- ▶ **Chartered Institute for the Management of Sport and Physical Activity** – yn cynrychioli holl ymarferwyr gweithgaredd corfforol yn y DU, mae'n cynnig cyrsiau mewn gweithredu a rheoli chwaraeon a gweithgaredd corfforol ac yn darparu fframwaith i gadw cofnod o DPP.
- ▶ **Register of Exercise Professionals** – rheolydd y DU ar gyfer gweithwyr ffitrwydd proffesiynol, sy'n gweithio i sicrhau eu bod yn cwrdd â'r safonau galwedigaethol cenedlaethol ac yn darparu cyrsiau mewn DPP sy'n helpu i gynnal cofrestriad.
- ▶ **UK Sport** – yn berchen ar restr o'r holl gyrff llywodraethu cenedlaethol sy'n darparu cymwysterau hyfforddi, er enghraifft UK Athletics, Badminton England a'r Professional Golfers' Association (PGA).
- ▶ **The British Association of Sport and Exercise Science (BASES)** – corff proffesiynol ar gyfer gwyddorau chwaraeon ac ymarfer corff yn y DU; yn cynnig cymhwyster Ymarferydd Ymarfer Corff Ardystiedig.
- ▶ **The Register of Personal Development Practitioners in Sport (RPDPS)** – yn cydnabod profiad a chymwysterau'r rhai sy'n gweithio gydag athletwyr mewn amrywiaeth o chwaraeon ac yn cefnogi anghenion hyfforddi a dilyniant gyrfa.
- ▶ **Adventure Activities Licensing Authority (AALA)** – yn sicrhau diogelwch y darparwyr hynny sy'n cynnig gweithgareddau awyr agored ac anturus. Mae'n cynnig trwyddedau i'r rhai sy'n cydymffurfio â'i reoliadau llym fel y gall defnyddwyr deimlo'n ddiogel wrth gymryd rhan.

Cysylltiad

Cyfeiriwch at dudalen 149 i gael gwybodaeth ychwanegol am DPP.

Ymchwil

Mewn grwpiau bach, ymchwiliwch i un o'r cyrff proffesiynol a drafodir yn yr uned hon, gan ganolbwyntio ar gost aelodaeth flynyddol, buddion ymuno, y math o wasanaethau maen nhw'n eu cynnig a'r hyfforddiant maen nhw'n ei ddarparu, os o gwbl. Cyflwynwch eich canfyddiadau fel taflen fer i'w rhannu gyda'r grŵp fel bod gennych chi i gyd adnodd ar gyfer pob un o'r cyrff proffesiynol.

Codau ymarfer y diwydiant

Mae'r rhan fwyaf o gyrff proffesiynol hefyd yn gweithredu cod ymarfer y mae'n rhaid i'w haelodau ei ddilyn, er mwyn helpu i gynnal safonau. Rhestrir dwy enghraifft isod.

- ▶ **Ffitrwydd ac ymarfer corff** – mae'r Register of Exercise Professionals (REPs) yn gofrestr annibynnol sy'n cydnabod cymwysterau ac arbenigedd hyfforddwyr ymarfer corff yn y DU. Mae'n sicrhau bod hyfforddwyr a chyfarwyddwyr yn cwrdd â **Safonau Galwedigaethol Cenedlaethol (NOS)** y diwydiant iechyd a ffitrwydd. Sefydlwyd REPs i atal masnachwyr twyllodrus heb unrhyw hyfforddiant a phrofiad, i amddiffyn y cyhoedd ac i gydnabod cymwysterau gweithwyr ymarfer corff proffesiynol.

- ▶ **Hyfforddwyr chwaraeon** – Sports Coach UK sy'n gweinyddu'r safonau gofynnol ar gyfer hyfforddwyr gweithredol. Dyma set o safonau craidd cytunedig ar gyfer hyfforddwyr chwaraeon yn y DU. Mae'r safonau hyn yn bwysig am y rhesymau a ganlyn:
  - er mwyn sicrhau bod gan hyfforddwyr y lefel gywir o gymhwyster, gwybodaeth a sgiliau ar gyfer eu rôl hyfforddi
  - er mwyn diogelu hyfforddwyr a'r cyfranogwyr y maen nhw'n eu hyfforddi
  - er mwyn sicrhau bod gan hyfforddwyr y lefel gywir o yswiriant.

Term allweddol

Safonau Galwedigaethol Cenedlaethol (NOS – *National Occupational Standards*) – mae'r rhain yn nodi safonau perfformiad y DU y mae disgwyl i bobl eu cyflawni yn eu gwaith, a'r wybodaeth a'r sgiliau sydd eu hangen arnyn nhw i gyflawni eu rôl yn effeithiol. Mae NOS, a gymeradwyir gan reoleiddwyr Llywodraeth y DU, ar gael ar gyfer bron pob rôl ym mhob sector yn y DU.

▶ Asiantaeth genedlaethol ac elusennol yw Sports Coach UK

Mae gan gyrff llywodraethu cenedlaethol (NGBs) godau ymarfer ar gyfer hyfforddwyr hefyd. Mae'n bwysig bod NGBs yn ymgymryd â'r rôl hon oherwydd gallant ddatblygu codau penodol ar gyfer chwaraeon penodol.

⏸ MUNUD I FEDDWL   A allwch chi egluro beth yw corff proffesiynol?

Awgrym   Gan ddefnyddio papur, bwrdd gwyn neu dabled, ysgrifennwch bwrpas corff proffesiynol a dywedwch pam y byddech chi eisiau ymuno ag un.

Ymestyn   Sefydlwch eich corff proffesiynol dychmygol eich hun ar gyfer hyfforddwyr sglefrfyrddio. Ystyriwch beth fyddech chi'n ei gynnig i aelodau a pha wasanaethau eraill y gallech chi eu cynnig.

Ffynonellau o ddatblygiad proffesiynol parhaus (DPP)

Datblygiad proffesiynol parhaus (DPP) yw'r broses o ennill sgiliau, gwybodaeth a phrofiad newydd, yn ffurfiol ac anffurfiol, wrth i chi weithio ar ôl unrhyw hyfforddiant cychwynnol. Dylech gadw cofnod o'ch profiad a'ch dysgu a'i gadw mewn ffolder neu ar-lein.

Yn aml, mae DPP yn un o ofynion eich proffesiwn (nid eich cyflogwr o reidrwydd). Os byddwch yn sicrhau bod eich log hyfforddi a datblygu yn cael ei ddiweddaru'n rheolaidd, gall ddod yn gofnod gwerthfawr o fyfyrdodau a gweithgareddau yn eich rôl fel gweithiwr proffesiynol.

Damcaniaeth ar waith

Ystyriwch fanteision hyfforddi a datblygu yn y diwydiant chwaraeon. Gan ddefnyddio'r rhestr o sectorau yn y diwydiant chwaraeon – ymarfer corff a ffitrwydd, addysg gorfforol, dysgu awyr agored a therapïau chwaraeon – archwiliwch o leiaf dair ffordd y mae gweithwyr proffesiynol mewn gwahanol rolau yn gofalu am eu hanghenion hyfforddi a datblygu.

Mae hyfforddiant a datblygiad yn debyg ond nid yr un peth.
▶ Gallai hyfforddiant gynnwys hyfforddwr chwaraeon sy'n mynychu cwrs diogelu neu therapydd chwaraeon yn dysgu techneg trin cyhyrau dwfn. Mae'n gysylltiedig â sgil neu **gymhwysedd** penodol. Weithiau mae'r hyfforddiant yn orfodol, fel diweddaru'ch gwybodaeth am gymorth cyntaf neu ddiogelu.

Term allweddol

Cymhwysedd – y gallu i gyflawni tasg dechnegol a fydd wedi gofyn am hyfforddiant ac ymarfer.

149

► Mae datblygiad fel arfer yn llai ffurfiol ac yn fwy cysylltiedig â chymhwysedd na chymhwyster. Er enghraifft, efallai y gofynnir i athro chwaraeon ddarparu ystod o chwaraeon ar lefel sylfaenol: mae'n anymarferol bod yn arbenigwr mewn mwy nag ychydig o chwaraeon, ond bydd y datblygiad cywir yn caniatáu iddyn nhw ddilyn set sylfaenol o egwyddorion fel eu bod nhw yn gallu cyflwyno ystod o chwaraeon yn fedrus. Mae datblygiad yn debygol o ganolbwyntio ar sgiliau trosglwyddadwy fel arweinyddiaeth, rheoli prosiectau a threfnu digwyddiadau.

Gall DPP fod mor syml ag ymgymryd â her neu brofiad newydd, fel gweithio gyda sefydliad traws-sector neu helpu gyda rhaglen berfformiad o'r radd flaenaf am y tro cyntaf.

Datblygiad proffesiynol mewn therapïau chwaraeon

Mae DPP ar gyfer y sector hwn yn cael ei gynnig gan ystod o sefydliadau. Mewn proffesiynau iechyd, efallai yn fwy nag unrhyw un arall, mae aelodaeth cyrff proffesiynol fel y Society for Sports Therapists yn dibynnu ar gwblhau nifer penodol o oriau o DPP yn orfodol. Gallai hwn fod yn hyfforddiant penodol fel:

• electrotherapi

• technegau ymestyn neu dapio newydd

• cymorth cyntaf chwaraeon.

Efallai y bydd hefyd yn gofyn ichi gynnal neu fynychu cyfarfodydd sy'n ymdrin â materion o ddydd i ddydd a dangos cymhwysedd o fewn sefydliad.

Datblygiad proffesiynol mewn ymarfer corff a ffitrwydd

• Mae'r Register of Exercise Professionals (REPs) yn ei gwneud yn ofynnol i chi gynnal eich aelodaeth fel y gallwch gofnodi eich DPP yn erbyn system bwyntiau.

• Mae angen i chi ennill 24 pwynt mewn cyfnod o 2 flynedd. Enillir pwyntiau trwy gymryd rhan mewn ystod o ddigwyddiadau DPP fel rhai ar gyfarwyddyd ffitrwydd dŵr neu hyfforddiant i ddarparu ymarfer corff ar gyfer poblogaethau arbennig.

Datblygiad proffesiynol mewn addysg gorfforol

• Cymdeithas yw'r Association for Physical Education, nid corff proffesiynol – mae hyn yn golygu nad yw aelodaeth yn orfodol – sy'n cynnig nifer o ffyrdd i aelodau wella eu gyrfa fel athrawon Addysg Gorfforol. Mae hyn yn cynnwys sesiynau DPP ar arweinyddiaeth broffesiynol ac **eiriolaeth** (*advocacy*) ynghyd â diweddariadau ar newidiadau i'r cwricwlwm a gweithdai ar bynciau fel defnyddio TGCh mewn AG a gweithgareddau dawns.

• Mae athrawon sy'n ymuno â'r sefydliad hwn yn mwynhau mynediad i ystod o gynadleddau lleol a chenedlaethol.

Datblygiad proffesiynol mewn gweithgaredd corfforol

• Mae'r Chartered Institute for the Management of Sport and Physical Activity (CIMSPA) yn cefnogi DPP trwy ddarparu gweithgareddau, gweithdai a seminarau am ddim a rhai y telir amdanynt. Mae hefyd yn helpu gweithwyr proffesiynol i logio a chofnodi eu DPP ac i ddylunio cynlluniau DPP personol.

• Mae ganddo sawl categori o DPP sy'n cynnwys digwyddiadau hyfforddi, darllen ac ymchwil, a digwyddiadau rhwydwaith ar bynciau fel sgiliau cyflwyno, arweinyddiaeth, ac iechyd a diogelwch.

• Mae gan CIMSPA system ble gall ei aelodau ennill pwyntiau dros amserlen benodol.

Term allweddol

Eiriolaeth – gweithredu mewn modd sy'n cynghori wrth gefnogi.

Datblygiad proffesiynol mewn hyfforddi chwaraeon

- Amcan Sports Coach UK yw cael ei holl aelodau i gofrestru ar gyfer trwyddedau hyfforddi.

- Mae rhan o'r drwydded yn mynnu bod yr hyfforddwr yn cymryd rhan mewn digwyddiadau hyfforddi wedi'u targedu sy'n ymdrin ag ystod o bynciau fel **cyfiawnder** mewn hyfforddi, diogelu plant a dadansoddi perfformiad chwaraeon. Gall y cyrsiau fod mor fyr ag ychydig funudau ac yn aml gellir eu cyflwyno gyda'r nos neu ar benwythnosau.

- Eu nod yw i hyfforddwyr chwaraeon gael eu hystyried fel gweithwyr proffesiynol sy'n cymryd rhan ac yn cofnodi DPP fel rhan hanfodol o'u proffesiwn.

Mathau o DPP yn y diwydiant chwaraeon

- ► **Cymwysterau** – unrhyw gymwysterau academaidd neu broffesiynol sy'n cefnogi ac yn datblygu aelodau yn eu rôl neu eu gyrfa yn y dyfodol.

- ► **Hyfforddiant** – gall gynnwys gweithdai, cyrsiau hyfforddi byr, dosbarthiadau meistr, dysgu ar-lein ac, yn gynyddol, seminarau a gweminarau.

- ► **Digwyddiadau/cynadleddau rhwydweithio** – digwyddiadau DPP o fewn cyrff proffesiynol a digwyddiadau eraill sy'n cynyddu gwybodaeth.

- ► **Hyfforddiant mewnol/o fewn cwmni** – a gyflawnir fel rhan o gynllun datblygu cynlluniedig mewn sefydliad, a all fod yn gysylltiedig â datblygu perfformiad ac arfarnu.

- ► **Rhannu gwybodaeth** – ysgrifennu llyfrau, papurau, cyfnodolion neu erthyglau cyhoeddedig sy'n canolbwyntio ar egwyddorion yn ymwneud â'r diwydiant chwaraeon.

- ► **Mentora a hyfforddi** – rhannu gwybodaeth a phrofiad gyda chydweithwyr a phartneriaid, fel arfer i gefnogi pobl newydd, fel achubwyr bywyd dan hyfforddiant.

- ► **Darllen ac ymchwil** – amser a dreulir yn gwella gwybodaeth a sgiliau trwy astudio ar eich pen eich hun. Mae gweithgareddau o'r fath yn cynnwys ymchwil ar-lein, dysgu sgiliau newydd sy'n gysylltiedig â swydd, darllen cyhoeddiadau ac ymchwil i'r sector.

Wrth feddwl am y DPP rydych chi am ei wneud, bydd o gymorth os oes gennych chi gynllun gyrfa amlinellol. Er enghraifft, efallai yr hoffech chi astudio cwrs prifysgol neu goleg rhan-amser er mwyn ehangu eich gwybodaeth am chwaraeon. Mae prifysgolion a cholegau yn cynnig ystod o wahanol gymwysterau, gan gynnwys cyrsiau sy'n canolbwyntio ar ymarfer corff, ffitrwydd, maeth, seicoleg a hyfforddi.

I lawer o yrfaoedd mewn chwaraeon, nid yw gradd prifysgol yn hanfodol. Yn hytrach, gall graddau Sylfaen ganiatáu i chi weithio wrth astudio, ac ar ôl eu cwblhau bydd gan lawer o ddarparwyr gytundeb partneriaeth sy'n caniatáu ichi ennill gradd.

> **Term allweddol**
>
> **Cyfiawnder** – bod yn ddiduedd ac yn deg.

> **Ymchwil**
>
> Mewn grŵp bach, gwnewch ymchwil i benderfynu ym mha un o'r rolau canlynol mae addysg brifysgol yn 'hanfodol', yn 'ddymunol' neu 'ddim yn angenrheidiol'. Os yw prifysgol yn hanfodol, yna disgrifiwch y meini prawf mynediad ar gyfer pob un o'r cyrsiau gradd rydych chi'n eu darganfod. Os nad oes angen prifysgol, beth yw gofynion y rôl? Pa fath o brofiad a hyfforddiant y mae cyflogwyr yn chwilio amdanynt mewn ymgeisydd? Cyflwynwch eich canfyddiadau i'r grŵp.
> - Hyfforddwr chwaraeon
> - Athro AG
> - Seicolegydd chwaraeon
> - Rheolwr dyletswydd – Hamdden.

151

Beth yw datblygiad proffesiynol? Allwch chi egluro pam ei bod yn bwysig i'ch cynlluniau gyrfa?

Awgrym

Darganfyddwch pa fath o ddigwyddiadau hyfforddi sydd mewn proffesiwn sydd o ddiddordeb i chi, ac adroddwch yn ôl i weddill eich grŵp.

Ymestyn

Pa fath o hyfforddiant fyddai'n eich helpu chi i ddatblygu pe byddech chi'n athro AG? Ymchwiliwch i'r cyrsiau a'r hyfforddiant sydd ar gael a braslunio cynllun blwyddyn. Cofiwch gadw lle yn y cynllun ar gyfer eich cyfrifoldebau proffesiynol.

Ymarfer asesu 3.1

A.P1 **A.P2** **A.M1** **AB.D1**

Mae eich ysgol yn cynnal ei diwrnod agored blynyddol a gofynnwyd i chi roi adroddiad ysgrifenedig i'r rhieni a darpar fyfyrwyr sy'n ymweld o'r enw 'Gyrfaoedd mewn Chwaraeon'. Dylai eich adroddiad ddangos sut y mae'n bosibl i geisio am yrfa mewn dwy rôl chwaraeon sy'n cyferbynnu – fel hyfforddwr personol ac athro Addysg Gorfforol. Mae angen i chi wneud rhywfaint o ymchwil i'r ddwy yrfa, gan ddangos eich bod chi'n deall gofynion pob swydd a sut, fel myfyriwr chwaraeon, y gallech chi fynd ati i geisio am gyflogaeth yn y swyddi hyn.

Bydd angen i chi amlinellu rhagolygon tymor byr a thymor hir pob rôl swydd a'u hymgorffori mewn cynllun gweithredu datblygu gyrfa, wedi'i ategu gan archwiliad sgiliau personol sy'n adlewyrchu'r sgiliau sydd eu hangen ar gyfer pob swydd.

Cynllunio
- Beth yw'r dasg? Beth y gofynnir i mi ei wneud?
- Pa mor hyderus ydw i yn fy ngalluoedd fy hun i gyflawni'r dasg hon? A oes unrhyw feysydd y credaf y byddaf yn cael anhawster â hwy?
- Byddaf yn synfyfyrio ar y wybodaeth y dylai'r adroddiad ei chynnwys a sut y dylid ei strwythuro.
- Byddaf yn ymchwilio i'r ddwy rôl gan ddefnyddio cymysgedd o ffynonellau, hysbysebion ar gyfer swyddi gwag a gwefannau fel y Gwasanaeth Gyrfaoedd Cenedlaethol.

Gwneud
- Rwy'n gwybod beth rwy'n ei wneud a beth rydw i eisiau ei gyflawni.
- Byddaf yn ysgrifennu'r adroddiad gan ddechrau gyda chyflwyniad sy'n nodi'r amcanion ac yn darparu rhywfaint o gefndir.
- Byddaf yn disgrifio pob rôl swydd, gan amlinellu gofynion y rolau a chynnwys gofynion DPP pob rôl, gyda manylion cyrff proffesiynol ac ati.

Adolygu
- Byddaf yn egluro beth oedd y dasg a sut y gwnes i fynd ati.
- Byddaf yn egluro sut y byddwn yn mynd at elfennau anoddaf y dasg yn wahanol y tro nesaf.
- Byddaf yn defnyddio fy nghasgliad i fyfyrio ar y broses gyfan, sut y gwnes i fy ymchwil a'r hyn y gallwn fod wedi'i wneud i wella. Byddaf hefyd yn myfyrio ar faterion y mae fy ymchwil wedi'u codi, fel dod o hyd i gyrsiau hyfforddiant ffitrwydd neu ddysgu mwy am y Cwricwlwm Cenedlaethol.

B Archwilio eich sgiliau eich hun gan ddefnyddio archwiliad sgiliau i lywio cynllun gweithredu datblygiad gyrfa

Archwiliad sgiliau personol ar gyfer gyrfaoedd posib

Gall cael syniad clir o'r hyn rydych chi am ei wneud fel gyrfa fod yn ddryslyd. Bydd gan bawb syniadau gwahanol am yr hyn y maen nhw am ei wneud yn seiliedig ar farn eu ffrindiau a'u teuluoedd, beth yw eu profiad o'r proffesiynau hynny ac efallai hyd yn oed eu canfyddiad o'r swydd a'r hyn y mae'n ei olygu. Weithiau nid oes gan bobl ddealltwriaeth o rôl swydd benodol ac nid ydynt wedi ystyried eu rhinweddau a'u sgiliau eu hunain.

Mae archwiliad sgiliau yn ffordd o asesu'r sgiliau sydd eu hangen ar gyfer swydd benodol a'u cymharu â'ch sgiliau cyfredol eich hun i weld pa mor agos maen nhw'n cyfateb. Gellir defnyddio hwn i'ch helpu chi i gynllunio datblygiad eich gyrfa fel y medrwch chi ddysgu, hyfforddi ar gyfer a datblygu'r sgiliau sydd eu hangen arnoch chi er mwyn sicrhau'r swydd rydych chi ei eisiau.

Bydd yr adran hon yn eich helpu i lunio archwiliad sgiliau a fydd yn bersonol i chi. Bydd yn eich helpu i asesu a yw'r hyn rydych chi am ei wneud yn iawn i chi ac yn eich helpu i wneud dewis gwybodus.

Adeiladu archwiliad sgiliau

Diddordebau a chyflawniadau

Y cam cyntaf yw ystyried eich diddordebau a'ch cyflawniadau personol.

Mae eich diddordebau yn ffactor pwysig. Byddai'n wirion dilyn gyrfa mewn hoci os nad ydych chi'n hoffi hoci, neu ddilyn gyrfa sy'n cynnwys gweithio mewn canolfan hamdden os yw'n well gennych weithio y tu allan. Gall rhestru eich diddordebau personol eich helpu i ganolbwyntio ar y rolau swydd sydd fwyaf addas i chi.

Mae yna nifer o ffyrdd y gallwch chi ddylunio archwiliad sgiliau. Os buoch erioed yn rhan o unrhyw waith neu brofiad gwaith, byddwch yn gwerthfawrogi ei bod yn arfer da bod yn ymwybodol o'ch cryfderau a'ch nodweddion eich hun yn ogystal ag unrhyw brofiad perthnasol. Mae'r un mor bwysig bod yn ymwybodol o'r bwlch sy'n bodoli rhwng eich profiad cyfredol a phrofiad ymarferydd gweithiol proffesiynol, e.e. athro AG. Dim ond trwy gydnabod y ffactorau hyn y byddwch yn gallu dadansoddi eich sgiliau cyfredol.

Wrth ystyried eich cyflawniadau, meddyliwch am eich cyflawniadau o fewn chwaraeon a allai fod o ddiddordeb i gyflogwr yn y dyfodol (e.e. cael eich dewis ar gyfer sgwadiau sirol neu ranbarthol, capteiniaethau) a chyflawniadau ar sail perfformiad (e.e. cwblhau digwyddiadau dygnwch). A ydych wedi cymryd rolau sy'n gofyn am rinweddau ychwanegol, wedi gofalu am chwaraewyr iau neu fwy newydd, wedi gweinyddu neu helpu i drefnu digwyddiadau fel cystadlaethau clwb? Dyma gyfle da i ddangos eich angerdd am chwaraeon neu ymarfer corff i gyflogwr.

Gallai cyflawniadau personol hefyd gynnwys gwirfoddoli yn eich amser hamdden i godi arian at achosion da neu helpu gyda threfnu digwyddiad chwaraeon.

Efallai mai'r broses bwysicaf y bydd cwblhau archwiliad sgiliau yn ei dysgu i chi yw'r gallu i fod yn **hunan-fyfyriol**. Mae hyn yn golygu'r gallu i edrych ar eich cyflawniadau eich hun a nodi'ch cryfderau a'ch gwendidau. Wrth arolygu eich archwiliad sgiliau, edrychwch ar ystod o ddisgrifiadau swydd i nodi sgiliau nad ydych efallai wedi ystyried sydd gennych chi, a'r rhai rydych chi'n gobeithio eu hennill.

Rhinweddau personol

Nodwedd allweddol arall mewn archwiliad sgiliau yw eich asesiad o'ch rhinweddau personol. Mae'r rhain yn eich gwneud chi'r unigolyn yr ydych chi ac yn nodweddion gwerthfawr y mae cyflogwyr yn eu hystyried yn eu holl weithlu. Ymhlith y nodweddion allweddol mae:

▶ **dibynadwyedd** – a all cyflogwr ymddiried ynoch chi i droi i fyny, bod ar amser a gwneud yr hyn a ddisgwylir gennych chi?

▶ **sgiliau trefnu** – pan roddir tasgau cymhleth i chi, a ydych chi'n gallu blaenoriaethu, didoli ac yna mynd i'r afael â thasgau mewn dull trefnus?

▶ **ymrwymiad** – a ydych chi'n barod i fynd 'y tu hwnt i'r disgwyliadau', aros yn hwyr, dechrau'n gynnar a dyfalbarhau gyda thasgau?

▶ **gwytnwch** – sut ydych chi'n ymdopi â sefyllfaoedd anodd? Wrth wynebu problem, beth yw eich dull o weithredu, a sut ydych chi'n delio â hi?

▶ **empathi** – sut ydych chi'n uniaethu ag eraill? A allwch chi ragweld sut y gallai rhywun deimlo am rywbeth? Ydych chi'n cydnabod y rhesymau dros ymddygiad pobl, ac os gwnewch chi, a ydych chi'n gwybod y ffordd orau i ymateb?

Sgiliau sylfaenol

Mae'r rhan fwyaf o gyflogwyr yn disgwyl lefel o sgiliau sylfaenol ac mae'n bwysig eich bod chi'n datblygu'r sgiliau hyn ble bynnag y bo modd, gan eu bod yn gyffredin i bob agwedd ar fywyd proffesiynol. Yn gyffredinol, bydd y rhain yn cynnwys cymhwysedd mewn llythrennedd, rhifedd a TG.

> **Myfyrio**
>
> Meddyliwch am enghreifftiau o'ch astudiaethau a/neu'ch profiadau o fewn chwaraeon a allai ddangos eich rhinweddau personol. Er enghraifft, mae codi'n gynnar dair gwaith yr wythnos i fynd am dro cyn ysgol neu goleg yn dangos ymrwymiad. Mae cynllunio'ch astudiaeth bersonol fel eich bod chi'n cyflwyno'ch gwaith cwrs mewn pryd yn dangos sgiliau trefnu.

Profiad

Mae'n bwysig manylu ar unrhyw brofiadau a allai fod yn berthnasol i'ch gyrfa. Os ydych chi wedi gwirfoddoli fel hyfforddwr chwaraeon gyda grŵp o blant, gall hyn ymwneud â rôl achubwr bywyd mewn pwll nofio prysur. Bydd yn dangos eich profiad gyda phobl ifanc, gan reoli materion ymddygiad a chyfathrebu â phlant a rhieni.

Dyma hefyd y lle gorau i dynnu sylw at unrhyw brofiad arwain, efallai gyda'r Sgowtiaid neu'r Geidiau, neu helpu chwaraewyr newydd mewn clwb tennis. Weithiau gall hyd yn oed teithio dramor fod yn berthnasol, oherwydd gall profi diwylliannau ac arferion eraill eich helpu i werthfawrogi anghenion poblogaeth amrywiol.

Cymwysterau

Mae cymwysterau'n bwysig mewn unrhyw ddiwydiant, ac yn y diwydiant chwaraeon, bydd cymwysterau academaidd fel TGAU, yn enwedig mewn Mathemateg, Saesneg, Cymraeg ac AG, yn eich helpu i symud ymlaen trwy addysg bellach ac addysg uwch. Dylech hefyd ystyried cymwysterau arbenigol eraill.

> **Ymchwil**
>
> Gellid ystyried bod y cymwysterau canlynol yn hanfodol i gyflawni rôl hyfforddwr saethyddiaeth yn iawn:
>
> - Gwobr Hyfforddwr Saethyddiaeth
> - Tystysgrif Cymorth Cyntaf
> - Diogelu Plant (gweithdy Sports Coach UK).
>
> Gan dybio nad oes gennych unrhyw un o'r cymwysterau hyn, cynhaliwch ymchwil gyda phartner i ddarganfod ble y gallwch astudio'r cyrsiau. Faint fyddai pob cwrs yn ei gostio, a pha mor hir y byddai'n ei gymryd? Cyflwynwch eich canfyddiadau i'ch dosbarth, yn unigol neu mewn grŵp bach.

▶ Mae angen mwy na chymwysterau hyfforddi yn unig ar hyfforddwyr saethyddiaeth

Sgiliau cyflogadwyedd

Dylai archwiliad sgiliau hefyd ystyried a chynnwys y sgiliau cyffredin sy'n debygol o fod yn ofynnol gan bob cyflogwr. Mae Tabl 3.4 yn dangos rhai o'r sgiliau mwyaf cyffredin. Ceisiwch gwblhau'r tabl, gan roi sgôr i chi'ch hun am bob sgìl. Ar ôl i chi wneud hynny, ystyriwch yr hyn y credwch y gellid ei ychwanegu, ei ddileu neu ei newid.

▶ **Tabl 3.4:** Sgiliau generig ar gyfer cyflogaeth

Sgiliau Generig ar gyfer Cyflogaeth Darllenwch y datganiadau isod a chylchwch y rhif sy'n berthnasol i chi gan ddefnyddio'r canllaw canlynol: 1 = profiad eang 3 = ychydig o brofiad 5 = ddim yn gwybod 2 = peth profiad 4 = dim profiad					
Cyfathrebu ysgrifenedig Gallaf ysgrifennu'n glir ac yn gryno mewn ystod o wahanol fformatau i gyfleu negeseuon yn effeithiol i gynulleidfaoedd amrywiol.	1	2	3	4	5
Sgiliau cyfathrebu/cyflwyno llafar Gallaf grynhoi a chyfleu gwybodaeth yn effeithiol wrth siarad â phobl neu draddodi cyflwyniadau.	1	2	3	4	5
Rheoli amser Gallaf reoli fy amser a blaenoriaethu fy llwyth gwaith i sicrhau fy mod yn cynhyrchu gwaith o ansawdd uchel o fewn terfynau amser penodol.	1	2	3	4	5
Datrys problemau Rwy'n gwybod sut i ddod o hyd i atebion rhesymegol, adeiladol a realistig pan gyflwynir problemau cymhleth i mi.	1	2	3	4	5
Gwaith tîm Rwy'n medru gweithio'n effeithiol fel aelod o dîm er mwyn helpu fy nhîm i gyflawni ei nodau.	1	2	3	4	5
Arweinyddiaeth Rwy'n gallu defnyddio ystod o ddulliau a thechnegau i arwain tîm tuag at ei nodau.	1	2	3	4	5
Sgiliau gwybodaeth Rwy'n gallu dod o hyd i ffynonellau gwybodaeth (gan gynnwys ffynonellau ar-lein) yn gyflym ac yn hawdd. Gallaf werthuso gwahanol ffynonellau gwybodaeth i bennu eu dibynadwyedd.	1	2	3	4	5
Dysgu annibynnol Rwy'n gallu rheoli fy llwyth gwaith fy hun a chwblhau tasgau ar fy mhen fy hun heb lawer o fewnbwn na goruchwyliaeth gan fy nhiwtor.	1	2	3	4	5

Sgiliau technegol penodol

Mae gan bob gyrfa hefyd ystod o sgiliau penodol. Gall hyfforddi ac addysgu fod yn benodol. Bydd gan hyfforddwr beicio hyfedredd sylfaenol ym mhob disgyblaeth, ond mae gan y mwyafrif o hyfforddwyr beicio ddisgyblaeth maen nhw'n ei ffafrio fel BMX neu Cyclocross.

▶ Mae rhai hyfforddwyr pêl-droed yn gweithio'n gyfan gwbl gyda gôl-geidwaid, tra bod rhai hyfforddwyr rygbi yn gweithio gyda blaenwyr yn unig.

▶ Mae gan rai chwaraeon ddulliau hyfforddi sy'n gofyn am gymhwysedd ychwanegol: er enghraifft, mae angen hyfforddiant ychwanegol ar hyfforddwyr criced i ddefnyddio peiriant bowlio, tra bod angen i hyfforddwyr trampolîn hyfforddi i ddefnyddio rigiau yn yr awyr.

▶ Os yw'ch rôl yn gofyn i chi weinyddu profion ffitrwydd, mae angen i chi ddeall pwysigrwydd cyflwyno pob prawf yn gywir fel bod y canlyniadau'n ddibynadwy ac yn ddilys.

Bydd gan bob gyrfa rydych chi'n edrych arni ystod o sgiliau penodol a gofynnol. Rhan o lunio archwiliad sgiliau da yw nodi beth yw'r sgiliau hynny a sicrhau bod eich archwiliad yn adlewyrchu'r sgiliau hyn, gydag enghreifftiau cadarn o'ch bywyd a'ch gyrfa hyd yn hyn.

▶ Mae angen sgiliau technegol penodol yn y mwyafrif o rolau hyfforddwyr chwaraeon, fel gwybod sut i gynnal prawf ffitrwydd neu ddefnyddio offer

Dadansoddiad SWOT

Ar ôl i chi ystyried eich sgiliau a'ch nodweddion, dylech gynnal dadansoddiad SWOT (*strengths, weaknesses, opportunities, threats*). Mae SWOT yn dadansoddi **cryfderau**, **gwendidau**, **cyfleoedd** a **bygythiadau**. Bydd yn caniatáu ichi nodi meysydd ble rydych eisoes yn gryf a gwerthuso meysydd lle gallwch gynllunio ar gyfer gwella yn y dyfodol, yn yr achos hwn i gynorthwyo gyda chynllunio gyrfa a chyflogaeth.

Mae dadansoddiad SWOT yn ffordd ddefnyddiol o greu proffil personol a phroffesiynol, ac os caiff ei wneud yn dda gellir ei olygu a'i ychwanegu ato trwy gydol eich gyrfa. Yn y mwyafrif o broffesiynau mae cyfleoedd i symud ymlaen a gwella, ond hyd yn oed os ydych chi'n ceisio am eich swydd gyntaf gallwch elwa o'r math hwn o gynllunio.

Myfyrio

Edrychwch ar yr enghraifft o ddadansoddiad SWOT yn Nhabl 3.5. Dyma broffil person 17 oed sydd eisiau gweithio fel hyfforddwr personol.

Cwblhewch ddadansoddiad SWOT fel hyn ar eich cyfer chi mewn gyrfa o'ch dewis. Lle bo hynny'n bosibl gofynnwch i'ch ffrindiau a theulu roi eu barn – mae'n hawdd anghofio nodweddion amlwg neu efallai golli cyfle y mae gan eraill fwy o wybodaeth ohono.

▶ **Tabl 3.5:** Dadansoddiad SWOT enghreifftiol

Cryfderau	Gwendidau
• Sgiliau TG da • Profiad o ddefnyddio offer ffitrwydd a dosbarthiadau ymarfer corff • Wedi ymrwymo i weithio yn y diwydiant ffitrwydd	• Dim profiad o weithio yn y diwydiant ffitrwydd • Weithiau yn ei chael hi'n anodd cydbwyso astudiaeth a bywyd personol, gan fethu terfynau amser pwysig • Dim cymwysterau ffitrwydd
Cyfleoedd	**Bygythiadau**
• Lleoliad gwaith posib fel rhan o gwrs BTEC Chwaraeon • Cyfle i astudio ymarfer corff a ffitrwydd yn y brifysgol • Cyrsiau lleol mewn maetheg, ymarfer corff ar gyfer poblogaethau arbennig a chymorth cyntaf	• Peidio â chyflawni yn yr ysgol/coleg oherwydd gwrthdyniadau a methu dyddiadau cau • Ddim yn dda am weithio gyda phobl hŷn a rhai heb fod yn heini

> **❚❚ MUNUD I FEDDWL** Cwblhewch archwiliad sgiliau arnoch chi'ch hun neu ar ffrind.
>
> **Awgrym** Meddyliwch am swydd y mae gennych ddiddordeb ynddi. Dadansoddwch eich sgiliau, rhinweddau a'ch hyfforddiant a nodi unrhyw fylchau.
>
> **Ymestyn** Lluniwch restr wirio ar gyfer rhywun sy'n anelu at rôl benodol, e.e. athro AG neu Therapydd Tylino Chwaraeon.

Cynllunio datblygiad personol

Cynllun gweithredu gyrfa

Ar ôl cwblhau archwiliad sgiliau manwl, y cam nesaf yw cynhyrchu cynllun gweithredu. Mae hwn yn gynllun sy'n dangos sut i gyflawni'r yrfa a'r swydd rydych chi ei eisiau. Yn y rhan fwyaf o achosion bydd hwn yn gynllun tymor hir ac felly mae'n ddefnyddiol cael dull fesul cam, dros fisoedd a blynyddoedd.

Fel rhan o'r cynllunio gweithredu mae angen i chi nodi amserlenni allweddol y gallwch chi gysylltu â chyflawni tasgau penodol i'ch helpu chi i gyflawni eich nod gyrfa. Gallai'r amserlenni hyn gychwyn yn syth neu gallent ddigwydd dros nifer o flynyddoedd. Ar gyfer pob un o'r amserlenni hyn, nodwch unrhyw anghenion hyfforddi ac addysgol a phrofiad y bydd angen i chi eu cyflawni. Dylai fod gennych hefyd gynllun clir ar gyfer sut y byddwch yn cwblhau pob cam.

Dangosir enghraifft o gynllun gweithredu gyrfa ar gyfer rhywun sy'n cychwyn cymhwyster BTEC Cenedlaethol mewn Chwaraeon yn Nhabl 3.6.

Astudiaeth achos

Mae Alia yn therapydd chwaraeon sydd â'i phractis ei hun, cyfleuster blaen siop mewn tref brysur sy'n cynnig ystod o wasanaethau iechyd gyda chydweithwyr eraill. Mae hi wedi bod yn ymarfer ers pum mlynedd. Mae'r rhan fwyaf o'i gwaith gyda mabolgampwyr, gan eu helpu i wella o anaf neu atal difrod pellach, gan ddefnyddio gwahanol dechnegau tylino a thrin.

Ychydig flynyddoedd yn ôl, ar ddechrau ei chwrs BTEC Cenedlaethol mewn Chwaraeon, gallai cynllun gweithredu gyrfa Alia fod wedi edrych fel yr un a ddangosir yn Nhabl 3.6.

- Ystyriwch beth yw nodweddion allweddol cynllun 5 mlynedd. Cofiwch: CAMPUS!
- Lluniwch restr o reolau ar gyfer cynllun 5 mlynedd realistig.
- Dyluniwch gynllun 5 mlynedd yn unigol ar gyfer gyrfa o'ch dewis.

Damcaniaeth ar waith

Cofiwch amcanion CAMPUS:

- **Cyraeddadwy** – Peidiwch â disgwyl cerdded i mewn i swydd yn Arsenal FC fel ffisiotherapydd. Anelwch at rywbeth mwy cyraeddadwy o ystyried eich profiad.
- Wedi'i **Amseru** – Heb ddyddiad gorffen ni fydd unrhyw deimlad o frys. Ychwanegwch ddyddiad at eich targed bob amser.
- **Mesuradwy** – Sut byddwch chi'n gwybod eich bod wedi cyflawni'ch nod?
- **Penodol** – Byddwch yn fanwl gywir am yr hyn rydych chi eisiau ac angen ei wneud.
- **Uchelgeisiol** ond **Synhwyrol** (realistig) – Oes gennych chi'r sgiliau y bydd eu hangen arnoch chi: er enghraifft, a ydych chi wir yn amyneddgar ac yn gyfathrebwr da? Os ydych chi'n ansicr, gofynnwch i rywun sy'n eich adnabod chi'n dda.

▶ Tabl 3.6: Enghraifft o gynllun gweithredu gyrfa

Amserlen	Nod/targed	Camau i gyflawni nodau	Cefnogaeth sydd ei angen	Dyddiad gorffen	Sut byddwch chi'n gwybod bod hyn wedi'i gyflawni?
Camau i'w cymryd ar unwaith	Cwblhau fy Aseiniad Anafiadau Chwaraeon cyntaf.	Ymchwilio gartref ac yn y llyfrgell, cynhyrchu poster.	Mynediad i'r rhyngrwyd, llyfrau a chyfnodolion.	Diwedd mis Hydref	Bydd fy nhiwtor yn asesu'r gwaith a'i ddychwelyd ar gyfer fy mhortffolio.
1 mlynedd	Cwblhau blwyddyn gyntaf fy nghwrs BTEC gydag o leiaf gradd Teilyngdod.	Cwblhau'r holl asesiadau ar amser a rheoli fy amser hamdden yn iawn.	Canllawiau gan fy nhiwtoriaid a chymorth a chefnogaeth fy rhieni.	Gorffennaf y flwyddyn nesaf	Bydd gen i dystysgrif sy'n cadarnhau fy nghyflawniad.
2 flynedd	Dechrau cwrs prifysgol mewn Therapi Chwaraeon yn Birmingham.	Gwneud cais trwy UCAS, ymweld â'r brifysgol a chyflawni'r graddau sydd eu hangen arnaf.	Cefnogaeth gan fy rhieni i edrych ar brifysgolion, help i wneud cais trwy UCAS.	Hydref y flwyddyn nesaf	Byddaf wedi dechrau fy nghwrs.
5 mlynedd	Cwblhau fy ngradd israddedig a chael fy sefydlu fel Therapydd Tylino Chwaraeon cofrestredig.	Gweithio'n galed yn y brifysgol, gan gwblhau'r holl waith ac arholiadau yn foddhaol a chofrestru gyda'r Gymdeithas Therapyddion Chwaraeon.	Cymorth fy nhiwtoriaid a ffrindiau, mynediad at ddeunyddiau ymchwil a digon o arian.	Mehefin mewn 5 mlynedd	Bydd gen i radd o'r brifysgol a byddaf yn ymarfer fel therapydd.
10 mlynedd	I fod wedi datblygu enw da mewn therapi chwaraeon yn fy ardal leol.	Gweithio'n galed i sefydlu enw da a chael rhestr sylweddol o gleientiaid.	Cydweithwyr a ffrindiau ac yn enwedig gwasanaethau cyfrifydd da.	Parhaus	Byddaf yn gwneud bywoliaeth gyfforddus gyda sylfaen da o gleientiaid.

Cael arweiniad gyrfaoedd

Gallwch gael arweiniad gyrfaoedd o nifer o ffynonellau yn dibynnu ar sector y diwydiant chwaraeon rydych chi'n ceisio am gyngor a gwybodaeth ynddo.

▶ Man cychwyn da yw cyrff proffesiynol fel ScUK, CIMSPA neu REPs sydd ag amrywiaeth o offer cymorth a chyngor i'r rheini o fewn ac o gwmpas eu proffesiynau priodol.

▶ Bydd swyddogion gyrfaoedd a staff cymorth yn eich ysgol/coleg yn gallu cynnig cyngor. Mae eich tiwtoriaid, y bydd llawer ohonynt yn dal i fod yn gysylltiedig â'r diwydiant mewn rhyw ffordd, hefyd yn ffynhonnell wych o arweiniad.

▶ Mae'r Gwasanaeth Gyrfaoedd Cenedlaethol yn darparu cyngor ac arweiniad gyrfaoedd ar gannoedd o swyddi ac yn cynnig proffiliau o bobl go iawn yn y diwydiant.

▶ Gallwch hefyd siarad ag ymarferydd. Nid oes unrhyw beth gwell na siarad â rhywun sydd eisoes yn y swydd rydych chi ei eisiau. Bydd ganddynt lawer o wybodaeth berthnasol a byddant hefyd yn gallu cynnig awgrymiadau ar beth i'w osgoi a sut i gael y gorau o'ch astudiaethau.

Cynllun gweithredu datblygu gyrfa (CDAP)

Mae rhoi popeth at ei gilydd mewn cynllun gweithredu datblygu gyrfa (CDAP – *career development action plan*) penodol yn allweddol i ddarparu fframwaith ar gyfer datblygu eich gyrfa a chynhyrchu cynllun ar gyfer dilyniant yn y dyfodol.

Beth ddylai fod mewn CDAP?

Yn ogystal â'r holl fanylion yn eich archwiliad sgiliau cynharach, dylai CDAP hefyd gynnwys:

▶ eich nodau tymor byr, canolig a hir – beth sy'n bwysig yn eich gyrfa a'ch bywyd?

▶ eich rhestr gyfredol o gymwyseddau, sgiliau a galluoedd o'ch archwiliad sgiliau – beth allwch chi ei gynnig i sefydliad?

▶ eich anghenion datblygu, gan gynnwys nodau eang a nodau CAMPUS
▶ sut i arbenigo mewn rhai meysydd
▶ cyflawni cerrig milltir
▶ cerrig milltir eto i'w cyflawni. Pwy all eich helpu i gyflawni'r nodau hyn? Pa flociau sydd angen i chi eu goresgyn?

Byddwch yn hyblyg, adolygwch eich CDAP yn rheolaidd a byddwch yn barod i'w addasu a'i newid.

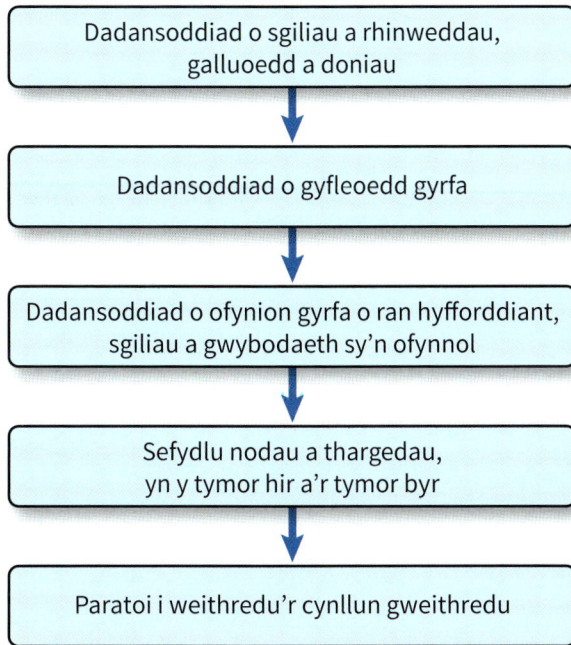

▶ Ffigur 3.2: Diagram llif o adeiladu CDAP

Gweithgareddau datblygiad proffesiynol

Nid yw byth yn rhy gynnar i ddechrau cymryd eich gyrfa bosibl o ddifrif. Yn gynharach, roedd yr uned hon yn ymdrin â rôl cyrff proffesiynol yn natblygiad ymarferwyr (tudalen 148). Mae llawer o'r cyrff hyn yn cynnig gweithdai neu ddosbarthiadau i bobl sydd â diddordebau neu anghenion tebyg: er enghraifft, grŵp o athrawon newydd sydd angen help i ddefnyddio technoleg i wella eu gwersi. Yn eithaf aml nid yw'r gweithdai hyn wedi'u cyfyngu i'r rhai yn y proffesiwn. I ddod o hyd i weithdy addas, nodwch eich anghenion hyfforddi ac yna cynhaliwch chwiliad gwe syml. Fel arall, ewch yn syth at un o'r cyrff proffesiynol rheoledig, e.e. Sports Coach UK.

Ⅱ MUNUD I FEDDWL | Beth yw nodweddion allweddol CDAP? Sut allwch chi gynnal eich hun er mwyn cyflawni eich CDAP?

Awgrym — Gorchuddiwch y rhestr uchod, gan roi manylion y cynnwys ar gyfer portffolio personol, yna gweld faint o eitemau o'r rhestr y gallwch chi eu cofio o hyd.

Ymestyn — Cynlluniwch yrfa mewn proffesiwn sy'n gysylltiedig â chwaraeon. Dechreuwch ar y diwedd, gyda chi yn cael eich cyflogi'n llawn ac yn gweithio fel gweithiwr proffesiynol (e.e. fel hyfforddwr pêl-fasged), yna gweithiwch tuag yn ôl, gan gynnwys nodau gyrfa tymor byr, canolig a hir.

Gall cysgodi gweithiwr proffesiynol fod yn weithgaredd datblygiad proffesiynol defnyddiol iawn. Mae'n golygu dilyn gweithiwr proffesiynol yn eithaf agos wrth iddyn nhw weithio fel y gallwch sylwi ar realiti eu swydd eich hun.

Mewn grwpiau bach, trafodwch fanteision posibl hyn os ydych chi'n bwriadu ymgeisio am swydd debyg. Sut gallai cael cysgod fod yn ddefnyddiol i weithiwr proffesiynol a pham y dylent ystyried cael un?

Cynnal portffolio personol/cofnod o gyflawniad a phrofiad

Er bod llawer o sefydliadau'n gwahodd ymgeiswyr i wneud cais ar-lein, mae **portffolio** personol neu gofnod cyflawniad wedi'i gyfansoddi'n dda yn dangos eich ymrwymiad i gael gwaith. Dylai portffolio personol da gynnwys:

Portffolio – casgliad o eitemau personol sy'n ffurfio pwrpas unedig. Yn yr achos hwn gallai portffolio gynnwys manylion eich holl gyflawniadau – yn broffesiynol, yn academaidd ac o fewn chwaraeon.

- ▶ tystysgrifau addysgol, e.e. TGAU, BTECau ac eraill
- ▶ gwobrau a chyflawniadau chwaraeon-benodol yn seiliedig ar gymhwysedd a hyfedredd, yn ogystal â gweinyddu a/neu hyfforddi o bosibl
- ▶ tystebau – datganiadau cadarnhaol amdanoch chi gan bobl uchel eu parch: hyfforddwyr chwaraeon, penaethiaid, aelodau uchel eu parch o'r gymuned. Efallai y bydd y bobl hyn hefyd yn gweithredu fel canolwyr os y gwnewch chi gais am swydd
- ▶ toriadau i'r wasg neu sgrînlun o wefannau priodol – os yw'r cyfryngau lleol wedi rhoi sylw i'ch cyflawniadau chwaraeon
- ▶ manylion profiad gwaith – crynodeb gyda manylion a, lle bo hynny'n bosibl, sylwadau cadarnhaol gan oruchwylwyr lleoliadau
- ▶ manylion gwirfoddoli – unrhyw bryd y buoch yn gweithio i achosion teilwng neu sefydliadau perthnasol.

Dylai fod gennych hefyd o leiaf un *curriculum vitae* (CV) penodol sydd wedi'i addasu i dargedu'ch swyddi dymunol yn y diwydiant chwaraeon. Gallwch ddarllen mwy am CVau yn ddiweddarach yn yr uned hon (tudalen 164).

Ymarfer asesu 3.2 | B.P3 | B.P4 | B.M2 | B.M3 | ABD1

Yn dilyn y digwyddiad gyrfaoedd chwaraeon llwyddiannus, mae'n bryd ystyried eich gyrfa eich hun mewn chwaraeon.

Ar gyfer yr asesiad hwn bydd angen i chi adeiladu portffolio o dystiolaeth. Gellid cyflwyno hyn mewn sawl ffordd ond rhaid iddo gynnwys archwiliad sgiliau personol (PSA) a Chynllun Gweithredu Datblygu Gyrfaoedd (CDAP).

Bydd y portffolio gorffenedig yn ddefnyddiol wrth gynllunio'ch gyrfa wirioneddol mewn chwaraeon, felly cymerwch amser a gofal a chynnwys cymaint o fanylion â phosibl.

Cynllunio
- Beth yw'r dasg? Beth y gofynnir i mi ei wneud?
- Dechreuaf trwy wneud rhestr o gynnwys ar gyfer fy mhortffolio, gan ddefnyddio'r bennod hon i gael arweiniad. Byddaf yn cofio cynnwys yr holl dystiolaeth a allai fod yn ddefnyddiol fel tystysgrifau, tystlythyrau a fy CV, yn ogystal â'm PSA a CDAP.

Gwneud
- Rwy'n gwybod beth rwy'n ei wneud a beth rydw i eisiau ei gyflawni. Byddaf yn creu llinell amser fanwl ar gyfer fy nghynnydd.
- Byddaf yn meddwl yn glir am bwy allai ofyn am fynediad i'r portffolio hwn, efallai mewn cyfweliad prifysgol neu i ddarpar gyflogwr.

Adolygu
- Byddaf yn egluro beth oedd y dasg a sut y gwnes i fynd ati.
- Byddaf yn egluro sut y byddwn yn mynd at elfennau anoddaf y dasg yn wahanol y tro nesaf.

C Ymgymryd â gweithgaredd recriwtio i arddangos y prosesau a all arwain at gynnig swydd llwyddiannus mewn llwybr gyrfa dethol

Ymgeisio am swydd

Gall ymgeisio am swyddi fod yn broses heriol. Yn gyntaf mae'n rhaid i chi wybod ble i edrych. Mae ymchwil yn awgrymu bod y mwyafrif o bobl bellach yn chwilio am swyddi ar-lein.

Gall gwefannau chwilio am swyddi cyffredinol gael eu rhedeg gan sefydliadau mawr nad ydyn nhw'n benodol i'r diwydiant. Yn nodweddiadol maen nhw'n gofyn i chi gofrestru a nodi manylion am y math o swydd rydych chi'n chwilio amdani. Maen nhw'n darparu gwasanaeth rhybuddio am swydd i chi a fydd yn anfon e-byst neu negeseuon testun rheolaidd pan fydd ganddyn nhw swydd sy'n cyfateb i'ch meini prawf. Mae enghreifftiau o'r math hwn o wefan yn cynnwys **www.indeed.co.uk**, **www.gov.uk/jobsearch** a **www.fish4.co.uk**.

Dewis arall yw defnyddio gwefannau cyrff proffesiynol yn y diwydiannau y mae gennych ddiddordeb ynddynt, neu ddarparwyr chwilio am waith sy'n targedu'r diwydiant chwaraeon, fel:

▶ **www.careers-in-sport.co.uk**

▶ **www.sportcareers.co.uk**

▶ **www.globalsportsjobs.com**

Os ydych chi am gyfyngu'ch chwiliad gwaith i ran benodol o'r diwydiant chwaraeon, mae cyfleusterau chwilio ar-lein arbenigol yn bodoli, gan gynnwys:

▶ Gwyddorau Chwaraeon – **www.bases.org.uk**

▶ Addysg Gorfforol – **www.tes.com/jobs**

▶ Hamdden, Iechyd a Ffitrwydd – **www.leisurejobs.com**

▶ Chwaraeon y Sector Cyhoeddus – **www.uksport.gov.uk/jobs-in-sport**

Gallwch hefyd ddod o hyd i swyddi mewn ffyrdd eraill – trwy bapurau newydd a chylchgronau masnach, neu drwy gyflogwyr posib, megis mewn canolfannau hamdden.

Hysbysebion swydd

Er mwyn denu'r ymgeisydd o'r math cywir, mae angen gosod hysbyseb mewn lleoliad ble y gallai ymgeiswyr tebygol a chymwysedig edrych. Bydd hyn yn cynnwys gwefannau cwmnïau, gwefannau masnach, gwefannau cyrff llywodraethu chwaraeon a gwefannau arbenigol fel **www.leisureopportunities.co.uk**.

Mae angen cynllunio ac ystyried yn ofalus wrth ddylunio disgrifiad swydd. Dyma'r cyfle cychwynnol i gyflogwr ddenu ymgeiswyr addas. Mae yna lawer o ddulliau o ddylunio hysbysebion swyddi; meddyliwch am y gwahanol arddull o hysbyseb y gallai fod ei angen ar gyfer Tirmon (*groundskeeper*) o'i gymharu â Therapydd Chwaraeon.

Canllawiau ar ysgrifennu hysbyseb swydd

Ysgrifennwch deitl swydd apelgar sy'n ddisgrifiadol ac yn gredadwy.

Gosodwch strwythur – fel hyn efallai:

1 Cyflwyniad byr

2 Rolau a chyfrifoldebau

3 Manyleb person

4 Gwobrwyon

5 Eich cwmni

6 Beth i'w wneud nesaf/sut i wneud cais

Apeliwch i'r gynulleidfa trwy ystyried eu hanghenion wrth ddylunio'r hysbyseb.

Dadansoddiad swydd

Mae dadansoddiad swydd yn nodi dyletswyddau a gofynion manwl o fewn swydd a phwysigrwydd cymharol y rhain ar gyfer swydd benodol. Mae'r darpar gyflogwr yn casglu data am y dyletswyddau penodol yn y swydd ac yn ei ddefnyddio i greu swydd ddisgrifiad. Fel rhywun sy'n ceisio am y swydd, ni fyddwch fel arfer yn cael gweld y dadansoddiad swydd.

Swydd ddisgrifiad

Mae swydd ddisgrifiad yn cynnwys manylion am yr hyn y mae'r swydd yn ei olygu. Yn gyffredinol, rhestrir nodweddion y swydd yn nhrefn eu pwysigrwydd, felly byddech chi'n disgwyl gweld y canlynol ar gyfer athro AG:

- ► paratoi gwersi
- ► addysgu a sicrhau bod pawb yn dysgu
- ► rheoli ymddygiad
- ► gweinyddu a threfnu gemau chwaraeon yn yr ysgol a'r tu allan iddi
- ► sicrhau bod rheoliadau iechyd a diogelwch yn cael eu dilyn
- ► gosod a marcio gwaith cartref ac aseiniadau
- ► paratoi ar gyfer arholiadau a gwaith cwrs
- ► mynychu cyfarfodydd a hyfforddiant
- ► siarad â rhieni a gofalwyr am gynnydd pob myfyriwr.

Mae llawer o swydd ddisgrifiadau hefyd yn cynnwys datganiad sy'n ymdrin â thasgau neu gyfrifoldebau na ragwelwyd efallai pan gafodd y swydd ddisgrifiad ei greu yn wreiddiol. Yn y rhan fwyaf o achosion dyma pam rydych chi'n gweld maen prawf mewn swydd ddisgrifiadau sy'n dweud rhywbeth tebyg i, '... pob dyletswydd resymol arall fel y'i pennir gan yr Uwch Dîm Rheoli.' Mae hyn yn golygu y gellir ychwanegu newidiadau rhesymol i swydd at y dyletswyddau a hysbysebwyd yn wreiddiol.

Wrth wneud cais am swydd sy'n gofyn i chi anfon CV, mae'n werth newid nodweddion allweddol eich CV er mwyn gweddu i'r cais. Gallwch chi bwysleisio ac ailflaenoriaethu sgiliau a rhinweddau fel eu bod yn cyfateb i bob swydd ddisgrifiad.

Manyleb person

Mae manyleb person yn canolbwyntio llai ar dasgau'r swydd a mwy ar y math o unigolyn a fyddai'n gweddu i'r swydd: ei sgiliau, rhinweddau, profiad a chymwyseddau. Mae Ffigur 3.3 yn dangos manyleb person enghreifftiol ar gyfer rôl Hyfforddwr Tennis. Sylwch fod yr **H** ar ddiwedd maen prawf yn golygu 'hanfodol' (**rhaid** i'r ymgeisydd gael hwn), tra bod **D** yn golygu 'dymunol' (**dylai'r** ymgeisydd gael hwn).

Manyleb person ar gyfer hyfforddwr tennis

Profiad

- Profiad sicr mewn rôl debyg **H**
- Profiad o weithio o fewn amgylchedd clwb tennis **H**
- Profiad/ymwybyddiaeth gref o gynnig gwasanaeth eithriadol **D**
- Profiad blaenorol o weithio gyda phlant **H**
- Ardystiad gwasanaeth datgelu a gwahardd (DBS) **H**
- O leiaf 3 blynedd o brofiad mewn rôl hyfforddwr tennis **D**

Sgiliau

- Hyfforddwr Tennis LTA Lefel 2 H neu gymhwyster cyfatebol arall **H**
- Tystysgrif cymorth cyntaf 2 ddiwrnod o leiaf **H**

Rhinweddau

- Aelod o dîm yn gallu rheoli, goruchwylio ac ysgogi'r tîm **H**
- Sgiliau trefnu a gweinyddol da **H**
- Sgiliau llafar ac ysgrifenedig o'r radd flaenaf **H**
- Ymrwymiad i ofal cwsmeriaid **H**
- Sgiliau dylanwadu **D**
- Datryswr problemau **H**

Nodweddion/ymddygiadau personol

- Mwynhau gweithio fel rhan o dîm a gydag amrywiaeth eang o bobl **H**
- Sgiliau cyfathrebu a rhyngbersonol da **H**
- Cariad at dennis **D**
- Natur allblyg a brwdfrydig **D**
- Sgiliau addysgu da **H**
- Sgiliau ysgogol ac agwedd gadarnhaol tuag at ddysgu **D**
- Awyddus i barhau i wella'ch sgiliau a'ch technegau eich hun **H**
- Amynedd **H**
- Sgiliau trefnu **H**
- Synnwyr digrifwch da **D**
- Y gallu i ddefnyddio'ch menter eich hun wrth ddilyn ymarferion a thechnegau addysgu sefydledig **H**
- Y gallu i gwblhau gwaith papur i ddyddiad cau **H**
- Y gallu i roi adborth gonest i unigolion mewn modd craff **D**
- Stamina a'r awydd i weithio oriau hir mewn amodau anodd **H**

▶ **Ffigur 3.3:** Manyleb person enghreifftiol ar gyfer hyfforddwr tennis

Ffurflen gais

Mae ceisio am swydd fel arfer yn syml. Ar ôl i chi ddangos diddordeb – dros y ffôn, trwy e-bost, neges destun neu'r cyfryngau cymdeithasol, fel y bo'n briodol – bydd y cyflogwr naill ai'n anfon cais papur atoch neu'n eich cysylltu â ffurflen ar-lein.

Mae yna sawl rheol i'w hystyried wrth wneud cais am unrhyw swydd.

▶ Ar gyfer ceisiadau ysgrifenedig, ysgrifennwch yn daclus ac mewn beiro ddu bob amser (mae inc du yn dangos yn well os ydyn nhw'n ei lungopïo). Mae'n werth llungopïo'r ffurflen wag a llenwi copi drafft yn gyntaf fel y gallwch gywiro unrhyw gamgymeriadau neu ychwanegu gwybodaeth.

▶ Byddwch yn onest. Peidiwch â dweud celwydd am yr hyn rydych chi wedi'i gyflawni; byddwch bron bob amser yn cael eich dal a byddwch ar eich colled yn y swydd ac mewn cyfleoedd posibl yn y dyfodol.

▶ Peidiwch â dyfalu. Os yw'r ffurflen yn gofyn cwestiwn nad ydych yn ei ddeall, gofynnwch i rywun rydych chi'n ymddiried ynddynt am arweiniad.

▶ Rhestrwch swyddi blaenorol (os ydych chi wedi cael rhai) yn gronolegol gyda'r diweddaraf yn gyntaf. Os nad ydych wedi cael swydd, peidiwch â bod â chywilydd: dywedwch hynny, ond byddwch yn barod i restru'ch profiadau eraill, yn enwedig gwirfoddoli.

▶ Peidiwch â gadael llenwi'r ffurflen a'i chyflwyno tan y funud olaf. Gosodwch eich dyddiad cau ymhell cyn yr un gwirioneddol bob amser – mae hyn yn dangos sgiliau trefnu a'r gallu i flaenoriaethu.

▶ Wrth ysgrifennu eich **datganiad ategol** gwnewch yn siŵr eich bod yn ymateb i'r cwestiwn ac yn cadw at y pwynt. Os yw'r ffurflen yn gofyn i chi ysgrifennu 500 gair, yna cadwch o fewn y canllaw hwn. Darllenwch y swydd ddisgrifiad a'r fanyleb person a gwerthwch eich hun; byddwch yn ddi-lol heb fod yn or-hyderus.

▶ Pan ofynnir am dystlythyrau, defnyddiwch rywun sydd â hygrededd i gyflogwr bob amser, er enghraifft cyflogwr blaenorol, pennaeth, tiwtor neu unigolyn mewn swydd awdurdod. Peidiwch â defnyddio aelodau o'ch teulu. Gofynnwch i'r canolwr bob amser a ydyn nhw'n barod i gynnig geirda cyn i chi ysgrifennu eu henw – ni fyddech chi eisiau i ddarpar gyflogwr gael gwybod bod eich canolwr wedi gwrthod geirda neu ddim wedi anfon un.

▶ Sicrhewch eich bod yn dilyn y cyfarwyddiadau ar y ffurflen. Dychwelwch yr holl ffurflenni wedi'u llenwi ac unrhyw wybodaeth ychwanegol y gofynnwyd amdani, fel copïau o dystysgrifau neu ddatgeliadau.

CV personol

Yn y bôn, rhestr o'ch profiadau gwaith yw CV ac mae'n ddogfen y gallwch ychwanegu ati a'i datblygu trwy gydol eich bywyd wrth i chi ennill sgiliau a phrofiadau newydd. Bydd y mwyafrif o gyflogwyr yn gofyn am CV gan ymgeiswyr am swyddi, felly mae bob amser yn syniad da cael un yn barod i'w anfon.

Nodweddion allweddol a strwythur awgrymedig CV

▶ Enw, cyfeiriad a manylion cyswllt – gwnewch yn siŵr bod unrhyw gyfeiriad e-bost rydych chi'n ei roi yn edrych yn broffesiynol.

▶ Proffil – mae hwn yn ddatganiad o tua 30–40 gair yn disgrifio'ch sgiliau gwaith (er enghraifft 'trefnus iawn', 'yn gallu gweithio mewn tîm neu ar eich pen eich hun' ac 'wedi'i ysgogi gan her'). Peidiwch â rhestru'ch uchelgeisiau personol yma yn unig: mae cyflogwyr eisiau llogi pobl a fydd yn ychwanegu gwerth at eu sefydliadau, felly dywedwch wrthynt beth rydych chi'n mynd i allu ei wneud drostyn nhw.

▶ Cymwysterau – dechreuwch gyda'r un diweddaraf.

▶ Hanes gwaith – dechreuwch eto gyda'r un diweddaraf. Os nad oes gennych brofiad gwaith, cynhwyswch unrhyw waith gwirfoddoli perthnasol rydych wedi'i wneud.

▶ Diddordebau a hobïau – os oes gennych ddiddordeb ble mae'ch talent wedi'i chydnabod neu ei wobrwyo, neu hobi sy'n dangos eich rhinweddau personol, yna disgrifiwch ef yn fanwl – hyd at 40 gair. Cofiwch nad yr hyn a wnaethoch yn unig, ond sut y gwnaethoch hynny a fydd yn creu argraff ar ddarpar gyflogwr.

▶ Cefnogwyr – dylai'r rhain fod yn gredadwy ac yn barod i weithredu fel eich canolwr.

Cynllunio CV

Yn ei ffurf derfynol dylai eich CV:

▶ fod wedi cael ei gynhyrchu yn defnyddio prosesydd geiriau a'i argraffu ar bapur o ansawdd da gan ddefnyddio ffont glir

▶ bod yn gryno – anelwch at ddim mwy na dwy ochr papur A4

▶ rhestru addysg a phrofiad gwaith yn ôl trefn dyddiad o chwith (yr un diweddaraf yn gyntaf)

▶ pwysleisio sgiliau, cyflawniadau a phrofiad perthnasol

▶ bod yn onest – peidiwch â chael eich temtio i ddweud celwydd – mae'n debygol y caiff y gwir ei ddarganfod yn y cyfweliad

▶ bod yn drylwyr ac yn gywir – dangoswch eich CV i diwtor, cydweithiwr neu gynghorydd gyrfaoedd, a gwiriwch ef am wallau sillafu, gramadeg a theipio.

Ymchwil

Mae yna lawer o farnau am yr arddull CV fwyaf priodol. Dim ond ychydig o fanylion sy'n aros yn gyson, fel manylion personol. Mewn parau, edrychwch a allwch chi ddod o hyd i bedair arddull wahanol o CV. Dewiswch eich hoff un ac awgrymwch pam rydych chi'n meddwl ei fod yn fwy effeithiol na'r lleill. Rhowch sylw arbennig i CVau sy'n dangos y gorau o'ch profiad, yn enwedig os nad oes gennych lawer o brofiad cyflogaeth.

Yn yr Unol Daleithiau maen nhw'n defnyddio'r gair *resumé* yn hytrach na CV.

Llythyr cais

Efallai y bydd rhai cyflogwyr yn gofyn i chi anfon llythyr cais atynt, a elwir hefyd yn llythyr eglurhaol. Rhaid i'r llythyr ddilyn rhai rheolau er mwyn sicrhau ei fod yn gwneud argraff dda ar ddarpar gyflogwr. Bydd y datganiadau canlynol, a ddefnyddir yn y drefn hon, yn eich helpu i gyfansoddi llythyr cais da:

▶ Esboniwch pam rydych chi'n ysgrifennu, e.e. ar gyfer pa swydd a ble welsoch chi'r swydd wag yn cael ei hysbysebu.

▶ Esboniwch beth rydych chi'n ei wneud ar hyn o bryd, e.e. mewn cyflogaeth neu addysg.

▶ Trafodwch yn fyr pam eich bod yn ceisio am y swydd a beth sy'n apelio atoch yn ei chylch.

▶ Cyfiawnhewch yn fyr pam eich bod yn addas ar gyfer y swydd, e.e. trafodwch eich profiadau neu sgiliau perthnasol.

▶ Gorffennwch trwy ddweud y gallwch chi fynychu cyfweliad a gobeithio clywed ganddyn nhw yn fuan.

⏸ **M U N U D I F E D D W L**   A allwch chi esbonio'r gwahaniaeth rhwng manyleb person a swydd ddisgrifiad?

Awgrym   Edrychwch ar enghreifftiau o fanylebau person a swydd ddisgrifiadau a nodwch y brif wybodaeth ym mhob math o ddogfen.

Ymestyn   Dyluniwch fanyleb person ar gyfer swydd o fewn chwaraeon o'ch dewis. Ceisiwch ddychmygu beth mae'r rôl yn ei olygu a pha fath o unigolyn fyddai ei angen arnoch chi. Edrychwch ar fanylebau person eraill a'u cymharu â'ch un chi.

Cyfweliadau a sgiliau'n berthnasol i lwybrau gyrfa penodol

Gall cyfweliadau fod yn bethau brawychus, ond i'r rhai sydd wedi paratoi'n dda maen nhw'n gyfle i ddangos sgiliau a chyflawniadau, i gael y swydd neu o leiaf i wneud eich gorau wrth geisio. Mae'n bwysig eich bod yn ystyried yr hyn sydd angen i chi ei wneud er mwyn paratoi ar gyfer cyfweliad.

Sgiliau cyfathrebu ar gyfer cyfweliadau

Mae'r broses ddwy ffordd o gyfathrebu wrth wraidd y penderfyniad o roi cyflogaeth. Mewn cyfweliad bydd disgwyl i chi ddangos eich personoliaeth. Dylech bob amser siarad mewn modd proffesiynol a pheidio â siarad yn helaeth amdanoch chi'ch hun allan o gyd-destun y rôl rydych chi'n ymgeisio amdani. Ceisiwch ganolbwyntio popeth rydych chi'n ei ddweud a'i wneud ar y swydd dan sylw, a chysylltu popeth â'r swydd. Rhaid i chi byth anghofio'r negeseuon y mae eich corff yn eu hanfon: gweler Tabl 3.7.

Efallai y bydd angen siwt ar gyfer gwneud cais am rai rolau; ar gyfer rolau eraill, fel achubwyr bywyd neu hyfforddwyr chwaraeon achlysurol, efallai y byddai'n well gwisgo ar gyfer cyfweliad mewn dillad chwaraeon sy'n dal i gyflwyno ymddangosiad proffesiynol. Efallai y gofynnir i chi hefyd ddangos sgiliau technegol, efallai mewn **micro-addysgu** neu sesiwn hyfforddi fach. Os yw hyn yn wir, yna mae'n rhaid i chi ymarfer a pharatoi'n llawn ar gyfer y senarios hyn.

Myfyrio

Edrychwch ar Dabl 3.7 a darllenwch y cyngor ar gyfer cyfathrebu'n effeithiol mewn cyfweliadau. Mewn parau, dewch o hyd i swydd yr hoffech chi i gyd ymgeisio amdani (naill ai nawr neu yn y dyfodol). Dychmygwch eich bod wedi cael gwahoddiad i gyfweliad. Lluniwch set o ganllawiau a fydd yn eich helpu i baratoi ar gyfer y cyfweliad. Bydd rhywfaint o gyngor yn ymwneud â sut i ymddwyn, tra bydd rhywfaint yn ymwneud â'r hyn i'w ddisgwyl a bod yn barod amdano. Paratowch set o gwestiynau ac atebion ac ymarferwch y cyfweliad â'ch partner.

▶ **Tabl 3.7:** Sgiliau cyfathrebu ar gyfer cyfweliadau

Iaith y corff a gwisg	Iaith ffurfiol	Sgiliau ac agweddau yr un sy'n cael ei gyfweld
• Eisteddwch neu sefwch yn unionsyth a gyda hyder. • Cynhaliwch gyswllt llygad yn rheolaidd ond peidiwch â syllu. Gwenwch a nodiwch eich pen. • Gwisgwch ddillad trwsiadus/priodol a fydd yn dangos eich parch at y swydd a'r panel cyfweld. Gall gofynion amrywio ond byddwch yn drwsiadus ac yn lân bob amser.	• Cyfeiriwch at weithwyr proffesiynol eraill fel Mr, Mrs neu Ms. • Ceisiwch osgoi defnyddio iaith anffurfiol, achlysurol neu or-gyfarwydd (e.e. 'mêt') neu'r math o iaith y byddech chi'n ei defnyddio gyda ffrind mewn neges destun neu e-bost. • Byddwch yn ymwybodol o'ch ystum; siaradwch yn glir ac ychydig yn uwch ac yn arafach na'r arfer, oherwydd gall bod yn bryderus neu'n nerfus wneud i chi siarad yn dawel neu'n gyflym.	• Ymchwiliwch i'r cwmni, edrychwch ar eu gwefan, a gwnewch yn siŵr eich bod yn gwybod am eu cynhyrchion a'u gwasanaethau. • Ymarferwch atebion i fathau cyffredin o gwestiynau.
Chwarae rôl	**Sgiliau gwrando**	**Cwestiynau cyfweliad**
Efallai y gofynnir i chi ddod o hyd i ateb i broblem neu ddigwyddiad dychmygol. • Os ydych chi'n rhan o grŵp, gwnewch yn siŵr eich bod chi'n cymryd rhan ac yn caniatáu i eraill gymryd rhan. • Os cewch gyfle, eglurwch eich rôl yn y broses. • Gofynnwch gwestiynau ac arhoswch yn ddigynnwrf.	• Wynebwch yr unigolyn ag osgo agored, sylwgar. • Mae gwrando gweithredol yn adlewyrchu yr hyn y mae'r siaradwr yn ei ddweud mewn geiriau eraill i egluro'ch dealltwriaeth: aralleirio ac ailadrodd pwyntiau allweddol yn ôl.	Disgwylwch gwestiynau fel: • Dywedwch wrthyf amdanoch eich hun. • Beth yw eich cryfderau? • Beth yw eich gwendidau? • Beth fyddech chi'n ei gynnig i ni? • Ble ydych chi'n gweld eich hun ymhen 5 mlynedd?

Sgiliau cyflwyno: micro-addysgu a micro-hyfforddi

Gofynnir i lawer o ymgeiswyr cyfweliad gyflwyno sesiwn micro-addysgu fer i'w cyfoedion. Mae'r sesiynau byr hyn yn gyfle i arddangos sgiliau, gwybodaeth a dealltwriaeth. Bydd amser yn mynd yn gyflym felly mae'n well ymarfer y sesiwn ymlaen llaw. Mae sesiwn micro-hyfforddi yn debyg iawn i ficro-addysgu ond mae'n canolbwyntio mwy ar sgiliau hyfforddi a llai ar y dysgu sy'n digwydd – mae'n edrych fwy ar sut rydych chi'n cyflwyno'r sesiwn ac yn dangos eich sgiliau a'ch gwybodaeth.

Cynllunio eich sesiwn

Meddyliwch yn ofalus am y pwnc y byddwch chi'n ei gyflwyno a chael nod realistig y gellir ei gyflawni o fewn yr amser sydd ar gael. Paratowch gynllun sesiwn sy'n dangos y gweithgareddau addysgu, dysgu ac asesu i'w defnyddio (ynghyd ag amseriadau ar gyfer pob un) ac sy'n dangos yr adnoddau y bydd eu hangen arnoch chi.

Mae yna lawer o bethau y bydd angen i chi eu hystyried ymlaen llaw, fel:

▶ Pa mor hir fydd y sesiwn? Pryd a ble y bydd yn digwydd?

▶ Pwy fydd yn eich arsylwi? A fydd angen copi o'ch cynllun arnyn nhw? A fyddan nhw'n gwneud recordiad gweledol i chi ei weld yn nes ymlaen?

▶ Pa offer ac adnoddau sydd ar gael i chi eu defnyddio?

▶ Faint o bobl fydd yn y grŵp? Sut allwch chi ddarganfod eu dewisiadau dysgu, unrhyw anghenion unigol, ac unrhyw wybodaeth flaenorol?

▶ Allwch chi ddangos clip fideo? Os felly, pa mor hir y gall fod?

Dylai fod gan eich sesiwn ddechrau (y cyflwyniad), adran ganol (y datblygiad) a diweddglo (y crynodeb/casgliad), a ddylai ddangos dilyniant rhesymegol o ddysgu. Defnyddiwch amrywiaeth o ddulliau addysgu a dysgu i gwmpasu'r holl ddewisiadau dysgu a sicrhau bod eich dysgwyr yn ymgysylltu ac yn llawn cymhelliant. Ni ddylech fod yn siarad am fwyafrif y sesiwn, a dylai eich dysgwyr fod yn egnïol (gwneud y siarad neu gymryd rhan yn gadarnhaol), nid yn oddefol (gwrando a heb ymgysylltu'n llawn).

Termau allweddol

Iaith y corff – eich symudiadau a'ch ystum a'r ffordd y maen nhw'n dangos eich agweddau neu'ch teimladau.

Chwarae rôl – mae llawer o sefydliadau bellach yn defnyddio chwarae rôl fel rhan o'u proses ddethol a recriwtio. Mae hyn yn rhoi cyfle i'r rhai sy'n cael eu cyfweld ddangos sgiliau trafod, gwrando a gwaith tîm.

Os mai dim ond sesiwn 15 munud rydych chi'n ei chyflwyno efallai na fydd gennych chi amser ar gyfer gweithgareddau grŵp. Os ydych chi'n gosod gweithgareddau, meddyliwch am yr hyn y byddwch chi'n ei wneud tra bydd eich dysgwyr yn gweithio (mae symud o'u cwmpas ac arsylwi neu ofyn cwestiynau yn dangos mai chi sy'n rheoli). Gall sesiynau hirach elwa o gymysgedd o ddulliau addysgu a dysgu a gwahanol weithgareddau asesu.

Cyflwyno'ch sesiwn

Efallai y byddwch chi'n teimlo'n nerfus, sy'n ddigon normal. Ceisiwch ddychmygu eich bod yn chwarae rôl a dylai hyn helpu i gynyddu eich hyder a thawelu eich nerfau. Cadwch ffocws, arhoswch mewn rheolaeth, a pheidiwch â gadael i unrhyw faterion personol effeithio arnoch chi.

Cadwch eich cynllun wrth law fel awgrym i'ch helpu os bydd ei angen arnoch. Os ydych chi'n teimlo y gallech chi anghofio rhywbeth, defnyddiwch amlygwr ymlaen llaw i farcio geiriau allweddol y gallwch chi edrych arnynt yn gyflym. Os bydd eich meddwl yn mynd yn wag yn sydyn, cymerwch gwpl o anadliadau dwfn ac edrychwch ar eich cynllun i'ch helpu i ailffocysu.

Bydd angen i chi sefydlu perthynas â'ch dysgwyr ac ymgysylltu a rhyngweithio â nhw o'r dechrau. Mae gofyn y cwestiwn 'Pa brofiad, os o gwbl, sydd gennych chi o'r pwnc hwn?' yn ffordd dda o gynnwys eich dysgwyr yn eich pwnc o'r cychwyn ac mae'n eich helpu i wirio unrhyw ddysgu blaenorol.

▶ Gall rhai cyfweliadau gynnwys arsylwi arnoch yn cyflwyno sesiwn

Ffurflen adborth cyfweliad

Gall y cyfwelwyr ddefnyddio ffurflen adborth cyfweliad i gofnodi a chyfiawnhau eu penderfyniad yn dryloyw ynghylch pwy maen nhw'n ei benodi i'r swydd. Defnyddir y ffurflen i gofnodi'r wybodaeth a gasglwyd yn ystod eich cyfweliad ac mae'n eu helpu i werthuso a chymharu gwahanol ymgeiswyr ar ôl cwblhau'r cyfweliadau.

Rhaid i aelodau'r panel ddarparu manylion cryno yn adran sylwadau'r ffurflen i gyfiawnhau'r sgôr a ddyfarnwyd ganddynt i'r ymgeisydd. Mae angen i bob aelod o'r panel sicrhau nad oes unrhyw nodweddion amherthnasol na 'phriodoleddau gwarchodedig' yn cael eu hystyried yn ystod y broses gyfweld. Er enghraifft, rhaid diystyru oedran, anabledd, priodas neu bartneriaeth sifil, beichiogrwydd a mamolaeth, hil, crefydd neu gred, rhyw neu gyfeiriadedd rhywiol wrth benderfynu i bwy i roi'r swydd.

Ffurflen arsylwi

Weithiau pan gynhelir cyfweliadau, bydd y cyfwelydd, neu un o'r panelwyr, yn cwblhau cofnod arsylwi yn erbyn set o feini prawf a sefydlir gan y sefydliad. Gall y ffurflen arsylwi gynnwys manylion am y ffordd rydych chi'n perfformio, ateb cwestiynau, gweithio mewn tîm, ac ati. Gellir defnyddio'r sgorio ar y ffurflen hon i wneud penodiad neu i helpu i benderfynu rhwng dau ymgeisydd.

Cynnwys grŵp o gyfoedion yn y broses gyfweld

Mae cynnwys grŵp o gyfoedion yn y broses gyfweld yn golygu ymgeiswyr am swyddi yn cwrdd un-i-un â gweithwyr y cwmni. Gall yr ymgeisydd ofyn cwestiynau i'r gweithwyr am y cwmni a'r swydd, tra gall y gweithwyr werthuso'r ymgeisydd ac yna dweud eu barn wrth y cyflogwr.

Yn y broses hon, sy'n dod yn fwy poblogaidd, mae'r cyfweliad yn cael ei wneud gan y gweithwyr presennol, yn aml y rhai yn yr un sefyllfa y bydd yr un sy'n cael ei gyfweld yn gweithio ynddi. Yna bydd y gweithwyr yn llenwi ffurflen arolygu a'i dychwelyd i'r tîm rheoli i gael penderfyniad terfynol. Mae gan y dull hwn rai manteision ac anfanteision o'i gymharu â chyfweld panel traddodiadol – gweler Tabl 3.8.

Cyflwyno ceisiadau i grŵp o gyfoedion

Wrth ddefnyddio panel cyfweld o gyfoedion mae yna rai ystyriaethau. Cyn y gall y broses gychwyn dylai'r rheolwr recriwtio'r cyfoedion mwyaf priodol, eu briffio ar y matrics cyfweliad (y meini prawf ar gyfer dewis) a sicrhau bod pob un o'r cyfoedion yn gymwys. Ar hyn o bryd mae'n bwysig iawn bod rheolwyr ar gael ar gyfer cwestiynau gan y panel cyfweld o gyfoedion. Yn olaf, gellir rhoi'r ceisiadau i'r panel cyn y broses gyfweld.

▶ **Tabl 3.8:** Manteision ac anfanteision cyfweliadau grwpiau o gyfoedion

Manteision	Anfanteision
• Trosglwyddo gwybodaeth. Gall ymgeiswyr ddysgu mwy am y cwmni gan weithwyr (sy'n debygol o drafod y swydd gydag ychydig mwy o onestrwydd). • Mae'r amddiffynfeydd i lawr. Mae ymgeiswyr yn fwy tebygol o ymlacio gyda'u cyfoedion, felly bydd y sefydliad yn cael gwell ymdeimlad o bwy yw eu hymgeiswyr a sut y byddant yn ffitio. • Mae gweithwyr yn helpu i ddewis eu cydweithwyr yn y dyfodol. Mae cymryd rhan yn y broses ddethol yn dda ar gyfer morâl a chynhyrchedd. • Gan bod gweithwyr wedi buddsoddi yn llwyddiant yr unigolyn newydd maen nhw'n fwy tebygol o'u helpu. Yn yr un modd, mae gweithwyr newydd yn dechrau gweithio gan wybod bod eu cyfoedion yn eu cefnogi.	• Pan fydd gweithwyr anhapus yn cymryd rhan, gellir troi'r ymgeiswyr newydd o'r swydd. • Gallai ymgeisydd fod yn fygythiad i rai gweithwyr fydd yn peidio â'i argymell ef/hi oherwydd eu hansicrwydd eu hunain. • Gallant gymryd llawer o amser, gan gynnwys paratoi, cynnal y cyfweliad ei hun, a dilyn argymhellion.

Mae'r math o adborth y mae'r rheolwr yn ei gael gan gyfoedion fel arfer yn dra gwahanol i banelwyr mewn cyfweliadau traddodiadol. Yn nodweddiadol, mae'r adborth gan y grŵp o gyfoedion yn cynnwys peth am ymgeiswyr penodol, ynghyd â theimladau mwy cyffredinol am y grŵp o ymgeiswyr.

Wrth wneud penderfyniadau mae'n bwysig asesu'r holl sylwadau a chasgliadau a phenderfynu pa rai yw'r rhai mwyaf dilys a diduedd. Os yw'r grŵp o gyfoedion yn brofiadol ac wedi cael mewnbwn i'r broses, byddant yn rhoi sylwadau ac adborth gwerthfawr yn ymwneud â sut y gallai'r ymgeisydd ffitio i'r rôl; mae hyn yn arbennig o bwysig i dimau bach sy'n gorfod cydweithio'n agos.

Gwerthuso cyflogwyr

Unwaith y bydd y cyfweliad wedi'i gwblhau a bod yr ymgeisydd neu'r ymgeiswyr wedi'u penodi, bydd sefydliadau yn aml yn gwerthuso'r broses gyfweld gyda chwestiynau fel:

1 Pa mor effeithiol oedd y gweithgaredd/gweithgareddau, e.e. ymarferion micro-hyfforddi neu chwarae rôl?

2 A ofynnwyd y cwestiynau cywir?

3 A wnaeth yr hysbyseb, y swydd ddisgrifiad a'r fanyleb person apelio at yr ymgeiswyr cywir? A wnaethant ddenu'r ymgeiswyr gorau?

4 A ddilynodd y sefydliad yr holl ddeddfwriaeth berthnasol gan gynnwys cyfleoedd cyfartal?

Ⅱ MUNUD I FEDDWL Beth yw'r prif bethau i'w hystyried wrth baratoi ar gyfer cyfweliad?

Awgrym Ystyriwch yr holl gwestiynau y gellir eu gofyn i chi mewn cyfweliad.

Ymestyn Dychmygwch y gofynnwyd ichi baratoi o leiaf ddeg cwestiwn ar gyfer cyfweld hyfforddwr chwaraeon er mwyn helpu panel i benderfynu a yw'r ymgeisydd yn addas ar gyfer y swydd. Beth fyddai'r cwestiynau?

Ymarfer asesu 3.3

C.P5 **C.P6** **C.M4** **CD.D5** **CD.D3**

Mae parc hamdden rhyngwladol mawr wedi'i gynllunio ychydig y tu allan i'ch tref leol. Gyda'r holl reidiau, atyniadau, gwestai a bwytai wedi'u cynllunio, bydd nifer sylweddol o gyfleoedd cyflogaeth. Rydych wedi sylwi y bydd y mwyaf o'r gwestai yn recriwtio staff ffitrwydd a hamdden fel hyfforddwyr personol, achubwyr bywyd a rheolwyr dyletswydd ar gyfer eu canolfan hamdden.

Er ei bod hi'n ddwy flynedd cyn i'r ganolfan agor, mae tîm o recriwtwyr yn cynnal cyfweliadau ffitrwydd a hamdden generig gyda'r bwriad o wneud apwyntiadau i'r swyddi hyn ymhen dwy flynedd.

1 Paratowch gyflwyniad sy'n manylu ar bwysigrwydd sgiliau cyfathrebu yn y diwydiant ffitrwydd.

2 Paratowch ficro-hyfforddiant 20 munud o sesiwn ffitrwydd benodol fel dosbarth ymarfer corff neu ddosbarth cylched.

Cynllunio
- Pa mor hyderus ydw i yn fy ngalluoedd fy hun i gyflawni'r dasg hon? A oes unrhyw feysydd y credaf y byddaf yn cael anhawster â hwy?
- A allaf ddatblygu'r senario a ddisgrifir a llunio strwythur staffio dychmygol, i nodi rolau posibl a allai fod ar gael?
- Byddaf yn nodi elfennau allweddol o gyfathrebu effeithiol i'w cynnwys yn fy nghyflwyniad.
- Byddaf yn penderfynu ar gynnwys fy micro-hyfforddiant ac yn ymarfer fy nhechneg cyfweld.

Gwneud
- Rwy'n gwybod beth rwy'n ei wneud a beth rydw i eisiau ei gyflawni.
- Byddaf yn cwblhau fy sioe sleidiau fel ei bod yn barod i'w chyflwyno ac yn dangos fy nealltwriaeth o'r gweithgareddau dethol a recriwtio.
- Byddaf yn cyflwyno fy micro-hyfforddiant, a fydd yn ôl pob tebyg yn canolbwyntio ar ffitrwydd neu chwaraeon.

Adolygu
- Byddaf yn egluro beth oedd y dasg a sut y gwnes i fynd ati.
- Byddaf yn egluro sut y byddwn yn mynd at elfennau anoddaf y dasg yn wahanol y tro nesaf.
- Byddaf yn adolygu'r ddwy agwedd, y cyflwyniad a'r micro-hyfforddiant.

D   Myfyriwch ar y broses recriwtio a dethol a'ch perfformiad unigol

Adolygu a gwerthuso

P'un a ydych chi'n llwyddiannus gyda'ch cyfweliad ai peidio, dylech chi bob amser werthuso sut gwnaethoch chi berfformio yn ystod y broses. Bydd hyn yn eich helpu i wella'ch siawns y tro nesaf, neu berffeithio'ch sgiliau cyfweld.

Hunanddadansoddiad o berfformiad cyfweliad

Fel rhan o'r arolygiad o gyfweliad mae angen elfen o hunanfyfyrio ac adolygiad personol o'r broses sy'n cynnwys beirniadaeth o'r holl waith papur ategol, fel yr archwiliad sgiliau, y CDAP ac unrhyw atebion a baratowyd.

Edrychwch ar y ffurflen gwerthuso cyfweliad a ddangosir yn Nhabl 3.9, a ddyluniwyd i'w ddefnyddio ar ôl cyfweliad am swydd. Mae defnyddio templed fel hyn yn ffordd effeithiol o ddechrau'r broses werthuso a bydd yn eich helpu i ddechrau cynllun gweithredu newydd ar gyfer eich cyfweliad swydd nesaf.

Er mwyn helpu gyda'r broses, dyma rai cwestiynau y gallech eu hystyried ar ôl cyfweliad.

▸ Yn gyffredinol, sut aeth y cyfweliad? A aeth ymlaen fel yr oeddech chi'n ei ddisgwyl neu a gawsoch eich synnu gan y broses mewn rhyw ffordd?

▸ Sut helpodd eich archwiliad sgiliau yn eich cyfweliad?

▸ Beth oedd rhan fwyaf cofiadwy'r cyfweliad? (Efallai rhywbeth a ddatgelodd y cyfwelydd neu ddigwyddiad o ryw fath a ddigwyddodd yn ystod y cyfweliad.)

▸ Beth oedd eich cwestiwn cyfweliad gorau yn eich barn chi? Pam?

▸ Pe byddech chi'n cwrdd â'r cyfwelydd eto, pa gwestiynau newydd fyddech chi am eu gofyn?

▸ A yw'ch agwedd tuag at y swydd wedi newid mewn unrhyw ffordd oherwydd y cyfweliad?

▸ A wnaethoch chi ddarganfod yr hyn yr oeddech wedi disgwyl trwy wneud y cyfweliad?

▸ Sut y byddwch chi'n addasu'ch CDAP yn dilyn y myfyrdod hwn?

▸ **Tabl 3.9:** Ffurflen gwerthuso cyfweliad

Gwerthusiad	Gwan	Canolig	Cryf
Gweithgaredd chwarae rôl: A ddarllenais a deall y brîff; aros ar y dasg ac i'r pwynt; osgoi gwrthdaro ag eraill; dangos empathi?			
Gallu trefniadol: A wnes i fynd at bob rhan o'r cyfweliad yn drefnus; meddwl a strwythuro fy ymatebion; trefnu unrhyw weithgareddau eraill yn effeithiol?			
Cyfathrebu: A wnes i fynegi fy meddyliau yn glir yn ysgrifenedig ac ar lafar; cyflwyno fy hun yn gadarnhaol ym mhob math o gyfathrebu; ymateb yn ddiplomyddol?			
Datrys problemau/gwneud penderfyniadau: A wnes i ddangos fy ngallu i wneud penderfyniadau; cynnwys eraill fel sy'n briodol; datrys problemau?			
Adeiladu ymddiriedaeth: A wnes i ddangos fy ngallu i gadw ymrwymiadau a chwrdd â therfynau amser; arddangos uniondeb a gonestrwydd gyda chydweithwyr a chwsmeriaid; bod yn agored i farnau eraill; cymryd cyfrifoldeb am fy nghamau gweithredu fy hun wrth ddatrys gwrthdaro?			
Gwaith tîm: A wnes i ddangos fy ngallu i weithio fel rhan o dîm; ceisio am bersbectif ac arbenigedd eraill; chwilio am gyfleoedd i gefnogi eraill ar y tîm?			
Gwasanaeth dysgwr/cwsmer yn ganolog: A wnes i ddangos cyfeiriadaeth at wasanaeth cwsmeriaid cryf gyda'r gallu i ddarparu gwybodaeth a gwasanaeth clir, cyson?			

Ar ôl cyfweliad mae hefyd yn arfer da ystyried beth aeth yn dda a beth y gellid ei wella o safbwynt mwy dadansoddol. Yn gyffredinol, bydd gennych chi deimlad ynglŷn â sut aeth y broses, ond mae'n bosib cael myfyrdodau pellach. Os yn bosibl, gofynnwch am adborth neu sgôr gan un o'ch cyfwelwyr i helpu gyda hyn.

Byddwch yn wrthrychol am y sefyllfa. Oeddech chi wedi paratoi ac a oeddech chi wedi ymarfer, neu a wnaethoch chi 'ei daflu at ei gilydd a gobeithio am y gorau'? A allech fod wedi bod yn fwy effeithiol gydag ymarfer ychwanegol? Beth fyddwch chi'n ei wneud i baratoi ar gyfer eich cyfweliad nesaf?

Un o'r pethau mwyaf defnyddiol y gallwch chi ei wneud ar ôl cyfweliad yw cael gwared ar eich hunanfeirniadaeth trwy 'ollwng stêm'. Ewch adref neu i gaffi ac ysgrifennwch am y cyfweliad. Gadewch i'ch meddyliau lifo allan. Pan fyddwch wedi gorffen, rhowch yr ysgrifennu i un ochr, a 'gadewch iddo fynd'. Cysgwch arno a phan fyddwch wedi cael cyfle i ymlacio a threulio'r wybodaeth, ewch yn ôl ac ailedrych ar yr hyn a ysgrifennoch. Beth allwch chi ei ddysgu o'r profiad hwn? Beth fyddwch chi'n ei wneud yn wahanol y tro nesaf?

Ar raddfa o 1–10, graddiwch eich hun ar y cwestiynau canlynol:

▶ A wnaethoch chi gyrraedd mewn pryd?

▶ Sut oedd eich cyflwyniad?

▶ Oeddech chi'n hyderus ac yn broffesiynol?

▶ A wnaethoch chi siarad yn bwyllog ac yn glir?

▶ Sut oedd eich cyfathrebu di-eiriau?

▶ A wnaethoch chi ymgysylltu'n dda â'r cyfwelydd?

▶ A wnaethoch chi siarad am eich cryfderau?

▶ A wnaethoch chi siarad am eich gwendidau mewn modd cadarnhaol?

▶ A wnaethoch chi drin y cwestiynau anodd yn rhwydd?

▶ A wnaethoch chi ofyn cwestiynau da am y rôl?

▶ A adawyd pethau ar nodyn cadarnhaol?

Os yw'r rhan fwyaf o'ch rhifau graddio yn yr ystod 5–10, mae'n debyg eich bod yn gwneud pethau'n iawn. Edrychwch yn ofalus ar y graddfeydd is ac aseswch eich diffygion. Efallai yr hoffech ystyried ymarfer gyda rhywun fel y gallwch gael adborth mwy gwrthrychol ar eich atebion a'ch steil.

Yna gallwch ailedrych ar eich cynllun gweithredu a mynd ati i ychwanegu gweithredoedd newydd neu ddiweddaru eich gweithredoedd presennol fel y bo'n briodol, gan feddwl sut y gallech wella mewn meysydd perthnasol. Er enghraifft, os gwnaethoch chi sgorio 3 am 'Sut oedd eich cyflwyniad', yna gallwch chi ymchwilio ymhellach ac ymarfer sut i wneud argraff dda ar ddechrau'r cyfweliad.

Beth i'w wneud os ydych chi'n cyfweld

I'r pwynt hwn rydym wedi ystyried y cyfweliad yn bennaf o safbwynt yr un sy'n cael ei gyfweld. Beth am sgiliau'r cyfwelydd? Dyma rai canllawiau ymarferol ar sut i gynnal cyfweliad effeithiol. Gallech ddefnyddio'r rhain wrth baratoi i chwarae rôl cyfwelydd.

▶ Beth ydych chi am ofyn? Paratowch gwestiynau ymlaen llaw.

▶ Dewiswch y lle cywir i gyfweld – nid oes rhaid iddo fod yn rhy dawel ond ni ddylai fod yn hynod swnllyd.

▶ Gweithredwch yn broffesiynol a gyda pharch – peidiwch ag ymyrryd.

- Dechreuwch gyda rhywbeth sy'n gwneud eich ymgeisydd yn gartrefol – rydych chi am gael y gorau ganddyn nhw.
- Meddyliwch am eich cwestiynau. Mae cwestiynau caeedig (y gellid rhoi ymateb 'ie' neu 'na' iddynt) yn achosi atebion byr. Ceisiwch ddechrau cwestiynau gyda beth, pam neu sut.
- Cofnodwch eich teimladau am ansawdd yr atebion wrth iddynt ddod. Mae llawer o gyfwelwyr yn defnyddio cod sy'n helpu i sgorio ansawdd yr ymatebion.

SWOT a chynllun gweithredu wedi'u diweddaru

Unwaith y bydd eich arfarniad cychwynnol wedi'i gwblhau, dylech ddiweddaru eich dadansoddiad SWOT a'ch cynllun gweithredu. Yn ogystal ag ystyried eich perfformiad cyfweliad i weld a oedd yn effeithiol, dylech hefyd gynnal dadansoddiad SWOT ar wahân ynghylch unrhyw weithgareddau chwarae rôl y gofynnwyd i chi eu cynnal.

Mae'r enghraifft yn Nhabl 3.10 yn dangos dadansoddiad SWOT yn seiliedig ar gyfweliad ar gyfer rôl Cynorthwyydd Hamdden mewn pwll nofio lleol. Fel rhan o'r cyfweliad roedd gweithgaredd chwarae rôl a oedd yn efelychu senario ymateb brys yn y neuadd chwaraeon. Chwarae rôl grŵp ydoedd a galwodd ar ymgeiswyr i lunio cynllun ac actio proses y cynllun hwnnw fel rhan o dîm.

▶ **Tabl 3.10:** Dadansoddiad SWOT enghreifftiol ar ôl chwarae rôl cyfweliad

Cryfderau	**Gwendidau**
• Sgiliau cyfathrebu da • Cysylltiad da â'r panel cyfweld • Profiad o weithgareddau chwarae rôl, ar ôl eu hymarfer • Dealltwriaeth dda o'r dasg a gyflwynir • Cynllunio da yn gynnar	• Diffyg profiad yn y diwydiant • Diffyg gwybodaeth am y swydd • Wedi anghofio gofyn am reolau'r dasg • Methu cofio holl rannau technegol y dasg
Cyfleoedd	**Bygythiadau**
• Dysgu rôl Cynorthwyydd Hamdden • Adeiladu mwy o wybodaeth am weithgareddau mewn neuadd chwaraeon a sut i osod a chlirio offer • Datblygu fy rôl fel Cynorthwyydd Hamdden yn y ganolfan	• Yn nerfus am weithio gyda thîm sefydledig • Diffyg amser cyn i mi ddechrau dysgu pob gweithdrefn

Ar ôl i chi gwblhau eich dadansoddiad SWOT ynghylch sut y gwnaethoch berfformio yn y cyfweliad, gan gynnwys unrhyw chwarae rôl, gallwch fynd ymlaen i ddiweddaru eich CDAP cyffredinol a nodi rhai camau newydd ar gyfer eich cynllun gweithredu fel y gallwch gynnal a chymryd rhan mewn cyfweliadau yn fwy effeithiol.

⏸ **MUNUD I FEDDWL**   A allwch chi ddisgrifio faint ydych chi'n teimlo eich bod chi'n barod am gyfweliad?

Awgrym   Gan ddefnyddio papur, bwrdd gwyn neu dabled, ysgrifennwch am y rheolau pwysicaf ar gyfer cyfweliadau, gan ystyried eich profiad mewn cyfweliadau.

Ymestyn   Ar ôl cael profiad yn cyfweld a chael eich cyfweld, dyluniwch set o awgrymiadau da ar gyfer cyfweliad llwyddiannus ar gyfer swydd chwaraeon o'ch dewis, e.e. hyfforddwr rygbi.

Ymarfer asesu 3.4

Yn dilyn eich profiad recriwtio yn y parc hamdden, mae angen i chi arolygu eich perfformiad eich hun. Bydd hyn ar ffurf estyniad i'ch portffolio ac mae'n debygol o gynnwys y dystiolaeth ganlynol:

1 Gweithgaredd chwarae rôl

2 Gwerthusiad a ystyriwyd yn ofalus o'r gweithgaredd recriwtio gyda thystiolaeth o hunanfyfyrio, adborth cyfoedion ac adborth tiwtor/aseswr

3 Dogfen arolygu sy'n eich galluogi i fyfyrio ar eich gallu i gyfathrebu a threfnu yn ystod y broses recriwtio

4 Dadansoddiad SWOT o'ch perfformiad, yn cynnwys cyfranogiad gan bawb

5 Adolygiad o'r holl broses recriwtio ffug, gan gynnwys eich teimladau ar ei werth mewn perthynas â cheisio am gyflogaeth yn y dyfodol

6 CDAP wedi'i ddiweddaru

Cynllunio

- Pa mor hyderus ydw i yn fy ngalluoedd fy hun i gyflawni'r dasg hon? A oes unrhyw feysydd y credaf y byddaf yn cael anhawster â hwy?
- Byddaf yn datblygu'r senario a ddisgrifir ac yn canolbwyntio ar bwrpas y gweithgaredd chwarae rôl.
- Byddaf yn ymestyn fy mhortffolio presennol i gynnwys y prif feysydd i'w hadolygu.

Gwneud

- Rwy'n gwybod beth rwy'n ei wneud a beth rydw i eisiau ei gyflawni.
- Byddaf yn cwblhau'r broses fyfyrio ac arolygu, gan ystyried sylwadau pawb sy'n gysylltiedig, a gwneud cyfraniad cyfartal i'w hadolygiadau.

Adolygu

- Byddaf yn egluro beth oedd y dasg a sut y gwnes i fynd ati.
- Byddaf yn egluro sut y byddwn yn mynd at elfennau anoddaf y dasg yn wahanol y tro nesaf.
- Byddaf yn diweddaru fy CDAP.

Deunydd darllen ac adnoddau pellach

Llyfrau

Hong, C.S. a Harrison, D. (2011) *Tools for Continuing Professional Development*, Llundain: Quay Books.

Masters, J. (2011) *Working in Sport*, 3ydd argraffiad, Llundain: How to Books.

Wells et al. (2010) *A Career in Sports: Advice from Sports Business Leaders*, Ohio, UDA: Wells Books.

Gwefannau

www.chwaraeon.cymru/gyrfaoedd – Chwaraeon Cymru: gwybodaeth am weledigaeth a swyddi Chwaraeon Cymru.

www.gyrfacymru.cymru – Gyrfa Cymru: cymorth i gynllunio'ch gyrfa, paratoi at gael swydd, dod o hyd i ac ymgeisio am brentisiaethau, cyrsiau a'r hyfforddiant cywir.

www.careers-in-sport.co.uk – Careers in Sport: gwybodaeth am opsiynau gyrfa yn y diwydiant chwaraeon.

www.nationalcareersservice.direct.gov.uk – National Careers Service: gwybodaeth am wahanol yrfaoedd a chyngor ac arweiniad am y broses o ddod o hyd i swydd.

www.uksport.gov.uk/jobs-in-sport – UK Sport: gwybodaeth am swyddi sy'n gysylltiedig â chwaraeon yn y DU.

BETH AM ▶▶ Y DYFODOL?

Metin Terlemez

Tiwtor Chwaraeon
a Gwasanaethau
Cyhoeddus

Roeddwn ar un adeg yn ddysgwr BTEC Chwaraeon yn y coleg ble rydw i bellach yn dysgu. Roeddwn i'n gwybod fy mod i eisiau bod yn Diwtor Addysg Bellach pan oeddwn i wedi gorffen. Rwyf wrth fy modd â'r ffordd y mae'r dysgwyr yn cael ymlacio ychydig a gweithio mewn amgylchedd sydd ychydig yn fwy realistig i waith. Mae'r swydd yn werth chweil ond hefyd yn heriol iawn. Fel tiwtoriaid, yn aml mae'n ofynnol i ni ymgymryd â rolau sydd y tu allan i'r hyn y gallech ei ddisgwyl, er enghraifft helpu dysgwyr i gael lleoliad gwaith fel rhan o'u cwrs.

Weithiau mae'n anodd ceisio cynnwys pawb yn y broses ddysgu. Mewn darlith nodweddiadol mae yna ddysgwyr sydd ag arddulliau dysgu, cefndiroedd teuluol a disgwyliadau gwahanol iawn. Mewn coleg, mae dysgwyr bob amser wedi dod o bedair ysgol wahanol o leiaf, felly gall hyd yn oed eu profiadau ysgol fod wedi bod yn dra gwahanol. Ychwanegwch ychydig o ddysgwyr hŷn at y gymysgedd, rhai yn eu hugeiniau, ac mae'r grŵp yn ymgymryd â dynameg wahanol iawn.

Canolbwyntio eich sgiliau

Rheoli ymddygiad

Bydd y mwyafrif o diwtoriaid yn dweud wrthych eu bod wedi gorfod rheoli ymddygiad amhriodol ar ryw adeg. I lawer mae'n realiti bob dydd. Mae nifer o gyrsiau hyfforddi, adnoddau gwe a llyfrau ar y strategaethau gorau.

- Ceisiwch ddeall achos sylfaenol yr ymddygiad oherwydd bydd hwn yn lle gwych i ddechrau rheoli'r ymddygiad.
- Un o'r dulliau mwyaf effeithiol yw ystyried ymyriadau neu strategaethau a allai gynnwys iaith y corff, rheolaeth llais neu ffocws sylw. Mae strategaethau eraill yn cynnwys newid cynllun yr ystafell addysgu a defnyddio dysgu cydweithredol.
- Mae'n bwysig cydnabod a pharchu dull gwahanol pawb. Gofynnwch i'ch tiwtor eich hun am ei ddull – efallai y byddwch chi'n synnu!

Cynllunio eich mynegiant

Ni allwch droi i fyny ac addysgu'ch holl wersi yn ddidrafferth. Bydd cynllunio yn helpu'ch gwersi i siapio, gadael i'r rhai yn eich dosbarth deimlo fel pe baent wedi bod yn rhan o'r broses ac yn eich helpu i wella fel athro.

- Dechreuwch trwy ganolbwyntio ar bwy mae'r wers ar ei chyfer yn hytrach na'r pwnc. Mae angen i chi ystyried y gwahanol ffyrdd y gallwch chi ddysgu'r wers ac a yw'r opsiynau hyn yn ymarferol. Gallwch ddefnyddio gweithgareddau grŵp bach neu efallai ymweliad hyd yn oed.
- Ynghyd â'ch cynllun gwers a'ch cynllun gwaith bydd angen i chi adolygu pob sesiwn a myfyrio ar yr hyn a aeth yn dda. Mae'r gallu i fyfyrio a bod yn hunanfeirniadol yn rhywbeth y mae'n rhaid i ni i gyd ei ddysgu wrth addysgu.

Paratoi ar gyfer asesiad

Mae Ellie yn gweithio tuag at gwblhau ail flwyddyn ei BTEC Cenedlaethol mewn Chwaraeon. Mae hi wedi cael aseiniad sy'n ymdrin â nodau dysgu A a B. Mae hi eisoes wedi cynhyrchu adroddiad i gwblhau'r rhan o'r aseiniad sy'n ymdrin â nod dysgu A. Nawr mae angen iddi gwblhau ail hanner ei haseiniad, sy'n gofyn iddi archwilio ei sgiliau ei hun gan ddefnyddio archwiliad sgiliau. Bydd hyn yn llywio cynllun gweithredu datblygu gyrfa (CDAP) i helpu i gwmpasu nod dysgu B. Mae angen i'r CDAP gynnwys:

▶ gwybodaeth am sgiliau, rhinweddau, profiad ac uchelgeisiau perthnasol

▶ y math o gymwysterau y byddai angen iddi eu hastudio i fod yn llwyddiannus yn y diwydiant.

Mae Ellie yn rhannu ei phrofiad isod.

Sut y dechreuais i

Yn gyntaf rhestrais fy mhrofiadau, cymwysterau, cyflawniadau a'r hyn yr wyf am ei gyflawni yn fy ngyrfa chwaraeon. Yna deuthum o hyd i dempled archwilio sgiliau ar-lein a mynd ati i'w gwblhau. Pan wnes i ei ddangos i fy mam, fe wnaeth hi fy atgoffa o rai pethau roeddwn i wedi'u hanghofio, fel y gwaith gwirfoddol rydw i'n ei wneud i'r Sgowtiaid a'r daith 75 milltir a gwblhawyd gennym y llynedd.

Nid wyf yn siŵr iawn beth yr wyf am ei wneud eto ar gyfer swydd ond rwy'n hoffi AG a chredaf y gallai fod yn yrfa ddiddorol a gwerth chweil. Trefnais leoliad byr yn fy hen ysgol a chysgodi fy hen athro AG – roedd hynny'n ddefnyddiol ac yn bendant wedi fy llywio'n fwy pendant tuag at addysgu.

Sut y des â'r cyfan at ei gilydd

Ar ôl cwblhau'r lleoliad, dyluniais fy CDAP fy hun, a oedd yn ei hanfod yn dabl mewn dogfen prosesu geiriau. Ar ôl i mi ei orffen, fe helpodd fi i ganolbwyntio ar:

▶ ddadansoddi cyfleoedd gyrfa mewn AG trwy chwilio swyddi gwag cyfredol a chanolbwyntio ar fanylebau person a disgrifiadau swydd

▶ dadansoddi cyfleoedd gyrfa trwy werthuso'r swyddi sydd ar gael a gwneud targedau personol realistig

▶ dadansoddi'r sgiliau a'r sgiliau technegol y byddai eu hangen arnaf ar gyfer y swydd – gwnes i hynny trwy edrych ar y swydd ddisgrifiadau

▶ cynllunio ar gyfer sut i ddod yn athro o fewn y 5 mlynedd nesaf.

Daeth y templed gorffenedig yn CDAP i mi.

Beth ddysgais o'r profiad

Roedd bod yn ôl yn yr ysgol yn rhyfedd ar y dechrau, ond roedd y staff yn ddefnyddiol wrth fy arwain a fy helpu i feddwl am ddewisiadau prifysgol.

Wedi meddwl, byddai ymchwilio i realiti'r swydd yn gyntaf wedi bod yn dda a meddwl am sut y byddwn yn mynd i'r afael â'r tasgau yr oeddwn yn gwybod y byddwn yn rhan ohonynt, fel sesiynau cynhesu mewn gwersi a goruchwylio clwb gymnasteg Blwyddyn 7.

Cymerodd amser hir i ddod o hyd i dempled archwilio sgiliau da, ac wrth edrych yn ôl credaf y gallwn fod wedi bod yn well yn dylunio un fy hun, gan fy mod yn gwybod beth i'w roi yn y tabl beth bynnag. Rwy'n dal yn ansicr ynghylch a yw gyrfa fel athro AG yr un i mi, ond rydw i o leiaf yn gwybod sut y byddwn i'n cyrraedd yno pe bawn i eisiau.

Pwyntiau i'w hystyried

▶ Pe bawn i'n dechrau eto, byddwn yn treulio mwy o amser yn ymchwilio i ofynion datblygiad proffesiynol y proffesiwn a ddewiswyd gennyf.

▶ Mae'n anodd cwblhau'r archwiliad sgiliau. Gallwn fod wedi gofyn i'm rhieni neu ffrindiau beth yw fy nghryfderau a'm gwendidau – mae'n anodd bod yn wrthrychol amdanoch chi'ch hun.

▶ Byddai gwylio fideos ar dechnegau cyfweld da wedi helpu fy nhechnegau fy hun ac wedi datrys fy niffygion yn gyflymach.

▶ Byddai wedi bod yn haws adolygu ac ailddylunio fy CDAP gyda dadansoddiad SWOT da.

Arweinyddiaeth Chwaraeon

4

Dod i adnabod eich uned

Mae rolau di-rif o fewn y diwydiant chwaraeon ble mae sgiliau arweinyddiaeth cryf yn hanfodol. Mae arweinyddiaeth yn hanfodol er mwyn sicrhau bod grwpiau ac unigolion yn gallu cyflawni eu hamcanion. Rhaid defnyddio egwyddorion arweinyddiaeth er mwyn cynnal diogelwch, ac i ysgogi a datblygu perthnasoedd personol. Mae yna lawer o ddulliau arweinyddiaeth a bydd arweinydd eithriadol yn gallu addasu ei arddull i fodloni gofynion ei dîm a'i sefyllfa.

Sut y cewch eich asesu

Bydd yr uned hon yn cael ei hasesu'n fewnol drwy gyfrwng cyfres o dasgau a osodir gan eich tiwtor. Gall y tasgau hyn fod ar ffurf cyflwyniadau neu ddogfennau ysgrifenedig. Bydd pwyslais cryf hefyd ar gyflawniad ymarferol ble y byddwch chi'n cael eich arsylwi.

Efallai y bydd yr aseiniadau wedi eu gosod gan eich tiwtor yn cymryd y ffurfiau canlynol:
- creu cyflwyniad PowerPoint® sy'n dadansoddi rhinweddau a nodweddion arweinwyr effeithiol a'i gyflwyno i weddill y dosbarth
- cynhyrchu dogfen ysgrifenedig sy'n gwerthuso ffactorau seicolegol a allai effeithio ar arweinwyr
- arwain sesiwn hyfforddi chwaraeon o'ch dewis, gwneud penderfyniadau priodol fel arweinydd ac arolygu'ch perfformiad.

Mae'r ymarferion yn yr uned hon wedi'u cynllunio i'ch helpu chi i ymarfer ac ennill sgiliau a fydd yn eich cynorthwyo i gwblhau eich aseiniadau. Mae arweinyddiaeth yn rhywbeth sy'n cael ei ddatblygu orau trwy ymarfer. Bydd y damcaniaethau yn yr uned hon yn rhoi gwybodaeth gefndirol i chi er mwyn eich helpu i gyflawni'r aseiniadau ond ni fyddant yn gwarantu gradd benodol i chi.

I basio'r uned rhaid i chi sicrhau eich bod wedi cwmpasu'r holl feini prawf graddio er mwyn Llwyddo. Os ydych chi'n ceisio am radd Teilyngdod neu Ragoriaeth yna mae'n rhaid eich bod chi'n gallu dangos dealltwriaeth o gysyniadau arweinyddiaeth sylfaenol a hefyd sut i ddewis arddulliau ac offer priodol er mwyn bod yn effeithiol.

Meini prawf asesu

Mae'r tabl hwn yn dangos yr hyn sy'n rhaid i chi ei wneud i **Lwyddo**, neu i gael **Teilyngdod** neu **Ragoriaeth**, a sut i ddod o hyd i weithgareddau i'ch helpu.

Llwyddo	Teilyngdod	Rhagoriaeth
Nod dysgu A Deall rolau, rhinweddau a nodweddion arweinydd chwaraeon effeithiol		
A.P1 Trafod sgiliau, rhinweddau a nodweddion tair rôl arweinyddiaeth wahanol mewn gwahanol weithgareddau neu amgylcheddau chwaraeon ac ymarfer corff. **Ymarfer asesu 4.1**	**A.M1** Dadansoddi pwysigrwydd sgiliau, rhinweddau a nodweddion o fewn y rôl arweinyddiaeth mewn gwahanol weithgareddau neu amgylcheddau chwaraeon ac ymarfer corff. **Ymarfer asesu 4.1**	**A.D1** Gwerthuso effaith sgiliau, rhinweddau, nodweddion ar arweinyddiaeth chwaraeon mewn gwahanol weithgareddau neu amgylcheddau chwaraeon ac ymarfer corff. **Ymarfer asesu 4.1**
A.P2 Esbonio pwysigrwydd sgiliau, rhinweddau a nodweddion o fewn y rôl arweinyddiaeth mewn gwahanol weithgareddau neu amgylcheddau chwaraeon ac ymarfer corff. **Ymarfer asesu 4.1**		**B.D2** Gwerthuso effaith ffactorau seicolegol allweddol ar arweinyddiaeth chwaraeon mewn gwahanol weithgareddau neu amgylcheddau chwaraeon ac ymarfer corff. **Ymarfer asesu 4.2**
Nod dysgu B Archwilio pwysigrwydd ffactorau seicolegol a'u cysylltiad ag arweinyddiaeth effeithiol		
B.P3 Trafod sut y gall ffactorau seicolegol allweddol effeithio ar arweinyddiaeth chwaraeon mewn gwahanol weithgareddau neu amgylcheddau chwaraeon ac ymarfer corff. **Ymarfer asesu 4.2**	**B.M2** Dadansoddi ffactorau seicolegol allweddol all effeithio ar arweinyddiaeth chwaraeon mewn gwahanol weithgareddau neu amgylcheddau chwaraeon ac ymarfer corff. **Ymarfer asesu 4.2**	
Nod dysgu C Archwilio arddull arweinyddiaeth effeithiol wrth arwain tîm yn ystod gweithgareddau chwaraeon ac ymarfer corff		
C.P4 Arddangos arddull arweinyddiaeth o'ch dewis chi, gan ddefnyddio sgiliau priodol wrth arwain tîm yn ystod gweithgaredd chwaraeon ac ymarfer corff. **Ymarfer asesu 4.3**	**C.M3** Arddangos arddull arweinyddiaeth o'ch dewis chi, gan ddefnyddio sgiliau effeithiol wrth arwain tîm yn ystod gweithgaredd chwaraeon ac ymarfer corff. **Ymarfer asesu 4.3**	**C.D3** Cyfiawnhau eich steil arweinyddiaeth a'i effaith ar berfformiad tîm, gan awgrymu arddulliau arweinyddiaeth amgen y gellid eu defnyddio i wella perfformiad tîm. **Ymarfer asesu 4.3**
C.P5 Arolygu effaith eich arddull arweinyddiaeth eich hun ar berfformiad y tîm yn ystod y gweithgaredd chwaraeon ac ymarfer corff. **Ymarfer asesu 4.3**	**C.M4** Dadansoddi'r arddull arweinyddiaeth a ddewiswyd gennych a'i effaith ar berfformiad tîm, gan ystyried eich cryfderau a gwendidau eich hun. **Ymarfer asesu 4.3**	

Dechrau arni

Mae arweinyddiaeth chwaraeon effeithiol yn ysbrydoli ac yn cymell. Rhowch dair enghraifft o arweinwyr chwaraeon rydych chi wedi'u profi a oedd yn effeithiol yn eich barn chi a dywedwch pam. Nawr rhowch dair enghraifft o arweinwyr chwaraeon rydych chi wedi'u profi y mae angen gwella eu darpariaeth yn eich barn chi ac esboniwch pam.

A Deall rolau, rhinweddau a nodweddion arweinydd chwaraeon effeithiol

Cyn y gallwn ddatblygu ein hunain fel arweinwyr chwaraeon mae'n bwysig ein bod yn myfyrio ar y diwydiant chwaraeon yn ei gyfanrwydd ac yn gallu adnabod arweinwyr a gofynion eu rôl.

> **Cysylltiad**
>
> Gall yr uned hon helpu pan fyddwch chi'n astudio *Uned 6: Seicoleg Chwaraeon*, *Uned 8: Hyfforddi ar gyfer Perfformiad* ac *Uned 10: Trefnu Digwyddiad Chwaraeon*.

Rolau arweinyddiaeth gwahanol

Mae'r diwydiant chwaraeon yn helaeth ac mae'r rolau ynddo yn amrywiol iawn. Mae Tabl 4.1 yn rhoi trosolwg o rai rolau sy'n galw ar sgiliau a rhinweddau arweinyddiaeth.

▶ **Tabl 4.1:** Rolau arweinyddiaeth gwahanol o fewn chwaraeon

Rôl	Disgrifiad
Arweinydd gweithgaredd	Unigolyn sy'n sicrhau y cedwir at reolau a rheoliadau yn ystod gemau a chystadlaethau er mwyn cynnal gweithgaredd teg a diogel.
Athro/hyfforddwr	Ymarferydd sy'n rhoi gwybodaeth newydd i gyfranogwyr drwy amrywiaeth o ddulliau a thechnegau.
Hyfforddwr	Ymarferydd sy'n gweithio gyda chyfranogwyr i ddatblygu sgiliau sydd eisoes yn bodoli er mwyn gwella perfformiad.
Rheolwr/rheolwr tîm	Rhywun sy'n goruchwylio perfformiad grŵp neu unigolyn yn ei gyfanrwydd ac yn gyfrifol am gymhelliant a disgyblaeth. Yn aml mae gan yr unigolyn hwn ddyletswyddau nas gwelwyd o'r blaen fel trefniadaeth logistaidd (e.e. trefnu teithio) a rheoli cyllideb.
Ceidwad sgôr	Unigolyn sy'n gyfrifol am fonitro a chofnodi sgorau yn ystod cystadleuaeth.
Cynorthwyydd cymorth cyntaf	Rhywun sydd wrth law i ddelio â digwyddiadau ac anafiadau, a fydd yn cadw pobl clwyfedig posib yn ddiogel nes bydd cymorth pellach yn cyrraedd pan fydd angen.
Cyfarwyddwr (*instructor*)	Ymarferydd sy'n cyflwyno sgiliau a thechnegau newydd, fel arfer mewn amgylchedd ymarferol.
Swyddog	Rhywun sy'n rheoli disgyblaeth ac yn sicrhau chwarae teg yn ystod gornest o'r tu mewn i'r maes chwarae neu'n agos ato.
Swyddog bwrdd	Rhywun sy'n sicrhau chwarae teg, yn aml yn cofnodi sgorau ac yn rhoi sylw i reoli disgyblaeth o'r tu allan i'r maes chwarae.
Swyddog iechyd a diogelwch/Asesydd risg	Rhywun sy'n sicrhau bod yr amgylchedd chwaraeon yn ddiogel i gyfranogwyr a gwylwyr.

Sgiliau, rhinweddau a nodweddion arweinyddiaeth

Gellir datblygu a chaffael sgiliau, rhinweddau a nodweddion. Mae'n bwysig cofio y bydd gan arweinwyr gryfderau a gwendidau bob amser. Er bod yr arweinwyr gorau yn datblygu'r gallu i newid rhwng arddulliau, bydd eu personoliaeth eu hunain yn golygu eu bod yn datblygu mewn gwahanol ffyrdd.

Mae llawer o briodoleddau arweinydd yn drosglwyddadwy ac yn gyffredin i amrywiaeth o rolau arwain. Dangosir rhai o'r sgiliau, rhinweddau a nodweddion cyffredinol a geir o fewn arweinwyr yn Ffigur 4.1.

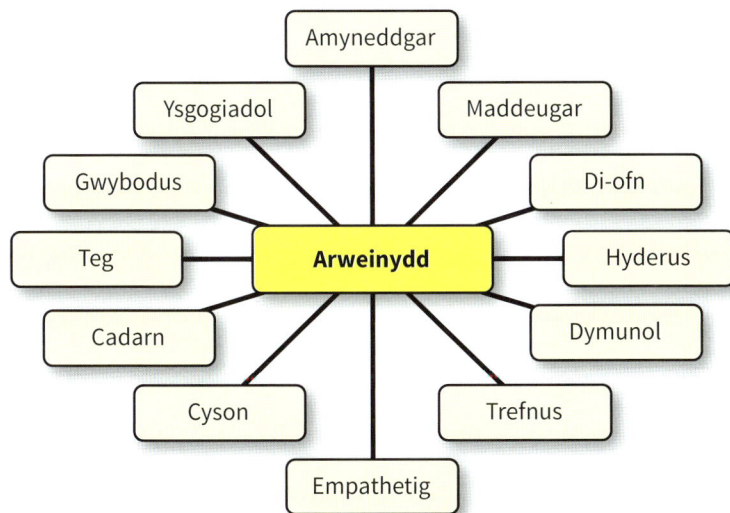

▶ **Ffigur 4.1:** Sgiliau, rhinweddau a nodweddion arweinwyr chwaraeon

Sgiliau

Adeiladu *rapport*

Dylai pob arweinydd ganolbwyntio ar gael y gorau o'r rhai y maen nhw'n gyfrifol amdanynt. Mae hyn yn haws yn gyffredinol os yw perthynas gadarnhaol yn cael ei hadeiladu ar ymddiriedaeth, parch a chyfathrebu gonest. Disgrifir perthynas fel hon fel '*rapport*' da. Bydd datblygu *rapport* da yn sicrhau bod cyfathrebu'n haws a bod amcanion yn cael eu cyflawni'n llwyddiannus.

Mae *rapport* yn dibynnu ar ddatblygiad llwyddiannus nodweddion a phriodoleddau arweinyddiaeth eraill fel gwybodaeth, amynedd, hyder ac agosatrwydd.

Damcaniaeth ar waith

Dychmygwch eich bod yn cael y dasg o ofalu am grŵp newydd. Mae yna nifer o dechnegau syml y gallwch eu defnyddio i helpu i feithrin *rapport*.

1 Cynnal ystum agored. Ceisiwch osgoi croesi'ch breichiau a cheisiwch gyfleu eich bod yn hawdd mynd atoch.

2 Dangoswch ddiddordeb yn eich grŵp. Ystyriwch nhw fel unigolion a cheisiwch eu cyfarch bob un yn bersonol.

3 Pwysleisiwch eich angerdd am y pwnc a cheisiwch gyfleu egni.

Beth arall allech chi ei wneud i feithrin rapport â'ch grŵp? Dewch o hyd i grŵp y gallwch chi ymarfer meithrin *rapport* â nhw. Gall hyn fod trwy wirfoddoli mewn clwb neu ganolfan leol.

Hyder

Bydd arweinydd sydd â diffyg hyder yn un a fydd yn ei chael hi'n anodd. Adlewyrchir hyder ar y rhai yr ydych yn gyfrifol amdanynt. Os ydych chi'n hyderus yn eich gallu a'ch barn eich hun, yna mae'r rhai o'ch cwmpas yn fwy tebygol o rannu'ch hyder. Mae hyder yn aml yn cael ei ystyried yn un o'r elfennau pwysicaf mewn arweinydd da. Fodd bynnag, daw hyder yn sgìl sicrhau bod elfennau eraill i gyd ar waith, gan ganiatáu i'r arweinydd berfformio ar ei orau. Mae'r elfennau hyn yn cynnwys:

- ▶ bod yn drefnus
- ▶ cael adnoddau priodol
- ▶ deall gofynion y rôl
- ▶ cael amcanion clir
- ▶ bod yn brofiadol.

Cyfathrebu

Mae'r grefft o gyfathrebu yn gymhleth a gall fod yn anodd ei dysgu. Cyfathrebu yw llwyddo i rannu gwybodaeth gydag un neu fwy o bobl. Mae gwahanol bobl yn derbyn gwybodaeth mewn gwahanol ffyrdd, ac felly mae'n rhaid i gyfathrebwr da ddatblygu amrywiaeth o dechnegau i drosglwyddo'r wybodaeth hon yn effeithiol.

Mae'n bwysig cofio bod dwy ochr i gyfathrebu. Mae gwrando yr un mor bwysig â rhoi gwybodaeth. Bydd gwrandäwr da yn gwella ei ddelwedd fel un hawdd mynd ato ac yn gwerthfawrogi meddyliau aelodau eraill o'r tîm, gan ennill enw da am fod yn gydweithredwr da.

Gall cyfathrebu fod ar **lafar** neu'n **ddi-eiriau**. Bydd llawer o arweinwyr dibrofiad yn cael eu temtio i or-gymhlethu cyfathrebu llafar, gan roi gormod o wybodaeth i bobl ar unwaith a defnyddio termau technegol ble nad ydyn nhw'n angenrheidiol. Bydd cyfathrebu llafar cryf yn glir ac yn gryno. Mae'r amgylchedd chwaraeon yn aml yn swnllyd ac yn gyflym. Er mwyn i arweinydd sicrhau bod eu gofynion yn cael eu bodloni, rhaid iddynt allu cyfleu eu meddyliau a'u dymuniadau i unigolion a grwpiau beth bynnag sy'n digwydd o'u cwmpas.

Gellir dosbarthu cyfathrebu di-eiriau i'r ffurfiau canlynol:

- ▶ **Iaith y corff a mynegiant yr wyneb** – Hyd yn oed pan mai cyfathrebu llafar yw'r brif ffurf, rhaid defnyddio iaith y corff ac ystumiau i'w gefnogi. Os ydych chi'n edrych heb ddiddordeb ac yn brin o angerdd ac egni, mae'n annhebygol y byddwch chi'n annog eraill i weithio'n galetach.

- ▶ **Ystumiau a signalau llaw** – Gellir defnyddio'r rhain o bell, ac mae gan lawer o chwaraeon a gweithgareddau ystumiau a signalau llaw sy'n benodol iddyn nhw. Bydd cael dealltwriaeth glir o'r rhain yn galluogi llwyddiant fel arweinydd.

- ▶ **Arddangosiadau** – Mae dangos yn gorfforol i rywun yr hyn rydych chi ei eisiau yn ffordd glir o gyfathrebu. Dylai arddangosiad fod yn gryno ac wedi'i gyflwyno fel y gall eich cynulleidfa arsylwi ar eu gorau.

- ▶ **Synau di-eiriau** – Mae chwibanau'n gyffredin mewn chwaraeon. Fe'u defnyddir yn bennaf i ddenu sylw fel y gellir defnyddio math arall o gyfathrebu wedyn.

Termau allweddol

Cyfathrebu llafar – cyfathrebu sy'n digwydd gan ddefnyddio'r gair llafar.

Cyfathrebu di-eiriau – cyfathrebu sy'n dod trwy ystumiau, mynegiant yr wyneb, cyswllt llygad, osgo neu naws llais.

Trafodaeth

Fel dosbarth, rhannwch yn ddau grŵp. Rhaid i un grŵp drafod holl fuddion cyfathrebu ar lafar tra bod y grŵp arall yn trafod buddion cyfathrebu di-eiriau. Fel dosbarth, trafodwch a ydych chi'n teimlo ai cyfathrebu llafar neu'n ddi-eiriau sy'n bwysicach mewn amgylchedd chwaraeon.

Bod yn drefnus

Ni all hyd yn oed yr arweinydd mwyaf eithriadol ddisgwyl cyflawni ar ei orau heb gynllunio a pharatoi. Disgwylir i arweinydd nad yw'n brydlon, sydd ag adnoddau gwael neu nad yw wedi gwneud unrhyw ymchwil cefndirol fethu. Bydd bod yn drefnus nid yn unig yn rhoi hyder i'r arweinydd, ond hefyd yn ysbrydoli eraill i fod â hyder ynddynt.

Rhoi adborth

Un o'r meysydd allweddol ble mae'n rhaid i arweinyddion chwaraeon weithredu mewn modd moesegol a gydag uniondeb yw pan fyddant yn rhoi adborth i'w cyfranogwyr. Mae gonestrwydd yn bwysig, ond rhaid i'r arweinydd chwaraeon fod yn siŵr ei fod hefyd yn wrthrychol ac nad yw'n caniatáu i unrhyw un o'u rhagdybiaethau gymylu eu barn neu eu gwerthusiad o'r cyfranogwr. Mae hyn yn golygu bod yn rhaid iddyn nhw fod yn sylwgar o berfformiad y cyfranogwyr bob amser.

Rhinweddau

Gwybodus

Bydd arweinydd cryf yn wybodus am y gweithgaredd a'u tîm. Nid yn unig y bydd ganddynt ddealltwriaeth lawn o agweddau technegol yr hyn y maen nhw'n ceisio ei gyflawni, ond byddan nhw hefyd yn deall yr unigolion y maen nhw'n gyfrifol amdanynt, yr hyn sy'n eu cymell, a'u cryfderau a'u gwendidau.

▶ **Gwybodaeth am reolau a deddfau** – Mae gan bob gweithgaredd set o reolau a deddfau sydd wedi'u cynllunio i gadw cyfranogwyr yn ddiogel a sicrhau chwarae teg. Mae'r rheolau a'r deddfau hyn yn amrywio rhwng gweithgareddau, ac mae gan rai gweithgareddau systemau mwy cymhleth nag eraill. Cyfrifoldeb arweinydd yw cynnal disgyblaeth a chynnal rheolau fel bod gan gyfranogwyr hyder mewn tegwch ac yn gallu perfformio heb unrhyw bryderon am ddiogelwch.

▶ **Gwybodaeth am dechnegau, strategaethau a thactegau** – Mae gan bob un gweithgaredd dechnegau, sgiliau, strategaethau a thactegau penodol sy'n gysylltiedig â nhw. Gellir hyfforddi ar gyfer yr elfennau hyn, ond er mwyn iddyn nhw weithio rhaid eu defnyddio ar yr adeg iawn yn y senario cywir. Dylai arweinwyr chwaraeon ystyried amodau, yr amgylchedd a gwrthwynebiad wrth ddatblygu strategaethau. Gall technegau fod yn gymhleth ac efallai y bydd angen eu rhannu'n rannau bach er mwyn i gyfranogwr eu dysgu. Er enghraifft, bydd dechrau ras sbrintio yn cynnwys athletwr yn gosod ei hun mewn set o flociau cychwyn, yn gadael y blociau ac yn cymryd yr ychydig gamau cyntaf yn y ras.

▶ **Gwybodaeth am dîm neu gyfranogwyr** – Er mwyn datblygu'r gorau gan unigolyn, rhaid i arweinydd ddeall beth sy'n eu hysgogi. Rhaid iddyn nhw fod yn ymwybodol o nodweddion personoliaeth, cymhellion a dyheadau personoliaeth y cyfranogwr. Dim ond pan fydd gan arweinydd **empathi** ag unigolyn, ac yn ei ddeall, y gallan nhw ddeall sut y mae'n ffitio o fewn tîm. Rhaid iddyn nhw hefyd ddeall anghenion corfforol y cyfranogwr, fel unrhyw ofynion deietegol penodol neu hen anafiadau neu rai sy'n bodoli eisoes.

> **Term allweddol**
>
> **Empathi** – pan fyddwch chi'n deall ac yn gallu rhannu'r teimladau y mae rhywun arall yn eu profi. Bydd cael empathi tuag at aelod o'r tîm yn eich helpu i adeiladu perthynas â nhw a chwilio am atebion i broblemau.

> ⏸ **MUNUD I FEDDWL** Bydd arweinydd da yn wybodus iawn. Pa fathau o wybodaeth sy'n bwysig i arweinydd eu cael?
>
> **Awgrym** Caewch y llyfr a rhestrwch gynifer o fathau o wybodaeth â phosib mewn dau funud.
>
> **Ymestyn** A oes unrhyw chwaraeon y mae gennych ddyheadau i'w harwain? Pa wybodaeth benodol fyddai ei angen arnoch chi i fod yn llwyddiannus yn y chwaraeon hyn?

Empathetig

Mewn amgylchedd chwaraeon ac mewn bywyd bob dydd mae straen yn cael ei roi ar unigolion. Bydd y gallu i wrando ac i ddangos empathi tuag at aelodau'r tîm yn caniatáu iddynt fynegi unrhyw bryderon neu boenau meddwl a theimlo eu bod yn cael eu gwerthfawrogi a'u deall. Weithiau gall cael rhywun i siarad â nhw hybu morâl unigolyn.

Nodweddion

Canolbwyntio ar nod

Mae arweinydd sy'n deall yr hyn y mae'n rhaid i'r rhai y maen nhw'n gyfrifol amdano anelu at neu ei gyflawni yn gallu gosod nodau. Yna gellir rhannu nod yn y pen draw yn dargedau cyraeddadwy. Mae nodau a thargedau yn darparu ffocws, ac er mwyn gweithio'n fwyaf effeithiol rhaid i arweinydd ddysgu ac addasu er mwyn gwneud y nodau hyn yn heriol ac yn ymarferol.

Amyneddgar

Gall bod yn arweinydd fod yn heriol. Ni fydd eich penderfyniadau bob amser yn boblogaidd, efallai y bydd gennych unigolion neu grwpiau sy'n ei chael hi'n anodd deall sgiliau neu gysyniadau, ac efallai y bydd dysgwyr neu gyfranogwyr yn aflonyddgar. Waeth beth yw'r sefyllfa, rhaid i arweinydd aros yn ddiduedd a chadw'ch pwyll. Mae'n hanfodol bod arweinwyr yn datblygu strategaethau ar gyfer ymdopi â heriau.

Agosatrwydd

Mae arweinyddiaeth yn ymwneud â pherthnasoedd. Er mwyn cael y gorau o unigolyn, mae angen i chi ddeall ei gymhellion a'i bryderon. Bydd bod yn hawdd mynd atoch yn caniatáu i bobl drafod eu problemau gyda chi fel y gallwch helpu o bosibl.

Cysondeb

Mae cysondeb yn hanfodol er mwyn hyrwyddo chwarae teg a sicrhau bod pob aelod o dîm yn teimlo ei fod yn cael ei werthfawrogi'n gyfartal. Ni all ymddangos bod gan arweinydd ffefrynnau na'u bod yn rhagfarnllyd – rhaid iddyn nhw fod yn wrthrychol. Yn ogystal, wrth gyflwyno cyfarwyddyd mewn technegau rhaid i arweinydd sicrhau ei fod yn gyson.

Model rôl

Bydd arweinydd o safon yn aml yn arwain o'r tu blaen. Bydd eu hymddygiad a'u cymhelliant yn gosod y meincnod i bob aelod arall o'r tîm anelu ato. Mae hyn yn arbennig o berthnasol wrth weithio gyda phlant, gan y byddant yn aml yn dynwared ymddygiad eu hyfforddwr neu arweinydd.

Mae modelau rôl yn gosod esiampl:
- yn **gymdeithasol** yn y ffordd y maen nhw'n integreiddio gyda'r tîm a phobl o'r tu allan mewn ysbryd o gydweithredu a chwarae teg
- yn **bersonol** trwy arddangos sgiliau bywyd fel moesau a phrydlondeb
- yn **seicolegol** trwy reoli emosiynau a chyflwyno hyder a chymhelliant i eraill
- yn **gorfforol** trwy gynnal ffordd iach o fyw trwy ymarfer corff, deiet ac arferion da.

Ymroddedig

Mae'r arweinwyr chwaraeon mwyaf llwyddiannus yn llawn cymhelliant. Os yw arweinydd i ddisgwyl ymrwymiad llwyr gan y rhai y mae'n gyfrifol amdanynt, yna rhaid iddyn nhw ddangos eu bod hefyd yn barod i roi ymrwymiad 100 y cant i'w cefnogi. Gall hyn fod trwy weithredoedd syml fel cychwyniadau cynnar ar gyfer hyfforddi neu nôl dŵr i athletwr sychedig.

Moesegol a gonest

Mae bod yn foesegol a gweithredu gyda gonestrwydd yn golygu deall y normau derbyniol o dda a drwg a gweithredu mewn modd sy'n hyrwyddo'r da yn hytrach na'r drwg. Mewn cyd-destun cystadleuol, mae da a drwg yn aml yn cael eu diffinio'n glir gan reolau a rheoliadau. Fodd bynnag, dylid disgwyl gweithredu'n foesegol a gyda gonestrwydd o fewn hyfforddiant, ac ymddygiad da a phriodol wedi ei hannog bob amser.

Yn arwain trwy esiampl

Mae arweinydd da yn dangos yr hyn maen nhw ei eisiau gan eu tîm trwy arddangos eu disgwyliadau yn gyson. Dyma ychydig o ffyrdd i arwain yn glir trwy esiampl:
- rhannu bai pan fydd pethau'n mynd yn wael yn ogystal â derbyn canmoliaeth pan maen nhw'n mynd yn dda

▶ Enillodd John Terry o Chelsea enw da am arwain o'r tu blaen a gosod meincnod i'w dîm

▶ pwysleisio rhinweddau a nodweddion cadarnhaol fel angerdd, gwybodaeth a gonestrwydd

▶ byddwch yn ddyfalbarhaol a pheidiwch â rhoi'r gorau iddi hyd yn oed pan fydd pethau'n anodd.

❚❚ MUNUD I FEDDWL   Mae yna lawer o sgiliau a rhinweddau mewn arweinydd. Allwch chi eu disgrifio ac egluro eu pwysigrwydd?

Awgrym   Caewch y llyfr a lluniwch ddiagram pry cop o sgiliau a rhinweddau sy'n bwysig i arweinyddiaeth.

Ymestyn   Pa dri o'r sgiliau sydd bwysicaf yn eich barn chi a pham?

Enghreifftiau o arweinwyr

Waeth beth yw eu rôl benodol, mae bron pob arweinydd chwaraeon yn gyfrifol am helpu'r cyfranogwyr sydd yn eu gofal i ddatblygu eu potensial llawn. Mae hyn yn cynnwys creu'r amodau cywir er mwyn caniatáu i welliannau ddigwydd, ac addysgu'r cyfranogwyr i ddatblygu eu gwybodaeth a'u dealltwriaeth o chwaraeon. Fodd bynnag, mae rhai sgiliau, rhinweddau a nodweddion yn bwysicach mewn rhai rolau nag mewn eraill.

Enghraifft ar waith

Archwiliwch yr enghreifftiau o arweinwyr isod yn ofalus. A oes unrhyw nodweddion neu rinweddau ychwanegol y credwch fyddai'n hanfodol ar gyfer llwyddiant yn y rolau hyn? Rhaid i chi gyfiawnhau eich syniadau yn ysgrifenedig.

A oes rôl arweinyddiaeth yr ydych yn anelu ati? Ystyriwch y nodweddion a'r rhinweddau y byddai eu hangen arnoch yn y rôl hon. Dewiswch y tri rydych chi'n teimlo sydd bwysicaf a dadansoddwch pam.

Hyfforddwr dringo creigiau

- Mae trefniadaeth yn hanfodol, gan y bydd unrhyw offer sy'n cael ei adael ar ôl y tu hwnt i'w gyrraedd pan allan ar y safle dringo.
- Rhaid i'r cyfathrebu fod yn glir fel bod dringwyr yn deall yn union yr hyn sy'n ofynnol ganddynt.
- Rhaid i'r hyfforddwr fod yn gadarn a bod â gwybodaeth ragorol i sicrhau bod eu grŵp yn parhau i fod yn ddiogel bob amser.
- Yn aml mae angen amynedd i sicrhau bod unigolion yn cael eu hannog i oresgyn rhwystrau seicolegol yn ogystal â rhai corfforol. Mae hyn yn golygu bod yn rhaid i'r hyfforddwr gynnal ei lefelau egni a'i ymrwymiad bob amser.
- Mae sgiliau ysgogol hefyd yn angenrheidiol i helpu cyfranogwyr nerfus neu ddibrofiad.
- Bydd bod yn gyfeillgar, yn allblyg ac yn hawdd mynd atoch, gyda sgiliau gwrando da, yn sicrhau bod cyfranogwyr pryderus yn teimlo'n gyfforddus ac y gellir addasu'r addysgu yn unol â hynny.

Capten tîm criced

- Mae cymhelliant yn hanfodol. Yn aml mae'n rhaid i gapteiniaid arwain trwy esiampl ac maen nhw'n gyfrifol am ysbrydoli gweddill y tîm. Rhaid i gapten medrus fod yn ysgogol.
- Bydd bod â hyder yn eu gallu eu hunain fel capten yn dylanwadu ar y tîm ac yn eu helpu i fagu hyder. Gall yr hyder hwn ddod o brofiad a gwybodaeth am y gamp.
- Bydd tegwch yn annog cynhwysiant ac yn sicrhau bod pob aelod o'r tîm yn teimlo eu bod yn cael eu gwerthfawrogi'n gyfartal. Mae angen i'r capten fod yn gyfathrebwr lleisiol da, gan ganmol eraill a chyfleu eu hangerdd am y gamp.
- Mae profiad yn hanfodol i gapten gan fod yn rhaid iddo ddeall y gêm yn drylwyr, gwybod a gorfodi'r rheolau, darllen y gêm, a defnyddio strategaethau a thactegau yn dda.

Hyfforddwr nofio

- Bydd cadw amserlenni ac adnoddau wedi'u trefnu yn caniatáu i hyfforddwr ddefnyddio·amser yn effeithiol a sicrhau bod pob sesiwn yn rhedeg yn esmwyth.

- Bydd sgiliau arsylwi da yn caniatáu i'r hyfforddwr nodi meysydd i'w gwella, wrth allu torri techneg i lawr a dadansoddi'r cydrannau er mwyn helpu i binbwyntio nodau penodol.

- Bydd cael darpariaeth gref yn annog hyder yng ngallu'r hyfforddwr a gallai arwain at gleientiaid a gwaith pellach.

- Bydd gallu arddangos yn glir yn helpu i ddangos i'r cyfranogwyr yn union yr hyn sy'n ofynnol ganddynt.

- Bydd cwestiynu cyfranogwyr yn effeithiol yn helpu'r hyfforddwr i asesu dealltwriaeth o dechneg, a bydd rhoi adborth clir yn sicrhau bod y cryfderau a'r meysydd i'w gwella yn cael eu deall. Bydd hyn hefyd yn helpu i adeiladu *rapport*.

- Gall pyllau nofio fod yn ardaloedd peryglus, felly mae ymwybyddiaeth gref o ddiogelwch yn hanfodol.

Swyddog ras sgïo

- Bydd agwedd awdurdodol yn helpu i gadw disgyblaeth a sicrhau bod rasys yn ddiogel. Gall cyrsiau sgïo fod yn fawr ac efallai y bydd angen i swyddogion wneud penderfyniadau heb gefnogaeth, ac felly mae synnwyr cyffredin yn hanfodol.

- Bydd cyfathrebu clir rhwng swyddogion yn sicrhau bod y digwyddiad cyfan yn rhedeg yn esmwyth.

- Er mwyn sicrhau bod pawb sy'n cymryd rhan yn teimlo bod y digwyddiad wedi'i redeg yn deg, mae cysondeb yn bwysig iawn. Mae dealltwriaeth o reolau rasio yn hanfodol i gyflawni hyn, a bydd cyfathrebu da â swyddogion a chystadleuwyr eraill yn helpu i sicrhau bod penderfyniadau'n glir.

- Yn achos atal rasio oherwydd tywydd gwael, gall penderfyniadau i roi'r gorau i neu ohirio ras fod yn amhoblogaidd iawn. Bydd angen i'r sawl sy'n gwneud y dyfarniad hwnnw fod yn hyderus yn eu penderfyniad a chyfathrebu'r rhesymau dros benderfyniad sy'n cadw cyfranogwyr yn ddiogel.

- Rhaid cadw amser yn gywir, nid yn unig i gofnodi disgynfeydd unigol ond hefyd i sicrhau bod y digwyddiad cyfan yn rhedeg yn ôl yr amserlen.

Athro gymnasteg

- Mae athrawon yn atebol am ddiogelwch y cyfranogwyr a'r myfyrwyr yn eu gofal. Bydd trefniadaeth a chynllunio pob gwers yn cefnogi hyn.

- Rhaid addasu gwers i alluogi athrawon i ganolbwyntio ar sgiliau newydd sy'n anodd eu dysgu.

- I unrhyw athro, bydd bod yn ddymunol ac yn ysbrydoledig yn cadw myfyrwyr yn gadarnhaol am eu dysgu ac yn canolbwyntio arno.

- Bydd bod yn hyderus ynoch chi'ch hun a'r hyn rydych chi'n ei ddysgu yn sicrhau disgyblaeth.

- Bydd bod yn angerddol am bwnc ac yn frwd wrth ei gyflwyno yn helpu i ysgogi cyfranogwyr. Mae hefyd yn bwysig cynnig canmoliaeth pan fo hynny'n briodol.

- Pan fydd cyfranogwyr yn ei chael hi'n anodd dysgu sgìl, efallai y bydd angen ymarfer ychwanegol. Efallai y bydd angen i athrawon fod yn ddyfeisgar a chreadigol i gyflwyno pwnc neu gysyniad. Rhaid iddyn nhw hefyd fod yn ymroddedig ac yn benderfynol er mwyn helpu'r myfyriwr i lwyddo.

Ymarfer asesu 4.1

Rydych chi'n rheolwr canolfan chwaraeon brysur sy'n cyflwyno amrywiaeth eang o weithgareddau. Rydych chi'n diweddaru eich gweithdrefnau hyfforddi staff. Fel rhan o'r broses hon, rydych chi'n cynllunio ffurflenni adborth arsylwi i'ch dirprwy reolwyr eu defnyddio wrth arsylwi staff.

Rydych wedi dewis treialu'r gweithdrefnau newydd gyda thair rôl: achubwyr bywyd pwll, hyfforddwyr sgwad ieuenctid pêl-droed, a hyfforddwyr cylchol dros 50 oed. Rydych chi'n paratoi cyflwyniad i'w gyflwyno i'ch dirprwy reolwyr, er mwyn sicrhau eu bod yn deall yn union beth i'w wneud.

Yn y cyflwyniad hwn:

1 trafodwch y sgiliau, y rhinweddau a'r nodweddion rydych chi'n eu disgwyl ym mhob rôl

2 eglurwch bwysigrwydd yr elfennau hyn a dadansoddi pam eu bod yn bwysig er mwyn cyflawni pob gweithgaredd yn gryf ac i lwyddiant y ganolfan gyfan

3 gwerthuswch yr effaith y bydd y sgiliau, y rhinweddau a'r nodweddion hyn yn ei chael ar rolau eraill yn y ganolfan chwaraeon.

Cynllunio
- Beth yw'r dasg? Beth y gofynnir i mi ei wneud?
- Pa mor hyderus ydw i yn fy ngalluoedd fy hun i gyflawni'r dasg hon? A oes unrhyw feysydd y credaf y byddaf yn cael anhawster â hwy?

Gwneud
- Rwy'n gwybod beth rwy'n ei wneud a beth rydw i eisiau ei gyflawni.
- Byddaf yn adnabod pryd rydw i wedi mynd o'i le ac addasu fy meddwl/dull i gael fy hun yn ôl ar y trywydd iawn.

Adolygu
- Byddaf yn egluro beth oedd y dasg a sut y gwnes i fynd ati.
- Byddaf yn egluro'r hyn y byddwn yn ei wneud yn wahanol y tro nesaf er mwyn gwella fy ngwaith.

B　Archwilio pwysigrwydd ffactorau seicolegol a'u cysylltiad ag arweinyddiaeth effeithiol

Mae'r **ffactorau seicolegol** sy'n effeithio ar ein perfformiad yn niferus ac amrywiol. Gall amgylcheddau chwaraeon fod yn heriol a phwysau ar arweinwyr fod yn uchel. Nid yn unig y mae'n rhaid i arweinwyr chwaraeon ymdopi â ffactorau seicolegol mewnol, ond bydd ffactorau seicolegol allanol y tu hwnt i reolaeth yr arweinydd hefyd yn cael effaith fawr ar berfformiad. Gall ffactorau seicolegol gael effaith ddwys ar unrhyw weithgaredd chwaraeon, gan effeithio ar:

▶ ba mor ddiogel y cynhelir y gweithgaredd
▶ rheoli adnoddau a'r amgylchedd
▶ y ffordd y mae cyfranogwyr yn rhyngweithio gyda'i gilydd
▶ y ffordd y mae gwylwyr yn rhyngweithio â chyfranogwyr
▶ y canlyniad terfynol ac, yn y pen draw, llwyddiant neu fethiant y nod terfynol.

> **Term allweddol**
>
> **Ffactorau seicolegol** – ffactorau sydd yn y meddwl neu'n gysylltiedig ag agwedd feddyliol.

> **Damcaniaeth ar waith**
>
> Yn eich dosbarth, rhannwch yn grwpiau o 4–6 o bobl. Dylai fod gan bob grŵp belen fach o dac gludiog a 30 o ffyn coctel. Mae gennych bum munud i adeiladu'r tŵr uchaf posibl gan ddefnyddio dim ond y tac gludiog a'r ffyn coctel.
>
> Ar ôl pum munud pa grŵp sydd wedi adeiladu'r tŵr talaf? Beth gyfrannodd at lwyddiant y tîm hwn? Gwerthuswch berfformiad eich tîm eich hun ac awgrymwch sut y gellid gwella'r perfformiad hwn mewn tasgau yn y dyfodol.

Ffactorau seicolegol allanol

Cydlyniant tîm

Mae llwyddiant neu fethiant bob amser yn dibynnu ar sut mae'r tîm yn gweithio fel uned gydlynol. Gellir rhannu cydlyniant tîm yn ddwy ffurf:

▶ **cydlyniant tasg** yw'r graddau y mae grŵp yn gweithio gyda'i gilydd i gyrraedd nod cyffredin, fel tîm hoci sy'n defnyddio tactegau i ennill gêm hoci

▶ **cydlyniant cymdeithasol** yw pan fydd grŵp yn gweithio gyda'i gilydd trwy barch at ei gilydd ac yn aml iawn oherwydd bod aelodau'n mwynhau cwmni ei gilydd.

Mae nifer o ffactorau yn effeithio ar y graddau y mae grŵp yn bondio'n llwyddiannus. Mae Tabl 4.2 yn dangos y ffactorau hyn ac yn rhoi rhai enghreifftiau.

▶ **Tabl 4.2:** Ffactorau sy'n effeithio ar gydlyniant tîm

Ffactor	Enghreifftiau	Senario enghreifftiol
Ffactorau personol	• Perthnasoedd hanesyddol • Blinder unigol • Anaf neu salwch • Rhyw • Oedran	Os yw aelodau unigol o'r tîm wedi blino, wedi'u hanafu neu'n sâl, gallant ei chael hi'n anodd cymryd rhan lawn yn y gêm.
Ffactorau tîm	• Nodau wedi'u cyfuno • Perthnasoedd cefnogol • Profiad • Galluoedd	Efallai y bydd tîm hoci gyda rhai chwaraewyr cystadleuol profiadol yn gweld eu bod yn gallu cynnal gêm fwy rheoledig oherwydd yr effaith gadarnhaol y mae eu profiad yn ei chael ar y tîm.
Ffactorau arweinyddiaeth	• Gallu'r arweinydd i arwain trwy esiampl • Pendantrwydd yr arweinydd • Hygyrchedd yr arweinydd	Wrth redeg ymdaith galed, bydd arweinydd blinedig sy'n edrych yn flinderus yn cael effaith negyddol iawn ar forâl y grŵp.
Ffactorau amgylcheddol	• Mynediad at adnoddau priodol • Tywydd • Lleoliad	Bydd gan dîm pêl-droed sydd â mynediad at hyfforddiant dan do, caeau astro turf ac offer o safon fwy o opsiynau o ran hyfforddiant.

Gall y ffactorau a ddangosir yn Nhabl 4.2 amrywio, ond gallant hefyd gael eu heffeithio gan arweinyddiaeth gref. Gall arweinydd annog cydlyniant o fewn ei dîm trwy:

▶ annog hunaniaeth tîm, efallai trwy gyflwyno gwisg neu git

▶ osgoi newid yn aelodaeth y tîm trwy gadw unigolion gydag arweinyddiaeth gadarnhaol

▶ cynnal cyfathrebu cryf trwy gyfarfodydd tîm, briffiau a sesiynau ôl-drafod

▶ cael empathi â rhwystredigaethau ac emosiynau unigolion

▶ gosod nodau clir, heriol, ond cyraeddadwy

▶ gwneud i bob aelod o'r tîm deimlo ei fod yn cael ei werthfawrogi

▶ hyrwyddo awyrgylch 'un tîm' yn hytrach na chaniatáu **cliciau** cymdeithasol llai.

Ffurfio grŵp

Mae'n bosibl y gallech ddod â chasgliad o athletwyr mwyaf y byd ynghyd ond bod gennych dîm gwan o hyd. Mae timau'n esblygu: nid ydynt yn ffurfio ar unwaith ac nid yw lefelau uchel o sgiliau yn eu haelodaeth yn golygu y bydd y tîm yn datblygu'n gyflymach.

Term allweddol

Clic – grŵp llai o bobl sy'n cadw ei hun ar wahân i eraill, yn aml yn seiliedig ar fuddiannau cyffredin, safbwyntiau, ac ati.

Mae Ffigur 4.2 yn dangos y camau a ddefnyddir i ddisgrifio esblygiad tîm. Bydd arweinydd effeithiol yn gallu nodi ar ba gam y mae ei dîm a pha heriau y mae'n rhaid iddynt eu goresgyn i gadw dilyniant ar y trywydd iawn.

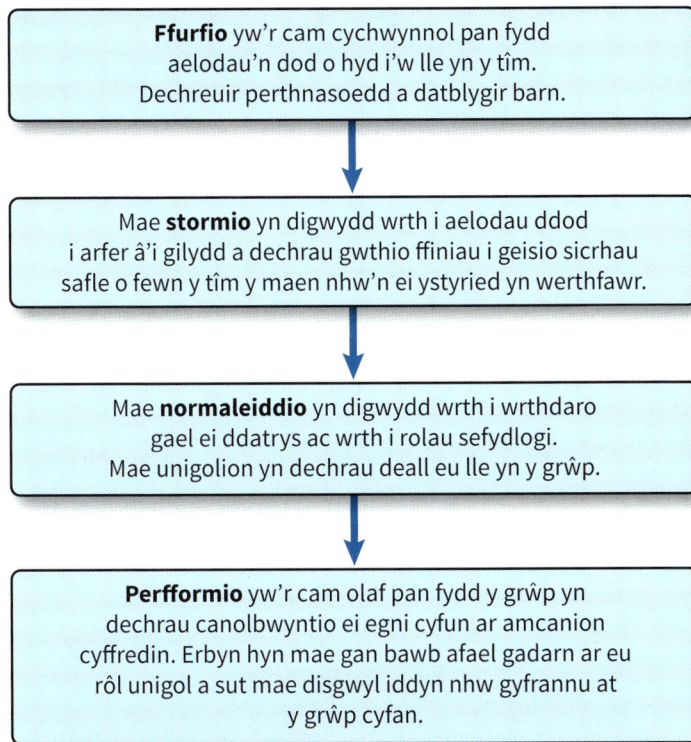

Cysylltiad

Mae cysylltiad rhwng y cynnwys hwn ag *Uned 6: Seicoleg Chwaraeon.*

Ffurfio yw'r cam cychwynnol pan fydd aelodau'n dod o hyd i'w lle yn y tîm. Dechreuir perthnasoedd a datblygir barn.

Mae **stormio** yn digwydd wrth i aelodau ddod i arfer â'i gilydd a dechrau gwthio ffiniau i geisio sicrhau safle o fewn y tîm y maen nhw'n ei ystyried yn werthfawr.

Mae **normaleiddio** yn digwydd wrth i wrthdaro gael ei ddatrys ac wrth i rolau sefydlogi. Mae unigolion yn dechrau deall eu lle yn y grŵp.

Perfformio yw'r cam olaf pan fydd y grŵp yn dechrau canolbwyntio ei egni cyfun ar amcanion cyffredin. Erbyn hyn mae gan bawb afael gadarn ar eu rôl unigol a sut mae disgwyl iddyn nhw gyfrannu at y grŵp cyfan.

▶ **Ffigur 4.2:** Camau o fewn esblygiad tîm

Trafodaeth

Meddyliwch am grŵp rydych chi'n treulio llawer iawn o amser gyda nhw, fel eich dosbarth neu dîm rydych chi'n rhan ohono. Ar ba gam o'r ffurfiant ydych chi'n teimlo eich bod wedi cyrraedd?

Diogi cymdeithasol

Yn 1913, arsylwodd Ffrancwr o'r enw Maximilien Ringelmann nad oedd unigolion sy'n tynnu rhaffau yn perfformio cystal ag y gallai eu gallu personol awgrymu. Mae gweld colli cymhelliant mewn unigolion o fewn tîm bellach yn cael ei ddiffinio fel 'diogi cymdeithasol'. Mae'n hysbys y bydd pobl yn aml yn gwerthfawrogi llwyddiant unigol dros lwyddiant grŵp ac felly bydd lefelau cymhelliant yn uwch pan fydd gan bobl amcanion personol.

Personoliaeth

Ein personoliaeth yw sut rydyn ni'n ymddangos i eraill ac mae'n effeithio ar sut rydyn ni'n rhyngweithio â'r rhai o'n cwmpas. Mae pawb yn wahanol ac nid yw unrhyw ddau bersonoliaeth byth yr un fath, ond mae'n bosibl cyffredinoli unigolion yn ddau gategori: mewnblyg ac allblyg.

▶ Mae **person mewnblyg** yn tueddu i fod yn dawelach, yn llai cyfathrebol ar lafar ac yn annhebygol o hyrwyddo eu llwyddiant eu hunain. Yn aml fe'u tynnir tuag at chwaraeon a gweithgareddau unigol fel rhedeg pellter hir, dringo creigiau a gweithgareddau eraill ble y gellir gwneud hyfforddiant yn unigol neu mewn grwpiau bach iawn.

▶ Mae **person allblyg** yn tueddu i fod yn allblyg iawn, yn gyfathrebol ac yn mwynhau sefyllfaoedd cymdeithasol. Maen nhw'n debygol o gael eu tynnu tuag at chwaraeon tîm fel pêl-droed neu bêl-rwyd.

Cymhelliant

I rai pobl, mae cymryd rhan mewn gweithgaredd neu gamp yn ddigon o wobr. Maen nhw'n cael eu cymell gan y pleser o gymryd rhan. Cyfeirir at hyn fel **cymhelliant cynhenid**.

Fodd bynnag, mae llawer o weithgareddau a chwaraeon yn cynnig gwobrau y tu hwnt i'r broses o gymryd rhan. Mae'r rhain yn **gymhellion anghynhenid**. Gall y gwobrau hyn fod yn gorfforol neu'n seicolegol, er enghraifft:

▶ iawndal ariannol am amser neu lwyddiant

▶ gwobrau fel medalau a thlysau

▶ edmygedd ymddangosiadol gan gyfoedion a gwylwyr.

Yn aml, bydd y mabolgampwyr hynny sy'n gallu osgoi cael eu sylw wedi ei dynnu gan gymhellion anghynhenid yn canfod eu bod yn gallu perfformio mewn modd llai ymataliol, o dan lai o bwysau ac yn y pen draw yn aml yn llwyddo dros eraill.

Gellir darparu cymhelliant gan arweinwyr sy'n defnyddio canmoliaeth ac adborth cadarnhaol fel sylfaen eu sesiynau adborth. Mae llawer o arweinwyr yn defnyddio'r 'byrgyr canmoliaeth' i ddarparu adborth. Wrth ddosbarthu 'byrgyr canmoliaeth', rydym yn dechrau gyda'r 'fynsen' a sylw cadarnhaol, yna byddwn yn dilyn ymlaen gyda'r 'byrgyr' ble rydym yn nodi maes i'w wella ac yna byddwn yn gorffen gyda'r ail 'fynsen' a sylw cadarnhaol arall. Dangosir enghraifft o fyrgyr canmoliaeth, sy'n rhoi adborth i sbrintiwr 100-metr, yn Ffigur 4.3.

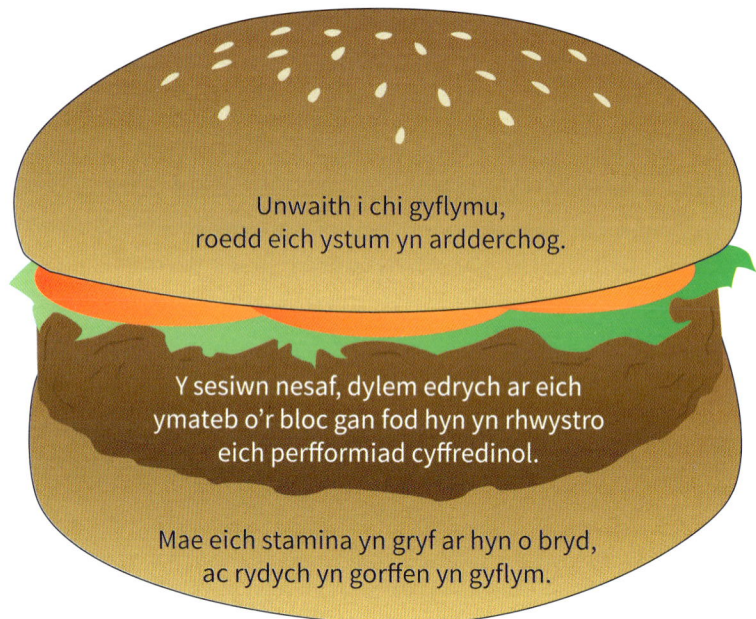

Unwaith i chi gyflymu, roedd eich ystum yn ardderchog.

Y sesiwn nesaf, dylem edrych ar eich ymateb o'r bloc gan fod hyn yn rhwystro eich perfformiad cyffredinol.

Mae eich stamina yn gryf ar hyn o bryd, ac rydych yn gorffen yn gyflym.

▶ **Ffigur 4.3:** 'Byrgyr canmoliaeth' o adborth i sbrintiwr

Sbarduno a phryder

Mae'r natur ddynol yn awgrymu bod angen i ni lwyddo: pan rydyn ni'n cael ein rhoi mewn sefyllfa ble mae methiant yn bosibilrwydd, yna rydyn ni'n teimlo effeithiau straen ar ein **psyche**.

Gall **sbarduno** (*arousal*) ein helpu i ganolbwyntio ac ysgogi ein hunain. Fodd bynnag, pan fyddwn yn 'gor-gyffroi' neu'n bryderus bydd hyn yn cael effeithiau negyddol, gan leihau ffocws a rheolaeth. Arddangosir hyn yn glir yn y theori U-wrthdro, a ddangosir yn Ffigur 4.4.

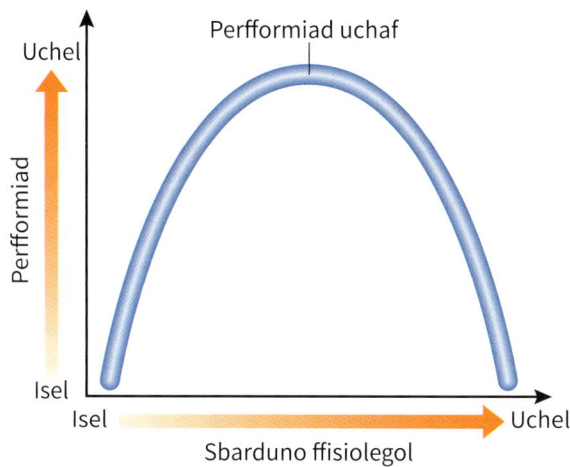

▶ **Ffigur 4.4:** Y theori U-wrthdro

Daw'r anhawster wrth geisio darogan ble y gallai pwynt y perfformiad uchaf a geir ar frig y graff ddod. Mae'r pwynt hwn yn amrywio yn dibynnu ar y gweithgaredd. Er enghraifft, mae chwaraeon fel snwcer neu saethyddiaeth yn gofyn am ddigon o ganolbwyntio a gall lefelau uchel o sbarduno fod yn negyddol. Fodd bynnag, o fewn codi pŵer a sbrintio gall lefelau llawer uwch o sbarduno fod yn fuddiol i hyrwyddo mwy o gymhelliant.

Bydd personoliaeth unigolyn hefyd yn effeithio ar faint o sbarduno y gallant ei oddef cyn arsylwi arwyddion negyddol.

Rhaid i arweinwyr fod yn ymwybodol o sut mae sbarduno a phryder yn cyfrannu at lwyddiant neu fethiant mewn gweithgareddau penodol. Dylent hefyd anelu at weithio gydag unigolion i ddeall sut mae lefelau amrywiol o straen yn effeithio arnynt yn bersonol. Lle bo angen, rhaid i arweinwyr allu helpu gyda rheoli straen. Gall hyn fod trwy ddefnyddio:
▶ technegau anadlu a myfyrdod
▶ hyfforddiant ailadroddus o'r dasg sydd wedi ei chysylltu â lefelau straen uwch i gyflyru corff yr athletwr
▶ tasgau sydd wedi'u cynllunio i fagu hyder a hunan-barch.

Ⅱ MUNUD I FEDDWL   Mae rheoli lefelau straen yn bwysig iawn i'r arweinydd ac i'r perfformiwr chwaraeon. Pa fathau o chwaraeon sy'n elwa o lefelau is o sbarduno a pha rai o lefelau uwch o sbarduno?

Awgrym   Caewch y llyfr ac ystyriwch effeithiau sbarduno mewn ystod o chwaraeon.

Ymestyn   A oes unrhyw sefyllfaoedd yn peri straen i chi? Sut ydych chi'n rheoli'ch lefelau straen?

Cysylltiad

Mae cysylltiad rhwng y cynnwys hwn ag *Uned 6: Seicoleg Chwaraeon*.

Hyder

Mae'r gred y gallwch chi fod yn llwyddiannus wrth berfformio gweithgaredd yn ymwneud â chael hyder. Gallai hyn fod mewn unrhyw weithgaredd o godi pwysau trwm, sgorio gôl mewn pêl-droed, dringo wyneb craig neu nofio'r Sianel. Bydd diffyg hyder yn effeithio ar gymhelliant, yn cynyddu pryder ac yn lleihau'r lefel y gall unigolyn ddisgwyl perfformio iddo. Weithiau gelwir hyn yn **broffwydoliaeth hunangyflawnol**.

Term allweddol

Proffwydoliaeth hunangyflawnol – pan fydd rhywun yn credu mor gryf y bydd senario yn digwydd fel ei fod yn cynyddu'r tebygolrwydd y bydd yn digwydd.

Yn ystod tymor yr Uwch Gynghrair 2014–15 roedd Chelsea FC yn goruchafu ac yn y pen draw yn bencampwyr yr Uwch Gynghrair. Fodd bynnag, y tymor canlynol dechreuon nhw gyda chanlyniadau gwael. Roedd yn ymddangos bod y tîm wedi mynd i rediad o chwarae gwael neu broffwydoliaeth hunangyflawnol. Gallai diffyg cred yn eu gallu eu hunain i ennill fod wedi bod yn gysylltiedig â dynameg tîm, rheoli tîm, neu hyder cefnogwyr.

1 Beth ydych chi'n meddwl oedd yn gyfrifol am y newid sydyn yn lefel perfformiad Chelsea?

2 Fel arweinydd y tîm hwnnw, beth allech chi fod wedi'i wneud i helpu i fagu eu hyder a thorri cylch proffwydoliaeth hunangyflawnol?

Gellir cynyddu hyder mewn sawl ffordd.

▶ Bydd profiad a llwyddiant blaenorol yn cynhyrchu disgwyliad o berfformiad cyfartal neu well.

▶ 'Profiadau dirprwyol' (*vicarious experiences*) yw'r rhai a geir trwy wylio pobl eraill. Bydd arsylwi llwyddiant mewn eraill yr ystyrir eu bod â gallu cyfartal neu lai yn creu cred y gall unigolyn lwyddo.

Bydd gorfodaeth ar lafar gan arweinydd – neu gan gyfoedion – y gellir cyflawni tasg ddim ond yn gweithio os yw ymddiriedaeth yn bodoli: os dywedwch wrth rywun y gallant gyflawni tasg, rhaid iddynt eich credu.

Yn ystod Cwpan Rygbi'r Byd 2015, roedd Japan yn gyfrifol am un o'r siociau mwyaf yn hanes Rygbi'r Undeb pan guron nhw Dde Affrica 34–32 yn un o'r gemau agoriadol.

Cymharodd llawer o sylwebyddion chwaraeon agweddau'r ddau dîm tuag at y gêm a lefelau hyder. Disgrifiwyd chwaraewyr Japan fel rhai oedd yn credu ynddynt eu hunain ac yn awchu am fuddugoliaeth. Disgrifiwyd De Affrica fel tîm oedd yn hunanfodlon ac yn or-hyderus. Yn amlwg, roedd De Affrica wedi amcangyfrif eu cystadleuwyr yn rhy isel.

1 Gwerthuswch sut y gallai gor-hyder fod wedi effeithio ar berfformiad De Affrica.

2 Sut ydych chi'n meddwl y gallai buddugoliaeth Japan fod wedi effeithio ar lefelau hyder timau eraill a oedd i fod i gwrdd â De Affrica yn ddiweddarach yn y gystadleuaeth?

Ffactorau seicolegol mewnol

Damcaniaeth priodoli a hunanhyder

P'un ai ydym yn llwyddo neu'n methu, mae priodoli hyn i reswm yn rhan o'r natur ddynol. Gallai hyn fod yn rheswm mewnol, fel gallu personol neu lefel penderfyniad a dyfalbarhad, neu reswm allanol y tu hwnt i'n rheolaeth ein hunain, fel gallu gwrthwynebydd, y tywydd, salwch neu anaf.

Mae'r hyn yr ydym yn priodoli llwyddiant a methiant iddo yn gysylltiedig yn uniongyrchol â'n lefelau hunanhyder personol ein hunain. Byddai deifiwr o safon fyd-eang fel Tom Daley yn priodoli ei lwyddiant ei hun i baratoi rhagorol a'i allu ei hun. Mae deifiwr newydd sy'n llwyddo i blymio'n dda yn fwy tebygol o briodoli hyn i lwc.

Mae 'cyfnod o lwyddiant' yn derm cyffredin a ddefnyddir yn ysgafn yn aml. Fodd bynnag, mae rhywfaint o realiti yn y theori hon. Bydd mabolgampwr buddugol yn magu hyder ond gall briodoli llwyddiant i lwc o hyd. Os byddant yn ennill eto byddant yn ennyn hyder pellach ynddynt eu hunain ac yn dechrau priodoli llwyddiant i'w gallu eu hunain. Wrth iddi ddod yn haws priodoli llwyddiant i allu, mae hyder yn tyfu, ac wrth i hyder dyfu, bydd gallu chwaraewr i lwyddo hefyd yn tyfu.

Mae'r seren dennis Serena Williams wedi bod yn drechol (*dominant*) yn ei champ ers ennill ei thwrnamaint mawr cyntaf yn 1999 ac eto mae ei hyder ei hun yn gysylltiedig â nifer o ofergoelion personol. Mae hi'n gwisgo'r un sanau ar gyfer twrnamaint cyfan, mae'n rhaid iddi glymu ei hesgidiau yn yr un ffordd cyn pob gêm, ac mae Serena yn sicrhau ei bod yn bownsio'r bêl yn union bum gwaith ar ei serfiad cyntaf a dwywaith ar ei hail serfiad. Wrth golli gemau mae hi wedi mynd cyn belled â beio ei cholled am beidio â chadw at yr arferion caeth hyn.

Ymchwiliwch i enghreifftiau o dri seren chwaraeon arall y mae eu hunanhyder yn cael ei effeithio gan drefn arferol a/neu ofergoeliaeth.

Hunan-barch

Gelwir ein barn ein hunain am ein hunan-werth yn ein **hunan-barch**. Mae'n aml yn cael ei ddrysu â hunanhyder, ond hunan-barch mewn cyd-destun chwaraeon yw p'un a ydym yn teimlo ein bod yn haeddu ennill neu golli. Mae'n debyg bod athletwr sy'n credu bod eu llwyddiant yn seiliedig ar lwc neu siawns gyda hunan-barch eithaf isel.

Wrth arwain tîm, dylech fod yn ymwybodol y gellir cysylltu hunan-barch yn uniongyrchol ag integreiddiad aelod o fewn y tîm hwnnw ac a ydynt yn credu eu bod yn perthyn neu'n haeddu bod yno. Efallai y bydd rhywun â lefelau isel o hunan-barch yn gweld bod cael ei amgylchynu gan bobl â hunan-barch uchel yn cael effaith negyddol ar ei gred yn ei hunan-werth ei hun. Dyma pam mae cydlyniant tîm mor bwysig: fel bod pawb yn teimlo eu bod yn cael eu gwerthfawrogi'n gyfartal ac yn gwerthfawrogi eu cyfraniad eu hunain yn ôl.

Profiadau'r gorffennol

Bydd p'un a oes gennym hanes o lwyddiant neu fethiant yn pennu ein hunan-gred ein hunain. Pan fyddwn yn ennill gall weithiau ymddangos yn hawdd parhau i ennill. Fodd bynnag, pan ydym yn colli, gall yr her o oresgyn methiant ymddangos yn ormod. Mae hunan-gred yn fwyaf hanfodol ar y pwynt hwn i alluogi cynnal cymhelliant a phenderfyniad.

Gall arweinwyr ddefnyddio fideo o brofiadau llwyddiannus yn y gorffennol i ddangos gallu aelod o dîm i ennill. Mae sylwebaeth lafar hefyd yn dda, ac yn absenoldeb yr un o'r rhain, gellir defnyddio erthyglau papur newydd. Mae'n hysbys bod rhai arweinwyr yn annog technegau myfyrio i alluogi athletwyr i ail-fyw profiadau cadarnhaol a cheisio harneisio'r teimladau cadarnhaol y mae'r profiadau hyn yn eu cynhyrchu.

Rhagfarn hunanwasanaethol

Gall ein hangen i gynnal cred ynom ein hunain a gwarchod ein hyder arwain at arddangos gogwydd hunanwasanaethol. Dyma pryd rydyn ni'n priodoli llwyddiant i'n gallu a'n hymdrech ein hunain, ond yn priodoli methiant i ffactor allanol, fel gwrthwynebydd sy'n 'twyllo' neu amodau gwael. Er bod hyder fel arfer yn beth da a bod angen lefelau uchel o hunan-barch er mwyn llwyddo, rhaid i ni hefyd allu myfyrio ar gael ein curo yn onest er mwyn datblygu strategaethau ar gyfer gwella.

A fu amser pan wnaethoch chi feio'ch methiant eich hun ar reswm allanol ar gam? Byddwch yn onest! Trafodwch a chymharwch eich profiad o hyn gydag eraill yn eich dosbarth.

Ymddygiad

Gellir priodoli ymddygiad unigolyn naill ai i'w bersonoliaeth ei hun neu i ffactorau allanol. Ein hymddygiad arferol yw sut mae ein personoliaeth yn cael ei gweld, h.y. a ydyn ni'n ddrwg ein tymer yn naturiol, yn hapus neu'n gyffrous. Fel rhan o dîm, bydd ein cyfoedion mewn tîm a'n harweinydd yn dechrau deall ein patrymau safonol o ymddygiad. Gelwir yr ymddygiad hwn yn **ymddygiad bwriadol**.

Pan rydyn ni'n cael ein rhoi mewn amgylchedd sy'n ein rhoi dan straen, fel sefyllfa mewn chwaraeon ble rydyn ni'n teimlo pwysau i lwyddo, rydyn ni'n fwy tebygol o ddangos nodweddion **ymddygiad damweiniol**. Mae'n hanfodol bod mabolgampwyr yn gallu rheoli llawer o nodweddion ymddygiad damweiniol. Er enghraifft, wrth chwarae rygbi a chwaraeon cyswllt eraill ble mae adrenalin yn llifo a chyffro yn uchel, mae'n gymharol gyffredin i athletwyr wneud camgymeriadau neu adael i'w hemosiynau gael y gorau ohonynt. Fodd bynnag, gall y gwahaniaeth rhwng gêm ddisgybledig ac un a reolir gan emosiwn olygu'r gwahaniaeth rhwng ennill a cholli. Mae yna ddigon o enghreifftiau o athletwyr sydd wedi caniatáu i emosiwn reoli eu hymddygiad mewn ffordd sydd yna wedi rhwystro eu llwyddiant. Ystyriwch ymddygiad y chwaraewr tennis o Awstralia, Nick Kyrgios, yn ystod Cwpan Rogers 2015, pan gafodd ddirwy o $10,000 wedi hynny gan yr ATP am wneud sylw sarhaus wedi'i anelu at bencampwr Agored Ffrainc, Stan Wawrinka, yn ystod gêm.

Astudiaeth achos

Mae Cassie yn focsiwr talentog ar ddechrau ei gyrfa. Mae hi newydd ddechrau ymladd ar lefel genedlaethol a hyd yn hyn nid yw wedi cael ei niweidio. Mae hi'n enwog am ei lefelau ymddangosiadol uchel o hyder cyn, yn ystod ac ar ôl gornestau. Mae ei hagwedd i mewn ac allan o'r cylch yn cyflwyno ei chred mai hi yw'r gorau yn y byd. Yn ystod cyfweliadau â'r cyfryngau, nid yw hi byth yn petruso rhag cyflwyno hyder pur.

Pan fydd hi'n cerdded i mewn i'r cylch mae'n edrych yn hamddenol ac yn barod i weithredu. Ar ôl pob gornest mae'n sicrhau ei bod yn cydnabod ei gwrthwynebydd; fodd bynnag, mae hi bob amser yn treulio amser yn dathlu ei buddugoliaeth ac yn ystumio o flaen camerâu.

1 Sut ydych chi'n meddwl bod agwedd Cassie yn effeithio ar ei gwrthwynebwyr?

2 Sut ydych chi'n meddwl bod ei hunan-gred yn effeithio ar ei pherfformiad ei hun?

3 A allai agwedd Cassie erioed gael effaith negyddol ar ei gornestau?

❚❚ MUNUD I FEDDWL

Pa rai o'r nodweddion a ddisgrifir yn yr adran hon sy'n ymddangos yn fwyaf perthnasol i'ch profiad eich hun o arwain?

Awgrym

Rhestrwch gynifer o nodweddion seicolegol allanol a mewnol ag y gallwch eu cofio.

Ymestyn

Ym mha weithgareddau y gall lefelau uchel sbarduno gael effeithiau negyddol yn gyflym ar berfformiad?

Mathau o arweinyddiaeth

Bydd gwahanol arddulliau o arweinyddiaeth yn gweithio i raddau amrywiol gyda gwahanol unigolion a thimau. Mae llwyddiant arddull yn dibynnu i raddau helaeth ar broffil seicolegol y rhai sy'n cael eu harwain. Fodd bynnag, ta waeth pa fath neu arddull o arweinyddiaeth y mae unigolyn yn ei fabwysiadu, mae arweinydd effeithiol yn debygol o feddu ar nifer o elfennau seicolegol allweddol, fel:

- y gallu i adeiladu perthnasoedd cadarnhaol
- gweledigaeth glir wedi'i ffocysu, y gallu i osgoi cael eich sylw wedi ei dynnu, a'r gallu i gynllunio, trefnu a gosod amcanion clir
- hunan-gred a fydd yn caniatáu gwneud penderfyniadau a dod o hyd i atebion
- delwedd sy'n cyfleu positifrwydd a phendantrwydd
- dyfalbarhad a'r cadernid i ddysgu o fethiant a symud ymlaen ar ôl methu.

Arweinyddiaeth sefyllfaol

Mae arweinyddiaeth sefyllfaol (*situational*) yn theori a ddatblygwyd yn 1969 gan Paul Hersey a Ken Blanchard. Mae eu theori yn awgrymu bod arweinydd yr un mor effeithiol â'i allu i addasu mewn sefyllfa.

> **Trafodaeth**
>
> Defnyddiwch y rhyngrwyd i ddarganfod mwy am y model arweinyddiaeth sefyllfaol. Darganfyddwch y gwahaniaeth rhwng ymddygiad cyfeiriol ac ymddygiad cefnogol ac awgrymwch sefyllfaoedd ble y gellir defnyddio pob math o ymddygiad.

Arweinyddiaeth drawsnewidiol

Mae arweinyddiaeth drawsnewidiol (*transformational*) yn gofyn am lawer iawn o hunan-gred a'r gallu i gyfleu angerdd, egni ac ysbrydoliaeth i dîm. Mae arweinydd trawsnewidiol yr un mor awyddus am y broses o gyrraedd targed â chyrraedd y nod ei hun.

Mae pedair cydran i arweinyddiaeth drawsnewidiol.

1 **Ysgogiad deallusol** – bydd y math hwn o arweinydd yn annog creadigrwydd ac yn chwilio am gyfleoedd ar gyfer arloesi a newid.
2 **Ystyriaeth unigol** – cydnabyddir unigolion o fewn tîm arweinydd trawsnewidiol a gwerthfawrogir eu syniadau. Datblygir perthnasoedd cefnogol i annog cyfathrebu sy'n llifo'n rhydd.
3 **Cymhelliant ysbrydoledig** – mae gan yr arweinwyr hyn weledigaeth glir ac maen nhw'n gallu cyflwyno hyn i'w tîm.
4 **Dylanwad delfrydol** – mae arwain trwy esiampl ac fel model rôl yn sylfaenol i'r math hwn o arweinyddiaeth. Anogir ymddiriedaeth a pharch gan enghreifftiau cadarnhaol.

Arweinyddiaeth drafodaethol

Bydd arweinydd trafodaethol (*transactional*) yn rheoli tîm ac yn disgwyl i bob aelod ddeall ei rôl ei hun tra hefyd yn cydnabod ei safle fel arweinydd. Defnyddir strwythur clir fel bod aelodau'r tîm yn deall y gadwyn reoli.

Mae arweinyddiaeth drafodaethol yn troi o amgylch y theori y dylid gwobrwyo neu gosbi llwyddiant neu fethiant a dyma sy'n cymell unigolion i lwyddo. Mae'r arweinwyr hyn yn defnyddio gwobrau fel canmoliaeth, digwyddiadau neu iawndal ariannol. Mewn cyferbyniad, gallai methiant arwain at gerydd neu gosb fel ymdrech gorfforol.

> **Ymchwil**
>
> Ar gyfer pob un o'r mathau o arweinyddiaeth – sefyllfaol, trawsnewidiol a thrafodaethol – meddyliwch am enghraifft o arweinydd rydych chi'n teimlo sy'n gweddu i'r arddull honno. Gwerthuswch sut mae arwain fel hyn wedi effeithio ar berfformiad y tîm y maen nhw'n gyfrifol amdano ac yn y pen draw a oedd y tîm hwnnw'n llwyddiannus.

Mae rheoli tîm pêl-rwyd, hyfforddi sgïwr gwaeredol (*downhill skier*) a dyfarnu gêm rygbi yn dair rôl arweinyddiaeth wahanol iawn. Mae gan bob un ei heriau ei hun a bydd pob un yn cyflwyno rhwystrau seicolegol i'r arweinydd eu goresgyn.

Cynhyrchwch ddogfen ysgrifenedig yn trafod pa ystyriaethau seicolegol a allai fod gan arweinydd sy'n gyffredin i'r holl weithgareddau hyn a pha rai allai fod yn wahanol.

Dadansoddwch a gwerthuswch sut y gallai pob un o'r ystyriaethau hyn effeithio ar berfformiad arweinydd. Beth allai arweinydd ei wneud er mwyn sicrhau ei fod yn llwyddiannus ac er mwyn goresgyn yr heriau seicolegol hyn?

Cynllunio
- Beth y gofynnir i mi ei wneud?
- Ydw i'n deall y tair rôl arweinydd chwaraeon a roddwyd i mi?

Gwneud
- Byddaf yn rhoi tystiolaeth glir o fy ngwaith meddwl ac yn cyfiawnhau fy sylwadau.
- Byddaf yn cyflwyno'r wybodaeth hon mewn modd clir a chryno.

Adolygu
- Byddaf yn nodi meysydd i'w gwella yn fy ngwaith.
- Byddaf yn gwneud awgrymiadau ar sut y gallwn fynd i'r afael â'r dasg hon a'i chyflwyno'n wahanol y tro nesaf.

C   Archwiliwch arddull arweinyddiaeth effeithiol wrth arwain tîm yn ystod gweithgareddau chwaraeon ac ymarfer corff

Bydd gan dimau ddisgwyliadau clir iawn am eu harweinydd. Fodd bynnag, mae gan dîm hefyd ddyletswydd i'w arweinydd a dylai'r arweinydd fod â disgwyliadau ohonynt.

Trafodaeth

Fel arweinydd, pa un o'r nodweddion canlynol sydd gennych chi?
- Gwybodaeth a fydd yn eich galluogi i ddatblygu sgiliau, technegau a dealltwriaeth dactegol
- Y gallu i reoli ac addysgu unigolyn neu dîm
- Angerdd i ysbrydoli ac ysgogi pobl eraill
- Ymroddiad i arwain trwy esiampl
- Cymhelliant i rannu amcanion unigolyn neu dîm
- Hyder i arwain ac i ymdrechu i lwyddo

Trafodwch eich gwaith meddwl gyda gweddill y dosbarth.

Bydd disgwyliadau tîm o'u harweinydd yn amrywio yn dibynnu ar rôl yr arweinydd yn y pen draw. Fodd bynnag, mae'n debygol y bydd angen yr un nodweddion craidd i ryw raddau waeth beth yw'r rôl. Yn gyffredinol, mae tîm yn debygol o ddisgwyl i'w harweinydd:
- fod â'r gallu i arwain a helpu'r tîm i gyflawni eu hamcanion
- bod â'r gallu i'w haddysgu/eu hyfforddi tuag at lwyddiant a rheoli'r tîm yn ôl yr angen
- bod â gwybodaeth o'r gweithgareddau a'r sgiliau sy'n gysylltiedig â'r gamp a hefyd y technegau a'r ddealltwriaeth dactegol er mwyn datblygu perfformiad y tîm
- rhannu amcanion y tîm, rhannu eu hymgyrch i lwyddo a bod yn berchen ar yr angerdd i'w cymell tuag at eu hamcanion cyffredin, gan gynnwys creu awyrgylch ble mae pawb yn helpu ei gilydd
- bod â'r gallu i ysbrydoli, arwain trwy esiampl a chyfleu egni.

Lle bo'n briodol, bydd y tîm hefyd yn disgwyl i'w harweinydd ddefnyddio rheolau a rheoliadau eu camp yn llwyddiannus a chadw sgorau'n gywir.

⏸ **MUNUD I FEDDWL**   A allwch chi gofio pa ddisgwyliadau a allai fod gan dîm o'u harweinydd?

Awgrym   Ystyriwch eich disgwyliadau o'ch hyfforddwr chwaraeon neu diwtor eich hun.
Ymestyn   Pa ddisgwyliadau yw'r pwysicaf yn eich barn chi?

Trafodaeth

Yn eich grŵp, trafodwch pa ddisgwyliadau eraill a allai fod gan dîm o'u harweinydd.

Dangosir y pethau y dylai arweinydd chwaraeon eu disgwyl gan ei dîm yn gyfnewid yn Ffigur 4.5.

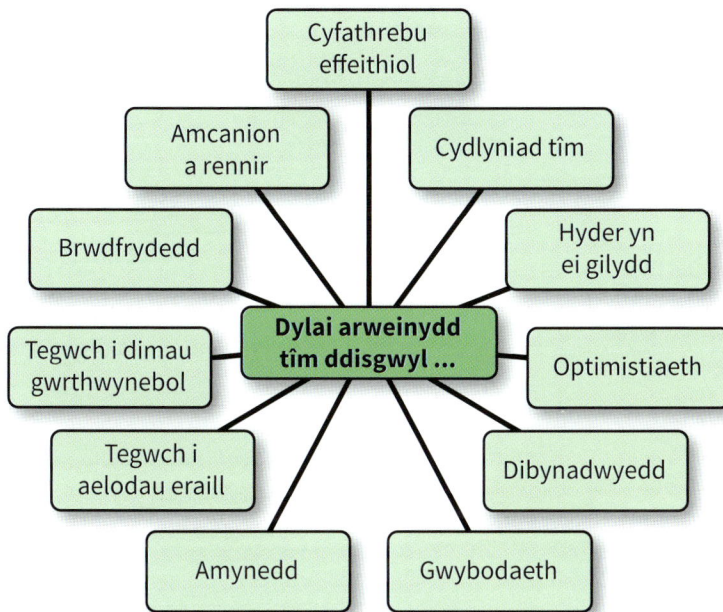

▶ **Ffigur 4.5:** Yr hyn y dylai arweinydd chwaraeon ei ddisgwyl gan ei dîm

Sgiliau a chyflawni ar gyfer gwahanol arddulliau arwain

Bydd sgiliau a chyflawni gwahanol arddulliau arwain yn dibynnu ar y sefyllfa: bydd angen sgiliau gwahanol ar gyfer gwahanol sefyllfaoedd. Bydd cryfderau a gwendidau arweinydd yn pennu sut mae'n perfformio ac yn integreiddio â thîm neu unigolyn.

Cysylltiad

Mae'r adran hon yn cysylltu ag *Uned 6: Seicoleg Chwaraeon*, Nod dysgu B3: Arweinyddiaeth wrth greu grwpiau effeithiol.

Cyflawni

▶ **Trafodaethol** – mae arweinydd trafodaethol yn canolbwyntio ar oruchwyliaeth, trefniadaeth a pherfformiad grŵp.

▶ **Trawsnewidiol** – bydd arweinydd trawsnewidiol yn nodi ac yna'n galluogi newid trwy ddarparu gweledigaeth ac ysbrydoliaeth.

▶ **Sefyllfaol** – bydd arweinydd sefyllfaol yn defnyddio'r ddwy arddull flaenorol, yn dibynnu ar ba un sydd fwyaf priodol ar gyfer y dasg a'r senario.

Arddulliau

▶ **Unbenaethol** – mae arweinydd unbenaethol (*autocratic*) yn hoffi bod yr unig un sy'n gwneud penderfyniadau, mae'n pennu tasgau ac nid yw'n hoffi ystyried safbwyntiau gwrthwynebol; mae'n canolbwyntio'n arbennig ar amcanion.

▶ **Democrataidd** – mae arweinydd democrataidd eisiau rhannu cyfrifoldeb a chydweithio tra'n gwneud penderfyniadau ac mae'n hyfforddwr gofalus.

▶ *Laissez-faire* – mae arweinydd *laissez-faire* yn camu'n ôl ac mae ganddo ddull 'ymlaciol', gan roi'r pwyslais ar weddill y tîm i wneud penderfyniadau. Gall yr arddull hon arwain at y cynhyrchiant a'r gwelliant isaf o'i gymharu ag eraill.

▶ **Trawsnewidiol** – mae arweinydd trawsnewidiol yn defnyddio ysbrydoliaeth i annog eraill i wthio'u hunain ymhellach nag yr oeddent yn meddwl oedd yn bosibl.

▶ **Tadol** – mae arweinydd tadol (*paternalistic*) yn mabwysiadu rôl o awdurdod llwyr ond yn deall y bobl y mae'n gyfrifol amdanynt ac yn gofalu amdanynt yn llwyr. Mae'n gweithredu gyda lefelau uchel o hunanddisgyblaeth, caredigrwydd ac uniondeb moesol wrth reoli aelodau'r grŵp.

Mae'r astudiaethau achos canlynol yn rhoi enghreifftiau ble dewisodd arweinwyr arddull ar gyfer tîm newydd ac ym mhle y gwnaethant gamgymeriad.

Astudiaeth achos 1

Mae hyfforddwr bocsio newydd yn cymryd dosbarth mewn campfa. Mae'r grŵp yn gymharol newydd ac nid oes unrhyw un yn adnabod ei gilydd mewn gwirionedd. Mae'r arweinydd yn dewis arddull unbenaethol oherwydd ei fod eisiau stampio ei awdurdod ar y dosbarth er mwyn cynnal disgyblaeth. Dim ond 50 y cant o'r dosbarth sy'n dod yn ôl yr wythnos ganlynol. Roedd gan yr arweinydd amcanion clir ond nid oedd yn ystyried anghenion y grŵp na'r unigolion yn y grŵp hwnnw.

1 Sut fyddech chi wedi mynd i'r afael â'r senario hon yn wahanol?

2 Pa arddull arweinyddiaeth arall y gallai'r hyfforddwr bocsio fod wedi'i fabwysiadu?

Astudiaeth achos 2

Mae hyfforddwr pêl-droed menywod yn ymuno â thîm newydd. Mae yna rai cymeriadau cryf sydd wedi chwarae i'r tîm ers amser maith. Mae'r hyfforddwr yn mabwysiadu arddull *laissez-faire* oherwydd ei bod am brofi bod ganddi ffydd yn y tîm ac eisiau i'r chwaraewyr profiadol deimlo eu bod yn cael eu gwerthfawrogi. Mae'r sesiwn gyntaf yn methu oherwydd nad oes arweinyddiaeth â ffocws. Mae dadleuon yn cychwyn rhwng chwaraewyr sydd â gwahanol syniadau ac mae'r sesiwn yn cael ei gwastraffu.

1 Pa ddynameg o fewn y tîm a allai fod wedi awgrymu y gallai arddull *laissez-faire* fod yn aflwyddiannus?

2 Pryd ydych chi'n teimlo y gallai arddull *laissez-faire* gael ei ddefnyddio orau?

⏸ MUNUD I FEDDWL

Caewch y llyfr a darganfyddwch a allwch chi restru'r pum arddull arweinyddiaeth. Ydych chi'n deall beth sy'n eu gwneud yn wahanol?

Awgrym

Er mwyn eich helpu i gofio'r gwahanol arddulliau arweinyddiaeth, meddyliwch am arweinwyr rydych chi wedi dod ar eu traws.

Ymestyn

Mae gan bawb arddull naturiol. Pa arddull ydych chi'n meddwl rydych chi'n ei gyfleu fel arweinydd?

Cynllunio a pharatoi gweithgaredd

Mae rôl arweinydd yn cychwyn ymhell o flaen ac yn gorffen ymhell ar ôl iddynt fyth ryngweithio ag unrhyw un. Bydd arweinwyr llwyddiannus yn defnyddio proses debyg i'r diagram llif a ddangosir yn Ffigur 4.6 i sicrhau eu bod yn cyflawni amcan pob sesiwn.

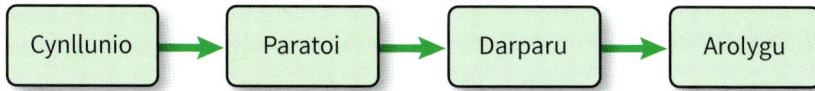

▶ **Ffigur 4.6:** Pedwar cam o weithgaredd

Mae arweinydd nad yw'n cynllunio ac yn paratoi'n annigonol yn annhebygol o lwyddo. Wrth ystyried cyflwyno sesiwn dylai arweinydd ddechrau trwy ofyn tri chwestiwn i'w hunain:

▶ Beth yw'r canlyniad a ddymunir o'r sesiwn hon?

▶ Sut y gallaf sicrhau bod y sesiwn yn cael ei darparu hyd eithaf fy ngallu ac yn cwrdd â'r canlyniad a ddymunir?

▶ Sut y byddaf yn cadw fy nhîm yn ddiogel?

Damcaniaeth ar waith

Dychmygwch eich bod yn bwriadu rhedeg gêm o osgoi'r bêl (*dodgeball*) ar gyfer grŵp o blant 11 oed. Nid oes yr un ohonynt wedi chwarae'r gêm o'r blaen ond mae pob un yn gyffrous iawn am gael chwarae camp newydd.

• Ystyriwch ganlyniad dymunol mwyaf tebygol y sesiwn hon.

• Sut fyddech chi'n paratoi fel bod y sesiwn yn effeithiol ac yn cyflawni'r canlyniad a ddymunir?

• Pa ystyriaethau diogelwch y byddai'n rhaid i chi fod yn ymwybodol ohonynt a pharatoi ar eu cyfer?

Canlyniadau'r sesiwn

Mae adnabod canlyniad sesiwn yn allweddol i lwyddiant cyffredinol y sesiwn. Efallai y bydd yn rhaid i arweinydd da addasu ei arddull yn ystod y sesiwn er mwyn sicrhau ei fod yn llwyddiant, ond byddant bob amser yn mynd i'r sesiwn gyda chynllun wedi'i baratoi'n dda.

Gall canlyniad sesiwn gael ei bennu o flaen llaw neu gall yr arweinydd benderfynu arno. Wrth ystyried neu osod canlyniad sesiwn, dylai arweinydd chwaraeon edrych ar yr unigolyn neu'r grŵp, o ble maen nhw wedi dod a beth yw eu hamcanion. Mae'n annhebygol y bydd arweinydd o safon yn cyflwyno'r un sesiwn yn union yr un ffordd fwy nag unwaith.

Dylech ystyried eich grŵp o ran:

▶ **gallu** – mae cyfranogwyr profiadol yn debygol o fod angen llai o oruchwyliaeth a chyfarwyddyd uniongyrchol na dechreuwyr. Efallai y bydd gan grŵp amrywiaeth o alluoedd ynddo. Os yw hynny'n wir, efallai y byddwch chi'n ystyried rhannu'r cyfranogwyr yn grwpiau llai neu ddod o hyd i ffordd arall y gellir grwpio cyfranogwyr er mwyn sicrhau bod pawb yn cael eu herio.

▶ **oedran** – bydd oedran y cyfranogwyr yn cael effeithiau corfforol a seicolegol ar eu cyfranogiad. Bydd gan gyfranogwyr iau lai o gryfder a chyflymder. Yn aml, bydd ganddyn nhw hefyd lai o ffocws a chyfnod canolbwyntio byrrach na chyfranogwyr mwy aeddfed. Mae cyfranogwyr hŷn yn fwy tebygol o fod â hanes o anaf a llai o stamina.

► **rhyw** – wrth i wrywod a benywod aeddfedu, mae eu gwahanol gryfderau corfforol yn dod yn fwy amlwg. Mae'n hawdd dysgu grwpiau iau mewn dosbarthiadau rhyw cymysg. Fodd bynnag, wrth i'r cyfranogwyr heneiddio efallai y byddai'n briodol rhannu'r rhywiau yn grwpiau ar wahân.

► **materion diwylliannol** – mae diwylliannau'n amrywiol a rhaid parchu gwahanol arferion. Heb gyfaddawdu ar ddiogelwch, rhaid gwneud addasiadau i arddull er mwyn darparu ar gyfer gwahaniaethau diwylliannol fel gwisg a chredoau personol.

> **Trafodaeth**
>
> Wrth gynllunio gweithgaredd, rhaid gwahaniaethu o fewn grŵp i sicrhau bod unigolion yn y sefyllfa orau i lwyddo. Fodd bynnag, rhaid i chi sicrhau nad ydych yn gwahaniaethu ar sail rhyw, diwylliant neu anabledd. Gyda phartner, trafodwch sut y gallech chi sicrhau bod hyn yn cael ei wneud.

► **materion meddygol** – mae rhai cyflyrau meddygol fel asthma a diabetes yn gymharol gyffredin, ac eraill yn llai cyffredin. Dylai pob cyfranogwr lenwi ffurflenni meddygol cyn sesiwn fel eich bod yn ymwybodol o unrhyw fanylion meddygol perthnasol. Bydd hyn yn caniatáu i chi addasu'ch sesiwn ac amddiffyn cyfranogwyr rhag niwed, fel sicrhau eu bod yn cario eu hanadlydd.

► **anableddau** – i lawer o bobl ag anabledd, mae integreiddio i weithgaredd yn y prif ffrwd yn bosibl ac yn rhywbeth sy'n cael ei groesawu. Er enghraifft, yn aml iawn gall rhywun â nam ar ei olwg chwarae mewn tîm pêl-droed lleol. Fodd bynnag, efallai bod sesiynau pwrpasol yn fwy priodol, er enghraifft gweithgaredd i bobl sy'n **baraplegig** fel pêl-fasged cadair olwyn.

► **maint y grŵp** – gall nifer y cyfranogwyr olygu bod angen staff ac adnoddau ychwanegol. Mae grwpiau mwy yn heriol, a gall cynnal goruchwyliaeth ac amgylchedd diogel fod yn anodd i hyd yn oed y gorau o arweinwyr.

> **Term allweddol**
>
> **Paraplegig** – wedi parlysu (methu symud) o'r canol i lawr.

⓫ MUNUD I FEDDWL Ar bapurau gludiog unigol, ysgrifennwch yr ystyriaethau amrywiol y mae'n rhaid i chi eu gwneud wrth edrych ar grŵp y cawsoch y dasg o'i arwain.

Awgrym Trefnwch y papurau o'r rhai pwysicaf i'r lleiaf pwysig (yn eich barn chi).

Ymestyn A oes unrhyw weithgareddau ble y gallai un neu fwy o'r ystyriaethau hyn ddod yn bwysicach neu'n llai pwysig? Addaswch safle'r papurau i gyd-fynd â hyn.

Canlyniadau Dysgu

Unwaith y byddwch chi'n gwybod natur y grŵp yna gallwch chi ystyried canlyniadau'r sesiwn. Mae'n hanfodol bod arweinydd yn deall ei rôl mewn perthynas â'r canlyniad a ddymunir. Mae Tabl 4.3 yn dangos ychydig o enghreifftiau o senarios arweinyddiaeth a'r canlyniadau cysylltiedig.

► **Tabl 4.3:** Senarios arweinyddiaeth enghreifftiol a'r canlyniadau a ddymunir

Senario arweinyddiaeth	Canlyniadau dymunol
Dyfarnwr mewn gêm bêl-droed i oedolion	• Cyflawni canlyniad diduedd • Sicrhau cyfranogiad diogel sy'n rhydd o wrthdaro • Cynhyrchu sioe sy'n gyffrous i wylwyr
Sesiwn caiacio blas ar gyfer grŵp o blant 8 oed	• Sicrhewch fod y grŵp yn cael hwyl ac yn mwynhau'r profiad • Sicrhewch fod diogelwch yn cael ei gynnal bob amser • Sicrhewch fod y grŵp eisiau dod yn ôl a chael sesiynau pellach
Sesiwn hyfforddi bersonol gyda beiciwr ar lefel genedlaethol	• Asesu lefelau ffitrwydd • Cynhyrchu cynllun ar gyfer sesiynau dilynol a fydd yn arwain at lefelau perfformiad uwch
Cynhesu cyn y tymor gyda thîm rygbi benywaidd lleol	• Annog cydlyniant ac ethos tîm • Ysbrydoli hyder a chymhelliant

Gosod targedau CAMPUS

Bydd arweinydd effeithiol yn gosod targedau iddo'i hun ac i'r unigolyn neu'r bobl y maen nhw'n eu harwain. Bydd gosod targedau yn sicrhau sesiynau â ffocws ble mae pawb yn deall y dasg dan sylw. Byddant hefyd yn caniatáu arolygiadau perfformiad diweddarach ac asesiad o sut aeth y sesiwn.

Un o'r technegau gosod targedau a ddefnyddir fwyaf yw CAMPUS, sef **c**yraeddadwy, wedi'i **a**mseru, **m**esuradwy, **p**enodol, **u**chelgeisiol ond **s**ynhwyrol.

▸ **Cyraeddadwy** – a yw popeth yn ei le i annog llwyddiant? Fel rheol bydd targedau yn gofyn am adnoddau fel cefnogaeth, offer neu amser.

▸ Wedi'i **Amseru** – bydd cael man cychwyn a man gorffen yn canolbwyntio ymdrechion.

▸ **Mesuradwy** – ni fydd targed yn gweithio oni bai bod ffordd glir o fesur llwyddiant.

▸ **Penodol** – bydd targedau manwl gywir yn annog perfformiad â ffocws.

▸ **Uchelgeisiol** ond **Synhwyrol** (realistig) – dylai targedau fod yn heriol ac ni wneir gwelliannau heb wthio'ch hun, ond ar ben arall y raddfa gall targed a osodir yn rhy uchel fod yn niweidiol i gymhelliant.

Gellir ymestyn targedau CAMPUS ymhellach i gynnwys y canlynol:

▸ **Cyffrous** – wrth agosáu at nod sydd â buddion amlwg i berfformiad unigolyn neu dîm, mae cymhelliant cyfranogwyr yn debygol o fod yn llawer uwch. Mae bod â brwdfrydedd ynghylch nod yn elfen hanfodol ar gyfer gosod targedau.

▸ **Cofnodadwy** – bydd y gallu i arolygu cyflawniadau neu fethiannau blaenorol yn caniatáu i gyfranogwyr ac arweinwyr asesu cynnydd a datblygu targedau CAMPUS pellach yn fwy cywir.

Astudiaeth achos

Mae gan hyfforddwr personol mewn campfa gleient rheolaidd sy'n chwarae i dîm rygbi lleol. Mae'r tîm wedi cael blwyddyn anodd, ac mae'r cleient eisiau gwella ei safon i helpu a gwella perfformiad y tîm y tymor nesaf. Yn benodol, mae am wella ei bŵer gwthio yn y sgrym. Mae'r hyfforddwr personol yn cynnig y targedau canlynol:

- **Cyraeddadwy:** Mae gen i fynediad i gampfa ac adnoddau rhagorol.
- Wedi'i **Amseru:** Mae'n 4 mis i ddechrau'r tymor newydd.
- **Mesuradwy:** Cynyddu'r pwysau a godwyd o 90 kg i 115 kg.

- **Penodol:** Gwella macsimwm cyflawni cyrcydu unwaith fy nghleient.
- **Uchelgeisiol** ond **Synhwyrol** (realistig): Mae eisoes wedi gwneud cynnydd da yn ystod y 6 mis diwethaf.

Ychwanegol:

- **Cyffrous:** Bydd hyn yn helpu ei berfformiad o fewn y sgrym rygbi, yn ei ysgogi ac yn y pen draw gallai helpu ei dîm i ennill.
- **Cofnodadwy:** Rwyf wedi cofnodi ei facsimwm cyflawni misol o 1 ailadroddiad am y 6 mis diwethaf a gallaf olrhain ei gynnydd.

Defnyddio adnoddau

Efallai eich bod yn hynod lwcus fel arweinydd a bod gennych adnoddau diddiwedd. Yn amlach na pheidio fe welwch fod adnoddau'n gyfyngedig a bod rhaid i chi weithio gyda'r hyn sydd gennych ar gael. Gellir categoreiddio adnoddau fel a ganlyn.

Staff

Bydd y lefelau o staffio sy'n ofynnol yn dibynnu ar y gweithgaredd a natur y grŵp. Fel rheol bydd angen cymhareb staff-i-gyfranogwr uwch ar gyfer y gweithgareddau hynny sydd â risg ymddangosiadol uwch. Er enghraifft, mae angen lefel is o staffio ar bêl-fasged na hwylfyrddio. O fewn cyfyngiadau'r gweithgaredd, efallai y bydd angen addasu lefelau staffio yn dibynnu ar y grŵp. Er enghraifft, bydd angen mwy o oruchwyliaeth ar grwpiau iau na rhai hŷn.

Amgylchedd

Gall yr amgylchedd ble mae gweithgaredd yn digwydd fod yn sefydlog neu gall newid yn dibynnu ar y sesiwn. Gall hyfforddwr criced dreulio ei amser cyfan ar un cae a gall hyfforddwr personol weithio o gampfa benodol. Ond mae hyfforddwr beicio yn debygol o addasu'r daith a gymerir yn dibynnu ar y grŵp o feicwyr.

Waeth pa amgylchedd y mae arweinydd yn gweithio ynddo a pha mor aml y maen nhw wedi llwyddo yn y lleoliad hwnnw, dylid osgoi hunanfoddhad. Dylai arweinwyr fod yn ymwybodol yn barhaus o'r risgiau sy'n gysylltiedig â'u hamgylchedd.

Offer

Bydd diffyg offer neu offer sydd wedi ei gynnal a'i gadw'n wael yn effeithio ar forâl mewn grŵp a'r hyder sydd ganddyn nhw yn eu harweinydd. Rhaid i'r offer a ddewisir ar gyfer sesiwn fod yn addas i'r pwrpas a dylid darparu unrhyw hyfforddiant penodol sy'n gysylltiedig â'i ddefnyddio er mwyn cynnal ymarfer diogel.

Amser

O fewn arweinyddiaeth chwaraeon, mae hyd sesiwn yn aml yn cael ei bennu o flaen llaw, er enghraifft wrth ddyfarnu gêm bêl-droed. Fodd bynnag, lle bynnag y bo hynny'n bosibl, dylid addasu hyd sesiwn i fodloni gofynion y grŵp a'r sesiwn. Rhaid ystyried ffactorau fel stamina a gallu'r unigolyn i ganolbwyntio. Dylai arweinydd ofyn iddo'i hun a allai fod angen gorffwys ar gyfranogwyr yng nghanol sesiwn neu a oes angen iddynt neilltuo amser ar gyfer paratoi neu newid.

⏸ MUNUD I FEDDWL Allwch chi gofio'r pedwar categori o adnoddau?

Awgrym Ystyriwch gamp y mae gennych brofiad ohoni. Defnyddiwch eich profiad i'ch helpu chi i restru'r categorïau.

Ymestyn A oes unrhyw chwaraeon ble y gallai un neu fwy o gategorïau fod yn llai perthnasol?

Diogelwch

Dylai diogelwch fod ar flaen meddwl pob arweinydd ac mae'n hanfodol er mwyn osgoi anafiadau a sicrhau y gall cyfranogwyr gymryd rhan yn hyderus.

Mae nifer o ffyrdd y gallai cyfranogwyr niweidio eu hunain yn ystod gweithgaredd ac mae gan bob gweithgaredd wahanol risgiau a pheryglon yn gysylltiedig ag ef. Wrth edrych ar y lefelau o ddiogelwch sy'n gysylltiedig â gweithgaredd, y ffordd hawsaf i'w ddosbarthu yw yn ôl yr amgylchedd, adnoddau a phobl.

Amgylchedd

P'un a yw'r gweithgaredd yn digwydd y tu mewn neu'r tu allan, bydd risgiau amgylcheddol. Y tu allan, gall y rhain gynnwys elfennau o'r tywydd, fel tymheredd yn rhy boeth neu'n rhy oer, glaw neu lai o welededd os yw'r sesiwn yn cymryd rhan yn y nos neu mewn niwl. Y tu mewn, gall lleoliadau wedi'u hawyru'n wael olygu amgylcheddau anodd a pheryglus i berfformio ynddynt.

Mae'r arwyneb chwarae yn achos cyffredin o anafiadau. Y tu mewn, mae lloriau gwlyb yn beryglus, ond y tu allan ar laswellt gall meysydd sydd wedi'u cynnal a'u cadw'n wael achosi peryglon baglu.

Adnoddau

Dylid cadw adnoddau ac offer sy'n briodol i sesiynau i weithio'n iawn a'u gwirio'n rheolaidd. Efallai y bydd angen hyfforddiant arbenigol i ddefnyddio rhai adnoddau, fel peiriannau campfa, fel y gall cyfranogwyr eu defnyddio'n ddiogel.

Ymchwil

Fel rheol rheolir gweithgareddau gan gorff llywodraethu. Bydd y corff llywodraethu yn gosod safonau a all gynnwys gwobrwyon cydnabyddedig am arweinyddiaeth, cymarebau cyfranogwyr/ arweinwyr a chynlluniau wedi eu pennu o flaen llaw ar gyfer cyflwyno. Pa gorff llywodraethu sy'n gyfrifol am y gweithgareddau canlynol, ac a oes ganddo unrhyw ganllawiau ar gyfer cyflwyno?

- beicio
- pêl-foli
- caiacio

Pobl

Mae llawer o weithgareddau'n cynnwys cyswllt corfforol â chyfranogwyr eraill, ond rhaid i chi gymryd gofal i sicrhau bod hyn yn cael ei wneud mor ddiogel â phosib.

Pan fydd amgylcheddau'n cael eu rhannu â thimau eraill, neu y gallai gwylwyr a phobl sy'n pasio fod yn bresennol, rhaid cymryd gofal i sicrhau bod y safle'n cael ei reoli a chyswllt yn cael ei osgoi.

Bydd arweinydd sy'n cynllunio gweithgaredd yn elwa o gymaint o wybodaeth â phosib am bwy maen nhw'n gweithio gyda nhw. Bydd y ffactorau a drafodwyd yn gynharach yn yr adran hon – fel oedran, rhyw, profiad, gallu, anableddau a hanes meddygol – i gyd yn pennu sut y gellir cynnal sesiwn yn ddiogel. Dylid defnyddio holiadur gyda chyfranogwyr neu aelodau tîm newydd, gan ganiatáu i'r arweinydd gynllunio'n ddigonol.

> **Damcaniaeth ar waith**
>
> Dychmygwch eich bod chi'n rhan o drefnu digwyddiad chwaraeon wedi ei leoli ar draeth. Bydd cyfleoedd i blant ysgolion cynradd roi cynnig ar rygbi cyffwrdd, pêl-foli traeth, pêl-feddal ac amryw o gemau tîm eraill. Bydd pebyll mawr, ardal i gael lluniaeth a system PA i wneud cyhoeddiadau. Mae'r trefnwyr yn disgwyl tua 150 o gyfranogwyr dros gyfnod o bedair awr. Bydd y digwyddiad yn cael ei gynnal ddiwedd mis Gorffennaf yng nghanol yr haf.
>
> - Pa beryglon posib y byddech chi'n disgwyl dod ar eu traws a ble mae'r digwyddiad wedi ei gynnal?
> - Pa ragofalon y gallech chi eu cymryd er mwyn amddiffyn cyfranogwyr?

Asesiadau risg

Mae asesiad risg yn rhan hanfodol o gynllunio ar gyfer gweithgaredd. Er y dylid cynnal asesiadau risg dynamig yn gyson yn ystod y sesiwn wrth i'r gweithgaredd esblygu, dylid cynnal asesiad risg corfforol cyn y sesiwn. Mae asesiadau risg yn ystyried **peryglon**, y risgiau sy'n gysylltiedig â'r peryglon hynny a difrifoldeb unrhyw anaf posibl.

> **Term allweddol**
>
> **Perygl** – rhywbeth sydd â'r potensial i achosi niwed i unigolyn neu grŵp.

Cyfrifir risg trwy ystyried:

- ▶ y tebygolrwydd neu'r posibilrwydd y bydd perygl yn achosi anaf
  - tebygolrwydd **isel** – yn annhebygol o ddigwydd cyhyd â bod camau synhwyrol yn cael eu cymryd
  - tebygolrwydd **canolig** – siawns resymol y gallai ddigwydd
  - tebygolrwydd **uchel** – yn debygol iawn o ddigwydd
- ▶ difrifoldeb yr anaf pe bai'r perygl yn achosi anaf
  - difrifoldeb **isel** – anaf tymor byr fel toriadau, crafiadau a chleisiau na fydd yn cael llawer o effaith ar berfformiad
  - difrifoldeb **canolig** – anaf sylweddol fel toriadau, straen a sigiadau, neu gyfergyd a fyddai'n atal gweithgaredd ac angen sylw meddygol difrifol
  - difrifoldeb **uchel** – anaf difrifol neu un a allai fod yn angheuol.

Ar ôl i'r tebygolrwydd a'r difrifoldeb gael eu hasesu, gellir cyfrifo'r risg gyffredinol gan ddefnyddio grid fel yr un a ddangosir yn Nhabl 4.4. Mae Ffigur 4.7 yn dangos enghraifft o asesiad risg a'r rhagofalon a gymerwyd.

▶ **Tabl 4.4:** Defnyddio tebygolrwydd a difrifoldeb i gyfrifo risg

		Tebygolrwydd		
		Isel	**Canolig**	**Uchel**
	Isel	Risg isel iawn	Risg isel	Risg canolig
Difrifoldeb	**Canolig**	Risg isel	Risg canolig	Risg uchel
	Uchel	Risg canolig	Risg uchel	Risg uchel iawn

Perygl	Risg uniongyrchol	Rhagofalon i'w cymryd	Risg eithaf
Ochr pwll llithrig	Risg canolig	• Matiau gwrth-lithro. • Sicrhewch fod cyfranogwyr yn cael eu briffio i beidio â rhedeg ac i fod yn ofalus rhag baglu.	Risg isel
Dŵr bas	Risg uchel	• Briffiwch yr holl gyfranogwyr i beidio â neidio na phlymio i'r pen bas. • Sicrhewch fod arwyddion rhybuddio i'w gweld yn glir.	Risg isel
Gwrthdrawiadau â defnyddwyr erail o'r pwll	Risg isel	• Defnyddiwch lonydd nofio i reoleiddio llif nofwyr.	Risg isel

▶ **Ffigur 4.7:** Asesiad risg enghreifftiol ar gyfer sesiwn nofio

Astudiaeth achos

Mae Max wedi cael swydd newydd mewn canolfan chwaraeon brysur. Un o'i ddyletswyddau yw addysgu aerobeg dŵr. Mae'r dosbarth hwn wedi'i sefydlu ers blynyddoedd lawer ac mae wedi bod yn boblogaidd iawn yn y ganolfan. Mae Max yn weddol nerfus gan fod yr hyfforddwr blaenorol yn boblogaidd iawn ac roedd ganddo enw da iawn.

Cyflwynir y sesiwn ym mhen bas y pwll. Mae mynediad i amrywiaeth o adnoddau sy'n addas i'w defnyddio yn y dŵr. Bydd y sesiwn yn cychwyn am 11:30 am ac yn gorffen am 12:15pm bob dydd Mawrth. Mae achubwr bywyd ychwanegol yn bresennol bob amser, yn ogystal â'r hyfforddwr aerobeg.

Mae 90 y cant o'r grŵp yn ferched ac mae llawer ohonynt dros 60 oed. Ar ôl pob sesiwn maen nhw'n defnyddio caffi'r ganolfan i fwynhau paned a sgwrs.

1   Pa ystyriaethau ddylai Max eu gwneud wrth ddewis adnoddau?
2   Pa elfennau diogelwch a allai effeithio ar gyflawni'r sesiwn hon?
3   Beth ydych chi'n teimlo yw'r ddau ganlyniad dymunol allweddol o'r sesiwn hon?

Gallwch ddefnyddio templed fel yr un a ddangosir yn Nhabl 4.5 i'ch helpu chi i gynllunio gweithgaredd.

▶ **Tabl 4.5:** Templed cynllunio sesiwn

Cynlluniwr sesiwn	
Dyddiad	Lleoliad
Amser cychwyn	Amser gorffen
Enw grŵp	Nifer y cyfranogwyr
Gofynion arbennig gan gyfranogwyr	
Canlyniadau dymunol o'r sesiwn 1 2 3	
Adnoddau sydd eu hangen	Staff ychwanegol sydd eu hangen
Ystyriaethau diogelwch	
Cyflwyniad/sesiwn gynhesu	
Cam cynnwys 1	Cam cynnwys 2
Cam cynnwys 3	Cam cynnwys 4
Gorffen/sesiwn oeri	

Arweinyddiaeth ar waith

Pan fyddwch wedi asesu holl ofynion sesiwn, yr amrywiadau rhwng grwpiau a'r adnoddau sydd ar gael, dim ond wedyn y gallwch chi wir asesu pa fath o arweinydd y mae angen i chi fod. Mae'n debygol bod gennych hoff arddull o arwain. Mae angen i chi ofyn tri chwestiwn i'ch hun am eich gallu i fod yn llwyddiannus fel arweinydd:

1 A yw fy steil arweinyddiaeth naturiol yn mynd i weithio ar gyfer y senario hwn?

2 A oes angen i mi ei addasu i wynebu anghenion fy nhîm?

3 Os nad yw fy arddull arweinyddiaeth yn gweithio, sut ydw i'n mynd i wneud newidiadau i'm harweinyddiaeth fy hun i sicrhau fy mod i'n gallu perfformio yn ôl yr angen?

Myfyrio

Daw arweinyddiaeth yn naturiol i rai ac yn anoddach i eraill. Y ffordd orau o ddatblygu fel arweinydd yw trwy ymarfer. A allwch chi nodi ffyrdd y gallwch ymarfer fel arweinydd a datblygu arddulliau na fydd efallai'n dod yn naturiol i chi?

⏸ **MUNUD I FEDDWL**   Ydych chi'n teimlo y gallech chi gynllunio sesiwn yn llwyddiannus?

Awgrym   Beth yw'r tri chwestiwn y dylech eu gofyn i'ch hun cyn dechrau cynllunio?

Ymestyn   Pa ystyriaethau ddylech chi eu gwneud am y grŵp?

Strwythuro a chyflawni'r gweithgaredd

Briffio

Dylai canlyniadau dysgu, ystyriaethau diogelwch a gofynion y sesiwn i gyd gael eu cyfleu gan yr arweinydd i'r cyfranogwyr. Bydd pob sesiwn dda yn dechrau gyda brîff gan yr arweinydd. Gallai hyn gynnwys:

- ▶ crynhoi sesiynau blaenorol
- ▶ canlyniadau dymunol y sesiwn y maen nhw ar fin ei chyflawni
- ▶ dadansoddiad o sut y cyflawnir y canlyniadau hyn
- ▶ unrhyw ystyriaethau diogelwch
- ▶ amseriadau
- ▶ rheoli adnoddau a'r amgylchedd.

Torri sesiwn i lawr

Bydd cynnal sesiwn barhaus, neu un gydag un egwyl yn unig, neu sesiwn sydd wedi'i rhannu'n adrannau llai, yn dibynnu ar y grŵp, yr amser a'r canlyniad a ddymunir. Rhaid i'r arweinydd benderfynu ar strwythur priodol i wella'r modd y cyflwynir y pwnc.

Fel arfer, pan fydd yn rhaid i chi gyflwyno pwnc cymhleth, bydd y pwnc hwn ac felly'r sesiwn yn cael ei dorri i lawr. Bydd hyn yn caniatáu i chi gyflwyno'r pwnc mewn rhannau hawdd eu trin ac mae'n golygu y gallwch fonitro dilyniant yn effeithiol a rhoi adborth lle bo hynny'n briodol.

Gellir rhannu sesiynau mewn fformat a gynlluniwyd ymlaen llaw yn ddau brif fath o gyflwyniad.

- ▶ **Cyflwyniad dan arweiniad arweinydd** – Bydd y rhan fwyaf o'r cyflwyniad yn cael ei arwain gan arweinydd. Dyma pryd mae'r arweinydd chwaraeon a gweithgareddau yn gwneud y penderfyniadau, yn pennu'r gweithgareddau ac yn cyfarwyddo ffocws y sesiwn. Mae'r arddull hon o gyflwyno yn berthnasol i sesiynau sy'n cynnwys dechreuwyr a chyfranogwyr o lefel isel.
- ▶ **Cyflwyniad dan arweiniad cyfranogwyr** – Caniatáu i unigolion mewn grŵp ddweud eu dweud wrth ddatblygu sesiwn. Gall cyfrannu at wneud penderfyniadau rymuso cyfranogwyr a chynyddu lefelau o gymhelliant. Mae hyn yn arbennig o effeithiol pan fydd grŵp yn fedrus iawn neu eisoes â lefelau uchel o gymhelliant.

Mathau o ddysgwyr

Bydd arweinydd cryf yn deall bod unigolion o fewn grŵp yn dysgu mewn gwahanol ffyrdd.

- ▶ Mae'n well gan **ddysgwyr clywedol** drafod sgìl neu bwnc newydd a gwrando ar esboniadau.
- ▶ Mae'n well gan **ddysgwyr gweledol** arsylwi ar gyflwyno sgìl newydd trwy arddangosiadau.
- ▶ Mae'n well gan **ddysgwyr cinesthetig** ymarfer sgìl newydd a dysgu trwy wneud.

Bydd arweinyddiaeth effeithiol yn sicrhau y darperir ar gyfer yr holl arddulliau dysgu hyn wrth gyflwyno sesiwn. Trwy sicrhau bod amrywiaeth wrth gyflwyno pwnc, dylai pob unigolyn fod yn sylwgar ac yn llawn cymhelliant.

Arddangosiad

Rhan hanfodol o arweinyddiaeth yw'r grefft o arddangos. Nid oes rhaid i arddangosiad fod yn weithred gorfforol, ac nid oes angen i'r arweinydd ei hun gymryd rhan. Mae defnyddio fideo sy'n dangos arbenigwr neu enghraifft yn ffordd werthfawr o arddangos sgìl neu dechneg. Bydd gofyn i aelod o'r tîm arddangos rhywbeth y mae wedi'i ddysgu yn ei rymuso ac o bosibl yn gwneud y pwnc yn fwy hygyrch i weddill y dysgwyr.

Wrth wneud arddangosiad effeithiol dylai arweinydd ystyried y pwyntiau a ganlyn:

▶ Mae arddangosiad yn weledol ac felly dylid cadw sylwebaeth i'r lleiafswm er mwyn caniatáu ffocws.

▶ Ceisiwch osgoi gwrthdyniadau trwy osod yr arddangosiad yn briodol.

▶ Ystyriwch yr amgylchedd. Pan fyddwch y tu allan, gwnewch yn siŵr nad yw'r grŵp wedi'i leoli yn wynebu'r haul.

▶ Lle bo modd, arddangoswch yn araf. Os yw'r pwnc yn rhywbeth y gellir ei rannu'n adrannau bach, yna nodwch bob adran yn glir fel bod y grŵp yn deall ei arwyddocâd.

Damcaniaeth ar waith

Dewiswch weithgaredd sy'n gofyn am sgiliau rheoli pêl ac yn un rydych chi'n teimlo'n hyderus ag ef. Ymarferwch dechneg nes eich bod yn teimlo y gallwch ei arddangos mor effeithiol â phosibl.

Dewiswch ddysgwr y gwyddoch na fydd ganddo lawer o brofiad o'r dechneg hon. Esboniwch iddyn nhw eich bod chi'n mynd i addysgu rhywbeth iddyn nhw ac y byddwch chi'n gwneud hyn heb siarad.

Arddangoswch y dechneg hyd eithaf eich gallu. Rhannwch ef yn adrannau a gwyliwch wrth i'r dysgwr ymarfer.

Dadansoddwch pa mor llwyddiannus oeddech chi yn y dasg hon. Gofynnwch i'r dysgwr am adborth. Sut allech chi wella'ch darpariaeth yn y dyfodol?

Dirprwyo cyfrifoldeb

Ni fydd arweinydd cryf yn ofni cydnabod gallu eraill. Bydd dirprwyo cyfrifoldeb i aelodau eraill y tîm yn gwneud iddynt deimlo eu bod yn cael eu gwerthfawrogi a gallant ganiatáu i bwnc gael ei gyflwyno'n fwy effeithiol. Mae hyn yn arbennig o berthnasol wrth wynebu grŵp mawr. Efallai y bydd rhai sgiliau yn gofyn bod y grŵp yn cael ei rannu'n grwpiau llai – gan ddefnyddio cyfranogwyr lefel uwch i arwain pob grŵp llai. Bydd hyn yn sicrhau bod ffocws yn cael ei gynnal a bydd yn caniatáu i'r arweinydd cyffredinol symud yn effeithiol rhwng grwpiau, gan gyfrannu lle bo angen.

Gwahaniaethu

Mae gwahaniaethu yn golygu cydnabod, er y gall tîm fod yn unedig yn y pen draw, bod cryfderau a gwendidau pob unigolyn yn wahanol. Mae hwn yn ffactor pwysig i arweinydd ei gydnabod. Yn ogystal, gall rolau unigolion amrywio o fewn tîm. Er enghraifft, mae gan lawer o chwaraeon amddiffynwyr ac ymosodwyr ymroddedig, ac ni fyddai llawer o bwynt treulio amser yn hyfforddi arddull sgrym i asgellwr mewn tîm rygbi.

Ôl-drafod sesiwn

Dylai pob sesiwn ddod i ben gyda sesiwn ôl-drafod. Dylai'r adolygiad hwn archwilio cryfderau a gwendidau'r sesiwn a nodi meysydd i'w gwella. Dylai hefyd gyfeirio'n ôl at ganlyniadau arfaethedig y sesiwn i weld sut y cyflawnwyd y rhain. Gelwir y math hwn o ôl-drafodaeth, ble mae'r arweinydd yn cymharu perfformiad terfynol â thargedau neu nodau gwirioneddol, yn **asesiad crynodol**.

Mewn cyferbyniad, mae **asesiad ffurfiannol** yn broses barhaus sy'n digwydd yn rheolaidd yn y mwyafrif o sesiynau. Mae hyn yn cynnwys yr arweinydd yn monitro cynnydd a pherfformiad. Bydd asesiad ffurfiannol yn caniatáu i arweinydd cryf addasu ei sesiwn os oes angen er mwyn sicrhau llwyddiant.

Adolygu effeithiolrwydd arweinyddiaeth

Mae arweinydd effeithiol yn arweinydd myfyriol. Mae arweinyddiaeth yn rhywbeth y gall pob un ohonom ei ddatblygu a'i wella. Ar ôl cwblhau sesiwn o weithgaredd, dylai pob arweinydd ystyried eu cryfderau a'u gwendidau eu hunain. Rôl arweinydd yn aml yw'r hyn sy'n diffinio llwyddiant tîm. Er mwyn i dîm, neu'r rhai y mae arweinydd yn gyfrifol amdanynt, wella, rhaid i'r arweinydd fod yn barod i wella hefyd.

Perfformiad personol

Ar ôl cwblhau ymarfer arweinyddiaeth chwaraeon bydd gennych ryw syniad o lwyddiant y dasg a sut y gwnaeth eich perfformiad eich hun gyfrannu'n uniongyrchol ati. Dylech ofyn tri chwestiwn sylfaenol i'ch hun:

1 Ydw i'n teimlo y cyflawnwyd nod y dasg?
2 A gafodd ei wneud mewn modd diogel?
3 A yw fy nhîm yn hapus ac yn llawn cymhelliant?

Os mai'r ateb i unrhyw un o'r cwestiynau hyn yw 'na', yna rhaid gwerthuso ymhellach i ddeall pam ddim. Gall bod yn onest â chi'ch hun am eich perfformiad fel arweinydd ddim ond eich gwneud chi'n arweinydd gwell a chryfach yn y dyfodol. Ystyriwch y cwestiynau hyn er mwyn datblygu eich perfformiad:

1 A oedd eich arddull arweinyddiaeth yn briodol?
2 A wnaethoch chi lwyddo i addasu eich arddull arweinyddiaeth i gyflawni amcanion y sesiwn?
3 Sut allwch chi wella'ch perfformiad yn y dyfodol a datblygu arddulliau arweinyddiaeth pellach?

Adborth

Mae adborth yn hanfodol i'ch helpu chi i ddadansoddi'ch perfformiad fel arweinydd. Gall unrhyw un sydd wedi cymryd rhan yn eich sesiwn, neu wedi ei arsylwi, roi adborth. Bydd canolfannau chwaraeon da yn integreiddio arsylwadau gan staff uwch i ddatblygiad parhaus pob arweinydd, a bydd yr arsylwadau hyn yn gysylltiedig â thargedau perfformiad parhaus. Mae Tabl 4.6 yn dangos rhai dulliau cyffredin o gasglu adborth.

Adborth gan gyfranogwyr

Bydd p'un a yw cyfranogwr yn teimlo ei fod wedi llwyddo neu fethu yn arwydd cryf o effeithiolrwydd yr arweinydd. Prif swyddogaeth arweinydd yw annog llwyddiant yn y rhai y maen nhw'n gyfrifol amdanynt; dylid cymryd adborth cadarnhaol a negyddol o ddifrif.

Adborth gan arsylwyr

Gallai staff uwch, cydweithwyr, rhieni neu swyddogion arsylwi'r arweinydd chwaraeon ar waith. Efallai y bydd arsylwadau'n cael eu trefnu ymlaen llaw (yn digwydd ar ddyddiad y cytunwyd arno) neu gallent fod yn ddynamig (yn cael eu cynnal heb unrhyw rybudd ymlaen llaw).

▶ **Tabl 4.6:** Dulliau o gasglu adborth

Dulliau adborth	Disgrifiad
Datganiadau gan dystion	Datganiad ysgrifenedig gan rywun a arsylwodd y digwyddiad yn trafod adborth cadarnhaol a nodi meysydd i'w gwella.
Cyfweliadau	Gellir cynnal cyfweliadau dros y ffôn neu wyneb yn wyneb. Er mwyn rhoi ffocws iddynt mae'n ddefnyddiol cael pwyntiau bwled yn rhestru'r wybodaeth y mae gennych ddiddordeb ei thrafod.
Holiaduron ac arolygon	Cyfres o gwestiynau â ffocws wedi'u cyflwyno ar ffurf ysgrifenedig ar bapur neu ar-lein. Efallai y bydd rhai holiaduron yn gofyn am ddatganiadau ysgrifenedig byr. Fodd bynnag, er mwyn annog pobl i'w cwblhau, mae'r mwyafrif yn defnyddio blychau ticio fel y gall pobl eu cwblhau'n gyflym. Fe'u cwblheir weithiau yn ystod, neu'n syth ar ôl, y sesiwn neu'r digwyddiad os yw amser yn caniatáu. Anfonir llawer ohonynt trwy'r post neu e-bost pan fydd y digwyddiad wedi'i gwblhau.

▶ **Tabl 4.6:** Dulliau o gasglu adborth – *parhad*

Dulliau adborth	Disgrifiad
Ffurflenni arsylwi	Gall unrhyw un lenwi ffurflen arsylwi; fodd bynnag, maen nhw'n fwyaf defnyddiol gan arbenigwr yn y diwydiant. Llenwir ffurflenni arsylwi yn ystod y sesiwn i sicrhau eu bod yn gywir. Gan eu bod yn aml yn cael eu cwblhau gan arbenigwyr, maen nhw'n tueddu i nodi meysydd cynnil i'w gwella neu nodweddion cadarnhaol y gellir eu hanwybyddu fel arall.
Cardiau sylwadau	Mae cardiau sylwadau yn ffordd dda o gasglu adborth yn ddienw. Fe'u cwblheir fel arfer ar ddiwedd y sesiwn ac yna'u postio mewn blwch sylwadau. Yn aml nid yw cardiau sylwadau yn gofyn am fanylion personél, sy'n golygu y gall adborth fod yn fwy gonest.
Botymau boddhad	Er eu bod yn dal yn gymharol brin oherwydd y gost o'u sefydlu, mae botymau boddhad cyfrifiadurol yn caniatáu i bobl raddio eu boddhad â digwyddiad yn gyflym ac yn ddienw fel rhywbeth rhagorol, da, cyffredin neu wael. Mae hon yn ffordd wych o gael adborth cyflym gan nifer fawr o bobl.

> **Myfyrio**
>
> Dylai fod gan arweinydd da yr hyder i ofyn am adborth a gweithredu arno yn ôl yr angen. A allwch chi feddwl am unrhyw adegau ar ôl cyflwyno sesiwn neu gyflwyniad pan ddylech chi fod wedi gofyn am adborth?

Dadansoddiad SWOT

Mae dadansoddiad SWOT yn ffordd glir o ystyried eich perfformiad fel arweinydd trwy edrych ar eich cryfderau, gwendidau, cyfleoedd a bygythiadau eich hun.

▶ **Cryfderau** – Dylid cydnabod yr elfennau cadarnhaol mewn sesiwn fel y gellir eu defnyddio eto yn y dyfodol.

▶ **Gwendidau** – Waeth pa mor fach, dylid tynnu sylw at feysydd i'w gwella fel y gellir eu dileu mewn cyflwyniadau wedi hynny.

▶ **Cyfleoedd** – Mae newid yn rhan bwysig o'r broses arweinyddiaeth. Mae dysgu technegau newydd, datblygu neu wella adnoddau, neu gael mynediad i leoliadau newydd i gyd yn gyfleoedd y bydd arweinydd da yn edrych amdanynt ac yn ceisio eu hintegreiddio i'w gwaith cyflwyno.

▶ **Bygythiadau** – Mae elfennau a allai atal llwyddiant yn amrywiol. Gallant fod yn gyfyngiadau amser, diffyg mynediad at adnoddau priodol, neu anaf posibl. Dylid nodi bygythiadau yn gynnar fel y gellir rhoi mesurau ataliol ar waith er mwyn dileu neu leihau eu heffaith.

Cynllun gweithredu

Pan fydd dealltwriaeth glir o berfformiad arweinydd wedi'i ddatblygu, yna gellir dylunio cynllun gweithredu er mwyn galluogi gwelliant. Mae yna lawer o ffyrdd i osod cynllun gweithredu. Pa un bynnag a ddewiswch, mae tri chwestiwn sylfaenol y mae'n rhaid i chi eu gofyn i chi'ch hun.

▶ **Ble ydw i ar hyn o bryd?** Trosolwg o brofiadau. Beth sydd wedi'i amlygu fel eich cryfderau a'ch gwendidau?

▶ **Ble ydw i eisiau cyrraedd?** Trafodwch eich uchelgeisiau. Gosodwch nod tymor hir ond gwnewch yn siŵr ei fod yn gyraeddadwy.

▶ **Sut ydw i'n mynd i alluogi hyn?** Defnyddiwch nodau tymor byr a defnyddio targedau CAMPUS er mwyn datblygu strategaeth ar gyfer llwyddiant. Bydd torri nod i lawr yn sawl targed yn galluogi llwyddiant ac yn annog cymhelliant a hyder.

⏸ MUNUD I FEDDWL Pam mae adolygu eich perfformiad eich hun mor bwysig ar ôl cwblhau sesiwn arweinyddiaeth?

Awgrym Ystyriwch sut rydych chi'n gwerthuso llwyddiant eraill mewn rôl arweinyddiaeth.

Ymestyn Sut allech chi fynd ati i gasglu adborth gan bobl eraill fel y gallwch chi werthuso'ch perfformiad eich hun yn well?

Dewiswch rôl arweinyddiaeth ble mae'n rhaid i chi arwain tîm rydych chi'n teimlo'n gyffyrddus ag ef ac yn gallu ei ddefnyddio er mwyn ymarfer a datblygu sgiliau newydd. Gallai hyn fod yn unrhyw beth o hyfforddi grŵp osgoi'r bêl mewn ysgol gynradd i gynnal sesiwn canŵio ar gyfer oedolion anabl.

Arddangoswch y sgiliau sy'n gysylltiedig ag arweinyddiaeth dda wrth gynllunio, paratoi a darparu hyd eithaf eich gallu. Cynhyrchwch adroddiad ysgrifenedig byr er mwyn arolygu'ch llwyddiannau a'r meysydd i'w gwella.

Pam ydych chi'n meddwl bod yr arddull a'r priodoleddau arweinyddiaeth a ddewiswyd gennych yn berthnasol ac yn llwyddiannus? Os nad ydych yn teimlo eich bod wedi bod yn llwyddiannus ar unrhyw adeg, pam ddim? Cyfiawnhewch unrhyw benderfyniadau a wnaethoch fel arweinydd ac awgrymwch ffyrdd y gallech wella eich perfformiad yn y dyfodol.

Cynllunio
- Pa rôl sy'n mynd i weddu orau i mi a darparu'r cyfleoedd gorau i ymarfer?
- Pa adnoddau a chefnogaeth sydd eu hangen arnaf er mwyn cyflawni'r dasg hon?

Gwneud
- Mae gen i gynllun clir ac rwy'n teimlo'n hyderus yn yr hyn rydw i eisiau ei gyflawni.
- Gallaf gyfiawnhau fy mhenderfyniadau fel arweinydd a deall sut y gallent effeithio ar berfformiad fy nhîm.

Adolygu
- Byddaf yn gwrando ar adborth gan fy nhîm a gan unrhyw arsylwyr ac yn deall cryfderau a meysydd i'w gwella ill dau.
- Gallaf wneud awgrymiadau ar sut y gallwn wella fy mherfformiad fy hun yn y dyfodol a deall sut i roi'r awgrymiadau hyn ar waith.

Deunydd darllen ac adnoddau pellach

Martin, B., Cashel, C., Wagstaff, M. a Breunig, M. (2006) *Outdoor Leadership Theory and Practices*, Champaign, IL: Human Kinetics.

Prentice, E. a Bliszczyk, R. (2012) *Sport Leadership: Winning with your Mind*, Prahran, Awstralia: Tilde University Press.

Roe, K. (2014) *Leadership: Practice and Perspectives*, Rhydychen: Oxford University Press.

BETH AM ▶▶ Y DYFODOL?

Katy Parker

Hyfforddwr cryfder a chyflyru ar gyfer tîm hwylio Cwpan America

Fy rôl i yw datblygu galluoedd athletaidd yr athletwyr yn unol â gofynion eu rolau ar y dŵr. Mae'r athletwyr hyn o safon byd-eang ac o'r herwydd mae ganddyn nhw lawer iawn o brofiad. Weithiau gallant fod yn anodd eu cyfarwyddo. Mae rasio cwch yng Nghwpan America yn eithriadol o gorfforol ac yn hynod beryglus ac mae rhai cymeriadau mawr yn cael eu denu i'r gamp.

Mae'n rhaid i mi fod yn anhygoel o amyneddgar gyda llawer o'r athletwyr yn ogystal â bod yn gadarn pan fydd angen i mi fod: wedi'r cyfan, fi yw'r gweithiwr proffesiynol ac rwy'n deall beth sydd orau ar gyfer eu datblygiad cryfder a chyflyru.

Wrth i'r rasio ddigwydd ledled y byd, mae'n rhaid i mi dreulio cyfnodau hir i ffwrdd o gartref gyda gweddill fy nhîm. Fel rhan o dîm Cwpan America mae disgwyl i bawb gymryd rhan lle bo angen. Pan fydd angen gwneud swydd byddwn yn gweithio bob awr nes ei bod wedi'i gwneud. Nid oes lle i esgeuluso gwaith, gan y bydd llwyddiant yn sicrhau ein bod yn cynnal ein nawdd a'n cefnogaeth ariannol.

Canolbwyntio eich sgiliau

Trin pwysau

Mae'r arweinwyr gorau yn cyrraedd y rolau gorau ar frig eu camp. Wrth i'r rôl gynyddu mewn bri, felly hefyd y cyfrifoldebau a'r gofynion. Dylai arweinydd ddisgwyl cael pwysau sylweddol i berfformio fel unigolyn ac i wella effeithiolrwydd y tîm.

- Cymerwch ran mewn gweithgareddau a fydd yn eich gwthio allan o'ch parth cysur. Peidiwch ag osgoi pwysau, ac edrychwch am gyfleoedd i ymarfer sgiliau arweinyddiaeth mewn amgylchedd a fydd yn heriol i chi. A oes unrhyw glybiau y gallech chi wirfoddoli ynddyn nhw er mwyn helpu i ennill profiad?
- Peidiwch â bod ofn methu. Yn aml dyma'r ffordd orau o ddysgu.

Datblygu sgiliau

Bydd arweinwyr effeithiol yn hunanfyfyriol ac yn edrych yn gyson am ffyrdd i wella eu perfformiad. Nid oes unrhyw un yn gwybod popeth, a bydd edrych i wella fel arweinydd yn ysbrydoli gweddill y tîm i ddilyn a gwthio i wella eu hunain.

- Gofynnwch yn gyson am adborth ar eich perfformiad a sicrhau eich bod yn gweithredu arno er mwyn gwella eich perfformiad eich hun.
- A oes gennych gyfle i gysgodi neu arsylwi arweinydd o fewn tîm o'r radd flaenaf? Os felly, aseswch pa nodweddion sydd gan yr arweinydd hwn ac, os yn bosibl, gofynnwch iddynt roi awgrymiadau i chi ar gyfer llwyddiant.

Paratoi ar gyfer asesiad

Mae George hanner ffordd trwy BTEC Cenedlaethol mewn Chwaraeon. Cafodd aseiniad o'r enw 'Cynllunio, paratoi a darparu sesiwn hyfforddi ymarferol'. Llwyddodd i ddewis y gamp yr oedd yn teimlo'n fwyaf cyfforddus â hi ac roedd yn rhaid iddo gyflwyno sesiwn ymarferol ar gyfer grŵp o blant 9 oed o'i ysgol gynradd leol. Roedd yn rhaid iddo:

▶ sicrhau ei fod yn ystyried ei grŵp ac yn gosod canlyniad dysgu priodol

▶ cynnal diogelwch trwy gydol y sesiwn

▶ dangos sgiliau arweinyddiaeth ymarferol ar ôl dewis arddull cyflwyno.

Mae George yn trafod ei brofiad isod.

Sut y dechreuais i

I ddechrau roeddwn yn nerfus ynghylch cyflwyno sesiwn i ddosbarth o blant ifanc. Dewisais bêl-fasged gan fod hwn yn weithgaredd rwy'n ei chwarae'n rheolaidd ac rwyf wedi gweld fy hyfforddwr yn cyflwyno llawer o sesiynau i'm tîm. Fe wnes yn siŵr bod gen i ddealltwriaeth glir o'r grŵp trwy e-bostio eu hathro. Yn y ffordd hyn roeddwn i'n gwybod beth i baratoi ar ei gyfer a gallwn dreulio amser yn meddwl sut i arwain y sesiwn.

Penderfynais y dylwn ddefnyddio cynllun sesiwn strwythuredig. Fe wnes i restru adnoddau y gallai fod eu hangen arnaf a'r ystyriaethau diogelwch, a thorrais y sesiwn o awr yn rannau 10 munud o hyd er mwyn caniatáu i mi gynllunio'n effeithiol.

Rwyf eisoes wedi cael ymarfer wrth gynnal sesiwn fel rhan o fy BTEC. Gofynnais i'm cyd-ddisgyblion roi rhywfaint o adborth imi ar sut roeddent yn teimlo fy mod yn perfformio a darparu rhai awgrymiadau ar sut y gallwn wella fy nghyflwyniad.

Sut y des â'r cyfan at ei gilydd

Cyrhaeddais yn gynnar er mwyn i mi allu paratoi fy adnoddau a mynd dros fy nghynllun. Roeddwn i'n gwybod y byddai fy ngrŵp yn gyffrous ac yn llawn egni. Penderfynais fod angen i mi ganolbwyntio ar reoli grŵp trwy ddefnyddio ffurflen drafodaethol ble roedd ymddygiad cadarnhaol yn cael ei wobrwyo â chanmoliaeth ac ymddygiad negyddol wedi ei reoli wrth dynnu'r plentyn allan o'r gêm am ddau funud.

Er mwyn sicrhau fy mod yn cynnal cydbwysedd ac yn cadw'r sesiwn yn hwyl ac yn gyflym, roeddwn i eisiau canolbwyntio ar fod yn ysbrydoliaeth a chyfleu hyder a chymhelliant. Rwy'n credu bod fy steil yn drawsnewidiol gan fy mod i wir eisiau ymgysylltu â fy ngrŵp a'u gwthio'n galed i ddal ati yn fy sesiwn.

Fel modd o gadw fy sesiwn yn gyffrous, fe wnes i ei thorri'n ddarnau byr a bachog, heb fod yn fwy na 10 munud yr un. Cyflwynodd pob darn sgìl wahanol. Yn y 10 munud olaf fe wnaethon ni chwarae gêm gyflym i geisio tynnu'r holl sgiliau at ei gilydd.

Beth ddysgais o'r profiad

Fe wnes i fwynhau'r profiad yn fawr. Hoffwn pe bawn wedi cael mwy o ymarfer yn cynnal sesiynau cyn fy asesiad. Gallwn fod wedi cael hyn trwy wirfoddoli yn fy nghlwb pêl-fasged lleol a helpu i hyfforddi tîm iau.

Credaf i mi lwyddo wrth ysgogi fy ngrŵp. Roedd yna ychydig o broblemau gyda rheolaeth y grŵp ac er fy mod wedi anelu at ddefnyddio ffurf drafodaethol o gyflenwi, ni wnes i ddilyn fy mygythiad i yrru dysgwyr afreolus i eistedd. Fe wnaethant sylweddoli hyn yn gyflym a chredaf iddynt fanteisio ar fy mlaenoriaeth i wneud pethau'n hwyl.

Pwyntiau i'w hystyried

▶ Sut allwch chi ennill mwy o brofiad arweinyddiaeth? Oes gennych chi dîm y gallech chi wirfoddoli ag ef?

▶ Oes gennych chi gynllun sesiwn y gallwch ei ddefnyddio er mwyn strwythuro'ch sesiwn?

▶ Oes gennych chi ddealltwriaeth glir o'r gwahanol ffurfiau ac arddulliau o arweinyddiaeth a pha fath sy'n ategu'ch personoliaeth naturiol fwyaf?

Dod i adnabod eich uned

Asesiad

Byddwch yn cael eich asesu drwy gyfrwng cyfres o aseiniadau a fydd yn cael eu gosod gan eich tiwtor.

Mae ffitrwydd yn agwedd sylfaenol ar bob math o berfformiad o fewn chwaraeon, ac mae angen i berfformwyr chwaraeon gynnal a gwella eu lefelau ffitrwydd er mwyn rhagori yn eu campau. Mae'n bwysig eu bod yn cymryd rhan mewn asesiadau ffitrwydd rheolaidd fel y gallant sefydlu eu lefelau sylfaenol a defnyddio'r wybodaeth hon er mwyn cynllunio rhaglenni hyfforddi penodol.

Mae'r uned hon yn egluro egwyddorion profi ffitrwydd gan gynnwys ffactorau sy'n effeithio ar ddethol a gweinyddu profion, fel sicrhau dilysrwydd, dibynadwyedd ac addasrwydd profion. Byddwch yn archwilio ystod o brofion ffitrwydd labordy a maes a'r broses o weinyddu pob prawf ffitrwydd. Yna byddwch yn ystyried dewis profion priodol ar gyfer perfformwyr o fewn chwaraeon penodol, gan ddangos eich gallu i gynnal ystod o brofion ffitrwydd yn unol â gofynion diogelwch a moesegol. Yn olaf, byddwch yn gwerthuso ac yn cymharu canlyniadau i ddod i gasgliadau ystyrlon am ffitrwydd unigolyn penodol.

Sut y cewch eich asesu

Bydd yr uned hon yn cael ei hasesu drwy gyfrwng cyfres o dasgau a osodir gan eich tiwtor. Trwy gydol yr uned hon fe welwch ymarferion asesu defnyddiol a fydd yn eich helpu i weithio tuag at eich aseiniadau terfynol. Ni fydd cwblhau pob un o'r ymarferion asesu hyn o reidrwydd yn golygu eich bod yn cyflawni gradd benodol, ond bydd pob un yn eich helpu trwy ymchwil neu baratoi perthnasol y gellir ei ddefnyddio tuag at eich aseiniadau terfynol.

Er mwyn sicrhau eich bod yn cyflawni'r holl dasgau yn eich aseiniadau penodol, mae'n bwysig eich bod yn cwmpasu'r holl feini prawf er mwyn Llwyddo. Sicrhewch eich bod yn gwirio pob un o'r rhain cyn i chi gyflwyno'ch gwaith i'ch tiwtor.

Os ydych chi'n gobeithio cyrraedd gradd Deilyngdod neu Ragoriaeth rhaid i chi ystyried sut rydych chi'n cyflwyno'r wybodaeth yn eich aseiniad a sicrhau eich bod chi'n ymestyn eich ymatebion. Er enghraifft, er mwyn cyflawni gradd Deilyngdod mae'n rhaid i chi esbonio'r defnydd o brofion ffitrwydd penodol, gan amlinellu pam y dewiswyd y rhain, ac esbonio'r canlyniadau ymhellach. Er mwyn cyflawni'r meini prawf ar gyfer Rhagoriaeth rhaid i chi ddadansoddi'r canlyniadau ymhellach a gallu cyfiawnhau'r argymhellion a wnewch ar gyfer pob cydran ffitrwydd yn seiliedig ar y wybodaeth hon.

Bydd yr aseiniadau a osodir gan eich tiwtor yn cynnwys nifer o dasgau sydd wedi'u cynllunio er mwyn bodloni'r meini prawf yn y tabl. Maen nhw'n debygol o gynnwys aseiniadau ysgrifenedig ond gallant hefyd gynnwys:

▶ cynllunio cyfres o brofion ffitrwydd ar gyfer mwy nag un perfformiwr chwaraeon

▶ cynnal nifer o brofion ffitrwydd yn ddiogel ar gyfer pob cydran ffitrwydd

▶ creu ac asesu proffil ffitrwydd ar gyfer perfformiwr chwaraeon penodol, dethol.

Cymhwyso Profion Ffitrwydd

Meini prawf asesu

Mae'r tabl hwn yn dangos yr hyn sy'n rhaid i chi ei wneud i **Lwyddo**, neu i gael **Teilyngdod** neu **Ragoriaeth**, a sut i ddod o hyd i weithgareddau i'ch helpu.

Llwyddo	Teilyngdod	Rhagoriaeth
Nod dysgu A Deall egwyddorion profi ffitrwydd		
A.P1 Esbonio pwysigrwydd dilysrwydd, dibynadwyedd, ymarferoldeb ac addasrwydd mewn perthynas â phrofion ffitrwydd. **Ymarfer asesu 5.1**	**A.M1** Argymell dulliau y gellir eu defnyddio i sicrhau bod profion ffitrwydd yn cael eu cynnal mewn ffordd ddilys, ddibynadwy, ymarferol, addas a moesegol. **Ymarfer asesu 5.1**	**AB.D1** Dadansoddi eich gweinyddiaeth eich hun o brofion ffitrwydd dethol yn erbyn ymarferoldeb, addasrwydd a chanllawiau moesegol gan gyfiawnhau awgrymiadau ar gyfer gwella. **Ymarfer asesu 5.2**
A.P2 Esbonio sut y dylid cwrdd â gofynion moesegol wrth gynllunio a chynnal profion ffitrwydd, gan roi enghreifftiau. **Ymarfer asesu 5.1**		
Nod dysgu B Archwilio profion ffitrwydd ar gyfer gwahanol gydrannau ffitrwydd		
B.P3 Dewis chwe phrawf ffitrwydd dilys ar gyfer perfformwyr chwaraeon dethol. **Ymarfer asesu 5.2**	**B.M2** Asesu ymarferoldeb ac addasrwydd pob prawf ffitrwydd a ddewiswyd ar gyfer perfformwyr chwaraeon dethol. **Ymarfer asesu 5.2**	
B.P4 Gweinyddu a chofnodi canlyniadau chwe phrawf ffitrwydd yn ddiogel ac yn gywir ar gyfer perfformiwr chwaraeon. **Ymarfer asesu 5.2**	**B.M3** Gweinyddu chwe phrawf ffitrwydd, gan ddangos sgiliau er mwyn sicrhau bod canlyniadau'r profion yn gywir ac yn ddibynadwy. **Ymarfer asesu 5.2**	
B.P5 Dehongli canlyniadau profion ffitrwydd yn erbyn data normadol. **Ymarfer asesu 5.2**	**B.M4** Awgrymu meysydd i'w gwella yn y broses o weinyddu profion ffitrwydd yn seiliedig ar ganlyniadau profion. **Ymarfer asesu 5.2**	
Nod dysgu C Cynnal gwerthusiad ac adborth o ganlyniadau profion ffitrwydd		
C.P6 Creu proffil ffitrwydd ar gyfer perfformiwr chwaraeon dethol yn dilyn profion ffitrwydd, gan roi adborth i'r perfformiwr ar ganlyniadau eu profion ffitrwydd a sut y gallant effeithio ar berfformiad chwaraeon. **Ymarfer asesu 5.3**	**C.M5** Asesu'r cryfderau a'r meysydd i'w gwella o ganlyniadau profion ffitrwydd gan ddarparu adborth ar gyfer perfformiwr chwaraeon dethol. **Ymarfer asesu 5.3**	**C.D2** Cyfiawnhau'r proffil ffitrwydd ar gyfer perfformiwr chwaraeon dethol gan gynnwys meysydd penodol i'w gwella sy'n gysylltiedig â'r gamp o'u dewis. **Ymarfer asesu 5.3**
		C.D3 Gwerthuso effeithiolrwydd y dulliau a ddefnyddir i brofi cydrannau ffitrwydd a rhoi adborth i berfformwyr chwaraeon. **Ymarfer asesu 5.3**

Dechrau arni

Mae ffitrwydd yn elfen hanfodol ym mhob perfformiad chwaraeon ac ymarfer corff. Ysgrifennwch restr o'r gwahanol gydrannau ffitrwydd a sut y gall y rhain effeithio ar berfformiad chwaraeon. Nawr ystyriwch gamp o'ch dewis a disgrifiwch y prif gydrannau ffitrwydd sydd eu hangen er mwyn bod yn llwyddiannus.

A Deall egwyddorion profi ffitrwydd

Cysysltiad

Gall yr uned hon gyd-fynd ag *Uned 2: Hyfforddi a Rhaglennu Ffitrwydd ar gyfer Iechyd, Chwaraeon a Lles*. Mae hefyd yn cysylltu ag *Uned 8: Hyfforddi ar gyfer Perfformiad*, ac *Uned 28: Dadansoddiad Perfformiad Chwaraeon*.

Er mwyn gweinyddu profion ffitrwydd mewn labordy ac yn y maes yn ddiogel ac yn effeithiol, mae angen gwybodaeth a dealltwriaeth dda o brofion ar gyfer gwahanol gydrannau ffitrwydd, a'r gweithdrefnau a'r protocolau i'w dilyn. Rhaid i chi fod yn ymwybodol o fanteision ac anfanteision gwahanol brofion ffitrwydd a'u goblygiadau wrth ddewis a gweinyddu profion.

Dilysrwydd profion ffitrwydd

Mae **dilysrwydd** yn hanfodol mewn profion ffitrwydd oherwydd ei fod yn ymwneud â'r cwestiwn a ydych chi mewn gwirionedd yn mesur yr hyn yr oeddech chi'n bwriadu ei fesur. Heb ddilysrwydd, fe allech chi ddefnyddio prawf nad yw mewn gwirionedd yn mesur y gydran ffitrwydd yr oeddech chi'n ceisio ei fesur. Er enghraifft, pe byddech chi'n defnyddio prawf eistedd ac ymestyn er mwyn mesur cryfder, byddai'ch canlyniadau'n annilys. Felly mae'n hanfodol eich bod chi'n deall pwrpas y prawf pan fyddwch chi'n cynnal profion ffitrwydd a bod y canlyniadau'n ymwneud â'r gydran ffitrwydd yr oeddech chi'n bwriadu ei fesur.

Dylai'r prawf hefyd dargedu elfen o ffitrwydd sy'n berthnasol i'r perfformiwr chwaraeon sy'n cael ei brofi. Er enghraifft, byddai'n ddibwrpas profi codwr pwysau er mwyn mesur eu hamser ymateb, ond mae'n briodol eu profi er mwyn mesur eu cryfder.

Dibynadwyedd profion ffitrwydd

Beth yw dibynadwyedd?

Mae prawf ffitrwydd dibynadwy yn un a fyddai, o'i ailadrodd, yn rhoi'r un canlyniadau neu ganlyniadau tebyg. Fodd bynnag, gellir hawlio **dibynadwyedd** heb i'r canlyniadau fod yn gywir o reidrwydd. Er enghraifft, petasech chi bob amser yn gofyn y cwestiynau anghywir mewn ymchwil, fe fyddech chi bob amser yn cael yr un atebion anghywir. Bydd hyn yn golygu bod y prawf yn ddibynadwy oherwydd eich bod wedi derbyn yr un atebion anghywir, er nad ydyn nhw'n rhai cywir.

Mewn ymchwil meintiol (ymchwil sydd â'r amcan o gasglu rhifau a mesuriadau), gellir sicrhau dibynadwyedd trwy fod un ymchwilydd yn cynnal yr un prawf ar yr un unigolyn ar sawl achlysur ac yn cael yr un canlyniadau neu ganlyniadau tebyg. Fel arall, gellir cyflawni dibynadwyedd trwy fod gwahanol ymchwilwyr yn cynnal yr un prawf ar yr un unigolyn ac yn cael yr un canlyniadau neu ganlyniadau tebyg.

Termau allweddol

Dilysrwydd – cywirdeb y canlyniadau. Mae hyn yn golygu a yw'r canlyniadau a gafwyd yn adlewyrchiad cywir o'r hyn rydych chi'n ceisio ei fesur mewn gwirionedd.

Dibynadwyedd – cysondeb a natur ailadroddadwy y canlyniadau a gafwyd. Hynny yw, y gallu i gyflawni'r un dull prawf a disgwyl yr un canlyniadau.

Mae yna rai ffactorau y dylech eu hystyried a all effeithio ar ddibynadwyedd. Er enghraifft:

▶ gall gwallau ddigwydd pan nad ydych chi'n gwybod sut i ddefnyddio'r offer yn gywir

▶ gall yr offer gael ei gynnal a'i gadw'n wael

▶ gellir dewis y math anghywir o offer ar gyfer y prawf ffitrwydd

▶ gall amodau profi amrywio rhwng profion (e.e. wrth gynnal prawf sbrintio y tu allan, gall cyflymder y gwynt effeithio ar y canlyniadau).

Data meincnodi

Er mwyn cymharu canlyniadau eich profion ffitrwydd, defnyddir data meincnodi yn aml. Data a gasglwyd o nifer o astudiaethau yw hwn sy'n eich galluogi i weld ystod arferol o ganlyniadau, ac sy'n caniatáu ichi lunio barn ynghylch y data rydych wedi'i gasglu. Yn gyffredinol, bydd data'n cael ei roi mewn nifer o gategorïau, gan gynnwys oedran a rhyw, sy'n golygu y byddwch chi'n gallu cymharu'ch canlyniadau â grwpiau tebyg. Gellir defnyddio data meincnodi hefyd i gymharu'ch canlyniadau â pherfformwyr chwaraeon o'r radd flaenaf. Trwy ddefnyddio data meincnodi byddwch yn gallu datblygu cynllun ffitrwydd gan gynnwys gosod targedau.

> **❚❚ MUNUD I FEDDWL**   Ydych chi'n deall y gwahaniaethau rhwng 'dilysrwydd' a 'dibynadwyedd'?
>
> **Awgrym**   Caewch y llyfr, yna ysgrifennwch ddiffiniad o'r hyn a olygir gan ddilysrwydd a beth yw ystyr dibynadwyedd.
>
> **Ymestyn**   Ystyriwch pam mae dilysrwydd a dibynadwyedd yn bwysig mewn profion ffitrwydd a beth fyddai eich canlyniadau yn eu golygu pe na bai'r rhain yn cael eu hystyried.

Dulliau o sicrhau dibynadwyedd

Er mwyn sicrhau bod canlyniadau'r profion yn ddibynadwy mae yna nifer o wahanol ffactorau y mae'n rhaid i chi eu cofio a'u dilyn yn eich rôl fel gweinyddwr.

Cyn y prawf

▶ **Graddnodi offer** (*calibration of equipment*) – cyn i chi ddechrau unrhyw brawf ffitrwydd rhaid i chi sicrhau bod yr offer rydych chi'n ei ddefnyddio yn gwbl weithredol ac mewn cyflwr da. I wneud hyn rhaid i chi wirio bod unrhyw ddyfais a ddefnyddir i fesur yn cael ei hailosod a bod yr offer yn addas i'r pwrpas. Mewn rhai achosion, efallai y bydd angen i chi ofyn am gymorth arbenigol er mwyn sicrhau bod yr offer yn cael ei wasanaethu ac mewn cyflwr da.

▶ **Sesiwn gynhesu** – bydd angen ymarfer corff egnïol ar lawer o'r profion ffitrwydd, ac felly mae'n bwysig bod cyfranogwyr yn hollol barod i sicrhau nad yw anaf yn digwydd. Mae hyn yn arbennig o bwysig pan mae hyblygrwydd yn cael ei fesur yn ogystal â phan mae profion pŵer sydyn yn cael eu cynnal. Mae hefyd yn bwysig sicrhau bod yr amser a dreulir yn cynhesu neu'n ymarfer yr un peth cyn pob prawf; er enghraifft, bydd sgorau eistedd ac ymestyn yn amrywio yn dibynnu ar faint o gynhesu neu ymestyn sydd wedi'i wneud cyn y prawf. Dylid cynnal profion sy'n mesur cyfraddau gorffwys y galon cyn cynhesu neu ar ôl i gyfradd curiad y galon ddychwelyd i'w lefelau gorffwysol arferol.

▶ **Ymarfer techneg prawf ffitrwydd** – er mwyn sicrhau bod canlyniadau eich profion yn ddibynadwy rhaid i chi sicrhau bod y pwnc yn defnyddio'r dechneg gywir wrth gynnal prawf ffitrwydd. Mae'n ddefnyddiol dangos y dechneg y mae'n rhaid ei defnyddio yn ystod y prawf ac yna caniatáu i'r cyfranogwr ymarfer cyn dechrau'r prawf go iawn. Yn ystod yr ymarfer, tynnwch sylw at a chywirwch unrhyw dechnegau gwael. Weithiau bydd techneg anghywir yn cael ei defnyddio pan fydd y cyfranogwr yn dechrau blino, felly mae'n bwysig gwylio am hyn a chywiro os oes angen.

Yn ystod y prawf

▶ **Lefel sgiliau'r gweinyddwr** – po fwyaf profiadol ydych chi wrth weinyddu ystod o brofion ffitrwydd, y mwyaf dibynadwy fydd y canlyniadau. Felly mae'n ddefnyddiol ymarfer pob prawf fel eich bod chi'n cynyddu eich lefelau sgiliau yn ogystal â gwella'ch hyder. Bydd eich sgìl eich hun hefyd yn tawelu meddwl eich cyfranogwyr yn ystod y profion.

▶ **Cadw at brotocol y prawf** – er mwyn sicrhau bod canlyniadau'r profion ffitrwydd yn ddibynadwy ac y gellir cymharu'r rhain â data normadol, rhaid i chi ddilyn y protocol prawf penodol safonol bob amser. Os ydych yn gwyro oddi wrth y dulliau penodol, gall eich canlyniadau ddod yn annilys gan eu bod yn debygol o fod yn anghywir. Er enghraifft, os ydych chi'n cynnal y prawf ffitrwydd aml-ran ond yn mesur 15 metr yn lle 20 metr, bydd canlyniad eich prawf yn anghywir ac yn annibynadwy. Disgrifir protocolau ar gyfer profion ffitrwydd penodol ar dudalennau 222–246.

▶ **Amodau cyson** – yn gyffredinol gellir dosbarthu gweinyddiaeth profion ffitrwydd yn ddau faes eang:
  • profion maes, sydd fel arfer yn cael eu cynnal y tu allan neu ble mae'r gamp neu'r ymarfer corff yn digwydd fel arfer. O'r herwydd, gall y prawf gael ei effeithio gan ffactorau fel y tywydd, y tymheredd y tu allan neu gyflwr yr arwyneb profi (e.e. trac rhedeg)
  • profion labordy, y gellir eu defnyddio i ddileu'r ffactorau a all effeithio ar brofion maes ac i sicrhau bod yr un amodau'n cael eu defnyddio bob tro y byddwch chi'n cynnal yr un prawf. Fodd bynnag, gall profi dan do fod yn gyfyngol, yn enwedig pan fo angen llawer o le fel yn y prawf sbrintio 60 metr.

▶ **Cyfnodau gorffwys priodol rhwng profion** – er mwyn sicrhau bod eich cyfranogwyr yn gallu perfformio yn y prawf ffitrwydd a ddewiswyd, ac er mwyn i'r canlyniadau fod yn ddibynadwy, rhaid i chi sicrhau eu bod yn gorffwys yn llawn. Mae hyn yn arbennig o bwysig lle gall y cyfranogwr fod wedi ymarfer prawf neu lle mae prawf yn cynnwys gweithio ar y lefel uchaf, er enghraifft, prawf VO_2 macsimwm. Felly mae'n rhaid i chi sicrhau bod eich cyfranogwr wedi gorffwys yn llawn cyn dechrau ar unrhyw brawf. Ymhellach, rhaid i chi ystyried y drefn yr ydych yn cynnal y profion ffitrwydd oherwydd bydd rhai profion yn ei gwneud yn ofynnol i'r cyfranogwr ymadfer cyn dechrau'r prawf nesaf. Heb amser i ymadfer wedi'i ymgorffori yn y protocol profi, mae risg y bydd canlyniadau profion yn cael eu heffeithio yn y dyfodol.

Ymarferoldeb ac addasrwydd profion ffitrwydd

Wrth wraidd profion ffitrwydd llwyddiannus mae'r gallu i nodi'r gydran ffitrwydd sydd i'w hasesu, cyn dewis a gweinyddu prawf addas, ac yna gallu recordio a dehongli'r canlyniadau. Fodd bynnag, mae yna nifer o ffactorau ychwanegol y mae'n rhaid i chi eu hystyried a fydd yn effeithio ar eich gallu i gynnal ystod o brofion ffitrwydd.

Ffactorau sy'n effeithio ar ymarferoldeb profion ffitrwydd

Cost

Ffactor arwyddocaol wrth fesur ffitrwydd yw cost yr offer. Bydd angen offer labordy datblygedig iawn ar gyfer llawer o brofion sy'n ddrud iawn. Fodd bynnag, dim ond offer sylfaenol a fforddiadwy fel stopwats, tâp mesur a chonau sydd eu hangen ar nifer o brofion, gan gynnwys llawer o'r rhai a amlinellir yn yr uned hon.

Amser

Gall profion ffitrwydd gymryd llawer o amser, yn enwedig pan fyddwch chi'n gweithio gyda grwpiau mawr o bobl fel tîm. Gall rhai profion fod yn gyflym i'w gweinyddu tra gall eraill gymryd llawer mwy o amser. Yn yr un modd, mae rhai profion, fel y prawf eistedd ac ymestyn, yn gofyn i chi weithio ar sail un-i-un tra gellir gweinyddu profion eraill, fel y prawf ffitrwydd aml-gam, i grŵp mawr o gyfranogwyr ar yr un amser.

Mae'n bwysig eich bod yn ystyried y prawf rydych chi'n mynd i'w ddewis a chynllunio digon o amser i'w gynnal, gan gynnwys amser i roi adborth i'r cyfranogwr neu'r cyfranogwyr. Cofiwch ystyried trefn y profion er mwyn sicrhau eich bod yn gadael digon o amser rhyngddyn nhw er mwyn ymadfer, yn enwedig ar gyfer gweithgareddau sy'n gofyn am gynnydd yng nghyfradd curiad y galon.

Offer

Mae cael yr offer cywir yn bwysig wrth fesur cydrannau ffitrwydd. Gellir cynnal llawer o brofion gan ddefnyddio offer syml tra bydd angen offer mwy datblygedig (a drud) ar gyfer rhai profion. Pa bynnag offer rydych chi'n ei ddefnyddio, gwnewch yn siŵr eich bod chi'n gyfarwydd â sut mae'n gweithio, gwiriwch ei fod yn cael ei wasanaethu neu ei gynnal a'i gadw'n dda, a gwiriwch y gallwch chi ei raddnodi os oes angen. Peidiwch â chynnal prawf ffitrwydd gan ddefnyddio offer sydd wedi'i ddifrodi, oherwydd gallai hyn fod yn beryglus a gallai hefyd arwain at ganlyniadau anghywir ac annibynadwy.

Gellir mesur rhai cydrannau ffitrwydd gan ddefnyddio gwahanol brofion, ac mewn rhai achosion bydd y data a gewch yn ganlyniadau a ragwelir yn hytrach na chanlyniadau gwirioneddol. Enghraifft o hyn yw'r broses o fesur capasiti aerobig (VO_2 macsimwm) lle bydd y prawf ffitrwydd aml-gam yn caniatáu ichi ragweld eich capasiti aerobig, ond bydd prawf treuliant ocsigen macsimaidd (*maximal oxygen consumption*) yn rhoi eich gallu aerobig gwirioneddol.

Cyfleusterau sydd ar gael

Bydd defnyddio cyfleuster priodol yn helpu i sicrhau bod y canlyniadau'n gywir ac yn ddibynadwy. Gwiriwch gyfleusterau bob amser cyn eu defnyddio a nodwch unrhyw beryglon. Yn yr un modd, bydd cael cyfleusterau newid ac ardal orffwys yn helpu i wneud eich cyfranogwyr yn gyffforddus.

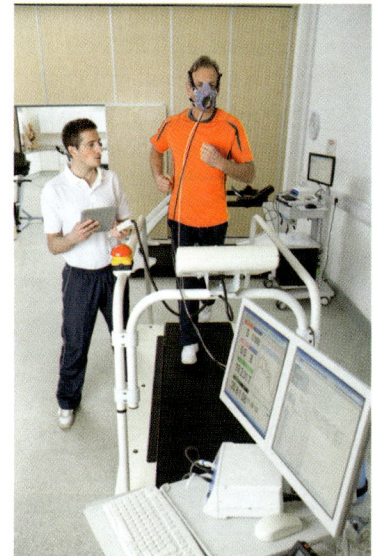

▶ Gall offer labordy a ddefnyddir ar gyfer profion ffitrwydd fod yn ddrud

Cymhwyso Profion Ffitrwydd

> **Myfyrio**
>
> Meddyliwch am y gwahanol brofion ffitrwydd rydych chi wedi arsylwi neu gymryd rhan ynddynt, efallai trwy'ch clwb chwaraeon lleol neu trwy raglen astudio arall. Beth oedd manteision ac anfanteision y profion? Meddyliwch am ffactorau fel cost, amser ac offer sydd eu hangen. Ysgrifennwch restr a thrafodwch mewn parau neu grwpiau bach.

Addasrwydd

Wrth gynllunio profion ffitrwydd, sicrhewch fod y profion a ddewiswch yn addas ar gyfer y cydrannau ffitrwydd a ddefnyddir yn y gamp a ddewiswyd. Mae angen nodweddion penodol ar bob camp ac maen nhw'n dibynnu ar rai ffactorau yn fwy nag eraill ar gyfer perfformiad llwyddiannus. Er enghraifft, ni fyddech o reidrwydd eisiau profi rhedwr marathon am gyflymder sbrint – gallai fod yn well treulio'ch amser profi yn gwneud profion mwy perthnasol.

Yn yr un modd, dylech ystyried lefelau ffitrwydd y perfformiwr a dylech gynnal profion sy'n berthnasol ac yn addas yn unig. Er enghraifft, os oes gan berfformiwr lefelau isel o ffitrwydd aerobig ni fyddai'n addas cynnal prawf aerobig macsimaidd gyda nhw.

⏸ **MUNUD I FEDDWL** Beth yw ystyr 'ymarferoldeb' wrth ystyried profion ffitrwydd?

Awgrym Beth yw'r ffactorau a fydd yn effeithio ar ymarferoldeb profi ffitrwydd?

Ymestyn Sut allech chi fynd i'r afael â phob un o'r ffactorau hyn er mwyn sicrhau bod eich profion ffitrwydd yn ddilys ac yn ddibynadwy?

Materion moesegol sy'n gysylltiedig â sgrinio ffitrwydd

Cyn i chi ddechrau unrhyw sesiwn profi ffitrwydd rhaid i chi gael **caniatâd deallus** gan y cyfranogwyr (gweler tudalennau 248–249). Rhaid i chi hefyd **sicrhau lles y cyfranogwr** bob amser wrth gynnal profion ffitrwydd. Gallwch ddarllen mwy am agweddau o brofion ffitrwydd yn ymwneud â iechyd a diogelwch, gan gynnwys rhesymau dros derfynu prawf, yn ddiweddarach yn yr uned hon, gan ddechrau ar dudalen 248.

Paratoi cyn y prawf

Er mwyn sicrhau bod y canlyniadau rydych chi'n eu cael o gyfres o brofion ffitrwydd yn ddilys ac yn ddibynadwy, rhaid i chi sicrhau bod y cyfranogwr yn hollol barod ar gyfer y sesiwn brofi.

Cyn y prawf, dylai'r cyfranogwr fod wedi gorffwys yn llawn ac yn rhydd o anaf. Yn yr un modd rhaid iddynt fod wedi ymadfer yn llawn ar ôl unrhyw ymarfer blaenorol ac ni ddylent fod wedi cymryd rhan mewn ymarfer corff yn union cyn y prawf.

Ar gyfer profion fel cyfansoddiad y corff gan ddefnyddio bio-rwystriant (*bio-impedance*) rhaid i'r cyfranogwr fod wedi'i hydradu'n llawn. Mae hyn hefyd yn bwysig ar gyfer profion ble mae dygnwch aerobig a chyhyrol yn cael ei fesur fel nad yw'r cyfranogwr yn dadhydradu yn ystod y prawf.

Ar gyfer nifer o brofion, gan gynnwys profion hyblygrwydd a phrofion pŵer a chryfder, dylid cynnal sesiwn gynhesu lawn i leihau'r posibilrwydd o anaf.

Ymchwil

I gael mwy o wybodaeth am foeseg a chodau ymddygiad, ewch i wefan y Register of Exercise Professionals (REPs): **www.exerciseregister.org**.

Clirio moesegol ar gyfer profion

Mae ymarfer moesegol yn cynnwys gosod rheolau er mwyn sicrhau bod ymddygiad priodol yn cael ei gynnal bob amser. Mae codau moeseg ar gyfer hyfforddwyr ffitrwydd yn bodoli er mwyn sicrhau bod lles cleientiaid yn cael ei gynnal drwy'r amser. Mae hyn yn golygu bod hyfforddwyr ffitrwydd yn gyfrifol am ddiogelwch eu cleientiaid drwy'r amser a rhaid iddynt gynnal safonau proffesiynol uchel.

Yn eich rôl fel profwr ffitrwydd mae disgwyl i chi weithredu mewn ffordd broffesiynol a moesegol. Rhaid i chi barchu hawliau ac urddas y cyfranogwyr bob amser. Rydych hefyd yn gyfrifol am osod a monitro'r ffiniau rhwng perthynas waith a chyfeillgarwch â'r cyfranogwr, ac mae hyn yn arbennig o bwysig pan fydd y cyfranogwr yn unigolyn ifanc.

Os ydych chi'n defnyddio canlyniadau eich profion ffitrwydd fel rhan o brosiect ymchwil, mae'n rhaid i chi gael cliriad **moesegol** gan eich tiwtor, coleg neu bwyllgor moeseg ysgol. Mae pwyllgor moeseg yn grŵp sy'n edrych ar eich cynnig ymchwil ac yn penderfynu a yw'n ddiogel ac yn foesegol a bydd yn cadarnhau a allwch chi ddechrau gweithio ar eich prosiect.

Diogelu data

Fel rhan o'r broses cyn-sgrinio a chasglu canlyniadau profion ffitrwydd, byddwch yn casglu data cyfrinachol. Mae unrhyw ddata a gasglwch yn cael ei warchod o dan delerau'r Ddeddf Diogelu Data (1998) a rhaid ei storio mewn cabinet ffeilio dan glo neu ar gyfrifiadur a ddiogelir gan gyfrinair, y gallwch chi neu'ch goruchwyliwr yn unig ei gyrchu. Rhaid peidio â'i ddatgelu i unrhyw un arall heb ganiatâd y cyfranogwr.

Term allweddol

Moeseg – rheolau ymddygiad y dylid eu parchu bob amser ac sy'n sicrhau bod pawb yn cael eu trin yn deg.

Astudiaeth achos

Amddiffyn preifatrwydd cleientiaid

Yn ddiweddar mae George wedi dechrau gweithio fel cynorthwyydd profi ffitrwydd mewn clwb chwaraeon. Mae wedi cwrdd â nifer o athletwyr ac wedi gweithio ar sail un-i-un, gan gofnodi eu gwybodaeth bersonol a chynnal nifer o brofion ffitrwydd. Mae wedi cofnodi'r wybodaeth hon ar y ffurflenni priodol ac wedi eu storio mewn cabinet ffeilio dan glo.

Yn ddiweddar, daeth hyfforddwr o'r clwb chwaraeon at George nad yw erioed wedi cwrdd ag ef o'r blaen. Mae'r hyfforddwr yn awyddus i edrych ar ganlyniadau'r profion ar gyfer yr holl athletwyr.

Gwiriwch eich gwybodaeth

1 Beth ddylai George ei wneud? Pam?

2 Sut y byddwch chi'n cofnodi gwybodaeth am gleientiaid?

3 Sut y byddwch chi'n sicrhau bod y wybodaeth hon yn aros yn gyfrinachol?

4 Ble y byddwch chi'n storio gwybodaeth y cleientiaid pan nad yw'n cael ei defnyddio?

Ymchwil

Ewch i wefan Llywodraeth y DU i gael mwy o wybodaeth am y Ddeddf Diogelu Data (1998) a pham ei fod yn bwysig. I gyrchu'r wefan hon ewch i:

www.gov.uk/data-protection/the-data-protection-act

⏸ **MUNUD I FEDDWL**   Beth yw ystyr materion moesegol mewn profion ffitrwydd?

Awgrym   Beth yw arfer moesegol?

Ymestyn   Pam ei bod yn bwysig i brofwr ffitrwydd ymddwyn mewn ffordd foesegol?

Ymarfer asesu 5.1   A.P1   A.P2   A.M1

Hoffai eich tîm pêl-droed coleg baratoi ar gyfer y tymor newydd trwy gynnal cyfres o brofion ffitrwydd er mwyn datblygu cynllun hyfforddi penodol. Mae'r hyfforddwr pêl-droed wedi gofyn ichi baratoi cyflwyniad a thaflen ategol sy'n egluro pwysigrwydd dilysrwydd, dibynadwyedd, ymarferoldeb ac addasrwydd profion ffitrwydd mewn perthynas â phêl-droed.

Dylech hefyd gynnwys gwybodaeth ac enghreifftiau ar sut y dylid cwrdd â gofynion moesegol wrth gynnal profion ffitrwydd.

Dylai rhan olaf y cyflwyniad argymell dulliau y gellir eu defnyddio er mwyn sicrhau bod profion ffitrwydd yn cael eu cynnal mewn ffordd ddilys, ddibynadwy, ymarferol, addas a moesegol.

Cynllunio

- Byddaf yn sicrhau fy mod yn ystyried moeseg a pham ei fod yn bwysig mewn profion ffitrwydd.
- Byddaf yn diffinio dibynadwyedd, dilysrwydd, ymarferoldeb ac addasrwydd.

Gwneud

- Byddaf yn cwblhau'r daflen mor fanwl â phosibl.
- Rwyf wedi ymarfer fy sgiliau cyflwyno a gofyn i'm cyfoedion roi cyngor i mi ar sut y gallaf wella.

Adolygu

- Gallaf egluro beth oedd y dasg a sut y gwnes i fynd ati.
- Byddaf yn myfyrio ar fy ngwaith fy hun a'r adborth gan eraill, ac yn gwneud unrhyw newidiadau angenrheidiol i'm taflen.

Archwilio profion ffitrwydd ar gyfer gwahanol gydrannau ffitrwydd

Er mwyn gweinyddu profion ffitrwydd mewn labordy ac yn y maes yn ddiogel ac yn effeithiol, mae angen gwybodaeth a dealltwriaeth dda o brofion ar gyfer gwahanol gydrannau ffitrwydd, a'r gweithdrefnau a'r protocolau i'w dilyn. Bydd angen i chi fod yn ymwybodol o fanteision ac anfanteision gwahanol brofion ffitrwydd a sut mae'r rhain yn effeithio ar ba brofion sy'n cael eu dewis a sut maen nhw'n cael eu defnyddio.

Gellir rhannu cydrannau ffitrwydd yn ddau gategori eang, fel y gwelir yn Nhabl 5.1.

▶ **Tabl 5.1:** Elfennau o ffitrwydd corfforol a ffitrwydd yn gysylltiedig â sgiliau

Ffitrwydd corfforol neu'n gysylltiedig â iechyd	Ffitrwydd sy'n gysylltiedig â sgiliau
Dygnwch aerobig	Cydbwysedd
Dygnwch cyhyrol	Pŵer
Cryfder cyhyrol	Ystwythder
Hyblygrwydd	Cydsymud
Cyflymder	Amser ymateb
Cyfansoddiad y corff	

Mae profion ffitrwydd hefyd yn cael eu cynnal mewn clybiau iechyd ble mae hyfforddwyr yn sgrinio cleientiaid am **wrtharwyddion** i ymarfer corff, gweinyddu profion ffitrwydd, a defnyddio'r canlyniadau i ddylunio rhaglenni ymarfer corff sy'n cwrdd ag amcanion personol y cleientiaid. Gellir defnyddio profion ffitrwydd hefyd i adnabod y cleientiaid hynny sydd angen atgyfeiriad meddygol.

Waeth bynnag yr elfen ffitrwydd sy'n cael ei hasesu, rhaid gweinyddu pob prawf ffitrwydd yn ddiogel ac yn effeithiol, gan ddefnyddio'r unedau mesur cywir. Dylid dilyn gweithdrefnau iechyd a diogelwch perthnasol a chanllawiau protocol profion, a dylid dewis profion sy'n addas ar gyfer y perfformiwr chwaraeon a'u lefelau ffitrwydd.

Profion ffitrwydd i asesu cydrannau ffitrwydd corfforol

Hyblygrwydd

Diffinnir hyblygrwydd fel yr ystod o symudiad o amgylch cymal penodol. Bydd angen lefel dda o hyblygrwydd yn y mwyafrif o chwaraeon naill ai i berfformio symudiadau penodol (e.e. gymnasteg) neu i atal anaf. Gall hyblygrwydd fod naill ai'n:

▶ hyblygrwydd statig – pan mae cymal yn cael ei ddal mewn safle llonydd penodol
▶ hyblygrwydd dynamig – pan ddefnyddir ystod lawn o symudiad yn ystod gweithred (er enghraifft crymu'r cefn wrth neidio polyn).

Mae yna nifer o wahanol brofion y gallwch chi eu perfformio er mwyn mesur hyblygrwydd.

Eistedd ac ymestyn

Mae'r prawf hwn yn fesur anuniongyrchol o hyblygrwydd statig. Mae'n mesur plygiant blaen y torso, ac ystod symudiad llinynnau'r garrau, y glun a gwaelod y cefn. Defnyddir blwch eistedd ac ymestyn safonol.

1 Perfformiwch sesiwn gynhesu byr cyn y prawf hwn. Peidiwch â defnyddio symudiadau cyflym, herciog oherwydd gallai hyn gynyddu'r risg o anaf. Tynnwch eich esgidiau.
2 Eisteddwch â'ch sodlau wedi'u gosod yn erbyn ymyl y blwch eistedd ac ymestyn. Cadwch eich coesau'n fflat ar y llawr, h.y. cadwch eich pengliniau i lawr.
3 Rhowch un llaw ar ben y llall ac estynnwch ymlaen yn araf. Dylai blaenau eich bysedd fod mewn cysylltiad â rhan fesur y blwch eistedd ac ymestyn. Wrth i chi estyn ymlaen, gollyngwch eich pen rhwng eich breichiau ac anadlwch allan wrth i chi wthio ymlaen.
4 Dylid cofnodi'r gorau o dri threial. Defnyddiwch Dabl 5.2 er mwyn dehongli'ch canlyniadau.

▶ **Tabl 5.2:** Dehongli canlyniadau'r prawf eistedd ac ymestyn

Marc	Gwrywod (cm)	Benywod (cm)
Ardderchog	25+	20+
Da iawn	17	17
Da	15	16
Cymedrol	14	15
Gwael	13	14
Gwael iawn	9	10

Prawf ystwytho'r ysgwyddau

Defnyddir y prawf syml hwn er mwyn asesu hyblygrwydd yr ysgwyddau, sy'n bwysig mewn chwaraeon fel tennis, badminton a chwaraeon taflu. Prawf cymharol yw hwn y gellir ei ailadrodd dros amser i fesur cynnydd mewn hyblygrwydd neu i gymharu yn erbyn cyfoedion. Yr offer sydd ei angen yw ffon a thâp mesur.

1 Dechreuwch trwy ddal ffon o flaen y corff gyda'r ddwy law yn llydan oddi wrth ei gilydd a'r cledrau'n wynebu tuag i lawr.
2 Codwch y ffon dros y pen tua'r tu ôl i'r cefn, gan ddal gafael ar y gwrthrych.
3 Ailadroddwch y prawf, gan symud y dwylo'n agosach at ei gilydd bob tro nes na ellir cwblhau'r symudiad.
4 Mae eich sgôr yn cael ei bennu gan y pellter lleiaf rhwng y dwylo.

Prawf hyblygrwydd cyhyr croth y goes

Prawf syml yw hwn sy'n mesur hyblygrwydd anuniongyrchol cyhyr croth y goes. Nid oes unrhyw normau ar gyfer y prawf hwn ond bydd yn rhoi man cychwyn i athletwr wrth ymgymryd â rhaglen hyfforddi hyblygrwydd. Mae angen tâp mesur i gofnodi'r canlyniadau.

1 Perfformiwch sesiwn gynhesu, gan gynnwys ymestyn.
2 Sefwch y pellter mwyaf y medrwch i ffwrdd o wal, eich traed yn fflat, wrth barhau i allu plygu'ch pen-glin i gyffwrdd â'r wal.
3 Mesurwch y pellter o'r bysedd traed i'r wal.
4 Ailadroddwch ar gyfer pob coes.

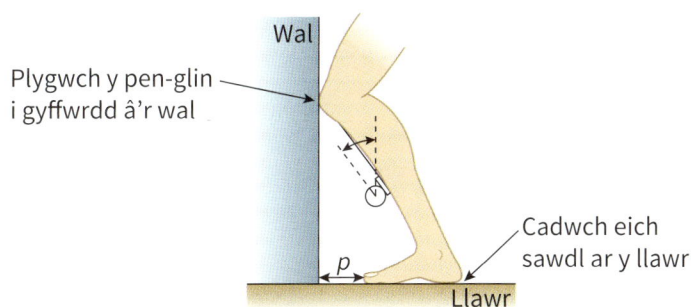

▶ **Ffigur 5.1:** Prawf hyblygrwydd cyhyr croth y goes

Prawf cylchdroi'r torso

Pwrpas y prawf hwn yw mesur hyblygrwydd eich torso yn ogystal â'ch ysgwyddau. Mae hyn yn arbennig o ddefnyddiol ar gyfer chwaraeon fel golff neu ar gyfer bowlio mewn criced ble mae cylchdroi'r torso yn bwysig. Bydd angen pensil neu ddarn o sialc a thâp mesur arnoch chi.

1 Tynnwch linell fertigol ar wal.
2 Sefwch yn union o flaen y llinell gyda'ch traed lled eich ysgwyddau ar wahân a'ch cefn tuag at y wal. Sicrhewch eich bod yn cadw digon o le y tu ôl i chi er mwyn troi.
3 Estynnwch eich breichiau yn syth o'ch blaen.

4. Trowch eich torso i'r dde ac yna cyffyrddwch â'r wal y tu ôl i chi gyda blaenau eich bysedd, gan gadw'ch breichiau'n estynedig ac yn gyfochrog â'r llawr. Caniateir i chi droi eich ysgwyddau, eich cluniau a'ch pengliniau cyn belled nad yw'ch traed yn symud.

5. Marciwch y safle lle cyffyrddodd blaenau eich bysedd â'r wal, a mesurwch y pellter o'r llinell mewn centimetrau.

6. Mae pwynt cyn y llinell yn sgôr negyddol ac mae pwynt ar ôl y llinell yn sgôr gadarnhaol.

7. Ailadroddwch ar gyfer yr ochr chwith gyda'ch traed yn yr un safle.

8. Cymerwch gyfartaledd y sgorau. Defnyddiwch Dabl 5.3 er mwyn dehongli'ch marciau.

▶ **Tabl 5.3:** Dehongli canlyniadau'r prawf cylchdroi'r torso

Marciau	Sgôr (cm)
Ardderchog	20
Da iawn	15
Da	10
Teg	5
Gwael	0 (neu lai)

Cryfder

Gellir diffinio cryfder fel y gallu i gymhwyso grym yn erbyn gwrthiant. Mae'n bwysig yn y mwyafrif o chwaraeon ond bydd chwaraeon penodol, fel rygbi, yn gofyn am hyn fel prif gydran ffitrwydd.

Prawf gwasg fainc macsimwm cyflawni unwaith (1RM)

Mae'r prawf gwasg fainc (*bench press*) macsimwm cyflawni unwaith (1RM – 1 rep max) yn brawf o gryfder dynamig cyhyrau pectoral y frest. Mae'n brawf dynamig a ddefnyddir er mwyn asesu cryfder rhan uchaf y corff. Gellir cynnal y prawf yn ddiogel gan ddefnyddio peiriant gwrthiant gwasg fainc.

1. Rhaid llenwi ffurflen ganiatâd gwybodus (gweler tudalennau 248–249) cyn cynnal y prawf macsimaidd hwn.

2. Cynhaliwch sesiwn gynhesu safonol ac ymestynnwch y prif grwpiau cyhyrol.

3. Darganfyddwch bwysau cyfforddus i ddechrau gwthio.

4. Allanadlwch wrth ddefnyddio grym, h.y. wrth i'r pwysau gael ei godi. Sicrhewch nad ydych yn dal eich gwynt gan y bydd hyn yn achosi cynnydd mewn pwysedd gwaed.

5. Dylid nodi pob pwysau gwasg fainc a godwyd yn llwyddiannus.

6. Caniatewch gyfnod gorffwys o 2 funud rhwng treialon cyn cynyddu'r pwysau fesul 2.5–5 kg.

7. Parhewch â'r protocol hwn nes bod y pwysau uchaf yn cael ei godi'n llwyddiannus. Cofnodir hwn fel eich 1RM.

8. Perfformiwch sesiwn oeri safonol.

9. Rhannwch eich canlyniad 1RM (kg) â phwysau eich corff mewn kg. Defnyddiwch Dabl 5.4 er mwyn dehongli'ch canlyniadau.

▶ **Tabl 5.4:** Dehongli canlyniadau prawf gwasg fainc IRM

Marc	Gwrywod (1RM kg/pwysau corff kg)	Benywod (1RM kg/pwysau corff kg)
Ardderchog	>1.26	>0.78
Da	1.17–1.25	0.72–0.77
Cymedrol	0.97–1.16	0.59–0.71
Teg	0.88–0.96	0.53–0.58
Gwael	<0.87	<0.52

Dynamometr gafael

Mae hwn yn mesur cryfder statig y cyhyrau gafael a gwasgu, ble mae'r llaw gyfan yn cael ei defnyddio fel feis neu glamp. Dyfais sbring yw dynamometr gafael – wrth i rym gael ei gymhwyso, mae'r sbring wedi'i gywasgu ac mae hyn yn symud nodwydd y dynamometr sy'n nodi'r canlyniad. Mae dynamometrau digidol ar gael hefyd.

1 Addaswch faint y parth gafael fel bod y dynamometr yn teimlo'n gyffyrddus i'w ddal/gafael.
2 Sefwch â'ch breichiau wrth ochr eich corff.
3 Daliwch y dynamometr yn baralel ag ochr eich corff gyda'r deial/dangosydd yn wynebu i ffwrdd oddi wrthych.
4 Gwasgwch mor galed â phosib am 5 eiliad, heb symud eich braich.
5 Cynhaliwch dri treial ar bob llaw, gyda cyfnod gorffwys o 1 munud rhwng treialon, a chofnodi'ch canlyniad gorau. Defnyddiwch Dabl 5.5 er mwyn dehongli'ch canlyniadau.

▶ **Tabl 5.5:** Dehongli canlyniadau prawf cryfder gafael y dynamometr

Marc	Gwrywod 15–19 oed (kg)	Benywod 15-19 oed (kg)
Ardderchog	52+	32+
Da	47–51	28–31
Cymedrol	44–46	25–27
Is na'r cyfartaledd	39–43	20–24
Gwael	<39	<20

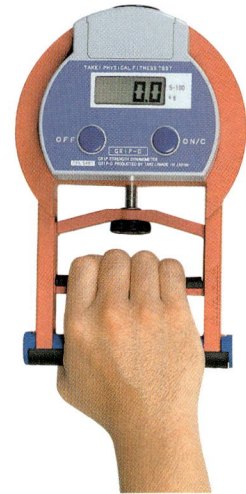

▶ Dynamometr gafael

Prawf cryfder abdomenol saith cam

Mae'r prawf hwn yn mesur cryfder eich abdomen a gellir ei berfformio mewn grwpiau mawr gyda'i gilydd. Mae cryfder yr abdomen yn bwysig gan ei fod yn darparu cefnogaeth i'r cefn a sefydlogrwydd craidd a fydd yn helpu i gynnal ystum. Mae'r prawf yn gofyn am arwyneb gwastad, pwysau 2.5 kg a phwysau 5 kg, yn ogystal â beiro a phapur i gofnodi'ch canlyniadau. Mae gan y prawf wyth lefel yn amrywio o wael iawn (0) i elitaidd (7). Cofnodir y lefel uchaf o eisteddiadau (sit-ups) a berfformir yn gywir.

1 Gorweddwch ar eich cefn, gyda'ch pengliniau ar ongl sgwâr a'ch traed yn fflat ar y llawr.
2 Gan ddechrau gyda lefel 1, ceisiwch berfformio un eisteddiad cyflawn ar gyfer pob lefel yn y modd cywir fel yr amlinellir yn Nhabl 5.6.
3 Cyflawnir pob lefel os perfformir eisteddiad unigol yn y modd cywir, heb i'r traed ddod oddi ar y llawr.
4 Gallwch wneud cymaint o ymdrechion ag sy'n angenrheidiol ond sicrhewch eich bod yn gorffwys yn llawn cyn dechrau'r prawf eto.

> **Damcaniaeth ar waith**
>
> Arbrofwch gyda'r prawf dynamometr gafael trwy gynnal y prawf ar eich llaw gryfaf a'ch llaw wannaf. Cymharwch y canlyniadau er mwyn darganfod pa mor fawr y gallai'r gwahaniaeth fod.

▶ **Tabl 5.6:** Gwahanol lefelau'r prawf cryfder abdomenol saith cam

Lefel	Marc	Disgrifiad
0	Gwael iawn	Ddim yn gallu perfformio lefel 1
1	Gwael	Gyda'r breichiau wedi'u hymestyn, mae'r athletwr yn cyrlio i fyny fel bod yr arddyrnau'n cyrraedd y pengliniau
2	Teg	Gyda'r breichiau wedi'u hymestyn, mae'r athletwr yn cyrlio i fyny fel bod y penelinoedd yn cyrraedd y pengliniau
3	Cymedrol	Gyda'r breichiau'n cael eu dal gyda'i gilydd ar draws abdomenau, mae'r athletwr yn cyrlio i fyny fel bod y frest yn cyffwrdd â'r morddwydydd (thighs)
4	Da	Gyda'r breichiau'n cael eu dal ar draws y frest, gan ddal yr ysgwyddau cyferbyn, mae'r athletwr yn cyrlio i fyny fel bod blaenau'r fraich yn cyffwrdd â'r morddwydydd
5	Da iawn	Gyda'r dwylo wedi'u dal y tu ôl i'r pen, mae'r athletwr yn cyrlio i fyny fel bod y frest yn cyffwrdd â'r morddwydydd
6	Ardderchog	Fel yn lefel 5, gyda phwysau 2.5 kg yn cael ei ddal y tu ôl i'r pen, y frest yn cyffwrdd â'r morddwydydd
7	Elitaidd	Fel yn lefel 5, gyda phwysau 5 kg yn cael ei ddal y tu ôl i'r pen, y frest yn cyffwrdd â'r morddwydydd

Cysylltiad

Gallwch ddarllen mwy am egni aerobig yn *Uned 1: Anatomeg a Ffisioleg*.

Dygnwch aerobig

Dygnwch aerobig yw gallu'r systemau cardiofasgwlaidd a resbiradol i gyflenwi ocsigen i'r cyhyrau sy'n ymarfer er mwyn cynnal yr ymarfer aerobig am gyfnod hir, er enghraifft dros ddwy awr yn ystod marathon. Wedi ei alw hefyd yn stamina neu ddygnwch cardiofasgwlaidd, mae dygnwch aerobig yn bwysig ar gyfer tasgau bob dydd fel cerdded i'r ysgol neu'r coleg, neu wneud tasgau o amgylch y tŷ. Mae hefyd yn bwysig ar gyfer ystod o weithgareddau chwaraeon, hamdden ac adloniadol.

Mae nifer o ddigwyddiadau sy'n dibynnu bron yn gyfan gwbl ar ddygnwch aerobig, fel rhedeg marathon, nofio pellter hir a beicio. Ond mae dygnwch aerobig yn sail i ffitrwydd ar gyfer y mwyafrif o chwaraeon. Os oes gan athletwr ddygnwch aerobig llai, o bosibl oherwydd anaf hir dymor, mae hyn yn arwain at ostyngiad mewn cydrannau ffitrwydd eraill fel dygnwch cyhyrol. Mae dygnwch aerobig gwael yn arwain at berfformiad gwael mewn llawer o chwaraeon a gall hefyd arwain at anaf.

Mae nifer o wahanol ddulliau ar gyfer mesur dygnwch aerobig.

Prawf treuliant ocsigen macsimwm (VO₂ macsimwm)

Prawf ffitrwydd mewn labordy yw'r prawf treuliant ocsigen macsimwm (neu'r prawf **VO₂ macsimwm**) sy'n mesur gallu aerobig yn uniongyrchol. Mae'r prawf hwn yn defnyddio offer labordy drud gan gynnwys dadansoddwyr ocsigen a charbon deuocsid, bagiau Douglas (a ddefnyddir i gasglu aer wedi ei allanadlu), monitor cyfradd curiad y galon a melin draed neu **ergomedr** beicio.

Mae'r prawf yn gofyn i chi ymarfer i ddechrau ar lefel gymedrol ac yna'n fwyfwy anodd nes cyrraedd y lefel uchaf. Cyfrifir cymeriant ocsigen (*oxygen uptake*) o fesurau awyriad a'r ocsigen a charbon deuocsid yn yr aer sydd wedi ei allanadlu. Pennir y lefel uchaf ar ôl neu'n agos at gwblhau'r prawf.

Ystyrir bod y cyfranogwr wedi cyrraedd ei VO₂ macsimwm pan gofnodir lefel wastad yng nghymeriant ocsigen a thra cyflawnir cyfradd uchaf curiad y galon. Dull sylfaenol o fesur cyfradd uchaf curiad eich calon yw i dynnu eich oedran o 220.

Termau allweddol

VO₂ macsimwm – yr uchafswm o ocsigen y gall eich corff ei ddefnyddio wrth ymarfer hyd eithaf eich gallu.

Ergomedr – darn o offer sy'n mesur faint o waith neu egni a ddefnyddir yn ystod ymarfer corff.

Prawf ffitrwydd aml-gam

Defnyddir y prawf hwn i *ragfynegi* eich lefelau uchaf o gymeriant ocsigen (ffitrwydd aerobig) ac fe'i perfformir i drac sain wedi'i recordio ymlaen llaw sy'n chwarae bîpiau ar gyfnodau sy'n lleihau. Dylid ei gynnal dan do, fel arfer mewn neuadd chwaraeon gan ddefnyddio dwy linell (neu gonau) wedi'u gosod yn union 20 metr oddi wrth ei gilydd.

1 Perfformiwch sesiwn gynhesu byr.

2 Leiniwch ar y llinell gychwyn ac wrth glywed y bîp triphlyg rhedwch i'r llinell arall 20 metr i ffwrdd. Rhaid i chi gyrraedd y llinell arall cyn neu ar y bîp sengl sy'n pennu pob rhediad gwennol (*shuttle run*).

3 Peidiwch â mynd o flaen y bîp – mae angen i chi sicrhau eich bod chi'n troi i redeg i'r llinell arall ar y bîp. Fe welwch fod y bipiau'n dod yn agosach ac yn agosach at ei gilydd, felly bydd angen i chi gynyddu eich cyflymder yn barhaus.

4 Parhewch i redeg i bob llinell. Defnyddir sbotiwr i wirio eich bod wedi cyrraedd pob llinell mewn pryd gyda'r bîp. Os nac ydych, byddwch yn derbyn dau rybudd llafar cyn gofyn i chi dynnu allan o'r prawf.

5   Parhewch i redeg nes eich bod wedi blino'n lân yn gorfforol, h.y. eich bod wedi cyrraedd y blinder mwyaf. Ar yr adeg honno cofnodir y lefel a'r rhediad gwennol a gyrhaeddoch.

6   Defnyddiwch Dabl 5.7 i ragfynegi'r treuliant uchaf o ocsigen (ml/kg/mun).

7   Defnyddiwch Dabl 5.8 i ddehongli'r canlyniad uchaf o ran cymeriant ocsigen.

▶ **Tabl 5.7:** Y gwerthoedd uchaf a ragfynegir o ran cymeriant ocsigen ar gyfer y prawf ffitrwydd aml-gam (ml/kg/mun)

Lefel	Rhediad gwennol	VO_2 macsimwm	Lefel	Rhediad gwennol	VO_2 macsimwm	Lefel	Rhediad gwennol	VO_2 macsimwm	Lefel	Rhediad gwennol	VO_2 macsimwm
4	2	26.8	10	2	47.4	15	2	64.6	19	2	78.3
4	4	27.6	10	4	48.0	15	4	65.1	19	4	78.8
4	6	28.3	10	6	48.7	15	6	65.6	19	6	79.2
4	9	29.5	10	8	49.3	15	8	66.2	19	8	79.7
5	2	30.2	10	11	50.2	15	10	66.7	19	10	80.2
5	4	31.0	11	2	50.8	15	13	67.5	19	12	80.6
5	6	31.8	11	4	51.4	16	2	68.0	19	15	81.3
5	9	32.9	11	6	51.9	16	4	68.5	20	2	81.8
6	2	33.6	11	8	52.5	16	6	69.0	20	4	82.2
6	4	34.3	11	10	53.1	16	8	69.5	20	6	82.6
6	6	35.0	11	12	53.7	16	10	69.9	20	8	83.0
6	8	35.7	12	2	54.3	16	12	70.5	20	10	83.5
6	10	36.4	12	4	54.8	16	14	70.9	20	12	83.9
7	2	37.1	12	6	55.4	17	2	71.4	20	14	84.3
7	4	37.8	12	8	56.0	17	4	71.9	20	16	84.8
7	6	38.5	12	10	56.5	17	6	72.4	21	2	85.2
7	8	39.2	12	12	57.1	17	8	72.9	21	4	85.6
7	10	39.9	13	2	57.6	17	10	73.4	21	6	86.1
8	2	40.5	13	4	58.2	17	12	73.9	21	8	86.5
8	4	41.1	13	6	58.7	17	14	74.4	21	10	86.9
8	6	41.8	13	8	59.3	18	2	74.8	21	12	87.4
8	8	42.4	13	10	59.8	18	4	75.3	21	14	87.8
8	11	43.3	13	13	60.6	18	6	75.8	21	16	88.2
9	2	43.9	14	2	61.1	18	8	76.2	–	–	–
9	4	44.5	14	4	61.7	18	10	76.7	–	–	–
9	6	45.2	14	6	62.2	18	12	77.2	–	–	–
9	8	45.8	14	8	62.7	18	15	77.9	–	–	–
9	11	46.8	14	10	63.2	–	–	–	–	–	–
–	–	–	14	13	64.0	–	–	–	–	–	–

▶ **Tabl 5.8:** Dehongli'r canlyniadau uchaf o ran cymeriant ocsigen (VO_2 macsimwm, ml/kg/mun)

Marc	Gwrywod (15–19 oed) (ml/kg/mun)	Benywod 15–19 oed (ml/kg/mun)
Ardderchog	60+	54+
Da	48–59	43–53
Cymedrol	39–47	35–42
Is na'r arfer	30–38	28–34
Gwael	<30	<28

▶ Perfformio prawf VO_2 macsimwm

Prawf rhedeg 12-munud Cooper

Nod prawf rhedeg 12-munud Cooper yw teithio cymaint o bellter â phosib mewn 12 munud trwy redeg fel y gallwch chi bennu eich VO_2 macsimwm rhagweledig. Dyluniwyd y prawf i fod yn facsimaidd, sy'n golygu y dylech fod yn gweithio mor galed ag y gallwch.

Yr offer y bydd ei angen arnoch yw trac rhedeg hirgrwn gwastad (400 metr), conau marcio a stopwats.

1 Cyn i chi ddechrau, dylid gosod marcwyr bob 50 metr o amgylch y trac er mwyn helpu i fesur y pellter gorffenedig.

2 Ar ôl cael cyfarwyddyd, dechreuwch redeg. Caniateir cerdded, er y dylech wthio'ch hun mor galed â phosibl fel y gallwch wneud y mwyaf o'r pellter a gwblhawyd.

3 Ar ôl 12 munud rhaid i chi stopio a dylid mesur a chofnodi'r pellter a gwblhawyd. Defnyddiwch Dablau 5.9 a 5.10 i ddehongli'r canlyniadau.

▶ **Tabl 5.9:** Dehongli prawf rhedeg 12-munud Cooper (i ddynion)

Oedran	Ardderchog	Uwch na'r arfer	Cymedrol	Is na'r arfer	Gwael
20–29	>2800 m	2400–2800 m	2200–2399 m	1600–2199 m	<1600 m
30–39	>2700 m	2300–2700 m	1900–2299 m	1500–1899 m	<1500 m
40–49	>2500 m	2100–2500 m	1700–2099 m	1400–1699 m	<1400 m
50+	>2400 m	2000–2400 m	1600–1999 m	1300–1599 m	<1300 m

▶ **Tabl 5.10:** Dehongli prawf rhedeg 12-munud Cooper (i ferched)

Oedran	Ardderchog	Uwch na'r arfer	Cymedrol	Is na'r arfer	Gwael
20–29	>2700 m	2200–2700 m	1800–2199 m	1500–1799 m	<1500 m
30–39	>2500 m	2000–2500 m	1700–1999 m	1400–1699 m	<1400 m
40–49	>2300 m	1900–2300 m	1500–1899 m	1200–1499 m	<1200 m
50+	>2200 m	1700–2200 m	1400–1699 m	1100–1399 m	<1100 m

Prawf camu Harvard

Mae prawf camu (*step test*) Harvard yn fesur o ffitrwydd aerobig ac mae'n defnyddio gallu unigolyn i wella ar ôl ymarfer corff egnïol er mwyn rhagfynegi ei ffitrwydd aerobig. Mae cyfradd curiad y galon tra'n dadflino yn cael ei fesur a'i gymharu â data normadol.

I gynnal y prawf hwn, bydd angen gris arnoch sy'n 50.8 cm (20 modfedd) o uchder, stopwats a metronom.

1 Pan gewch gyfarwyddyd rhaid i chi gamu i fyny ac i lawr ar y gris neu'r bocs ar gyfradd o 30 cam y funud (bob 2 eiliad). Dylai'r metronom gael ei osod er mwyn eich cadw mewn amser neu rhythm.

2 Parhewch i wneud ymarfer corff am 5 munud neu nes eich bod wedi blino'n lân. Diffinnir blinder fel pan na allwch gynnal y gyfradd gamu am 15 eiliad.

3 Ar ôl cwblhau'r prawf, eisteddwch i lawr ar unwaith. Yna cyfrifir cyfanswm nifer curiadau'r galon rhwng:

   • 1 i 1½ munud ar ôl gorffen
   • 2 i 2½ munud ar ôl gorffen
   • 3 to 3½ munud ar ôl gorffen.

   Sylwch: rydych chi'n defnyddio cyfanswm nifer curiadau'r galon yn y cyfnod o 30 eiliad, nid y gyfradd (curiadau y funud) yn ystod yr amser hwnnw.

4 Defnyddir sgôr i bennu eich ffitrwydd aerobig trwy ddefnyddio'r hafaliad canlynol: (100 × hyd y prawf mewn eiliadau) ÷ (2 × cyfanswm (swm) curiadau'r galon yn ystod y cyfnodau o ymadfer).

5 Defnyddiwch Dabl 5.11 er mwyn dehongli'ch canlyniadau.

▶ **Tabl 5.11:** Dehongli canlyniadau profion camu Harvard

Marc	Mynegai Ffitrwydd
Ardderchog	>96
Da	83–96
Cymedrol	68–82
Is na'r arfer	54–67
Gwael	<54

Astudiaeth achos

Canlyniadau profion camu Harvard

Mae Dan yn chwaraewr criced 17 oed. Yn ddiweddar, cwblhaodd brawf camu Harvard fel rhan o sesiwn profi ffitrwydd. Mae ei ganlyniadau fel a ganlyn.

Cyfanswm amser y prawf oedd 300 eiliad (oherwydd bod Dan wedi cwblhau'r 5 munud cyfan) a nifer curiadau'r galon a gofnodwyd oedd:

• 90 rhwng 1–1½ munud
• 80 rhwng 2–2½ munud
• 70 rhwng 3–3½ munud.

Gwiriwch eich gwybodaeth

1 Gan ddefnyddio'r canlyniadau uchod, cyfrifwch ffitrwydd aerobig Dan.

2 Beth mae'r canlyniad hwn yn ei olygu?

3 Pa gyngor fyddech chi'n ei roi i Dan er mwyn gwella ei ffitrwydd aerobig?

Prawf cerdded Rockport

Defnyddir y prawf dwysedd isel hwn i ragfynegi'r cymeriant ocsigen macsimwm (*maximal oxygen uptake*). Oherwydd natur ddi-straen y prawf, gall fod yn arbennig o ddefnyddiol wrth asesu'r rhai sydd heb fod yn ddigon iach. Perfformir y prawf ar ei orau ar drac athletau dan do, neu ar drac awyr agored ar ddiwrnod pan na fydd y tywydd yn effeithio'n andwyol ar ganlyniadau'r profion.

1   Perfformiwch sesiwn gynhesu

2   Ar orchymyn y cychwynnwr, cerddwch bellter o filltir mor gyflym â phosib.

3   Wrth groesi'r llinell derfyn:

- cofnodwch yr amser a gymerwyd a'i drawsnewid yn funudau degol ble mae munudau degol (t) = [mun + (e/60)]

- cymerwch eich cyfradd curiad y galon am 15 eiliad a'i droi'n gyfradd curiad y galon (curiadau y funud) ble:
curiadau 15 eiliad × 4 = curiadau y funud

4   Defnyddiwch yr hafaliad isod i ragfynegi'r cymeriant ocsigen macsimwm (VO$_2$ macsimwm l/mun) a'i ddehongli gan ddefnyddio Tabl 5.8 ar dudalen 227.

VO$_2$ macsimwm (l/mun) = 6.9652 + (0.0091 × pc) – (0.0257 × oed) + (0.5955 × rhyw) – (0.2240 × a) – (0.0115 × CCG)

Lle mae:

- pc   = pwysau'r corff (kg)
- oed   = blynyddoedd
- rhyw = 0 = benyw; 1 = gwryw
- a   = amser mewn munudau degol
- CCG   = cyfradd curiad y galon (curiadau/munud)

Astudiaeth achos

Prawf cerdded Rockport

Mae James yn ddyn 19 oed a gwblhaodd y prawf cerdded 1 filltir mewn amser o 13 munud a 26 eiliad. Pwysau ei gorff yw 79 kg. Wrth groesi'r llinell derfyn, nifer curiadau'r galon James dros 15 eiliad oedd 29.

- Er mwyn trosi 13.26 yn funudau degol (lle mae munudau degol (a) = [mun + (e/60)]) = [13 + (26/60)] = 13.43 munud degol

- Er mwyn trosi curiadau'r galon 15 eiliad yn guriadau y funud = 29 × 4 = 116 curiad/munud

Defnyddiwch yr hafaliad i ragfynegi'r cymeriant ocsigen macsimwm (VO$_2$ macsimwm ml/kg/mun):

- VO$_2$ macsimwm (l/mun) = 6.9652 + (0.0091 × pc) – (0.0257 × oed) + (0.5955 × rhyw) – (0.2240 × a) – (0.0115 × CCG)

Felly:

- VO$_2$ macsimwm (l/mun) = 6.9652 + (0.0091 × 79) – (0.0257 × 19) + (0.5955 × 1) – (0.2240 × 13.43) – (0.0115 × 116)

- VO$_2$ macsimwm (l/mun) = 3.45 l/mun

Trosi **VO$_2$ macsimwm absoliwt** (l/mun) i **VO$_2$ macsimwm cymharol** (ml/kg/mun):

- VO$_2$ macsimwm (ml/kg/mun) = [(3.45 × 1000) ÷ pwysau'r corff (kg)]

Felly:

- VO$_2$ macsimwm (ml/kg/mun) = [(3.45 × 1000) ÷ 79 kg] = 43.7 ml/kg/mun

Gan ddefnyddio Tabl 5.8 ar dudalen 227, mae sgôr ffitrwydd James yn gymedrol.

Gwiriwch eich gwybodaeth

1   Sut mae'r VO$_2$ macsimwm a ragwelwyd i chi'ch hun o'r prawf cerdded 1 filltir yn cymharu â data normadol?

2   Sut mae'ch canlyniadau'n cymharu â chanlyniadau eich cyfoedion?

3   Cyfrifwch eich canlyniadau a'u trafod mewn grwpiau bach.

MUNUD I FEDDWL

MUNUD I FEDDWL   Beth yw dygnwch aerobig?

Awgrym   Rhestrwch a disgrifiwch dri phrawf sy'n mesur dygnwch aerobig, gan egluro cryfderau a gwendidau pob un.

Ymestyn   Pam ddylech chi fesur dygnwch aerobig ar gyfer chwaraeon neu ymarfer corff?

Cyflymder

Diffinnir cyflymder fel y gallu i symud dros bellter yn yr amser cyflymaf posibl. Mae chwaraeon athletaidd fel y sbrint 100-metr a'r naid hir yn gofyn am lefelau uchel o gyflymder er mwyn i athletwr wneud y gorau o berfformiad.

Profion sbrint

Gellir perfformio profion sbrint neu gyflymder dros amrywiaeth o wahanol bellteroedd, a bydd y pellter a ddefnyddir (20 metr, 30 metr, 40 metr, 50 metr neu 60 metr) yn ymwneud â'r gamp benodol y mae'r athletwr yn hyfforddi ynddi. Er enghraifft, byddai asgellwr mewn pêl-droed yn elwa o gynnal prawf sbrint 60 metr ond dylai gôl-geidwad gynnal prawf byrrach. Ym mhob achos mae'r offer a ddefnyddir yn rhad ac yn hawdd dod o hyd iddo a bydd yn cynnwys tâp mesur neu olwyn fechan i fesur y pellter, conau i nodi'r pellter a stopwats. Mae dibynadwyedd yn gwella'n fawr os defnyddir gatiau amseru, ond gall y rhain fod yn ddrud. Bydd defnyddio arwyneb rhedeg gwrthlithro pwrpasol yn gwella cywirdeb y canlyniadau.

I berfformio prawf sbrint bydd angen tâp mesur neu drac wedi'i farcio, stopwats, conau i farcio pellter ac ardal wastad, syth sydd o leiaf 60 metr o hyd, gyda digon o le ar gyfer rhediad ar ddiwedd y sbrint. Mae'r prawf yn cynnwys rhedeg un sbrint dros bellteroedd amrywiol yn dibynnu ar y prawf a ddewisir, gyda'r amser gorau yn cael ei gofnodi. Ar gyfer pob prawf dylech gynnal y canlynol.

1 Perfformiwch sesiwn gynhesu drylwyr, gan gynnwys ymestyn.
2 Ymarferwch eich cychwyniadau fel eich bod yn hollol barod ar gyfer y prawf.
3 Bydd rhoi eich troed flaen ar neu y tu ôl i'r llinell gychwyn yn sicrhau eich bod chi'n cychwyn o safle 'cychwyn stond' sefydlog.
4 Pan fyddwch chi'n cael gorchymyn mae'n rhaid i chi sbrintio mewn llinell syth gyda'r ymdrech fwyaf posibl.
5 Bydd eich amser yn cael ei gofnodi o'r eiliad y byddwch chi'n dechrau i'r eiliad y byddwch chi'n croesi'r llinell derfyn. Gallwch gael tair ymgais a chofnodir y canlyniad gorau i'r ddau le degol agosaf.
6 Defnyddir yr amser cyflymaf a gofnodwyd i asesu eich perfformiad.

Prawf meincnod yw hwn y gellir ei ailadrodd dros amser er mwyn mesur cynnydd.

Dygnwch cyhyrol

Mae angen dygnwch cyhyrol pan fo cyhyr neu grŵp o gyhyrau penodol yn gwneud cyfangiadau dro ar ôl tro dros gyfnod sylweddol o amser (dros nifer o funudau o bosibl). Ymhlith yr enghreifftiau mewn chwaraeon mae bocsiwr yn ergydio dro ar ôl tro neu sbrint 400-metr mewn athletau.

Prawf gwasgau byrfraich (*press-ups*) un munud

Defnyddir y prawf hwn er mwyn asesu dygnwch cyhyrau rhan uchaf eich corff.

1 Gosodwch eich hun yn wynebu i lawr ar fat, gyda'ch dwylo ar y llawr led ysgwydd ar wahân a'ch breichiau wedi'u hymestyn yn llawn, a'ch coesau syth wedi'u cynnal gan flaenau eich traed. Nesaf, gostyngwch eich corff nes bod y penelinoedd 90° i ffwrdd o'r torso.
2 Dychwelwch i'r man cychwyn, gyda'ch breichiau wedi'u hymestyn yn llawn.
3 Ailadroddwch, gan sicrhau bod eich gweithred wasgu yn barhaus, heb unrhyw orffwys rhyngddynt.
4 Cofnodir cyfanswm nifer y gwasgau byrfraich dros 1 munud. Defnyddiwch Dabl 5.12 er mwyn dehongli'ch canlyniadau.

Efallai y bydd pobl sydd â llai o gryfder yn rhan uchaf y corff a menywod yn dewis defnyddio techneg gwasgau byrfraich wedi'i haddasu. Mae'r ystum yn debyg i'r dull safonol, ond dylid plygu'r pen-glin yn y safle cychwynnol. Gellir defnyddio Tabl 5.13 er mwyn dehongli canlyniadau.

▶ **Tabl 5.12:** Dehongliad o ganlyniadau prawf gwasgau byrfraich y corff cyfan

Marc	Gwrywod	Benywod
Ardderchog	45+	34+
Da	35–44	17–33
Cymedrol	20–34	6–16
Gwael	<19	<5

▶ **Tabl 5.13:** Dehongliad o ganlyniadau prawf gwasgau byrfraich y corff cyfan wedi'i addasu

Marc	Nifer o ailadroddiadau
Ardderchog	39+
Da	34–38
Cymedrol	17–33
Teg	6–16
Gwael	<6

Prawf eisteddiadau (*sit-ups*) un munud

Mae'r prawf hwn yn asesu dygnwch a datblygiad cyhyrau eich abdomen.
1 Gorweddwch ar eich cefn ar fat gyda'ch pengliniau wedi'u plygu, a'ch traed yn fflat ar y llawr, gyda'ch breichiau wedi'u plygu ar draws eich corff.
2 Codwch eich hun hyd at safle o 90° ac yna dychwelwch i'r llawr.
3 Gall partner ddal eich traed os dymunwch.
4 Cofnodir cyfanswm nifer yr eisteddiadau dros 1 munud.
5 Defnyddiwch Dabl 5.14 er mwyn dehongli'r canlyniadau.

▶ **Tabl 5.14:** Dehongliad o ganlyniadau'r prawf eisteddiadau un munud

Marc	Gwrywod	Benywod
Ardderchog	49–59	42–54
Da	43–48	36–41
Uwch na'r arfer	39–42	32–35
Cymedrol	35–38	28–31
Is na'r arfer	31–34	24–27
Gwael	25–30	18–23
Gwael iawn	11–24	3–17

Prawf eistedd yn erbyn wal

Prawf syml yw hwn sy'n gofyn am stopwats, wyneb sych gwastad a wal yn unig. Pwrpas y prawf yw mesur dygnwch cryfder eich corff isaf, yn enwedig grŵp y cyhyrau pedryben.
1 Sefwch yn gyffyrddus â'ch traed oddeutu lled eich ysgwydd ar wahân, gyda'ch cefn yn erbyn wal fertigol esmwyth.
2 Llithrwch eich cefn yn araf i lawr y wal i gymryd safle gyda'ch pengliniau a'ch cluniau ar ongl o 90°.
3 Mae'r amseriad yn cychwyn pan godir un droed 5 cm oddi ar y ddaear ac yn cael ei stopio pan na allwch gynnal y safle ac mae'r droed yn dychwelyd i'r llawr.
4 Ar ôl cyfnod o orffwys, profir y goes arall. Defnyddiwch Dabl 5.15 er mwyn dehongli canlyniadau (nodwch ei fod yn cael ei ddefnyddio ar gyfer canlyniadau un goes ar y tro).

▶ **Tabl 5.15:** Dehongliad o ganlyniadau'r prawf eistedd yn erbyn wal

Marc	Gwrywod (eiliadau)	Benywod (eiliadau)
Ardderchog	>100	>60
Da	75–100	45–60
Cymedrol	50–75	35–45
Is na'r arfer	25–50	20–35
Gwael iawn	<25	<20

▶ Cymryd rhan mewn prawf eistedd yn erbyn wal

Cyfansoddiad y corff

Cyfansoddiad y corff yw faint o fraster corff a meinwe corff heb fraster sydd gan yr athletwr. Mae'n bwysig o safbwynt iechyd a pherfformiad chwaraeon. Mae yna nifer o wahanol brofion a all asesu cyfansoddiad y corff gan gynnwys:

▶ caliperau plygiadau'r croen

▶ dadansoddiad rhwystriant bio-drydanol

▶ mynegai màs y corff (BMI)

▶ cylchfesuriadau (*girth measurements*).

Term allweddol

Cyfansoddiad y corff – beth yw cynnwys eich corff – esgyrn, braster, cyhyrau, organau a meinwe croen. Mewn chwaraeon, mae cyfansoddiad y corff yn cyfeirio at gyfran y braster a màs heb fraster.

Ymchwil

Mae gan y dyn cyffredin 15% i 17% o fraster corff, tra bod gan y fenyw gyffredin rhwng 18% a 22%. Mewn grwpiau bach, ymchwiliwch pam bod gwahaniaeth yng nghanrannau braster corff ar gyfartaledd rhwng gwrywod a benywod.

Nawr ystyriwch athletwyr o'r radd flaenaf. Ymchwiliwch i ganrannau braster eu cyrff a thrafodwch pam bod y rhain yn wahanol rhwng pobl gyffredin a pherfformwyr chwaraeon o'r radd flaenaf.

Profion â chaliperau plygiadau'r croen

Gellir defnyddio profion caliperau plygiadau'r croen er mwyn rhagfynegi canran braster y corff. Mae perthynas yn bodoli rhwng braster isgroenol, braster mewnol a dwysedd y corff. Mae profion plygiadau'r croen ar gyfer rhagfynegi'r canran o fraster corff yn seiliedig ar y berthynas hon. Mae'r adran hon yn ymdrin â hafaliadau rhagfynegiad cyffredinol Durnin a Womersley (1974) i ragfynegi canran braster y corff.

Ar gyfer gwrywod a benywod, cymerir plygiadau'r croen ar y pedwar safle canlynol (gweler Ffigur 5.2).

▶ **Cyhyr deuben** – plyg fertigol ar wyneb blaen y cyhyrau deuben hanner ffordd rhwng y plyg ceseiliol blaen a'r pant cyn-elinol.

▶ **Cyhyr triphen** – plyg fertigol ar linell ganol cefn y fraich uchaf, dros y cyhyr triphen, hanner ffordd rhwng y cnap acromion (cnap esgyrnog ar ben yr ysgwydd) a'r cnap olecranon (cnap esgyrnog ar y penelin). Dylai'r fraich gael ei dal yn rhydd wrth ochr y corff.

▶ **Is-sgapwlar** – plyg croeslinol a gymerir ar ongl o 45° tua 1–2 cm o dan ongl isaf y sgapwlâu (pwynt y balfais).

▶ **Uwch-iliag** – plyg croeslinol uwchben y grib iliag, wedi'i gymryd yn y llinell ceseiliol blaen uwchben y grib iliag (ychydig uwchben asgwrn y glun a 2–3 cm ymlaen).

Ymchwil

Mae yna lawer o wahanol brotocolau ar gyfer mesur cyfansoddiad braster y corff gan ddefnyddio'r dechneg plygiadau'r croen, gan ddefnyddio tri, pedwar neu hyd yn oed saith safle. Ar Lefel 2, mae'n debyg eich bod wedi astudio dull Jackson-Pollock (sy'n defnyddio tri safle). Yma, fodd bynnag, rydym wedi defnyddio protocol pedwar safle.

Ymchwiliwch i'r gwahaniaethau rhwng y gwahanol brotocolau plygiadau'r croen. Pam y byddech chi'n dewis defnyddio un dechneg yn hytrach nag un arall mewn rhai sefyllfaoedd?

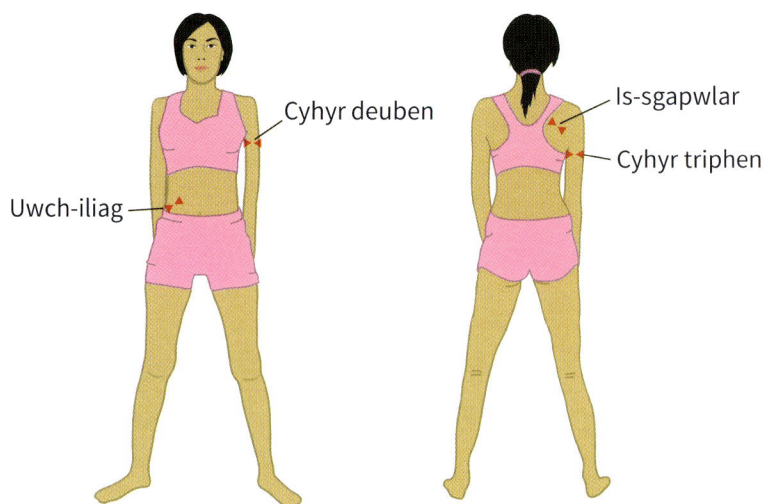

▶ **Ffigur 5.2:** Y pedwar safle lle cymerir mesuriadau plygiadau'r croen

Bydd dilyn dull safonol yn helpu i sicrhau bod eich canlyniadau'n ddilys. Fe fydd angen caliperau plygiadau'r croen (fel Harpenden neu Slimguide) arnoch chi er mwyn cymryd plygiadau'r croen ynghyd â thâp mesur a beiro i farcio pob safle.

1 Dylid cymryd mesuriadau ar groen sych ar ochr dde'r corff. Eithriadau i hyn fyddai os oes gan y cyfranogwr datŵ neu anffurfiad ar leoliad y safle, sy'n golygu y byddai angen defnyddio ochr chwith y corff. Dylai'r cyfranogwr gadw ei gyhyrau wedi'u hymlacio yn ystod y prawf.

2 Marciwch bob safle o blygiadau'r croen â beiro a defnyddiwch dâp mesur i ddod o hyd i'r canolbwyntiau.

3 Gafaelwch yn y croen yn gadarn rhwng eich bawd a'ch bys blaen a'i dynnu i ffwrdd o'r corff yn ysgafn. Dylid gafael yn y croen tua 1 cm i ffwrdd o'r safle wedi'i farcio.

4 Rhowch y caliperau plygiadau'r croen ar ongl sgwâr i'r plyg, ar y safle wedi'i farcio, gyda'r deial yn wynebu i fyny.

5 Gan ddal eich gafael, gosodwch y caliperau hanner ffordd rhwng gwaelod a blaen y croen a chaniatáu i'r caliperau gael eu rhyddhau'n llawn fel bod tensiwn llawn yn cael ei roi ar y croen.

6 Darllenwch ddeial caliperau plygiadau'r croen i'r 0.5 mm agosaf, 2 eiliad ar ôl i chi ryddhau'r caliperau. Gwnewch yn siŵr eich bod yn parhau i afael yn y croen trwy gydol y profion.

7 Cymerwch o leiaf dau fesuriad ar bob safle. Os yw profion yn amrywio mwy nag 1 mm dro ar ôl tro, ailadroddwch y mesuriad.

8 Os daw mesuriadau olynol yn llai, mae hyn yn golygu bod y braster yn cael ei gywasgu, a bydd yn arwain at ganlyniadau anghywir. Os bydd hyn yn digwydd, ewch i safle arall ac yna dewch yn ôl i'r safle er mwyn ei brofi yn nes ymlaen.

9 Sicrhewch eich bod yn cofnodi pob mesuriad wrth iddo gael ei gymryd.

10 Y gwerth terfynol yw cyfartaledd y ddau ddarlleniad (mm).

Ar ôl i chi gymryd y darlleniadau, yna gallwch chi gyfrifo canran braster y corff.

1 Adiwch y canlyniadau ar gyfer y pedwar math o blygiadau'r croen (mm).

2 Defnyddiwch y cyfrifiadau a ddangosir yn Nhabl 5.16 er mwyn darganfod dwysedd y corff.

3 Nesaf, cwblhewch y cyfrifiad canlynol, lle mae d = dwysedd, ar gyfer darogan canran braster y corff. Dehonglwch y canlyniadau gan ddefnyddio Tabl 5.17.

$$\left[\frac{4.57}{d} - 4.142 \right] \times 100\% \text{ o fraster y corff}$$

▶ **Tabl 5.16:** Cyfrifo dwysedd corff

Gwrywod (16–29 oed)	Dwysedd corff (d) = 1.162 – [(0.063) × (∑ log o bedwar × plygiadau'r croen)] lle ∑ yw'r swm neu'r cyfanswm
Benywod (16–29 oed)	Dwysedd corff (d) = 1.1549 – [(0.0678) × (∑ log o bedwar × plygiadau'r croen)] lle ∑ yw'r swm neu'r cyfanswm

▶ **Tabl 5.17:** Dehongli canran yng nghanlyniadau braster corff

Marc	% braster corff mewn gwrywod (16–29 oed)	% braster corff mewn benywod (16–29 oed)
Braster isel iawn	<7	<13
Main	7–12	13–20
Derbyniol	13–17	21–25
Rhy drwm	18–28	26–32
Gordew	28+	32+

Astudiaeth achos

Profion plygiadau'r croen

Mae Grace yn feiciwr 18 oed sydd wedi cwblhau profion plygiadau'r croen gyda'r canlyniadau canlynol wedi'u cofnodi:

- Cyhyr deuben = 10 mm
- Cyhyr triphen = 14 mm
- Is-sgapwlar = 16 mm
- Uwch-iliag = 16 mm
- Swm o blygiadau'r = 56 mm
- Log o blygiadau'r croen = 1.748188

Gan ddefnyddio'r cyfrifiad ar gyfer menywod, cyfrifiad Grace o ddwysedd corff yw:

- = 1.1549 – [(0.0678) × (∑ log o bedwar o blygiadau'r croen)]
- = 1.1549 – [(0.0678) × (1.748188)]
- = 1.1549 – (0.1185271)
- Dwysedd corff (d) = 1.0363729

Cyfrifiad Grace o ganran braster y corff yw:

- $\left[\dfrac{4.57}{d} - 4.142\right] \times 100\%$ o fraster corff
- [(4.4096097) – 4.142] × 100 = % braster corff
- [0.2676097] × 100 = % braster corff
- = 26.8% = rhy drwm

Gwiriwch eich gwybodaeth

1. Pa faterion ynghylch dilysrwydd a dibynadwyedd y dylech eu hystyried wrth gynnal profion plygiadau'r croen?

2. Sut mae'ch canran o ganlyniadau braster corff yn cymharu â data normadol ac â data ar gyfer perfformwyr o'r radd flaenaf?

3. Pa ffactorau eraill allai effeithio ar ganlyniadau braster corff?

Dadansoddiad rhwystriant bio-drydanol (BIA)

Mae dadansoddiad rhwystriant bio-drydanol (BIA – *biometric impedance analysis*) yn ddull a ddefnyddir i ragfynegi canran braster corff unigolyn. Mae angen peiriant BIA er mwyn cynnal y prawf (er enghraifft, Bodystat 1500) a ddefnyddir i basio cerrynt trydanol bach trwy'r corff. Mae cloriannau ystafell ymolchi modern yn aml yn cynnwys y nodwedd hon ond ystyrir bod y rhain yn llai cywir ac ni ddylid eu defnyddio wrth brofi ffitrwydd.

Mae'r dull yn seiliedig ar y ffaith bod màs heb fraster yn y corff (cyhyrau, asgwrn, meinweoedd cyswllt) yn dargludo trydan, ond nid yw màs gyda braster yn gwneud hynny. Felly, po uchaf yw'r gwrthiant i gerrynt trydanol gwan (rhwystriant bio-drydanol), yr uchaf yw canran braster corff yr unigolyn.

1. Gall lefelau hydradiad effeithio ar ddilysrwydd canlyniadau profion. Er mwyn sicrhau bod y prawf yn ddilys, ni ddylech: ymarfer corff am 12 awr cyn y prawf; bwyta neu yfed o fewn 4 awr ar ôl y prawf; nac yfed caffein cyn y prawf.

2. Dylech orwedd a thynnu'ch hosan a'ch esgid dde.

3 Rhowch yr electrodau BIA ar yr arddwrn dde, y llaw dde, y ffêr dde a'r droed dde.
4 Atodwch y gwifrau cebl (clipiau crocodeil) i'r tabiau agored ar yr electrodau.
5 Mewnbynwch y data priodol i'r peiriant BIA (er enghraifft oedran, rhyw, taldra, pwysau a lefel gweithgaredd).
6 Dim ond ychydig eiliadau y mae'r prawf yn ei gymryd. Rhaid i chi orwedd yn llonydd wrth i'r cerrynt trydanol gwan gael ei basio trwy'ch corff.
7 Bydd canlyniad y prawf canran braster corff yn cael ei ddangos ar ddangosydd LCD y peiriant BIA.

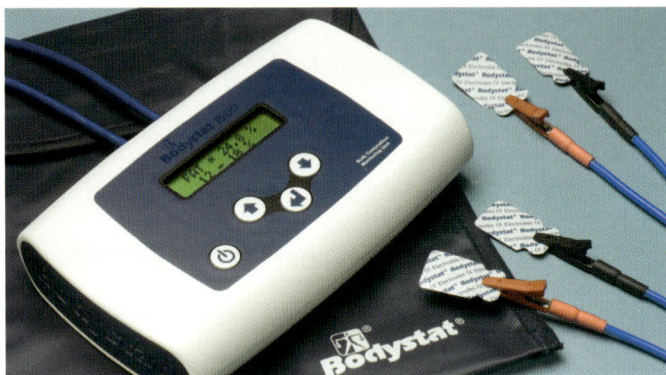

▶ Peiriant dadansoddi rhwystriant bio-drydanol (BIA)

Mynegai màs y corff (BMI)

Mae BMI yn fesur o gyfansoddiad y corff mewn kg/m² ac fe'i defnyddir i fesur i ba raddau mae rhywun yn rhy drwm. **Amcangyfrif** yn unig ydyw, gan nad yw'r prawf yn ystyried maint ffrâm na màs cyhyrol yr unigolyn. Mae ymchwil yn dangos perthynas sylweddol rhwng BMI uchel ac achosion o glefyd cardiofasgwlaidd, a BMI uchel a diabetes.

Er mwyn cyfrifo BMI, mesurwch bwysau corff yr unigolyn mewn kg a'i daldra mewn metrau, a chyfrifwch y BMI fel pwysau wedi'i rannu â (taldra × taldra). Bydd hyn yn rhoi gwerth i chi am y BMI mewn kg/m².

▶ I fenywod, BMI dymunol yw 21–23 kg/m².

▶ I ddynion, BMI dymunol yw 22–24 kg/m².

Mae'r risg o glefyd cardiofasgwlaidd yn cynyddu'n sydyn ar BMI o 27.8 kg/m² i ddynion a 27.3 kg/m² i fenywod.

Pwysau (kg)

Uchder (cm)	54	59	64	68	73	77	82	86	91	95	100	104	109	113
137	29	31	34	36	39	41	43	46	48	51	53	56	58	60
142	27	29	31	34	36	38	40	43	45	47	49	52	54	56
147	25	27	29	31	34	36	38	40	42	44	46	58	50	52
152	23	25	27	29	31	33	35	37	39	41	43	45	47	49
158	23	24	26	27	29	31	33	35	37	38	40	42	44	46
163	21	22	24	26	28	29	31	33	34	36	38	40	41	43
168	19	21	23	24	26	27	29	31	32	34	36	37	39	40
173	18	20	21	23	24	26	27	29	30	32	34	35	37	38
178	17	19	20	22	23	24	26	27	29	30	32	33	35	36
183	16	18	19	20	22	23	24	26	27	28	30	31	33	34
188	16	17	18	19	21	22	23	24	26	27	28	30	31	32
193	15	16	17	18	20	21	22	23	24	26	27	38	29	30
198	14	15	16	17	19	20	21	22	23	24	25	27	28	29
203	13	14	15	17	18	19	20	21	22	23	24	25	26	28

☐ dan bwysau   ☐ pwysau iach   ☐ dros bwysau   ■ gordew

▶ **Ffigur 5.3:** Siart BMI

Damcaniaeth ar waith

Mae Guy yn 1.89 metr o daldra ac yn pwyso 75kg.

1 Beth yw BMI Guy wedi'i gyfrifo â'r hafaliad pwysau (kg) ÷ uchder^2 (m^2)?

2 Gan ddefnyddio data normadol, beth mae'r canlyniad hwn yn ei olygu?

Cylchfesuriadau

O dan eich croen mae haen o fraster isgroenol, a thrwy gymryd y cylchfesuriadau (*girth measurements*) ar bwyntiau penodol ar y corff gyda thâp mesur mae'n bosibl rhagfynegi eich canran o gyfanswm braster corff. Fodd bynnag, defnyddir cylchfesuriadau yn fwy cyffredin i weld a yw'ch corff yn gymesur.

Mae cylchfesuriadau yn boblogaidd oherwydd nad oes angen offer drud arnyn nhw, dim ond tâp mesur. Mae'r cylchfesuriadau mwyaf cyffredin yn cael eu cymryd o amgylch y canol a'r glun ac yn cael eu defnyddio i weld enillion/colled braster, gan fod y cylchfesuriadau hyn yn seiliedig ar fraster sy'n tueddu i gronni o amgylch canol y corff. Os bydd y mesuriadau hyn yn cynyddu, yna mae'n debygol bod y cleient wedi cynyddu canran braster eu corff.

Trafodaeth

Gweithiwch mewn parau neu mewn grwpiau bach. Dewiswch brawf ffitrwydd rydych chi'n gyfarwydd ag ef, er enghraifft, y prawf ffitrwydd aml-gam.

- Rhestrwch fanteision ac anfanteision y prawf. Meddyliwch am ymarferoldeb, cost, rhwyddineb gweinyddu a materion posib fel cadw amser/troi gyda bîpiau a lefelau cymhelliant y cyfranogwyr.
- Trafodwch y manteision a'r anfanteision rydych chi wedi'u rhestru a sut y gellid rheoli neu leihau newidynnau prawf.

⏸ **MUNUD I FEDDWL**   Beth yw cyfansoddiad corff?

Awgrym   Ystyriwch pam y gallai pobl fod yn amharod i chi fesur cyfansoddiad eu corff. Sut allwch chi oresgyn hyn?

Ymestyn   Ystyriwch dri phrawf y gellir eu defnyddio er mwyn mesur cyfansoddiad corff. Beth yw manteision pob un o'r rhain?

Profion ffitrwydd i asesu cydrannau ffitrwydd sy'n gysylltiedig â sgiliau

Yn ogystal â chydrannau ffitrwydd corfforol mae yna nifer o gydrannau ffitrwydd sy'n gysylltiedig â sgiliau sy'n bwysig wrth berfformio agweddau technegol chwaraeon. Y cydrannau ffitrwydd sy'n gysylltiedig â sgiliau yw:

▶ hyblygrwydd

▶ cydbwysedd

▶ cydsymud

▶ pŵer

▶ amser ymateb.

Hyblygrwydd

Gellir diffinio hyblygrwydd fel eich gallu i newid cyfeiriad yn gyflym ar gyflymder. Mae'n agwedd hanfodol ar y mwyafrif o chwaraeon. Enghreifftiau penodol o chwaraeon ble mae hyblygrwydd yn hanfodol i lwyddiant yw pêl-droed, pêl-fasged, rygbi a thennis.

Prawf rhediad ystwythder Illinois

Mae rhediad ystwythder (*agility run*) Illinois yn brawf cyffredin a ddefnyddir i fesur ystwythder. Mae'r prawf yn gofyn am dâp mesur, conau marcio a stopwats, ac mae'n ei gwneud yn ofynnol i'r gwrthrych redeg trwy gwrs wedi'i farcio cyn gynted â phosibl.

Dylai'r cwrs gael ei fesur yn 10 metr o hyd a 5 metr o led a dylid gosod conau fel y dangosir yn Ffigur 5.4.

Er mwyn cynnal y prawf, rhaid i'r cyfranogwr orwedd yn wastad ar ei flaen gyda'i ben y tu ôl i'r llinell gychwyn. Pan fydd y cychwynnwr yn rhoi'r arwydd iddynt gychwyn, rhaid iddynt godi a rhedeg cyn gynted â phosibl o amgylch y cwrs wedi'i farcio heb daro'r conau drosodd. Dylid eu hamseru'n cwblhau'r cwrs, ac yna gellir cymharu eu perfformiad â'r normau a ddangosir yn Nhabl 5.18.

▶ **Ffigur 5.4:** Gosodiad prawf rhediad ystwythder Illinois

▶ **Tabl 5.18:** Dehongli canlyniadau profion rhediad ystwythder Illinois ar gyfer dynion a menywod rhwng 16 a 19 oed

Marc	Gwrywod (eiliadau)	Benywod (eiliadau)
Ardderchog	<15.2	<17.0
Da	15.2–16.1	17.0–17.9
Cymedrol	16.2–18.1	18.0–21.7
Teg	18.2–18.3	21.8–23.0
Gwael	>18.3	>23.0

Prawf-T

Yn debyg i brawf ystwythder Illinois, mae'r prawf-T yn ei gwneud yn ofynnol i berson redeg rhwng conau yn yr amser cyflymaf posibl. Ar gyfer y prawf hwn bydd angen tâp mesur, conau marcio a stopwats arnoch chi. Dylid gosod cwrs fel y dangosir yn Ffigur 5.5.

Mae'r cyfranogwr yn dechrau yng nghôn A. Ar orchymyn gan yr amserydd, mae'r cyfranogwr yn gwibio i gôn B ac yn cyffwrdd â gwaelod y côn â'u llaw dde. Yna maen nhw'n symud i'r ochr tua'r chwith i gôn C a chyffwrdd â'i waelod, y tro hwn â'u llaw chwith. Yna maen nhw'n symud i'r ochr tua'r dde i gôn D a chyffwrdd â'r gwaelod â'u llaw dde. Yna maen nhw'n symud yn ôl i gôn B gan ei gyffwrdd â'u llaw chwith, ac yn rhedeg yn ôl i gôn A. Mae'r stopwats yn cael ei stopio wrth iddynt basio côn A. Rhaid i'r cyfranogwr beidio â chroesi un droed o flaen y llall wrth symud neu fethu â wynebu o'u blaenau trwy gydol y prawf.

Yna gellir cymharu'r amser a gymerir â'r normau a ddangosir yn Nhabl 5.19.

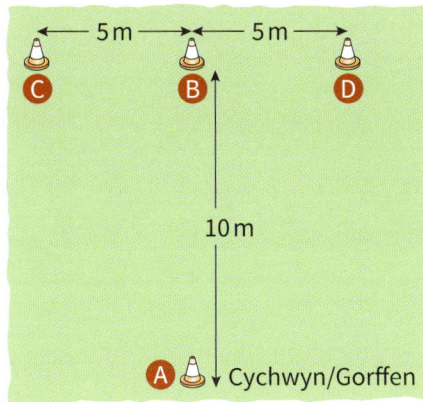

▶ **Ffigur 5.5:** Gosodiad y prawf-T

▶ **Tabl 5.19:** Dehongli canlyniadau profion-T ar gyfer dynion a menywod rhwng 16 a 19 oed

	Gwrywod (eiliadau)	**Benywod (eiliadau)**
Ardderchog	<9.5	<10.5
Da	9.5–10.5	10.5–11.5
Cymedrol	10.5–11.5	11.5–12.5
Gwael	>11.5	>12.5

Prawf camu i'r ochr

Mae yna nifer o brofion camu i'r ochr (*side-step*). Mae un sy'n hawdd ei osod a'i fesur yn gofyn i gyfranogwr neidio o ochr i ochr am 1 munud. Mae'r prawf hwn yn gofyn am dâp mesur, stopwats a thâp neu sialc i nodi pellter o 30 cm.

Gan ddechrau ar linell ganol rhaid i chi neidio 30 cm i'r ochr (e.e. i'r dde) a chyffwrdd â'r llinell wedi'i marcio â'ch troed agosaf. Neidiwch yn ôl i'r canol ac yna neidiwch 30 cm i'r ochr arall, yna yn ôl i'r canol. Dyma un cylchred cyflawn. Rhaid i chi geisio cwblhau cymaint o gylchredau â phosib mewn 1 munud. Y sgôr yw nifer yr ailadroddiadau mewn 1 munud. Defnyddiwch Dabl 5.20 er mwyn dehongli'ch canlyniadau.

▶ **Tabl 5.20:** Dehongli canlyniadau profion camu i'r ochr ar gyfer dynion a menywod rhwng 16 a 19 oed

	Gwael	**Teg**	**Cymedrol**	**Da**	**Uchel**
Benywaidd	<33	34–37	38–41	42–45	46+
Gwrywaidd	<37	38–41	42–45	46–49	50+

Cydbwysedd

Mae cydbwysedd yn bwysig iawn mewn llawer o chwaraeon a gellir ei ddiffinio fel y gallu i gynnal sefydlogrwydd wrth berfformio. Mae dau fath o gydbwysedd:
▶ **cydbwysedd statig** ble mae'r athletwr yn llonydd (er enghraifft tra'n sefyll ar eich dwylo mewn gymnasteg)
▶ **cydbwysedd dynamig** ble mae'r athletwr yn symud (er enghraifft chwaraewr pêl-fasged yn gwibio gyda'r bêl).

Prawf sefyll Storc

Pwrpas prawf sefyll Storc yw mesur cydbwysedd statig ar belen y droed.
1   I ddechrau rhaid i chi dynnu'ch esgidiau a'ch sanau a rhoi eich dwylo ar eich cluniau.
2   Gosodwch y droed nad yw'n cynnal yn erbyn pen-glin y goes sy'n cynnal ac ymarfer cydbwyso ar un droed am 1 munud.

Ffigur 5.6: Cynnal y prawf sefyll storc

3 Pan fyddwch chi'n barod i ddechrau'r prawf, codwch sawdl y goes sy'n cynnal i gydbwyso ar belen y droed.

4 Dechreuir y stopwats wrth i'r sawdl gael ei godi o'r llawr a dylid stopio'r stopwats os bydd unrhyw un o'r canlynol yn digwydd:
   • y llaw (neu'r dwylo) yn dod oddi ar y cluniau
   • y droed sy'n cynnal yn troi neu'n symud (yn neidio) i unrhyw gyfeiriad
   • y droed nad yw'n cynnal yn colli cysylltiad â'r pen-glin
   • sawdl y droed sy'n cynnal yn cyffwrdd â'r llawr.

Dehonglir canlyniadau prawf sefyll storc gan ddefnyddio Tabl 5.21.

▶ **Tabl 5.21:** Dehongli canlyniadau profion sefyll storc ar gyfer dynion a menywod rhwng 16 a 19 oed

Marc	Sgôr gwrywod 16–19 (eiliadau)	Sgôr benywod 16–19 (eiliadau)
Ardderchog	>50	>30
Da	41–50	23-30
Cymedrol	31–40	16–22
Is na'r arfer	20–30	10–15
Gwael	<20	<10

Cerdded ar drawst

Prawf 'pasio neu fethu' yw'r prawf cerdded ar drawst (*beam walk*) sy'n mesur cydbwysedd dynamig. I gwblhau'r prawf hwn, bydd angen trawst neu ymyl palmant arnoch chi sydd tua 10 cm o led a 6 metr o hyd a stopwats. Nod y prawf yw i chi gerdded ar hyd y trawst cyfan ac yn ôl mewn 30 eiliad.

1 Gan ddechrau ar un pen, camwch i fyny i'r trawst, cerddwch ar ei hyd i'r pen arall, trowch 180° a dychwelwch yn ôl i'r man cychwyn.

2 Os yw'ch traed yn cyffwrdd â'r ddaear cyn iddynt gyffwrdd neu groesi'r llinell derfyn, mae hyn yn cyfrif fel cwymp.

3 Caniateir i chi gwympo oddi ar y trawst unwaith.

Cydsymud

Mae angen lefel uchel o gydsymud ar y mwyafrif o chwaraeon er mwyn perfformio sgiliau penodol. Ystyriwch weithred serfiad mewn tennis a sut mae gwahanol rannau eich corff yn rhyngweithio i berfformio symudiad cyflawn. Cydsymud yw'r gallu i symud dwy ran o'r corff neu fwy mewn dilyniant penodol.

Prawf taflu yn erbyn wal

Mae'r prawf hwn yn mesur cydsymud llaw a llygad ac mae angen pêl dennis, stopwats, tâp mesur a wal.

1 Yn dilyn sesiwn gynhesu rhaid i chi sefyll yn wynebu wal a thaflu'r bêl dan ysgwydd gyda'ch llaw dde yn erbyn y wal, gan ddal y bêl â'ch llaw chwith.

2 Yna mae'n rhaid i chi daflu'r bêl gan ddefnyddio'ch llaw chwith a'i dal gyda'r llaw dde.

3 Cadwch y dilyniant cylchdroadol hwn i ddigwydd am 30 eiliad a chyfrif faint o ddaliadau llwyddiannus rydych chi'n eu gwneud mewn 30 eiliad. Gellir cymharu'r canlyniadau â Thabl 5.22.

▶ **Tabl 5.22:** Dehongli canlyniadau profion taflu yn erbyn wal ar gyfer pobl ifanc 15 i 16 oed

Marc	Sgôr (mewn 30 eiliad)
Ardderchog	>35
Da	30–35
Cymedrol	20–29
Teg	15–19
Gwael	<15

Pŵer

Pŵer yw'r gallu i gynhyrchu a defnyddio cryfder cyhyrol yn gyflym dros gyfnod byr ac mae'n cael ei bennu gan gryfder a chyflymder. Mae pŵer yn bwysig i sbrintwyr wrth wthio i ffwrdd o'r blociau, pêl-droedwyr yn taro ergyd hir a bocswyr yn ergydio, yn ogystal ag mewn chwaraeon eraill.

Prawf naid fertigol (prawf naid Sargent)

Prawf yw hwn o bŵer anaerobig grŵp y cyhyrau pedwarpen. Defnyddir bwrdd naid fertigol safonol ar gyfer y prawf. Gellir recordio uchder y naid yn ddigidol neu fel arall gellir defnyddio sialc ar flaenau eich bysedd.

Perfformiwch sesiwn gynhesu byr cyn y prawf.

1   Sefwch â'ch ochr gryfaf yn erbyn y bwrdd, eich traed gyda'i gilydd, ac ymestyn i fyny mor uchel ag y gallwch a chofnodi yr uchder rydych chi'n cyrraedd wrth sefyll.

2   Dim ond un gostyngiad o'r breichiau a'r pengliniau a ganiateir. Gwnewch y naid a chyffwrdd â'r bwrdd naid fertigol ar yr un pryd ar anterth eich naid.

3   Perfformiwch dri threial. Nid oes angen gorffwys rhwng treialon. Arsylwch a chofnodwch uchder y naid. Defnyddiwch Dabl 5.23 er mwyn dehongli canlyniadau'r prawf.

▶ **Tabl 5.23:** Dehongli canlyniadau profion naid fertigol ar gyfer dynion a menywod rhwng 16 a 19 oed

Rhyw	Ardderchog	Uwch na'r arfer	Cymedrol	Is na'r arfer	Gwael
Gwyrwod	>65 cm	50–65 cm	40–49 cm	30–39 cm	<30 cm
Benywod	>58 cm	47–58 cm	36–46 cm	26–35 cm	<26 cm

Gellir defnyddio nomogram (gweler Ffigur 5.7) hefyd i gael canlyniadau'r prawf. Defnyddiwch nomogram Lewis i ragfynegi pŵer eich cyhyrau pedwarpen mewn kgm/e.

1   Plotiwch y gwahaniaeth (G) rhwng yr uchder rydych chi'n ei gyrraedd wrth sefyll a'ch uchder naid gorau (cm) ar y llinell nomogram (G).

2   Plotiwch eich pwysau mewn cilogramau ar y llinell nomogram (Pwysau).

3   Ymunwch y ddau blot, a fydd yn croesi dros y llinell bŵer (P) i ragfynegi pŵer anaerobig y cyhyrau pedwaren (mewn kgm/e).

Prawf naid hir wrth sefyll

Mae'r prawf naid hir wrth sefyll (neu'r prawf naid eang) yn fesur o bŵer ffrwydrol y coesau ac mae angen tâp mesur a sialc i'w farcio. Nod y prawf yw neidio cyn belled ag y bo modd, gan lanio ar y ddwy droed heb syrthio tuag yn ôl.

1   Rhaid i chi ddechrau y tu ôl i linell sydd wedi'i marcio ar y ddaear gyda'ch traed ychydig ar wahân.

2   Pan fyddwch chi'n barod mae'n rhaid i chi redeg yn eich blaen am ddwy droedfedd, siglo'ch breichiau a phlygu'r pengliniau i yrru'ch hun ymlaen.

3   Cymerir y mesuriad o'r llinell esgyn i'r pwynt cyswllt agosaf wrth lanio (cefn y sodlau).

4   Caniateir tair ymgais ac rydych chi'n cofnodi'r pellter hiraf a neidiwyd, h.y. y gorau o dair ymgais. Defnyddiwch Dabl 5.24 er mwyn dehongli'ch canlyniadau prawf.

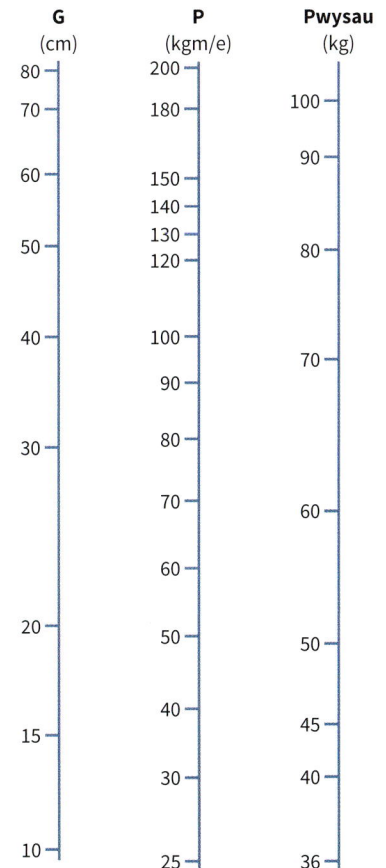

▶ **Ffigur 5.7:** Nomogram Lewis

Rhyw	Ardderchog	Uwch na'r arfer	Cymedrol	Is na'r arfer	Gwael
Gwrywod	>2.44 m	2.29–2.44 m	2.16–2.28 m	1.98–2.15 m	<1.98 m
Benywod	>1.91 m	1.78–1.91 m	1.63–1.77 m	1.50–1.62 m	<1.50 m

Prawf pŵer Margaria Kalamen

Mae prawf pŵer Margaria Kalamen yn fesur o bŵer y corff isaf. Mae'r prawf yn ei gwneud yn ofynnol i'r cyfranogwr sbrintio i fyny rhes o risiau gan gymryd tri cham ar y tro. Dim ond offer syml sydd ei angen:

▶ stopwats
▶ rhes o 12 gris tua 17.5 cm o uchder
▶ clorian bwyso
▶ conau ar gyfer marcio.

> **Awgrym diogelwch**
>
> Wrth wneud prawf pŵer Margaria Kalamen, gwnewch yn siŵr bod yr ardal yn glir a bod rhybudd yn cael ei arddangos i atal pobl eraill rhag dod i fyny neu fynd i lawr y grisiau.

1 Cyn i'r prawf ddechrau, rhaid i chi farcio llinell gychwyn gyda chonau 6 metr o flaen y cam cyntaf. Yna mae'n rhaid i chi farcio'r trydydd, chweched a'r nawfed gris yn glir trwy osod côn ar un ochr i'r gris.
2 Mesurwch y pellter fertigol o'r trydydd i'r nawfed cam (mewn metrau).
3 Mesurwch eich pwysau (mewn kg).
4 Gan ddechrau ar y llinell 6 metr, rhaid i chi redeg ymlaen pan roddir y gorchymyn 'EWCH' i chi.
5 Sbrintiwch i ac i fyny'r rhes o risiau gan gymryd tri cham ar y tro gan lanio ar y trydydd, chweched a'r nawfed gris. Dylid cychwyn y stopwats pan fydd eich troed yn glanio ar y trydydd gris.
6 Dylid stopio'r stopwats pan fydd eich troed yn glanio ar y nawfed gris, gyda'r amser a gymerir yn cael ei gofnodi mewn eiliadau.

Cyfrifir pŵer (watiau) o'r fformiwla: P = (M × D) × 9.8 ÷ a, ble mae:

▶ P = pŵer (watiau)
▶ M = pwysau'r athletwr (kg)
▶ D = pellter fertigol (m) o'r trydydd i'r nawfed cam
▶ a = amser (eiliadau).

Prawf meincnod yw hwn y dylid ei wneud ar ddechrau rhaglen ffitrwydd ac yna ei ailadrodd er mwyn mesur cynnydd.

Enghraifft ar waith

Prawf pŵer Margaria Kalamen

Mae Joe yn chwaraewr pêl-fasged sy'n dymuno gwella pŵer ei gorff isaf. Mae wedi cynnal prawf pŵer Margaria Kalamen er mwyn mesur ei bŵer.

• pwysau = 75 kg
• pellter = 105 cm
• amser = 1.7 eiliad

Gan ddefnyddio'r fformiwla: P = (M × D) × 9.8 ÷ a:
P = (75 kg × 1.05 m) × 9.8 ÷ 1.7
= 454 wat

Taflu pêl ymarfer tra'n eistedd

Nod y tafliad pêl ymarfer tra'n eistedd yw mesur pŵer rhan uchaf y corff. Trwy gadw'r cefn mewn cysylltiad â wal, profir pŵer rhan uchaf y corff (yn enwedig y breichiau a'r frest). Mae angen offer syml:

▶ pêl ymarfer 4 kg
▶ tâp mesur.

1 Eisteddwch ar y llawr gyda'ch coesau wedi'u hymestyn yn llawn, eich traed lled ysgwydd ar wahân a'ch cefn yn erbyn wal.

2 Gan ddal y bêl â'ch dwylo bob ochr iddi, rhaid i chi daflu'r bêl ymarfer yn egnïol ac mor bell ag y gallwch wrth gadw'ch cefn yn erbyn y wal. Dylai blaen eich breichiau gael eu gosod yn baralel â'r ddaear.

3 Cofnodir y pellter a daflwyd i'r centimetr agosaf gyda'r canlyniad gorau o dri tafliad yn cael eu defnyddio.

Prawf meincnod yw hwn y dylid ei wneud ar ddechrau rhaglen ffitrwydd ac yna ei ailadrodd er mwyn mesur cynnydd.

Prawf taflu pêl griced

Mae'r prawf taflu pêl griced yn cynnwys taflu pêl griced am y pellter mwyaf ac mae'n fesur o bŵer yng nghyhyrau'r ysgwydd a'r fraich. Mae'r prawf yn arbennig o ddefnyddiol i unrhyw athletwyr sy'n perfformio gweithredoedd taflu fel rhan o'u camp.

1 Gan ddefnyddio rhediad 10 metr rhaid i chi daflu'r bêl cyn belled ag y bo modd heb groesi'r llinell gychwyn. Os croesir y llinell, ystyrir bod y tafliad yn erbyn y rheolau.

2 Cofnodir y pellter o'r llinell gychwyn i'r man lle mae'r bêl yn glanio gyntaf i'r metr agosaf.

3 Gwneir tair ymgais a chofnodir y canlyniad gorau o'r tri thafliad.

Prawf meincnod arall yw hwn y dylid ei wneud ar ddechrau rhaglen ffitrwydd ac yna ei ailadrodd er mwyn mesur cynnydd.

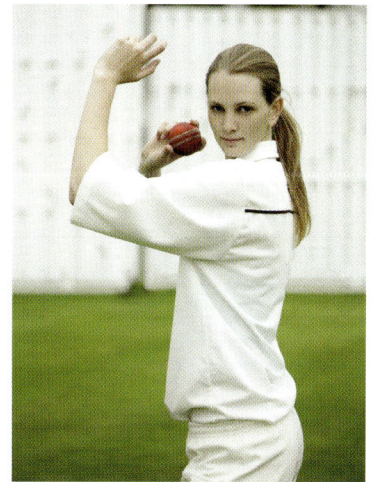

▶ Perfformio tafliad pêl griced

Prawf Wingate

Mae prawf beicio Wingate yn rhagfynegi pŵer anaerobig y grwpiau cyhyrau pedwarpen gan ddefnyddio'r sbrint mwyaf posibl dros 30 eiliad ar feic ergomedr â brec mecanyddol fel y Monark 824E. Mae angen caniatâd gwybodus cyn cymryd rhan yn y prawf caled hwn.

1 Mesurwch bwysau eich corff mewn kg. I gyfrifo'r pwysau i'w ychwanegu at fasged y beic ergomedr, defnyddiwch y fformiwla hon:
   • pwysau i'w ychwanegu at y fasged = pwysau'r corff × 0.075 minws 1 kg ar gyfer pwysau'r fasged = pwysau i'w ychwanegu at y fasged

2 Bydd angen i chi wisgo monitor cyfradd curiad y galon ar gyfer y sesiwn gynhesu. Mae angen i chi feicio am rhwng 2 a 4 munud ar ddwysedd sy'n ddigonol i beri i'r galon guro ar 150-160 bpm. Yn ystod y sesiwn gynhesu, cynhwyswch ddau neu dri sesiwn feicio ddwys am 4–8 eiliad yr un.

3 Yn dilyn y sesiwn gynhesu dylech orffwys am oddeutu 3 i 5 munud er mwyn ymestyn y prif grwpiau cyhyrau.

4 Ar orchymyn gan yr amserydd, pedalwch mor gyflym â phosib i oresgyn syrthni'r olwyn flaen. Yna bydd y pwysau yn cael ei ostwng i'r fasged.

5 Pan fydd y llwyth olaf wedi'i ychwanegu at y fasged, bydd yr amseru'n cychwyn. Parhewch i bedalu mor gyflym â phosib am 30 eiliad. Bydd angen cymhelliant gan gyfoedion arnoch i helpu i barhau i sbrintio ar y beic mor gyflym â phosibl a chadw'r pedalau i droi am 30 eiliad llawn y prawf.

6 Bydd cynorthwyydd yn nodi'r cylchdroeon y funud (RPM) a gyflawnir ar gyfer pob cyfnod o 5 eiliad. Gellir nodi hyn yn electronig o ddangosydd y beic ergomedr.

7 Ar gyfer y sesiwn oeri, ac i leihau'r risg o lewygu, parhewch i feicio heb unrhyw lwyth ar y fasged, am 2 i 3 munud ar ôl y prawf.

8 Bydd angen i chi gael help cynorthwywyr i ddod oddi ar y beic ac yna dylech, fel rhagofal, fynd i'r ystum ymadfer.

9 Gellir dehongli'r canlyniadau gan ddefnyddio Tabl 5.25.

> **Ymchwil**
>
> Defnyddir yr **ystum ymadfer** (*recovery position*) er mwyn atal tagu. Efallai eich bod eisoes wedi gwneud hyfforddiant cymorth cyntaf fel rhan o'ch rhaglen BTEC Cenedlaethol mewn Chwaraeon. Os nad ydych wedi gwneud hynny, defnyddiwch wefan ddibynadwy i ddarganfod beth yw'r ystum ymadfer. Ymarferwch hyn gyda phartner a chael rhywun yn gymwysedig mewn cymorth cyntaf i wirio eich bod yn y safleoedd cywir.

> **Awgrym diogelwch**
>
> Mae prawf Wingate yn brawf caled dros ben, sy'n gofyn am yr ymdrech fwyaf posibl. Byddwch yn ymwybodol y gall ymdrech o'r fath beri i gyfranogwyr lewygu neu fod yn sâl yn dilyn y prawf. Sicrhewch fod y dulliau cywir ar waith pe bai hyn yn digwydd.

▶ **Tabl 5.25:** Dehongli pŵer anaerobig

Gradd (%)	Gwrywod (watiau)	Benywod (watiau)
90	822	560
80	777	527
70	757	505
60	721	480
50	689	449
40	671	432
30	656	399
20	618	376
10	570	353

⏸ **MUNUD I FEDDWL**   Beth yw pŵer?

Awgrym   Rhestrwch bum camp sydd angen pŵer fel cydran allweddol o ffitrwydd. Disgrifiwch pam mae hyn yn bwysig i bob un o'r chwaraeon hyn.

Ymestyn   Sut allwch chi fesur pŵer? Nodwch dri phrawf y gellir eu defnyddio i fesur pŵer.

Astudiaeth achos

Prawf beicio Wingate

Mae Gary yn fyfyriwr 18 oed. Dangosir ei ganlyniadau ar gyfer prawf beicio anaerobig Wingate yn Nhablau 5.26-5.30.

Gan ddefnyddio'r wybodaeth yn y tablau hyn:

- Cyfrifo capasiti anaerobig (W):
  - = kgm-30e/3
  - = 2016/3
  - = 672 W (pŵer cymedrig cyfartalog)

Gwiriwch eich gwybodaeth

1 Ymgymerwch â'r prawf beicio Wingate anaerobig macsimaidd. O'ch canlyniadau, cyfrifwch:
   - bŵer anaerobig (W)
   - capasiti anaerobig (W) – eich pŵer cymedrig ar gyfartaledd.

2 Plotiwch graff i ddangos eich canlyniadau data. Ar yr echelin-Y plotiwch y pŵer anaerobig (W) a gyflawnir ar gyfer pob cyfnod o 5 eiliad (plotiwch amser mewn eiliadau ar yr echelin-X).

3 Dangoswch eich pŵer cymedrig cyfartalog (W) trwy dynnu llinell syth ar draws eich graff yn croestorri'r echelin-Y ar eich canlyniad pŵer.
   - Beth yw eich canlyniad pŵer cymedrig ar gyfartaledd (W)?
   - Sut mae'ch canlyniadau pŵer anaerobig yn cymharu â chanlyniadau eich cyfoedion?

▶ **Tabl 5.26:** Cyfrifiad pwysau i'w ychwanegu at fasged ergomedr Gary

Pwysau corff Gary	= 85 kg
Pwysau i'w ychwanegu at y fasged	= Pwysau'r corff × 0.075
	= 80 × 0.075
	= 6.0
Minws 1 kg ar gyfer pwysau'r fasged	**= 5.0**

▶ **Tabl 5.27:** Cylchdroeon y funud Gary am bob cyfnod o 5 eiliad

Amser (eiliadau)	Cylchdroeon y funud (rpm)
5	115
10	118
15	118
20	109
25	105
30	105

▶ **Tabl 5.28:** Cyfrifo pŵer anaerobig Gary

Amser (eiliadau)	Pŵer anaerobig (w)
Pŵer anaerobig (W) = cyfanswm y pwysau ar y fasged (kg) × cylchdroeon × 11.765	
5	6.0 × (115 ÷ 60 × 5) × 11.765 = 676.5 W
10	6.0 × (118 ÷ 60 × 5) × 11.765 = 694.1 W
15	6.0 × (118 ÷ 60 × 5) × 11.765 = 694.1 W
20	6.0 × (109 ÷ 60 × 5) × 11.765 = 641.2 W
25	6.0 × (105 ÷ 60 × 5) × 11.765 = 617.7 W
30	6.0 × (105 ÷ 60 × 5) × 11.765 = 617.7 W

▶ **Tabl 5.29:** Cyfrifiad o gyfanswm cylchdroeon Gary mewn 30 eiliad

Amser (eiliadau)		Cylchdroeon 5e
5	115/60 × 5	9.58
10	118/60 × 5	9.83
15	118/60 × 5	9.83
20	109/60 × 5	9.08
25	105/60 × 5	8.75
30	105/60 × 5	8.75
Cyfanswm y cylchdroeon		**55.82**
		= 56 (cylchdro agosaf)

▶ **Tabl 5.30:** Cyfrifiad o gapasiti anaerobig Gary

Capasiti anaerobig (kgm-30e)	**− cyfanswm y cylchdroeon mewn 30e × 6m* (* mae un cylchdro o olwyn flaen Monark yn 6 metr) × grym (kg)**
	= 56 × 6 × 6.0
	= 2016 (kgm-30e)

Amser ymateb

Amser ymateb yw'r amser rhwng ysgogiad i symud a dechrau symudiad, fel pistol cychwyn (yr ysgogiad) a dechrau'r sbrint (y symudiad) mewn digwyddiadau sbrint.

Prawf gollwng pren mesur

Prawf amser ymateb syml yw'r prawf gollwng pren mesur, sy'n defnyddio pren mesur 1-metr yn unig. Mae'r prawf hwn yn defnyddio priodweddau hysbys disgyrchiant i bennu pa mor hir y mae'n ei gymryd i unigolyn ymateb i ollwng gwrthrych trwy fesur pa mor bell y gall y gwrthrych ddisgyn cyn cael ei ddal.

1. Mae'r pren mesur yn cael ei ddal gan gynorthwyydd rhwng bys blaen estynedig a bawd eich llaw gryfaf, fel bod pen y bawd yn erbyn y llinell sero centimetr ar y pren mesur.
2. Rhaid i chi ddal y pren mesur cyn gynted â phosibl ar ôl iddo gael ei ryddhau.
3. Mae'r cynorthwyydd yn rhyddhau'r pren mesur a rhaid i chi ddal y pren mesur rhwng eich bys blaen a'ch bawd cyn gynted â phosibl.
4. Cofnodir y pellter rhwng gwaelod y pren mesur a thop eich bawd lle mae'r pren mesur wedi'i ddal.
5. Mae'r prawf yn cael ei ailadrodd ddwywaith eto a'r gwerth cyfartalog a ddefnyddir.

Er mwyn cyfrifo cyflymder yr adwaith defnyddir y fformiwla ganlynol: $a = \sqrt{2p \div c}$ ble mae:

▶ p = pellter mewn metrau
▶ c = cyflymiad oherwydd disgyrchiant = 9.81 m/s^2
▶ a = amser mewn eiliadau

Enghraifft ar waith

Mae Stuart yn gollwng pren mesur ac yn cofnodi pellter o 9 cm.
Gan ddefnyddio'r hafaliad: $a = \sqrt{2p \div c}$

- $a = \sqrt{(2 \times 0.09 \div 9.81)}$
- $a = \sqrt{(0.01835)}$
- $a = 0.135$ eiliad

Mae Stuart yn defnyddio Tabl 5.31 i ddehongli ei ganlyniad.

▶ **Tabl 5.31:** Dehongli canlyniadau profion gollwng pren mesur

Ardderchog	Uwch na'r arfer	Cymedrol	Is na'r arfer	Gwael
<7.5 cm	7.5–15.9 cm	15.9–20.4 cm	20.4–28 cm	>28 cm

Ⅱ MUNUD I FEDDWL — Ydych chi'n deall y gwahaniaeth rhwng cydrannau ffitrwydd sy'n gysylltiedig â sgiliau a chydrannau corfforol ffitrwydd?

Awgrym — Caewch y llyfr ac o dan y gwahanol gategorïau rhestrwch y cydrannau sy'n gysylltiedig â sgiliau a chydrannau corfforol ffitrwydd a gwmpesir yn yr uned hon.

Ymestyn — Nawr rhestrwch brawf ffitrwydd a fydd yn mesur pob un o'r cydrannau ffitrwydd hyn.

Cynllunio profion

Gofynion pwnc

Bydd pob un o'ch pynciau'n wahanol, gyda gwahanol lefelau o ffitrwydd. Felly mae'n rhaid eich bod chi'n gallu dewis ystod o brofion ffitrwydd sy'n briodol i anghenion y pwnc unigol. Ymhlith y ffactorau y mae'n rhaid i chi eu hystyried mae deall gofynion corfforol camp neu weithgaredd corfforol penodol a gallu profi'r cydrannau penodol ffitrwydd sy'n berthnasol.

Dylech hefyd ystyried oedran, rhyw a lefelau gweithgaredd corfforol cyfredol yr unigolyn wrth ddewis profion. Er enghraifft, os oes gan bwnc lefelau isel o ffitrwydd aerobig yna byddai prawf macsimaidd fel y prawf ffitrwydd aml-gam yn amhriodol.

Dewis profion ffitrwydd priodol

Wrth ddewis profion priodol rhaid i chi gofio ystyried addasrwydd, dilysrwydd, dibynadwyedd ac ymarferoldeb pob prawf a'r adnoddau sy'n ofynnol ar ei gyfer. Un ystyriaeth benodol yw'r dilyniant rydych chi'n perfformio ystod o brofion ynddo, oherwydd gall pob prawf effeithio ar ganlyniadau'r prawf nesaf. Fel canllaw cyffredinol dylai'r dilyniant fod fel a ganlyn.

1 **Profion iechyd** – dylid mesur cyfradd curiad y galon a phwysedd gwaed yn gyntaf pan fydd y cyfranogwr wedi llwyr orffwys. Gellir mesur y rhain fel rhan o'r broses sgrinio.
2 **Mesuriadau corff** – gellir eu mesur ar ôl y profion iechyd gan nad oes angen ymarfer corff arnynt.
3 **Profion hyblygrwydd** – dylid eu cynnal ar ôl sesiwn gynhesu er mwyn atal anaf.
4 Dylid cynnal **profion sy'n gysylltiedig â sgiliau** fel ystwythder, cydbwysedd, cydsymud ac amser ymateb ar ôl sesiwn gynhesu ac ar ôl profion ystwythder.
5 **Profion cyflymder a phŵer** – dylid eu cynnal cyn profion ar gyfer profion pŵer, cryfder cyhyrol, dygnwch cyhyrol a sbrintio. Rhaid cynhesu'n llawn cyn y profion hyn. Dylid cynnal profion cryfder cyhyrol cyn prawf dygnwch cyhyrol bob amser.
6 **Profion dygnwch cyhyrol** – sicrhewch bob amser bod eich cyfranogwr yn ymadfer yn llawn ar ôl unrhyw brawf cryfder cyhyrol blaenorol. Bydd o leiaf 10 munud o amser ymadfer yn caniatáu i'r cyfranogwr baratoi ar gyfer y prawf hwn.
7 **Profion dygnwch aerobig** – mae'r mwyafrif o brofion aerobig is-facsimaidd yn seiliedig ar ymateb cyfradd curiad y galon i ymarfer corff a gallant gael eu heffeithio gan y profion blaenorol a chyflwr meddyliol yr athletwr. Felly dylid trefnu'r rhain yn unol â hynny. Cofiwch fod profion ymarfer corff macsimaidd, fel VO_2 macsimwm neu'r prawf ffitrwydd aml-gam (prawf bipian), yn ei gwneud yn ofynnol i'ch cyfranogwr ymarfer hyd blinder, felly dylid ei drefnu ar ddiwedd sesiwn bob amser ac ni ddylid ei ailadrodd yn yr un sesiwn.

Astudiaeth achos

Dewis y profion ffitrwydd cywir

Mae Victoria yn chwaraewr tennis 18 oed sydd newydd gael ei dewis i gynrychioli ei sir. Mae hi'n dymuno paratoi ar gyfer twrnamaint sydd ar ddod ac mae hi wedi mynd at hyfforddwr personol, Kerrie, i'w helpu gyda'i hamcaniom ffitrwydd.

Cam 1: Mae Kerrie yn cwrdd â Victoria ac yn trafod beth yw ei hamcanion hyfforddi. Yn y cyfarfod hwn maen nhw'n nodi cydrannau allweddol ffitrwydd sy'n ofynnol ar gyfer tennis.

Cam 2: Ar ôl nodi'r prif gydrannau ffitrwydd, mae Kerrie yn dewis prawf ffitrwydd a fydd yn mesur pob un ac yn egluro pwrpas a phrotocol pob un o'r rhain. Yna mae'n cwblhau holiadur iechyd cyn-brofi gyda Victoria ynghyd â ffurflen gydsyniad gwybodus y mae'r ddau barti yn ei llofnodi (gweler tudalennau 248-224).

Cam 3: Mae Victoria yn cymryd pob un o'r profion ffitrwydd a ddewiswyd ac mae Kerrie yn cofnodi'r canlyniadau ar ôl pob un o'r rhain.

Cam 4: Ar ôl i Victoria gwblhau sesiwn oeri, mae Kerrie yn cwrdd â Victoria er mwyn trafod ei chanlyniadau.

Mae hi'n defnyddio data normadol er mwyn nodi lefelau ffitrwydd penodol Victoria (wedi'u cysylltu â phob cydran) ac yn gwneud argymhellion hyfforddi yn seiliedig ar bob un o'r rhain.

Cam 5: Gan ddefnyddio'r wybodaeth, mae Victoria yn ymgymryd â rhaglen hyfforddi benodol sy'n mynd i'r afael â phob cydran ffitrwydd. Ar ôl chwe wythnos mae'n dychwelyd i Kerrie sy'n ei hailbrofi er mwyn darganfod a oes gwelliannau wedi'u gwneud.

Gwiriwch eich gwybodaeth

1 Beth fyddai'r prif gydrannau ffitrwydd sy'n ofynnol ar gyfer tennis?
2 Nodwch brawf ffitrwydd sy'n mesur pob un o'r cydrannau hyn.
3 Pa ffactorau fyddai'n effeithio ar ddethol pob un o'r profion hyn?
4 Pam mae ffurflen cydsyniad gwybodus wedi'i llofnodi yn bwysig wrth gynnal profion ffitrwydd?
5 Beth sy'n rhaid i Kerrie ei ystyried wrth ddefnyddio data normadol?

Gweithdrefn profion

Gall eich cyfranogwr fod yn nerfus neu'n ansicr ynghylch bod yn rhan o sesiwn profi ffitrwydd. Felly mae'n bwysig yn eich rôl fel y profwr i dawelu meddwl y cyfranogwr ac egluro pwrpas a gweithdrefn pob prawf yn llawn. I wneud hyn gallwch roi arddangosiad fel y gall y cyfranogwr ddychmygu'r prawf a beth i'w ddisgwyl. Yn dilyn hyn, gadewch i'r cleient ymarfer wrth i chi roi cyfarwyddiadau clir. Ar gyfer profion mwy cymhleth, mae'n ddefnyddiol rhannu'r prawf yn gydrannau llai a rhoi cyfarwyddiadau clir ar gyfer pob cam o'r prawf.

Iechyd a Diogelwch

Wrth gynnal asesiadau ffitrwydd, rhaid i chi lynu wrth weithdrefnau iechyd a diogelwch llym bob amser, a chanllawiau protocol profion, a gallu adnabod y cleientiaid hynny sydd angen atgyfeiriad meddygol. Felly mae'n rhaid i chi drafod lefelau ffitrwydd a gweithgaredd cyfredol y cyfranogwr ynghyd â ffactorau yn ymwneud â ffordd o fyw a allai effeithio ar y profion. Os ydych yn ansicr a yw'r cyfranogwr yn gallu ymgymryd â phrawf penodol, peidiwch â'i gynnal. Rhaid i chi hefyd eu monitro trwy gydol y profion er mwyn diogelu eu lles.

Sgrinio cyfranogwr

Mae sgrinio iechyd yn golygu casglu gwybodaeth am lefelau gweithgaredd corfforol cyfredol, arferion deietegol a ffordd o fyw unigolyn. Gellir defnyddio holiaduron sgrinio iechyd er mwyn casglu gwybodaeth o'r fath. Mae canlyniadau holiadur yn nodi'r rhai a allai fod â ffactorau risg, fel clefyd y galon, ac yn tynnu sylw at ble mae angen newid ffordd o fyw.

Mae holiaduron sgrinio iechyd yn debygol o gynnwys cwestiynau penodol sy'n ymwneud â'r meysydd canlynol:

▶ hanes o weithgaredd corfforol a lefelau gweithgaredd corfforol cyfredol
▶ anafiadau
▶ nodau hyfforddiant personol
▶ ysmygu ac yfed alcohol
▶ lefelau straen
▶ arferion deietegol.

Yn ystod y sgrinio bydd angen i chi sicrhau bod yr unigolyn yn teimlo'n gartrefol – datblygwch *rapport*, eu hysbysu'n llawn am y prawf a dangoswch ddisgresiwn. Cofiwch ei bod yr un mor bwysig gwrando ar eich cleient ag ydyw i ofyn cwestiynau. Byddwch yn ymwybodol o iaith eich corff a'r negeseuon di-eiriau rydych chi'n eu rhoi. Yn olaf, rhaid i chi gyfleu'ch canfyddiadau a goblygiadau'r rhain yn glir.

Rhesymau dros derfynu prawf

Dylai unigolion gael eu monitro'n agos wrth iddynt gynnal profion ffitrwydd. Mae'r rhesymau dros derfynu prawf yn cynnwys pan fo'ch cyfranogwr yn:

▶ gofyn am atal y prawf ffitrwydd
▶ sôn am boen yn y frest
▶ profi diffyg anadl difrifol neu wichian
▶ dangos arwyddion o gylchrediad gwael, er enghraifft croen gwelw a chroen oer, llaith
▶ dangos arwyddion o gydsymud gwael, dryswch a/neu bendro.

Caniatâd gwybodus

Cyn gweinyddu unrhyw brofion iechyd neu ffitrwydd, dylai'r unigolyn sydd i'w brofi lenwi ffurflen ganiatâd gwybodus. Mae hon yn dystiolaeth wedi'i dogfennu sy'n dangos eich bod wedi darparu'r holl wybodaeth angenrheidiol i'r unigolyn er mwyn cynnal y profion.

Rhaid i'r ffurflen ganiatâd gwybodus gynnwys y wybodaeth ganlynol:

- ▶ disgrifiad o'r prawf ffitrwydd
- ▶ manylion y weithdrefn i'w dilyn a chadarnhad eu bod yn gallu dilyn y dulliau profi
- ▶ manylion unrhyw risgiau a buddion posibl i'r cyfranogwr
- ▶ adran sy'n dangos eu bod yn gwybod eu bod yn cael gofyn unrhyw gwestiynau i chi sy'n ymwneud â'r profion a chadarnhau bod y rhain wedi'u hateb
- ▶ adran sy'n nodi eu bod wedi cydsynio'n llawn i'w cyfranogiad yn y profion ffitrwydd ond yn deall y gallant dynnu eu caniatâd yn ôl ar unrhyw adeg
- ▶ adran sy'n egluro y bydd unrhyw wybodaeth a fydd yn cael ei chasglu am y cyfranogwr yn aros yn gyfrinachol

> **Damcaniaeth ar waith**
>
> Chwiliwch ar-lein er mwyn dod o hyd i enghreifftiau o ffurflenni caniatâd gwybodus. Dyluniwch eich ffurflen ganiatâd gwybodus eich hun y gellir ei defnyddio ar gyfer unrhyw brofion ffitrwydd rydych chi'n dewis eu gweinyddu.
>
> - Pam mae caniatâd gwybodus yn bwysig mewn profion ffitrwydd?
> - Pa gwestiynau sgrinio iechyd y dylid eu cynnwys?
>
> Beth ddylech chi ei wneud os yw cyfranogwr yn gwrthod llenwi holiadur iechyd neu ffurflen ganiatâd gwybodus?

> **Cysylltiad**
>
> Gweler *Uned 2: Hyfforddiant a Rhaglennu Ffitrwydd ar gyfer Iechyd, Chwaraeon a Lles* i gael mwy o wybodaeth am gwestiynau sgrinio iechyd.

Dylai'r ffurflen ganiatâd gael ei llofnodi a'i dyddio gan:

- ▶ yr unigolyn sydd i'w brofi (y cyfranogwr)
- ▶ eu rhieni/gwarcheidwaid (os o dan 18)
- ▶ chi (y profwr)
- ▶ tyst (fel arfer eich tiwtor/asesydd yn ystod eich cwrs BTEC).

Sesiwn gynhesu cyn y prawf

Cyn unrhyw ymarfer corff rhaid i chi ganiatáu i'r cyfranogwr gynhesu. Bydd hyn yn eu paratoi ar gyfer gofynion corfforol a seicolegol y profion yn ogystal â lleihau'r risg o anaf.

> **Damcaniaeth ar waith**
>
> Os oes gennych chi brofiad o dechnegau profi, mae'ch canlyniadau'n fwy tebygol o fod yn ddilys ac yn ddibynadwy. Bydd cynllunio da yn eich helpu i deimlo'n fwy hyderus wrth weinyddu profion ffitrwydd, yn enwedig os yw'n rhywun nad ydych chi'n ei adnabod.
>
> 1 Ystyriwch ystod o brofion ffitrwydd. Ydych chi'n hyderus i fedru cynnal pob un o'r rhain?
> 2 Ydych chi'n gwybod beth mae'r canlyniadau'n eu golygu?
> 3 Mewn parau, dewiswch gydran ffitrwydd a phrawf ffitrwydd priodol. Dylai un ohonoch weithredu fel y cyfranogwr tra bydd yr un arall yn cynnal y prawf.
> 4 Ar ôl y prawf, rhowch adborth i'r cyfranogwr. Beth oedd eu cryfderau? Pa faes sydd angen i chi ei ddatblygu ymhellach?

Disgrifiwch dair ffordd y gallwch sicrhau bod iechyd a diogelwch yn cael ei gynnal cyn ac yn ystod profion ffitrwydd.

Cynlluniwch holiadur iechyd y gellir ei roi i gyfranogwr cyn sesiwn profi ffitrwydd. Pa gwestiynau fyddwch chi'n eu gofyn? Pam?

Gweinyddu profion

Bydd angen i chi gynllunio a bod yn drefnus iawn trwy gydol gweinyddu'r profion ffitrwydd. Mae'n bwysig eich bod chi'n gwybod ac yn deall eich rôl a'ch cyfrifoldebau fel profwr.

Rôl y profwr

Rôl y profwr ffitrwydd yw nid yn unig cynnal ystod o brofion ffitrwydd mewn modd diogel ond hefyd sicrhau bod y cleient yn gartrefol ac yn gyfforddus â'r weithdrefn. O'r eiliad y byddwch chi'n cwrdd â'r cleient a thrwy gydol y prawf dylech aros yn gadarnhaol ac yn frwdfrydig, gan feithrin perthynas dda â nhw.

Mae rôl y profwr yn cynnwys:
- trefnu'r offer ar y diwrnod a sicrhau bod y lleoliad yn lân ac yn ddiogel cyn i'r cleient gyrraedd – gall hyn gynnwys cynnal asesiad risg
- sicrhau bod y cleient wedi cwblhau ymgynghoriad a gweithdrefnau cyn-brawf eraill, a bod yr holl ddogfennaeth wedi'i chofnodi'n iawn
- arddangos y profion a mynd â'r cleient trwy sesiwn gynhesu llawn
- gweithredu fel ysgogwr er mwyn annog y cleient i berfformio ar ei orau a pharhau i'w ysgogi pan fyddant yn blino
- cofnodi canlyniadau pob prawf mewn modd trefnus a chywir
- gallu defnyddio'r wybodaeth hon i gymharu â data normadol a llunio barn ac argymhellion.

Cyfrifoldebau'r profwr

Fel y profwr rydych chi'n gyfrifol am les eich cleient trwy gydol y sesiwn. O'r herwydd, rhaid i chi sicrhau bod y profion ffitrwydd a ddewiswch yn addas ar gyfer y cleient ac yn diwallu eu hanghenion, gan ystyried eu hoedran a'u lefelau ffitrwydd. Rhaid i chi hefyd sicrhau bod y cleient yn defnyddio'r dechneg gywir trwy gydol y prawf ffitrwydd er mwyn atal anaf.

> **Awgrym diogelwch**
>
> Cofiwch, os ydych chi'n ansicr a all cleient gwblhau prawf ffitrwydd penodol yn ddiogel, peidiwch â chynnal y prawf.

Cofiwch:
- mae angen i chi fod yn gyfarwydd iawn â'r dulliau prawf
- bydd cynllunio da yn gwella'ch hyder
- bydd angen i chi ddefnyddio tablau data cyhoeddedig er mwyn dehongli canlyniadau a rhoi adborth i'r unigolyn
- bydd ymarfer gweithdrefnau a phrotocolau prawf yn rhoi mwy o brofiad i chi ar sut i ddehongli'r canlyniadau a gafwyd. Dylid dehongli canlyniadau mewn modd dilys, effeithiol a phriodol.

Gwiriadau cyn-brawf

Defnyddir gwiriadau cyn-brawf er mwyn sicrhau bod profion ffitrwydd yn gywir ac yn ddibynadwy, a bod eich cleient yn gallu cwblhau'r profion a ddewiswyd yn ddiogel. Cyn cynnal unrhyw brawf, rhaid i chi sicrhau bod yr holl offer yn lân ac yn barod i'w ddefnyddio, a bod yr ardal brofi (gan gynnwys y llawr neu'r arwyneb gwaith lle bydd y profion yn cael eu cynnal) yn rhydd o beryglon. Er enghraifft, rhaid i'r llawr fod yn glir o rwystrau ac yn sych, fel na all eich cleient faglu na llithro. Os ydych chi'n cynnal profion y tu allan, rhaid i chi edrych ar y llawr am sbwriel neu arwynebau anwastad ac ystyried y tywydd a'r tymheredd, a allai effeithio ar allu eich cleient i gwblhau prawf ffitrwydd penodol.

Rhaid i chi hefyd sicrhau bod eich cleient wedi cwblhau'r holl ddogfennau sgrinio yn gywir ac wedi llenwi ffurflen PAR-Q (gweler tudalennau 77–79), fel eich bod chi'n gwybod ei fod yn ddigon ffit yn gorfforol i gyflawni'r profion a ddewiswyd. Yn olaf, dylech sicrhau bod eich cleient yn deall pwrpas a gweithdrefnau'r profion y maen nhw ar fin eu cwblhau a gofyn iddynt lofnodi ffurflen ganiatâd gwybodus (gweler tudalennau 248–249).

Ymarfer asesu 5.2

B.P3 **B.P4** **B.P5** **B.M2** **B.M3** **B.M4** **AB.D1**

Nawr bod gan hyfforddwyr y clwb pêl-droed ddealltwriaeth o brofi ffitrwydd, maen nhw am i chi nodi a gweinyddu chwe phrawf dilys sy'n mesur cydrannau perthnasol ffitrwydd ar gyfer pêl-droed. Ar gyfer pob prawf mae'n rhaid i chi gofnodi'r canlyniadau yn gywir a'u dehongli yn erbyn data normadol.

Amlinellir y pwyntiau i'w hystyried isod.

- Sicrhewch fod y profion a ddewiswch yn ddilys ar gyfer y gamp a ddewiswyd gennych.
- Aseswch ymarferoldeb ac addasrwydd pob prawf.
- Awgrymwch feysydd i'w gwella yn y broses o weinyddu profion ffitrwydd yn seiliedig ar ganlyniadau profion.

Ar ôl i chi gwblhau'r profion, myfyriwch ar eich perfformiad eich hun. Ysgrifennwch grynodeb byr yn dadansoddi eich gweinyddiaeth eich hun o'r profion ffitrwydd ac awgrymwch welliannau, gan egluro pam eich bod wedi gwneud yr awgrymiadau hyn.

Cynllunio
- A allaf nodi cydrannau penodol ffitrwydd ar gyfer chwaraewr pêl-droed? Pa brofion fydd yn ddilys?
- Pa offer sydd ei angen arnaf? A oes gennyf y gwaith papur cywir er mwyn cofnodi'r canlyniadau?
- Sut mae trefnu'r sesiynau profi ffitrwydd? Pryd a ble y bydd rhain yn digwydd?

Gwneud
- Ydw i'n hyderus wrth weinyddu'r profion ffitrwydd?
- Ydw i'n gwybod sut i gofnodi'r canlyniadau ac a allaf ddehongli'r rhain yn erbyn data normadol?
- A wyf wedi ystyried unrhyw ffactorau a allai effeithio ar y canlyniadau?

Adolygu
- Alla i egluro beth oedd y dasg a sut y gwnes i fynd ati?
- Ydw i wedi arolygu sut y gwnes i weinyddu'r profion a beth allwn i ei wneud i wella y tro nesaf?

C Ymgymryd â gwerthusiad ac adborth o ganlyniadau profion ffitrwydd

Cynhyrchu proffil ffitrwydd ar gyfer perfformiwr chwaraeon dethol

Ar ôl i chi gwblhau'r sesiwn profi ffitrwydd, bydd eich cleient neu gyfranogwr eisiau gwybod ei lefelau ffitrwydd naill ai o gymharu â data normadol neu yn erbyn canlyniadau blaenorol. Felly mae'n rhaid i chi baratoi adroddiad cryno sy'n tynnu sylw at y canlyniadau mewn modd clir a syml gydag esboniad byr o ystyron y canlyniadau a'ch argymhellion.

Enw:	Carys Peters	Oed:	17 mlynedd
Dyddiad:	23 Gorffennaf 2016		

PROFION HYBLYGRWYDD

Prawf eistedd ac ymestyn

Mae'r prawf hwn yn mesur ystwythder y torso wrth symud ymlaen, ac yn nodi'r ystod o symudiad yn eich cluniau, llinynnau'r garrau a gwaelod eich cefn.

10	11	12	13	14	15	16	17	18	19	20
	Gwael iawn			Gwael	Cymedrol	Da		Da iawn		Ardderchog

Eich canlyniadau:

Fe wnaethoch chi sgorio canlyniad o 15 cm, sy'n gymedrol. Mae eich hyblygrwydd yn y maes hwn yn deg.

Prawf cylchdroi'r torso

Mae'r prawf hwn yn rhoi syniad o hyblygrwydd eich torso a'ch ysgwyddau.

0–4	5–9	10–14	15–19	20+
Gwael	Teg	Da	Da iawn	Ardderchog

Eich canlyniadau:

Fe wnaethoch chi sgorio canlyniad o 12 cm, sy'n dda. Fodd bynnag, dywedoch eich bod am wella eich chwarae golff, felly byddech yn elwa o gynyddu hyblygrwydd eich trwnc.

PROFION CRYFDER

Prawf gwasg fainc 1RM

Mae'r prawf hwn yn mesur cryfder cyhyrau pectoral y frest.

<0.52	0.53–0.58	0.59–0.71	0.72–0.77	>0.78
Gwael	Teg	Da	Da iawn	Ardderchog

Eich canlyniadau:

Fe wnaethoch chi sgorio canlyniad o 0.58, sy'n deg ond yn agos iawn at fod yn dda.

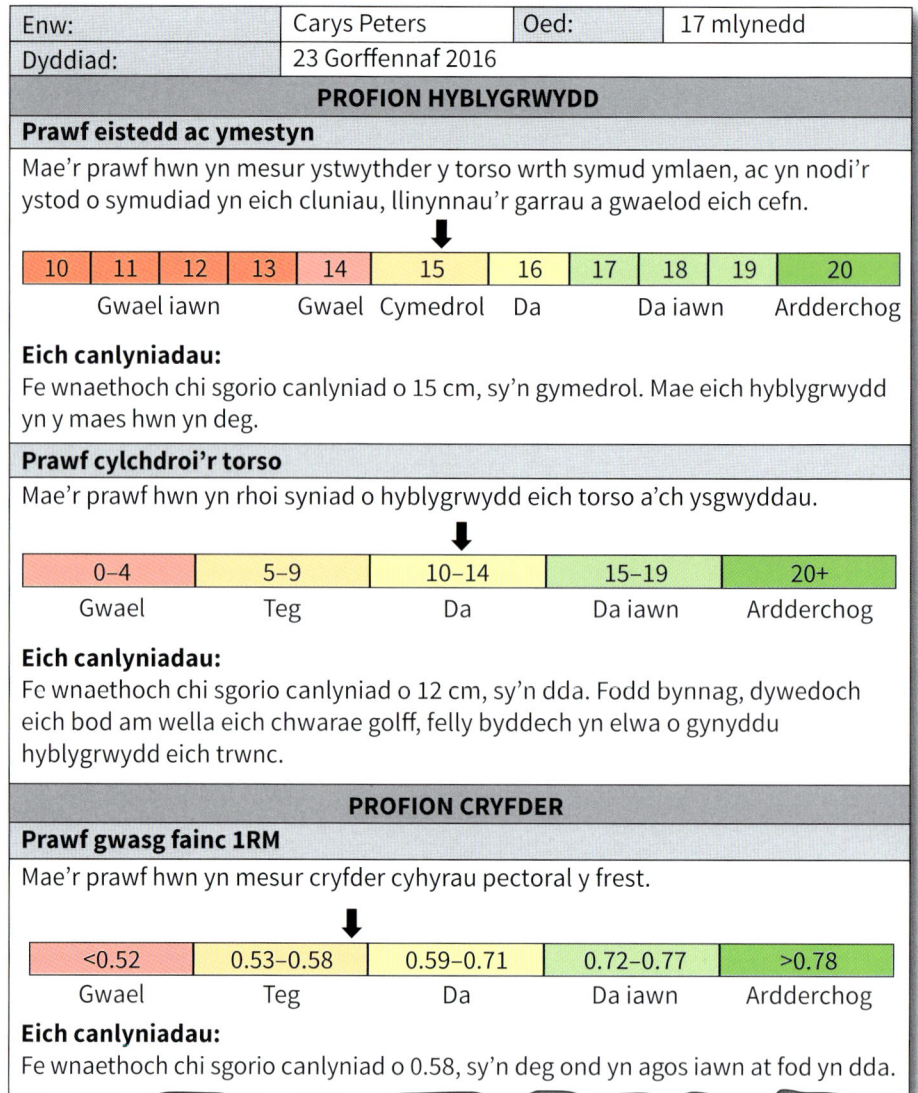

▶ **Ffigur 5.8:** Enghraifft o broffil ffitrwydd

Dehongli canlyniadau yn erbyn data normadol

Unwaith y bydd y profion ffitrwydd drosodd, mae angen i chi ddehongli'r canlyniadau yn erbyn data normadol. Gellir defnyddio'r tablau dehongli data a gyflwynwyd yn gynharach yn yr uned hon i'ch helpu i wneud hyn. Gallwch hefyd ddefnyddio tablau dehongli data cyhoeddedig i gymharu'ch data yn erbyn data ar gyfer perfformwyr chwaraeon ac athletwyr o'r radd flaenaf.

Bydd eich dewis wrth ddewis tablau data ar gyfer dehongli canlyniadau profion ffitrwydd yn dibynnu ar yr unigolyn a ddewiswyd gennych, ei anghenion a'i amcanion personol. Fodd bynnag, bydd gan y mwyafrif o unigolion ddiddordeb mewn gwybod sut y maen nhw'n cymharu â data normadol (normau poblogaeth) gan gynnwys eu cyfoedion. Bydd defnyddio'r data a gofnodwyd hefyd yn caniatáu i chi gymharu yn erbyn data cyhoeddedig ar gyfer ystodau iechyd derbyniol.

Addasrwydd eich dewis o brawf ffitrwydd

Tasg ôl-brawf allweddol arall yw asesu addasrwydd y profion ffitrwydd a ddewiswyd. Rhaid i chi sicrhau bod y profion rydych chi wedi'u dewis yn briodol i anghenion y perfformiwr chwaraeon a ddewiswyd a'ch bod wedi mesur cydrannau perthnasol ffitrwydd yn unig. Er enghraifft, byddai'n bwysig mesur dygnwch aerobig rhwyfwr ond byddai mesur eu hystwythder yn llai pwysig.

Rhoi adborth i berfformiwr chwaraeon penodol

Dull o roi adborth

Ar ôl gweinyddu nifer o wahanol brofion ffitrwydd ar gyfer cyfranogwr, mae angen i chi roi adborth i'r unigolyn ynglŷn â chanlyniadau eu profion, trafod yr hyn y maent yn eu golygu a rhoi eich argymhellion ar gyfer gweithgareddau neu hyfforddiant yn y dyfodol. Gallech roi eich adborth ar lafar i'r unigolyn, wedi'i ategu gan gopi ysgrifenedig o'u canlyniadau data a dehongliad o'u lefelau ffitrwydd yn erbyn data normadol.

> **Trafodaeth**
>
> Er mwyn helpu gydag adborth mae'n ddefnyddiol ymarfer gyda ffrind. Mabwysiadwch rôl hyfforddwr ffitrwydd a chynnal yr asesiad ffitrwydd y byddech yn ei ddisgwyl mewn cyd-destun galwedigaethol yn y byd go iawn. Ar ôl i chi gasglu'r canlyniadau, paratowch a chyflwynwch adborth.
>
> 1 Ystyriwch beth yw eich cryfderau wrth roi adborth.
>
> 2 Nawr trafodwch gyda'ch ffrind am unrhyw feysydd y mae angen i chi eu datblygu ymhellach wrth roi adborth.

Canlyniadau profion

Canlyniadau'r profion fydd pwynt allweddol eich adborth, gan y bydd eich cyfranogwr eisiau gwybod sut maen nhw wedi gwneud. Yn eich adborth, ailadroddwch y profion a gynhaliwyd a pham roedd y profion penodol hyn yn briodol i'r unigolyn. Trafodwch eu canlyniadau data yn fanwl a beth mae'r rhain yn ei olygu o ran eu lefelau ffitrwydd. Sicrhewch fod y canlyniadau wedi'u gosod mewn ffordd sy'n hawdd i'r cyfranogwr ei ddarllen.

Lefelau ffitrwydd

Yr allwedd i brofi ffitrwydd yw gallu mesur cydrannau ffitrwydd a dehongli'r canlyniadau, gan lunio barn ar lefel ffitrwydd y cyfranogwr. Felly dylech ddefnyddio'r canlyniadau a gasglwyd a chymharu hyn â data normadol a nodi sut mae lefel ffitrwydd y cyfranogwr yn cymharu. Cofiwch y gall fod gan y cyfranogwr wahanol lefelau ffitrwydd yn dibynnu ar y cydrannau a fesurir.

Cryfderau a meysydd i'w gwella

Ar ôl i chi amlinellu canlyniadau'r profion a nodi lefelau ffitrwydd presennol y cyfranogwr, gall eich adborth fynd ymlaen i drafod eu cryfderau, meysydd i'w gwella a'ch argymhellion ar gyfer gweithgareddau neu hyfforddiant priodol yn y dyfodol. Dylech roi'r cyfle i'r unigolyn ofyn cwestiynau am eich datganiadau neu'ch barn, a bod yn barod i gyfiawnhau'ch rhesymu dros bob cydran o ffitrwydd a brofwyd gennych.

⏸ **MUNUD I FEDDWL**   Ydych chi'n deall sut i roi adborth yn dilyn sesiwn profi ffitrwydd?

Awgrym   Pa wybodaeth ddylech chi ei roi i'r cyfranogwr? Sut ydych chi'n gwybod a yw'r canlyniadau'n uwch neu'n is na'r cyfartaledd?

Ymestyn   Sut allwch chi ddefnyddio data normadol er mwyn eich helpu chi i ddehongli'r canlyniadau? Sut y byddwch chi'n rhoi eich adborth? Pa fath o gwestiynau y gellir eu gofyn i chi?

Ar ôl cwblhau ystod o brofion ffitrwydd dilys yn llwyddiannus ar gyfer tîm pêl-droed y coleg, mae'n ofynnol i chi gwrdd â phob chwaraewr er mwyn rhoi adborth. Fel rhan o'r cyfarfod un-i-un hwn mae'n rhaid i chi baratoi adroddiad cryno byr ar gyfer y chwaraewr a fydd yn cynnwys copi o'u canlyniadau ac egluro beth mae'r canlyniadau'n ei olygu a sut y byddant yn effeithio ar berfformiadau chwaraeon.

Dylai eich adroddiad cryno a'ch adborth llafar asesu'r cryfderau a'r meysydd i'w gwella o'r canlyniadau.

Yn olaf, dylech egluro a chyfiawnhau'r argymhellion proffil ffitrwydd a wnaethoch a gwerthuso effeithiolrwydd y dulliau a ddefnyddir i brofi cydrannau ffitrwydd ymhellach.

Cynllunio

- Pa mor hyderus ydw i'n teimlo yn fy ngalluoedd fy hun i roi adborth llafar ac ysgrifenedig? A oes unrhyw feysydd y credaf y byddaf yn cael anhawster â hwy?
- Ydw i wedi paratoi adroddiad cryno wedi ei drefnu'n dda ac sy'n edrych yn broffesiynol ar gyfer y chwaraewr a'r hyfforddwr?
- Ydw i wedi trefnu amser a lleoliad addas ble y byddaf yn cwrdd â'r chwaraewr i roi adborth?

Gwneud

- Ydw i'n gwybod beth rwy'n ei wneud a beth rydw i eisiau ei gyflawni?
- Ydw i'n hyderus wrth roi adborth?
- A ydw i'n gwybod sut i ddehongli'r canlyniadau hyn yn erbyn data normadol ac asesu'r cryfderau a'r meysydd i'w gwella?
- Ar gyfer y meysydd i'w gwella, a allaf wneud argymhellion?
- A allaf egluro a chyfiawnhau pam yr wyf wedi gwneud yr argymhellion hyn?

Adolygu

- Alla i egluro beth oedd y dasg a sut y gwnes i fynd ati?
- Alla i egluro sut y byddwn yn mynd at elfennau anodd y dasg yn wahanol y tro nesaf?
- Ydw i wedi adolygu sut y gwnes i ddewis, gweinyddu a rhoi adborth ar gyfer y chwe phrawf ffitrwydd? Beth fyddwn i'n ei wneud i wella'r tro nesaf?

Deunydd darllen ac adnoddau pellach

Llyfrau

Archer, D. a Coulson, M. (2015) *Practical Fitness Testing: Analysis in Exercise and Sport* (Fitness Professionals), Llundain: Bloomsbury.

Morrow et al. (2010) *Measurement and Evaluation in Human Performance* (pedwerydd argraffiad), Champaign, IL: Human Kinetics.

Gwefannau

www.brianmac.co.uk/ – Brian Mac Sports coach: ystod eang o wybodaeth yn ymwneud â ffitrwydd a hyfforddiant.

www.pponline.co.uk – Peak Performance: cylchlythyr ymgynghorol am ddim sy'n trafod cryfder a ffitrwydd.

www.topendsports.com – Top End Sports: amrywiaeth o brofion ffitrwydd a data normadol.

BETH AM ▶▶ Y DYFODOL?

Freddie Vosper
Hyfforddwr
Ffitrwydd

Mae Freddie yn gweithio mewn canolfan iechyd a diogelwch preifat. Mae'n gyfrifol am gyfarwyddo cleientiaid yn y gampfa, cynnal sgrinio iechyd ac asesiadau ffitrwydd i gleientiaid, a dylunio rhaglenni ffitrwydd personol.

Mae ymgynghoriadau'n dechrau gyda phroses sgrinio gynhwysfawr ble mae'r cleient yn llenwi holiaduron sy'n ymwneud â'u hanes meddygol a chorfforol. Yna mae Freddie yn cynnal profion monitro iechyd fel pwysedd gwaed a gweithrediad yr ysgyfaint ac yn rhoi adborth i'r cleient ar eu canlyniadau a'r goblygiadau i'w iechyd yn y dyfodol.

'Yna, rydw i'n gwneud ystod o brofion ffitrwydd yn dibynnu ar amcanion y cleient a'r gwahanol gydrannau ffitrwydd i'w profi. Ar ôl rhoi adborth ar ganlyniadau eu profion a chytuno ar eu hamcanion hyfforddi, rwy'n dylunio rhaglen bersonol ac yn monitro eu cynnydd yn agos drwyddi draw. Bob rhyw chwe wythnos, bydd cleient yn trefnu amser gyda mi i ailasesu eu hiechyd a'u ffitrwydd.

'Ar gyfer y swydd hon mae angen sgiliau cyfathrebu da arnoch chi a rhaid i chi allu ysgogi pobl, datblygu perthynas ac arwain trwy esiampl. Mae'r swydd yn werth chweil. Mae darparu addysg dda yn helpu pobl i gydnabod lle y gallant fod angen gwella ffordd o fyw a fy rôl yw helpu cleientiaid i weithredu newidiadau cadarnhaol i'w ffordd o fyw.'

Canolbwyntio eich sgiliau

Paratoi a chynnal profion ffitrwydd

Gyda phrofion ffitrwydd mae'n bwysig eich bod chi'n deall beth yw prif gydrannau ffitrwydd, y profion a ddefnyddir i fesur pob un ohonynt, yr offer sydd ei angen, sut i gynnal pob un o'r profion hyn a beth mae'r canlyniadau'n ei olygu. Dyma rai awgrymiadau allweddol i'ch helpu chi.

- Ystyriwch y gamp neu'r ymarfer corff yn ofalus a'r cydrannau allweddol o ffitrwydd sy'n ofynnol er mwyn bod yn llwyddiannus yn y rhain.
- Rhestrwch brif gydrannau ffitrwydd a dewiswch brawf a all fesur y rhain.
- Ystyriwch pa offer y bydd eu hangen arnoch chi. A yw hyn yn ddrud neu a yw ar gael yn rhwydd?

- A yw'r offer ar gael ac a ydyw mewn cyflwr da? A yw wedi'i wirio, ei galibro a'i wasanaethu?
- Ymarferwch ystod eang o brofion ar ffrind fel eich bod yn hyderus ynghylch sut i gynnal prawf.
- Paratowch daflenni cofnodi a thablau data normadol fel y gallwch gofnodi canlyniadau a dehongli canlyniadau yn hawdd.
- Ymarferwch roi adborth.
- Sicrhewch eich bod yn gallu dehongli canlyniadau a'u cyflwyno mewn modd clir a phroffesiynol. Paratowch adroddiad ysgrifenedig byr ar gyfer pob cyfranogwr a thrafodwch y canlyniadau a'ch argymhellion yn fanwl.

Paratoi ar gyfer asesiad

Mae Joanna yn gweithio tuag at Ddiploma Estynedig BTEC Cenedlaethol mewn Chwaraeon a Datblygu Gweithgaredd Corfforol. Rhoddwyd aseiniad iddi gyda'r teitl canlynol: 'Cynnal ystod o brofion ffitrwydd ar Berfformiwr Chwaraeon' ar gyfer nod dysgu B. Roedd yr asesiad yn cynnwys:

▶ dewis a gweinyddu chwe phrawf ffitrwydd dilys

▶ dehongli canlyniadau profion ffitrwydd yn erbyn data normadol.

Sut y dechreuais i

Yn gyntaf, casglais fy holl nodiadau ar y pwnc hwn a'u rhoi mewn ffolder. Penderfynais rannu fy ngwaith yn dair rhan: egwyddorion profi ffitrwydd, cydrannau ffitrwydd a'r profion a ddefnyddir i fesur y rhain, a gwerthuso a rhoi adborth ar brofion ffitrwydd.

Ymchwiliais i'r prif gydrannau ffitrwydd a defnyddiais y rhain er mwyn nodi pa rai sy'n bwysig mewn amrywiaeth o wahanol chwaraeon. Yna ymchwiliais i'r profion ffitrwydd sy'n mesur pob un o'r cydrannau hyn, gan roi sylw arbennig i ymarferoldeb pob prawf a'r offer sy'n ofynnol i gynnal y profion.

Ar ôl nodi'r cydrannau ffitrwydd a'r profion y byddwn yn eu defnyddio, es i ati i ymarfer sut i gynnal y profion hyn. Defnyddiais ystod o bobl i'm helpu i ymarfer gweinyddu'r profion a gofynnais am eu hadborth ar sut roeddwn wedi perfformio.

Ar ôl i mi gwblhau'r profion, edrychais ar y canlyniadau a dehongli'r hyn roeddent yn ei olygu. Fe wnes i ymarfer fy nghyfrifiadau ac yna paratoi taflen o ddata normadol a helpodd fi gyda'r dadansoddiad.

Sut y des â'r cyfan at ei gilydd

Pan oeddwn i'n teimlo'n hyderus o ran sut i weinyddu profion ffitrwydd, nodais athletwr addas i gynnal y prawf. Defnyddiais ffurflen gasglu data wedi'i pharatoi er mwyn cofnodi'r canlyniadau ac ar ôl i mi gwblhau'r profion, cofnodais y wybodaeth mewn adroddiad cryno. Fe wnes i sicrhau bod yr adroddiad cryno yn egluro pwrpas pob prawf yn ogystal â beth oedd y canlyniadau yn ei olygu o gymharu â data normadol.

Yna gwnes fy awgrymiadau ac argymhellion. Rhoddais sylw arbennig i sut roedd yr adroddiad yn edrych a cheisiais sicrhau ei fod yn hawdd ei ddarllen a'i fod yn edrych yn broffesiynol, gan edrych yn ofalus am wallau sillafu.

Beth ddysgais o'r profiad

Fe wnes i fwynhau'r profiad yn fawr, er i mi sylweddoli bod gweinyddu profion ffitrwydd yn cymryd llawer o ymarfer. Gwnaeth y profiad hefyd i mi sylweddoli bod gwahanol chwaraeon angen gwahanol gydrannau o ffitrwydd, a nawr rwy'n hyderus wrth adnabod y rhain.

Pwyntiau i'w hystyried

▶ A ydych wedi ysgrifennu cynllun sy'n cynnwys y termau allweddol ac sy'n caniatáu digon o amser i chi orffen erbyn y dyddiad cyflwyno y cytunwyd arno?

▶ Ydych chi wedi ymarfer eich technegau profi ffitrwydd ac a ydych chi'n gallu dewis y prawf priodol ar gyfer pob cydran ffitrwydd?

▶ A ydych wedi ysgrifennu eich adroddiad yn eich geiriau eich hun ac a ydych wedi rhoi argymhellion clir? A ydych chi'n gallu cyfiawnhau unrhyw argymhellion rydych chi wedi'u gwneud?

Seicoleg Chwaraeon 6

Dod i adnabod eich uned

Mae seicoleg chwaraeon yn gynyddol amlwg o fewn chwaraeon heddiw. Yn aml, y ffactor allweddol mewn perfformiad chwaraeon llwyddiannus a chael pleser o chwaraeon yw rhinweddau seicolegol unigolyn. Mae cael dealltwriaeth o'r gwahanol ffactorau seicolegol a all effeithio ar gyfranogiad a pherfformiad chwaraeon, ynghyd â sut i ddatblygu'r rhinweddau hyn, yn bwysig i'r rheini sy'n gweithio yn y diwydiant chwaraeon, fel athletwyr, athrawon a hyfforddwyr.

Sut y cewch eich asesu

Bydd yr uned hon yn cael ei hasesu'n fewnol drwy gyfrwng cyfres o dasgau a osodir gan eich tiwtor. Bydd cyfle hefyd i gael asesiadau ffurfiannol, lle byddwch yn cael adborth ar eich cynnydd, eich cryfderau a'r meysydd y gallech eu gwella.

Gall yr aseiniadau a osodwyd gan eich tiwtor fod yn:
▶ adroddiad ysgrifenedig ar raglenni hyfforddi sgiliau seicolegol
▶ cyflwyniad.

Mae'r ymarferion yn yr uned hon wedi'u cynllunio i'ch helpu chi i gael gwybodaeth, dealltwriaeth a sgiliau a fydd yn eich helpu i gwblhau eich aseiniadau. Byddwch yn ennill eich dealltwriaeth o seicoleg chwaraeon trwy ddeall damcaniaethau allweddol a'u cymhwyso mewn gwahanol gyd-destunau chwaraeon. Gallwch ddatblygu eich dealltwriaeth trwy gymhwyso'r model o ofyn:
▶ beth?
▶ sut?
▶ ble mae'r dystiolaeth?
▶ beth yw'r ddamcaniaeth?
▶ sut mae'n berthnasol?
▶ ble mae'r enghreifftiau i gefnogi'ch syniadau?

I lwyddo yn yr uned hon rhaid i chi sicrhau eich bod wedi darparu digon o dystiolaeth i gwmpasu'r holl feini prawf asesu er mwyn Llwyddo. Gallwch weld y rhain wedi'u rhestru yn y tabl ar y dudalen nesaf.

Os ydych chi'n ceisio am radd Teilyngdod neu Ragoriaeth yna mae'n rhaid eich bod chi'n gallu dangos dealltwriaeth o wahanol sgiliau seicolegol a dadansoddi effeithiau personoliaeth, dynameg grŵp a hyfforddiant sgiliau seicolegol ar berfformiad chwaraeon.

Meini prawf asesu

Mae'r tabl hwn yn dangos yr hyn sy'n rhaid i chi ei wneud i **Lwyddo**, neu i gael **Teilyngdod** neu **Ragoriaeth**, a sut i ddod o hyd i weithgareddau i'ch helpu.

Llwyddo	Teilyngdod	Rhagoriaeth
Nod dysgu A Deall sut y gall personoliaeth, cymhelliant a phwysau cystadleuol effeithio ar berfformiad chwaraeon		**A.D1** Dadansoddi'r berthynas rhwng ffactorau cymhelliant, pryder a straen a hunanhyder a'u heffaith ar berfformiad chwaraeon. Ymarfer asesu 6.1
A.P1 Disgrifio sut y gall personoliaeth a ffactorau cymhelliant effeithio ar berfformiad chwaraeon. Ymarfer asesu 6.1	**A.M1** Esbonio sut y gall personoliaeth a ffactorau cymhelliant effeithio ar berfformiad chwaraeon. Ymarfer asesu 6.1	
A.P2 Disgrifio sut y gall lefelau gwahanol o sbarduno, pryder a hunanhyder effeithio ar berfformiad chwaraeon. Ymarfer asesu 6.1	**A.M2** Esbonio sut y gall rheolaeth o sbarduno, pryder a straen a hunanhyder effeithio ar berfformiad chwaraeon. Ymarfer asesu 6.1	
Nod dysgu B Archwilio effaith dynameg grŵp mewn chwaraeon tîm a'i effaith ar berfformiad		**B.D2** Dadansoddi sut y gall cydlyniad grŵp ac arweinyddiaeth gyfrannu at lwyddiant tîm chwaraeon. Ymarfer asesu 6.2
B.P3 Disgrifio sut mae cydlyniad grŵp ac arweinyddiaeth yn cyfrannu at ddatblygiad tîm chwaraeon llwyddiannus. Ymarfer asesu 6.2	**B.M3** Esbonio canlyniadau sosiogram a sut y gellir eu defnyddio i wella cydlyniad grŵp a photensial arweinyddiaeth mewn chwaraeon. Ymarfer asesu 6.2	
B.P4 Cynhyrchu sosiogramau sy'n dangos perthnasoedd rhwng aelodau grŵp chwaraeon. Ymarfer asesu 6.2		
Nod dysgu C Archwilio rhaglenni hyfforddi sgiliau seicolegol sydd wedi'u cynllunio i wella perfformiad.		**C.D3** Gwerthuso dyluniad eich rhaglen hyfforddi sgiliau seicolegol, gan awgrymu a chyfiawnhau technegau amgen y gellid eu defnyddio er mwyn gwella perfformiad. Ymarfer asesu 6.3
C.P5 Disgrifio gwahanol sgiliau seicolegol y gellid eu defnyddio i wella perfformiad. Ymarfer asesu 6.3	**C.M4** Esbonio dyluniad eich rhaglen hyfforddi sgiliau seicolegol, gan wneud cymariaethau rhwng eich dyluniad ac eraill. Ymarfer asesu 6.3	
C.P6 Cynllunio rhaglen hyfforddi sgiliau seicolegol sydd wedi'i chynllunio i wella perfformiad. Ymarfer asesu 6.3		

Dechrau arni

Yn Super Bowl 50 yn 2016, curodd y Denver Broncos y Carolina Panthers o 24–10. Mae pêl-droed Americanaidd yn gamp sy'n cyflwyno heriau corfforol, seicolegol ac emosiynol i chwaraewyr yn gyson trwy gydol gêm a thros dymor. Ochr yn ochr â hyn, mae'r Super Bowl yn un o'r digwyddiadau chwaraeon sy'n denu'r mwyaf o wylwyr yn y byd. Cynhyrchwch fap meddwl o'r holl wahanol ffyrdd rydych chi'n meddwl y gallai seicoleg chwaraeon helpu chwaraewr pêl-droed Americanaidd i baratoi ar gyfer gêm Super Bowl.

A Deall sut y gall personoliaeth, cymhelliant a phwysau cystadleuol effeithio ar berfformiad chwaraeon

Cysylltiad

Mae'r cynnwys yma'n cysylltu ag *Uned 4: Arweinyddiaeth Chwaraeon* ac *Uned 8: Hyfforddi ar gyfer Perfformiad.*

Termau allweddol

Personoliaeth – swm y nodweddion sy'n gwneud unigolyn yn unigryw.

Nodweddion personoliaeth – y nodweddion cymharol sefydlog neu gyson sy'n ffurfio personoliaeth unigolyn.

Sbarduno – cyflwr o fywiogrwydd a disgwyliad sy'n paratoi'r corff ar gyfer gweithredu.

Symudiadau echddygol bras – symudiadau chwaraeon sy'n cynnwys cydsymud rhannau mawr o'r corff, fel y breichiau a'r coesau.

Ffactorau personoliaeth ac asesiad o bersonoliaeth

Rôl personoliaeth mewn cyfranogiad a pherfformiad chwaraeon yw un o agweddau hynaf seicoleg chwaraeon. Tra bod pobl yn dal i drafod rôl ffactorau personoliaeth mewn llwyddiant chwaraeon, mae tair ysgol o feddwl sy'n ystyried rôl personoliaeth. Y rhain yw'r dull sy'n canolbwyntio ar nodweddion, y dull damcaniaeth dysgu sefyllfaol neu gymdeithasol, a'r dull rhyngweithiol.

Nodweddion personoliaeth

Y dull cynharaf o ddeall rôl **personoliaeth** mewn chwaraeon oedd archwilio **nodweddion personoliaeth** pobl. Dadleuodd damcaniaethwyr nodweddion personoliaeth cynnar fel Eysenck a Cattell fod nodweddion yn cael eu hetifeddu yn bennaf a'u bod yn agweddau cymharol sefydlog ar bersonoliaeth. Mae dau brif ddimensiwn i bersonoliaeth:

▶ dimensiwn mewnblygiad-allblygiad

▶ dimensiwn sefydlog-niwrotig.

Pobl mewnblyg (*introverts*) yw unigolion nad ydyn nhw'n mynd ati i edrych am gyffro a byddai'n well ganddyn nhw fod mewn amgylcheddau tawel. Y rheswm am hyn yw y gall rhywun mewnblyg fod â lefel **sbarduno** (*arousal*) uwch na'r lefel naturiol felly nid oes angen llawer o gyffro neu ysgogiad ychwanegol er mwyn gweithredu'n dda. Maen nhw'n tueddu i ffafrio tasgau sy'n gofyn am ganolbwyntio a dydyn nhw ddim yn hoffi'r annisgwyl. Mae'r ffactorau hyn yn esbonio'n rhannol pam bod rhywun mewnblyg yn tueddu at gael eu tynnu i chwaraeon sy'n cynnwys gweithgaredd parhaus, ailadroddus (e.e. rhedeg marathon) neu weithgareddau sy'n gofyn am ganolbwyntio tawel (e.e. saethyddiaeth).

Mae **pobl allblyg** (*extroverts*) yn tueddu i gael eu tansbarduno yn fwy naturiol, felly gallant ddiflasu'n gyflym, maen nhw'n wael mewn tasgau sy'n gofyn am lawer o ganolbwyntio ac yn edrych am newid a chyffro yn gyson. Mae'r newid cyson hwn, yn enwedig pan fyddan nhw'n rhyngweithio ag eraill, yn rhoi lefelau uwch o ysgogiad i bobl allblyg. Mae hyn yn eu helpu i gynnal y lefelau gorau posibl o weithrediad yr ymennydd ac, o ganlyniad, gallu canolbwyntio a pherfformiad. Mae pobl allblyg hefyd yn tueddu i ffafrio chwaraeon sy'n cynnwys llawer o **symudiadau echddygol bras** (*gross motor movements*). Gyda'i gilydd, gall y ffactorau hyn esbonio pam bod pobl allblyg yn aml yn cael eu tynnu at chwaraeon tîm egnïol, fel pêl-droed a rygbi.

Gall unigolion **sefydlog** fod yn fwy dibryder a chymedrol. Gall pobl **niwrotig** (ansefydlog) fod yn aflonydd ac yn gyffrous, gyda thueddiad i ddod yn bryderus ac yn fwy sbardunol.

Yn aml, bydd pobl yn dod i'r casgliad bod safbwyntiau am nodweddion yn rhy syml ac na all personoliaeth ar ei ben ei hun ragweld llwyddiant mewn amgylchedd chwaraeon. Fodd bynnag, gellir eu defnyddio er mwyn helpu i egluro pam bod unigolion yn dewis rhai chwaraeon.

Damcaniaeth dysgu sefyllfaol neu gymdeithasol

Mae'r dull sefyllfaol yn dweud bod ymddygiad yn dibynnu i raddau helaeth ar eich sefyllfa neu'ch amgylchedd, yn hytrach na nodweddion cymeriad. Mae rhywfaint o gefnogaeth i'r dull sefyllfaol o egluro ymddygiad chwaraeon. Gall unigolion sy'n arddangos nodweddion fel goddefgarwch a swildod gymryd rhan mewn camp sy'n gofyn iddynt fod yn allblyg.

Mae damcaniaeth dysgu cymdeithasol yn awgrymu nad yw personoliaeth yn nodwedd sefydlog, ond yn newid yn gyson o ganlyniad i brofiadau mewn gwahanol sefyllfaoedd cymdeithasol. Mae'r ddamcaniaeth yn nodi bod unigolion yn dysgu mewn sefyllfaoedd chwaraeon trwy ddwy broses: modelu ac atgyfnerthu cymdeithasol. Mae **modelu** yn digwydd pan fydd unigolion yn ceisio efelychu ymddygiad athletwyr y gallant uniaethu â nhw. Mae **atgyfnerthu cymdeithasol** yn bwysig oherwydd, os yw ymddygiad unigolyn yn cael ei atgyfnerthu neu ei wobrwyo, mae'n debygol y bydd yr un ymddygiad yn cael ei ailadrodd.

Nododd Bandura, seicolegydd blaenllaw, bedwar prif gam o ddysgu arsylwadol sy'n dangos sut mae modelu yn dylanwadu ar bersonoliaeth ac ymddygiad.

▶ **Sylw** – rydych chi'n fwy tebygol o ddysgu trwy arsylwi os ydych yn parchu ac yn edmygu'r model rydych chi'n ei arsylwi. Mae faint o barch yn dibynnu ar statws y model. Os yw'r model yn llwyddiannus, maen nhw'n fwy tebygol o ddal eich sylw.

▶ **Cadw** (*retention*) – er mwyn i'r modelu fod yn effeithiol, rhaid i chi gadw'r sgil neu'r ymddygiad a welwyd yn eich cof, fel y gallwch ei gofio pan fo angen.

▶ **Atgynhyrchu symudiad** – rhaid i chi allu cyflawni'r dasg rydych chi'n arsylwi arni yn gorfforol. Mae angen amser arnoch i ymarfer y sgil a dysgu sut i'w pherfformio.

▶ **Ymateb cymhelliant** – oni bai eich bod yn llawn cymhelliant, ni fyddwch yn profi tri cham cyntaf y modelu. Mae cymhelliant yn dibynnu ar atgyfnerthu (er enghraifft canmoliaeth, adborth, ymdeimlad o falchder neu gyflawniad), statws canfyddedig y model, a phwysigrwydd tasg.

> **Trafodaeth**
>
> Ydych chi'n meddwl bod unrhyw wahaniaethau yn y mathau o bersonoliaeth rhwng athletwyr a'r rhai nad ydyn nhw'n athletwyr? A yw'r mathau o bersonoliaeth rhwng athletwyr elitaidd ac an-elitaidd yn wahanol? Ystyriwch athletwyr sy'n cymryd rhan mewn chwaraeon unigol neu'r rhai sy'n chwarae mewn timau.

Damcaniaeth ryngweithiol

Mae damcaniaeth ryngweithiol yn dweud bod yn rhaid i chi ystyried sut mae'r sefyllfa a nodweddion personoliaeth yn cysylltu ac yn gweithio gyda'i gilydd. Mae rhai pobl yn dadlau bod ffactorau sefyllfaol a nodweddion personoliaeth yr un mor bwysig wrth bennu ymddygiadau. Mae eraill yn awgrymu, pan fydd ffactorau sefyllfaol yn gryf, megis yn ystod sefyllfaoedd chwaraeon cystadleuol fel cymryd cic o'r smotyn mewn pêl-droed, eu bod yn fwy tebygol o ragfynegi ymddygiad na nodweddion personoliaeth. Efallai y bydd yr athletwr sy'n dawel ac yn swil mewn sefyllfa bob dydd yn rhedeg ac yn sgrechian tuag at dorf ecstatig pe byddent yn sgorio'r gic fuddugol o'r smotyn.

⏸ **MUNUD I FEDDWL** Ydych chi'n deall gwahanol ddamcaniaethau personoliaeth? Allwch chi esbonio'r gwahaniaethau rhyngddynt?

Awgrym Cynhyrchwch dabl sy'n crynhoi nodweddion allweddol damcaniaethau personoliaeth.

Ymestyn Pa ddamcaniaeth ydych chi'n meddwl sy'n egluro rôl personoliaeth orau mewn cyfranogiad a pherfformiad chwaraeon, a pham?

Asesiad o bersonoliaeth

Mae yna nifer o brofion personoliaeth y gallwch eu defnyddio gydag athletwyr. Yn gyffredinol, ni ddylech ddefnyddio profion personoliaeth fel rhan o ddewis tîm na cheisio rhagweld sut y gallai athletwyr ymddwyn mewn sefyllfaoedd chwaraeon.

Dau ddull o asesu personoliaeth yw Rhestr Personoliaeth Eysenck ac 16 Ffactor Personoliaeth Cattell (16FfP). Er bod rhai yn dadlau bod 16FfP Cattell yn cynnig golwg fwy cynhwysfawr ar bersonoliaeth, mae dilysrwydd a dibynadwyedd profion personoliaeth yn amheus gan fod y canlyniadau yn cael eu heffeithio gan lawer o wahanol ffactorau. Mae'r rhain yn amrywio o sut mae'r athletwr yn credu y gellir defnyddio canlyniadau'r profion (i'w dewis neu eu dad-ddewis), i newidiadau mewn hwyliau, neu straenau eraill y mae'r athletwr yn eu profi. O ystyried y beirniadaethau a'r cytundeb nad oes y fath beth â phersonoliaeth athletaidd, nid oes llawer o resymeg dros ddefnyddio'r profion hyn mewn sefyllfaoedd yn ymwneud â chwaraeon. Mae'n well gan y mwyafrif o seicolegwyr chwaraeon ddefnyddio mesurau chwaraeon-benodol o nodweddion personoliaeth unigol wrth weithio gydag athletwyr er mwyn darparu gwybodaeth fanylach a mwy priodol.

Personoliaethau Math A a Math B

Yn y 1950au, awgrymodd dau gardiolegydd, Friedman a Rosenham, fod dau fath o bersonoliaeth sylfaenol ymhlith eu cleifion, yn seiliedig ar lefelau pryder a straen.

▶ Mae **personoliaethau Math A** yn brin o amynedd, mae ganddyn nhw awydd cryf i gystadlu, awydd uchel i gyflawni amcanion, yn rhuthro i gwblhau gweithgareddau, byddant yn hapus yn aml-dasgio o dan gyfyngiadau amser, yn brin o oddefgarwch tuag at eraill ac yn profi lefelau uwch o bryder.

▶ Mae **personoliaethau Math B** yn fwy goddefgar tuag at eraill, yn fwy hamddenol a myfyriol na'u cymheiriaid math A, yn profi lefelau pryder is ac yn dangos lefelau uwch o ddychymyg a chreadigrwydd.

Gellir defnyddio'r categorïau hyn mewn seicoleg chwaraeon er mwyn rhagweld sut y gallai pobl ymddwyn mewn sefyllfaoedd penodol.

Ffactorau cymhelliant

Cymhelliant yw un o'r rhinweddau pwysicaf i unrhyw athletwr. Os yw eich lefelau cymhelliant yn rhy uchel, efallai y bydd risg o anaf i chi; lefel rhy isel o gymhelliant ac efallai na fyddwch yn gallu ymateb i'r her chwaraeon.

Yn gyffredin, diffinnir cymhelliant fel cyfeiriad a dwysedd eich ymdrech, felly beth rydych chi'n cael eich cymell tuag ato yn ogystal â lefel eich cymhelliant. Mae diffiniadau cyffredin eraill o gymhelliant yn ystyried effeithiau ffactorau mewnol ac allanol, sy'n sbarduno ac yn cyfarwyddo ymddygiad. Mae dau brif fath o gymhelliant: **cymhelliant cynhenid** a **chymhelliant anghynhenid**.

Cymhelliant cynhenid

Mae cymhelliant cynhenid yn cyfeirio at rywun sy'n cymryd rhan mewn gweithgaredd heb wobr allanol a/neu heb i'r prif gymhelliant ymwneud â sicrhau gwobr allanol. Dyma gymhelliant sy'n 'dod o'r tu mewn'. Hwyl yw'r math mwyaf cyffredin o gymhelliant cynhenid, ond gall cymhelliant cynhenid hefyd gael ei effeithio gan:

▶ **gyflawniad** – pan fydd athletwyr yn dymuno cynyddu lefel eu sgiliau er mwyn cael ymdeimlad o gyflawniad

▶ **ysgogiad** – edrych am 'chwa o adrenalin' neu ryw fath o gyffro

▶ **gwybodaeth** – bod yn chwilfrydig am berfformiad; eisiau gwybod mwy amdano a datblygu technegau neu sgiliau newydd sydd o fudd i berfformiad.

Ymchwil

Ymchwiliwch i'r 'pump mawr' o nodweddion personoliaeth. Beth ydyn nhw a sut ydych chi'n meddwl y gallen nhw effeithio ar gyfranogiad a pherfformiad chwaraeon?

Cymhelliant anghynhenid

Cymhelliant anghynhenid yw pan fydd ffactor allanol yn dylanwadu ar ymddygiad rhywun. Mae ffurfiau cyffredin o gymhelliant anghynhenid yn wobrau diriaethol ac anniriaethol. Mae **gwobrau diriaethol** (*tangible rewards*) yn wobrau ffisegol, fel arian a medalau, ond mae **gwobrau anniraethol** (*intangible*) yn wobrau anffisegol fel canmoliaeth neu anogaeth.

Er mwyn i gymhelliant anghynhenid fod yn effeithiol, rhaid i'r gwobrau fod yn effeithiol. Os rhoddir gwobr yn rhy aml, bydd o lai o werth i'r athletwr, a gallai golli ei effaith ar berfformiad. Yn yr un modd, os yw athletwr yn dechrau rhoi gormod o bwyslais ar y wobr ac yna'n ei golli, gallai eu lefelau cymhelliant ostwng. Mae angen i hyfforddwr feddu ar wybodaeth fanwl am ei athletwyr er mwyn sicrhau bod effeithlonrwydd gwobrau anghynhenid yn cynyddu.

⏸ **MUNUD I FEDDWL**   Allwch chi ddeall sut i gyferbynnu a chysylltu cymhelliant cynhenid ac anghynhenid?

Awgrym   Cynhyrchwch dabl sy'n darparu enghreifftiau o gymhelliant cynhenid ac anghynhenid.

Ymestyn   Sut ydych chi'n meddwl y gall cymhelliant cynhenid ac anghynhenid ryngweithio i ddylanwadu ar berfformiad chwaraeon, yn gadarnhaol ac yn negyddol?

Cymhelliant cyflawniad

Gellir grwpio athletwyr yn ddau gategori: y rhai sydd angen cyflawni a'r rhai sydd angen osgoi methiant. Mae athletwyr sydd angen cyflawni yn ymdrechu am lwyddiant, yn dal ati i geisio pan aiff pethau o chwith, ac yn teimlo balchder yn eu cyflawniadau. Mae llai o ffocws ar gymharu sgìl, gallu neu berfformiad yn erbyn athletwyr eraill. Maen nhw'n rhoi mwy o bwyslais ar osod nodau personol realistig a heriol.

Mae athletwyr sy'n gyflawnwyr uchel fel arfer yn gosod amcanion heriol i'w hunain, mae'n well ganddyn nhw gystadleuaeth yn erbyn gwrthwynebwyr teilwng ac maen nhw'n perfformio'n dda wrth gael eu gwerthuso. Mae athletwyr sydd angen osgoi methiant yn osgoi'r mathau hyn o senarios. Er enghraifft, mae'n debygol y byddai'n well gan athletwr sydd â chymhelliant cyflawniad isel chwarae yn erbyn gwrthwynebydd gwael fel ei fod bron yn sicr o lwyddo, neu yn erbyn gwrthwynebydd sydd mor dda fel ei fod yn sicr o fethu. Mae gan bawb agweddau ar athletwyr sydd angen cyflawni ac sydd angen osgoi methiant, ond mae cydbwysedd y ddau gymhelliant yn pennu cymhelliant cyflawniad unigolyn.

⏸ **MUNUD I FEDDWL**   Allwch chi egluro cymhelliant cyflawniad?

Awgrym   Cynhyrchwch dabl o nodweddion allweddol athletwyr cymhelliant cyflawniad uchel ac isel.

Ymestyn   Pam bod chwarae yn erbyn gwrthwynebwyr sydd bron yn sicr o golli yn cyflwyno lefel isel o risg ganfyddedig ar gyfer athletwyr cymhelliant cyflawniad isel?

Effaith yr amgylchedd ar gymhelliant

Meddyliwch am bryd rydych chi'n cyrraedd lleoliad chwaraeon. Fel arfer, byddai'n well gennych iddo fod yn lân ac yn daclus a bod ganddo offer sy'n gweithio. Mae tystiolaeth i awgrymu y gall ansawdd cyfleusterau ac offer mewn amgylcheddau chwaraeon effeithio ar gymhelliant. Gall cael amgylchedd glân, croesawgar gydag offer da wella cymhelliant athletwyr. Gall hyn fod yn bwysicach i athletwyr iau, sy'n datblygu, nag athletwyr hŷn, ac mae'r offer a ddarperir yn debygol o gael ei effeithio gan y lefel rydych chi'n perfformio arni (h.y. mae athletwyr o'r radd flaenaf yn fwy tebygol o gael offer o'r radd flaenaf). Fodd bynnag, mae **tystiolaeth anecdotaidd** hefyd sy'n awgrymu bod yn well gan rai athletwyr amgylcheddau plaen heb lawer o offer (e.e. defnyddio rhaffau a theiars ar gyfer cryfder a chyflyru) er mwyn cael eu cymell i hyfforddi.

Term allweddol

Tystiolaeth anecdotaidd – tystiolaeth wedi'i thynnu o brofiadau pobl yn hytrach nag ymchwil ffurfiol.

Dylanwad yr hyfforddwr, yr athro neu'r cyfarwyddwr ar gymhelliant

Gall hyfforddwyr ac athrawon gael effaith sylweddol ar gymhelliant gan eu bod yn chwarae rhan allweddol wrth greu'r hinsawdd cymhelliant. Yn aml, mae'n well cael hinsawdd sy'n canolbwyntio ar feistrolaeth, yn enwedig wrth weithio gydag athletwyr ifanc mewn amgylcheddau datblygu talent.

Hinsawdd meistrolaeth

Mae hinsawdd meistrolaeth (*mastery climate*) – a elwir weithiau yn **hinsawdd sy'n canolbwyntio ar dasgau** – yn hinsawdd cymhelliant sy'n canolbwyntio ar feistroli tasgau (h.y. ble mae athletwyr yn cael atgyfnerthiad cadarnhaol a ble mae mwy o bwyslais ar waith tîm, cydweithredu a chyd-gefnogaeth). Mae'n helpu i ddatblygu cymhelliant trwy wella agweddau, ymdrech a thechnegau dysgu'r athletwr.

Mae yna lawer o fuddion i hinsoddau sy'n canolbwyntio ar feistrolaeth, gan gynnwys mwy o gymhelliant cynhenid, mwy o brosesu gwybodaeth, llai o straen a phryder, a chynnydd mewn lles seicolegol cyffredinol. Gyda'i gilydd, mae'r ffactorau hyn yn debygol o wella perfformiad.

I ddatblygu hinsawdd cymhelliant effeithiol, defnyddiwch y dechneg TARGET (*Tasks, Authority, Reward, Grouping, Evaluation, Timing*).

- ▶ **Tasgau** – cael ystod o dasgau sy'n ei gwneud yn ofynnol i'r athletwr gymryd rhan mewn dysgu a gwneud penderfyniadau.
- ▶ **Awdurdod** – rhoi rheolaeth i athletwyr dros fonitro a gwerthuso eu dysgu a'u penderfyniadau eu hunain.
- ▶ **Gwobrwyo** – defnyddio gwobrau sy'n canolbwyntio ar wella unigolion yn hytrach na chymharu lefelau ag athletwyr eraill.
- ▶ **Grwpio** – rhoi cyfle i athletwyr weithio mewn grwpiau fel eu bod yn datblygu sgiliau mewn amgylchedd grŵp.
- ▶ **Gwerthuso** – canolbwyntio ar ymdrech a gwelliant unigolyn.
- ▶ **Amseru** – amseru gweithgareddau'n effeithiol fel y gall yr holl amodau uchod ryngweithio'n llwyddiannus.

Hinsawdd gystadleuol

Yn aml mae athletwr mewn amgylchedd ble mae llawer o ffocws ar y canlyniad. Efallai y byddan nhw'n teimlo y byddan nhw'n cael eu cosbi os ydyn nhw'n gwneud camgymeriadau, efallai y bydd cystadleuaeth yn cael ei hannog yn gryf, neu efallai eu bod nhw'n meddwl mai dim ond y rhai â'r gallu uchaf fydd yn cael sylw. Mae hwn yn hinsawdd gystadleuol, neu'n **hinsawdd sy'n canolbwyntio ar ganlyniadau**. Yn yr amgylchedd hwn, athletwyr sydd â'r gallu uchaf fydd yn cael y sylw mwyaf, ac anogir cystadleuaeth rhwng aelodau'r tîm. Mae hyn yn aml yn arwain at lai o ymdrech a dyfalbarhad gan athletwyr, a methiant a briodolir i ddiffyg gallu.

Damcaniaeth priodoli

Mewn chwaraeon, mae damcaniaeth priodoli (*attribution theory*) yn edrych ar sut mae pobl yn egluro llwyddiant neu fethiant. Mae priodoleddau yn darparu esboniadau am lwyddiannau neu fethiannau ac yn dod o fewn un o'r categorïau canlynol:

- ▶ **sefydlogrwydd** – a yw'r rheswm yn barhaol neu'n ansefydlog?
- ▶ **achosiaeth** – a yw'r rheswm yn rhywbeth sy'n dod o ffactor allanol neu fewnol?
- ▶ **rheolaeth** – a yw'r rheswm o dan eich rheolaeth ai peidio?

Mae Tabl 6.1 yn rhoi enghreifftiau o wahanol briodoleddau. Mae gwybod y rhain yn ddefnyddiol, oherwydd gallant eich helpu i ddeall ffactorau allweddol fel y cymhelliant y tu ôl i ymddygiad penodol a disgwyliadau llwyddiant a methiant yn y dyfodol. Er enghraifft, mae bocsiwr ifanc sy'n priodoli buddugoliaeth ar bwyntiau i ffactorau sefydlog, mewnol a rheoledig yn fwy tebygol o deimlo'n hyderus ac yn llawn cymhelliant i barhau â'r gamp oherwydd eu bod yn credu y byddant yn ennill eto.

Damcaniaeth ar waith

Mae Mark yn godwr pwysau cystadleuol. Mae'n hyfforddi'n galed oherwydd ei fod eisiau gwella ei record bersonol ac yn gweld ei hun fel ei brif gystadleuaeth. Wrth hyfforddi, mae bob amser yn gosod amcanion heriol sy'n ymwneud â hunanwella. Dyma enghraifft o feistrolaeth neu hinsawdd sy'n canolbwyntio ar dasgau. Fodd bynnag, mewn cystadlaethau, mae Mark bob amser yn canolbwyntio ar guro ei wrthwynebwyr. Mae angen i bawb arall wybod mai ef yw'r gorau. Pan nad yw'n ennill, mae ei drefn hyfforddi weithiau'n arafu ac mae'n dweud wrtho'i hun nad yw'n ddigon da. Mae hwn yn esiampl o hinsawdd gystadleuol, neu hinsawdd sy'n canolbwyntio ar ganlyniadau.

▶ **Tabl 6.1:** Mathau o briodoli gydag enghreifftiau o focsio

Math o briodoli	Enghraifft fuddugol	Enghraifft o golli
Sefydlogrwydd	• 'Roeddwn yn fwy abl na fy ngwrthwynebydd' (sefydlog) • 'Roeddwn i'n lwcus' (ansefydlog)	• 'Roeddwn yn llai abl na fy ngwrthwynebydd' (sefydlog) • 'Ni chawsom y mymryn hwnnw o lwc yr oedd ei angen arnom heddiw' (ansefydlog)
Achosiaeth	• 'Fe wnes i drio yn galed iawn' (mewnol) • 'Roedd fy ngwrthwynebydd yn hawdd ei guro' (allanol)	• 'Wnes i ddim ymdrechu'n ddigon caled' (mewnol) • 'Roedd fy ngwrthwynebydd yn amhosib ei guro' (allanol)
Rheolaeth	• 'Fe wnes i hyfforddi'n galed iawn ar gyfer yr ornest hon' (o dan eich rheolaeth chi) • 'Nid oedd mor ffit ag yr oeddwn i' (ddim o dan eich rheolaeth chi)	• 'Wnes i ddim hyfforddi'n ddigon caled ar gyfer yr ornest hon' (o dan eich rheolaeth chi) • 'Roedd yn fwy ffit na minnau' (ddim o dan eich rheolaeth chi)

Damcaniaethau perthynas sbarduno-perfformiad

Mae sbarduno yn gyflwr o fywiogrwydd a disgwyliad sy'n paratoi'r corff ar gyfer gweithredu. Mae'n cynnwys actifadu ffisiolegol (cyfradd curiad y galon, cyfradd chwysu neu gyfradd resbiradol uwch), a gweithgaredd seicolegol (mwy o allu i ganolbwyntio). Mae sbarduno yn cael ei fesur ar hyd continwwm, gyda chwsg dwfn ar un pegwn a chyffro ar y llall. Mae unigolion sy'n cael eu sbarduno orau yn cael eu hactifadu'n feddyliol ac yn gorfforol er mwyn perfformio. Mae nifer o ddamcaniaethau wedi ceisio egluro'r berthynas sbarduno-perfformiad; y damcaniaethau hyn yw'r ddamcaniaeth gyrru, y rhagdybiaeth U-wrthdro, y ddamcaniaeth trychineb, a pharthau unigol o weithredu optimaidd.

Damcaniaeth gyrru

Mae'r ddamcaniaeth gyrru (*drive theory*) yn ystyried bod y berthynas sbarduno-perfformiad yn llinol. Mae hyn yn golygu wrth i sbarduno gynyddu, bod perfformiad hefyd yn cynyddu. Po fwyaf mae rhywun wedi dysgu sgìl, y mwyaf tebygol yw hi y bydd lefel uchel o sbarduno yn arwain at berfformiad gwell (gweler Ffigur 6.1). Fodd bynnag, nid oes llawer o ymchwil i gefnogi'r ddamcaniaeth hon, gan fod tystiolaeth i awgrymu bod sbarduno o fudd i berfformiad athletaidd hyd at bwynt penodol yn unig.

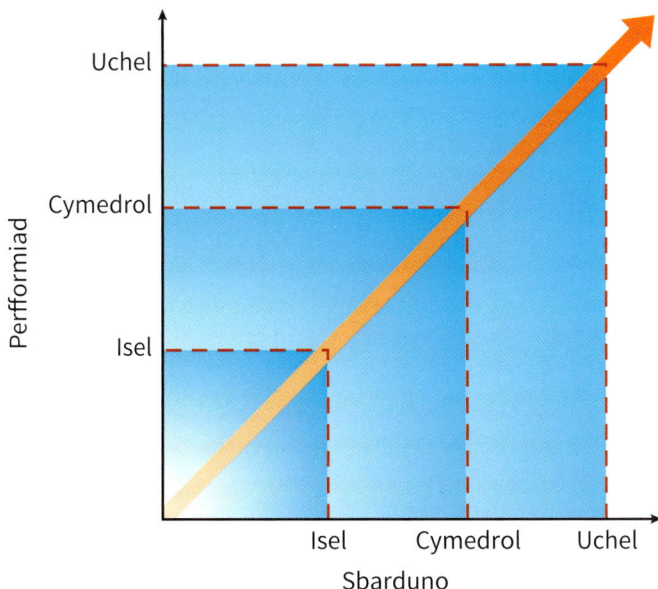

▶ **Ffigur 6.1:** Yn ôl y ddamcaniaeth gyrru, beth yw'r berthynas sbarduno-perfformiad?

Myfyrio

Meddyliwch am y tro diwethaf i chi ennill a'r tro diwethaf i chi golli mewn chwaraeon. Pa resymau wnaethoch chi eu rhoi i egluro'r digwyddiadau? Sut fyddech chi'n diffinio'r mathau o briodoli?

Ymchwil

Ymchwiliwch i 'ddamcaniaeth angen cyflawni' (*need achievement theory*), 'damcaniaeth nod cyflawni' (*achievement goal theory*) a 'damcaniaeth cymhelliant cyflawni' (*competence motivation theory*). Sut maen nhw'n ein helpu ni i ddeall mwy am gymhelliant cyflawniad?

Rhagdybiaeth U-wrthdro

Ganwyd y rhagdybiaeth U-wrthdro (*inverted U hypothesis*) allan o gyfyngiadau'r ddamcaniaeth gyrru. Mae'n datgan y bydd lefelau perfformiad ar eu huchaf ar y lefelau sbarduno gorau posibl (lefel gymedrol o sbarduno fel arfer), ond pan fydd sbarduno yn rhy isel neu'n rhy uchel, bydd lefelau perfformiad yn gostwng (gweler Ffigur 6.2). Mae'n dadlau y bydd lefelau perfformiad yn is oherwydd nad yw'r athletwr yn barod yn ffisiolegol nac yn seicolegol; gall cyfradd curiad y galon a lefelau o ganolbwyntio fod yn rhy isel neu'n rhy uchel. Y ddadl allweddol olaf o'r ddamcaniaeth hon yw y bydd y gostyngiad mewn perfformiad ar ôl y lefel orau o sbarduno yn raddol.

Derbynnir y rhagdybiaeth U-wrthdro yn ehangach na'r ddamcaniaeth gyrru oherwydd gall y rhan fwyaf o athletwyr a hyfforddwyr adrodd am brofiadau personol o dan-sbarduno (diflastod), gorsbarduno (cyffro i'r pwynt o ddiffyg canolbwyntio) a'r sbarduno gorau posibl (gan ganolbwyntio ar ddim byd ond perfformiad chwaraeon). Fodd bynnag, mae cwestiynau ynghylch y math o gromlin a ddangosir. Mae'r cwestiynau hyn yn cynnwys:

▶ A yw'r sbarduno gorau posibl bob amser yn un pwynt neu a yw rhai athletwyr yn profi'r sbarduno gorau posibl am gyfnod hirach o amser?

▶ A yw'r gostyngiad mewn perfformiad bob amser yn ddirywiad cyson neu a all fod yn fwy dramatig?

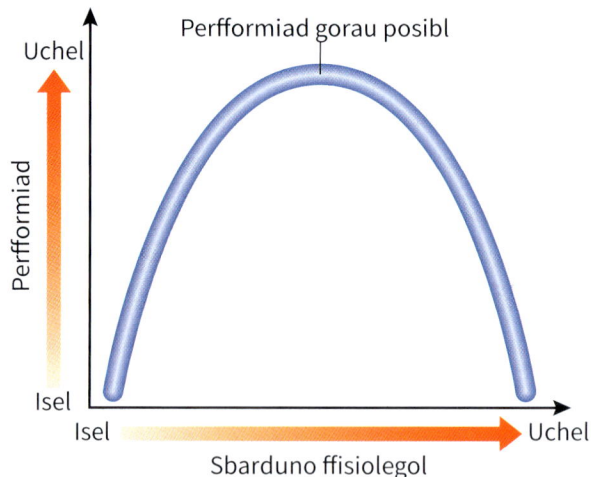

▶ **Ffigur 6.2:** Yn ôl y rhagdybiaeth U-wrthdro, beth yw'r berthynas sbarduno-perfformiad?

Damcaniaeth trychineb

Mae'r ddamcaniaeth trychineb (*catastrophe theory*) yn ehangu ar y rhagdybiaeth U-wrthdro drwy awgrymu bod perfformiad yn cael ei effeithio gan sbarduno mewn ffordd U-wrthdro dim ond pan fydd gan yr unigolyn lefelau isel o **bryder gwybyddol** (*cognitive anxiety* – gweler Ffigur 6.3a). Os yw'r athletwr yn profi lefelau uwch o bryder gwybyddol, a bod lefelau sbarduno yn cynyddu y tu hwnt i drothwy'r athletwr, maen nhw'n profi cwymp dramatig mewn lefelau perfformiad (gweler Ffigur 6.3b). Y gwahaniaeth allweddol rhwng y ddamcaniaeth trychineb a'r rhagdybiaeth U-wrthdro yw nad oes rhaid i'r gostyngiad mewn perfformiad fod yn ddirywiad cyson pan fydd lefelau sbarduno yn mynd yn rhy uchel.

Nid yw'r ddamcaniaeth trychineb yn dadlau bod pryder gwybyddol yn gwbl negyddol. Mae'r ddamcaniaeth yn awgrymu y byddwch chi'n perfformio ar lefel uwch os oes gennych chi rywfaint o bryder gwybyddol oherwydd bod eich lefelau o sylw a chanolbwyntio yn cynyddu. Fodd bynnag, pan fydd lefelau pryder gwybyddol yn cyfuno â lefelau sbarduno eithriadol o uchel, mae lefelau perfformiad yn gostwng yn ddramatig. Mae'r ddamcaniaeth hon yn cael ei chwestiynu gan rai ynghylch honiadau bod sbarduno gorau pawb ar yr un pwynt cymedrol.

Term allweddol

Pryder gwybyddol – meddyliau negyddol, nerfusrwydd neu bryder a brofir mewn rhai sefyllfaoedd. Mae symptomau pryder gwybyddol yn cynnwys problemau canolbwyntio, ofn a gwneud penderfyniadau gwael.

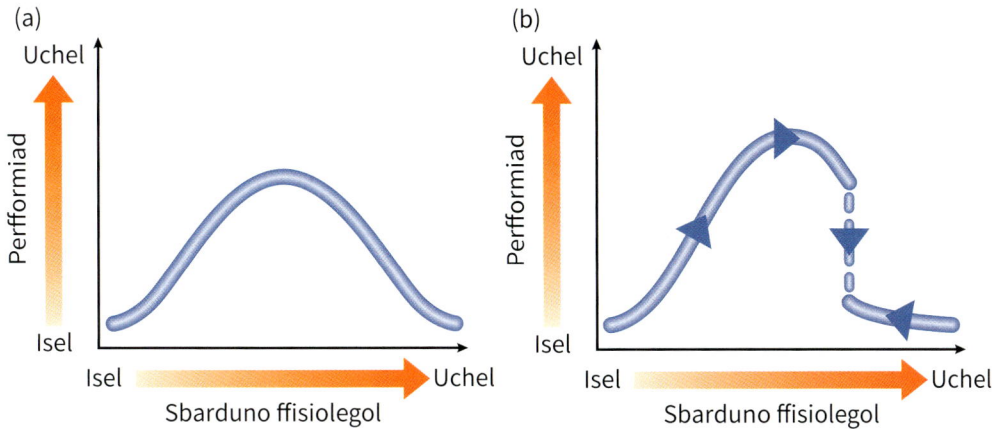

▶ **Ffigur 6.3:** Yn ôl y ddamcaniaeth trychineb, beth yw'r berthynas sbarduno-perfformiad?

Parthau unigol o weithredu optimaidd
(*individual zones of optimal functioning* – IZOF)

Mae'r ddamcaniaeth hon yn ehangu ar y damcaniaethau blaenorol trwy ddadlau bod gan bob unigolyn (h.y. unigolion â gwahanol bersonoliaethau, sy'n cymryd rhan mewn gwahanol chwaraeon) lefelau optimaidd gwahanol o sbarduno ac y gallant aros yn y parth sbarduno hwnnw am gyfnod o amser (gweler Ffigur 6.4). Mae hyn yn golygu y gall athletwyr berfformio ar lefel uwch am gyfnod hirach o amser. Y prif wahaniaethau rhwng y rhagdybiaeth U-wrthdro a pharthau unigol o weithredu optimaidd yw:

▶ ble mae'r rhagdybiaeth U-wrthdro yn gweld sbarduno ar y pwynt optimaidd, mae'r parthau unigol o weithredu optimaidd yn gweld y sbarduno optimaidd fel ystod

▶ ble mae'r rhagdybiaeth U-wrthdro yn gweld pwynt optimaidd pob athletwr ar ganolbwynt ar y gromlin, dywed yr IZOF fod y pwynt optimaidd yn amrywio o unigolyn i unigolyn.

Mae IZOF a'r rhagdybiaeth U-wrthdro yn debyg yn yr ystyr bod y ddau ohonyn nhw'n cynnig, ar ôl y pwynt optimaidd o sbarduno, bod perfformiad yn gostwng yn raddol.

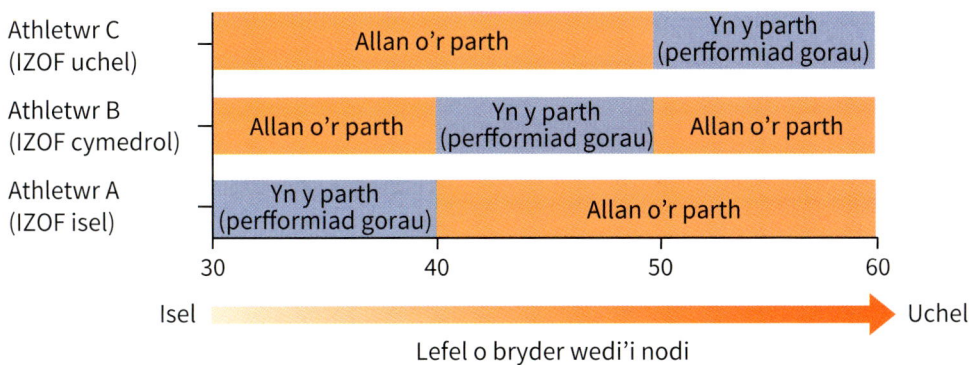

> **Trafodaeth**
>
> Mewn grŵp bach, trafodwch y gwahanol ddamcaniaethau sy'n ceisio esbonio'r berthynas sbarduno-perfformiad, ac awgrymwch enghreifftiau chwaraeon sy'n egluro pob damcaniaeth.

▶ **Ffigur 6.4:** Yn ôl y ddamcaniaeth IZOF, beth yw'r berthynas sbarduno-perfformiad?

❚❚ MUNUD I FEDDWL   Allwch chi esbonio'r damcaniaethau sbarduno-perfformiad?

Awgrym   Gan ddefnyddio diagram pob damcaniaeth yn unig, eglurwch i ffrind sut mae pob damcaniaeth yn ceisio esbonio'r berthynas sbarduno-perfformiad.

Ymestyn   O ystyried eu cryfderau a'u cyfyngiadau, pa ddamcaniaeth ydych chi'n meddwl sy'n egluro'r berthynas sbarduno-perfformiad orau?

Ffocws sylwol a pherfformiad chwaraeon o dan bwysau cystadleuol

Rownd Derfynol Cwpan y Byd. Rownd derfynol 100m y Gemau Olympaidd. Eich gêm gyntaf i dîm newydd. Eich gêm gyntaf yn ôl ar ôl anaf hir. Mae'r rhain i gyd yn enghreifftiau o senarios ble y gallech deimlo cryn bwysau. Her allweddol i seicolegwyr chwaraeon yw helpu athletwyr i gynnal a gwella ffocws sylwol (*attentional focus*) o dan bwysau.

Ciwiau sylwol

Mae athletwyr yn derbyn llawer o giwiau sylwol wrth berfformio. Mae rhai o'r rhain yn giwiau sylwol perthnasol tra bod eraill yn giwiau sylwol amherthnasol. Mae ciwiau sylwol perthnasol yn ffactorau a all effeithio'n uniongyrchol ar berfformiad (e.e. safle cyd-chwaraewyr, safle gwrthwynebydd a hediad pêl). Mae ciwiau sylwol amherthnasol yn ffactorau a all dynnu eich sylw oddi wrth eich perfformiad cyffredinol (e.e. sŵn torf, sarhad gan wrthwynebydd).

Mae dwy agwedd bwysig ar sylw yn ymwneud â chiwiau sylwol. Meddyliwch am bryd rydych chi wedi chwarae chwaraeon gyda llawer o bethau'n digwydd o'ch cwmpas. Weithiau, mae angen i chi ganolbwyntio ar un ciw penodol, perthnasol a rhwystro'r ciwiau amherthnasol. Gelwir hyn yn **sylw dethol** (*selective attention*). Enghraifft o hyn yw chwaraewr pêl-fasged sy'n aros i gymryd tafliad rhydd: mae'n rhaid iddyn nhw ganolbwyntio ar giw perthnasol y fasged wrth rwystro ciwiau amherthnasol, fel ymyriadau gan y dorf a gwrthwynebwyr.

Ar adegau eraill, bydd angen i chi ganolbwyntio ar lawer o giwiau perthnasol a chwblhau mwy nag un dasg ar y tro. Mae hyn fel aml-dasgio meddyliol ac fe'i gelwir yn **sylw rhanedig** (*divided attention*). Enghraifft yw Lionel Messi yn dribli pêl-droed. Mae'n rhaid iddo gadw rheolaeth ar y bêl ac fel rheol bydd ganddo lawer o giwiau perthnasol i ganolbwyntio arnyn nhw (e.e. faint o wrthwynebwyr sy'n ceisio ei daclo, beth yw eu safleoedd mewn perthynas ag ef, lle mae ei gyd-chwaraewyr, ac ati), felly bydd angen iddo gadw ei ben i fyny ac edrych o gwmpas i weld beth yw ei opsiynau.

Mae athletwyr o'r radd flaenaf yn gallu defnyddio sylw dethol a sylw rhanedig yn dda, yn dibynnu ar bob sefyllfa.

Mathau o ffocws sylwol

Gallwch weld ffocws sylwol mewn dau ddimensiwn: dimensiwn lled (eang-cul) a dimensiwn cyfeiriad (allanol-mewnol).

▶ Mae **ffocws sylwol eang** yn caniatáu ichi gymryd a dehongli llawer o wybodaeth o lawer o wahanol ffynonellau er mwyn gwneud eich penderfyniadau mewn chwaraeon. Mae hyn yn bwysig i athletwyr fel canolwr mewn pêl-rwyd, chwaraewr canol cae mewn pêl-droed neu warchodwr pwynt mewn pêl-fasged, sy'n gorfod cymryd gwybodaeth o lawer o giwiau perthnasol er mwyn gwneud penderfyniad ynghylch beth i'w wneud nesaf.

▶ Mae **ffocws sylwol** cul yn digwydd pan mai dim ond un neu ddau ddarn o wybodaeth sydd gennych i'w nodi i allu gwneud eich symudiad nesaf. Er enghraifft, bydd angen i golffiwr sy'n mynd i bytio am y fuddugoliaeth yn yr Open ystyried y patrymau daear a'r pellter o'r pin.

▶ Mae **ffocws sylwol allanol** yn cyfeirio eich sylw at giw perthnasol allanol, fel batiwr criced yn barnu hediad pêl neu chwarterwr mewn pêl-droed Americanaidd yn sylwi ar rediad eu derbynnydd eang (*wide receiver*).

▶ Mae **ffocws sylwol mewnol** yn cael ei gyfeirio tuag at eich meddyliau a'ch teimladau eich hun, er enghraifft neidiwr hir yn ymarfer eu perfformiad yn feddyliol er mwyn ymlacio cyn digwyddiad.

Symud ffocws sylwol

Mae gallu symud ffocws sylwol yn ansawdd pwysig i athletwyr o'r radd flaenaf. Mewn sefyllfaoedd o bwysau uchel, mae'r gallu i wneud penderfyniadau yn gyflym ac yn effeithiol yn un o'r gwahaniaethau rhwng athletwyr llwyddiannus ac aflwyddiannus. Er enghraifft, pan fydd chwaraewyr rygbi yn ymladd neu chwaraewyr pêl-droed yn cam-chwarae'n ddifrifol, byddant yn aml yn sôn eu bod nhw'n 'gweld coch'. Mae hwn yn fath o ddicter ac ymddygiad ymosodol sy'n deillio o chwaraewyr yn rhoi gormod o ffocws ar giwiau sylwol amherthnasol a methu â symud ffocws sylwol. Pan fydd chwaraewr pêl-droed yn cam-chwarae'n ddifrifol, efallai ei fod wedi bod yn talu mwy o sylw i rywbeth a ddigwyddodd yn y gêm yn flaenorol na allant ei newid mwyach. Mae hyn, ynghyd â ffocws allanol cul (gan ganolbwyntio eu holl sylw ar un gwrthwynebydd y maent am ymosod arno), yn golygu na allant symud i ffocws mewnol cul (gan ganolbwyntio eu sylw ar eu meddyliau a'u teimladau mewnol er mwyn tawelu eu hunain).

> ### Myfyrio
>
> Meddyliwch am amser pan wnaethoch chi gymryd rhan mewn chwaraeon ac nid aeth pethau'n dda. Meddyliwch am y digwyddiadau critigol yn y gêm y buoch chi'n rhan ohonynt (e.e. tacl a gollwyd, cyfle sgorio a gollwyd). Pa fath o ffocws sylwol wnaethoch chi ei ddefnyddio? Ai dyna'r un y dylech fod wedi'i ddefnyddio?

Strategaethau sylwol

Mae strategaethau sylwol mewn chwaraeon yn dod o dan ddau bennawd eang: cysylltiadol a datgysylltiol. Mae **strategaethau cysylltiadol** (*associative strategies*) yn canolbwyntio'ch sylw ar synhwyrau mewnol er mwyn nodi a rheoli pethau a all effeithio ar berfformiad, fel anadlu a thensiwn cyhyrol. Mae **strategaethau datgysylltiol** (*dissociative strategies*) yn canolbwyntio'ch sylw yn allanol er mwyn tynnu eich sylw oddi wrth deimladau o flinder neu boen: er enghraifft, edmygu'r olygfa wrth redeg marathon.

Achosion problemau sylwol

Pan feddyliwch am gymryd rhan mewn chwaraeon, ystyriwch y gwahanol bethau sy'n tynnu sylw o'ch ffocws sylwol. Mae'r tynwyr sylw hyn yn dod o dan ddau gategori eang o **dynwyr sylw** (*distractors*) **mewnol** ac **allanol**.

▸ Y **tynwyr sylw mewnol** yw eich meddyliau (e.e. cofio camgymeriadau a wnaethoch mewn digwyddiadau chwaraeon blaenorol), teimladau (e.e. poeni am berfformiadau blaenorol) a theimladau seicoffisiolegol (e.e. blinder) a all dynnu eich sylw oddi wrth berfformiad.

▸ Daw **tynwyr sylw allanol** o'r amgylchedd rydych chi'n perfformio ynddo. Mae tynwyr sylw amgylcheddol yn amrywio o gamp i gamp, felly efallai na fydd rhywbeth a allai dynnu sylw athletwr mewn un gamp yn cael cymaint o effaith mewn camp arall. Er enghraifft, byddai ffôn yn canu pan fydd golffiwr ar fin ceisio pyt anodd yn dynnwr sylw allanol mawr iddynt. Fodd bynnag, ni fyddai ffôn yn canu yn ystod gêm bêl-droed gyda 50,000 o gefnogwyr yn bresennol yn tynnu sylw'r chwaraewyr pêl-droed. Mae'r tynwyr sylw allanol mwyaf cyffredin mewn chwaraeon yn cynnwys trechafwriaeth (*gamesmanship*), newidiadau sydyn mewn lefelau sŵn, symudiadau gwylwyr, tywydd gwael a chefnogwyr yn creu amgylchedd gelyniaethus.

> ### Ymchwil
>
> Ymchwiliwch i ymddygiad nodweddiadol y dorf gartref yng Nghlwb Pêl-droed Galatasaray yn Nhwrci. Pa fathau o ymddygiad mae'r cefnogwyr yn eu harddangos? Pa fath o dynnwr sylw yw hwn? Pe byddech chi'n hyfforddwr tîm yn ymweld, sut fyddech chi'n ceisio paratoi eich chwaraewyr?

Tagu

Yn nhermau chwaraeon, mae tagu (*choking*) yn fath eithafol o nerfusrwydd sy'n achosi i athletwyr fethu â pherfformio neu i wneud camgymeriadau ar adeg dyngedfennol, megis pan fydd golffiwr yn methu pyt hawdd sy'n ofynnol er mwyn ennill yr Open. Gall tagu ddigwydd mewn sefyllfaoedd o bwysau uchel ac mae'n seiliedig i raddau helaeth ar bwysigrwydd goddrychol y digwyddiad (h.y. beth mae'r digwyddiad yn ei olygu i'r athletwr unigol). Gall tagu fod yn fwy amlwg ym mhresenoldeb pobl eraill arwyddocaol (e.e. rhieni, cyfoedion) neu gynulleidfaoedd mawr a gall ddigwydd o ganlyniad i newidiadau mewn ffocws sylwol.

Effaith gwahanol lefelau o sbarduno ar ffocws sylwol

Yn ystod cyflyrau o sbarduno uwch, gall y maes sylwol, sy'n ffocysu sylw a chanolbwyntio, gulhau. Mae hyn yn golygu po fwyaf y byddwch chi'n sbarduno, yr isaf yw nifer y ciwiau perthnasol y gallwch chi ganolbwyntio arnyn nhw. Er enghraifft, mewn gêm o bêl-fasged, pan yn y cyflwr sbarduno optimaidd, bydd y gwarchodwr pwynt yn gallu canolbwyntio ar y chwaraewr gwrthwynebol sydd â'r bêl yn ei meddiant yn ogystal â'i safle ar y cwrt a safle chwaraewyr eraill. Fodd bynnag, yn ystod cyflyrau o sbarduno uwch, efallai mai dim ond ar chwaraewr gwrthwynebol sydd â'r bêl y gall hi ganolbwyntio a all ddiystyru ciwiau eraill.

Yn union fel y gall cyflwr uwch o sbarduno gulhau sylw'r chwaraewr, gall hefyd ei ehangu i'r pwynt ble mae'n gostwng perfformiad. Yn y senario hwn, byddai'r gwarchodwr pwynt yn canolbwyntio ar wybodaeth amherthnasol fel sŵn y dorf, yn ogystal â'r ciwiau perthnasol yn y gêm.

Astudiaeth achos

Cic o'r smotyn Fara yng Nghwpan y Byd

Yng Nghwpan y Byd i Ferched FIFA 2015, fe sgoriodd Fara Williams gic o'r smotyn yn y gêm ail gyfle yn erbyn yr Almaen i roi'r fuddugoliaeth gyntaf i Loegr dros yr Almaen mewn gêm gystadleuol mewn dros 30 mlynedd (ac ar ôl 20 gêm). Digwyddodd y gic o'r smotyn yn 108fed munud y gêm (yn ail hanner amser ychwanegol) gyda'r sgôr yn 0–0. Daeth y gêm hon ar ôl i dîm merched Lloegr golli rownd gynderfynol Cwpan y Byd 2-1 yn erbyn Japan. Fara oedd y chwaraewr a oedd wedi ennill y mwyaf o gapiau ymysg merched Lloegr.

Gan ddefnyddio'ch gwybodaeth am ffocws sylwol a pherfformiad chwaraeon o dan bwysau cystadleuol, atebwch y cwestiynau canlynol.

1. Beth oedd y gwahanol giwiau sylwol?

2. Pa fath(au) o ffocws sylwol y bydd Fara wedi'u defnyddio wrth baratoi ar gyfer y gic o'r smotyn a'i gweithredu?

3. Yn eich barn chi, beth fu strategaethau sylwol Fara?

▶ Fara Williams yn cicio o'r smotyn yng Nghwpan y Byd i Ferched FIFA 2015

Straen, pryder a pherfformiad chwaraeon o dan bwysau cystadleuol

Straen a mathau o straen

Mae straen yn ymateb meddyliol neu emosiynol yn y corff i unrhyw orchymyn a wneir arno. Mae straen yn aml yn cael ei weld yn negyddol, ond mae dau fath o straen: **ewstraen** a **thrallod**.

▶ Mae **ewstraen** (*eustress*) ryn fath o straen 'da' sy'n rhoi teimlad o foddhad i chi. Mae rhai athletwyr yn mynd ati i chwilio am sefyllfaoedd llawn straen gan eu bod yn hoffi'r her o wthio'u hunain i'r eithaf. Mae hyn yn eu helpu i gynyddu eu lefelau sgiliau a chanolbwyntio eu sylw ar agweddau ar eu camp. Y budd yw bod cynnydd mewn cymhelliant cynhenid yn dilyn.

▶ Mae **trallod** (*distress*) yn fath 'drwg' o straen ac fel rheol dyma beth rydych chi'n ei olygu wrth drafod straen. Mae'n fath eithafol o bryder, nerfusrwydd, ofn neu boen meddwl sy'n deillio o anallu canfyddedig i ateb gofynion. Gall arwain at gynnydd gormodol mewn sbarduno a gostyngiad posibl mewn lefelau perfformiad.

Proses straen

Mae'r broses straen yn broses pedwar cam a ddatblygwyd i egluro effeithiau straen ar berfformiad (gweler Ffigur 6.5).

1 Yng ngham un o'r broses straen, rhoddir rhyw fath o alw amgylcheddol, corfforol neu seicolegol ar yr athletwr mewn sefyllfa benodol. Gallai hyn fod yn cymryd y gic olaf o'r smotyn mewn gornest ciciau cosb i ennill Cynghrair Pencampwyr UEFA.

2 Yng ngham dau, mae'r athletwr yn canfod y galw hwn yn gadarnhaol neu'n negyddol. Os ydych chi'n gweld y galw'n gadarnhaol, rydych chi'n fwy tebygol o'i weld yn her gadarnhaol, ond os ydych chi'n gweld y galw yn negyddol, rydych chi'n debygol o'i weld fel bygythiad negyddol. Mae'r canfyddiad negyddol o'r galw yn achosi cyflwr meddwl negyddol, diffyg hunanhyder a diffyg canolbwyntio. Os ystyrir bod y galw yn rhy fawr, efallai y bydd hi'n anodd i chi ganolbwyntio ar yr hyn sy'n rhaid i chi ei wneud er mwyn ateb y galw.

3 Cam tri yw pryd mae'r canfyddiad yn cynyddu lefelau sbarduno'r perfformiwr ac yn cychwyn ymateb straen. Yn ystod y cam hwn, byddwch chi'n profi sbarduno uwch, lefelau uwch o bryder gwybyddol a **phryder somatig** a newidiadau yn eich lefelau sylw a chanolbwyntio. Os ydych chi wedi gweld y galw yn fwy cadarnhaol yng ngham dau, rydych chi'n fwy tebygol o brofi ewstraen, a fydd yn arwain at gynnydd mewn cymhelliant ac egni tuag at y galw. Os ydych chi wedi gweld y galw yn negyddol, rydych yn fwy tebygol o brofi gorbryder a bod mewn trallod ynghylch y galw.

4 Yn y pen draw, mae cam tri yn pennu'r canlyniadau ymddygiadol a all effeithio ar ganlyniad perfformiad (cam pedwar). Os ydych chi wedi profi ewstraen rydych chi'n fwy tebygol o gael cynnydd mewn perfformiad, ond os ydych chi wedi profi trallod rydych chi'n fwy tebygol o brofi gostyngiad mewn perfformiad. Mae'n debygol y bydd canlyniad perfformiad yn effeithio ar ganfyddiad yr athletwr o alwadau tebyg y tro nesaf y byddant yn profi sefyllfa debyg.

> **Term allweddol**
>
> **Pryder somatig**
> – ymwybyddiaeth a chanfyddiad o newidiadau ffisiolegol (fel cynnydd yng nghyfradd curiad y galon, chwysu a chynydd yng ngwres y corff) pan fyddwch chi'n dechrau cymryd rhan mewn chwaraeon.

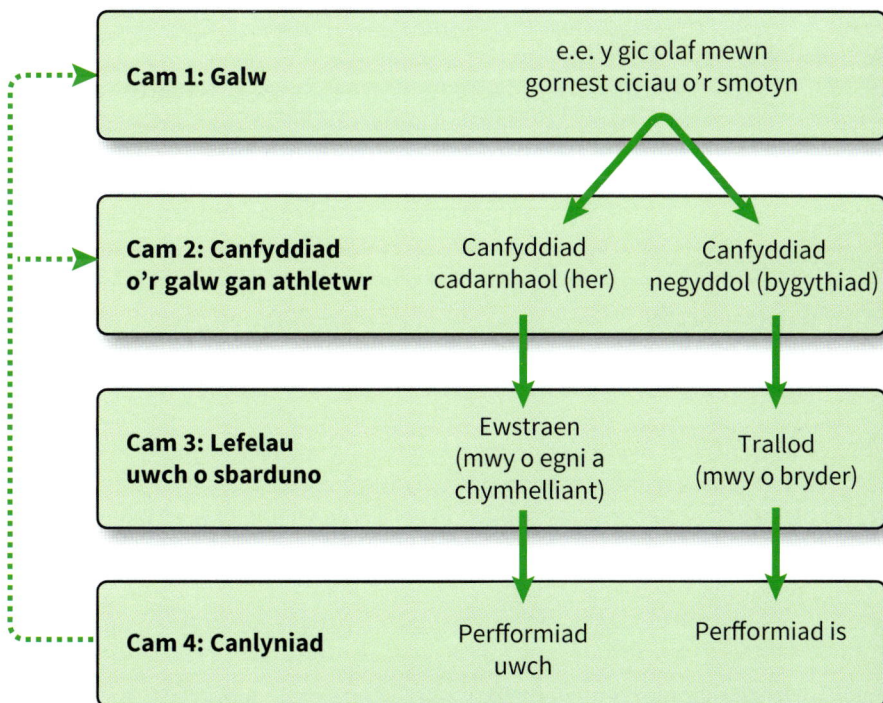

▶ **Ffigur 6.5:** Sut mae'r broses straen yn esbonio'r berthynas rhwng straen, sbarduno, pryder a pherfformiad?

Arwyddion a symptomau o straen

Mae yna nifer o arwyddion a symptomau o straen. Gellir grwpio'r rhain o dan ystyriaethau biolegol, gwybyddol, somatig neu **ymddygiadol**.

▶ Y brif ystyriaeth fiolegol yw'r cynnydd yn lefelau cortisol ac adrenalin sy'n symud y corff ar gyfer yr **ymateb ymladd neu ffoi**. Er bod hwn yn ymateb naturiol i straen, gall fod yn eithaf niweidiol mewn amgylchiadau fel anaf oherwydd bod cortisol yn lleihau cyfradd atgyweirio meinwe, ac felly'n arafu adferiad.

▶ Ystyriaethau gwybyddol yw teimladau cynyddol o bryder ac anallu i ganolbwyntio, a gall y ddau ostwng lefelau perfformiad a lleihau cyflwr lles athletwr.

▶ Ystyriaethau somatig cyffredin yw cynnydd yng nghyfradd curiad y galon a phwysedd gwaed, ynghyd â chynnydd mewn tensiwn cyhyrol. Os na chaiff ei reoli, gall y cynnydd hwn mewn tensiwn cyhyrol gynyddu'r risg o anaf yn ogystal ag arwain at gyflwr a elwir yn **rhewi**.

▶ Mae arwyddion a symptomau ymddygiadol yn cynnwys rhuthro, siarad yn gyflym a gwingo. Gall y rhain leihau perfformiad trwy leihau ansawdd y cyfathrebu rhwng athletwyr a gallant olygu bod rhai cydrannau technegol perfformiad (e.e. amseru rhediadau) yn lleihau mewn ansawdd.

Mae yna lawer o ffyrdd y gellir rheoli'r arwyddion a'r symptomau hyn yn effeithiol, gan gynnwys defnyddio hyfforddiant sgiliau seicolegol a thrwy **gefnogaeth gymdeithasol** effeithiol.

> **Trafodaeth**
>
> Mewn grŵp bach, trafodwch enghreifftiau o arwyddion neu symptomau o straen sy'n digwydd yn ystod eich camp. Beth wnaeth i chi sylwi arnyn nhw? Beth oeddech chi'n ei feddwl pan wnaethoch chi sylwi arnyn nhw? Sut wnaethoch chi eu rheoli?

Pryder a mathau o bryder

Mae pryder yn gyflwr emosiynol negyddol sy'n gysylltiedig â theimladau o nerfusrwydd, ofn neu boen meddwl. Mae dau fath o bryder: **pryder nodwedd** a **phryder cyflyrol**.

▶ Mae **pryder nodwedd** (*trait anxiety*) yn rhan o bersonoliaeth unigolyn. Mae rhywun sydd â lefel uchel o bryder nodwedd yn debygol o boeni mewn amrywiaeth o sefyllfaoedd, hyd yn oed sefyllfaoedd anfygythiol. Mae athletwyr sydd â lefelau uchel o bryder nodwedd fel arfer yn fwy pryderus mewn sefyllfaoedd cystadleuol iawn, â phwysau uchel.

▶ Mae **pryder cyflyrol** (*state anxiety*) yn gyflwr ar yr hwyliau dros dro sy'n newid yn barhaus ac sy'n ymateb emosiynol i unrhyw sefyllfa sy'n cael ei hystyried yn fygythiol. Er enghraifft, ar ddechrau digwyddiad Olympaidd 400m, efallai y bydd gan y rhedwr lefelau uwch o bryder cyflyrol sy'n gostwng unwaith y bydd y digwyddiad yn cychwyn. Efallai y bydd lefelau pryder cyflyrol yn cynyddu eto wrth ddod i fyny at y tro olaf a bod ar y lefel uchaf pan fydd yr athletwr yn dod tuag at y llinell derfyn ochr-yn-ochr gyda'u gwrthwynebydd cryfaf.

❚❚ MUNUD I FEDDWL Ydych chi'n deall pryder a straen? Sut y gallant effeithio ar berfformiad chwaraeon?

Awgrym Caewch y llyfr ac esboniwch y gwahaniaethau rhwng y mathau o bryder a straen i ffrind.

Ymestyn Ceisiwch feddwl am sefyllfaoedd pan allai pryder fod yn gadarnhaol ac yn negyddol, gan dynnu ar eich profiadau eich hun.

Canlyniadau straen a phryder

Mae'r diffiniad o bryder yn awgrymu ei fod yn gyflwr meddwl negyddol a nodweddir gan boen meddwl ac ofn. Credir, os ydych chi'n poeni gormod, y bydd eich perfformiad yn dioddef.

Gall poeni'n gyson am ddigwyddiad wneud i chi feddwl nad ydych chi'n ddigon da i lwyddo (llai o hunanhyder). Gall hyn wneud i chi deimlo eich bod chi'n llai tebygol o ennill (llai o ddisgwyliadau o lwyddiant).

Mae pryder gwybyddol uwch yn golygu bod cynnydd mewn nerfusrwydd, ofn neu boen meddwl. Un o'r pethau y mae athletwyr yn poeni amdano yw methu. Y broblem gyda hyn yw eich bod yn canolbwyntio ar rywbeth unwaith y byddwch yn dechrau poeni amdano. Mae hyn yn cynyddu'r tebygolrwydd y bydd yn digwydd. Gallai ofn uwch o fethu arwain at ymatebion ffisiolegol negyddol fel gordensiwn cyhyrol a diffyg cydsymud, a fydd hefyd yn effeithio'n negyddol ar berfformiad.

Damcaniaeth pryder amlddimensiwn

Mae'r ddamcaniaeth pryder amlddimensiwn (Martens et al. 1990) yn awgrymu y gall pryder somatig a gwybyddol effeithio ar berfformiad mewn gwahanol ffyrdd ac y byddant yn newid yn y cyfnod cyn digwyddiad. Credir bod pryder gwybyddol yn lleihau perfformiad, ond credir bod pryder somatig yn gwella perfformiad hyd at bwynt penodol.

Fodd bynnag, mae yna eithriadau. Er enghraifft, pan fo pryder somatig yn isel yn y cyfnod cyn digwyddiad, gall bod â lefelau pryder gwybyddol ychydig yn uwch wella perfformiad. Gall y cynnydd bach hwn mewn pryder ennyn a chyfeirio sylw athletwr tuag at y perfformiad sydd ar ddod; fodd bynnag, os bydd y pryder gwybyddol yn mynd yn rhy fawr, yna bydd perfformiad yn cael ei wanhau.

Damcaniaeth gwrthdro

Mae'r ddamcaniaeth gwrthdro yn awgrymu, yn hytrach na lefelau pryder fel y cyfryw, mai'r **canfyddiad** o bryder a all gael effaith ar berfformiad. Er enghraifft, os yw athletwr o'r farn bod symptomau pryder yn gadarnhaol ac yn fuddiol ar gyfer perfformiad, maen nhw'n fwy tebygol o wella perfformiad. Mae hyn yn esbonio pam y bydd rhai seicolegwyr chwaraeon yn tynnu sylw at rôl rhai o arwyddion a symptomau pryder somatig (e.e. cyfradd curiad y galon uwch, cyfradd anadlu uwch a thymheredd uwch) mewn perfformiad chwaraeon llwyddiannus. Eu nod yw troi pryder o ofn annymunol yn gyffro dymunol.

⏸ MUNUD I FEDDWL   Beth mae'r damcaniaethau ar y dudalen hon yn ei ddweud wrthym? A allwch chi egluro effaith y damcaniaethau hyn ar berfformiad chwaraeon?

Awgrym   Caewch y llyfr ac ysgrifennwch grynodeb o'r ddamcaniaeth pryder amlddimensiwn a'r ddamcaniaeth gwrthdro.

Ymestyn   Trafodwch pa ddamcaniaeth rydych chi'n meddwl sy'n egluro'r berthynas rhwng pryder a pherfformiad orau, gan gyfiawnhau'ch ateb.

Hunanhyder a pherfformiad chwaraeon o dan bwysau cystadleuol

Sut mae athletwr hyderus yn edrych? Efallai ei fod yn chwaraewr sydd eisiau'r bêl trwy'r amser, hyd yn oed pan fydd dan bwysau, neu'n chwaraewr sy'n cynnal iaith y corff positif trwy gydol y gêm hyd yn oed pan fydd pethau'n mynd o chwith. Heb lefelau uchel o hunanhyder, efallai na fydd athletwyr bob amser yn cynnwys eu hunain yn eu camp fel hyn.

Mae hunanhyder yn gyflwr seicolegol sydd wedi'i rymuso gan y gred sydd gennych yn eich gallu i berfformio a chyflawni canlyniadau penodol. Mae lefel hunanhyder unigolyn yn cael ei ddylanwadu gan ei brofiadau mewn hyfforddiant a gemau, felly

► Mae llawer o sbrintwyr yn arddangos hunanhyder uchel cyn ras

mae'n bwysig eich bod chi'n gwybod sut i helpu pobl i fagu hyder yn eich sesiynau. Meddyliwch am hyder fel wal frics solet – eich swydd chi yw helpu athletwyr i adeiladu eu wal, fesul bricsen.

Buddion hunanhyder

Gall hunanhyder fod o fudd i'r athletwr trwy annog emosiynau cadarnhaol, cynorthwyo gallu canolbwyntio, ysbrydoli ymdrech a rheoli sut mae chwarae gêm a thactegau. Er enghraifft, os oes gan athletwr lefel uchel o hunanhyder yna efallai yr hoffent gymryd cyfrifoldeb am safleoedd gosod mewn pêl-droed (yn rheoli sut mae chwarae gêm a thactegau) oherwydd eu bod yn teimlo eu bod wedi talu sylw i wahanol safleoedd ac ymddygiadau eu cyd-chwaraewyr (yn cynorthwyo canolbwyntio), ac y gallant gynyddu'r siawns o berfformiad llwyddiannus.

Hunanhyder optimaidd

Gall y lefelau optimaidd o hunanhyder helpu i wella a chynnal lefel well o berfformiad. Fodd bynnag, os oes gan athletwr lefelau is o hyder neu os yw'n orhyderus, yna gall perfformiad ostwng. Gall effeithio ar eu lles seicolegol cyffredinol a gall gynyddu'r risg o anaf. Yn ogystal, efallai y byddant yn dechrau methu gwybodaeth berthnasol am berfformiad oherwydd eu bod yn llai tebygol o fod yn talu sylw llawn i'r gamp.

Mae rhai pobl yn credu bod y pwynt optimaidd hwn o sbarduno yn gweithio mewn modd tebyg i'r rhagdybiaeth U-wrthdro (gweler tudalen 266). Mae eraill yn credu'r syniad bod gan athletwyr y parth hyder optimaidd y gallant ei gynnal am gyfnod, yn debyg i'r dull parthau unigol o weithredu optimaidd (IZOF) (gweler tudalen 267).

Sut mae disgwyliadau yn dylanwadu ar berfformiad

Gall y disgwyliadau sydd gennych chi'ch hun a'r disgwyliadau sydd gan eraill ohonoch chi effeithio ar y ffordd rydych chi'n ymddwyn mewn chwaraeon. Os oes gennych chi ddisgwyliadau uchel ohonoch chi'ch hun – neu os oes gan eich hyfforddwr ddisgwyliadau uchel ohonoch – mae'n debygol bod y rhain yn seiliedig ar ganfyddiad o gymhwysedd (h.y. teimlad eich bod chi'n dda am rywbeth). Os oes gennych chi neu rywun arall y disgwyliadau hyn, maen nhw'n fwy tebygol o wella eich lefelau hyder. Mae gwella hyder yn golygu eich bod yn debygol o ddangos mwy o fwriad ac ymdrech tuag at gyflawni eich amcanion.

Damcaniaeth hunaneffeithlonrwydd Bandura a'i chymwysiadau mewn chwaraeon

Cynhyrchodd Bandura, seicolegydd amlwg, y ddamcaniaeth hunan**effeithlonrwydd** (*self-efficacy theory*). Mae'r ddamcaniaeth hon yn esbonio sut y gellir datblygu hunaneffeithlonrwydd ac, o ganlyniad, hunanhyder. Fel hyfforddwr, tiwtor neu gyfarwyddwr ffitrwydd, mae'n bwysig deall egwyddorion adeiladu hunanhyder yn eich sesiynau bob dydd. Mae'r ddamcaniaeth hunaneffeithlonrwydd yn dweud wrthym y bydd cyflawniadau perfformiad, profiadau dirprwyol, perswadio geiriol a sbarduno emosiynol yn creu disgwyliadau effeithlonrwydd, a fydd yn cynyddu'r siawns o berfformiad athletaidd uwch (gweler Ffigur 6.6).

```
┌─────────────────────────┐
│  Cyflawniadau perfformiad │ ───┐
└─────────────────────────┘    │
                                │
┌─────────────────────────┐    │
│   Profiadau dirprwyol     │ ───┤    ┌──────────────────────────┐     ┌──────────────────────┐
└─────────────────────────┘    ├──▶ │ Disgwyliadau effeithlonrwydd │ ──▶ │  Perfformiad athletaidd │
                                │    └──────────────────────────┘     └──────────────────────┘
┌─────────────────────────┐    │
│     Perswadio geiriol     │ ───┤
└─────────────────────────┘    │
                                │
┌─────────────────────────┐    │
│    Sbarduno emosiynol     │ ───┘
└─────────────────────────┘
```

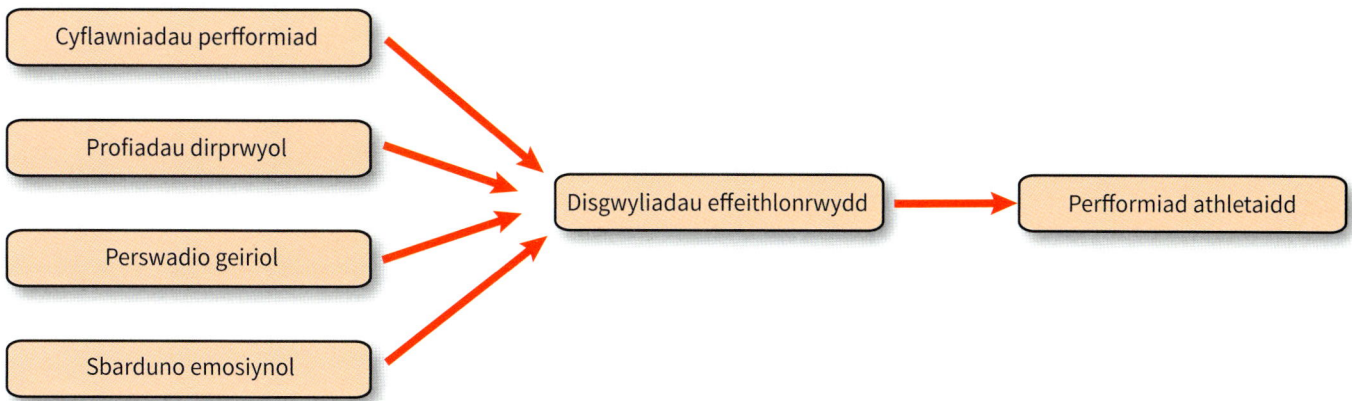

▶ **Ffigur 6.6:** Sut allwch chi gymhwyso damcaniaeth hunaneffeithlonrwydd Bandura i'ch hoff chwaraeon?

▶ **Cyflawniadau perfformiad:** Meddyliwch am amser pan wnaethoch chi chwarae'n dda mewn camp; sut oeddech chi'n teimlo wedyn? Y tebygrwydd yw eich bod wedi mwynhau ac na allech aros i chwarae eto, oherwydd eich bod yn credu y byddech yn gallu gwneud yn dda eto. Cyflawniadau perfformiad diweddar yw'r ffynhonnell gryfaf o hunanhyder. Felly mae'n bwysig eich bod, yn enwedig gyda phlant a phobl ifanc neu'r rhai sy'n dychwelyd i chwaraeon ar ôl absenoldeb hir, yn strwythuro arferion er mwyn caniatáu ar gyfer cyflawni heriau ac i athletwyr dderbyn adborth ar y cyflawniadau hyn.

Mae angen i hyfforddwyr ac arweinwyr chwaraeon roi enghreifftiau penodol o gyflawniadau a chanmol/atgyfnerthu'r ymdrech y mae wedi'i chymryd i gyrraedd y cyflawniad. Er enghraifft, os yw chwaraewr pêl-fasged yn perfformio ei ergyd naid driphwynt gyntaf yn llwyddiannus, peidiwch â chanmol sgorio'r tri phwynt yn unig. Gwnewch yn siŵr eich bod chi'n canmol yr ymdrech maen nhw wedi'i rhoi i'w gyflawni, fel yr amser maen nhw wedi'i dreulio yn ymarfer, y cwestiynau maen nhw wedi'u gofyn i chi ynglŷn â sut i gael amseriad y naid yn gywir, ac ati.

▶ **Profiadau dirprwyol:** Yr ail ffynhonnell gryfaf o hunanhyder yw profiadau dirprwyol. Mae hyn yn digwydd pan fydd athletwr yn gweld rhywun o oedran neu lefel perfformiad tebyg yn perfformio sgìl yn llwyddiannus. Y rheswm am hyn yw y gall gweld rhywun tebyg yn cyflawni tasg yn llwyddiannus wella eich hunan-gred i fedru cyflawni'r un dasg. Gan dynnu ar Ddamcaniaeth Dysgu Cymdeithasol Bandura (gweler tudalen 261), gall gweld rhywun arall yn cyflawni'r dasg gael effaith fodelu. Mae hyn yn cael ei wella os yw'r athletwr rydych chi'n arsylwi arno yn rhywun arwyddocaol i chi, fel ffrind agos neu gyd-aelod talentog o'r tîm.

Er mwyn gwella'r effaith fodelu, mae rhai hyfforddwyr hefyd yn defnyddio fideo o athletwyr o'r radd flaenaf sy'n cyflawni tasg. Gall hyn fod yn uchelgeisiol heb greu unrhyw gymariaethau cymdeithasol negyddol rhwng cyd-chwaraewyr. Mae hyn yn bwysig, gan fod ymchwil ddiweddar mewn pêl-droed wedi dangos y gall cymariaethau cymdeithasol negyddol rhwng aelodau o dîm leihau siawns chwaraewr o gyrraedd y lefel uchaf mewn pêl-droed, oherwydd yr effeithiau y gall eu cael ar eu hyder (Gledhill a Harwood, 2015).

▶ **Perswadio geiriol:** Mae hon yn ffordd ddefnyddiol o wella hunanhyder ac mae'n digwydd pan fydd rhywun sy'n bwysig i chi, fel hyfforddwr neu gapten tîm, yn dweud wrthych eu bod yn credu ynoch chi a'ch bod chi'n gallu perfformio'n dda. Mae hyn yn debyg i hunansiarad cymhellol cadarnhaol, ond mae'n dod o ffynhonnell allanol sy'n eich perswadio eich bod chi'n ddigon da a bod gennych chi'r hyn sydd ei angen – gan esbonio'r term perswadio geiriol. Ar gyfer hyfforddwyr, mae'n bwysig modelu'r ymddygiad hwn am ddau brif reswm:

• Fel hyfforddwr, mae'n debyg mai chi fydd yr unigolyn mwyaf dylanwadol ym mywyd chwaraeon athletwr ifanc, wedi'i ddilyn yn agos gan eu cyd-chwaraewyr a'u rhieni, felly mae'r neges a ddaw gennych chi'n debygol o gael yr effaith fwyaf.

- Os ydych chi, fel hyfforddwr, yn modelu ymddygiad perswadio geiriol, rydych chi'n fwy tebygol o gael yr athletwyr rydych chi'n gweithio gyda nhw i fodelu'r ymddygiad hwnnw. Wrth wneud hynny, byddwch yn helpu i greu hinsawdd o fagu hyder yn eich athletwyr a chreu mwy o rwydweithiau cymorth cymdeithasol yn y tîm. Mae creu'r rhwydweithiau hyn yn dod yn bwysig yn ystod rhwystrau, fel dirywiadau mewn perfformiad neu anaf difrifol, gan fod athletwyr wedyn yn teimlo'n fwy grymus ac yn gallu ymdopi â'r sefyllfaoedd hyn, yn ogystal â theimlo mwy o ymdeimlad o gydlyniad tîm (gweler tudalen 278).

▶ **Sbarduno emosiynol:** Dyma'r ffactor lleiaf effeithiol sy'n effeithio ar hunaneffeithlonrwydd. Os ydych chi'n drist neu'n ofidus cyn cystadleuaeth, gallai hyn wneud i chi feddwl bod eich hyder yn isel.

▶ **Disgwyliadau effeithlonrwydd:** Dyma gredoau a disgwyliadau athletwr ynghylch eu gallu i gyflawni tasgau, a gallant chwarae rôl o ran pa mor llwyddiannus ydyn nhw.

⏸ MUNUD I FEDDWL   Sut mae damcaniaeth hunaneffeithlonrwydd yn egluro perfformiad?

Awgrym   Disgrifiwch bob un o adrannau'r ddamcaniaeth hunaneffeithlonrwydd.

Ymestyn   Rhowch enghraifft o ddamcaniaeth hunaneffeithlonrwydd yn seiliedig ar chwaraeon.

Ymarfer asesu 6.1

A.D1 **A.M1** **A.M2** **A.P1** **A.P2**

Rydych chi ar brofiad gwaith gyda hyfforddwr pêl-rwyd mewn clwb pêl-rwyd lleol. Maen nhw wedi gofyn i chi baratoi adroddiad ar bersonoliaeth, cymhelliant, hunanhyder, sbarduno, straen a phryder, a'u dylanwadau ar berfformiad. Nid yn unig yr hoffai'r hyfforddwr wybod sut y mae'n effeithio ar berfformiad yn unigol, hoffent hefyd wybod am unrhyw berthnasoedd rhwng y gwahanol ffactorau ac unrhyw effaith bellach y gallent eu cael ar berfformiad. Pwrpas yr adroddiad yw addysgu'r hyfforddwr am y pynciau hyn.

Cynllunio
- Pa agweddau ar y dasg fydd yn cymryd y mwyaf o amser/y lleiaf o amser, yn fy marn i?
- A oes angen eglurhad arnaf ar sut y gallai gwahanol ddamcaniaethau fod yn berthnasol mewn sefyllfaoedd chwaraeon?
- A oes unrhyw feysydd y credaf y byddaf yn cael anhawster â hwy?

Gwneud
- Ydw i'n defnyddio'r holl gefnogaeth sydd ar gael i mi, fel yr adnoddau seicoleg chwaraeon a argymhellir, pobl y gallwn fod wedi gweithio gyda nhw mewn chwaraeon a'm tiwtoriaid?
- Rwy'n deall pam fy mod wedi penderfynu mynd i'r dasg hon mewn ffordd benodol.

Adolygu
- Gallaf egluro pa elfennau a welais yn hawsaf.
- Gallaf egluro pa elfennau a gefais yn anoddaf.
- Gallaf ddweud a wnes i fodloni meini prawf y dasg – yn ogystal â ble a sut – trwy ddarparu enghreifftiau penodol.

B Archwilio effaith dynameg grŵp mewn chwaraeon tîm a'i effaith ar berfformiad

Prosesau grŵp

Er mwyn i grŵp o bobl ddod yn dîm, awgrymir (Tuckman, 1965) bod yn rhaid iddynt fynd trwy bedwar cam datblygiadol: ffurfio, stormio, normaleiddio a pherfformio.

Mae'r dull hwn o ddeall datblygiad grŵp yn enghraifft o bersbectif llinol. Mae pob grŵp yn symud ymlaen trwy bob cam, ond gall yr amser maen nhw'n ei dreulio ar bob cam a'r drefn maen nhw'n mynd trwy'r camau amrywio. Unwaith y bydd tîm wedi symud ymlaen trwy'r pedwar cam, nid yw'n golygu na fyddant yn dychwelyd i gam cynharach: os bydd aelodau allweddol yn gadael, gall y tîm ddychwelyd i'r cam stormio wrth i eraill ddechrau cystadlu am safle yn y tîm.

▶ **Ffurfio** – yn ystod y cam ffurfio, mae aelodau'r grŵp yn ymgyfarwyddo â'i gilydd, gan geisio penderfynu a ydyn nhw'n perthyn yn y grŵp hwnnw. Mae aelodau'r grŵp yn asesu cryfderau a gwendidau aelodau eraill, ac yn profi eu perthnasoedd ag eraill yn y grŵp. Mae unigolion yn dod i adnabod eu rolau o fewn y grŵp ac yn gwneud penderfyniadau ynghylch a ydyn nhw'n teimlo y gallan nhw gyflawni'r rolau hynny (neu a ydyn nhw eisiau eu cyflawni). Mae arweinwyr ffurfiol (e.e. rheolwyr) yn y grŵp yn tueddu i fod yn gyfarwyddol yn ystod y cam ffurfio.

▶ **Stormio** – yn ystod y cam stormio, mae gwrthdaro yn dechrau datblygu rhwng unigolion yn y grŵp. Mae unigolion neu gliciau yn dechrau cwestiynu safle ac awdurdod yr arweinydd, ac yn dechrau gwrthsefyll rheolaeth y grŵp. Yn aml, mae gwrthdaro yn datblygu oherwydd bod gofynion yn cael eu gosod ar aelodau'r grŵp ac mae rhai unigolion yn ceisio ennill rolau sy'n bwysicach. Yn ystod y cam hwn, mae'r arweinydd ffurfiol yn y grŵp yn ymgymryd â mwy o rôl ganllawiol wrth wneud penderfyniadau ac yn helpu'r tîm i fodloni disgwyliadau o ran ymddygiad proffesiynol.

▶ **Normaleiddio** – yn ystod y cam normaleiddio, mae cydweithredu yn disodli gwrthdaro a ddigwyddodd yn y cyfnod stormio. Mae aelodau'r grŵp yn dechrau gweithio tuag at amcanion cyffredin yn hytrach na chanolbwyntio ar agendâu unigol, ac mae cydlyniad grŵp yn dechrau datblygu. Wrth i hyn ddigwydd, mae boddhad grŵp yn cynyddu wrth i dasgau gael eu cyflawni ac mae lefelau parch at eraill yn y grŵp yn cynyddu. Yn y cam hwn, mae'r arweinydd ffurfiol yn disgwyl i aelodau'r grŵp chwarae mwy o ran yn y broses benderfynu, a chymryd mwy o gyfrifoldeb am eu hymddygiad proffesiynol.

▶ **Perfformio** – mae'r cam perfformio yn golygu bod y tîm yn symud ymlaen ac yn gweithredu'n effeithiol. Mae'r grŵp yn gweithio heb wrthdaro tuag at gyflawni nodau ac amcanion a rennir ac nid oes angen goruchwyliaeth allanol gan fod y grŵp â mwy o gymhelliant. Mae'r grŵp bellach yn gallu gwneud ei benderfyniadau ei hun a chymryd cyfrifoldeb amdanynt.

Cysylltiad

Mae'r cynnwys yma'n cysylltu ag *Uned 4: Arweinyddiaeth Chwaraeon* ac *Uned 8: Hyfforddi ar gyfer Perfformiad*.

Ymchwil

Ymchwiliwch i gylchred oes a safbwyntiau pendiliol ar ddatblygiad grŵp. Sut maen nhw'n wahanol i farn linellol Tuckman a sut gallai hyn ehangu ein dealltwriaeth o ddatblygiad grŵp?

Model Steiner o gynhyrchiant grŵp

Mae model Steiner (1972) yn egluro effeithlonrwydd grŵp. Dyma:

cynhyrchiant gwirioneddol
= cynhyrchiant posibl – colledion oherwydd prosesau grŵp diffygiol

▶ Mae **cynhyrchiant gwirioneddol** yn cyfeirio at sut mae'r tîm yn perfformio a pha ganlyniadau maen nhw'n cael.

▶ Mae **cynhyrchiant posibl** yn cyfeirio at y perfformiad perffaith y gallai'r tîm ei gynhyrchu yn seiliedig ar sgìl a gallu pob athletwr unigol a'r adnoddau sydd ar gael. Mae colledion oherwydd prosesau grŵp diffygiol yn ymwneud â'r materion a all atal y tîm rhag cyrraedd ei berfformiad posibl. Mae colledion fel arfer oherwydd dau brif faes: **diffygion/colledion cymhelliant** a **diffygion/colledion cydgysylltu**.

Effaith Ringelmann

Mae effaith Ringelmann yn ffenomen ble mae cynhyrchiant unigol y bobl yn y grŵp yn lleihau wrth i faint y grŵp gynyddu. Mae effaith Ringelmann yn cael ei achosi gan ddiffygion neu golledion cymhelliant yn hytrach na cholledion cydgysylltu. Mae hyn yn digwydd pan nad yw pobl yn atebol am eu perfformiad eu hunain.

Termau allweddol

Diffygion/colledion cymhelliant – yn digwydd pan nad yw rhai aelodau o'r tîm yn rhoi ymdrech 100 y cant.

Diffygion/colledion cydgysylltu – yn digwydd pan nad yw chwaraewyr yn cysylltu â'u chwarae, mae'r tîm yn rhyngweithio'n wael neu pan ddefnyddir strategaethau aneffeithiol. Yn gyffredinol, mae chwaraeon sy'n gofyn am fwy o ryngweithio neu gydweithrediad rhwng chwaraewyr yn fwy agored i ddiffygion neu golledion cydgysylltu.

Diogi cymdeithasol

Diogi cymdeithasol (gweler tudalen 189) yw pryd mae aelodau grŵp yn methu â rhoi ymdrech 100 y cant mewn sefyllfa tîm. Mae'r colledion mewn cymhelliant sy'n achosi diogi cymdeithasol yn amlwg pan na chaiff cyfraniadau unigol aelodau'r grŵp eu nodi neu pan fyddant yn hawdd eu hepgor. Mae'n digwydd pan ymddengys bod rhai chwaraewyr yn gweithio'n galetach nag eraill.

Mae gan unigolion sy'n arddangos diogi cymdeithasol ddiffyg hyder, maen nhw'n ofni methu ac yn tueddu i fod yn bryderus iawn. Efallai na fyddant yn teimlo y gallant wneud cyfraniad defnyddiol at berfformiad cyffredinol y tîm, a dyna pam nad ydynt am gymryd rhan.

Astudiaeth achos

Y tîm pêl-droed Americanaidd ansicr

Rydych chi ar leoliad gwaith gyda thîm pêl-droed Americanaidd. Rydych chi'n sylwi bod yna ychydig o chwaraewyr nad ydyn nhw fel petaen nhw'n ymdrechu'n galed iawn. Wrth fwydo'r bêl i'r chwarterwr yn ystod safleoedd gosod, mae'n ymddangos eu bod yn araf iawn yn pasio'r bêl am yn ôl.

Rydych hefyd yn sylwi ei bod yn ymddangos bod y derbynnydd eang yn camfarnu pasiau'r chwarterwr yn rheolaidd ac nid yw'n ymddangos bod llawer o fwriad

pan fydd chwaraewyr i fod i rwystro. Mae'n ymddangos bod y chwaraewyr eraill ar y tîm yn gweithio'n galetach i geisio gwneud iawn am hyn. Fodd bynnag, er gwaethaf eu hymdrechion, prin yw'r rhyngweithio rhwng pigwyr (*spikers*) a gosodwyr (*setters*).

1   Pa dystiolaeth o fodel Steiner, effaith Ringelmann a diogi cymdeithasol y gallwch chi ddod o hyd iddi yn yr astudiaeth achos hon?

2   Pe byddech chi'n hyfforddwr, sut allech chi/sut fyddech chi'n gwella'r diffygion hyn?

Cydlyniad mewn perfformiad grŵp effeithiol

Mae tîm chwaraeon yn fath unigryw o grŵp. Efallai y byddant yn treulio llawer o amser yn byw, hyfforddi a chystadlu gyda'i gilydd ac, oherwydd hyn, gall lefelau cydlyniad gael effaith sylweddol ar berfformiad. Mae dau fath allweddol o dîm chwaraeon: **timau rhyngweithiol** a **thimau cymhellol**.

▶ **Timau rhyngweithiol** – mae aelodau'r tîm yn rhyngweithio'n uniongyrchol ac yn cydgysylltu â'i gilydd er mwyn cyflawni perfformiad llwyddiannus. Mae chwaraeon fel hoci yn enghreifftiau nodweddiadol o'r math hwn o dîm.

▶ **Timau cymhellol** (*coactive*) – nid oes rhyngweithio uniongyrchol rhwng aelodau'r tîm yn ystod y perfformiad. Mae'n ofynnol i aelodau sicrhau llwyddiant yn eu gemau, digwyddiadau neu berfformiadau unigol er mwyn sicrhau llwyddiant cyffredinol i'r tîm. Enghraifft yw tîm gymnasteg, ble mae pob aelod yn cymryd ei dro unigol ar y gwahanol offer ond bod eu llwyddiant unigol yn sgorio pwyntiau i'r tîm.

Cydlyniad cymdeithasol a thasgau a sut mae'r rhain yn creu hinsawdd tîm effeithiol

Mae cydlyniad yn broses ddynamig a adlewyrchir yn y duedd i grŵp lynu at ei gilydd ac aros yn unedig wrth geisio cyflawni ei nodau a'i amcanion. Mae dau fath allweddol o gydlyniad: **cydlyniad tasgau** a **chydlyniad cymdeithasol**.

▶ Mae **cydlyniad tasgau** yn ymwneud â pha mor dda y mae aelodau grŵp neu dîm yn gweithio gyda'i gilydd i gyflawni nodau ac amcanion cyffredin. Mae lefelau uchel o gydlyniad tasgau fel arfer yn gysylltiedig â lefelau uwch o dderbyn rôl o fewn tîm a chyd-ddibyniaeth ar dasgau, a all gynyddu perfformiad tîm.

▶ Mae **cydlyniad cymdeithasol** yn ymwneud â faint mae aelodau'r tîm yn hoffi ei gilydd. Mae timau sy'n cydlynu'n gymdeithasol yn tueddu i ddarparu lefelau uwch o gefnogaeth gymdeithasol, dilyn normau cymdeithasol mwy cadarnhaol, mae ganddynt ymdeimlad cryfach o hunaniaeth tîm ac maen nhw'n fwy cyfforddus gyda chyfathrebu strwythuredig a chlir. Gyda'i gilydd, mae'r rhain yn cyfrannu at berfformiad tîm gwell a gallant gynyddu lles athletwyr.

Mae **hinsawdd tîm** yn derm a ddefnyddir i ddisgrifio pa mor dda y mae'r gwahanol chwaraewyr yn y tîm yn dod ymlaen. Mae cydlyniad tasgau a chymdeithasol yn effeithio arno. Cyfrifoldeb yr hyfforddwr a'r tîm yw creu hinsawdd y tîm.

> **Ymchwil**
>
> Ymchwiliwch i dimau pêl-fasged Chicago Bulls yn y 1990au a darllenwch straeon papur newydd am berthnasoedd o fewn y tîm. Pa fath o gydlyniad ydych chi'n meddwl y byddent yn ei arddangos amlaf? Sut fyddech chi'n disgrifio hinsawdd eu tîm? Enghraifft fwy diweddar yw tîm pêl-droed dynion cenedlaethol Cymru a gyrhaeddodd rownd gyn-derfynol Pencampwriaeth Ewro 2016.

Ffactorau sy'n effeithio ar gydlyniad

Mae model cysyniadol Carron o gydlyniad (1982) yn esbonio'r pedwar ffactor sy'n effeithio ar gydlyniad (gweler Ffigur 6.7): amgylcheddol, personol, arweinyddiaeth a thîm.

▶ **Amgylcheddol** – mae grwpiau y mae eu haelodau wedi'u lleoli yn agosach at ei gilydd, ac sy'n llai, yn fwy cydlynol oherwydd bod gan aelodau fwy o gyfleoedd i ryngweithio a ffurfio perthnasoedd.

▶ **Personol** – mae nodweddion unigol aelodau yn bwysig mewn cydlyniad grŵp. Os yw chwaraewyr yn cael eu cymell i gyflawni nodau ac amcanion y grŵp, o gefndiroedd tebyg, a bod ganddynt agweddau a barn debyg a lefelau ymrwymiad tebyg, bydd mwy o foddhad ymhlith aelodau'r grŵp ac mae'r grŵp yn fwy tebygol o fod yn gydlynol.

▶ **Ffactorau arweinyddiaeth** – mae arddulliau arweinyddiaeth, ymddygiadau, arddulliau cyfathrebu a chydnawsedd personoliaethau'r hyfforddwr ac athletwyr i gyd yn effeithio ar gydlyniad.

▶ **Elfennau'r tîm** – os yw'r tîm yn aros gyda'i gilydd am amser hir, yn profi llwyddiant a methiant gyda'i gilydd ac yn medru bod yn rhan o'r broses o benderfynu, mae'r grŵp yn fwy tebygol o fod yn gynhyrchiol ac yn gydlynol.

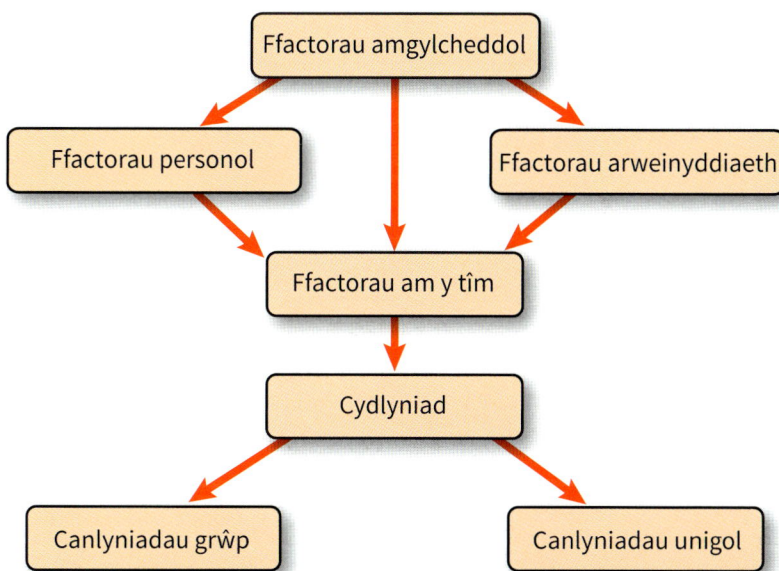

▶ **Ffigur 6.7:** Sut mae model cysyniadol cydlyniad Carron (1982) yn egluro ffactorau sy'n effeithio ar gydlyniad?

Y berthynas rhwng cydlyniad a pherfformiad

Mae'n hawdd dweud po fwyaf yw lefel y cydlyniad, yr uchaf yw lefel y perfformiad. Mae chwaraeon rhyngweithiol fel pêl-droed a phêl-foli yn gofyn am ryngweithio a chydlynu uniongyrchol rhwng chwaraewyr, felly mae cydlyniad (yn enwedig cydlyniad tasgau) yn bwysig. Ychydig o ryngweithio neu gydlynu uniongyrchol, os o gwbl, sydd ei angen ar chwaraeon cymhellol fel golff a saethyddiaeth. Mae cydlyniad yn effeithio ar berfformiad mewn chwaraeon rhyngweithiol yn fwy nag y mae mewn chwaraeon cymhellol.

Ystyriwch y berthynas rhwng cydlyniad a pherfformiad: beth yw cyfeiriad y berthynas? Mae'n gredadwy bod cydlyniad yn effeithio ar berfformiad a pherfformiad yn effeithio ar gydlyniad. Mae'n ddealladwy y gall aelodau tîm sy'n ennill yn rheolaidd ddod ymlaen yn well, ond yr un mor ddealladwy bod tîm y mae ei aelodau'n dod ymlaen yn well yn fwy tebygol o fod yn llwyddiannus. Oherwydd hyn, mae llawer o bobl bellach yn derbyn bod y berthynas cydlyniad-perfformiad yn gylchol: mae cynnydd mewn perfformiad yn arwain at gynnydd mewn cydlyniad, sy'n arwain at gynnydd pellach mewn perfformiad, ac ati.

Strategaethau er mwyn datblygu grŵp a chydlyniad effeithiol

Y peth gorau yw datblygu grŵp a chydlyniad effeithiol trwy ddechrau'r broses yn gynnar, er enghraifft yn ystod hyfforddiant cyn y tymor. Mae gwneud hynny yn rhoi mwy o gyfle i bobl ddod i adnabod ei gilydd a sefydlu normau grŵp pwysig. Gall hyn fod yn arbennig o bwysig os bu newid mawr yn aelodaeth y tîm neu os bu newid hyfforddwr neu reolwr. Dylai datblygu grŵp a lefelau cydlyniad effeithiol fod yn gyfrifoldeb ar y cyd i holl staff ac aelodau tîm. Mae Tabl 6.2 yn dangos rhai ffyrdd y gall gwahanol bobl gyfrannu.

▶ **Tabl 6.2:** Ffyrdd y gall gwahanol bobl helpu i adeiladu cydlyniad tîm

Strategaethau hyfforddwyr	Strategaethau aelodau o'r tîm
• Cyfathrebwch yn effeithiol • Sicrhewch fod pawb yn gwybod beth yw eu rôl • Peidiwch â gwneud gormod o newidiadau • Anogwch hunaniaeth grŵp • Gosodwch amcanion grŵp a rhai unigol • Dewch i adnabod yr athletwyr	• Bod yn gyfrifol am eu gweithgareddau eu hunain • Datrys gwrthdaro yn gyflym • Ymdrechu mor galed â phosib • Dod i adnabod ei gilydd • Helpu ei gilydd

Arweinyddiaeth wrth greu grwpiau effeithiol

Mae arweinyddiaeth yn agwedd bwysig ar greu grwpiau effeithiol. Mae angen angerdd ar arweinwyr ac mae angen iddyn nhw ysbrydoli pobl. Fodd bynnag, mae'n anodd bod yn arweinydd, felly cam cyntaf deall arweinyddiaeth yw deall rhai o'r damcaniaethau y tu ôl i arweinyddiaeth.

Damcaniaethau arweinyddiaeth

Y pedair prif ddamcaniaeth arweinyddiaeth yw nodweddion, ymddygiadol, rhyngweithiol ac amlddimensiwn.

Dull nodweddion

Mae'r dull nodweddion yn dweud bod rhai nodweddion personoliaeth sy'n rhagfynegi unigolyn fel arweinydd da a bod arweinwyr yn cael eu geni, nid eu gwneud. Dywed y theori hon fod arweinyddiaeth yn gynhenid ac y byddai arweinydd da yn dda mewn unrhyw sefyllfa. Ychydig o gefnogaeth a gafodd y dull hwn a derbynnir bellach nad oes set ddiffiniol o nodweddion sy'n nodweddu arweinydd da.

Dull ymddygiadol

Mae'r dull ymddygiadol o arweinyddiaeth yn dadlau bod arweinydd da yn cael ei wneud, nid ei eni, a gall unrhyw un ddysgu bod yn arweinydd da. Gallant wneud hyn trwy arsylwi ymddygiad arweinwyr da mewn amrywiaeth o sefyllfaoedd, atgynhyrchu'r ymddygiadau hynny mewn sefyllfaoedd tebyg a chael ymddygiad wedi'i atgyfnerthu. Er enghraifft, os ydych chi wedi arsylwi hyfforddwr pêl-droed yn gadael i chwaraewyr wneud penderfyniadau a chamgymeriadau ac wedi gweld y chwaraewyr yn dysgu o hyn (arsylwi), efallai y byddwch chi'n defnyddio arddull hyfforddi debyg (atgynhyrchu). Os yw'r chwaraewyr rydych chi'n eu hyfforddi yn gwella neu'n mwynhau eu pêl-droed yn fwy a'ch bod chi'n cael adborth cadarnhaol gan eu rhieni (atgyfnerthu), rydych chi'n fwy tebygol o weithredu fel hyn eto.

Ffocws y dull hwn yw ceisio darganfod ymddygiadau arweinyddiaeth a ddangosir gan bob arweinydd gwerth chweil. Mae'r rhain yn cynnwys y gallu i ddatblygu cyd-ymddiriedaeth, ennill a dangos parch, cyfathrebu'n glir, dangos sgiliau trefnu da, a darparu enghreifftiau clir o sut y gellir gwneud pethau.

> **Trafodaeth**
>
> Trafodwch pam mae pob un o'r ymddygiadau a restrir o dan 'Dull ymddygiadol' yn dangos arweinyddiaeth dda. A allwch chi feddwl am unrhyw ymddygiadau eraill a allai fod yn bwysig?

Dull rhyngweithiol

Er bod y dulliau nodweddion ac ymddygiadol tuag at arweinyddiaeth yn rhoi pwyslais ar rinweddau personol hyfforddwr, mae'r dull rhyngweithiol yn ystyried rhyngweithio rhwng yr unigolyn a'i sefyllfa. Nodir dau brif fath o arweinydd trwy'r dull rhyngweithiol:

▶ Mae arweinwyr sy'n **canolbwyntio ar berthnasoedd** yn canolbwyntio ar ddatblygu perthnasoedd ag unigolion yn y grŵp. Maen nhw'n gweithio'n galed i gynnal cyfathrebiad ag aelodau a datblygu parch ac ymddiriedaeth gydag eraill. Mae arweinwyr sy'n canolbwyntio ar berthnasoedd yn fwy effeithiol gydag athletwyr profiadol, medrus iawn.

▶ Mae arweinwyr sy'n **canolbwyntio ar dasgau** yn ymwneud â chyrraedd nodau ac amcanion. Maen nhw'n creu cynlluniau, yn penderfynu ar flaenoriaethau, yn aseinio aelodau i dasgau, ac yn sicrhau bod aelodau'n aros ar y dasg, gyda'r ffocws ar gynyddu cynhyrchiant grŵp. Mae arweinwyr sy'n canolbwyntio ar dasgau yn effeithiol gyda pherfformwyr llai profiadol, llai medrus sydd angen cyfarwyddyd ac adborth cyson.

Bydd yn well gan wahanol athletwyr arweinwyr sy'n canolbwyntio ar dasgau neu'n canolbwyntio ar berthnasoedd. Mewn egwyddor, arweinydd sy'n cael y cydbwysedd iawn rhwng darparu amgylchedd cefnogol a chanolbwyntio ar gyflawni'r swydd yw'r arweinydd mwyaf effeithiol. Rôl arweinydd yw dod i adnabod eu perfformwyr fel eu bod yn gwybod ble i ganolbwyntio eu hymdrechion. Bydd y mwyafrif o arweinwyr yn newid o ganolbwyntio ar dasgau i ganolbwyntio ar berthnasoedd (neu i'r gwrthwyneb), yn dibynnu ar y sefyllfa.

Model amlddimensiwn o arweinyddiaeth chwaraeon

Mae'r model amlddimensiwn o arweinyddiaeth chwaraeon (Chelladurai, 1978) yn dweud y bydd perfformiad a boddhad y tîm gyda'r arweinydd ar ei uchaf os yw ymddygiadau gofynnol yr arweinydd, yr ymddygiadau dewisol a'r ymddygiadau gwirioneddol i gyd yn cytuno. Mae Ffigur 6.8 yn dangos model Chelladurai.

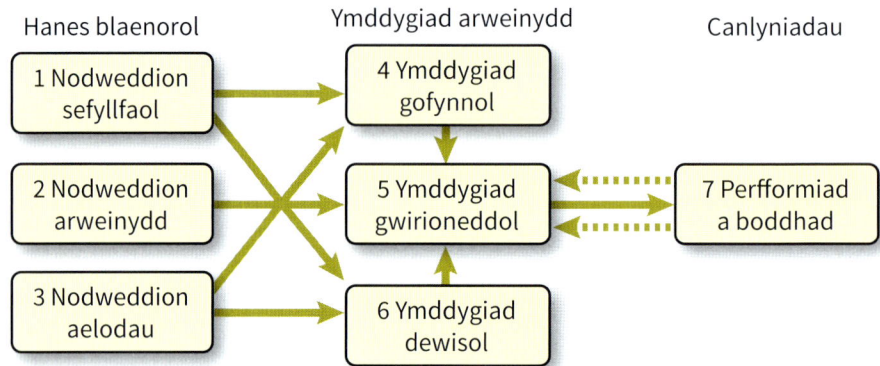

► **Ffigur 6.8:** Sut mae'r model hwn yn ein helpu i ddeall y ffactorau a all greu perfformiad a boddhad uchel?

Yn gyffredinol, mae **ymddygiad gofynnol** yr arweinydd yn cael ei bennu gan y sefyllfa y mae'r arweinydd ynddi (e.e. y sefydliad chwaraeon) a'r disgwyliad bod yr arweinydd yn cydymffurfio â'r normau disgwyliedig. Er enghraifft, sawl gwaith ydych chi wedi gweld rheolwr pêl-droed yn cael ei gosbi gan Gymdeithas Bêl-droed Lloegr am feirniadu dyfarnwr ar ôl gêm? Y norm sefydledig yw na ddylai arweinwyr feirniadu swyddogion gemau, felly dyna'r ymddygiad a ddisgwylir gan yr arweinydd.

Y bobl yn y grŵp neu'r tîm sy'n pennu'r **ymddygiad dewisol** (*preferred*). Mae eu dewisiadau yn ymwneud â ffactorau gan gynnwys personoliaeth, profiad a medr yr athletwyr; ac agweddau nad ydynt yn gysylltiedig â chwaraeon fel oedran a rhyw. Er enghraifft, gallai athletwr hŷn o'r radd flaenaf ddisgwyl i'w hyfforddwr ymddwyn yn wahanol tuag atynt nag y byddent tuag at athletwr ar lefel ieuenctid sy'n dechrau ei yrfa.

Mae'r **ymddygiad gwirioneddol** yn cael ei bennu'n uniongyrchol gan nodweddion yr arweinydd, ac yn anuniongyrchol gan y ffactorau sefyllfaol a hoffterau'r grŵp. Er enghraifft, gallai hyfforddwr chwaraeon ar lawr gwlad fabwysiadu ymddygiadau sy'n canolbwyntio mwy ar berthnasoedd oherwydd eu prif nod yw gwella mwynhad a chynnal cyfranogiad pobl ifanc mewn chwaraeon. Ond gallai hyfforddwr yn rownd derfynol pencampwriaeth y byd arddangos arweinyddiaeth sy'n canolbwyntio mwy ar dasgau er mwyn ceisio cynnal ffocws y tîm ar ennill.

Astudiaeth achos

Mae sefydliad wedi gofyn i chi gynnal sesiynau chwaraeon ar gyfer grŵp o bobl ifanc o ardal canol dinas yng Ngogledd Lloegr. Pan roddir gwybodaeth i chi cyn y sesiynau, byddwch yn darganfod bod tua 30 o blant fel arfer yn mynychu, rhwng 8 a 13 oed. Mae gan lawer o'r plant anawsterau ymddygiadol; maen nhw'n aml mewn trafferth yn yr ysgol ac mae gan rai ohonynt gefndiroedd teuluol cythryblus. Mae'r sefydliad sy'n gofyn i chi redeg y sesiynau hyn yn ceisio defnyddio chwaraeon er mwyn datblygu sgiliau cyfrifoldeb personol a chymdeithasol mewn pobl ifanc. Mae gennych chi ystod o alluoedd yn y sesiynau ac mae'r plant yn chwarae chwaraeon gan gynnwys pêl-droed, criced, rygbi, ac athletau trac a maes.

1 Beth yw'r darnau allweddol o wybodaeth yn yr astudiaeth achos hon a allai bennu sut rydych chi'n gweithio gyda'r plant a'r bobl ifanc?

2 Sut allwch chi ddefnyddio'r wybodaeth rydych chi'n ei wybod am arweinwyr sy'n canolbwyntio ar berthnasoedd a rhai sy'n canolbwyntio ar dasgau er mwyn penderfynu sut y gallech chi arwain y grŵp?

3 Sut allwch chi ddefnyddio gwybodaeth o'r model amlddimensiwn o arweinyddiaeth chwaraeon i benderfynu sut y gallech chi arwain y grŵp?

Arweinwyr rhagnodedig vs. arweinwyr sy'n dod i'r amlwg a sut y gallai hyn effeithio ar grŵp chwaraeon

Mae arweinwyr naill ai'n rhagnodedig (*prescribed*) neu'n dod i'r amlwg (*emergent*).

▶ Penodir **arweinwyr rhagnodedig** gan awdurdod. Er enghraifft, penodwyd Pep Guardiola yn rheolwr Clwb Pêl-droed Manchester City o ddechrau tymor 2016/17.

▶ Mae **arweinwyr sy'n dod i'r amlwg** yn cyflawni statws arweinyddiaeth trwy ddangos sgiliau arwain penodol neu fod yn fedrus yn eu camp ac ennill parch a chefnogaeth y grŵp. Er enghraifft, daeth Wayne Rooney yn arweinydd anffurfiol i Manchester United FC cyn cael ei benodi'n gapten clwb yn y pen draw. Daeth i'r amlwg oherwydd ei berfformiadau trawiadol, gan ennill parch eraill. Mewn rhai sefyllfaoedd, gall arweinwyr sy'n dod i'r amlwg fod yn fwy effeithiol nag arweinwyr rhagnodedig gan fod ganddyn nhw barch aelodau presennol y grŵp eisoes.

> **Trafodaeth**
>
> Meddyliwch am sefyllfaoedd pan fydd chwaraewr hŷn mewn tîm yn cael ei ddyrchafu i ddod yn rheolwr newydd arno. Pa effaith y gallai hyn ei chael ar y perthnasoedd sydd ganddyn nhw â'r cyd-aelodau o'r tîm maen nhw nawr yn eu rheoli? Sut y gallai hyn effeithio ar y tîm cyfan?

Arweinwyr unbenaethol a democrataidd

Mae gan **arweinwyr unbenaethol** (*autocratic*) farn gadarn ynghylch sut a phryd y dylid gwneud pethau. Maen nhw'n anhyblyg yn eu hagwedd tuag at y grŵp. Mae'r math hwn o arweinydd yn penderfynu pwy sy'n gwneud pa dasgau a phryd, ac yn aml sut y dylid cyflawni'r dasg hefyd. Maen nhw'n defnyddio ymadroddion fel 'gwnewch hyn', neu 'gwnewch hynny fel y dywedais wrthych chi'. Nid yw'r arweinydd yn edrych am farn pobl o fewn y grŵp, ac anaml y bydd yn cymryd rhan ar lefel bersonol gydag aelodau'r grŵp.

Dim ond ar ôl ymgynghori ag aelodau'r grŵp y mae **arweinwyr democrataidd** yn gwneud penderfyniadau. Maen nhw'n annog cyfranogiad grŵp, yn mabwysiadu dull anffurfiol a hamddenol o arwain ac yn gwrando ar syniadau sy'n ymwneud â blaenoriaethu a chwblhau amcanion. Maen nhw'n defnyddio cwestiynau fel 'Sut ydych chi'n meddwl y gallwn ni wneud hyn?' Mae gweithio fel hyn yn dangos eu bod yn gwerthfawrogi mewnbwn y grŵp, ac eto maen nhw'n dal i gynnal eu safle fel arweinydd trwy wneud y penderfyniad terfynol.

Effaith prosesau, cydlyniad ac arweinyddiaeth ar dîm a pherfformiad

Mae'r effaith ar berfformiad bob amser yn bryder allweddol wrth feddwl am effeithlonrwydd grŵp. Gall fod effeithiau cadarnhaol neu negyddol.

Effeithiau cadarnhaol

Yr effaith gadarnhaol fwyaf amlwg yw cynnydd mewn perfformiad. Fodd bynnag, yr hyn sy'n bwysicach i'w ddeall yw sut mae'r cynnydd hwn mewn perfformiad yn digwydd. Yn aml, mae hyn i'w briodoli i bawb yn y grŵp sydd â rolau penodol y maen nhw'n eu deall ac yn teimlo eu bod yn gallu eu cyflawni'n dda. Maen nhw'n gosod ac yn gweithio tuag at amcanion cyffredin, ac yn cynnal cyfathrebiad clir fel grŵp.

> **Myfyrio**
>
> Meddyliwch am sefyllfaoedd ble rydych chi wedi arwain grŵp, naill ai fel arweinydd rhagnodedig neu fel arweinydd sy'n dod i'r amlwg. Ydych chi'n meddwl eich bod chi'n fwy unbenaethol neu ddemocrataidd? Pam wnaethoch chi weithredu yn y ffordd honno? Sut fyddech chi'n ei newid pe byddech chi yn yr un sefyllfa eto?

Effeithiau negyddol

Ble mae prosesau grŵp yn ddiffygiol, ble mae diffyg cydlyniad neu ble mae lefel wael o arweinyddiaeth, bydd perfformiad fel arfer yn gostwng. Mae hyn oherwydd y bydd camddealltwriaeth ynghylch rolau a chyfrifoldebau (a achosir yn aml gan gyfathrebu gwael neu ddiffyg cyfathrebu), gall fod aelodau tîm sy'n dod yn hunanol neu'n farus, ac mae siawns gynyddol o ddiogi cymdeithasol.

Mesur effaith prosesau, cydlyniad ac arweinyddiaeth ar dîm a pherfformiad gan ddefnyddio sosiogramau

Mae sosiogram yn ffordd o fesur cydlyniad grŵp trwy ddangos ffyrdd y mae gwahanol aelodau o'r tîm yn uniaethu â'i gilydd. Gallwch ddefnyddio sosiogramau i fonitro rhyngweithiadau grŵp, dewisiadau athletwyr, neu hoffterau unigolion yn y grŵp. Gellir defnyddio sosiogramau er mwyn adnabod gwahanol berthnasoedd o fewn tîm ac er mwyn adnabod effeithlonrwydd prosesau grŵp, ynghyd â nodi potensial arweinyddiaeth.

Pwrpas cyffredinol sosiogramau yw adnabod enghreifftiau o atyniad a gwrthodiad o fewn y grŵp, gyda'r bwriad o wella amgylchedd y grŵp.

Adeiladu sosiogramau

Rydych chi'n llunio sosiogram trwy ofyn cwestiynau i aelodau'r tîm – yn ddienw – ac yna coladu'r ymatebion mewn diagram. Er mwyn i'r broses fod yn effeithiol, dylech annog gonestrwydd ac atgyfnerthu hyn trwy nodi natur gyfrinachol y canlyniadau – ni fydd neb yn y tîm yn gwybod pwy sydd wedi rhoi pa ymatebion. Gall cwestiynau a datganiadau gynnwys: 'Enwch y tri unigolyn rydych chi'n mwynhau hyfforddi gyda nhw fwyaf a thri o bobl rydych chi'n mwynhau hyfforddi gyda nhw leiaf', ac 'Enwch dri unigolyn yr hoffech chi rannu ystafell gyda nhw ar drip a thri unigolyn yr hoffech chi rannu ystafell gyda nhw leiaf'. Mae'r unigolion a ddewisir amlaf yn mynd tuag at ganol y sosiogram ac yn cael eu dewis leiaf aml tuag at y tu allan. Mae enwau aelodau'r tîm wedi'u cysylltu gan saethau, gyda chyfeiriad y saethau yn darlunio natur y perthnasoedd.

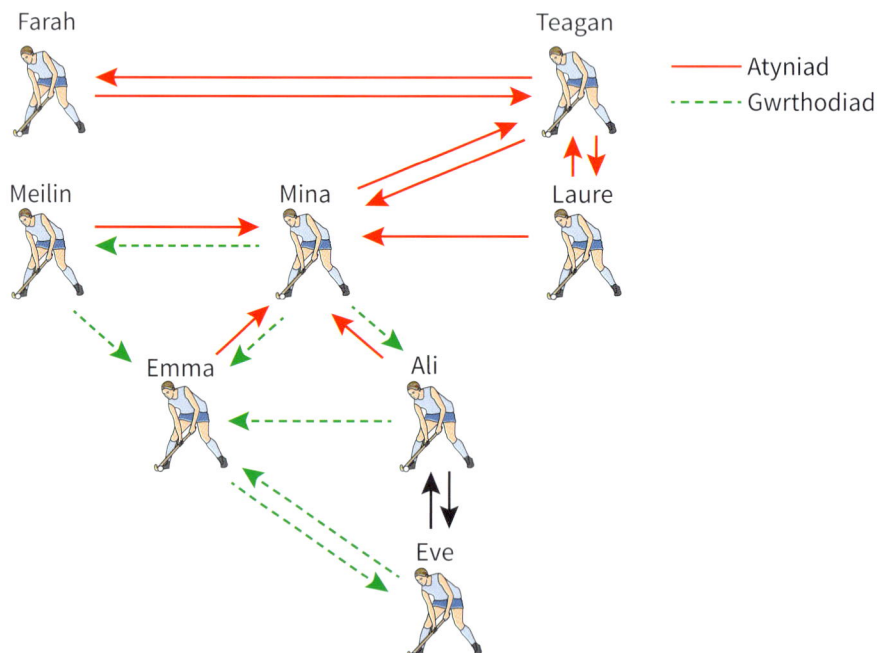

▶ **Ffigur 6.9:** Sut mae sosiogram yn eich helpu i bennu effeithlonrwydd eich tîm?

Ydych chi'n deall y defnydd o sosiogramau? Sut maen nhw'n cael eu defnyddio i helpu perfformiad chwaraeon?

Awgrym Caewch y llyfr ac esboniwch i ffrind beth yw sosiogram a sut y gallwch chi lunio un.

Ymestyn Esboniwch effeithiau cadarnhaol a negyddol posibl defnyddio sosiogramau mewn sefyllfaoedd tîm.

Ymarfer asesu 6.2   B.D2 B.M3 B.P4 B.P3

Mae tîm rygbi lleol wedi gofyn i chi gyflwyno gweithdy ar gydlyniad tîm. Mae rheolwr y tîm wedi cysylltu â chi gan y bu methiannau mewn perthnasoedd rhwng chwaraewyr yn ddiweddar, yn bennaf oherwydd bod y tîm wedi bod ar rediad gwael ac wedi colli llawer o gemau. Hoffai rheolwr y tîm i chi roi cyflwyniad ar gydlyniad ac arweinyddiaeth grŵp a sut mae'r rhain yn effeithio ar berfformiad llwyddiannus mewn rygbi.

Maen nhw hefyd wedi gofyn i chi ddarganfod a oes cliciau neu a oes unrhyw aelodau o'r tîm yn cael eu gadael allan. Yn ogystal â chwblhau'ch cyflwyniad, rydych chi'n penderfynu cwblhau sosiogram a darparu'r canlyniadau i reolwr y tîm.

Cynllunio
- Beth yw'r dasg?
- Beth ydw i'n ei ddysgu am gydlyniad tîm a pham mae hyn yn bwysig?
- A oes unrhyw feysydd y credaf y byddaf yn cael anhawster â hwy?

Gwneud
- Rydw i wedi treulio rhywfaint o amser yn cynllunio sut rydw i'n mynd i gyflawni'r dasg.
- Gallaf edrych am farn eraill.
- Rwy'n cofnodi unrhyw broblemau rwy'n eu profi ac yn edrych am ffyrdd/atebion i egluro ymholiadau.

Adolygu
- Gallaf dderbyn fy mod yn gyfrifol am fy ngweithredoedd.
- Gallaf egluro sut y gwnes i fynd at y dasg.
- Gallaf ddweud a wnes i fodloni meini prawf y dasg.

C   Archwilio rhaglenni hyfforddi sgiliau seicolegol sydd wedi'u cynllunio i wella perfformiad

Sgiliau seicolegol

Meddyliwch am ofynion chwaraeon cystadleuol. Mae'n ofynnol i chi ganolbwyntio am gyfnodau hir o dan amgylchiadau anghyson, ac yn aml mae'n rhaid i chi allu ymdopi â rhwystrau ac ysgogi'ch hun i barhau. Mae'r rhain i gyd yn bethau y gall sgiliau seicolegol helpu gyda nhw. Ymhlith y sgiliau seicolegol allweddol a all fod o fudd i athletwyr mae hunansiarad, gosod amcanion, technegau rheoli sbarduno a delweddaeth.

Hunansiarad mewn chwaraeon ac ymarfer corff

Ydych chi erioed wedi bod yn chwarae mewn gêm ac wedi dweud rhywbeth wrthych chi'ch hun fel 'Tyrd ymlaen!' neu 'Canolbwyntia, cadwa dy lygad ar y bêl!'? Hunansiarad yw hyn ac mae'n rhywbeth y mae'r rhan fwyaf o athletwyr yn ei wneud, weithiau heb hyd yn oed ei wneud at unrhyw bwrpas penodol. Mae hunansiarad yn sgil seicolegol sy'n gwella dysgu, yn cynyddu perfformiad ac yn cymell athletwyr. Y ddau brif gategori o hunansiarad yw **hunan siarad cadarnhaol** a **negyddol**.

Hunansiarad cadarnhaol

Defnyddir hunansiarad cadarnhaol at ddibenion cymhelliant, er mwyn cynyddu lefelau egni a chynhyrchu agwedd gadarnhaol mewn athletwyr. Mae hunansiarad cadarnhaol yn cynnwys datganiadau fel 'Daliwch ati!' neu 'Gallaf wneud hyn!' yn hytrach na defnyddio cyfarwyddiadau tasg-benodol. Weithiau bydd athletwyr yn defnyddio geiriau ciw yn lle ymadroddion, gyda rhai athletwyr yn mynd mor bell ag ysgrifennu **geiriau ciw** ar eu llaw neu arddwrn, neu hyd yn oed yn eu gwnïo mewn dillad neu offer.

> **Term allweddol**
>
> **Geiriau ciw** – geiriau unigol sy'n fath o hunansiarad ac a ddefnyddir i sbarduno ymateb dymunol mewn athletwr. Mae geiriau ciw cyffredin yn cynnwys 'creda', 'ymlacia', 'canolbwyntia' a 'cryf'.

Yn hanesyddol, mae seicolegwyr chwaraeon wedi credu bod hunansiarad cadarnhaol yn fuddiol ar gyfer pob gweithgaredd chwaraeon. Fodd bynnag, yn fwy diweddar, mae rhai seicolegwyr chwaraeon (e.e. Hatzigeorgiadis et al. 2011) wedi awgrymu efallai na fydd hunansiarad cadarnhaol, cymhellol mor effeithiol os yw athletwr yn perfformio mewn camp sy'n gofyn am symudiadau manwl.

Hunansiarad negyddol

Yn gyffredinol, mae pobl wedi credu bod hunansiarad negyddol yn agwedd negyddol ar berfformiad. Mae'n broses hunanfeirniadol y mae rhai seicolegwyr chwaraeon wedi dadlau sy'n rhwystro athletwr rhag cyflawni amcanion ac yn gallu meithrin hunanamheuaeth. Mae datganiadau hunansiarad cyffredin yn cynnwys 'roedd hynny'n gamgymeriad gwirion i'w wneud' ac 'ni allaf gredu pa mor ddrwg oeddwn i'. Fodd bynnag, yn ddiweddar, mae rhai ymchwilwyr (e.e. Tod *et al.* 2011) wedi dadlau nad yw hunansiarad negyddol bob amser yn rhwystro perfformiad.

Defnyddiau o hunansiarad

Mae yna lawer o ddefnyddiau o hunansiarad. Tri o'r defnyddiau mwyaf poblogaidd yw hunanhyder, rheoli sbarduno ac fel rhan o arferion cyn-berfformiad.

▶ **Hunanhyder** – Gall hunansiarad helpu i wella hunanhyder, gan roi ymdeimlad o gred yn eu gweithredoedd i'r athletwr. Gall hunansiarad cadarnhaol ailgyfeirio sylw'r athletwr oddi wrth feddyliau negyddol neu bethau sydd wedi mynd o chwith, gan gynyddu lefel hyder yr athletwr.

▶ **Rheoli sbarduno** – Gall hunansiarad fod yn ddefnyddiol er mwyn rheoleiddio sbarduno. Defnyddir geiriau ciw neu ymadroddion cadarnhaol i ailgyfeirio sylw'r athletwr i ffwrdd o agweddau negyddol ar berfformiad sy'n achosi lefelau uwch o sbarduno.

▶ **Arferion cyn-berfformiad** – Yn aml, gall athletwyr ddefnyddio hunansiarad cadarnhaol a math arall o hunansiarad – **hunansiarad cyfarwyddiadol** (*instructional self-talk*) – fel rhan o arferion cyn-berfformiad. Mae hunansiarad cadarnhaol yn helpu i ysgogi athletwyr ar gyfer y gêm sydd i ddod fel rhan o drefn cyn-berfformiad, ond gellir defnyddio hunansiarad cyfarwyddiadol i ddarparu cyfarwyddiadau chwaraeon-benodol er mwyn i'r athletwr ganolbwyntio arnynt yn ystod y gêm.

> **Trafodaeth**
>
> Mewn grŵp trafodwch ffyrdd y gall hunansiarad negyddol rwystro neu wella perfformiad.

> **Term allweddol**
>
> **Hunansiarad cyfarwyddiadol** – math o hunansiarad tasg-benodol sy'n cynnwys yr athletwr yn rhoi cyfarwyddiadau iddo'i hun am wahanol agweddau ar berfformiad (e.e. elfennau technegol neu dactegol).

> **Myfyrio**
>
> Mae bron pawb yn defnyddio rhyw fath o hunansiarad. Pryd ydych chi wedi'i ddefnyddio? A oedd yn hunansiarad cadarnhaol neu negyddol? Pam wnaethoch chi ei ddefnyddio? Sut effeithiodd ar eich gweithgaredd a'ch perfformiad?

⏸ MUNUD I FEDDWL Ydych chi'n deall hunansiarad? Pa fuddion a defnyddiau sydd ganddo?

Awgrym Ystyriwch sut y gallech chi ddefnyddio hunansiarad a phryd.

Ymestyn A allwch chi feddwl am adegau pan allai hunansiarad cadarnhaol gael effaith negyddol, a phryd y gallai hunansiarad negyddol gael effaith gadarnhaol? Byddwch yn benodol gydag enghreifftiau a rhesymau.

Dylanwadu ar gymhelliant trwy osod nodau

Ystyriwch y gwahanol ffactorau a all effeithio ar gymhelliant. Efallai eich bod wedi profi anafiadau neu rwystrau i berfformiad, efallai eich bod wedi cael trafferth rheoli gofynion chwaraeon ac addysg, neu efallai y bydd gennych nifer o gystadlaethau yn dod i fyny ac yn teimlo eich bod wedi'ch gorlwytho. Gellir gwella'r holl sefyllfaoedd hyn trwy osod nodau yn effeithiol.

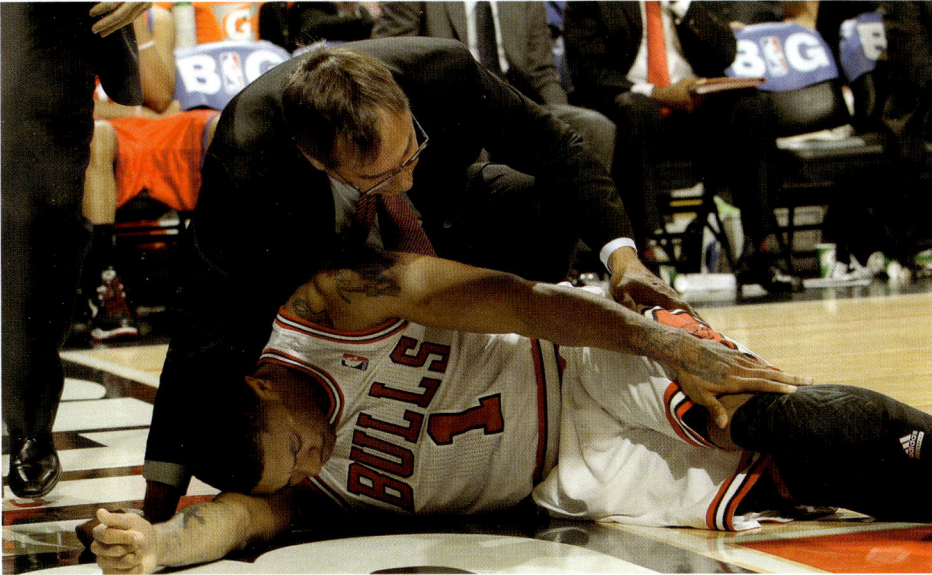

▶ Sut gall gosod nodau fod yn ddefnyddiol ar gyfer gwella cymhelliant athletwyr sydd wedi'u hanafu?

Amserlen ar gyfer nodau

Dylid gosod nodau mewn modd rhesymegol, blaengar a chysylltiedig. Dylech ddefnyddio cyfuniad o nodau tymor byr, tymor canolig a thymor hir, gan nad yw cael nod tymor hir yn unig yn cael fawr o effaith ar berfformiad a chymhelliant. Gall cael cyfres o nodau tymor byr a thymor canolig wneud cynnydd tuag at y nodau tymor hir yn fwy realistig, ac mae'r ymdeimlad cyson o gyflawniad trwy gyflawni'r nodau tymor byr a thymor canolig yn gwella cymhelliant yr athletwr i barhau.

Ceisiwch osgoi bod yn rhy gaeth gydag amserlenni ar gyfer rhai nodau a caniatewch iddynt gael eu newid os yw'r athletwr yn ei chael hi'n anodd eu cyflawni i gyd. Mae Tabl 6.3 yn dangos enghraifft o nodau tymor byr, tymor canolig a thymor hir y gellid eu defnyddio gyda chwaraewr rygbi rhyngwladol sydd wedi torri eu gewyn croesffurf blaen ac wedi ei atgyweirio yn llawfeddygol.

▶ **Tabl 6.3:** Pam ydych chi'n meddwl ei bod hi'n bwysig cael dilyniant rhesymegol o nodau?

Gosod nodau ar gyfer athletwr sy'n gwella ar ôl llawdriniaeth atgyweirio'r gewyn croesffurf blaen	
Hyd y nod	**Enghraifft**
Tymor byr	Datblygu i fod yn gallu sefyll i fyny, cynnal pwysau llawn cyn pen 72 awr ar ôl llawdriniaeth
Tymor byr	Cael gwared ar chwyddo a cael hyd at oddeutu 100° o symudiad o fewn pythefnos ar ôl llawdriniaeth
Tymor byr i dymor canolig	Yn gallu perfformio cwrcwd llawn, cael cydbwysedd a rheolaeth anghyfyngedig wrth gerdded a chael tua 130° o blygiant pen-glin o fewn pythefnos i dri mis ar ôl llawdriniaeth
Tymor canolig	Bod ag ystod lawn o symudiad, cryfder llawn a'r gallu i redeg mewn llinell syth erbyn 3-5 mis ar ôl llawdriniaeth
Tymor canolig i dymor hir	Yn gallu newid cyfeiriad wrth redeg a dychwelyd i ymarferion cyfyngedig sy'n chwaraeon-benodol o fewn 4-6 mis ar ôl llawdriniaeth
Tymor hir	Dychwelyd yn llawn i chwaraeon cystadleuol o fewn 6-12 mis ar ôl y llawdriniaeth

Mathau o nodau

Mae yna wahanol fathau o nodau y credir sy'n cael effeithiau gwahanol ar gymhelliant. Mae'r mathau allweddol o nodau yn dod o dan gategorïau nodau canlyniad a phroses, a nodau meistrolaeth a chystadleuol.

Nodau canlyniad a phroses

Mae **nodau canlyniad** yn canolbwyntio ar ganlyniad y digwyddiad. Yn aml, y math hwn o nod yw'r lleiaf effeithiol o ran cymhelliant, gan fod cyflawni nodau yn dibynnu ar y gwrthwynebydd yn ogystal â'r athletwr eu hunain. Er enghraifft, gallai athletwr gyflawni ei rediad gorau personol mewn digwyddiad 400 metr ond dal i orffen yn olaf. Os mai'r nod canlyniad yw ennill bob amser, gallai hyn ddylanwadu'n negyddol ar gymhelliant, hyd yn oed os yw perfformiad yn gwella.

Gall treulio gormod o amser yn meddwl am y math hwn o nod, cyn neu yn ystod cystadleuaeth, gynyddu pryder a lleihau canolbwyntio, gan leihau cymhelliant. Fodd bynnag, gall y math hwn o nod wella cymhelliant tymor byr. Meddyliwch am bryd rydych chi wedi colli yn erbyn rhywun yr oeddech chi wir eisiau ei guro. Mae'n debyg ei fod wedi eich sbarduno i hyfforddi'n galetach fel y gallech chi eu curo y tro nesaf.

Mae **nodau proses** yn seiliedig ar yr hyn sy'n rhaid i'r athletwr ei wneud er mwyn gwella ei berfformiad. Er enghraifft, gallai chwaraewr pêl-fasged sydd eisiau gwella ei gywirdeb saethu o naid ganolbwyntio ar ryddhau'r bêl ar anterth y naid. Mae'r math hwn o nod yn ddefnyddiol ar gyfer gwella cymhelliant gan ei fod yn rhoi elfen benodol o berfformiad i ganolbwyntio arni, sy'n hwyluso dysgu a datblygu.

Dylech geisio ymgorffori'r ddau fath o nod wrth osod nodau gydag athletwyr; dylent ategu ei gilydd ac maen nhw'n fwy tebygol o wella cymhelliant.

Nodau meistrolaeth a chystadleuol

Mae **nodau meistrolaeth** (y cyfeirir atynt weithiau fel nodau tasg neu ddysgu) yn canolbwyntio ar hunanherio a gwella, neu o leiaf beidio â gwneud dim gwaeth na pherfformiad blaenorol. Nid ydych yn gwneud unrhyw gymariaethau rhwng eich athletwr a chystadleuwyr eraill. Mae rhai seicolegwyr chwaraeon yn dadlau mai'r math hwn o nod sydd orau ar gyfer gwella cymhelliant gan fod nodau meistrolaeth yn helpu athletwr i ymdrechu i gael mwy o gymhwysedd a rhoi mwy o reolaeth i'r athletwr dros ei gyflawniadau.

Mae dau fath o nod meistrolaeth: **nodau nesáu at feistrolaeth** (MAp) a **nodau osgoi meistrolaeth** (MAv).

▶ Mae nodau nesáu at feistrolaeth yn canolbwyntio ar gyflawni tasg yn dda a pherfformio'n well na chi'ch hun (e.e. gosod amseroedd personol gorau newydd). Mae'r nodau hyn yn tueddu i greu'r lefelau mwyaf o gymhelliant cynhenid mewn athletwyr a gallant gael effeithiau cadarnhaol ar berfformiad.

▶ Mae nodau osgoi meistrolaeth yn canolbwyntio ar beidio â gwneud camgymeriadau neu beidio â gadael i'ch perfformiad waethygu o lefelau blaenorol. Gall y nodau hyn gael effeithiau negyddol ar les athletwr ond nid ydynt bob amser yn lleihau perfformiad.

Mae **nodau cystadleuol** (y cyfeirir atynt weithiau fel nodau perfformiad neu nodau ego) yn canolbwyntio ar ddangos eich rhagoriaeth dros athletwr arall, neu beidio â chael eich trechu ganddynt. Mae rhai pobl o'r farn bod y nodau hyn yn niweidiol i gymhelliant oherwydd nad yw eu cyflawniad dan reolaeth yr athletwr yn llawn. Fodd bynnag, gallant fod yn fuddiol ar gyfer cymhelliant os oes gan yr athletwr sy'n gosod y nodau ganfyddiad uchel o gymhwysedd.

Mae dau fath o nod cystadleuol: **nodau nesáu at befformiad** (PAp) a **nodau osgoi perfformiad** (PAv).

▶ Mae nodau nesáu at berfformiad yn canolbwyntio ar berfformio'n well nag athletwr arall. Gallant gael effaith fuddiol ar gymhelliant, yn enwedig pan fydd athletwr yn teimlo'n fwy cymwys, a dangoswyd eu bod yn gwella perfformiad mewn sefyllfaoedd cystadleuol.

▶ Mae nodau osgoi perfformiad yn canolbwyntio ar beidio â chael eich trechu gan athletwr arall. Fe'u cydnabyddir yn eang fel y math gwaethaf o nod gan eu bod yn canolbwyntio'n helaeth ar agweddau negyddol ar chwaraeon a gallant greu lefelau uwch o straen a phryder, a lefelau is o gymhelliant o ganlyniad.

Astudiaeth achos

Yng Nghwpan Rygbi'r Byd 2015, collodd Lloegr 28-25 yn erbyn Cymru er gwaethaf i Loegr arwain 22–12 ar un pwynt yn yr ail hanner. Teimlai rhai beirniaid fod Lloegr wedi chwarae fel pe baent yn ceisio osgoi colli, yn hytrach nag fel pe baent wir eisiau ennill. Gellid ystyried hyn fel dull negyddol.

1 Os yw tîm yn ceisio osgoi colli, pa fath o nod maen nhw'n ei ddefnyddio?

2 Mewn sefyllfaoedd twrnamaint, pam ydych chi'n meddwl y gallai tîm sefydlu'r nod o osgoi colli ar ôl iddynt ennill eu gêm gyntaf?

3 Pe byddech chi'n hyfforddwr, sut fyddech chi'n argyhoeddi'ch chwaraewyr bod paratoi eu hunain i osgoi colli yn gynllun da?

Egwyddorion gosod nodau

Mae gosod nodau effeithiol yn hanfodol os ydych chi am iddyn nhw fod o fudd i'r athletwyr. Bydd defnyddio'r acronym CAMPUS yn helpu i osod y math cywir o nodau. CAMPUS yw:

▶ **C**yraeddadwy – gellir cyrraedd y nodau ac maen nhw'n berthnasol

▶ Wedi'i **A**mseru – dylai fod amserlen resymol ar gyfer cyflawni'r nod

▶ **M**esuradwy – dylai'r nodau fod yn bosibl eu mesur

▶ **P**enodol – dylai nodau ddangos yn union beth sydd angen ei wneud

▶ **U**chelgeisiol ond **S**ynhwyrol (realistig) – dylai'r nodau fod o fewn eich cyrraedd.

Cysylltiad

Edrychir yn fanylach ar dargedau CAMPUS yn *Uned 4: Arweinyddiaeth Chwaraeon.*

Myfyrio

Meddyliwch am y tro diwethaf i chi osod nodau i chi'ch hun. A oeddent yn cynnwys amserlenni ar gyfer y nodau? A oeddent yn cynnwys y gwahanol fathau o nod? A oeddent yn cynnwys egwyddorion gosod nodau yn effeithiol? Sut fyddech chi'n gwella'r nodau rydych chi'n eu gosod i chi'ch hun yn y dyfodol?

Technegau rheoli sbarduno

Gellir defnyddio technegau rheoli sbarduno i naill ai gynyddu neu leihau sbarduno. Bydd technegau sy'n cynyddu sbarduno yn bywiogi'r athletwr, ond bydd technegau lleihau sbarduno yn helpu i ymlacio'r athletwr.

Technegau ymlacio

Mae technegau ymlacio cyffredin yn cynnwys:

▶ **Ymlacio cyhyrol cynyddol** – Techneg hawdd ei defnyddio sy'n helpu i leihau tensiwn cyhyrol. Mae'n dechneg ddefnyddiol oherwydd mae'n codi'ch ymwybyddiaeth o'ch lefelau tensiwn cyhyrol a, thrwy'r cyfnod ymlacio, yn eich helpu i wahaniaethu rhwng cyflyrau tensiwn ac ymlacio. Mae'r dechneg yn cynnwys tynhau ac ymlacio grwpiau o gyhyrau yn eu tro dros y corff cyfan. Mae'r broses yn cynnwys tynhau grŵp o gyhyrau am bum eiliad, rhyddhau'r tensiwn am bum eiliad, cymryd anadl ddwfn ac ailadrodd. Fe'i gelwir yn ymlacio cyhyrol cynyddol oherwydd bod athletwr yn symud ymlaen o un grŵp o gyhyrau i'r nesaf nes bod yr holl gyhyrau wedi tynhau ac ymlacio.

▶ **Rheoli anadlu** – Proses mewnanadliad-allanadliad araf a bwriadol. Fe'i defnyddir orau yn ystod egwyliau rhwng ymarfer corff ac mae'n ddefnyddiol pan fydd athletwyr yn mynd yn bryderus. Dull syml o reoli anadlu yw gweithio ar gymhareb 1:2 o fewnanadlu i allanadlu, gyda phobl yn cael eu dysgu amlaf i fewnanadlu am bedair eiliad ac yna allanadlu am wyth eiliad.

▶ **Hyfforddiant hunangenedledig** – Mae hyfforddiant hunangenedledig (*autogenic training*) yn fath o hunanhypnosis a gall gymryd nifer o fisoedd i'w ddysgu. Mae'n helpu i ddatblygu teimladau o gynhesrwydd a thrymder. Mae'r rhaglen hon o hunanhypnosis yn defnyddio cyfres o frawddegau, datganiadau neu ymadroddion i ganolbwyntio sylw ar y gwahanol deimladau y mae'r athletwr yn ceisio eu cynhyrchu. Mae chwe cham i raglen hunangenedledig arferol:

1 Trymder yn y breichiau a'r coesau, e.e. mae fy nghoes chwith yn teimlo'n drwm
2 Cynhesrwydd yn y breichiau a'r coesau, e.e. mae fy nghoes dde yn teimlo'n gynnes
3 Rheoleiddio gweithgaredd cardiaidd, e.e. mae cyfradd curiad fy nghalon yn normal
4 Rheoleiddio anadlu, e.e. mae fy nghyfradd anadlu yn normal
5 Cynhesrwydd yr abdomen, e.e. mae fy abdomen yn teimlo'n gynnes
6 Oeri'r talcen, e.e. mae fy nhalcen yn oeraidd

Trafodaeth

Gall gymryd amser hir i athletwyr ddysgu perfformio hyfforddiant hunangenedledig. Mae rhai pobl yn awgrymu y gall gymryd hyd at 40 munud y diwrnod dros gyfnod o fisoedd i athletwyr ddod yn hyddysg yn y dull hwn. Sut ydych chi'n meddwl y gallai hyn effeithio ar ymgysylltiad athletwr â'r sgìl?

Technegau egnïol

Mae technegau egnïol cyffredin yn cynnwys offer clywedol a gweledol.
▶ Gall **cerddoriaeth** gulhau sylw perfformiwr a dargyfeirio sylw oddi wrth flinder. Gall cerddoriaeth gyffrous gynyddu tymheredd y corff, curiad y galon a chyfradd anadlu, a gall pob un ohonynt wella perfformiad chwaraeon. Mae cerddoriaeth hefyd yn ddefnyddiol ar gyfer osgoi meddyliau negyddol.
▶ Sgyrsiau byr yw **sgyrsiau codi calon** (*pep talks*) sydd wedi'u cynllunio i ennyn brwdfrydedd athletwyr a chynyddu eu penderfyniad i lwyddo. Maent fel arfer yn anffurfiol ond byddant yn angerddol. Mewn sefyllfaoedd tîm, mae sgyrsiau codi calon fel arfer yn cael eu cyflwyno gan arweinydd y tîm (e.e. hyfforddwr neu gapten), ond gall unrhyw un eu cyflwyno mewn gwahanol sefyllfaoedd.
▶ Gellir cyflawni **delweddu bywiog** (*energising imagery*) trwy ddefnyddio delweddau egnïol o gystadleuaeth (e.e. tacl galed mewn rygbi), chwarae'n dda (e.e. croesi'r llinell derfyn yn gyntaf mewn ras) a lefelau uchel o ymdrech (e.e. gallu codi pwysau newydd yn y gampfa).
▶ Gellir defnyddio **datganiadau cadarnhaol** ar eu pennau eu hunain neu ochr yn ochr â thechnegau cynyddu sbarduno eraill, fel delweddu bywiog, er mwyn cynyddu lefelau sbarduno. Wrth ddefnyddio datganiadau cadarnhaol, ystyriwch y ffactorau canlynol fel eich bod chi'n creu cymaint o effaith gadarnhaol ag y gallwch.
  • Geiriwch ddatganiadau gan ddefnyddio'r person cyntaf unigol, a byddwch yn bersonol â'ch datganiadau. Dywedwch 'Rydw i', 'fi' neu'ch enw cyntaf, fel eu bod nhw'n bersonol i chi.

- Gwnewch ddatganiadau mor gadarnhaol â phosib. Ceisiwch osgoi defnyddio 'na', 'peidiwch', a 'ddim', oherwydd os gofynnwch i'ch hun i beidio â meddwl am rywbeth, rydych chi'n fwy tebygol o feddwl amdano.
- Geiriwch ddatganiadau yn yr amser presennol. Defnyddiwch ddatganiadau fel 'Rwy'n hyderus o gyflawni'r canlyniad gorau'.
- Gwnewch ddatganiadau yn fyr, yn glir ac yn syml. Mae'n anodd mewnoli datganiadau sy'n rhy hir, felly mae'n well eu gwneud nhw'n fyrrach a symlach.
- Gwnewch ddatganiadau yn emosiynol: defnyddiwch ymadroddion sy'n gwneud i chi deimlo'n hapus, wedi'ch atgyfnerthu ac yn hunan-sicr, fel 'Mae'n fy ngwneud i'n hapus pan dwi'n gwybod fy mod i wedi cystadlu'n galed'.

⏸ **MUNUD I FEDDWL**   Beth yw'r technegau egnïol?

Awgrym   Caewch y llyfr a chreu rhestr o'r holl dechnegau egnïol a'u buddion.

Ymestyn   Nodwch sefyllfaoedd pan gredwch y byddai'n amhriodol defnyddio gwahanol dechnegau egnïol, ac egluro pam.

Delweddu

Mae delweddu yn creu neu'n ail-greu delweddau yn eich meddwl, yn hytrach nag ymarfer sgìl neu dechneg chwaraeon yn gorfforol. Dylai gynnwys cymaint o synhwyrau â phosib, yn ogystal ag ail-greu emosiynau a brofir trwy'r gweithgaredd rydych chi'n cymryd rhan ynddo. Mae'r delweddu mwyaf effeithiol yn defnyddio synhwyrau **gweledol**, **clywedol** a **chinesthetig**, a gellir eu defnyddio:

▶ **er mwyn cynyddu hunanhyder** – trwy ddelweddu, bydd yr athletwr yn gallu profi'r teimladau o lwyddiant a bydd yn gallu llunio strategaethau i'w helpu i fod yn llwyddiannus mewn perfformiad. Wrth i'r perfformiwr weld y gallant gwblhau'r perfformiad yn llwyddiannus (yn eu meddyliau), bydd lefelau eu hunanhyder yn cynyddu.

▶ **er mwyn ymlacio** – gall dychmygu emosiynau sy'n gysylltiedig ag ymlacio, weithiau ynghyd â defnyddio technegau eraill fel ymarferion anadlu, reoli lefelau pryder, sbarduno a straen yn fwy effeithiol.

▶ **fel rhan o arferion cyn-berfformiad** – gellir defnyddio delweddu fel rhan o bob math o arferion cyn-berfformiad gan ei fod yn helpu'r athletwr i ymarfer y weithred yn feddyliol cyn perfformio'r gweithgaredd yn gorfforol.

▶ **er mwyn dychmygu nodau** – gellir defnyddio delweddu i greu profiad meddyliol ohonoch chi'n cyflawni'ch nodau penodol (e.e. y broses o ennill medal neu ragori ar eich record personol orau).

> **Termau allweddol**
>
> **Gweledol** – rydych chi'n canolbwyntio ar y gwahanol bethau y gallwch chi eu gweld yn ystod y symudiad.
>
> **Clywedol** – rydych chi'n canolbwyntio ar y gwahanol synau rydych chi'n eu cysylltu â symudiad chwaraeon.
>
> **Cinesthetig** – rydych chi'n canolbwyntio ar sut mae'r symudiad yn teimlo.

Myfyrio

Meddyliwch am amser pan oeddech chi'n cymryd rhan mewn chwaraeon ac nid aeth pethau cystal ag yr oeddech chi eisiau iddyn nhw wneud eich bod chi wedi gwneud rhai camgymeriadau neu wedi colli gêm yr oeddech chi wir eisiau ei hennill. Pa un o'r sgiliau seicolegol fyddech chi'n eu defnyddio pe byddech chi yn yr un sefyllfa eto? Sut ydych chi'n meddwl y byddent o fudd i chi?

Dylunio rhaglen hyfforddi sgiliau seicolegol

Ydych chi erioed wedi troi i fyny i gêm bwysig a meddwl: 'Alla i ddim gwneud hyn?' Ydych chi wedi dechrau rhywbeth newydd yn teimlo fel eich bod chi am roi'r cyfle gorau i chi'ch hun o fod yn llwyddiant? Mae'r rhain yn sefyllfaoedd ble mae hyfforddiant sgiliau seicolegol (*psychological skills training* – PST) yn ddefnyddiol. Mae PST yn ymagwedd at seicoleg chwaraeon sy'n arfogi athletwyr â gwahanol sgiliau a all gynyddu perfformiad a lles. Weithiau efallai y gwelwch PST yn cael ei gyfeirio ato fel hyfforddiant sgiliau meddyliol. Fel unrhyw sgìl arall, mae angen amser ar athletwyr i allu ymarfer a datblygu eu sgiliau seicolegol fel y gallant gael y budd mwyaf ohonynt.

Adnabod unigolyn priodol

Gall unrhyw un gymryd rhan mewn rhaglenni PST. Unwaith y bydd athletwyr yn dod yn gyfarwydd â nhw, mae rhaglenni PST yn ddefnyddiol i'r mwyafrif oohnynt. Fodd bynnag, byddwch yn dod ar draws rhai athletwyr na fyddant am gymryd rhan mewn PST am wahanol resymau. Efallai eu bod yn teimlo ychydig yn wirion yn cymryd rhan, neu efallai na fyddant yn gweld unrhyw fudd o'r rhaglen. Ar gyfer yr athletwyr hyn, fe allech chi geisio eu haddysgu am fuddion rhaglenni PST ond, os ydyn nhw'n penderfynu peidio â **chydsynio** i'r rhaglen, ni ddylech eu gorfodi i gymryd rhan.

Adnabod technegau i ddatblygu sgiliau seicolegol

Yn gynharach yn yr uned hon, gwnaethoch ddysgu am sgiliau seicolegol cyffredin a ddefnyddir mewn PST: gosod nodau, technegau rheoli sbarduno, hunansiarad a delweddu. Dylai'r technegau rydych chi'n eu defnyddio gydag athletwr fod yn benodol i'r athletwr a dylent fod yn seiliedig ar ddadansoddiad clir o anghenion.

Asesiad o sgiliau seicolegol

Cyn y gallwch chi benderfynu pa sgiliau seicolegol y dylech eu cynnwys yn eich rhaglen PST, dylech gynnal asesiad cychwynnol o sgiliau seicolegol. Cam cyntaf hyn yw darganfod cryfderau athletwr a meysydd i'w gwella.

Cryfderau a meysydd i'w gwella

Cyn penderfynu ar nodau ac amcanion y rhaglen PST, dylech gynnal asesiad cychwynnol o'r cryfderau seicolegol a'r meysydd i'w gwella yn eich athletwr. Gallwch chi gyflawni hyn trwy:

▶ **cyfweliadau** – **cyfweliadau lled-strwythuredig** sydd orau yn aml.
▶ **holiaduron** – er mwyn asesu lefelau gwahanol ffactorau seicolegol mewn chwaraeon a sgiliau seicolegol cyfredol yr athletwr. Mae yna lawer o holiaduron ar gael sydd naill ai'n rhoi trosolwg cyffredinol i chi neu'n eich helpu chi i asesu rhinweddau penodol.
▶ **proffilio perfformiad** – er mwyn eich helpu chi i ddeall canfyddiad yr athletwr a'r hyfforddwr o berfformiad a sgiliau ac i gael dealltwriaeth glir a chyson o ofynion y gamp.

Defnyddio holiaduron a chyfweliadau

Mae defnyddio cyfuniad o holiaduron a chyfweliadau yn ffordd arbennig o dda o ddod i adnabod eich athletwr. Yn aml gall fod yn haws adeiladu delwedd o sefyllfa bresennol eich athletwr os oes gennych wybodaeth fwy manwl. Mae defnyddio'r cyfuniad hwn o dechnegau yn darparu ffordd o wirio'r wybodaeth y mae'r athletwr wedi'i rhoi i chi ddwywaith. Dau beth y mae'n rhaid i chi fod yn ymwybodol ohonynt wrth ddefnyddio cyfweliadau a holiaduron gydag athletwyr yw **dymunoldeb cymdeithasol** (*social desirability*) a **thuedd hunanwasanaethol** (*self-serving bias*).

Mae rhai holiaduron cyffredin a ddefnyddir mewn chwaraeon yn cynnwys:

▶ yr *Athletic Coping Skills Inventory-28* (ACSI-28, Smith et al. 1995), sy'n fesur cyffredinol o sgiliau a rhinweddau seicolegol cyffredinol
▶ yr *Injury-Psychological Readiness to Return to Sport* (i-PRRS, Glazer, 2009), sy'n mesur hyder athletwr yn ei ddychweliad i chwaraeon ar ôl anaf i weld a yw'n barod i ddychwelyd
▶ y *Competitive State Anxiety Inventory-2* (CSAI-2, Martens et al. 1990).

Mae'n bwysig nad ydych chi'n defnyddio'r mathau hyn o holiadur oni bai eich bod chi'n gwybod pam rydych chi'n eu defnyddio, sut i ddehongli'r canlyniadau a sut y gallai effeithio ar yr athletwr pan fyddwch chi'n esbonio'r canlyniadau iddyn nhw.

Termau allweddol

Cydsyniad – caniatâd gan athletwr i'w cynnwys mewn gweithgaredd. Gofynnir am ganiatâd ar ôl i'r athletwr dderbyn yr holl wybodaeth sydd ei angen arno i wneud penderfyniad hyddysg.

Cyfweliad lled-strwythuredig – cyfweliad ble rydych chi wedi gosod cwestiynau, ond rydych chi'n ychwanegu cwestiynau ychwanegol yn ystod y cyfweliad pan ddaw darn o wybodaeth ddiddorol neu bwysig yr ydych chi am ei archwilio ymhellach.

Proffilio perfformiad – techneg a ddefnyddir i nodi cryfderau a meysydd allweddol ar gyfer gwella athletwyr, a ddefnyddir yn aml i fod yn sail i osod nodau ac i wella cyfathrebu hyfforddwr-athletwr ynghylch gofynion camp.

Dymunoldeb cymdeithasol – athletwyr yn rhoi atebion i chi y maen nhw'n meddwl eich bod chi am eu clywed.

Tuedd hunanwasanaethol – athletwyr sy'n rhoi atebion sy'n bwrpasol yn gwneud iddyn nhw ymddangos yn well nag ydyn nhw.

Astudiaeth achos

Gweithgaredd: Rhestr sgiliau ymdopi athletaidd

Isod mae copi o'r ACSI-28 (Smith et al., 1995). Cwblhewch yr holiadur a'r dadansoddiad fel a ganlyn:

- Darllenwch bob gosodiad a thiciwch yr ymateb rydych chi'n cytuno ag ef fwyaf (yn onest!). Cofiwch, nid oes unrhyw atebion cywir nac anghywir ac ni ddylech dreulio gormod o amser ar unrhyw ddatganiad.

- Cyfrifwch eich sgôr ar gyfer pob is-raddfa gan ddefnyddio'r system sgorio. Mae gan bob graddfa ystod o 0 i 12, gyda 0 yn nodi lefel isel o sgìl yn y maes hwnnw a 12 yn nodi lefel uchel o sgìl yn y maes hwnnw.
- Adiwch sgôr pob is-raddfa i gael cyfanswm sgôr ar gyfer sgiliau seicolegol. Bydd cyfanswm eich sgôr yn amrywio o 0 i 84, gyda 0 yn nodi lefelau isel o sgìl seicolegol ac 84 yn nodi lefelau uchel o sgìl.

Datganiad	Bron byth	Weithiau	Yn aml	Bron bob amser
1. Yn ddyddiol neu'n wythnosol, rwy'n gosod nodau i mi fy hun sy'n arwain yr hyn rwy'n ei wneud.				
2. Rwy'n cael y gorau o fy nhalent a'm sgil.				
3. Pan fydd hyfforddwr neu reolwr yn dweud wrthyf sut i gywiro camgymeriad rydw i wedi'i wneud, gallaf ei gymryd yn bersonol a gallaf ypsetio.*				
4. Pan fyddaf yn cymryd rhan mewn chwaraeon, gallaf ganolbwyntio fy sylw a rhwystro ymyriadau.				
5. Rwy'n parhau i fod yn bositif ac yn frwdfrydig yn ystod y gystadleuaeth.				
6. Rwy'n tueddu i chwarae'n well o dan bwysau oherwydd gallaf feddwl yn gliriach.				
7. Rwy'n poeni cryn dipyn am farn pobl eraill am fy mherfformiad.*				
8. Rwy'n tueddu i wneud llawer o waith cynllunio ynghylch sut y gallaf gyrraedd fy nodau.				
9. Rwy'n teimlo'n hyderus y byddaf yn ennill pan fyddaf yn chwarae.				
10. Pan fydd hyfforddwr neu reolwr yn fy meirniadu, rwy'n ypsetio mwy yn hytrach na theimlo fy mod wedi cael help.*				
11. Mae'n hawdd i mi gadw meddyliau ymyrrol rhag tynnu fy sylw o rywbeth yr wyf yn ei wylio neu'n gwrando arno.				
12. Rwy'n rhoi llawer o bwysau ar fy hun trwy boeni am sut y byddaf yn perfformio.*				
13. Rwy'n gosod fy nodau perfformiad fy hun ar gyfer pob ymarfer neu sesiwn hyfforddi.				
14. Nid oes raid i mi gael fy ngwthio i ymarfer neu chwarae'n galed; rwy'n rhoi 100% o ymdrech.				
15. Os yw hyfforddwr yn fy meirniadu, rwy'n cywiro'r camgymeriad heb gynhyrfu yn ei gylch.				
16. Rwy'n trin sefyllfaoedd annisgwyl o fewn chwaraeon yn dda iawn.				
17. Pan fydd pethau'n mynd yn wael, dywedaf wrthyf fy hun am beidio â chynhyrfu ac mae'n gweithio i mi.				
18. Po fwyaf o bwysau sydd yn ystod gêm, y mwyaf rwy'n ei fwynhau.				
19. Wrth gystadlu, rwy'n poeni am wneud camgymeriadau neu fethu â dod drwyddo.*				
20. Mae fy nghynllun wedi'i weithio allan yn fy mhen ymhell cyn i'r digwyddiad ddechrau.				
21. Pan fyddaf yn teimlo fy hun yn mynd dan straen, gallaf ymlacio fy nghorff yn gyflym a thawelu fy hun.				
22. I mi, mae sefyllfaoedd o bwysau uchel yn heriau yr wyf yn eu croesawu.				
23. Rwy'n meddwl am ac yn dychmygu beth fydd yn digwydd os gwnaf gamgymeriad.*				
24. Rwy'n cadw rheolaeth emosiynol waeth bynnag sut mae pethau'n mynd.				
25. Mae'n hawdd i mi gyfeirio fy sylw a chanolbwyntio ar un gwrthrych neu unigolyn.				
26. Pan fyddaf yn methu â chyrraedd fy nodau mae'n gwneud i mi geisio'n galetach fyth.				
27. Rwy'n gwella fy sgiliau trwy wrando'n ofalus ar gyngor a chyfarwyddyd gan hyfforddwyr a rheolwyr.				
28. Rwy'n gwneud llai o gamgymeriadau pan fyddaf o dan bwysau oherwydd rwy'n canolbwyntio'n well.				

Defnyddiwch y raddfa ganlynol i gyfrifo'ch sgiliau:

Ar gyfer datganiadau nad oes seren (*) wrth eu hymyl:
- bron byth = 0
- weithiau = 1
- yn aml = 2
- bron bob amser = 3.

Ar gyfer datganiadau â seren (*) wrth eu hymyl:
- bron byth = 3
- weithiau = 2
- yn aml = 1
- bron bob amser = 0.

Sgôr ymdopi (0–12)

Cyfrifwch eich sgorau ar gyfer datganiadau 5, 17, 21 a 24. Po uchaf yw eich sgôr ar y raddfa hon, y mwyaf tebygol ydych chi o aros yn ddigynnwrf, yn gadarnhaol ac yn frwdfrydig pan fydd pethau'n mynd yn wael. Rydych chi'n fwy tebygol o allu goresgyn rhwystrau mewn sefyllfa berfformiad.

Sgôr hyfforddadwyedd (0–12)

Cyfrifwch eich sgorau ar gyfer datganiadau 3*, 10*, 15 a 27. Po uchaf yw eich sgôr ar y raddfa hon, y mwyaf tebygol y byddwch yn barod i dderbyn arweiniad gan eich hyfforddwyr neu reolwyr, ac i ganolbwyntio ar ddefnyddio eu cyfarwyddiadau er budd eich perfformiad, yn hytrach nag ypsetio a chymryd y sylwadau'n rhy bersonol.

Sgôr canolbwyntio (0–12)

Cyfrifwch eich sgorau ar gyfer datganiadau 4, 11, 16 a 25. Po uchaf yw eich sgôr ar y raddfa hon, y lleiaf tebygol y bydd eich sylw yn cael ei dynnu gan wahanol bethau. Rydych hefyd yn debygol o ganolbwyntio ar agweddau pwysig ar eich perfformiad chwaraeon.

Hyder a chymhelliant cyflawniad (0–12)

Cyfrifwch eich sgorau ar gyfer datganiadau 2, 9, 14 a 26. Po uchaf yw eich sgôr ar y raddfa hon, y mwyaf tebygol ydych chi o roi ymdrech o 100 y cant mewn sefyllfaoedd cystadleuol a hyfforddiant. Rydych hefyd yn fwy tebygol o fod yn hyderus yn eich sgiliau a'ch galluoedd, yn ogystal â chael eich cymell gan heriau.

Sgôr gosod nodau a pharatoad meddyliol (0–12)

Cyfrifwch eich sgorau ar gyfer datganiadau 1, 8, 13 a 20. Po uchaf yw'r sgôr ar y raddfa hon, y mwyaf tebygol ydych chi o osod nodau effeithiol i chi'ch hun a chynhyrchu cynlluniau priodol er mwyn cyflawni'ch nodau. Rydych chi'n fwy tebygol o gynllunio'ch perfformiad chwaraeon yn effeithiol.

Sgôr llwyddo o dan bwysau (0–12)

Crynhowch eich sgorau ar gyfer datganiadau 6, 18, 22 a 28. Po uchaf yw eich sgôr ar y raddfa hon, y mwyaf tebygol ydych chi o weld sefyllfaoedd o bwysau uchel yn heriol. Mae'n debygol y byddwch yn eu defnyddio i helpu perfformiad, yn hytrach na'u hystyried yn fygythiad ac yn caniatáu iddynt rwystro perfformiad.

Sgôr rhyddid rhag poeni (0–12)

Cyfrifwch eich sgorau ar gyfer datganiadau 7*, 12*, 19* a 23*. Po uchaf yw eich sgôr ar y raddfa hon, y lleiaf tebygol ydych chi o roi pwysau arnoch chi'ch hun trwy boeni am berfformiad, gwneud camgymeriadau a beth yw barn eraill am eich perfformiad (yn enwedig os ydych chi'n perfformio'n wael).

Cyfanswm sgôr sgiliau seicolegol (0–84)

Cyfrifwch eich holl sgorau is-raddfa. Po uchaf yw eich sgôr ar y raddfa hon, yr uchaf yw lefel y sgiliau seicolegol sydd gennych.

Gofynion seicolegol y gamp

Ydych chi'n meddwl y bydd angen yr un sgiliau a rhinweddau seicolegol ar chwaraewr rygbi a chwaraewr snwcer? Mae deall gofynion seicolegol y gamp y mae'r athletwr yn cymryd rhan ynddi yn agwedd bwysig ar ddylunio rhaglen hyfforddi sgiliau seicolegol effeithiol. Mae proffilio perfformiad yn ffordd gyffredin o ddeall gofynion seicolegol y gamp. Mae pum prif gam i broffilio perfformiad.

Cam wrth gam: Proffilio perfformiad

1 Nodi a diffinio'r rhinweddau allweddol ar gyfer perfformiad. Cyflwynwch y syniad trwy ofyn i'r athletwr pa rinweddau sy'n bwysig ar gyfer y perfformiad gorau yn eu barn nhw. Wrth ddefnyddio proffilio perfformiad mewn sefyllfa'n ymwneud â chwaraeon, gofynnwch i'r athletwr feddwl am berfformiwr o'r radd flaenaf ac ysgrifennu rhinweddau'r athletwr hwnnw. Mae Tabl 6.4 yn tynnu sylw at rai awgrymiadau i'w defnyddio gyda gwahanol athletwyr. Mae'n ddefnyddiol i'r athletwr recordio a diffinio'r rhinweddau sy'n angenrheidiol ar gyfer perfformiad ar ffurf tabl. Mae hyn yn helpu'r athletwr a'r ymarferydd i ddatblygu dealltwriaeth o ystyr y termau. Er mwyn osgoi camddealltwriaeth, rhaid i'r ymarferydd sicrhau bod yr athletwr yn llunio'r diffiniadau a ddefnyddir. Mae rhai pobl yn awgrymu anelu at 20 rhinwedd; fodd bynnag, bydd hyn yn amrywio o athletwr i athletwr ac o gamp i gamp. Esboniwch nad oes atebion cywir nac anghywir.

2 Proffilio canfyddiadau'r ymarferydd o lefelau'r athletwr a phroffilio canfyddiadau'r athletwr o'u lefelau eu hun. Mae hwn yn asesiad gennych chi a'r athletwr o'u lefel cyfredol o berfformiad. Rydych chi a'r athletwr yn ysgrifennu'r rhinweddau allweddol ym mhob un o'r lleoedd gwag o amgylch y tu allan i'r grid crwn. Rhowch sgôr o 0–10 i bob ansawdd (gweler Ffigur 6.10).

3 Trafod proffiliau'r ymarferydd a'r athletwr. Yn y cam hwn, defnyddiwch y canlyniadau o'r proffiliau perfformiad i nodi meysydd cryfder a ganfyddir a meysydd i'w gwella. Wrth edrych ar y ddau broffil (a ddangosir yn Ffigur 6.10), os oes gwahaniaethau mawr rhwng lefelau (dau bwynt neu fwy), dylech gael trafodaeth gyda'r athletwr ynghylch pam y rhoddwyd y gwahanol lefelau.

4 Cytuno ar nodau a sut y cânt eu cyflawni, gan gynnwys gosod meincnodau ar gyfer pob nod. Defnyddiwch y canlyniadau i osod y nodau trwy'r rhaglen PST. Fel rheol, bydd pob un o'r meincnodau dymunol hyn ar lefel 10 – byddai unrhyw lefel darged islaw hyn ar ran yr athletwr yn awgrymu bod rhyw fath o wrthwynebiad i gyflawni'r lefel eithaf o berfformiad.

5 Ailadrodd y proffilio i fonitro cynnydd yr athletwr. Y nod yw y bydd yr athletwr yn symud ymlaen yn raddol tuag at y tu allan i'r raddfa (yn agosach at y sgôr o 10). Os na fydd yr athletwr yn gwneud y cynnydd a ddymunir, mae angen i chi a'r athletwr drafod pam. Fel arfer mae hyn oherwydd nad oedd y rhaglen hyfforddi wedi ystyried rhinwedd (gwallau wrth ddylunio rhaglen), mae gennych farn wahanol ar bwysigrwydd rhinwedd (gwallau cyfathrebu a dealltwriaeth) neu nid yw'r athletwr wedi ymdrechu i gyflawni y gwelliannau mewn perfformiad.

▶ **Tabl 6.4:** Enghreifftiau o ofynion chwaraeon. Beth yw pum gofyniad mwyaf technegol eich camp?

Seicolegol	Corfforol	Agwedd/cymeriad	Technegol
Hyder	Cryfder	Rheoli pwysau	
Canolbwyntio	Stamina	Disgyblaeth	
Myfyrio	Dygnwch	Penderfyniad	
Ymrwymiad	Hyblygrwydd	Eisiau ennill	
Dyfeisgarwch	Pŵer	Rhagolwg cadarnhaol	
Rheolaeth	Cyflymder		
Creadigrwydd	Cydbwysedd		
Gwydnwch	Amser ymateb		

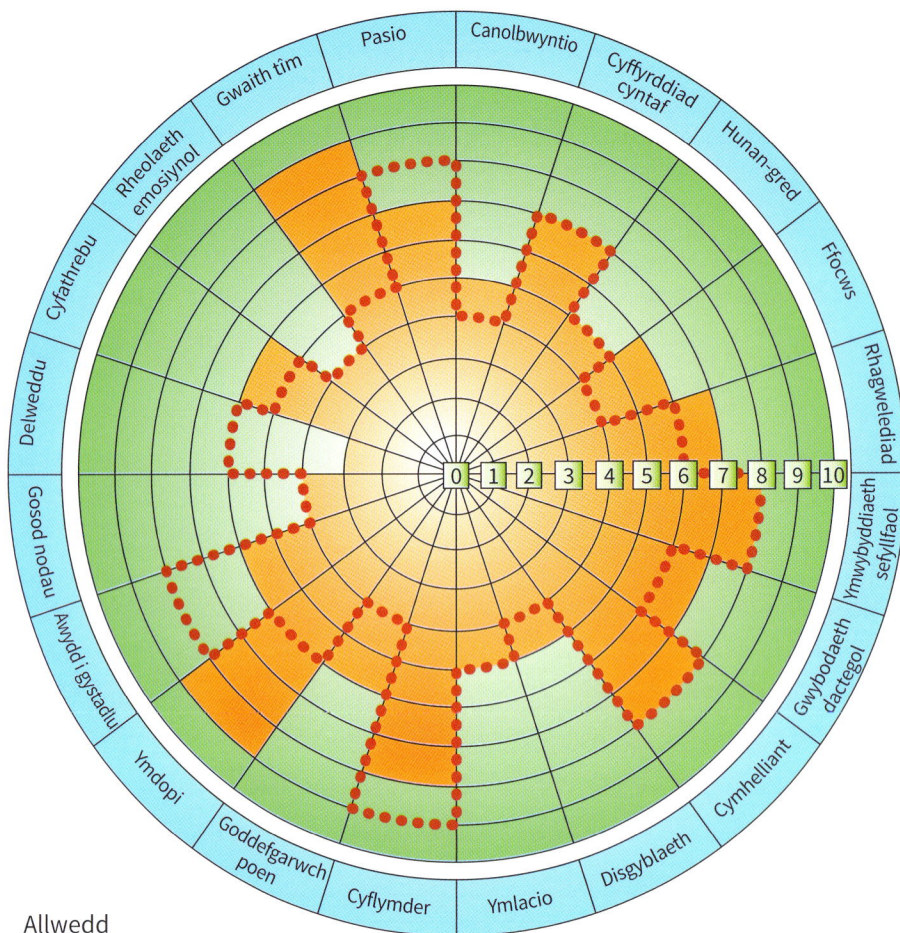

Allwedd

●●●● Canfyddiad yr hyfforddwr

Canfyddiad yr athletwr

▶ **Ffigur 6.10:** Sut gall proffilio perfformiad fod o fudd i'r hyfforddwr a'r athletwr?

Manteision rhaglen hyfforddi sgiliau seicolegol

Mae yna nifer o fythau am raglenni hyfforddiant sgiliau seicolegol (PST) mewn chwaraeon, fel bod PST ar gyfer athletwyr o'r radd flaenaf neu athletwyr 'problemus' yn unig. Mae gwybod buddion gweithgaredd yn debygol o gynyddu ymgysylltiad gan yr athletwr a'u hyfforddwr. Bydd hyn yn cynyddu effeithlonrwydd y rhaglen.

Mae'n bwysig bod hyfforddwyr ac athletwyr yn ymwybodol nad yw rhaglenni PST yn ddatrysiad cyflym ar gyfer pethau fel dirywiadau mewn perfformiad. Mae PST effeithiol yn cymryd amser i athletwyr ddysgu a datblygu eu sgiliau ac mae'n bwysig eu bod yn gwybod hyn cyn cychwyn ar eu rhaglen PST.

I lawer o athletwyr a hyfforddwyr, y cwestiwn pwysicaf y byddant yn ei ofyn yw 'Sut fydd hyn yn effeithio ar fy mherfformiad?' Ateb syml i hyn yw bod ymchwil yn dangos bod athletwyr llwyddiannus wedi datblygu sgiliau seicolegol yn well nag athletwyr llai llwyddiannus. Bydd rhaglen hyfforddi sgiliau seicolegol effeithiol yn arwain at:

▶ wella perfformiad

▶ mwy o fwynhad

▶ gwell hunanfoddhad.

Mae gan bob un o'r technegau a drafodir yn yr uned hon dystiolaeth i awgrymu y gallant wella perfformiad. Pan fydd athletwyr yn perfformio'n dda, maen nhw'n fwy tebygol o fwynhau eu camp. Mae hyn oherwydd eu bod yn teimlo'n fwy sicr eu bod yn gallu cystadlu ar lefel briodol a chynnig rhywbeth i'w tîm. Yn ogystal, wrth i berfformiad athletwr wella, maen nhw'n fwy tebygol o deimlo eu bod wedi dysgu rhywbeth newydd ac wedi datblygu fel athletwr. Oherwydd hyn, mae athletwyr yn fwy tebygol o fwynhau eu camp a bydd eu boddhad yn cynyddu.

Mae'n bwysig eich bod chi, yr athletwr a'r hyfforddwr yn parhau i weithio gyda'ch gilydd i gynyddu lefel yr her i'r athletwr fel y gallant ddal i ddatblygu. Os yw eu datblygiad yn cyrraedd **gwastadedd**, maen nhw'n debygol o ddod yn fwy anfodlon â'u camp. Mae arolygu a diwygio'ch rhaglen PST yn amserol yn un ffordd y gallwch chi helpu i gynyddu lefel yr her i athletwr.

Ymchwil

Ymchwiliwch i'r 'Rhagdybiaeth Pwynt Her' ('*Challenge Point Hypothesis*'). Beth mae'r theori hon yn ei ddweud wrthych am bwysigrwydd cynyddu lefel yr her i athletwyr? Sut y gellid defnyddio rhaglenni PST i gynyddu lefel yr her i athletwyr yn briodol?

Term allweddol

Gwastadedd – 'lefelu allan' (*plateau*) mewn perfformiad a all arwain at ddiffyg ymrwymiad, cymhelliant, mwynhad neu foddhad os nad yw'r athletwr yn gwella neu'n dod o hyd i ffordd o wella yn fuan wedi hynny.

Dylunio rhaglen hyfforddi

Dylai rhaglenni PST effeithiol sydd wedi'u cynllunio'n dda adlewyrchu dealltwriaeth drylwyr o'r rhesymau a'r buddion y tu ôl i'r technegau rydych chi'n eu defnyddio. Nid oes y fath beth â dull sy'n gweithio i bawb – dylid ystyried anghenion unigol yr athletwr bob amser.

Sefyllfa unigol

Gallwch asesu sefyllfa unigol athletwr mewn sawl ffordd gan gynnwys holiaduron, proffilio perfformiad a chyfweliadau (gweler tudalen 292). Ar ôl i chi gwblhau'r rhain, dylech grynhoi'ch canfyddiadau ar ffurflen dadansoddi anghenion. Gweler Ffigur 6.11 am enghraifft o ffurflen dadansoddi anghenion wedi'i chwblhau.

Nodau ac Amcanion

Nodau ac amcanion y rhaglen PST yw'r hyn rydych chi a'r athletwr am ei gyflawni trwy'r rhaglen. Heb nodau ac amcanion clir, byddwch yn ei chael yn anodd i gynllunio'r rhaglen yn effeithiol neu fonitro cynnydd. Efallai y bydd angen cytuno ar nodau gyda'r hyfforddwr. Fodd bynnag, mae cynnal cyfrinachedd cleientiaid yn agwedd bwysig ar y gwaith rydych chi'n ei gwblhau.

Pan fyddwch wedi penderfynu ar nodau ac amcanion y rhaglen, dylech weithio gyda'r athletwr i'w blaenoriaethu. Y meysydd mwyaf i'w gwella, neu'r sgiliau sydd bwysicaf i berfformiad yr athletwr, sy'n gofyn am y flaenoriaeth uchaf.

Cynllun gweithredu i fynd i'r afael â nodau ac amcanion

Ar ôl i chi flaenoriaethu'r nodau a'r amcanion, mae angen i chi gynhyrchu cynllun gweithredu gyda thargedau CAMPUS. Wrth gynhyrchu cynllun ar gyfer unrhyw raglen PST, ystyriwch faint o amser sydd ei angen ar gyfer gwahanol agweddau ar y rhaglen. Os ydych chi'n cyflwyno sgiliau newydd i'r rhaglen PST, yna mae sesiynau 15–30 munud, yn ogystal â sesiynau ymarfer corfforol, 3-5 gwaith yr wythnos yn fuddiol. Y nod yw symud yn raddol i ffwrdd o fod angen sesiynau penodol ac, yn lle hynny, integreiddio'r sgiliau seicolegol ag arfer arferol. Fodd bynnag, dim ond pan fydd athletwyr yn fwy hyfedr yn eu sgiliau newydd y daw hyn yn bosibl.

Dadansoddiad o anghenion

Enw'r cleient	Adrienne Robertson
Enw'r seicolegydd chwaraeon	Mark Johnson

Cynhaliwyd yr asesiadau cychwynnol canlynol
(*enwch y dulliau asesu a nodwch ar gyfer beth y cawsant eu defnyddio*)

1 ACSI-28 – Mesur sgiliau seicolegol cyffredinol

2 Cyfweliad un-i-un – datblygu perthynas gyda'r cleient

3 Arsylwadau perfformiad – monitro cleient mewn amgylchedd perfformiad

Canlyniadau asesiad 1

Defnydd cymedrol o sgiliau seicolegol

Lefelau isel o hyder, llwyddiant isel o dan bwysau

Canlyniadau asesiad 2

Dywedodd y cleient ei fod weithiau'n colli hyder pan fyddant yn dechrau colli, nid ydynt yn meddwl y gallant fynd yn ôl i lwyddo

Canlyniadau asesiad 3

Llawer o ymdrech gan y cleient bob amser

Weithiau mae iaith y corff yn newid pan fyddant yn dechrau colli

Eich prif gryfderau yw

Lefelau uchel o ganolbwyntio, llawer o ymdrech yn ystod gemau

Eich prif feysydd i'w gwella yw

Lefelau isel o hyder

Gallech wella'ch perfformiad trwy ddefnyddio'r technegau canlynol

Delweddu – ymarfer sefyllfaoedd cadarnhaol

Anadlu – ailffocysu/tawelu'ch hun mewn senario cystadleuol ble rydych chi'n dechrau colli

Hunansiarad – defnyddio datganiadau cadarnhaol sy'n ymwneud â'ch gallu

▶ **Ffigur 6.11:** Pam ei bod yn bwysig cwblhau dadansoddiad manwl o anghenion?

Amserlen

Wrth gynllunio eich PST, dylech ystyried y cynllunio tymor byr, tymor canolig a thymor hir (TH). Mae'r cynllunio hwn yn cysylltu â'ch nodau tymor byr, canoli a hir. Dylech gynnwys gweithgareddau PST a fydd yn helpu athletwyr yn **gyfannol**. Bydd defnyddio rhaglen PST sy'n cefnogi datblygiad yr athletwr mewn meysydd corfforol, seicolegol, technegol, tactegol a ffordd o fyw yn helpu i'w gwneud yn fwy llwyddiannus mewn chwaraeon.

Mae Ffigur 6.12 yn dangos enghraifft o sut y gallech weithio gydag athletwr wedi'i anafu.

Nodau tymor hir (Ymadfer/dychwelyd i nodau cystadleuol)
Beth fydd y dychweliad i nodau cystadleuol a sut bydd y rhain yn cynyddu perfformiad ac yn lleihau'r risg o ailanafu?

Nodau tymor canolig (Cyfnod y nodau adferiad)
Beth fydd yn cael ei gyflawni trwy bob cam o'r adferiad a sut bydd y rhain yn cefnogi ymadfer ar ôl anaf?

Nodau tymor byr (Nodau dyddiol)
Beth fydd yn cael ei wneud ym mhob sesiwn therapi/adferiad? Dylai fod yn benodol i gyfnod yr anaf

Nodau corfforol (e.e. cryfder, stamina, cyflymder, ystwythder, hyblygrwydd)

Nodau seicolegol (e.e. hyder, canolbwyntio, cyfathrebu, ymrwymiad, rheolaeth)

Nodau technegol a thactegol (e.e. safleoedd gosod, ymwybyddiaeth o leoliad, addasu gwallau)

Nodau ffordd o fyw (e.e. cwsg, deiet, alcohol, perthnasoedd, gwaith, ysgol, cyffuriau hamdden)

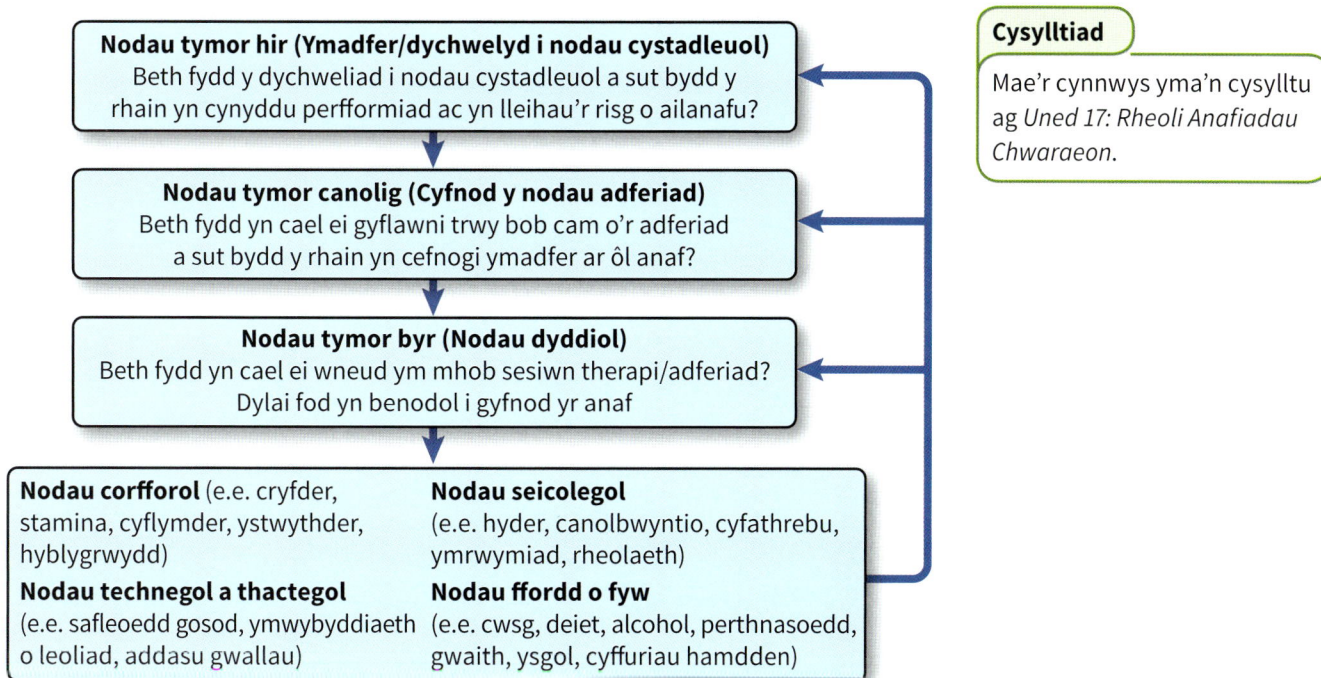

▶ **Ffigur 6.12:** Pam mae cael cynllun tymor byr, tymor canolig a thymor hir yn hanfodol ar gyfer gwaith effeithiol gydag athletwyr?

Cysylltiad

Mae'r cynnwys yma'n cysylltu ag *Uned 17: Rheoli Anafiadau Chwaraeon*.

Cynnwys wythnosol a dyddiol y rhaglen

Dylai'r seicolegydd chwaraeon, hyfforddwr ac athletwr benderfynu ar y cynnwys dyddiol ac wythnosol gyda'i gilydd. Mae hyn yn golygu bod y cynnwys dyddiol ac wythnosol yn cael ei benderfynu yn wrthrychol ac yn ystyried gwahanol safbwyntiau. Mae cynnwys yr athletwr yn nyluniad y cynnwys dyddiol ac wythnosol yn cynyddu eu cymhelliant i gadw at y rhaglen. Os yw athletwr yn buddsoddi amser ac ymdrech yn nyluniad y rhaglen, bydd yn teimlo fel bod ganddo fwy o reolaeth dros y broses. Rheswm pwysig arall y tu ôl i gynnwys yr athletwr a'r hyfforddwr yw sicrhau bod y cynnwys dyddiol ac wythnosol yn hawdd ei reoli. Gallwch hefyd ddangos sut mae'r rhaglen PST yn cyd-fynd â'r drefn hyfforddi arferol.

Dulliau o werthuso effeithlonrwydd y rhaglen/mesuriadau cerrig milltir allweddol

Mae gwerthuso'ch rhaglen PST yn bwysig gan ei bod yn gyfle i:
▶ gael adborth gan yr athletwr a'r ymgynghorydd
▶ tynnu sylw at gryfderau a chyfyngiadau'r rhaglen
▶ cael asesiad goddrychol a gwrthrychol o'r rhaglen.

Y prif ffyrdd o arolygu rhaglen PST yw cyfweliadau, holiaduron a monitro perfformiad corfforol (gan gynnwys casglu data gwrthrychol ynghylch perfformiad). Mae'r rhain i gyd yn ffyrdd o gael adborth sy'n allweddol i arolygu'ch rhaglen.

Gall defnyddio **holiaduron** fod yn ddefnyddiol ar gerrig milltir allweddol y PST. Bydd cymharu sgorau â'r holiaduron cychwynnol a gwblhawyd wrth gynhyrchu eich dadansoddiad o anghenion yn caniatáu i chi weld a fu unrhyw welliant. Gallech hefyd ailedrych ar y proffilio perfformiad a wnaethoch gyda'r athletwr i weld a fu unrhyw newidiadau yn y sgorau yn y meysydd blaenoriaeth.

Mae **cyfweliadau** yn darparu ffordd dda i chi gael gwybodaeth fanylach gan eich athletwyr ynghylch effeithiolrwydd y rhaglen PST. Defnyddiwch gyfweliadau lled-strwythuredig gan fod hyn yn caniatáu i chi archwilio gwahanol feysydd a allai godi yn ystod y cyfweliad. Mae Ffigur 6.13 yn dangos canllaw cyfweliad enghreifftiol y gallech ei ddefnyddio mewn sefyllfaoedd grŵp neu unigol. Mae'n eich helpu i gael adborth ansoddol gan athletwyr.

Ymchwil

Ymchwiliwch i anghenion seicolegol sylfaenol cymhwysedd, ymreolaeth a pherthnasedd. Sut y gallant eich helpu i ddeall pwysigrwydd cynnwys yr hyfforddwr a'r athletwr wrth ddylunio rhaglenni? Sut ydych chi'n meddwl y gall bodloni'r anghenion seicolegol sylfaenol hyn effeithio ar gymhelliant yr athletwr i gymryd rhan yn y PST?

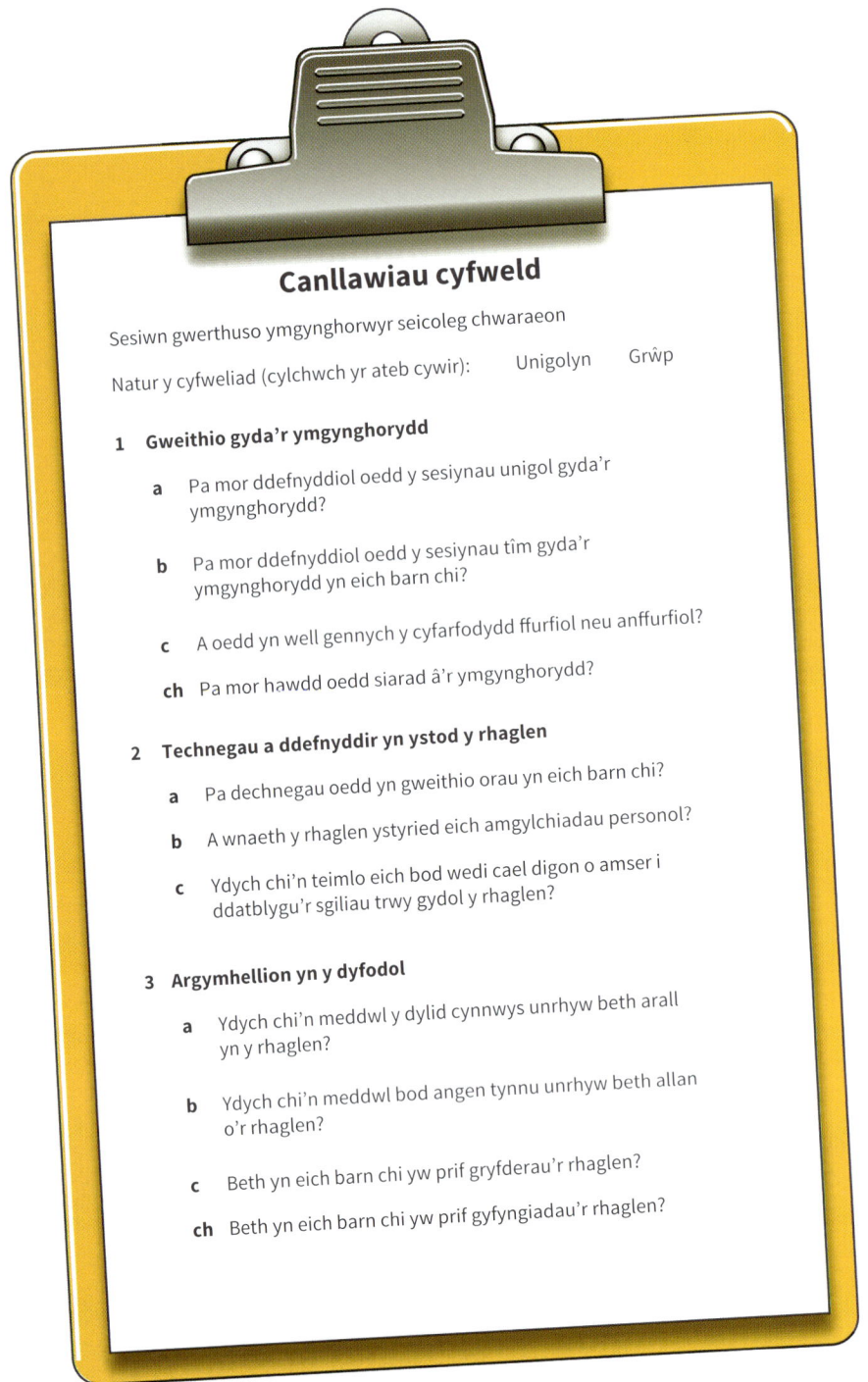

Canllawiau cyfweld

Sesiwn gwerthuso ymgynghorwyr seicoleg chwaraeon

Natur y cyfweliad (cylchwch yr ateb cywir):   Unigolyn   Grŵp

1   **Gweithio gyda'r ymgynghorydd**

   a   Pa mor ddefnyddiol oedd y sesiynau unigol gyda'r ymgynghorydd?

   b   Pa mor ddefnyddiol oedd y sesiynau tîm gyda'r ymgynghorydd yn eich barn chi?

   c   A oedd yn well gennych y cyfarfodydd ffurfiol neu anffurfiol?

   ch Pa mor hawdd oedd siarad â'r ymgynghorydd?

2   **Technegau a ddefnyddir yn ystod y rhaglen**

   a   Pa dechnegau oedd yn gweithio orau yn eich barn chi?

   b   A wnaeth y rhaglen ystyried eich amgylchiadau personol?

   c   Ydych chi'n teimlo eich bod wedi cael digon o amser i ddatblygu'r sgiliau trwy gydol y rhaglen?

3   **Argymhellion yn y dyfodol**

   a   Ydych chi'n meddwl y dylid cynnwys unrhyw beth arall yn y rhaglen?

   b   Ydych chi'n meddwl bod angen tynnu unrhyw beth allan o'r rhaglen?

   c   Beth yn eich barn chi yw prif gryfderau'r rhaglen?

   ch Beth yn eich barn chi yw prif gyfyngiadau'r rhaglen?

▶ **Ffigur 6.13:** Sut gall defnyddio canllawiau cyfweld helpu i ddod i ddeall barn yr athletwr?

Mae arsylwi **perfformiad eich athletwr** yn ddefnyddiol wrth asesu effeithlonrwydd eich gwaith PST oherwydd ei fod yn eich galluogi i ganfod unrhyw newidiadau mewn perfformiad corfforol. Mae'n caniatáu i chi gasglu unrhyw ddata gwrthrychol sy'n ymwneud â pherfformiad. Pan arsylwch berfformiad, gallwch edrych am:

▶ newidiadau mewn ffactorau seicolegol (fel sbarduno a phryder somatig)
▶ newidiadau yn iaith y corff
▶ gwahaniaethau yn lefel sgiliau'r athletwr.

Dylai unrhyw un sy'n gweithio mewn amgylcheddau chwaraeon bob amser fyfyrio ar eu gwaith eu hunain fel y gallant wella yn y dyfodol. Yn ogystal â gwerthuso'r athletwr yn ystod ac ar ôl y PST, mae hefyd yn ddefnyddiol gwerthuso'ch perfformiad eich hun fel y seicolegydd chwaraeon. Gall ffurflenni gwerthuso roi adborth ansoddol a meintiol ar:

► eich nodweddion (e.e. cysylltu â'ch athletwr)
► eich effeithlonrwydd (e.e. pa mor dda wnaethoch chi gyfathrebu â'ch cleient?)
► awgrymiadau ar gyfer eich gwaith yn y dyfodol (e.e. pe byddech chi'n gweithio gydag athletwyr tebyg yn y dyfodol, pa feysydd y gallech chi wella arnyn nhw?).

Mae'r ffurflen yn Ffigur 6.14 yn dangos y math o holiadur a ddefnyddir i arolygu effeithlonrwydd y rhaglen PST. Gellir defnyddio'r ffurflen hon ar gyfer athletwyr a hyfforddwyr.

<table>
<tr><td>

Ffurflen gwerthuso ymgynghoriad

Enw'r cleient _____

Enw'r ymgynghorydd _____

1 Nodweddion yr ymgynghorydd

Ar gyfer pob un o'r datganiadau canlynol, rhowch sgôr o 1–5, gydag 1 yn sgôr isaf a 5 yn sgôr uchaf.

Datganiad		Marc
a	Rhoddodd yr ymgynghorydd wybodaeth i mi am hyfforddiant sgiliau a oedd yn berthnasol yn uniongyrchol i'm camp.	
b	Cynhyrchodd yr ymgynghorydd raglen a oedd wedi'i hanelu at fy anghenion unigol.	
c	Roedd yr ymgynghorydd yn hyblyg ac yn hapus i weithio o'm cwmpas.	
ch	Roedd yr ymgynghorydd yn bositif.	
d	Gwnaeth yr ymgynghorydd i mi deimlo'n gyffordus.	
dd	Deallais yn union yr hyn yr oedd yr ymgynghorydd yn ei ddisgwyl gennyf.	

2 Effeithlonrwydd yr ymgynghorydd

Rhowch gylch o amgylch y rhif rydych chi'n teimlo sy'n disgrifio orau pa mor effeithiol yn eich barn chi oedd yr ymgynghorydd wrth helpu perfformiad chwaraeon cyffredinol.

a	Perfformiad unigol cyffredinol

Perfformiad cyfyngedig							Cynorthwyo'r perfformiad			
−5	−4	−3	−2	−1	0	1	2	3	4	5

b	Perfformiad cyffredinol y tîm

Perfformiad cyfyngedig							Cynorthwyo'r perfformiad			
−5	−4	−3	−2	−1	0	1	2	3	4	5

3 Argymhellion ar gyfer gwelliant

Defnyddiwch y lle gwag isod i ddarparu unrhyw argymhellion rydych chi'n teimlo a fydd yn cynyddu ansawdd y gwasanaeth a ddarperir gan yr ymgynghorydd. Gallwch barhau ar gefn y ffurflen hon os oes angen.

</td></tr>
</table>

► **Ffigur 6.14:** Pam ei bod yn ddefnyddiol gofyn y mathau hyn o gwestiynau wrth weithio gydag athletwyr?

Mae athletwr cadair olwyn dosbarth T53 o'ch clwb athletau lleol wedi dod i'ch gweld gan eu bod wedi bod yn cael trafferth â'u perfformiad. Maen nhw'n teimlo'n bryderus yn y cyfnod cyn digwyddiadau mawr ac yn meddwl bod yna rai athletwyr na fyddant byth yn gallu eu curo. Maen nhw'n awyddus i ddysgu a datblygu fel athletwr a dim ond eisiau bod yn hapus yn eu camp, gan deimlo eu bod yn gallu perfformio'n dda.

Gan fod yr athletwr yn y dosbarth T53, nid oes ganddo lawer o reolaeth ar yr abdomen ac felly'n cael rhai mathau o weithgareddau anadlu yn anodd. Rydych wedi siarad â hyfforddwr yr athletwr sydd â chefndir mewn seicoleg chwaraeon ac mae'n hapus i'ch goruchwylio trwy gynhyrchu rhaglen hyfforddi sgiliau seicolegol briodol.

Cynhyrchwch raglen hyfforddi sgiliau seicolegol a fydd yn mynd i'r afael â'r ystyriaethau allweddol a gyflwynir gan yr athletwr. Sicrhewch eich bod yn cynnwys technegau perthnasol yn unig a'ch bod yn dweud yn glir beth yw'r technegau hyn a sut y byddant o fudd i'r athletwr.

Cynllunio
- Beth yw'r dasg?
- A oes angen eglurhad arna i am unrhyw beth?
- Pa agweddau ar y dasg fydd yn cymryd y mwyaf o amser/y lleiaf o amser, yn fy marn i?

Gwneud
- Gallaf wneud cysylltiadau rhwng yr hyn yr wyf yn ei ddarllen/ymchwilio a'r dasg, ac adnabod y wybodaeth bwysig.
- Gallaf osod cerrig milltir a gwerthuso fy nghynnydd a'm llwyddiant ar yr adegau hyn.

Adolygu
- Gallaf egluro beth oedd y dasg a sut y gwnes i fynd ati.
- Gallaf egluro sut mae'r profiad dysgu hwn yn gysylltiedig â phrofiadau yn y dyfodol.
- Rwy'n sylweddoli lle mae gen i fylchau dysgu/gwybodaeth o hyd ac rwy'n gwybod sut i'w datrys.

Cysylltiad

Mae'r cynnwys yma'n cysylltu ag *Uned 1: Anatomeg a Ffisioleg*.

Deunydd darllen ac adnoddau pellach

Burton, D. a Raedeke, T.D. (2008) *Sport Psychology for Coaches*, Champaign, IL: Human Kinetics.

Bush, A., Brierley, J., Carr, S., Gledhill, A., Mackay, N., Manley, A., Morgan, H., Roberts, W. a Willsmer, N. (2012) *Foundations in Sports Coaching*, Harlow, Essex: Pearson Education.

Forsdyke, D. a Gledhill, A. (2014) Reaching out for a helping hand: The role of social support in sports injury rehabilitation. *sportEx Medicine*, 61, 8–12.

Gledhill, A. a Forsdyke, D. (2015) The challenges of youth: Psychological responses to sports injury and rehabilitation in youth athletes. *sportEx Medicine*, 63, 12–17.

Hemmings, B. a Holder, T. (2009) *Applied Sport Psychology: A Case-based Approach*, Chichester, West Sussex: Wiley-Blackwell.

Karageorghis, C. a Terry, P. (2010) *Inside Sport Psychology*, Champaign, IL: Human Kinetics.

Kornspan, A.S. (2009) *Fundamentals of Sport and Exercise Psychology*, Champaign, IL: Human Kinetics.

Weinberg, R.S. a Gould, D. (2014) *Foundations of Sport and Exercise Psychology,* 6ed argraffiad, Champaign, IL: Human Kinetics.

Williams, A.M. (2012) *Science and Soccer: Developing Elite Performers*, Rhydychen: Routledge.

Cyfnodolyn

Athletic Insight: The Online Journal of Sport Psychology.
Ar gael yma: www.athleticinsight.com

BETH AM ▶▶ Y DYFODOL?

Umair Ali

Seicolegydd Chwaraeon

Rwyf wedi bod yn gweithio fel seicolegydd chwaraeon mewn pêl-droed proffesiynol ers pedair mlynedd. Yn ystod yr amser hwn, rwyf wedi dod ar draws llawer o wahanol athletwyr sydd wedi elwa o seicoleg chwaraeon. Ar ôl i mi gwblhau fy BTEC Lefel 3 mewn Chwaraeon, euthum i'r brifysgol a chwblhau gradd mewn Seicoleg a gymeradwywyd gan Gymdeithas Seicolegol Prydain, gan fod angen hwn arnaf i fedru defnyddio'r teitl 'Seicolegydd'. Roedd hyn yn ategu fy nghymwysterau presennol mewn hyfforddiant pêl-droed felly rwy'n fodlon bod y wybodaeth benodol am y pwnc gen i, yn ogystal â dealltwriaeth o'r gamp.

Mae cael dealltwriaeth o'r gamp rydych chi'n gweithio ynddi yn hanfodol i weithio'n effeithiol fel seicolegydd chwaraeon. Felly hefyd y gallu i ddatblygu a chynnal perthnasoedd gwaith effeithiol gyda gwahanol unigolion. Wrth wneud hynny, rydych chi'n fwy tebygol o fedru dod i adnabod eich athletwr, sy'n ddefnyddiol o ran dylunio rhaglenni hyfforddi sgiliau seicolegol. Mae hyn yn bwysig gan nad oes y fath beth â rhaglen hyfforddi sgiliau seicolegol cyffredinol a dylech bob amser deilwra'ch gwaith i anghenion eich athletwr.

Canolbwyntio eich sgiliau

Dylunio rhaglenni PST effeithiol

Mae'n bwysig gallu dylunio rhaglenni PST effeithiol ar gyfer athletwyr. Dyma rai awgrymiadau i'ch helpu chi wneud hyn.

- Cyn cwblhau unrhyw waith gyda chleient, gwnewch yn siŵr eich bod wedi cael eu caniatâd.
- Gwnewch yn siŵr eich bod chi'n cynnal dadansoddiad anghenion priodol gyda'r athletwr ac yn trafod eich canfyddiadau gyda nhw.
- Darganfyddwch a oes gan yr athletwr unrhyw brofiad blaenorol o ddefnyddio rhaglenni PST – efallai y byddai eisoes yn well ganddyn nhw rai technegau seicolegol.
- Sicrhewch eich bod yn gallu darparu rhesymeg glir ar gyfer y technegau seicolegol rydych chi'n eu mabwysiadu. Gallwch wneud hyn fel arfer trwy gysylltu anghenion yr athletwr â buddion y technegau ac yna cefnogi'ch awgrymiadau gyda thystiolaeth briodol.
- Mae arolygu cynnydd eich athletwr mewn cyfweliadau a drefnwyd yn allweddol ar gyfer monitro eu cynnydd. Gall hyn helpu eu lefelau cymhelliant yn wirioneddol a gall eich helpu i newid dyluniad eich rhaglen yn ôl yr angen.
- Sicrhewch eich bod bob amser yn gweithio o fewn eich cyfyngiadau ymarfer. Os oes unrhyw beth yr ydych yn ansicr ohono, siaradwch â gweithiwr proffesiynol neu cyfeiriwch eich athletwr atynt.

Paratoi ar gyfer asesiad

Mae Bruno yn cymryd BTEC Cenedlaethol mewn Chwaraeon. Mae wedi derbyn aseiniad er mwyn cynhyrchu rhaglen hyfforddi sgiliau seicolegol ar gyfer athletwr mewn camp o'i ddewis a'i ysgrifennu fel adroddiad. Roedd yn rhaid i Bruno:

▶ drafod y gwahanol sgiliau seicolegol y gellir eu defnyddio gydag athletwyr mewn chwaraeon

▶ cynhyrchu rhaglen hyfforddi sgiliau seicolegol ar gyfer athletwr a thrafod sut y byddai'r rhaglen o fudd i'r athletwr.

Sut y dechreuais i

Yn gyntaf, penderfynais pa athletwr yr oeddwn am seilio fy adroddiad arnyn nhw. Dewisais gamp y mae gen i ddiddordeb ynddi oherwydd roeddwn i'n gwybod y byddai hynny'n rhoi hwb i mi a'm gwneud yn fwy parod i wneud darn da o waith.

Fe wnes i goladu fy holl nodiadau ar gyfer nod dysgu C a'u gwahanu yn wahanol adrannau a oedd yn edrych ar y gwahanol sgiliau seicolegol a sut i ddylunio rhaglen PST. Ar ôl hyn, creais dabl cryno yn disgrifio'r gwahanol sgiliau seicolegol a'u buddion ac edrychais ar sut y gallent gysylltu â'm cleient.

Edrychais ar y gwahanol ffyrdd y gallwch asesu cryfderau athletwr a'u meysydd i'w gwella a sut y gallwn nodi gofynion gwahanol chwaraeon. Yna, edrychais ar sut y gallwn drefnu'r gwahanol sgiliau a fyddai o fudd i'm hathletwr i raglen gydlynol PST.

Sut y des â'r cyfan at ei gilydd

I ddechrau, ysgrifennais gyflwyniad byr a oedd yn amlinellu pwrpas y gwaith yr oeddwn yn ei wneud. Ar ôl hyn, trafodais bob un o'r sgiliau seicolegol y gellir eu defnyddio mewn chwaraeon, gyda:

▶ chyflwyniad i bob un o'r gwahanol sgiliau seicolegol

▶ trafodaeth o fuddion arfaethedig y sgiliau seicolegol ar gyfer gwahanol athletwyr.

Ar ôl gwneud hyn, cynlluniais fy rhaglen PST ar gyfer fy athletwr, gan sicrhau fy mod yn ymdrin â holl gynnwys yr uned. Fe wnes i sicrhau fy mod yn cynnwys buddion allweddol y rhaglen PST ar gyfer fy athletwr, yn ogystal ag awgrymu unrhyw ddewisiadau amgen rhag ofn bod fy athletwr eisiau gwahanol weithgareddau PST i'w gwneud.

Beth ddysgais o'r profiad

Mae yna lawer o wahanol weithgareddau hyfforddi sgiliau seicolegol y gellir eu defnyddio gydag athletwyr felly mae'n bwysig gallu cysylltu buddion arfaethedig y gweithgareddau hyn ag anghenion athletwyr. Gwnaeth hyn yr aseiniad ychydig yn anodd ar brydiau oherwydd roeddwn yn ansicr p'un i'w ddewis.

Y tro nesaf, byddwn yn grwpio fy ngweithgareddau PST o dan benawdau (e.e. sgiliau seicolegol a all wella ymlacio), edrych ar y buddion allweddol ac unrhyw anawsterau y gallai athletwyr eu cael wrth ddysgu'r rhain a defnyddio'r holl wybodaeth honno i ddewis y rhai gorau ar gyfer fy athletwr.

Rwy'n credu fy mod i wedi treulio ychydig gormod o amser yn canolbwyntio ar strwythur a chynllun fy rhaglen PST a dim digon o amser yn darparu tystiolaeth i gefnogi'r dadleuon roeddwn i'n eu gwneud, felly byddwn i'n edrych i wella hyn pe bawn i'n gwneud yr un aseiniad eto.

Pwyntiau i'w hystyried

▶ Ydych chi wedi cynllunio'ch aseiniad fel eich bod yn gwybod y byddwch yn gallu ei orffen erbyn y dyddiad cau?

▶ Oes gennych chi'r adnoddau a argymhellir i'ch helpu chi i ddarparu tystiolaeth a chyfeiriadau i gefnogi a datblygu'r dadleuon rydych chi'n bwriadu eu gwneud?

▶ A yw'ch aseiniad wedi'i ysgrifennu yn eich geiriau eich hun?

Perfformiad Chwaraeon Ymarferol

7

Dod i adnabod eich uned

Asesiad

Byddwch yn cael eich asesu drwy gyfrwng cyfres o aseiniadau a fydd yn cael eu gosod gan eich tiwtor.

Mae awydd pobl i gymryd rhan mewn chwaraeon a'i fwynhau yn parhau i gynyddu. Tra bod rhai yn fodlon mwynhau buddion hir-dymor ffordd iach o fyw, mae eraill yn mwynhau chwaraeon fel cyfle i wthio'u hunain i'r eithaf, gan anelu at y perfformiad perffaith ac i gyflawni'r gwobrau uchaf. Gall perfformwyr chwaraeon fod ar sawl lefel wahanol: o ddechreuwyr cynnar i athletwyr o'r radd flaenaf. Fodd bynnag, bydd angen i bob un ohonynt adeiladu'r un ddealltwriaeth o sgiliau, technegau a thactegau eu camp. Y gorau oll fydd eich dealltwriaeth o'r ffactorau hyn, y mwyaf effeithiol fydd eich perfformiad chwaraeon.

Bydd yr uned hon yn rhoi cyfle i chi wella eich gwybodaeth a'ch gallu ymarferol eich hun mewn detholiad o chwaraeon unigol a thîm, gan gyflwyno'r sgiliau, y technegau a'r tactegau ynghyd â synfyfyrio ar eich perfformiad eich hun. Bydd synfyfyrio effeithiol ar eich perfformiad yn caniatáu i chi adnabod sut i wella a datblygu fel perfformiwr – sgìl hanfodol a fydd yn arwain eich datblygiad yn y gamp.

Sut y cewch eich asesu

Bydd yr uned hon yn cael ei hasesu drwy gyfrwng cyfres o dasgau a osodir gan eich tiwtor. Trwy gydol yr uned hon fe welwch ymarferion asesu defnyddiol a fydd yn eich helpu i weithio tuag at eich aseiniadau. Ni fydd cwblhau pob un o'r ymarferion asesu hyn yn golygu eich bod yn cyflawni gradd benodol, ond byddech wedi cyflawni ymchwil neu baratoad defnyddiol a fydd yn berthnasol yn eich aseiniadau terfynol.

Er mwyn i chi gyflawni'r tasgau yn eich aseiniad, mae'n bwysig gwirio eich bod wedi cwrdd â'r holl feini prawf er mwyn Llwyddo. Gallwch wneud hyn wrth i chi weithio'ch ffordd trwy'r aseiniad.

Os ydych chi'n gobeithio ennill Teilyngdod neu Ragoriaeth, dylech hefyd sicrhau eich bod chi'n cyflwyno'r wybodaeth yn eich aseiniad yn yr arddull sy'n ofynnol gan y maen prawf asesu perthnasol. Er enghraifft, mae meini prawf Teilyngdod yn gofyn i chi ddadansoddi a thrafod, ac mae meini prawf Rhagoriaeth yn gofyn ichi asesu a gwerthuso.

Bydd yr aseiniadau a osodir gan eich tiwtor yn cynnwys nifer o dasgau sydd wedi'u cynllunio er mwyn bodloni'r meini prawf yn y tabl. Mae hyn yn debygol o gynnwys asesiadau ymarferol ac aseiniadau ysgrifenedig ond gall hefyd gynnwys gweithgareddau fel:

▶ crynhoi sut mae cyfranogwyr yn cydymffurfio â rheolau/deddfau chwaraeon tîm ac unigol

▶ arolygu'r sgiliau, y technegau a'r tactegau sy'n ofynnol i berfformio'n effeithiol mewn gwahanol chwaraeon

▶ cwblhau asesiad ymarferol o'ch gallu i gymhwyso'r sgiliau, y technegau a'r tactegau mewn sefyllfaoedd cyflyrol a chystadleuol mewn chwaraeon unigol a thîm

▶ adolygu a myfyrio ar eich perfformiad eich hun mewn chwaraeon unigol a thîm.

Meini prawf asesu

Mae'r tabl hwn yn dangos yr hyn sy'n rhaid i chi ei wneud i **Lwyddo**, neu i gael **Teilyngdod** neu **Ragoriaeth**, a sut i ddod o hyd i weithgareddau i'ch helpu.

Llwyddo	Teilyngdod	Rhagoriaeth
Nod dysgu A Archwilio rheolau, deddfau a rheoliadau'r Corff Rheoli Cenedlaethol ar gyfer cystadlaethau chwaraeon dethol		
A.P1 Crynhoi sut mae cyfranogwyr yn cydymffurfio â rheolau/ deddfau chwaraeon tîm ac unigol. **Ymarfer asesu 7.1**	**A.M1** Asesu sut mae cyfranogwyr yn cydymffurfio â rheolau/ deddfau a'u heffaith ar chwaraeon tîm ac unigol. **Ymarfer asesu 7.1**	**AB.D1** Gwerthuso sut mae cyfranogwyr yn defnyddio sgiliau, technegau a thactegau sy'n ofynnol mewn chwaraeon unigol a thîm a sut mae eu cydymffurfiad, rheolau/ deddfau a rheoliadau yn effeithio ar berfformiad unigolion/tîm. **Ymarfer asesu 7.2**
Nod dysgu B Archwilio'r sgiliau, y technegau a'r tactegau sy'n ofynnol i berfformio mewn chwaraeon dethol		
B.P2 Trafod y sgiliau, y technegau a'r tactegau sy'n ofynnol mewn dwy gamp wahanol. **Ymarfer asesu 7.2**	**B.M2** Asesu'r sgiliau, y technegau a'r tactegau sy'n ofynnol mewn dwy gamp wahanol. **Ymarfer asesu 7.2**	
Nod dysgu C Datblygu sgiliau, technegau a thactegau ar gyfer gweithgaredd chwaraeon er mwyn cwrdd â nodau chwaraeon		
C.P3 Dangos mewn sefyllfa gystadleuol y cyfuniad addas o sgiliau, technegau a thactegau o arferion ynysig a chyflyredig ar gyfer chwaraeon unigol a thîm. **Ymarfer asesu 7.2**	**C.M3** Dangos mewn sefyllfa gystadleuol y cyfuniad effeithiol o sgiliau, technegau a thactegau o arferion ynysig a chyflyredig ar gyfer chwaraeon unigol a thîm. **Ymarfer asesu 7.2**	**C.D2** Dangos mewn sefyllfa gystadleuol addasiad effeithiol y sgiliau, technegau a thactegau perthnasol o arferion ynysig a chyflyrol a chydymffurfiad llawn a chywir â'r rheolau a'r rheoliadau ar gyfer chwaraeon unigol a thîm. **Ymarfer asesu 7.2**
Nod dysgu D Myfyrio ar eich perfformiad ymarferol eich hun gan ddefnyddio dulliau asesu dethol		
D.P4 Trafod y dulliau asesu a ddewiswyd sy'n cael eu defnyddio i arolygu perfformiad chwaraeon ymarferol. **Ymarfer asesu 7.3**	**D.M4** Dadansoddi eich perfformiad eich hun i adlewyrchu cryfderau a meysydd i'w gwella mewn chwaraeon cystadleuol unigol a thîm gan ddefnyddio adborth gan eraill a gwahanol ddulliau asesu. **Ymarfer asesu 7.3**	**D.D3** Cyfiawnhau argymhellion ar gyfer gwella perfformiad personol gan ddefnyddio dealltwriaeth ehangach o gydymffurfio â rheolau a rheoliadau a'r defnydd o sgiliau a thechnegau mewn chwaraeon cystadleuol unigol a thîm. **Ymarfer asesu 7.3**
D.P5 Trafod eich perfformiad eich hun gan ddefnyddio gwahanol ddulliau asesu ac adborth gan eraill mewn chwaraeon cystadleuol unigol a thîm. **Ymarfer asesu 7.3**		

Dechrau arni

Mae cyfranogiad mewn rhai chwaraeon yn cynyddu, ond mae lefelau cyfranogiad chwaraeon eraill yn gostwng. Mae newidiadau yn lefelau cyfranogiad chwaraeon yn aml yn gysylltiedig â sylw yn y cyfryngau i gamp. Ysgrifennwch restr o chwaraeon yr ydych chi wedi'u gweld yn cael sylw yn y cyfryngau dros y chwe wythnos ddiwethaf. Pan fyddwch wedi cwblhau'r uned hon bydd gennych ddealltwriaeth drylwyr o amrywiaeth o wahanol chwaraeon; ystyriwch ai rhai o'r chwaraeon rydych chi wedi'u rhestru yw'r chwaraeon y byddwch chi'n eu hastudio.

A Archwilio rheolau, deddfau a rheoliadau'r Corff Llywodraethu Cenedlaethol ar gyfer cystadlaethau chwaraeon dethol

Gellid diffinio chwaraeon fel 'gweithgaredd corfforol cystadleuol trefnus, wedi'i lywodraethu gan reolau a rheoliadau penodol'. Mae'r diffiniad hwn yn amlwg yn cynnwys chwaraeon fel tennis, badminton, athletau a gymnasteg, ond mae'n gadael eraill fel snwcer, pŵl a dartiau i'w trafod. Bydd y ddadl yn parhau i dyfu wrth i boblogrwydd y chwaraeon hyn gynyddu.

Yn aml wrth i gamp dyfu, sefydlir corff llywodraethu rhyngwladol er mwyn llywodraethu ei reolau ledled y byd, ac mae hyn yn aml yn ffactor sy'n penderfynu ei ddiffiniad fel 'camp'. Rhaid bod gan bob camp o'r fath reolau a rheoliadau. Mae'r rhain yn cael eu trefnu a'u diweddaru'n rheolaidd gan y cyrff llywodraethu priodol ar y lefel uchaf, ac yna dan orfodaeth swyddogion sy'n cynrychioli'r cyrff llywodraethu, ar lefelau cenedlaethol a rhyngwladol.

Mae angen i athletwr fod yn ymwybodol o reolau a rheoliadau unrhyw chwaraeon y maen nhw'n cymryd rhan ynddynt. Gall ymchwilio i reolau a rheoliadau eu camp helpu i wneud chwaraewyr yn fodelau rôl mwy cymwys a gwell i eraill. Y gorau oll y bydd athletwr yn deall rheolau a rheoliadau eu camp, y mwyaf y bydd yn gwerthfawrogi gwaith y swyddogion sy'n eu gweithredu.

Rheolau a deddfau mewn chwaraeon

Cyn datblygu cyrff llywodraethu trefnus, gosodwyd **rheolau** ar gyfer gweithgareddau chwaraeon ar lefel leol, gan olygu bod gan gemau tebyg a chwaraewyd reolau a fformatau amrywiol mewn gwahanol bentrefi a threfi. Yn Lloegr yn ystod y bedwaredd ganrif ar bymtheg y cafodd y rhan fwyaf o chwaraeon eu **codeiddio**. Roedd hyn oherwydd datblygiad ysgolion bonedd a phrifysgolion ble, yn y bedwaredd ganrif ar bymtheg, y daeth bechgyn a dynion ifanc o wahanol ardaloedd o'r DU ynghyd â'u hamrywiadau rhanbarthol o gemau traddodiadol. Gydag awydd i gystadlu, roedd angen rheolau cyffredin. Dyfeisiwyd y rheolau hyn yn yr ysgolion bonedd a dyma ble y dechreuwyd llywodraethu chwaraeon. Mae rheolau, deddfau a rheoliadau camp wedi'u gosod allan er mwyn darparu safonau i chwaraewyr lynu wrthynt a sicrhau eu bod i gyd yn chwarae'n deg.

Ymchwil

Dewiswch gamp ac ymchwiliwch pryd y dyfeisiwyd y setiau cyntaf o reolau'r gamp. Os medrwch chi gael copi o'r set gyntaf o reolau, edrychwch ar y rhain a'u cymharu yn erbyn y rheolau modern yr ydych chi'n gyfarwydd â nhw ar gyfer y gamp hon.

Mewn chwaraeon modern, y ffederasiynau chwaraeon rhyngwladol sy'n penderfynu ar y rheolau ar gyfer camp. Y sefydliadau hyn hefyd sy'n penderfynu ar y cosbau priodol y dylid eu gweithredu yn dilyn torri'r rheolau. Mae'r rheolau hyn yn amlwg yn berthnasol i'r chwaraewyr ond gallant hefyd fod yn berthnasol i weinyddwyr y gamp hefyd.

> **Trafodaeth**
>
> Yn y cyfryngau yn aml mae enghreifftiau o sut mae chwaraewyr mewn chwaraeon amrywiol wedi torri'r rheolau. Ymhlith yr enghreifftiau mae chwaraewr yn cael ei anfon o'r maes chwarae neu ymateb amhriodol i benderfyniad dyfarnwr neu swyddog.
>
> Gan ddefnyddio enghraifft ddiweddar o chwaraeon tîm a chwaraeon unigol, trafodwch y rheol sydd wedi'i thorri a'r camau a gymerwyd gan y corff rheoli cenedlaethol (NGB) neu'r Ffederasiwn Rhyngwladol. Ydych chi'n meddwl bod y gosb yn briodol?

Gellir dosbarthu chwaraeon i lawer o wahanol gategorïau sy'n gysylltiedig â'u nifer o wahanol nodweddion. Ar gyfer eich cymhwyster BTEC Cenedlaethol mewn Chwaraeon, mae Pearson wedi categoreiddio chwaraeon fel 'tîm' ac 'unigol'.

▶ Mae **chwaraeon tîm** yn cynnwys o leiaf dau unigolyn sy'n cystadlu i ennill yn erbyn timau sy'n gwrthwynebu. Mae enghreifftiau o chwaraeon tîm yn cynnwys pêl-rwyd, hoci, pêl-droed, rygbi'r undeb, rygbi'r gynghrair a phêl-fasged.

▶ Mae **chwaraeon unigol** yn gamp ble mae'r unigolyn yn perfformio ar ei ben ei hun yn erbyn unigolion eraill. Enghreifftiau o chwaraeon unigol yw tennis (sengl), badminton (sengl), golff, bocsio a mwyafrif o ddigwyddiadau beicio.

Mewn chwaraeon tîm, mae nifer y cyfranogwyr fesul tîm yn gyfyngedig, ac mae'n arferol i bob tîm gael nifer cyfartal o chwaraewyr. Er enghraifft, mewn gêm o rygbi'r undeb caniateir i bob tîm ddechrau gydag uchafswm o 15 chwaraewr; bydd ochr sy'n dechrau gyda llai o chwaraewyr dan anfantais amlwg.

Nid yw rhai rheolau yn amrywio llawer o gymharu â chwaraeon arall. Er enghraifft, yn rygbi'r gynghrair a rygbi'r undeb mae'r rheolau ynglŷn â cholli rheolaeth ar y bêl a tharo'r bêl ymlaen yn debyg; yn yr un modd mewn tennis bwrdd a thennis mae'r rheolau ynghylch y nifer o weithiau y caniateir i bêl fownsio yn debyg. Fodd bynnag, mae rheolau'r mwyafrif o chwaraeon yn dra gwahanol.

Bydd yr adran hon yn edrych ar rai cydrannau o chwaraeon sy'n aros yn gyson er yn amrywio o gamp i gamp. Mae hyn yn cynnwys dechrau cystadleuaeth, sgorio neu ddulliau o ennill, yr amgylchedd cystadleuol ac amser. Mae'r rhain yn enghreifftiau o reolau sy'n cael eu rheoli a'u cynnal gan gyrff llywodraethu cenedlaethol (NGBs) a ffederasiynau chwaraeon rhyngwladol.

Cyrff llywodraethu cenedlaethol a rhyngwladol

Cyrff llywodraethu cenedlaethol (NGBs – *National governing bodies*) yw'r sefydliadau sy'n gyfrifol am gamp mewn gwlad benodol. Ym Mai 2020 cyhoeddodd Chwaraeon Cymru restr o 93 NGBs ar gyfer chwaraeon. Mae NGBs yn gyfrifol am drefnu a rhedeg eu camp eu hunain yn y DU. Yn bennaf oherwydd lefelau cyfranogi, mae rhai NGBs yn llawer mwy nag eraill; oherwydd hyn, mae rhai NGBs yn hunangynhaliol yn ariannol tra bod eraill yn dibynnu'n fawr ar gymorthdaliadau gan Chwaraeon Cymru a'r Loteri Genedlaethol.

Mae **ffederasiynau chwaraeon rhyngwladol** (ISFs – *International sports federations*) yn gyfrifol am lunio rheolau y bydd NGBs yn sicrhau eu bod yn cael eu dilyn gan chwaraewyr a'u cymhwyso'n gyson gan swyddogion. Mae ISFs yn trefnu cystadlaethau rhyngwladol ac maen nhw hefyd yn trefnu noddi a chytundebau teledu ar gyfer cystadlaethau rhyngwladol.

Mae rheolau a rheoliadau chwaraeon fel arfer yn cael eu sefydlu a'u llywodraethu gan NGB neu, pan fydd un yn bodoli, yr ISF perthnasol. Mae NGBs yn gweithio'n agos gyda'r ISF er mwyn sicrhau bod rheolau, strwythur a datblygiad y gamp yn cael eu rheoli'n briodol.

Mae'r rhan fwyaf o NGBs a ISFs yn cael eu cydnabod gan UK Sport, y Pwyllgor Olympaidd Rhyngwladol neu'r ddau, yn dibynnu ar natur y gamp.

Mae tablau 7.1 a 7.2 yn dangos chwaraeon dethol (chwaraeon tîm yn Nhabl 7.1 a chwaraeon unigol yn Nhabl 7.2) ac yn rhestru eu NGB a'u ISF perthnasol.

▶ **Tabl 7.1:** NGB ac ISF ar gyfer deg o chwaraeon tîm

Chwaraeon tîm	NGB	ISF
Pêl-droed	Cymdeithas Bêl-droed Cymru	Fédération Internationale de Football Association (FIFA)
Rygbi'r undeb	Undeb Rygbi Cymru	International Rugby Board (IRB)
Rygbi'r gynghrair	Rygbi'r Gynghrair Cymru	Rugby League International Federation (RLIF)
Pêl-foli	Pêl-foli Cymru	Fédération Internationale de Volleyball (FIVB)
Pêl-fasged	Pêl-fasged Cymru	Fédération Internationale de Basketball (FIBA)
Hoci	Hoci Cymru	International Hockey Federation (FIH)
Criced	Criced Cymru	International Cricket Council (ICC)
Rownderi	(Rownderi Lloegr)	National Rounders Association (NRA)
Pêl-rwyd	Pêl-rwyd Cymru	International Federation of Netball Associations (IFNA)
Lacrosse	Cymdeithas Lacrosse Cymru	Federation of International Lacrosse (FIL)
Rhwyfo*	Rhwyfo Cymru	Fédération Internationale des Sociétés d'Aviron (FISA)

*Weithiau gall rhwyfo fod yn gamp unigol (e.e. rhwyf sengl)

▶ **Tabl 7.2:** NGB ac ISF ar gyfer deg o chwaraeon unigol

Chwaraeon unigol	NGB	ISF
Bocsio	Bocsio Cymru	International Boxing Association
Golff	Golff Cymru	International Golf Federation
Badminton	Badminton Cymru	Badminton World Federation
Gymnasteg	Gymnasteg Cymru	Fédération Internationale de Gymnastique
Athletau	Athletau Cymru	International Association of Athletics Federations
Beicio*	Beicio Cymru	Union Cycliste Internationale (UCI)
Tennis	Tennis Cymru	International Tennis Federation
Hwylio	RYA Cymru	International Sailing Federation
Tennis bwrdd	Tennis Bwrdd Cymru	International Table Tennis Federation
Jiwdo	Cymdeithas Judo Cymru	International Judo Federation

* Weithiau gall beicio fod yn gamp tîm (e.e. digwyddiadau trac i dîm a threialon amser ar y ffordd i dîm)

Ymchwil

Nodwch wefan a lleoliad NGB eich camp. Beth yw'r prif reolau a materion yn eich camp? Lluniwch adroddiad cryno a'i rannu gyda gweddill y grŵp. A oes unrhyw orgyffwrdd â chwaraeon eraill?

Rheoliad rheolau a deddfau NGB ac ISF

Mae'r rheolau a'r deddfau a benderfynir gan NGBs ac ISFs yn penderfynu sut y gellir ennill neu golli mewn camp. Yn ystod y degawd diwethaf mae nifer o chwaraeon wedi cyflwyno newidiadau i'r rheolau a'r rheoliadau i'w gwneud yn fwy difyr i wylwyr. Er enghraifft, yn 2014 addasodd FIFA gyfreithiau pêl-droed gan ganiatáu i dechnoleg llinell gôl gael ei defnyddio yng Nghwpan y Byd ym Mrasil er mwyn hysbysu swyddogion gemau pan oedd y bêl wedi croesi'r llinell gôl yn llawn. Yn 2006 addasodd Ffederasiwn Badminton y Byd ei ddull o sgorio er mwyn sicrhau bod pwynt yn cael ei ddyfarnu i'r chwaraewr/chwaraewyr a gwblhaodd bob ergyd lwyddiannus.

Mae'r broses o newid y rheolau yn gofyn am gyfnod prawf; unwaith y bydd ISF yn cytuno bod y newid rheol yn briodol, mae'r newid yn cael ei gymeradwyo, mae rheolau a deddfau'r gamp yn cael eu diwygio, ac mae'r wybodaeth briodol yn cael ei throsglwyddo i'r NGBs. Yna dylid trosglwyddo'r wybodaeth hon i swyddogion, clybiau, hyfforddwyr, perfformwyr, athrawon a gwylwyr, a'i chymhwyso ym mhob cystadleuaeth a digwyddiad yn y dyfodol.

Yn y mwyafrif o chwaraeon, mae rheolau a rheoliadau yn cael eu diweddaru'n rheolaidd a chyfrifoldeb pawb sy'n ymwneud â champ yw bod â gwybodaeth drylwyr o'r newidiadau hyn.

Rheolau/deddfau a rheoliadau cystadlaethau

Mae gan bob camp gyfyngiadau lle ac amser, rheolau a strwythur cystadleuol clir. Ffocws yr holl chwaraeon yw penderfynu pwy yw'r gorau. Fodd bynnag, gall y broses ar gyfer penderfynu ar y canlyniad yn y pen draw fod yn wahanol rhwng cystadlaethau.

Mewn rhai chwaraeon, mae perfformwyr yn cael eu paru neu eu categoreiddio er mwyn sicrhau bod eu gwrthwynebwyr yn cael amgylchiadau cyfartal yn ystod y gystadleuaeth. Er enghraifft, mewn chwaraeon Paralympaidd, mae cyfranogwyr â gwahanol anableddau yn cael eu categoreiddio i gystadlu ag unigolion ag anableddau tebyg.

> **Cysylltiad**
>
> Mae chwaraeon paralympaidd yn cael eu categoreiddio yn unol ag anabledd athletwr. Byddwch yn ymdrin â hyn yn fanylach yn *Uned 24: Darparu Chwaraeon i Bobl ag Anableddau Corfforol a Dysgu*, os yw'r uned honno'n rhan o'ch cymhwyster.

> **Ymchwil**
>
> Allwch chi ddod o hyd i dair camp sydd wedi'u haddasu i ddiwallu anghenion athletwyr anabl? Pa addasiadau sydd wedi'u gwneud i'r rheolau a'r rheoliadau yn y chwaraeon hyn er mwyn galluogi athletwyr anabl i gystadlu?

Cynghreiriau a chystadlaethau dileu

Gall cystadleuaeth chwaraeon fod â llawer o wahanol fformatau. Amcan eithaf cystadleuaeth chwaraeon yw sicrhau enillydd clir.

- Defnyddir fformat cynghrair yn aml i berfformwyr chwaraeon a thimau chwaraeon gystadlu ynddo. Mae cynghrair yn ffurfiad o grŵp o dimau neu berfformwyr chwaraeon unigol sy'n cystadlu yn erbyn ei gilydd mewn camp benodol. Mae fformat cynghrair yn cynnwys pob tîm neu berfformiwr yn cystadlu yn erbyn ei gilydd o leiaf unwaith (gelwir hyn hefyd yn ornest gron). Darperir cystadlaethau cynghrair ar gyfer perfformwyr chwaraeon o bob gallu, o ddechreuwyr i berfformwyr o'r radd flaenaf.
- Mae twrnamaint dileu (*knock-out*) yn gystadleuaeth ble mae unigolyn neu dîm yn cystadlu yn erbyn unigolion neu dimau eraill mewn fformat 'enillydd yn cipio'r cyfan'. Mae fformat y twrnamaint hwn yn golygu pan fydd tîm yn colli ni fydd yn gallu cystadlu yn y twrnamaint mwyach. Enillydd y twrnamaint yw'r unigolyn neu'r tîm sy'n mynd drwy'r twrnamaint i gyd heb golli.

Y Gemau Olympaidd

Mae llawer o berfformwyr a ffigurau chwaraeon yn y cyfryngau yn gweld y Gemau Olympaidd modern fel y digwyddiad chwaraeon rhyngwladol mwyaf yn y byd, gyda mwy na 200 o genhedloedd yn cymryd rhan. Mae'r Gemau Olympaidd modern yn cynnwys gemau haf a gaeaf, ble mae miloedd o berfformwyr chwaraeon o bob cwr o'r byd yn cymryd rhan mewn ystod eang o chwaraeon gyda'r nod o ennill medal Olympaidd.

Mae'r Gemau Paralympaidd yn ddigwyddiad rhyngwladol ar gyfer athletwyr o'r radd flaenaf ag anableddau; mae'r Gemau Paralympaidd hefyd yn rhan o'r Gemau Olympaidd modern. Mae'r Gemau Paralympaidd bob amser yn dilyn y Gemau Olympaidd bob dwy flynedd, gyda gemau haf a gaeaf.

Yn ystod y Gemau Olympaidd a Pharalympaidd, mae nifer y cystadleuwyr yn gyfyngedig ym mhob digwyddiad trwy systemau graddio. Mae cystadleuaeth yn ystod y Gemau Olympaidd wedi'i rheoleiddio'n helaeth er mwyn sicrhau bod y gystadleuaeth yn hollol deg.

> **Ymchwil**
>
> Nid yw pob camp yn cael ei chwarae yn y Gemau Olympaidd. Am restr o'r holl chwaraeon sy'n cael eu cynrychioli yn y Gemau Olympaidd, gweler www.olympic.org/sports. I rai chwaraeon sydd â phroffil (a chyllid) cyfyngedig, byddai cael eu cynnwys yn y gemau yn fudd enfawr i'r gamp.
>
> Cynhaliwch ymchwiliad i ba chwaraeon sy'n cael eu hystyried ar hyn o bryd fel 'chwaraeon prawf' ar gyfer y Gemau Olympaidd nesaf.

Pencampwriaethau'r byd a thwrnameintiau eraill

Mewn rhai chwaraeon cynhelir cystadleuaeth reolaidd i alluogi perfformwyr chwaraeon a thimau o bob cwr o'r byd i gystadlu yn erbyn ei gilydd, i benderfynu pwy yw'r gorau yn y byd. Trefnir y digwyddiadau hyn gan yr ISFs (gweler Tablau 7.1 a 7.2). Mae Tabl 7.3 yn dangos enghreifftiau o gystadlaethau pencampwriaeth y byd a drefnwyd ar gyfer chwaraeon penodol gydag arwydd o reoleidd-dra'r gystadleuaeth.

Mae fformatau'r cystadlaethau hyn yn amrywio'n fawr, gan gynnwys cystadlaethau dileu a rhai sy'n cynnwys camau o gynghreiriau neu grwpiau bach cyn symud ymlaen i gam dileu.

▶ **Tabl 7.3:** Enghreifftiau o ddigwyddiadau pencampwriaeth y byd

Chwaraeon	Enw'r digwyddiad	Rheoleidd-dra
Pêl-rwyd	Cwpan y Byd Pêl-rwyd y Ffederasiwn Pêl-rwyd Rhyngwladol (INF)	Bob 4 blynedd
Athletau	Pencampwriaethau'r Byd y Ffederasiwn Cymdeithas Athletau Rhyngwladol (IAAF)	Bob 2 flynedd
Rygbi'r undeb	Cwpan Rygbi'r Byd y Bwrdd Rygbi Rhyngwladol (IRB)	Bob 4 blynedd
Hoci	Cwpan Hoci'r Byd	Bob 4 blynedd
Snwcer	Pencampwriaeth Snwcer y Byd	Bob blwyddyn
Rhwyfo	Pencampwriaeth Rhwyfo'r Byd	Bob blwyddyn
Pêl-droed	Cwpan y Byd y Fédération Internationale de Football Association (FIFA)	Bob 4 blynedd
Gymnasteg	Pencampwriaethau Gymnasteg Artistig y Byd	Bob blwyddyn (ac eithrio blwyddyn Gemau Olympaidd)
Criced	Cwpan Criced y Byd y Cyngor Criced Rhyngwladol (ICC)	Bob 4 blynedd
Nofio	Pencampwriaethau Campau Dŵr y Byd FINA (Fédération Internationale de Natation / Ffederasiwn Nofio Rhyngwladol)	Bob 2 flynedd

Ymchwil

Mewn parau, ymchwiliwch i ddwy dwrnamaint Pencampwriaeth y Byd mewn gwahanol chwaraeon. Pa gyfreithiau, rheolau a fformat sydd gan bob twrnamaint? Beth yw'r tebygrwydd a'r gwahaniaethau? Beth allai fod y rhesymau am hyn? Paratowch adroddiad byr o'ch canfyddiadau.

⏸ **MUNUD I FEDDWL** Ydych chi'n deall swyddogaeth a phwrpas NGBs wrth drefnu a rhedeg chwaraeon a chystadlaethau?

Awgrym Pam ydych chi'n meddwl bod angen corff canolog ar bob camp i ddarparu ei rheolau a'i deddfau?

Ymestyn Gwnewch ymchwil pellach i'r corff llywodraethu ar gyfer eich camp. Pa newidiadau sydd wedi bod yn ystod y deng mlynedd diwethaf?

Rheolau a moesau anysgrifenedig

Rheolau a **moesau** anysgrifenedig yw'r foeseg a'r gwerthoedd y mae disgwyl i bob athletwr eu dilyn, wrth hyfforddi ac mewn cystadlaethau. Mae'r cysyniad o chwarae teg yn troi o amgylch cydraddoldeb, nid yr awydd i lwyddo yn unig. Credir mai sylfaenydd y Gemau Olympaidd modern, Baron de Coubertin, yw un o esbonwyr cynharaf y cysyniad o 'chwarae teg'; mae ei eiriau'n mynegi pwysigrwydd bwriad moesol ym mhob camp:

> 'Nid ennill yw'r peth pwysicaf yn y Gemau Olympaidd ond cymryd rhan, yn union fel nad y fuddugoliaeth yw'r peth pwysicaf mewn bywyd ond y frwydr.'

Mae rheolau, rheoliadau a deddfau chwaraeon yn cael eu nodi a'u darparu ar gyfer yr holl gyfranogwyr a swyddogion, yn ogystal â'r gwylwyr. Maen nhw'n bodoli er mwyn diffinio'r hyn sy'n fuddugoliaeth. Ond mae yna reolau eraill nad ydyn nhw'n cael eu hysgrifennu na'u llywodraethu ond y mae disgwyl i bob perfformiwr chwaraeon eu dilyn serch hynny.

Chwarae teg

Chwarae teg yw'r gred y dylai pob athletwr gydymffurfio â rheolau ysgrifenedig ac anysgrifenedig eu camp. Mae chwarae teg yn golygu trin gwrthwynebydd yn gyfartal, a chadw at y rheolau ar yr un pryd ag ymdrechu i ennill.

Mae'r cysyniad o chwarae teg yn cynnwys:

▶ parch tuag at hyfforddwyr, swyddogion, gwylwyr a chwaraewyr eraill

▶ chwarae o fewn rheolau ac ysbryd y gamp

▶ y gallu i dderbyn llwyddiant a methiant, buddugoliaeth a chael eich trechu'n dda.

Dylai perfformwyr chwaraeon hefyd ystyried yr agweddau y dylent gael gwared arnyn nhw er mwyn sicrhau eu bod yn arddangos chwarae teg bob amser. Mae ymddygiadau annerbyniol yn cynnwys:

▶ tynnu sylw at wendidau aelodau o'r tîm neu wrthwynebwyr

▶ dangos ymddygiad ymosodol ar ôl colli

▶ brifo gwrthwynebydd neu aelod o'r un tîm trwy eiriau neu weithredoedd

▶ brolio ar ôl llwyddiant

▶ twyllo neu geisio ennill mantais annheg

▶ cwestiynu gallu swyddog, neu benderfyniadau a wneir gan swyddog.

Cysylltiad

Mae'r adran hon yn cysylltu ag *Uned 27: Ffordd o Fyw yr Athletwr*.

Term allweddol

Moesau – y rheolau sy'n llywodraethu sut mae pobl yn ymddwyn gydag eraill. Mewn chwaraeon, gelwir moesau hefyd yn sbortsmonaeth a chwarae teg.

Mae'n bwysig iawn i bob perfformiwr chwaraeon ddangos tosturi a hunanddisgyblaeth gydag aelodau o'r un tîm, gwrthwynebwyr, hyfforddwyr, swyddogion a gwylwyr. Heb y ddau ffactor hyn, mae'n anodd arddangos athroniaeth chwarae teg.

Mae'n bwysig rhannu'r cysyniad o chwaraeon gyda phobl ifanc a'r rhai sy'n cychwyn ar eu 'taith' mewn camp benodol. Mae rhoi negeseuon cyson, gan alluogi perfformwyr chwaraeon i deimlo'n ddiogel yn yr amgylchedd chwaraeon, yn floc adeiladu allweddol i greu ethos o chwarae teg.

Astudiaeth achos

Y rheolau anysgrifenedig mewn chwaraeon tîm

Mewn gêm bêl-droed rhwng West Ham ac Everton yn 2000, anafwyd golwr Everton, Paul Gerrard. Cafodd chwaraewr West Ham, Paolo di Canio, gyfle delfrydol i sgorio: gôl agored, yn ystod amser anafiadau. Yn hytrach, fodd bynnag, daliodd y bêl a nododd fod angen sylw meddygol ar Gerrard. Yn ffodus, ni anafwyd Gerrard yn ddifrifol, ond enillodd gweithredoedd di Canio lawer o barch iddo gan chwaraewyr eraill a chan y cefnogwyr.

Gwiriwch eich gwybodaeth

1 Pa reolau anysgrifenedig yn eich barn chi a gymhwyswyd yn y sefyllfa hon?
2 Allwch chi nodi unrhyw weithredoedd eraill o chwarae teg a gymhwyswyd mewn chwaraeon tîm yn ddiweddar?
3 Ydych chi'n meddwl bod lle i sbortsmonaeth a chwarae teg mewn chwaraeon tîm heddiw?
4 Trafodwch yr ymadrodd 'Nid ennill yw popeth – dyna'r unig beth'. Ydych chi'n cytuno? Os ydych, pam? Os nad ydych, pam ddim?
5 A allwch chi nodi pum ffordd y gall pobl dwyllo mewn chwaraeon tîm?

Astudiaeth achos

Y rheolau anysgrifenedig mewn chwaraeon unigol

Ar 29 Mawrth 1981, cwblhaodd Dick Beardsley ac Inge Simonsen y Marathon cyntaf erioed yn Llundain law yn llaw: roeddent mor gyfartal trwy gydol y ras nes iddynt gytuno i rannu'r fuddugoliaeth. Yn 2015, i nodi 35 mlynedd ers y marathon, anogwyd 'rhedwyr hwyl' i ailadrodd yr ystum hon a chroesi'r llinell derfyn law yn llaw.

Gwiriwch eich gwybodaeth

1 Pa reolau anysgrifenedig yn eich barn chi sydd wedi'u cymhwyso yn y senario hwn? Allwch chi nodi unrhyw weithredoedd eraill o chwarae teg a gymhwyswyd mewn chwaraeon unigol yn ddiweddar?
2 Ydych chi'n meddwl bod lle i sbortsmonaeth a chwarae teg mewn chwaraeon unigol heddiw?
3 Trafodwch yr ymadrodd 'dynion clên sy'n gorffen yn olaf'. Ydych chi'n cytuno? Os ydych, pam? Os nad ydych, pam ddim?
4 Allwch chi nodi pum ffordd y gall pobl dwyllo mewn chwaraeon unigol?

▶ Paula Radcliffe yn gorffen Marathon Llundain 2015 gan ddal dwylo gyda Rob Danson

Lles cystadleuwyr

Wrth ystyried y cysyniad o chwarae teg, y prif ffocws yw sicrhau bod pawb yn cymhwyso rheolau'r chwaraeon bob amser, ac yn sicrhau nad yw enw da'r gamp yn cael ei staenio gan weithred o chwarae annheg neu amharch tuag at chwaraewyr, swyddogion neu wylwyr.

Wrth ystyried chwarae teg, mae'n bwysig bod lles aelodau'r tîm a gwrthwynebwyr yn cael ei ystyried bob amser. Wrth gymryd rhan mewn chwaraeon mae'n bwysig nad yw'r awydd i ennill yn effeithio ar les corfforol neu feddyliol gwrthwynebydd neu aelod o'r tîm (pan fo hynny'n briodol).

Mewn rhai achosion, nid yw perfformwyr chwaraeon wedi defnyddio'r cysyniad hwn yn gyson ac, oherwydd eu hawydd i ennill, effeithiwyd ar les corfforol a/neu feddyliol eu gwrthwynebwyr. Yn ogystal â'r enghraifft amlwg o anaf corfforol yn cael ei achosi yn fwriadol, mewn chwaraeon modern gall y cysyniad o gael eich sarhau gan y dorf hefyd gael effaith negyddol ar les seicolegol perfformwyr chwaraeon.

Enghraifft o berfformwyr sy'n cefnogi lles eu gwrthwynebwyr yw pan fydd anaf yn digwydd yn ystod sefyllfa gystadleuol. Gall chwaraewyr cystadleuol (pan fo hynny'n briodol) ddangos ymddygiad teg trwy sicrhau bod y perfformiwr chwaraeon sydd wedi'i anafu yn gallu parhau, neu weld a oes angen cymorth cyntaf arno. Mewn rhai chwaraeon, gall y perfformiwr arall wneud ymdrechion i stopio'r gêm, er na all y chwarae stopio mewn chwaraeon eraill nes colli pwynt neu ennill ras.

Ymchwil

Edrychwch yn ôl ar rai o'r digwyddiadau chwaraeon 'mawr' mwyaf diweddar – Gemau Olympaidd, Pencampwriaethau'r Byd, Pencampwriaethau Ewropeaidd, ac ati. Edrychwch i weld a oedd unrhyw enghreifftiau o berfformwyr chwaraeon eraill yn dangos chwarae teg i gystadleuwyr eraill. A oedd unrhyw enghreifftiau o berfformwyr chwaraeon yn twyllo? Ystyriwch a thrafodwch pa rai o'r enghreifftiau a greodd y sylw mwyaf yn y cyfryngau.

Rheoliadau ar gyfer chwaraeon o dan reolau cystadlu

Rheoliadau yw'r rheolau neu'r egwyddorion sy'n cael eu defnyddio'n gyson mewn camp. Mae'r rhain yn amrywio o un gamp i'r llall, a dyna pam mae angen corff llywodraethu ar bob camp.

Rheoliadau ar gyfer chwaraewyr a chyfranogwyr

Mae'r rheoliadau sy'n llywodraethu gwahanol chwaraeon yn amrywiol, ond bydd pob un yn cynnwys rheoliadau sy'n ymwneud â'r chwaraewyr neu'r cyfranogwyr.

Mae gan wahanol chwaraeon wahanol niferoedd o chwaraewyr sy'n cymryd rhan mewn sefyllfaoedd cystadleuol. Mae chwaraeon fel badminton, tennis, jiwdo, golff a beicio yn cael eu hystyried yn chwaraeon unigol (gyda rhai eithriadau, e.e. dyblau mewn tennis a badminton, a ras tîm mewn beicio). Mae eraill, fel rygbi'r undeb, rygbi'r gynghrair, hoci, pêl-rwyd a phêl-fasged, yn cael eu hystyried yn chwaraeon tîm. Mae chwaraeon tîm yn cyfyngu ar nifer y chwaraewyr sy'n cael cymryd rhan mewn sefyllfa gystadleuol ar unrhyw un adeg.

Rhaid i unrhyw gystadleuaeth gael dechrau a diwedd clir. Ym mhob camp, bydd y cychwyn yn cael ei weinyddu gan swyddog. Ystyriwch yr enghreifftiau o gychwyn digwyddiadau isod.

▶ Mewn pêl-fasged bydd chwaraewr o bob un o'r ddau dîm yn cystadlu i ennill meddiant trwy gymryd rhan mewn "tip-off" a gynhelir gan y dyfarnwr.

- Mewn criced, rhaid i'r dyfarnwr ganiatáu i'r capten o un o'r ddau dîm benderfynu pwy sy'n mynd i ddechrau'r batio neu'r bowlio: penderfynir ar hyn trwy daflu darn arian. Yna bydd enillydd y tafliad yn penderfynu a fydd ei dîm yn batio neu'n bowlio gyntaf.
- Mewn ras sbrint 100-metr rheolir y cychwyn gan y cychwynnydd: bydd yr athletwyr yn mynd pan fyddant yn clywed y gwn neu'r signal cychwyn.
- Cyn gêm dennis, mae'r dyfarnwr yn taflu darn arian ac mae enillydd y tafliad yn dewis a ddylai serfio gyntaf, ac ar ba ochr o'r cwrt i ddechrau'r gêm.

Mae gan lawer o chwaraeon reolau gwahanol o ran nifer y cyfnewidfeydd a all ddigwydd yn ystod sefyllfa gystadleuol.

Enghraifft o reoliad chwaraewr/cyfranogwr sy'n cael ei gymhwyso i'r cysyniad o gyfnewidfeydd yw'r gyfraith/rheolau ynghylch y broses o eilyddio mewn pêl-droed.

Rheolau eilyddio mewn pêl-droed

- Gellir defnyddio uchafswm o dri eilydd mewn cystadlaethau swyddogol. Mewn cystadlaethau eraill (e.e. gemau cyfeillgar) gall timau gytuno ar uchafswm ond rhaid hysbysu'r dyfarnwr cyn y gêm.
- Rhaid i eilyddion gael eu henwebu (enwi) cyn dechrau'r gêm a rhaid rhoi enwau'r eilyddion i'r dyfarnwr a swyddogion eraill.
- Mewn sefyllfa gystadleuol ni all y chwaraewr sydd wedi cael ei ddisodli gan yr eilydd ddychwelyd i'r cae chwarae.
- Pan fydd y tri eilyddio wedi eu gwneud (yn ystod sefyllfa gystadleuol) ni all unrhyw chwaraewr arall fynd ar y maes chwarae, hyd yn oed os bydd anaf difrifol yn digwydd i chwaraewr heb unrhyw fai arno'i hun.
- Dim ond y rhai a enwebwyd all gymryd rhan. Gall eilydd gymryd lle chwaraewr a anfonir i ffwrdd gan swyddog cyn dechrau gêm.
- Ni chaniateir disodli eilydd a anfonir i ffwrdd gan swyddog cyn dechrau gêm.
- Mae eilydd o dan awdurdod dyfarnwr y gêm yn ystod y gêm a gellir ei rybuddio a'i anfon i ffwrdd.
- Dylid rhybuddio eilydd sy'n mynd ar y maes chwarae heb ganiatâd y dyfarnwr.

Offer

Mae'n bwysig mewn chwaraeon bod pob chwaraewr yn ddiogel bob amser. Felly, rhaid i'r holl offer gael ei reoleiddio'n gyson er mwyn sicrhau bod perfformwyr chwaraeon yn cael eu hamddiffyn bob amser, a bydd llawer o chwaraeon yn nodi pa fath o offer y mae'n rhaid ei wisgo neu ei ddefnyddio er mwyn amddiffyn y cyfranogwyr.

Wrth ystyried offer ar gyfer perfformwyr chwaraeon mae'n rhaid i'r NGBs a'r ISFs ystyried y perfformwyr chwaraeon a'u gwrthwynebwyr. Er enghraifft, ym mhêl-droed Americanaidd gall y chwaraewr gael ei amddiffyn yn fwy gan helmedau metel, ond gall y gwrthwynebydd gael ei anafu'n fwy difrifol gan wrthdaro â helmed fetel na helmed blastig galed.

Pan fydd NGBs ac ISFs yn ystyried pa offer sy'n dderbyniol neu ddim yn dderbyniol mewn chwaraeon, rhoddir ystyriaeth hefyd i weld a allai'r offer ddarparu mwy o fantais i rai cystadleuwyr nag eraill. Er enghraifft, pan gyflwynwyd ffyn metel i golff am y tro cyntaf, gwaharddodd y Gymdeithas Golff Broffesiynol nhw rhag pob cystadleuaeth fawr nes bod profion wedi'u cynnal.

Arwynebau chwarae

Mae'r arwynebau y gellir chwarae chwaraeon cystadleuol arnynt hefyd yn cael eu llywodraethu a'u rheoleiddio gan yr ISFs a'r NGBs. Gellir chwarae rhai chwaraeon ar lefel gystadleuol ar fwy nag un arwyneb, ac mae angen monitro'r rheolau ynghylch y math o arwyneb yn gyson oherwydd datblygiadau mewn technoleg.

Ymchwil

Cafodd siwtiau polywrethan blaengar eu gwahardd gan FINA (y Ffederasiwn Nofio Rhyngwladol) yn 2010. Ystyriwch chwaraeon eraill sydd wedi gwahardd offer penodol oherwydd ei fod wedi rhoi mantais annheg i berfformwyr chwaraeon. Trafodwch eich canfyddiadau gyda gweddill eich grŵp.

Er enghraifft, gellir chwarae pêl-droed y gynghrair ar naill ai laswellt neu arwynebedd glaswellt trydedd genhedlaeth, a gellir chwarae tennis ar amrywiaeth o arwynebau mewn gwahanol gyfleusterau (dan do neu yn yr awyr agored). Fodd bynnag, yn gyffredinol dim ond ar gyfer defnydd awyr agored y mae rhai arwynebau, fel clai, ond mae arwynebau eraill yn cael eu defnyddio dan do ac yn yr awyr agored, e.e. cyrtiau caled.

Hyd at 2012, dim ond ar gaeau glaswellt y caniateir chwarae rygbi'r gynghrair. Fodd bynnag, oherwydd datblygiad technoleg tyweirch artiffisial, yn 2012, Widnes Vikings oedd y clwb cyntaf i chwarae a hyfforddi ar laswellt artiffisial.

I rai chwaraeon dim ond y tu allan yn yr awyr agored y gellir cynnal cystadleuaeth chwaraeon, ond gall cystadlaethau chwaraeon eraill ddigwydd naill ai y tu mewn neu'r tu allan. Enghraifft o gamp y gellir ei chwarae y tu mewn a'r tu allan ar y lefel uchaf yw tennis. Yn 2009 gosodwyd to symudol yn Center Court yn Wimbledon (a welir gan lawer fel y lleoliad tennis mwyaf mawreddog), gan ganiatáu i dennis gael ei chwarae naill ai y tu allan neu'r tu mewn, ar unrhyw adeg o'r dydd, a waeth beth yw'r tywydd.

Ffiniau ar gyfer cyfranogi

Efallai y bydd gan yr ardal ble mae chwaraeon yn cael ei chwarae lawer o enwau, fel cwrt, maes, cylch, cwrs neu drac. Mae'r ffiniau hyn yn aros yr un fath, er y gellir chwarae rhai chwaraeon y tu mewn a'r tu allan iddynt.

Er mwyn i gamp gael ei llywodraethu, a'r rheolau i gael eu gweinyddu gan swyddogion, yn aml mae angen ffin benodol. Yn y mwyafrif o chwaraeon bydd hwn yn amgylchedd caeedig fel cae pêl-droed, cwrt pêl-fasged neu gae rygbi mewn chwaraeon tîm, a chwrt tennis, cwrt badminton neu gylch bocsio mewn chwaraeon unigol.

Mewn rhai chwaraeon mae ffiniau'n fwy agored, er bod cyfyngiadau o hyd o ran y llwybr neu'r cwrs y mae'n rhaid i athletwr ei ddilyn. Er enghraifft, bydd gan ras hwylio ffiniau cyfyngedig a llwybr penodol, ond oherwydd natur y digwyddiad mae'r ffiniau'n hyblyg.

Lleoliadau

Un o'r rheoliadau allweddol mewn unrhyw chwaraeon yw'r ddarpariaeth a ddefnyddir i hwyluso sefyllfa gystadleuol. Mewn rhai achosion bydd angen mwy o reoliadau ar y lleoliad nag eraill. Mae'r lleoliadau mewn chwaraeon yn amrywio yn dibynnu ar y gamp, ac mae'r gwahanol fathau o leoliadau yn cynnwys cyrtiau, pyllau, traciau, cylchoedd, caeau, cyrsiau, ac ati. Bydd maint y lleoliad yn dibynnu ar y gamp. Mewn rhai achosion bydd angen yr un math o leoliad ar gyfer pob digwyddiad ond bydd maint y lleoliad yn amrywio. Er enghraifft, mae angen pwll wrth nofio a deifio ond bydd dimensiynau'r pwll yn amrywio oherwydd gwahanol anghenion y chwaraeon.

Wrth ystyried y dimensiynau ar gyfer pwll deifio, nid maint y pwll yn unig sy'n bwysig: rhaid ystyried y pellter a'r lle rhwng y byrddau deifio a'r llwyfannau, a dyfnder y dŵr o dan bob un, i greu amgylchedd deifio diogel i'r deifiwr. Mewn cyferbyniad, ar gyfer nofio, mae FINA (y Ffederasiwn Nofio Rhyngwladol) yn nodi bod pob cystadleuaeth nofio ryngwladol yn defnyddio pwll 50 metr yn null Olympaidd.

Iechyd a Diogelwch

Effeithir yn rhannol ar iechyd a diogelwch gan faint y lleoliad, arwyneb y lleoliad a'r offer a ddefnyddir. Rôl allweddol y rheoliadau sy'n cael eu cymhwyso i offer, arwyneb a lleoliadau yw atal y risg o anafiadau i berfformwyr chwaraeon, swyddogion a, phan fo hynny'n briodol, gwylwyr.

Enghraifft o reoliadau a ddatblygwyd er mwyn ystyried diogelwch pob perfformiwr chwaraeon yw'r rheolau a gyflwynwyd gan Gymdeithas Pêl-droed Lloegr yn 2008 i sicrhau bod yr holl byst gôl a ddefnyddir mewn clybiau chwaraeon, ysgolion, caeau chwarae a chanolfannau hamdden yn ddiogel ac yn cyd-fynd â rheoliadau llym. Cyflwynwyd y rheoliad i leihau nifer yr anafiadau a achoswyd yn hanesyddol ar 'hen' byst gôl anniogel. Mae'r cyfrifoldeb am reoli pyst gôl yn perthyn i'r clybiau, cynghorau, ysgolion neu ddarparwyr preifat sydd â chyfrifoldeb cyffredinol am bob un o'r lleoliadau.

Sgorio

Mewn rhai chwaraeon, rhoddir sgorau am gyrraedd nod, ond mewn eraill mae llwyddiant yn cael ei asesu yn ôl amser neu bellter. Y pwyntiau, gemau, amser, neu bellter sy'n penderfynu pwy sy'n ennill a phwy sy'n colli.

▶ Bydd tîm criced yn ennill gêm os ydyn nhw'n sgorio mwy o rediadau na'r tîm sy'n gwrthwynebu. Gall fod cyfyngiadau ar nifer y pelawdau y gall tîm eu bowlio er mwyn cael nifer penodol o rediadau (criced â phelawdau cyfyngedig), ond gall rhai gemau (gemau prawf) gael pelawdau diderfyn ond wedi'u cyfyngu i nifer penodol o ddyddiau.

▶ Mewn regata hwylio, yr enillydd fydd y tîm sy'n cwblhau'r ras yn yr amser cyflymaf.

▶ Bydd sbrintiwr 100-metr yn ennill y ras trwy gyflawni amser cyflymach na'r holl athletwyr eraill yn y ras.

▶ Mewn tennis, ar y llaw arall, mae'n rhaid i chwaraewr ennill nifer penodol o bwyntiau i ennill gêm, nifer penodol o gemau i ennill set a nifer penodol o setiau i ennill yr ornest gyffredinol.

Gwylwyr

Mae'r rhan fwyaf o chwaraeon yn dibynnu ar wylwyr i gymryd rhan er mwyn eu gwneud yn ariannol hyfyw. Mae gwylwyr yn amlwg yn rhan bwysig o unrhyw ddigwyddiad chwaraeon. Fodd bynnag, fel gydag unrhyw newidyn, rhaid i wylwyr gynnal codau ymddygiad er mwyn i'r gystadleuaeth ddigwydd yn deg ac yn llyfn. Y tair ffordd allweddol y mae disgwyl i wylwyr ymddwyn yn gyffredinol yw:

▶ aros yn glir o'r ardal gystadleuol

▶ osgoi tynnu sylw athletwyr yn ystod cyfnodau o ganolbwyntio

▶ ymatal rhag iaith neu ymddygiadau a allai sarhau neu ddychryn cystadleuwyr neu wylwyr eraill.

Mae'r graddau y mae'r elfennau hyn yn cael eu gorfodi yn amrywio rhwng chwaraeon. Fodd bynnag, nid yw'n anghyffredin i wylwyr gael eu tynnu o feysydd chwaraeon am dorri codau ymddygiad.

Amser

Mae llawer o chwaraeon tîm yn cyfyngu ar amser gêm/gornest. Mae rhai yn cynnwys seibiannau, er mwyn rhoi seibiant i'r chwaraewyr ac i roi cyfle i hyfforddwyr a rheolwyr drafod cymhwysiad tactegau a strategaethau.

Mewn pêl-fasged mae pedwar chwarter neu ddau hanner; mae'r cyfnod o amser fesul chwarter/hanner yn dibynnu ar oedran y chwaraewyr. Os bydd gêm yn gorffen yn gyfartal, ychwanegir amser ychwanegol, o'r enw 'goramser', er mwyn i un o'r ddau dîm ennill yr ornest.

Mae rheolau rhai chwaraeon yn mynnu bod yn rhaid cael enillydd ar ddiwedd gêm, ond mewn chwaraeon eraill, fel hoci, os bydd gêm yn gorffen gyda sgôr gyfartal ar y ddwy ochr, bydd gêm gyfartal yn cael ei datgan, a bydd pwyntiau cyfartal yn cael ei ddyfarnu i bob tîm a'i ychwanegu at gyfanswm o bwyntiau. Mae fformwleiddiadau'r pwyntiau hyn yn cael eu llywodraethu gan y NGB priodol.

Ychydig o chwaraeon unigol sydd â chyfyngiadau amser, ac eithrio rhai chwaraeon ymladd fel bocsio a jiwdo. Wrth focsio, cytunir ar nifer penodol o rowndiau (caniateir uchafswm o 12 ar gyfer gemau pencampwriaeth, er bod gan ornestau amatur bedair fel arfer). Os bydd gornest yn para am y nifer llawn o rowndiau, yr enillydd fydd y bocsiwr sydd wedi glanio'r nifer mwyaf o ergydion ac wedi sicrhau'r nifer mwyaf o bwyntiau (a ddyfarnwyd gan y swyddogion/beirniaid). Weithiau gellir datgan enillydd cyn diwedd yr amser a neilltuwyd; gallai hyn fod o ganlyniad i focsiwr yn cael ei daro'n anymwybodol neu ornest wedi ei hatal gan y swyddog cylch neu ornest.

Sefyllfaoedd ble mae rheolau/deddfau wedi'u torri

Mae angen i bob athletwr feddu ar wybodaeth dda ynghylch sut mae'r rheolau yn cael eu cymhwyso mewn sefyllfaoedd amrywiol yn eu camp. Bydd hyn yn rhoi'r ddealltwriaeth angenrheidiol iddynt o ba weithredoedd sydd o fewn y rheolau a pha rai sy'n anghyfreithlon. Bydd hefyd yn egluro unrhyw sancsiynau y gellir eu gosod pan fydden nhw neu chwaraewr arall yn torri'r rheolau.

Mae yna lawer o chwaraeon ble gellir defnyddio rheolau yn effeithiol er mwyn ennill mantais gystadleuol. Gellir gweld enghreifftiau o hyn yn aml mewn rasys hwylio ble, os yw athletwr eisoes wedi ennill digon o bwyntiau o fewn cyfres i ennill, gallent ddefnyddio tactegau a rheolau i oruchafu ar eu gwrthwynebydd agosaf mewn ras derfynol. Mae hyn yn sicrhau nad oes gan y gwrthwynebydd unrhyw obaith o ennill digon o bwyntiau i gau'r bwlch a bygwth y gystadleuaeth am y lle cyntaf; gallant ddileitha ras eu gwrthwynebydd yn gyfreithlon trwy hwylio yn ymosodol.

Mewn rhai chwaraeon, gall datblygu offer arwain at ddiweddaru rheolau i ddarparu ar gyfer y datblygiadau hyn. Enghraifft wych o hyn yw'r duedd a ddigwyddodd pan ddefnyddiodd nofwyr siwtiau yn gorchuddio eu cyrff er mwyn ennill mantais gystadleuol. Wrth i'r defnydd o'r siwtiau hyn gael ei ddeall yn well, cafodd y rheolau eu diweddaru i'w gwneud yn anghyfreithlon yn y mwyafrif o arenâu.

Bydd gwell dealltwriaeth o'r rheolau a'r rheoliadau yn cynyddu gwerthfawrogiad athletwyr o'r swyddogion yn y gamp a'r gwaith a wnânt. Mae pob camp yn mynnu lefel uchel o barch tuag at y swyddogion sy'n gweithredu'r rheolau mewn sefyllfaoedd cystadleuol, ac mewn llawer o chwaraeon, gall unrhyw athletwr sy'n methu â pharchu'r unigolion hyn ddisgwyl derbyn cosbau.

Gellir torri rheolau mewn llawer o wahanol amgylchiadau mewn chwaraeon. Mae Tabl 7.4 yn dangos rhai enghreifftiau o pryd y gellir torri rheolau/deddfau mewn chwaraeon amrywiol.

▶ **Tabl 7.4:** Enghreifftiau o dorri rheolau mewn chwaraeon

Toriadau	Enghreifftiau posibl
Toriadau iechyd a diogelwch	• Mewn pêl-droed ni all chwaraewr herio gwrthwynebydd gyda'r ddwy droed (a stydiau wedi'u codi). • Mewn rygbi'r undeb ni all chwaraewr daclo gwrthwynebydd o amgylch ei wddf. • Mewn bocsio ni chaniateir i gystadleuydd ergydio ei wrthwynebydd o dan ei ganol.
Dechrau/ ailgychwyn y gystadleuaeth	• Mewn pêl-droed pan fydd y gêm yn ailgychwyn (naill ai ar ddechrau hanner neu ar ôl sgorio gôl) rhaid i bob chwaraewr mewn tîm aros yn eu hanner eu hunain, nes bod y bêl wedi'i chicio. • Ar ddechrau digwyddiad ar drac athletau, rhaid i'r athletwyr beidio â dechrau rhedeg nes bod y pistol cychwynnol wedi swnio.
Ffiniau chwaraeon	• Mewn athletau a nofio wrth rasio (ar y trac neu yn y pwll) rhaid i bob cystadleuydd aros o fewn ei lôn. • Wrth serfio mewn tennis ni all y chwaraewr gamu ar y cwrt pan fydd y raced yn cysylltu â'r bêl dennis.
Wrth amddiffyn	• Mewn pêl-droed pan fydd amddiffynnwr yn pasio yn ôl i'r golwr, ni chaniateir i'r golwr godi'r bêl (oni bai bod y bêl yn mynd yn ôl at y golwr beth bynnag). • Yn rygbi'r gynghrair pan fydd chwaraewr wedi taclo chwaraewr arall ni chaniateir i'r amddiffynnwr arafu'r chwarae trwy ddal yr ymosodwr i lawr ar ôl cael ei daclo. • Mewn pêl-rwyd ni ellir cysylltu â'r ymosodwr pan fyddant yn saethu at y gôl.
Wrth ymosod a sgorio	• Mewn pêl-fasged rhaid i dîm beidio â chymryd mwy na 24 eiliad i anelu am y fasged. • Mewn hoci cae rhaid i'r bêl gyfan fod dros y llinell er mwyn sgorio gôl.

Awgrym Pa wybodaeth fyddech chi'n ei rhoi i berfformiwr chwaraeon ifanc a oedd yn chwarae'r gamp hon am y tro cyntaf?

Ymestyn Meddyliwch am elfennau allweddol cystadleuaeth, yr ardal chwarae, sut i ddechrau, sut i orffen, sut i ennill, a sut i sgorio.

Rolau a chyfrifoldebau swyddogion

Mae chwaraeon yn cynnwys llawer o swyddogion, pob un â rolau a chyfrifoldebau clir o ran cymhwyso'r rheolau a'r rheoliadau. Gweler Tabl 7.5 am enghreifftiau o swyddogion allweddol a'u dyletswyddau.

▶ **Tabl 7.5:** Rôl swyddogion allweddol

Swyddog	Chwaraeon enghreifftiol	Rolau
Dyfarnwyr (*Umpires*)	Tennis, criced, pêl-rwyd, hoci, athletau, badminton	Mae'r dyfarnwr yn gyfrifol am yr holl weithgaredd ar y cae yn ystod gêm. Bydd y dyfarnwr yn sicrhau bod rheolau/deddfau'r gêm yn cael eu cynnal. Y dyfarnwr fydd y swyddog a fydd yn gwneud y penderfyniadau allweddol a therfynol. Mae'r dyfarnwr yn gyfrifol am roi'r gorau i chwarae a chyfathrebu'r penderfyniad a wnaed, gan ddefnyddio'r dull cyfathrebu priodol.
Dyfarnwyr (*Referees*)	Pêl-droed, rygbi'r undeb, rygbi'r gynghrair, pêl-fasged, criced, jiwdo, nofio	Rôl y dyfarnwr yw sicrhau bod y chwaraewyr yn dilyn ac yn cadw at yr holl reolau/deddfau. Fel rheol bydd y dyfarnwr yn rhan o'r gystadleuaeth ar y cae, er efallai na fydd y dyfarnwr yn rhan o'r chwarae mewn rhai chwaraeon.
Cyfarwyddwyr y twrnamaint	Jiwdo	Mae cyfarwyddwr y twrnamaint yn gyfrifol am drefnu'r digwyddiad, ac yna cynnal y digwyddiad ar y safle. Maen nhw'n cydlynu'r amserlen ac yn cymryd cyfrifoldeb cyffredinol am yr holl swyddogion. Maen nhw'n ateb cwestiynau gan hyfforddwyr, chwaraewyr a gwylwyr ynghylch popeth ar wahân i ddyfarnu ymholiadau.
Beirniaid	Bocsio, jiwdo, athletau	Rôl y beirniad yw sicrhau bod y rheolau/ deddfau wedi'u dilyn yn gywir a llunio barn ar berfformiad. Yn aml, penderfyniad y beirniad fydd yn penderfynu a yw rheol/deddf wedi'i thorri a phwy sydd wedi ennill neu golli.
Ceidwaid amser	Nofio, athletau, beicio, rygbi'r undeb, rygbi'r gynghrair, pêl-fasged	Mae'r ceidwad amser yn gyfrifol am sicrhau bod y cloc yn cychwyn ac yn stopio wrth chwarae. Mae eu defnyddio yn caniatáu i'r swyddog ar y cae (os yw'n briodol) ganolbwyntio'n llwyr ar wneud y penderfyniadau cywir.
Cychwynwyr	Nofio, athletau, beicio	Mae gan y cychwynnwr y rôl o ddechrau cystadleuaeth yn unol â rheolau/deddfau'r gamp. Yn aml mae'n ofynnol i'r cychwynnwr gyfathrebu dechrau ras gan ddefnyddio gweithdrefn benodol, gan sicrhau bod yr holl gyfranogwyr yn ymwybodol o'r amser cychwyn.
Trydydd dyfarnwyr	Criced	Mae'r trydydd dyfarnwr yn swyddog a fydd yn defnyddio darllediadau teledu i ddyfarnu neu wneud penderfyniadau allweddol ar ddigwyddiad penodol. Dim ond pan fydd yr offer ar gael y gellir defnyddio trydydd dyfarnwyr; maen nhw'n gyfyngedig i'w defnyddio mewn chwaraeon proffesiynol neu elitaidd.
Pedwerydd dyfarnwyr	Pêl-droed, rygbi'r undeb, rygbi'r gynghrair	Bellach mae'n gyffredin mewn pêl-droed elitaidd, rygbi'r undeb a rygbi'r gynghrair i weld pedwerydd dyfarnwr. Ar gyfer rygbi'r undeb a rygbi'r gynghrair, gelwir y pedwerydd dyfarnwr hefyd yn ddyfarnwr fideo – mae eu rôl yn debyg i rôl trydydd dyfarnwr. Mewn pêl-droed rôl y pedwerydd dyfarnwr yw cefnogi'r swyddogion eraill. Pe bai anaf i unrhyw un o'r swyddogion ar y cae, byddai galw ar y pedwerydd dyfarnwr i gymryd ei le.
Dyfarnwyr cynorthwyol	Pêl-droed, rygbi'r undeb, rygbi'r gynghrair	Mae dyfarnwyr cynorthwyol (neu lumanwyr) yno i gefnogi'r penderfyniadau a wneir gan y dyfarnwr. Maen nhw'n cyfathrebu i'r dyfarnwr pan fyddant wedi gweld tramgwydd neu reswm pam mae'n rhaid oedi'r gystadleuaeth. Mewn rhai chwaraeon bydd gan y dyfarnwr cynorthwyol reolau penodol y mae'n rhaid iddynt eu defnyddio yn ystod y gystadleuaeth. Er enghraifft, mewn pêl-droed bydd y dyfarnwr cynorthwyol yn nodi pan fydd chwaraewr yn camsefyll.

Cyfrifoldebau swyddogion

Mae gan swyddog lawer o gyfrifoldebau yn ychwanegol at ei ddyletswyddau, a dim ond un ohonyn nhw yw rheoli'r cystadleuwyr. Rhaid iddynt gymhwyso, deall a gweithredu'r cyfrifoldebau hyn yn gyson er mwyn bod yn swyddog llwyddiannus mewn unrhyw gamp.

Mae Ffigur 7.1 yn dangos y cyfrifoldebau y gallai fod yn rhaid i swyddog allweddol eu dangos wrth weinyddu mewn camp ddethol. Yn amlwg mae gan rai swyddogion gyfrifoldebau gwahanol i swyddogion eraill yn yr un gamp.

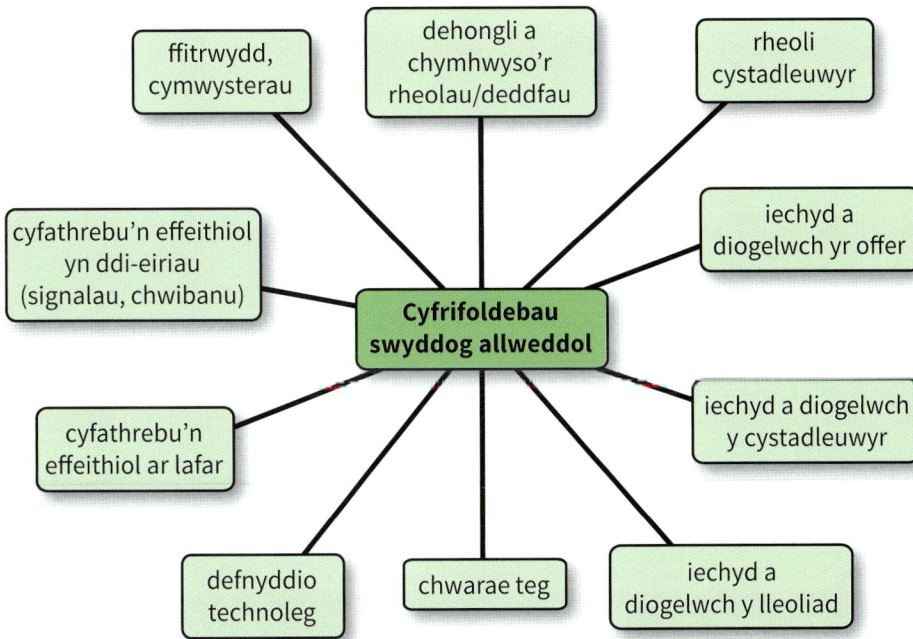

▶ **Ffigur 7.1:** Cyfrifoldebau nodweddiadol swyddog allweddol

Dehongli a chymhwyso'r deddfau

Rhaid bod gan swyddog effeithiol ddealltwriaeth gyfoes a thrylwyr o reolau/deddfau'r gamp. Yn ogystal â bod â dealltwriaeth glir o'r rheolau, rhaid i'r swyddog hefyd feddu ar ddealltwriaeth o sut i gymhwyso'r rheolau yn ystod sefyllfa gystadleuol. Rhaid i bob swyddog ym mhob camp sicrhau bod rheolau/deddfau'r gamp yn cael eu gweithredu'n gywir yn ystod gêm.

Iechyd a Diogelwch

Un o gyfrifoldebau allweddol swyddog yw rheoli diogelwch y **cyfranogwyr** sy'n ymwneud â sefyllfa gystadleuol. Wrth weithio gydag unrhyw un o dan 18 oed daw'r cyfrifoldeb hwn yn rhwymedigaeth gyfreithiol i ddyletswydd gofal. Yn ystod sefyllfaoedd cystadleuol mae gan bob swyddog gyfrifoldeb i gadw cyfranogwyr yn ddiogel ac yn rhydd o niwed. Mae iechyd a diogelwch yr holl gyfranogwyr ar flaen eu meddwl bob amser wrth gymhwyso rheolau/deddfau'r gamp.

Ar ddechrau eu gyrfa, bydd swyddogion yn gweithio gyda pherfformwyr iau, felly mae angen iddynt fod yn ymwybodol o amddiffyn plant a phwysigrwydd diogelu plant bob amser. Yn ogystal â'u cadw'n rhydd o anaf, dylai swyddog fod yn ymwybodol o arwyddion a symptomau cam-drin plant a deall beth i'w wneud os yw'n sylwi ar unrhyw beth amheus. Rhaid i unrhyw un sy'n gweithio gyda phlant fynd drwy'r gwiriadau priodol, a fydd yn cael eu cynnal gan drefnwyr y gystadleuaeth neu'r gynghrair.

Awgrym diogelwch

Os ydych yn ansicr, gofynnwch am gael gweld yr asesiadau risg ar gyfer lleoliad a sefyllfa gystadleuol. Mae asesiadau risg yn ddogfennau ysgrifenedig sy'n rhestru'n glir yr holl risgiau a pheryglon sy'n gysylltiedig â gweithgaredd.

Mae gan swyddogion gyfrifoldeb mawr hefyd i sicrhau bod **cyfleusterau ac offer** a ddefnyddir yn ystod sefyllfa gystadleuol yn cael eu gwirio cyn cymryd rhan. Rhaid i'r man chwarae hefyd fodloni'r rheoliadau gofynnol. Cyn dechrau sefyllfa gystadleuol, bydd y dyfarnwr yn gwirio'r maes, yr offer a'r chwaraewyr. Os byddant yn sylwi ar unrhyw beryglon neu risgiau i'r cyfranogwyr, byddant yn sicrhau bod addasiadau priodol yn cael eu gwneud.

Pan chwaraeir chwaraeon y tu allan, dylai'r swyddog hefyd ystyried y tywydd ac ystyried a allai'r amodau anafu'r cyfranogwyr. Er enghraifft, wrth chwarae rygbi pan mae arwyneb y gwair wedi rhewi, mae chwaraewyr yn fwy tebygol o gael eu hanafu.

Chwarae teg

Mae'n bwysig bod swyddogion yn cefnogi chwarae teg bob amser; gellir dangos hyn trwy'r ffordd y mae swyddog yn mynd i'r afael â'i rolau a'i gyfrifoldebau ac, yn bwysicach fyth, sut mae'r rhain yn cael eu cymhwyso pan fydd y swyddog yn cymhwyso rheolau/deddfau chwaraeon. Dylai'r swyddog sicrhau ei fod bob amser yn dangos parch at y perfformwyr chwaraeon, hyfforddwyr a gwylwyr; gall hyn fod trwy'r ffordd y maen nhw'n cyfathrebu â hwy. Dylai pob swyddog hefyd wneud ei orau glas i hyrwyddo sbortsmonaeth a chwarae teg yn ystod sefyllfa gystadleuol, yn ogystal â sicrhau bod rheolau'r gamp yn cael eu gweithredu'n effeithiol bob amser.

Defnyddio technoleg

Wrth i ddatblygiad technoleg mewn chwaraeon ddod yn fwy cyffredin, felly hefyd mae'r angen i swyddogion fedru deall sut i ddefnyddio technoleg. Mewn rhai achosion bydd trydydd dyfarnwyr, dyfarnwyr fideo a dyfarnwyr gemau yn defnyddio'r dechnoleg a ddarperir i gefnogi cymhwysiad y rheolau. Mae mwyafrif y dechnoleg yn gywir iawn ac mae gan reolau/deddfau chwaraeon reolau ysgrifenedig sy'n berthnasol i'r feddalwedd a'i ddefnydd yn ystod gêm.

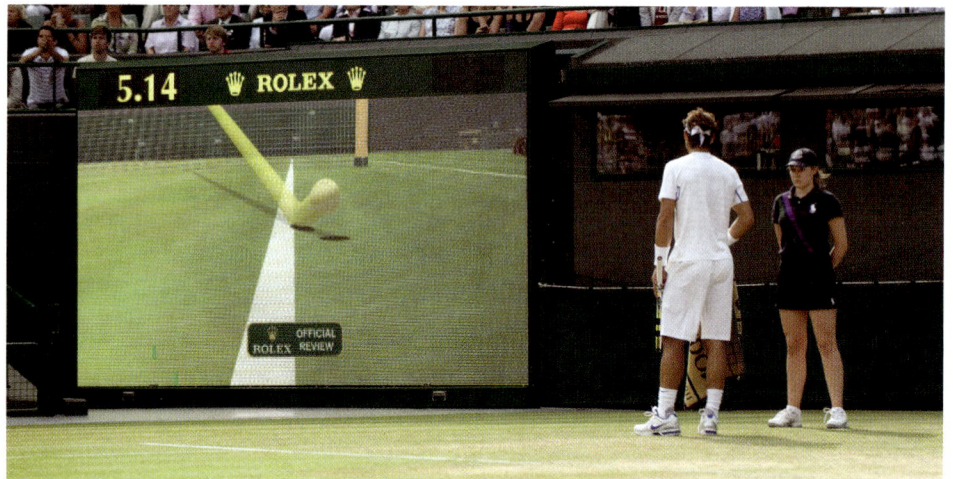

▶ Mae technoleg bellach yn cael ei defnyddio mewn nifer o chwaraeon er mwyn cefnogi'r broses o wneud penderfyniadau

Mewn rhai achosion mae'n rhaid i'r dyfarnwr hefyd fod yn ymwybodol pryd y dylid dod â'r dechnoleg i'r sefyllfa gystadleuol er mwyn sicrhau bod y rheolau yn cael eu gweithredu'n gywir mewn unrhyw sefyllfa benodol. Rhaid i'r swyddogion arweiniol sicrhau bod technoleg yn cael ei defnyddio dim ond pan fo'i hangen yn llwyr.

Cyfathrebu

Rhaid i swyddogion ddefnyddio **cyfathrebu effeithiol** wrth gymhwyso rheolau'r gamp mewn sefyllfa gystadleuol. Mae'n ofynnol i swyddogion arddangos gwybodaeth am y rheolau/deddfau y maen nhw'n eu cymhwyso i chwaraewyr, hyfforddwyr a gwylwyr.

Mae swyddogion yn defnyddio cyfathrebu llafar yn bennaf, gan arwain chwaraewyr yn aml trwy'r penderfyniadau y maen nhw'n eu gwneud neu wedi'u gwneud. Fodd bynnag, ar gyfer y staff hyfforddi a'r gwylwyr, mae'n rhaid i swyddogion hefyd ystyried defnyddio dulliau **cyfathrebu di-eiriau** cyffredinol. Mae'r dulliau hyn yn cael eu rhagnodi i'r swyddogion yng nghyfreithiau'r gêm ond maen nhw'n nodi i hyfforddwr a gwyliwr gwybodus pa reolau/deddfau sydd wedi'u torri.

Mewn chwaraeon mae'r mathau o gyfathrebu di-eiriau yn wahanol, er, ar y cyfan, defnyddir signalau llaw i dynnu sylw at ba reol y mae'r swyddog yn ei defnyddio. Mewn rhai chwaraeon, yn ogystal â signalau llaw, mae swyddogion hefyd yn cyfathrebu gan ddefnyddio offer fel chwiban. Er enghraifft, mewn rygbi'r undeb mae'r llumanwyr yn defnyddio baner i ddenu sylw'r dyfarnwr, er bod gan bob signal a ddefnyddir ystyr gwahanol.

Gofynion ffitrwydd

Mewn rhai chwaraeon mae'n ofynnol i swyddog yr ornest fod ar y cae chwarae a dal i fyny â'r chwarae er mwyn sicrhau bod rheolau yn cael eu cymhwyso'n briodol. Yn ogystal â medru dal i fyny â'r chwarae, rhaid i'r swyddog hefyd fod yn wyliadwrus ac yn gallu gwneud penderfyniadau priodol. Mae hyn yn gofyn am lefel uchel o ffitrwydd, oherwydd gall rhai chwaraeon fod yn gyflym iawn ar brydiau, ac efallai y bydd y swyddog hyd yn oed yn gwneud mwy o redeg na rhai o'r chwaraewyr ar y cae.

Mewn rhai chwaraeon, mae ffitrwydd y swyddogion yn cael ei asesu'n rheolaidd. Mae methu â chwrdd â'r canllawiau (a fydd yn cael eu gosod gan NGB neu ISF) yn arwain at dynnu swyddog o'r rhestr a all weinyddu ar lefel benodol. Yn amlwg po uchaf yw lefel y perfformiad, y mwyaf yw'r gofynion ffitrwydd mewn chwaraeon sy'n gofyn am swyddogion ar y cae.

Cymwysterau

Yn y mwyafrif o chwaraeon (ac yn sicr ar y lefel uchaf ym mhob camp), mae'n ofynnol i swyddogion feddu ar gymwysterau dyfarnu priodol a chydnabyddedig. Mae swyddogion â chymwysterau priodol yn sicrhau bod y gamp yn cael ei chwarae o fewn rheolau/deddfau'r gêm, a bod y cyfranogwyr, yr hyfforddwyr a'r gwylwyr yn ddiogel bob amser.

Mae pob NGB yn darparu hyfforddiant a chymwysterau i addysgu swyddogion. Mae lefel y cymwysterau ar gyfer swyddogion yn aml yn amrywio yn dibynnu ar oedran a phrofiad yr ymgeisydd. Er enghraifft, mewn pêl-droed mae deg lefel wahanol ar gyfer gweinyddu. Er mwyn cyflawni'r lefel uchaf (lefel 1) mae'n rhaid bod swyddog gemau wedi llwyddo mewn cymwysterau priodol ac wedi ennill profiad sylweddol.

Mae'r cymhwyster gweinyddu yn aml yn cael ei gydnabod gan yr ISF. Mae hyn yn galluogi'r swyddogion i weinyddu mewn cystadlaethau rhyngwladol os oes ganddynt gymwysterau priodol.

Astudiaeth achos

Gwybod y rheolau

Mae Holly yn hyfforddwr ar gyfer tîm pêl-rwyd lleol. Mae hi wedi cael sawl problem yn dod o hyd i swyddogion ar gyfer ei gemau; ar sawl achlysur yn ystod y tymor mae rhieni chwaraewyr wedi gorfod camu i mewn er mwyn gweinyddu gemau cystadleuol.

Mae rhai o'r rhieni a'r chwaraewyr wedi bod yn herio'r penderfyniadau a wnaed gan y swyddogion dros dro yn ystod sefyllfaoedd cystadleuol. Er mwyn goresgyn hyn, hoffai Holly addysgu rhieni a chwaraewyr ei thîm am reolau pêl-rwyd a sut y cânt eu defnyddio mewn sefyllfaoedd penodol.

Gwiriwch eich gwybodaeth

1 Rhestrwch y swyddogion sy'n ofynnol i weinyddu gêm o bêl-rwyd.

2 Allwch chi roi crynodeb i'r rhieni a'r chwaraewyr o rolau a chyfrifoldebau pob swyddog?

3 Allwch chi ddarparu crynodeb i'r rhieni a'r chwaraewyr ar sut i ddechrau gêm gystadleuol o bêl-rwyd?

4 Allwch chi ddarparu crynodeb i'r rhieni a'r chwaraewyr ar sut i sgorio gôl mewn gêm gystadleuol o bêl-rwyd?

Allwch chi nodi rôl swyddogion allweddol mewn camp ddethol?

Awgrym Pa wybodaeth fyddech chi'n ei rhoi i rywun a oedd yn gweinyddu digwyddiad am y tro cyntaf?

Ymestyn Beth yn eich barn chi yw tair dyletswydd bwysicaf swyddog? Ysgrifennwch nhw yn nhrefn eu pwysigrwydd.

Ymarfer asesu 7.1   A.P1 A.M1

Mae cwmni hyfforddi lleol yn ystyried cynnwys gweithdy yn ei raglen hyfforddi haf sy'n datblygu dealltwriaeth y cyfranogwyr o reolau/deddfau chwaraeon ymhellach. Hoffai cyfarwyddwr y cwmni gael rhai adnoddau a fydd yn cael eu rhannu gyda'r hyfforddwyr a fydd yn cyflwyno'r sesiwn i'r cyfranogwyr. Dylai'r adnoddau fod yn addysgiadol ac yn darparu'r holl wybodaeth sydd ei hangen ar yr hyfforddwr a'r cyfranogwyr ynghylch rheolau a rheoliadau chwaraeon tîm ac unigol o'ch dewis.

Cynhyrchwch rai adnoddau sy'n crynhoi sut y bydd y cyfranogwyr ar bob un o'r rhaglenni hyfforddi yn cydymffurfio â'r rheolau/deddfau a rheoliadau mewn camp tîm a champ unigol.

Er mwyn gwella dealltwriaeth ymhellach ynghylch sut i gymhwyso rheolau'r gamp, dylech ddarparu enghreifftiau ar gyfer pob camp ble y dilynwyd rheolau/deddfau a hefyd ble y cawsant eu torri.

O fewn yr adnoddau, gwnewch yn siŵr eich bod yn cynnwys crynodeb o'r gwahanol swyddogion a'u rolau a'u cyfrifoldebau wrth gymhwyso'r rheolau mewn sefyllfaoedd cystadleuol ym mhob un o'r chwaraeon.

Cynllunio
- Beth yw'r dasg? Beth y gofynnir i mi ei wneud?
- Pa adnoddau fydd eu hangen arnaf i'm cefnogi i gyflawni'r dasg hon?

Gwneud
- Rwy'n gwybod beth rwy'n ei wneud a beth rydw i angen ei gyflawni.
- Gallaf nodi pryd yr wyf wedi mynd yn anghywir ac addasu fy ngwaith meddwl.

Adolygu
- Gallaf egluro beth oedd y dasg a sut y gwnes i fynd ati.
- Gallaf egluro sut y byddwn yn mynd at elfennau anoddaf y dasg yn wahanol y tro nesaf.

B&C Archwilio a datblygu'r sgiliau, y technegau a'r tactegau sy'n ofynnol i berfformio mewn chwaraeon dethol

Yn ogystal â bod naill ai'n gamp i dîm neu'n gamp unigol, gellir dosbarthu chwaraeon fel 'athletau', 'gymnasteg' neu 'gemau'. Yna gellir eu rhannu ymhellach, er enghraifft yn y categori 'gemau' mae gemau rhwyd a wal, gemau ymosodiad, gemau taro a maesu, gemau ymladd, gemau targed, athletau trac ac athletau maes.

Bydd gan bob camp ystod o sgiliau, technegau a thactegau cymwys sy'n gysylltiedig â hi. Gall rhai fod yn gyffredin rhwng chwaraeon ac, er yn amlwg y bydd llawer o hyn yn ymarferol, bydd angen ystod o 'sgiliau meddal' hefyd, fel cyfathrebu a gwaith tîm.

Gofynion technegol sy'n ofynnol i berfformio mewn chwaraeon

Sgiliau

Sgìl mewn chwaraeon yw'r gallu i gynhyrchu cyfuniad o symudiadau gan ddefnyddio amrywiaeth o gyhyrau a chymalau er mwyn cynhyrchu gweithred gydlynol. Gellir cael sgiliau trwy ddysgu, yna eu meistroli trwy ymarfer ac arsylwi. Mae athletwyr yn datblygu sgiliau trwy gefnogaeth ac adborth gan hyfforddwyr a/neu athletwyr profiadol a gwybodus. Mae meistroli sgìl yn golygu gallu ei gynhyrchu'n llwyddiannus yn barhaus heb fawr o ymdrech.

Cysylltiad

Mae'r adran hon yn cysylltu ag *Uned 2: Hyfforddi a Rhaglennu Ffitrwydd ar gyfer Iechyd, Chwaraeon a Lles* ac *Uned 26: Gofynion Technegol a Thactegol Chwaraeon*.

Mae sgiliau'n amrywio, fodd bynnag. Gellir trosglwyddo rhai o chwaraeon i chwaraeon. Er enghraifft, gall athletwr sy'n meistroli'r sgìl o ddal wrth dderbyn pas mewn rygbi drosglwyddo'r sgìl hon i chwaraeon eraill sy'n cynnwys dal, fel pêl-fasged, criced neu bêl-rwyd.

Er mwyn sicrhau llwyddiant mewn chwaraeon, mae'n rhaid i athletwr feistroli ystod o sgiliau yn llwyddiannus. Er enghraifft, bydd yn rhaid i chwaraewr pêl-fasged berfformio'r sgiliau canlynol yn llwyddiannus: driblo, pasio, taflu rhydd, saethu tra'n neidio, gosod i fyny, adlamau, blocio, dwyn. Rhaid i chwaraewr tennis fedru perfformio serfiadau, folio, ergydion blaenllaw, ergydion gwrthlaw, sleisys a thop-sbin yn llwyddiannus.

> ### Trafodaeth
>
> Mewn grŵp neu barau, meddyliwch am rai chwaraeon eraill ble gellir trosglwyddo sgiliau i wella perfformiad athletwr. Pam mae hyn? Adroddwch yn ôl i weddill y grŵp.

Gwahanol fathau o sgiliau

Gellir dosbarthu sgiliau yn ôl yr amgylchedd y cânt eu perfformio ynddo. Gallant fod yn **sgiliau agored** neu'n **sgiliau caëedig**. Rydym hefyd yn dosbarthu sgiliau yn ôl pa mor gyflym y mae'r athletwr yn rheoli amseriad gweithred: dywedir bod sgiliau'n **amseru eu hunain**, yn **amseru'n allanol** neu rywle rhwng y ddau. Gweler Tabl 7.6 am ragor o wybodaeth.

Ar gyfer rhai sgiliau, gall yr athletwr reoli dechrau'r weithred, ond wedi hynny mae'r symudiad yn digwydd ar gyflymder a osodir yn allanol.

▶ Enghraifft o chwaraeon tîm yw gôl-geidwad yn gwneud arbediad yn ystod gêm bêl-droed: bydd y golwr yn penderfynu pryd i blymio tuag at y bêl, ond unwaith y bydd y penderfyniad wedi'i wneud, nid oes gan y golwr unrhyw reolaeth bellach dros ba mor gyflym y mae o/hi yn teithio tuag at y bêl.

▶ Enghraifft o gamp unigol yw deifiwr bwrdd 10 metr sy'n penderfynu pryd i ddechrau'r ddeif, ond ar ôl gadael y bwrdd ni all reoli'r gyfradd y mae ef/hi yn agosáu tuag at y dŵr.

▶ **Tabl 7.6:** Gwahanol fathau o sgiliau

Math o sgìl	Disgrifiad	Enghraifft o chwaraeon unigol	Enghraifft o chwaraeon tîm
Sgiliau agored	Sgiliau mae'r athletwr yn addasu'n gyson, yn ôl yr hyn sy'n digwydd o'u cwmpas	Dychweliad badminton: nid yw'r derbynnydd yn ymwybodol ble bydd y wennol yn cael ei chwarae, felly mae'n ymateb i symudiadau eu gwrthwynebydd er mwyn dewis dychweliad priodol. Bydd safle'r gwrthwynebydd hefyd yn effeithio ar y dewis o ddychweliad.	Pêl-droediwr yn driblo pêl, heb fod yn ymwybodol o leoliad holl aelodau'r tîm sy'n gwrthwynebu. Mae amddiffynwyr yn herio i geisio cael meddiant o'r bêl. Mae'r penderfyniadau y bydd y chwaraewr yn driblo yn eu gwneud yn dibynnu ar weithredoedd y gwrthwynebwyr.
Sgiliau caëedig	Patrymau o symudiadau a ddysgwyd o flaen llaw y mae'r athletwr yn eu dilyn gydag ychydig iawn o gyfeiriad at yr amgylchedd cyfagos	Mae saethwr yn anelu, yn tynnu'r bwa yn ôl ac yn rhyddhau'r saeth tuag at y targed.	Chwaraewr rygbi yn trosi'r bêl yn ystod gêm. Mae'r patrwm symud yn aros yr un fath bob tro y bydd y chwaraewr yn cyflawni'r sgìl.
Sgiliau sy'n amseru eu hunain	Pan fydd athletwr yn rheoli amseriad cyflawni'r sgìl	Ergyd golff: mae'r golffiwr yn penderfynu pryd i ddechrau'r symudiad a gall ddewis aros nes bod chwa o wynt wedi gostwng.	Mae serfiwr pêl-foli yn penderfynu pryd i ddechrau'r weithred; gall yr amseru ddibynnu ar leoliad gwrthwynebwyr a pharodrwydd y serfiwr.
Sgiliau sy'n amseru'n allanol	Pan fydd amseriad y sgìl yn cael ei bennu gan yr hyn sy'n digwydd mewn man arall	Bydd yn rhaid i fordhwyliwr newid ongl ei hwyliau, yn dibynnu ar gyfeiriad y gwynt.	Gyda phas hoci, pennir y sgìl gan leoliad chwaraewyr ar yr un tîm a chan y tîm sy'n gwrthwynebu.

Cyfranogiad symudiadau echddygol manwl a bras

Gellir dosbarthu sgiliau hefyd fel rhai manwl neu bras, yn dibynnu ar y cyhyrau dan sylw.

▶ Mae **sgiliau manwl** (*fine skills*) yn cynnwys symudiadau bach mewn rhannau penodol o'r corff. Er enghraifft, mae cymryd ergyd agos at y gôl mewn pêl-rwyd dim ond yn gofyn i'r saethwr ac ymosodwr gôl i symud y bysedd a'u harddwrn i gynhyrchu'r sgil gofynnol. Dim ond symud ei fys tanio y bydd yn rhaid i unigolyn sy'n saethu reiffl ar faes saethu ei wneud.

▶ Mae **sgiliau bras** (*gross skills*) yn cynnwys grwpiau cyhyrau mawr a symudiad o'r corff cyfan. Enghraifft o'r math hwn o sgil mewn chwaraeon tîm yw'r weithred fowlio mewn criced, tra mai enghraifft unigol yw tafliad gwaywffon.

Sgiliau parhaus, arwahanol a chyfresol

▶ **Sgiliau parhaus** yw'r rhai nad oes iddynt ddechrau na diwedd amlwg – gellir eu parhau cyhyd ag y mae'r perfformiwr yn dymuno, gyda diwedd y sgil yn troi yn ddechrau'r nesaf, er enghraifft wrth redeg, ble mae un cam yn dod yn ddechrau y cam nesaf.

▶ Mae dechrau a diwedd clir i **sgìl arwahanol** – gellir ei ailadrodd, ond bydd yr athletwr yn dechrau'r weithred lawn eto mewn modd rheoledig ac amserol. Enghraifft o chwaraeon tîm yw trosiad rygbi, tra bod pytio mewn golff yn enghraifft unigol.

▶ **Sgìl cyfresol** yw cyfres o sgiliau arwahanol a luniwyd i gynhyrchu symudiad trefnus – mae trefn y symudiad yn aml yn bwysig, ond mae angen datblygiad penodol ar gyfer pob rhan o'r sgìl. Enghraifft o chwaraeon tîm yw pan fydd pêl-droediwr yn driblo gyda'r bêl, yn camu drosti i guro amddiffynnwr ac yna'n saethu at y gôl ar ddiwedd y symudiad. Enghraifft o gamp unigol yw naid bolyn.

> **Damcaniaeth ar waith**
>
> Mewn grwpiau, nodwch a yw taflu gwaywffon yn:
>
> * sgìl agored neu gaëedig
> * sgìl manwl neu fras
> * sgìl sy'n amseru ei hun neu'n amseru'n allanol
> * sgìl barhaus, arwahanol neu gyfresol.
>
> Rhestrwch y sgiliau yn eich camp eich hun a nodwch pa gategorïau maen nhw'n perthyn iddyn nhw.

Mewn rhai chwaraeon, gellir rhannu sgiliau ymhellach yn gategorïau ymosodol neu amddiffynnol. Byddant yn dal i gael eu dosbarthu yn y modd blaenorol, ond bydd yn amlwg a ydynt yn berthnasol i ymosodiad neu amddiffyniad. Er enghraifft, mewn rygbi mae gôl adlam yn amlwg yn sgìl ymosodol tra bod tacl yn amlwg yn amddiffynnol.

Technegau

Techneg yw'r ffordd y mae athletwr yn perfformio sgìl. Mewn rhai chwaraeon, mae chwaraewyr yn defnyddio gwahanol dechnegau i gynhyrchu'r un canlyniad. Er enghraifft, mae gan Lionel Messi a Cristiano Ronaldo wahanol dechnegau wrth gymryd ciciau rhydd uniongyrchol, ac mae gan Andy Murray a Novak Djokovic wahanol dechnegau serfio.

Y ffordd fwyaf effeithiol o ystyried techneg yw ystyried sut y gellir torri'r sgìl i lawr. Er enghraifft, gellir rhannu pas hir uchel mewn pêl-droed yn gydrannau: rhedeg i fyny (cam paratoi), unioni â'r bêl, safle'r traed, safle'r corff, cyswllt â'r bêl a'r dilyniant. Enghraifft o gamp unigol yw serfiad tennis wedi'i rannu'n gydrannau: safle a symudiad y traed, safle'r corff, gweithred y fraich sy'n dal y raced, gweithred y fraich arall, tafliad y bêl, ergyd y raced a'r dilyniant.

Mae torri sgiliau i lawr fel hyn yn datblygu dealltwriaeth athletwyr o sut i wella eu cymhwysiad o bob sgìl. Bydd yr elfennau technegol ar gyfer pob cydran yn wahanol i bob unigolyn, ond bydd cydrannau'r sgìl yn aros yr un fath.

> **Term allweddol**
>
> **Techneg** – ffordd o gyflawni sgìl benodol.

Defnydd effeithiol o sgiliau yn ystod cyfranogiad

Wrth ddefnyddio unrhyw sgìl mae'n bwysig ei fod yn dechnegol gywir – os na fydd perfformiwr chwaraeon yn defnyddio'r dechneg gywir i gymhwyso'r sgìl, gallai effeithio ar y canlyniad, ond gall hefyd ddefnyddio egni ychwanegol y gellid fod wedi'i ddefnyddio'n well er mwyn sicrhau buddugoliaeth mewn sefyllfa gystadleuol. Er mwyn ystyried cymhwyso sgìl yn gywir, rhaid i berfformiwr chwaraeon feddwl am y safle y mae pob rhan o'r corff ynddo yn ystod pob cam o'r sgìl.

Mae datblygiadau technolegol modern wedi effeithio ar chwaraeon lawn cymaint ag agweddau eraill ar ein bywydau. Mewn chwaraeon o'r radd flaenaf mae dadansoddiad goddrychol manwl o berfformiad yn rhoi'r manylion angenrheidiol i berfformwyr chwaraeon ddiwygio techneg fel y gellir ei defnyddio'n effeithiol. Ymdrinnir â datblygiadau technolegol a ddefnyddir fel hyn yn nes ymlaen yn yr uned hon.

> **Ymchwil**
>
> Gwnewch ychydig o ymchwil i lwyddiant Tîm Beicio Prydain ers 2008, pan honnodd y cyfarwyddwr perfformiad Dave Brailsford fod meddylfryd 'enillion ymylol' (*marginal gains*) yn gyfrifol am lawer o'r llwyddiant.
>
> Meddyliwch am eich perfformiad chwaraeon eich hun a'r enillion ymylol y gallech chi eu cyflwyno er mwyn gwella eich perfformiad chwaraeon.

⏸ MUNUD I FEDDWL   Ar gyfer camp ddethol, allwch chi dorri cydrannau'r dechneg i lawr ar gyfer sgìl benodol?

Awgrym   Meddyliwch am bob un o gamau'r sgìl a'r canlyniad terfynol.

Ymestyn   Sut mae rôl pob rhan o'r corff yn gysylltiedig â phob cam o sgìl?

Gofynion tactegol sy'n cael eu cymhwyso mewn perfformiad chwaraeon

Tactegau yw'r sgiliau y mae chwaraewr yn eu defnyddio mewn unrhyw fath o chwaraeon er mwyn ennill; er enghraifft yn ystod gêm hoci neu dennis, bydd pob tîm neu chwaraewr yn defnyddio tactegau a strategaethau penodol i geisio curo a threchu eu gwrthwynebydd/ gwrthwynebwyr. Er mai technegau yw'r ffordd rydyn ni'n defnyddio sgiliau mewn camp ddethol, tactegau yw sut rydyn ni'n defnyddio sgiliau yn llwyddiannus mewn sefyllfaoedd cystadleuol. Gall y perfformiwr mwyaf medrus a thalentog golli os na fyddant yn defnyddio'r sgiliau yn dactegol mewn sefyllfaoedd penodol.

Ymhlith y ffactorau sy'n effeithio ar dactegau mae'r gwrthwynebwyr, yr amodau chwarae ac o bosibl amseriad y gêm, yr ornest neu'r twrnamaint o fewn tymor. Mae rhai tactegau yn cael eu penderfynu cyn i'r digwyddiad ddechrau – mae'r rhain yn aml yn targedu gwendidau chwaraewr neu dîm. Gall tactegau cyn y digwyddiad gynnwys cynnal ymchwil ar chwaraewr neu dîm gwrthwynebol.

Y prif ffactorau sy'n effeithio ar gymhwyso tactegau mewn chwaraeon tîm ac unigol yw:

▶ ymosod ac amddiffyn
▶ y sefyllfa yn y gêm – ydych chi'n ennill neu'n colli?
▶ cryfderau eich hun/eich tîm – ym mha rannau o'r ras/gêm ydych chi'n gryfach a pha rannau o'ch gêm sy'n wannach?
▶ cryfderau a gwendidau eich gwrthwynebwyr.

> **Cysylltiad**
>
> Mae'r adran hon yn cysylltu ag *Uned 26: Gofynion Technegol a Thactegol Chwaraeon*.

> **Term allweddol**
>
> **Tactegau** – y sgiliau a'r strategaethau y mae chwaraewr yn eu defnyddio mewn unrhyw fath o chwaraeon er mwyn ennill.

Bydd angen i chi ddangos defnydd effeithiol o sgiliau, technegau a thactegau mewn ystod o wahanol sefyllfaoedd, gan gynnwys:

▶ **arferion ynysig** – arferion a ddyfeisiwyd er mwyn datblygu sgil neu dechneg; dril neu ymarfer yn aml sy'n datblygu pob cydran o'r sgil

▶ **arferion wedi'u cyflyru** – arferion â rheolau neu gyfyngiadau arbennig sy'n cefnogi datblygiad sgìl, techneg neu dacteg mewn senario naturiol, tebyg i gêm, er enghraifft 3 yn erbyn 3 mewn pêl-fasged

▶ **sefyllfaoedd cystadleuol** – digwyddiadau neu gystadlaethau ble mae mwy nag un perfformiwr chwaraeon yn cystadlu i gyflawni nod penodol, gan ddilyn yr holl reolau/deddfau a rheoliadau a gymhwysir gan swyddog cydnabyddedig.

Ymosod ac amddiffyn

Mae tactegau mewn chwaraeon yn ymwneud yn bennaf ag ymosod ac amddiffyn, felly maen nhw'n aml yn cael eu categoreiddio i **strategaethau ymosodol**, yn cael eu defnyddio i ymosod ar wrthwynebwyr, a **strategaethau amddiffynnol**, a ddefnyddir i atal gwrthwynebwyr rhag sgorio pwyntiau neu ennill tir. Mae gan bob camp strategaethau ar gyfer ymosod ac amddiffyn; amlinellir cwpl o enghreifftiau isod.

▶ Mewn pêl-rwyd, efallai y bydd un tîm yn gweld gwendid mewn un o'r tîm arall ac fel tîm yn ceisio manteisio ar hyn er mwyn cael mantais. Ar y llaw arall, os yw tîm pêl-rwyd yn dioddef oherwydd chwaraewr penodol yn y tîm sy'n gwrthwynebu, gellir gwneud newidiadau i farcio'r chwaraewr hwnnw'n agos iawn.

▶ Mewn tennis, gallai serfiad gael ei ystyried yn ergyd ymosodol, ond ni all cymhwyso'r sgìl yn unig warantu hyn. Gall y chwaraewr sy'n perfformio'r serfiad addasu ei serfiad i roi ei wrthwynebydd dan anfantais, ac os felly daw'r serfiad yn amddiffynnol.

Gall fod yn anodd hyfforddi athletwyr i gymhwyso tactegau mewn amgylchedd cystadleuol, gan fod y wybodaeth hon yn cael ei datblygu trwy brofiad. Gall hyfforddwyr geisio datblygu'r wybodaeth a'r gallu i gymhwyso strategaethau priodol trwy efelychu arferion penodol. Ar ôl i athletwyr brofi sefyllfaoedd penodol, byddant yn medru ymateb yn briodol.

Gwneud penderfyniadau

Pan fydd sgiliau wedi cael eu meistroli ar eu pennau eu hunain, yna mae angen i berfformwyr chwaraeon ddangos eu bod yn gallu defnyddio'r sgiliau hyn yn effeithiol, yn briodol ac yn strategol mewn sefyllfa gystadleuol.

Y broses o wneud y penderfyniad cywir mewn sefyllfa gystadleuol yn aml yw'r gwahaniaeth rhwng perfformiwr chwaraeon da a pherfformiwr chwaraeon da iawn. Gall y penderfyniadau a wneir gan berfformwyr chwaraeon dan bwysau mawr yn y sefyllfaoedd hyn olygu'r gwahaniaeth rhwng ennill a cholli.

> **Ymchwil**
>
> Gwnewch ychydig o ymchwil i berfformiad Cymru yng Nghwpan y Byd Rygbi'r Undeb 2019. Archwiliwch sut y gwnaeth y tîm adael Cwpan y Byd. A ellir cysylltu unrhyw un o'r rhesymau dros eu hymadawiad â pherfformiad tactegol gwan gan unrhyw chwaraewyr unigol?

Cyfathrebu

Gall y gallu i gyfathrebu â phobl eraill yn ystod sefyllfaoedd cystadleuol hefyd effeithio ar y defnydd o dactegau yn ystod perfformiad. Pan gaiff ei ddefnyddio'n effeithiol, gall cyfathrebu (ar lafar ac yn ddi-eiriau) gael effaith gadarnhaol ar ganlyniad sefyllfa.

Gall perfformwyr chwaraeon mewn gêm tîm gyfathrebu â'i gilydd ynglŷn â sut i gymhwyso tacteg mewn sefyllfa benodol. Er mwyn gwneud hyn yn effeithiol mae angen i aelodau eraill y tîm feddu ar wybodaeth ragorol o'r gamp, y gwrthwynebwyr ac aelodau o'u tîm eu hunain.

Mewn rhai chwaraeon, mae angen i berfformwyr chwaraeon gyfathrebu tactegau i'w gilydd wrth chwarae. Mewn rhai achosion gall timau hefyd gymhwyso geiriau cod neu arwyddion di-eiriau er mwyn nodi tacteg mewn sefyllfa benodol. Er enghraifft, mewn rygbi'r undeb pan fydd tîm yn paratoi i daflu o'r llinell, bydd y chwaraewr sydd wedi'i enwebu i daflu'r bêl yn cyfathrebu ag aelodau o'i dîm ynghylch at bwy a ble y bydd yn targedu'r tafliad. Mewn pêl-fas bydd y daliwr yn defnyddio signalau llaw er mwyn awgrymu gwahanol fathau o dafliadau i'r taflwr.

Ar gyfer perfformwyr chwaraeon sydd â chysylltiad agos â'u hyfforddwr yn ystod sefyllfaoedd cystadleuol, gall cyfathrebu gan yr hyfforddwr i'r chwaraewr ddylanwadu ar y tactegau a ddefnyddir mewn sefyllfa benodol yn ystod y gystadleuaeth. Wrth wneud hyn bydd yr hyfforddwr yn aml yn asesu'r sefyllfa ac yn defnyddio ei brofiad i ystyried yr hyn y mae angen i berfformiwr chwaraeon ei wneud. Er mwyn cymhwyso hyn yn effeithiol, mae angen i gyfathrebu'r hyfforddwr â'r perfformiwr chwaraeon fod yn glir iawn, ac mae angen i sgiliau gwrando'r perfformiwr chwaraeon fod yn dda iawn er mwyn sicrhau bod y neges yn cael derbyniad a dealltwriaeth dda.

Amodau amgylcheddol

Efallai y bydd yn briodol mewn rhai amodau i berfformiwr chwaraeon gymhwyso tactegau gwahanol. Mewn rhai achosion gall y tywydd effeithio ar y penderfyniadau y mae perfformiwr chwaraeon yn eu gwneud. Er enghraifft, os yw'n arbennig o wyntog efallai y bydd yn rhaid i rai perfformwyr chwaraeon newid tactegau; os yw'n boeth iawn efallai y bydd angen iddynt ailystyried eu tactegau.

Gall graddiant yr arwyneb hefyd effeithio ar y penderfyniadau y mae perfformiwr chwaraeon yn eu gwneud. Er enghraifft, os yw rhedwr marathon yn rhedeg ar gwrs marathon bryniog, byddai angen iddynt gymhwyso gwahanol dactegau i'r rhai a allai fod yn berthnasol pe baent yn rhedeg ar gwrs marathon gwastad.

Efallai y bydd yn berthnasol i berfformiwr chwaraeon ddefnyddio gwahanol strategaethau mewn gwahanol sefyllfaoedd mewn ymgais i ennill mantais dros wrthwynebwyr.

Astudiaeth achos

Datblygu ymwybyddiaeth dactegol

Mae Darren yn brif hyfforddwr tîm pêl-fasged dan 18 oed sy'n cystadlu yn y gynghrair ranbarthol. Cafodd y tîm ddechrau da iawn i'r tymor, gan ennill eu tair gêm gyntaf. Fodd bynnag, ers y buddugoliaethau hyn mae'r tîm wedi colli'r pum gêm ddiwethaf yn olynol.

Mae hyfforddwr cynorthwyol Darren, Malcolm, yn credu mai'r rheswm am y colledion diweddar yw ymwybyddiaeth dactegol wael y tîm.

Gwiriwch eich gwybodaeth

1 Allwch chi roi crynodeb i Darren o beth yw tactegau?

2 Allwch chi ddarparu rhai enghreifftiau i Darren o dactegau ymosodol mewn pêl-fasged?

3 Allwch chi ddarparu rhai enghreifftiau i Darren o dactegau amddiffynnol mewn pêl-fasged?

Tra ar brofiad gwaith mewn ysgol uwchradd leol, gofynnodd un o'r athrawon AG i chi ddarparu rhai deunyddiau a fydd yn hyrwyddo tennis bwrdd a rownderi i ddisgyblion Blwyddyn 7. Nod y deunyddiau yw datblygu gwybodaeth y disgyblion o'r chwaraeon hyn ymhellach. Ar hyn o bryd, ychydig iawn o wybodaeth sydd gan y disgyblion am y naill gamp na'r llall.

Gofynnwyd i chi ddarparu rhai deunyddiau a fydd yn mynd ar un o'r hysbysfyrddau yn y neuadd chwaraeon sy'n crynhoi'r sgiliau, y technegau a'r tactegau ym mhob camp. Yn eich deunyddiau dylech sicrhau eich bod yn asesu ac yn gwerthuso sut mae cyfranogwyr yn defnyddio sgiliau, technegau a thactegau yn effeithiol.

Yn ogystal â'r deunyddiau ar gyfer yr hysbysfwrdd, hoffai'r athro AG hefyd i chi ddarparu fideo sy'n dangos y cyfuniad priodol o sgiliau, technegau a thactegau mewn tennis bwrdd a rownderi. Defnyddir y fideo er mwyn dangos i'r disgyblion gymhwysiad cywir y sgiliau, y technegau a'r tactegau mewn tennis bwrdd a rownderi.

Cynllunio

- Ydw i'n gwybod y sgiliau, y technegau a'r tactegau ym mhob un o'r chwaraeon hyn?
- A oes gennyf y gallu i berfformio'r sgiliau, y technegau a'r tactegau ym mhob un o'r chwaraeon hyn?

Gwneud

- Rwy'n gwybod beth rwy'n ei wneud a beth rydw i angen ei gyflawni.
- Gallaf nodi pryd yr wyf wedi mynd yn anghywir ac addasu fy ngwaith meddwl.

Adolygu

- Gallaf egluro beth oedd y dasg a sut y gwnes i fynd ati.
- Gallaf egluro sut y byddwn yn mynd at elfennau anoddaf y dasg yn wahanol y tro nesaf.

D Myfyrio ar eich perfformiad ymarferol eich hun gan ddefnyddio dulliau asesu dethol

Mae athletwyr yn ceisio datblygu a gwella eu perfformiad yn gyson. Er bod yr hyfforddwr yn unigolyn canolog yn y broses hon, dylai athletwr hefyd gymryd cyfrifoldeb am ei ddatblygiad ei hun. Mae gallu myfyrio ar eu perfformiad ymarferol eu hunain yn sgil bwysig.

Wrth i athletwr ddod yn fwy myfyriol am ei berfformiad, dylent ddilyn y cylch perfformiad a ddangosir yn Ffigur 7.2.

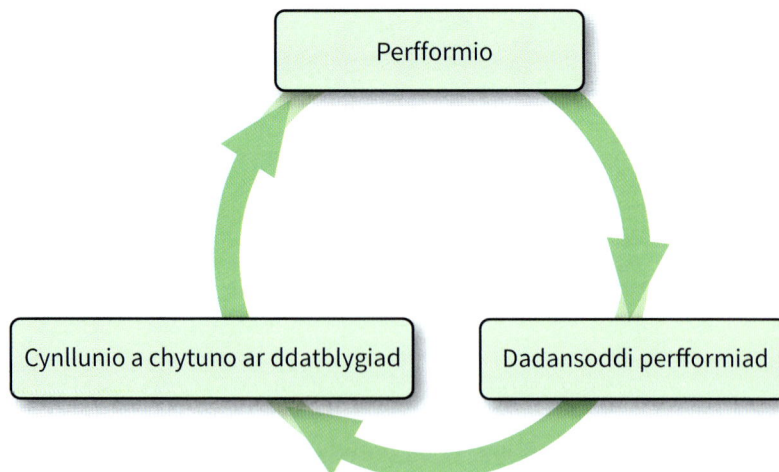

```
        Perfformio
       ↗          ↘
Cynllunio a          Dadansoddi
chytuno ar           perfformiad
ddatblygiad
       ↖          ↙
```

▶ **Ffigur 7.2:** Y cylch perfformiad

Mae'r adran hon yn edrych ar amrywiaeth o ddulliau y gallwch eu defnyddio er mwyn asesu perfformiad athletwyr eraill. Yn bwysicach fyth, byddwch yn dysgu sut i asesu eich perfformiad eich hun a dod i gasgliadau o'ch canfyddiadau ynghylch hunanddatblygiad mewn chwaraeon unigol.

Dulliau asesu

Mae pedwar maes perfformiad i'w hasesu: y gofynion corfforol, seicolegol, technegol a thactegol a roddir ar berfformiwr mewn sefyllfa gystadleuol. Mae'r dulliau a ddefnyddir i asesu perfformiad chwaraeon yn bwysig os yw gwendidau am gael eu nodi a'u gweithio arnynt. Er mwyn sicrhau y ceir y canlyniadau gorau o'r dadansoddiad, rhaid dewis y dull asesu mwyaf priodol. Gall y dull ddibynnu ar y gamp, y maes perfformiad sy'n cael ei ddadansoddi, y wybodaeth bresennol am y gamp ac, os ydych chi'n arsylwi ar eraill, gwybodaeth am y chwaraewr/chwaraewyr sy'n cael eu harsylwi.

Dadansoddiad SWOT

Defnyddir dadansoddiad SWOT er mwyn gwerthuso'r cryfderau, gwendidau, cyfleoedd a bygythiadau sy'n gysylltiedig â pherfformiad chwaraewr neu dîm. Mae angen i chi ddeall gofynion perfformiad y gamp rydych chi'n ei dadansoddi. Fel rheol, dim ond hyfforddwyr profiadol sy'n cyflawni hyn, ond wrth i athletwyr ddatblygu mae'n fuddiol iddynt hefyd gynnal dadansoddiadau SWOT fel y gallant gymharu a chyferbynnu eu canfyddiadau â chanfyddiadau eu hyfforddwr a chytuno ar dargedau ar gyfer perfformiad yn y dyfodol.

▶ Cryfderau – yn gyntaf nodwch gryfderau'r chwaraewr neu'r tîm mewn grid SWOT fel y rhai a ddangosir yn Nhabl 7.7 (ar gyfer tîm) a Thabl 7.8 (ar gyfer unigolyn). Gallai'r wybodaeth hon ddod o ddata gwrthrychol neu arsylwadau goddrychol. Cymharwch y perfformiad yn erbyn model delfrydol ar gyfer gofynion pob perfformiad. Mae'n bwysig bod gennych feini prawf clir ar gyfer asesu'r perfformiwr/perfformwyr wrth gynnal y dadansoddiad perfformiad a SWOT.

▶ Gwendidau – gyda chefnogaeth y data, nodwch unrhyw wendidau fel aneffeithlonrwydd technegol ym mherfformiad sgiliau penodol, neu gymhwysiad tactegau a strategaethau yn anghywir mewn gêm neu ymarfer ffug.

▶ Cyfleoedd – nodwch unrhyw gyfleoedd sydd gan y chwaraewr neu'r tîm i ddatblygu eu perfformiad, fel mynediad at sesiynau hyfforddi neu hyfforddwyr penodol er mwyn cefnogi datblygiad technegol. Gall hefyd gynnwys gwybodaeth am unrhyw wrthwynebydd/ gwrthwynebwyr, fel data gwrthrychol ar berfformiadau blaenorol (amseroedd, canlyniadau, ac ati) neu asesiadau goddrychol o'u heffeithiolrwydd, o bosibl ar ffurf adroddiad sgowtiaid.

▶ Bygythiadau – nodwch unrhyw fygythiadau tymor byr neu hir dymor i berfformiad y chwaraewr neu'r tîm.

Wrth asesu gofynion perfformiad camp, mae'n bwysig bod pedair elfen allweddol y perfformiad yn cael eu hasesu: corfforol, seicolegol, technegol a thactegol.

▶ **Tabl 7.7:** Dadansoddiad SWOT o dîm pêl-rwyd West Side

Cryfderau	Gwendidau
• Trefniant amddiffynnol da • Canolwr rhagorol (safon cenedlaethol) • Lefelau ffitrwydd uchel i bob perfformiwr chwaraeon	• Canlyniadau anghyson • Ymwybyddiaeth gwael o le • Saethu gwael
Cyfleoedd	**Bygythiadau**
• Datblygu tactegau ymosodol • Mae gwrthwynebwyr yn wan o ran ymosod • Prif hyfforddwr newydd a benodwyd yn ddiweddar (yn brofiadol iawn gyda llawer o syniadau)	• Mae gan wrthwynebwyr ddau chwaraewr pêl-rwyd sirol: ymosodwr asgell ac ymosodwr gôl • Cryfder meddyliol – yn hawdd eu rhwystro ar ôl perfformiad gwael • Diraddiad (*relegation*) o'r gynghrair

Tabl 7.8: Dadansoddiad SWOT o Darren Milner, chwaraewr badminton

Cryfderau	Gwendidau
• Yn clirio'n dda uwch ei ben • Ystwythder da ar y cwrt • Symudiad rhagorol dros y cwrt • Lefelau ffitrwydd uchel	• Serfiad byr a hir anghyson • Techneg gwrthlaw, clirio, ergyd galed ac ergyd gwta gwael • Ymateb yn hwyr i safle gwrthwynebydd ar y cwrt • Dewis ergyd yn wael
Cyfleoedd	**Bygythiadau**
• Datblygu serfiad byr trwy sesiynau hyfforddi dwys • Mae gan y gwrthwynebydd ergyd wael hefyd • Mae'r gallu i symud o amgylch y cwrt yn rhoi mantais i'r perfformiwr wrth ddychwelyd ergydion a chynhyrchu ralïau	• Mae'r gwrthwynebydd yn chwaraewr gwell • Cryfder meddyliol – yn hawdd eu rhwystro ar ôl ergyd wael • Dewis ergyd anghywir mewn ralïau hir

Cysylltiad

Mae'r adran hon yn cysylltu ag *Uned 28: Dadansoddiad Perfformiad Chwaraeon.*

Term allweddol

Dadansoddiad nodiannol – cofnodi patrymau symud a data arall ynghylch perfformiad gan arsylwr.

Proffilio perfformiad

Er mwyn cwblhau asesiad llawn o'u perfformiad, gall athletwr ddewis cynnal proffil perfformiad: asesiad llawn o ofynion technegol, tactegol, corfforol a seicolegol eu camp.

Mae proffil perfformiad yn defnyddio amrywiaeth o ddulliau asesu gan gynnwys **dadansoddiad nodiannol** ac arsylwi perfformiad. Mae'r asesiad yn cynnwys dyfarnu gradd neu farc y dylid ei osod yn erbyn perfformiad neu nod targed cyraeddadwy sy'n ymwneud â datblygiad yr athletwr.

Mae'n bwysig bod gan athletwyr a hyfforddwyr ddisgwyliadau realistig o ran nodau datblygu. Ystyriwch y ddwy enghraifft isod.

▶ Gallai pêl-droediwr 10 oed gymharu eu perfformiad yn erbyn chwaraewr arall yn yr un gynghrair, sef y prif sgoriwr goliau yn y gynghrair. Felly ar raddfa o 1 i 10, gall 1 fod yn chwaraewr sydd heb sgorio unrhyw goliau yn y tymor, tra gall 10 fod yn chwaraewr sydd wedi sgorio 30 gôl. Byddai'n afrealistig cymharu eu perfformiad â pherfformiad Lionel Messi oherwydd y gwahaniaeth mewn oedran, gallu a lefelau sgiliau.

▶ Gallai golffiwr â handicap o 16 gymharu ei berfformiad yn erbyn golffiwr â handicap o 8. Felly ar raddfa o 1 i 10, gall 1 fod yn handicap o 16 tra gellir cymharu 10 â golffiwr gyda handicap o 4. Byddai'n afrealistig cymharu eu perfformiad â pherfformiad Rory McIlroy oherwydd y gwahaniaeth mewn oedran, gallu a lefelau sgiliau.

▶ Mae proffilio perfformiad yn caniatáu i golffwyr gymharu eu perfformiad yn erbyn ei gilydd

Wrth hyfforddi dechreuwyr, bydd angen i hyfforddwr chwaraeon gwblhau proffil perfformiad cychwynnol er mwyn pennu pa elfennau o'u perfformiad sydd angen eu datblygu. Wrth i athletwr ddatblygu o ran oedran a gallu, dylai'r hyfforddwr a'r athletwr gwblhau proffiliau perfformiad. Ar ôl cwblhau'r proffil perfformiad, dylai'r athletwr a'r hyfforddwr drafod y canfyddiadau a chytuno ar gynllun y gellir ei ddilyn er mwyn mynd i'r afael ag unrhyw wendidau technegol, tactegol, seicolegol neu gorfforol yn eu perfformiad.

Defnyddio technoleg

Dros y degawd diwethaf, cyflwynwyd ystod o dechnoleg i gefnogi'r broses asesu.

▶ Rhaglen gyfrifiadurol yw Prozone sy'n dadansoddi perfformiad ac yn cynhyrchu data. Gall ddarparu gwybodaeth am berfformiad ar ôl y gêm ar gyfer gemau cartref ac oddi cartref, gan ganiatáu i'r asesydd ddadansoddi pob agwedd ar berfformiad tîm a chwaraewyr. Mae Prozone yn darparu dadansoddiad ar ôl y gêm sy'n galluogi hyfforddwyr i ychwanegu at eu harsylwadau goddrychol eu hunain gyda data perfformiad gwrthrychol.

▶ Mae technoleg Dartfish yn rhaglen a all arafu symudiad a rhewi pob cydran o sgìl er mwyn galluogi asesydd i asesu cymhwysiad effeithiol techneg ar bob cam.

▶ Mae technoleg Kandle yn fath arall o feddalwedd dadansoddi fideo a ddefnyddir er mwyn cefnogi arsylwadau hyfforddwyr o berfformiad.

Po fwyaf cymhleth yw'r sgìl, y mwyaf yw'r gofyniad am feddalwedd er mwyn galluogi hyfforddwyr chwaraeon i'w ddadansoddi'n fwy manwl. Fodd bynnag, gellir defnyddio technoleg mwy sylfaenol hefyd. Bydd llawer o hyfforddwyr rhedeg mewn clybiau, er enghraifft, yn defnyddio ffôn clyfar neu dabled i recordio fideos o'u hathletwyr yn rhedeg. Gyda'r ap cywir, gallant wedyn ei chwarae'n ôl yn araf, rhewi fframiau a hyd yn oed dynnu diagramau dros y ddelwedd i ddangos pwyntiau am gyflwr tra'n rhedeg.

> **Cysylltiad**
>
> Gallwch ddarllen mwy am ddefnyddio technoleg i asesu perfformiad chwaraeon yn *Uned 28: Dadansoddiad Perfformiad Chwaraeon*.

Profi

Gall profion roi darlun gwrthrychol o athletwr o fewn lefelau perfformiad cyfredol tîm. Er enghraifft, gellir defnyddio profion seicometrig er mwyn asesu cyflwr meddyliol athletwr, a gellir defnyddio profion ffitrwydd er mwyn asesu'r cydrannau corfforol a'r sgiliau ffitrwydd sy'n ofynnol.

Enghraifft o brawf seicometrig yw'r prawf 'proffil cyflyrau hwyliau' (POMS – *Profile of mood states*). Mae hyn yn mesur hwyliau athletwr yn ystod yr hyfforddiant a gall nodi a ydyn nhw'n gorymarfer. Fe'i defnyddir yn bennaf ar gyfer athletwyr sy'n edrych yn flinedig yn ystod perfformiad neu sy'n dangos agwedd ddiffygiol wrth hyfforddi, ac mae wedi'i gynllunio i archwilio'r rhesymau y tu ôl i'r broblem.

> **Cysylltiad**
>
> Ymdrinnir â phrofion ffitrwydd yn fanwl yn *Uned 5: Cymhwyso Profion Ffitrwydd* a hefyd yn *Uned 28: Dadansoddiad Perfformiad Chwaraeon*.

Cyfweliadau

Un o'r dulliau hawsaf o ddadansoddi perfformiad yw cyfweld athletwr ar ôl sesiwn hyfforddi neu gystadleuaeth. Mae hyn yn rhoi adborth gwerthfawr ar sut roeddent yn teimlo bod eu perfformiad wedi mynd, a pha feysydd o'u perfformiad y maen nhw'n teimlo sydd angen eu datblygu a'u gwella ymhellach. Mae defnyddio barn yr athletwr ei hun ar ei gryfderau personol a'r meysydd i'w gwella yn caniatáu iddyn nhw a'u hyfforddwr ddatblygu strategaethau hyfforddi er mwyn helpu perfformiadau yn y dyfodol.

Data perfformiad gwrthrychol

Mae'n bosibl asesu perfformiad tîm neu unigolyn yn 'fyw' mewn sesiwn hyfforddi neu gystadleuaeth, neu ar fideo ar ôl y digwyddiad, trwy gasglu data perfformiad gwrthrychol. Mae hyn yn cynnwys casglu data ystadegol ar berfformiad mewn sefyllfa gystadleuol neu mewn hyfforddiant. Gall y data hwn fod ar sawl ffurf wahanol ac mae'n caniatáu asesiad gwrthrychol yn seiliedig ar ddefnyddio data rhifiadol neu ystadegau. Er enghraifft, os yw tîm yn saethu tuag at y gôl 15 o weithiau yn ystod gêm bêl-droed, a dim ond tri ohonynt yn taro'r targed, mae'n bosibl dod i'r casgliad bod angen i'r tîm weithio ar ei saethu.

Gellir casglu'r data hwn ar gyfer timau, ond gellir ei ddefnyddio hefyd er mwyn asesu effeithiolrwydd chwaraewyr unigol o fewn tîm ac athletwyr mewn chwaraeon unigol. Er enghraifft, pe bai bocsiwr wedi glanio 37 pwniad chwith allan o 43 ymgais a dim ond 23 pwniad dde allan o 53 ymgais mewn gornest, mae'n bosibl dod i'r casgliad mai cryfder y bocsiwr yw eu pwniad chwith a'u gwendid yw eu pwniad dde.

Gellir casglu'r data perfformiad gwrthrychol hwn gan ddefnyddio dadansoddiad nodiannol, ble mae arsylwr/asesydd yn cofnodi data trwy gwblhau cyfrifon. Gweler Ffigur 7.3, sy'n dangos sut y gellid defnyddio dadansoddiad nodiannol i asesu effeithiolrwydd serfiad cyntaf ac ail serfiad chwaraewr tennis yn ystod gêm.

▶ **Ffigur 7.3:** Sut y gellid defnyddio dadansoddiad nodiannol er mwyn asesu effeithiolrwydd serfiad cyntaf ac ail serfiad chwaraewr tennis yn ystod gêm.

O'r data hwn, efallai y dewch i'r casgliad bod angen i'r chwaraewr tennis hwn ddatblygu ei serfiad cyntaf. Fodd bynnag, mae'r enghraifft hon hefyd yn tynnu sylw at ddiffyg all godi wrth ddefnyddio data perfformiad gwrthrychol: mae'n bosibl bod y chwaraewr wedi taro 22 âs-bwynt o bob un o'r serfiadau cyntaf sydd wedi glanio, ac felly efallai na fydd y serfiad cyntaf yn gymaint o wendid ag y mae'r data yn ei awgrymu.

▶ **Ffigur 7.4:** Sut y gellid defnyddio dadansoddiad nodiannol er mwyn asesu effeithiolrwydd gallu pêl-droediwr i basio

Mae Ffigur 7.4 yn dangos sut y gellid defnyddio dadansoddiad nodiannol er mwyn asesu effeithiolrwydd gallu pêl-droediwr i basio. O'r data hwn, efallai y dewch i'r casgliad bod angen i'r pêl-droediwr hwn ddatblygu ei basio yn nhraean olaf y cae er mwyn gwella ei berfformiad ei hun a pherfformiad y tîm. Unwaith eto, gellir defnyddio'r wybodaeth hon i dynnu sylw at ddiffyg a allai godi o ddata perfformiad gwrthrychol: efallai bod y chwaraewr wedi cwblhau 22 pas a sefydlu tair gôl o dri o'r pasiau a gwblhawyd ganddynt. Efallai bod y 34 pas anghyflawn wedi bod o ganlyniad i farcio gormodol gan y gwrthwynebwyr ar ôl effaith y pasiau cynharach yn y gêm, felly efallai na fydd gallu pasio'r chwaraewr yn gymaint o wendid ag y mae'r data yn ei awgrymu.

Nid yw casglu data bob amser yn asesu effeithlonrwydd technegol gan nad yw'n cynnwys arsylwi, felly mae arsylwadau'n parhau i fod yn bwysig.

Damcaniaeth ar waith

Mewn grwpiau o ddau neu dri, gwyliwch gêm o bêl-droed a chofnodwch wybodaeth syml fel:

- pasiau llwyddiannus
- ergydion ar darged
- ergydion oddi ar y targed
- nifer y ciciau o'r gornel
- taclau llwyddiannus
- goliau wedi eu sgorio
- goliau wedi'u hildio.

Dadansoddwch y data rydych chi wedi'i gasglu. Beth mae'n ei ddangos? Trafodwch y canfyddiadau gyda gweddill eich grŵp, yna atebwch y cwestiynau hyn.

1 Trafodwch beth oedd yn dda am y dull o ddadansoddi data gwrthrychol a ddefnyddiwyd gennych.

2 Pa broblemau wnaethoch chi ddod ar eu traws?

3 Sut gallai'r wybodaeth y byddwch chi'n ei chasglu yn y dyfodol fod yn fwy cywir ac effeithiol ar gyfer y dadansoddiad y mae'n rhaid i chi ei gwblhau?

Damcaniaeth ar waith

Mewn grwpiau o ddau neu dri, gwyliwch gêm unigol o badminton a chofnodwch wybodaeth syml fel:

- dychweliadau blaenllaw llwyddiannus
- dychweliadau gwrthlaw llwyddiannus
- nifer y serfiadau
- nifer y serfiadau llwyddiannus
- pwyntiau a enillwyd ar serfiad
- pwyntiau a enillwyd ar ôl dychwelyd y serfiad.

Dadansoddwch y data rydych chi wedi'i gasglu. Beth mae'n ei ddangos? Trafodwch y canfyddiadau gyda gweddill eich grŵp, yna atebwch y cwestiynau hyn.

1 Trafodwch beth oedd yn dda am y dull o ddadansoddi data gwrthrychol a ddefnyddiwyd gennych.

2 Pa broblemau wnaethoch chi ddod ar eu traws?

3 Sut gallai'r wybodaeth y byddwch chi'n ei chasglu yn y dyfodol fod yn fwy cywir ac effeithiol ar gyfer y dadansoddiad y mae'n rhaid i chi ei gwblhau?

Sylwadau goddrychol

Mae arsylwadau ac asesiadau goddrychol o dîm neu unigolyn yn seiliedig ar eich beirniadaeth, dehongliadau, barnau a chymhariaeth yn erbyn perfformiad delfrydol.

Mae dadansoddi arsylwol yn dechneg boblogaidd ar gyfer asesu perfformiad a chymhwyso sgiliau, technegau a thactegau yn effeithiol. Mae angen i bob hyfforddwr fod yn arsylwyr effeithiol, i'w galluogi i nodi cryfderau a gwendidau yn ystod perfformiad.

Dylid defnyddio dadansoddiad arsylwol er mwyn nodi anghenion tîm neu unigolyn, a dylai lywio cynlluniau hyfforddwr i ddatblygu perfformiad. Dylai'r dadansoddiad llawn o berfformiad cyffredinol fod yn sail i raglen hyfforddi gyda'r nod o fynd i'r afael â'r gwendidau mwyaf sylweddol.

Mae llawer o arsylwadau ac asesiadau perfformiad yn cyfuno data perfformiad gwrthrychol ac arsylwadau goddrychol. Er enghraifft, gall arsylwi chwaraewr pêl-fasged gynnwys dadansoddiad nodiannol o'u cymhwysiad o bob sgil yn ystod gêm, yna gall yr hyfforddwr arsylwi ar ei berfformiad a chasglu adborth yn seiliedig ar y ddau beth hyn.

❚❚ MUNUD I FEDDWL   Allwch chi esbonio'r gwahaniaeth rhwng dadansoddiad gwrthrychol a goddrychol?

Awgrym   Meddyliwch am y gwahanol ddulliau o asesu perfformiad chwaraeon.

Ymestyn   Pryd fyddech chi'n defnyddio pob math o ddadansoddiad a pham?

Adolygu perfformiad mewn chwaraeon dethol

Er mwyn cefnogi eu datblygiad eu hunain, rhaid i athletwr ddangos sgiliau dadansoddi effeithiol, gan gynnwys hunanddadansoddi. Dadansoddiad o berfformiad yw'r gallu i arsylwi a llunio barn briodol, gan gynnwys elfennau technegol a thactegol o berfformiad penodol. Dylai athletwr fedru nodi cryfderau a blaenoriaethu targedau perfformiad ar gyfer eu datblygiad eu hunain a datblygiad athletwyr eraill.

Er mwyn cwblhau dadansoddiad effeithiol o berfformiad, mae angen i'r athletwr fod â dealltwriaeth glir o'r hyn sydd i'w ddisgwyl ar bob cam o'u datblygiad. Mae dadansoddiad yn ei gwneud yn ofynnol i'r athletwr asesu unrhyw ddiffygion y maen nhw'n eu harsylwi yn y perfformiad cyfan, sgil sy'n cymryd amser a phrofiad i'w ddatblygu. Ar ôl ei wneud, bydd yn caniatáu iddynt nodi eu cryfderau eu hunain a'u meysydd i'w gwella.

> **Myfyrio**
>
> Meddyliwch am y tro diwethaf i chi wylio chwaraeon ar y teledu. A wnaethoch chi feirniadaeth am berfformiad athletwr? Os gwnaethoch chi feirniadaeth negyddol, yn erbyn pwy neu beth oeddech chi'n mesur y perfformiad?

Mae gan hyd yn oed yr athletwyr mwyaf wendidau nad yw pawb efallai'n eu gweld; efallai na fydd hyd yn oed eu hyfforddwyr eu hunain yn gweld eu diffygion. Dyna pam y gall athletwyr o'r radd flaenaf newid hyfforddwyr neu geisio am gefnogaeth gan eraill, neu adeiladu tîm o hyfforddwyr i weithio ar feysydd penodol o'u perfformiad.

Yn benodol i chwaraeon

Wrth ddadansoddi perfformiad athletwr unigol, dylai'r asesydd fod yn ymwybodol o ofynion y gamp y mae'n ei asesu. Er enghraifft, mae sgiliau a gofynion corfforol pêl-fasged a phêl-droed, neu snwcer a bocsio, yn wahanol iawn a bydd yn rhaid i'r asesydd ystyried hyn er mwyn llunio barn briodol ar y perfformiad.

Cymhwyso sgiliau

Wrth gynnal asesiad rhaid i'r asesydd ddeall cymhwysiad cywir pob sgil ('y model perffaith'). Heb y ddealltwriaeth hon, bydd ansawdd yr adborth yn gyfyngedig. Er enghraifft, wrth asesu pêl-rwyd, dylai asesydd allu cymharu cymhwysiad sgiliau, technegau a thactegau'r chwaraewyr i gymhwysiad delfrydol o'r dechneg/sgil sy'n cael ei harsylwi. Bydd y gymhariaeth hon yn erbyn cymhwysiad delfrydol yn galluogi'r asesydd i archwilio'r perfformiad ar gyfer cryfderau a meysydd i'w gwella. Os na all yr asesydd sylwi ar unrhyw wendidau yn y perfformiad, yna dylai'r athletwr ystyried ymgynghori â hyfforddwr/asesydd mwy gwybodus a phrofiadol.

Dadansoddi ac asesu techneg

Mae'r sgiliau mewn llawer o chwaraeon yn cynnwys cyfangiadau a gweithredoedd cymhleth, fel serfiad pêl-foli neu serfiad tennis. Er mwyn cael gwell dealltwriaeth o'r sgiliau hyn, maen nhw'n cael eu rhannu'n gamau llai er mwyn caniatáu asesiad clir o bob cam o'r dechneg.

Efallai y bydd y dull hwn o ddadansoddi sgiliau athletwr yn ei gwneud yn ofynnol i'r asesydd arafu'r weithred (byddai dadansoddiad fideo yn ddefnyddiol yma) ac asesu pob rhan o'r dechneg. Er enghraifft, ar gyflymder llawn gall serfiad chwaraewr pêl-foli neu dennis edrych yn iawn; fodd bynnag, gall ei arafu ddangos bod y bêl yn cael ei thaflu'n rhy bell i ffwrdd o gorff y serfiwr, a allai wanhau perfformiad cyffredinol y chwaraewr.

Dadansoddi ac asesu tactegol

Mae'n bwysig wrth ddadansoddi perfformiad athletwr bod yr asesydd yn deall y tactegau a'r strategaethau. Dylent gymharu'r perfformiad y maen nhw'n ei wylio yn erbyn perfformiad delfrydol. Rhaid i'r athletwr ddeall yr hyn sy'n ofynnol a gallu gweithredu'r strategaeth yn effeithiol.

Dylai'r asesiad tactegol hwn hefyd ystyried cymhwysiad yr athletwr o unrhyw reolau perthnasol ac effeithiolrwydd eu penderfyniadau.

Cyflawniadau

Wrth ddadansoddi perfformiad athletwr neu dîm, gallai fod yn ddefnyddiol edrych ar eu cyflawniadau blaenorol, sy'n debygol o helpu i ffurfio argraff ddefnyddiol cyn dechrau'r arsylwi. Efallai y bydd yn ddefnyddiol i asesydd edrych yn ôl ar gemau diweddar i weld a oes patrwm yn yr enillion/colledion, ac a yw hyn yn gysylltiedig â nodweddion corfforol y perfformwyr.

Efallai na fydd gwybodaeth o'r fath bob amser yn ddefnyddiol, ond gallai helpu i baentio darlun cyn unrhyw asesiad o berfformiad.

Cryfderau

Dylai'r adborth a gasglwyd yn ystod y dadansoddiad arsylwol gael ei dynnu o safbwyntiau goddrychol a gwrthrychol yr arsylwr. Y safbwyntiau goddrychol yw eu barn am y perfformiad a gall y safbwyntiau gwrthrychol ddod o ddata a gasglwyd yn ystod yr arsylwi. Gyda'r wybodaeth hon, dylai'r arsylwr fedru nodi cryfderau'r perfformiwr a arsylwyd.

Meysydd i'w gwella

Yn yr un modd â'r cryfderau a nodwyd, dylid nodi'r meysydd i'w gwella o'r arsylwadau a wnaed ynghylch y perfformiad ac, os yw'n briodol, y data a gynhyrchir o'r arsylwad.

Er enghraifft, pwy fyddai wedi meddwl y gallai Usain Bolt fod wedi rhedeg y ras 100 metr yn gyflymach nag y gwnaeth yn rownd derfynol Gemau Olympaidd Beijing yn 2008? Fodd bynnag, trwy ddatblygu elfennau o'i berfformiad trwy gydol cyfnod o bedair blynedd, llwyddodd i guro ei record Olympaidd ei hun yn y Gemau Olympaidd yn Llundain yn 2012.

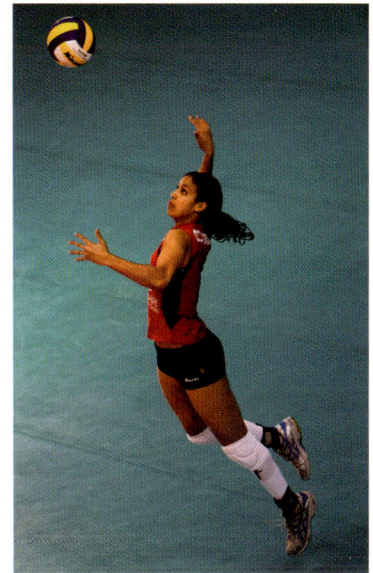

▶ Gall technoleg helpu i ddadansoddi technegau fel serfiad pêl-foli

Datblygiadau i wella perfformiad

Yn dilyn dadansoddiad perfformiad, dylai'r chwaraewr neu'r tîm a'r arsylwr/asesydd gytuno ar gynllun datblygu sy'n ystyried canfyddiadau'r dadansoddiad ac yn cyflwyno gweithgareddau i wella perfformiad. Mae hyn yn hanfodol, oherwydd heb gynllun datblygu a nodau a thargedau cytunedig ar gyfer perfformiad yn y dyfodol, gallai perfformiad athletwr neu dîm gyrraedd **gwastadedd**.

Nodau ac amcanion

Cyn llunio cynllun datblygu, dylai tîm/chwaraewr a hyfforddwr gytuno ar nodau clir. Dylai'r rhain gynnwys pethau yr hoffent eu cyflawni, e.e. dyrchafiad i gynghrair uwch, neu wella cychwyn sbrint, erbyn dechrau'r tymor nesaf.

Er mwyn cyflawni eu nodau, bydd angen i dîm neu athletwr hefyd gael amcanion sy'n mynegi sut y byddant yn cyflawni pob un o'u nodau. Dylai fod gan bob nod amcan, e.e. 'Er mwyn gwella ein safle yn y gynghrair bydd yn rhaid i ni weithio ar amddiffyn', neu 'Er mwyn gwella cychwyn fy sbrint, bydd yn rhaid i mi weithio ar fy amser ymateb a phŵer fy nghoesau'.

Nodau

Ar ôl cwblhau asesiadau perfformiad a dadansoddiad chwaraewr neu dîm, dylai'r arsylwr a'r tîm gytuno ar nodau penodol ar gyfer datblygu yn y dyfodol. Dylai unigolion a thimau ddefnyddio nodau er mwyn cynyddu eu cymhelliant a'u hyder ar gyfer digwyddiadau chwaraeon yn y dyfodol. Dylai gosod nodau fod yn gam cyntaf y broses gynllunio ar gyfer unrhyw dîm a hyfforddwr, oherwydd trwy osod nodau gallant osod targedau clir ar gyfer datblygiad personol. Dylai nodau ddarparu cyfeiriad a chymhelliant. Mae nodau'n aml yn cael eu gosod dros gyfnodau amrywiol: gall timau osod nodau tymor byr, tymor canolig a thymor hir.

▶ Gosodir **nodau tymor byr** dros gyfnod byr, rhwng un diwrnod ac un mis. Gallai nod tymor byr fod yn darged y mae tîm neu berfformiwr yn dymuno ei gyflawni ar ôl y sesiwn hyfforddi nesaf, neu'n dechneg benodol yr hoffent ei datblygu erbyn diwedd y mis nesaf.

▶ Dylai **nodau tymor canolig** gefnogi'r tîm neu'r unigolyn yn raddol i gyflawni'r nodau tymor hir. Gellir mesur y nodau hyn ar adegau penodol o fewn tymor.

▶ Mae **nodau tymor hir** wedi'u gosod ar gyfer a gyda thîm neu unigolyn er mwyn eu helpu i benderfynu ble maen nhw eisiau mynd, beth maen nhw am ei gyflawni a'r ffordd orau o gyrraedd yno. Dylai hyfforddwr ddefnyddio'r nodau hyn i lunio eu hamserlen hyfforddi am dymor neu'n hirach os yw'n briodol.

Targedau CAMPUS

Lle bynnag y gosodir amcanion a nodau ar gyfer timau neu unigolion, dylent ddilyn y patrwm CAMPUS.

▶ **C**yraeddadwy – dylai'r nodau a osodir fod yn gyraeddadwy o fewn cyfnod penodol o amser a dylent fod yn berthnasol i'r tîm neu'r unigolyn.

▶ Wedi'i **A**mseru – gwnewch yn siŵr eich bod yn cytuno ar amserlen, hyd yn oed os yw'n cynnwys targedau bach ar gyfer datblygu athletwyr (nodau tymor byr, tymor canolig a thymor hir).

▶ **M**esuradwy – dylai'r nodau a osodir ddiffinio dull o fesur llwyddiant y tîm neu'r unigolyn. Dylent osod targedau cyflawniad: beth ac erbyn pryd?

▶ **P**enodol – dylai'r nodau a osodir fod mor gywir a manwl â phosibl i'r tîm neu'r unigolyn.

▶ **U**chelgeisiol ond **S**ynhwyrol (realistig) – dylai'r nodau a osodir fod yn briodol i'r tîm neu'r unigolyn.

Cyfleoedd

Gall llunio cynllun ar gyfer datblygiad yn y dyfodol agor drysau newydd ar gyfer datblygiad personol timau ac unigolion yn ogystal â chyflawniad chwaraeon.

Gall fod yn ofyniad neu'n darged y cytunwyd arno y bydd athletwr yn mynychu cyrsiau ac yn ennill cymwysterau sy'n golygu eu bod yn dysgu sgiliau a thechnegau newydd, neu'n datblygu gwybodaeth am faes penodol o'u camp. Efallai y bydden nhw'n dysgu am drin ac atal anafiadau chwaraeon, gofynion technegol camp, maeth chwaraeon neu ddatblygiad tactegol.

> **Ymchwil**
>
> Yn eich camp eich hun, darganfyddwch am gyrsiau a/neu gymwysterau priodol y gallai athletwr eu cymryd er mwyn gwella eu gwybodaeth am y meysydd a restrir isod. Rhowch enw'r cwrs, y darparwr, y lleoliad a'r gost.
>
> - Trin ac atal anafiadau chwaraeon
> - Gofynion technegol camp
> - Maeth chwaraeon
> - Datblygiad tactegol.

Er enghraifft, os yw athletwr wedi dioddef nifer o anafiadau, gall eu hyfforddwr feddwl y byddai'n fuddiol iddynt fynychu cwrs anafiadau chwaraeon ac ailhyfforddi. Yma byddant yn dysgu am wahanol ddulliau o drin anafiadau chwaraeon ac efallai y byddant hefyd yn dysgu sut i osgoi neu atal anafiadau. Trwy gwblhau'r cyrsiau hyn gall athletwr gynyddu ei bortffolio o gymwysterau.

Gall y cynllun datblygu y cytunwyd arno rhwng yr hyfforddwr a'r tîm hefyd gyflwyno tîm neu unigolyn i ddulliau hyfforddi newydd ac o bosibl hyfforddwyr newydd. Gall hyn adnewyddu'r dulliau cyfredol a datblygu cymhelliant pellach. Efallai y bydd hefyd yn gyfle i wella perfformiad cyffredinol.

Rhwystrau posibl

Er y gall y cynllun datblygu a gynhyrchir ar gyfer tîm neu unigolyn gwmpasu pob digwyddiad posibl a darparu rhai cyfleoedd rhagorol, gall amgylchiadau annisgwyl godi a rhwystro'r datblygiad tuag at gyflawni'r nodau penodol. Gallai'r rhain gynnwys:

- anaf a salwch
- tywydd gwael
- diffyg cyllid
- methu â bod yn gymwys ar gyfer cystadlaethau/digwyddiadau
- pwysau teuluol a/neu gan gyfoedion.

Wrth gymryd rhan mewn rhaglen hyfforddi, dylid rhoi pob cyfle i athletwyr gyrraedd eu nodau a'u targedau. Gall athletwyr ofyn am gefnogaeth o fewn eu clwb, neu gan NGB eu camp os yw'n briodol. Gall y gefnogaeth hon herio unrhyw rwystrau sy'n bygwth eu hatal rhag cyrraedd eu targedau.

> **⏸ MUNUD I FEDDWL**   Ydych chi'n deall sut i ddadansoddi'ch perfformiad eich hun?
>
> **Awgrym**   Meddyliwch am eich perfformiad mewn camp. Beth allech chi ei wneud i'w wella?
>
> **Ymestyn**   Ceisiwch lunio cyfres o nodau CAMPUS tymor byr, tymor canolig a thymor hir er mwyn gwella eich perfformiad chwaraeon.

Mae rheolwr-gyfarwyddwr cwmni hyfforddi chwaraeon lleol wedi cysylltu â'ch coleg ac wedi gwahodd rhai dysgwyr i gwrdd â'i staff i drafod ffyrdd o fyfyrio ar berfformiad chwaraeon.

Mae hi wedi gofyn i chi ddarparu crynodeb o'r gwahanol ddulliau asesu a ddefnyddir i adolygu perfformiad chwaraeon ymarferol. Hoffai i hyn fod ar ffurf cyflwyniad i'r hyfforddwyr chwaraeon yn y cwmni.

Er mwyn cefnogi'r cyflwyniad, mae'r rheolwr-gyfarwyddwr hefyd wedi gofyn i chi ddarparu rhywfaint o ffilm sy'n rhoi'r theori yng nghyd-destun bywyd go iawn. Mae hi eisiau i chi:

- gymryd rhan mewn sefyllfa gystadleuol mewn chwaraeon tîm ac unigol, a gwneud fideo ohono
- defnyddio'r ffilm er mwyn asesu'ch perfformiad eich hun a rhoi cyfiawnhad o'r hyn y bydd angen i chi ei wneud er mwyn gwella'ch perfformiad ym mhob camp
- cynhyrchu cynllun datblygu sy'n nodi'r hyn y byddwch chi'n ei wneud i wella ym mhob un o'r chwaraeon.

Hoffai'r rheolwr-gyfarwyddwr i chi ddefnyddio'r cynllun datblygu i ddangos sut y gall hyfforddwyr chwaraeon fyfyrio ar berfformiadau eu perfformwyr chwaraeon.

Cynllunio
- Byddaf yn llunio rhestr o bob un o'r dulliau asesu a ddefnyddir i arolygu perfformiad perfformwyr chwaraeon.
- Byddaf yn sicrhau bod gen i recordiad fideo ohonof fy hun yn cystadlu mewn tîm ac mewn camp unigol.

Gwneud
- Gallaf fyfyrio ar fy mherfformiad ym mhob camp a'i arolygu.
- Gallaf ddefnyddio dulliau asesu priodol er mwyn arolygu fy mherfformiad ac ystyried datblygiadau ar gyfer perfformiad pellach ym mhob camp.

Adolygu
- Gallaf adnabod sut mae'r profiad dysgu hwn yn gysylltiedig â phrofiadau yn y dyfodol.
- Gallaf wneud dewisiadau gwybodus yn seiliedig ar fyfyrio.

Deunydd darllen ac adnoddau pellach

Cassidy, T., Jones, R. a Potrac, P. (2008) *Understanding Sports Coaching: The Social, Cultural and Pedagogical Foundations of Coaching Practice*, Abingdon: Taylor and Francis Ltd.

Crisfield, P. (2001) *Analysing Your Coaching*, Leeds: Coachwise.

Miles, A. (2004) *Coaching Practice*, Leeds: Coachwise.

Robinson, P. (2014) *Foundations of Sports Coaching*, Abingdon: Taylor and Francis Ltd.

BETH AM ▶▶ Y DYFODOL?

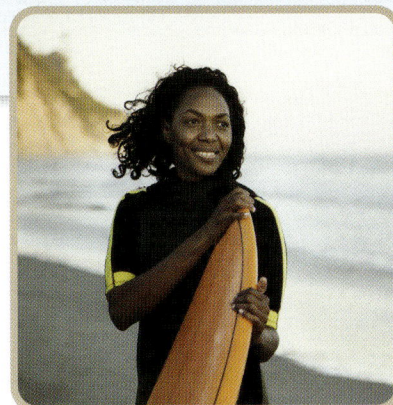

Rose Wallace
Syrffiwr ac Awdur Proffesiynol

Pan oeddwn i'n tyfu i fyny roeddwn yn breuddwydio drwy'r amser am deithio'r byd a gwneud bywoliaeth o syrffio. Ni feddyliais erioed y byddwn yn ddigon da i wneud digon o arian o syrffio i fyw'n gyfforddus. Rwy'n derbyn nad fi yw'r syrffiwr gorau yn y byd ond ar ôl blynyddoedd o ymarfer cyson rwyf wedi cyrraedd safon dda ac wedi datblygu fy sgiliau fel y gallaf fynd i'r afael â rhai rhwystrau syrffio eithaf caled.

Yn ystod fy nheithiau rwy'n ysgrifennu blog rheolaidd, yn cael erthyglau wedi'u comisiynu gan gylchgronau ac yn rheoli fforwm teithio syrffio. Mae fy ngŵr yn tynnu lluniau o'n teithiau ac felly rhyngom gallwn ddarparu delweddau a chynnwys gwych. Wrth i mi ddod yn fwy amlwg, rwyf wedi denu noddwyr sy'n darparu offer i mi ac yn helpu tuag at gost ein teithiau. Yn gyfnewid, rwy'n sicrhau bod eu brandiau'n cael sylw yn ein blog a'r cylchgronau rwy'n ysgrifennu ar eu cyfer.

Nid oes raid i mi gystadlu o gwbl, sy'n wych i mi gan nad wyf yn mwynhau syrffio cystadleuol llawer. Rwy'n medru defnyddio fy sgiliau i fyw'r bywyd rydw i ei eisiau ac rydw i wrth fy modd â phob munud o fy ngwaith.

Canolbwyntio eich sgiliau

Ymarfer cyson

I wneud bywoliaeth o gymryd rhan mewn chwaraeon mae angen i chi fod ar frig eich maes. Ar ôl i chi gyrraedd safon uchel, mae'n rhy hawdd ymlacio a gadael i safonau lithro. Er mwyn cynnal noddwyr a chadw'ch hun yn y cyfryngau mae'n rhaid eich bod chi'n perfformio ar safon ragorol.

Mae ymarfer yn allweddol i lwyddiant, hyd yn oed pan efallai nad ydych chi eisiau ymarfer oherwydd bod yr amodau'n wael neu nad ydych chi'n teimlo fel gwneud. Mae gweithwyr chwaraeon proffesiynol yn llawn cymhelliant a byddant yn gwthio'u hunain bob amser. Y ffordd honno pan fydd camera wedi'i bwyntio i'w cyfeiriad neu os oes disgwyl iddynt berfformio gallant wneud hynny gyda'r hyder eu bod wedi gwneud popeth o fewn eu gallu i baratoi.

Datblygu sgiliau eraill

Mae yna lawer o chwaraeon ble mae'n eithaf posib gwneud gyrfa o fod yn athletwr proffesiynol heb orfod cystadlu o gwbl. I'r rhai sy'n dilyn un o'r gyrfaoedd hyn mae'n hanfodol eu bod yn datblygu ystod o sgiliau eraill i ategu eu gallu chwaraeon a chaniatáu iddynt wneud bywoliaeth ohono. Gallai'r sgiliau hyn gynnwys:

- ysgrifennu – er mwyn cyfrannu at lyfrau, cylchgronau a chyhoeddiadau ar-lein
- siarad cyhoeddus – fel y gallant hyrwyddo eu campau trwy dderbyn tâl am gyflwyniadau
- cyfathrebu cyffredinol – er mwyn trafod gyda noddwyr a darpar gefnogwyr
- trefniadaeth – er mwyn cadw at amserlenni prysur a chyrraedd targedau a therfynau amser
- cyllidebu – er mwyn sicrhau bod costau yn cael eu cydbwyso yn erbyn ffrydiau incwm posibl

Paratoi ar gyfer asesiad

Mae Luke yn gweithio tuag at BTEC Cenedlaethol mewn Chwaraeon. Cafodd aseiniad gyda'r teitl 'Cwblhewch adlewyrchiad o'ch perfformiad eich hun mewn Chwaraeon Tîm ac Unigol' ar gyfer Nod dysgu D. Roedd yn rhaid iddo gwblhau dadansoddiad o'i berfformiad ei hun mewn dwy gamp ar ffurf cyflwyniad; yna roedd yn mynd i gyflwyno ei ganfyddiadau i grŵp o hyfforddwyr chwaraeon. Roedd yn rhaid i'r cyflwyniad:

▶ gynnwys gwybodaeth am y gwahanol ddulliau asesu y gellid eu defnyddio er mwyn adolygu ei berfformiad wrth gymryd rhan mewn gwahanol chwaraeon

▶ adolygu ei berfformiad ei hun gan ddefnyddio dulliau asesu dethol ym mhob camp

▶ trafod gweithgareddau y bydd yn eu defnyddio i wella ei berfformiad ym mhob un o'r chwaraeon a ddewiswyd.

Mae Luke yn rhannu ei brofiad isod.

Sut y dechreuais i

Yn gyntaf, fe wnes i gasglu tystiolaeth fideo o fy mherfformiad badminton (chwaraeon unigol) a rygbi'r undeb (chwaraeon tîm). Cwblheais grynodeb o'r dulliau y gallwn eu defnyddio er mwyn asesu fy mherfformiad o sgiliau, technegau a thactegau mewn chwaraeon. Defnyddiais hyn er mwyn penderfynu pa ddull asesu y byddwn yn ei ddefnyddio.

Yna dechreuais asesu fy mherfformiad wrth gystadlu ym mhob camp. Rhestrais fy nghryfderau a'r meysydd ble roeddwn angen datblygiad pellach ym mhob un o'r chwaraeon. Roedd angen i mi wella fy ngwybodaeth am berfformiad lefel uchel ym mhob camp hefyd. Penderfynais arsylwi perfformwyr chwaraeon yn perfformio ar y lefel uchaf. Trefnais i wylio perfformiad byw o gystadleuaeth badminton rhyngwladol a fy nghlwb proffesiynol rygbi'r undeb lleol yn chwarae.

Sut y des â'r cyfan at ei gilydd

Cwblheais ddadansoddiad SWOT ar gyfer pob camp. I ddechrau, ysgrifennais gyflwyniad byr yn disgrifio'r gwahanol ddulliau y gellir eu defnyddio i asesu perfformiad chwaraeon a pha ddulliau yr oeddwn yn teimlo oedd fwyaf priodol i asesu fy mherfformiad fy hun. Ar gyfer pob camp, fe wnes i:

▶ greu tabl yn dweud pa ddulliau asesu y byddwn yn eu defnyddio i asesu fy mherfformiad, gyda chrynodeb byr o bob un

▶ esbonio pam y dewisais y dulliau hyn i asesu fy mherfformiad

▶ cwblhau tabl dadansoddi SWOT gyda rhesymeg ar gyfer pob rhan o'r asesiad

▶ crynhoi fy ngallu i gymhwyso sgiliau, technegau a thactegau, a rheolau pob camp, gan sicrhau fy mod yn gwneud y penderfyniadau cywir bob amser

▶ cwblhau cynllun datblygu ar gyfer fy mherfformiad ym mhob camp, a dynnodd sylw at sut y gallwn wella.

Wnes i gymharu fy ngallu fy hun yn erbyn y perfformwyr elitaidd yr oeddwn wedi'u harsylwi. Yn olaf, ysgrifennais grynodeb byr fel casgliad i'r cyflwyniad.

Beth ddysgais o'r profiad

Hoffwn pe bawn wedi datblygu gwell dealltwriaeth o berfformiad o'r radd flaenaf cyn cwblhau fy hunanddadansoddiad. Gyda gwell dealltwriaeth o'r gamp, byddai wedi bod yn haws meddwl am y dulliau sy'n ofynnol i wella fy mherfformiad. Y tro nesaf byddwn yn llunio'r meini prawf ar gyfer proffil perfformiad ym mhob camp, cyn cwblhau hunanasesiad.

Rhoddais ormod o bwysau ar y dulliau o asesu perfformiad chwaraeon. Gallwn fod wedi canolbwyntio mwy ar fy mherfformiad fy hun a darparu crynodeb manylach o sut y gallwn fod wedi gwella fy mherfformiad ym mhob camp. Fe wnes i drafferthu i asesu fy mherfformiad fy hun, er fy mod yn ei chael hi'n llawer haws asesu perfformiad perfformwyr elitaidd.

Pwyntiau i'w hystyried

▶ A ydych chi wedi ysgrifennu cynllun gydag amseriadau fel y gallwch gwblhau eich aseiniad erbyn y dyddiad cyflwyno?

▶ Oes gennych chi recordiadau fideo ohonoch chi'ch hun yn perfformio ym mhob camp rydych chi'n mynd i'w hadolygu? Cofiwch fod yn rhaid i un fod yn gamp tîm, ac mae'n rhaid i un fod yn gamp unigol.

▶ A yw'ch gwybodaeth wedi'i hysgrifennu yn eich geiriau eich hun ac wedi'i chyfeirio'n glir ble rydych wedi defnyddio dyfyniadau neu wybodaeth o lyfr, cyfnodolyn neu wefan?

Dod i adnabod eich uned

Asesiad

Byddwch yn cael eich asesu drwy gyfrwng cyfres o aseiniadau a fydd yn cael eu gosod gan eich tiwtor.

Mae mwy i fod yn hyfforddwr da na chynhyrchu athletwyr da neu dimau rhagorol. Yr hyfforddwyr gorau yw'r rhai sy'n rhoi profiad cadarnhaol i athletwyr ac yn eu cymell i barhau. Gall rôl hyfforddwr chwaraeon fynd y tu hwnt i rôl hyfforddwr medrus a gwybodus sy'n ymroddedig i ddatblygu athletwyr. Efallai y bydd hyfforddwr yn cael ei alw i weithredu fel hyfforddwr ffitrwydd, gweithiwr cymdeithasol, ysgogwr, disgyblwr, ffrind, mentor, rheolwr neu ysgrifennydd, yn ogystal â llawer o rolau eraill.

Gyda chyfranogiad mewn chwaraeon yn cynyddu ledled y DU, mae galw mawr am hyfforddwyr a all ddatblygu perfformiadau athletwyr. Yn yr uned hon byddwch yn ymchwilio i waith hyfforddwyr llwyddiannus ac yn archwilio'r sgiliau a'r technegau sy'n ofynnol i ddatblygu perfformiad chwaraeon. Byddwch yn cynllunio ac yn cyflwyno sesiwn hyfforddi; ar ôl ei gwblhau, byddwch yn asesu eich perfformiad ac yn cynhyrchu cynllun datblygu i gefnogi gwellhad eich sgiliau cynllunio a chyflawni.

Sut y cewch eich asesu

Yn sylfaenol, mae hyfforddi yn sgìl ymarferol ac o'r herwydd bydd pwyslais cryf yn yr uned hon ar ddysgu ymarferol. Trwy gydol yr uned hon fe welwch ystod o ymarferion asesu sydd wedi'u cynllunio i atgyfnerthu'ch dysgu, rhoi profiad gwerthfawr i chi ac asesu'ch dysgu. Bydd cwblhau'r ymarferion hyn yn rhoi cyfle i chi ddangos eich gwybodaeth ond ni fydd yn gwarantu unrhyw radd benodol i chi.

Mae'n bwysig eich bod yn dilyn dull strwythuredig o ymdrin â'r ymarferion hyn er mwyn sicrhau eich bod yn cwmpasu'r holl nodau dysgu. Bydd hyn yn ymarfer da ar gyfer mynd i'r afael â'ch aseiniadau go iawn, gan eich helpu i ddarparu'r dystiolaeth ofynnol i lwyddo.

Ar gyfer gradd o deilyngdod neu ragoriaeth, bydd angen gwybodaeth ychwanegol a'i chyflwyno yn y fformat priodol. Er enghraifft, ar gyfer gradd o deilyngdod, mae gofyn i chi gymharu neu ddadansoddi ond ar gyfer gradd o ragoriaeth gofynnir i chi werthuso.

Bydd eich tiwtor yn dylunio tasgau a fydd yn eich herio ac yn darparu cyfleoedd i ddangos eich dealltwriaeth ar bob lefel. Gall hyn fod ar ffurf:

▶ darparu dogfen ysgrifenedig i egluro a dadansoddi'r sgiliau a'r wybodaeth sy'n ofynnol i fod yn hyfforddwr cryf

▶ cyflwyno cynllun ar gyfer sesiwn unigol a dangos sut mae'n cysylltu â chynllun cyfres estynedig

▶ cyflwyno sesiwn perfformio ymarferol unigol

▶ cynnal arolygiad trylwyr ar ôl ei gwblhau.

Meini prawf asesu

Mae'r tabl hwn yn dangos yr hyn sy'n rhaid i chi ei wneud i **Lwyddo**, neu i gael **Teilyngdod** neu **Ragoriaeth**, a sut i ddod o hyd i weithgareddau i'ch helpu..

Llwyddo	Teilyngdod	Rhagoriaeth
Nod dysgu A Ymchwilio i sgiliau, gwybodaeth, rhinweddau ac arfer gorau hyfforddwyr perfformiad		**A.D1** Gwerthuso gallu hyfforddi personol, gan awgrymu a chyfiawnhau argymhellion ar gyfer datblygiad personol yn y dyfodol. **Ymarfer asesu 8.1**
A.P1 Esbonio sgiliau, gwybodaeth, rhinweddau ac arfer gorau hyfforddwr perfformiad, gan fyfyrio ar allu hyfforddi personol. **Ymarfer asesu 8.1**	**A.M1** Dadansoddi sgiliau, gwybodaeth, rhinweddau ac arfer gorau hyfforddwr perfformiad a'ch gallu hyfforddi personol. **Ymarfer asesu 8.1**	
Nod dysgu B Archwilio arferion a ddefnyddir i ddatblygu sgiliau, technegau a thactegau ar gyfer perfformiad		**B.D2** Gwerthuso arferion a'u hymarferoldeb, addasrwydd ac effeithiolrwydd i ddatblygu sgiliau, technegau a thactegau ar gyfer perfformiad chwaraeon, gan wneud argymhellion ar gyfer addasiadau. **Ymarfer asesu 8.2**
B.P2 Esbonio arferion a ddefnyddir i ddatblygu sgiliau, technegau a thactcgau ar gyfer perfformiad chwaraeon. **Ymarfer asesu 8.2**	**B.M2** Dadansoddi arferion a'u hymarferoldeb, addasrwydd ac effeithiolrwydd i ddatblygu sgiliau, technegau a thactegau ar gyfer perfformiad chwaraeon, gan wneud argymhellion ar gyfer addasiadau. **Ymarfer asesu 8.2**	
Nod dysgu C Arddangos gwaith cynllunio effeithiol o hyfforddi ar gyfer perfformiad		**CD.D3** Gwerthuso effaith eich cynllunio a pherfformiad hyfforddi ar berfformiad athletwr a/neu dîm, gan gyfiawnhau datblygiadau hyfforddi yn y dyfodol. **Ymarfer asesu 8.4**
C.P3 Cynhyrchu cynllun manwl ar gyfer sesiwn hyfforddi perfformiad unigol sy'n adlewyrchu ystyriaethau cynllunio a chynllun cyfres cyffredinol. **Ymarfer asesu 8.3**	**C.M3** Trafod y gydberthynas rhwng eich cynllun unigol, ystyriaethau cynllunio a chynllun cyfres cyffredinol. **Ymarfer asesu 8.3**	
Nod dysgu D Archwilio effaith hyfforddi ar gyfer perfformiad		
D.P4 Cyflwyno'ch sesiwn hyfforddi perfformiad unigol gan ddangos ystyriaeth o ffactorau iechyd a diogelwch. **Ymarfer asesu 8.4**	**D.M4** Dadansoddi eich sesiwn hyfforddi perfformiad unigol a gyflwynwyd ac effaith eich cynllunio a pherfformiad hyfforddi. **Ymarfer asesu 8.4**	
D.P5 Arolygu eich sesiwn hyfforddi a gyflwynwyd, gan fyfyrio ar eich cynllunio a pherfformiad hyfforddi. **Ymarfer asesu 8.4**		

Dechrau arni

Mae hyfforddi cadarnhaol yn gofyn am ymarfer a sgìl. Mae'n debyg y byddwch wedi gweithio gyda hyfforddwr mewn bywyd go iawn a dylech allu rhoi cyfrif o sut y gwnaethant berfformio. Ystyriwch hyfforddwr rydych chi wedi'i arsylwi. Pa gryfderau wnaethon nhw eu harddangos? Beth ydych chi'n teimlo y gallen nhw fod wedi'i wneud yn well? Pa sgiliau a rhinweddau ydych chi'n meddwl sydd gennych chi a fyddai'n eich helpu chi fel hyfforddwr?

A Ymchwilio i sgiliau, gwybodaeth, rhinweddau ac arfer gorau hyfforddwyr perfformiad

> **Cysylltiad**
>
> Mae gan yr uned hon gysylltiadau cryf ag *Uned 4: Arweinyddiaeth Chwaraeon*.

Yn yr adran hon byddwch yn archwilio sgiliau, gwybodaeth, rhinweddau ac arfer gorau hyfforddwr chwaraeon. Byddwch yn ystyried sut y dylai a sut y mae hyfforddwyr yn cwrdd â gofynion pob un o'u rolau, eu cyfrifoldebau a'u sgiliau. Cofiwch, er mwyn bod yn hyfforddwr rhagorol, nid oes rhaid i chi gyflawni pob rôl, cyfrifoldeb neu sgìl a gwmpesir yn yr uned hon: efallai na fydd hyd yn oed yr hyfforddwyr gorau yn dangos rhagoriaeth yn yr holl feysydd a drafodir. Ond fel hyfforddwr chwaraeon gallwch chi wella bob amser a dylech chi geisio datblygu er mwyn cefnogi'r athletwyr rydych chi'n gweithio gyda nhw.

Sgiliau a gwybodaeth ar gyfer hyfforddi ar gyfer perfformiad

Trefnu sesiwn

Mae cynllunio rhaglenni a sesiynau hyfforddi yn gofyn i hyfforddwr ddangos lefelau uchel o drefniadaeth. Bydd sesiwn wedi'i threfnu yn cymell athletwyr ac yn cynnal diddordeb. Er mwyn bod yn hollol barod ac yn drefnus ar gyfer sesiwn, dylai hyfforddwr sicrhau:

▶ eu bod yn gwybod faint o gyfranogwyr sy'n cymryd rhan
▶ bod y gweithgareddau yn briodol i'r holl gyfranogwyr (i wneud hyn bydd angen i'r hyfforddwr wybod lefelau gallu pob cyfranogwr)
▶ eu bod wedi penderfynu pa offer y bydd eu hangen arnynt cyn y digwyddiad ac wedi gwirio ei fod ar gael ac yn barod i'w ddefnyddio ar ddiwrnod y sesiwn
▶ bod y lleoliad ble mae'r sesiwn yn cael ei gynnal wedi'i archebu ymhell ymlaen llaw a'u bod yn ymwybodol o'i weithdrefnau diogelwch
▶ bod y lleoliad a'r offer yn cael eu gadael ar y diwedd fel yr oeddent pan ddechreuodd y sesiwn
▶ bod ganddyn nhw ddulliau clir o stopio a dechrau'r sesiwn. Gellid trafod hyn gyda'r cyfranogwyr ar ddechrau'r sesiwn; er enghraifft, pan fydd yr hyfforddwr yn chwythu'r chwiban, rhaid i'r holl gyfranogwyr stopio.

Pan fyddant yn dechrau hyfforddi gyntaf, mae llawer o hyfforddwyr chwaraeon yn cadw cofnod ysgrifenedig o bob sesiwn y nhw'n ei chyflwyno ac yn casglu eu cofnodion mewn llyfr log. Yna gallant gyfeirio ato wrth gynllunio sesiynau yn y dyfodol. Er bod y cynlluniau sesiwn a'r llyfrau log hyn yn rhan bwysig o drefnu cynllun a darparu sesiynau hyfforddi, mae angen i hyfforddwyr hefyd wybod sut i addasu sesiynau os nad yw gweithgareddau'n gweithio. Yn y sefyllfaoedd hyn y bydd gwybodaeth, profiad a sgiliau trefnu hyfforddwr yn cael eu gwthio i'r eithaf.

Myfyrio

Ystyriwch y gamp rydych chi'n teimlo'n fwyaf hyderus ynddi a dychmygwch eich bod chi wedi cael y dasg o ddarparu sesiwn hyfforddi ar gyfer grŵp o fyfyrwyr Blwyddyn 9. Faint o fyfyrwyr fyddech chi'n eu hyfforddi ar unrhyw un adeg? Beth fyddech chi'n ei gwmpasu yn eich sesiwn hyfforddi? Pa adnoddau a chyfleusterau fyddai eu hangen arnoch chi i gyflenwi'n llwyddiannus?

Adeiladu *rapport*

Mae'n bwysig iawn bod gan hyfforddwr chwaraeon berthynas ragorol â'u perfformiwr/perfformwyr neu dîm. Rhaid i hyfforddwr sicrhau bod y perfformiwr/perfformwyr chwaraeon neu'r tîm yn ymddiried yn yr hyfforddwr er mwyn sicrhau eu bod yn cael y gorau o'u perfformiad mewn hyfforddiant ac yn ystod sefyllfaoedd cystadleuol. Os gall hyfforddwr ddatblygu perthynas dda gyda'r perfformiwr/perfformwyr neu'r tîm, yna mae'n haws cyfathrebu rhwng y ddau.

Er mwyn datblygu perthynas dda, bydd angen i hyfforddwr ddod o hyd i dir cyffredin rhyngddynt hwy a'r cyfranogwr chwaraeon. Bydd hyn yn helpu i ddatblygu perthynas agos a chytûn gyda phob perfformiwr chwaraeon y maen nhw'n gweithio gyda nhw.

Cyfathrebu

Cyfathrebu o bosibl yw'r sgìl bwysicaf sy'n ofynnol er mwyn hyfforddi athletwyr yn effeithiol. Rhaid i hyfforddwyr gyfnewid gwybodaeth, nid yn unig ag athletwyr, ond hefyd gyda rhieni, hyfforddwyr eraill, swyddogion, staff eraill mewn clwb chwaraeon, tiwtoriaid, gwylwyr a llawer o bobl eraill.

Y tri phrif fath o gyfathrebu a ddefnyddir gan hyfforddwyr chwaraeon yw cyfathrebu ar lafar, cyfathrebu di-eiriau a sgiliau gwrando.

Mewn **cyfathrebu llafar** mae'n bwysig cadw iaith yn syml ac yn rhydd o jargon technegol a chymhleth, oni bai bod yr athletwr yn deall yr hyn y mae'n ei olygu. Dylai hyfforddwr sicrhau bod yr hyn maen nhw'n ei ddweud yn gywir ac yn briodol, a bod ganddyn nhw sylw'r unigolyn/unigolion maen nhw'n siarad â nhw. Ar ôl darparu'r wybodaeth, dylent wirio am ddealltwriaeth trwy holi'r gynulleidfa neu arsylwi ar berfformiad yr athletwr.

Gall **cyfathrebu di-eiriau** fod ar sawl ffurf, er enghraifft iaith y corff. Mae'r rhan fwyaf o iaith y corff yn anymwybodol (wedi'i wneud heb feddwl). Bydd athletwr yn gallu darllen iaith cadarnhaol a negyddol y corff a bydd y wybodaeth hon yn dynodi hwyliau'r hyfforddwr.

Mathau eraill o gyfathrebu di-eiriau a ddefnyddir gan hyfforddwyr yw signalau llaw ac arddangosiadau. Gall signalau llaw gyfarwyddo athletwyr neu ddarparu cyfarwyddiadau yn ystod hyfforddiant a chystadlaethau. Defnyddir arddangosiadau i ddangos y dechneg gywir ac i amlinellu pob cydran o sgìl, techneg neu dacteg.

Yn ogystal â chyfleu gwybodaeth, mae'n bwysig bod hyfforddwr yn gallu derbyn gwybodaeth. Er mwyn gwella eu **sgiliau gwrando**, dylai hyfforddwr:
- ganolbwyntio pan fydd rhywun yn siarad â nhw
- gwneud cyswllt llygad â'r siaradwr
- osgoi torri ar draws y siaradwr
- gofyn cwestiynau neu grynhoi'r hyn a ddywedwyd er mwyn cadarnhau eu dealltwriaeth.

Trafodaeth

Ystyriwch eich cyd-ddisgyblion. Fel grŵp, penderfynwch pwy yw'r cyfathrebwr gorau yn y dosbarth yn eich barn chi. Trafodwch eich penderfyniad a chyfiawnhewch eich meddyliau. Beth sydd amdanyn nhw sy'n eu gwneud yn gryf o ran cyfathrebu?

Diplomyddiaeth

Mae'n bwysig bod hyfforddwr chwaraeon yn gallu cyfathrebu â pherfformiwr/perfformwyr chwaraeon a/neu dimau gan ddefnyddio **diplomyddiaeth** pan fo hynny'n briodol. Ar brydiau gall perfformwyr chwaraeon fod yn anodd iawn cyfathrebu â nhw, o bosibl oherwydd gostyngiad mewn safon, anaf diweddar, neu o bosib hyd yn oed oherwydd bod y perfformiwr chwaraeon yn colli yn ystod sefyllfa gystadleuol.

Yn ystod yr amseroedd anodd hyn mae'n rhaid i'r hyfforddwr chwaraeon ddefnyddio sgiliau diplomyddiaeth er mwyn cyfleu negeseuon allweddol i'r perfformwyr chwaraeon mewn ffordd nad yw'n eu ypsetio. Gall hyn fod yn arbennig o anodd yn ystod cyfnodau anodd o ran safon, pan fydd angen i'r hyfforddwr gyfleu negeseuon priodol i helpu'r perfformiwr chwaraeon i wella ei gyflwr neu ei berfformiad, weithiau trwy roi beirniadaeth adeiladol. Mewn amgylchiadau o'r fath mae'n rhaid i'r hyfforddwr sicrhau bod y negeseuon maen nhw'n eu rhoi i'r athletwr yn gryno ac yn glir.

Dave Brailsford, Hyfforddwr a Rheolwr Beicio

Mae Syr Dave Brailsford yn cael clod eang am wyrdroi beicio yn y DU dros y degawd diwethaf. Mae Brailsford yn enwog am ei athroniaeth 'enillion ymylol' (*marginal gains*) sy'n rhannu camp i'w chydrannau ac os byddwch yn gwella'ch perfformiad ym mhob un o'r rhannau hynny o ddim ond 1%, bydd cyfanswm yr enillion yn sylweddol. Mae'n adnabyddus hefyd am ei agwedd 'dim cyfaddawd' ble mae'n ystyried mai'r gorau yn unig sy'n dod yn agos at fod yn ddigon da.

Mae awydd Brailsford am lwyddiant yn amlwg: mae'n arwain trwy esiampl, byth yn gofyn i unrhyw un wneud rhywbeth nad yw'n barod i'w wneud ei hun ac yn gosod ei hun yn gadarn yn sedd yrru'r tîm. Ond heb y gefnogaeth gan ei dîm a'i athletwyr, nid oes fawr o werth iddo.

Gwiriwch eich gwybodaeth

1 O ystyried dull Dave Brailsford o hyfforddi, pa sgiliau sydd eu hangen arno yn eich barn chi er mwyn sicrhau bod ei dîm yn ei ddilyn ac yn derbyn ei weledigaeth?

2 Allwch chi enwi unrhyw hyfforddwyr enwog eraill gyda dull di-lol sy'n ysbrydoli eu tîm ac sy'n sylfaenol i lwyddiant eu hathletwyr?

Cymhellwr

Mae llwyddiant a mwynhad yn hollbwysig wrth geisio ysgogi perfformwyr chwaraeon o bob oed a lefel o allu. Mae angen i hyfforddwr chwaraeon gynllunio'n ddigonol ar gyfer arferion blaengar a heriol er mwyn sicrhau ei fod yn cynnal **cymhelliant** ac ymdrech eu cyfranogwyr i gymryd rhan a pharhau yn ystod sefyllfa gystadleuol. Mae'n bwysig iawn bod yr hyfforddwr chwaraeon yn defnyddio amrywiaeth o dechnegau i gynnal y lefel uchel hon o gymhelliant yn eu perfformwyr chwaraeon.

Mae dau fath gwahanol o gymhelliant y gallai hyfforddwr chwaraeon eu defnyddio i ysgogi'r perfformwyr chwaraeon: **cynhenid** ac **anghynhenid**.

▶ **Cymhelliant cynhenid** (*intrinsic motivation*) – wedi'i ysgogi gan ffactorau mewnol fel mwynhad. Gall hyfforddwr ddefnyddio cymhelliant cynhenid i gefnogi perfformiwr chwaraeon trwy sicrhau bod y sesiynau gweithgaredd y mae'r perfformwyr chwaraeon yn cymryd rhan ynddynt yn amrywiol ac yn bleserus. Rhaid i'r hyfforddwr sicrhau y gall perfformwyr sicrhau llwyddiant a datblygu eu sgiliau, sicrhau bod y sesiwn yn briodol ysgogol, a gosod y sesiwn ar lefel briodol.

▶ **Cymhelliant anghynhenid** (*extrinsic motivation*) – wedi'i ysgogi gan ffactorau allanol fel gwobrau. Gall hyfforddwr ddefnyddio gwobrau diriaethol neu anghyffyrddadwy i ysgogi'r perfformwyr. Mae gwobrau diriaethol yn bethau y gellir eu rhoi yn gorfforol i berfformiwr chwaraeon fel arian, medalau neu dlysau. Mae gwobrau anghyffyrddadwy yn bethau anffisegol fel canmoliaeth neu anogaeth.

Gosod nodau ar gyfer athletwyr

Dylai hyfforddwyr osod nodau er mwyn cynyddu cymhelliant a hyder athletwyr. Dylai fod yn gam cyntaf y broses gynllunio ar gyfer unrhyw hyfforddwr, gan y dylai'r nodau ddarparu cyfeiriad a chymhelliant i athletwyr. Gall nodau fod yn rhai tymor byr, tymor canolig neu dymor hir.

▶ Gallai **nodau tymor byr** ymestyn o un diwrnod i un mis, er enghraifft targed y mae athletwr yn dymuno ei gyflawni ar ôl y sesiwn hyfforddi nesaf, neu'n dechneg benodol yr hoffent ei datblygu erbyn diwedd y mis nesaf.

▶ Dylai **nodau tymor canolig** gefnogi cynnydd yr athletwr a'u hyfforddwr yn raddol tuag at gyflawni'r nodau tymor hir. Gellir mesur y nodau hyn ar adegau penodol o fewn tymor athletwr.

▶ Mae **nodau tymor hir** wedi'u gosod ar gyfer a chydag athletwyr er mwyn helpu i benderfynu beth yw eu nodau yn y pen draw a'r ffordd orau o'u cyflawni. Dylai hyfforddwr ddefnyddio'r nodau hyn i lunio eu hamserlen hyfforddi am dymor neu'n hirach os yw'n briodol. Gall nodau tymor hir hefyd redeg dros nifer o flynyddoedd, er enghraifft ar gyfer athletwr elitaidd sy'n gosod targed iddo'i hun o gystadlu yn y Gemau Olympaidd nesaf, na fydd efallai'n digwydd am dair blynedd arall.

Myfyrio

Mae cymhelliant yn sgìl trosglwyddadwy ac mae'n bwysig ym mhob agwedd ar fywyd. A fu erioed amser pan nad oedd gennych gymhelliant? Beth yn eich barn chi a achosodd eich diffyg cymhelliant? Sut wnaethoch chi lwyddo i frwydro yn erbyn hyn a chyflawni'r dasg?

⏸ **MUNUD I FEDDWL**   Bydd y sgiliau sy'n ofynnol ar gyfer llwyddiant yn amrywio rhwng sefyllfaoedd. Fodd bynnag, mae yna lawer o sgiliau craidd sy'n sylfaenol i lwyddiant fel hyfforddwr.

Awgrym   Mae yna lawer o sgiliau'n gysylltiedig â llwyddiant fel hyfforddwr. Allwch chi gofio'r rhai a drafodwyd yn barod yn yr uned hon?

Ymestyn   Pa dri o'r sgiliau hyn yn eich barn chi yw'r pwysicaf? Cyfiawnhewch eich ateb.

Gwybodaeth am fodelau perfformiad technegol cywir

Cysylltiad

Mae'r adran hon yn cysylltu ag *Uned 7: Perfformiad Chwaraeon Ymarferol* ac *Uned 26: Gofynion Technegol a Thactegol Chwaraeon*.

Mae'n bwysig bod gan hyfforddwr chwaraeon ddealltwriaeth drylwyr o'r gamp y mae'n ei hyfforddi fel y gallant ddysgu'r modelau perfformiad technegol cywir i'w hathletwyr. Bydd hyn yn eu helpu i benderfynu ar weithgareddau priodol i ddatblygu perfformiad pob perfformiwr chwaraeon. Efallai bydd yr hyfforddwr wedi ennill y wybodaeth hon trwy ei hanes ei hun o gyfranogiad, ond efallai y bydd yn rhaid iddo edrych ar adnoddau eraill er mwyn adnewyddu eu cof ynghylch y model cywir o berfformiad technegol. Gallwch ddarllen mwy am sefydlu modelau a meincnodau technegol delfrydol yn Uned 26 (gan ddechrau ar dudalen 416).

Dylai'r hyfforddwr feddu ar ddealltwriaeth fanwl o'r arferion i'w defnyddio wrth hyfforddi sgiliau a thactegau amrywiol perfformwyr chwaraeon.

Wrth ddysgu sgiliau a thechnegau, mae angen heriau cynyddol ar berfformwyr chwaraeon. Dylai'r heriau a gyflwynir i berfformiwr chwaraeon ganolbwyntio ar brofiad cyflawn neu gyfan o'r sgìl neu'r dechneg, neu gellir eu rhannu'n rannau llai. Ar gyfer y mwyafrif o sgiliau, mae'n fwy cefnogol i'r perfformwyr chwaraeon os yw'r hyfforddwr yn defnyddio cyfuniad o'r ddau ddull.

Technegau yw blociau adeiladu sylfaenol perfformiad medrus ac yn syml dyma'r ffordd fwyaf effeithlon i unrhyw berfformiwr chwaraeon oresgyn tasg neu broblem gorfforol o fewn rheolau'r gamp. Mae sgìl yn cael ei meistroli pan fydd gan berfformiwr chwaraeon y gallu i gyflawni'r sgìl heb fawr o ymdrech a gwaith meddwl. Wrth hyfforddi sgiliau mae'n bwysig bod yr hyfforddwr chwaraeon yn deall pa mor gymwys yw perfformiwr chwaraeon i gyflawni'r sgìl honno.

Yn gyffredinol, byddai hyfforddwr chwaraeon yn cyflwyno sgìl i berfformiwr chwaraeon trwy arddangosiad a/neu esboniad o'r sgìl ac yna gadael i'r perfformiwr chwaraeon roi cynnig arni. Ar ôl arsylwi dylai'r hyfforddwr chwaraeon wedyn ystyried y dull mwyaf priodol i hyfforddi cymhwysiad technegol cywir y sgìl. Isod mae rhai dulliau y gall hyfforddwr chwaraeon eu defnyddio er mwyn datblygu sgiliau a thechnegau mewn gwahanol chwaraeon.

Dysgu cyfan a rhannol

Os yw perfformiwr chwaraeon yn cael trafferth gyda hanfodion sgìl, gall yr hyfforddwr rannu'r sgìl yn ei gydrannau ac ymarfer pob rhan ar wahân. Er enghraifft, wrth hyfforddi'r naid driphlyg mewn athletau, os na all perfformiwr chwaraeon gymhwyso'r holl gydrannau fel un symudiad cyfan, byddai hyfforddwr chwaraeon – ar ôl arsylwi ar y perfformiwr chwaraeon yn ceisio cwblhau'r naid driphlyg fel un symudiad rhugl – yn ei dorri i lawr i'r cyfnod rhedeg, y cam hop, y cam brasgamu, a'r cam neidio a glanio.

Mae'r dull 'cyfan-rhan-cyfan' hwn yn gweithio'n dda gan fod angen techneg gymhleth ar gyfer pob rhan o'r sgìl. Pan fydd wedi'i dorri'n rhannau gellir ei roi yn ôl at ei gilydd eto yn hawdd trwy gysylltu'r symudiadau yn ôl at ei gilydd gam wrth gam (yn olynol) nes bod y perfformiwr yn gallu ymgymryd â'r symudiad cyfan.

> **Trafodaeth**
>
> Mae rhwyfo yn gamp dŵr poblogaidd sy'n gofyn am sgìl a chydsymud gwych. Gellir rhannu'r strôc padlo yn gyfnodau gwahanol a dyma sut mae perfformiad yn cael ei hyfforddi. Fel grŵp, allwch chi restru gwahanol gyfnodau'r strôc padlo wrth rwyfo?

Cadwyno

Mae torri sgìl yn rhannau hefyd yn cael ei ddefnyddio yn y dull 'cadwyno' (*chaining*) o hyfforddi. Fe'i gelwir yn hyn gan ei fod yn cysylltu'r sgìl gyda'i gilydd yn yr un ffordd ag y mae cadwyn yn cysylltu â'i gilydd. Unwaith eto mae'r dull hwn yn addas ar gyfer sgiliau cymhleth gyda rhannau y gellir eu rhannu'n hawdd yn wahanol is-rannau.

Wrth gymhwyso'r dull hwn i hyfforddi sgìl dylai'r hyfforddwr chwaraeon:

- ▶ arddangos y sgìl gyfan
- ▶ arddangos rhan gyntaf y sgìl (rhan gyntaf y gadwyn)
- ▶ gadael i'r perfformiwr chwaraeon ymarfer y rhan gyntaf
- ▶ arddangos rhan gyntaf ac ail ran y sgìl (dwy ran gyntaf y gadwyn)
- ▶ gadael i'r perfformiwr chwaraeon ymarfer y rhan gyntaf a'r ail ran
- ▶ arddangos rhan gyntaf, ail a thrydedd ran y sgìl
- ▶ gadael i'r perfformiwr chwaraeon ymarfer y rhan gyntaf, ail a thrydedd ran y sgìl
- ▶ ac yn y blaen nes bod sylw wedi ei roi i'r dechneg gyfan.

Cadwyno serfiad tennis

Gellir rhannu'r serfiad mewn tennis i'r dolenni canlynol:

1 gosod y traed yn gywir ar ddechrau'r serfiad
2 taflu'r bêl yn gywir
3 tro cywir yn ôl â'r raced
4 cysylltiad cywir rhwng raced a phêl
5 dilyniant cywir
6 safle corff cywir ar ôl serfio.

Siapio

Nid yw torri pethau yn rhannau yn gweithio cystal pan fydd angen cyflawni'r rhannau o'r sgìl ar yr un pryd a/neu'n gyflym, fel gwneud tin-dros-ben neu fflipio am yn ôl mewn gymnasteg. Ychydig iawn o amser sydd rhwng pob rhan o'r sgìl, felly mae'n anodd iawn i'r hyfforddwr roi sylw i bob rhan o'r sgìl ar gyfer perfformiwr chwaraeon.

Yn hytrach, gall hyfforddwr chwaraeon symleiddio'r weithred, trwy addasu'r sgìl neu adael rhai rhannau o'r sgìl allan, yna eu hychwanegu wrth i'r perfformiwr chwaraeon feistroli'r rhannau eraill. Gelwir hyn yn 'siapio' sgìl, ac mae'n golygu bod yr hyfforddwr chwaraeon yn:

▶ arddangos y sgìl gyfan

▶ arddangos techneg symlach sy'n cynnwys rhannau pwysicaf y sgìl

▶ gadael i'r perfformiwr chwaraeon ymarfer y fersiwn wedi'i haddasu o'r sgìl

▶ gweithio'n raddol ar y meysydd i'w datblygu ac ychwanegu cydrannau o'r sgìl sydd wedi'u tynnu nes bod y sgìl wedi'i siapio i'w ffurf lawn, a'i chyflawni'n briodol gan y perfformiwr chwaraeon.

> **Ymchwil**
>
> Mae Tom Daley yn ddeifiwr o'r radd flaenaf sy'n perfformio symudiadau cymhleth mewn cyfnod byr iawn o amser. Sut mae deifwyr yn cael eu hyfforddi i ddatblygu deifiadau anodd? A yw eu holl hyfforddi yn digwydd yn y pwll?

▶ Rhaid i ddeifwyr fel Tom Daley berfformio symudiadau cymhleth mewn cyfnod byr iawn o amser

Gwybodaeth am fodelau perfformiad tactegol cywir

Mae hefyd yn bwysig bod gan hyfforddwr chwaraeon lefel briodol o ddealltwriaeth o dactegau er mwyn trosglwyddo'r wybodaeth hon i'r perfformiwr chwaraeon. Mae

> **Cysylltiad**
>
> Mae'r adran hon yn cysylltu ag *Uned 7: Perfformiad Chwaraeon Ymarferol* ac *Uned 26: Gofynion Technegol a Thactegol Chwaraeon*.

tactegau yn amrywio o gamp i gamp, er yn gyffredinol tactegau yw pan fydd yn rhaid i berfformiwr chwaraeon wneud penderfyniad a fydd yn effeithio naill ai'n ymosodol neu'n amddiffynnol ar eu perfformiad. Yn yr un modd â thechnegau, efallai bod yr hyfforddwr wedi casglu'r wybodaeth hon yn ystod ei yrfa gystadleuol ei hun, ond efallai y bydd angen iddo adnewyddu ei gof. Gallwch ddarllen mwy am sut i sefydlu modelau a meincnodau tactegol delfrydol yn Uned 26 (gan ddechrau ar dudalen 416).

Cyn hyfforddi gwybodaeth dactegol, bydd angen i hyfforddwr ddadansoddi perfformiad presennol y perfformiwr/perfformwyr chwaraeon y maen nhw'n eu hyfforddi a pherfformiadau gwrthwynebwyr, ac o bosibl cymharu'r rhain â'r perfformwyr gorau yn y gamp. Yna bydd yr hyfforddwr yn datblygu strategaethau (neu dactegau) y gall y perfformiwr/perfformwyr chwaraeon y maen nhw'n eu hyfforddi eu defnyddio er mwyn goresgyn cryfderau neu wendidau'r gwrthwynebydd.

Gall hyfforddwr hefyd sefydlu strategaeth berfformiad ar gyfer ei athletwr. Bydd hyn yn caniatáu iddynt gystadlu mewn modd sy'n addas i'w cryfderau wrth sicrhau, lle bo hynny'n bosibl, nad yw eu gwendidau'n cael eu datgelu.

Ar ôl i hyfforddwr chwaraeon ddyfeisio ac ystyried y strategaethau hyn mae angen iddynt fynd trwy sut y bydd y perfformiwr/perfformwyr chwaraeon yn gweithredu'r strategaethau hyn mewn sefyllfa gystadleuol. I'r rhan fwyaf o hyfforddwyr chwaraeon, bydd hyn yn cael ei wneud naill ai mewn **ymarferion cyflyrol**, sy'n dynwared sefyllfa gystadleuol, neu mewn **sefyllfa gystadleuol** yn ystod hyfforddiant. Gallwch ddarllen mwy am arferion cyflyrol a sefyllfaoedd cystadleuol yn nes ymlaen yn yr uned hon (gan ddechrau ar dudalen 375).

Damcaniaeth ar waith

Mae rygbi yn gamp gymhleth gyda llawer o reolau a thactegau y gellir eu defnyddio i wella siawns tîm o ennill. Mae cadw'r bêl i symud ymlaen yn hanfodol ar gyfer adeiladu momentwm a chadw pwysau ar y tîm sy'n gwrthwynebu.

Allwch chi ddylunio sesiwn hyfforddi ymarferol fer mewn sefyllfa gystadleuol a fydd yn helpu timau i ganolbwyntio ar symud y bêl ymlaen a chadw'r pwysau'n uchel?

Gweithgareddau chwaraeon i herio a datblygu perfformiad

Mae'n bwysig bod gan hyfforddwr chwaraeon gronfa o weithgareddau y gallant eu defnyddio wrth hyfforddi. Mae defnyddio ystod o weithgareddau yn bwysig er mwyn cynnal diddordeb a chymhelliant. Mae hefyd yn galluogi hyfforddwr i ddatblygu rhaglen i sicrhau bod perfformwyr chwaraeon yn datblygu yn ôl yr angen ac i sicrhau eu bod yn parhau i gael eu herio'n briodol wrth iddynt symud ymlaen.

Efallai y bydd gan hyfforddwr chwaraeon weithgareddau penodol sy'n canolbwyntio ar dechnegau penodol. Er enghraifft, gall hyfforddwr pêl-droed ddefnyddio arferion ynysig i ddatblygu techneg pas hir uchel ymhellach. Yna gall yr hyfforddwr wneud y dril yn fwy cymhleth trwy ychwanegu rhwystrau i'r perfformwyr eu hosgoi gyda'r bêl er mwyn gwella eu cymhwysiad o'r sgìl ymhellach.

Trafodaeth

Wrth weithio gyda chwaraeon sy'n gofyn am basio pêl yn aml ac yn gywir, mae hyfforddwyr yn treulio llawer o amser yn edrych ar symud y bêl rhwng chwaraewyr yn gyflym ac yn gywir.

Ystyriwch gamp sy'n defnyddio pêl. Fel grŵp, trafodwch rai ffyrdd y gallech chi addasu'r rheolau chwarae arferol er mwyn annog pasio yn ystod sesiwn hyfforddi.

Cynllunio ar gyfer cynnydd

Mae'n bwysig wrth gynllunio sesiynau bod yr hyfforddwr yn ystyried pa heriau sydd eu hangen ar bob perfformiwr a sut mae'r sesiwn yn mynd i herio pob perfformiwr i symud ymlaen. Er mwyn rheoli hyn, rhaid i'r hyfforddwr feddu ar wybodaeth dda o'r perfformwyr a'r gallu i ddadansoddi eu perfformiad yn effeithiol.

Wrth gynllunio ar gyfer cynnydd mae'n bwysig bod hyfforddwr yn gosod nodau priodol. Gellir mapio cynnydd dros gyfnod hirach o amser a gall hyfforddwr gynllunio cyfres o sesiynau yn hytrach na gobeithio sicrhau cynnydd yr holl berfformwyr mewn un sesiwn. Gelwir y cysyniad o gynllunio sesiynau lluosog yn 'gynllunio rhaglenni'.

Addasiadau chwaraeon i herio a datblygu perfformiad

Mae'n bwysig bod gan hyfforddwr chwaraeon y gallu i addasu ei sesiynau fel y bo'n briodol er mwyn sicrhau bod y perfformwyr chwaraeon yn cael eu herio a'u difyrru trwy gydol y sesiwn. Gall yr addasiadau y gall hyfforddwr eu gwneud ymwneud â'r:

▶ **lle** y mae'r sesiwn yn digwydd ynddo – gallai'r hyfforddwr ehangu neu leihau faint o le sydd ar gael er mwyn herio cyfranogwyr mewn gwahanol ffyrdd

▶ **amser** sydd ar gael – gall cyfyngiadau amser herio'r cyfranogwyr ymhellach

▶ **offer** a ddefnyddir – gellir cyflwyno gwahanol ddarnau o offer i herio cyfranogwyr ymhellach neu i symud y ffocws i feysydd penodol y mae angen mynd i'r afael â hwy

▶ **cyflymder** – gellir addasu pa mor gyflym y mae dril yn cael ei berfformio er mwyn cyflwyno heriau newydd

▶ **pobl** dan sylw – er enghraifft mewn chwaraeon tîm gallai'r hyfforddwr sefydlu dril 'amddiffyn yn erbyn ymosod' ble mae gan un ochr fantais o ran niferoedd.

Gallwch ddarllen mwy am yr addasiadau hyn yn nes ymlaen yn yr uned hon (yn yr adran '*Addasu arferion i hyrwyddo datblygiad perfformiad*', gan ddechrau ar dudalen 368.)

Cynllunio ar gyfer amodau newidiol

Dylai hyfforddwr da baratoi ar gyfer pob digwyddiad; gelwir hyn yn gynllunio wrth gefn. Wrth ymgymryd â chynllun wrth gefn mae'n bwysig:

▶ ystyried popeth a allai o bosibl fynd o'i le neu beidio â gweithio fel y cynlluniwyd yn wreiddiol er enghraifft gyda'r athletwyr, yr offer, y tywydd, y lleoliad neu'r cyfleusterau

▶ gwneud popeth o fewn eich gallu er mwyn sicrhau nad oes unrhyw un o'r pethau hyn yn digwydd – felly gwiriwch yr holl offer, argaeledd y lleoliad, nifer y cyfranogwyr ac anghenion penodol y cyfranogwyr o leiaf diwrnod cyn y digwyddiad

▶ cael cynllun amgen a bod yn barod rhag ofn bod rhywbeth yn mynd o'i le.

Er enghraifft, mae'n rhaid i hyfforddwr chwaraeon gadw gwahanol weithgareddau yng nghefn ei feddwl er mwyn ystyried amodau sy'n newid. Efallai y bydd gan hyfforddwr golff wahanol weithgareddau i'w defnyddio mewn gwahanol dywydd: mae dewis ergydion ar gyfer golffwyr yn newid gyda'r tywydd, a byddai angen i hyfforddwr chwaraeon ddatblygu'r ystod o ergydion ar gyfer perfformwyr chwaraeon ar gyfer amrywiaeth o amodau.

> **Trafodaeth**
>
> A ydych chi erioed wedi bod yn rhan o hyfforddiant ble cafodd cynnydd ei fapio dros gyfnod estynedig? Pa nodau gafodd eu gosod i chi yn ystod y siwrne hon?

▶ Rhaid i hyfforddwyr allu addasu sesiynau i dywydd newidiol

Cynnal diogelwch mewn amodau newidiol

Wrth i amodau newid, rhaid i hyfforddwr chwaraeon sicrhau bod iechyd a diogelwch y cyfranogwyr yn cael ei gynnal. Efallai na fydd amgylchedd a oedd yn ddiogel ar ddechrau sesiwn yn ddiogel erbyn ei diwedd. Dylai hyfforddwr fod yn barod i ddod â sesiwn i ben yn gynnar os bydd diogelwch yn cael ei effeithio. Fel arall, efallai y gallant addasu'r sesiwn wrth i'r amodau newid, er enghraifft trwy symud o amgylchedd y tu allan i'r tu mewn.

Gallwch ddarllen mwy am gynnal asesiadau risg o amgylcheddau a gweithgareddau yn ddiweddarach yn yr uned hon, gan ddechrau ar dudalen 359.

Gallwch ddarllen mwy am gynnal asesiadau risg o amgylcheddau a gweithgareddau yn ddiweddarach yn yr uned hon, gan ddechrau ar dudalen 359.

❚❚ MUNUD I FEDDWL

I fod yn hyfforddwr effeithiol mae angen ystod eang o sgiliau a gwybodaeth arnoch chi. Faint o sgiliau penodol ac enghreifftiau o wybodaeth allwch chi eu hysgrifennu?

Awgrym Caewch y llyfr a rhestrwch gynifer o enghreifftiau ag y medrwch mewn 2 funud.

Ymestyn O'r holl enghreifftiau hyn, pa rai sydd bwysicaf yn eich barn chi? Rhowch gyfiawnhad am eich barn.

Rhinweddau ar gyfer hyfforddi ar gyfer perfformiad

Mae'r adran hon yn ymdrin â rhai o'r rhinweddau sy'n ddymunol ar gyfer hyfforddwyr chwaraeon ar gyfer perfformiad. Mae hyfforddwr sy'n arddangos y rhinweddau hyn yn fwy tebygol o ennill parch cyfranogwyr, cydweithwyr ac eraill, ac felly yn fwy tebygol o sicrhau llwyddiant. Dangosir y rhinweddau hyn yn Nhabl 8.1.

▶ **Tabl 8.1:** Rhinweddau ar gyfer hyfforddi ar gyfer perfformiad

Rhinwedd	Disgrifiad
Proffesiynoldeb	Rhaid ymddwyn yn briodol bob amser. Bydd ymddygiad yr hyfforddwr yn pennu profiad yr athletwyr a'u hymddygiad yn y dyfodol. Bydd hyfforddwr da yn: • gwisgo'n briodol ar gyfer y sesiwn hyfforddi • siarad yn glir, gan ddefnyddio iaith briodol bob amser • parchu pob athletwr o bob gallu a'u trin i gyd yn gyfartal • parchu a chefnogi pob swyddog a'u penderfyniadau • hyrwyddo **chwarae teg a gonestrwydd** • gwobrwyo ymdrech • dilyn codau ymddygiad unrhyw gorff rheoli cenedlaethol (NGB).
Cadw amser yn dda	Mae'n bwysig bod hyfforddwr bob amser yn cyrraedd y sesiwn gyda digon o amser i osod a pharatoi'r sesiwn ar gyfer y perfformwyr chwaraeon. Dylai'r hyfforddwr hefyd sicrhau bod y sesiwn yn dod i ben mewn pryd. Mae hefyd yn bwysig sicrhau: • bod yr holl athletwyr sy'n mynychu'r sesiwn yn ymwybodol o'i leoliad a'i amser cychwyn • bod y lleoliad wedi'i archebu ymlaen llaw • bod yr offer sydd ei angen wedi'i baratoi ac yn barod i'w ddefnyddio • bod y sesiwn wedi'i chynllunio a bod yr holl drefniadau priodol wedi eu gwneud.
Agwedd gadarnhaol	Bydd hyfforddwr brwdfrydig, cadarnhaol yn annog perfformwyr chwaraeon i lwyddo. Dylai hyfforddwyr drin y perfformwyr gyda'r un lefel o barch a thegwch ag y byddent yn disgwyl ei dderbyn eu hunain, gan sicrhau bod anghenion y perfformwyr yn cael eu rhoi'n gyntaf a bod unrhyw adborth yn gadarnhaol ac yn adeiladol. Nid yw bod yn gadarnhaol yn golygu na all hyfforddwr dynnu sylw at feysydd datblygu ar gyfer perfformiwr, ond mae'n ymwneud â'r dull y mae'n ei ddefnyddio i wneud hyn.
Gosod patrwm ymddwyn cadarnhaol	Dylai hyfforddwr osod esiampl dda i'r cyfranogwyr, gan ddangos ymddygiad priodol a defnyddio iaith briodol. Dylai hyfforddwyr dderbyn cyfrifoldeb am ymddygiad yr athletwyr maen nhw'n eu hyfforddi ac annog ymddygiad cadarnhaol a gwrthwahaniaethol. Dylai hyfforddwr 'osod y tôn' trwy wisgo dillad ac esgidiau priodol, a defnyddio offer priodol er mwyn cynnal y sesiwn hyfforddi.

► **Tabl 8.1:** – *parhad*

Ymwybyddiaeth o'r amgylchedd a'r sefyllfa gymdeithasol	Dylai'r hyfforddwr fod yn ymwybodol o unrhyw faterion a allai effeithio ar berfformiad perfformiwr chwaraeon. Bydd hyn yn cynnwys ble mae'r chwaraewr yn byw, eu cefndir teuluol ac unrhyw ystyriaethau cymdeithasol a allai effeithio ar eu lles corfforol neu feddyliol. Mae deall y materion hyn yn cefnogi dealltwriaeth yr hyfforddwr o'r perfformwyr chwaraeon y mae'n gweithio gyda nhw. Er enghraifft, os yw hyfforddwr yn ymwybodol bod yn rhaid i berfformiwr deithio'n bell o'u cartref i'r lleoliad hyfforddi, gallai'r hyfforddwr addasu amser cychwyn y sesiwn i ddiwallu anghenion y perfformiwr. Fodd bynnag, ni ddylai hyfforddwr ymyrryd yn ormodol ym mywyd personol perfformiwr chwaraeon. Rhaid i hyfforddwr sicrhau ei fod yn cynnal perthynas broffesiynol â phob perfformiwr chwaraeon y mae'n ei hyfforddi.
Hyblygrwydd a rhagweithioldeb wrth ddatrys problemau	Rhaid i hyfforddwyr fedru dod o hyd i atebion i unrhyw nifer o faterion. Mae'n bwysig bod hyfforddwr chwaraeon yn ceisio dod o hyd i ateb i broblem yn gyflym; po gyflymaf y gall hyfforddwr ddatrys mater a darparu datrysiad arall, y mwyaf effeithlon y bydd yr hyfforddwr yn dod. Pan fo hynny'n bosibl, edrychwch am ateb i broblem bob amser, hyd yn oed yn y sefyllfaoedd mwyaf anffafriol, gan ddefnyddio profiad a meddwl yn gyflym er mwyn addasu i'r sefyllfa. Mae hyfforddwr chwaraeon sy'n rhoi'r gorau iddi ar y rhwystr cyntaf yn un sydd heb yr ysfa a'r cymhelliant i lwyddo.
Empathi	Mae'n bwysig bod hyfforddwr yn dangos **empathi** tuag at amgylchiadau, gallu a'r pwysau ar y perfformwyr y maen nhw'n eu hyfforddi. Dylai'r hyfforddwr wneud popeth o fewn ei allu i gefnogi perfformwyr er mwyn eu galluogi i ddatblygu. Ar adegau efallai y bydd angen i hyfforddwr fod yn amyneddgar oherwydd ffactorau y tu hwnt i'w reolaeth, fel profedigaeth deuluol. Yn yr enghraifft hon, efallai na fydd gan berfformwyr yr un lefel o gymhelliant ag yr oedd ganddynt cyn y brofedigaeth.
Agosatrwydd	Dylai fod gan berfformwyr yr hyder i fynd at eu hyfforddwr i drafod unrhyw beth – dylent deimlo eu bod yn gallu gofyn cwestiynau ac edrych am gyngor ac arweiniad pan fo hynny'n briodol. Dylai hyfforddwr ddangos ei fod yn hawdd mynd ato trwy gynnal ymarweddiad cyfeillgar, er y dylent bob amser fod yn ofalus i beidio â dod yn rhy gyfeillgar a dod yn rhy agos at y perfformwyr, ond rhaid iddynt gynnal perthynas broffesiynol.
Ymddangosiad personol priodol	Mae'n bwysig iawn bod hyfforddwyr yn ystyried eu hymddangosiad cyn hyfforddi sesiwn, oherwydd gall hyn gael effaith fawr ar ganfyddiad pobl ohonynt. Ymddangosiad personol yw un o'r ffyrdd pwysicaf y mae pobl yn barnu personoliaeth unigolyn, ac mae sut mae'r hyfforddwr chwaraeon yn edrych yn ffactor pwysig a fydd yn dylanwadu ar argraffiadau cyntaf y perfformwyr chwaraeon. Dylai hyfforddwr gyrraedd yn gwisgo cit priodol ar gyfer y gamp a'r amodau, a chydag offer personol priodol. Bydd perfformwyr chwaraeon yn cychwyn y sesiwn gyda lefel uwch o barch.
Brwdfrydedd	Gall hyfforddwr brwdfrydig adael argraff barhaol ar berfformiwr chwaraeon, a pho fwyaf brwdfrydig yw hyfforddwr, y mwyaf brwdfrydig y bydd yr athletwyr yn debygol o ddod. Gall hyfforddwr ddangos ei frwdfrydedd trwy ddangos ei fod yn mwynhau'r sesiynau a'r gweithgareddau y nhw'n eu cyflwyno. Mae'r ymddygiad hwn yn debygol o gael ei basio ymlaen at y perfformwyr sy'n cymryd rhan yn y sesiwn.
Lefelau priodol o hyder	Dylai fod gan hyfforddwr yr hyder i sefyll o flaen grŵp o berfformwyr sydd ag ystod o alluoedd a'u cyfeirio tuag at gyflawni amcan y cytunwyd arno. Mae angen iddynt fod â hyder yn eu gallu eu hunain i nodi meysydd ar gyfer datblygiad perfformwyr, a chymhwyso tactegau gan ddefnyddio eu barn eu hunain mewn sefyllfaoedd penodol. Weithiau, efallai y bydd yn rhaid i hyfforddwyr gyflwyno negeseuon i'r perfformwyr sydd ddim yn mynd i gael derbyniad da. Wrth gyflwyno negeseuon o'r fath, rhaid i'r hyfforddwr ddangos ffydd yn ei farn ei hun a chyflwyno hyn i'r perfformiwr/perfformwyr chwaraeon mewn ffordd sy'n ysbrydoli hyder.
Ymarfer myfyriol	Rhaid i hyfforddwr ddysgu o'i brofiadau os yw am ddatblygu. Rhaid i'r hyfforddwr werthuso pob sesiwn y mae'n ei darparu, gan ystyried ei chryfderau a'i gwendidau. Yna dylai'r hyfforddwr ystyried yr hyn y byddent yn ei wneud yn y dyfodol pe bai sefyllfa debyg yn codi er mwyn sicrhau bod y sesiwn yn llwyddiant llwyr. Mae Ffigur 8.1 yn dangos y model ymarfer myfyriol. Mae'n bwysig bod hyfforddwr chwaraeon yn cwmpasu'r broses hon trwy gydol ei yrfa hyfforddi.

Term allweddol

Empathi – deall sefyllfa rhywun arall o'u safbwynt nhw.

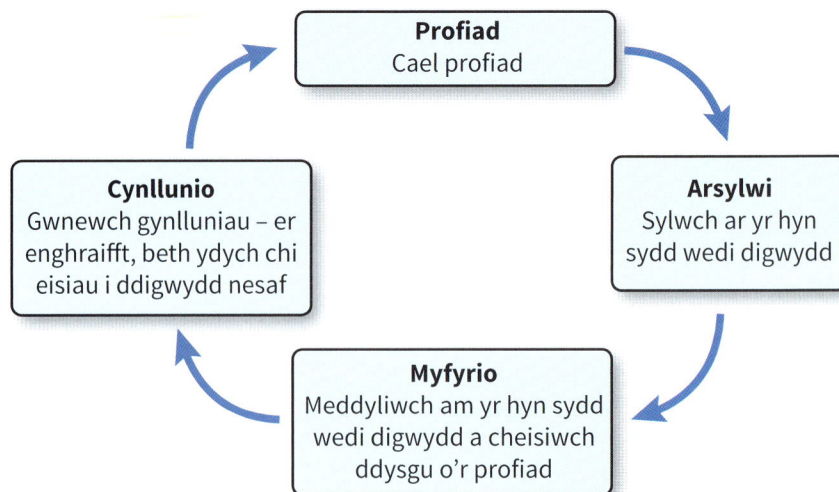

Profiad
Cael profiad

Arsylwi
Sylwch ar yr hyn sydd wedi digwydd

Myfyrio
Meddyliwch am yr hyn sydd wedi digwydd a cheisiwch ddysgu o'r profiad

Cynllunio
Gwnewch gynlluniau – er enghraifft, beth ydych chi eisiau i ddigwydd nesaf

▶ **Ffigur 8.1:** Y model ymarfer myfyriol

Damcaniaeth ar waith

Dychmygwch eich bod wedi cael y dasg o ddysgu sgiliau hoci sylfaenol i grŵp o oedolion. Crewch restr wirio y gallech ei defnyddio er mwyn sicrhau eich bod yn cwblhau'r holl dasgau sydd eu hangen wrth baratoi ar gyfer y sesiwn hon. Ar eich rhestr wirio nodwch pryd rydych chi'n mynd i gwblhau pob tasg, h.y. 10 munud cyn y sesiwn neu ddau ddiwrnod cyn y sesiwn. Cyfiawnhewch eich cynlluniau a'ch amseriadau.

Astudiaeth achos

Yr Ariannin yng Nghwpan Rygbi'r Byd 2015

Nid oedd unrhyw un yn disgwyl i'r Ariannin wneud cystal ag y gwnaethant yng Nghwpan Rygbi'r Byd 2015. O'i chymharu â gwledydd fel Lloegr a Ffrainc, mae gan yr Ariannin lawer llai o chwaraewyr ar lawr gwlad a chronfa lawer llai o dalent i ddewis ohoni.

Yn y blynyddoedd yn arwain at 2015, daeth perfformiad rygbi'r Ariannin yn well. Fe wnaethant hefyd elwa o gael eu gwrthod rhag ymuno â Chwpan Chwe Gwlad Hemisffer y Gogledd, gan ymuno â Chwpan Tair Gwlad y Cenhedloedd Deheuol yn hytrach. Ar hyn o bryd Rygbi'r Cenhedloedd Deheuol sydd gryfaf ledled y byd ac mae perfformiad yr Ariannin wedi cryfhau gan gystadleuaeth gyson yn erbyn timau gorau'r byd.

Fodd bynnag, mae gan eu hyfforddwyr lawer i'w wneud â pherfformiad gwych yr Ariannin.

Gwiriwch eich gwybodaeth

1 Gwnewch ymchwil er mwyn nodi'r math o awyrgylch y mae hyfforddwyr yr Ariannin yn ceisio ei hyrwyddo yn eu tîm, o baratoi yn yr ystafelloedd newid i fynd ar y cae.

2 Beth fyddech chi'n ei ddweud yw'r prif wahaniaeth rhwng Rygbi Hemisffer y De a'r Gogledd a beth yw'r gwahaniaeth yn ffocws yr hyfforddiant?

3 Ydych chi'n credu y gall yr Ariannin barhau i wella neu a yw eu hyfforddiant wedi cyrraedd ei uchafbwynt?

MUNUD I FEDDWL

Bydd gan hyfforddwr da lawer o rinweddau. Pa rinweddau ydych chi'n eu hystyried yn fwyaf gwerthfawr?

Awgrym

A oes unrhyw rinweddau a allai fod gennych eisoes a fydd yn eich helpu chi fel hyfforddwr?

Ymestyn

A oes unrhyw rinweddau y gallai fod angen i chi eu datblygu? Sut allech chi fynd ati i ddatblygu'r rhinweddau hyn?

Arfer gorau i hyfforddwr ar gyfer perfformiad

I ffwrdd o'r cae hyfforddi neu'r cwrt ymarfer, mae gofynion eraill i fod yn hyfforddwr chwaraeon llwyddiannus. Gall hyfforddwr chwaraeon fethu os nad yw'n dilyn rhai arferion, ni waeth pa mor dda yw eu gafael ar egwyddorion cyflwyno sesiwn.

Diogelu

Mae gan bob hyfforddwr sy'n gweithio gyda phlant gyfrifoldeb am eu diogelu tra eu bod o dan eu gofal a'u goruchwyliaeth. Y diffiniad o ddiogelu yw amddiffyn plant a phobl ifanc rhag niwed neu ddifrod gyda mesur priodol. Mae diogelu yn golygu dilyn proses i amddiffyn plant rhag camdriniaeth ac esgeulustod, ond mae hefyd yn cynnwys atal amhariad ar ddatblygiad plentyn.

▶ Rhaid i hyfforddwyr fod yn ymwybodol o faterion diogelu

Mae'n ddyletswydd ar unrhyw weithiwr proffesiynol sy'n gweithio gyda phlant i wneud lles y plentyn yn brif bryder bob amser. Rhaid bod gan bob sefydliad bolisïau a gweithdrefnau diogelu clir y dylid eu dilyn. Mae'n gyffredin i NGBs fod â gweithdrefnau safonol y dylid eu dilyn ar gyfer gweithgareddau penodol.

Rhaid i hyfforddwyr fedru adnabod y prif fathau o gam-drin plant, sy'n cynnwys:
▶ **cam-drin corfforol** – brifo corfforol neu anaf a achosir gan oedolyn i blentyn (gellid ei weld pan fydd plentyn yn arddangos cleisio, toriadau neu losgiadau anesboniadwy)
▶ **cam-drin rhywiol** – oedolion, dynion a menywod, sy'n defnyddio plant i ddiwallu eu hanghenion rhywiol eu hunain (gellid ei weld pan fydd plentyn yn arddangos ymddygiad gor-rywioledig)
▶ **cam-drin emosiynol** – gall fod yn ddiffyg cariad ac anwyldeb parhaus (gallai hyn gael ei arddangos pan fydd plentyn yn dawedog ac yn ddi-ddweud mewn cyswllt cymdeithasol ag eraill)
▶ **esgeulustod** – methu â diwallu anghenion sylfaenol y plentyn fel bwyd a dillad cynnes (gallai hyn fod yn amlwg o ymddangosiad a dillad plentyn).

Os yw plentyn yn dweud neu'n nodi ei fod yn cael ei gam-drin, neu os ceir gwybodaeth sy'n codi pryderon bod plentyn yn cael ei gam-drin, dylai'r hyfforddwr neu unrhyw un sy'n derbyn y wybodaeth:

- ymateb yn bwyllog er mwyn peidio â dychryn y plentyn
- dweud wrth y plentyn nad nhw sydd ar fai ac eu bod yn iawn i ddweud wrth rywun
- cymryd yr hyn y mae'r plentyn yn ei ddweud o ddifrif
- peidio gofyn gormod o gwestiynau
- tawelu meddwl y plentyn
- gwneud cofnod llawn o'r hyn y mae'r plentyn wedi'i ddweud
- peidio ag addo i'r plentyn na fydd unrhyw un arall yn cael gwybod
- pasio'r canfyddiadau ymlaen i swyddog amddiffyn plant dynodedig yn yr ysgol neu'r ganolfan chwaraeon, neu basio'r wybodaeth yn uniongyrchol i'r heddlu cyn gynted ag y bydd y sgwrs wedi dod i ben.

Fel hyfforddwr chwaraeon dylech hefyd fod yn ymwybodol bod hyfforddwyr wedi achosi niwed i blant trwy orhyfforddi, bwlio a mathau eraill o gamdriniaeth, a'i bod yn hanfodol bod hyfforddwr bob amser yn trin plant yn deg a chyda pharch.

Gwiriadau y Gwasanaeth Datgelu a Gwahardd (DBS)

Cyn gweithio gyda phlant mewn unrhyw swyddogaeth rhaid i hyfforddwr gael gwiriad Gwasanaeth Datgelu a Gwahardd (DBS) i ddarganfod a oes ganddo gofnod troseddol. Bydd unrhyw gollfarnau blaenorol yn cael eu rhestru a bydd y sefydliad yn gwneud penderfyniad ar ôl iddynt weld adborth y DBS. Bydd hyn yn penderfynu a yw'r ymgeisydd yn briodol ar gyfer y gwaith ai peidio. Mewn rhai achosion ni fydd y rhai sydd â chofnodion troseddol yn medru gweithio gyda phlant – mae hyn yn cynnwys pobl ar y gofrestr troseddwyr rhyw a'r rhai sydd â chofnodion troseddol treisgar.

Crëwyd y DBS trwy uno'r Swyddfa Cofnodion Troseddol (CRB) a'r Awdurdod Diogelu Annibynnol. Efallai y byddwch yn dal i glywed rhai pobl sydd wedi gweithio yn y diwydiant ers cryn amser yn cyfeirio atynt fel 'gwiriadau CRB'.

❚❚ MUNUD I FEDDWL

Mae llawer o hyfforddwyr yn gweithio gyda phlant a phobl ifanc. Fel hyfforddwyr chwaraeon proffesiynol mae gennym ddyletswydd gofal i sicrhau bod y bobl ifanc hyn yn derbyn gofal da ac nad ydyn nhw'n cael eu peryglu.

Awgrym

Caewch y llyfr am eiliad. Beth yw'r pedwar prif fath o gam-drin plant?

Ymestyn

Pa gamau y dylem eu cymryd fel gweithwyr proffesiynol yn y diwydiant chwaraeon er mwyn sicrhau bod plant yn cael eu cadw'n ddiogel?

Termau allweddol

Cydraddoldeb – trin pawb yn gyfartal.

Anghydraddoldeb – gwahaniaeth cymdeithasol, e.e. anghydraddoldeb rhwng cyflog dynion a menywod mewn chwaraeon.

Rhagfarn – anoddefgarwch neu atgasedd tuag at bobl yn seiliedig ar hil, crefydd, cyfeiriadedd rhywiol, rhyw, oedran neu anabledd.

Cyfle cyfartal

Bydd angen i hyfforddwr chwaraeon gyflwyno ei sesiynau hyfforddi i ystod o berfformwyr chwaraeon sydd ag amrywiaeth o alluoedd ac o ystod o gefndiroedd ethnig a chymdeithasol. Bydd rhai hyfforddwyr chwaraeon hefyd yn cyflwyno sesiynau i berfformwyr chwaraeon ag anableddau corfforol, yn ddynion a menywod.

Mae'n bwysig bod yr hyfforddwr, wrth weithio gydag unrhyw berfformiwr chwaraeon, yn rhoi'r un cyfle i bawb ddatblygu a gwella eu perfformiad – dyma hanfod cyfleoedd cyfartal. Dylai hyfforddwr chwaraeon sicrhau ei fod yn dangos **cydraddoldeb** bob amser. Dylai hyfforddwyr chwaraeon hyfforddi sesiynau chwaraeon heb unrhyw **anghydraddoldeb** na **rhagfarn** a rhaid iddynt sicrhau bod yr holl gyfranogwyr yn cael eu trin yn gyfartal a'u bod yn cael eu cynnwys yn eu holl sesiynau.

Cymwysterau a DPP

Mae'n bwysig bod hyfforddwyr chwaraeon yn datblygu eu hunain hyd eithaf eu gallu. Mae gwyddoniaeth chwaraeon yn symud ymlaen drwy'r amser, ac mae'n bwysig bod hyfforddwyr yn cael y wybodaeth ddiweddaraf am y damcaniaethau a'r arferion diweddaraf yn eu maes.

Rhaid i hyfforddwyr hefyd geisio am ddatblygiad proffesiynol parhaus (DPP). Gall DPP ddigwydd tra bod hyfforddwr yn hyfforddi tîm, a gall fod yn rhan o ddatblygiad yr hyfforddwr ei hun. Gall DPP gael ei osod gan yr hyfforddwr ei hun, ond gellir cyfeirio hyfforddwr hefyd tuag at DPP trwy oruchwyliwr neu fentor.

Mae hyn yn digwydd yn y mwyafrif o chwaraeon trwy ennill cymwysterau cydnabyddedig. Mae'n bwysig bod hyfforddwyr yn dilyn y llwybr cymhwyster gyrfa sydd fwyaf addas er mwyn cyflawni eu huchelgeisiau eu hunain: darperir cymwysterau sy'n tueddu i fod yn fwy 'ymarferol' gan NGBs, tra bod cymwysterau academaidd ar gael hefyd.

> **Cysylltiad**
>
> Gallwch ddarllen mwy am y pwnc hwn yn *Uned 3: Datblygiad Proffesiynol yn y Diwydiant Chwaraeon*.

Cymwysterau'r Corff Rheoli Cenedlaethol (NGB)

Mae NGBs chwaraeon wedi datblygu gwobrau hyfforddi ac arwain a fydd yn cefnogi hyfforddwr sy'n datblygu. Bellach mae gan bron pob NGB strwythur addysg i hyfforddwyr sy'n cynhyrchu cymwysterau o lefel hyfforddwr cynorthwyol (lefel 1 yn aml ar y raddfa), hyd at lefel hyfforddwr chwaraeon o'r radd flaenaf (gall hyn fod yn lefel 4, 5 neu'n uwch).

Mae'n bwysig bod hyfforddwr yn anelu at ennill y cymhwyster priodol sy'n ofynnol er mwyn hyfforddi'r perfformwyr y mae'n gweithio gyda nhw. Mewn rhai chwaraeon mae'n angenrheidiol bod â chymhwyster penodol i weithio gyda pherfformwyr o allu penodol. Mewn rhai chwaraeon nawr mae symudiad hefyd i sicrhau bod pob hyfforddwr chwaraeon ar bob lefel yn ennill neu'n gweithio tuag at gymhwyster hyfforddi cydnabyddedig.

Cymwysterau academaidd

Mae cymwysterau academaidd yn gymwysterau a geir mewn sefydliadau addysgol; mae'r rhain yn cynnwys TGAU, lefel A, graddau BTEC (lefelau amrywiol) a chyrsiau gradd (BSc a BA). Bydd rhai o'r cyrsiau hyn yn gwella gallu hyfforddi hyfforddwr chwaraeon ymhellach. Ar gyfer rhai o'r dyfarniadau hyfforddi mwy datblygedig efallai y bydd angen safon uchel o addysg academaidd i gefnogi elfen ddamcaniaethol y cwrs.

Asesiad risg o'r amgylchedd a'r gweithgaredd

Mae gan hyfforddwyr chwaraeon **ddyletswydd gofal** bob amser i ddarparu amgylchedd diogel i'r athletwyr sy'n cymryd rhan yn eu sesiynau, er mwyn cydymffurfio â'r holl ddeddfwriaeth iechyd a diogelwch berthnasol, e.e. Deddf Iechyd a Diogelwch yn y Gwaith (1974). Rhaid iddynt hefyd sicrhau nad yw'r gweithgareddau y maen nhw'n eu cyflwyno yn peryglu'r cyfranogwyr.

> **Cysylltiad**
>
> Gallwch weld enghraifft o ffurflen asesu risg yn *Uned 4: Arweinyddiaeth Chwaraeon* (Ffigur 4.8, tudalen 204).

> **Term allweddol**
>
> **Dyletswydd gofal** – rhwymedigaeth gyfreithiol a osodir ar unigolyn, sy'n ei gwneud yn ofynnol iddo gadw at safon rhesymol o ofal wrth gyflawni unrhyw weithredoedd a allai o bosibl niweidio eraill.

Rhan allweddol o hyn yw asesu risg er mwyn lleihau neu ddileu'r risg o niwed neu anaf i chwaraewyr, gwylwyr a hyfforddwyr. Mae asesiad risg yn ei gwneud yn ofynnol i'r hyfforddwr archwilio'r holl offer a'r lleoliad/arwyneb chwarae ble mae'r gweithgaredd yn digwydd. Ar ôl nodi perygl, rhaid i'r hyfforddwr ddileu'r perygl a/neu'r risg. Os gellir dileu'r perygl yna gall y sesiwn fynd yn ei blaen; os na, rhaid i'r hyfforddwr ddosbarthu graddfa'r risg. Mae risgiau fel arfer yn cael eu dosbarthu fel:

▶ isel – dim risg neu risg bychan iawn o anaf

▶ canolig – rhywfaint o risg o anaf

▶ uchel – risg uchel o anaf.

Os yw'r risg yn unrhyw beth uwch nag isel, rhaid i'r hyfforddwr weithredu i ddileu'r perygl, lle bo hynny'n bosibl, neu ei leihau i lefel dderbyniol trwy arolygu ac ychwanegu rhagofalon. Os yw hyfforddwr yn dod ar draws peryglon fel hyn, rhaid iddo ymgynghori â hyfforddwr uwch neu aelod o staff a thrafod a ddylai'r sesiwn fynd yn ei blaen.

Mae dau brif fath o risg a all achosi anafiadau:

▶ **risgiau anghynhenid** – rhywbeth y tu allan i'r corff a allai achosi anaf, fel llawr llithrig neu dywydd gwael

▶ **risgiau cynhenid** – agwedd ffisegol ar y corff a allai achosi anaf, fel peidio â bwyta digon cyn hyfforddi neu gymryd rhan gydag anaf sy'n bodoli eisoes.

Trafodaeth

Fel grŵp, cynlluniwch sesiwn gylchol ar gyfer grŵp o bobl ifanc 17 oed. Ar ôl i chi gynllunio'r sesiwn, cwblhewch asesiad risg (fel yr un yn Ffigur 8.2). Yna ewch i mewn i'r neuadd chwaraeon a chynnal y sesiwn. Yn unigol, ac wrth i'r sesiwn gael ei chynnal, edrychwch am unrhyw ystyriaethau iechyd a diogelwch eraill rydych chi wedi'u hanghofio ac ychwanegwch y rhain at eich asesiad risg. Trafodwch eich canfyddiadau gyda gweddill eich grŵp.

Lleoliad..

Dyddiad..

Hyfforddwr/Aseswr chwaraeon..

Perygl posibl	Risg	Tebygolrwydd y bydd risg yn digwydd (isel/canolig/uchel)	Sut i ddileu neu leihau'r risg

▶ **Ffigur 8.2:** Ffurflen asesu risg

Gweithdrefnau argyfwng

Er y gall hyfforddwr asesu pob risg a pherygl, a defnyddio dulliau o leihau anaf a chadw at cyn lleied â phosibl o niwed, gall a bydd anafiadau yn digwydd yn ystod sesiynau chwaraeon a gweithgaredd corfforol.

Efallai y bydd hyfforddwyr chwaraeon yn elwa o gael cymhwyster cymorth cyntaf er mwyn sicrhau eu bod yn gwybod pa gamau i'w cymryd os yw athletwr wedi'i anafu. Os nad ydych yn swyddog cymorth cyntaf cymwys, dylech ddarparu ar gyfer cymorth cyntaf yn ystod sesiynau hyfforddi, er enghraifft trwy sicrhau bod cynorthwyydd cymorth cyntaf cymwys yn bresennol. Dylai hyfforddwr sicrhau bod athletwyr yn edrych am gyngor proffesiynol cyn gynted â phosibl os:

▶ dioddefir anaf mawr yn ystod sesiwn – torri asgwrn, gwaedu difrifol, anaf i'r pen, chwyddo difrifol neu gleisio gyda phoen

▶ dioddefir anaf mân yn ystod sesiwn – straen cyhyrol, cleisio cyhyrol, mân doriadau neu waedu

▶ maen nhw'n mynd yn sâl – chwydu, cur pen, dolur gwddf, pendro.

Mae angen i hyfforddwr hefyd fod yn ymwybodol o'r holl weithdrefnau argyfwng ar gyfer y lleoliad. Dylent ddilyn y gweithdrefnau hyn a dylent hefyd rannu eu gwybodaeth amdanynt gydag athletwyr ar ddechrau pob sesiwn. Felly bydd angen i hyfforddwr ymgyfarwyddo â:

▶ dril tân mewn lleoliad/sefydliad

▶ gweithdrefnau gwacáu mewn lleoliad/sefydliad

▶ gweithdrefn cymorth cyntaf mewn lleoliad/sefydliad

▶ lleoliad staff cymorth cyntaf cymwys mewn lleoliad/sefydliad

▶ lleoliad ffonau mewn lleoliad/sefydliad pe bai angen y gwasanaethau brys

▶ gweithdrefn asesu risg mewn lleoliad/sefydliad.

Cyn sesiwn hyfforddi dylai hyfforddwr gynnal gwiriadau iechyd a diogelwch munud olaf er mwyn sicrhau bod y lleoliad yn barod ac yn ddiogel i weithgaredd corfforol ddechrau.

Gweinyddiaeth ar gyfer hyfforddi

Mae gweinyddiaeth yn cyfeirio at y gwaith papur sy'n dod yn rhan o rôl hyfforddi perfformwyr chwaraeon. Mae dyddiau hyfforddwr chwaraeon yn gwneud rhywbeth syml fel troi i fyny mewn lleoliad a hyfforddi sesiwn bron wedi diflannu. Oherwydd nifer o ffactorau – yn bwysicaf oll diogelwch ac amddiffyn plant a phobl ifanc – mae gan hyfforddwyr chwaraeon sawl tasg weinyddol wahanol i'w cyflawni cyn, yn ystod ac ar ôl cyflwyno sesiwn.

Cynllunio a pharatoi

Dylai pob sesiwn hyfforddi gael ei chynllunio ymlaen llaw a dylai'r hyfforddwr gadw'r cynlluniau sesiwn fel cofnod o'r gweithgareddau sydd wedi'u cyflawni. Mae hyn hefyd yn caniatáu i'r hyfforddwr fyfyrio ar ôl sesiwn ar yr hyn a aeth yn dda a pha rannau o'r sesiwn y byddai angen eu diwygio yn y dyfodol.

Er mwyn cynorthwyo yn natblygiad perfformwyr chwaraeon, gall hyfforddwr hefyd gynllunio cyfres o sesiynau hyfforddi. Wrth gynllunio mwy nag un sesiwn ni fyddai hyfforddwr chwaraeon yn cynllunio holl fanylion pob sesiwn; yn hytrach byddent yn cynllunio amserlen sy'n amlinellu'r pynciau y bydd pob sesiwn yn canolbwyntio arnynt, cyn llunio cynllun manwl ar gyfer pob sesiwn.

Cofrestru

Er mwyn sicrhau bod gan hyfforddwr chwaraeon gofnod o bwy sy'n bresennol mewn sesiwn hyfforddi, dylai gymryd cofrestr. Dylai chwaraewyr gael eu harwyddo i mewn i'r sesiwn, ac ar gyfer plant a phobl ifanc dylai'r hyfforddwr hefyd arwyddo'r chwaraewyr allan pan fyddant yn gadael gyda'u rhieni.

Defnyddir cofrestr at ddibenion iechyd a diogelwch ac ar gyfer mesurau datblygu perfformiad: gall hyfforddwr chwaraeon ddefnyddio cofrestr i olrhain pa sesiynau y mae perfformiwr chwaraeon wedi'u mynychu ac felly pa wybodaeth y maen nhw eisoes wedi'i dysgu.

Cadw cofnodion

Efallai y bydd angen i hyfforddwr hefyd gadw golwg ar dalu ffioedd tanysgrifio, dirwyon, ffioedd mynediad ar gyfer cystadlaethau, ac ati, yn dibynnu ar y rôl a roddir i hyfforddwyr chwaraeon mewn gwahanol glybiau. Os yw hyn yn wir, mae'n bwysig iawn bod hyfforddwr chwaraeon yn cadw cofnod o'r holl arian a ddaeth i law a chan bwy.

Yswiriant

Rhaid bod gan hyfforddwyr chwaraeon yswiriant priodol i gymryd rhan mewn gweithgaredd corfforol yn ogystal ag arwain sesiwn chwaraeon neu weithgaredd corfforol. Mae hyfforddwr yn gyfrifol am ddiogelwch yr athletwyr tra eu bod o dan ei oruchwyliaeth o neu hi. Os anafir athletwr yn ystod sesiwn hyfforddi, ystyrir bod yr hyfforddwr yn atebol (yn gyfreithiol gyfrifol) a gellid ei ystyried yn esgeulus (ar fai).

Os bydd digwyddiad yn digwydd, efallai y bydd cwmnïau yswiriant eisiau gweld copïau o'r cynlluniau sesiwn a'r asesiadau risg a gwblhaodd yr hyfforddwr cyn iddynt gael eu cyflwyno.

Hunanfyfyrio ar allu hyfforddi personol

Dylai hyfforddwr chwaraeon ddatblygu dealltwriaeth yn gyflym ynghylch sut i fyfyrio ar ei berfformiad fel hyfforddwr chwaraeon. Mae'n bwysig iawn bod hyfforddwr yn gwneud hyn yn effeithiol er mwyn sicrhau ei fod yn gallu datblygu ei berfformiad ei hun a pherfformiad y perfformwyr chwaraeon y maen nhw'n eu hyfforddi.

Er mwyn gwneud hyn rhaid i hyfforddwr fyfyrio ar ei lefel gyfredol o ddealltwriaeth o:

▶ sgiliau a gwybodaeth ar gyfer gweithgareddau hyfforddi ar gyfer perfformiad

▶ rhinweddau ar gyfer gweithgareddau hyfforddi ar gyfer perfformiad

▶ arfer gorau i hyfforddwr ar gyfer perfformiad.

Dylai hyfforddwr arolygu ei berfformiad ym mhob un o'r meysydd hyn a gallu nodi cryfderau a meysydd i'w gwella yn eu perfformiad eu hunain, gan ddefnyddio pob un o'r rhinweddau a'r priodoleddau hyn i gynllunio ar gyfer datblygiad pellach fel hyfforddwr chwaraeon.

Gallwch ddarllen mwy am hunanfyfyrio yn nes ymlaen yn yr uned hon (gweler tudalennau 379–381).

(gweler tudalennau 379–381).

⏸ MUNUD I FEDDWL

Bydd damweiniau bob amser yn digwydd wrth gymryd rhan mewn chwaraeon. Fodd bynnag, mae'n ddyletswydd arnom fel hyfforddwyr i leihau'r risg. Fel hyfforddwyr, beth allwn ei wneud i sicrhau bod sesiynau'n cael eu cynnal yn llyfn ac yn ddiogel?

Awgrym   Caewch y llyfr a rhestrwch gynifer o ddulliau ag y medrwch mewn 2 funud.

Ymestyn   A oes unrhyw risgiau rydych chi'n teimlo sy'n gyffredin rhwng llawer o chwaraeon? Sut allwn ni leihau'r risg o anaf sy'n gysylltiedig â'r risgiau hyn?

Dychmygwch mai chi yw'r prif hyfforddwr mewn tîm chwaraeon. Mae gennych chi chwe hyfforddwr iau yn gweithio oddi tanoch chi sydd i gyd yn newydd i'w rolau ac yn brin o brofiad.

Paratowch gyflwyniad i'ch hyfforddwyr iau sy'n esbonio'n ofalus y sgiliau a'r rhinweddau sy'n gysylltiedig â bod yn hyfforddwr cryf, gan ddadansoddi pam rydych chi'n teimlo eu bod yn berthnasol. I bwysleisio pwysigrwydd hunanfyfyrio, defnyddiwch eich hun fel enghraifft, gan dynnu sylw at eich cryfderau eich hun ond hefyd y meysydd i'w gwella, gan gyfiawnhau'ch meddyliau eich hun wrth i chi fynd.

Cynllunio
- Pa adnoddau ydw i eu hangen er mwyn cyflawni'r dasg hon?
- A oes gen i ddigon o brofiad fel hyfforddwr i gyflawni'r dasg hon neu a oes angen i mi wneud rhywfaint o ymarfer?

Gwneud
- Ydw i'n deall yn glir beth sy'n gwneud hyfforddwr da?
- A oes gennyf strwythur clir y medraf ei ddefnyddio i gyfathrebu hyn trwy gyflwyniad?

Adolygu
- A allaf gyfiawnhau pam es i'r afael â'r dasg hon fel y gwnes i?
- A allaf awgrymu gwelliannau y byddwn yn eu gwneud pe bai'n rhaid imi ail-wneud y dasg hon?

B Archwilio arferion a ddefnyddir i ddatblygu sgiliau, technegau a thactegau ar gyfer perfformiad

Mae'n bwysig deall bod hyfforddwyr yn defnyddio gwahanol arferion mewn gwahanol chwaraeon er mwyn datblygu sgiliau, technegau a thactegau penodol y gamp honno, gan ganolbwyntio ar eu datblygu mewn sefyllfaoedd cystadleuol. Rhaid bod gan hyfforddwr ddealltwriaeth drylwyr o'r sgiliau, y technegau a'r tactegau hyn ar gyfer eu camp.

Mae angen i hyfforddwr ddatblygu dealltwriaeth o amrywiaeth o arferion y gellir eu defnyddio er mwyn gweithio gydag amrywiaeth o berfformwyr. Mewn rhai chwaraeon, gellir defnyddio gweithgareddau a ddefnyddir ar gyfer dechreuwr hefyd ar gyfer perfformiwr o'r radd flaenaf; mae'r gwahaniaeth yn y ffordd y mae'r perfformwyr yn defnyddio'r sgìl. Mewn chwaraeon eraill nid yw rhai arferion yn briodol i ddechreuwyr am nifer o resymau. Rhaid i hyfforddwr bob amser lunio barn ynghylch pryd i gyflwyno ymarfer penodol i berfformiwr, neu grŵp o berfformwyr.

Sgiliau, technegau a thactegau

Amlinellir y diffiniadau o sgiliau, technegau a thactegau isod.

▶ **Sgìl** mewn chwaraeon yw'r gallu i gynhyrchu cyfuniad o symudiadau gan ddefnyddio amrywiaeth o gyhyrau a chymalau er mwyn cynhyrchu gweithred gydlynol. Rydych yn meithrin sgiliau trwy ddysgu, yna'n eu meistroli trwy ymarfer ac arsylwi. Mae athletwyr yn datblygu sgiliau gyda chymorth cefnogaeth ac adborth gan hyfforddwyr profiadol a gwybodus a/neu athletwyr eraill. Mae meistroli sgìl yn golygu gallu ei gynhyrchu'n llwyddiannus yn barhaus heb fawr o ymdrech.

▶ **Techneg** yw'r ffordd y mae athletwr yn perfformio sgìl. Mewn rhai chwaraeon, mae chwaraewyr yn defnyddio gwahanol dechnegau i gynhyrchu'r un canlyniad.

▶ **Tactegau** yw'r sgiliau y mae chwaraewr yn eu defnyddio mewn unrhyw fath o chwaraeon er mwyn ennill; er enghraifft yn ystod gêm hoci neu dennis, bydd pob tîm neu chwaraewr yn defnyddio tactegau a strategaethau penodol i geisio curo a threchu eu gwrthwynebwyr.

Er mai technegau yw'r ffordd rydyn ni'n defnyddio sgiliau mewn camp ddethol, tactegau yw sut rydyn ni'n defnyddio sgiliau yn llwyddiannus mewn sefyllfaoedd cystadleuol. Gall y perfformiwr mwyaf medrus a thalentog golli os na fyddant yn defnyddio'r sgiliau yn strategol mewn sefyllfaoedd penodol.

Termau allweddol

Sgìl – rhywbeth rydyn ni'n dysgu sut i wneud.

Techneg – ffordd o gyflawni sgìl benodol.

Tactegau – y strategaethau y mae chwaraewr neu dîm yn eu defnyddio mewn unrhyw fath o chwaraeon er mwyn ennill; er enghraifft yn ystod gêm hoci neu dennis, bydd pob tîm neu chwaraewr yn defnyddio tactegau a strategaethau penodol i geisio curo a threchu eu gwrthwynebydd/ gwrthwynebwyr.

Y prif ffactorau sy'n effeithio ar gymhwyso tactegau mewn chwaraeon tîm ac unigol yw:

▶ ymosod ac amddiffyn

▶ y sefyllfa yn y gêm – ydych chi'n ennill neu'n colli?

▶ cryfderau eich hun/eich tîm – ym mha rannau o'r ras/gêm ydych chi'n gryfach a pha rannau o'ch gêm sy'n wannach?

▶ cryfderau a gwendidau eich gwrthwynebwyr.

Trafodaeth

Mae yna lawer o chwaraeon sy'n cynnwys unigolion yn perfformio ar eu pennau eu hunain, fesul un, er enghraifft, gymnasteg. Er efallai na fydd yn ymddangos felly i ddechrau, mewn gwirionedd mae yna lawer o dactegau yn y chwaraeon hyn. Gan weithio mewn grŵp bach, rhestrwch ychydig o enghreifftiau o chwaraeon o'r fath a thrafodwch ffyrdd y gallai athletwyr ddefnyddio tactegau i gael mantais dros gystadleuwyr.

Cysylltiad

Gallwch ddarllen mwy am sgiliau, technegau a thactegau yn *Uned 7: Perfformiad Chwaraeon Ymarferol* ac *Uned 26: Gofynion Technegol a Thactegol Chwaraeon.*

Arferion er mwyn datblygu sgiliau, technegau a thactegau ar gyfer perfformiad

Dylai fod gan hyfforddwr chwaraeon wybodaeth ragorol o holl sgiliau, technegau a thactegau eu camp benodol. Prif gyfrifoldeb hyfforddwr yw sicrhau bod yr arferion y maen nhw'n eu defnyddio yn datblygu gallu'r perfformwyr chwaraeon i:

▶ gymhwyso'r sgiliau, y technegau neu'r tactegau yn effeithiol mewn amgylchedd ymarfer

▶ yn ddiweddarach ac yn bwysicach fyth, cymhwyso'r sgiliau, y technegau neu'r tactegau yn effeithiol mewn sefyllfa gystadleuol.

Rhaid i'r hyfforddwr ystyried y dewis o ymarfer ar gyfer y perfformiwr/perfformwyr chwaraeon sy'n cymryd rhan mewn sesiwn. Rhaid i'r sesiwn fod yn bleserus ond yn briodol o heriol i'r perfformiwr/perfformwyr chwaraeon.

Mae'r adrannau canlynol yn edrych ar y gwahanol fathau o arferion y gall hyfforddwr chwaraeon eu defnyddio er mwyn datblygu sgiliau, technegau a thactegau perfformwyr chwaraeon.

Arferion ynysig

Mae arferion ynysig (*isolated practices*) yn cael eu dyfeisio a'u defnyddio gan hyfforddwyr i ddatblygu sgiliau, technegau a thactegau yn ystod sesiwn hyfforddi. Mae ymarfer ynysig ar gyfer sgiliau, technegau a thactegau yn aml yn ddril neu ymarfer sy'n torri'r sgiliau, y technegau neu'r tactegau sy'n cael eu hyfforddi'n rhannau.

Gallai enghraifft fod mewn pêl-foli pan fydd hyfforddwr yn ceisio gwella serfiad hir. Efallai y byddan nhw'n gofyn i athletwr serfio dro ar ôl tro i ardal benodol dros y rhwyd wrth roi adborth. Nid yw'r serfiad byth yn cael ei ddychwelyd, felly mae'r arfer felly'n 'ynysig'.

Mae hyfforddwr fel arfer yn defnyddio arferion ynysig er mwyn cyflwyno sgiliau a thechnegau nad yw'r perfformiwr wedi'u meistroli'n llawn, ac mewn rhai achosion erioed wedi eu defnyddio. Fe'u defnyddir ar gyfer dechreuwyr ac athletwyr canolradd yn bennaf, ond wrth i berfformwyr chwaraeon ddatblygu eu gallu, defnyddir arferion ynysig i ymarfer a mireinio'r dechneg a'r sgìl.

Gellir addasu arferion ynysig i helpu perfformwyr chwaraeon pan fyddant yn cael trafferth meistroli techneg neu sgìl. Gellir eu haddasu hefyd i gynyddu mewn dwysedd pan fydd perfformwyr wedi meistroli sgìl ac angen heriau pellach.

> ### Ymchwil
>
> Ewch i mewn i grŵp bach. Yn unigol o fewn eich grŵp, ceisiwch ddod o hyd i dri gweithgaredd y byddech chi'n teimlo y byddent yn elwa o ymarferion ynysig. Cymharwch eich nodiadau â rhai gweddill eich grŵp. A oes unrhyw weithgareddau y dewisodd mwy nag un ohonoch chi? Rhyngoch chi, dewiswch y tri sydd fwyaf addas yn eich barn chi ar gyfer ymarfer ynysig.

Gellir defnyddio ymarferion ynysig hefyd i ddatblygu gallu perfformwyr i gymhwyso tactegau ymhellach. Yn yr un modd â sut mae hyfforddwr yn defnyddio arferion ynysig i ddatblygu sgiliau a thechnegau, mae hyfforddwyr yn defnyddio arferion ynysig i gyflwyno tactegau i berfformwyr. Mewn chwaraeon tîm, fel rygbi'r undeb, bydd hyfforddwr yn efelychu cydran benodol o'r gêm, fel taflu o'r llinell. Er mwyn datblygu tactegau, bydd hyfforddwr yn gweithio'n barhaus gyda grŵp o chwaraewyr i sicrhau eu bod yn deall y tactegau i'w defnyddio yn y sefyllfa benodol honno. Pan fydd tîm wedi meistroli tacteg, gellir defnyddio'r ymarfer ynysig i fireinio cymhwysiad y dacteg ymhellach. Yna gall yr hyfforddwr symud y sesiwn hyfforddi ymlaen trwy ofyn i'r perfformwyr gymhwyso'r dacteg mewn ymarfer cyflyredig.

Ymarferion cyflyredig

Defnyddir ymarferion cyflyredig (*conditioned practices*) i ail-greu elfennau o sefyllfaoedd cystadleuol penodol yn ystod sesiynau hyfforddi. Pwynt yr arferion hyn yw i'r perfformiwr feistroli cymhwysiad cywir sgiliau, technegau a thactegau yn y sefyllfaoedd hyn; ar ôl eu hymarfer, gall y perfformiwr eu defnyddio mewn sefyllfaoedd cystadleuol penodol.

Enghraifft o hyn yw ymarfer tafliad o'r llinell mewn rygbi a symud y bêl yn ôl i'w chwarae'n ymosodol. Efallai bydd yr hyfforddwr yn rhannu'r tîm yn ymosodwyr ac amddiffynwyr ac yn chwarae'r gêm am ddim ond 1 munud ar ôl pob tafliad, gan ymarfer sefyllfa wahanol bob tro.

Yn ystod ymarferion cyflyredig, bydd hyfforddwr yn aml yn oedi'r ymarfer er mwyn hyfforddi'r perfformwyr, gan ddarparu arweiniad, adborth ac atgyfnerthiad penodol i lunio eu hymddygiad pe bai'r sefyllfa'n codi mewn sefyllfa gystadleuol.

Fel rheol, byddai hyfforddwr yn defnyddio ymarferion cyflyredig yn unig ar gyfer perfformwyr sydd eisoes â dealltwriaeth dda iawn o gamp ac sydd wedi meistroli holl sgiliau a thechnegau'r gamp honno, neu'r mwyafrif ohonynt. Yn aml, defnyddir yr ymarferion hyn i lunio tactegau a mireinio gwybodaeth perfformwyr ynghylch pryd i ddefnyddio sgìl benodol er mwyn cefnogi tacteg benodol.

Mae gan ymarferion cyflyrol yn aml reolau neu gyfyngiadau er mwyn cefnogi datblygiad mewn sefyllfa naturiol, tebyg i gêm. Er enghraifft, mewn pêl-fasged dim ond hanner cwrt pêl-fasged y gall hyfforddwr ei ddefnyddio a chwarae tri ymosodwr yn erbyn dau amddiffynnwr. Defnyddir yr ymarfer hwn wrth hyfforddi math ymosodol o chwarae er mwyn dangos i'r ymosodwyr sut i gymhwyso sgiliau, technegau a thactegau priodol yn y sefyllfa benodol hon.

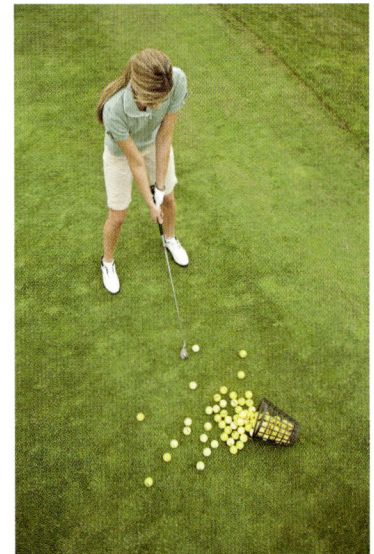

▶ Gellir defnyddio ymarferion ynysig i ddatblygu sgiliau neu dechnegau penodol

Usain Bolt

Mae rhai wedi dweud na allwch wneud athletwr o'r radd flaenaf: rhaid i'r athletwr fod yno eisoes. Gwaith yr hyfforddwr yw hwyluso'r defnydd o asedau'r athletwr i alluogi llwyddiant.

Wrth hyfforddi gweithgaredd fel y sbrint 100-metr efallai y credwch fod yr opsiynau ar gyfer hyfforddi yn gyfyngedig oherwydd natur fer y gystadleuaeth wironeddol. Fodd bynnag, nid yw hyn yn wir. Wrth weithio gydag athletwyr o safon fyd-eang ble mae llwyddiant yn dibynnu ar newidion bach, gall addasiadau bach i dechneg arwain at ganlyniadau mawr.

Defnyddir llawer iawn o wyddoniaeth yn hyfforddiant Usain Bolt, fel gyda llawer o berfformwyr o'r lefel uchaf. Cymerodd ddwy flynedd o hyfforddiant â ffocws cyn Gemau Olympaidd 2008, carreg filltir yng ngyrfa Usain, i ailddatblygu ei dechneg er mwyn dod â'i berfformiad i'r lefel nesaf.

Gall caniatáu gwallau bach mewn techneg arwain at athletwr yn gwastraffu amser wrth ddatblygu ei berfformiad yn ddiweddarach yn ei yrfa. Rhaid i hyfforddwyr lunio barn ynghylch pryd i orfodi newidiadau i dechneg a phryd i ganiatáu iddynt gael eu hanwybyddu, gan ganolbwyntio ar welliannau a allai arwain at fwy o wobrau tymor byr.

Gwiriwch eich gwybodaeth

1. Ym mha sefyllfa y mae'n syniad da anwybyddu camgymeriadau bach mewn techneg a chanolbwyntio ar ddatblygiad cyflym?

2. Pa chwaraeon eraill y gellid eu cymharu â'r sbrint 100-metr, ble gall hyfforddi addasiadau bach iawn i dechneg roi gwobrau mawr?

3. Er mwyn gallu gweithio gydag athletwr o'r radd flaenaf fel Usain Bolt, pa sgiliau a gwybodaeth ychwanegol y gallai fod angen i hyfforddwr eu datblygu?

Sefyllfaoedd cystadleuol

Mae sefyllfaoedd cystadleuol yn cael eu creu gan hyfforddwyr mewn sesiynau hyfforddi i ymarfer y tactegau y mae'r hyfforddwr wedi'u dysgu i'r perfformwyr chwaraeon trwy gydol eu sesiynau hyfforddi. Maen nhw'n dynwared digwyddiad cystadleuol mewn bywyd go iawn, gan ddilyn rheolau/deddfau a rheoliadau arferol y gamp. Fe'u defnyddir gan hyfforddwyr i roi cyfle i berfformwyr gymhwyso sgiliau a thechnegau a ddatblygwyd ac a feistrolwyd o'r blaen, mewn sefyllfa gystadleuol, a herio perfformwyr ymhellach mewn sesiynau hyfforddi.

Bydd hyfforddwr chwaraeon hefyd yn aml yn defnyddio sefyllfa gystadleuol er mwyn arsylwi cydrannau penodol o berfformiad perfformiwr neu dîm ac arsylwi ar eu gallu ymosodol ac amddiffynnol.

Ymosodol

Pan fydd perfformiwr chwaraeon yn ymosod, cânt eu dosbarthu fel rhai sy'n defnyddio sgiliau a thechnegau ac yn defnyddio tactegau yn ymosodol. Mae'r tîm neu'r perfformiwr ymosodol yn ceisio ymosod ar eu gwrthwynebwyr er mwyn ennill mantais mewn sefyllfa gystadleuol. Mewn chwaraeon tîm, rhoddir safleoedd i chwaraewyr dynodedig i ganolbwyntio ar ymosod ar eu gwrthwynebwyr, ond mewn chwaraeon unigol gall perfformwyr geisio canolbwyntio ar wendidau chwarae eu gwrthwynebydd mewn ymosodiad. Bydd y perfformwyr neu'r timau ymosodol yn defnyddio amrywiaeth o dactegau i ymosod ar eu gwrthwynebwyr.

Amddiffynnol

Chwarae amddiffynnol yw'r weithred o wrthsefyll ymosodiad gan wrthwynebydd. Bydd gan berfformiwr neu dîm chwaraeon nifer o sgiliau, technegau a thactegau sy'n canolbwyntio ar amddiffyn yn y sefyllfaoedd hyn mewn ymgais i oresgyn yr ymosodiad. Er enghraifft, mewn hoci, wrth amddiffyn ymosodiad, mae amddiffynwyr yn defnyddio sgiliau priodol fel taclo a blocio, a thactegau fel marcio dyn-i-ddyn a marcio parthau, i atal gwrthwynebwyr rhag sgorio gôl ac ennill mantais. Mae'r perfformiwr neu'r tîm chwaraeon amddiffynnol yn defnyddio amrywiaeth o dactegau i amddiffyn rhag ymosodiad gan eu gwrthwynebwyr.

> **Damcaniaeth ar waith**
>
> Mae llawer o chwaraeon yn cynnwys sgorio goliau. Meddyliwch am gamp rydych chi wedi'i chwarae ble mae pwyntiau'n cael eu dyfarnu trwy sgorio goliau. Drafftiwch dri chynllun byr ar gyfer sesiynau ymarfer sy'n canolbwyntio ar gywirdeb saethu tua'r gôl. Sicrhewch fod un yn enghraifft o ymarfer ynysig, bod un yn ymarfer cyflyredig ac un yn sefyllfa gystadleuol. Pa sesiwn ydych chi'n teimlo allai fod yn fwyaf effeithiol?

Gwerthuso ymarferion

Mae'n bwysig bod hyfforddwr yn gwerthuso pob ymarfer y mae'n ei ddefnyddio ym mhob un o'i sesiynau. Dylai hyfforddwr asesu'r arferion y maen nhw wedi'u defnyddio yn gyson ac ystyried a ellir eu defnyddio eto i gefnogi datblygiad perfformwyr chwaraeon.

Dylai'r hyfforddwr ystyried ymarferoldeb, addasrwydd ac effeithiolrwydd yr ymarfer o ran datblygu'r perfformwyr chwaraeon (gweler Tabl 8.2). Ar ôl i'r hyfforddwr ystyried pob un o'r meysydd hyn, gallant wedyn ddewis a ddylid defnyddio'r ymarfer eto mewn sesiynau yn y dyfodol.

▶ **Tabl 8.2:** Gwerthuso ymarferion

Ymarferoldeb	Dylai'r hyfforddwr ystyried: • yr amser a gymerodd i sefydlu'r gweithgaredd • nifer yr offer a'i ddefnydd yn ystod y gweithgaredd • canlyniad y gweithgaredd. Ar ôl i'r hyfforddwr ystyried pob un o'r pwyntiau hyn gallant lunio barn effeithiol ynghylch a yw pob ymarfer yn briodol i'w ddefnyddio yn y dyfodol.
Addasrwydd	Wrth ystyried beth sy'n ymarfer addas a beth sy'n anaddas, dylai hyfforddwr ystyried: • a oedd y gweithgaredd wedi herio'r perfformwyr yn ddigonol yn y sesiwn • a oedd y gweithgaredd yn cefnogi'r hyfforddwr yng nghyflawniad ei ganlyniadau (nodau ac amcanion) ei hun ar gyfer y sesiwn yr oeddent wedi'i chynllunio.
Effeithiolrwydd	• Ar ôl pob sesiwn dylai hyfforddwr ystyried pa ymarferion oedd yn effeithiol wrth ddatblygu perfformwyr a pha ymarferion nad oeddent mor effeithiol. • Gall hyfforddwr hefyd ddefnyddio asesiad o effeithiolrwydd pob ymarfer i addasu arferion er mwyn sicrhau y bydd yr ymarfer yn fwy effeithiol i berfformwyr chwaraeon yn y dyfodol.

⏸ MUNUD I FEDDWL   Allwch chi restru'r enghreifftiau o fathau o ymarferion a ddefnyddir yn aml gan hyfforddwyr?

Awgrym   Disgrifiwch bob un yn fyr mewn dim mwy na pharagraff.

Ymestyn   Wrth arolygu llwyddiant sesiwn hyfforddi, beth ddylai'r hyfforddwr ei ystyried?

Addasu arferion i hyrwyddo datblygiad perfformiad

Gall hyfforddwr ystyried llawer o wahanol ffyrdd o addasu arferion er mwyn herio perfformwyr ymhellach a datblygu eu perfformiad. Mae'n bwysig bod hyfforddwr yn ymwybodol bod perfformwyr yn dysgu ar gyflymder gwahanol, ac y bydd lefelau gallu o fewn grwpiau yn wahanol. Rhaid i hyfforddwr sicrhau bod pob perfformiwr yn cael ei herio'n ddigonol mewn sesiwn. Weithiau gall hyn olygu bod arferion yn cael eu newid i rai perfformwyr, ond nid pob un.

Gall hyfforddwr addasu sesiwn hyfforddi trwy newid y cyfranogwyr, yr amgylchedd a/neu'r offer.

Y cyfranogwyr

Bydd angen i hyfforddwr ystyried beth i'w wneud â chyfranogwyr yn ystod sesiwn hyfforddi er mwyn sicrhau bod pob perfformiwr chwaraeon yn cael ei herio'n ddigonol ac yn mwynhau'r sesiwn.

Maint y grŵp

Gyda pherfformwyr chwaraeon iau gall maint y grŵp fod yn fawr i sicrhau y gall yr hyfforddwr gynnwys llawer o gemau cystadleuol er mwyn datblygu sgiliau a thechnegau trwy gystadleuaeth. Wrth i berfformwyr ddod yn fwy datblygedig, gall maint y grŵp leihau.

Efallai y bydd hyfforddwr hefyd yn penderfynu lleihau nifer y perfformwyr mewn ymarfer er mwyn gwneud yr ymarfer yn haws, a chynyddu'r nifer i wneud yr ymarfer yn anoddach. Mewn chwaraeon unigol wrth hyfforddi perfformwyr o'r radd flaenaf, gall yr hyfforddwr weithio un-i-un. Er enghraifft, mae hyfforddwr bocsio yn gweithio gydag un bocsiwr yn y cyfnod cyn gornest fawr.

> **Ymchwil**
>
> Allwch chi ddod o hyd i unrhyw enghreifftiau o chwaraeon sy'n cynnwys cystadleuwyr yn cystadlu'n unigol ond ble mae'n arfer cyffredin datblygu sgiliau neu dechnegau mewn grwpiau mawr?

Rôl unigolion

Gall hyfforddwr hefyd roi gwahanol rolau i wahanol berfformwyr mewn sesiwn.

Pan fydd rhai perfformwyr yn fwy datblygedig nag eraill, gall yr hyfforddwr roi rolau i'r perfformwyr uwch sy'n cefnogi aelodau eraill o'r grŵp. Gall hyfforddwr hefyd roi rolau i berfformwyr uwch sy'n gofyn am gymhwyso sgiliau a thechnegau yn fwy datblygedig.

Gellir rhoi rolau i berfformwyr llai datblygedig sy'n eu cynnwys yn y sesiwn wrth roi'r cyfle i'r rheini sydd â lefel uwch o sgiliau ddatblygu a chael eu herio.

Rhaid i hyfforddwr fod yn ofalus iawn wrth ddewis rolau perfformwyr chwaraeon oherwydd, mewn rhai achosion, gellir ei ystyried fel ffafriaeth neu gall ynysu perfformwyr o'r sesiwn a'u datblygiad.

Cyfyngiadau ar dechneg

Gall hyfforddwr addasu ymarfer i gynyddu ei anhawster i berfformwyr chwaraeon mwy datblygedig, i'w herio, wrth gefnogi'r perfformwyr chwaraeon nad ydyn nhw mor ddatblygedig yn y sesiwn. Er enghraifft, yn ystod ymarfer cyflyredig mewn pêl-droed, gall hyfforddwr ganiatáu i rai perfformwyr chwarae â'u hoff droed i gicio tra bydd yn rhaid i weddill y perfformwyr chwarae â'u troed wannach. Er mwyn cynnwys pawb mewn sesiwn fel hon gall yr hyfforddwr ofyn i'r holl berfformwyr newid ond sicrhau bod y chwaraewyr cryfach yn y grwpiau yn gwneud hyn am fwy o amser na'r chwaraewyr gwannach.

Defnyddir hyfforddi gan gyfoedion yn helaeth o fewn hyfforddi ar lawr gwlad. Dyma pryd mae perfformiwr chwaraeon sydd wedi meistroli sgìl neu dechneg yn ei dro yn cael ei annog i hyfforddi aelodau'r tîm a allai fod yn ei chael hi'n anodd. Dim ond pan fo hynny'n briodol y dylid defnyddio'r dechneg hon gan fod ganddi gryfderau a gwendidau posibl.

Cryfderau
- Gall roi hwb i hyder perfformiwr trwy roi cyfrifoldeb pellach iddynt.
- Gan mai dim ond yn ddiweddar y maen nhw wedi dysgu'r dechneg maen nhw'n fwy tebygol o ddangos gwir empathi tuag at y dysgwr/dysgwyr eraill.
- Bydd y profiad yn atgyfnerthu'r dechneg trwy orfodi'r dysgwr gwreiddiol i'w dorri i lawr yn gydrannau drosto'i hun.

Gwendidau
- Oni bai bod y dysgwr gwreiddiol wedi meistroli'r sgìl neu'r dechneg yn llawn, gellir trosglwyddo arferion gwael.
- Efallai y bydd y dysgwr llai galluog yn cael ei wneud i deimlo'n llai abl gan eich bod yn tynnu sylw at y ffaith bod rhywun arall yn well.
- Gall yr ymarfer hwn wncud iddo ymddangos fcl pc bai ffcfrynnau mcwn tîm oni bai eu bod yn cael eu rheoli'n gywir.

Ydych chi'n perthyn i dîm neu glwb chwaraeon? A oes elfen benodol ynghlwm â hyfforddiant rydych chi'n teimlo'n hyderus iawn yn ei gylch? Gofynnwch i'ch hyfforddwr a allwch chi ymarfer rhywfaint o hyfforddi cyfoedion os yw'n briodol. Ydych chi'n teimlo bod hwn yn ymarfer cadarnhaol?

Wrth hyfforddi grŵp o ddechreuwyr gall yr hyfforddwr addasu arfer er mwyn galluogi chwaraewyr gwannach i weithio ar gydrannau penodol o'u techneg. Er enghraifft, mewn pêl-droed wrth gyflwyno dril driblo gall hyfforddwr ofyn i'r grŵp ddriblo gyda rhannau penodol o'u traed yn unig, ac yna symud y gweithgaredd ymlaen i weithio gyda rhannau eraill pan fydd yr hyfforddwr yn fodlon bod yr holl berfformwyr wedi meistroli'r gydran honno.

Yr amgylchedd

Gellir newid yr amgylchedd rydyn ni'n hyfforddi ynddo i wella sesiynau hyfforddi a chanolbwyntio ar sgiliau penodol. Wrth weithio y tu allan, gall yr amodau pennaf fod yn niwlog iawn. Er mwyn caniatáu'r defnydd gorau o amser, mae llawer o chwaraeon allanol yn cael eu hyfforddi y tu mewn er mwyn galluogi dysgu cadarnhaol.

Mae rhai hyfforddwyr chwaraeon yn defnyddio lle i addasu arferion er mwyn cynyddu neu leihau lefel anhawster ymarfer. Er enghraifft, gall hyfforddwr pêl-fasged ddefnyddio cwrt llawn wrth hyfforddi dechreuwyr ynghylch sut i ddriblo ond wrth i lefelau gallu perfformwyr symud ymlaen, gellir lleihau faint o le er mwyn dangos rheolaeth ar y driblo.

Offer

Mae rhai hyfforddwyr yn defnyddio offer i addasu arferion er mwyn herio perfformwyr. Mewn rhai chwaraeon, wrth weithio gyda pherfformwyr am y tro cyntaf, bydd defnyddio'r nifer lleiaf posibl o offer yn helpu perfformwyr i setlo i mewn i'r gamp. Er enghraifft, bydd hyfforddwr rygbi yn ceisio datblygu sgiliau trin y bêl trwy ddefnyddio peli rygbi yn unig a dim offer arall. Fodd bynnag, wrth i chwaraewyr symud ymlaen, bydd nifer yr offer y mae hyfforddwr yn ei ddefnyddio er mwyn datblygu sgiliau yn cynyddu.

Mewn chwaraeon eraill, oherwydd nifer y goblygiadau diogelwch ar gyfer perfformwyr sy'n newydd i'r gamp, mae angen mwy o offer o'r cychwyn. Er enghraifft, pan fydd hyfforddwr gymnasteg yn hyfforddi naid tin-dros-ben ar drampolîn, bydd perfformiwr chwaraeon yn perfformio'r gweithgaredd gyda nifer o hyfforddwyr yn cefnogi harnais diogelwch. Wrth i'r perfformiwr ddatblygu ei hyder a'i lefel sgiliau, bydd maint yr offer sy'n cefnogi'r perfformiwr yn cael ei leihau nes nad oes angen hyfforddwr nac offer yn y pen draw i gefnogi'r perfformiwr.

Bydd rhai hyfforddwyr yn defnyddio offer at wahanol ddibenion: gyda dechreuwyr bydd gan ychydig o offer bwrpas gwahanol iawn i'r hyn a ddefnyddir ar gyfer perfformwyr chwaraeon mwy datblygedig. Er enghraifft, gallai hyfforddwr nofio ddefnyddio bwi tynnu gyda dechreuwyr i'w helpu i 'deimlo' y safle cywir trwy godi'r coesau, ond bydd nofiwr mwy profiadol yn defnyddio bwi tynnu i gael gwared ar y weithred gicio a chanolbwyntio ar adeiladu cryfder yn hanner uchaf corff a datblygu techneg.

⏸ MUNUD I FEDDWL

Rhowch 1 munud i'ch hun nodi diagram pry cop yn dangos enghreifftiau o ffyrdd y gallai hyfforddwr addasu sesiwn.

Awgrym   Pa un o'r ystyriaethau hyn ydych chi'n teimlo y byddech chi'n fwyaf tebygol o'u defnyddio? Rhowch gyfiawnhad am eich barn.

Ymestyn   A oes unrhyw ystyriaethau a allai fod yn heriol i hyfforddwr? Sut y gallen nhw addasu sesiwn yn y sefyllfaoedd hyn?

Ymarfer asesu 8.2   B.P2 B.M2 B.D2

Meddyliwch yn ôl i Ymarfer asesu 8.1. Ar gyfer y cam nesaf yn natblygiad eich hyfforddwyr iau, rhaid i chi nawr gynhyrchu dogfen ysgrifenedig sy'n egluro amrywiaeth o arferion i ddatblygu sgiliau, technegau a thactegau ar gyfer perfformiad chwaraeon. Gwerthuswch yr arferion hyn yn y ddogfen hon, gan drafod eu haddasrwydd a'u hymarferoldeb mewn clwb chwaraeon o'ch dewis. Awgrymwch ffyrdd y gallech chi addasu'r arferion hyn ar gyfer y gamp o'ch dewis.

Cynllunio
- Ydw i'n deall sut i gynllunio dogfen fel ei bod yn glir ac yn hawdd ei darllen?
- Ydw i wedi gwneud ymchwil briodol i amrywiaeth o arferion ac a oes gen i ddealltwriaeth gref o'r pwnc?

Gwneud
- A allaf ysgogi fy hun i gynhyrchu dogfen sy'n drylwyr?
- A oes gennyf y sgiliau TG i sicrhau ei fod yn cael ei gyflwyno mewn dull proffesiynol?

Adolygu
- A allaf nodi ffyrdd y gallwn wella'r ddogfen hon yn y dyfodol?
- A oes gennyf fynediad at gyd-ddisgyblion a thiwtoriaid a all roi adborth imi ar fy ngwaith?

C Arddangos cynllunio effeithiol o hyfforddi ar gyfer perfformiad

Ystyriaethau cynllunio

Rhaid ystyried sawl maes cyn cynllunio sesiwn hyfforddi. Mae'n bwysig bod hyfforddwr yn casglu cymaint o wybodaeth â phosibl am y perfformwyr. Bydd casglu'r wybodaeth hon yn caniatáu i'r hyfforddwr ddatblygu gwell dealltwriaeth o'r athletwyr a'r grŵp a fydd yn cymryd rhan yn y sesiwn.

Wrth gynllunio sesiynau hyfforddi, rhaid i'r gweithgareddau fod yn addas i'r perfformwyr. Nhw ddylai benderfynu ar y mathau o weithgareddau a'r dull cyflwyno a chyfarwyddo ar gyfer sesiwn benodol. Dylai'r wybodaeth y mae'r hyfforddwr yn ei chasglu gynnwys:

► maint y grŵp
► oedran
► lefel gallu perfformwyr chwaraeon
► cymysgedd rhyw
► anghenion unigol cyfranogwyr.

Dylid tynnu sylw at yr holl wybodaeth am y cyfranogwyr ar gynllun y sesiwn.

Ymchwil

Allwch chi ddod o hyd i enghraifft o gamp sy'n cael ei hyfforddi ar lefel elitaidd gyda gwrywod a benywod yn hyfforddi gyda'i gilydd?

Pan fydd hyfforddwr chwaraeon wedi casglu'r holl wybodaeth yma, gallant ddechrau cynllunio cynnwys a manylion y sesiwn. Wrth gynllunio sesiwn, dylai hyfforddwr ystyried beth yw **nod** cyffredinol y grŵp i ddechrau. Yn ogystal â'r nod, gall fod gan hyfforddwr dargedau penodol i unigolion eu cyflawni yn y sesiwn. Gall y targedau a osodir ar gyfer perfformiwr chwaraeon fod yn wahanol iawn i nod y sesiwn fel yr amlinellwyd gan yr hyfforddwr. Dylai hyfforddwr hefyd gofnodi'r targedau ar gyfer unigolion ar gynllun sesiwn.

Term allweddol

Nod – rhywbeth rydych chi am ei gyflawni – amcan.

Yr amgylchedd ac offer

Dylai cynllunio sesiwn yr hyfforddwr ddeall yr amgylchedd y mae'n mynd i gyflwyno'r sesiwn ynddo a'r offer a fydd ar gael.

Dylent fod yn ymwybodol o'r lle yn yr amgylchedd a'i bosibiliadau ar gyfer sesiwn hyfforddi. Gellir cynnal sesiwn hyfforddi mewn nifer o wahanol leoedd, fel y dangosir yn Ffigur 8.3.

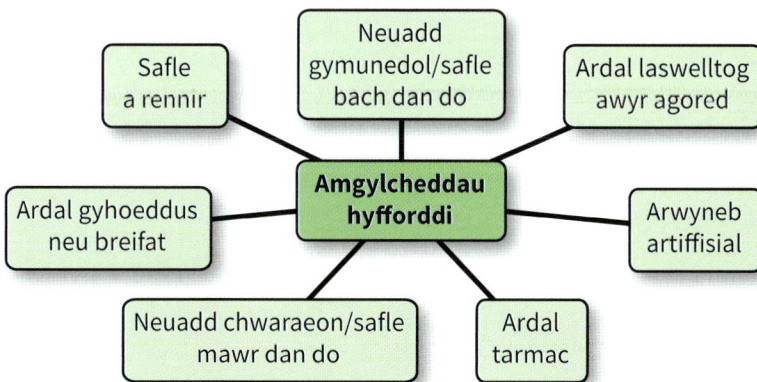

► **Ffigur 8.3:** Amgylcheddau hyfforddi

Rhaid ystyried yr offer sydd ar gael hefyd wrth gynllunio. Dylai hyfforddwr sicrhau ei fod yn gwybod y gofynion offer ar gyfer pob rhan o'r sesiwn a beth sydd ar gael yn y lleoliad. Dylid darparu rhesymeg ar gynllun y sesiwn, gan nodi pwrpas yr offer ar gyfer pob gweithgaredd. Byddai'r rhesymeg hon hefyd yn cynnwys diagramau i ddangos sut i sefydlu pob gweithgaredd.

Efallai bydd yr amgylchedd sy'n cael ei ddefnyddio yn cynnig cyn lleied o offer â phosibl, neu ddim offer o gwbl, ond nid yw hyn o reidrwydd yn broblem os gellir cynllunio'r sesiynau o amgylch y cyfyngiadau hyn.

Os oes offer ar gael, dylai'r hyfforddwr ddewis pa ddarnau ohono i'w defnyddio at wahanol ddibenion er mwyn herio perfformiad.

Cynllunio'r gweithgareddau

Ar ôl ystyried cyfansoddiad y grŵp a'r amgylchedd/offer sydd ar gael, gall yr hyfforddwr fynd ati i ddylunio'r gweithgareddau sydd i'w cyflwyno.

▶ **Dewis sgiliau a thechnegau** – rhaid i'r hyfforddwr ddewis pa sgiliau a thechnegau a ddefnyddir er mwyn sicrhau bod nodau'r sesiwn yn cael eu cyflawni a bod perfformwyr yn cael eu herio a'u datblygu'n briodol. Dylai'r hyfforddwr sicrhau bod ganddo wybodaeth briodol o'r model technegol cywir er mwyn hyfforddi'r perfformwyr chwaraeon yn gywir, a nodi'r model hyfforddi cywir ar gyfer pob sgil a hyfforddir mewn sesiwn.

▶ **Gosod nodau a chanlyniadau dysgu clir** – dylai pob nod fod yn ganlyniad disgwyliedig, a fydd yn cael ei gyflawni gan bob un neu rai o'r perfformwyr chwaraeon yn y sesiwn honno. Er enghraifft, 'erbyn diwedd y sesiwn bydd pawb yn gallu cwblhau pas hir uchel yn gywir, a bydd rhai perfformwyr yn gallu cwblhau pas wyredig hir yn gywir.' Er mwyn cyflawni'r nod, bydd angen i hyfforddwr chwaraeon nodi rhai **bwriadau**. Dylai'r rhain hefyd gael eu hysgrifennu'n glir ar gynllun y sesiwn a dylent fynegi sut y byddwch yn cwrdd â phob un o'r nodau a restrir ar gynllun y sesiwn.

▶ **Dewis gweithgareddau/addasiadau i ddatblygu sgiliau a thechnegau** – dylid defnyddio amrywiaeth o weithgareddau ym mhob sesiwn, pob un wedi'i gynnwys i gefnogi'r hyfforddwr i gyflawni'r nodau y maen nhw wedi'u gosod ar gyfer pob perfformiwr, gan eu herio a chefnogi datblygiad pob perfformiwr. Mewn cynllun sesiwn dylai hyfforddwr gynnwys manylion priodol ynghylch sut y bydd yn cyflawni ac yn gosod pob gweithgaredd.

▶ **Gwahaniaethu trwy addasu gweithgaredd** – bydd rhannau o rai sesiynau ble bydd perfformwyr o bob gallu yn cymryd rhan. Yn ystod y gweithgareddau hyn, dylai hyfforddwr da geisio herio perfformwyr o wahanol alluoedd trwy addasu gweithgareddau. Dylai'r hyfforddwr feddu ar reolaeth a dealltwriaeth ddigonol o sut i wneud hyn. Dylai pob addasiad gael ei nodi'n glir yn y cynllun sesiwn.

▶ **Cynlluniau wrth gefn** – yn olaf, ym mhob cynllun sesiwn dylai'r hyfforddwr ystyried cynlluniau ar gyfer pob posibilrwydd, gan nodi nifer o opsiynau amgen os aiff rhywbeth o'i le, neu hyd yn oed os oes rhaid stopio'r sesiwn.

> **Term allweddol**
>
> **Bwriad** – sut mae hyfforddwr chwaraeon yn mynd i gyflawni ei nod.

Ystyriaethau iechyd a diogelwch

Dylai prif flaenoriaeth yr hyfforddwr fod i ofalu am iechyd a diogelwch y cyfranogwyr cyn, yn ystod ac ar ôl y sesiwn. Er mwyn rheoli diogelwch perfformwyr yn effeithiol rhaid i hyfforddwr asesu'r holl risgiau posibl a allai ddigwydd yn ystod sesiwn hyfforddi. Mae hyn yn cynnwys ystyried:

▶ y risgiau i'r athletwyr a'r grŵp a'r rhai wedi eu hachosi ganddynt

▶ peryglon yr amgylchedd

▶ y risgiau a achosir gan unrhyw offer a ddefnyddir, neu ffyrdd y gellid defnyddio offer i leihau risg.

Cyfeiriwch yn ôl at yr adran yn gynharach yn yr uned hon ar asesiad risg o'r amgylchedd a'r gweithgaredd (gan ddechrau ar dudalen 359).

Cynllunio ar gyfer sesiwn unigol ar gyfer perfformiad

Mae cynlluniau sesiwn unigol fel arfer yn cwmpasu'r holl elfennau a amlinellir isod.

Cyflwyno nodau/gosod targedau

Ar ddechrau pob sesiwn dylai fod cyfle i hyfforddwr amlinellu nodau'r sesiwn i'r perfformwyr ac, os oes angen, gosod targedau unigol ar gyfer perfformwyr chwaraeon. Dylai'r sesiwn ddechrau gyda'r holl berfformwyr gyda'i gilydd, ble mae'r hyfforddwr yn cyfleu nodau ac amcanion y sesiwn yn glir.

Ni ddylid rhannu targedau unigol o flaen y grŵp; mae hyn er mwyn arbed embaras posib. Dylai'r hyfforddwr geisio rhoi eu targedau i berfformwyr chwaraeon yn unigol trwy eu tynnu allan fesul un a thrafod y targedau gyda nhw.

▶ Dylai hyfforddwyr ddechrau pob sesiwn gyda chyflwyniad gosod targedau

Sesiwn gynhesu

Dylai pob sesiwn hyfforddi ddechrau gyda sesiwn gynhesu i baratoi'r athletwyr yn gorfforol ac yn feddyliol. Dylai hyn bara am o leiaf 10 munud a dylai gymryd dull trefnus sydd yn:

▶ cynyddu gwres y corff a chyfraddau resbiradol a metabolaidd i ddechrau

▶ ymestyn y cyhyrau a symud y cymalau a fydd yn cael eu defnyddio yn y sesiwn

▶ cynnwys ymarfer rhai o'r sgiliau/technegau a fydd yn cael sylw ym mhrif ran y sesiwn.

Dychmygwch eich bod yn paratoi sesiwn gynhesu ar gyfer grŵp o fabolgampwyr ifanc. Ystyriwch y tair elfen y dylid eu cynnwys ym mhob sesiwn gynhesu. Ysgrifennwch gynllun cryno, gan gofio oedran eich dysgwyr a sut y gallech chi eu hysbrydoli ar ddechrau sesiwn yn ogystal â chyflawni'ch amcanion eraill.

Cyflwyno techneg/tacteg

Mae'n bwysig bod hyfforddwr yn cyflwyno pob gweithgaredd o fewn sesiwn yn briodol i'r perfformwyr. Mae hyn yn arbennig o bwysig wrth gyflwyno techneg neu dacteg: mae'r cynnwys y mae'n ofynnol i'r perfformwyr ei ystyried yn allweddol. Dyma pam mae cyfathrebu a'r dull a ddefnyddir yn cael eu hystyried yn ofalus.

Dylai cyfathrebu llafar fod yn glir ac yn gryno. Yn aml, bydd hyfforddwr yn rhoi cyfarwyddiadau technegol gan ddefnyddio dulliau llafar a dulliau di-eiriau. Mae cyfathrebu'n ddi-eiriau fel arfer yn cynnwys rhyw fath o arddangosiad, tra bod cyfathrebu ar lafar yn cynnwys rhoi cyfarwyddiadau ac arweiniad yn ystod ac ar ôl arddangosiadau.

Dylai fod gan hyfforddwr effeithiol wybodaeth dda o ofynion technegol y gamp y mae'n ei hyfforddi, gan gynnwys gwybod sut i dorri cydrannau pob sgil neu dechneg i lawr er mwyn eu rhannu â chyfranogwyr y sesiwn. Wrth gyfarwyddo athletwyr, mae'n bwysig egluro arwyddocâd a pherthnasedd y cyfarwyddyd mewn perthynas â'u datblygiad cyffredinol.

Wrth ddarparu cyfarwyddiadau technegol, dylai hyfforddwr:

▶ gynllunio'r hyn maen nhw'n mynd i'w ddweud a sut maen nhw'n mynd i gyflwyno'r wybodaeth (gall hyn ddibynnu ar y gynulleidfa)

▶ ennill sylw'r holl athletwyr cyn iddynt siarad

▶ cadw'r cyfarwyddiadau'n syml ond gwneud yn siŵr bod y wybodaeth yn gywir

▶ defnyddio arddangosiadau/enghreifftiau gweledol i atgyfnerthu'r cyfarwyddiadau pan fo hynny'n bosibl

▶ gwirio ar ddiwedd y cyfarwyddiadau bod holl aelodau'r grŵp wedi'u deall.

Yn yr un modd ag unrhyw broses ddysgu, bydd gallu athletwr i gymryd gwybodaeth i mewn yn dibynnu ar ba gam dysgu y maen nhw arno. Ar gyfer pob cam, dylai hyfforddwr ddarparu gwahanol lefelau o gyfarwyddiadau a chefnogaeth (gweler Tabl 8.3).

▶ **Tabl 8.3:** Paru cyfarwyddiadau â'r cam dysgu priodol

Y camau dysgu		
Gwybyddol	**Cysylltiol**	**Ymreolaethol**
Mae athletwyr yn ceisio deall hanfodion y sgiliau/ tasgau a osodwyd; yn aml ychydig o brofiadau sydd ganddyn nhw i gyfeirio atyn nhw yn y gamp sy'n cael ei hyfforddi. Byddant yn dangos llawer o wallau ac aneffeithlonrwydd technegol.	Mae athletwyr yn ceisio datblygu sgiliau a thechnegau. Maen nhw'n gwneud hyn trwy ymarfer. Wrth iddynt ddatblygu, maen nhw'n gwneud llai o wallau, er y bydd gwallau o hyd wrth gymhwyso sgiliau.	Gall athletwyr gynhyrchu sgiliau heb fawr o ymdrech a gyda chywirdeb a llwyddiant o bron i 100%. Ar y cam yma dylent allu cymhwyso sgiliau yn llwyddiannus mewn sefyllfaoedd cystadleuol.
Dylai'r hyfforddwr: • ddefnyddio esboniadau ac arddangosiadau technegol syml • defnyddio ymarferion ac arferion sylfaenol syml i ddatblygu sgiliau • creu sesiynau hwyliog a difyr • annog perfformwyr i ymarfer yn ddiwrthwynebiad • defnyddio llawer o adborth cadarnhaol.	Dylai'r hyfforddwr: • ddefnyddio cyfarwyddiadau ac arddangosiadau i roi mwy o wybodaeth i athletwyr ynghylch cymhwyso'r sgiliau yn gywir • efelychu sesiynau hyfforddi a gweithgareddau i ddatblygu sgiliau penodol • darparu adborth adeiladol a hyrwyddo dadansoddiad gan gyfoedion a hunanddadansoddi i asesu perfformiad.	Dylai'r hyfforddwr: • ddefnyddio arddangosiadau fideo i ddangos cymhwysiad perffaith o sgiliau • defnyddio cyfarwyddiadau technegol cymhleth i fireinio sgiliau • trafod cymhwyso'r sgiliau a feistrolir yn dactegol.

⏸ MUNUD I FEDDWL Mae'r tri cham dysgu yn bwyntiau pwysig i hyfforddwr fedru adnabod ac ymateb iddynt. Allwch chi eu disgrifio?

Awgrym Caewch y llyfr a rhestrwch y tri cham dysgu, gan ddisgrifio pob cam yn fyr.

Ymestyn Sut ddylai hyfforddwr effeithiol ymateb i bob cam a newid ei ddarpariaeth?

Datblygu a gwella techneg/tacteg

Ar ôl cyflwyno'r dechneg/tacteg, gellir ei datblygu. Pan fydd perfformiwr wedi meistroli cymhwysiad techneg neu dacteg, rhaid i'r hyfforddwr ddatblygu'r ymarfer i gynyddu lefel anhawster cymhwyso'r dechneg neu'r dacteg o dan bwysau cynyddol.

Er enghraifft, os yw perfformiwr chwaraeon wedi dysgu techneg trwy gymryd rhan mewn ymarfer ynysig, gall yr hyfforddwr chwaraeon ychwanegu amodau sy'n ei gwneud yn ofynnol i'r perfformiwr chwaraeon gymhwyso'r dechneg mewn amgylchedd mwy cystadleuol, tebyg i gêm. Mae amseru'r dilyniant hwn yn bwysig iawn. Os yw perfformiwr yn cael ei gadw ar yr un ymarfer am gyfnod rhy hir heb ddilyniant, byddant yn diflasu'n gyflym ac yn colli diddordeb. Ar y llaw arall, efallai y bydd angen i hyfforddwr addasu ymarfer penodol er mwyn cynnig cefnogaeth bellach i berfformiwr sy'n ei chael hi'n anodd. Mae'r un mor bwysig bod hyfforddwr yn gwybod sut i addasu ymarfer er mwyn ei gwneud hi'n haws ag y mae i fedru cynyddu'r anhawster.

Dylai hyfforddwr ddeall pa dechnegau a thactegau sy'n fwy cymhleth ac ystyried sut a phryd i gyflwyno'r rhain i sesiwn, yn seiliedig ar allu'r perfformwyr a'r gefnogaeth y bydd ei hangen arnynt.

Mewn rhai sefyllfaoedd, bydd angen i berfformwyr chwaraeon gyfuno nifer o dechnegau a thactegau er mwyn cystadlu neu berfformio'n llwyddiannus. Dylai sesiynau hyfforddi ganiatáu i berfformwyr chwaraeon ymarfer sut i ddefnyddio technegau neu dactegau mewn cyfuniad, mewn arferion cyflyredig ac mewn efelychiadau o sefyllfaoedd cystadleuol.

Sefyllfaoedd cyflyredig a chystadleuol

Mae'n bwysig bod hyfforddwyr yn defnyddio sefyllfaoedd cyflyredig a chystadleuol i ddatblygu sesiynau a sicrhau bod perfformwyr yn mwynhau cymryd rhan. Mewn rhai ymarferion gall hyfforddwr addasu ymarfer i ganiatáu elfen o gystadleuaeth.

Mewn rhai chwaraeon, fel athletau a nofio, nid yw ymarferion cyflyredig mor hawdd i'w cymhwyso ag y maent mewn chwaraeon tîm, fel hoci a phêl-rwyd. Yn y chwaraeon hyn gall hyfforddwr ddefnyddio sefyllfaoedd mwy cystadleuol.

Addasiadau ar gyfer perfformiad

Mae angen i hyfforddwr ystyried, o fewn cynllun y sesiwn ac yn ystod y sesiwn, sut i addasu ymarferion er mwyn hyrwyddo a datblygu perfformiad chwaraeon. Wrth wneud hyn, mae angen i hyfforddwyr sicrhau bod yr ymarferion a ddefnyddir mewn sesiwn yn dod yn anoddach i rai perfformwyr (ond nid pob un). Gall addasiadau gynnwys defnyddio mwy o gyflymder, cywirdeb, grym neu sefyllfaoedd dan bwysau i'r perfformwyr gyflawni'r ymarfer.

Sesiynau oeri

Ar ddiwedd y sesiwn dylai hyfforddwr sicrhau bod yr holl gyfranogwyr yn treulio amser priodol yn oeri. Mae hyn yn dod â'r corff yn ôl yn raddol i'r cyflwr cyn ymarfer. Dylai atal stiffrwydd ac anaf cyhyrau a gwella hyblygrwydd, ar yr amod bod yr ymestyn yn cael ei berffformio'n gywir a'i reoli'n effeithiol gan yr hyfforddwr.

Adborth cyflawn gan hyfforddwyr/athletwyr

Ar ddiwedd pob gweithgaredd a thrwy gydol sesiwn, dylid neilltuo amser i'r hyfforddwr a'r athletwyr roi adborth am berfformiad pob sgìl neu dechneg sydd wedi eu trafod. Mae hyfforddwyr bob amser yn rhoi adborth i athletwyr. Mae hyn ar lafar fel arfer, ond gyda datblygiad technoleg a meddalwedd dadansoddi chwaraeon, mae mwy o hyfforddwyr yn defnyddio fideo a data gwrthrychol.

Mae'n hanfodol bod hyfforddwr yn trafod gydag athletwyr pa mor dda y maen nhw wedi gwneud mewn sesiwn ac ym mha feysydd y gallant ddatblygu. Mae perfformwyr a phlant dibrofiad yn llai abl i wneud synnwyr o'r hyn a ddigwyddodd yn ystod y sesiwn, felly mae angen mwy o adborth arnynt. Wrth i athletwyr ennill profiad, maen nhw'n fwy abl i gymharu eu profiadau eu hunain ag ymdrechion blaenorol ac felly'n fwy abl i gyfrannu at drafodaeth dan arweiniad hyfforddwr.

Dylai'r adborth cyflawn hefyd fod yn gyfle i'r hyfforddwr fyfyrio ar y sesiwn ac ystyried a oedd perfformwyr yn cwrdd â'r nodau a osodwyd gan y chwaraeon ai peidio. Hefyd a oedd perfformwyr unigol yn cwrdd â'r targedau a osodwyd gan yr hyfforddwr ar ddechrau'r sesiwn.

Trafodaeth

Pam y gallai fod yn bwysig bod hyfforddwr yn cynnwys cryfderau yn ogystal â meysydd i'w gwella yn ystod yr holl sesiynau cyflawn?

Cynllunio ar gyfer cyfres o sesiynau ar gyfer perfformiad

Bydd hyfforddwyr sy'n gweithio gyda chlybiau, timau a pherfformwyr mwy sefydledig yn gosod nodau, targedau ac amcanion ar gyfer y tymor. Oherwydd hyn, mae angen i hyfforddwyr gynllunio rhaglenni sy'n ymestyn dros dymor llawn neu gyfnodau o amser o fewn tymor. Nod a tharged yr hyfforddwr fydd yn pennu strwythur y rhaglen hyfforddi.

Wrth gynllunio rhaglen ar gyfer grŵp o berfformwyr, dylai hyfforddwr ystyried faint o sesiynau y bydd yn ei gymryd i gyflawni'r nod a'r targed. Mae cyfres o sesiynau fel arfer yn cynnwys o leiaf pedair sesiwn, neu'n arwain at gystadleuaeth fawr neu dymor. Wrth gynllunio cyfres o sesiynau hyfforddi chwaraeon, bydd hyfforddwr yn aml yn ystyried defnyddio macrogylched, mesogylched neu ficrogylched.

▶ Mae **macrogylched** yn gyfnod estynedig o amser sy'n diffinio'r amser paratoi sydd ar gael yn arwain at gystadleuaeth fawr, e.e. clwb ysgol, pencampwriaeth ardal, ranbarthol neu genedlaethol, Gemau Olympaidd, pencampwriaethau'r byd, ac ati. Wrth gynllunio macrogylched, bydd y rhaglen yn cynnwys sawl cyfnod datblygiadol o'r enw mesogylchedau.

▶ Mae **mesogylched** fel arfer yn ymestyn rhwng 2–6 wythnos ac mae ganddo darged penodol, e.e. cyflwyno a datblygu'r cysyniad o amddiffyniad hyd y cwrt dyn-i-ddyn mewn pêl-fasged.

▶ Mae **microgylched** yn gyfnod hyfforddi byrrach, fel arfer o tua 7 diwrnod; unwaith eto ffocws y microgylched fydd targedu cydran benodol o ffocws perfformiwr chwaraeon ar gyfer datblygiad.

Wrth gynllunio cyfres o sesiynau hyfforddi, mae'n rhaid i'r hyfforddwr ystyried sut maen nhw'n mynd i gysylltu'r sesiynau er mwyn helpu'r perfformiwr i symud ymlaen a datblygu er mwyn cwrdd â'r nod/targed yn llawn erbyn diwedd y sesiynau. Rhaid mai ffocws yr hyfforddwr a'r perfformwyr yw'r canlyniad terfynol ar ôl y gyfres o sesiynau. Gall yr hyfforddwr chwaraeon wneud hyn trwy:

▶ **ddatblygu gwahanol sgiliau a thechnegau wedi'u cyfuno i greu perfformiad terfynol** – yn ystod nifer o wahanol sesiynau, byddai hyfforddwr yn gweithio ar wahanol sgiliau a thechnegau trwy ymarferion penodol, a fydd yn ei dro yn cael eu cysylltu gyda'i gilydd er mwyn creu'r canlyniad a ddymunir.

▶ **datblygu techneg ddethol** – gall hyfforddwr ystyried datblygu cyfres o sesiynau er mwyn datblygu techneg benodol. Byddai angen i hyfforddwr sicrhau bod pob un o'r sesiynau yn datblygu cynnydd y perfformwyr ac yn eu herio'n briodol. Mae'n hawdd mesur canlyniad terfynol y sesiwn trwy allu'r perfformwyr i ymgymryd â'r dechneg.

▶ **datblygu cymhwysiad tactegol** – gall hyfforddwr ddefnyddio cyfres o sesiynau i weithredu tacteg benodol. Efallai y bydd yn cymryd cyfres o sesiynau er mwyn hyfforddi perfformwyr yn y sgiliau a'r amseru cywir a ddefnyddir wrth gymhwyso tacteg. Mae'r canlyniad yn hawdd i'w reoli trwy arsylwi gallu'r perfformwyr i arddangos y dacteg yn llwyddiannus, yn ystod hyfforddiant ac mewn sefyllfa gystadleuol.

Diweddglo/cynnyrch terfynol ar ôl cyfres o sesiynau

Bydd cyfres o sesiynau hyfforddedig bob amser yn gweithio tuag at gynnyrch terfynol penodol. Bydd y cynnyrch terfynol naill ai'n elfen gystadleuol, neu'n nod neu'n darged anghystadleuol.

▶ Gellir dangos **elfen gystadleuol** wrth i'r perfformwyr gwblhau cyfres o sesiynau cyn ras neu dwrnamaint. Gall hyn gynnwys elfen o 'feinhau' ble mae gofynion corfforol hyfforddiant yn cael eu lleddfu er mwyn gadael y cyfranogwr yn ffres ar gyfer y digwyddiad cystadleuol.

▶ Gallai **nod** neu **darged anghystadleuol** fod yn berfformiwr yn caffael sgiliau neu gymhwysedd ychwanegol mewn cydran benodol o gamp erbyn dyddiad penodol.

Ⅱ MUNUD I FEDDWL — Ydych chi'n deall y gwahaniaethau rhwng macrogylchedau, mesogylchedau a microgylchedau?

Awgrym — Tua pa mor hir yw pob cylched? Allwch chi roi enghreifftiau o pryd y gallent gael eu defnyddio?

Ymestyn — Sut gallai hyfforddwr sicrhau ei fod yn cyrraedd yr amcan a ddymunir ar yr adeg briodol?

Ymarfer asesu 8.3   C.P3   C.M3

Dewiswch gamp rydych chi'n fwyaf hyderus o'i chyflawni. Dewiswch unigolyn neu grŵp rydych chi'n teimlo y gallwch chi weithio gyda nhw er mwyn ymarfer eich sgiliau hyfforddi. Cynhyrchwch gynllun sesiwn sy'n cwrdd â phwrpas wedi'i ddiffinio ymlaen llaw ar gyfer y sesiwn, gan sicrhau ei fod yn cysylltu â chynllun cyfres cyffredinol.

Ysgrifennwch ddogfen sy'n trafod y berthynas rhwng eich cynllun unigol, ystyriaethau cynllunio a chynllun cyfres.

Cynllunio
- Ydw i wedi dewis camp rydw i'n hyderus o'i chyflawni?
- Ydw i'n deall pwy yw fy mherfformiwr neu berfformwyr chwaraeon a beth yw amcan y sesiwn?

Gwneud
- A yw fy nghynllun yn fanwl ac yn glir?
- Ydw i wedi ystyried fy amcanion ac a ydw i'n credu bod fy nghynllun yn realistig ac yn ymarferol?

Adolygu
- Allaf i dynnu sylw at gryfderau yn y cynllun a meysydd ble gallai fod angen ei wella?
- Ar gyfer cynlluniau ar gyfer y dyfodol, a allaf weithredu fy awgrymiadau ar gyfer gwella?

D   Archwilio effaith hyfforddi ar gyfer perfformiad

Cyflawni ar gyfer perfformiad hyfforddi

Wrth arwain sesiynau hyfforddi chwaraeon, mae angen i hyfforddwyr ddangos amrywiaeth o briodoleddau i ddangos eu gallu i hyfforddi ac i ddatblygu perfformwyr yn effeithiol. Mae'r priodoleddau hyn yn cynnwys:

▶ gwybodaeth briodol o theori hyfforddi ac arfer gorau
▶ sgiliau a thechnegau i gefnogi datblygiad cyfranogwyr
▶ rhinweddau personol fel yr amlinellir yn Nhabl 8.1
▶ y gallu i addasu cynlluniau ar gyfer sesiynau hyfforddi os aiff rhywbeth o'i le er mwyn sicrhau bod targedau a nodau yn cael eu cyflawni.

Dadansoddi perfformiad

Cysylltiad

Mae'r adran hon yn cysylltu ag *Uned 5: Cymhwyso Profion Ffitrwydd*, *Uned 26: Gofynion Technegol a Thactegol Chwaraeon* ac *Uned 28: Dadansoddiad Perfformiad Chwaraeon*.

Dylai hyfforddwr fedru dadansoddi'r perfformwyr yn effeithiol ym mhob sesiwn. Y ffordd fwyaf effeithiol o asesu perfformiad a chymhwysiad y sgiliau, y technegau a'r tactegau yn ystod sesiwn yw trwy ddefnyddio dadansoddiad arsylwadol. Mae angen i hyfforddwyr fod yn arsylwyr effeithiol er mwyn gallu nodi cryfderau a gwendidau yn ystod perfformiad. Yna defnyddir y dadansoddiad hwn i ddatblygu cynlluniau hyfforddi yn y dyfodol.

Dylid defnyddio dadansoddiad arsylwadol i nodi anghenion athletwr, gyda'r hyfforddwr yn cwblhau dadansoddiad llawn o'u perfformiad cyffredinol ac yn datblygu rhaglen hyfforddi o'i gwmpas, gyda'r nod o wella gwendidau sylweddol. Mae dwy ffordd sylfaenol o lunio dyfarniadau:

1 **dadansoddiad goddrychol** sy'n seiliedig ar ddyfarniadau arsylwadol, dehongliadau personol a barnau

2 **dadansoddiad gwrthrychol** sy'n cynnwys mesur a chymharu data perfformiad, er enghraifft, gellid asesu'r gallu i berfformio tafliad rhydd mewn pêl-fasged yn wrthrychol trwy gyfrif faint o dafliadau rhydd y mae chwaraewr yn eu sgorio allan o ddeg. Gellid cynnal yr un asesiad yn oddrychol os yw hyfforddwr yn cymharu techneg a sgìl y chwaraewr yn erbyn delwedd feddyliol o dechneg ddelfrydol.

Y dull mwyaf cyffredin o ddadansoddi'n arsylwadol yw dadansoddi nodiannol ble mae'r hyfforddwr yn cofnodi nifer y sgiliau a gwblhawyd yn effeithiol mewn sefyllfa gystadleuol. Unwaith y bydd y dadansoddiad gwrthrychol hwn wedi'i gwblhau, gall yr hyfforddwr wneud arsylwadau goddrychol ar ganlyniad perfformiad cyffredinol yr athletwr.

Wrth gynnal dadansoddiad arsylwadol, rhaid i hyfforddwr ofalu ei fod yn aros yn ddiduedd. Byddant wedi meithrin perthynas gyda'r athletwr y maen nhw'n gweithio gydag ef, ond rhaid iddynt weld eu perfformiad mewn ffordd mor ddiduedd â phosibl.

Adborth i athletwyr

Mae adborth yn hanfodol i ddysgu a rhaid i hyfforddwr gofio rhoi adborth i berfformwyr yn ystod ac ar ôl pob sesiwn. Mae dwy brif ffynhonnell o adborth:

▶ **adborth cynhenid** – adborth gan y perfformiwr eu hunain, ar ôl iddynt gyflawni symudiad neu sgìl, neu gymhwyso tacteg; mae'r math hwn o adborth bob amser ar gael i'r perfformiwr

▶ **adborth anghynhenid** – adborth o ffynhonnell allanol, fel hyfforddwr, gwyliwr, perfformiwr chwaraeon arall neu hyd yn oed o ailchwarae fideo o berfformiad.

Wrth ddarparu adborth anghynhenid, rhaid i'r hyfforddwr sicrhau ei fod yn deall y perfformiwr a'i lefel o allu. Dylai'r hyfforddwr ofyn cwestiynau i'r perfformiwr am eu perfformiad er mwyn annog hunanddadansoddi. Dylai adborth adeiladu ar gryfderau'r perfformiad, nid tynnu sylw at feysydd i'w datblygu yn unig, a dylid ei gyfyngu i un neu ddau bwynt yn unig ar y tro.

Dylai'r adborth fod yn syml ac yn hawdd ei ddeall, gan osgoi jargon technegol lle bo hynny'n bosibl. Dylai'r hyfforddwr ofyn cwestiynau i sicrhau bod y pwyntiau a godwyd wedi'u deall.

❚❚ MUNUD I FEDDWL

Mae casglu adborth yn rhan hanfodol o'r broses hyfforddi. Lluniwch ddiagram pry cop o gynifer o ffyrdd ag y gallwch o gasglu adborth.

Awgrym   Ystyriwch o bwy y gallai'r adborth ddod a sut y gallai gael ei gofnodi.

Ymestyn   Pam bod adborth mor bwysig a sut ddylai hyfforddwr sicrhau ei fod yn cael ei roi i berfformiwr chwaraeon yn fwyaf effeithiol?

Myfyrio ar sesiwn

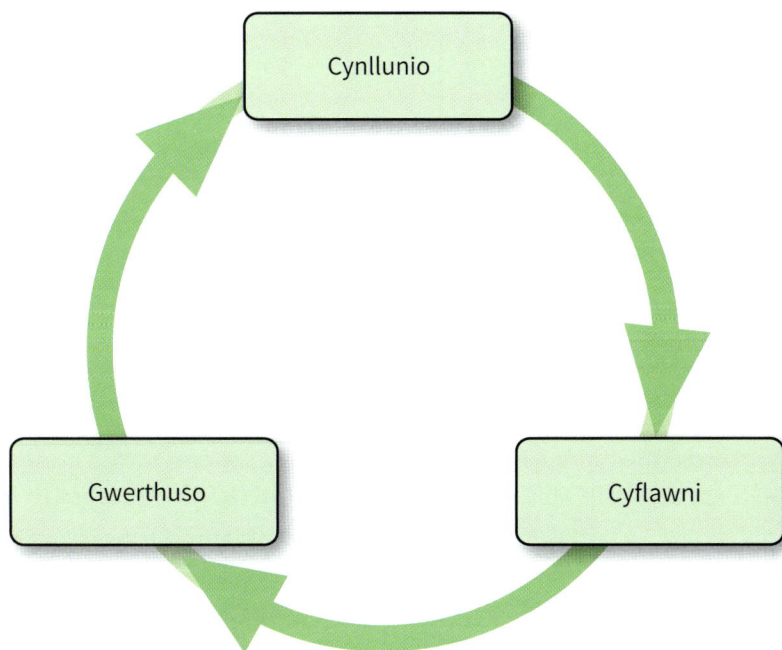

▶ **Ffigur 8.4:** Y broses o fyfyrio

Mae hyfforddwyr yn aml yn treulio llawer o'u hamser a'u hymdrech yn canolbwyntio ar ddatblygu'r athletwyr a'r perfformwyr chwaraeon sy'n cymryd rhan yn eu sesiynau, ond anaml y byddant yn treulio'r un faint o amser ac ymdrech yn gwella eu perfformiad eu hunain fel hyfforddwr. Er mwyn gwella, rhaid i hyfforddwr gynnal hunanasesiad a myfyrdod rheolaidd.

Mae hunanasesu a hunanfyfyrio yn rhywbeth rydyn ni i gyd yn ymgymryd ag ef. Er enghraifft, y tro diwethaf i chi gymryd rhan mewn chwaraeon ar lefel gystadleuol mae'n debyg eich bod wedi ystyried pa mor dda y gwnaethoch chi chwarae, a'r tro diwethaf i chi gyflwyno cyflwyniad yn y dosbarth byddwch wedi asesu eich sgiliau cyflwyno. Pan fyddwch chi'n myfyrio ynghylch eich hun fel hyn, rydych chi hefyd yn ystyried yr hyn y byddech chi'n ei wneud yn wahanol pe byddech chi'n cael eich rhoi yn y sefyllfa honno eto. Mae myfyrio yn eich galluogi i ddysgu o'ch profiadau ac ystyried beth i'w wneud os bydd yr un sefyllfa'n codi eto.

Ar gyfer hyfforddwr, mae myfyrio yn union fel unrhyw briodoledd arall. Mae rhai hyfforddwyr yn llawer mwy effeithiol yn y sgil hon nag eraill. Dylai hyfforddwr da sicrhau ei fod yn myfyrio ar ôl pob sesiwn y mae'n ei chyflwyno. Mae hyfforddwyr yn gweithio ar yr egwyddor bod perfformwyr yn dysgu cymaint o'u camgymeriadau â'u llwyddiannau. Fodd bynnag, gall hyfforddwr ddysgu o bob sesiwn y mae'n ei darparu, os bydd hunanasesu a myfyrio yn digwydd ar ei ôl.

Wrth fyfyrio ar bob sesiwn dylai hyfforddwr chwaraeon ystyried pob un o'r meysydd a ddangosir yn Ffigur 8.5.

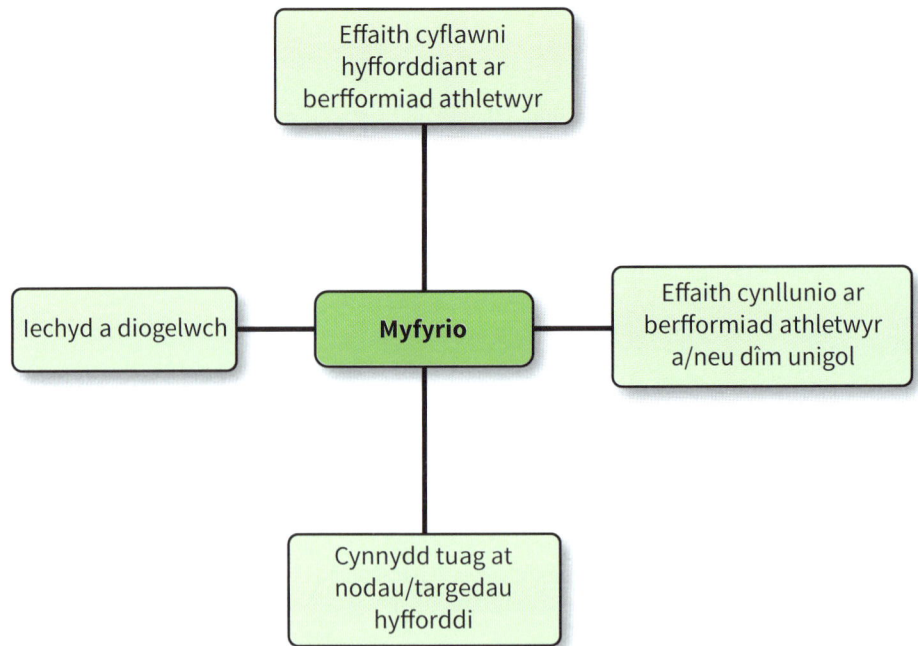

```
┌─────────────────────┐
│  Effaith cyflawni   │
│  hyfforddiant ar    │
│ berfformiad athletwyr│
└─────────────────────┘
         │
┌──────────────┐  ┌─────────┐  ┌─────────────────┐
│Iechyd a      │──│ Myfyrio │──│Effaith cynllunio ar│
│diogelwch     │  │         │  │berfformiad athletwyr│
└──────────────┘  └─────────┘  │a/neu dîm unigol │
         │                     └─────────────────┘
┌─────────────────┐
│ Cynnydd tuag at │
│ nodau/targedau  │
│    hyfforddi    │
└─────────────────┘
```

▶ **Ffigur 8.5:** Myfyrio ar ôl sesiwn

Yn ystod cam myfyrio'r broses hyfforddi dylai'r hyfforddwr fyfyrio ar effeithiolrwydd pob sesiwn. Dylai ddylanwadu ar gynllunio sesiynau yn y dyfodol. Dylai'r cylch barhau, bob tro yn elwa o brofiad y cam blaenorol. Dylai'r cwestiynau isod helpu i asesu sesiwn.

1 A wnaeth y sesiwn gyflawni'r nodau a'r targedau a osodwyd ar y dechrau?
2 A gafodd y sesiwn effaith ar berfformiad y perfformwyr chwaraeon a gymerodd ran yn y sesiwn?
3 Beth aeth yn dda yn y sesiwn a pham?
4 Beth na aeth yn dda yn y sesiwn a pham?
5 A gafodd y sesiwn effaith ar y cynllun cyffredinol ar gyfer y perfformwyr chwaraeon?
6 A oedd y perfformwyr a'r gwylwyr yn ddiogel bob amser?
7 Beth fyddech chi'n ei wneud i wella'r sesiwn pe bai'n rhaid i chi ei chyflwyno eto?

Damcaniaeth ar waith

Mae'n bosibl ymarfer y broses fyfyriol heb hyfforddi sesiwn eich hun mewn gwirionedd. Gofynnwch am gael arsylwi sesiwn gan hyfforddwr profiadol. Defnyddiwch y saith cwestiwn uchod i roi strwythur i'ch arsylwi. Sicrhewch fod gennych rai nodiadau ar gyfer pob cwestiwn. Os ydyn nhw'n gyffyrddus ag ef, trafodwch eich meddyliau gyda'r hyfforddwr.

Datblygiad hyfforddi yn seiliedig ar fyfyrio

Cysylltiad

Mae'r adran hon yn cysylltu ag *Uned 3: Datblygiad Proffesiynol yn y Diwydiant Chwaraeon*.

Ar ôl myfyrio ar eu perfformiad wrth hyfforddi, dylai'r hyfforddwr ystyried sut i fynd i'r afael â'r adborth a gafwyd a'r barnau y maen nhw wedi'u datblygu. Dylai eu casgliadau fod yn sail i gynllun datblygu, sy'n cynnwys targedau y maen nhw wedi'u gosod eu hunain.

Argymhellion ynghylch datblygiad personol

Ar ôl myfyrio, gall hyfforddwr ystyried sut y gallai wella ei berfformiad ei hun mewn sesiynau yn y dyfodol. Wrth fyfyrio ar eu perfformiad personol, dylai hyfforddwr ystyried a ddylid gwella a sut i wella:

▶ y sgiliau a gwybodaeth sydd eu hangen ar gyfer gweithgareddau hyfforddi ar gyfer perfformiad

▶ rhinweddau personol ar gyfer gweithgareddau hyfforddi ar gyfer perfformiad

▶ yr arfer gorau i hyfforddwr ar gyfer perfformiad.

Wrth ystyried sut i ddatblygu, dylai fod gan hyfforddwr set glir o safonau i weithio tuag atynt. Yn yr un modd â'r athletwyr y maen nhw'n eu hyfforddi – a ddylai fod â model perffaith a delfrydol mewn cof eu bod nhw'n ceisio ei efelychu – dylai hyfforddwr ddefnyddio modelau rôl ac ystyried sut maen nhw'n cymhwyso pob un o'r meysydd hyn yn effeithiol. Yna gallant geisio adlewyrchu ymddygiadau ac arferion eu modelau rôl.

Argymhellion ynghylch datblygu sesiynau

Dylai hyfforddwr hefyd ystyried y dulliau a ddefnyddiwyd ganddynt yn ystod pob sesiwn, gan farnu:

▶ eu heffeithiolrwydd

▶ pa mor briodol oeddent

▶ pa mor hawdd eu trin oeddent mewn gwirionedd.

Dylai'r hyfforddwr ystyried pob un o'r meysydd hyn a'r camau y byddent yn eu cymryd yn y dyfodol i ddatblygu'r sesiwn pe byddent yn ei chyflawni eto.

Cyfleoedd

Yn ei gynllun datblygu dylai'r hyfforddwr nodi amcanion penodol, er enghraifft:

▶ cwblhau cymwysterau hyfforddi penodol

▶ gweithio gyda hyfforddwyr chwaraeon penodol

▶ arsylwi hyfforddwyr chwaraeon yn gweithio gyda grwpiau penodol.

Dylai'r cynllun nodi'n glir y dulliau y mae'r hyfforddwr yn dymuno eu defnyddio i wella eu perfformiad, gyda chyfiawnhad o sut a pham.

Ymarfer asesu 8.4 | D.P4 | D.P5 | D.M4 | CD.D3

Meddyliwch yn ôl i Ymarfer asesu 8.3. Cyflwynwch y cynllun a baratowyd ymlaen llaw i'ch grŵp neu i unigolyn. Sicrhewch eich bod yn defnyddio sgiliau a thechnegau priodol yn ystod y cyflwyniad ac yn dangos rhinweddau hyfforddwr cryf. Ystyriwch ffactorau iechyd a diogelwch yn ystod eich sesiwn a chymryd camau yn ôl yr angen i gadw'ch grŵp neu unigolyn yn ddiogel.

Dadansoddwch eich perfformiad fel hyfforddwr ac effaith eich cynllunio a'ch darpariaeth ar yr unigolyn neu'r grŵp. Gwerthuswch eich perfformiad, gan awgrymu a chyfiawnhau ffyrdd o ddatblygu eich perfformiad eich hun yn y dyfodol.

Cynllunio

• Ydw i'n hyderus yn fy nghynllun ac a ydw i'n credu y bydd yn ymgysylltu gyda fy ngrŵp neu unigolyn ac yn fuddiol iddynt?

• Ydw i wedi paratoi fy amgylchedd ac adnoddau ac a oes gen i bopeth sydd ei angen arnaf i lwyddo?

Gwneud

• Ydw i wedi nodi fy meysydd fy hun sydd angen eu gwella ac a ydw i'n gwybod sut i weithio arnyn nhw wrth gyflwyno fy sesiwn?

• Ydw i wedi nodi unrhyw risgiau a pheryglon ac a ydw i'n hyderus y bydd fy ngrŵp yn parhau i fod yn ddiogel?

Adolygu

• A yw fy nghryfderau a meysydd i'w gwella yn glir i mi ac a oes gennyf ffordd o ymarfer ymhellach?

• Ydw i'n ddigon hyderus i ofyn i'm grŵp neu unigolyn am adborth a gweithredu ar yr hyn maen nhw'n ei ddweud wrtha i?

Deunydd darllen ac adnoddau pellach

Llyfrau

Cassidy, P. (2005) *Effective Coaching: Teaching Young People Sports and Sportsmanship*, Yardley, PA: Westholme Publishing.

Cassidy, T., Jones, R. a Potrac, P. (2009) *Understanding Sports Coaching: The Social, Cultural and Pedagogical Foundations of Coaching Practice*, Abingdon: Taylor and Francis Ltd.

Earle, C., Craine, N. a Andrews, W. (2004) *How to Coach Children in Sport – Coaching Essentials No. 6*, Leeds: Coachwise Ltd.

Gwefannau

www.1st4sportqualifications.com – 1st 4 Sports Qualifications: gwybodaeth am gymwysterau galwedigaethol yn y sector hamdden a lles.

www.coachwise.ltd.uk – Coachwise: cyngor a chefnogaeth i bobl sy'n ymwneud â hyfforddi chwaraeon ac mewn cynyddu cyfranogiad mewn chwaraeon.

www.sportscoachuk.org – Sports Coach UK: gwybodaeth, cyngor ac adnoddau dysgu i unrhyw un sydd â diddordeb mewn hyfforddi chwaraeon.

www.sportsleaders.org – Sports Leaders UK: gwybodaeth a chyngor am ddyfarniadau a chymwysterau i arweinwyr chwaraeon.

www.topendsports.com – Top End Sports: amrywiaeth o brofion ffitrwydd a data normadol.

BETH AM ▶ Y DYFODOL?

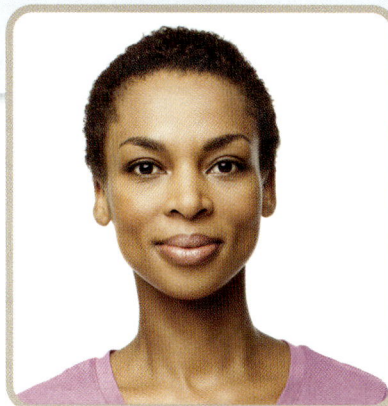

Natalie Ward

Hyfforddwr
Chwaraeon

Mae hyfforddi chwaraeon yn swydd wych. Rwy'n cael gweithio gyda llawer o bobl ifanc brwydfrydig iawn, sy'n wych. Mae eu helpu i ddatblygu yn wirioneddol foddhaus. Fodd bynnag, nid yw popeth yn hawdd, ac mae rhai rhannau anodd. Un o'r problemau mwyaf sy'n fy wynebu yw pan fyddaf yn gweithio gyda gwahanol grwpiau oedran. Ar hyn o bryd rwy'n hyfforddi timau hoci merched ar yr oedrannau canlynol: plant dan 10 oed, plant dan 12 oed a phlant dan 14 oed, felly mae angen i mi ystyried llawer o wahanol bethau wrth gynllunio a chynnal sesiynau.

Weithiau gall fod ychydig yn ddryslyd, yn enwedig pan fyddaf yn gweithio gyda rhai o'r bobl ifanc 14 oed 'hŷn' sy'n fwy aeddfed neu'n fwy datblygedig na rhai o'r plant 12 oed 'iau'! Rwy'n aml yn meddwl nad gweithio gyda phobl yn seiliedig ar eu grŵp oedran yw'r ffordd orau i weithio, yn enwedig rhwng 10 a 14 oed. Dyma ble mae rhai o'r gwahaniaethau mwyaf mewn twf ac aeddfedrwydd ac rydw i bob amser yn ceisio dod o hyd i ffyrdd gwell o weithio gyda fy chwaraewyr er mwyn diwallu eu hanghenion unigol yn hytrach nag anghenion eu grŵp oedran yn unig.

Canolbwyntio eich sgiliau

Rheoli pobl

Nid yw hyfforddi'n ymwneud â dysgu pobl sut i berfformio camp yn unig. Mae angen i chi fod yn arweinydd a rheolwr yn ogystal ag yn arbenigwr yn eich camp.

- Mae datblygu eich sgiliau gweithio mewn tîm ac arwain tîm yn bwysig. Ceisiwch adnabod unrhyw gyfleoedd i wneud hyn. Er enghraifft, os cymerwch ran mewn trafodaeth grŵp yn y dosbarth, gwirfoddolwch i arwain y drafodaeth.
- Mae hyfforddi yn amgylchedd proffesiynol. Sicrhewch eich bod yn gyfarwydd â'r agweddau a'r cyfrifoldebau y bydd angen i chi eu dilyn mewn amgylchedd proffesiynol.
- Rhan o arwain sesiynau yw deall bod pawb yn wahanol – o ran personoliaeth a sut mae pobl yn cael eu cymell orau. Siaradwch â ffrindiau a theulu: sut maen nhw'n cymell eu hunain? Beth maen nhw'n edrych amdano mewn arweinydd? Bydd y gwahanol atebion a gewch yn dangos i chi'r ystod o opsiynau ar gyfer arddulliau o arweinyddiaeth sydd gan hyfforddwyr.

Trefnu eich amser

Un o'r prif bethau y mae angen i Natalie ddelio â nhw'n broffesiynol yw trefnu amser pobl eraill yn ogystal â'i hamser ei hun. Mae deall sut i gynllunio a threfnu eich amser yn sgìl hanfodol. Po fwyaf trefnus ydych chi, y mwyaf awdurdodol a phroffesiynol y byddwch chi'n dod – a'r mwyaf uchel eich parch y byddwch chi fel hyfforddwr.

- Ceisiwch gynllunio'ch amser – ymgyfarwyddwch â threfnu'ch hun a gweithio allan beth yw'r ffyrdd gorau y gallwch chi strwythuro'ch amser. Efallai y bydd yn helpu i drefnu'ch tasgau yn rannau cyraeddadwy.
- Wrth weithio mewn grŵp yn y dosbarth, arolygwch a threfnwch y tasgau a roddwyd i chi. Gweithiwch ar gynllun a fydd yn caniatáu i chi gyflawni popeth sydd angen i chi ei wneud o fewn yr amser a roddwyd i chi.

Paratoi ar gyfer asesiad

Mae Mark yn gweithio tuag at radd BTEC Cenedlaethol mewn Chwaraeon a Datblygu Gweithgaredd Corfforol. Mae'n mwynhau'r unedau ymarferol yn arbennig ac yn y dyfodol mae'n gobeithio dod o hyd i swydd yn hyfforddi neu'n arwain chwaraeon. Mae wedi sicrhau ei fod wedi ennill digon o brofiad trwy wirfoddoli fel hyfforddwr cynorthwyol yn ei bwll nofio lleol. Mae wedi ei helpu i ymarfer ei sgiliau ei hun a hefyd i fod mewn amgylchedd ble y gall ddysgu gan hyfforddwyr mwy profiadol.

Mae ei diwtor wedi annog pob dysgwr i drefnu ei asesiad hyfforddi ei hun ar gyfer Nod dysgu D. Fel hyn, esboniodd, byddant yn gallu perfformio mewn amgylchedd y maen nhw'n teimlo'n gyffyrddus ynddo ac yn eu galluogi i wneud eu gorau.

Mae Mark yn trafod ei brofiadau isod.

Sut y dechreuais i

Rwyf wedi llwyddo i ennill cryn dipyn o brofiad trwy wirfoddoli fel hyfforddwr cynorthwyol. Fodd bynnag, roedd cael fy nhiwtor i fynychu sesiwn ac arsylwi arnaf wedi fy ngwneud yn eitha nerfus. Er mwyn sicrhau fy mod yn gallu cyflwyno fy sesiwn yn hyderus, fe wnes i sicrhau bod fy nghynllunio'n drylwyr a fy mod i'n deall anghenion fy ngrŵp a'r canlyniad a ddymunir.

Roedd y sesiwn yn 45 munud o hyd ac yn fy nghynllun mi wnes i ei rhannu'n ddarnau bach, pob un ag amcan clir. Cyrhaeddais yn gynnar ar gyfer fy sesiwn a roddodd ddigon o amser i mi baratoi fy adnoddau a mynd dros fy nghynllun un tro olaf. Er mwyn sicrhau fy mod yn gallu cadw at fy nghynllun yn gywir, des â stopwats.

Sut y des â'r cyfan at ei gilydd

Roedd y grŵp roeddwn i'n gweithio gyda nhw eisoes yn gyfarwydd i mi gan fy mod i wedi helpu i'w hyfforddi o'r blaen. Fe wnes i sicrhau pan wnes i eu croesawu bod fy mriff yn glir iawn fel bod pawb yn gwybod beth roedden ni'n mynd i'w wneud, beth oedd yn ddisgwyliedig ganddyn nhw a beth oedd yr amcan. Roeddwn i'n gwybod bod gan fy ngrŵp gymysgedd fach o alluoedd felly ceisiais wahaniaethu rhwng unigolion gan ddefnyddio fflotiau i helpu i ddatblygu eu strôc.

Buan iawn y daeth yn amlwg bod unigolion yn datblygu ar gyflymder gwahanol. Roedd yn rhaid i mi addasu fy nghynllun ychydig, gan rannu'r grŵp yn ddau a rhoi tasg ychydig yn fwy heriol i'r grŵp mwy galluog er mwyn sicrhau eu bod yn cael eu gwthio.

Beth ddysgais o'r profiad

Roedd yn amlwg bod fy ymarfer wedi fy helpu gyda fy sesiwn. Gan fy mod eisoes wedi cael rhywfaint o brofiad ac yn gyfarwydd â fy ngrŵp fe helpodd fi i berfformio'n hyderus. Roedd y cynllunio a'r paratoi y treuliais amser hir arno yn rhoi sylfaen dda i mi weithio ohoni. Fodd bynnag, darganfyddais yn fuan nad yw bob amser yn bosibl cadw at gynllun ac efallai y bydd angen i chi addasu sesiwn fel bod pawb yn ennill cymaint ag y gallant ohono.

Ceisiais gasglu digon o adborth gan fy ngrŵp ar ôl y sesiwn i helpu gyda fy ngwerthuso. Er fy mod yn teimlo'n anghyfforddus yn cychwyn yr ymarfer hwn, roedd digon o sylwadau cadarnhaol yn ogystal â rhai meysydd i'w gwella. Atgoffodd un o fy ngrŵp, 'Roeddwn i'n dal yn ddibrofiad ac felly mae'n amlwg y byddai meysydd i'w gwella. Yr unig ffordd roeddwn i'n mynd i wella oedd trwy gymryd cyngor ac ymarfer.'

Pwyntiau i'w hystyried

- ▶ Ydych chi'n hyderus yn eich cynllun ac a yw'ch gwaith paratoi yn ddigonol?
- ▶ A ydych chi'n gallu cyfleu'r cynllun hwn yn effeithiol a gwneud addasiadau os oes angen?
- ▶ A oes gennych yr offer i gasglu adborth ac a ydych yn hyderus y gallwch wneud gwelliannau i'ch perfformiad personol eich hun fel hyfforddwr?

Dod i adnabod eich uned

Asesiad

Byddwch yn cael eich asesu drwy gyfrwng cyfres o aseiniadau a fydd yn cael eu gosod gan eich tiwtor.

Mae pob camp yn cynnwys elfen o gyflawniad technegol a chymhwyso tactegau priodol. Rhai sgiliau sylfaenol, fel dal, rhedeg a thaflu, yw sgiliau sylfaenol chwaraeon penodol. Fodd bynnag, mae tactegau yn gynlluniau ar gyfer gwahanol sefyllfaoedd a byddant yn helpu perfformwyr i baratoi'n well ar gyfer rhai sefyllfaoedd a'r sgiliau y bydd angen iddynt eu defnyddio.

Bydd yr uned hon yn caniatáu i chi ystyried natur a math y sgiliau sy'n ofynnol mewn ystod o chwaraeon, y tactegau y gellir eu defnyddio a'r ffordd y gall rhanddeiliaid allweddol fel hyfforddwyr a dadansoddwyr helpu i wella perfformiad.

Sut y cewch eich asesu

Bydd yr uned hon yn cael ei hasesu drwy gyfrwng cyfres o aseiniadau a osodir gan eich tiwtor, a fydd yn cael eu hasesu'n fewnol. Trwy gydol yr uned hon fe welwch ymarferion asesu defnyddiol a fydd yn eich helpu i weithio tuag at eich aseiniadau. Ni fydd cwblhau pob un o'r ymarferion hyn yn golygu eich bod yn cyflawni gradd benodol, ond byddech wedi cyflawni ymchwil neu baratoad defnyddiol a fydd yn berthnasol yn eich aseiniad terfynol.

Er mwyn i chi gyflawni'r tasgau yn eich aseiniad, mae'n bwysig gwirio eich bod wedi cwrdd â'r holl feini prawf er mwyn Llwyddo. Gallwch wneud hyn wrth i chi weithio'ch ffordd trwy'r aseiniad.

Os ydych chi'n gobeithio ennill gradd o Deilyngdod neu Ragoriaeth, dylech hefyd sicrhau cich bod chi'n cyflwyno'r wybodaeth yn eich aseiniad yn yr arddull sy'n ofynnol gan y maen prawf asesu perthnasol. Er enghraifft, mae meini prawf Teilyngdod yn gofyn i chi ddadansoddi a thrafod, ac mae meini prawf Rhagoriaeth yn gofyn ichi asesu a gwerthuso.

Bydd yr aseiniad a osodir gan eich tiwtor yn cynnwys nifer o dasgau sydd wedi'u cynllunio er mwyn bodloni'r meini prawf yn y tabl. Mae hyn yn debygol o gynnwys aseiniad ysgrifenedig ond gall hefyd gynnwys gweithgareddau fel:

▶ cyflwyniad sy'n canolbwyntio ar sgiliau technegol a thactegol, gan ddefnyddio enghreifftiau penodol o chwaraeon, ynghyd â chymhariaeth o gymhwysiad technegau a thactegau

▶ adroddiad ysgrifenedig sy'n ymchwilio i'r ffyrdd y gallwch fesur perfformiad technegol a thactegol – gallai hyn gynnwys cynhyrchu eich dull asesu eich hun

▶ adroddiad ysgrifenedig ble rydych chi'n edrych ar ddadansoddiad technegol a thactegol ar wahanol lefelau o berfformiad, o ddechreuwyr yr holl ffordd i athletwyr rhyngwladol.

Meini prawf asesu

Mae'r tabl hwn yn dangos yr hyn sy'n rhaid i chi ei wneud i **Lwyddo**, neu i gael **Teilyngdod** neu **Ragoriaeth**, a sut i ddod o hyd i weithgareddau i'ch helpu.

Llwyddo	Teilyngdod	Rhagoriaeth
Nod dysgu A Archwilio sgiliau technegol a chydrannau tactegol chwaraeon sy'n cyfrannu at berfformiad effeithiol		
A.P1 Esbonio'r sgiliau technegol sy'n ofynnol ar gyfer perfformiad chwaraeon llwyddiannus mewn chwaraeon cyferbyniol. **Ymarfer asesu 26.1**	**A.M1** Dadansoddi'r gofynion datblygiad proffesiynol a'r cyfleoedd ar gyfer arbenigedd neu ddyrchafiad mewn gwahanol lwybrau gyrfa a'r cyfleoedd gwaith cysylltiedig yn y diwydiant chwaraeon. **Ymarfer asesu 26.1**	**A.D1** Gwerthuso cydrannau technegol a thactegol a phwysigrwydd eu cyfuniad mewn gwahanol sefyllfaoedd o wahanol chwaraeon. **Ymarfer asesu 26.1**
A.P2 Esbonio'r cydrannau tactegol sy'n ofynnol ar gyfer perfformiad chwaraeon llwyddiannus mewn chwaraeon cyferbyniol. **Ymarfer asesu 26.1**		
Nod dysgu B Ymchwilio i ddulliau o fesur perfformiad technegol a thactegol mewn chwaraeon		
B.P3 Esbonio dulliau o fesur perfformiad technegol a thactegol. **Ymarfer asesu 26.2**	**B.M2** Dadansoddi dulliau o fesur perfformiad technegol a thactegol, gan gymharu yn erbyn offer a phrotocolau mesur a gynhyrchir. **Ymarfer asesu 26.2**	**B.D2** Gwerthuso dulliau o fesur perfformiad technegol a thactegol, modelau a meincnodau delfrydol, gan gyfiawnhau yn erbyn dewis offer a phrotocolau mesur a gynhyrchir. **Ymarfer asesu 26.2**
B.P4 Esbonio modelau a meincnodau delfrydol ar gyfer perfformiad mewn camp ddethol. **Ymarfer asesu 26.2**	**B.M3** Dadansoddi modelau a meincnodau delfrydol, gan gymharu yn erbyn offer a phrotocolau mesur a gynhyrchir. **Ymarfer asesu 26.2**	
B.P5 Cynhyrchu teclyn mesur a phrotocol i gasglu data arsylwadol ar berfformiad technegol a thactegol ar gyfer athletwyr datblygedig o'r radd flaenaf ac o raddau is. **Ymarfer asesu 26.2**		
Nod dysgu C Archwilio'r perfformiad technegol a thactegol ar wahanol gamau o'r continwwm perfformiad		
C.P6 Casglu data arsylwadol trwy asesu perfformiad athletwyr datblygedig o'r radd flaenaf ac o raddau is, gan ddefnyddio offer a phrotocolau mesur a gynhyrchwyd eich hun. **Ymarfer asesu 26.2**	**C.M5** Dadansoddi'r data arsylwadol a gasglwyd gan athletwyr datblygedig o'r radd flaenaf ac o raddau is, gan wneud argymhellion ar gyfer datblygiad pob athletwr. **Ymarfer asesu 26.2**	**C.D3** Gwerthuso'r data arsylwadol a gasglwyd, gan gyfiawnhau'r argymhellion a wnaed ar gyfer datblygu pob athletwr. **Ymarfer asesu 26.2**
C.P7 Esbonio data arsylwadol wedi ei goladu ynghylch athletwyr datblygedig o'r radd flaenaf ac o raddau is. **Ymarfer asesu 26.2**		

Dechrau arni

Mae gan chwaraeon lawer o wahanol sgiliau a thechnegau. Dewiswch ddwy gamp: un gamp tîm ac un gamp unigol. Rhestrwch gymaint o sgiliau ag y gallwch ar gyfer y campau yma. Yna dewiswch dri sgìl pwysig a chymharu cyflawniad y rhain gan berfformiwr o'r radd flaenaf a'r un sgiliau wedi eu perfformio gan ddechreuwr. Gwnewch nodyn o'r gwahaniaethau allweddol, a byddwch wedi dechrau dadansoddi perfformiad – dyma'r sgìl sydd wrth wraidd yr uned hon.

A Archwilio sgiliau technegol a chydrannau tactegol chwaraeon sy'n cyfrannu at berfformiad effeithiol

Sgiliau technegol mewn chwaraeon

Fel man cychwyn, mae'n bwysig deall yr hyn a olygwn wrth y term **sgìl**, beth yw'r gwahanol fathau o sgil a sut maen nhw'n ffurfio cydrannau gweithgaredd chwaraeon. Gellir dosbarthu sgiliau yn ôl yr amgylchedd y cânt eu perfformio ynddo neu yn ôl yr hyn sy'n pennu pa mor gyflym y mae'r athletwr yn rheoli amseriad gweithred (hunanamseredig, wedi ei amseru'n allanol, neu rywle rhwng y ddau). Cyfeiriwch at Nodau dysgu B ac C yn Uned 7 i gael mwy o wybodaeth am ddosbarthu sgiliau mewn chwaraeon.

> **Term allweddol**
>
> **Sgìl** – mewn chwaraeon mae hyn yn cyfeirio at y gallu i ddewis y technegau priodol ar yr amser iawn. Fe'i nodweddir gan y symudiadau a'r gweithredoedd sydd eu hangen i berfformio, er enghraifft, ergydion, strociau, neidiau neu dafliadau.

Mathau o sgìl

Ar ei lefel fwyaf sylfaenol, rhaid i chwaraeon gynnwys elfennau o sgìl o hyd. Cyn ystyried y sgiliau sy'n benodol i chwaraeon arbennig fel sbin mewn criced neu lob top-sbin mewn tennis, mae'n werth ystyried y sgiliau craidd sy'n ffurfio cymaint o chwaraeon:

- ▶ taflu a dal
- ▶ taro gyda'r llaw
- ▶ taro gyda darn o offer
- ▶ taro gyda'r traed.

Yn ogystal â hyn mae cymwysiddau sgiliau allweddol eraill fel sefydlogrwydd, cydbwysedd, cylchdroi, neidio, cerdded a rhedeg.

Dosbarthiad sgìl

Mae gwahanol chwaraeon yn defnyddio gwahanol ystod o sgiliau. Mae Ffigur 26.1 yn dangos gwahanol ddosbarthiadau o sgiliau, ond nid yw bob amser yn bosibl diffinio sgìl yn nhermau eithafion: weithiau mae sgìl yn cwympo rhywle yn y canol. Er enghraifft, ar gyfer sgiliau ar y continwm agored-caëedig, mae cic gosb mewn pêl-droed neu rygbi yn sgil gaëedig yn y bôn. Ond pan fyddwch chi'n ystyried gweithredoedd posibl y gwrthwynebydd a'r amgylchedd, e.e. yn achos y gic gosb rygbi, y gwynt, yna ni ellir dosbarthu'r sgìl fel un agored neu gaëedig ond yn hytrach mae'n ffitio rhywle rhwng y ddau.

Sgiliau agored Mae'r sgiliau a ddewisir yn dibynnu ar ffactorau amgylcheddol na ellir eu rheoli fel gwrthwynebwyr neu'r tywydd (e.e. tacl rygbi neu dacio mewn hwylio)	**Sgiliau caëedig** Sgiliau wedi'u dewis ar wahân heb unrhyw newidynnau allanol
Sgiliau bras Sgiliau sy'n defnyddio grwpiau cyhyrau mawr ac sydd fel arfer yn ailadroddus (e.e. padlo ymlaen mewn caiacio neu giciau o'r gôl mewn pêl-droed)	**Sgiliau manwl** Sgiliau sy'n cynnwys symudiadau bach mewn rhannau penodol o'r corff (e.e. saethyddiaeth neu saethu reiffl)
Sgiliau hunanamseredig Sgiliau ble mae'r perfformiwr yn rheoli'r cyflymder (e.e. mewn saethyddiaeth neu badlfyrddio)	**Sgiliau sy'n cael eu hamseru'n allanol:** Sgiliau y mae angen eu cyflawni mewn cyfnod penodol o amser (e.e. serfiad tennis neu dafliad rhydd mewn pêl-fasged (5 eiliad))

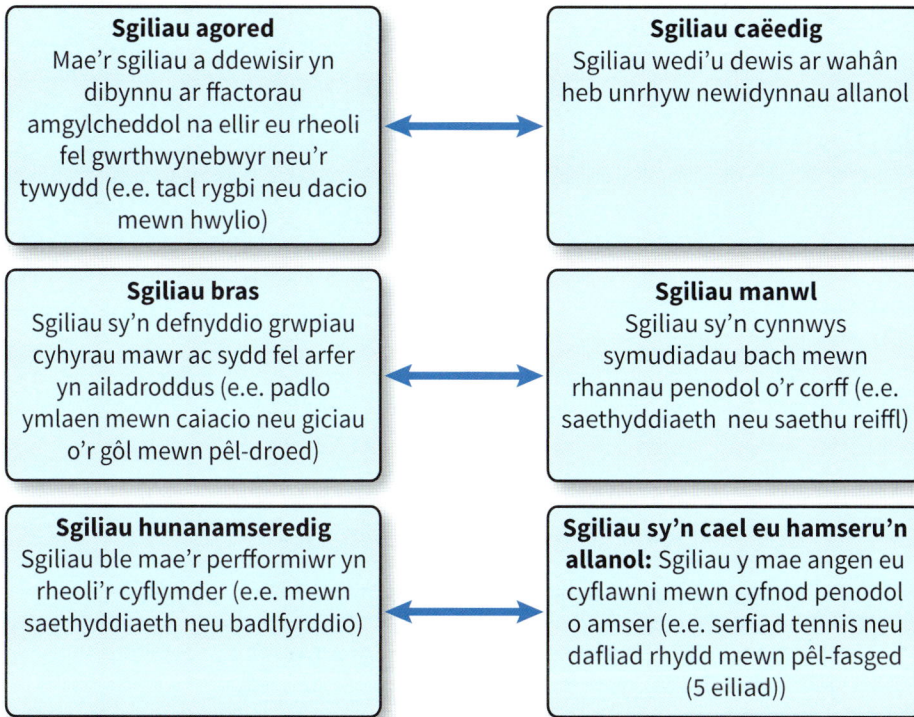

▶ **Ffigur 26.1:** Mathau o sgìl a ddefnyddir mewn chwaraeon

Gellir dosbarthu unrhyw un o'r sgiliau a ddangosir yn Ffigur 26.1 hefyd yn sgiliau parhaus neu sgiliau arwahanol (*discrete*).

Sgiliau parhaus
Nid oes dechrau na diwedd amlwg i sgiliau parhaus ac mae ganddynt rhythm rheolaidd. Mae enghraifft o rwyfo yn Ffigur 26.2.

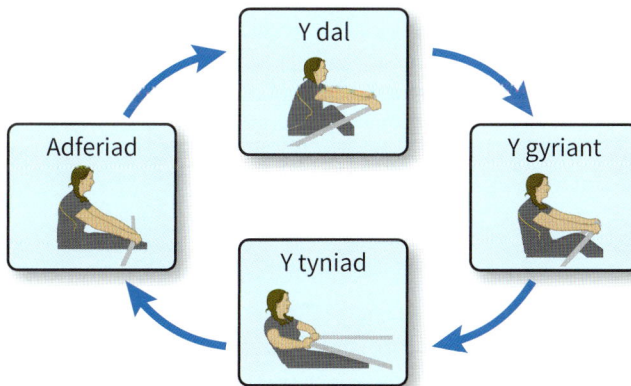

▶ **Ffigur 26.2:** Sgìl barhaus a arddangosir wrth rwyfo

Sgiliau arwahanol
Sgiliau arwahanol yw'r gwrthwyneb i sgìl barhaus ac mae iddynt ddechrau a diwedd clir. Fe'u perfformir mewn un symudiad clir. Mae torri cydrannau ergyd snwcer i lawr yn enghraifft o sgìl arwahanol.

Dylai chwaraewr snwcer gadw ei gorff mor llonydd â phosib wrth chwarae strôc a dylai ganolbwyntio ar y ciw yn brwsio ei ên wrth iddo wthio'r ciw drwodd i daro'r bêl wen. Dylai'r chwaraewr gadw ei lygaid yn sefydlog ar y fan ble mae wedi anelu'r bêl wen at ganol y bêl i'w tharo, fel y gall weld a yw wedi ei tharo ble roedd e'n bwriadu.

Sgiliau cyfresol

Mae sgiliau cyfresol (*serial skills*) yn cynnwys sgiliau arwahanol a/neu barhaus. Maen nhw'n gyfres o sgiliau sy'n dilyn ei gilydd yn olynol yn gyflym mewn dilyniant trefnus i ddod yn un symudiad. Er enghraifft, mae techneg naid uchel yn cynnwys cyfres o ddigwyddiadau sydd angen bod yn y drefn gywir ac a amlinellir isod.

- ▶ Dynesu: mae'r rhediad mewn siâp J, yn syth ar gyfer y 3–6 o gamau cyntaf ac yna'n grwm am 4–5 cam. Ar gyfer y cam cychwynnol, mae'r droed yn glanio ar belen y droed, mae'r corff yn gwyro ychydig ymlaen, mae cyflymder yn cynyddu trwy gydol y dynesiad, mae'r corff yn gwyro'n naturiol i mewn i'r gromlin, ac mae'r corff yn cael ei ostwng yn y cam olaf ond un.
- ▶ Esgyniad: mae'r droed yn glanio'n gyflym ac yn wastad gyda gweithred 'i lawr ac yn ôl'. Mae'r goes sy'n cael ei defnyddio i neidio wedi'i phlygu ychydig ac mae pen-glin y goes rydd yn cael ei yrru i fyny i safle lorweddol a'i stopio. Mae'r corff yn fertigol ar ddiwedd yr esgyniad.
- ▶ Hedfan: wrth i'r corff ennill uchder, mae safle'r esgyniad yn cael ei ddal. Mae'r fraich sy'n arwain yn ymestyn i fyny, ar draws a thros y bar. Trwy grymu'r cefn a gostwng y pen a'r coesau, codir y cluniau dros y bar. Mae'r pen yn cael ei godi tuag at y frest i ddod â'r coesau yn glir o'r bar.
- ▶ Glanio: mae'r pen yn cael ei dynnu tuag at y frest. Mae'r athletwr yn glanio ar ei ysgwyddau a'i gefn, gyda'i bengliniau ar wahân.

Continwwm rhyngweithio

Gall rhai sgiliau gael eu perfformio gan un unigolyn yn unig (sgiliau unigol), tra bod eraill yn dibynnu ar fwy nag un cyfranogwr er mwyn iddynt gael eu cyflawni'n llwyddiannus (sgiliau rhyngweithiol). Mae eraill yn cwympo rhywle rhwng y ddau begwn. Mae hyn yn creu'r hyn a elwir yn **gontinwwm rhyngweithio** (Ffigur 26.3), sy'n diffinio i ba raddau y mae eraill yn ymwneud â llwyddiant y sgil, naill ai'n rhannol, yn gyfan gwbl neu ddim o gwbl.

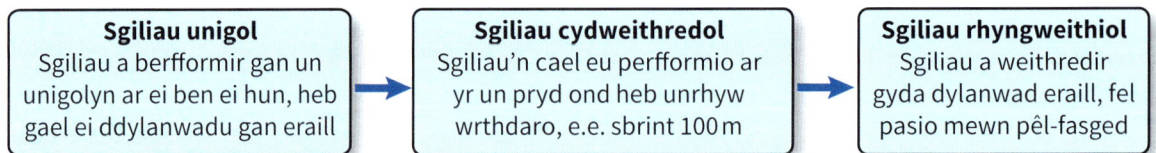

Sgiliau unigol	**Sgiliau cydweithredol**	**Sgiliau rhyngweithiol**
Sgiliau a berfformir gan un unigolyn ar ei ben ei hun, heb gael ei ddylanwadu gan eraill	Sgiliau'n cael eu perfformio ar yr un pryd ond heb unrhyw wrthdaro, e.e. sbrint 100 m	Sgiliau a weithredir gyda dylanwad eraill, fel pasio mewn pêl-fasged

▶ **Ffigur 26.3:** Y continwwm rhyngweithio

⏸ MUNUD I FEDDWL Ydych chi'n deall y ffordd y gellir dosbarthu sgiliau? Cyfeiriwch yn ôl at Nodau dysgu B ac C yn Uned 7 os oes angen.

Awgrym Caewch y llyfr a phrofwch eich hun ar enwau gwahanol fathau o sgiliau, gan geisio darparu enghreifftiau ar wahân i'r rhai a ddarparwyd eisoes.

Ymestyn Ystyriwch gamp ar ei phen ei hun, er enghraifft criced. Rhestrwch y sgiliau sydd eu hangen ar gyfer bowlio, batio a maesu. Dosbarthwch y sgiliau; cofiwch y gallai fod gan rai sgiliau elfennau o wahanol ddosbarthiadau.

Sgiliau symud sylfaenol

Mae sgiliau symud (echddygol) sylfaenol yn sgiliau rydyn ni'n eu dysgu fel plant yn gyffredinol. Mae sgiliau syml fel hopian, neidio, taflu, dal, cicio a tharo yn ffurfio cydrannau sylfaenol y mwyafrif o chwaraeon. Dysgir sgiliau mwy cymhleth a chywrain yn ddiweddarach ar ôl i'r rhai sylfaenol gael eu meistroli.

Mae dysgu'r sgiliau symud sylfaenol pan yn ifanc yn gam hanfodol ar gyfer datblygu perfformiad yn ddiweddarach mewn bywyd chwaraeon. Mae hyn oherwydd, os dysgir sgiliau gyda gwallau technegol, byddant yn effeithio ar y sgiliau cywrain a ddatblygir yn ddiweddarach, gan gyfyngu ar ddatblygiad a llwyddiant. Mewn llawer o achosion gall y ffordd y mae pobl ifanc yn dysgu ac yn datblygu sgiliau fod yn benderfynydd allweddol yn eu gallu i berfformio sgiliau cywrain yn ddiweddarach mewn bywyd.

> **Trafodaeth**
>
> Meddyliwch am y cwestiynau ynghylch datblygu sgiliau technegol i blentyn 6 oed sy'n dysgu chwarae tennis bwrdd heb unrhyw gyfarwyddyd. Nid yw'n amhosib y gall athletwyr ddatblygu sgiliau gweddol dechnegol trwy wylio neu fodelu chwaraewyr eraill. Cymharwch hynny ag enghraifft o'r un plentyn yn cael ei hyfforddi, gan ddysgu technegau profedig a sicr. Meddyliwch sut y bydd eu gwahanol brofiadau yn effeithio ar eu profiadau perfformiad a hyfforddi yn ddiweddarach.

Mae datblygu sgiliau sylfaenol fel cerdded, rhedeg, taflu a dal mewn amgylchedd heriol ond diogel yn bwysig iawn, ac wrth wraidd y datblygiad hwn mae tri chategori o sgiliau symud sylfaenol:

▶ **sgiliau ymsymudol** (*locomotor*), gan gynnwys y corff yn symud i unrhyw gyfeiriad o un pwynt i'r llall, fel cerdded, rhedeg, osgoi, neidio, hopian neu sgipio

▶ **sgiliau sefydlogrwydd**, sy'n cynnwys y corff yn cydbwyso naill ai mewn un lle (statig) neu wrth symud (dynamig), fel glanio, cydbwyso (naill ai'n statig neu'n ddynamig) neu'n cylchdroi

▶ **sgiliau llawdriniol** (*manipulative*), sy'n cynnwys trin a rheoli gwrthrychau gyda'r llaw, y droed neu offer (darn o offer fel ffon, bat neu raced). Mae sgiliau llawdriniol yn cynnwys dal, taflu neu daro gyda'r dwylo, traed (cicio, driblo) neu ddarn o offer (e.e. batio).

Taflu a dal

Mae dal a thaflu yn bwysig i'w dysgu gyda'i gilydd ond maen nhw'n dra gwahanol o safbwynt dysgu sgiliau.

▶ Wrth ddal neu dderbyn, mae'r corff yn rheoli pêl neu wrthrych, gan ddibynnu ar allu'r llygaid i ddilyn y bêl ac annog addasiadau i'r rhan o'r corff sy'n derbyn.

▶ Mae taflu yn golygu gyrru pêl i ffwrdd o'r corff tuag at darged ac felly fe'i gelwir yn sgil darged.

Mae'r sgiliau hyn yn anodd eu hymarfer ar wahân i'w gilydd, ac mae'r ddau angen sylw penodol o fewn ymarfer. Mae llawer o hyfforddwyr yn ymarfer taflu ond yn methu â chyflwyno egwyddorion dal. Mae plant ifanc yn aml yn dweud eu bod ofn dal y bêl oherwydd ei fod yn brifo.

Egwyddorion taflu

1 Dewch â'ch braich daflu mor bell yn ôl â phosib a throsglwyddwch eich pwysau i'ch troed ôl. Mae hyn yn golygu bod mwy o rym yn cael ei drosglwyddo i'r bêl wrth daflu.

2 O dan reolaeth, dewch â'r fraich ymlaen a throsglwyddwch eich pwysau i'ch troed flaen mewn gweithred siglo. Y mwyaf syth yw eich braich wrth symud ymlaen, y mwyaf yw'r grym ac felly'r cyflymaf y bêl.

3 Ceisiwch ymestyn eich braich i'r eithaf, ac wrth wneud hynny bydd y symudiad yn gyflymach a bydd y bêl o bosibl yn mynd ymhellach.

Egwyddorion dal

1 Er mwyn amsugno grym gwrthrych sy'n dod tuag atoch, lledaenwch y grym dros arwynebedd mawr cyhyd ag y bo modd.

2 Wrth ddal pêl, estynnwch am y bêl â'ch dwylo, lledaenwch eich coesau neu gwpanu'ch dwylo gyda'i gilydd ac 'ildiwch' gyda'r bêl (h.y. dewch â'r bêl i mewn i'ch corff).

3 Yn ddelfrydol dylai eich corff fod yn gytbwys ac yn wynebu'r bêl fel ei bod yn dod yn uniongyrchol tuag atoch chi, gyda'ch coesau neu'ch corff yn darparu sylfaen eang o gefnogaeth.

4 Er mwyn sefydlu sylfaen mwy digoel o gefnogaeth, gostyngwch eich craidd disgyrchiant. Er enghraifft, i faesu pêl ar lawr mewn criced, rydych chi'n penlinio i un ochr, sy'n darparu sylfaen gadarn, isel ac eang o gefnogaeth.

Rhedeg

Yn y bôn, mae rhedeg fel cerdded ac eithrio bod ychydig o amser pan fydd y ddwy droed oddi ar y ddaear ar yr un pryd. Mae'r rhan fwyaf o chwaraeon yn cynnwys rhedeg ar ryw ffurf, fel sbrintio, osgoi, loncian neu redeg am yn ôl. Mae'r rhan fwyaf o redwyr yn gwybod eich bod yn defnyddio grym yn eich blaen o'r goes ôl, ac mae'r corff, trwy system o lifrau, yn gyrru ei hun ymlaen. Mae pwyso ychydig ymlaen yn cynorthwyo'r momentwm i'r cyfeiriad hwnnw.

Amlinellir pwyntiau hyfforddi i wella rhedeg isod.

▶ Daliwch eich pen i fyny ac edrychwch ymlaen.
▶ Pwyswch y corff ymlaen ychydig.
▶ Codwch y pengliniau.
▶ Plygwch y breichiau wrth y penelinoedd a'u siglo yn ôl ac ymlaen o'r ysgwyddau.
▶ Symudwch y breichiau mewn gwrthwynebiad i'r coesau.
▶ Glaniwch ar y droed flaen neu'r droed ganol i gyfyngu ar faint o **gyplysiad** sy'n digwydd.

Wrth i gyflymder rhedeg gynyddu, gwthiwch i ffwrdd â pheli'r traed, cynyddwch faint mae'r corff yn pwyso ymlaen a gweithred y breichiau, a glaniwch ar beli'r traed.

Ergydio gyda a heb offer

Mae taro a rheoli pêl gyda darn o offer (raced, ffon neu fat) yn digwydd mewn sawl ffordd, yn dibynnu ar y gamp. Er enghraifft, defnyddir **patrwm taro llorweddol** mewn rownderi, tra bod patrwm mwy fertigol i'w gael mewn golff a hoci. Mae llawer o chwaraeon (e.e. tennis, badminton a chriced) yn cynnwys taro mewn sawl plân, ac yn rhannu'r un cysyniadau symudiad â tharo â'r llaw.

Amlinellir rhai o'r ystyriaethau allweddol wrth daro peli isod.

▶ Mae gafael yn ffactor allweddol wrth daro pêl, felly hefyd cadw'ch llygad ar y bêl ac ymestyn y fraich neu ddilyn drwodd ar ôl dod i gysylltiad.
▶ Wrth drapio/blocio gyda darn o offer, symudwch eich corff yn uniongyrchol i lwybr y bêl, fel pan mae gôl-geidwad hoci yn rhwystro ergydiad.
▶ Cadwch eich llygad ar y bêl nes bod cyswllt – mae hyn yr un mor wir am daro pêl sy'n symud, er enghraifft pêl dennis, ag ydyw ar gyfer un statig fel mewn golff.

> **Term allweddol**
>
> **Cyplysiad** – faint o amser mae'r droed mewn cysylltiad â'r ddaear.

> **Term allweddol**
>
> **Patrwm taro llorweddol** – mae hyn yn disgrifio'r ffordd y mae gwrthrych fel pêl yn cael ei daro: cyswllt a wneir â bat, ffon neu raced sy'n baralel â'r llawr ac sydd â grym i'r un cyfeiriad. Mae enghreifftiau o hyn yn cynnwys ergyd blaenllaw neu gwrthlaw mewn tennis neu badminton, ergyd dynnu mewn criced neu daro pêl-fas.

> **Ymchwil**
>
> Mae 'grym ecsentrig' yn swnio fel cysyniad rhyfedd ond mae'n eithaf syml mewn gwirionedd. Mae'n gwahanu'r da oddi wrth y gwych ym mhob camp â phêl ac mae'n bwysig ei ddeall. Mewn grwpiau bach, ymchwiliwch i'r termau 'grym ecsentrig' ac 'effaith Magnus' a'u cymhwyso i un o'r sefyllfaoedd hyn:
>
> • chwaraewr tennis yn taro'r bêl am lob top-sbin
> • golffiwr yn taro dreif yn pylu (*fade drive*)
> • chwaraewr pêl-droed yn gwyro cic rydd.
>
> Ceisiwch ddangos eich canfyddiadau gyda chymorth cyfres o ddiagramau fel rhan o gyflwyniad i weddill y grŵp.

Astudiaeth achos

Gwyddoniaeth symudiad golff

Mae golff yn hawdd: y cyfan sy'n rhaid i chi ei wneud yw taro'r bêl, yn hir ac yn syth. Fodd bynnag, pe bai mor syml â hynny byddai pawb yn golffiwr proffesiynol.

Mewn gwirionedd mae yna lawer o ffyrdd i daro pêl golff ac mae yna hefyd lawer o wahanol glybiau ac ystod o arwynebau daear (a elwir yn safleoedd fel arfer). Fodd bynnag, mae rhywfaint o wyddoniaeth sy'n esbonio'r broses o daro pêl golff. Efallai na fydd yn eich gwneud chi'n chwaraewr yn y deg uchaf ond bydd yn eich helpu i ddeall y mecaneg gorfforol dan sylw. Dangosir yr egwyddorion allweddol yn Nhabl 26.1.

▶ Mae yna wyddoniaeth y tu ôl i symudiad golffwyr fel Michelle Wie

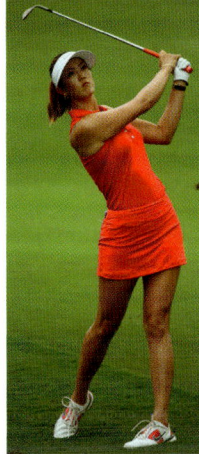

Awgrymiadau ar gyfer symudiad llwyddiannus

- **Grym allgyrchol** – (*centrifugal force*) cadwch eich braich flaen yn syth trwy'r symudiad a theimlwch ben y ffon fel rhan drymaf y ffon gyda grym yn ymestyn i ffwrdd o'ch ysgwydd trwy'ch braich. Bydd pen y ffon yn dychwelyd yn llyfn i'r un lefel ble y cychwynnodd. Dyma'r union sefyllfa rydych chi eisiau bod ynddi wrth daro'r bêl. Mae hyn yn debyg i siglo bwced o ddŵr: cadwch eich penelinoedd yn syth a'r weithred yn llyfn ac mae'r dŵr yn aros i mewn, ond byrhewch unrhyw agwedd o'r symudiad ac mae pawb o gwmpas yn gwlychu!

- **Cyflymiad** – ar ei bwynt cyflymaf dylai pen y ffon fod yn cyflymu trwy'r bêl o hyd. Bydd hyn yn troelli'r bêl ymlaen felly mae'n llawer mwy tebygol o deithio i'r cyfeiriad a fwriadwyd. Bydd arafu trwy'r ergydiad yn newid ongl pen y ffon, gan wneud y bêl yn fwy tebygol o gael ei heffeithio gan y gwynt ac unrhyw rymoedd eraill anghanolog.

- **Ongl lansio** – oherwydd bod cymaint o bobl bellach yn defnyddio pennau ffon mawr iawn, cydnabyddir y bydd ergydion yn cysylltu wrth i'r ffon symud i fyny. Mae hyn yn golygu bod onglau lansio uwch yn gyffredinol yn llwyddo'n amlach oherwydd bod cyflymder pen y ffon (tua 100 mya fel arfer) yn ymateb i gael ei daro drwyddo (yn dal i gyflymu).

Gwiriwch eich gwybodaeth

1 A chymryd nad oes llawer o wynt nac unrhyw ymyriad arall, a allech chi gynnig rhywfaint o gyngor cyffredinol i rywun sy'n newydd iawn i golff? Nid oes angen i chi fod yn arbenigwr mewn golff i helpu rhywun sy'n newydd i'r gamp trwy ddilyn yr egwyddorion mecanyddol uchod. Defnyddiwch yr holl wybodaeth sydd ar gael a byddwch mor syml ag y medrwch yn eich esboniad.

2 Nodwch restr fer o'r awgrymiadau hyn a byddwch yn barod i'w trafod gyda'ch cyfoedion/tiwtor.

Sgiliau chwaraeon-benodol

Ar ôl ennill sgiliau symud sylfaenol, mae angen i athletwyr ymgymryd â sgiliau mwy cymhleth a phenodol ar gyfer eu camp. Mae gan wahanol chwaraeon sgiliau gwahanol. Mae llawer yn unigryw i'r gamp honno, fel padlo caiac neu fowlio mewn criced, ond mae gan eraill rywfaint o drosglwyddadwyedd (*transferability*). Meddyliwch am weithred serfiad tennis a thaflu pêl – ddim yn rhy wahanol, ydyn nhw? Rydych chi'n tueddu i ddarganfod bod pobl sy'n gallu taflu dros yr ysgwydd yn dda ddim yn cymryd gormod o amser i ddysgu serfiad tennis. Yr enw ar hyn yw trosglwyddo sgiliau, ble y gellir efelychu cyfres o symudiadau sylfaenol ar gyfer sgiliau mewn chwaraeon eraill.

▶ **Tabl 26.1:** Y wyddoniaeth y tu ôl i strôc golff

Cydbwysedd/sefydlogrwydd	Cynhyrchiad grym	Cywirdeb
Mae hyn yn digwydd pan fydd eich traed a/neu'ch coesau wedi'u lledaenu'n gyffyrddus er mwyn darparu sylfaen eang, sefydlog o gefnogaeth.	Enillir mwy o rym trwy gynyddu pellter eich tro yn ôl a throi eich arddwrn ar ben y tro yn ôl.	Os byddwch chi'n taro pêl yn unol â chraidd disgyrchiant (canol) y bêl ac ar ongl sgwâr i'r cyfeiriad rydych chi am iddi fynd, bydd y bêl yn teithio mewn llinell syth.
Bydd plygu'ch pengliniau yn gostwng craidd y disgyrchiant i gynyddu sefydlogrwydd ymhellach. Mae cydbwysedd yn bwysig er mwyn darparu sylfaen ddiogel o gefnogaeth i'r symudiad a'r ergyd.	Mae sythu'ch breichiau wrth i'r ffon gael ei symud tuag at y bêl hefyd yn ychwanegu grym.	Os byddwch chi'n taro'r bêl uwchben neu'n is na chraidd y disgyrchiant, bydd yn troelli i ffwrdd, gan golli pellter a chyflymder. Mae llawer o golffwyr yn gwneud i'r bêl droelli'n anghanolog er mwyn newid cyfeiriad yr hediad. Gelwir hyn yn dyniad neu'n byliad.

Sgiliau padlfyrddio

Dyma set o sgiliau ar gyfer padlfyrddio gyda rhywfaint o arweiniad ar eu gweithrediad.

Strôc ymlaen

- Cadwch eich braich isaf yn syth ac yn gymharol llonydd.
- Tynnwch eich braich uchaf tuag at eich corff i ymestyn y padl ymlaen.
- Cylchdrowch eich ysgwydd uchaf ymlaen ac ymestyn eich braich.
- Gosodwch y padl yn y dŵr cyn belled ymlaen â phosib a chladdwch y padl yn y dŵr.
- Yn hytrach na thynnu'ch padl trwy'r dŵr, meddyliwch am dynnu heibio i'ch padl.
- I aros mewn llinell syth, cymerwch ychydig o strociau ar un ochr yna newid i ychydig o strociau ar yr ochr arall. Cofiwch newid safle eich dwylo pan fydd eich padl yn newid ochrau.

Troi gyda'r strôc ysgubo ymlaen

- Er mwyn troi i'r chwith, rhowch y padl yn y dŵr ar yr ochr dde. Ar yr un pryd, trowch eich torso i'r ochr chwith.
- Cadwch safiad isel a thynnwch i'r dde, tuag at y gynffon gyda'r padl, wrth droelli a phwyso i'r chwith gyda'ch torso. Byddwch chi'n teimlo bod y bwrdd yn symud i'r chwith yn gyflym.

Troi gyda'r strôc ysgubo yn ôl

- Er mwyn troi i'r dde, gosodwch y padl ger y gynffon a thynnwch tuag at y trwyn wrth symud eich torso i'r dde. Bydd hyn yn troelli trwyn eich bwrdd i'r ochr dde. Po fwyaf y byddwch chi'n plygu'ch pengliniau, yr hawsaf fydd troi'r bwrdd.

> **Trafodaeth**
>
> Dewiswch gamp rydych chi'n ei chwarae'n rheolaidd gyda chyfaill. Nodwch restr mor lawn o sgiliau a thechnegau ag y medrwch. Cofiwch ystyried y gwahanol sgiliau sydd eu hangen ar gyfer gwahanol safleoedd. Pan fydd eich rhestr wedi'i chwblhau, cymharwch eich rhestrau mewn grwpiau bach. Pa debygrwyddau a gwahaniaethau sy'n bodoli? Yna fe allech chi ymchwilio mewn llawlyfrau technegol neu ar-lein i greu darlun mwy cyflawn ar gyfer sgiliau'r gamp ddethol.

Gellir categoreiddio sgiliau chwaraeon ymhellach yn y ffyrdd a ganlyn.

▶ **Sgiliau gwybyddol** – e.e. datrys problemau. Enghraifft nodweddiadol fyddai'r penderfyniad cyflym y mae angen i chwaraewr tennis ei wneud a fydd yn eu cael allan o drafferth ar ôl gorfod mynd ar ôl pêl, p'un ai i chwarae ergyd amddiffynnol neu ymosodol.

▶ **Sgiliau canfyddiadol** – e.e. dehongli gwybodaeth gan y synhwyrau – er enghraifft, rhaid i chwaraewr rygbi sy'n rhedeg gyda'r bêl ystyried a ddylid pasio, ffug-basio, camu i'r ochr neu fynd i'r llawr yn ôl ei amgyffrediad o leoliad aelodau o'i dîm ac o'r gwrthwynebwyr, yr amodau amgylcheddol, a'r arwyddocâd tactegol ar y pwynt hwnnw yn y gêm.

Sgiliau technegol gwahanol mewn gwahanol safleoedd/rolau

Gofynion cyfnod-benodol

Mae'r mwyafrif o chwaraeon yn cynnwys gwahanol gyfnodau neu rannau o chwarae sy'n ffurfio cydrannau o'r gêm gyfan, fel arfer wedi'u dosbarthu yn ôl enw. Mae Tabl 26.2 yn dangos tebygrwydd a gwahaniaethau yn y camau hyn rhwng chwaraeon.

▶ **Tabl 26.2:** Cyfnodau chwarae ar gyfer detholiad o chwaraeon tîm

Camp	Ymosod	Amddiffyn	Newid (ymosod i amddiffyn, amddiffyn i ymosod)	Safleoedd gosod	Cyfnodau eraill
Pêl-droed	✓	✓	✓	✓ Ciciau rhydd, ciciau cosb, tafliadau	✗
Triathlon	✗	✗	✓ O un ddisgyblaeth i'r llall – mae triathletwyr yn galw'r broses o newid yn 'y bedwaredd ddisgyblaeth'	✗	✓ Nofio, beicio, rhedeg
Pêl-fasged	✓	✓	✓	✓ Tafliadau rhydd, allan o ffiniau	✗
Criced	✓ Batio	✓ Bowlio a maesu	✗	✗	✗
Rygbi	✓	✓	✓	✓ Ciciau gosod	✗

Bydd y sgiliau a'r tactegau a ddefnyddir gan y cyfranogwyr wedi eu dylanwadu gan y cyfnod chwarae a'r tactegau a ddefnyddir yn ystod y cyfnod hwnnw. Er enghraifft, gellir rhannu pêl-fasged yn sefyllfaoedd ymosodol, amddiffynnol ac arbennig (gall chwaraeon eraill alw'r rhain yn safleoedd gosod).

▶ Yn ystod y cyfnod ymosodol, gall y sgiliau a ddewisir gynnwys pasio, saethu, driblo, tafliadau naid a dyncio, yn ogystal â symudiad sylweddol heb y bêl, fel sgrinio neu dorri.

▶ Mae'r cam amddiffynnol yn gofyn am set wahanol o sgiliau, fel paru, symud i'r ochr ac yn ôl, adlamu ymosodol ac amddiffynnol a dal pêl sy'n adlamu.

▶ Mae sefyllfaoedd arbennig yn gofyn am sgiliau sy'n ymwneud yn benodol â meddiant y tu allan i ffiniau, tafliadau naid ac o bosibl hyd yn oed y newid o ymosod i amddiffyn neu o amddiffyn i ymosod a elwir yn 'bontio'.

Gallai'r tactegau a ddefnyddir yn ystod pob cyfnod newid yn dibynnu ar faterion amseru sy'n gysylltiedig â'r digwyddiad. Er enghraifft, gall tîm pêl-droed sy'n colli heb lawer o amser ar ôl i chwarae ddewis newid i strategaeth amddiffynnol mwy dybryd ac ymosod yn fwy egnïol. Gall hyn hefyd gael effaith ar y sgiliau a ddewisir: er enghraifft, efallai y bydd angen i dîm yn y sefyllfa hon ddarparu mwy o basiau hir yn hytrach na rhai byrrach.

Rolau unigol

Yn ogystal â hyn mae gofynion sgiliau penodol ar gyfer rhai safleoedd mewn chwaraeon. Ymhlith yr enghreifftiau mae gwarchodwr pwynt mewn pêl-fasged, maswr mewn rygbi neu ganolwr mewn pêl-rwyd: mae gan bob safle set unigryw a phenodol o sgiliau yn ogystal â'r sgiliau sy'n ofynnol gan bob perfformiwr yn y gamp honno.

Gellir mesur perfformwyr sydd â rolau penodol yn nhermau eu gweithrediad a'u llwyddiant yn y sgiliau penodol hyn, a gellir mesur eu heffeithiolrwydd cyffredinol hefyd. I wneud hyn, yn gyntaf rhaid i chi ddiffinio **dangosyddion perfformiad allweddol (DPA)** y safle.

Term allweddol

Dangosydd perfformiad allweddol (DPA) – mesuriad o'r ffactorau sy'n hanfodol i berfformiad llwyddiannus.

DPA ar gyfer ymosodwr pêl-droed – Adam Furze

Er mwyn asesu ansawdd perfformiad chwaraeon mae'n rhaid i chi sefydlu pa sgiliau, technegau a thactegau pwysig sy'n rhan o'i ddangosyddion perfformiad allweddol. Mae Adam yn chwaraewr pêl-droed di-gynghrair llawn dyhead sydd eisiau bod yn chwaraewr proffesiynol. Er mwyn ei helpu i wella, mae ei hyfforddwr wedi sefydlu set o ddangosyddion perfformiad allweddol a ddefnyddir i asesu ei sgiliau a'i ddewisiadau tactegol. Dyma ei DPA:

- munudau fesul gôl – sawl munud mae'n cymryd i Adam sgorio gôl, ar gyfartaledd
- ergydion ar ac oddi ar y targed
- munudau fesul ergyd/ergydion ar darged
- cywirdeb ergydio – ar darged ac yn mynd ble y cafodd ei anelu (mae'n anodd gwybod hyn oni bai eich bod yn arsylwr arbenigol)
- trosi cyfleoedd – a farnir gan yr hyfforddwr, sy'n penderfynu a gafodd y chwaraewr gyfle gwirioneddol neu ddim ond cyfle bach
- trosi cyfle clir – yn cynrychioli cyfleoedd gwirioneddol i chwaraewr sgorio neu daro'r targed
- safleoedd gosod – o giciau rhydd a chiciau o'r smotyn
- goliau trwy gyfle clir – yn dangos a yw chwaraewr yn ddibynnol ar basiau da a pheli trwodd gan aelodau o'r tîm neu a ydyn nhw'n creu cyfleoedd iddyn nhw eu hunain.

Mae'r data y mae'r hyfforddwr yn ei gael o'r DPA hyn yn cael ei gymharu â saethwyr eraill ar wahanol lefelau er mwyn helpu i benderfynu a oes gan Adam yr hyn sydd ei angen.

Nid yw ystadegau ond yn adrodd rhan o stori perfformiad. Mae'n anodd mesur newidynnau pwysig fel ymdrech, arweinyddiaeth a phrofiad ac maen nhw yr un mor bwysig.

Gwiriwch eich gwybodaeth

Pe bai'n rhaid i chi ddewis eich tri DPA gorau o'r rhestr uchod, pa rai fydden nhw a pham?

1 Byddai'r DPA sy'n canolbwyntio ar 'methiannau-fesul-ergyd ar darged' yn dibynnu ar wasanaeth. Beth mae hynny'n ei olygu? Esboniwch eich ateb gydag enghreifftiau o bêl-droed o'r radd flaenaf.

2 A ddylai ciciau o'r smotyn gyfrif fel ergydion ar darged? A yw hyn yn gwyro'r data o ran cyfleoedd i sgorio o blaid y sawl sy'n cymryd y gic? A oes perygl bydd arsylwr achlysurol yn meddwl bod y sawl sy'n cymryd cic o'r smotyn yn well saethwr?

⏸ MUNUD I FEDDWL Ydych chi'n deall yr ystod o wahanol sgiliau sydd eu hangen mewn chwaraeon?

Awgrym Sut gallai'r sgiliau sydd eu hangen arnoch chi newid yn dibynnu ar eich safle a'ch rôl yn y gamp?

Ymestyn Cymerwch gip ar gamp Ultimate Frisbee.

Y berthynas rhwng perfformiad sgìl a pherfformiad gallu

Mae'n bwysig deall y gwahaniaeth rhwng sgìl a gallu.

▶ Mae sgiliau yn dechnegau chwaraeon penodol sy'n cael eu dysgu ac ymatebion wedi'u hanelu at nodau, sy'n cael eu perfformio'n gywir ac yn gyson. Fe'u gweithredir yn effeithlon, yn aml gyda'r lleiafswm o egni'n cael ei ddefnyddio.

▶ Mae galluoedd yn nodweddion parhaus, sefydlog a bennwyd yn enetig sy'n sail i sgiliau. Galluoedd symud yw'r rhai sy'n ymwneud â symudiad gwirioneddol y corff ac felly'n cynnwys y cydrannau ffitrwydd (e.e. cryfder neu hyblygrwydd). Galluoedd canfyddadol yw'r rhai sy'n ymwneud â beirniadu a dehongli gwybodaeth o'r amgylchedd (e.e. rheoli cyfraddau ac anelu).

Felly er bod cicio pêl yn sgìl sydd gan bob un ohonom ac y gallwn ymarfer er mwyn ei gwella, rydym yn dibynnu ar alluoedd penodol er mwyn ei wneud.

Sgiliau

Gall sgiliau fod yn syml neu'n gymhleth:

▶ ychydig o feddwl ymwybodol a gwneud penderfyniadau sydd ei angen ar **sgiliau syml**, ac maen nhw'n ymatebion bron yn reddfol (e.e. taflu o safle maesu mewn criced)

▶ mae angen gwneud penderfyniadau mewn **sgiliau cymhleth** a gallant gael eu dylanwadu gan ffactorau allanol, fel gwrthwynebwyr, ac yn gyffredinol maen nhw'n deillio o broses o feddwl (e.e. cyfuniad o wrthdrawiadau ar gyfer bocsiwr).

Mae perfformiad sgìl yn ymddygiad dysgedig. Y nod yn y pen draw yw sgìl sy'n gyson, yn gydlynol, yn fanwl gywir, yn edrych yn dda, yn rhwydd ac yn effeithlon. Mae **ymarfer** yn rhan allweddol o gynhyrchu pob sgìl.

Mae sgiliau yn **fwriadol**, sy'n golygu eu bod o dan reolaeth ymwybodol: mae dewis neu **gymhwyso** sgiliau yn broses ble y gall perfformiwr ymateb yn gyflym i sefyllfaoedd sy'n datblygu a dewis sgìl priodol o set o sgiliau dysgedig, ymarferol a bwriadol.

Gallu

Mae sgiliau mewn chwaraeon hefyd yn dibynnu ar allu'r perfformiwr.

Dywedir bod gallu yn gynhenid (yn digwydd yn naturiol yn hytrach na bod wedi'i ddysgu) ac yn gyfyngedig (yn yr ystyr nad yw gallu ar ei ben ei hun yn ddigonol, a bod angen meithrin talent o'r fath sy'n digwydd yn naturiol ac felly mae'n rhaid i ddysgu ddigwydd hefyd).

Nodwedd arall o allu yw ei fod yn amhenodol – mae hyn yn golygu, er y bydd angen dysgu a chyflawni sgiliau penodol mewn chwaraeon, efallai na fydd perfformwyr â gallu naturiol yn cyflawni'r sgiliau hynny heb orfod eu dysgu. Fodd bynnag, maen nhw'n llawer mwy tebygol o ddysgu patrymau symud cymhleth yn gyflymach a gyda llai o rwystrau i ddysgu. Mae'r canlynol yn alluoedd yn hytrach na sgiliau – medrusrwydd llaw, stamina, cywirdeb rheoli ac amser ymateb.

Gellir defnyddio a chyfuno galluoedd mewn gwahanol ffyrdd er mwyn cyflawni tasgau penodol. Nid yw hyfedredd mewn un dasg yn gwarantu hyfedredd mewn tasg debyg, er enghraifft nid yw'r gallu i daro pêl mewn hoci yn gwarantu llwyddiant wrth daro pêl mewn tennis.

I berfformio gweithredoedd chwaraeon, rydyn ni'n dysgu sut i ddefnyddio ein galluoedd mewn ffordd drefnus, gan gynnwys cydsymud aelodau o'r corff, amser ymateb, medrusrwydd llaw, anelu, cryfder statig, cryfder ffrwydrol, hyblygrwydd, stamina a chydbwysedd.

Gwahaniaethau rhwng galluoedd a sgiliau

I ddangos y gwahaniaeth rhwng gallu a sgìl, ystyriwch sut mae deifio ar ddechrau ras nofio yn cael ei berfformio.

I ddechrau mae'r nofwyr yn cydbwyso ar y blociau. Yna mae angen iddynt arddangos amser ymateb da, cydsymud rhannau'r corff, pŵer a hyblygrwydd i ffrwydro oddi ar y blociau ac i mewn i'r dŵr pan fydd y signal cychwynnol yn seinio.

Mae angen rhoi'r galluoedd hyn gyda'i gilydd er mwyn perfformio patrwm symud effeithiol. Gwneir hyn trwy ymarfer mewn hyfforddi, a fydd wedyn yn cael ei berfformio eto'n hawdd dan bwysau ras. Pe bai gan nofiwr amser ymateb gwael (gallu) neu ddiffyg pŵer (sgìl a ddylanwadir gan allu naturiol) yna byddai eu cychwyniad yn aneffeithiol a byddai hyn yn eu rhoi dan anfantais yn y ras. Yn yr un modd, pe bai gan rywun lefelau uchel o'r galluoedd hyn, yna byddent yn cychwyn yn effeithiol dim ond drwy ddysgu'r patrwm symud. Mae hyn yn golygu bod angen ymarfer i ddatblygu'r sgìl deifio.

Awgrym   Allwch chi restru pedwar sgìl sylfaenol? Caewch y llyfr i weld a allwch chi enwi rhai.

Ymestyn   Cynhyrchwch Broffil Sgiliau a Galluoedd ar gyfer camp neu safle chwaraeon. Ystyriwch yn union pa gydrannau o chwaraeon sy'n gynhenid a pha rai a ddysgwyd.

Cydrannau tactegol mewn chwaraeon

Termau allweddol

Tacteg – cynllun sy'n ceisio gwella'r siawns y bydd unigolyn neu dîm yn ennill neu'n gwella eu perfformiad.

Strategaeth – dull penodol o ymdrin â sefyllfa gystadleuol a all gynnwys technegau a thactegau penodol neu beidio ond a nodweddir gan ddull cyffredinol.

Cynlluniau ar gyfer gêm – dull tactegol penodol a manwl sydd wedi ystyried nid yn unig cryfderau a gwendidau'r gwrthwynebwyr ond hefyd y dull gweithredu priodol ar gyfer ystod o sefyllfaoedd cystadleuol.

Mae **tactegau** a **strategaethau** a **chynlluniau ar gyfer gêm** yr un mor bwysig â sgiliau a'u gweithrediad technegol. Mae tactegau yn dibynnu ar nifer o ffactorau gan gynnwys:

▶ y gwrthwynebwyr
▶ y chwaraewyr ar gael i'w dewis
▶ pwysigrwydd y gêm/yr ornest
▶ amodau (cae/cwrt, tywydd).

Rhaid bod hyd yn oed chwaraewyr mwyaf y byd yn berchen ar ymwybyddiaeth dactegol ac yn ystyried y ffactorau sy'n effeithio arnyn nhw. Yn y pen draw, gall tactegau olygu'r gwahaniaeth rhwng perfformiadau llwyddiannus ac aflwyddiannus.

Mae tactegau yn gynlluniau ar gyfer gêm a sefydlwyd at bwrpas penodol yn ystod perfformiad neu ornest, ac maen nhw'n ymwneud â phob camp. Fe'u trafodir cyn sefyllfa gystadleuol (hyd yn oed mewn camp unigol, ble fydd yr athletwr fel arfer yn eu trafod â'u hyfforddwr) ac yn rhan o'r fformiwla fuddugol, felly mae'n rhaid i berfformiwr fedru eu cyflawni'n llwyddiannus.

Mae tactegau'n amrywio yn dibynnu ar y gamp ddewisol ac a yw'n gamp i dîm neu unigolyn. Fodd bynnag, mae tactegau cyffredin yn cynnwys:

▶ lleoli – i farcio'r gwrthwynebydd neu fod yn fwy cyfrwys
▶ dewis a defnyddio sgiliau cywir/priodol – i chwarae'n well na'r gwrthwynebydd
▶ amrywiad – i fod yn fwy cyfrwys na'r gwrthwynebydd
▶ defnydd o le – i roi mwy o amser i wneud penderfyniadau neu dderbyn y bêl ac ymosod.

Enghraifft o dacteg mewn tennis fyddai symud eich gwrthwynebydd o amgylch y cwrt. Efallai mai tacteg mewn pêl-droed fyddai'r trefniant a'r arddull pasio rydych chi am ei chwarae. Ond o fewn y dacteg gyffredinol honno, mae'n rhaid i'r athletwr hefyd wneud penderfyniadau tactegol cyson ynghylch pa fath o sgìl i'w ddefnyddio ar unrhyw adeg yn ystod y gystadleuaeth. Er enghraifft, bydd chwaraewr tennis sy'n edrych i symud gwrthwynebydd o amgylch y cwrt yn penderfynu a ddylid chwarae dreif o'r llinell gefn neu ergyd gwta. Bydd pêl-droediwr yn penderfynu a ddylid rheoli'r bêl cyn ei phasio neu ei phasio â'u cyffyrddiad cyntaf.

Bydd chwaraewr neu dîm yn cyd-fynd â strategaeth a bydd y tactegau wedi'u cynllunio a'u defnyddio er mwyn cyflawni amcanion y strategaeth. Ond bydd y gwrthwynebydd hefyd yn ceisio defnyddio ei dactegau ei hun, felly daw cyfarfyddiad cystadleuol yn ornest am y craffaf wrth i'r cyfranogwyr addasu eu tactegau er mwyn ceisio sicrhau llwyddiant.

Damcaniaeth ar waith

Gan ddefnyddio'ch camp eich hun fel enghraifft, lluniwch o leiaf ddwy dacteg rydych chi wedi'u gweld neu y gofynnwyd i chi eu chwarae. Gallai'r rhain gynnwys arweiniad ar ble i leoli'ch hun, beth i'w wneud mewn rhai sefyllfaoedd neu'r hyn a wnaethoch i ddrysu'r gwrthwynebwyr.

• Cyflwynwch eich tacteg i'ch cyfoedion a cheisiwch roi enw iddi (oni bai bod ganddi un eisoes).
• Ystyriwch beth fyddech chi'n ei wneud ynglŷn â'r dacteg y byddech chi'n ei defnyddio pe byddech chi'n hyfforddwr y gwrthwynebwyr. Hynny yw, pa dactegau fyddech chi'n eu defnyddio i weithio'n erbyn eich tactegau eich hun?

Strategaethau tactegol

Mae tactegau yn aml yn amrywio gan ddibynnu a ydych chi'n ymosod neu'n amddiffyn. Er enghraifft, mewn pêl-droed rhai gofynion tactegol yw:

▶ wrth amddiffyn:
- cyfyngu ar amser a lle
- herio ac adfer
- amddiffyn safleoedd gosod (ciciau o'r gornel, tafliadau)

▶ wrth ymosod:
- creu lle
- pasio a symud
- safleoedd gosod ymosodol.

Mae rhai o'r tactegau yn cael eu dylanwadu gan dîm yn meddu ar y bêl (yn ymosod) neu heb y bêl (yn amddiffyn). Mae tactegau bob amser yn berthnasol i ymosod neu amddiffyn mewn unrhyw gamp ble mae gwrthwynebiad uniongyrchol. Er enghraifft, mewn rygbi bydd y llinell gefn yn cael ei ffurfio ar ongl serth wrth ymosod neu mewn llinell wastad wrth amddiffyn.

Trafodaeth

Mae tactegau yn amlwg yn y mwyafrif o chwaraeon. Gan ddefnyddio egwyddorion cymhwysiad tactegol – e .e. cyfyngu ar feddiant, trefniannau, creu lle, creu cyfleoedd i saethu, atal cyfleoedd i sgorio neu unrhyw enghreifftiau eraill – mewn grwpiau bach dewiswch gamp ac ymchwiliwch i'r tactegau sydd ar gael i berfformwyr.

Bydd chwaraeon unigol yn canolbwyntio ar gryfderau'r unigolyn hwnnw a gwendidau canfyddedig eu gwrthwynebwyr. Mewn chwaraeon tîm, mae tactegau yn gyffredinol yn fwy cywrain ac yn benodol i rai sefyllfaoedd. Wrth gyflwyno'ch canfyddiadau:

- ar gyfer timau penodol amlinellwch y tactegau y maen nhw wedi'u mabwysiadu, trefniannau, rheolau chwarae, ac ati, er enghraifft ar gyfer Barcelona yn erbyn Real Madrid, neu ar gyfer tîm rygbi Cymru o'i gymharu â thîm rygbi Seland Newydd
- ar gyfer chwaraeon unigol, dangoswch sut mae unigolion cydnabyddedig wedi paratoi i gystadlu yn erbyn eraill, er enghraifft Andy Murray yn erbyn Novak Djokovic mewn tennis.

Ymosod

Mae'r tactegau hyn wedi'u cyfyngu i adegau pan fydd tîm neu unigolyn yn ymosod. Maen nhw'n seiliedig ar allu a dealltwriaeth y tîm/unigolyn hwnnw, faint o ymarfer sydd wedi ei wneud ac o bosibl gwendid canfyddedig y gwrthwynebwyr. Mae'r dreif ddriblo mewn pêl-fasged yn enghraifft.

Dreif ddriblo – pêl-fasged

Mae'r ymosod yn canolbwyntio ar ledaenu'r chwaraewyr ymosodol yn yr hanner cwrt, fel bod helpu ar dreiddiad driblo neu sgipiau yn dod yn anodd i amddiffyniad y gwrthwynebwyr, oherwydd bydd y cymorth yn gadael chwaraewr ymosodol yn agored heb unrhyw amddiffynwyr yn agos ato. Er enghraifft, gall gwarchodwr yrru trwy'r bylchau amddiffynnol ar gyfer tafliad naid neu ddync, neu basio draw i'r perimedr os yw'r amddiffyniad yn cwympo arno.

Amddiffyn

Mae'r tactegau hyn yn sefydlu cynllun neu set o egwyddorion ar gyfer amddiffyn. Yn yr enghraifft isod mae cyfuniad o dactegau dyn-i-ddyn a thactegau'n ymwneud â chylchfaoedd sy'n effeithiol yn erbyn timau nad ydyn nhw i gyd yn saethu'n dda o'r perimedr.

'Triongl a 2' – pêl-fasged

Mae dau amddiffynnwr yn chwarae dyn-i-ddyn yn erbyn y ddau sgoriwr gorau. Mae'r tri amddiffynnwr arall yn chwarae cylchfa. Mae dau yn chwarae ar y blociau isel ac mae ganddyn nhw gyfrifoldebau ar y gornel hefyd. Mae eich amddiffynnwr gorau, cyflymaf, sy'n gweithio galetaf, yn chwarae'r safle canol gan ddechrau wrth y llinell tafliad-rhydd. Rhaid iddo gwmpasu'r ardal llinell tafliad-rhydd ac yn uwch. Rhaid iddo hefyd orchuddio'r bloc isel ar ochr y bêl pan fydd y bêl yn mynd i'r gornel.

Atal/cyfyngu

Mae tactegau sy'n cael eu defnyddio fel arfer yn cael eu gweithredu pan fydd tîm neu chwaraewr yn amddiffyn mantais, efallai gydag ychydig iawn o amser ar ôl yn y gêm, er enghraifft mewn pêl-droed pan fydd tîm yn cadw'r bêl yn y gornel ac yn rhedeg y cloc i lawr. Mewn pêl-fasged gallai tîm sy'n arwain ac ychydig iawn o amser ar ôl gadw meddiant o'r bêl am 24 eiliad lawn heb saethu, gan atal meddiant y gwrthwynebwyr o'r bêl ac unrhyw gyfle i sgorio. Mewn rygbi, gallai tîm sy'n arwain gael ei demtio'n fwy i gadw'r bêl a rycio neu sgarmesu yn hytrach na chlirio o'u hanner eu hunain, cadw meddiant a gwrthod cyfle i'r gwrthwynebwyr sgorio.

Ffurfio a dewis tîm

Bydd trefiannau a'r ffordd y mae timau wedi'u gosod i chwarae eraill yn dibynnu ar rinweddau a sgiliau eu chwaraewyr a'u carfan eu hunain, ynghyd â chryfderau a gwendidau canfyddedig y gwrthwynebwyr.

Astudiaeth achos

FC Barcelona – dull unigryw o ymdrin â thactegau

Fe'i sefydlwyd yn 1899, ac mae gan FC Barcelona 110,000 o aelodau a thimau ar draws ystod o chwaraeon proffesiynol ac amatur, gan gynnwys pêl-law a hoci rholio. Ond pêl-droed yw prif weithgaredd y clwb a'r un y mae'n fwyaf enwog amdano. Mae athroniaeth pêl-droed FC Barcelona yn seiliedig ar dair egwyddor sylfaenol, gan gynnwys:

- ennill y nifer mwyaf posibl o deitlau (y Gynghrair, cwpanau domestig, Cynghrair y Pencampwyr, Cynghrair Europa UEFA, Super Cup UEFA a Mundialito y clybiau)

- chwarae pêl-droed deniadol
- cael cymaint o chwaraewyr â phosibl wedi eu hyfforddi'n debyg.

Mae FC Barcelona yn siarad yn nhermau nifer y safleoedd yn hytrach na chwaraewyr penodol, gan awgrymu mai tactegau sy'n dod gyntaf, nid sgiliau'r chwaraewr. Yn y modd hwn mae'n rhaid i chwaraewyr weddu i'r swydd ac nid y ffordd arall. Edrychwch ar Ffigur 26.4 sy'n rhoi manylion tactegau sy'n gysylltiedig **â phasio yn unig**. Mewn theori mae pob chwaraewr yn ymwybodol o'r llinellau pasio hyn nid yn unig ar gyfer eu safle eu hunain ond ar gyfer y lleill hefyd.

Gwiriwch eich gwybodaeth

1 A fyddai'r dull y mae FC Barcelona yn ei ddefnyddio yr un mor llwyddiannus i dimau eraill? Esboniwch pam neu pam lai.

2 A allai chwaraeon eraill fabwysiadu'r math hwn o ddull ac, os felly, sut yn union?

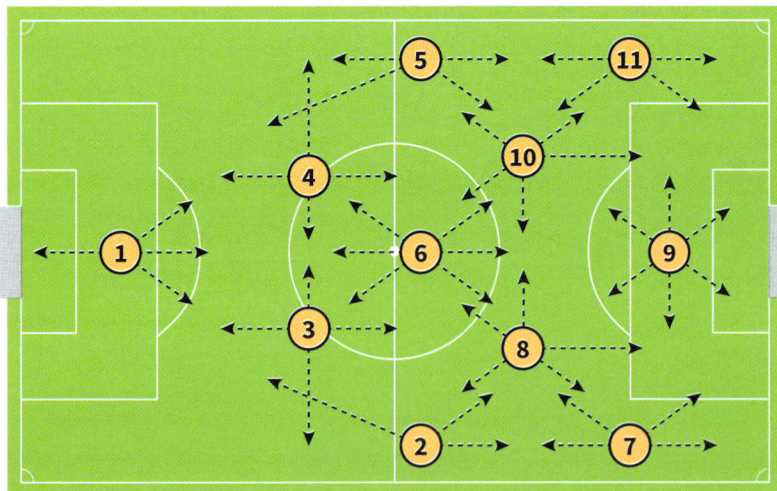

▶ **Ffigur 26.4:** Llinellau pasio FC Barcelona – cyfeiriad a lleoliad delfrydol y pasiau bwriadedig

Ym mhêl-droed Lloegr, yn draddodiadol y trefniant mwyaf cyffredin yw 4-4-2. Mae'n cynnwys pedwar amddiffynnwr, pedwar chwaraewr canol cae a dau saethwr ac mae'n system y gellir ei haddasu gyda chryfder yng nghanol cae a digon o led. Mae dau saethwr yn golygu bod gan y rheng flaen gefnogaeth ychwanegol yn hytrach na gorfod aros i'r chwaraewyr canol cae eu cyrraedd. Mae'r trefniant hwn, fel eraill, yn rhyddhau'r cefnwyr (*full backs*) gan roi mwy o amser iddynt ar y bêl na chwaraewyr canol cae, yn enwedig os yw'r gwrthwynebwyr yn chwarae 4-4-2 hefyd.

Ond mae rhai hyfforddwyr yn gweld y ddau chwaraewr canol cae canolog yn y trefniant hwn fel amddiffynwyr a'r cefnwyr fel ymosodwyr. Mae'r trefniant hwn yn cynnig cyfle i un o ddau chwaraewr canol cae canolog symud ymlaen a chefnogi'r saethwyr. Weithiau bydd y ddau chwaraewr canol cae yn cymryd eu tro i wthio ymlaen er mwyn cadw'r amddiffynwyr i ddyfalu. Yn y gorffennol roedd rhai timau, fel Lloegr, yn ffafrio dull mwy cadarn, gan neilltuo chwaraewr canol cae i rôl ddyfnach, amddiffynnol er mwyn helpu'r amddiffynwyr. Mae hyn yn rhoi mwy o ryddid i'r chwaraewr canol cae sy'n fwy ymosodol i wthio ymlaen a chefnogi'r saethwyr. Gelwir y math hwn o drefniant yn 'drefniant diemwnt' gan fod y pedwar chwaraewr canol cae yn ffurfio siâp tebyg i ddiemwnt: mae'n ffafrio tîm nad oes ganddo asgellwyr cryf.

Ystyriaethau tactegol

Mae dewis y dacteg gywir ar gyfer y sefyllfa gywir yn hollbwysig ac mae'n dibynnu ar rai newidynnau allweddol. Mae Ffigur 26.5 yn dangos rhai o'r ystyriaethau allweddol wrth wneud penderfyniadau tactegol.

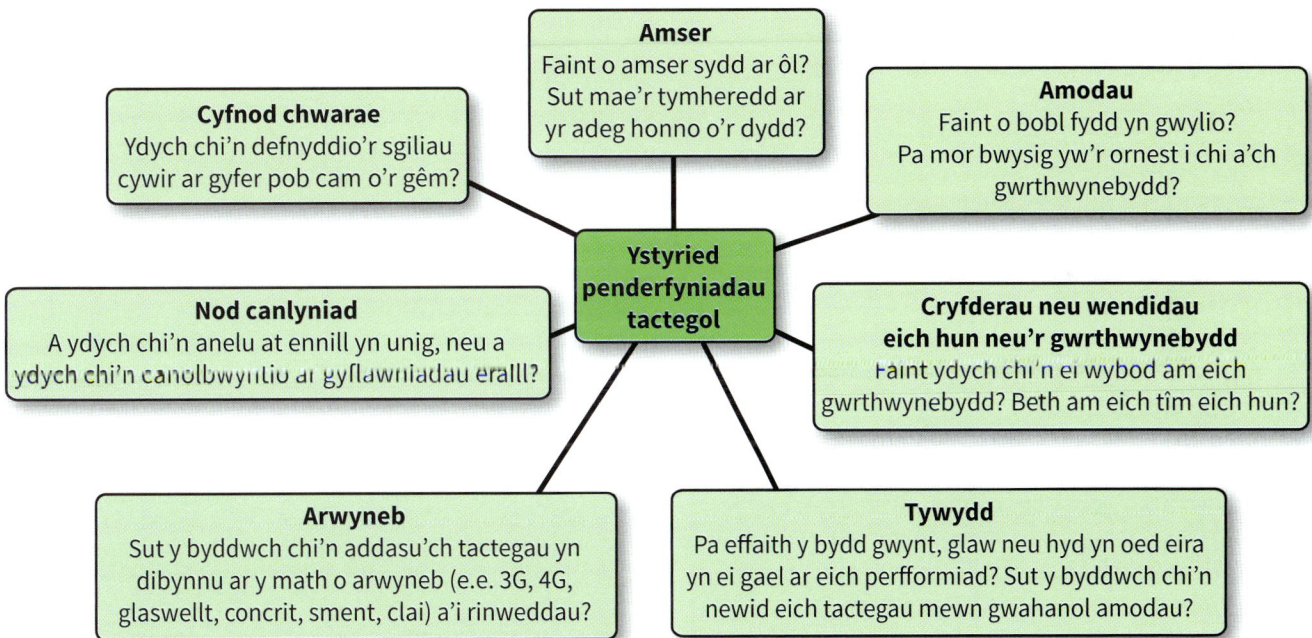

▶ **Ffigur 26.5:** Ystyriaethau allweddol wrth wneud penderfyniadau tactegol

Mae'n werth edrych yn fanylach ar 'amodau', a grybwyllir yn Ffigur 26.5. Gall amodau fod yn fewnol neu'n allanol. Gall **amodau mewnol** ddibynnu ar bwysigrwydd gêm mewn perthynas â safle eich tîm mewn cynghrair neu gwpan. Mae ffactorau seicolegol fel hyder, cymhelliant, pryder, ffocws a chanolbwyntio hefyd yn amodau ar gyfer chwarae gêm. Fel arall, efallai eich bod yn dod yn ôl o anaf neu efallai y bydd aelodau allweddol o'ch tîm yn cael eu hanafu. **Amodau allanol** yw'r rhai nad ydynt o reidrwydd o dan unrhyw ddylanwad gan y perfformiwr, er enghraifft byddai lleoliad cyfleusterau chwaraeon a hamdden yn dod o dan y pennawd hwn, ynghyd â materion fel agweddau ac ymddygiad aelodau o'r tîm a gwrthwynebwyr, perfformiad swyddogion ac, i raddau sylweddol ar gyfer chwaraeon awyr agored yn y DU, y tywydd.

Cysylltiad

Gallwch ddarllen mwy am ffactorau seicolegol yn *Uned 6: Seicoleg Chwaraeon.*

Tactegau a dewis sgiliau technegol

Wrth ddewis strategaeth neu dacteg benodol, mae'n bwysig cydnabod set o sgiliau a gallu'r perfformiwr/perfformwyr. Er enghraifft, dim ond i dimau sydd â chwaraewyr targed allweddol sydd â'r sgìl benodol o allu creu lle wrth ddal amddiffynwyr yn ôl a rheoli amddiffynwyr â'u cefnau at y gôl, yn barod i chwarae pasiau cyflym neu fflicio'r bêl i lwybr chwaraewyr sy'n dod tuag atynt i greu cyfleoedd saethu cyflym mae'r dacteg bêl hir mewn pêl-droed wedi bod yn llwyddiannus.

Mae'r astudiaethau achos isod, ar gyfer camp tîm a champ unigol, yn dangos effaith tactegau ar sgiliau technegol mewn perthynas â lleoli ac amseru chwaraewyr ac yn cyfeirio at ofynion penodol cyfnodau o'r gêm.

Astudiaeth achos

Chwaraeon tîm: pêl-foli

Dewis o strociau ac ergydion – tactegau

Mae foli yn bas â dwy law uwchben y talcen. Mae'r hediad yn uchel ac yn araf ac, felly, mae gan ddechreuwr siawns o asesu hediad y bêl a gall symud i gysylltu'n effeithlon ac yn gywir. Mae'r foli yn bas cywir.

Y foli – sgiliau technegol

Defnyddir y bas i sefydlu ymosodiad. Bydd pwynt cyswllt cyson â'r bêl yn dod o:

- fod yn barod
- gall barnu hediad y bêl yn gywir – ble a phryd y bydd ar ei bwynt uchaf
- gosod y corff y tu ôl ac o dan y bêl
- hyblygrwydd da'r pengliniau ar gyswllt â'r bêl
- estyn y pen-glin a defnyddio'r corff cyfan i gyflawni'r weithred.

Y sgiliau serfio – technegol

Defnyddir y serfiad i ddechrau gêm. Dyma'r unig sgìl mewn pêl-foli y mae gan y chwaraewr reolaeth lwyr drosto. Bydd chwaraewr medrus yn rhoi pwysau ar y gwrthwynebwyr trwy eu serfiad wrth ddefnyddio mwy o rym neu dactegau. Mae yna sawl serfiad gwahanol:

- y serfiad dan ysgwydd
- y serfiad tros ysgwydd
- y serfiad tros ysgwydd hedfannol (*float serve*)
- y serfiad tros ysgwydd top-sbin
- y serfiad naid.

Amrywiad – tactegau

Yr ergyd galed yw'r prif ymosodiad mewn pêl-foli. Mae'r chwaraewr yn rhedeg i mewn ac yn neidio uwchben ac yn agos at y rhwyd er mwyn taro'r bêl gydag un llaw i lawr i'r cwrt gyferbyn. Ymhlith yr amrywiadau mae:

- ergydio set uchel ar draws y cwrt, neu i lawr y llinell
- ergydio set gyflym
- taro'r bêl oddi ar y bloc ac y tu allan i'r cwrt
- tipio'r bêl ychydig dros y bloc (yn debyg i ergyd gwta mewn tennis).

Defnyddio lle – tactegau

Dylai datblygu tactegau gyd-fynd â sgiliau technegol mewn unrhyw chwaraeon. Mewn pêl-foli, dylech feddwl am ble a sut i ymosod orau a ble y dylech sefyll er mwyn cael y cyfle gorau i amddiffyn. Prif nod yr amddiffyniad yw atal y bêl rhag cael ei tharo i lawr canol y cwrt. Gall yr amddiffyniad atal yr opsiwn ymosodol hwn pan ddefnyddir y bloc i amddiffyn canol y cwrt yn erbyn ergyd galed rymus. Gwneir ymosodiadau pwerus o uwchlaw uchder y rhwyd ac yn agos ato. Trwy fod yn y sefyllfa hon, mae'r ymosodwr yn agor yr opsiynau ar gyfer ymosodiadau ac yn rhoi'r lleiafswm o amser i amddiffynwyr chwarae'r bêl.

Gwiriwch eich gwybodaeth

1 Ar wahân i'r serfiad, dim ond tri sgìl sylfaenol sydd eu hangen i ddechrau chwarae pêl-foli. Beth ydyn nhw?

2 Beth fyddai mantais serfiad tros ysgwydd mewn pêl-foli?

3 Nodweddir pêl-foli gan lefelau uchel o gydlyniad tîm ac amnewid chwaraewyr. Pa effaith mae hyn yn ei chael ar ddatblygiad chwaraewyr?

Astudiaeth achos

Chwaraeon unigol: tennis

Mae'n bwysig bod gennych ystod o sgiliau yn eich dewis o ergyd. Po fwyaf o ystod sydd gennych, y mwyaf yw eich opsiynau tactegol. Fe ddylech chi hefyd geisio taro'r bêl yn ddwfn bob amser er mwyn gorfodi eich gwrthwynebydd yn ôl. Mae'r canlynol yn ganllawiau i'ch helpu chi i ddatblygu tactegau tennis.

- Ymosodwch y rhwyd gymaint o weithiau â phosib.
- Tarwch yr ergyd fwyaf diogel bob amser er mwyn lleihau'r risg o wallau heb eu gorfodi.
- O dan bwysau, tarwch y bêl i fyny – bydd yn rhoi mwy o amser i chi.
- Ceisiwch ddrysu rhythm eich gwrthwynebydd – cymysgwch eich ergydion.
- Peidiwch â chwarae i wendid bob amser; weithiau ymosodwch ar gryfder.

Rhaid i chwaraewyr tennis gael cydbwysedd da. Pan fydd chwaraewr yn symud o fod yn gytbwys i fod yn anghytbwys, mae gweithred sbrintio yn dechrau oherwydd ei fod yn cael ei orfodi i symud ei draed yn hytrach na disgyn. Pan fydd chwaraewr tennis yn symud raced, daw rhan arall o'r corff, y fraich fel arfer, ar draws i wrthsefyll symudiad y fraich sy'n dal y raced. Yna mae'r chwaraewr yn cadw rheolaeth ar y corff, gan gadw eu craidd disgyrchiant dros sylfaen eu cefnogaeth. Pan fydd chwaraewr tennis yn serfio, mae'r craidd disgyrchiant yn symud i gyfeiriad y fraich sy'n symud i fyny er mwyn taflu'r bêl.

Lleoli – tactegau

Mewn tennis, mae'n rhaid i chwaraewyr ddilyn symudiad y bêl er mwyn lleoli eu hunain yn iawn mewn perthynas â'r bêl. Mae hyn yn anodd os yw'r bêl yn symud yn gyflym neu'n uchel neu'n isel iawn. Y ffordd orau i ymarfer dilyn y bêl i ddechrau yw taflu a dal y bêl ar arc ysgafn.

Pan fydd chwaraewr yn datblygu ei strôc a'i dechnegau, maen nhw'n aml yn rhedeg yn rhy bell o'r bêl neu'n rhy agos. Bydd llawer o chwaraewyr sydd am agosáu at y rhwyd yn taro eu hergyd i gornel y cwrt i roi mwy o amser i'w hunain leoli eu hunain wrth y rhwyd. Fodd bynnag, bydd gwrthwynebydd sy'n symud ac yn gallu darllen y gêm yn dda yn gallu lleoli ei hun er mwyn dychwelyd yr ergyd neu hyd yn oed yrru'r bêl heibio i chi. Mae taro'r bêl yn ddwfn ond i lawr canol y cwrt yn atal eich gwrthwynebydd rhag taro ei ddychweliad trwy ddefnyddio onglau a grëwyd gan y dynesiad. Bydd taro'n ddwfn i ganol y cwrt yn torri i lawr ar yr opsiynau sydd ar gael i'ch gwrthwynebydd.

Dewis o strociau ac ergydion – tactegau

Y dechneg a ddefnyddir gan chwaraewyr llai medrus yw'r tro syth yn ôl (*back swing*). Ychydig o chwaraewyr proffesiynol sy'n gwneud hyn, gan ei fod yn anodd taro pêl â chyflymder uchel oherwydd bod y raced yn stopio cyn iddi ddechrau symud ymlaen. Yr ergyd fwyaf cyffredin a ddefnyddir gan chwaraewyr proffesiynol yw'r tro dolennog yn ôl. Mae'r corff yn paratoi ar gyfer y tro yn ôl trwy symud i'r safle cywir. Mae'r droed ar ochr y raced yn troi tuag allan ac mae'r cluniau a'r ysgwyddau'n cylchdroi. Yna mae'r droed ôl yn gwthio ymlaen. Mae rhannau uchaf y corff yn rheoli'r strôc ond daw'r pŵer o amseru a rhannau isaf y corff. Rhaid i'r fraich a'r raced gynhyrchu cyflymder cyn i'r ergyd ddigwydd er mwyn taro'n llwyddiannus trwy'r bêl dennis.

Os yw chwaraewr yn stopio ar bwynt yr ergyd, bydd yn colli rheolaeth arno ac yn ôl pob tebyg yn brifo'i hun. Felly, mae angen dilyniant da i wneud ergyd effeithiol ac i osgoi anaf.

Gwiriwch eich gwybodaeth

1 Pam mae cydbwysedd yn bwysig i chwaraewr tennis?
2 Mae bod yn y sefyllfa barod ('*ready position*' – ymchwiliwch i hyn) yn hanfodol wrth baratoi ergydion. Pam?
3 Beth fyddai'n strategaeth dda wrth chwarae yn erbyn gwrthwynebydd tal, pwerus?

⏸ MUNUD I FEDDWL — Beth yw'r ystyriaethau allweddol wrth benderfynu ar dacteg?

Awgrym — Allwch chi ail-lunio'r diagram ystyriaethau allweddol. Efallai y byddwch hefyd yn gallu rhoi enghraifft o fyd chwaraeon.

Ymestyn — Yn union pa dactegau sydd ar gael ar gyfer perfformwyr o'r radd flaenaf? Mae gan rai chwaraeon Americanaidd 'lyfrau chwarae' – cynlluniau a strategaethau yw'r rhain ar gyfer sefyllfaoedd penodol a allai ddigwydd mewn sefyllfaoedd gêm, fel math o reolau 'Beth i'w wneud os ...' sy'n ymwneud â thactegau. A allech chi ddylunio llyfr chwarae ar gyfer eich camp? Edrychwch a allwch chi gynnig set o sefyllfaoedd nodweddiadol mewn digwyddiad cystadleuol a chyfres o ymatebion 'beth i'w wneud os'.

Dewis sgiliau technegol

Mewn chwaraeon tîm neu bartner, fel yr un a welir yn yr astudiaeth achos nesaf, mae'r ystod o dactegau a'r dewis posibl o sgiliau yn cael ei herio ymhellach trwy gydnabod aelod/aelodau o'r tîm. Bydd gwybodaeth o gryfderau a gwendidau cymharol aelodau o'ch tîm a chi'ch hun yn eich galluogi i ddyfeisio strategaethau a thactegau effeithiol.

Astudiaeth achos

Badminton (dyblau)

Mae badminton dyblau yn gamp adrenalin uchel cyffrous, cyflym, sy'n gofyn am bŵer, cryfder ac ystwythder anghyffredin. Mewn dyblau, cyfeirir at ddau chwaraewr yn dactegol fel y chwaraewyr blaen a chefn, a enwir ar gyfer y safle mewn perthynas â'r rhwyd.

Pa ddewisiadau sydd gan y chwaraewr cefn?

- Ergydion caled – enillwyr pwyntiau dros ganran uchel o'r amser. Mae bron bob amser yn ergyd dda gan ei fod yn gwneud y gwrthwynebydd yn amddiffynnol ac yn eu gorfodi i sefyllfaoedd ble y gallant wneud gwall.
- Ergydion cwta – mae ergydion sydd prin yn clirio'r rhwyd yn wych ar gyfer newid cyflymder rali a gorfodi gwrthwynebwyr yn agosach at y rhwyd. Ar lefel elitaidd mae llawer o ergydion cwta yn cael eu hadfer, ond mae'r wennol yn dod dros y rhwyd yn uchel ac yn araf ac mae'n haws ei ergydio'n galed o ganlyniad. Mae'r dacteg hon yn helpu i dorri rhythm y gwrthwynebydd, gan ei newid o fod yn gyflym i fod yn araf.
- Mae ergydion cwta cyflym yn rhai sy'n agos at linell serfiad y gwrthwynebydd yn hytrach na gollyngiadau araf sy'n disgyn ger y rhwyd, ac yn caniatáu mwy o amser i'r gwrthwynebydd. Mae gollyngiadau araf yn wych yn erbyn gwrthwynebwyr arafach.
- Ergydion clir yw'r rhai sy'n cael eu taro'n amddiffynnol, gyda'r nod o daro'r wennol yn uchel ac i gefn cwrt y gwrthwynebydd. Mae'r rhain yn gyffredin mewn badminton sengl ond yn aml yn cael eu hystyried yn negyddol mewn dyblau, oni bai eich bod chi'n cael anhawster mewn rali!

Pa ddewisiadau sydd gan y chwaraewr blaen?

- Trechu wrth y rhwyd – fel ergyd galed ond yn fwy gwastad; mae hyn yn gorfodi'r gwrthwynebydd i godi ei ymateb a ddylai fod yn haws ei ergydio.
- Gwthio – manteisio ar y lle agored. Ergyd wych pan sylwch ar wrthwynebydd yn rhedeg at y rhwyd ar ôl ergyd dros ei ben ac mae'r wennol yn agos at y llinell serfiad ar uchder y frest. Yn syml, gwthiwch y wennol tuag un o'r llinellau tram (llydan) a gorfodi'ch gwrthwynebydd i ymestyn.
- Dreifiau – ergyd sy'n anelu at orfodi'r wennol drosodd ar gyflymder ac sy'n cael ei tharo 'trwy'r' wennol ac felly'n fwy grymus o ganlyniad; yn wych ar gyfer pan fydd y wennol yn rhy isel i'w hergydio'n galed ond ddim yn ddigon isel i'w chodi (dan ysgwydd).
- Codiad – pan na fydd unrhyw beth arall yn bosibl, ac i brynu rhywfaint o amser adfer i chi'ch hun, tarwch o dan y wennol gan geisio cuddio'r ergyd gymaint â phosibl.

Gwiriwch eich gwybodaeth

1. A yw'n well chwarae blaen a chefn neu ar yr ochrau wrth chwarae dyblau mewn badminton? Cyfiawnhewch eich ateb.

2. Pam bod **cuddio** (*disguising*) yn dechneg mor bwysig mewn badminton?

Term allweddol

Cuddio – gwneud i un ergyd ymddangos fel un arall. Er enghraifft, gallai chwarae codiad mewn badminton gael ei ragflaenu gan y math o ddull a ddefnyddir ar gyfer ergyd gwta, gan orfodi eich gwrthwynebydd i baratoi ar gyfer yr ergyd anghywir.

Tactegau mewn gwahanol fathau o chwaraeon

Mewn chwaraeon unigol, mae tactegau yn gallu teimlo'n bersonol iawn. Yn aml nid oes unrhyw un arall y gallwch ennill cefnogaeth ganddyn nhw, felly gall y penderfyniad cywir fod yn hollbwysig. Dyma rai tactegau o nofio dŵr agored, un o'r gweithgareddau chwaraeon yn y DU sy'n tyfu gyflymaf:

- ▶ symud yn olion gwrthwynebydd
- ▶ igam-ogamu
- ▶ defnyddio gwahanol dechnegau anadlu, fel anadlu dwyochrog
- ▶ rheoli cyflymder ac anelu (*sighting*).

Mae chwaraeon tîm gyda nifer sylweddol o aelodau o'r tîm, fel rygbi, yn ymestyn y nifer a'r math o opsiynau tactegol hyd yn oed ymhellach. Er enghraifft, gall chwaraewr gyda'r bêl ystyried rhedeg neu fynd i dirio'r bêl neu basio neu ffug-basio neu gicio (heb sôn am y gwahanol giciau). Ychwanegwch at hynny lleoliad aelodau o dîm y chwaraewr a'r gwrthwynebwyr a'r sefyllfaoedd posibl fel canlyniad, ac mae dewis tactegau mewn gwirionedd yn dod yn hanfodol i lwyddiant cyffredinol y tîm.

Er mwyn symleiddio sefyllfaoedd sy'n aml yn gymhleth mewn strategaethau neu dactegau tîm, mae llawer o dimau'n datblygu athroniaethau sy'n ceisio darparu rheolau syml iawn sy'n berthnasol i bob chwaraewr ar y rhan fwyaf o'r amser. Mae hyn yn golygu, hyd yn oed os na welir gweithrediad manwl gywir, yna gellir dilyn ethos neu batrwm cyffredinol o leiaf. Yn yr astudiaethau achos canlynol mae llai o strategaethau penodol a mwy o ymagweddau mwy athronyddol tuag at y gêm.

Astudiaeth achos

Rygbi

Yr ochr dywyll

Mae gan bob bylchiad neu sgrym ochr dywyll (*blind side*) ac ochr agored. Yr ochr dywyll yw'r ochr lai, yn 'dywyll' i fwyafrif yr amddiffynwyr sydd ar yr ochr agored, ble mae mwy o le i'w amddiffyn.

Ymosodir ar yr ochr dywyll fel arfer pan fydd digon o le i anfon dau chwaraewr i lawr ond mae'r ochr agored yn dal i fod yn ddigon mawr i fod â dim ond un amddiffynnwr yn sbâr, a thrwy hynny greu sefyllfa dau-ar-un a sefyllfa sy'n bosibl sgorio ynddi.

Yr ochr agored

Y gwrthwyneb i'r ochr dywyll, yr ochr agored yw'r ochr gyda'r mwyaf o le. Mae hyn yn rhoi mwy o le i'r tîm ymosodol chwarae'r bêl, ond mae mwy o amddiffynwyr yn amddiffyn yr ochr agored ac yn aml yn canslo'r lle allan.

I lawr y canol

Yn aml i glymu amddiffynwyr i mewn ac i ryddhau pêl gyflym, bydd tîm yn rhoi'r bêl 'i lawr y canol'. Mae hyn yn golygu rhoi'r bêl i redwr mawr er mwyn rhedeg i gysylltiad yng nghanol y cae. Gobeithio y bydd hyn yn annog rhai o'r amddiffynwyr ar yr esgyll i symud i mewn er mwyn helpu gyda'r dacl ac felly gadael mwy o le ar yr esgyll i ymosod.

Pêl gyflym

Mae'r cyflymder y mae'r bêl yn dod yn ôl o'r ryc (neu'r sgarmes) yn cyfyngu ar y symudiadau y medrwch eu gwneud. Er enghraifft, bydd timau sy'n chwarae rygbi siampên neu rygbi 15 dyn yn anelu at symud y bêl yn gyflym er mwyn datgelu amddiffynfa heb ei baratoi ac felly eisiau pêl gyflym. Mae timau sy'n chwarae rygbi deg dyn eisiau pêl araf fel bod ganddyn nhw amser i drefnu eu hunain ac arafu'r chwarae er mwyn dal eu gwynt.

Rygbi deg dyn

Mae'r prif chwarae'n cynnwys tri cham, a amlinellir isod.

- Mae'r maswr yn cicio'r bêl i lawr y cae – os yw o fewn y 22 mae'n anelu at ei rhoi yn syth dros yr ystlys – os yw y tu allan i'r 22 mae'n anelu at ei bownsio dros yr ystlys.
- Mae'r blaenwyr yn pwyso ar linell y gwrthwynebwyr mewn ymgais i ennill y bêl.
- Pan fydd ganddyn nhw'r bêl, byddan nhw'n ei sgarmesu ymlaen nes na allant symud ymlaen mwyach cyn pasio i'r maswr, gan ailadrodd y camau eto.

Rygbi siampên

Rygbi siampên yw'r gwrthwyneb i rygbi deg dyn. Mae'r bêl yn cael ei symud mor gyflym â phosib a chyn belled o amgylch y cae mewn ymdrech i ddefnyddio chwaraewyr cyflymach ac i flino tîm llai heini. Mae'r Cymry yn enwog am yr arddull hon o gêm, er bod yr ymadrodd yn tarddu o Seland Newydd. Mae'n golygu dadlwytho allan o'r dacl, cadw'r bêl o fewn chwarae yn fwy ac osgoi cyswllt.

Rygbi 15 dyn

Yr eithaf ym myd rygbi, bydd tîm sy'n gallu meistroli hyn yn curo'r byd. Cyfuniad o rygbi siampên a phac cadarn o flaenwyr, bydd y tîm yn anelu at chwarae'r bêl i lawr y canol yn gyntaf, gan ddefnyddio blaenwr mawr a mynd yn syth i gyswllt, cyn taflu'r bêl yn llydan a defnyddio'r chwaraewyr cyflym i osgoi cyswllt a sgorio.

Gwiriwch eich gwybodaeth

1. Beth yw prif fanteision chwarae'r ochr dywyll mewn rygbi?

2. Pam y byddai'r blaenwyr yn pwyso ar linell y gwrthwynebwyr yn y gêm deg dyn?

Criced Ugain20

Criced Ugain20 yw'r ffurf fwyaf newydd ac, yn ôl rhai, y mwyaf cyffrous o'r gêm. Mae'r fersiwn hon o'r gêm yn fyrrach, yn cael ei chwarae yn gyffredinol yn y prynhawn neu'r nos i ddenu mwy o wylwyr, ac mae cerddoriaeth, cit lliwgar a thân gwyllt yn cael eu defnyddio'n aml. O ganlyniad rhoddir mwy o bwysau ar fatwyr, bowlwyr a maeswyr, a gall tactegau newid fesul pêl – gweler Tabl 26.3.

▶ **Tabl 26.3:** Tactegau cyffredin mewn criced Ugain20

Cydran dechnegol	Tacteg	Effaith ar ddewis sgiliau (gwrthwynebwyr)
Capteniaeth	Cynlluniwch cyn y gêm	Dim – er y dylai pob tîm ragweld dull eu gwrthwynebwyr trwy ofyn 'Beth fyddech chi'n ei wneud yn ein herbyn?'
	Gorfodwch chwaraewyr y gwrthwynebwyr i wneud pethau na fyddent fel arfer yn eu gwneud – batio'n arbennig	Mae mwy o bwysau yn gyffredinol yn golygu mwy o gamgymeriadau
	Crëwch bwysau wrth leoli maeswyr	Yn ychwanegu pwysau ac yn gwneud gwrthwynebwyr yn anghyfforddus
	Newidiwch y bowlwyr neu hyd yn oed newidiwch gyflymder y gêm	Effaith uniongyrchol ar ganolbwyntio
	Amddiffynnwch eich ffiniau	Yn atal sgorau hawdd ar y ffiniau
Bowlio	Bowliwch wrth y stympiau lawer mwy (o'i gymharu â mathau eraill o'r gêm)	Gall batwyr sy'n chwarae ar draws y llinell fethu, a gall y bowlwr gael coes o flaen wiced os ydyn nhw'n taro'r stympiau
	Amrywiwch eich rhediad er mwyn aflonyddu ar rhythm y batiwr	Straen ychwanegol ar ganolbwyntio a phwysau
	Newidynnau fel hediad, hyd a llinell	Mwy o wicedi o bosib
Batio	Mae batwyr agoriadol yn edrych i sgorio'n gyflym ac ymosod ar yr holl fowlio	Pwysau ar y bowlwyr
	Un ffin fesul pelawd gyda phedair neu bum wiced sengl	Yn dinistrio hyder tîm sy'n maesu
	Targedwch fowliwr penodol	Yn cynyddu hyder y bowliwr ac yn sgorio mwy o rediadau

Gwiriwch eich gwybodaeth

1 Cymharwch fformat criced Ugain20 â fformat y gêm brawf bum diwrnod draddodiadol. Yn nyddiau cynnar y fformat newydd, methodd llawer o'r arbenigwyr pum niwrnod â llwyddo. Beth yw'r rheswm dros hynny yn eich barn chi? Atebwch o ran sgiliau a thactegau penodol.
2 Ymchwiliwch i restr o dechnegau criced ar gyfer batio, bowlio a maesu. Yna crëwch ddau broffil, un ar gyfer batiwr delfrydol Ugain20, a'r llall ar gyfer chwaraewr prawf pum niwrnod.

Cymhwyso a phwysigrwydd sgiliau technegol a thactegol mewn perfformiad effeithiol

Sut mae strategaethau a thactegau yn effeithio ar ddethol sgiliau technegol

Ymwybyddiaeth dactegol yw'r gallu i wneud y dewis cywir o strategaethau a thactegau mewn perthynas â chryfderau a gwendidau'r chwaraewr neu'r tîm sy'n gwrthwynebu. Trwy gael cynllun ar gyfer y gêm ac ymwybyddiaeth dactegol dda, gall athletwr:

▶ reoli strwythur y gêm

▶ manteisio ar wendidau amddiffynnol y gwrthwynebwyr

▶ lleihau'r tebygolrwydd o ildio goliau, pwyntiau neu rediadau

- ► osgoi gwastraffu egni
- ► cynyddu'r ymdrechion ar y gôl/cyfleoedd i sgorio pwyntiau
- ► creu mwy o symudiadau ymosodol
- ► gwneud defnydd effeithiol o safleoedd gosod
- ► amrywio'r gêm.

Mae angen i berfformwyr o'r radd flaenaf fedru 'ddarllen' gêm. Gallu canfyddiadol yw hwn yn hytrach nag un gweledol. Bydd perfformwyr o'r radd flaenaf yn gallu:

- ► rhagweld cyfeiriad symudiad y gwrthwynebwyr neu'r pas neu'r strôc a fydd yn cael ei wneud
- ► rhagweld canlyniad ystod o wahanol sefyllfaoedd, yn seiliedig ar brofiad blaenorol – er enghraifft, trwy gydnabod yr opsiwn ar gyfer pas/strôc/ergyd posib sy'n agored i'r chwaraewr sydd â meddiant
- ► dwyn patrymau chwarae i gof.

Bydd athletwr sydd â gwybodaeth dactegol dda ac sy'n gallu darllen y gêm yn gallu dewis ac addasu strategaethau a thactegau wrth i'r gêm fynd yn ei blaen, gan ddewis sgiliau a thechnegau technegol sy'n briodol i'w strategaeth benodol ar unrhyw adeg benodol o'r gêm.

Dewis tactegau mewn ymateb i gryfderau a gwendidau

Er mwyn gwneud y dewis cywir o ran tactegau, mae angen i athletwyr wybod eu cryfderau a'u gwendidau eu hunain, a chryfderau eu gwrthwynebwyr. Un o'r ffyrdd gorau o wneud hyn yw defnyddio proffil perfformiad sy'n canolbwyntio ar ddefnydd yr athletwr o sgiliau technegol a gwybodaeth dactegol.

Mae proffil perfformiad yn caniatáu i'r perfformiwr a'r hyfforddwr ganolbwyntio ar dargedau i wella perfformiad. Mae proffil perfformiad yn:

- ► tynnu sylw at gryfderau canfyddedig a meysydd i'w gwella
- ► monitro newid
- ► nodi unrhyw ddiffyg cyfatebiaeth rhwng canfyddiadau'r hyfforddwr a'r chwaraewr
- ► dadansoddi perfformiad yn dilyn cystadleuaeth.

> **Cysylltiad**
>
> Gallwch ddarllen mwy am broffilio perfformiad yn *Uned 28: Dadansoddiad Perfformiad Chwaraeon*.

Sgowtio gwrthwynebwyr

Mewn llawer o chwaraeon mae wedi dod yn arferol sgowtio gwrthwynebwyr cyn cystadleuaeth. Pan gaiff ei wneud yn effeithiol gall ddarparu gwybodaeth ddefnyddiol iawn sy'n eich paratoi ar gyfer yr ornest yn fwy trylwyr. Mewn pêl-droed mae llawer o glybiau'n cyflogi arbenigwyr a dadansoddwyr uchel eu parch i ddarparu data ar gryfderau a gwendidau canfyddedig gwrthwynebwyr, yn ôl safle.

Bydd y sgowtiaid yn canolbwyntio ar lawer o agweddau ar berfformiad (gan ddefnyddio pêl-droed eto fel enghraifft).

- ► Ar gyfer tîm y gwrthwynebwyr yn ei gyfanrwydd:
  - • eu hathroniaeth gyffredinol neu eu hagwedd tuag at y gêm
  - • bygythiadau a gwendidau allweddol
  - • safleoedd gosod gan gynnwys y rhai sy'n cymryd ciciau o'r smotyn a'u dewisiadau.

> **Trafodaeth**
>
> Pwrpas dadansoddi perfformiad chwaraeon yw darparu adborth manwl i'r athletwr neu'r tîm er mwyn iddynt wella eu chwarae. Wrth ddadansoddi perfformiad unigolyn neu dîm, dylech ystyried amrywiaeth o gwestiynau, a allai gynnwys:
>
> - • Pa mor dda y mae sgiliau penodol yn cael eu gweithredu?
> - • Faint o ffocws a chymhelliant sydd gan yr athletwyr?
> - • A yw'r athletwyr yn defnyddio'r technegau cywir?
> - • A yw'r tactegau cywir wedi'u mabwysiadu ar yr adeg iawn?
>
> Dewiswch gamp ac, fel grŵp, gwyliwch berfformiad a chychwyn trafodaeth gan ddefnyddio'r botymau chwarae, stopio a hyd yn oed symudiad araf er mwyn ateb y cwestiynau uchod.

- Ar gyfer chwaraewyr y gwrthwynebwyr:
  - **gôl-geidwaid:** amser ymateb, gallu un-i-un, meistrolaeth ar y cwrt cosbi a deallusrwydd yn yr awyr
  - **cefnwyr canol:** gallu i benio a thaclo, uchder, dewrder wrth fynd am daclau, canolbwyntio
  - **cefnwyr:** cyflymder, stamina, gwneud penderfyniadau, gallu i daclo a marcio, cyfradd gweithio
  - **chwaraewyr canol cae canolog:** stamina, gallu i basio, cyfrifoldeb dros y tîm, lleoli, galluoedd marcio
  - **asgellwyr:** cyflymder, gallu technegol fel driblo a rheolaeth agos, deallusrwydd oddi ar y bêl, creadigrwydd
  - **saethwyr:** gallu i orffen, hunanfeddiant, gallu technegol, gallu i benio, cyflymder, deallusrwydd oddi ar y bêl.

Unwaith y bydd gennych broffil cyflawn ohonoch chi'ch hun/eich tîm a'ch gwrthwynebydd gallwch ystyried y tactegau mwyaf priodol i'w defnyddio. Cofiwch fod eich dewis o dactegau yn dibynnu i raddau helaeth ar eich camp a'r ffactorau eraill hyn:

- cryfderau a gwendidau eich tîm eich hun a'r gwrthwynebwyr
- cryfderau penodol chwaraewyr unigol o fewn strwythur, strategaeth neu gyfansoddiad eich tîm
- profiad chwaraewyr yn eich tîm neu'r gwrthwynebwyr a chanlyniadau blaenorol
- pa mor hir y gallwch chi gymhwyso'r strwythur, y strategaeth neu'r cyfansoddiad
- y sgôr yn y gêm, yr amser ar ôl yn y gêm ac amodau'r tywydd/y maes
- faint o le sydd i berfformio ynddo a'r math o gyfarpar a ddewiswyd.

❚❚ MUNUD I FEDDWL   Sut gall tactegau a dewis sgiliau effeithio ar ganlyniad gêm neu ornest?

Awgrym   Beth yw tacteg? Allwch chi enwi pum tacteg o gamp o'ch dewis?

Ymestyn   Pam bod rhai timau yn cael tactegau'n anghywir? Ymchwiliwch neu gwyliwch fideo o berfformiad aflwyddiannus a gwnewch restr o'r hyn a aeth o'i le ac yn bwysicach fyth sut rydych chi'n ei awgrymu ei newid.

Ymarfer asesu 26.1   `A.P1` `A.P2` `A.M1` `A.D1`

Mae clwb criced a thennis lleol eisiau gwella'r ffordd y maen nhw'n mynd i'r afael â gofynion technegol a thactegol y ddwy gamp. Mae yna sawl hyfforddwr newydd yn gweithio gydag aelodau'r clwb o bob oed a hoffai'r clwb i'r hyfforddwyr fedru dadansoddi perfformiad chwaraeon. I wneud hyn, rhaid i'r hyfforddwyr ddeall gofynion technegol a thactegol y chwaraeon hynny.

Er mwyn cyflawni hyn gofynnwyd i chi:
- ymchwilio a chynhyrchu proffil ar gyfer naill ai criced neu dennis sy'n manylu ar y technegau a'r tactegau sy'n effeithio ar berfformiad
- cynhyrchu taflen fanwl sy'n disgrifio pob un o'r technegau a'r tactegau.

Dylai rhan olaf y daflen fod yn sgemateg priodol sy'n cynnwys yr holl ffactorau a nodwyd, fel proffil perfformiad.

Cynllunio
- Byddaf yn defnyddio amrywiaeth o ffynonellau ar gyfer y ddwy gamp wrth ymchwilio i dechnegau a thactegau.
- Byddaf yn adeiladu'r daflen gyda disgrifiadau cryno o bob un o'r technegau a'r tactegau, ac yn ystyried pryd i ddefnyddio diagramau er mwyn gwella ansawdd gweledol fy ngwaith.

Gwneud
- Byddaf yn cwblhau'r daflen mor fanwl â phosibl.
- Byddaf yn barod i gyflwyno'r daflen i'm cyfoedion i gael rhai syniadau ychwanegol ynghylch sut i'w gwella.

Adolygu
- Gallaf egluro sut y byddwn yn mynd at elfennau anoddaf y dasg yn wahanol y tro nesaf.
- Unwaith i mi fyfyrio ar fy ngwaith fy hun ac unrhyw adborth gan eraill, byddaf yn gwneud unrhyw newidiadau angenrheidiol i'm taflen.

B Ymchwilio i ddulliau er mwyn mesur perfformiad technegol a thactegol mewn chwaraeon

Ar ôl nodi sgiliau, technegau a thactegau, ac edrych ar sut y gallent gael eu defnyddio er mantais i chi, byddai'n ymddangos yn rhesymegol dod o hyd i ffordd i'w harsylwi a'u cofnodi. Yn gyffredinol, nid yw'n ddigon cynnig barn fel pyndit pêl-droed yn unig, felly beth yw ein opsiynau?

> **Cysylltiad**
>
> Mae'r adran hon yn cysylltu ag *Uned 28: Dadansoddiad Perfformiad Chwaraeon.*

Mesur sgiliau technegol a thactegol

Wrth i chwaraeon dyfu i fod yn ddiwydiant gwerth miliynau o bunnoedd, mae llawer o chwaraeon wedi ceisio proffesiynoli eu rhagolygon, ac mae hyn yn cynnwys y ffordd y maen nhw'n mesur sgiliau technegol a thactegol. Mae llawer o berfformwyr chwaraeon bellach yn asedau gwerthfawr sy'n cael eu masnachu ar farchnadoedd trosglwyddo, sy'n golygu bod yn rhaid mesur eu sgil a'u gallu. Y dyddiau hyn:

- mae gan dimau pêl-droed yr Uwch Gynghrair gronfeydd data o chwaraewyr sy'n cynnwys mwy na 100,000 o chwaraewyr, ac mae eu data perfformio yn cael ei ddiweddaru'n rheolaidd gan sgowtiaid a dadansoddwyr

- mae cronfeydd data tactegol hefyd yn cael eu storio a'u cofnodi

- mae rhai chwaraeon yn symud i broffesiynoli sgiliau dadansoddi perfformiad a sgowtiaid i gydnabod eu pwysigrwydd.

Dulliau

Dadansoddiad fideo

Gwneir dadansoddiad fideo fel arfer ar berfformwyr mewn sefyllfaoedd byw neu rai wedi'u recordio, a dylid eu cwblhau yn erbyn set sefydledig o feini prawf perfformiad, fel dangosyddion perfformiad allweddol (DPA). Mae dadansoddiad fideo yn caniatáu i chi ddadansoddi perfformiad gyda'r fantais enfawr o chwarae'n ôl, symudiad araf a rhewi'r ffrâm. Mae hyn yn golygu y gellir arsylwi manylion anhygoel mewn ffordd na ellir ei chyflawni trwy arsylwi mewn amser real.

Mae cymwysiadau meddalwedd yn caniatáu i'r dadansoddwr dynnu data, tynnu llun a nodi a hyd yn oed gyfrifo onglau cymalau, fel yn achos trampolinydd yn perfformio eu act o ddeg o neidiau neu eirafyrddiwr yn dadansoddi eu sgil ddiweddaraf.

Gallwch ddarllen mwy am ddadansoddi fideo yn Uned 28 – gweler tudalen 490.

Dadansoddiad nodiannol

Mae dadansoddiad nodiannol yn asesu perfformiad chwaraeon trwy gyfrif gwahanol arsylwadau, er enghraifft, faint o ergydion a oedd yn llwyddiannus yn erbyn rhai aflwyddiannus.

Fe'i defnyddir gan wyddonwyr chwaraeon i gasglu data gwrthrychol ar berfformiad yr athletwr. Gellir ei ddefnyddio i arsylwi tactegau, technegau, symudiadau athletwyr unigol a chyfradd gweithio. Mae hyn wedyn yn helpu hyfforddwyr ac athletwyr i ddysgu mwy am berfformiad ac ennill mantais dros wrthwynebwyr.

Gallwch ddarllen mwy am ddadansoddi nodiannol yn Uned 28 – gweler tudalen 491.

Symudiad

Mae darllediadau teledu o chwaraeon yn dangos llawer o ystadegau a diagramau, fel y pellter y mae chwaraewr wedi'i gwmpasu mewn gêm neu'r cyfeiriadau y maen nhw wedi gwneud y rhan fwyaf o'u rhediadau. Mae'r rhain yn enghreifftiau gwahanol o'r term 'symudiad' a ddefnyddir mewn chwaraeon. Ymhlith y ffactorau eraill i edrych arnynt wrth archwilio symudiad chwaraewr mae:

▶ cyfradd gweithio (er enghraifft, mesur cyfradd curiad y galon gan ddefnyddio monitorau cyfradd curiad y galon)

▶ chwarae lleoliadol a phatrymau symud (er enghraifft, pa mor dda y mae chwaraewr yn cyflawni'r rolau lleoliadol mewn tîm neu'r symudiadau y mae chwaraewr yn eu perfformio yn ystod gêm)

▶ pellter wedi'i gwmpasu (er enghraifft, pa mor bell y mae chwaraewr wedi teithio yn ystod gêm, weithiau wedi'i rannu'n gerdded, loncian a sbrintio)

▶ patrymau symudiad.

Mae systemau cynyddol ddatblygedig bellach yn cael eu datblygu fel y gall timau elitaidd ac an-elitaidd gael mynediad at ddata nodiannol. Yn gynnar yn nyddiau nodiant, defnyddiwyd siartiau papur a bysellfyrddau cysyniadol i gasglu data. Fodd bynnag, mae meddalwedd symud a thracio datblygedig wedi dod mor soffistigedig fel y gellir recordio ac olrhain chwaraewyr unigol gydag ymarferoldeb gwell o lawer.

Un o'r enghreifftiau mwyaf adnabyddus o feddalwedd dadansoddi yw Prozone, a ddefnyddir gan bron pob clwb pêl-droed proffesiynol yn y DU, a hefyd gan gwmnïau teledu i ddadansoddi perfformiadau, er enghraifft mewn tennis a chriced.

Gallwch ddarllen mwy am system leoli fyd-eang (GPS) a dadansoddiad symudiadau yn Uned 28 – gweler tudalen 489.

Siartiau cyfrif a graddfeydd graddio

Mae **siartiau cyfrif** yn declyn defnyddiol ar gyfer arsylwi perfformiad chwaraeon. Gellir defnyddio'r siart cyfrif yn syml i gyfrif ffactorau perfformiad fel:

▶ ergydion ar darged mewn pêl-droed

▶ nifer y troseddau a gyflawnwyd mewn pêl-fasged

▶ peli wedi'u bowlio yn llydan mewn criced

▶ nifer y serfiadau dwbl mewn badminton

▶ nifer yr ergydion a chwaraewyd â blaenllaw ac yn wrthlaw mewn tennis.

Gellir defnyddio siartiau cyfrif heb unrhyw ddadansoddiad manwl, dim ond cyfrif nifer y digwyddiadau.

Ymchwil

Mewn grwpiau bach gwyliwch recordiad o ornest pêl-foli a chynhaliwch ddadansoddiad cyfrif sylfaenol. Dylai pob aelod o'r grŵp gyfrif pan fo un o'r canlynol yn digwydd:
- serfiadau llwyddiannus
- serfiadau aflwyddiannus
- ergydion i flaen y cwrt
- ergydion i gefn y cwrt
- ergydion caled wedi'u cwblhau
- gwallau heb eu gorfodi.

Gan ddefnyddio'r wybodaeth rydych wedi'i chasglu, trafodwch eich canfyddiadau â'ch grŵp a nodwch unrhyw feysydd i'w gwella.

Mae **graddfeydd graddio** ychydig yn fwy cymhleth gan eu bod yn gyffredinol yn gofyn i'r arsylwr lunio cyfres o ddyfarniadau gwerth ar agweddau ar berfformiad, er enghraifft ar raddfeydd o 1 i 5 ble mae 1 = cyflawniad gwael o sgiliau a 5 = rhagorol.

FFURFLEN GWERTHUSO CHWARAEWR

CHWARAEWR:

OEDRAN: | **TÎM:**

SYSTEM RADDIO

1 ELFENNOL Cymhwysiad sgìl cywir mewn safle llonydd

2 TEG Cymhwysiad sgìl cywir ar gyflymder ymarfer

3 DA Cymhwysiad sgìl cywir ar gyflymder ymarfer gyda phwysau gwrthwynebydd

4 DA IAWN Cymhwysiad sgìl cywir ar gyflymder gêm gyda phwysau ysgafn gan wrthwynebydd

5 Y GORAU Cymhwysiad sgìl cywir ar gyflymder gêm gyda phwysau llawn gan wrthwynebydd

I. SGILIAU UNIGOL

| **Saethu** | 1 | 2 | 3 | 4 | 5 |
| Sylwadau: | | | | | |

| **Pasio** | 1 | 2 | 3 | 4 | 5 |
| Sylwadau: | | | | | |

| **Derbyn** | 1 | 2 | 3 | 4 | 5 |
| Sylwadau: | | | | | |

| **Driblo** | 1 | 2 | 3 | 4 | 5 |
| Sylwadau: | | | | | |

| **Penio** | 1 | 2 | 3 | 4 | 5 |
| Sylwadau: | | | | | |

II. TACTEGAU UNIGOL

| **Ymosodol** | 1 | 2 | 3 | 4 | 5 |
| Sylwadau: | | | | | |

| **Amddiffynnol** | 1 | 2 | 3 | 4 | 5 |
| Sylwadau: | | | | | |

III. FFITRWYDD UNIGOL

| | 1 | 2 | 3 | 4 | 5 |
| Sylwadau: | | | | | |

IV. GWYBODAETH UNIGOL

| | 1 | 2 | 3 | 4 | 5 |
| Sylwadau: | | | | | |

▶ **Ffigur 26.6:** Dull graddfa raddio nodweddiadol o ddadansoddi perfformiad

Rhestrau gwirio

Ffordd hawdd o gynnal asesiad yw defnyddio rhestr wirio, gan fod y rhain yn rhad a gellir prosesu gwybodaeth yn gyflym. Gall hyn asesu gallu technegol a thactegol athletwr, gan gwmpasu:

▶ sgiliau technegol
▶ dewis a chymhwyso sgiliau
▶ ymwybyddiaeth dactegol a'i chymhwysiad
▶ sgiliau chwaraeon-benodol, fel y gallu i amddiffyn ac ymosod, a dewis ergydion.

Gellir rhannu'r broses o gynhyrchu rhestr wirio yn gamau.
1 Defnyddiwch y rhestr wirio i nodi cryfderau'r chwaraewr a'r meysydd i'w gwella yn eu camp.
2 Esboniwch y cryfderau hyn a'r meysydd i'w gwella.
3 Cyfiawnhewch yr awgrymiadau datblygiad ar gyfer y chwaraewr o'ch dewis.

Gellir trosglwyddo llawer o'r adrannau o un gamp i'r llall.

Osgoi rhagfarn

Wrth ddefnyddio rhestrau gwirio a graddfeydd graddio i asesu athletwyr, mae'n bwysig eich bod chi'n cofnodi gwybodaeth heb ragfarn. Mae hyn yn golygu peidio â beirniadu athletwr ymlaen llaw – os ewch chi i asesiad gan ddisgwyl i athletwr fod yn wan mewn ardal benodol, mae risg y byddwch chi'n 'gweld yr hyn rydych chi'n disgwyl ei weld'. Mae hefyd yn golygu sicrhau eich bod chi'n gwneud asesiad teg o'r darlun cyffredinol.

Os ydych chi'n dadansoddi gemau byw, mae'n anodd arsylwi pob symudiad oherwydd cyflymder y gêm/cyfres o ddigwyddiadau ac efallai y byddwch chi'n colli symudiadau pwysig. Gall tywydd gwael hefyd achosi problemau.

Efallai bod gennych chi restr wirio lai sy'n gysylltiedig â maes penodol rydych chi am ei asesu, er enghraifft sgiliau a thactegau allweddol. Gellid canolbwyntio arsylwi ar gyfnod penodol o amser yn ystod cystadleuaeth.

Ar ôl cwblhau'r rhestrau gwirio, gallwch wedyn nodi'r cryfderau a'r meysydd i'w gwella.

Damcaniaeth ar waith

Gan ddefnyddio'r syniadau a gyflwynwyd i chi, dyluniwch restr wirio arsylwi i asesu perfformiad tîm neu unigolyn. Ffurfiwch grwpiau os yw sawl un ohonoch yn dylunio rhestr wirio ar gyfer yr un gamp. Sicrhewch fod eich rhestr wirio yn cynnwys:

• sgiliau technegol
• dewis a chymhwyso sgiliau
• ymwybyddiaeth dactegol
• cymhwyso tactegau
• y gallu i amddiffyn ac ymosod
• dewis ergydion.

Arsylwch ar gydweithiwr a phrofwch eich rhestr wirio trwy ddadansoddi eu sgiliau. A yw'n rhoi'r holl wybodaeth sydd ei hangen arnoch er mwyn asesu'ch perfformiwr dewisol?

Amgylcheddau'r dadansoddiad

Bydd yr amodau gorau ar gyfer dadansoddiad yn dibynnu ar y math o ddata sy'n ofynnol, p'un a yw'n **ansoddol** neu'n **feintiol**, neu os yw'n cael ei gynhyrchu mewn sefyllfa gystadleuol 'go iawn' neu sefyllfa ymarfer a grëwyd yn artiffisial. Mae Tabl 26.4 yn dangos prif nodweddion y tri math gwahanol.

Termau allweddol

Ansoddol – gwybodaeth neu ddata sy'n seiliedig ar rinweddau sy'n ddisgrifiadol, yn oddrychol neu'n anodd eu mesur.

Meintiol – gwybodaeth neu ddata sy'n seiliedig ar feintiau neu rifau.

▶ **Tabl 26.4:** Amgylchedd ar gyfer dadansoddiad

Cystadleuaeth agored	Treialon penodol caëedig	Sefyllfaoedd cyflyredig
Yn ystod digwyddiad cystadleuol byw go iawn	Sesiynau hyfforddi sydd wedi'u cynllunio gyda'r prif bwrpas o ddewis perfformwyr	Hyfforddiant neu sefyllfaoedd cystadleuol sydd wedi'u cynllunio i ganolbwyntio ar dactegau neu sgiliau penodol
• Yr amgylcheddau dadansoddi mwyaf cyffredin ac efallai y mwyaf dilys • Mae dadansoddiad yn digwydd mewn amgylchedd naturiol ac ym mhresenoldeb gwir gystadleuaeth	• Gellir cynllunio treialon i wneud cymariaethau technegol a thactegol uniongyrchol a gellir eu newid a'u rheoli, h.y. profion wedi'u newid neu eu cyflyru i ddarparu data cymharol • Gall strwythur y treialon ganolbwyntio ar fanylion penodol iawn a gellir eu defnyddio i nodi cryfderau a meysydd i'w datblygu mewn ffordd na fydd cystadleuaeth yn caniatáu	• Gellir newid gemau ac arferion i ddarparu data i'w cymharu ar ffocws penodol. Er enghraifft, gallai hyfforddwr pêl-fasged sy'n dilyn symudiad ymosodol heb y bêl gyflyru arfer i annog y symudiad hwn, efallai trwy ychwanegu rheol dim driblo

Amseru

Gall dadansoddiad hefyd ddarparu gwybodaeth werthfawr ar wahanol adegau o'r calendr cystadleuol. Mae Tabl 26.5 yn dangos cyfres o amseroedd pan mae'n bosibl cynnal dadansoddiad. Yn naturiol, dim ond am gyfnod byr y mae data yn ddibynadwy ac nid yw'n ystyried gwelliant technegol neu dactegol dros gyfnod o amser, fel tymor. Mae data sy'n cymharu patrymau sgiliau neu welliant tactegol (neu ddirywiad) dros gyfnod o amser yn debygol o fod yn fwy buddiol i staff hyfforddi, heb sôn am fod yn fwy dilys.

▶ **Tabl 26.5:** Amseroedd i gynnal dadansoddiad

Cyn y tymor	Mae hyn yn hanfodol er mwyn i staff hyfforddi feddwl a chynllunio ar gyfer y tymor cyfan. Gallai dadansoddiad ganolbwyntio ar ffitrwydd neu ar brofi trefniannau tactegol a safleoedd chwarae.
Cyn ymarfer	Gellir dadansoddi hefyd cyn ymarfer, yn enwedig ar gyfer cynllunio strategol, fel dysgu symudiadau o lyfr chwarae mewn hoci iâ neu asesiadau ffitrwydd.
Ar ôl ymarfer	Mae diwedd ymarfer yn amser da i wneud myfyrdodau ansoddol. Mae timau pêl-droed llwyddiannus fel FC Barcelona yn adolygu clipiau fideo o'u gemau eu hunain a'u gwrthwynebwyr wrth baratoi ar gyfer y gêm nesaf.
Cyn cystadlu	Yn gyffredinol, mae dadansoddiad cyn gêm yn hamddenol ac yn gweithio fel rhywbeth syml i atgoffa. Yn aml mae gan chwaraewyr tennis gardiau atgoffa tactegol sy'n crynhoi tactegau ar gyfer y gwrthwynebydd nesaf, e.e. serfio'n llydan i ochr dde'r cwrt neu serfio foli yn y drydedd set.
Yn ystod gêm	Dyma'r data gorau at ddibenion cymharol mewn sefyllfaoedd cystadleuol go iawn.
Ar ôl cystadleuaeth	Ennill neu golli, mae'n bwysig i chwaraewyr a hyfforddwyr fyfyrio ar ôl perfformiad. Mae'n well gan y mwyafrif o hyfforddwyr beidio â dadansoddi yn syth ar ôl gêm, ond caniatáu amser i sbarduno leihau a myfyrio ar y data ôl-gêm mwyaf defnyddiol.
Cyn hyfforddiant	Dadansoddiad yw hwn sy'n digwydd cyn hyfforddiant, er enghraifft data arolwg neu ddata profi ffitrwydd.
Yn ystod hyfforddiant	Dyma'r dadansoddiad sy'n digwydd mewn gêm ac a gofnodir yn gyffredinol ar gyfer ei ddadansoddi ymhellach, er y gall apiau cynyddol soffistigedig gofnodi data a dadansoddi yn ystod gêm.
Ar ôl hyfforddiant	Yn draddodiadol, dyma'r amser a ddefnyddir i syntheseiddio'r data, fel fideo, arsylwi ystadegol neu sylfaenol. Mae ôl-hyfforddiant hefyd o bosibl yn caniatáu myfyrio a mwy o fynediad i berfformwyr i greu darlun mwy crwn.

Protocolau

Rheolau yw protocolau sy'n ceisio rhoi canllawiau clir ynghylch sut y dylid cynnal asesiad er mwyn sicrhau dadansoddiad neu asesiad moesegol a dilys. Eu nod yw sicrhau bod unrhyw ddadansoddiad yn cael ei wneud mewn ffordd deg a chytbwys. Mae llawer o brotocolau ar gael yn bresennol ar gyfer dulliau sydd wedi'u hen sefydlu, ond efallai y bydd yn rhaid i chi greu un eich hun os ydych chi'n addasu prawf sy'n bodoli eisoes neu'n ei greu o'r newydd. Mae'n werth ystyried y rheolau hyn ar gyfer dadansoddi.

▶ **Sut** – beth yw'r gorau o'r holl ddulliau sydd ar gael ar gyfer eich anghenion? Beth allwch chi ei fforddio? Beth fydd yn cynhyrchu'r data mwyaf defnyddiol?

- ▶ **Ble** – gall hyn gwmpasu hyfforddiant, cystadlu ac, yn fwy manwl gywir, o ba safbwynt y mae unrhyw arsylwi neu ffilmio yn cael ei wneud.
- ▶ **Pryd** – rhaid i amseriadau weddu i'r math o ddata rydych chi am fedru ei gymharu neu ei ystyried.

Gwerthusiad

Gellir ystyried gwerthuso perfformiad chwaraeon mewn termau myfyriol syml, fel yn Ffigur 26.7.

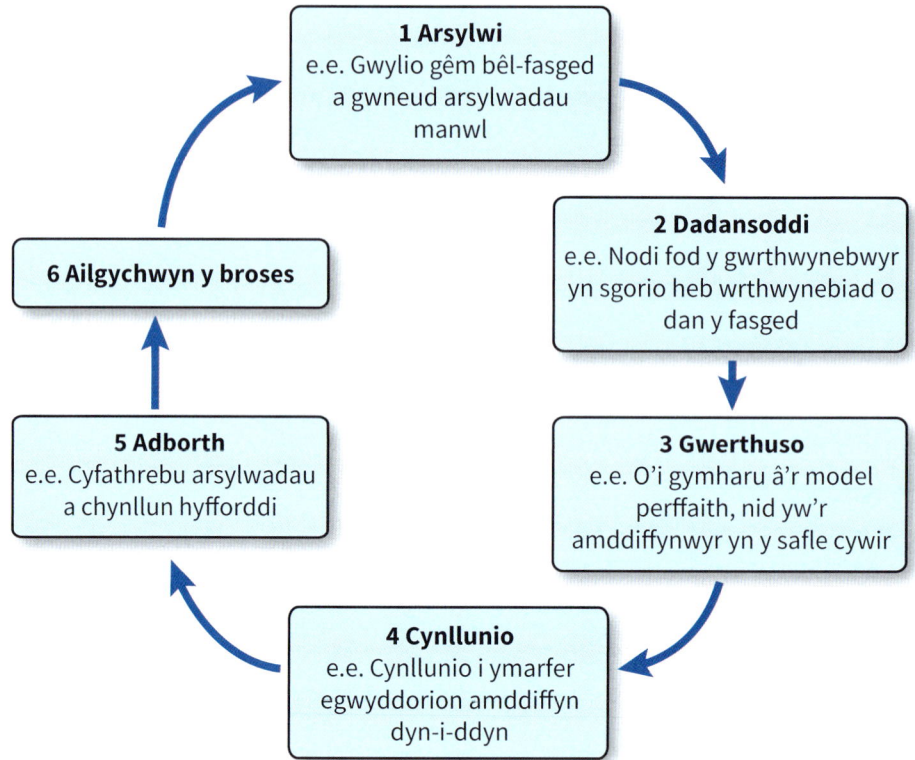

▶ **Ffigur 26.7:** Y broses o werthuso dadansoddiad chwaraeon

Ond mae yna hefyd ddulliau mwy cymhleth a manwl o werthuso, fel yr amlinellir yn Nhabl 26.6.

▶ **Tabl 26.6:** Dewis y math cywir o werthusiad

Math o werthuso	Penderfynydd	Enghraifft
Gwerthuso'r broses/ perfformiad	• Sut mae'r technegau/ tactegau yn cael eu perfformio • Cywirdeb, effeithlonrwydd, amseru, cyflymder, pŵer, dewis yn gywir, diffinio techneg ffactor, gallu neu siawns	• Act ar lawr mewn gymnasteg • Tacteg lob a foli mewn tennis neu nifer y cyfleoedd a grëwyd i sgorio mewn rygbi
Gwerthuso'r canlyniad	• Canlyniad y perfformiad • Llwyddiant • Amser • Cywirdeb • Lleoli • Ennill/colli	• Canlyniad ennill neu golli • Y record orau bersonol/ record orau'r tymor/hyd yn oed y pellter oddi wrth eich record orau eich hun neu record genedlaethol/ rhyngwladol, e.e. ar gyfer nofwyr o'r radd flaenaf
Gwerthuso perfformiad	• Effeithiau ar ganlyniad • Tebygolrwydd o gael ei ailadrodd yn llwyddiannus • Dilysrwydd • Perthnasedd • Cywirdeb	• A arweiniodd at fuddugoliaeth neu welliant mewn perfformiad? • Pa mor debygol yw hi y gallech chi berfformio yn yr un ffordd eto? • A oedd y perfformiad gystal â'r galw?

Dylai unrhyw werthusiad hefyd ddod i ben gydag ystyried y gwerthusiad ei hun. Dylai hyn ystyried a oedd y dull gwerthuso neu'r dulliau a ddewiswyd yn cynhyrchu gwybodaeth sy'n ddilys, yn berthnasol ac yn gywir. Dylai fod yn fyfyriol ar y pwynt yma fel bod unrhyw ddadansoddiad yn cael ei ailadrodd yn elwa o ganfyddiadau'r dadansoddiad blaenorol.

> ⏸ **MUNUD I FEDDWL**   Pa mor dda ydych chi'n meddwl y gallech chi gymhwyso'r hyn rydych chi'n ei wybod am fesur perfformiad chwaraeon?
>
> **Awgrym**   Beth yw'r prif offer y gallwch eu defnyddio i fesur perfformiad? Disgrifiwch bob un ohonyn nhw yn eich geiriau eich hun.
>
> **Ymestyn**   Dychmygwch y gofynnwyd i chi ddadansoddi perfformiad athletwr mewn camp nad ydych yn gyfarwydd iawn â hi. Sut fyddech chi'n mynd ati i benderfynu pa asesiad i'w ddefnyddio a pha offer fyddai ei angen arnoch chi?

Modelau a meincnodau delfrydol technegol a thactegol

Mae angen ffrâm gyfeirio, neu 'fodel delfrydol' neu feincnod ar gyfer unrhyw ddadansoddiad chwaraeon y medrwch farnu perfformiad cyfredol yn ei erbyn. Mae'r rhan fwyaf o berfformwyr fel arfer yn ddigon hapus i ddweud ar bwy maen nhw'n modelu eu perfformiadau, fel arfer rhywun maen nhw'n ei barchu yn eu camp, er enghraifft chwaraewr rhyngwladol neu o bosibl yn bencampwr y byd. Pan fyddwch chi'n gwybod beth rydych chi am anelu ato, fe allech chi wedyn ddadansoddi priodoleddau allweddol y perfformiad delfrydol hwn a dechrau ceisio eu hatgynhyrchu.

> **Myfyrio**
>
> Ar bwy ydych chi'n modelu'ch perfformiad eich hun a pham?

Ffynonellau o wybodaeth a chyfeiriadau ar gyfer dadansoddiad technegol a thactegol

Er mwyn i'r dadansoddiad fod yn ddilys ac yn ddefnyddiol, mae angen i ni ystyried sut rydyn ni'n penderfynu beth i'w fesur a sut i gymhwyso'r ffynonellau hynny orau i bob dadansoddiad unigol.

Un o'r mathau mwy arferol o ddadansoddi perfformiad yw dadansoddiad cymharol yn erbyn perfformiad o'r radd flaenaf, gan ddefnyddio teledu, fideos o'r we a ffynonellau eraill o fideo neu ddelweddau llonydd i wneud cymariaethau a chaniatáu addasiadau i berfformiad.

Gallwch hefyd siarad â hyfforddwyr/tiwtoriaid, ymgynghori â llawlyfrau hyfforddi a chyfeirio at wybodaeth a gyhoeddwyd gan Gyrff Rheoli Cenedlaethol (NGBs) er mwyn dod o hyd i berfformiadau 'meincnod' y gallwch chi gymharu'ch cyfranogwr yn eu herbyn.

Y model perffaith

Mae'r **model perffaith** yn digwydd pan fydd perfformiad ar ei orau a gellir ei ddisgrifio fel un medrus a thechnegol gywir. Gall beirniadu perfformiad unigolyn yn erbyn y model perffaith eich helpu i ddisgrifio cryfderau a gwendidau yn eu perfformiad.

Yn gyntaf oll, fodd bynnag, rhaid i chi wybod sut i ddisgrifio'r model perffaith. Gall deall y model perffaith ddod o:

- ▶ brofiad chwarae
- ▶ gwylio eraill
- ▶ darllen am gamp yn fanwl
- ▶ gwrando ar y perfformwyr gorau a'u gwylio.

Dangosir model perffaith yn Ffigur 26.8.

> **Term allweddol**
>
> **Model perffaith** – perfformiad di-fai ac un y gellir ei ddefnyddio fel model gan berfformwyr ar y lefel uchaf.

Cydbwysedd
Pwysau'r corff i'r cyfeiriad rydych chi am i'r bêl fynd

Amseru
Peidiwch â gor-daro'r bêl, dim ond amseru'r ergyd

Safle'r corff
Yr ysgwydd yn gostwng, y pen-glin yn troi ymlaen, yr ysgwyddau'n cylchdroi yn fertigol, y bêl yn cael ei tharo o dan eich trwyn

Y ddreif gyfar berffaith

▶ **Ffigur 26.8:** Model perffaith ar gyfer dreif gyfar mewn criced

Nodi dyfeisiau ar gyfer gwerthuso

Cyn y gallwch chi benderfynu beth sy'n ffurfio'ch rhestr gynnwys neu ddewislen ar gyfer ei dadansoddi, mae angen i chi ystyried yn union pa nodweddion y dylech eu cynnwys.

Pan fydd perfformwyr yn datblygu lefel uchel o allu technegol a thactegol efallai y bydd ganddynt y gallu i gystadlu ar y lefelau uchaf. Er mwyn arsylwi ar berfformiadau o'r radd flaenaf mae'n bwysig deall beth yw perfformiad elitaidd yn eich camp.

Modelau delfrydol

Gellir creu **modelau delfrydol** o 'berfformiadau pinacl', neu berfformiadau sy'n dangos y gorau un y gallai unrhyw un ei gyflawni, neu o leiaf yn well na'r holl gystadleuwyr eraill, er enghraifft perfformiad a enillodd fedal aur yn y Gemau Olympaidd. Fodd bynnag, mae'n rhaid i ni gydnabod, os ydym yn dylunio set o **ddyfeisiau** yn seiliedig ar y perfformiad gorau un, y gallem gyfyngu ar y bobl hynny nad ydynt yn gallu cyflawni'r perfformiad hwn. Gallem hyd yn oed eu cyfyngu trwy adnabod y dyfeisiau. Mae'n bwysig cydnabod yr hyn sy'n berffaith ac yna beth sy'n ddelfrydol – ac efallai nad yw'r rhain yr un peth.

Mae cynrychiolwyr cenedlaethol yn berfformwyr chwaraeon sydd ar frig eu camp benodol yn eu gwlad ac sy'n cael eu dewis i gynrychioli'r wlad; er enghraifft, Andy Murray yn cael ei ddewis i gynrychioli Prydain Fawr yng Nghwpan Davis neu Jess Fishlock yn cynrychioli Cymru mewn pêl-droed.

Mae deiliaid recordiau cenedlaethol yn athletwyr sydd â record am berfformiad yn eu camp benodol. Gallai'r recordiau hyn fod ar ffurf pwyntiau a sgoriwyd, wicedi a gymerwyd, amser a gymerir i gwblhau cwrs, ac ati. Gall y perfformiadau hyn fod yn feincnodau ar gyfer cymhariaeth werthusol, fel y gall deiliaid recordiau'r byd (y rhai sydd wedi cyflawni perfformiad mewn camp/digwyddiad penodol nad yw unrhyw un yn y byd wedi'i wella). Mae enghreifftiau o'r rhain yn cynnwys y nifer uchaf erioed o fuddugoliaethau yn y prif gystadlaethau golff gan Jack Nicklaus neu record byd Michael Johnson yn y ras 200-metr. Gall y perfformwyr elitaidd hyn helpu i ddarparu meincnodau perfformiad.

Meincnodau

Yn y bôn, mae meincnodau yn ystadegau sefydledig, dibynadwy ac wedi'u hadolygu. Eu swyddogaeth yw darparu sylfaen ar gyfer cymhariaeth.

▶ Mae data a meincnodau yn bodoli ar gyfer y mwyafrif o chwaraeon ym mhob grŵp oedran, ar gyfer y ddau ryw ac ar gyfer cymhariaeth genedlaethol a rhyngwladol. Gellir trafod athletau, nofio a chwaraeon eraill o ran recordiau personol. Os ydych chi'n gwybod yr amseroedd gorau ar gyfer athletwyr cenedlaethol, yna mae gennych waelodlin dda ar gyfer cymharu.

Termau allweddol

Model delfrydol – nid o reidrwydd yn fodel perffaith gan ei fod yn ystyried gallu'r person sy'n modelu. Er enghraifft, nid oes diben modelu perfformiad perffaith os nad yw'r perfformiwr chwaraeon yn gallu ei gyflawni'n gorfforol (er enghraifft, yn y cam datblygu cynnar).

Dyfeisiau – unrhyw eitem y dylid ei hystyried yn rhan hanfodol o rywbeth. Yn y cyd-destun hwn, mae dyfais yn dechneg neu'n dacteg y dylid ei chynnwys i'w dadansoddi neu ei gwerthuso.

▶ Mewn chwaraeon tîm mae'n bosibl cael data gan sefydliadau fel Prozone ar feddiant o'r bêl, y pellter a deithiwyd, cyfradd cwblhau pas ar gyfer chwaraewyr a DPA eraill (gweler tudalen 395).

▶ Gellir dod o hyd i ystadegau ar gyfer paramedrau cenedlaethol, byd, Olympaidd, y Gymanwlad ac ystod o rai eraill, yn ogystal â chystadlaethau lleol, digwyddiadau sirol – ac o bosibl hyd yn oed eich ysgol neu goleg.

Cynhyrchu offer mesur a phrotocolau

Cam nesaf y dadansoddiad yw llunio'ch teclyn mesur, neu'r offer y byddwch chi'n ei ddefnyddio i gasglu a dadansoddi data. Amlinellir enghraifft ar gyfer pêl-fasged iau isod.

> **Cysylltiad**
>
> Mae mwy am ddarganfod a defnyddio modelau a meincnodau delfrydol yn *Uned 28: Dadansoddiad Perfformiad Chwaraeon*, gan ddechrau ar dudalen 499.

Dylunio teclyn asesu ar gyfer perfformiad pêl-fasged iau

1 **Sefydlu model delfrydol** – gallai hwn fod yn berfformiwr o'r radd flaenaf o'r NBA neu o fyd ehangach pêl-fasged, e.e. FIBA (corff llywodraethu'r byd). Cofiwch fod gan FIBA ynghyd â llawer o NGBs eraill gystadlaethau grwpiau oedran cenedlaethol a rhyngwladol sydd wedi'u hen sefydlu, a bod cymariaethau technegol a thactegol efallai'n fwy dilys os ydyn nhw'n gysylltiedig ag oedran.

2 **Sefydlu meincnodau a model technegol** – mae modelau technegol yn canolbwyntio ar ddadansoddiadau disgrifiadol fel cyfnodau chwarae, neu dechnegau perfformiad penodol yn hytrach na data rhifiadol. Yng Nghymru mae rhai gemau'r Gynghrair Genedlaethol yn defnyddio LiveStats, rhaglen a fydd yn caniatáu casglu data unigol ar gyfer pob chwaraewr mewn nifer o gategorïau fel canran y tafliadau aeth i'r fasged, y basgedi a wnaed, basgedi triphwynt a wnaed ac a geisiwyd, troseddau ac adlamiadau, ac ati. Gallai meincnodau gynnwys adlamu ymosodol ac amddiffynnol, pwyntiau a wnaed o gymharu â'r tafliadau a gymerwyd, cymhorthion cyffredinol (pasiau sy'n arwain at bwyntiau) ac ati.

3 **Crynhoi gwybodaeth** – ar ôl casglu data, ystyriwch y cwestiynau canlynol sy'n ymwneud ag ansawdd y wybodaeth.

  ▶ Dilysrwydd – a yw'n mesur yr hyn y mae i fod i'w wneud? A yw'n ddefnyddiol?

  ▶ Dibynadwyedd – pe byddech chi'n defnyddio'r un teclyn mesur, a fyddai'n datgelu gwybodaeth gyson dro ar ôl tro?

  ▶ Cywirdeb – a allwch wirio i weld a yw'r hyn y mae'r data'n ei ddatgelu yn wir mewn gwirionedd?

  ▶ Rhagfarn – a yw'r arsylwr wedi newid canlyniad asesiad oherwydd newidiadau cynnil yn y ffordd y mae ef neu hi wedi rhyngweithio â'r perfformiwr?

4 **Cynhyrchu'r offer mesur** – penderfynwch sut yr hoffech chi gasglu eich gwybodaeth, er enghraifft nodiant, holiadur, fideo, rhaglen ystadegau, rhaglen TG, siart cyfrif, ac ati.

5 **Profi'r offer** – defnyddiwch ef mewn sgarmes neu gêm yn yr ysgol i weld a yw'n gweithio. Os oes angen gallwch wneud newidiadau cyn ei ddefnyddio mewn sefyllfa 'fyw'.

6 **Ewch yn fyw** – defnyddiwch eich offer mesur. Cofnodwch unrhyw beth rydych chi'n ei ddadansoddi ar fideo, hyd yn oed os nad ydych chi'n defnyddio dadansoddiad fideo. Yn aml mewn chwaraeon sy'n symud yn gyflym fel pêl-fasged, gall llawer o bethau ddigwydd yn gyflym iawn mewn cyfnod byr iawn o amser. Mae gwylio fideo yn caniatáu ichi ganolbwyntio ar ddilyniannau penodol o'r chwarae ac felly mae'n fwy tebygol o fod yn gywir, yn ddibynadwy ac yn ddilys.

7 **Cynhyrchu protocol** – pan fyddwch chi'n fodlon bod eich offer yn gweithio, lluniwch set o ganllawiau ar sut y gellir ei ddefnyddio fel y gall unrhyw un ymarfer a'i ddefnyddio ei hun. Efallai yr hoffech chi egluro unrhyw beth nad yw'n glir, er enghraifft a yw chwaraewr sy'n taro'r bêl i ffwrdd o'i fasged ei hun yn cael ei gredydu am adlam amddiffynnol? Cofiwch, mae diffiniadau ar gael bob amser ar gyfer y dehongliadau hyn.

8 **Mesur** – nawr defnyddiwch y data a'r meincnodau y gwnaethoch chi ymchwilio iddynt a gwneud cymariaethau.

Awgrym   Enwch dair ffordd y gallwch fesur perfformiad technegol neu dactegol.

Ymestyn   Pa wybodaeth dechnegol fyddech chi ei eisiau o'ch camp? Lluniwch restr o ystyriaethau technegol eich camp, yna eu graddio yn nhrefn eu perthnasedd.

C Archwilio'r perfformiad technegol a thactegol ar wahanol gamau o'r continwwm perfformiad

Termau allweddol

Offer mesur technegol – offer sy'n dadansoddi sgiliau, technegau penodol neu hyd yn oed gydrannau ffitrwydd ac a allai gynnwys defnyddio dadansoddi fideo neu offer profi ffitrwydd.

Offer mesur tactegol – offer sy'n canolbwyntio'n llwyr ar ddulliau tactegol mewn sefyllfaoedd penodol, fel dadansoddiad arsylwadol, dadansoddiad ystadegol a dadansoddiad ymosod neu amddiffyn chwaraeon-benodol.

Asesu a datblygu perfformwyr chwaraeon o'r radd flaenaf

Mae'n bwysig cofio, er bod pob mabolgampwr yn cymryd eu camp o ddifrif, bod y potensial am fawredd yn bodoli ar y lefel elitaidd. Gallai rhai o'r agweddau ar berfformiad a nodwyd wrth ddadansoddi hyd yn oed olygu symud o safon dda i safon fyd-eang. Ychydig iawn o athletwyr o'r radd flaenaf, os o gwbl, fydd ddim wedi bod yn destun dadansoddiad gofalus yn ymwneud â'u sgiliau technegol a thactegol. Bydd **offer mesur technegol a thactegol** wedi cael eu defnyddio er mwyn asesu eu perfformiad.

Arsylwi perfformwyr o'r radd flaenaf

Wrth arsylwi perfformiwr chwaraeon o'r radd flaenaf mae yna sawl ystyriaeth a newidyn allweddol, a amlinellir yn Nhabl 26.7.

▶ **Tabl 26.7:** Ystyriaethau wrth ddadansoddi perfformiwr chwaraeon o'r radd flaenaf

Ystyriaeth	Disgrifiad
Adnabod talent	Cyfeirir at hyn yn gyffredin fel sgowtio, ac mae'n cynnwys hyfforddwr profiadol yn arsylwi perfformiad ac yn gwerthuso canfyddiadau. Gall hyn helpu i adnabod chwaraewyr newydd, neu baratoi ar gyfer gêm ble bydd gwybodaeth am y gwrthwynebwyr yn caniatáu i chi ddyfeisio tacteg benodol.
Monitro lefelau ffitrwydd cyfredol	Gan ddefnyddio amrywiaeth o brofion ffitrwydd, gallwn fesur gwahanol gydrannau ffitrwydd. Gall y wybodaeth hon fod yn fan cychwyn ar gyfer unrhyw raglen hyfforddi. Trwy gydol rhaglenni hyfforddi, gellir cynnal profion ffitrwydd rheolaidd er mwyn sicrhau bod buddion yn cael eu hennill. Os yw'r canlyniadau'n dangos nad yw targedau'n cael eu cyrraedd, gellir addasu hyfforddiant i ystyried unrhyw newidiadau.
Adnabod cryfderau a meysydd i'w gwella	Mae hyn yn arbennig o bwysig wrth ymchwilio i dechneg. Ar ôl i chi nodi meysydd i'w gwella, mae'n bosibl datblygu rhaglen hyfforddi i fynd i'r afael â nhw. Er enghraifft, gall dadansoddiad ddangos bod gôl-geidwad yn wael wrth gasglu croesiadau. Bydd rhaglen hyfforddi yn ymgorffori hyfforddiant penodol er mwyn gwella'r maes allweddol hwn.
Asesu perfformiad	Trwy gynnal asesiad yn ystod sefyllfa gystadleuol, gallwch weld a yw chwaraewyr yn cael eu heffeithio gan ffactorau allanol, fel y dorf neu'r gwrthwynebwyr. Bydd hyn yn caniatáu i chi ddatblygu tactegau penodol y gellir eu defnyddio o dan amodau gêm. Mae defnyddio amodau diffiniedig yn ystod hyfforddiant yn caniatáu i dîm ddatblygu eu technegau a'u tactegau. Er enghraifft, os yw tîm pêl-fasged yn ei chael hi'n anodd i amddiffyn trwy ddefnyddio marcio, gall ymarfer gynnwys defnyddio driliau penodol i dynnu sylw at farcio, gyda'r hyfforddwr yn gallu stopio'r ymarfer a dangos a yw wedi bod yn effeithiol ai peidio.

▶ **Tabl 26.7:** – *parhad*

Adfer ar ôl anaf	Gydag athletwyr sydd wedi'u hanafu mae'n ddefnyddiol cynnal nifer o asesiadau cyn iddynt ailgychwyn hyfforddiant neu berfformiad. Mae hyn yn sicrhau bod yr athletwr wedi gwella'n ddigonol fel nad yw'r anaf yn digwydd eto. Gellir cynnal profion ffitrwydd syml yn y rhan o'r corff sydd wedi'i hanafu, a hefyd yn gyffredinol er mwyn nodi lefel sylfaenol i ddechrau hyfforddi ohoni eto. Mae'n bwysig nad yw'r athletwr yn gorhyfforddi, oherwydd gall hyn arwain at anaf parhaus a bydd yn eu hatal rhag perfformio. Efallai y bydd y dadansoddwr hefyd am siarad â'r athletwr am ei anaf rhag ofn y bydd problemau neu bryderon ynghylch ailanafu. Efallai bod chwaraewr wedi cael ei frifo gan dacl, ac efallai ei fod wedi datblygu ofn taclo. Gan ddefnyddio'r wybodaeth hon, bydd yr hyfforddwr yn gallu cefnogi ac annog yr athletwr i oresgyn unrhyw ffactorau seicolegol.
Dewis sgwad	Gellir defnyddio dadansoddiad i fonitro perfformiad chwaraewyr mewn hyfforddiant a chystadleuaeth. Mae chwaraeon fel rygbi a phêl-droed bellach yn defnyddio sgwadiau mawr o chwaraewyr a, thrwy ddadansoddi perfformiad, bydd hyfforddwr yn gallu dewis y chwaraewyr sydd fwyaf tebygol o sicrhau llwyddiant. Os yw chwaraewr wedi bod yn tanberfformio, gellir mynd i'r afael â hyn a rhoi cefnogaeth ychwanegol. Gall hyfforddwr ddadansoddi'r tîm gwrthwynebol wrth baratoi ar gyfer gêm, fel y gellir datblygu a defnyddio tactegau sy'n cynnwys rhai chwaraewyr.

Cysylltiad

Am fwy ar raglenni hyfforddi, gweler *Uned 2: Hyfforddi a Rhaglennu Ffitrwydd ar gyfer Iechyd, Chwaraeon a Lles*. Am fwy ar brofion ffitrwydd, gweler *Uned 5: Cymhwyso Profion Ffitrwydd*. Am fwy ar asesu perfformiad, gweler *Uned 28: Dadansoddiad Perfformiad Chwaraeon*.

Gellir crynhoi'r broses o ddadansoddi chwaraeon o'r radd flaenaf yn Ffigur 26.9. Yn y bôn, mae pedwar cam i'r broses.

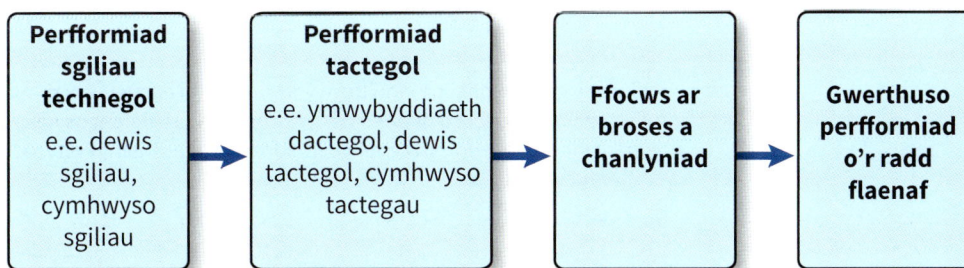

▶ **Ffigur 26.9:** Dadansoddiad perfformiad o athletwr elitaidd

Er enghraifft, ystyriwch berfformiad chwaraewr tennis o'r radd flaenaf.
▶ Yn syth ar ôl y perfformiad, mae'r broses yn dechrau trwy ddadansoddi a oedd y dewis o ergydion ar bwyntiau critigol yn effeithiol, er enghraifft lob neu ddreif ar draws y cwrt. Bydd hyn yn cael ei gymhwyso trwy'r ornest gyfan a gall dynnu sylw at wahaniaethau mewn rhai rhannau o'r gystadleuaeth, er enghraifft y set gyntaf neu ar ddiwedd y drydedd set.
▶ Bydd dadansoddiad tactegol yn canolbwyntio ar sut y gwnaeth y chwaraewr ddefnyddio neu fethu â manteisio ar wendidau a nodwyd neu hyd yn oed ganolbwyntio ar gryfderau allweddol. Bydd swm o amser hefyd yn cael ei neilltuo i ganolbwyntio ar effeithiolrwydd y cynllun tactegol cyn yr ornest.

► Mae camau olaf y dadansoddiad yn dibynnu ar gyd-destun y dadansoddiad. Os yw'r chwaraewr tennis yn canolbwyntio mwy ar sut roeddent yn teimlo am eu hagwedd tuag at y perfformiad, er enghraifft er gwaethaf colli fe wnaethant gyflawni perfformiad bron yn ddelfrydol wedi ei ddangos gan ddata rhifiadol, yna gall yr adborth fod yn ymwneud â phroses yr ornest, a gall hyd yn oed anwybyddu'r canlyniad neu o leiaf ei ystyried yn unig. Mae'r math hwn o ddull yn arferol ar gyfer chwaraewr o lefel llawer is sy'n wynebu chwaraewr tennis yn y deg uchaf. Mae'r canlyniad yn dod yn llai am ennill a mwy am sicrhau bod y chwaraewr yn chwarae ar eu gorau yn dechnegol ac yn dactegol.

Ymchwil

Rhowch y model a ddangosir yn Ffigur 26.9 ar waith. Dewiswch berfformiwr, tîm neu safle mewn chwaraeon elitaidd. Adeiladwch set o sgiliau technegol perthnasol a dod o hyd i ffynhonnell fideo addas a fydd yn caniatáu i chi ddadansoddi technegau a thactegau. Gwnewch set o arsylwadau penodol ac, os ydych chi'n teimlo'n hyderus, gwnewch restr o argymhellion ar gyfer gwella. Defnyddiwch y rhyngrwyd ac adnoddau hyfforddi cydnabyddedig.

Cynllunio datblygiad

Yn y bôn, cyflawnir y broses o gynllunio datblygiad ar gyfer perfformwyr chwaraeon o'r radd flaenaf mewn pedwar cam.

1. Dehongli'r data

Casglwch y wybodaeth a dewch o hyd i'r cyfrwng cyflwyno gorau ar gyfer eich data, er enghraifft naill ai'n rhifiadol neu trwy graffiau, diagramau radar neu ddatganiadau wedi'u coladu. Mae Ffigur 26.10 yn dangos diagram radar sy'n eich galluogi i wahaniaethu rhwng canfyddiad personol athletwr o'u perfformiad o'i gymharu â pherfformiad sefydledig o'r radd flaenaf.

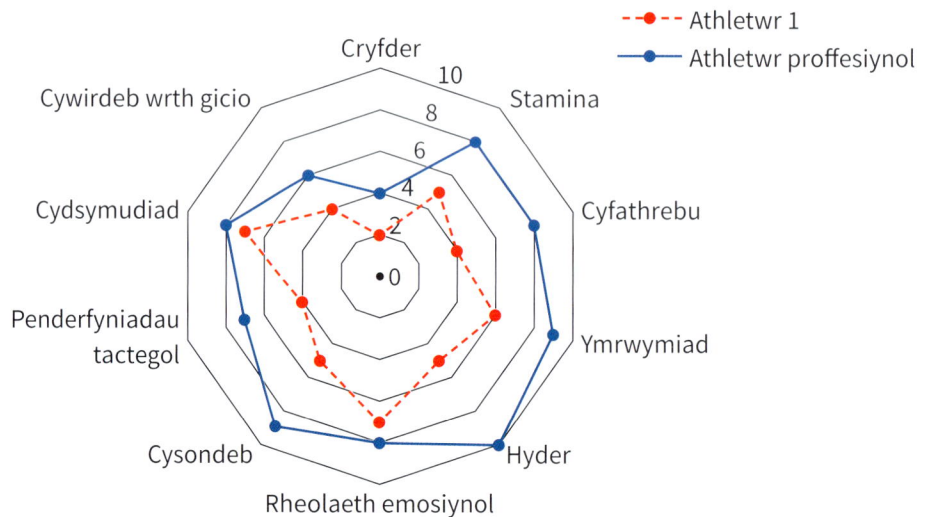

► **Ffigur 26.10:** Diagram radar nodweddiadol a ddefnyddir wrth ddadansoddi chwaraeon

Cysylltiad

Mae mwy am goladu a chyflwyno data dadansoddi yn *Uned 28: Dadansoddiad Perfformiad Chwaraeon.*

Cysylltiad

Cyfeiriwch yn ôl at *Uned 3: Datblygiad Proffesiynol yn y Diwydiant Chwaraeon* i atgoffa'ch hun am ddadansoddiad SWOT.

2. Crynhoi'r wybodaeth

Dylai crynhoi'r wybodaeth gynnwys:

► sôn am yr offer mesur a ddefnyddir, ochr yn ochr â chasgliadau cryno, cywir a dilys

► cymharu'r canlyniadau â'r model delfrydol rydych chi wedi'i nodi eisoes

► nodi cryfderau, gwendidau a meysydd i'w gwella – gellid gwneud hyn trwy ddefnyddio dadansoddiad SWOT fel y dangosir ar gyfer pêl-droed yn Ffigur 26.11

▶ darparu rhesymau pam fod yr athletwr ar gam penodol o'r continwwm perfformiad: gallai hyn fod oherwydd sgìl, gallu, yr amgylchedd a/neu amgylchiadau allanol. Mae'r continwwm hwn yn ceisio gosod perfformiwr ar bwynt penodol yn ei ddatblygiad mewn camp, o'r man cychwyn fel dechreuwr hyd at berfformiwr o'r radd flaenaf. Mae'n ystyried y sgiliau a ddysgwyd, yn caniatáu ar gyfer gallu naturiol, ac yn ffactora dylanwadau allanol fel pwysau gan gyfoedion, anafiadau a datblygiad cymdeithasol.

Cryfderau	Gwendidau
• Symud i le gwag ar ôl pasio – rhoi a mynd • Symud i gefnogi aelod o'r tîm gyda'r bêl • Symud i le gwag i ffwrdd o'r bêl gan ragweld cam o'r chwarae • Ar y bêl – mynd tua'r gôl am ergyd • Cywirdeb i le agored gydag ergyd â'r droed chwith • Pŵer saethu â'r droed dde • Tactegol – cyfrifoldebau lleoliadol, egwyddorion amddiffyn, siâp y tîm	• Tactegol: aliniad trefniannau • Tactegol: egwyddorion ymosodiad • Pŵer saethu â'r droed chwith • Saethu foli gyda'r droed dde • Saethu foli gyda'r droed chwith • Tactegol: trosglwyddo o ymosod i amddiffyn ac yn ôl • Tactegol: ailgychwyn • Tactegol: darllen cyfleoedd y gêm yn gyffredinol
Cyfleoedd	**Bygythiadau**
• Hyfforddiant ynghylch sgiliau penodol • Mynediad at fodelau delfrydol i'w cymharu • Gweithio gyda hyfforddwyr a dadansoddwyr o safon	• Diffyg hyder a dealltwriaeth • Anafiadau • Diffyg mynediad i amgylcheddau hyfforddi o bwysau uchel

▶ **Ffigur 26.11:** Enghraifft o ddadansoddiad SWOT ar gyfer pêl-droediwr

3. Cynllunio ar gyfer datblygiad athletwr

▶ Gosod nodau – wrth ddefnyddio dadansoddiad a gwerthusiad manwl o berfformiad, mae'n bwysig bod yr hyfforddwr a'r athletwr yn gosod targedau neu nodau clir sydd wedi'u diffinio'n dda. Gellir ystyried y nodau hyn fel targed y mae'r perfformiwr yn dymuno ei gyflawni, a gallant fod naill ai'n nodau tymor byr neu dymor hir. Dylid gosod nodau gan ddefnyddio egwyddor CAMPUS (gweler tudalen 338) a dylai'r hyfforddwr a'r athletwr eu trafod yn agored. Trwy gynnwys yr athletwr, mae'n debygol y byddant yn parhau i gael eu cymell i hyfforddi oherwydd byddant yn teimlo bod ganddynt reolaeth ar eu hyfforddiant.

▶ Cysylltu nodau datblygu ag oedran – er na fyddech eisiau gwahaniaethu, mewn pob camp mae athletwyr â gyrfaoedd hir o'u blaenau, rhai ar anterth eu gyrfa a rhai sy'n agosach at ddiwedd eu gyrfaoedd. Mae methu â chydnabod hyn wrth ddarparu perfformiad ac adborth dadansoddol yn anwybyddu'r hyn y gallai, ac y dylai athletwr fod yn ei dargedu. Er enghraifft, byddai nodi cynllun perfformiad pum mlynedd ar gyfer athletwr yn agos at ymddeol yn ddibwrpas.

▶ Yn briodol i allu – fel rhan o CAMPUS, sicrhau bod nodau'n gyraeddadwy ar gyfer lefel gallu'r athletwr.

▶ Yn briodol i'r amgylchedd – bydd angen i berfformiwr sy'n ceisio gwneud addasiadau i'w berfformiad yn seiliedig ar ddadansoddiad wneud hynny yn yr amgylchedd cywir. Bydd hyn yn amrywio o berfformiwr i berfformiwr. Gellir ymarfer rhai sgiliau a thactegau ar eu pennau eu hunain (fel trampolinydd yn gweithio ar un sgìl), dan bwysau (fel chwaraewr pêl-fasged yn saethu wrth gael ei warchod yn agos) neu hyd yn oed yn ystod rhai amgylchiadau tywydd (er enghraifft ar gyfer perfformiad hwylio).

▶ Hygyrchedd adnoddau – nid yw hyn fel arfer yn broblem i berfformwyr o'r radd flaenaf, ond ni ddylech dybio bod gan berfformwyr fynediad diderfyn i bob cyfleuster neu adnodd.

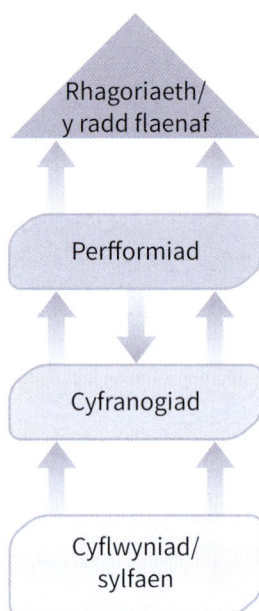

Rhagoriaeth/
y radd flaenaf

Perfformiad

Cyfranogiad

Cyflwyniad/
sylfaen

▶ **Ffigur 26.12:** Y continwwm datblygiad chwaraeon

4. Cymharu'r cynlluniau perfformiad a datblygiad

Er mwyn i ddatblygiad ddigwydd mae angen **cymharu perfformiad yr athletwr** dros gyfnod penodol o amser. Mae'n bwysig ystyried pob un o'r cydrannau technegol a thactegol a nodwyd ar gyfer gwella'r offer mesur, er enghraifft nodiant, a chofnodi eu defnydd yn gywir.

Er enghraifft, mae angen i chwaraewr pêl-fasged wella ei amddiffyniad unigol (techneg a thacteg) ac mae'r dadansoddiad wedi bod yn canolbwyntio ar adlamu, dal pêl sy'n adlamu a lleihau eu cyfrif personol o droseddau, ar yr un pryd â gwella ffitrwydd ar sail pŵer. Gellir mesur a/neu brofi'r holl fesurau perfformiad hyn yn hawdd er mwyn cynhyrchu data, ond ni ellir cymharu o un gêm neu sesiwn hyfforddi yn unig. Po fwyaf o ddata a gesglir o wahanol gemau, yr hawsaf yw dangos tueddiadau mewn perfformiad a gobeithio i ddangos gwelliant. Mae ffocws y dadansoddiad hefyd yn dibynnu ar lefel y perfformiad. Mae'r adran nesaf yn tynnu sylw at y gwahaniaethau hyn.

Mae yna lawer o wahanol lefelau o berfformiad, yn dibynnu ar allu. Dangosir hyn orau gan y continwwm datblygiad chwaraeon, a elwir hefyd yn 'byramid datblygiad chwaraeon' (gweler Ffigur 26.12). Mae pob lefel o'r 'pyramid' yn cynrychioli'r cam rydych chi ynddo yn eich camp ddewisol. Dylai cynlluniau perfformiad a datblygiad edrych ar y cyfleoedd sydd gan yr athletwr ar bob cam, a chael eu mesur yn erbyn eu cynnydd trwy'r continwwm.

Gallwch ddarllen mwy am y continwwm neu'r pyramid datblygiad chwaraeon yn *Uned 27: Ffordd o Fyw yr Athletwr*, gan ddechrau o dudalen 441.

Cyfleoedd ar wahanol lefelau o'r continwwm

Mae cyfleoedd i ddadansoddi ar bob cam o'r continwwm ac er nad yw'n gwbl amhosib bod dechreuwr yn gallu defnyddio adnoddau elitaidd, nid yw'n arferol. Mae'r canlynol yn edrych ar enghraifft gyffredinol ar gyfer dadansoddi criced yng Nghymru a Lloegr.

▶ **Sylfaen** – ar y cyflwyniad cyntaf i griced, ychydig iawn o ddadansoddiad o berfformiad sydd, os o gwbl. Y ffocws allweddol ar hyn o bryd yw ymgysylltiad a mwynhâd.

▶ **Cyfranogiad** – mae criced ar y lefel hon yn dechrau canolbwyntio ar welliant technegol. Darperir dadansoddiad yn bennaf trwy arsylwi gwrthrychol a hyfforddi a chyngor i'r tîm, neu'n unigol. Efallai y bydd rhai chwaraewyr, yn enwedig y rhai sy'n chwarae mewn clwb, yn gallu defnyddio adnoddau ymarfer gwell fel rhwydi criced ac offer maesu. Mae adborth ar wella perfformiad yn gyfyngedig, ond bydd cystadleuaeth lefel isel fel Gwyliau Criced Kwik yn darparu dadansoddiad sy'n canolbwyntio ar ganlyniadau i'r rheini sydd â diddordeb, h.y. enillwyr yr ŵyl. Dyma'r cyfle cynharaf i adnabod talent a gall helpu cyrff rheoli cenedlaethol a rhanbarthol i benderfynu ble orau i osod eu hadnoddau datblygu.

▶ **Perfformiad** – yn nodweddiadol y bobl hyn fydd yn chwarae llawer o griced, ar gyfer yr ysgol, clwb a thu hwnt o bosibl. Bydd gan y mwyafrif o glybiau fynediad at rwydi criced, ac mae gan rai beiriannau bowlio, offer maesu a mwy o gysylltiad â hyfforddi o lefel uwch. Mae dadansoddiad fideo hefyd yn eithaf cyffredin yma; defnyddir fideo cludadwy o ansawdd uchel er mwyn helpu i wella gallu technegol ar y pwynt hwn.

▶ **Y radd flaenaf** – y chwaraewyr cenedlaethol ar y lefel uchaf sy'n gallu manteisio ar y gorau mewn technoleg a dadansoddiad uwch. Mae'r Ganolfan Perfformiad Criced Genedlaethol yn Loughborough yn cynnwys cyfleuster ymarfer pwrpasol gyda meddalwedd dadansoddi fideo gosodedig, offer profi ffitrwydd, a mynediad at feddyginiaeth chwaraeon a chyngor ar drin anafiadau uwch.

Cymhariaeth o'r cynlluniau datblygiad

Gall cymharu cynlluniau datblygiad ystyried gwelliant neu ddirywiad o ran cydrannau technegol neu dactegol. Yn dibynnu ar nifer y cymariaethau, mae'n bosibl nodi tueddiadau a allai ddangos data sydd hyd yn oed yn fwy defnyddiol ar gyfer hyfforddi staff, fel 'hyfforddadwyedd' y perfformiwr – mae hyn yn dangos pa mor dda y mae'r perfformiwr yn ymateb i hyfforddiant.

Mae hyn yn hollbwysig ac yn codi'r cwestiwn faint i gynnwys y perfformiwr yn y broses o ddadansoddi. Mae tystiolaeth bod y perfformwyr hynny sy'n deall yr hyn sy'n cael ei ddadansoddi yn fwy tebygol o wella. Rhaid cymryd gofal i osgoi 'Effaith Hawthorne' – y syniad bod y cyfranogwyr mewn unrhyw astudiaeth yn ymddwyn yn wahanol oherwydd eu bod yn gwybod eu bod yn cael eu hastudio.

Asesu a datblygu perfformwyr chwaraeon sydd ddim o'r radd flaenaf

Ar gyfer perfformwyr chwaraeon nad ydynt o'r radd flaenaf (y rhai sydd ar lefel sylfaen, cyfranogiad neu berfformiad ar y continwwm datblygu chwaraeon), mae'r broses yr un peth yn y bôn ond gyda rhai gwahaniaethau allweddol. Gan gymhwyso'r un egwyddorion, edrychwch ar y cymariaethau mewn dull a ddangosir yn Nhabl 26.8.

▶ **Tabl 26.8:** Gwahaniaethau wrth ddadansoddi perfformwyr chwaraeon nad ydynt o'r radd flaenaf

	Cam a phroses dadansoddi	Gwahaniaethau allweddol ar gyfer dadansoddiad ar lefel nad yw'n elitaidd
Dehongli data arsylwadol	Casglu a chyflwyno gwybodaeth mewn fformat addas: yn rhifiadol, graffiau, diagramau radar, datganiadau wedi'u coladu	Bydd hyn yn dibynnu ar y paramedrau a fesurir ond mae'n debygol o gael ei gyflwyno yn yr un modd.
Crynhoi'r wybodaeth	• Gwneud casgliadau • Cymharu â'r model delfrydol • Nodi cryfderau a meysydd i'w gwella • Y rheswm pam fod yr athletwr ar gam penodol o'r continwwm perfformiad: gallai hyn fod oherwydd sgil, gallu, yr amgylchedd a/neu amgylchiadau allanol	Bydd y cymariaethau a wneir yma yn eang. Bydd perfformiadau o'r radd flaenaf yn llawer agosach at y model delfrydol a bydd angen ffocws craff, arbenigol arnynt i ganolbwyntio ar wahaniaethau perfformiad penodol. Gallai gallu fod yn uwch yn y dadansoddiad elitaidd, ond nid bob amser.
Cynllunio datblygiad athletwyr	• Gosod nodau CAMPUS • Perthynas ag oedran • Yn briodol i allu ac amgylchedd • Hygyrchedd adnoddau	Y gwahaniaeth allweddol yma fydd argaeledd adnoddau – gweler yr adran *Hygyrchedd adnoddau* isod.
Cymharu'r cynlluniau perfformiad a datblygiad	• Tebygrwyddau a gwahaniaethau ym mherfformiad technegol a thactegol yr athletwr yn erbyn gwahanol gamau o'r continwwm chwaraeon: sylfaen, cyfranogiad, perfformiad • Cyfleoedd ar wahanol gamau o'r continwwm perfformiad • Cymhariaeth o'r cynlluniau datblygiad	Bydd y cynlluniau datblygiad yn gweithio ar yr un templed ond yn amlwg bydd y ffocws ar y naill ben a'r llall.

Hygyrchedd adnoddau

Efallai y bydd angen mwy o ystyriaeth i'r perfformiwr nad yw'n elitaidd o ran hygyrchedd adnoddau. Mae'n annhebygol y bydd perfformwyr nad ydynt yn elitaidd yn gallu cyrchu'r un ffynonellau cyllid â pherfformwyr o'r radd flaenaf, a bydd hyn yn effeithio ar eu gallu i gael gafael ar adnoddau.

Ⅱ MUNUD I FEDDWL   Beth yw'r ffactorau allweddol wrth ddadansoddi perfformiad athletwyr elitaidd ac athletwyr nad ydynt yn elitaidd?

    Awgrym   Rhestrwch gamau cynllunio datblygiad ar gyfer perfformiwr nad yw'n elitaidd a rhowch enghraifft o gamp o'ch dewis.

    Ymestyn   Dangoswch y defnydd o adnoddau ar gyfer dadansoddi camp heblaw criced ar bob un o'r lefelau yn y continwwm datblygu chwaraeon.

Yn dilyn llwyddiant y daflen technegau a thactegau a baratowyd gennych yn gynharach, mae'r un clwb criced a thennis eisiau mynd gam ymhellach ac wedi gofyn i chi gwblhau rhywfaint o ddadansoddiad.

Rhan 1: Dulliau mesur

Er mwyn cael hyn yn iawn bydd tri cham i'r broses.

1 Cymhariaeth o'ch dewisiadau, e.e. nodiannau llaw, proffiliau perfformiad, ac ati – dylid cyflwyno hwn fel poster sy'n disgrifio'r gwahanol ddulliau yn ofalus, gan orffen gyda'r dechneg fesur rydych chi'n bwriadu ei defnyddio ar gyfer y dadansoddiad criced a thennis. Bydd y poster yn cael ei arddangos yn y clwb i'r hyfforddwyr ei weld.

2 Dewiswch fodel delfrydol ar gyfer cymhariaeth, naill ai ar fideo neu o lawlyfrau technegol. Gan gymryd eich ffynhonnell, addaswch ef i gyflwyniad byr. Gellir cyflwyno hyn naill ai fel detholiad o fideos neu animeiddiadau byr sy'n arddangos techneg sydd bron yn berffaith.

3 Cynhyrchwch daflen wybodaeth yn esbonio'r offer mesur rydych chi wedi'i ddewis ac yn nodi'r rheolau ar gyfer casglu'r data (y protocol). Rhaid i chi ddangos y gallwch chi ddefnyddio'r offer i gasglu data ar gyfer athletwyr elitaidd ac athletwyr nad ydyn nhw'n elitaidd. Cynhwyswch enghreifftiau o'r ystod a'r paramedrau rydych chi'n bwriadu eu mesur.

Rhan 2: Dadansoddiad arsylwadol

Rhan nesaf y broses yw arsylwi perfformiad y chwaraewyr criced a thennis elitaidd ac an-elitaidd. Bydd hyn yn cynnwys archwilio fideo o berfformwyr a chymhwyso'r dull mesur i'r broses gyfan.

Yn olaf, byddwch yn dehongli'r data a gasglwyd ar gyfer y chwaraewyr elitaidd ac an-elitaidd ac yn paratoi adroddiad ar gyfer yr hyfforddwyr tennis a chriced.

Cynllunio

- Pa mor hyderus ydw i yn fy ngalluoedd fy hun i gyflawni'r dasg hon? A oes unrhyw feysydd y credaf y byddaf yn cael anhawster â hwy?
- Byddaf yn cynllunio'n ofalus, gan gynnwys penderfynu pa dechneg fesur i'w defnyddio a pha chwaraewyr i'w dadansoddi.

Gwneud

- Rwy'n gwybod beth rwy'n ei wneud a beth rydw i eisiau ei gyflawni.
- Byddaf yn dilyn pob cam yn eu trefn er mwyn helpu i sicrhau ei fod yn gwneud synnwyr.

Adolygu

- Gallaf egluro sut y byddwn yn mynd at elfennau anoddaf y dasg yn wahanol y tro nesaf (e.e. beth y byddwn yn ei wneud yn wahanol).
- Byddaf yn myfyrio ar y ffordd y dadansoddais ac yn bwysicach fyth ar ansawdd y data a ddehonglais.

Deunydd darllen ac adnoddau pellach

Llyfrau

Charles, D. (2014) *Archery: Skills. Tactics. Techniques* (Crowood Sports Guides), Llundain: Crowood Press.

Edwards, J. (2014) *Badminton: Technique, Tactics Training,* Llundain: Crowood Press.

Hughes, M. (2015) *Essentials of Performance Analysis in Sport*, 2il argraffiad, Llundain: Routledge.

Marcus, B. (2012) *The Art of Stand up Paddling*, Toronto: Globe Pequot Press.

O'Donoghue, P. (2014) *An Introduction to Performance Analysis of Sport* (Routledge Studies in Sports Performance Analysis), Llundain: Routledge.

Prehn, T. a Pelkey, C. (2004) *Racing Tactics For Cyclists*, Manceinion: Velopress.

Williams, T. a Mckittrick, J. (2008) *Rugby Skills Tactics and Rules*, Llundain: Bloomsbury.

Ar gael hefyd mae Crowood Sports Guides, cyfres o ganllawiau chwaraeon-benodol sy'n ymwneud â chwaraeon gan gynnwys dringo, ffensio, saethyddiaeth, bocsio, tennis, pêl-droed, canŵio a chaiacio, badminton, beicio a hoci.

Gwefannau

www.canoewales.com – Adnodd i badlwyr ifanc.

www.cricketweb.net/tactics/ – Tactegau a thechnegau criced cynhwysfawr.

www.pponline.co.uk – Peak Performance: sut y gall dadansoddi perfformiad wella eich dulliau hyfforddi.

www.teachpe.com – Dysgu Addysg Gorfforol: manylion penodol am ystod o wybodaeth am chwaraeon a sgiliau a gallu cyffredinol.

www.topendsports.com – Topend Sports: gwybodaeth am bob agwedd ar ddadansoddi ac arsylwi perfformiad chwaraeon.

BETH AM ▶▶ Y DYFODOL?

Jamie Coyle

Hyfforddwr
Pêl-droed a
Dadansoddwr
Perfformiad

Rydw i wedi bod yn gweithio gyda clwb pêl-droed lleol nad yw yn y gynghrair ers ychydig flynyddoedd bellach ac yn yr amser hwn rydyn ni wedi cael dyrchafiad mewn tri thymor yn olynol ac rydym ni'n dyheu am gael chwarae pêl-droed yn broffesiynol yn llawn amser. Mae deall galluoedd technegol a thactegau ein hunain a'n gwrthwynebwyr wedi bod yn ffactor hanfodol yn ein llwyddiant.

Tan yn ddiweddar, dim ond ar y radd flaenaf roedd dadansoddi perfformiad pêl-droed yn cael ei wneud. Nid oes angen talu mwyach am raglenni meddalwedd hynod ddrud, ac mae'n anhygoel faint o fanylion y gellir eu darparu gydag offer syml, rhad iawn. Dim ond cwpl o gamerâu mewn safle da, gliniadur a rhywfaint o feddalwedd sylfaenol sydd eu hangen arnaf mewn gwirionedd.

Ni ellir gorbwysleisio arwyddocâd y math hwn o ddadansoddiad. Mewn cynghrair anhygoel o gystadleuol, ble mae gyrfaoedd yn hyfforddi ac yn chwarae yn cael eu penderfynu gan bwyntiau unigol, gall y dadansoddiad hwn wneud byd o wahaniaeth. Os mai dim ond un gwelliant tactegol neu dechnegol sy'n effeithio ar ganlyniad y gêm, yna mae'n rhaid i ni fuddsoddi a hyfforddi dadansoddwyr ym mhob maes allweddol.

Mae pobl sy'n newydd i chwaraeon ar y lefel hon yn aml yn synnu at lefel y wybodaeth a'r data yr ydym yn eu prosesu er mwyn paratoi ar gyfer pob gêm. Rydym yn edrych ar bob agwedd o drefniannau tactegol yn erbyn gwrthwynebwyr penodol i broffiliau unigol yn seiliedig ar dechneg fel taclo, penio, cwblhau pasiau, cywirdeb pasio a llawer mwy.

Canolbwyntio eich sgiliau

Asesu cryfderau a gwendidau technegol a thactegol

Mae'n bwysig pennu'r cryfderau a'r gwendidau hyn gan y byddant yn hollbwysig mewn unrhyw gynllun gêm. Dyma rai awgrymiadau syml i'ch helpu chi wneud hyn.

- Beth yw'r sgiliau rydych chi eisiau gwybod amdanyn nhw fwyaf? Er enghraifft, trefniannau nodweddiadol, sut maen nhw'n sefydlu ar gyfer safleoedd gosod, cryfderau a gwendidau chwaraewyr allweddol, ac ati?
- Bydd angen i chi fedru codio gemau tîm cyntaf yn fyw, gartref ac oddi cartref, a nodi ystadegau a thueddiadau'r tîm yn ystod y tymor.
- Er mwyn datblygu'r diwylliant yn eich clwb dylech oruchwylio'r codio a'r dadansoddi ar gyfer y tîm ieuenctid a chefnogi dadansoddwyr yn eu hyfforddiant.

Canllawiau dadansoddi perfformiad

Mae rôl y dadansoddwr perfformiad yn arbenigol iawn ac yn cymryd rhywfaint o hyfforddiant ac ymarfer. Amlinellir rhai o'r tasgau dan sylw isod.

- Ffilmio'r hyfforddi a dadansoddi'r ffilm.
- Cynhyrchu cyflwyniadau cyn ac ar ôl y gêm.
- Paratoi dadansoddiad o'r gwrthwynebwyr ar gyfer eu cyfarfod.
- Nodi ystadegau a thueddiadau tîm yn ystod y tymor.
- Cynnal dadansoddiad o chwaraewyr unigol a dadansoddiad o'r gwrthwynebwyr ar gyfer cyfarfodydd.
- Cynorthwyo gyda strwythur recriwtio yn y clwb.
- Goruchwylio cynorthwywyr ar gyfer ffilmio/codio gemau dan 18-dan 9.

Paratoi ar gyfer asesiad

Mae Mariyan yn gweithio tuag at BTEC Cenedlaethol mewn Datblygiad Chwaraeon, Hyfforddi a Ffitrwydd. Rhoddwyd y dasg aseiniad iddi ynghyd â rhywfaint o ddeunydd a oedd yn ymwneud yn benodol â gwerth nodiant. Fel mabolgampwr brwd gydag agwedd ddadansoddol tuag at ei hastudiaethau, cychwynnodd Mariyan ar y dasg.

► Cynhwyswch wybodaeth ar sut rydych chi wedi dewis y sgiliau, y tactegau a'r technegau yn ogystal â'r offer mesur yn rhan olaf yr asesiad.

► Trafodwch y ffordd rydych chi'n bwriadu dadansoddi, beth fyddwch chi'n ei ddadansoddi a sut y byddwch chi'n ei adrodd yn ôl.

Mae Mariyan yn rhannu ei phrofiad isod.

Sut y dechreuais i

Yn gyntaf, casglais fy holl nodiadau ar y pwnc hwn a'u rhoi mewn ffolder. Penderfynais rannu fy ngwaith yn dair rhan: y technegau a'r tactegau, yr offer mesur a'r dadansoddiad.

Dechreuais trwy ymchwilio i dechnegau a thactegau criced a thennis, gan ddefnyddio amrywiaeth o adnoddau ar-lein. Yna edrychais ar y gwahanol ffyrdd o fesur ac asesu sgiliau technegol a thactegol. Roedd yn anodd penderfynu pa ddull fyddai orau ond penderfynais ar nodiant llaw ar gyfer y ddwy gamp ac roeddwn i'n gallu addasu'r dulliau presennol i ddiwallu fy anghenion.

Trefnais i fynd i'r clwb er mwyn dod o hyd i ddau chwaraewr tennis parod a dau chwaraewr criced, ac ym mhob camp dewisais chwaraewr talentog o'r radd flaenaf a dechreuwr heb lawer o brofiad. Llwyddais i gymhwyso fy nghodio nodiant i chwaraewyr elitaidd ac an-elitaidd.

Sut y des â'r cyfan at ei gilydd

Pan oeddwn wedi cwblhau'r dadansoddiad, rhoddais bopeth mewn ffolder prosiect.

► Cymerais ofal i rannu'r ffolder yn rhesymegol, gyda thudalen deitl, cyflwyniad oedd yn esbonio'r cyd-destun a'r fethodoleg, y dadansoddiadau a'r cynlluniau datblygiad, y canlyniadau, y casgliad a rhai cyfeiriadau.

► Wrth fyfyrio roeddwn yn ofalus i fodloni'r meini prawf ac i gynllunio yr union dystiolaeth y byddai angen i mi ei darparu ar bob cam. Roedd yn bwysig i mi gael cynllun manwl iawn, y gwnaeth fy nhiwtor fy helpu ag ef. Fe wnaeth y cynllun fy helpu i ganolbwyntio ar rannau pwysig pob cam a chaniatáu i mi gynhyrchu gwaith da sy'n edrych yn ddefnyddiol i'r perfformwyr.

Beth ddysgais o'r profiad

► Erbyn hyn, rwy'n teimlo fy mod yn ddadansoddwr cymwys, ac y gallwn gymhwyso offer mesur mewn unrhyw sefyllfa, yn enwedig nodiant llaw.

► Hyd nes bod gen i gynllun, roeddwn i'n gweld y gwaith hwn yn eithaf brawychus, a doeddwn i ddim yn gwybod ble i ddechrau.

► Roeddwn i wir eisiau defnyddio dadansoddiad fideo gan ddefnyddio tair ongl wahanol, ond sylweddolais nad oedd hyn yn ymarferol, felly fe wnes i newid i ddull gwahanol gan ddefnyddio un camera fideo yn unig a chymhwyso'r fideo i nodiant llaw a ddyluniais i ar gyfer fy hun yn seiliedig ar un sy'n bodoli eisoes.

► Dysgais lawer am ddisgwyliadau pob un o'r chwaraewyr. Cefais fy synnu gan gymaint o ddiddordeb oedd gan y perfformwyr, yn enwedig y rhai nad oeddent yn elitaidd, yng nghanlyniadau fy arsylwadau. Ers hynny mae eraill yn y clwb wedi gofyn i mi a allaf eu dadansoddi. Mae un o'r hyfforddwyr criced hefyd wedi gofyn am fy nhempled nodiant llaw fel y gall ei ddefnyddio gyda'i chwaraewyr iau.

Pwyntiau i'w hystyried

► Cynlluniwch eich gwaith yn ofalus. Meddyliwch am y tasgau y mae'n rhaid i chi eu cwblhau, yna ychwanegwch ddyddiadau cwblhau ar eu cyfer fel y gallwch fod yn sicr y byddwch chi'n gorffen popeth erbyn y dyddiad cau.

► Gwnewch yn siŵr bod eich offer mesur dadansoddol yn gwneud yr hyn rydych chi am iddo ei wneud mewn gwirionedd – ystyriwch ymarfer ar gyfaill cyn i chi gymhwyso'r weithdrefn i'ch cyfranogwr/cyfranogwyr.

► Rhaid i'ch adroddiad terfynol grynhoi popeth rydych wedi'i wneud, yn ogystal â'ch dealltwriaeth o'r pwnc, felly mae'n bwysig gwirio'ch sillafu a'ch gramadeg, yn enwedig ar gyfer termau chwaraeon-benodol. Efallai yr hoffech chi ystyried dangos eich adroddiad i rywun sy'n ymwneud â'r gamp a gofyn am eu barn wrthrychol.

Ffordd o Fyw yr Athletwr 27

Dod i adnabod eich uned

Mae'r byd chwaraeon yn cyflwyno ystod gynyddol o heriau i athletwyr wrth iddynt anelu at gyrraedd y lefel elitaidd yn eu camp ddewisol. Mae paratoi yn gorfforol ac yn feddyliol yn hynod bwysig i lwyddiant athletwr o'r radd flaenaf, ond y dyddiau hyn mae angen i athletwyr fod yr un mor barod i ddelio â'r ffyrdd o fyw y maen nhw wedi'u dewis ac y maen nhw'n rhan ohonyn nhw – gall y rhain gael effaith fawr ar berfformiad. Yn yr uned hon byddwch yn archwilio'r gwahanol ddewisiadau o ran ffordd o fyw sy'n wynebu athletwyr o'r radd flaenaf ac yn dysgu am y gefnogaeth y gallant ei chael er mwyn eu helpu i ddilyn gyrfa fel perfformiwr llwyddiannus.

Sut y cewch eich asesu

Bydd yr uned hon yn cael ei hasesu drwy gyfrwng cyfres o dasgau a osodir gan eich tiwtor. Trwy gydol yr uned hon fe welwch ymarferion asesu defnyddiol a fydd yn eich helpu i weithio tuag at eich aseiniad. Bydd cwblhau'r ymarferion hyn yn darparu ymchwil neu waith paratoi defnyddiol a fydd yn berthnasol o ran cwblhau eich aseiniad terfynol.

Bydd yr aseiniad a osodir gan eich tiwtor yn cynnwys nifer o dasgau sydd wedi'u cynllunio er mwyn bodloni'r meini prawf yn y tabl isod. Mae hyn yn debygol o gynnwys aseiniad ysgrifenedig ond gall hefyd gynnwys gweithgareddau fel:

► adroddiad ar ffactorau ffordd o fyw a all effeithio ar berfformiad athletwyr o'r radd flaenaf, gan gynnwys ffynonellau cyllid a chyfrifoldebau ariannol athletwr
► adroddiad ar fodelau rôl cadarnhaol a phwysigrwydd cyfathrebu ac ymddygiadau priodol
► cynllun gyrfa datblygedig gydag adroddiad ysgrifenedig yn cyfiawnhau'r penderfyniadau a wnaed.

Er mwyn i chi gyflawni'r tasgau yn eich aseiniad, mae'n bwysig gwirio eich bod wedi cwrdd â'r holl feini prawf er mwyn Llwyddo. Paratowch i wneud hyn wrth i chi weithio'ch ffordd trwy'r aseiniad.

Os ydych chi'n gobeithio ennill gradd o Deilyngdod neu Ragoriaeth, dylech hefyd sicrhau eich bod chi'n cyflwyno'r wybodaeth yn eich aseiniad yn yr arddull sy'n ofynnol gan y maen prawf asesu perthnasol. Er enghraifft, mae meini prawf Teilyngdod yn gofyn i chi ddadansoddi, cymharu, asesu a chyfiawnhau, ac mae meini prawf Rhagoriaeth yn gofyn i chi werthuso.

Meini prawf asesu

Mae'r tabl hwn yn dangos yr hyn sy'n rhaid i chi ei wneud i **Lwyddo**, neu i gael **Teilyngdod** neu **Ragoriaeth**, a sut i ddod o hyd i weithgareddau i'ch helpu.

Llwyddo	Teilyngdod	Rhagoriaeth
Nod dysgu A Deall ffactorau ffordd o fyw a all effeithio ar berfformiad chwaraeon athletwr		**AB.D1** Gwerthuso gwahanol ffactorau ffordd o fyw, y gefnogaeth sydd ar gael a ffactorau ariannol a all ddylanwadu ar berfformiad a datblygiad chwaraeon tuag at ddod yn athletwr o'r radd flaenaf mewn camp ddewisol. Ymarfer asesu 27.2
A.P1 Esbonio sut y gallai athletwr leihau effaith gwahanol ffactorau ffordd o fyw ar berfformiad chwaraeon. Ymarfer asesu 27.1	**A.M1** Dadansoddi sut y gallai athletwr leihau effaith gwahanol ffactorau ffordd o fyw ar berfformiad chwaraeon gyda'r gefnogaeth sydd ar gael i athletwyr ifanc. Ymarfer asesu 27.1	
A.P2 Esbonio'r gefnogaeth sydd ar gael ar gyfer datblygiad athletwyr ifanc. Ymarfer asesu 27.1		
Nod dysgu B Ymchwilio i wahanol enillion, cyfleoedd cyllido a chyllid perfformwyr chwaraeon ar wahanol gamau yn eu gyrfaoedd		
B.P3 Esbonio cyfleoedd cyllido a ffactorau ariannol perfformwyr chwaraeon ar ddechrau eu gyrfaoedd i yrfa athletwr o'r radd flaenaf mewn camp ddewisol. Ymarfer asesu 27.2	**B.M2** Cymharu cyfleoedd cyllido a ffactorau ariannol perfformwyr chwaraeon ar ddechrau eu gyrfaoedd â gyrfa athletwr o'r radd flaenaf mewn camp ddewisol. Ymarfer asesu 27.2	
Nod dysgu C Ymchwilio i bwysigrwydd sgiliau cyfathrebu effeithiol mewn perfformiad a hyfforddiant chwaraeon		**C.D2** Gwerthuso'r defnydd o gyfathrebu effeithiol gyda gwahanol fathau o gyfryngau gan ddangos pwysigrwydd ymddygiadau priodol. Ymarfer asesu 27.3
C.P4 Esbonio sut mae gwahanol fathau o gyfryngau yn cael eu defnyddio i ddangos ymddygiadau modelau rôl cadarnhaol. Ymarfer asesu 27.3	**C.M3** Asesu'r defnydd o gyfathrebu effeithiol mewn gwahanol fathau o gyfryngau gan ddangos ystyriaeth o ymddygiadau ac agweddau model rôl cadarnhaol. Ymarfer asesu 27.3	
Nod dysgu D Archwilio cynllunio gyrfa wedi'i anelu at ddod yn athletwr o'r radd flaenaf		**D.D3** Gwerthuso'r dewisiadau a wneir mewn cynllun gyrfa ar gyfer athletwr mewn camp ddethol, gan ddangos ystyriaeth i gynllunio wrth gefn. Ymarfer asesu 27.4
D.P5 Esbonio cynnwys cynllun gyrfa wedi'i ddylunio ar gyfer athletwr mewn camp o'ch dewis. Ymarfer asesu 27.4	**D.M4** Cyfiawnhau'r dewisiadau a wneir mewn cynllun gyrfa ar gyfer athletwr mewn camp o'ch dewis. Ymarfer asesu 27.4	

Dechrau arni

Ar gyfer camp o'ch dewis, lluniwch restr o ffactorau ffordd o fyw a all effeithio ar berfformiad athletwr. Cynhaliwch drafodaeth yn y dosbarth ar y ffactorau rydych chi wedi'u nodi. A oes unrhyw themâu cyffredin rydych chi wedi'u nodi neu wahaniaethau amlwg ar draws y chwaraeon rydych chi wedi dewis eu hystyried? A oes unrhyw ffactorau sy'n bwysicach yn eich barn chi o ran eu potensial i gael effaith gadarnhaol neu negyddol ar berfformiad athletwr?

A Deall ffactorau ffordd o fyw a all effeithio ar berfformiad chwaraeon athletwr

Ffactorau ffordd o fyw sy'n effeithio ar berfformiad

Mae bod yn athletwr llwyddiannus yn ymwneud â mwy na hyfforddi a chystadlu yn unig. Mae'n ffordd o fyw sy'n cynnwys ymrwymiad enfawr a llawer o aberthau personol. Gall ffactorau a dewisiadau ffordd o fyw chwarae rolau cadarnhaol a negyddol wrth sicrhau llwyddiant mewn chwaraeon a chynnal lles corfforol a meddyliol. Gall y dewisiadau ffordd o fyw y mae athletwr yn eu gwneud, fel sut maen nhw'n treulio'u hamser a gyda phwy, helpu neu rwystro eu perfformiad.

Amser hamdden a phellter cymdeithasol

Gellir disgrifio amser hamdden fel amser sydd ar gael i orffwys ac ymlacio, pan fyddwn yn rhydd o ddyletswyddau neu gyfrifoldebau ac yn gallu dilyn difyrrwch a hobïau. Er mwyn cefnogi perfformiad o lefel uchel, cynghorir athletwyr o'r radd flaenaf i dreulio eu hamser hamdden yn gorffwys ac ymlacio. Fodd bynnag, gall rhai gymryd rhan mewn gweithgareddau amhriodol nad ydynt o fudd i berfformiad fel gamblo, yfed, ysmygu a defnyddio cyffuriau hamdden. Gall bod yn broffesiynol ym mhob agwedd ar fywyd chwaraeon helpu athletwyr i hyfforddi'n fwy effeithiol, cael perthnasoedd da â'r rhai maen nhw'n gweithio gyda nhw, a gwneud y gorau o'r cyfleoedd sy'n dod.

Mae 'pellter cymdeithasol' yn ymwneud ag agosrwydd perthnasoedd yr athletwr, neu'r hyn y mae rhai damcaniaethwyr yn ei alw'n **berthnasedd**. Mae damcaniaethwyr hunanbenderfyniad yn ystyried perthnasedd fel un o'r tri angen seicolegol sylfaenol, ynghyd ag ymreolaeth (rhyddid neu annibyniaeth) a chymhwysedd (gallu gwneud rhywbeth yn iawn). Trwy ddiwallu'r anghenion hyn, ystyrir bod pobl yn gwneud y gorau o'u potensial a'u bod mewn gwell sefyllfa i gyflawni amcanion penodol.

Mae risg y gallai athletwr o'r radd flaenaf sy'n canolbwyntio'n gadarn ar ei nodau perfformiad esgeuluso adeiladu neu gynnal rhwydweithiau cymdeithasol da. Ond pan fydd gofynion hyfforddiant yn uchel, efallai y byddan nhw'n gweld bod angen dealltwriaeth o'r rhwydweithiau hyn arnyn nhw hefyd i gael cefnogaeth foesol.

> **Term allweddol**
>
> **Perthnasedd** – ymdeimlad o gysylltiad neu berthyn i unigolyn neu grŵp arall.

> **Ymchwil**
>
> Gan ddefnyddio'r rhyngrwyd, ymchwiliwch i ddifyrrwch a hobïau pedwar o fabolgampwyr ar lefel elitaidd. Ar ôl ymgymryd â'ch ymchwil, cynhaliwch drafodaeth yn y dosbarth am eich canfyddiadau. A oes gweithgareddau hamdden a hobïau cyffredin yn cael eu dilyn gan y sêr chwaraeon rydych chi wedi dewis ymchwilio iddynt?

Teithio dramor/dros bellter hir

Er bod teithio dros bellter hir ac yn rhyngwladol bellach yn arferol i lawer o chwaraeon ar lefel elitaidd, nid yw heb ei broblemau. Wrth deithio, bydd tarfiad ar eu harferion rheolaidd o hyfforddi a chystadlu. Efallai y bydden nhw'n gyffrous neu'n poeni am gynllunio ar gyfer amgylchedd anghyfarwydd. Efallai y bydd angen brechiadau a fisâu. Ar lefel elitaidd, byddai staff gweinyddol a meddygol fel rheol yn rheoli'r gofynion hyn.

Ar ôl cyrraedd, gall yr athletwr ddioddef o flinder teithio, anhawster cysgu neu jetludded (*jet lag*). Gall jetludded barhau am sawl diwrnod a gall achosi colli archwaeth bwyd, anhawster cysgu, rhwymedd a phroblemau gastroberfeddol. Mae nifer o ffactorau yn effeithio ar ddifrifoldeb symptomau jetludded, yn enwedig nifer y rhanbarthau amser a deithir trwyddyn nhw. Bydd hyn yn effeithio ar y cynlluniau a roddwyd ar waith gan yr athletwr a'u tîm cymorth i leihau symptomau a gwneud y gorau o berfformiad.

Gall teithio rhyngwladol rheolaidd, gyda rhanbarthau amser ac felly patrymau cysgu yn newid yn aml, gael effaith negyddol ar unrhyw deithiwr, gan gynnwys athletwyr. O ganlyniad i hyn, mae athletwyr ar lefel elitaidd a'u hyfforddwyr yn rhoi ystyriaeth ofalus i amserlen y gystadleuaeth er mwyn sicrhau eu bod yn lleihau effaith cynyddol teithio ar berfformiad, yn enwedig ar gyfer digwyddiadau a thwrnameintiau mawr.

Astudiaeth achos

Chwaraeon a theithio

Dychmygwch eich bod wedi'ch penodi'n weinyddwr tîm carfan Hoci Prydain Fawr sydd i deithio i India ar gyfer twrnamaint 4 wythnos. Dyma'ch ymweliad cyntaf ag India a'r daith dramor gyntaf i bedwar o aelodau iau'r garfan.

Ar ôl ymgymryd ag ymchwil briodol, amlinellwch y strategaeth y byddech chi'n ei mabwysiadu er mwyn sicrhau bod y garfan yn llwyddo ac yn goroesi'r daith ryngwladol hon.

Gwiriwch eich gwybodaeth

1 Beth ydych chi'n meddwl fydd yr heriau allweddol ar gyfer y daith dramor hon?

2 Sut allwch chi sicrhau bod y chwaraewyr yn aros mewn cyflwr delfrydol ar gyfer cystadlu?

3 Datblygwch daflen ffeithiau am y chwaraewyr ar gyfer ymdopi â'r daith.

Byw i ffwrdd o deulu a ffrindiau

Rhaid i lawer o athletwyr ifanc symud oddi cartref er mwyn hyfforddi a chystadlu ar y lefel uchaf. Gall bod i ffwrdd o ffrindiau a theulu fod yn frawychus i athletwr ifanc, ond rhaid i bob athletwr, ni waeth pa mor hen ydyn nhw, ddatblygu strategaethau er mwyn ymdopi â'r pwysau hyn. Mae sgiliau arweinyddiaeth personol cryf i leihau problemau'n gysylltiedig â byw oddi cartref a allai effeithio ar berfformiad wrth wraidd bod yn athletwr llwyddiannus o'r radd flaenaf.

Dychmygwch eich bod wedi cael eich dewis i fod yn rhan o'r garfan hyfforddi genedlaethol ar gyfer eich camp. Mae pencadlys y garfan 150 milltir i ffwrdd o gartref ac mae'n ofynnol i chi adleoli er mwyn hyfforddi a chystadlu.

- Rhestrwch bum peth y byddai angen i chi eu gwneud er mwyn byw oddi cartref yn llwyddiannus.
- Beth fyddech chi'n ei golli fwyaf am eich cartref a pha strategaethau allech chi eu rhoi ar waith i'ch helpu chi i ymdopi â hyn?
- Pa ffactorau eraill fyddai'n bwysig eu hystyried pe bai'n rhaid i chi symud dramor i ddilyn eich gyrfa chwaraeon?

Gofal iechyd, maeth a ffitrwydd cyffredinol

Gallwch ddarllen mwy am raglenni maeth a hyfforddiant yn *Uned 2: Hyfforddi a Rhaglennu Ffitrwydd ar gyfer Iechyd, Chwaraeon a Lles.*

Mae iechyd a lles yn rhan angenrheidiol a phwysig o berfformiad mewn chwaraeon: hebddyn nhw, mae perfformiad chwaraeon o'r radd flaenaf yn llai tebygol o gael ei gyflawni. Mae statws iechyd athletwr yn adlewyrchu homeostasis y corff, neu ei ymdrechion i gynnal amgylchedd cymharol sefydlog wrth wynebu newidiadau yn ei amgylchedd allanol neu **bathogenau**. Er mwyn lleihau'r risg o heintiau cyffredinol, dylai athletwyr ymarfer hylendid da bob amser a golchi dwylo'n rheolaidd, yn enwedig cyn bwyta.

Bwyta'n dda yw un o'r ffactorau pwysicaf sy'n effeithio ar iechyd a pherfformiad ac mae arferion maethol da yn hanfodol ar gyfer ffordd o fyw yr athletwr. Nodau maethol pwysicaf athletwyr yw cynnal cydbwysedd egni a hylif digonol – gall y ddau fod yn destun newidiadau cymharol gyflym ac maen nhw'n uniongyrchol gysylltiedig â pherfformiad ac iechyd, yn enwedig os yn cystadlu mewn amodau amgylcheddol heriol.

Mae athletwyr o bob oed a gallu yn elwa o ddeiet iach, cytbwys ac amrywiol sy'n benodol i ofynion eu camp. Gallai dewisiadau bwyd amhriodol arwain at ddiffyg egni i gefnogi hyfforddiant, cystadleuaeth a'r adferiad gorau posibl, neu golli neu ennill pwysau diangen. Gall arferion maethol gwael waethygu'r dylanwadau negyddol y gall rhaglenni hyfforddiant trwm eu cael ar system imiwnedd athletwr.

Gorymarfer yw'r broses o hyfforddiant ymarfer corff gormodol a allai arwain at **syndrom gorymarfer**. Gall syndrom gorymarfer arwain at berfformiad gwael mewn cystadleuaeth, anhawster i gynnal rhaglenni hyfforddi, blinder parhaus, salwch rheolaidd, cwsg aflonydd a newidiadau mewn hwyliau. Mae tystiolaeth bod sawl ffactor imiwnedd yn cael eu hatal yn ystod cyfnodau hir o hyfforddiant dwys. Ystyriaethau allweddol yw'r cyfuniad o arferion maethol gwael a'r straen cynyddol o hyfforddiant dwys hirfaith ar system imiwnedd y corff. Mae'r straen sy'n gysylltiedig â hyfforddiant lefel uchel yn cael ei ddylanwadu gan ddwysedd a hyd hyfforddiant, lefel ffitrwydd yr athletwr, a'r cydbwysedd rhwng rhaglenni hyfforddi ac adferiad.

Yn ogystal, mae cael y maint cywir o gwsg yn bwysig i gynnal iechyd a sicrhau llwyddiant ym myd chwaraeon. Gall gormod neu rhy ychydig o gwsg achosi problemau gyda chanolbwyntio a ffocws.

Mae bod yn ffit yn gorfforol yn ymwneud â chael digon o egni, cryfder a sgìl i ymdopi â gofynion beunyddiol eich amgylchedd. Mae lefelau ffitrwydd unigol yn amrywio'n fawr, o'r lefelau isel sy'n ofynnol i ymdopi â gweithgareddau bob dydd i'r lefelau

Pathogenau – bacteriwm neu firws a all achosi afiechyd.

Syndrom gorymarfer – syndrom a achosir gan hyfforddiant ymarfer corff gormodol sy'n cael ei nodweddu gan berfformiad gwael mewn cystadleuaeth, anhawster i gynnal rhaglenni hyfforddi, blinder parhaus, salwch rheolaidd, cwsg aflonydd a newidiadau mewn hwyliau.

gorau posibl sy'n ofynnol gan rai perfformwyr sydd ar frig eu camp. Rhaid i baratoad ac adeiladu rhaglen hyfforddi effeithiol fod yn seiliedig ar y ffordd y mae'r corff yn addasu i wahanol gyfundrefnau hyfforddi. Gellir llunio rhaglenni hyfforddi, sy'n dibynnu ar gam cyfredol y calendr cystadlu, er mwyn pwysleisio un neu lawer o agweddau ar ffitrwydd, er enghraifft cryfder a phwer neu ddygnwch aerobig, gan roi ystyriaeth ofalus i egwyddorion hyfforddiant perthnasol.

Gorffwys ac adfer

Mae hyfforddi a chystadlu, yn enwedig ar y lefel elitaidd mewn chwaraeon, yn rhoi straen ar lawer o systemau'r corff. Yn dilyn hyfforddiant o ddwysedd neu amledd uchel, mae athletwyr yn mynd trwy'r broses adfer fel y gallant ddychwelyd i gyflwr o barodrwydd perfformiad. Mae gorffwys digonol wedi'i gynllunio'n dda yn elfen hanfodol o'r broses hyfforddi gan ei fod yn caniatáu i athletwyr addasu i hyfforddiant, gan eu cefnogi i hyfforddi a pherfformio wrth atal gorymarfer a **gorflinder** (*burnout*). Mae'r broses o adfer yn caniatáu i'r corff adnewyddu ei storfeydd egni a dychwelyd i lefel ffisiolegol a seicolegol arferol.

Mae cynlluniau adfer delfrydol yn debygol o gynnwys gorffwys llwyr ac adferiad gweithredol. Gellir defnyddio adferiad gweithredol ochr yn ochr â gorffwys llwyr er mwyn cyflawni addasiadau i hyfforddiant. Ni fydd diwrnodau gorffwys yn cynnwys unrhyw hyfforddiant ymarfer corff a byddai athletwyr o'r radd flaenaf yn bwriadu ymlacio'n llwyr ar ddiwrnodau gorffwys, efallai i gysgu'n hwyr a threulio'r amser ychwanegol gyda theulu a ffrindiau. Bydd diwrnodau adfer gweithredol yn cynnwys gweithgaredd ond ar ddwysedd hawdd i gymedrol, a gallant gynnwys gweithgareddau amgen i'r athletwr fel cerdded, nofio neu feicio i gael gwaed i lifo i'r cyhyrau er mwyn hwyluso adferiad.

> ### Ymchwil
>
> Gall gorflinder ddigwydd os yw rhieni a hyfforddwyr yn gosod disgwyliadau rhy uchel ar athletwyr ifanc. Ymchwiliwch i orflinder a'r arwyddion a'r symptomau tebygol i edrych amdanynt. Pa strategaethau y gallai athletwr eu datblygu er mwyn ei osgoi a'i reoli?
>
> Efallai yr hoffech chi ystyried rôl gosod nodau, hyfforddiant pendantrwydd, sgiliau datrys problemau a gwneud penderfyniadau, mecanweithiau ymdopi, a gorffwys ac ymlacio digonol.

Rheoli amser

Mae athletwyr yn gwneud llawer o aberthau i gyrraedd eu potensial. Mae ymrwymiad i chwaraeon yn aml yn arwain at bwysau neu aberthau mewn agweddau eraill ar eu bywydau, fel teulu, ffrindiau, gwaith neu addysg. Gall teimlo bod ganddyn nhw ddiffyg amser neu reolaeth dros eu bywydau arwain at straen, a fydd yn effeithio ar berfformiad.

Rhaid i athletwyr ystyried sut maen nhw'n mynd i ymdopi â phwysau amser yn eu bywydau. Maen nhw'n gyfrifol am flaenoriaethu sut i dreulio eu hamser yn effeithiol. Mae rheoli amser yn elfen hanfodol o reoli straen yn effeithiol. Mae'n ymwneud â chyflawni tasgau mewn da bryd trwy ddefnyddio technegau fel gosod nodau, cynllunio tasgau a lleihau'r amser a dreulir ar weithgareddau anghynhyrchiol.

Pwysau hyfforddiant a chystadleuaeth

Rhoddir pwysau ar athletwyr i berfformio, wrth hyfforddi ac mewn cystadleuaeth. Gallai pwysau ddod gan hyfforddwyr, tiwtoriaid, rhieni, gwylwyr, aelodau o'r tîm, partneriaid hyfforddi neu'r athletwr eu hunain. Un rheswm pam mae athletwyr yn rhoi'r gorau i chwaraeon yw straen. Mae hyn yn aml yn cael ei achosi gan rieni neu hyfforddwyr llawn bwriadau da a allai osod nodau afrealistig. Mae angen i athletwyr

> ### Term allweddol
>
> **Gorflinder** – blinder corfforol ac emosiynol sy'n arwain at berfformiad is.

> ### Trafodaeth
>
> Mewn grŵp bach, trafodwch y cwestiynau canlynol.
>
> - Sut ydych chi'n rheoli'ch amser i gynyddu hyfforddiant a pherfformiad i'r eithaf?
> - Pa bethau sy'n bwysig i chi yn eich bywyd?
> - Sut ydych chi'n sicrhau eich bod chi'n blaenoriaethu'r rhain dros bethau eraill?
>
> Rhannwch ganlyniadau eich trafodaeth â gweddill y grŵp ac yna, fel dosbarth cyfan, lluniwch restr o argymhellion ar sut y gallai athletwyr ddechrau delio â rhai o'r materion hyn yn eu bywydau eu hunain.

ifanc yn benodol ddeall bod camgymeriadau neu fethu â chyrraedd targedau yn rhan o'r broses ddysgu ac na ddylid eu hofni.

Mae gallu delio â phwysau yn bwysig os yw athletwr i berfformio hyd eithaf ei allu. Mae hyfforddi neu berfformio pan yn sâl neu wedi eich anafu yn debygol o gael effaith niweidiol hirdymor a dylid ei osgoi. Bydd gorhyfforddi yn anghynhyrchiol ac yn cynyddu'r risg o anaf yn sylweddol. Bydd athletwr llwyddiannus yn datblygu strategaethau ymdopi trwy brofiad a thrafodaeth â'u hyfforddwr, tiwtor neu rieni.

Mae athletwyr yn debygol o brofi lefelau uwch o bwysau yn ystod y gystadleuaeth. Mae'r awydd i ennill – ynghyd â ffactorau fel gwylwyr, y lleoliad ac athletwyr eraill (neu'r gwrthwynebwyr) – i gyd yn chwarae rhan wrth roi straen ar yr athletwr. Mae gallu delio â hyn yn bwysig os yw'r athletwr i gystadlu hyd eithaf ei allu. Cofiwch nad yw pob pwysau yn ddrwg: gall rhywfaint o bwysau helpu i wella cymhelliant a chanolbwyntio, gan gael effaith gadarnhaol ar berfformiad.

Cysylltiad

Gallwch ddarllen mwy am drin ochr feddyliol chwaraeon yn *Uned 6: Seicoleg Chwaraeon.*

Trafodaeth

Trafodwch o ble y gallai pwysau ddod. Efallai yr hoffech chi ddefnyddio enghreifftiau o chwaraeon o'r radd flaenaf ble mae'n ymddangos bod y perfformwyr gorau wedi chwalu dan bwysau. Yn dilyn eich trafodaeth, lluniwch restr o awgrymiadau da ar gyfer rheoli ymatebion i bwysau.

Addysg

Mae addysg yn bwysig i bob athletwr, waeth beth yw eu hoedran. Efallai y bydd angen i athletwr ifanc gyfuno ei hyfforddiant ag astudio ar gyfer TGAU, lefel A, cymwysterau BTEC neu'r Brentisiaeth Lefel Uwch mewn Rhagoriaeth Chwaraeon (AASE). Efallai y bydd athletwr yng nghanol ei yrfa yn astudio i ddod yn hyfforddwr. Ac efallai y bydd athletwyr hŷn yn meddwl beth i'w wneud ar ôl iddynt ymddeol o chwaraeon ac yn astudio er mwyn eu helpu i newid gyrfa.

Cysylltiad

Gallwch ddarllen mwy am addysg a datblygiad proffesiynol parhaus i fabolgampwyr yn *Uned 3: Datblygiad Proffesiynol yn y Diwydiant Chwaraeon.*

Ar gyfer athletwyr iau 16–19 oed, mae'r rhaglenni AASE sy'n rhedeg ar draws llawer o chwaraeon yn ffordd dda o baratoi ar gyfer bywyd mewn chwaraeon proffesiynol neu ar y llwyfan elitaidd. Mae athletwyr ar y rhaglenni hyn yn cael cyfle i wella eu sgiliau a dysgu sut i reoli eu ffordd o fyw mewn chwaraeon proffesiynol ac elitaidd wrth barhau â'u haddysg. Cefnogir y rhaglenni hyn gan staff hyfforddi arbenigol, amgylcheddau hyfforddi o ansawdd uchel a mynediad at arbenigwyr cyflyru, staff meddygol, gwyddonwyr chwaraeon a mentoriaid athletwyr.

Mae athletwr sydd wedi cyflawni llwyddiant ym myd chwaraeon yn ffynhonnell wych o gyngor a gwybodaeth i athletwyr sy'n dod i'r amlwg. Byddant yn gallu rhannu eu profiadau a rhoi cyngor ar hyfforddiant a chystadleuaeth. Gall yr athletwr elitaidd weithredu fel ysgogwr a gwella y cyfleoedd a roddir i berfformwyr ifanc ymhellach. Bydd model rôl cadarnhaol mewn chwaraeon yn cael effaith gadarnhaol ar gyfranogiad chwaraeon.

Dylanwadau eraill ar athletwyr

Gall sut mae athletwr yn rheoli perthnasoedd gynorthwyo eu llwyddiant. Gall deall pobl eraill o'u cwmpas a sut i weithio gyda nhw orau gael effaith gadarnhaol ar ddatblygiad personol a phroffesiynol, ac yn y pen draw ar berfformiad. Gall pwysau cystadlu ar lefel elitaidd osod galwadau cynyddol nid yn unig ar yr athletwr, ond hefyd ar eu teulu agos a'u ffrindiau, a'r entourage (hyfforddwyr, gwyddonwyr chwaraeon, tîm meddygol, asiantiaid a chynrychiolwyr) sy'n eu cefnogi.

Fel rhan o gystadleuaeth a hyfforddiant, yn aml mae'n rhaid i athletwyr ddelio ag aelodau o'r cyhoedd, gan gynnwys cefnogwyr a allai fod yn ymosodol neu'n elyniaethus tuag atynt neu eu tîm. Ar y llaw arall, gall cefnogwyr fod yn gefnogol, sy'n aml yn arwain at berfformiad gwell. Mae'n bwysig bod yr athletwr yn delio â'r sefyllfaoedd hyn mewn ffordd broffesiynol ac effeithiol.

> ⏸ **MUNUD I FEDDWL** Meddyliwch am eich ffordd eich hun o fyw. Pa bwysau ydych chi wedi gorfod eu hwynebu sydd wedi effeithio ar eich gallu i hyfforddi a chystadlu?
>
> **Awgrym** Ystyriwch ffactorau sy'n cymryd eich amser y tu allan i'ch camp - pa effaith y gallai'r rhain eu cael?
>
> **Ymestyn** Sut allech chi oresgyn y pwysau hyn er mwyn cadw'ch perfformiad yn optimaidd? Pa strategaethau allech chi eu datblygu i gefnogi hyn?

Ymyriadau ffisiolegol a chymdeithasegol ynghylch ffordd o fyw

Yn ogystal â'r ffactorau ffordd o fyw yr ydym eisoes wedi'u harchwilio yn yr uned hon, mae athletwyr hefyd yn debygol o wynebu ymyriadau **ffisiolegol** a **chymdeithasegol** ynghylch ffordd o fyw a allai effeithio ar eu perfformiad athletaidd.

Alcohol

Weithiau defnyddir alcohol fel teclyn cymdeithasol mewn chwaraeon, er enghraifft mewn chwaraeon tîm i helpu uno tîm, ac weithiau fe'i defnyddir i ddathlu buddugoliaeth. Ond mewn chwaraeon elitaidd mae disgwyl i athletwyr fod ag agwedd gyfrifol tuag at yfed alcohol, gyda rhai cytundebau yn gofyn am ymatal (dim alcohol) yn ystod y tymor cystadleuol. Mae llawer o gwmnïau alcohol yn defnyddio nawdd chwaraeon fel teclyn marchnata. Fodd bynnag, mae alcohol yn gyffur sy'n effeithio ar bob organ yn eich corff. Mae alcohol yn effeithio ar allu'r corff i ddefnyddio egni'n effeithlon, yn arafu amseroedd ymateb, yn cynyddu colled gwres y corff ac yn lleihau capasiti dygnwch.

Gall yfed gormod arwain at broblemau tymor byr a thymor hir. Yn y tymor byr gall hyn gynnwys ymddygiad afreolus ac amhriodol, a all wneud i'r cyfranogwr gymryd risgiau diangen neu ddenu sylw negyddol gan y cyfryngau. Yn y tymor hir, gall defnyddio gormod o alcohol gael effaith niweidiol ar iechyd cymdeithasol a seicolegol gyda'r risgiau cysylltiedig o ddatblygu strôc, sirosis, gorbwysedd ac iselder.

Ysmygu

Rhoddir cyhoeddusrwydd eang i beryglon ysmygu. Mae tybaco yn cynnwys nicotin a thar sydd ill dau yn niweidiol i iechyd. Yn ystod y blynyddoedd diwethaf mae'r llywodraeth wedi gwario miliynau ar ymgyrchoedd gyda'r nod o atal ysmygu ymysg pobl ifanc. Mae llawer o bobl ifanc yn cael eu denu i ysmygu gan eu bod yn ei ystyried yn 'cŵl'. Mae pwysau gan gyfoedion yn aml yn ffactor sy'n dylanwadu pan fydd rhywun yn dechrau ysmygu.

Gall ysmygu wneud i ymarfer corff deimlo'n anoddach. Pan fyddwch chi'n ymarfer corff, mae cyfradd curiad eich calon yn cynyddu er mwyn bodloni gofynion ocsigen eich cyhyrau. Mae sigaréts yn cynnwys carbon monocsid sy'n clymu i'r haemoglobin mewn gwaed yn fwy effeithiol nag ocsigen, sy'n golygu bod cyhyrau'n llai abl i gael yr

---

Termau allweddol

Ffisiolegol – yn gysylltiedig â gweithrediad arferol y corff neu ei rannau.

Cymdeithasegol – yn gysylltiedig ag astudio ymddygiad dynol sy'n delio â chwestiynau cymdeithasol a phroblemau fel ffactorau diwylliannol ac amgylcheddol.

Cyffuriau hamdden – cyffuriau a gymerir at ddibenion cymdeithasol neu hamdden sydd yn gyffredinol yn newid y meddwl a'r corff. Ymhlith yr enghreifftiau mae alcohol, tybaco, canabis, cocên a heroin.

Cyffuriau gwella perfformiad – cyffuriau a ddefnyddir gan athletwyr i wella perfformiad. Maen nhw wedi'u gwahardd yn llwyr mewn chwaraeon. Ymhlith yr enghreifftiau mae steroidau anabolig, diwretigion ac amffetaminau. Efallai y bydd athletwyr yn cael eu temtio i ddefnyddio cyffuriau gwella perfformiad er mwyn sicrhau llwyddiant.

ocsigen sydd ei angen arnynt yn ystod ymarfer corff. Mae hyn yn golygu bod yn rhaid i'r galon weithio'n galetach.

Ymchwil

Mae gweithgarwch ysmygu chwaraewr canol cae Arsenal a Lloegr, Jack Wilshere, wedi cael cyhoeddusrwydd mawr yn y cyfryngau print poblogaidd. Arolygwch rai o'r erthyglau a gyhoeddwyd ac ystyriwch pam roedd cael eich dal yn ysmygu yn fater dadleuol oedd yn haeddu'r sylw a gafodd yn y cyfryngau. Beth yw goblygiadau tebygol adrodd am weithgaredd o'r fath i berfformiwr chwaraeon o'r radd flaenaf?

Cyffuriau

Wrth i chwaraeon ddod yn fwy cystadleuol byth, mae rhai athletwyr yn troi at gyffuriau er mwyn ceisio rhoi mantais i'w hunain. Gellir rhannu cyffuriau yn ddau brif gategori:

▶ **cyffuriau hamdden**
▶ **cyffuriau sy'n gwella perfformiad**.

Mae cyffuriau hamdden cyffredin fel canabis, cocên neu heroin yn hynod beryglus a gallant arwain at ganlyniadau difrifol i athletwyr. Yn y tymor byr, bydd eu defnydd yn effeithio ar berfformiad, gan wneud llwyddiant yn annhebygol. Yn y tymor hir, mae'r niwed i iechyd yn sylweddol. Dylai pob athletwr osgoi cyffuriau o'r fath gan nad oes budd i'w defnyddio.

Mae 'dopio' yn cyfeirio at ddefnyddio cyffuriau sy'n gwella perfformiad er mwyn cael mantais annheg dros wrthwynebwyr. Mae eu cam-drin wedi cael llawer o gyhoeddusrwydd, gyda llawer o achosion proffil uchel o athletwyr yn eu defnyddio.

▶ **Tabl 27.1:** Enghreifftiau o gyffuriau gwella perfformiad sydd wedi'u gwahardd mewn chwaraeon

Cyffur	Effeithiau	Enghreifftiau o gam-drin mewn chwaraeon	Sgil effeithiau
Steroidau anabolig	• Yn cynyddu pŵer trwy gynyddu cryfder a maint cyhyrau • Yn cynyddu'r amser hyfforddi fel bod athletwr yn gallu hyfforddi'n galetach ac yn hirach • Yn helpu i atgyweirio'r corff ar ôl hyfforddi • Yn cynyddu cystadleurwydd ac ymddygiad ymosodol	• Digwyddiadau pŵer fel taflu pwysau, taflu gwaywffon neu godi pwysau • Digwyddiadau sbrintio	• Clefyd yr iau • Rhai mathau o ganser • Dargadwad hylifau • Anffrwythlondeb • Mae rhydwelïau yn caledu yn cynyddu'r risg o glefyd coronaidd y galon • Anhwylderau croen
Atalyddion beta	• Yn sefydlogi'r nerfau a chryndod llaw	• Snwcer • Dartiau • Saethyddiaeth • Digwyddiadau saethu	• Blinder • Syrthni • Pwysedd gwaed isel • Llewygu • Problemau anadlu
Diwretigion	• Lleihau pwysau'r corff	• Rasio ceffylau • Bocsio	• Dadhydradiad • Crampiau yn y cyhyrau • Methiant yr arennau
Ysgogwyr	• Yn gwella perfformiad trwy gynyddu ymwybyddiaeth • Lleihau blinder	• Chwaraeon wedi eu seilio ar ddygnwch	• Pwysedd gwaed uwch • Cyfradd curiad y galon uwch • Rhithdybiau paranoid • Gorbryder • Ysgwyd a chwysu • Diffyg cwsg ac anesmwythder

Trafodaeth

Mewn grŵp, trafodwch pam rydych chi'n meddwl y gallai athletwyr gael eu denu at ddefnyddio cyffuriau hamdden. Pa resymau a ffactorau ffordd o fyw a allai wneud hyn yn demtasiwn i athletwyr o'r radd flaenaf?

Mewn llawer o chwaraeon, mae athletwyr yn cael eu profi'n rheolaidd am bob math o ddefnydd o gyffuriau. Os ydyn nhw'n profi'n bositif, mae athletwyr yn debygol o gael eu gwahardd o'u camp am amser hir, am oes o bosib, yn ogystal ag wynebu'r risg o erlyniad gan yr heddlu.

Mae UK Anti-Doping wedi datblygu'r ymgyrch '100% me'. Mae ethos 100% me yn ymwneud â bod yn llwyddiannus ac yn hyderus a chynnal gwerthoedd cystadlu'n lân ac yn deg. Mae'r ymgyrch yn ymgorffori pum gwerth allweddol: gwaith caled, penderfyniad, angerdd, gonestrwydd a pharch. Mae dros 50 o chwaraeon yn derbyn cefnogaeth addysgol uniongyrchol trwy'r rhaglen hon, sy'n ceisio cefnogi ac addysgu athletwyr trwy ddarparu cyngor ac arweiniad gwrth-ddopio ymarferol er mwyn sicrhau eu bod yn ymwybodol o'r risgiau a'r cyfrifoldebau sy'n eu hwynebu. Cafodd pob athletwr o Brydain a gystadlodd yng Ngemau Olympaidd Rio 2016 eu cefnogi.

▶ Gellir dod o hyd i wybodaeth am 100% me yma: www.ukad.org.uk/athletes

---

Ymchwil

Ymchwiliwch i'r defnydd o gyffuriau gwella perfformiad yn eich camp, yna cynhaliwch drafodaeth grŵp am eich canfyddiadau. A yw athletwyr mewn rhai categorïau o chwaraeon yn fwy neu'n llai tebygol i ddefnyddio cyffuriau gwella perfformiad?

Os na fyddwch chi'n cymryd rhan yn bersonol mewn chwaraeon strwythuredig efallai yr hoffech chi edrych ar rai o'r achosion proffil uchel sy'n cael eu hadrodd mewn beicio, athletau neu rygbi.

Cosbau (y defnydd o ddisgyblaeth, gwaharddiadau o gemau a dirwyon)

Mewn byd chwaraeon sy'n newid yn barhaus, yn enwedig ar y lefel elitaidd, mae llawer o gymdeithasau'n darparu dogfennau canllaw er mwyn sicrhau cyfranogiad diogel a difyr a phroses ddisgyblu deg a thryloyw i'r rhai sy'n torri ethos y gamp. Efallai y bydd unrhyw gyfranogwr y canfyddir ei fod yn torri ethos neu reolau'r gamp yn destun gwaharddiadau neu ddirwyon er mwyn helpu i sicrhau bod safonau ymddygiad priodol yn cael eu cynnal.

Astudiaeth achos

Cosbau

Roedd un o'r enghreifftiau proffil uchaf o gosbau yn cael eu gosod ar y lefel uchaf o chwaraeon yn ymwneud â Luis Suárez o Uruguay yn dilyn digwyddiad brathu mewn gêm yn erbyn yr Eidal yng Nghwpan y Byd FIFA 2014. Cafodd Suárez ei atal dros dro am naw gêm ryngwladol, cafodd ei wahardd rhag unrhyw weithgaredd yn ymwneud â phêl-droed am bedwar mis a chafodd ddirwy.

Gwiriwch eich gwybodaeth

1 Cynhaliwch drafodaeth yn y dosbarth ar ddifrifoldeb y cosbau hyn. A ydynt yn cyfateb i'r drosedd, ac os felly pam?

2 Ehangwch eich trafodaeth trwy ystyried enghreifftiau o chwaraeon eraill. A yw'n ymddangos bod gan gosbau a gymhwysir ar draws gwahanol chwaraeon lefelau tebyg o ddifrifoldeb a goblygiadau i athletwyr?

Defnyddio'r cyfryngau cymdeithasol

Fel athletwr, mae bod yn egnïol ar gyfryngau cymdeithasol yn cynnig cyfle gwych i rannu heriau a chyffro ffordd o fyw yr athletwr. Ond dylai athletwyr sy'n ymgysylltu ag ef wneud hynny'n gall er mwyn sicrhau eu bod bob amser yn cyfleu delwedd broffesiynol. Mae angen i athletwyr gofio ein bod yn byw mewn cymdeithas sy'n hyrwyddo rhyddid dweud a rhyddid mynegiant, ond nid yw hyn yn golygu na ddylent feddwl yn ofalus cyn postio sylwadau ar gyfryngau cymdeithasol fel Twitter a Facebook. Bydd angen i athletwr hefyd fedru gwrthsefyll y sylwadau a'r farn y gall pobl eraill eu mynegi; gall sylwadau o'r fath yn aml fod yn negyddol ar ôl perfformiad gwael.

Mae llawer o sefydliadau a thimau chwaraeon bellach yn cyhoeddi canllawiau ar ddefnyddio'r cyfryngau cymdeithasol. Er enghraifft, mae'r Pwyllgor Olympaidd Rhyngwladol (IOC) a'r Pwyllgor Paralympaidd Rhyngwladol (IPC) wedi croesawu'r cyfryngau cymdeithasol ac yn annog eu defnyddio, ond wedi gosod canllawiau ar y cyfryngau cymdeithasol, blogio a defnyddio'r rhyngrwyd.

> **Ymchwil**
>
> Ymchwiliwch i'r defnydd o'r cyfryngau cymdeithasol mewn chwaraeon. Fe allech chi ddewis gwneud hyn trwy edrych ar athletwr neu dîm uchel eu proffil. Ceisiwch sefydlu a oes unrhyw ganllawiau ar ddefnyddio'r cyfryngau cymdeithasol gan gorff llywodraethu eu camp.
>
> Efallai yr hoffech chi edrych ar ganllawiau'r IOC aa'r IPC a luniwyd ar gyfer athletwyr ac unigolion achrededig eraill ar gyfer y gemau haf a gaeaf diweddaraf ac ystyried yr effaith a gafodd y rhain.

Teithio

Fel y gwelsom eisoes yn gynharach yn yr uned hon, mae teithio – yn enwedig teithio dros bellter hir – yn aml yn rhoi athletwyr mewn mwy o berygl o fethu â diwallu eu hanghenion maethol neu ildio i salwch ar adeg pan fo'r gofynion ar berfformiad ar eu mwyaf. Ac eto, yn aml gall gemau neu gystadlaethau gynnwys teithio, ac mae'n gyffredin aros dros nos mewn gwestai o flaen llaw neu yn ystod digwyddiad. Mae angen i athletwyr fod â dull strategol wrth deithio i ddigwyddiadau hyfforddi a chystadlaethau a chynllunio o flaen llaw ar gyfer oedi annisgwyl. Mae angen iddynt ystyried eu hanghenion maethol yn arbennig wrth deithio er mwyn sicrhau bod ganddynt brydau neu fyrbrydau cytbwys o ran maeth ar gael sy'n gweddu i'w gofynion hyfforddi a chystadlu.

Teulu a ffrindiau

Bydd gallu athletwr i dreulio amser gyda'i deulu a'i ffrindiau yn cael ei effeithio gan lawer o fathau gwahanol o bwysau, fel arferion caeth a chynlluniau hyfforddi sy'n effeithio ar faint o amser sydd ar gael. Ond mae'r rhwydweithiau cymorth hyn yn bwysig: gallai athletwr brofi anaf sy'n eu hatal rhag hyfforddi a chystadlu, gan achosi rhwystredigaeth a phryder, a gall cefnogaeth gan deulu, ffrindiau a chyflogwyr helpu'r athletwr i ymdopi mewn sefyllfaoedd o'r fath.

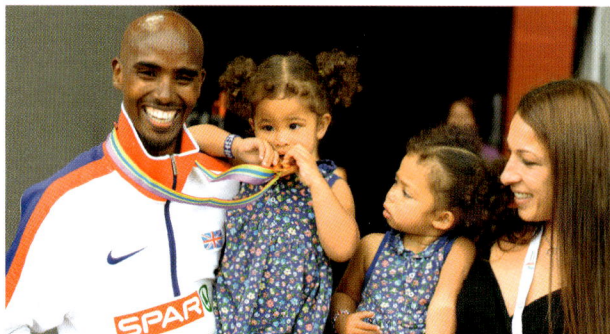

▶ Mo Farah yn dathlu gyda'i deulu ar ôl ennill mewn digwyddiad

Fforrd o Fyw yr Athletwr

Bydd aelodau'r teulu eisiau cefnogi'r athletwr i lwyddo, ond ni fydd hyn bob amser yn atal anawsterau a thensiynau. Dylai rhaglen hyfforddi gynnwys amser a lle i ymlacio gydag aelodau'r teulu: mae'n bwysig bod amser yn cael ei dreulio yn mwynhau eu cwmni, i ffwrdd o bwysau hyfforddiant a chystadleuaeth.

Mae gwaith neu addysg ochr yn ochr â hyfforddiant a chystadlaethau yn golygu efallai na fydd gan athletwyr lawer o amser i gymdeithasu. Gall hyn beri straen wrth ei gyfuno â'r pwysau i sicrhau llwyddiant trwy hyfforddiant a chystadleuaeth. Mae deall a chefnogi ffrindiau yn bwysig os yw'r athletwr i deimlo'n hyderus yn ei ymrwymiad.

⏸ MUNUD I FEDDWL Ystyriwch sefyllfa llawn straen rydych chi wedi dod ar ei thraws o ganlyniad i gymryd rhan mewn chwaraeon. Sut wnaeth hyn i chi deimlo a sut wnaethoch chi ddelio ag ef? A allech fod wedi atal y sefyllfa hon rhag digwydd?

Awgrym Gallai hyn fod yn sefyllfa sy'n gysylltiedig â theithio, tensiynau gyda ffrindiau a theulu, cosbau sydd wedi'u gosod arnoch chi, neu boeni am rywbeth y gallech fod wedi'i bostio ar Facebook neu Twitter.

Ymestyn Nodwch ffyrdd o reoli sefyllfaoedd sy'n achosi straen.

Astudiaeth achos

Dewisiadau a blaenoriaethau ffordd o fyw

Dewisiadau ffordd o fyw yw'r pethau rydyn ni'n eu blaenoriaethu yn ein bywydau sy'n cael effaith fawr ar ein mwynhad a'n boddhad. Trwy ddeall ein blaenoriaethau a byw gan eu dilyn nhw rydyn ni'n derbyn y canlyniadau. Er enghraifft, os mai astudio a chyflawni graddau uchel yw eich prif flaenoriaeth, yna mae'n rhaid i chi dderbyn y canlyniadau – da neu ddrwg – sy'n dod gydag ef, fel gwell siawns o gyflogaeth neu ennill lle mewn prifysgol, neu lai o amser i dreulio gyda eich ffrindiau.

Gwiriwch eich gwybodaeth

1 Sut ydych chi'n gweithio allan beth yw eich blaenoriaethau? Defnyddiwch fap meddwl er mwyn dal yr holl bethau rydych chi'n dewis eu gwneud ac sy'n bwysig i chi. Yna trefnwch nhw o ran blaenoriaeth a myfyrio arnyn nhw.

2 A allwch chi weld unrhyw wrthdaro yn eich blaenoriaethau? Os felly, sut allech chi oresgyn y rhain?

Ymddygiad personol athletwr

Bydd y ffordd y mae athletwyr yn ymddwyn yn ystod hyfforddiant a chystadleuaeth yn cael effaith nid yn unig ar eu llwyddiant eu hunain mewn chwaraeon ond hefyd ar y ffordd y mae pobl eraill yn meddwl amdanynt – a'u camp hefyd. Mae ymddygiad priodol ar ac oddi ar y cae chwarae yn hanfodol, yn enwedig gyda'r cynnydd mewn sylw yn y cyfryngau (digwyddiadau chwaraeon a bywydau preifat cystadleuwyr elitaidd) a chyfleoedd noddi.

Mae'n hanfodol i'r athletwr ddatblygu **hunanddelwedd** gadarnhaol. Mae hwn yn gam cyntaf pwysig tuag at ddatblygu ymddygiad proffesiynol a fydd yn helpu i gyflawni amcanion personol a boddhad ac a fydd yn effeithio ar y ddelwedd y maen nhw'n ei alldaflu i eraill.

Mae hefyd yn bwysig bod yr athletwr yn cael ei weld yn dilyn rheolau, rheoliadau a chodau ymddygiad eu camp. Gall hyn gynnwys y cysyniad o chwarae teg, y **foeseg** a'r **gwerthoedd** anysgrifenedig sy'n sail i'r gamp ac sy'n sicrhau 'chwarae teg'. Mae eu hymddygiad yn adlewyrchu nid yn unig arnyn nhw eu hunain ond ar eu tîm, delwedd eu camp, eu hyfforddwr – a hyd yn oed aelodau o'u teulu. Mae ymddwyn yn broffesiynol ac yn barchus nid yn unig yn dangos gwerthoedd personol yr athletwr, ond hefyd eu bod yn gwerthfawrogi eraill.

Termau allweddol

Hunanddelwedd – y syniad, y cysyniad neu'r ddelwedd feddyliol sydd gennych chi o'ch hun – y ffordd rydych chi'n meddwl am eich hun ac yn edrych arno'ch hun.

Moeseg – egwyddorion moesol neu godau ymddygiad.

Gwerthoedd – delfrydau sy'n ffurfio credoau a gweithredoedd.

Mae angen i athletwyr barchu nid yn unig eraill yn eu camp ond hefyd y rhai y tu allan iddi. Gall ymddygiad athletwr gael ei astudio gan ystod eang o bobl, gan gynnwys gwylwyr a'r cyfryngau. Mae ymddwyn yn broffesiynol ac yn barchus nid yn unig yn dangos eich gwerthoedd personol eich hun, ond hefyd eich bod yn gwerthfawrogi eraill. Gall chwaraeon fod yn rhwystredig, yn enwedig pan fydd athletwr yn perfformio islaw ei orau neu pan nad yw'r canlyniadau'n ffafriol. Gall rhwystredigaeth achosi i athletwyr ymateb yn wael i sylwadau gan wylwyr, a gall hyn gael effaith wael ar ddelwedd yr athletwr a'r gamp yn ei chyfanrwydd. Rhaid iddynt ddilyn y rheolau bob amser a pharchu eu cyfoedion ac eraill.

Athletwyr elitaidd fel modelau rôl

Mae angen i athletwyr elitaidd gofio eu bod yn aml yn fodelau rôl ar gyfer pobl iau, cefnogwyr a phobl eraill nad ydyn nhw'n athletwyr. Mae gan sêr chwaraeon gyfle i fod yn llysgenhadon cadarnhaol ar gyfer eu camp. Gallant chwarae rhan bwysig wrth gyflwyno plant i chwaraeon ac annog mwy o gyfranogiad. Mae plant yn dynwared eu harwyr chwaraeon, yn y ffordd maen nhw'n chwarae a sut maen nhw'n ymddwyn ar ac oddi ar y maes chwaraeon. Gall gweithredoedd athletwyr arwain at ganlyniadau cadarnhaol a negyddol y dylent gymryd cyfrifoldeb amdanynt. Ond nid oes rhaid i athletwyr fod yn enwog i fod yn fodel rôl: gallai athletwyr iau edrych ar athletwyr hŷn a chopïo eu perfformiad neu eu hymddygiad.

Mae athletwyr uchel eu proffil yn aml yn gweithio yn eu cymunedau lleol i roi anogaeth i blant ac i weithredu fel llysgenhadon chwaraeon. Mae hyn yn darparu profiadau cadarnhaol i blant a gall adlewyrchu'n dda ar yr athletwr. Mae'r cyfryngau yn aml yn adrodd ar y mentrau hyn, gan godi proffil yr athletwr a'u camp. Gall y gweithgareddau hyn fod yn lleol, gydag athletwyr lleol yn gweithio mewn ysgolion ac yn helpu gyda hyfforddi, neu yn genedlaethol, gydag athletwyr yn cefnogi ymgyrchoedd penodol ledled y wlad.

Cefnogi datblygiad athletwyr

Mae yna lawer o wahanol gyrff wedi'u sefydlu er mwyn helpu i gefnogi athletwyr i ddatblygu. Mae gan y mwyafrif o chwaraeon gyrff rheoli cenedlaethol (NGBs) ac mae yna lawer o gymdeithasau proffesiynol, clybiau ac elusennau chwaraeon sy'n bodoli er mwyn helpu i gefnogi athletwyr yn eu datblygiad gyrfa. Mae mwy o wybodaeth am y rhain i'w gweld yn *Uned 3: Datblygiad Proffesiynol yn y Diwydiant Chwaraeon*, ar dudalen 135.

Continwwm datblygiad chwaraeon

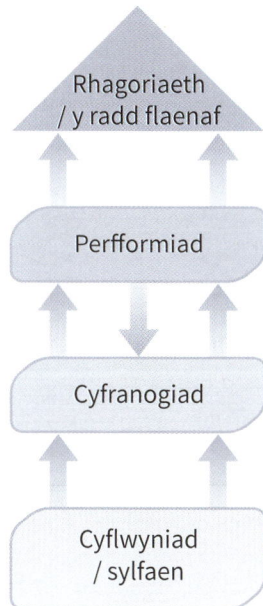

▶ **Ffigur 27.1:** Y continwwm datblygiad chwaraeon

Mae Ffigur 27.1 yn dangos y continwwm datblygiad chwaraeon, sy'n dangos sut mae cyfranogiad athletwr yn datblygu dros amser yn eu camp. Wrth i athletwr symud i fyny'r continwwm, mae eu gallu i berfformio yn cyrraedd lefel uwch. Ar bob lefel o'r continwwm mae llai a llai o athletwyr: dim ond ychydig ohonynt fydd yn cyrraedd lefel elitaidd.

▶ Cyflwyniad/sylfaen – ar hyn o bryd mae'r cyfranogwyr yn cael eu dosbarthu fel dechreuwyr, gan ddysgu sgiliau a thechnegau sylfaenol eu chwaraeon. Bydd cyfranogwyr yn datblygu eu 'llythrennedd corfforol' (cymhwysedd corfforol unigolyn). Hyd yn oed ar y lefel hon mae cymhelliant, hyder, gwybodaeth a dealltwriaeth yn hanfodol. Mae'n bwysig ar hyn o bryd bod cydraddoldeb ac amrywiaeth yn cael eu hystyried a bod yr un cyfleoedd yn cael eu cynnig i bob athletwr ifanc. Er bod perfformwyr ar y cam hwn fel arfer yn ifanc, mae'n bwysig eu bod yn datblygu eu sgiliau cymdeithasol ar y pwynt yma, gan gynnwys y gallu i ddelio â cholled a gyda gwrthdaro a dicter.

▶ Cyfranogiad – mae'r cam hwn yn cynnwys cymryd rhan yn rheolaidd yn y gamp a datblygu sgiliau ymhellach. Gall cyfranogiad fod i gymdeithasu, er mwynhad, ac er mwyn gwella ffitrwydd ac iechyd.

▶ Perfformiad – mae'r cam hwn yn cynnwys canolbwyntio ar gamp a thechneg benodol i'w datblygu. Bydd yr athletwr yn dangos ymrwymiad i berffeithio eu sgiliau a bydd ar safon clwb neu ranbarthol. Cyrhaeddir y lefel hon trwy hyfforddi safonol a chystadleuaeth reolaidd.

▶ Rhagoriaeth/y radd flaenaf – mae'r lefel hon yn cynnwys perfformwyr medrus ar frig eu perfformiad. Ychydig iawn o bobl sy'n cyrraedd y cam hwn. Mae'r rhai sy'n gwneud fel arfer yn athletwyr proffesiynol, yn cystadlu am wobrau **anghynhenid** a **chynhenid**. Yn aml byddant yn cynrychioli eu sir a/neu wlad.

Cysylltiad

Mae mwy o wybodaeth am wobrau cynhenid ac anghynhenid i'w gweld yn *Uned 8: Hyfforddi ar gyfer Perfformiad*.

Rhaglenni datblygu athletwyr ifanc

Mae rhaglenni datblygu athletwyr ifanc yn cael eu creu i gynhyrchu dilyniant o gamau cynyddol trwy'r gamp, er mwyn cefnogi datblygiad athletwyr ifanc. Yn aml, bydd y rhaglenni hyn yn recriwtio athletwyr ifanc talentog sydd wedi cael eu sgowtio mewn un o sawl ffordd ar gyfer gwahanol chwaraeon. Er enghraifft, gellir annog athletwyr ifanc sy'n rhagori mewn timau a chystadlaethau ysgol i ymuno â chlybiau lleol. Yna gall hyn arwain at eu cyflwyno i dreialon sirol neu ranbarthol ac, os cânt eu dewis, gallant dderbyn hyd yn oed mwy o hyfforddiant arbenigol a chyfleusterau gwell. Os byddant yn llwyddiannus ar y pwynt yma gellir cyflwyno'r perfformwyr i dreialon cenedlaethol.

Ar ôl cael eu recriwtio i raglen datblygu athletwyr ifanc, mae'r cam cyntaf fel arfer yn ymwneud â datblygu'r sgiliau symud sylfaenol ar gyfer camp. Dilynir hyn fel arfer gan ddysgu i hyfforddi, hyfforddi i hyfforddi ac yn olaf hyfforddi i gystadlu. Mae gan bob camp ei rhaglen ddatblygu ei hun, er enghraifft:

▶ Mae'r DU yn rhedeg Athletics 365, rhaglen datblygu athletwyr ifanc aml-ddigwyddiad ar gyfer plant 8–15 oed. Mae'r digwyddiad hwn yn helpu i gychwyn y sgiliau symud sylfaenol.

▶ Mae Beicio Prydain yn cynnig rhaglen ddatblygiad glir y 'llwybr i feicwyr' sy'n cynorthwyo darpar athletwyr i ddod yn berfformwyr o'r radd flaenaf ac yn sêr beicio byd-eang ac Olympaidd.

▶ Mae Ysgol Millfield yn cael ei chydnabod gan y rhaglen World Class ac mae ganddi ei Sefydliad Chwaraeon a Lles ei hun sy'n darparu cefnogaeth wych i'r darpar athletwyr yn yr ysgol.

▶ Mae Girls4Gold yn gynllun athletwyr talentog ar gyfer menywod sy'n chwilio am athletwyr pwerus ac ymrwymedig iawn o'r DU. Mae UK Sport yn gweithio ar y cyd â Sefydliad Chwaraeon Lloegr, gan dargedu menywod 15–17 oed sydd â'r potensial i addasu i gamp newydd ar gyfer Gemau Olympaidd 2020. Enillodd Lizzy Yarnold fedal aur yn y digwyddiad Sgerbwd yng Ngemau Olympaidd Gaeaf Sochi 2014 – nid oedd hi erioed wedi rhoi cynnig ar y gamp cyn 2008.

Ymarfer asesu 27.1

A.P1 **A.P2** **A.M1** **C.M4** **AB.D1**

Mae eich clwb wedi penodi hyfforddwr newydd. Ffocws allweddol eu rôl fydd gwella perfformiad pob athletwr ifanc yn y clwb gyda'r nod o'u cefnogi i gyrraedd eu potensial llawn. Mae'r hyfforddwr wedi siarad â phob athletwr yn unigol ac wedi egluro'n llawn am bwysigrwydd hyfforddi a pharatoi at gystadleuaeth.

Mae'r hyfforddwr wedi gofyn i chi baratoi adroddiad byr ar eich anghenion datblyu perfformiad eich hun ac wedi gofyn i chi roi sylw arbennig i sut y gall ffactorau a dewisiadau ffordd o fyw helpu neu rwystro'ch perfformiad. Dylai eich adroddiad:

• esbonio'r prif ffactorau ffordd o fyw a all effeithio ar athletwyr

• dadansoddi ffyrdd o leihau effaith ffactorau ffordd o fyw ar eich perfformiad chwaraeon

• esbonio pa gefnogaeth a allai fod ar gael i helpu'ch datblygiad.

Cynllunio

• Rwy'n deall y gofynnir i mi werthuso sut y gallai ffactorau a dewisiadau ffordd o fyw a wnaf effeithio ar fy mherfformiad.

• Dechreuaf trwy dreulio peth amser yn ystyried fy amcanion perfformiad ar gyfer y flwyddyn nesaf a beth sy'n debygol o effeithio arnynt.

Gwneud

• Rwy'n gwybod bod angen i mi gynhyrchu adroddiad.

• Dylai hwn gael ei gyflwyno mewn fformat clir a rhesymegol er mwyn i'r hyfforddwr fedru cyfeirio ato'n hawdd.

Adolygu

• Byddaf yn gwerthuso sut yr wyf wedi mynd i'r afael â'r dasg a'r hyn yr wyf wedi'i gyflwyno.

• Ydw i wedi nodi ffactorau ffordd o fyw sy'n effeithio ar fy mherfformiad?

• Ydw i wedi ystyried sut y gallwn i leihau effaith y ffactorau ffordd o fyw hyn ar fy mherfformiad chwaraeon?

• Ydw i wedi cynhyrchu adroddiad clir a rhesymegol ar fy anghenion datblygu a sut y gallai'r rhain gael eu cefnogi?

B   Archwilio ffactorau ariannol sy'n dylanwadu ar ffordd o fyw athletwr

Er mwyn i athletwr fod yn llwyddiannus mae'n hanfodol bod ganddo arian i gefnogi ei hyfforddiant. Yn yr adran hon byddwn yn edrych ar y gwahanol ffyrdd y mae athletwyr yn cael eu hariannu a'u cyfrifoldebau ariannol.

Cyllid ar gyfer athletwyr

Amrywiaeth cyllid mewn gwahanol chwaraeon

Gall yr incwm posibl ar gyfer athletwyr o'r radd flaenaf amrywio'n sylweddol ar sail eu camp ddewisol. Bydd clybiau pêl-droed yn yr Uwch Gynghrair yn derbyn hyd at £150 miliwn mewn gwobrau yn unig. Nid yw hyn yn cynnwys yr incwm ychwanegol y maen nhw'n ei ennill o chwarae gemau teledu byw. Dosberthir yr arian hwn i chwaraewyr trwy system gyflogau sydd, yn yr Uwch Gynghrair, yn talu £30,000 yr wythnos ar gyfartaledd i chwaraewyr – mae rhai chwaraewyr yn ennill mwy na £250,000 yr wythnos.

Ar ben arall y raddfa gyflog mae'n annhebygol y bydd chwaraewr hoci rhyngwladol llawn amser yn ennill mwy na £40,000 y flwyddyn. Dim ond £23–40,000 y flwyddyn y bydd hyd yn oed enillydd posibl medal mewn athletau yn ei dderbyn mewn **cyllid**.

> ### Trafodaeth
>
> Beth ydych chi'n ei feddwl am y gwahaniaeth mewn enillion posibl gwahanol athletwyr? Mewn grŵp, trafodwch beth allai hyn ei olygu i wahanol chwaraeon, yn enwedig chwaraeon tîm. Sut ydych chi'n meddwl y gallai hyn greu heriau i fabolgampwyr?

Term allweddol

Cyllid – arian a ddarperir i athletwr er mwyn cefnogi ei hyfforddiant a'i gystadlu.

Sut y gall lefel y gamp effeithio ar gyllid

Nid y gamp y mae athletwr yn cymryd rhan ynddi yw'r unig ffactor sy'n effeithio ar eu hincwm. Bydd y lefel y mae'r perfformiwr yn cymryd rhan ynddo hefyd yn effeithio ar eu hincwm, fel yr amlinellir isod.

- Mae athletwyr **proffesiynol** yn debygol o hyfforddi'n llawn amser, bod ag amserlen heriol a disgyblaeth aruthrol. Mae'n debyg y bydd ganddyn nhw fynediad at ystod o wyddonwyr chwaraeon er mwyn cefnogi eu hyfforddiant a'u datblygiad. Bydd angen iddynt hyfforddi bob dydd ac mae eu ffordd o fyw wedi'i seilio ar gystadlaethau ac amserlenni hyfforddi.

- Mae **amatur** yn cymryd rhan yn y gamp oherwydd cariad tuag ati, gyda'r cyfranogiad yn bwysicach na'r canlyniad. Maen nhw'n dewis pryd maen nhw'n chwarae ac yn hyfforddi. Ni fydd amaturiaid yn derbyn unrhyw arian am gymryd rhan mewn digwyddiadau a bydd yn rhaid iddynt ariannu eu hyfforddiant, eu ffioedd ac unrhyw gostau eraill.

- Bydd **athletwyr lleol** fel arfer yn cystadlu yn erbyn athletwyr eraill sy'n astudio neu'n gweithio'n llawn amser a dim ond pellteroedd cymharol fyr y byddant yn teithio ar gyfer eu gemau cystadleuol. Ni fydd llawer o athletwyr byth yn symud ymlaen y tu hwnt i'r cam hwn.

- Mae **athletwyr cenedlaethol** yn fwyfwy tebygol o dderbyn rhywfaint o gymorth ariannol ar gyfer cymryd rhan – ond gall y swm amrywio'n fawr o gamp i gamp. Dewisir athletwr cenedlaethol i gynrychioli ei wlad mewn gemau neu gystadlaethau rhyngwladol.

- Mae **athletwyr rhyngwladol** yn cymryd rhan mewn chwaraeon poblogaidd a nhw yw'r athletwyr rydych chi'n debygol o ddarllen amdanynt yn y papurau newydd neu eu gweld ar y teledu. Mae'r athletwyr hyn yn debygol iawn o dderbyn cyflogau proffidiol, nawdd a chefnogaeth o'r radd flaenaf.

Denu cyllid

Chwaraeon proffil uchel, fel pêl-droed a Fformiwla Un, sy'n cael y mwyafrif o sylw'r cyfryngau, nawdd a'r incwm a ddaw yn sgil hyn. Ychydig iawn o gyllid a sylw'r cyfryngau y mae chwaraeon arbenigol, er enghraifft ffensio, yn eu derbyn.

Ym mis Ionawr 2011 cyhoeddodd cymdeithas Ffensio Prydain gytundeb noddi pum mlynedd gwerth £1 miliwn gyda chwmni yswiriant. Mae ganddyn nhw 21 o ffenswyr mewn Rhaglen Berfformio o Safon Byd sy'n helpu Ffensio Prydain i ariannu'r rhai sy'n debygol o sicrhau llwyddiant podiwm mewn gemau yn y dyfodol.

Er bod y cytundeb yma'n swnio fel llawer o arian, mae ffensio yn dal i gael ei ystyried yn gamp arbenigol, yn enwedig o'i chymharu â chwaraeon mwy prif ffrwd (a phroffil uchel) fel athletau. Er enghraifft, yn 2015 llofnododd Nike ac UK Athletics gytundeb noddi gwerth £15 miliwn.

Mae cwmnïau'n barod i fuddsoddi symiau sylweddol o arian mewn chwaraeon sydd â siawns realistig o lwyddiant rhyngwladol a'r sylw a ddaw gydag ef yn y cyfryngau. Mae UK Athletics yn cefnogi tua 140 o athletwyr ar ei Raglen o Safon Byd ar lefel 'podiwm' neu 'botensial o gael podiwm'.

Gwiriwch eich gwybodaeth

1 Ydych chi'n meddwl ei bod hi'n deg bod gwahanol chwaraeon yn derbyn gwahanol lefelau o gyllid?

2 A ydych chi'n credu y dylai athletwyr dderbyn mwy o arian pan fyddant ar y cam 'potensial' i'w helpu i ddatblygu, neu fel arall pan fyddant ar y brig ond o bosibl yn derbyn cyllid ychwanegol o rywle arall?

Sut mae cam yr yrfa yn effeithio ar gyllid

I athletwr uchelgeisiol sydd eto i ddod yn enw cyfarwydd, gall fod yn hynod heriol codi digon o arian i dalu am hyfforddwyr, aelodaeth o gampfa, ffisiotherapi, costau teithio, ceisiadau i gystadlaethau a chostau hanfodol eraill. Gall y pwysau hyn orfodi rhai i roi'r gorau iddi oherwydd y gost ariannol uchel. Mae'r incwm ar ei isaf yn ystod camau cynnar gyrfa (yn aml rhwng 17 a 19 oed). Rhwng 20 a 24 oed gall incwm gynyddu'n gyson.

Mae'r prif gyfnod i athletwyr wneud arian fel arfer rhwng 25–29 oed gan eu bod ar eu hanterth corfforol. Yn aml wedi hen ennill ei blwyf yn y cyfryngau erbyn y cam hwn, bydd ganddyn nhw noddwyr a rhywfaint o lwyddiant yn eu camp. Yn aml gallant dderbyn ffioedd proffidiol fel:

▶ **ffioedd ymddangosiad**, a delir am fynd i ddigwyddiad heb gystadlu o reidrwydd

▶ **ffioedd cyfranogi**, a delir i athletwr am gymryd rhan mewn digwyddiad yn benodol

▶ **ffioedd perfformiad**, a ddyfernir i athletwyr am gyrraedd nodau a bennwyd o flaen llaw. Gallai'r rhain fod yn seiliedig ar gyflawni safle penodol mewn ras, ennill medal, torri record byd, neu gyflawni nod amser neu bellter.

Mae rhai unigolion yn parhau i gymryd rhan nes eu bod yng nghanol eu 30au, ond mae hyn yn gymharol brin. Pan na allant gystadlu'n gorfforol mwyach, gall enillion proffidiol o gymryd rhan mewn chwaraeon ddod i ben. Gall hyn fod yn anodd gan fod athletwyr sy'n ymddeol yn dal i fod yn unigolion iach gyda 35–40 mlynedd arall o'u bywyd gwaith o'u blaenau, y bydd angen incwm arnynt.

⏸ MUNUD I FEDDWL   Allwch chi ddisgrifio sut mae cyllid yn amrywio ar gyfer gwahanol chwaraeon? Sut mae lefel y perfformiad yn effeithio ar gyllid? Sut gall cam yr yrfa effeithio ar incwm posib?

Awgrym   Beth yw'r rhesymau cyffredin i berfformiwr chwaraeon dderbyn lefel uchel o gyllid?

Ymestyn   Ymchwiliwch i'r ffynonellau cyllid sydd ar gael i athletwyr o'r radd flaenaf mewn camp o'ch dewis.

Mathau o gyllid

Gall athletwyr dderbyn cyllid o sawl ffynhonnell wahanol. Mae rhai o'r ffynonellau hyn yn cael eu harian gan y llywodraeth, tra bod eraill yn dibynnu ar arian gan noddwyr corfforaethol.

Cyllid y Loteri Genedlaethol (Rhaglen Chwaraeon o Safon Byd y DU)

Mae UK Sport yn un o 12 sefydliad annibynnol sy'n derbyn cyllid y Loteri Genedlaethol, y maen nhw'n ei ddefnyddio ar gyfer eu Rhaglen o Safon Byd. Mae'n cefnogi pob athletwr o Brydain sydd â siawns realistig o ennill medal dros y gemau Olympaidd a Pharalympaidd nesaf. Maen nhw'n canolbwyntio ar gydnabod a gwerthuso'r athletwyr sydd â gallu a chyfleoedd i ennill medalau yn y dyfodol. Mae cenhadaeth UK Sport yn parhau i fod ynglŷn â chael y gefnogaeth gywir i'r athletwyr cywir am y rhesymau cywir.

Mae dwy lefel i'r rhaglen:

▶ **podiwm** – yn cefnogi unigolion sydd â gallu gwirioneddol i ennill medalau yn y gemau Olympaidd/Paralympaidd nesaf (uchafswm o bedair blynedd i ffwrdd)

▶ **potensial o gael podiwm** – ble mae perfformiadau'r unigolyn yn awgrymu bod ganddo botensial realistig i ennill medalau o fewn yr wyth mlynedd nesaf (y gemau Olympaidd ar ôl yr un nesaf).

Ar hyn o bryd mae tua 1300 o athletwyr yn derbyn cefnogaeth o wariant blynyddol UK Sport o oddeutu £100 miliwn y flwyddyn. Ar gyfer athletwyr ar y Rhaglen Podiwm o Safon Byd, mae'r cyllid fel arfer yn werth £36–£60,000 yn unigol bob blwyddyn. Lefel Potensial o gael Podiwm yw £23–£40,000 y flwyddyn i bob athletwr, er y gall fod yn llai mewn rhai chwaraeon.

Mae Rhaglen o Safon Byd yn y DU yn gweithio ar y cyd ag amrywiol NGBs chwaraeon.

Cyllid y Corff Rheoli Cenedlaethol (*NGBs – National Governing Bodies*)

Yn flynyddol mae Chwaraeon Cymru yn darparu miliynau o gyllid i gefnogi pobl ifanc talentog. Maen nhw'n cefnogi athletwyr ifanc yn benodol er mwyn rhoi mynediad iddynt i hyfforddiant o safon uchel, y cyfleusterau gorau a'r cyfle i gymryd rhan mewn cystadleuaeth heriol ar y lefel uchaf. Er na fydd pob athletwr ifanc yn cyflawni llwyddiant rhyngwladol, mae'n dal yn bwysig bod pob athletwr talentog ifanc yn cyflawni ei botensial. Mae UK Sport yn rhoi targedau yn gysylltiedig â pherfformiad i'w gyrff llywodraethu unigol. Maen nhw mewn perygl o golli eu cyllid os na fyddant yn llwyddo i gyflawni lleoedd podiwm. Tynnwyd cyllid gwerth £7 miliwn o dîm Pêl-fasged Prydain Fawr yn 2014 ar ôl eu perfformiad gwael yng ngemau 2012.

Mae amryw o NGBs yn buddsoddi mewn chwaraeon ieuenctid er mwyn helpu datblygu darpar athletwyr, weithiau mewn partneriaeth â noddwyr. Er enghraifft, mae Cymdeithas Bêl-droed Cymru a BT yn gweithio gyda'i gilydd i gefnogi a datblygu talent posib. Mae NGBs hefyd yn darparu cyllid ar gyfer cyfleusterau arbenigol a hyfforddiant, ac yn annog clybiau i ymuno â'u cynlluniau siarter safonol er mwyn gwarantu ansawdd yr hyfforddiant y maen nhw'n ei ddarparu.

Grantiau

Mae yna lawer o sefydliadau sy'n darparu **grantiau** ar gyfer sêr neu dimau chwaraeon i'w helpu i ddatblygu a chyflawni eu potensial. Mae sefydliadau yn gwneud hyn am sawl rheswm: rhoi yn ôl i'r gymuned/gymdeithas; cefnogi timau chwaraeon eu cenedl; neu am y cyhoeddusrwydd a ddaw o gysylltiad â pherfformiwr neu dîm chwaraeon llwyddiannus. Mae Tabl 27.2 yn rhestru rhai ffynonellau grantiau.

> **Term allweddol**
>
> **Grant** – arian a roddir at bwrpas penodol (yn yr achos hwn, i gefnogi athletwr) nad oes rhaid ei ad-dalu.

▶ **Tabl 27.2:** Rhai ffynonellau grantiau

Sefydliad	
Asda Athletes	Ers 2008 mae Asda wedi gweithio gyda SportsAid i ddarparu cyllid a chefnogaeth i oddeutu 1,300 o athletwyr o Brydain. Mae'r cynllun wedi darparu mwy na £1 miliwn i lawer o ddarpar athletwyr ac mae'n darparu cymorth ariannol, ymarferol a gyrfaol. Yn gyfnewid am hyn, mae'r athletwr yn gweithio gyda'i siop Asda leol i helpu i godi arian ychwanegol. Mae hyn yn fodd i ddatblygu eu proffil yn y gymuned leol ac yn adeiladu cefnogaeth i'r athletwr.
GLL Sport Foundation	Ers 2007 mae GLL Sport Foundation wedi cefnogi athletwyr ifanc dawnus. Dangosodd eu hymchwil fod y gost flynyddol o sicrhau cynrychiolaeth genedlaethol ar y lefel uchaf oddeutu £6,000. Mae £4.9 miliwn o ddarpariaeth ariannol wedi'i roi i 8,400 o athletwyr ar ddechrau eu gyrfaoedd. Mae'r sefydliad yn canolbwyntio'n benodol ar: • unigolion o ardaloedd difreintiedig • cynyddu cyfranogiad ehangach • creu etifeddiaethau hir-dymor a rheoli llwybrau datblygu talent cenedlaethol.
SportsAid	Wedi'i sefydlu yn y 1970au, mae SportsAid yn elusen chwaraeon flaenllaw, sy'n codi arian i gynorthwyo perfformwyr chwaraeon dawnus ar ddechrau eu gyrfa. Mae wedi darparu dros £30 miliwn a rhoddir oddeutu 2,000 o ddyfarniadau bob blwyddyn.

Bwrsariaethau

Mae bwrsariaeth yn arian y gall athletwr, neu ei ysgol/coleg neu brifysgol, ei ddefnyddio er mwyn talu am hyfforddiant ac offer arbenigol ar gyfer y gamp. Mae argaeledd bwrsariaethau yn amrywio yn ôl yr ardal y mae athletwr yn byw ynddi. Mae cynghorau lleol neu sirol yn cynnig bwrsariaethau i athletwyr addawol, fel y mae rhai busnesau neu elusennau. Mae'r broses o ymgeisio ar gyfer pob un yn aml yn wahanol, felly hefyd y gefnogaeth a ddarperir.

Ysgoloriaethau

Mae ysgoloriaeth yn ddyfarniad o gymorth ariannol er mwyn i unigolyn ddatblygu ei addysg a'i helpu i gyflawni ei botensial mewn chwaraeon. Fe'u dyfernir yn aml ar ôl cyflawni meini prawf penodol. Un fantais sylweddol o ysgoloriaethau yw nad oes angen eu had-dalu. Yn yr UDA gall ysgoloriaethau llawn fod yn werth dros $50,000 y flwyddyn i athletwr.

Nawdd

Nawdd yw'r arian neu offer a roddir i athletwr neu dîm gan gwmni neu unigolyn. Mae hyn yn caniatáu i'r athletwr ganolbwyntio ar hyfforddi a chystadlu yn hytrach na gorfod gweithio i gynnal ei hun. Mae dylanwad nawdd ar ddatblygiad modern chwaraeon wedi bod yn enfawr. Mae chwaraeon bellach yn fusnes mawr, gyda chwmnïau mawr yn gwario miliynau o bunnoedd i noddi digwyddiadau neu unigolion.

Mae llawer o gwmnïau eisiau i athletwr uchel eu proffil gymeradwyo ei gynnyrch neu gwmni fel ei fod yn ennill sylw'r cyfryngau ac, yn y pen draw, yn gwerthu mwy o gynnyrch. Mae cwmnïau fel Nike ac Adidas yn buddsoddi miliynau o bunnoedd mewn timau ac unigolion fel eu bod yn gwisgo eu dillad. Mae cwmnïau o'r fath wedi bod yn rhannol gyfrifol am greu eiconau chwaraeon fel Roger Federer a David Beckham.

Mae cwmnïau masnachol yn cydnabod y gall sêr chwaraeon o'r radd flaenaf fod yn eiconau ffasiwn a modelau rôl felly maen nhw'n awyddus i'w defnyddio yn eu hymgyrchoedd hysbysebu. Mae hyn yn arbennig o wir am ddillad chwaraeon, sydd bellach yn gynnyrch ffasiwn yn ogystal ag yn un o fudd i chwaraeon.

Ar raddfa lai, gallai tîm pêl-droed mewn Cynghrair Dydd Sul ennill nawdd gan fusnes lleol er mwyn talu am eu cit neu ffioedd gemau.

Astudiaeth achos

Cynllun *Talented Athlete Scholarship Scheme* (TASS) Sport England

Cefnogir y cynllun Talented Athlete Scholarship Scheme (TASS) Sport England yn ariannol gan Lywodraeth y DU. Mae'n cynrychioli partneriaeth unigryw rhwng athletwyr ifanc dawnus, NGBs, colegau a phrifysgolion.

Crëwyd y cynllun yn 2004 ac ers hynny, mae dros £25 miliwn wedi'i ddarparu ar gyfer athletwyr, gyda mwy na 6,000 o wobrau unigol. Cafodd y cynllun effaith yng Ngemau Olympaidd/Paralympaidd Beijing yn 2008, pan enillodd 19 o athletwyr TASS fedalau. Yng ngemau Llundain 2012, cystadlodd 200 o athletwyr TASS, gyda 44 ohonyn nhw'n ennill medal.

Mae Helen Glover, rhwyfwr, yn un o'r nifer o athletwyr llwyddiannus sydd wedi elwa o TASS yng nghyfnod cynnar eu gyrfa, pan oedd angen y gefnogaeth fwyaf. Defnyddiwyd y grant ar gyfer hyfforddi, ffisiotherapi, cymorth gwyddor chwaraeon, offer a dillad. Mae athletwyr TASS hefyd yn cael arweiniad ar sut i gydbwyso hyfforddiant gyda phwysau academaidd.

Dywedodd Glover yn ddiweddar: 'Dyma'r pethau ychwanegol na fyddwn i erioed wedi'u hystyried o'r blaen, fel cael ffisio, gofalu amdanaf fy hun a chael y cit iawn. Gwnaeth y pethau hynny wahaniaeth enfawr a thipio'r cydbwysedd. Mae cael y gefnogaeth honno yno yn golygu bod gennych lawer mwy o'ch plaid ac mae'n dod â'r ods hynny i fantais yr athletwr yn aruthrol. Y teimlad oedd bod system o gymorth yno, i mi, yn benodol yn fy sefyllfa i, roedd hynny'n bwysig iawn.'

Mae Tom Daley, Rebecca Adlington, Laura Trott, Zac Purchase a Greg Rutherford yn athletwyr llwyddiannus iawn eraill sydd wedi elwa o TASS.

Gwiriwch eich gwybodaeth

1 Rhestrwch fuddion y cynllun TASS i'r athletwr a'r corff llywodraethu.

2 Esboniwch sut y gallai'r gefnogaeth hon helpu'r athletwyr hyn i ddatblygu.

3 Mewn grŵp bach, crëwch gyflwyniad sy'n cymharu llwyddiant y gwahanol gynlluniau grant ar gyfer athletwyr. Efallai yr hoffech chi ganolbwyntio ar un grant yr un yn eich grwpiau.

❚❚ MUNUD I FEDDWL   Allwch chi esbonio'r mathau o ariannu sydd ar gael i athletwyr?

Awgrym   Beth yw pethau cadarnhaol a negyddol ynghylch pob math o gyllid? Er enghraifft, pan fydd cytundeb nawdd yn gorffen, sut gallai hyn effeithio ar yr athletwr?

Ymestyn   Edrychwch ar wefannau NGBs a darganfod pa gymorth ariannol maen nhw'n ei gynnig ar lawr gwlad ac ar gyfer darpar enillwyr medalau.

Ffynonellau eraill o incwm

Cyflogaeth ran-amser

Ar gyfer pob seren broffesiynol sy'n ennill miliynau o bunnoedd mae yna lawer o athletwyr sy'n cystadlu ar y llwyfan byd-eang nad ydyn nhw'n gallu hyfforddi'n llawn amser ac sy'n derbyn ychydig iawn o incwm. Rhaid i rai athletwyr weithio'n rhan-amser er mwyn ariannu ei gyrfa ddewisol.

Mae'n hawdd tybio bod athletwyr mewn digwyddiadau fel Gemau'r Gymanwlad 2014 a beicwyr yn y Tour de France yn hyfforddi'n llawn amser. Fodd bynnag, ychydig iawn o wobr y mae llawer o athletwyr sy'n ymroi eu bywydau i'w gyrfaoedd chwaraeon yn ei dderbyn. Gallent fod y gorau yn eu camp ond, heb ddigon o arian, nid yw'n anghyffredin iddynt ychwanegu at eu hincwm gyda hyfforddiant neu swyddi eraill. Gall y ffordd hon o fyw ofyn llawer ar yr athletwr wrth iddyn nhw geisio cydbwyso ymrwymiadau gwaith, teulu, ariannol ac ymrwymiadau chwaraeon, ochr yn ochr ag addysg o bosib.

Hawliau delwedd

Ar gyfer sêr o'r radd flaenaf, gall eu delwedd a'u henw fod mor werthfawr ag enw â nodau masnachol fel Adidas neu Nike. Mae 'hawliau delwedd' yn golygu bod gan athletwr unigol reolaeth dros sut mae eu henw a'u delwedd yn cael eu defnyddio a'u hecsbloetio'n fasnachol. Gellir defnyddio eu delwedd i helpu i werthu cynnyrch ledled y byd, gan greu incwm ariannol sylweddol i'r perfformiwr chwaraeon.

Mae llawer o berfformwyr chwaraeon yn ystyried hawliau delwedd yn ofalus wrth drafod cytundebau. Er enghraifft, gallai perfformiwr chwaraeon sydd â chytundeb â chlwb gytuno i rannu ei incwm hawliau delwedd, gan rannu ffigur canrannol rhwng y clwb (a allai fod wedi buddsoddi ffi drosglwyddo fawr ac yn ceisio sicrhau'r incwm mwyaf posibl i dalu am y fargen) a'r unigolyn. Efallai eich bod yn ymwybodol o chwaraewyr a chlybiau sy'n nod fasnachu (*trademark*) eu delwedd a'u henw i fanteisio ar ei werth.

Gwobrau ariannol

Mae gwobr ariannol yn wobr am sicrhau llwyddiant mewn cystadleuaeth chwaraeon. Mae llawer o athletwyr yn dibynnu ar wobr ariannol i gynnal eu gyrfaoedd chwaraeon. Gall swm y wobr ariannol amrywio yn dibynnu ar faint y gamp. Mewn pêl-droed, derbyniodd enillwyr Cynghrair Pencampwyr UEFA 2015 oddeutu €64 miliwn, tra yn 2014 derbyniodd tîm Mercedes F1 yn agos at $100 miliwn. Mewn cymhariaeth, mae enillydd y Tour de France yn derbyn £360,000 am gyflawni gwobr fwyaf beicio.

> ### Trafodaeth
>
> Mae bron i draean o chwaraeon yn gwobrwyo dynion yn fwy na menywod, gyda'r gwahaniaethau mwyaf i'w cael mewn pêl-droed, criced, golff, dartiau, snwcer a sboncen. Pam ydych chi'n tybio bod hyn yn digwydd? Pa newidiadau y gellid eu gwneud i gyflwyno cydraddoldeb rhwng chwaraeon i ddynion a menywod?

Hysbysebu

Gall sêr chwaraeon o'r radd flaenaf fod yn eiconau ffasiwn a modelau rôl felly mae cwmnïau masnachol yn awyddus i'w defnyddio yn eu hymgyrchoedd hysbysebu. I'r unigolyn gall hyn fod yn ffynhonnell incwm hynod ddefnyddiol. Ar raddfa lai, gallai tîm rygbi iau gael ei noddi gan fusnes lleol, gan eu helpu i dalu am eu cit.

Gwaith yn y cyfryngau

Weithiau mae athletwyr yn gweithio yn y cyfryngau fel pyndit, gan gynnig eu barn neu sylwebaeth ar gamp benodol, fel arfer y gamp maen nhw'n cymryd rhan ynddi, neu wedi cymryd rhan ynddi cyn ymddeol. Fodd bynnag, mae nifer y swyddi sydd ar gael yn y cyfryngau yn gyfyngedig ac nid yw hyn yn opsiwn i bob perfformiwr chwaraeon.

Hyfforddi

Mae athletwyr yn aml yn gwneud gwaith hyfforddi rhan-amser er mwyn ychwanegu at eu hincwm. Efallai eich bod yn ymwybodol o berfformwyr sy'n defnyddio eu harbenigedd i helpu eraill i ddatblygu. Er enghraifft, mae chwaraewyr criced tramor yn aml yn dod i'r DU i chwarae i glwb lleol ac i wneud gwaith hyfforddi rhan-amser, gan obeithio cael eu gweld gan dîm sirol a throi'n broffesiynol.

⏸ **MUNUD I FEDDWL**   Beth yw'r ffynonellau cyllid mwyaf tebygol ar gyfer athletwyr addawol? Allwch chi feddwl am unrhyw ffynonellau ychwanegol o gyllid?

Awgrym   Ymchwiliwch i athletwyr unigol o'r radd flaenaf a nodi sut maen nhw'n ennill incwm ychwanegol.

Ymestyn   Beth yw'r pethau cadarnhaol a negyddol posibl ynghylch pob math o gyllid ychwanegol?

Cyfrifoldebau ariannol

Mae gan athletwyr o'r radd flaenaf lawer o gyfrifoldebau ac ymrwymiadau ariannol y mae'n rhaid iddynt eu rheoli'n ofalus oherwydd gall gyrfaoedd mewn chwaraeon fod yn gymharol fyrhoedlog yn aml. Efallai eich bod wedi gweld adroddiadau yn y cyfryngau am sêr chwaraeon nad oeddent yn rheoli eu cyllid gyda digon o ofal ac a ddaeth i drafferthion ariannol. Mae angen i athletwyr sicrhau bod eu hincwm yn rhagori ar eu gwariant (h.y. eu bod yn dod â mwy o arian i mewn nag y maen nhw'n ei wario) ac ystyried eu costau byw yn y dyfodol. Os yw athletwr yn priodi, â phlentyn neu'n cymryd morgais, yna bydd ei gostau byw yn codi, ac felly mae angen iddynt fod yn barod am hynny.

Mae angen i athletwyr gydbwyso eu hymrwymiadau ynghylch gwneud arian â'u hymrwymiadau hyfforddi a chystadlu. Os na fyddant yn treulio digon o amser nac yn canolbwyntio ar eu diddordebau masnachol ni fyddant yn cynhyrchu digon o gyllid i gynnal y ffordd o fyw sy'n ofynnol i hyfforddi a chystadlu. Fel arall, gallai treulio gormod o amser ar ddatblygu ymrwymiadau masnachol arwain at ddiffyg amser i hyfforddi, ac arwain at flinder. Mae angen i athletwyr gydbwyso eu hymrwymiadau hyfforddi, gorffwys a masnachol yn ofalus iawn.

Cyllidebu

Mae athletwyr yn debygol o gyfuno eu camp â swydd er mwyn cyrraedd eu targedau. Mae llawer o chwaraeon yn ddrud, gyda'r athletwr yn talu costau offer, teithio a lletty. Fel y gwelsom, gallai cyllid fod ar gael i gwmpasu'r gwasanaethau cymorth hanfodol, fel hyfforddi, gwersylloedd hyfforddi, cystadlu a gwyddorau chwaraeon. Mae UK Sport hefyd yn cynnig arian i helpu gyda'r costau byw a chostau chwaraeon personol a hanfodol sy'n codi wrth iddynt hyfforddi a chystadlu fel athletwr o'r radd flaenaf; gelwir hyn yn Wobr Bersonol Athletwyr (APA).

Oherwydd bod eu hincwm yn aml yn dod mewn 'symiau un taliad' ar gyfnodau afreolaidd (er enghraifft pan fyddant wedi ennill gwobr ariannol neu unwaith y bydd dyfarniad wedi'i wneud ynghylch nawdd), mae'n rhaid i athletwyr fod yn hynod ofalus gyda'u cyllidebau er mwyn sicrhau nad ydynt yn rhedeg allan o arian cyn y bydd y taliad nesaf yn debygol o gyrraedd.

Asiantiaid a chwmnïau rheoli

Efallai y bydd athletwyr yn teimlo bod angen asiant arnyn nhw fel rhan o'u tîm cymorth. Byddai asiant yn eu helpu gyda:

▶ chwilio am gyfleoedd masnachol a nawdd

▶ rhoi cyngor ar gytundebau

▶ rheoli ymrwymiadau allanol fel ymddangosiadau cyhoeddus

▶ trafod cytundebau ar gyfer ffioedd a chyflogau.

Mae athletwyr sy'n teimlo nad oes ganddyn nhw'r amser na'r arbenigedd i wneud y gorau o'u potensial masnachol yn aml yn defnyddio asiantiaid.

Gall athletwyr hefyd dalu cyfran o'u cyflog i gwmnïau rheoli chwaraeon. Mae cwmnïau rheoli a marchnata chwaraeon yn aml yn gweithio gyda rhai o'r enwau mwyaf ym myd chwaraeon. Eu nod yw cefnogi perfformwyr chwaraeon dawnus i gyflawni eu potensial athletaidd a gwneud y gorau o'u gallu ariannol yn ystod eu gyrfa. Ymhlith y gwasanaethau maen nhw'n eu darparu mae:

- amserlennu a gweinyddu cystadleuaethau
- trafodaethau a gwasanaethu cytundebol
- marchnata a hyrwyddo
- marsiandïaeth ac adeiladu brand
- optimeiddio'r cyfryngau cymdeithasol
- hyfforddi
- cefnogaeth ariannol a chyfreithiol
- gwasanaethau meddygol
- rheoli teithio, fisa a llety.

Gall cwmnïau rheoli a gwasanaethau asiantiaid chwaraeon gynhyrchu incwm sylweddol i athletwyr, ond mae cost am hyn. Bydd yn rhaid i'r athletwr aberthu peth o'u henillion i'r cwmni yn gyfnewid am y gwasanaethau maen nhw'n eu darparu. Er enghraifft, mae asiantiaid yn aml yn cymryd canran o'r ffioedd trosglwyddo, ffioedd arwyddo a/neu enillion y perfformiwr. Mae asiantiaid chwaraeon fel arfer yn casglu rhwng 4 a 10 y cant o gytundeb yr athletwr. Ar gyfer trefnu ardystiadau, a all gymryd cyfran fwy o'u hamser, mae asiantiaid yn derbyn oddeutu 10-20 y cant o'r cytundeb. Gall y symiau hyn amrywio'n sylweddol o gamp i gamp.

Cyfrifwyr

Gellir talu cyfrifwyr i gadw golwg ar sefyllfa ariannol athletwr unigol ac i gynnal eu cofnodion ariannol. Mae hyn yn cynnwys adroddiad ar ddiwedd blwyddyn, talu treth a'u helpu i fwyhau eu potensial ariannol. Rhan o'u swydd yw sicrhau bod incwm a gwariant yn gytbwys. Yn aml, nid yw athletwyr sy'n agosáu at ddiwedd eu gyrfa, neu sydd wedi ymddeol, yn gallu cynnal eu costau byw cyfredol, ond mae rhai'n parhau i wario ac achosi trafferthion ariannol mawr.

Treth

Gall talu treth ar incwm fod yn straen, ond mae'n bwysig bod athletwyr yn gwybod beth sy'n ofynnol a sut i wneud hynny. Os yw'r athletwr yn cael rhan o'i incwm o gyflog sefydlog, dylid didynnu treth yn awtomatig cyn iddynt dderbyn eu harian. Mae unrhyw waith preifat neu hunangyflogaeth ychwanegol yn golygu datgan eu hincwm i Gyllid a Thollau EM.

Nid oes rhaid i athletwr sy'n derbyn Gwobr Bersonol Athletwyr (APA) dalu treth arno, ond efallai y bydd yn rhaid iddo dalu treth ar enillion eraill, fel nawdd. Os yw'r llywodraeth yn teimlo eich bod chi'n athletwr proffesiynol sy'n gwneud elw o chwaraeon, byddwch chi'n cael eich trethu ar eich enillion o chwaraeon.

Yswiriant

Gall yswiriant gwmpasu nifer o bethau fel bywyd, anaf neu eiddo. Er enghraifft, efallai y bydd athletwyr am amddiffyn offer drud rhag lladrad neu ddifrod. Mae hyn yn golygu y byddant yn talu ffi fisol neu bremiwm misol bach rheolaidd i gwmni, sydd yn gyfnewid yn addo talu i atgyweirio neu amnewid yr offer os caiff ei dorri neu ei ddwyn.

Arbedion a buddsoddiadau

Gall gyrfa athletwr fod yn gymharol fyr, gydag ail yrfaoedd yn aml yn dechrau ar ddiwedd gyrfa gystadleuol. Mae'n hanfodol bod athletwr yn arbed peth o'u hincwm fel bod ganddo ffynhonnell arian yn y dyfodol. Mae cyfrifon cynilo yn amrywio'n fawr, gyda rhai yn caniatáu buddsoddiad di-dreth tra bod eraill yn cynnig mynediad ar unwaith i arian. Y naill ffordd neu'r llall, mae'n hanfodol i athletwr gael cynilion y gallant ddisgyn yn ôl arnynt. Gellir sefydlu a rheoli cyfrifon cynilo ar-lein, fel y gall yr athletwr gael mynediad atynt ble bynnag y bydd angen.

Ymchwil

Gall cwmnïau rheoli a gwasanaethau asiantiaid chwaraeon gynhyrchu incwm sylweddol i athletwyr a chymryd y pwysau oddi ar yr athletwyr, gan ganiatáu iddynt ganolbwyntio ar hyfforddi a chystadlu. Gall y cwmnïau/asiantiaid ddenu nawdd, optimeiddio proffiliau yn y cyfryngau a chynyddu potensial ariannol i'r eithaf. Fe'u defnyddir gan lawer o'ch hoff athletwyr.

Gwnewch ymchwil er mwyn nodi cwmni rheoli. Pa wasanaethau maen nhw'n eu cynnig i'w cleientiaid?

Mae buddsoddiadau yn fathau o gynilion sydd wedi'u cynllunio am gyfnodau hirach o amser. Gall buddsoddiadau ddod ar sawl ffurf, fel prynu cyfranddaliadau mewn cwmni neu brynu eiddo, gyda'r gobaith y bydd gwerth y buddsoddiad yn cynyddu dros amser. Gall athletwr sy'n gwneud arian yn ystod ei yrfa ddewis buddsoddi rhywfaint o'u harian fel hyn fel y gallant, os oes angen, werthu'r cyfranddaliadau neu'r eiddo, er mwyn cynhyrchu incwm.

Yn aml gall methiant economaidd fod yn ganlyniad arweiniad a chefnogaeth wael yn gynharach yn ystod gyrfa'r athletwr. Mae'r cyfuniad o fod yn ifanc ac ennill miloedd o bunnoedd bob wythnos yn ddeniadol i'r bobl hynny sy'n ceisio gwerthu buddsoddiadau sy'n honni eu bod yn cynnig enillion gwych. Pan fydd pêl-droedwyr yn mynd yn fethdalwr, mae'n gyffredin nad ydyn nhw'n gwybod beth sydd wedi bod yn digwydd gyda'u harian eu hunain. Yn aml mae'n effeithio ar chwaraewyr sydd wedi methu ag addasu eu gwariant a'u ffyrdd o fyw pan fydd eu hincwm yn disgyn tuag at ddiwedd (ac ar ôl) eu gyrfaoedd chwaraeon.

❚❚ MUNUD I FEDDWL   Rhestrwch y cyfrifoldebau ariannol a allai fod gan athletwr.

Awgrym   Cymharwch y cyfrifoldebau ariannu a allai fod gan athletwr.

Ymestyn   Ystyriwch a dadansoddwch y cyfrifoldebau ariannol a allai fod gan athletwr.

Astudiaeth achos

Pam bod mwy a mwy o bêl-droedwyr yn cael eu datgan yn fethdalwr

Mae elusen ar gyfer cyn-chwaraewyr pêl-droed, XPRO, yn awgrymu bod 60 y cant o chwaraewyr Uwch Gynghrair Lloegr, sy'n ennill £30,000 yr wythnos ar gyfartaledd, yn datgan eu hunain yn fethdalwr cyn pen pum mlynedd ar ôl gorffen chwarae.

Yn 2014 datganodd David James, cyn gôl-geidwad Lloegr, Lerpwl, Manchester City, Aston Villa, West Ham a Portsmouth, ei hun yn fethdalwr. Yn ogystal â mwynhau ei yrfa chwarae, roedd hefyd wedi gweithio fel model, wedi cael cytundebau nawdd personol a hawliau delwedd, ac wedi gweithio fel pyndit yn y cyfryngau. Amcangyfrifir iddo ennill £20 miliwn yn ystod ei yrfa. Fodd bynnag, er gwaethaf ei statws, roedd yn ei chael hi'n anodd dod o hyd i waith hyfforddi ar ôl iddo ymddeol ac ennill digon o arian i dalu am ei wariant.

Roedd James wedi bod yn hael gyda'i arian, gan greu ei sefydliad ei hun a noddi llawer o gynlluniau ym Malawi gan ddefnyddio ei incwm ei hun a rhoi ei dâl am golofn papur newydd rheolaidd i elusennau. Mae manylion ei fethdaliad yn breifat, ond ymddengys bod ysgariad oddi wrth ei wraig gyntaf wedi costio cryn dipyn iddo, ynghyd â buddsoddiadau eraill a fethodd. Cyhoeddwyd ei fod yn fethdalwr oherwydd taliadau treth heb eu talu.

Nid pêl-droedwyr yn unig sy'n delio â phroblemau ariannol. Yn yr NBA awgrymir bod 80 y cant o chwaraewyr yn fethdalwr o fewn pum mlynedd. Mae'r esboniadau ar ddwy ochr Cefnfor Iwerydd yn amrywiol ond yn aml ymddengys eu bod yn gysylltiedig â derbyn cyngor gwael – mae'n gyffredin i berfformwyr chwaraeon wneud buddsoddiadau gwael heb ddeall yn iawn yr hyn y maen nhw'n buddsoddi ynddo.

Gwiriwch eich gwybodaeth

1. Beth ydych chi'n meddwl y gellir ei wneud er mwyn helpu athletwyr i ddeall eu cyllid?

2. Gwerthuswch y gwahanol ffactorau ariannol sydd wedi effeithio ar David James. Cwblhewch adroddiad byr yn edrych ar y gwahanol resymau dros ei fethdaliad.

Mae athletwyr yn derbyn gwahanol incwm yn seiliedig ar y math o chwaraeon y maen nhw'n cymryd rhan ynddo, a'r lefel y maen nhw'n cystadlu arni.

Dewiswch gamp ac ystyriwch athletwr ar ddechrau eu gyrfa yn y gamp hon ac athletwr o'r radd flaenaf yn yr un gamp. Cynhyrchwch gyflwyniad PowerPoint® sy'n cymharu:

- eu cyfleoedd ariannu
- y ffactorau ariannol sy'n debygol o effeithio arnynt.

Gwerthuswch y ffordd y gall gwahanol ffactorau ffordd o fyw, y gefnogaeth sydd ar gael a ffactorau ariannol ddylanwadu ar ddatblygiad yr athletwr ifanc tuag at ddod yn athletwr o'r radd flaenaf.

Cynllunio
- Rwy'n deall yr hyn y gofynnir i mi ei gynhyrchu.
- Beth ydw i'n ei wybod eisoes am ariannu mewn gwahanol chwaraeon?
- Ym mha feysydd sydd angen i mi ddatblygu fy ngwybodaeth am ariannu mewn chwaraeon? A oes angen i mi ddarganfod mwy am y cyfleoedd ariannu neu'r ffactorau ariannol?

Gwneud
- Ydw i'n gwybod beth rydw i'n ei wneud a beth sy'n rhaid i mi ei gyflawni yn fy nghyflwyniad?
- A oes unrhyw broblemau posibl wrth greu fy nghyflwyniad a sut y gallaf eu goresgyn?

Adolygu
- Ydw i wedi cyflawni amcan y dasg gyflwyno?
- A allaf ddisgrifio'r ffordd y cwblheais y dasg gyflwyno?
- A allaf werthuso'r hyn a aeth yn dda wrth ymchwilio, creu a chwblhau'r cyflwyniad?
- Beth na aeth cystal ag y byddwn i wedi hoffi, wrth ymchwilio, creu a chwblhau'r cyflwyniad?

C Ymchwilio i bwysigrwydd sgiliau cyfathrebu effeithiol mewn perfformiad a hyfforddiant chwaraeon

Damcaniaeth ar waith

Gan weithio gyda phartner, gweithiwch trwy'r tair sefyllfa isod ac ymarfer pob arddull. Ar gyfer pob sefyllfa, pa fath o gyfathrebu sydd orau?

1 Hyfforddwr yn trafod perfformiad gyda'u tîm

2 Swyddogion yn trafod penderfyniad dadleuol gyda'r cyfranogwyr

3 Noddwr yn dweud wrth berfformiwr na fyddant yn adnewyddu cytundeb nawdd

Defnyddio sgiliau cyfathrebu

Mae sgiliau cyfathrebu yn gynyddol hanfodol i athletwr o'r radd flaenaf i'w helpu i hyrwyddo eu delwedd. Mae arddulliau cyfathrebu'n amrywio'n fawr, gan ddibynnu gyda phwy rydych chi'n cyfathrebu, eich neges a'r sefyllfa rydych chi ynddi. Mae yna dair prif arddull o gyfathrebu:

- ▶ **goddefol** – ble mae anghenion eraill yn cael eu rhoi o flaen eich anghenion chi a'ch bod chi'n lleihau eich hunan-werth eich hun
- ▶ **pendant** – ble rydych chi'n amddiffyn eich hawliau wrth gynnal parch at hawliau eraill
- ▶ **ymosodol** – ble rydych chi'n amddiffyn eich hawliau ond wrth wneud hynny yn torri hawliau eraill.

Mae sawl grŵp o bobl mewn chwaraeon y mae angen i athletwyr allu cyfathrebu â nhw'n effeithiol ac yn briodol. Gwnaethom gyffwrdd â llawer ohonynt ar ddechrau'r uned hon, ond maen nhw'n cynnwys y canlynol.

- ▶ **Aelodau o'r tîm** – mae bod yn rhan o dîm yn rhan hanfodol o lawer o chwaraeon. Mae angen i athletwyr allu cyfathrebu a siarad â'i gilydd mewn modd proffesiynol er mwyn helpu i ddatblygu neu gynnal cyfeillgarwch yn y tîm. Ni ddylai athletwyr feio – na rhoi'r argraff o feio – aelodau o'r tîm neu unigolion am ganlyniadau neu gamgymeriadau gwael.

- **Hyfforddwyr a staff cymorth** – athletwyr llwyddiannus yn gweithio gyda nifer o hyfforddwyr a staff cymorth ar sawl lefel wrth i'w gyrfa ddatblygu. Mae angen i athletwyr gyfathrebu'n dda er mwyn deall yr hyn y mae pob un o'r hyfforddwyr hyn yn ei ofyn a'i ddisgwyl er mwyn cyrraedd eu hamcanion chwaraeon. Bydd rhyngweithio mewn dull proffesiynol yn helpu wrth geisio rhagoriaeth.

- **Cyflogwyr** – mae cyfathrebu â chyflogwr mewn modd proffesiynol ac agored yn caniatáu i'r athletwr ennill ei gefnogaeth wrth ddatblygu ei yrfa. Gallai sefydlu perthynas weithio dda olygu y gellir treulio mwy o amser ar hyfforddiant, ar deithio a chystadlu. Mae perthynas hyblyg ac agored yn hanfodol ac yn fuddiol i'r ddau grŵp: mae'r cyflogwr yn ennill gweithiwr ymroddedig tra bod yr athletwr yn teimlo ei fod yn cael ei werthfawrogi yn ei waith. Er enghraifft, bydd angen i chwaraewr rygbi lled-broffesiynol rhan-amser sydd hefyd â swydd ran-amser gyfathrebu â'i gyflogwr ynghylch cymryd amser i ffwrdd, neu weithio ar wahanol adegau, oherwydd ei ymrwymiadau chwarae.

- **Swyddogion** – mae swyddogion gemau yn rhan hanfodol o chwaraeon. Nhw sy'n gyfrifol am yr holl benderfyniadau o fewn cystadleuaeth, a gallai cyfathrebu â nhw mewn ffordd amhriodol ddod â chanlyniadau negyddol! Mae eu penderfyniadau yn derfynol ac ni ddylai athletwyr byth eu cwestiynu.

- **Cefnogwyr** – wrth gyfathrebu â chefnogwyr mae'n bwysig bod athletwyr yn cynnal delwedd gadarnhaol a dull proffesiynol. Gall defnyddio cyfryngau amrywiol fod yn ffordd ddynamig o ddatblygu delwedd athletwr.

- **Noddwyr** – gall cytundeb nawdd llwyddiannus fod yn hirhoedlog ac yn fuddiol, ond mae'n gofyn i'r athletwr adeiladu perthnasoedd cryf a chadarnhaol gyda'r noddwr. Po hiraf y bydd y berthynas yn para, y mwyaf yw'r gwerth y gellir ei ennill ohono.

Elfennau o gyfathrebu

Siarad

Mae chwaraeon yn aml yn defnyddio termau technegol ac iaith arbenigol i ddisgrifio perfformiad a thechnegau. Efallai y bydd y jargon technegol hwn yn drysu pobl nad ydynt yn athletwyr, felly dylech ei osgoi wrth siarad â nhw. Dylai hyfforddwyr hefyd osgoi defnyddio gormod o dermau technegol oherwydd gall athletwyr fod yn ansicr ynghylch yr hyn sy'n ofynnol, gan arwain at ddryswch a pherfformiad gwael.

Gallai **goslef** ac **eglurder** eich cyfathrebu llafar effeithio ar yr hyn rydych chi'n ei ddweud. Gall pobl sy'n siarad yn araf iawn mewn llais nad yw'n fynegiadol fod yn anodd eu deall ac yn ddi-fflach. Fel arall, efallai y bydd rhywun sydd â llais bywiog, cyflym yn siarad yn rhy gyflym i gael ei ddeall. Dylech ddysgu defnyddio'ch llais mewn ffordd sy'n creu diddordeb ac sy'n hawdd gwrando arno.

Wrth gael eich cyfweld, yn aml gall cyfathrebu llafar fod heb ei gynllunio. Gall hyn dynnu'r pwysau i ffwrdd ond gall hefyd arwain at dynnu barn athletwyr allan o'u cyd-destun neu eu camddyfynnu.

Gwrando

Wrth gael eu cyfweld gan y cyfryngau mae'n bwysig bod athletwyr yn canolbwyntio ar y cwestiynau a ofynnir iddynt ac yn gwrando arnynt yn ofalus. Gall ymateb annoeth deithio o amgylch y byd ar unwaith a niweidio gyrfaoedd.

Bydd sgiliau gwrando da hefyd yn helpu i wella perfformiad gan y byddant yn helpu athletwyr i wybod beth a ddisgwylir ganddynt gan eu hyfforddwr mewn tasg neu sefyllfa.

Dylai llinellau cyfathrebu clir fod yn agored rhwng pobl sy'n dibynnu ar ei gilydd er mwyn cael canlyniadau da. Cofiwch: gall yr hyn mae rhywun yn ei ddweud a'r hyn rydyn ni'n ei glywed fod yn rhyfeddol o wahanol!

Termau allweddol

Goslef – patrwm a thraw eich llais.

Eglurder – pa mor glir rydych chi'n siarad.

Ysgrifennu

Bellach mae gan bawb sy'n ymwneud â chwaraeon y potensial, trwy wefannau'r cyfryngau cymdeithasol, i ysgrifennu am eu bywyd bob dydd i'w dilynwyr, a all fod unrhyw le yn y byd. Ond mae'n rhaid i athletwyr ddefnyddio'r platfform hwn yn ofalus: bu enghreifftiau proffil uchel o athletwyr yn 'trydar' cynnwys amhriodol sydd wedi costio miliynau yn uniongyrchol iddynt ar ôl i'w noddwyr dynnu cymorth ariannol yn ôl.

> **Ymchwil**
>
> Defnyddiwch y rhyngrwyd i ddod o hyd i enghreifftiau o ddefnydd cyfrifol ac effeithiol o'r cyfryngau cymdeithasol – ac enghreifftiau gwael hefyd.

Efallai bydd yn rhaid i athletwyr hefyd ysgrifennu at noddwyr, rheolwyr, cyfryngau neu hyfforddwyr ynghylch materion cytundebol neu ymddangosiadau. Mae llawer o bobl yn cael eu dychryn gan orfod ysgrifennu, ond mae yna adegau pan mai dyma'r ffordd orau (neu'r unig ffordd) i gyfathrebu.

Cofiwch fod iaith ysgrifenedig yn barhaol ac yn gadael cofnod parhaol. Hyd yn oed i athletwyr mae'n bwysig rhoi sylw arbennig i sillafu, gramadeg, atalnodi, arddull ysgrifennu a dewis geiriau. Mae technoleg heddiw yn ei gwneud yn haws ysgrifennu llythyrau a mathau ysgrifenedig eraill o gyfathrebu electronig trwy ddarparu offer dibynadwy sy'n gwirio ac yn cywiro geiriau wedi'u camsillafu a'r defnydd o ramadeg. Dylid gwirio llythyrau ac e-byst yn drylwyr bob amser cyn eu hanfon er mwyn sicrhau eu bod yn dweud yn union beth a fwriadwyd ac na ellid camddehongli unrhyw beth.

Weithiau gellir defnyddio sgiliau ysgrifennu da ar ôl ymddeol o chwaraeon gweithredol fel sail i yrfa newydd – mae llawer o ohebwyr chwaraeon ar gyfer papurau newydd yn gyn-chwaraewyr proffesiynol.

Dealltwriaeth

Fel athletwr, mae'n bwysig bod â sgiliau dealltwriaeth da. Er enghraifft, os yw athletwr yn deall y gofynion ffisiolegol a seicolegol a osodir arnynt, gallant ymdopi'n well â'r pwysau a ddaw gyda'r rhain. Mae cysylltiad agos rhwng bod mewn cyflwr meddyliol da a chynhyrchu perfformiad da.

> **Trafodaeth**
>
> Mewn grwpiau o bedwar neu bump, trafodwch pam ei bod yn bwysig i athletwyr ac unigolion cefnogol fod ag empathi tuag at bobl eraill.

Bydd angen i athletwyr hefyd gael dealltwriaeth dda o dactegau a'u rôl mewn camp benodol (yn enwedig os ydyn nhw'n rhan o dîm) felly mae angen iddyn nhw fedru deall cyfarwyddiadau llafar neu ysgrifenedig, er enghraifft, gan eu hyfforddwr.

Ymwybyddiaeth o'r corff

Gelwir symudiadau neu ystumiau o'r corff fel ystumiau llaw, gwenu neu nodio yn iaith y corff. Gall hyn helpu cyfathrebu gan ei fod yn dangos a yw rhywun yn deall neu'n cydnabod yr hyn rydych chi'n ei ddweud. Mae'n bwysig deall iaith y corff a sut mae'n effeithio ar y ffordd y gellir amgyffred athletwr. Er enghraifft, gall dylyfu gên ddangos diffyg diddordeb, ond gallai cadw'ch breichiau wedi'u croesi ddangos diffyg natur agored. Ar lefel elitaidd, rhaid i athletwr ddysgu rheoli iaith ei gorff gan ei fod yn destun sylw gan gynulleidfa fyd-eang, a all yn aml fod yn filiynau o wylwyr teledu. Mae angen i'r athletwr ddysgu cuddio ei emosiynau, er enghraifft os ydyn nhw'n blino neu'n colli eu tymer, oherwydd gall hyn roi mantais i'w wrthwynebydd.

Trafod

Mae'r holl elfennau cyfathrebu uchod yn aml yn dod at ei gilydd wrth drafod cytundeb newydd neu fath arall o gytundeb. Yr allwedd i drafod llwyddiannus yw paratoi: dylai'r athletwr wybod beth maen nhw am ei ddweud mewn ffordd glir ond hefyd yn gallu gwrando ar eraill. Mae hefyd yn bwysig parchu'r bobl eraill sy'n rhan o'r drafodaeth, gan roi cyfle i bawb gyfleu eu safbwynt.

Mentora

Mae'r perfformwyr chwaraeon elitaidd mwyaf llwyddiannus o'r DU yn aml yn mentora pobl ifanc i helpu i'w hysbrydoli, cynyddu cyfranogiad mewn chwaraeon a gwella iechyd a ffitrwydd. Gwneir hyn yn aml trwy ymweliadau ag ysgolion a grwpiau ieuenctid ble gall rhannu straeon ysbrydoledig am daith bersonol yr athletwr, a sut y maen nhw wedi goresgyn heriau, gael canlyniad cadarnhaol ar bobl ifanc. Weithiau bydd y daith fentora yn cael ei holrhain trwy'r cyfryngau ble y gall gyrraedd miliynau ar y teledu, Twitter, Facebook, Instagram a nifer o gyfryngau amrywiol eraill.

> ⏸ **MUNUD I FEDDWL**   Beth yn eich barn chi yw'r sgiliau cyfathrebu pwysicaf?
>
> **Awgrym**   Rhestrwch y sgiliau cyfathrebu rydych chi'n credu sy'n gryfderau i chi.
>
> **Ymestyn**   Nodwch y sgiliau cyfathrebu y mae angen i chi eu datblygu ac eglurwch sut y byddwch chi'n bwriadu gwella'r rhain.

Cyfathrebu â'r cyfryngau

Bydd athletwyr yn cyfathrebu ag ystod eang o farchnadoedd cyfryngol, o'r **cyfryngau ysgrifenedig** lleol a chenedlaethol, i'r **cyfryngau darlledu** lleol a chenedlaethol a'r cyfryngau cymdeithasol.

Mae angen i athletwyr o'r radd flaenaf allu cyfathrebu'n effeithiol â'r cyfryngau er mwyn datblygu delwedd a brand cadarnhaol, a all arwain at wobrau ariannol trwy ddenu nawdd a ffioedd ymddangosiad. Gyda datblygiad cyfathrebiadau amlgyfrwng cyflym byd-eang, mae'n hanfodol bod athletwyr yn ymwybodol o agweddau cadarnhaol a negyddol unrhyw gysylltiad â'r cyfryngau.

Gall y cyfryngau gael dylanwad enfawr ar sut mae athletwyr yn cael eu hamgyffred. Mae ganddo'r pŵer i chwalu mythau ac ystrydebau, creu modelau rôl ac enwogion dros nos, cynhyrchu proffiliau uchel ac incwm mawr, ac adeiladu apêl gyhoeddus i athletwyr. Gall hefyd, yr un mor gyflym, gondemnio ffordd o fyw ac ymddygiad gyrfaol athletwr.

Mae cael perthynas gadarnhaol â'r cyfryngau yn bwysig iawn i athletwyr oherwydd bydd sylw cadarnhaol yn eu helpu i ddatblygu a chadw delwedd gyhoeddus gadarnhaol.

Cyfryngau ysgrifenedig

Dangosir y prif fathau o gyfryngau ysgrifenedig yn Nhabl 27.3. Gellir rhannu rolau yn y cyfryngau ysgrifenedig yn bedwar prif faes, a amlinellir isod.

▶ Mae **gohebwyr newyddion** yn chwilio am stori drawiadol. Maen nhw'n aml yn adrodd ar agweddau gwarthus neu negyddol ar chwaraeon, fel llygredd honedig yn FIFA a sgandalau dopio, ond gallant edrych ar gyflawniadau cadarnhaol hefyd.

▶ Mae **gohebwyr chwaraeon** ar y cyfan yn gefnogol i athletwyr a'u camp. Byddant yn adrodd ar fethiannau, ond fel arfer bydd ganddynt agwedd gytbwys â buddiannau chwaraeon. Dylai athletwyr geisio meithrin perthynas dda gyda'r ysgrifenwyr hyn, oherwydd gall eu herthyglau ddylanwadu ar ganfyddiadau'r cyhoedd o'r athletwr.

Termau allweddol

Cyfryngau ysgrifenedig – term a ddefnyddir i ddisgrifio cyhoeddiadau fel papurau newydd a chylchgronau a oedd yn draddodiadol yn cael eu hargraffu ar bapur, er bod gan lawer y dyddiau hyn rifynnau digidol hefyd.

Cyfryngau darlledu – term a ddefnyddir i ddisgrifio cyfryngau sy'n cael eu darlledu fel sain a/neu fideo, a drosglwyddir yn draddodiadol gan donnau radio ond sydd bellach hefyd yn cael eu trosglwyddo gan geblau a'r rhyngrwyd.

- Mae **colofnwyr** yn chwilio am drosolwg ac 'ongl'. Maen nhw'n ysgrifennu ysgrifau rheolaidd am chwaraeon. Eu rôl yw rhoi eu barn ac ysgogi gwaith meddwl a thrafodaeth ar fater neu bersonoliaeth mewn chwaraeon – yn gadarnhaol neu'n negyddol.
- Mae **awduron ysgrifau** yn cwmpasu'r gamp neu'r athletwr yn fwy manwl na gohebwyr chwaraeon. Os yw athletwr yn ennill yn aml neu os oes ganddo stori dda, efallai y bydd awduron ysgrifau yn gofyn am gael cyfweliad estynedig gyda nhw cyn cystadleuaeth. Gallant hefyd ysgrifennu darn hir wedi hynny os yw'r athletwr wedi dod i'r amlwg fel hyrwyddwr.

▶ **Tabl 27.3:** Mathau o gyfryngau ysgrifenedig

Math o gyfryngau ysgrifenedig	DIsgrifiad
Papurau newydd lleol	Mae papurau newydd lleol yn gweithredu mewn un ardal, fel tref, dinas neu sir. Byddant yn canolbwyntio ar adrodd ar dimau a digwyddiadau chwaraeon lleol, yn chwarae'n lleol ac yn genedlaethol. Byddant yn siarad â'r rhai sy'n cymryd rhan ac yn cael eu barn cyn ac ar ôl y digwyddiad. Gall papurau newydd lleol fod yn hanfodol wrth godi delwedd a phroffil athletwyr a thimau lleol.
Papurau newydd cenedlaethol	Cyhoeddir papurau newydd cenedlaethol ledled y wlad. Byddant yn adrodd ar athletwyr a thimau o bob cwr o'r wlad, ac mae ganddynt ddosbarthiad eang. Mae'n gyffredin i'r wasg genedlaethol gynnwys barn newyddiadurwr ar dîm neu athletwr unigol, a gofynnir i gyn-chwaraewyr neu chwaraewyr presennol hefyd roi eu barn broffesiynol.
Cylchgronau arbenigol	Yn ystod y blynyddoedd diwethaf, bu cynnydd enfawr mewn cylchgronau chwaraeon arbenigol, yn amrywio o athletau i weithgareddau fel dringo a beicio mynydd. Mae cylchgronau yn cynnwys cyfweliadau unigryw gydag athletwyr penodol yn rheolaidd, gan hysbysu'r cyhoedd am eu cyflawniadau a'u gobeithion ar gyfer y dyfodol.
Cylchgronau clwb	Cynhyrchir cylchgronau clwb i hysbysu athletwyr ac aelodau clybiau chwaraeon am ddigwyddiadau diweddar, canlyniadau a newyddion sy'n benodol i chwaraeon. Maen nhw'n cyfweld athletwyr llwyddiannus ar bynciau fel hyfforddiant, llwyddiant mewn cystadlaethau a ffordd o fyw i ffwrdd o chwaraeon.

Cyfryngau darlledu

Mae'r cyfryngau darlledu yn cynnwys teledu a radio yn bennaf, ond y dyddiau hyn gellir defnyddio'r rhyngrwyd hefyd i ddarlledu clipiau fideo a digwyddiadau byw. Mae teledu a radio fel arfer yn darlledu ar lefel genedlaethol, ond gallant hefyd gynnwys sylw rhanbarthol. Er enghraifft, mae gan y BBC slotiau trwy gydol y dydd ble mae'n trosglwyddo darllediadau teledu i dimau newyddion lleol, ac mae ganddo orsafoedd radio rhanbarthol hefyd.

Mae llawer o glybiau neu sefydliadau chwaraeon mawr bellach yn cynnig eu sianeli darlledu eu hunain hefyd, naill ai dros y rhyngrwyd neu drwy deledu digidol, gan gynnig darllediadau o ddigwyddiadau eu clwb neu sefydliad eu hunain.

Teledu

Mae teledu yn cynnig y cyfle mwyaf pwerus i athletwyr gyfleu eu neges. Gall teledu fod yn farchnad uniongyrchol, gyda darlledu byw a rhaglenni newyddion a chwaraeon rheolaidd, gan gynnwys sianeli pwrpasol. Gall cysylltiadau lloeren arwain at drosglwyddo a chyfathrebu digwyddiadau yn gyflym, a gellir defnyddio golygu yn y stiwdio i greu sylw cyffrous a dynamig i ystod o chwaraeon. Gellir cynnal cyfweliadau teledu mewn stiwdio neu mewn lleoliad fel rhan o'r uned ddarlledu allanol. Gellir eu darlledu'n fyw neu eu recordio ymlaen llaw.

▶ Mae darllediadau teledu yn cynnig cyfle i athletwyr gyfleu eu neges

Mae darllediadau chwaraeon ar y teledu yn gweithredu yn y fformatau canlynol:

▶ darllediad byw

▶ sylw a recordiwyd ymlaen llaw ('fel yn fyw' neu uchafbwyntiau)

▶ eitemau yn y stiwdio

▶ eitemau o'r tu allan i'r stiwdio

▶ bwletinau newyddion

▶ rhaglenni dogfen

▶ gwefannau cysylltiedig, sy'n cynnig newyddion chwaraeon a'r cyfle i ddal i fyny â rhaglenni cynharach.

Radio

Mae radio yn gyfrwng hyblyg sy'n gweithredu 24 awr y dydd. Mae hefyd yn uniongyrchol oherwydd ei allu i gynhyrchu cyfweliadau ac eitemau yn gyflym. Mae'n defnyddio llawer o'r un technegau â theledu. Mae radio yn ymdrin â chwaraeon mewn tair ffurf sylfaenol:

▶ darllediad byw o ddigwyddiadau

▶ bwletinau newyddion

▶ rhaglenni cylchgrawn a dogfen sy'n edrych y tu ôl i'r llenni.

Mae radio yn rhoi cyfle gwych i fân chwaraeon gael sylw, yn enwedig trwy radio lleol a rhanbarthol. Mae gan lawer o orsafoedd radio chwaraeon eu gwefannau cysylltiedig eu hunain hefyd.

Cyfryngau cymdeithasol

Mae'r cyfryngau cymdeithasol yn caniatáu i athletwyr o'r radd flaenaf gyfathrebu â'u dilynwyr ar unwaith ar unrhyw adeg o'r dydd, ac i unrhyw le yn y byd sydd yn gallu cyrraedd y rhwydwaith. Gellir cyfeirio negeseuon yn syth at ddilynwyr ond mae angen i'r athletwyr fod yn ofalus oherwydd gall sylwadau negyddol adael argraff wael ac ôl troed digidol negyddol sy'n para.

Awgrym   Cymharwch y gwahanol fathau o gyfryngau. Beth yw'r gwahaniaethau rhyngddynt?

Ymestyn   A ydych chi'n gallu nodi unrhyw heriau neu risgiau penodol i athletwyr sy'n ymgysylltu â gwahanol fathau o gyfryngau?

Gweithio gyda'r cyfryngau

Mae'r cyfryngau yn rhoi cyfle gwerthfawr i athletwyr hyrwyddo eu hunain a'u camp. Mae sicrhau bod cyfathrebu'n glir ac yn agored yn sgìl sy'n datblygu gydag ymarfer a phrofiad. Efallai y bydd yn rhaid i athletwyr roi cyfweliadau i newyddiadurwyr o deledu lleol a chenedlaethol, neu fynd i gynadleddau i'r wasg er mwyn rhoi eu barn ar berfformiadau unigol neu dîm. Er enghraifft, mae'n rhaid i bob rheolwr pêl-droed yn Uwch Gynghrair Lloegr roi cynhadledd i'r wasg cyn y gêm ac ar ôl y gêm i'w partneriaid yn y cyfryngau.

Mae'n bwysig deall sut i gyfathrebu ar lafar ac yn ddi-eiriau mewn ffordd broffesiynol. Mae'r British Olympic Association (BOA) yn cynhyrchu taflen wybodaeth ar gyfer athletwyr sy'n rhoi cyngor ar ddelio â'r cyfryngau. Dyma grynodeb o'r prif bwyntiau.

▶ Byddwch yn driw i chi'ch hun.

▶ Dangoswch sut rydych chi'n teimlo.

▶ Meddyliwch cyn i chi siarad.

▶ Byddwch yn naturiol.

▶ Siaradwch yn glir a ddim yn rhy gyflym.

▶ Edrychwch ar lygaid y cyfwelydd.

▶ Byddwch yn agored.

▶ Mwynhewch: mae pobl eisiau gwybod amdanoch chi.

▶ Byddwch yn falch o'ch cyflawniadau.

Cynhelir llawer o gyfweliadau yn syth ar ôl perfformiad. Mae cyfwelwyr yn disgwyl i athletwyr roi gwerthusiad a barn glir ar berfformiad chwaraeon ac mae'n bwysig bod hyn yn cael ei gyfleu mewn modd clir a phroffesiynol. Bydd llawer o gyfweliadau cyfryngol yn cael eu darlledu'n fyw, felly mae'n hanfodol bod y cyfathrebu'n fanwl gywir, er y gallech fod wedi blino neu'n siomedig ar ôl gêm neu ddigwyddiad blinderus.

Arfer wrth gyfweld

Mae'r hen ddywediad 'methu paratoi; paratoi i fethu' yn wir wrth gael eich cyfweld, ac mae llawer o athletwyr yn cael hyfforddiant cysylltiadau cyhoeddus er mwyn eu helpu i ddysgu ac ymarfer sgiliau cyfweld.

Rhaid i athletwr wybod beth maen nhw am ei ddweud cyn siarad â newyddiadurwr, yn enwedig ar ôl gêm neu ddigwyddiad pan allant fod wedi blino, yn siomedig neu'n rhwystredig. Rhaid iddynt gofio cymryd eu hamser wrth wrando ar y cwestiwn a ofynnwyd ac ymateb yn hyderus ac ar ôl ystyried.

Pan drefnir cyfweliadau ymlaen llaw, gall y gwaith paratoi gynnwys ymchwil, paratoi sgriptiau neu daflenni awgrymu, ac ymarferion. Bydd y rhain i gyd yn helpu i atal perfformiad gwael neu annisgwyl. Mae hyn yn hanfodol wrth baratoi i ddelio â'r cyfryngau, yn enwedig cynhadledd i'r wasg neu gyfweliad darlledu byw. Mae angen i athletwyr fedru cyfleu gwybodaeth mewn modd clir a chryno i gynorthwyo dealltwriaeth ac osgoi unrhyw fomentau annifyr neu ddadleuol.

Gallai bod yn barod gynnwys gofyn i chi'ch hun:

▶ Pa gwestiynau fydd yn cael eu gofyn i mi?

▶ Sut ddylwn i ymateb i'r cwestiynau hyn?

▶ Sut ddylwn i gyflwyno fy hun yn y cyfweliad?

▶ Beth ddylai fy ymddangosiad fod yn y cyfweliad?

▶ Gan bwy y gallaf ofyn am gymorth a chyngor?

> **Damcaniaeth ar waith**
>
> Bydd gwybod pwrpas cyfweliad ymlaen llaw yn caniatáu i chi baratoi. Bydd angen i chi ymchwilio i ba gwestiynau sy'n debygol o godi a beth ddylai'r atebion fod. Dylech hefyd baratoi ar gyfer yr annisgwyl fel eich bod yn gwbl ymwybodol o gynnwys y cyfweliad neu'r cyflwyniad.
>
> Gan weithio mewn parau, paratowch i gyfweld â'ch gilydd am eich perfformiad chwaraeon. Unwaith y byddwch chi'n gwybod beth rydych chi'n mynd i'w ofyn, dechreuwch baratoi'r atebion y gallech chi eu rhoi i gwestiynau. Yna cyfwelwch â'ch gilydd.

Nid dim ond gwrando ar yr hyn rydych chi'n ei ddweud y bydd pobl yn ei wneud, byddan nhw'n talu sylw i sut rydych chi'n ei ddweud. Byddwch yn gadarnhaol, yn agored ac yn glir, a chofiwch beidio â gadael i iaith eich corff dynnu sylw.

Cynulleidfa

Gall siarad â chynulleidfa fod yn gyffrous; fodd bynnag, gall diffyg paratoi wneud hyd yn oed y cyflwyniad â'r bwriad gorau yn brofiad gwael. Er mwyn sicrhau eich bod yn effeithiol, gofynnwch i'ch hun:

▶ Pam ydw i'n rhoi'r cyflwyniad neu'r cyfweliad hwn?

▶ Beth ydw i eisiau i'r gynulleidfa ei gymryd o'r cyflwyniad?

Weithiau bydd cyfweliad yn cael ei ffilmio o flaen cynulleidfa fyw mewn stiwdio, ond hyd yn oed pan nad yw hynny'n digwydd bydd angen i chi fod yn ymwybodol o'r gynulleidfa a fydd yn gwylio neu'n gwrando ar y cyfweliad. Mae gwybod lefel y wybodaeth o fewn y gynulleidfa yn golygu y gallwch chi siarad ar y lefel gywir a chynorthwyo eu dealltwriaeth – a yw hon yn rhaglen y bydd pobl sy'n gefnogwyr o'ch camp yn ei gwylio/gwrando arni? Neu a yw'n rhaglen y bydd y cyhoedd yn ei gwylio/gwrando arni? Bydd gwybod oedran nodweddiadol aelodau'r gynulleidfa hefyd yn eich helpu i osod y cyfweliad ar y lefel gywir.

Ymarferion

Ffordd dda o wella'ch sgiliau cyflwyno yw ymarfer ymlaen llaw. Darllenwch eich nodiadau fel eich bod chi'n gyfarwydd ac yn hyderus gyda'i gynnwys pan fydd yn rhaid i chi ei wneud go iawn. Neu fe allech chi gynnal cyfweliad 'ffug' ble mae rhywun yn chwarae rhan y cyfwelydd.

Sgriptiau a thaflenni awgrymu

Gellir cyfeirio at sgriptiau a thaflenni awgrymu yn ystod cyflwyniad. Byddan nhw'n rhoi hyder i chi os ydych chi'n teimlo y gallech chi anghofio rhywbeth. Fodd bynnag, peidiwch â dibynnu'n llwyr ar y rhain oherwydd efallai y byddwch yn darllen sgript yn unig yn y pen draw yn hytrach na chyflwyno'r wybodaeth – nid yw hyn yn dda i'r gynulleidfa ei wylio nac yn cyfleu argraff dda o'r athletwr.

Iaith

Mae'n hanfodol wrth gyflwyno gwybodaeth eich bod yn defnyddio'r iaith gywir: dylech osgoi bratiaith a rhegi. Dylai eich llais fod yn glir a dylid ynganu geiriau'n iawn. Dylid ymarfer unrhyw eiriau anodd neu anghyfarwydd ymlaen llaw.

Rhestrwch y rhesymau pam mae angen i athletwyr fod â phroffil cadarnhaol yn y cyfryngau.

Awgrym

Allwch chi egluro pam y bydd delwedd gadarnhaol yn y cyfryngau yn cael effaith gadarnhaol ar yr athletwr a'u camp?

Ymestyn

Beth allai'r canlyniadau fod o gael proffil negyddol yn y cyfryngau?

Effeithiau cadarnhaol a negyddol y cyfryngau

Gall y cyfryngau gael cryn ddylanwad ar y ffordd y mae mabolgampwyr yn cael eu hamgyffred. Gall yr effeithiau hyn fod yn gadarnhaol neu'n negyddol. Mae ambell enghraifft yn Nhabl 27.4.

▶ **Tabl 27.4:** Effeithiau cadarnhaol a negyddol sylw yn y cyfryngau

	Effeithiau cadarnhaol	Effeithiau negyddol
Ar gyfer yr athletwr	Incwm uwch – mae corfforaethau'n talu i wahodd athletwyr i ddigwyddiadau, neu ddarparu mwy o arian ar gyfer hawliau darlledu ar gyfer y cyfryngau. Hefyd bydd mwy o ddiddordeb gan noddwyr.	Ymyrraeth ar fywydau preifat – mae bywydau bob dydd athletwyr yn aml yn cael eu dilyn a'u chwarae yn y cyfryngau; ychydig iawn o breifatrwydd a gânt yn aml.
	Mwy o amlygiad – i'r athletwr gall hyn arwain at ddatblygu eu brand neu eu delwedd eu hunain.	Galwadau'r cyfryngau ar athletwyr – gallant dynnu sylw oddi wrth gystadleuaeth a hyfforddiant, yn ogystal â cholli amser ar gyfer adferiad a hyfforddiant posibl.
Ar gyfer y gamp	Modelau rôl cadarnhaol – mae athletwyr yn darparu modelau i bobl ifanc edrych i fyny atynt a dyheu am fod yn debyg iddynt.	Llai o bresenoldeb – yn aml ar gyfer gemau a ddangosir yn fyw ar y teledu gellir lleihau nifer y gwylwyr yn y stadiymau
	Addysg – gall pobl gaffael gwybodaeth am chwaraeon.	Gormodedd – gyda llawer o sianeli teledu chwaraeon pwrpasol byddai rhai pobl yn ystyried bod gormod o chwaraeon ymlaen.
	Ysbrydoliaeth – mae'r cyfryngau yn mynd â chwaraeon i gynulleidfaoedd teledu nad ydynt fel arfer yn cael ei weld a gall hyn annog cyfranogiad yn uniongyrchol.	Pwysau gan drefnwyr y cyfryngau – ar drefnwyr cystadlaethau i wella'r profiad darlledu i'r gwylwyr. Gellir cynnal digwyddiadau pwysig ar adeg sy'n addas i gwmnïau teledu, yn hytrach na'r athletwyr. Er enghraifft, amserlennu digwyddiad ar yr amser cynhesaf o'r dydd.
		Rhagfarn – mae'r chwaraeon mwyaf poblogaidd yn cael llawer iawn o amser yn y cyfryngau tra nad yw'r chwaraeon arbenigol yn cael fawr ddim sylw.

Bod yn fodel rôl

Fel y gwelsom yn gynharach yn yr uned hon, yn aml gall athletwyr o'r radd flaenaf gael eu hystyried yn fodel rôl gan bobl eraill. Mae'n bwysig eu bod yn cofio hyn pryd bynnag maen nhw'n cyfathrebu â'r cyfryngau.

▶ Dylent gynnal egwyddorion uchaf chwaraeon, osgoi trechafwriaeth (*gamesmanship*), ac ymdrechu i gynnal moeseg eu camp.

▶ Dylai eu hymddygiad personol fod yn ganmoladwy wrth weithio gydag eraill, cymryd rhan mewn gwaith tîm, trafod neu gymryd rhan mewn mentrau cydweithredol eraill.

▶ Dylent gymryd gofal i ddangos agwedd dda wrth gyfathrebu, gan gymryd gofal ychwanegol wrth fynegi safbwyntiau cadarnhaol neu negyddol.

▶ Dylent bob amser fod yn ymwybodol o'r dylanwad y maen nhw'n ei gael ar aelodau o'r tîm, noddwyr, hyfforddwyr a chefnogwyr.

Astudiaeth achos

Agwedd, gan fynegi safbwyntiau cadarnhaol neu negyddol

Mae'r llun yn un o'r digwyddiadau 'gwleidyddol' mwyaf adnabyddus yn hanes chwaraeon. Yng Ngemau Olympaidd México 1968, enillodd Tommie Smith y ras 200 metr a daeth ei gyd-chwaraewr rhyngwladol Americanaidd, John Carlos, i safle'r fedal efydd. Wrth i anthem genedlaethol America chwarae, a'r pâr yn sefyll ar ben y rostrwm i dderbyn eu medalau, fe wnaethant ollwng eu pennau a chodi dwrn wedi ei gau, gan adleisio'r saliwt 'Black Power'. Roedd Smith a Carlos yn gwisgo sanau du a dim esgidiau. Cawsant eu bŵio wrth adael y rostrwm.

Roedd y pâr yn gwrthwynebu triniaeth Americanwyr du a lleiafrifoedd eraill yn UDA. Gyda'i gilydd cafodd yr athletwyr eu gwahardd o'r gemau a'u condemnio am eu gweithredoedd.

Fodd bynnag, wrth ddychwelyd i'w mamwlad cafodd y ddau ddyn eu cyfarch fel arwyr gan y gymuned Affricanaidd-Americanaidd. Roedd rhai, fodd bynnag, yn eu hystyried yn ddylanwad negyddol ac roedd y ddau yn derbyn bygythiadau yn erbyn eu bywydau. Dri degawd yn ddiweddarach cafodd y ddau eu hanrhydeddu am eu rôl yn hyrwyddo'r mudiad hawliau sifil. Cawsant wobrau gan lywodraeth UDA a chawsant hefyd wobr fawreddog yr Arthur Ashe Courage Award.

Yn amlwg, gall ymddygiad a phenderfyniadau athletwyr sbarduno pobl i feddwl.

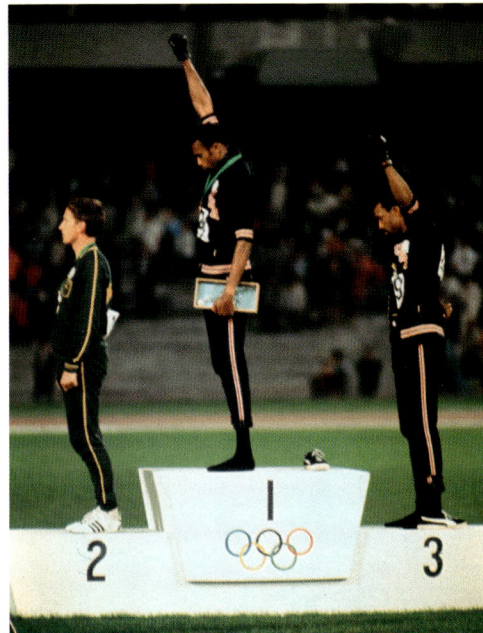

Gwiriwch eich gwybodaeth

1 Pam ydych chi'n meddwl bod yr athletwyr hyn wedi gweithredu fel y gwnaethon nhw?
2 Pa ymateb ydych chi'n meddwl y gallai eu noddwyr ei gael?
3 Sut ydych chi'n meddwl y gallai'r cyrff llywodraethu ymateb?

⏸ **MUNUD I FEDDWL**   Ymchwiliwch i'r ffyrdd y mae athletwyr wedi ceisio dylanwadu ar y cyhoedd yn wleidyddol.

Awgrym   Meddyliwch am fod yn ffigur cyhoeddus. Pa effaith y gallai hyn ei chael ar sut mae pobl yn ymateb i'ch barn?

Ymestyn   Sut ydych chi'n meddwl y byddai noddwyr yn ymateb pan fydd eu hathletwyr yn gwneud ystumiau gwleidyddol?

Mae rheolwr academi eich clwb pêl-droed Cynghrair Dau lleol wedi cysylltu â chi. Gwnaeth un o'u chwaraewyr ifanc rai sylwadau ar Twitter yn ddiweddar a gynhyrfodd rhai o gefnogwyr y clwb, ac mae rheolwr yr academi yn awyddus i sicrhau nad yw hyn yn digwydd eto.

Mae rheolwr yr academi wedi gofyn i chi gynhyrchu adroddiad byr yn egluro ymddygiadau modelau rôl cadarnhaol yn y cyfryngau. Dewiswch athletwr rydych chi'n gyfarwydd ag ef – nid oes rhaid iddo fod yn bêl-droediwr, ond dylai fod yn rhywun y gall pêl-droedwyr ifanc uniaethu ag ef. Efallai yr hoffech chi wneud rhywfaint o ymchwil ar-lein i weld rhyngweithiadau diweddaraf yr athletwr hwn â gwahanol sefydliadau cyfryngol.

Dylai eich adroddiad:

- esbonio'r rhyngweithio rhwng athletwyr a gwahanol fathau o gyfryngau
- darparu enghreifftiau, sy'n dangos y defnydd o ymddygiadau priodol
- egluro effeithiau negyddol posibl ymddygiadau amhriodol.

Cynllunio

- Rwy'n deall yr hyn y gofynnir i mi ei wneud er mwyn cyflawni'r gweithgaredd hwn.
- Beth ydw i'n ei wybod eisoes?
- A oes unrhyw feysydd y mae angen i mi ddatblygu fy ngwybodaeth ynddynt ar gyfer yr adroddiad?
- Pa gynnwys y byddaf yn ei gynnwys yn fy adroddiad ac ymhle y byddaf yn dod o hyd iddo?

Gwneud

- Gallaf nodi unrhyw broblemau posibl y byddaf yn eu hwynebu a datblygu strategaeth i oresgyn hyn wrth ysgrifennu'r adroddiad.
- Gallaf greu'r adroddiad gyda strwythur rhesymegol.

Adolygu

- Gallaf egluro beth oedd amcan y dasg i ysgrifennu adroddiad.
- Gallaf nodi fy nghryfderau a hefyd meysydd i'w gwella yn fy adroddiad.

D   Archwilio cynllunio gyrfa wedi'i anelu at ddod yn athletwr o'r radd flaenaf

Nid yw bod yn athletwr llwyddiannus yn digwydd ar hap. Mae gyrfaoedd chwaraeon yn cael eu hystyried yn dda ac wedi'u cynllunio'n dda, gyda nodau tymor byr, tymor canolig a thymor hir yn cael eu nodi gan yr athletwr a'u tîm hyfforddi. Gellir gwneud cynnydd o glybiau lleol i dimau neu gystadlaethau rhanbarthol a chenedlaethol. Ond mae angen i'r athletwr hefyd ystyried ei yrfa ôl-athletau – hyd yn oed cyn ymddeoliad wedi'i gynllunio, gallai ffactorau fel anaf neu golli safon arwain at ofyn am yrfaoedd eilaidd.

Cynllunio gyrfa ar gyfer athletwr cystadleuol

Hunanddadansoddiad a dadansoddiad anghenion

Mae gallu cynnal hunanarfarniad gonest yn sgìl hanfodol ar gyfer llwyddiant a chyflawniad yn y dyfodol. Mae'n bwysig ar gyfer llwyddiant hir-dymor bod gan athletwyr weledigaeth glir o'r hyn y maen nhw am ei gyflawni cyn iddynt ddechrau nodi sut i gyflawni hyn. Rhaid i athletwyr ddadansoddi pob maes a allai effeithio ar eu perfformiad, gan gynnwys sgiliau ffisiolegol, seicolegol a sgiliau penodol sy'n gysylltiedig â chwaraeon. Mae angen i'r dadansoddiad gwmpasu pob agwedd ar hyfforddiant, cystadleuaeth a'u hanghenion personol eu hunain, er enghraifft prynu tŷ neu gychwyn teulu. Wedi hyn mae angen iddynt nodi'r hyn sydd angen ei wella a'r hyn y mae angen iddynt ei gynnal er mwyn sicrhau'r perfformiad gorau posibl.

Efallai y byddai'n ddefnyddiol i athletwyr berfformio dadansoddiad SWOT. Yn wreiddiol, cysyniad busnes oedd hyn a ddefnyddiwyd i gynllunio a gwerthuso'r cryfderau, gwendidau, cyfleoedd a bygythiadau sy'n gysylltiedig ag unrhyw brosiect neu mewn sefyllfa sy'n gofyn am benderfyniad. Mae bod yn glir a chanolbwyntio ar bob un o'r meysydd allweddol hyn yn caniatáu i'r athletwr osod nodau tymor hir a thymor byr, o ran perfformiad a hefyd cynllunio gyrfa athletau tymor hir. Os byddant yn canfod bwlch rhwng eu perfformiad a'u nodau, y cam nesaf yw nodi sut y byddant yn pontio'r bwlch hwn.

> **Cysylltiad**
>
> Gallwch ddarllen mwy am raglennu ffitrwydd a chyfnodoli yn *Uned 2: Hyfforddi a Rhaglennu Ffitrwydd ar gyfer Iechyd, Chwaraeon a Lles* (gweler tudalen 119).
>
> Gallwch ddarllen mwy am ddadansoddi SWOT yn *Uned 3: Datblygiad Proffesiynol yn y Diwydiant Chwaraeon* (gweler tudalen 156).

Gosod nodau

Nodau tymor byr

Er mwyn cyflawni nod tymor hir yn llwyddiannus, mae athletwyr yn gosod nodau tymor byr a thymor canolig byrrach sy'n adeiladu tuag at y nod tymor hir. Yna gallant ganolbwyntio eu hymdrechion a'u hegni ar gyflawni'r nodau llai hyn, er bod yn rhaid iddynt gofio'r nod tymor hir mwy bob amser: efallai bydd yn rhaid i athletwr sy'n codi'n gynnar ar fore gwlyb, oer i gwblhau sesiwn hyfforddi ysgogi ei hun trwy feddwl am y targed tymor hir o lwyddiant.

Mae llawer o athletwyr wrth osod nodau tymor byr yn edrych am gyngor gan arbenigwyr a hyfforddwyr. Mae siarad ag athletwyr profiadol yn eu galluogi i gael dealltwriaeth amhrisiadwy ynghylch sut maen nhw wedi cyflawni llwyddiant. Dylai hyfforddwyr helpu eu hathletwyr i osod nodau gyrfa a pherfformiad, yn ogystal â'u hannog i gyflawni nodau tymor byr.

Nodau tymor canolig

Mae nodau tymor canolig fel arfer yn para rhwng mis a chwe mis ac yn ddilyniant o nodau tymor byr. Mae'n bwysig bod athletwyr yn defnyddio cyfnodoli wrth gynllunio eu nodau, yn enwedig eu nodau tymor canolig – gweler Uned 2 (tudalen 119) i gael mwy o wybodaeth.

Nodau tymor hir

Mae angen nodau tymor hir ar athletwyr i anelu atynt. Mae'r rhain yn ddatganiadau gwrthrychol am gyflawniadau penodol, mesuradwy. Gall y rhain fod yn atebion i gwestiynau fel, 'Beth rydw i eisiau ei gyflawni?' y gallai'r ateb fod: 'I orffen yn ddegfed neu'n uwch ar ddiwedd y tymor' neu 'Cael cyfartaledd batio o 50 o leiaf ar ddiwedd y tymor'. Nid yw ymatebion fel 'Rydw i eisiau ennill' neu 'Rydw i eisiau bod y gorau' yn dweud fawr ddim am sut i gyflawni'r pethau hyn, ac nid ydyn nhw'n cyfarwyddo ymddygiad yr athletwr.

Dylai gosod nodau ddilyn egwyddor CAMPUS, sy'n golygu y dylai'r rhain fod yn nodau:

▶ **C**yraeddadwy

▶ Wedi'i **A**mseru

▶ **M**esuradwy

▶ **P**enodol

▶ **U**chelgeisiol ond **S**ynhwyrol (realistig).

⏸ MUNUD I FEDDWL Beth yw eich nodau tymor byr, tymor canolig a thymor hir?

Awgrym Beth sydd angen i chi ei wneud er mwyn cyflawni eich nodau?

Ymestyn Sut byddwch chi'n gwybod eich bod chi wedi'u cyflawni? Beth fydd eich mesur o lwyddiant?

Cynllunio gyrfaoedd i reoli disgwyliadau personol

Mae'n bwysig bod athletwyr yn parhau i fod yn realistig pan fyddant yn sicrhau llwyddiant gyntaf neu, fel arall, yn cynnal agwedd a rhagolwg cadarnhaol os ydynt yn cael trafferth gwneud y cynnydd y maen nhw'n dymuno.

Mae angen i athletwyr sicrhau eu bod yn rheoli eu disgwyliadau personol eu hunain yn ofalus – byddant yn aml, er enghraifft, yn cynllunio cyfnodau yn eu gyrfaoedd fel ymuno â thimau grwpiau oedran rhanbarthol a chenedlaethol, gyda'r nod yn y pen draw o gael cynrychiolaeth ryngwladol lawn a gyrfa lwyddiannus.

Rhaid i athletwyr fod yn barod ar gyfer trawsnewidiadau yn eu gyrfa. Er enghraifft, gall y naid fod yn sylweddol wrth symud o gynrychiolaeth ieuenctid cenedlaethol i gynrychiolaeth genedlaethol lawn, yn enwedig mewn perthynas â lefel y perfformiad a'r disgwyliad yn ogystal â sylw yn y cyfryngau.

Rhaid i athletwyr hefyd fod yn barod i'w gyrfaoedd beidio â symud ymlaen fel yr hoffent neu ar gyfer newid mewn amgylchiadau, a allai gynnwys anaf tymor hir, cael eu gollwng gan noddwr neu fethu â chyrraedd y targedau gofynnol. Gall cael cynlluniau wrth gefn a ffynonellau incwm amgen fod yn hynod fuddiol i athletwyr.

Addysg a chymwysterau

Mae angen cymwysterau penodol a phrofiad gwaith perthnasol ar bron pob galwedigaeth. Efallai y bydd angen i athletwyr wneud penderfyniadau anodd am y dyfodol, ar ôl i'w gyrfa chwarae ddod i ben. Gallai diffyg cymwysterau ei gwneud hi'n anodd dod o hyd i gyflogaeth werth chweil ar ddiwedd eu gyrfa. Rhaid i athletwyr hefyd ystyried yr hyn y bydd angen iddynt ei wneud er mwyn dod o hyd i gyflogaeth.

Fel rhan o'u cynllunio gyrfa, dylai athletwyr nodi'r gyrfaoedd amgen sydd o ddiddordeb iddynt a'r cymwysterau sydd eu hangen arnynt. Bydd angen astudio ymhellach mewn llawer o yrfaoedd mewn coleg neu brifysgol ac erbyn hyn mae cannoedd o gyrsiau sy'n gysylltiedig â chwaraeon. Gellir cael gwybodaeth werthfawr trwy ymgymryd â phrofiad gwaith, lle mae'r athletwr yn ymgymryd â swydd am gyfnod byr i weld a yw'n faes y mae'n mwynhau gweithio ynddo. Yn olaf, bydd rhai athletwyr yn gweithio'n llawn amser ac yn gweithredu fel athletwyr proffesiynol rhan-amser; mewn gwirionedd bydd rhai athletwyr yn ennill mwy o incwm trwy wneud hyn.

> **Cysylltiad**
>
> Mae mwy am addysg a chymwysterau yn *Uned 3: Datblygiad Proffesiynol yn y Diwydiant Chwaraeon.*

Cynlluniau wrth gefn

Bydd athletwyr yn profi llawer o newidiadau trwy gydol eu gyrfaoedd. Gallai'r rhain gynnwys newid mewn hyfforddwr, clwb neu leoliad, neu newid mewn statws cenedlaethol neu ryngwladol. Bydd trosglwyddiad sylweddol hefyd rhwng cymryd rhan mewn chwaraeon i'w gyrfa eilaidd, ôl-berfformiad. Mae angen i athletwyr fod yn hyblyg i reoli amgylchiadau sy'n newid.

▶ Gall newid timau fod yn anodd i chwaraewyr oherwydd gall y perfformiad a'r ddynameg fod yn wahanol. Gall fod yn anodd delio â chwaraewyr newydd, ac integreiddio â nhw. Ar y llaw arall, gall fod yn heriol i'r chwaraewyr sydd ar ôl gynnal cymhelliant a lefelau perfformiad os yw chwaraewr blaenllaw yn gadael.

▶ Gall newid clybiau hefyd fod yn amser anodd i athletwr. Efallai eu bod yn gadael ffrindiau neu deulu ac yn teimlo mai nhw yw'r 'newydd-ddyfodiad' yn y clwb. Mae'n debygol y bydd yna lawer o wynebau anghyfarwydd a gall y dyfodol ymddangos yn frawychus ar y dechrau.

- Efallai y bydd yn rhaid i athletwr newid staff hyfforddi a chymorth. Gall hyn fod oherwydd datblygiad gyrfa neu wrth gynrychioli gwahanol dimau. Mae'n bwysig bod athletwyr yn derbyn y newid hwn ac yn gallu parhau i berfformio ar eu gorau.

- Gall delio â newidiadau offer fod yn heriol i athletwyr ac yn amharu ar eu ffocws a llif blaenorol. Mae angen cynllunio a phrofi unrhyw newidiadau offer yn ofalus cyn cystadlaethau mawr.

- Wrth i yrfa athletwr ddatblygu, gall ei statws newid. Gellir eu dewis i gynrychioli eu rhanbarth, sir neu wlad. Mae angen iddynt ystyried yn ofalus sut y bydd eu bywyd yn newid, yn enwedig wrth symud o fod yn amatur i fod yn broffesiynol. Yn ogystal, gall cael eich gwneud yn gapten neu newid safle ddod â statws i fabolgampwr ond gall ddod â mwy o bwysau a disgwyliadau. Yn yr un modd, gall fod yn anodd delio â cholli statws mewn tîm neu chwaraeon.

- Bydd salwch neu ddamwain annisgwyl yn atal athletwr rhag perfformio neu hyfforddi. Gall hefyd fod yn rhwystr o ran paratoi ar gyfer cystadleuaeth. Gan fod natur chwaraeon yn aml yn ansicr, bydd anafiadau'n digwydd o bryd i'w gilydd, felly mae'n bwysig bod cynllun wrth gefn ar waith. Rhaid delio ag anafiadau yn brydlon a dylech werthuso eu heffaith ar hyfforddiant, arferion a pherfformiadau yn y dyfodol.

Mae llawer o yrfaoedd chwaraeon yn cael eu torri'n fyr oherwydd anaf parhaol. Os bydd hyn yn digwydd, efallai y bydd yr athletwr yn teimlo'n ansicr am eu dyfodol oherwydd efallai bod y rhan fwyaf o'u bywyd wedi bod yn ymroddedig i hyfforddiant a chystadleuaeth yn eu camp. Mae'n bwysig bod gan athletwyr gynllun wrth gefn a chynllun gyrfa ar gyfer y dyfodol ar waith ar gyfer eu bywyd ar ôl ymddeol.

Cynllunio gyrfa ar gyfer athletwr wedi ymddeol

Gall chwaraeon fod â llawer o ansicrwydd. Nid yw cynllunio clir a phendant yn atal yr annisgwyl rhag digwydd, fel anaf tymor hir neu barhaol, damweiniau neu salwch. Dylai athletwyr ystyried pa opsiynau sydd ar gael ar ôl i'w gyrfa berfformio ddod i ben a pha sgiliau a chymwysterau y gallai fod eu hangen ar y rhain. Rhaid iddynt ddysgu addasu i fywyd y tu allan i chwaraeon cystadleuol: bywyd y gall llawer ei ystyried yn arafach ac yn llai strwythuredig na'u gyrfa chwaraeon. Gall ymddeoliadau sydyn a ddaw yn sgil anaf fod yn arbennig o boenus.

Gall cynllunio gyrfa i ffwrdd o chwaraeon fod yn brofiad brawychus a llawn straen i athletwyr. Am y rhan fwyaf o'u bywydau fel oedolion, byddant wedi bod yn hyfforddi ac yn cystadlu, a gall dyfodol ansicr arwain at bryder a straen. Y gorau y caiff ei gynllunio ymlaen llaw, y lleiaf pryderus a llawn straen fydd hi.

> **Myfyrio**
>
> Yn dilyn ymddeol, dim ond nifer fach o athletwyr sy'n gallu cynnal y ffordd o fyw yr oeddent yn ei mwynhau pan oeddent ar eu hanterth o ran enillion ar gyfer digwyddiadau cystadleuol. Mae angen i bron pob athletwr ddod o hyd i swydd dim ond i dalu am eu gwariant. Meddyliwch am eich diddordebau a'ch sgiliau eich hun i ffwrdd o chwaraeon. A oes categori eang o waith a allai fod o ddiddordeb i chi ar ôl i chi roi'r gorau i gymryd rhan mewn digwyddiadau chwaraeon rheolaidd?

Cyfleoedd gyrfa posib

Gellir dod o hyd i yrfaoedd ar ôl cymryd rhan mewn chwaraeon y tu mewn a'r tu allan i'r sector chwaraeon proffesiynol. Gellir trosglwyddo llawer o'r sgiliau mewn chwaraeon yn hawdd i feysydd eraill o gyflogaeth. Mae athletwyr yn tueddu i fod yn llawn cymhelliant ac ymroddiad: mae'r rhain yn nodweddion gwerthfawr mewn unrhyw ddiwydiant, ynghyd â sgiliau gweithio mewn tîm ac arweinyddiaeth. Bydd nodi pa yrfaoedd sydd ar gael, a'r cymwysterau a'r profiad sy'n ofynnol, yn rhoi'r cyfeiriad sydd ei angen ar athletwyr i gynllunio ar gyfer y dyfodol.

Mae yna hefyd lawer o yrfaoedd sy'n gysylltiedig â chwaraeon, gan gynnwys ffisiotherapi, maeth chwaraeon, hyfforddi ac addysgu, gweithio yn y cyfryngau neu ddatblygiad chwaraeon. Mae pob un o'r meysydd allweddol hyn yn dal i gynnwys cyswllt agos â chwaraeon a chystadleuaeth. Enghraifft o gyn-athletwr sy'n parhau i weithio ym myd chwaraeon yw'r cyflwynydd teledu Gary Lineker. Ar ôl gyrfa lwyddiannus mewn pêl-droed lle bu'n gapten ar dîm pêl-droed Lloegr, aeth Lineker ymlaen i ddilyn gyrfa lwyddiannus yn y cyfryngau.

Mae angen cymwysterau a phrofiad ar y mwyafrif o swyddi neu yrfaoedd. Fel rhan o'u cynllunio gyrfa ôl-gystadleuthol, mae athletwyr angen nodi'r gyrfaoedd amgen sydd o ddiddordeb iddynt a'r cymwysterau sydd eu hangen arnynt. Bydd angen astudio ymhellach mewn llawer o yrfaoedd mewn coleg neu brifysgol ac erbyn hyn mae cannoedd o gyrsiau sy'n gysylltiedig â chwaraeon. Ond gall hefyd fod yn briodol ystyried ailhyfforddi mewn diwydiant hollol wahanol trwy astudio cymwysterau fel NVQ mewn plymio neu faes arall sy'n cymryd diddordeb yr athletwr.

Weithiau bydd athletwr yn dechrau ail yrfa tra bod ei fywyd chwaraeon cystadleuol yn dirwyn i ben, gan drosglwyddo'n araf i'r rôl newydd dros gyfnod o amser.

Mae Tabl 27.5 yn dangos rhai gyrfaoedd sy'n gysylltiedig â chwaraeon y gallai athletwyr eu hystyried.

▶ **Tabl 27.5:** Gyrfaoedd posib yn gysylltiedig â chwaraeon ar gyfer athletwyr sydd wedi ymddeol

Llwybr gyrfa posib yn y dyfodol	Disgrifiad
Hyfforddwr	Mae llawer o athletwyr yn gweld hyn fel dilyniant naturiol i barhau yn eu camp fel hyfforddwr. Mae cyfleoedd i hyfforddi ar bob lefel, o lawr gwlad i'r radd flaenaf. Mae nifer o gyrsiau hyfforddi penodol a blaengar ar gael bellach.
Athro	Gellir addysgu mewn ysgolion, colegau neu brifysgolion. Mae'n naturiol i athrawon chwaraeon fod â diddordeb gweithredol mewn chwaraeon ac maen nhw'n aml yn cystadlu y tu allan i'r gwaith. I fod yn athro mae'n rhaid i chi astudio i lefel gradd mewn gwyddor chwaraeon neu addysg gorfforol a hefyd bod yn berchen ar dystysgrif mewn addysg. Mae astudio fel arfer yn para am gyfnod o dair blynedd mewn addysg uwch.
Rolau yn y cyfryngau	Mae yna lawer o swyddi yn y cyfryngau fel newyddiadurwr neu ohebydd. I ddilyn gyrfa yn y maes hwn, dylai fod gennych feistrolaeth dda ar Saesneg/Cymraeg ysgrifenedig a llafar ac mae'n arferol astudio hyd at lefel gradd.
Rolau mewn gwyddorau chwaraeon	Mae'r gwyddorau chwaraeon yn ehangu wrth i ni geisio gwella perfformiad athletaidd. Ymhlith y meysydd mae biomecaneg, seicoleg, profi ffitrwydd a ffisioleg. Mae pob un o'r meysydd hyn wedi'u cynllunio i gynnig cefnogaeth i athletwyr ac i wella eu perfformiad. Mae gwyddonwyr chwaraeon fel arfer yn astudio yn y brifysgol ac yn aml yn parhau â'u hastudiaethau wedi hynny gydag ymchwil.
Datblygiad chwaraeon	Mae datblygiad chwaraeon yn ymwneud â chael grwpiau amrywiol i gymryd rhan mewn chwaraeon, fel pobl oedrannus neu anabl, neu blant. Mae awdurdodau lleol fel arfer yn targedu grwpiau sydd heb gynrychiolaeth ddigonol mewn chwaraeon ac yn cynnig cynlluniau neu sesiynau i'w hannog i gymryd rhan weithredol. Fel rheol mae gan swyddogion datblygiad chwaraeon gymhwyster sy'n gysylltiedig â chwaraeon yn ogystal ag ystod o wobrau hyfforddi.
Ffisiotherapydd	Mae athletwyr yn aml yn awyddus i ddod yn ffisiotherapydd oherwydd efallai eu bod wedi profi anaf yn ystod eu gyrfaoedd. Mae yna nifer o gyrsiau ar gael yn y DU, ond mae llawer o gystadleuaeth am leoedd. Rhaid i ffisiotherapydd astudio i lefel gradd a bydd y cwrs yn cynnwys gweithio mewn ffisiotherapi cyffredinol mewn ysbyty. Nid yw anafiadau chwaraeon ac adferiad yn cael eu hastudio mewn cwrs gradd israddedig ffisiotherapi.
Dyfarnwr/Swyddog	Mae dyfarnu yn dod yn ddewis cynyddol boblogaidd i rai athletwyr droi ato ar ôl ymddeol, neu mewn rhai achosion mae athletwyr yn cyfuno dyfarnu yn rhan-amser â chystadleuaeth weithredol. Gellir ei ddefnyddio fel ffynhonnell incwm i'r athletwr rhan-amser. I'r athletwr ar ôl ymddeol gall fod yn ffordd o aros yn y gamp a gwneud cyfraniad cadarnhaol.

Astudiaeth achos

Ben Burgess – newid cyfeiriad

Yn 30 oed, dim ond cwpl o sesiynau hyfforddi y llwyddodd y pêl-droediwr Ben Burgess gwblhau yn ystod tair wythnos gyntaf o hyfforddiant cyn y tymor i'w glwb Tranmere Rovers cyn iddo benderfynu ymddeol oherwydd anafiadau hirsefydlog i'w ben-glin. Pan oedd yn gwybod y byddai'n rhaid iddo ymddeol roedd yn teimlo dryswch, ofn, dicter, anobaith a phryder. Roedd hefyd yn gwybod y byddai angen iddo weithio am o leiaf 30 mlynedd arall.

I fod yn chwaraewr proffesiynol mae angen nid yn unig sgìl dechnegol a lefelau uchel o ffitrwydd; mae angen grym ewyllys, arweinyddiaeth a sgiliau gweithio mewn tîm, y gallu i berfformio dan bwysau, ysgogiad a hyblygrwydd ar chwaraewyr hefyd. Mae'r holl sgiliau hyn yn drosglwyddadwy i lawer o wahanol swyddi eraill ac yn cael eu gwerthfawrogi gan gyflogwyr.

Manteisiodd Ben ar gyrsiau galwedigaethol ac academaidd Cymdeithas y Pêl-droedwyr Proffesiynol, gan ddilyn cwrs gradd ym Mhrifysgol Swydd Stafford mewn Darlledu ac Ysgrifennu. Er mwyn ennill profiad gwnaeth ychydig o sylwebaeth radio ac ysgrifennodd rai erthyglau mewn cylchgronau. Ar ôl dod â'i yrfa bêl-droed i ben dechreuodd hyfforddi ar gyfer Tystysgrif Ôl-raddedig mewn Addysg (TAR), a'i alluogodd i gymhwyso fel athro. Mae wedi creu gyrfa hollol newydd ac yn cael boddhad mawr wrth wylio plant yn dysgu ac yn datblygu. Wrth chwarae pêl-droed roedd yn uchelgeisiol ac yn benderfynol o fod y chwaraewr gorau y gallai fod. Wrth ddysgu mae ganddo'r un uchelgeisiau a hoffai symud ymlaen i fod yn brifathro.

Gwiriwch eich gwybodaeth

1 Beth wnaeth Ben yn effeithiol er mwyn cynllunio ar gyfer diwedd ei yrfa?
2 Esboniwch y dewisiadau a wneir mewn cynllun gyrfa ar gyfer perfformwyr chwaraeon mewn camp o'ch dewis.
3 Gwerthuswch y dewisiadau gyrfa posibl a allai fod ar gael i athletwr ar ddiwedd eu gyrfaoedd mewn chwaraeon.

❚❚ MUNUD I FEDDWL   Pam bod angen i fabolgampwyr baratoi ar gyfer ail yrfa?

Awgrym   Pam ei bod hi'n bwysig i athletwyr gynllunio ar gyfer y dyfodol?

Ymestyn   Dadansoddwch yr opsiynau gyrfa posibl sydd ar gael i athletwyr.

Ymarfer asesu 27.4   D.P5   D.M4   D.D3

Rydych chi'n gweithio fel hyfforddwr yn rhaglen datblygu athletwyr ifanc eich hoff gamp. Mae prif hyfforddwr y cynllun wedi gofyn i chi greu taflen ar gyfer darpar athletwyr podiwm, gan eu cynghori ar sut i adeiladu cynllun gyrfa. Fel rhan o hyn, mae hi wedi gofyn i chi gynhyrchu cynllun gyrfa enghreifftiol sy'n berthnasol i'r gamp honno. Mae hi wedi gofyn i chi sicrhau ei fod hefyd yn cynnwys cynllunio wrth gefn.

Cynllunio
- A oes angen unrhyw eglurhad arnaf ynghylch y dasg?
- A oes unrhyw feysydd y mae angen i mi ddatblygu fy ngwybodaeth ynddynt?
- Beth yw meini prawf llwyddiant y dasg hon?

Gwneud
- Rwy'n gwybod beth rwy'n ei wneud a beth rydw i angen ei gyflawni.
- Gallaf nodi unrhyw broblemau posibl y byddaf yn eu hwynebu wrth greu'r daflen a datblygu strategaeth i oresgyn rhain.

Adolygu
- Gallaf esbonio'r rheswm dros greu'r daflen.
- Gallaf egluro sut fydd cynllun gyrfa llwyddiannus yn edrych.

Deunydd darllen ac adnoddau pellach

Llyfrau

Balyi, I., Way, R. a Higgs, C. (2013) *Long-term Athlete Development*, Leeds: Human Kinetics.

Clark, N. (2014) *Nancy Clark's Sports Nutrition Guidebook: 5ed argraffiad*, Leeds: Human Kinetics.

Dixon, B. (2007) *Careers Uncovered: Sport and Fitness: 2il argraffiad*, Bath: Trotman.

Kennedy, E. a Hills, L. (2009) *Sport, Media and Society*, Rhydychen: Berg.

Lyle, J. a Cushion, C. (eds.) (2010) *Sports Coaching: Professionalisation and Practice*, Llundain: Churchill Livingstone.

Mottram, D.R. a Chester, N. (eds.) (2015) *Drugs in Sport: 6ed argraffiad*, Abingdon: Routledge.

Gwefannau

www.chwaraeon.cymru – Chwaraeon Cymru: Y sefydliad cenedlaethol sy'n gyfrifol am ddatblygu a hybu chwaraeon a gweithgarwch corfforol yng Nghymru.

teamwales.cymru – Gemau'r Gymanwlad Cymru: y corff arweiniol ar gyfer chwaraeon y Gymanwlad yng Nghymru ac sy'n gyfrifol am ddewis, paratoi ac arwain Tîm Cymru yng Ngemau'r Gymanwlad a Gemau Ieuenctid y Gymanwlad.

www.sportengland.org – Sport England: Cyngor Chwaraeon Lloegr, sy'n ceisio annog datblygiad chwaraeon a gwella cyfleoedd, yn enwedig i bobl ifanc.

www.teamgb.com – The British Olympic Association (BOA): yn paratoi ac yn cefnogi cystadleuwyr Olympaidd ac yn datblygu ac yn hyrwyddo'r Mudiad Olympaidd yn y DU.

www.uksport.gov.uk – UK Sport: yn cefnogi chwaraeon ac athletwyr Olympaidd a Pharalympaidd Prydain i gyflawni eu potensial llawn.

BETH AM ▶▶ Y DYFODOL?

Stuart Smith

Athro AG

Mae addysgu AG yn yrfa fendigedig. Rwy'n cael gweithio gyda dysgwyr ifanc gwych ac ymfalchïo yn fy angerdd tuag at chwaraeon bob dydd. Rwy'n cael gweld dysgwyr yn cychwyn fel dechreuwyr llwyr, yn datblygu sgiliau a thactegau ac yn dod yn fedrus yn y gamp, gan ddewis yn aml i barhau gyda'r gamp y tu allan i'r ysgol.

Gall fy swydd fod yn brysur iawn gyda gemau a hyfforddiant yn rheolaidd ar ôl ysgol ac weithiau cyn ysgol. Mae'n rhaid i mi gynllunio pob gwers er mwyn darparu'n benodol ar gyfer pob dysgwr a sicrhau bod pawb yn cyflawni eu hamcanion dysgu ac yn gwneud cynnydd ym mhob gwers. Mae bod yn ffit yn gorfforol fy hun yn bwysig iawn oherwydd yn aml mae angen i mi gwblhau arddangosiadau ac arwain trwy esiampl.

Fel cyn-chwaraewr criced proffesiynol, rwy'n ymwybodol o bwysigrwydd hyfforddi ac ymarfer, yn enwedig wrth i mi barhau i chwarae'n lled broffesiynol a derbyn cyflog bach am chwarae a hyfforddi tîm iau'r clwb. Rwy'n gallu cyfuno'r ddwy rôl hyn a dod o hyd i gydbwysedd addas sy'n caniatáu i mi ymrwymo i'r ddwy. Mae gallu cynllunio a pharatoi yn sgìl hanfodol.

Rwy'n ymrwymedig iawn i'm swydd a'm criced. Bu'n rhaid i mi ystyried ymrwymiadau i fy nheulu y tu allan i waith a chriced ac mae pob un o'r rhain yn rhoi pwysau aruthrol ar fy amser. Rwyf hefyd yn deall pwysigrwydd ymddygiad cadarnhaol ar y cae ac oddi arno, gan fy mod yn fodel rôl i bobl ifanc fel athro AG ac fel cricedwr ill dau.

Canolbwyntio eich sgiliau

Cynllunio ar gyfer dwy yrfa

- Wrth chwarae'n amser llawn yn broffesiynol mae'n bwysig cynllunio ar gyfer pan na allwch gystadlu a hyfforddi fel athletwr amser llawn mwyach. Mae angen i chi gael profiad a chymwysterau ar gyfer eich dewis o yrfa. Gallai hyn fod trwy brofiad gwaith.
- Efallai y bydd angen i chi nodi clybiau/timau a fyddai'n caniatáu i chi chwarae'n rhan-amser ac a fyddai'n hapus i chi gael ffynhonnell gyrfa ac incwm arall.

Rheoli dwy yrfa

- Trafodwch eich disgwyliadau a'ch dyddiadau allweddol ar gyfer pryd rydych chi'n mynd i fod yn brysur iawn â hyfforddwyr amrywiol. Yna gellir cynllunio'n drylwyr a datrys unrhyw broblemau.

- Ceisiwch ddilyn gwaith a fydd yn adeiladu eich gyrfa ac yn eich helpu i ddatblygu sgiliau newydd.
- Mae angen i chi dderbyn y byddwch chi'n brysur iawn ar brydiau, ond gwnewch yn siŵr eich bod chi'n caniatáu digon o amser i ymlacio, adfer a chymdeithasu.

Trefnu

- Ceisiwch gynllunio'ch amser – ymgyfarwyddwch â threfnu'ch hun a gweithio allan beth yw'r ffyrdd gorau y gallwch chi strwythuro'ch amser. Efallai y bydd yn helpu i drefnu'ch tasgau yn rannau cyraeddadwy.
- Ceisiwch gadw dyddiadur yn amlinellu'ch cynlluniau ar gyfer y dyfodol y gallwch chi hefyd eu harolygu bob dydd.

Paratoi ar gyfer asesiad

Mae Sangita yn gweithio tuag at Ddiploma Estynedig BTEC Cenedlaethol mewn Chwaraeon a Datblygu Gweithgaredd Corfforol. Yn ddiweddar, mae hi wedi cwblhau aseiniad a ofynnodd iddi 'Ymchwilio i wahanol enillion, cyfleoedd cyllido ac arian perfformwyr chwaraeon ar wahanol gamau yn eu gyrfaoedd' ar gyfer Nod dysgu B. Roedd yn rhaid i Sangita ysgrifennu ysgrif ar gyfer cylchgrawn sy'n rhoi cyngor i ddarpar athletwyr ifanc. Roedd yn rhaid i'r ysgrif yn y cylchgrawn:

► gynnwys gwybodaeth am yr amrywiol gyfleoedd cyllido a'r ffactorau sy'n effeithio ar eu hariannu

► esbonio'r cyfleoedd cyllido a'r ffactorau ariannol hyn sy'n effeithio ar athletwyr ar wahanol gamau yn eu gyrfaoedd elitaidd.

Sut y dechreuais i

I ddechrau dewisais pa athletwr a chwaraeon roeddwn i'n mynd i ganolbwyntio arno: athletwr trac a enillodd fedal Aur Olympaidd. Treuliais beth amser yn ymchwilio i'w gyrfa a'u ffynonellau incwm. Arbedais yr holl wybodaeth ar y cyfrifiadur yn y coleg a hefyd ysgrifennais rai nodiadau yr oeddwn yn eu cadw mewn ffeil.

Yna, fe wnes i greu tri is-bennawd clir ar gyfer fy ngwaith:
1 Cyfleoedd gwahanol i ennill arian
2 Cyfleoedd cyllido gwahanol
3 Camau gwahanol mewn gyrfa

Ar ôl creu fy is-benawdau, gwnes ymchwil bellach gan ddefnyddio gwefannau a gwerslyfrau. I gymharu'r cyfleoedd cyllido a'r ffactorau ariannol, fe wnes i greu map meddwl a rhestrau o'r tebygrwydd a'r gwahaniaethau. Anfonais e-bost hefyd at gwmni rheoli chwaraeon i athletwyr er mwyn cael gwybodaeth i gefnogi fy ngwaith.

Sut y des â'r cyfan at ei gilydd

Er mwyn ysgrifennu ysgrif yn y cylchgrawn treuliais beth amser yn cynllunio beth oedd yn berthnasol a beth na ddylid ei gynnwys. Fe wnes i hefyd ddod o hyd i sawl delwedd er mwyn gwella ymddangosiad yr erthygl. Penderfynais ddefnyddio safle blogio ar-lein er mwyn cwblhau fy ngwaith.

Creais dabl gyda gwybodaeth bellach am bob ffynhonnell ariannu ar gyfer yr athletwr a ddewiswyd gennyf. Ar gyfer y gwahanol noddwyr, ychwanegais ddolenni, a all fynd â darllenwyr yn uniongyrchol i'r gwefannau cysylltiedig.

Ar gyfer prif gorff yr erthygl defnyddiais fy nhri phennawd. O dan bob pennawd esboniais y gwahanol gyfleoedd cyllido a ffactorau ariannol. Creais linell amser yn amlinellu gwahanol gamau gyrfa athletwr, gydag esboniadau mewn blychau testun.

Beth ddysgais o'r profiad

Rwyf wedi datblygu fy sgiliau TG ac wedi dysgu sut i greu dolenni a sut i ysgrifennu erthygl ar gyfer blog/cylchgrawn. Rwy'n teimlo y gallai'r sgiliau hyn fod yn hanfodol pan fyddaf yn gadael addysg. Yn wir, mwynheais ysgrifennu'r erthygl gymaint, rwyf wedi penderfynu parhau i ysgrifennu'r blog am fy mywyd fy hun.

Dysgais hefyd pa mor bwysig yw cael cynllun da yn ei le cyn i chi ddechrau ar y cam ysgrifennu. Rwy'n credu y byddai'r dasg wedi'i chwblhau'n llawer cyflymach pe bawn i wedi gwneud hynny, gan fy mod i'n colli cyfeiriad ar brydiau. Y tro nesaf byddaf yn cynllunio'r hyn rwy'n ceisio ei wneud ac yn rhestru'r cynnwys y mae angen i mi ei gwmpasu.

Ar ôl prawfddarllen fy ngwaith am y tro cyntaf, roeddwn i'n teimlo nad oeddwn i wedi cynnwys digon o fanylion yn fy esboniadau, felly treuliais beth amser yn ailysgrifennu fy nrafft cychwynnol. Rwy'n teimlo bod hyn wedi gwella ansawdd cyffredinol fy ngwaith yn sylweddol. Rwyf wedi dysgu bod arolygu ac addasu fy ngwaith yn bwysig iawn.

Pwyntiau i'w hystyried

► Ydych chi wedi cwblhau cynllun o'r hyn rydych chi'n ei wneud a phryd rydych chi'n ei wneud?

► Ydych chi wedi cynnal digon o ymchwil ar y cynnwys rydych chi'n mynd i ysgrifennu amdano?

► Ydych chi wedi cynnwys eich holl ffynonellau gwybodaeth yn eich cyfeiriadau?

Dadansoddiad Perfformiad Chwaraeon 28

Dod i adnabod eich uned

Mae dadansoddiad perfformiad chwaraeon yn cynnwys rhoi adborth gwrthrychol i athletwyr er mwyn eu helpu i newid neu addasu eu perfformiad er gwell. Nod y dadansoddiad yw rhoi gwybod i'r athletwr beth ddigwyddodd mewn gwirionedd yn hytrach na'r hyn yr oeddent yn ei ystyried oedd wedi digwydd – weithiau, gall y ddau beth hyn fod yn wahanol iawn.

Yn yr uned hon, byddwch yn archwilio cydrannau perfformiad llwyddiannus mewn chwaraeon a'r gwahanol ddulliau dadansoddi a gymhwysir i wahanol feysydd perfformiad. Byddwch yn edrych ar broffilio perfformiad i nodi gwahanol feysydd perfformiad, gan gynnwys mesurau ffitrwydd a mesurau a ddefnyddir i asesu cydrannau technegol a thactegol ar gyfer llwyddiant. Unwaith y sefydlir ffactorau sy'n effeithio ar berfformiad llwyddiannus, cynhyrchir mesurau addas ar gyfer perfformiad a bydd arsylwad ymarferol ar berfformiad athletwyr yn cael ei wneud. Yn seiliedig ar yr arsylwi strwythuredig hwn, gellir nodi meysydd i'w gwella a rhoi adborth i athletwyr.

Sut y cewch eich asesu

Bydd yr uned hon yn cael ei hasesu drwy gyfrwng cyfres o dasgau a osodir gan eich tiwtor. Gall y tasgau hyn fod ar ffurf dogfennau ysgrifenedig, cyflwyniadau neu brosiectau byr. Bydd pwyslais cryf hefyd ar eich sgiliau dadansoddi ymarferol, y gellir eu harsylwi fel rhan o'ch asesiad.

Efallai y bydd yr aseiniadau wedi eu gosod gan eich tiwtor yn cymryd y ffurfiau canlynol:

▶ Cynhyrchwch adroddiad ar y gwahanol ddulliau o ddadansoddi perfformiad chwaraeon, gan werthuso eu perthnasedd a'u defnyddioldeb ar gyfer hyfforddwr.

▶ Crewch gyflwyniad yn egluro gofynion perfformiad, modelau delfrydol a meincnodau perfformiad chwaraeon unigol neu dîm. Yna, gan ddefnyddio'r wybodaeth hon, cynhyrchwch eich dull dadansoddi eich hun ar gyfer y gamp hon.

▶ Cynhaliwch ddadansoddiad o berfformiad athletwr unigol neu dîm a darparwch adroddiad cryno gydag adborth ar berfformiad, gan ymgorffori adborth a gosod nodau ar gyfer datblygu yn y dyfodol.

Mae'r ymarferion o fewn yr uned hon wedi'u cynllunio i'ch helpu chi i ymarfer ac ennill sgiliau a fydd yn eich cynorthwyo i gwblhau eich aseiniadau. Bydd y damcaniaethau y byddwch chi'n eu dysgu yn rhoi gwybodaeth gefndirol i chi er mwyn eich helpu i gyflawni'r uned ond ni fyddant o reidrwydd yn gwarantu gradd benodol i chi. Mae'r tabl canlynol yn dangos yr hyn sy'n rhaid i chi ei wneud i Lwyddo, neu i gael Teilyngdod neu Ragoriaeth, a sut i ddod o hyd i weithgareddau i'ch helpu.

Meini prawf asesu

Mae'r tabl hwn yn dangos yr hyn sy'n rhaid i chi ei wneud i **Lwyddo**, neu i gael **Teilyngdod** neu **Ragoriaeth**, a sut i ddod o hyd i weithgareddau i'ch helpu.

Llwyddo	Teilyngdod	Rhagoriaeth
Nod dysgu A Archwilio dulliau ar gyfer dadansoddi perfformiad chwaraeon		
A.P1 Esbonio dulliau a thechnegau ar gyfer dadansoddi perfformiad chwaraeon. **Ymarfer asesu 28.1**	**A.M1** Dadansoddi dulliau a thechnegau ar gyfer dadansoddi perfformiad chwaraeon, asesu dilysrwydd, perthnasedd a defnyddioldeb. **Ymarfer asesu 28.1**	**A.D1** Gwerthuso dulliau a thechnegau ar gyfer mesur dadansoddi perfformiad, argymell a chyfiawnhau dulliau a thechnegau ar gyfer dadansoddi perfformiad unigolion neu dimau. **Ymarfer asesu 28.1**
Nod dysgu B Archwilio modelau, meincnodau a phrotocolau delfrydol ar gyfer dadansoddi perfformiad		
B.P2 Nodi dulliau, meincnodau a phrotocolau delfrydol sefydledig ar gyfer dadansoddi perfformiad athletwr unigol neu dîm. **Ymarfer asesu 28.2**	**B.M2** Asesu a sefydlu modelau, meincnodau a phrotocolau delfrydol sefydledig ar gyfer dadansoddi perfformiad athletwr unigol neu dîm. **Ymarfer asesu 28.2**	**B.D2** Gwerthuso modelau, meincnodau a phrotocolau delfrydol sefydledig ar gyfer dadansoddi perfformiad unigolyn neu dîm. **Ymarfer asesu 28.2**
B.P3 Cynhyrchu protocolau a deunyddiau i'w defnyddio ar gyfer dadansoddi perfformiad athletwr unigol neu dîm. **Ymarfer asesu 28.2**	**B.M3** Cynhyrchu protocolau a deunyddiau manwl i'w defnyddio ar gyfer dadansoddi perfformiad athletwr unigol neu dîm. **Ymarfer asesu 28.2**	
Nod dysgu C Gwneud dadansoddiad o berfformiad chwaraeon athletwr unigol neu dîm		
C.P4 Coladu data a'i gyflwyno mewn fformat addas, o arsylwad o berfformiad athletwr unigol neu dîm. **Ymarfer asesu 28.3**	**C.M4** Coladu data manwl a'i gyflwyno mewn gwahanol fformatau, o arsylwi perfformiad athletwr unigol neu dîm, gan gymharu yn erbyn ei fodel perfformiad a'i feincnodau delfrydol. **Ymarfer asesu 28.3**	**CD.D3** Gwerthuso data wedi'i goladu, gan gymharu yn erbyn eich model perfformiad a'ch meincnodau delfrydol eich hun, gan ddarparu adborth sy'n gosod nodau y gellir eu cyfiawnhau ar gyfer datblygu yn y dyfodol. **Ymarfer asesu 28.3**
Nod dysgu D Arolygu'r data dadansoddi a gasglwyd a rhoi adborth i athletwr unigol neu dîm		
D.P5 Arolygu data a gasglwyd gan roi adborth i athletwr unigol neu dîm ar eu perfformiad chwaraeon. **Ymarfer asesu 28.3**	**D.M5** Dadansoddi data a gasglwyd gan ddarparu adborth manwl i athletwr unigol neu dîm ar eu perfformiad chwaraeon sy'n gosod nodau ar gyfer datblygiad yn y dyfodol. **Ymarfer asesu 28.3**	

Dechrau arni

Mae angen i hyfforddwyr ac athletwyr wybod sut mae symud a ffisioleg yn effeithio ar berfformiad. Mae agweddau technegol a thactegol ar unrhyw chwaraeon hefyd yn bwysig, ynghyd â gallu hyfforddwr i wneud newidiadau neu addasiadau pan fo angen er mwyn sicrhau llwyddiant. Mae yna hefyd ymwybyddiaeth gynyddol o seicoleg chwaraeon, a sut y gall y meddwl effeithio ar berfformiad. Mae'r ffactorau hyn yn dweud wrthych am bwysigrwydd dadansoddi perfformiad chwaraeon. Sut gall gwybodaeth am y ffactorau hyn eich helpu i ddadansoddi perfformiad chwaraeon a gwella athletwyr y dyfodol?

A Archwilio dulliau ar gyfer dadansoddi perfformiad chwaraeon

Cysylltiad

Mae gan yr uned hon gysylltiadau arbennig o gryf ag *Uned 5: Cymhwyso Profion Ffitrwydd*, *Uned 6: Seicoleg Chwaraeon* ac *Uned 7: Perfformiad Chwaraeon Ymarferol*.

Proffilio perfformiad

Term allweddol

Proffilio perfformiad – rhoi adborth gwrthrychol i berfformwyr sy'n ceisio sicrhau newid cadarnhaol mewn perfformiad.

Mae **proffilio perfformiad** yn ddull a ddefnyddir i nodi a threfnu hyfforddiant, datblygiad a pharatoi athletwyr er mwyn eu helpu i gyflawni eu nodau. Nid oes fformat penodol i'r dull ac mae'n dibynnu ar sut mae'r hyfforddwr a'r athletwr yn hoffi gweithio, er mai dull cyffredin yw arddangosiad gweledol o feysydd pwysig mewn camp benodol. Nod proffilio perfformiad yw, os caiff ei gymhwyso'n gywir, helpu i ffocysu'r athletwr ar agweddau allweddol ar eu perfformiad a helpu i gyfeirio eu hyfforddiant i'r meysydd sydd angen eu haddasu.

Mae'n ffordd o roi gwybodaeth i'r athletwr am yr hyn a ddigwyddodd yn eu camp mewn gwirionedd – yn hytrach na'r hyn a ddigwyddodd yn eu barn nhw. Mae'n cynnwys dadansoddi perfformiad yr athletwr trwy arsylwi, a deall cyflwr meddyliol yr athletwr hefyd. Efallai y bydd adegau pan fydd yr athletwr wedi tanberfformio oherwydd nerfau neu ddiffyg canolbwyntio. Felly pwrpas proffilio perfformiad yw:

▶ helpu'r athletwr gyda'i anghenion corfforol a seicolegol
▶ asesu'r cwmpas ar gyfer gwelliannau technegol a thactegol
▶ gwella cymhelliant a pherfformiad yr athletwr.

Dylai'r hyfforddwr asesu'r athletwr cyn ac ar ôl y digwyddiad, gan drafod materion corfforol, technegol a thactegol, a'r ffactorau seicolegol pwysig canlynol:

▶ hyder
▶ canolbwyntio
▶ ymrwymiad
▶ rheolaeth
▶ ailffocysu ymdrech.

Bydd deall pob un o'r rhain yn caniatáu i'r hyfforddwr baratoi strategaeth er mwyn mynd i'r afael ag unrhyw faterion a amlygir gan y proffilio.

Mae dadansoddiad perfformiad yn dilyn proses glir o arsylwi, dadansoddi, gwerthuso, cynllunio ac adborth (gweler Ffigur 28.1). Gellir defnyddio'r model hwn dro ar ôl tro ac ar gyfer pob agwedd ar hyfforddiant.

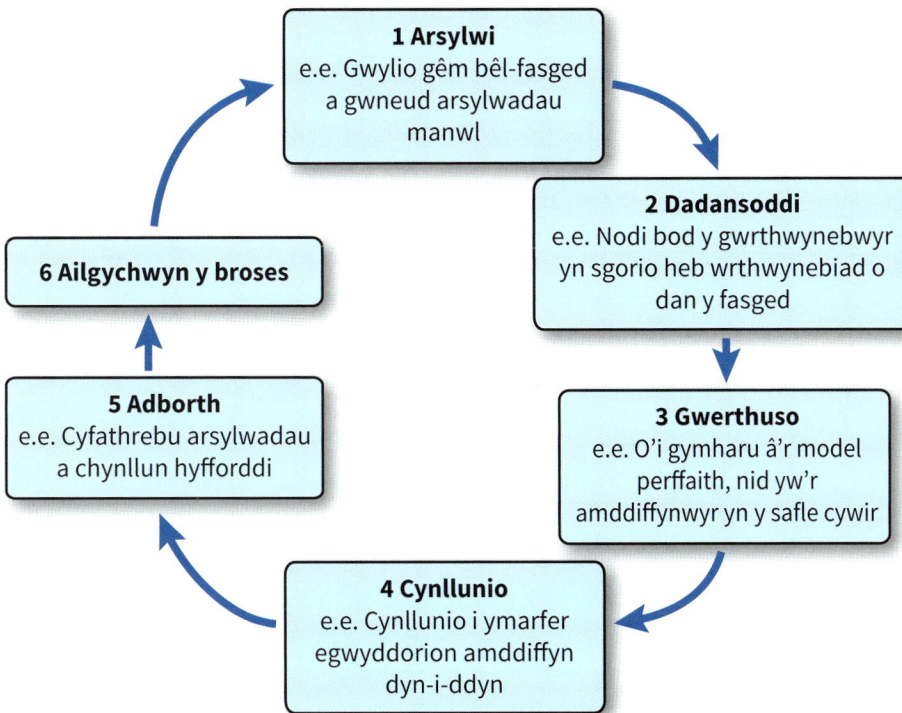

▶ Ffigur 28.1: Y model dadansoddi perfformiad

Nod dadansoddiad perfformiad chwaraeon llwyddiannus yw gwneud y canlynol.

- ▶ Gwella perfformiad cyffredinol – mae gan wahanol chwaraeon ofynion gwahanol iawn, a dylai'r athletwr a'r hyfforddwr fod yn ymwybodol o'r gofynion corfforol a seicolegol penodol y mae'n rhaid eu bodloni er mwyn sicrhau llwyddiant. Er enghraifft, bydd chwaraewr canol cae mewn pêl-droed angen sgiliau corfforol a meddyliol gwahanol i sgiliau gôl-geidwad.
- ▶ Caniatáu asesiad cywir o berfformiad cyfredol – rhaid i broffil perfformiad fod yn amserol, yn gywir ac yn wrthrychol. Rhaid i'r dulliau dadansoddi gael eu cynnal gan unigolyn medrus a chymwys, ac yna eu cyflwyno i'r hyfforddwr a'r athletwr mewn fformat addas.
- ▶ Canlyniad cynllun/strategaethau datblygu cytunedig – unwaith y bydd dadansoddiad wedi'i gynnal a bod y ffactorau technegol, tactegol, ffisiolegol a seicolegol perthnasol wedi cael sylw, dylai'r hyfforddwr a'r athletwr gytuno ar gynllun datblygu neu strategaeth sy'n ceisio addasu a gwella perfformiad.
- ▶ Ysgogi gwell hyfforddiant a datblygiad perfformiad – os cytunir ar gynllun datblygu neu strategaeth, bydd yr hyfforddwr yn newid amserlen hyfforddi'r athletwr er mwyn darparu ar gyfer yr addasiadau sy'n ofynnol i wella perfformiad yn y dyfodol. Bydd cynnydd yr athletwr yn parhau i gael ei ddadansoddi (gan ddefnyddio'r un system o broffilio perfformiad) i olrhain gwelliannau.

I wneud hyn, bydd y proffil perfformiad yn dadansoddi ffactorau seicolegol, corfforol, technegol a thactegol.

Ffactorau seicolegol

Mae'n amhosibl arsylwi ffactorau meddyliol yn uniongyrchol: dim ond yr ymatebion corfforol sy'n codi ohonynt yr ydym yn eu gweld. Mae perfformiad bob amser yn cael ei gyflyru gan y prosesau meddyliol sy'n siapio ein hymddygiad trwy agweddau fel cymhelliant neu sbarduno. Dyma pam ei bod yn bwysig ystyried ffactorau seicolegol wrth lunio proffil perfformiad.

Gallwch ddarllen mwy am seicoleg chwaraeon yn Uned 6, ond mae Tabl 28.1 yn rhoi trosolwg o'r prif ffactorau.

▶ **Tabl 28.1:** Ffactorau seicolegol a allai effeithio ar berfformiad chwaraeon

Ffactor meddyliol	Esboniad
Cymhelliant	Cymhelliant yw'r awydd i gyflawni tasg benodol; dyma pam rydyn ni'n dewis gwneud rhywbeth. Mae deall yr hyn sy'n cymell athletwyr yn helpu hyfforddwyr i gynllunio sesiynau hyfforddi effeithiol. Fe'i diffiniwyd fel 'cyfeiriad a dwysedd yr ymdrech' – yr hyn yr ydym yn dewis ei wneud, a faint o ymdrech a roddwn. Mae yna lawer o ddamcaniaethau am gymhelliant ond, yn gyffredinol, gellir ystyried cymhelliant fel rhywbeth **cynhenid** (mewnol) neu **anghynhenid** (allanol).
Straen	Mae angen lefel benodol o straen ar gyfer y perfformiad gorau posibl: rhy ychydig ac mae'n anodd cymell eich hun; gormod a gall effeithio'n ddifrifol ar eich gallu i ganolbwyntio. Dylai'r hyfforddwr a'r athletwr gydnabod y symptomau er mwyn sicrhau nad yw perfformiad yn cael ei effeithio. Mae straen yn digwydd pan: • rydych chi'n meddwl bod yr hyn sy'n cael ei ofyn gennych chi y tu hwnt i'ch galluoedd canfyddedig • gofynnir gormod gennych mewn amser rhy fyr • rhoddir rhwystrau diangen yn y ffordd o gyflawni nodau. Bydd y lefel orau o straen yn rhoi'r bywiogrwydd a'r ysgogiad sy'n gwella perfformiad.
Pryder	Mae pryder yn wahanol i straen ac yn dod o boeni ynghylch diffyg rheolaeth dros amgylchiadau, gan arwain yn aml at feddwl yn negyddol gydag effaith niweidiol ar berfformiad: er enghraifft, athletwr yn poeni am yr hyn y mae gwylwyr yn ei feddwl ac yn ofni gwneud camgymeriad.
Sbarduno	Mae sbarduno (*arousal*) yn gyflwr o barodrwydd cyffredinol wrth berfformio camp/gweithred benodol. Mae pob camp yn sbarduno ymdeimlad o gyffro neu ddisgwyliad, ond os daw hyn yn ormod, gall yr athletwr deimlo'n bryderus, gydag effaith negyddol ar berfformiad. Mae'n bwysig bod lefelau sbarduno yn addas i'r sgiliau sy'n cael eu perfformio.
Sylw	Cyflwynir llawer iawn o wybodaeth i athletwyr; bydd ychydig ohono'n bwysig ac yn berthnasol (e.e. cyfarwyddiadau hyfforddwr), tra nad yw gwybodaeth arall o unrhyw ddefnydd (e.e. sylwadau negyddol gan wylwyr). Rhaid i athletwyr ganolbwyntio ar wybodaeth berthnasol, gan anwybyddu ffactorau negyddol. Mae gofynion canolbwyntio yn amrywio yn ôl chwaraeon: • canolbwyntio parhaus – rhedeg am bellter hir, beicio, tennis, sboncen • adegau byr o ganolbwyntio – criced, golff, digwyddiadau ar faes athletau • canolbwyntio dwys – digwyddiadau sbrintio, sgïo. Mae gwrthdyniadau cyffredin yn cynnwys pryder, camgymeriadau, blinder, tywydd, cyhoeddiadau cyhoeddus, hyfforddwr, rheolwr, gwrthwynebydd, meddyliau negyddol, ac yn y blaen..
Hyder	Hyder yw'r teimlad eich bod chi'n mynd i lwyddo mewn sefyllfa benodol: hunanhyder yw'r gred y gallwch chi gyrraedd eich nod. Po fwyaf hyderus ydych chi, y mwyaf tebygol ydych chi o gyflawni eich nodau, gan arwain at lwyddiant mewn chwaraeon. Bydd athletwr hyderus yn dyfalbarhau hyd yn oed pan nad yw pethau'n mynd yn ôl y cynllun, gan ddangos brwdfrydedd a phositifrwydd, a chymryd eu siâr o gyfrifoldeb am lwyddiant a methiant.
Ymddygiad ymosodol	Mae rhai chwaraeon, fel rygbi, yn ei gwneud yn ofynnol i chwaraewyr ddangos lefelau ymddygiad ymosodol (*aggression*) derbyniol, e.e. chwaraewr yn gwneud tacl galed er mwyn ennill meddiant. Ond yn y mwyafrif o chwaraeon mae ymddygiad ymosodol gormodol yn cael ei ystyried yn ddrwg, e.e. chwaraewr rhwystredig yn taflu dyrnau. Mae'n bwysig bod athletwyr yn rheoli eu hemosiynau ac yn defnyddio ymddygiad ymosodol mewn ffordd reoledig, briodol yn unig. Gall rhwystredigaeth am eu perfformiad eu hunain neu berfformiad eraill arwain at ddicter, gan arwain at ddiffyg canolbwyntio, dirywio perfformiad a cholli hyder. Mae hyn yn ei dro yn tanio mwy o ddicter – llethr llithrig i fethiant. Rhaid i hyfforddwr ddysgu chwaraewyr, er y gall ymddygiad ymosodol fod yn gadarnhaol wrth geisio ennill, dim ond trwy chwarae o fewn rheolau'r gêm y dylid ennill.

Ymlacio	Defnyddir ymlacio i leihau pryder diangen. Amlinellir technegau ymlacio allweddol isod.
	• Delweddau meddyliol: mae athletwyr yn dychmygu eu hunain mewn amrywiaeth o sefyllfaoedd – efallai'n perfformio sgil benodol mewn man penodol, neu mewn sefyllfa ymlaciol fel gorwedd ar draeth. Mae ymchwil yn dangos po fwyaf manwl yw'r ddelweddaeth, y mwyaf tebygol yw'r athletwr o deimlo'n barod am sefyllfa benodol. Mae delweddaeth yn ddefnyddiol wrth ddatblygu:
	  • hunanhyder
	  • strategaethau i ddysgu athletwyr i ymdopi â sefyllfaoedd newydd cyn iddynt ddod ar eu traws
	  • canolbwyntio sylw ar sgil benodol y mae athletwr yn ceisio'i datblygu.
	• Ymlacio cyhyrau yn gynyddol: cyfangu ac ymlacio cyhyrau penodol yn bwrpasol. Mae pob cyhyr wedi'i gyfangu am 4–6 eiliad ac yna'n ymlacio'n ymwybodol, gyda'r athletwr yn gwneud nodyn meddyliol o sut maen nhw'n teimlo. Mae'r broses hon yn caniatáu i'r cyhyrau ddychwelyd i gyflwr mwy hamddenol.
	• Myfyrdod: fe'i defnyddir i leihau straen cyn digwyddiad. Gyda phrofiad, gall athletwyr ddysgu ymlacio gwahanol grwpiau o gyhyrau a gwerthfawrogi gwahaniaethau cynnil mewn tensiwn cyhyrol. Trwy wneud nodyn o'u tensiwn anadlu a chyhyrol, mae'r athletwr yn gallu ymlacio a chanolbwyntio ar y gystadleuaeth sydd o'i flaen.

Canolbwyntio	Canolbwyntio yw'r gallu i ffocysu a bydd yn cynorthwyo perfformiad. Gellir ei ddisgrifio fel y gallu i ganolbwyntio ar dasg benodol. Mewn chwaraeon, gall llawer o ffactorau achosi i athletwr golli sylw – y dorf, y tywydd, meddyliau negyddol, ac ati. Mae angen i athletwr wybod sut i ganolbwyntio, yn enwedig pan fydd o dan bwysau.

❚❚ MUNUD I FEDDWL

Pa ymatebion seicolegol allai godi os dywedir wrth athletwr fod ei berfformiad o dan y safon disgwyliedig?

Awgrym

Meddyliwch sut y gallech chi ymateb pe bai'ch hyfforddwr yn dweud bod eich perfformiad yn ddiffygiol a bod angen ei wella. Sut fyddai hynny'n gwneud i chi deimlo a pha ffactorau meddyliol a allai ddod i rym ar y pwynt hwn?

Ymestyn

Allwch chi ddod o hyd i unrhyw enghreifftiau diweddar o athletwr sydd wedi tanberfformio yn ystod cystadleuaeth? Allwch chi roi unrhyw resymau pam y gallai hyn fod wedi digwydd?

Ffactorau corfforol

Mae ffactorau corfforol yn hanfodol i unrhyw berfformiad ac yn ffurfio'r platfform y gall y perfformiwr gymryd rhan mewn gweithgaredd oddi arno. Felly mae'n hanfodol bod ffactorau corfforol yn cael eu cynnwys mewn proffil perfformiad. Mae yna bum prif gydran o ffitrwydd:

▶ **cryfder** – gallu cyhyr neu grŵp o gyhyrau i roi'r grym mwyaf posibl, neu oresgyn y gwrthiant mwyaf posibl, mewn cyfangiad sengl

▶ **dygnwch aerobig** – gallu'r galon, yr ysgyfaint, y pibellau gwaed a'r cyhyr ysgerbydol i gymryd, cludo a defnyddio ocsigen yn effeithlon a thros gyfnod hir

▶ **dygnwch cyhyrol** – gallu cyhyr neu grŵp o gyhyrau i wneud cyfangiadau dro ar ôl tro yn erbyn gwrthiant ysgafn i wrthiant cymedrol a thros gyfnod hir

▶ **hyblygrwydd** – mesur o'r gallu i symud cymal, er enghraifft y pen-glin, trwy ystod gyflawn a naturiol o symudiad heb anghysur na phoen

▶ **cyfansoddiad y corff** – cyfansoddiad corfforol y corff o ran braster, cyhyrau, asgwrn a dŵr wedi'i fesur fel canran.

Bydd gallu mesur y rhain yn helpu'r hyfforddwr a'r athletwr i ddatblygu cynllun hyfforddi a fydd yn cwrdd â gofynion penodol y gamp a'r maes ffitrwydd a ddewiswyd. Gellir cynnal profion ffitrwydd i fesur pob maes, a dadansoddi'r canlyniadau er mwyn datblygu rhaglen hyfforddi.

Trafodaeth

Dychmygwch un o'r ofnau mwyaf i unrhyw athletwr mewn digwyddiad neu gêm fawr: ofn methu. Beth mae hyn yn ei olygu a sut y gall effeithio ar berfformiad? Trafodwch y mater cymhleth hwn fel dadl yn y dosbarth.

Damcaniaeth ar waith

Rhennir chwaraewyr rygbi'r undeb yn ddau faes lleoliadol: blaenwyr a chefnwyr. Mae pob un o'r rhain yn gofyn am ffactorau corfforol penodol sy'n hanfodol ar gyfer y perfformiad gorau posibl. Mae cyfansoddiad cyrff blaenwyr yn nodweddiadol yn drymach ac yn dalach gyda lefelau uchel o gryfder mewn sgrymiau a thafliadau o'r llinell. Mae cyfansoddiad cyrff cefnwyr fel arfer yn feinach na chyfansoddiad blaenwyr gan eu bod yn treulio mwy o amser yn rhedeg heb wrthwynebiad, ac mae asgellwyr yn benodol yn gofyn am gryn gyflymder ac ystwythder i symud heibio gwrthwynebwyr.

Sut fyddech chi'n mynd ati i broffilio'ch dosbarth neu'ch grŵp yn flaenwyr a chefnwyr? Pa feini prawf fyddech chi'n eu defnyddio?

Cyfradd curiad y galon

Gellir mesur hyn yn ystod ymarfer corff gyda monitor cyfradd curiad y galon. Gall athletwyr hyfforddi o fewn parthau targed i'w cyfradd curiad y galon uchaf, ar ddwysedd rheoledig. Gall monitorau cyfradd curiad y galon roi arwydd o ddwysedd hyfforddi athletwr: p'un a ydyn nhw'n hyfforddi'n rhy galed, ddim yn ddigon caled neu'n hollol iawn ar gyfer sesiwn benodol.

Sesiwn gynhesu

Er mwyn perfformio ar lefel uwch, mae paratoi corfforol cyn hyfforddi a chystadlu o'r pwysigrwydd mwyaf. Rhaid cynhesu yn gywir bob amser ac mae monitro sut rydych chi'n cynhesu'ch cyhyrau ac yn cynyddu cyfradd curiad eich calon yn ffactor y gellir ei ddadansoddi (trwy fonitorau cyfradd curiad y galon a dangosyddion corfforol fel wyneb coch) er mwyn atal anaf a sicrhau bod y corff yn barod ar gyfer ymarfer.

Ⅱ MUNUD I FEDDWL — Pa ffactorau sy'n effeithio ar brawf cyfradd gorffwys curiad y galon? Pa anghysonderau a allai ddigwydd yn ystod y prawf a pham?

Awgrym — Sut allech chi deimlo pe byddech chi'n cael prawf cyfradd gorffwys curiad eich calon – wedi ymlacio neu'n nerfus?

Ymestyn — Sut allech chi baratoi cleient i gael profion ffitrwydd? Pa strategaethau y gallech eu mabwysiadu er mwyn sicrhau cywirdeb yn eich gweithdrefn brofi a sicrhau bod eich cleient wedi ymlacio?

Sesiynau oeri

Mae oeri yn golygu'r gostyngiad graddol mewn gweithgaredd corfforol ar ôl hyfforddi neu gystadlu. Fe'i cynlluniwyd i ddychwelyd corff yn ôl i'w gyflwr cyn ymarfer, trwy ddychwelyd cyfradd curiad y galon yn ôl i'w radd arferol, tynnu unrhyw gynhyrchion gwastraff yn y gwaed a dychwelyd y cyhyrau i'w cyflwr gwreiddiol. Mae'r holl ffactorau hyn yn helpu i gynnal y corff a lleihau'r risg o anaf.

Gall hyfforddwr ddadansoddi sesiwn oeri (trwy fonitorau cyfradd curiad y galon a dangosyddion corfforol fel anadlu hamddenol) er mwyn sicrhau ei fod yn cael ei wneud yn iawn.

Gweithrediad yr ysgyfaint

Mae dadansoddi gweithrediad yr ysgyfaint yn caniatáu i athletwyr benderfynu:

▶ maint eu hysgyfaint, ac felly faint o aer y gallant ei anadlu

▶ cryfder ac effeithlonrwydd eu hysgyfaint.

Mae gallu mewnanadlu ocsigen a'i ddanfon i gyhyrau gweithiol yn hanfodol i athletwyr. Yn yr un modd, mae gallu allanadlu cynhyrchion gwastraff, fel carbon deuocsid, hefyd yn hanfodol i berfformiad chwaraeon. Mae ymchwil yn dangos po fwyaf a chryfach yw'r ysgyfaint, y mwyaf y gallant gyflenwi ocsigen i gyhyrau gweithiol, yn enwedig yn ystod ymarfer corff dwys. Er enghraifft, gall rhwyfwr o'r radd flaenaf gyflenwi hyd at 240 litr o aer y funud i mewn ac allan o'u hysgyfaint; byddai gwerth nodweddiadol i ddyn heb ei hyfforddi rhwng 100 a 150 litr y funud yn ystod yr ymarfer mwyaf posibl.

Defnyddir sbiromedr i fesur gweithrediad yr ysgyfaint. Mae'r athletwr yn cymryd yr anadl ddyfnaf y gallant, yna'n anadlu allan i'r sbiromedr mor galed, ac am gyhyd, â phosib. Yna cymerir y mesuriadau canlynol:

▶ **cyfaint anadlol gwthiedig** (*FVC – forced vital capacity*) – cyfanswm yr aer sy'n cael ei chwythu allan yn rymus ar ôl mewnanadliad llawn (mewn litrau)

▶ **cyfaint allanadlol gwthiedig 1** (*FEV1 – forced expired volume*) – faint o aer sy'n cael ei chwythu allan yn rymus mewn 1 eiliad, mewn litrau yr eiliad (ynghyd â chyfaint anadlol gwthiedig, mae hyn yn cael ei ystyried yn un o brif ddangosyddion gweithrediad yr ysgyfaint)

▶ **llif allanadlol brig** (*PEF – peak expiratory flow*) – cyflymder yr aer sy'n symud allan o'ch ysgyfaint ar ddechrau allanadliad, hefyd wedi'i fesur mewn litrau yr eiliad.

▶ Gellir defnyddio sbiromedrau er mwyn mesur gweithrediad yr ysgyfaint

Ffactorau technegol a thactegol

> **Cysylltiad**
>
> Archwilir ffactorau technegol a thactegol hefyd yn *Uned 7: Perfformiad Chwaraeon Ymarferol* ac *Uned 26: Gofynion Technegol a Thactegol Chwaraeon*.

Mae chwaraeon yn cynnwys llawer o sgiliau a **thechnegau** cymhleth y dylid eu hasesu hefyd fel rhan o broffil perfformiad. Mae **sgiliau technegol** yn cynnwys cyflawni symudiadau neu brosesau chwaraeon-benodol er mwyn cyflawni tasg. Wrth i ni ddysgu ac ymarfer y sgiliau hyn, maen nhw'n dod yn fwy 'naturiol' ac rydyn ni'n gallu eu mireinio a'u perffeithio. Er enghraifft, bydd cricedwr yn ymarfer ergydion penodol wrth hyfforddi, i'r safon sydd ei angen i'w gweithredu fel rhan o ornest gystadleuol. Trwy ddadansoddi techneg fe welwch sut mae symudiadau corff yn cael eu gweithredu ac a yw'r rhain yn cydymffurfio â phatrwm symud derbyniol neu benodol.

Mae angen i berfformwyr yn dactegol ddeall ble a phryd i ddefnyddio strategaethau a pherfformio symudiadau a sgiliau. Rhaid i athletwyr a hyfforddwyr ganolbwyntio ar sut mae sgiliau'n cael eu perfformio. Gall hyn gynnwys dadansoddiad arsylwadol ac adborth, ac archwilio sgiliau cymhleth wedi'u rhannu'n rannau symlach. Gellir rhannu sgiliau yn dri chategori:

▶ **sgiliau arwahanol** sydd â dechrau a diwedd clir iawn, er enghraifft serfiad tennis

▶ **sgiliau parhaus** nad oes iddynt ddechrau na diwedd amlwg ond sy'n tueddu i uno a llifo i'w gilydd wrth i'r sgìl neu'r gamp fynd yn ei blaen, er enghraifft beicio neu nofio

▶ **sgiliau cyfresol** sy'n cynnwys sgiliau arwahanol a pharhaus, er enghraifft chwaraewr tennis yn gwneud ergyd tra'n rhedeg.

> **Term allweddol**
>
> **Techneg** – ffordd o gyflawni sgìl benodol.

Mae **sgiliau tactegol** yn cynnwys gwneud penderfyniadau neu ddarllen sefyllfa i alluogi cymhwyso sgil(iau) technegol yn llwyddiannus er mwyn cael mantais. Mae angen tactegau neu strategaethau ar bob camp i sicrhau llwyddiant a gellir dadansoddi'r rhain hefyd. Mae chwaraeon yn cynnwys llawer o enghreifftiau o dactegau y gall hyfforddwr, athletwr neu dîm eu mabwysiadu i ennill, er enghraifft chwarae trap camsefyll mewn pêl-droed, batio'n amddiffynnol mewn criced neu ddefnyddio marcio cylchfaol mewn pêl-fasged. Wrth ddyfeisio a defnyddio tactegau, mae angen i bob chwaraewr ddeall y dacteg a phryd i'w defnyddio. Gall methu â gwneud hyn arwain at ddryswch ac amharu ar berfformiad.

Y broses o adeiladu proffil

Pwrpas dadansoddi perfformiad chwaraeon yw darparu adborth manwl i'r athletwr neu'r tîm er mwyn iddynt wella eu chwarae. Wrth ddadansoddi perfformiad unigolyn neu dîm, dylech ystyried eu perfformiad trwy ofyn:

▶ Pa mor dda y mae sgiliau penodol yn cael eu gweithredu?

▶ Faint o ffocws a chymhelliant sydd gan yr athletwyr?

▶ A yw'r athletwyr yn defnyddio'r technegau cywir?

▶ A yw'r tactegau cywir wedi'u mabwysiadu ar yr adeg iawn?

Gellir addasu'r math hwn o ddadansoddiad i weddu i unrhyw gamp. Mae'n cymharu ble mae'r athletwr yn gweld lefel ei berfformiad ar gyfer pob categori yn erbyn y model perfformiad perffaith. Gellir nodi a thrafod unrhyw wahaniaethau.

Dewis nodweddion

Y cam cyntaf wrth lunio proffil yw penderfynu pa ffactor/ffactorau yr ydych am eu dadansoddi. Bydd hyn yn amrywio yn dibynnu ar y gamp sy'n cael ei hasesu, gofynion yr athletwr ac a oes unrhyw feysydd sydd wedi cael sylw ar gyfer ymchwilio.

Efallai y bydd hyfforddwr pêl-droed am bennu lefel y cywirdeb pasio trwy dîm pêl-droed neu ergydion ar y targed. Yn yr un modd, efallai y bydd athletwr naid hir eisiau gwybod pa mor agos yw eu troed esgyn i'r llinell drosedd pan fyddant yn taro'r bwrdd esgyn. Yn y ddau achos, rhaid dewis set o nodweddion cyn dechrau'r perfformiad a fydd yn cael ei ddadansoddi; bydd penderfynu ar hyn ymlaen llaw yn caniatáu iddo gael ffocws priodol yn ystod y digwyddiad.

Yn y ddwy enghraifft a roddir, efallai bydd yr hyfforddwr pêl-droed yn penderfynu dadansoddi dwy nodwedd: nifer y pasiau y mae pob chwaraewr yn eu gwneud a pha rai o'r rheini a ddaeth o hyd i'w targed yn llwyddiannus. Efallai y bydd yr athletwr naid hir yn dadansoddi un nodwedd: y pellter o flaen y bysedd traed i'r llinell drosodd (wedi'i fesur gyda chymorth dadansoddiad fideo). Ymhob achos, mae'r nodwedd(ion) a ddewisir i'w dadansoddi yn benodol i'r gamp neu'r dechneg sy'n cael ei thrin.

Trafodaeth rhwng hyfforddwr, athletwr a thîm

Ni fydd hyfforddwr yn ceisio gwella athletwr neu dîm trwy eu cyfarwyddo i 'ymdrechu'n galetach' yn unig. I fod yn hyfforddwr effeithiol, dylech fedru dadansoddi a chywiro technegau penodol fel rhan o raglen hyfforddi. Yn aml, bydd hyfforddwyr yn cynnal deialog gydag athletwr cyn, yn ystod ac ar ôl sesiwn hyfforddi er mwyn cynorthwyo datblygiad technegau penodol neu sgiliau tactegol. Mae gallu rhannu symudiadau cymhleth yn dasgau syml yn caniatáu i'r athletwr nodi a chywiro agweddau penodol ar ei dechneg.

Graddio cydrannau

Unwaith y bydd yr hyfforddwr a'r athletwr wedi cytuno pa nodweddion i ganolbwyntio arnynt yn eu dadansoddiad, gofynnir i'r athletwr gwblhau asesiad hunanarfarnu o'u lefel gyfredol ar raddfa o 1 i 10 (1 = gwael, 10 = rhagorol). Yn olaf, dylai'r athletwr benderfynu sgôr perfformiad ar yr un raddfa (1 i 10) ar gyfer eu model perffaith neu athletwr go iawn. Mae'r broses hon yn galluogi'r athletwr a'r hyfforddwr i lunio cymhariaeth addas ac yna, llunio nodau hyfforddi realistig i gyflawni'r nodau hynny.

Dadansoddiad ansoddol a meintiol

Mae **dadansoddiad meintiol** yn cynnwys dull gwyddonol manwl o ddadansoddiad arsylwadol. Mae'n defnyddio mesuriad uniongyrchol o dechneg neu berfformiad, ac yn aml mae'n cymryd llawer o amser oherwydd yr angen i gasglu data yn fanwl. Mae'n defnyddio asesiadau yn seiliedig ar ddadansoddiad rhifiadol, fel ystadegau o gemau a rhestrau gwirio perfformiad.

Un dull o gasglu gwybodaeth yw gwylio gêm ac ysgrifennu'r weithred wrth iddi ddigwydd – gelwir hyn yn ddadansoddiad amser real. Fodd bynnag, mae chwaraeon yn symud yn gyflym ac yn aml mae angen recordio perfformiad ar fideo. Gelwir hyn yn ddadansoddiad treiglad-amser (*lapsed-time*). Er enghraifft, mewn gêm bêl-fasged byddai'n anodd iawn casglu data ystadegol fel ergydion llwyddiannus wrth i'r gêm ddigwydd.

Wrth i dechnoleg ddatblygu, mae eitemau o offer fel camerâu fideo a gliniaduron wedi dod yn fwy fforddiadwy. Mae hyn wedi galluogi hyfforddwyr i gasglu data yn ystod hyfforddiant a chystadleuaeth a'i ddadansoddi wedi hynny. Gall enghreifftiau o ddadansoddiad meintiol gynnwys:

▶ recordio patrymau chwarae

▶ recordio pasiau llwyddiannus mewn pêl-fasged

▶ archwilio'r technegau a ddefnyddir gan fowliwr mewn criced

▶ nifer y taclau llwyddiannus mewn pêl-droed

▶ nifer y trosiadau mewn gêm bêl-fasged.

Gellir cyflwyno data meintiol gan ddefnyddio cynrychioliadau graffigol (gweler Ffigur 28.2). Mae gwyddoniaeth wedi bod yn ased bwysig wrth wella a chynyddu perfformiad. Mae egwyddorion gwyddonol yn aml yn cael eu defnyddio er mwyn helpu i gofnodi perfformiad chwaraeon, a gall yr athletwr, yr hyfforddwr neu wyddonydd chwaraeon ddadansoddi'r data, gyda'r nod o wella perfformiadau yn y dyfodol. Mae yna lawer o wahanol ffyrdd o arddangos data gan gynnwys graffiau, histogramau, siartiau bar a graffiau amlder cronnus.

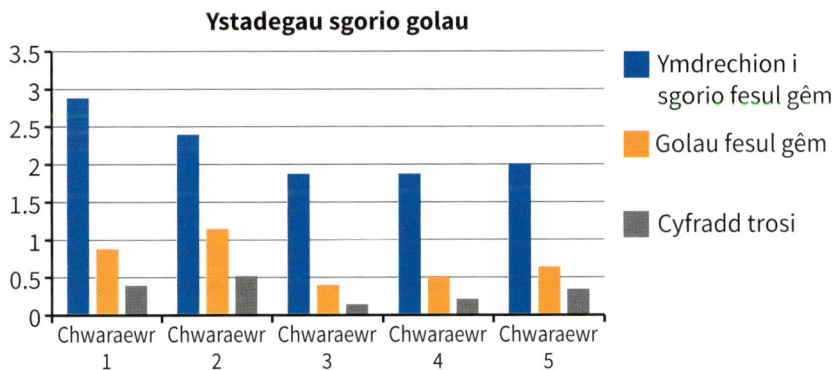

▶ **Ffigur 28.2:** Enghraifft o ddata meintiol a gyflwynir ar ffurf graff (siart bar)

Mae **dadansoddiad ansoddol** yn llai cymhleth na dadansoddiad meintiol, gan ei fod yn syml yn ei gwneud yn ofynnol i arsylwadau cyffredinol o berfformiad gael eu cynnal. Bydd yr arsylwr yn edrych am **giwiau perfformiad allweddol** ac yn eu defnyddio i roi dyfarniadau. Gall hyn gael ei wneud gan hyfforddwr, gwylwyr neu hyd yn oed chwaraewyr eraill. Oherwydd bod y dull hwn yn oddrychol i raddau helaeth (neu'n agored i'w ddehongli), gall y wybodaeth sy'n cael ei chasglu fod yn rhagfarnllyd. Felly, po fwyaf o brofiad a gwybodaeth sydd gan arsylwr, y mwyaf cywir y mae'r dadansoddiad yn debygol o fod.

Term allweddol

Ciwiau perfformiad allweddol – ffactorau technegol neu dactegol sy'n gysylltiedig â pherfformiad sy'n bwysig i ganolbwyntio arnynt yn ystod cystadleuaeth neu hyfforddiant.

Effaith corn neu eurgylch

Mae'r effaith corn neu eurgylch (*horn or halo effect*) yn duedd seicolegol sy'n caniatáu i'ch barn am unigolyn neu athletwr arall gael ei ddylanwadu'n ormodol gan argraffiadau cyntaf ffafriol (eurgylch) neu anffafriol (cyrn). Mae'r argraffiadau hyn yn seiliedig ar ymddangosiadau neu **nodwedd** unigol amdanynt, gan leihau perthnasedd tystiolaeth neu ddata arall. Gall y safbwynt goddrychol ac anghywir hwn yn aml arwain at ragfarn negyddol a pheryglu unrhyw ddadansoddiad ansoddol.

Cylchred broffilio perfformiad

Dylai athletwr bob amser werthuso ei berfformiad yn ystod ac ar ôl hyfforddiant neu gystadleuaeth. Ni fydd proffilio yn digwydd unwaith yn unig. Bydd hyfforddwr yn parhau gyda'r dadansoddiad perfformiad ac yn defnyddio'r cymwysiadau amrywiol dros nodau tymor byr, tymor canolig a thymor hir. Mae hyn yn creu cylchred proffilio perfformiad a ddefnyddir yn barhaus i geisio gwella perfformiad yr athletwr a dileu unrhyw wendidau sydd ar ôl.

▶ **Tabl 28.2:** Y gylchred broffilio perfformiad

Cam yn y gylchred	Disgrifiad
1 Cyfathrebu rhwng hyfforddwr ac athletwr/tîm	Mae'n bwysig wrth ddadansoddi perfformiad bod dull gonest a chlir yn cael ei fabwysiadu.
2 Sefydlu blaenoriaethau	Bydd hyn yn galluogi athletwyr i wneud penderfyniadau sy'n effeithio ar berfformiad yn y dyfodol.
3 Nodi cryfderau a gwendidau	Gall hyfforddwr nodi symudiadau sy'n aneffeithiol neu'n ddiangen, a gellir newid y rhain neu eu tynnu o berfformiad. Fel arall, gall hyfforddwr nodi gwendid ffisiolegol y gellir ei wella gyda dulliau hyfforddi penodol a'i brofi'n rheolaidd i ganfod unrhyw welliant.
4 Arddangos data	Mae yna lawer o wahanol ffyrdd o arddangos data gan gynnwys graffiau, histogramau, siartiau bar, graffiau amlder cronnus, diagramau a chylchau radar.
5 Nodau cytunedig	Bydd dadansoddiad o'r data mewn perthynas â'r ffactorau perfformiad a ddewiswyd yn nodi ble y gellir gwneud gwelliannau, gan helpu i greu neu egluro amcanion yn y dyfodol.

Ydych chi'n deall pam bod cyfathrebu rhwng hyfforddwr, athletwr a'r tîm yn bwysig wrth broffilio perfformiad?

Awgrym   Pa sgiliau eraill sydd eu hangen ar hyfforddwr er mwyn gwella agweddau ar berfformiad athletwr yn llwyddiannus?

Ymestyn   Ymchwiliwch i yrfa hyfforddwr neu reolwr o broffil uchel. Pa nodweddion a chwaraeodd ran bwysig yn eu llwyddiant?

Dulliau ar gyfer dadansoddi

Bydd cael mynediad at offer dadansoddi a chymorth cymwys yn galluogi athletwyr i ganolbwyntio ar rannau penodol o'u perfformiad a'u hyfforddiant a datblygu strategaethau i wella. Fel rheol dim ond athletwyr o'r radd flaenaf sy'n gallu defnyddio cefnogaeth wyddonol o'r fath oherwydd y costau. Fodd bynnag, mae dewisiadau amgen 'cyllideb isel' gan ddefnyddio offer cymharol rad ar gael.

Profion cardioresbiradol

Amlinellodd Uned 5 sut i gynnal y profion cardioresbiradol canlynol:

▶ prawf anaerobig Wingate

▶ prawf 12 munud Cooper

▶ prawf camu Harvard

Fodd bynnag, mae yna hefyd brofion eraill y gellir eu defnyddio er mwyn profi gweithrediad cardioresbiradol.

Protocol melin draed Astrand

Dyluniwyd prawf melin draed Astrand i amcangyfrif VO_2 macsimwm athletwr.

1   Mae'r athletwr yn cychwyn y prawf trwy gerdded ar y felin draed ac yn raddol yn cynyddu eu cyflymder hyd at 8 km/awr (5 mya) gyda llethr o 0 y cant. Ar ôl cyflawni'r cyflymder hwn, mae'r athletwr yn rhedeg ar y cyflymder cyson yma am 3 munud.

2   Ar ôl 3 munud cynyddir y graddiant i 2.5 y cant ac mae'r athletwr yn rhedeg am 2 funud arall.

3   Yna cynyddir y graddiant fesul 2.5 y cant bob 2 funud nes bod yr athletwr yn blino ac yn methu â pharhau.

Cyfrifir VO_2 macsimwm yr athletwr gan ddefnyddio'r fformiwla ganlynol:

$$\textbf{VO}_2 \textbf{ macsimwm} = (\text{amser} \times 1.444) + 14.99$$

'Amser' yw cyfanswm amser yr athletwr ar y felin draed mewn munudau a ffracsiynau o funud.

Ar ôl cyfrifo'r canlyniadau gellir eu cymharu â'r data normadol ar gyfer menywod a dynion a geir yn Nhablau 28.3 a 28.4.

▶ **Tabl 28.3:** Data normadol VO_2 macsimwm ar gyfer menywod

Oedran	Gwael	Is na'r arfer	Cymedrol	Gwell na'r arfer	Da	Ardderchog
13–19	<25.0	25.0–30.9	31.0–34.9	35.0–38.9	39.0–41.9	>41.9
20–29	<23.6	23.6–28.9	29.0–32.9	33.0–36.9	37.0–41.0	>41.0
30–39	<22.8	22.8–26.9	27.0–31.4	31.5–35.6	35.7–40.0	>40.0
40–49	<21.0	21.0–24.4	24.5–28.9	29.0–32.8	32.9–36.9	>36.9
50–59	<20.2	20.2–22.7	22.8–26.9	27.0–31.4	31.5–35.7	>35.7
60+	<17.5	17.5–20.1	20.2–24.4	24.5–30.2	30.3–31.4	>31.4

Term allweddol

VO_2 **macsimwm** – yr uchafswm o ocsigen y gall y corff ei gymryd i mewn a'i ddefnyddio. Hefyd yn fesur o allu dygnwch y systemau cardiofasgwlaidd a resbiradol ac ymarfer y cyhyrau ysgerbydol.

Oedran	Gwael	Is na'r arfer	Cymedrol	Gwell na'r arfer	Da	Ardderchog
13–19	<35.0	35.0–38.3	38.4–45.1	45.2–50.9	51.0–55.9	>55.9
20–29	<33.0	33.0–36.4	36.5–42.4	42.5–46.4	46.5–52.4	>52.4
30–39	<31.5	31.5–35.4	35.5–40.9	41.0–44.9	45.0–49.4	>49.4
40–49	<30.2	30.2–33.5	33.6–38.9	39.0–43.7	43.8–48.0	>48.0
50–59	<26.1	26.1–30.9	31.0–35.7	35.8–40.9	41.0–45.3	>45.3
60+	<20.5	20.5–26.0	26.1–32.2	32.3–36.4	36.5–44.2	>44.2

Prawf ergomedr beicio YMCA

Mae prawf ergomedr beicio yn gofyn i'r athletwr feicio ar gyflymder o 50 cylchdroad y funud am 6 munud ar lwyth gwaith wedi'i osod ar lefel yn ôl eu rhyw a'u cyflwr corfforol, fel yr amlinellir yn Nhabl 28.5.

▶ **Tabl 28.5:** Llwythi gwaith ar gyfer prawf ergomedr beicio YMCA

Dyn heb ei gyflyru	Dyn wedi'i gyflyru	Menyw heb ei chyflyru	Menyw wedi'i chyflyru
50–100 wat	100–150 wat	50–75 wat	75–110 wat

Cymerir cyfradd curiad eu calon yn ystod 10 eiliad olaf pob un o'r 2 funud olaf o ymarfer corff (o 4:50–5:00 ac o 5:50–6:00). Defnyddir cyfartaledd y ddau ffigur hyn, wedi'u cywiro ar gyfer eich oedran (220 curiad y funud – oed), i amcangyfrif y VO$_2$ macsimwm.

Prawf ergomedr beicio facsimaidd Astrand

Mae prawf ergomedr beicio facsimaidd Astrand wedi'i gynllunio i VO$_2$ macsimwm athletwr. Mae'r athletwr yn pedlo ar ergomedr beicio ar lwyth gwaith cyson am 7 munud. Mae cyfradd curiad y galon yn cael ei fesur bob munud ac mae cyfradd curiad y galon **cyson** yn cael ei phennu.

Prawf rhedeg 1.5 milltir

Perfformir y prawf ar ei orau ar drac athletau dan do, neu ar drac awyr agored ar ddiwrnod pan na fydd y tywydd yn effeithio'n andwyol ar ganlyniadau'r profion.

4 Perfformiwch sesiwn gynhesu ac ymestynnwch y prif grwpiau cyhyrol.

5 Ar orchymyn y cychwynnwr, rhedwch bellter o 1.5 milltir mor gyflym ag y gallwch.

6 Cofnodwch yr amser a gymerir.

7 Perfformiwch sesiwn oeri arferol ac ymestynnwch y prif grwpiau cyhyrol.

Defnyddiwch Dabl 28.6 i ddehongli a dadansoddi'r canlyniadau.

▶ **Tabl 28.6:** Data normadol prawf rhedeg 1.5 milltir VO$_2$ macsimwm

Amser (munudau) ar gyfer rhediad 1.5 milltir	VO$_2$ macsimwm (ml/kg/mun)	Amser (munudau) ar gyfer rhediad 1.5 milltir	VO$_2$ macsimwm (ml/kg/mun)
<7.31	75	12.31–13.00	39
7.31–8.00	72	13.01–13.30	37
8.01–8.30	67	13.31–14.00	36
8.31–9.00	62	14.01–14.30	34
9.01–9.30	58	14.31–15.00	33
9.31–10.00	55	15.01–15.30	31
10.01–10.30	52	15.31–16.00	30
10.31–11.00	49	16.01–16.30	28
11.01–11.30	46	16.31–17.00	27
11.31–12.00	44	17.01–17.30	26
12.01–12.30	41	17.31–18.00	25

Prawf camu Coleg y Frenhines

Mae'r prawf hwn yn debyg i brawf camu Harvard, a amlinellwyd yn Uned 5.

Sefydlir metronom i'r nifer gofynnol o gamau y funud (dynion = 22 cam y funud, benywod = 24 cam).

Mae'r athletwr yn camu i fyny ac i lawr ar ris gydag uchder o 41.3 cm mewn amser gyda'r metronom.

Mae'r prawf yn dod i ben ar ôl 3 munud a chofnodir cyfradd curiad y galon yr athletwr. Ar ôl cyfrifo'r canlyniadau gellir eu cymharu â'r data normadol ar gyfer dynion a menywod rhwng 16 i 19 oed a ddangosir yn Nhablau 28.7.

▶ **Tabl 28.7:** Data prawf camu Coleg y Frenhines ar gyfer dynion a menywod rhwng 16 a 19 oed

Rhyw	Ardderchog	Gwell na'r arfer	Cymedrol	Is na'r arfer	Gwael
Gwyrwod	<121	121–148	149–156	157–162	>162
Benywod	<129	129–158	159–166	167–170	>170

Profi dwysedd (macsimaidd ac is-facsimaidd)

Mae'r profion gallu i weithio corfforol (*PWC – physical work capacity*) PWC170 a PWC75% yn enghreifftiau o'r profion macsimaidd ac is-facsimaidd yn eu tro. Mae PWC170 yn amcangyfrif eich gallu i weithio ar gyfradd curiad y galon o 170 curiad y funud (bpm) ac mae PWC75% yn amcangyfrif eich gallu i weithio ar 75 y cant o gyfradd curiad y galon facsimaidd.

Mae'r profion yn debyg ac yn ei gwneud yn ofynnol i athletwr berfformio tri llwyth gwaith yn olynol ar ergomedr beicio. Dechreuwch bob prawf a mesurwch cyfradd curiad y galon bob munud a pharhau am 3–4 munud nes bod cyfradd curiad y galon gyson yn cael ei chyflawni. Parhewch â'r prawf ar gyfer ail a thrydydd llwyth gwaith er mwyn cyflawni cyfradd curiad y galon o 115-130 a 130–145 cyf yn y drefn honno.

Mae pob un o'r tair cyfradd yn cael eu dangos ar graff, gyda llinell ffit orau i'r tri phwynt er mwyn amcangyfrif llwyth gwaith a fyddai'n cyflawni cyfradd curiad y galon o 170 cyf neu 75 y cant o'r gyfradd curiad y galon facsimaidd.

Asesiad cyhyrol

Dygnwch

Gellir asesu dygnwch yn **rhan uchaf y corff** gan ddefnyddio'r prawf gwasgau byrfraich (*press-ups*) un munud – gweler Uned 5, tudalen 231 am fanylion ar sut i weinyddu'r prawf hwn.

Mae'r prawf eisteddiadau yn asesu dygnwch a datblygiad cyhyrau eich **abdomen**.
1   Gorweddwch ar eich cefn ar fat gyda'ch pengliniau wedi'u plygu, a'ch traed yn fflat ar y llawr, gyda'ch breichiau wedi'u plygu ar draws eich corff.
2   Codwch eich hun hyd at safle o 90° ac yna dychwelwch i'r llawr.
3   Gall partner ddal eich traed os dymunwch.
4   Cofnodir cyfanswm nifer yr eisteddiadau dros 1 munud.

▶ **Tabl 28.8:** Data prawf normadol eisteddiadau ar gyfer dynion a menywod

Marc	Dynion	Benywod
Ardderchog	49–59	42–54
Da	43–48	36–41
Gwell na'r arfer	39–42	32–35
Cymedrol	35–38	28–31
Is na'r arfer	31–34	24–27
Gwael	25–30	18–23
Gwael iawn	11–24	3–17

Pŵer

Defnyddir y prawf naid fertigol safonol i asesu **pŵer** grŵp y cyhyrau pedwarpen. Gallwch chi recordio uchder y naid yn ddigidol, neu fel arall gellir defnyddio sialc mabolgampwr.

1 Sefwch â'ch ochr gryfaf yn erbyn y bwrdd, eich traed gyda'i gilydd, ac ymestyn i fyny mor uchel ag y gallwch er mwyn cofnodi yr uchder rydych chi'n cyrraedd wrth sefyll.

2 Dim ond un dip o'r breichiau a'r pengliniau a ganiateir; gwnewch y naid gan gyffwrdd â'r bwrdd naid fertigol ar anterth eich naid ar yr un pryd.

3 Perfformiwch dri threial. Nid oes angen gorffwys rhwng treialon. Yr amser a gymerir i arsylwi a chofnodi uchder y naid yw'r cyfan sydd ei angen i adfer rhwng treialon olynol.

Gellir defnyddio nomogram hefyd i gael canlyniadau gorffwys ar gyfer y prawf hwn – gweler Uned 5, tudalen 241 i gael mwy o wybodaeth.

▶ **Tabl 28.9:** Data prawf normadol y prawf naid fertigol ar gyfer dynion a menywod

Marc	Dynion	Benywod
Gwell na'r arfer	105+	90+
Cymedrol	95	80
Is na'r arfer	<85	<70

Cryfder

Mae'r prawf cryfder gafael (*grip*) neu ddynamomedr yn mesur cryfder statig y cyhyrau gafael pwerus a gwasgu a gellir ei brofi gan ddefnyddio dynamomedr gafael – gweler Uned 5, tudalen 225, am ragor o wybodaeth.

Asesiadau yn gysylltiedig â sgiliau

Hyblygrwydd

Prawf hyblygrwydd da yw'r prawf eistedd ac ymestyn, a gafodd sylw yn Uned 5 (gweler tudalen 222).

Mae'r prawf goniomedr yn brawf hyblygrwydd pellach. Defnyddir hwn i fesur ystod y symudiad o amgylch cymal. Rhoddir y goniomedr ar echel y cylchdro (y cymal), mae'r breichiau wedi'u halinio ag esgyrn y segmentau sydd ynghlwm â nhw a chymerir y mesuriad (mewn graddau).

Cydbwysedd a sefydlogrwydd

Dull syml o brofi cydbwysedd a sefydlogrwydd yw'r prawf Romberg. Yn ystod y prawf hwn mae'r athletwr yn sefyll gyda'i draed gyda'i gilydd, eu breichiau wrth eu hochrau a'u llygaid ar gau. Os yw'r athletwr yn dechrau siglo, yn methu â chadw ei lygaid ar gau neu'n symud o'r safleoedd cefnogaeth sefydlog, mae'n debygol y bydd problem ynghylch cydbwysedd a allai fod â goblygiadau ar berfformiad. Gellir gwneud y prawf yn fwy heriol i'r athletwr trwy berfformio symudiad sawdl-i-droed un goes gyda'r breichiau ar yr ochr a'r llygaid ar gau.

Dull mwy dynamig o brofi cydbwysedd a sefydlogrwydd yw'r prawf gwyriad seren. Mae hwn yn ddull cost isel ble mae 'seren' yn cael ei hadeiladu ar y llawr gan ddefnyddio tâp. Torrwch bedair stribed (2 i 3 metr o hyd), rhowch ddwy stribed ar y llawr ar ffurf '+' a dwy ar ffurf 'x' ar 45° i'r '+'.

Mae'r athletwr yn sefyll ar un goes yng nghanol y 'seren' ac yn ymestyn gyda'r goes arall i gyfeiriad ar y seren cyn belled ag y bo modd. Marciwch y pwynt ar y tâp a chofnodwch y pellter o'r canol er mwyn cyfeirio a phroffilio yn y dyfodol. Dylai'r prawf gael ei berfformio ym mhob un o wyth cyfeiriad y 'seren' fel y dangosir yn y llun.

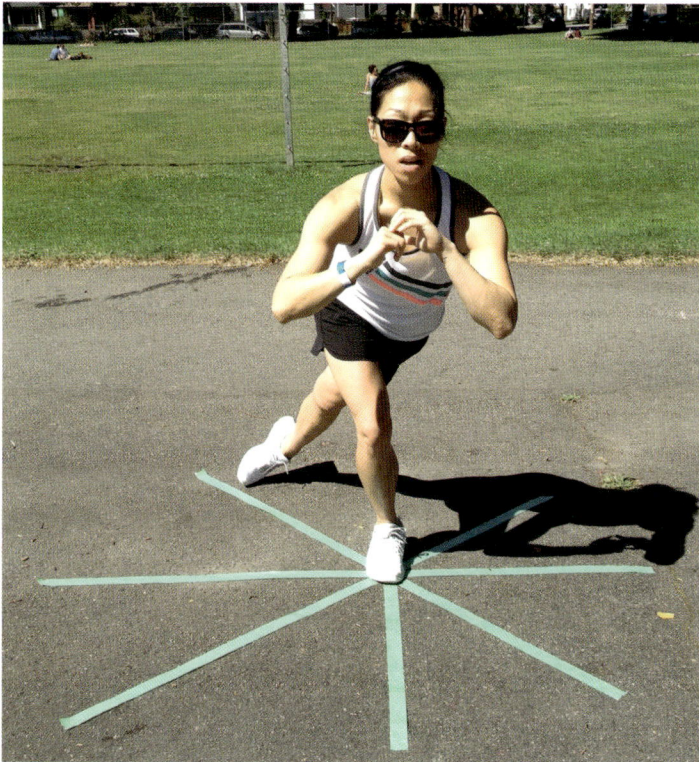

▶ Y prawf gwyriad seren

Profion maes

Mae profion maes yn cynnwys y canlynol, a gafodd sylw yn Uned 5:

▶ prawf ystwythder Illinois (tudalen 238)

▶ sbrintiau 40-metr, 60-metr, 100-metr (tudalen 231)

▶ profion ffitrwydd aml-gam (tudalen 226).

Mae dau brawf maes arall y gellir eu defnyddio hefyd.

Pendilio o blaid ystwythder

I gyflawni'r prawf hwn dylai athletwr redeg sbrint 5-, 10- a 5-metr. Mae'n ofynnol i athletwr sbrintio 5 metr i un cyfeiriad, 10 metr i'r cyfeiriad arall, yna 5 metr i'r cyfeiriad cyntaf eto i orffen. Mae'r prawf yn rhoi syniad o gyflymder a hyblygrwydd athletwr. Cofnodwch y canlyniadau a'u defnyddio fel llinell sylfaen weithredol er mwyn nodi cynnydd. Mae hyn yn darparu dull effeithiol i fesur perfformiad athletwr.

Dril ystwythder pen saeth

Mae'r prawf ystwythder pen saeth (*arrowhead agility drill*) yn gofyn am newid cyfeiriad a chyflymder yn aml. Mae ymchwil yn dangos bod athletwyr sydd ag ystwythder uwch yn gallu gwneud y gorau o'u priodoleddau corfforol ac yn cydlynu sgiliau mwy technegol yn effeithiol.

Mae conau wedi'u nodi fel y dangosir yn Ffigur 28.3. Yna mae'r athletwr yn rhedeg mor gyflym â phosib i'r côn canol, yn troi i redeg o amgylch y côn i'r dde o ben y saeth, o amgylch y côn pellaf ar flaen y saeth ac yn ôl i'r llinell derfyn. Mae'r athletwr yn cwblhau pedwar ymgais, dau i'r dde o'r saeth a dau i'r chwith. Mae'r amser olaf yn gyfuniad o'r amseroedd gorau ar gyfer haneri chwith a dde'r saeth. Cofnodwch y canlyniadau a'u defnyddio fel llinell sylfaen weithredol er mwyn nodi cynnydd, gan ddarparu dull effeithiol i fesur perfformiad athletwr.

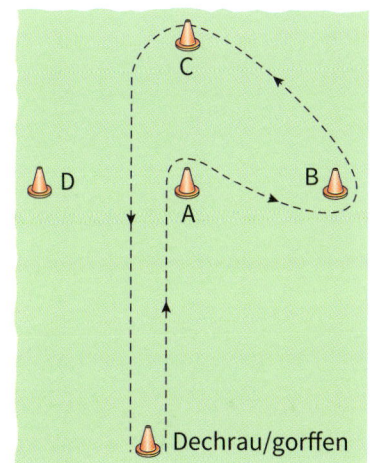

▶ **Ffigur 28.3:** Dril ystwythder pen saeth

Profion yn gysylltiedig ag iechyd

Gellir defnyddio'r canlynol i gyd er mwyn helpu i asesu statws iechyd y cyfranogwr:

▶ mynegai màs y corff (BMI)

▶ prawf plygiadau'r croen

▶ dadansoddiad rhwystriant biodrydanol

Am fanylion ynglŷn â chynnal y profion hyn, cyfeiriwch yn ôl at Uned 5 (tudalennau 233-236).

Sgrinio symudiadau gweithredol

Mae sgrinio symudiadau swyddogaethol (*FMS – functional movement screening*) yn system sy'n dadansoddi ac yn graddio patrymau symud. Mae'r system lleoli gweithredol yn mesur unrhyw gyfyngiadau neu anghymesureddau posibl o fewn ystod symudiad athletwr. Mae'r broses hon yn cynhyrchu sgôr a ddefnyddir i dargedu problemau posibl ac olrhain cynnydd hyfforddiant neu adferiad yr athletwr.

Mae'r profion symudiad yn cynnwys y cyrcydiad uwch eich pen, camu dros glwydi, rhagwthio uniongyrchol, symudedd ysgwydd, codiad coes syth weithredol, gwasgau byrfraich sefydlogrwydd y trwnc a sefydlogrwydd cylchol. Mae gan bob patrwm symudiad feini prawf penodol ac mae'n cael sgôr o 3 (gorau posibl), 2 (derbyniol) neu 1 (camweithredol). Os yw'r athletwr yn teimlo poen sy'n gysylltiedig ag unrhyw un o'r symudiadau, maen nhw'n derbyn sgôr o sero ac yn cael eu hystyried yn agored i anafiadau sy'n gysylltiedig â'r patrwm hwnnw. Ar y cam hwn bydd ffisiotherapi fel rhan o'r rhaglen hyfforddi.

Gellir perfformio FMS yn unrhyw le, mae angen offer mesur syml, mae'n creu llinell sylfaen weithredol er mwyn nodi cynnydd ac yn darparu dull effeithiol i fesur perfformiad athletwr.

Cofiwch, pan fyddwch chi'n cynnal unrhyw brofion, mae'n bwysig asesu dilysrwydd, cywirdeb, dibynadwyedd, rhwyddineb eu defnyddio, cost, iechyd a diogelwch a hygyrchedd y dulliau rydych chi'n eu defnyddio. Mae mwy am y rhain i'w gweld yn Nhabl 28.11 ar dudalen 503.

▶ Athletwr sy'n mynd trwy dri cham FMS ar gyfer symudedd ysgwydd

Trafodaeth

Mewn grwpiau bach, trafodwch a ydych chi'n credu bod profion labordy ffisiolegol yn efelychu pwysau perfformiad chwaraeon yn ddigonol. Os yw athletwr wedi arfer perfformio o flaen torf neu yn yr awyr agored, a yw amgylchedd mwy 'clinigol' y labordy yn cael effaith ac, felly, a ddylid trin y canlyniadau yn ofalus? Trafodwch eich canfyddiadau gyda gweddill y dosbarth.

⏸ **MUNUD I FEDDWL**   Ydych chi'n meddwl bod profion statig fel FSE neu brawf Romberg yn darparu asesiad manwl gywir o allu dynamig athletwr?

Awgrym   Mae llawer o hyfforddwyr a gwyddonwyr chwaraeon yn credu bod cydbwysedd cymesurol cyhyrol a lleoliadol y corff yn llinell sylfaen allweddol ar gyfer perfformiad athletaidd.

Ymestyn   Ymchwiliwch i arferion hyfforddi athletwr trac a maes Olympaidd er mwyn darganfod a ydyn nhw'n defnyddio FSE, Romberg neu brofion gwyriad seren fel rhan o'u rhaglen hyfforddi.

Technegau ar gyfer dadansoddiad chwaraeon

Wrth ddadansoddi perfformiad chwaraeon, mae angen sgiliau technegol da er mwyn llwyddo.

Sefyllfaoedd sgiliau ynysig ac o fewn chwarae

Wrth astudio chwaraeon mae'n bosibl dadansoddi perfformiad trwy arsylwi. Gellir gwneud hyn naill ai'n 'fyw', mewn digwyddiad chwaraeon, neu trwy fideo ar ôl y digwyddiad. Mewn chwarae, yn aml gellir recordio sgiliau ynysig (*isolated skills*) gan ddefnyddio ystod o dechnoleg. Mae hyfforddwyr ac athletwyr yn defnyddio cyfrwng fideo fwyfwy i ddadansoddi perfformiad wrth chwarae, yn enwedig gan fod meddalwedd dadansoddi fideo a GPS ar gael er mwyn helpu i fireinio unrhyw ddadansoddiad ac adborth.

Trafodwyd y gwahaniaeth rhwng mesurau perfformiad meintiol ac ansoddol yn gynharach ar dudalennau 481–482.

Dadansoddiad system leoli fyd-eang (GPS)

Defnyddir system leoli fyd-eang (GPS – *global positioning system*) mewn ystod eang o chwaraeon o feicio i bêl-droed. Mae'n offeryn manwl gywir sy'n galluogi'r athletwr a'r hyfforddwr i olrhain lleoliad athletwr, ac olrhain symudiad athletwr. Mae gan GPS y fantais ychwanegol o fod yn gludadwy. Gall athletwr (neu dîm o athletwyr) ei wisgo heb fod yn anghysurus, gan ddarparu data amser real sy'n gywir, gan gynnwys dadansoddiad o'r pellteroedd a'r cyflymderau a gyflawnwyd. Er enghraifft, mae clybiau pêl-droed proffesiynol yn aml yn defnyddio festiau olrhain GPS er mwyn monitro symudiad chwaraewyr.

Mae olrhain symud trwy GPS, neu ddadansoddi symudiad trwy offer a meddalwedd gyfrifiadurol fwy cymhleth, yn galluogi dadansoddi symudiad gan ddefnyddio data cyfrifiadurol. Mae hyfforddwyr yn defnyddio dadansoddi symudiad fel dull o wella a mireinio techneg, cywiro gwallau a chynorthwyo adferiad ar ôl anaf.

Gall olrhain symudiadau fod yn rhad neu'n gostus.

▶ Mae offer rhad yn darparu data sylfaenol fel hyd camau, pellter wedi'i deithio neu ei neidio, cyflymder cyfartalog, ac ati.

▶ Mae offer costus yn darparu data fel mudiant onglog, cinemateg cymal neu'r corff cyfan.

Term allweddol

Tactegau – y sgiliau a'r strategaethau mae chwaraewr yn eu defnyddio mewn unrhyw fath o chwaraeon er mwyn ennill.

Dadansoddiad fideo

Mae fideo yn cynnig dull rhad i hyfforddwyr ac athletwyr ddadansoddi perfformiad chwaraeon. Mae fideo yn cynnig cryn hyblygrwydd i archwilio a chywiro techneg, ac adolygu perfformiadau unigolion a thimau. Y nod yw recordio delweddau gwirioneddol o athletwr neu berfformiwr sy'n cyflawni sgil, neu dîm sy'n chwarae gêm gystadleuol, i'w dadansoddi'n ddiweddarach gan hyfforddwr. Gellir defnyddio fideo i ddadansoddi mewn dwy ffordd:

1 ailwylio gêm neu berfformiad ble gall yr hyfforddwr a'r perfformiwr dynnu sylw at sawl agwedd ar y perfformiad

2 gan ddefnyddio'r fideo fel ffynhonnell ddata i'w defnyddio gyda meddalwedd dadansoddi fideo.

Damcaniaeth ar waith

Mae timau pêl-droed proffesiynol bellach yn recordio eu gemau ar fideo. Mae hyn yn caniatáu i'r staff hyfforddi a'r rheolwr adolygu perfformiad y tîm a chwaraewyr unigol. Ar ôl gêm, ac ar ôl i'r fideo gael ei brosesu, bydd y staff hyfforddi yn cwrdd â'r tîm i ddadansoddi sut mae'r tîm yn chwarae (e.e. safleoedd gosod, lleoli, ac ati).

Mae pecynnau fideo yn caniatáu i graffeg gael ei dynnu ar ben y ffilm fideo i dynnu sylw ac atgyfnerthu meysydd neu gyfnodau chwarae penodol, y gellir eu trafod yn ôl yr angen. Yn ogystal, mae'r lluniau'n caniatáu i ystadegwyr neu wyddonwyr chwaraeon recordio data gweithredol am leoliad y bêl, y chwaraewyr dan sylw, amser a chanlyniad pasio, saethu, ac ati.

Sut ydych chi'n meddwl y bydd y staff hyfforddi a'r rheolwr yn defnyddio'r wybodaeth yma er mwyn gwella perfformiad eu tîm?

Adnoddau a phroses

Mae proffilio perfformiad yn ei gwneud yn ofynnol i hyfforddwyr ac athletwyr greu cofnod dibynadwy o berfformiad trwy wneud cyfres o arsylwadau y gellir eu dadansoddi a'u defnyddio er mwyn gwneud newidiadau i hyfforddiant athletwr. Mae'r broses hon yn dibynnu ar ddau ddull gwahanol:

▶ **dadansoddiad nodiannol** sy'n defnyddio gwahanol ffyrdd i gofnodi elfennau o berfformiad unigolyn neu dîm

▶ dadansoddiad o symudiadau sy'n defnyddio fideo i gofnodi effaith symudiadau'r corff ar chwaraeon.

Term allweddol

Dadansoddiad nodiannol – dadansoddiad sy'n cynnwys cyfrif gwahanol agweddau ar berfformiad chwaraeon. Er enghraifft, gallai hyfforddwr pêl-rwyd ddefnyddio dadansoddiad nodiannol er mwyn mesur faint o basiau llwyddiannus neu aflwyddiannus a wneir gan chwaraewr unigol neu dîm, neu faint o ergydion ar neu oddi ar y targed y mae'r saethwr gôl neu'r ymosodwyr gôl wedi ceisio.

Er mwyn darparu ar gyfer y ddau ddull gwahanol hyn, mae fideo yn hanfodol. Nod y ddau ddull yw darparu cofnod cywir o berfformiad y gellir ei adolygu yn nes ymlaen. Mae'r offer a ddefnyddir ar gyfer dadansoddiad fideo yn amrywio o ran cost. Gall hyfforddwr wneud gwerthusiad effeithiol gan wylio perfformiad yn unig a bwydo eu canfyddiadau neu eu meddyliau yn ôl i'r athletwr. Gellir gwneud hyn trwy recordio perfformiad neu ddril gan ddefnyddio offer mor sylfaenol â'r camera ar ffôn neu gamera digidol. Fel arall, gellir defnyddio offer technolegol datblygedig er mwyn ffilmio technegau a gellir defnyddio meddalwedd gwerthuso er mwyn dadansoddi symudiadau penodol. Yn y ddau achos, rhaid i'r hyfforddwr a'r athletwr ystyried sut y dylid recordio'r ffilm. Er mwyn cael y swm mwyaf o wybodaeth, dylid ystyried nodweddion canlynol y ffilm yn ofalus i gynorthwyo dadansoddiad:

▶ **safle** – sicrhau bod y camera wedi'i leoli fel y gall ddal y perfformiad waeth beth fo'r ongl neu'r olygfa

▶ **maint** – ystyriwch faint o ymdrechion neu gemau rydych chi am eu dal

▶ **hyd** – sicrhau bod gennych chi ddigon o gof a pŵer batri er mwyn dal perfformiad

▶ **ansawdd** – gwnewch yn siŵr bod pob agwedd ar y perfformiad yn glir i'w weld (h.y. nid yn ddelwedd aneglur)

▶ **adolygiad** – gwiriwch fod y ffilm yn cwrdd â'r gofynion ar gyfer dadansoddi.

Canllawiau ar gyfer dadansoddiad fideo

Dyma rai awgrymiadau i sicrhau eich bod yn cael y gorau o ddadansoddiad fideo.

▶ **Lleoliad** – mae gosod y camera yn bwysig. Dewch o hyd i fan gwylio da gyda golygfa ddi-dor a'r safle gorau i ddal meysydd pwysig o'r perfformiad. Byddwch yn ymwybodol o ffactorau amgylcheddol fel haul, gwynt, glaw a thorfeydd!

▶ **Persbectif** – mae'n well edrych ar y mwyafrif o berfformiadau chwaraeon o safle uchel: ni fydd y llinell ochr yn gwneud hynny. Mae hyn yn aml yn anodd ond nid yn amhosibl.

▶ **Storio** – gellid cyflwyno fideo ar ffurf DVD/CD/cof bach, minidisgiau a chasetiau o gamerâu fideo, neu mae ystod o gardiau ar gael hefyd.

▶ **Rhannu** – wrth i dechnoleg ddatblygu, mae wedi dod yn bosibl rhannu ffeiliau ar ystod o wahanol raglenni.

▶ **Diogelu data/cyfrinachedd** – peidiwch byth ag anghofio y bydd angen caniatâd yn ôl pob tebyg i rannu unrhyw ddelweddau a ddaliwyd.

▶ **Hunaniaeth** – peidiwch ag anghofio, er eich bod chi'n gwybod pa berfformiwr rydych chi'n ei ffilmio, efallai na fydd y person nesaf – byddwch yn glir pwy rydych chi'n arsylwi ym mhob sefyllfa trwy ddefnyddio cadarnhad mewn sain neu destun.

Meddalwedd gwerthuso

Mae nifer o becynnau meddalwedd gwerthuso ar gael, fel Dartfish, Kandle a Coach's Eye, sy'n defnyddio cyfres o offer dadansoddi sy'n caniatáu i'r hyfforddwr fesur pellter ac onglau yn uniongyrchol dros y fideo er mwyn cynorthwyo dehongli perfformiad. Gall y feddalwedd hon arafu fideo fel y gellir astudio a mesur symudiadau bach. Mae meddalwedd gwerthuso hefyd yn caniatáu i hyfforddwyr greu adroddiad manwl o'r dadansoddiad o'r perfformiad, y gellir cyfeirio ato yn nes ymlaen. Ond gall hyn fod yn ddrud a chymryd llawer o amser.

Dadansoddiad nodiannol

Mae dadansoddiad nodiannol yn astudio patrymau symud mewn chwaraeon tîm, ac mae'n ymwneud yn bennaf â strategaeth a thactegau. Mae dadansoddiad nodiannol yn darparu cofnod ffeithiol am safle pêl, y chwaraewyr dan sylw, y weithred dan sylw, ac amser a chanlyniad agwedd benodol (e.e. pasio neu saethu). Yna cyflwynir y data ar ffurf ystadegol neu graffigol, er enghraifft trwy graff neu siart bar, er mwyn helpu'r hyfforddwr a'r athletwr i ddadansoddi perfformiad. Mae hyn yn wahanol i'r agwedd arall ar broffilio perfformiad, neu ddadansoddi symudiad, sy'n canolbwyntio ar symudiad biomecanyddol unigolyn. Yn y ddau achos mae'r data a gesglir yn dweud wrthych beth sy'n digwydd, nid sut neu pam mae'n digwydd.

Mae cynnyrch terfynol dadansoddiad nodiannol yn meintioli perfformiad athletwr neu dîm mewn fformat ystadegol neu graffigol sy'n tynnu sylw at gategorïau o gryfder neu wendid i'w hystyried yn y dyfodol fel rhan o raglen hyfforddi. Yna gellir defnyddio'r wybodaeth hon wrth gynllunio tactegau neu strategaeth mewn gemau dilynol i berfformio'n well na'r gwrthwynebwyr.

Mae gallu dadansoddi perfformiadau yn y gorffennol a pherfformiadau gwrthwynebwyr sydd i ddod yn dechneg hanfodol a ddefnyddir gan reolwyr pêl-droed modern, ac mae'n gyffredin gweld gliniadur neu dabled ar y cae hyfforddi, neu deledu yn yr ystafell newid.

Bydd rheolwyr neu brif hyfforddwyr yn dadansoddi lluniau fideo o gemau er mwyn tynnu sylw at gryfderau a gwendidau chwaraewyr yn ogystal â phatrymau chwarae. Mae hyn yn galluogi'r rheolwr i roi adborth i chwaraewyr fel rhan o'r broses hyfforddi, gan dynnu sylw at feysydd penodol i fynd i'r afael â nhw.

Rhestrwch o leiaf chwe maes penodol mewn gêm bêl-droed (e.e. ergydion ar darged) rydych chi'n meddwl y byddai gan reolwr pêl-droed ddiddordeb ynddynt.

Gellir defnyddio dadansoddiad nodiannol i feintioli patrymau perfformiad a symud unigolyn neu dîm. Meddyliwch am adeg pan rydych chi wedi gwylio chwaraeon ar y teledu. Defnyddir llawer o ystadegau a diagramau, sy'n dangos y pellter mae chwaraewr wedi'i deithio mewn gêm neu'r cyfeiriadau y maent wedi rhedeg. Mae'r rhain yn enghreifftiau gwahanol o 'symudiad' mewn chwaraeon. Ymhlith y ffactorau eraill i edrych arnynt wrth archwilio symudiad chwaraewr mae:

► cyfradd gweithio (er enghraifft, mesur cyfradd curiad y galon gan ddefnyddio monitorau cyfradd curiad y galon)
► chwarae lleoliadol a phatrymau symud (er enghraifft, pa mor dda y mae chwaraewr yn cyflawni'r rolau lleoliadol mewn tîm neu'r symudiadau y mae chwaraewr yn eu perfformio yn ystod gêm)
► pellter a deithiwyd (er enghraifft, pa mor bell y mae chwaraewr wedi teithio yn ystod gêm – weithiau'n cael ei rannu'n gydrannau cerdded, loncian a sbrintio)
► patrymau symudiad.

Chwarae lleoliadol

Mae Ffigur 28.4 yn dangos enghraifft o sut y gellir dadansoddi patrymau symud a chwarae lleoliadol pêl-droediwr.

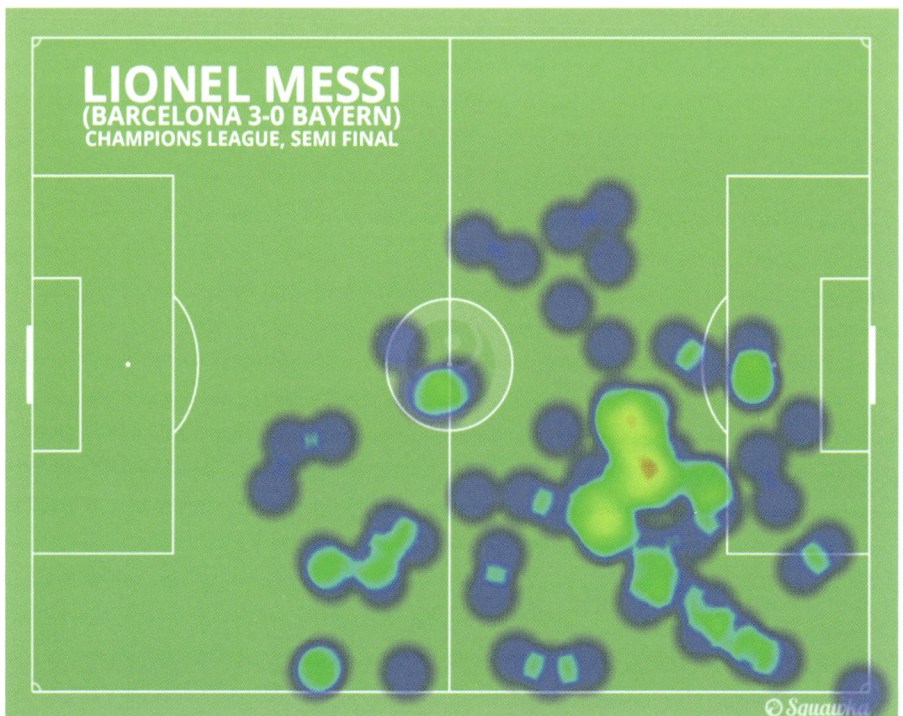

► **Ffigur 28.4:** 'Map gwres gweithredu' chwaraewr pêl-droed

Dewisiadau technegol

Mae'r cydrannau technegol y byddwch chi'n edrych arnyn nhw yn eich model technegol yn dibynnu ar y gamp neu'r gweithgaredd rydych chi wedi'i ddewis. Efallai y byddwch chi'n cynhyrchu'ch model technegol o amgylch 'pwyntiau hyfforddi' y gwahanol chwaraeon neu weithgareddau yn seiliedig ar y **meini prawf perfformiad** allweddol ar gyfer y gamp honno. Er enghraifft, gallai cydran dechnegol fod yn bàs llwyddiannus i aelod o'r tîm. Gall dadansoddiad nodiannol ddarparu cofnod ffeithiol o'r nifer o weithiau y mae pob chwaraewr yn llwyddo i basio a defnyddio'r data hwn i gynorthwyo gofynion hyfforddi yn y dyfodol.

> **Term allweddol**
>
> **Meini prawf perfformiad** – agweddau ar berfformiad chwaraeon a ddylai, os cânt eu perfformio'n dda, arwain at lwyddiant.

> ⏸ **MUNUD I FEDDWL**   Ystyriwch fatiwr sydd, ar ôl astudio fideo o'i dechneg gan ddefnyddio dadansoddiad nodiannol a symudiadol, â thueddiad i chwarae ergydion oddi ar y droed gefn. Sut allech chi addasu strategaeth bowliwr i ecsbloetio'r duedd hon a'i fowlio allan?

> **Awgrym**   Mae chwarae ergydion oddi ar y droed gefn yn gyffredinol yn awgrymu bod y batiwr yn gyffyrddus â bowlio'n fyr.

> **Ymestyn**   Ymchwiliwch i fatwyr fel Sachin Tendulkar neu Ricky Ponting a dadansoddwch sut y gwnaeth bowlwyr addasu eu model bowlio technegol er mwyn eu bowlio allan.

Dewis techneg

Mae dadansoddiad nodiannol yn aml yn darparu gwybodaeth fanwl yn ystod gêm neu gystadleuaeth ynghylch pa gydran dechnegol sy'n llwyddiannus a pha un sydd ddim. Er enghraifft, mewn pêl-fasged, un driniaeth o berfformiad tîm fyddai cymhareb yr ergydion a gymerir i fasgedi a sgoriwyd. Mewn golff, gall ganolbwyntio ar nifer y lawntiau y mae chwaraewr yn eu taro mewn gornestau rheoledig. Mae tennis yn enghraifft dda o gamp a all elwa o ddadansoddiad nodiannol manwl yn ystod ac ar ôl gêm. Mae cynrychiolaethau graffigol neu ystadegol yn aml yn dangos a yw'r serfiad i flaenllaw neu wrthlaw gwrthwynebydd, neu serfiad llydan neu serfiad i lawr canol y cwrt, yn fwy llwyddiannus. Gall cyfuniad o'r dadansoddiadau nodiannol ar gyfer gwrthwynebydd dynnu sylw at wendid i ochr serfiad (h.y. i flaenllaw neu wrthlaw). O ganlyniad, gall yr hyfforddwr a'r athletwr ddewis techneg benodol sy'n targedu'r gwendid technegol hwn ac yn gwella eu siawns o fuddugoliaeth dros eu gwrthwynebydd yn ystod gêm.

Er mwyn tynnu'r wybodaeth lawnaf o ddadansoddiad nodiannol, mae'n bwysig cofio na ddylid ystyried cydrannau technegol ar wahân bob amser gan eu bod yn aml yn dibynnu ar ei gilydd am berfformiad athletaidd llwyddiannus.

Safle'r corff

Un o'r agweddau pwysicaf o safbwynt technegol yw safle corff yr athletwr. Os ystyriwch ergyd mewn golff, rhaid i bob cam gael ei gydlynu a'i weithredu'n gywir.

Saethu

Mae saethu yn elfen dechnegol sy'n ofynnol mewn llawer o chwaraeon. Mae ymhlith yr elfen dechnegol a ddefnyddir fwyaf mewn gemau rhwyd. Mae dangosyddion ymddygiad saethu mewn tennis, er enghraifft, fel dosbarthiad y math o ergyd (e.e. blaenllaw neu wrthlaw) a chanlyniadau saethu (e.e. ble glaniodd y bêl ar y cwrt), yn caniatáu i'r hyfforddwr a'r athletwr benderfynu pa fath o ergyd a brofodd yn fwy llwyddiannus yn erbyn gwrthwynebydd. Mae'n hawdd trosglwyddo dadansoddiad o ddetholiad ergydion mewn tennis i fformatau rhifiadol neu graffigol er mwyn ei werthuso.

Gwaith traed

Mae symudiad chwaraewr tennis ar y cwrt yn hanfodol. Mae perfformiad tennis yn dibynnu ar hyrddiadau cyflym o gyflymder wedi'u cymysgu ag amrywiadau o symudiadau cyflym, o ochr i ochr. Mewn chwaraeon raced, mae gwaith traed yn aml yn ddangosydd allweddol o gydrannau technegol eraill. Er enghraifft, mae gwaith traed cywir yn caniatáu i'r athletwr fod mewn sefyllfa i gael ergyd effeithiol neu daro'r bêl. Mae ystadegau'n dangos bod 70 y cant o'r ergydion a gollwyd neu a gafodd eu taro'n wael oherwydd gwaith traed gwael.

Cydbwysedd

Mae cydbwysedd statig a dynamig yn sgiliau sylfaenol sydd eu hangen ym mron pob gweithgaredd chwaraeon ac ymarfer corff. O bêl-droed i griced, mae newid eich craidd disgyrchiant i gyd-fynd â'ch symudiadau yn allweddol i weithredu sgiliau. Bydd nodi a yw athletwr yn 'gytbwys' wrth gyflawni sgil ai peidio yn cyfrannu at lwyddiant neu fethiant cyffredinol y canlyniad a gellir ei gofnodi felly er mwyn ei ddadansoddi.

Gafael

Mae gafael yn agwedd dechnegol bwysig mewn llawer o chwaraeon, er enghraifft golff, tennis neu daflu gwaywffon. Ni ellir gorbwysleisio pwysigrwydd gosod y dwylo yn y safle cywir. Nid oes y fath beth â'r gafael perffaith, ond mae dal clwb neu raced mewn ffordd confensiynol wedi profi i fod yn llwyddiannus i'r mwyafrif o chwaraewyr.

Er enghraifft, mewn golff, rhaid ffurfio 'V' â bawd a rhan isaf bys blaen y llaw dde, gan bwyntio rhwng yr ên a'r ysgwydd dde, gyda dim ond dau gymal (*knuckle*) yn weladwy ar y llaw chwith i'r chwaraewr.

Osgo

Mewn chwaraeon ymladd fel bocsio, mae osgo (safle'r corff, yn enwedig traed) yr athletwr yn bwysig iawn. Mae'r chwaraeon hyn yn gofyn am gydbwysedd a chydsymud da, ynghyd â'r osgo gorau posibl. O fewn bocsio, y ffactor pwysicaf wrth ystyried osgo yw cydbwysedd perffaith, gan alluogi'r bocsiwr i symud yn gyflym ac yn llyfn, gan symud pwysau yn gyson o un goes i'r llall a dyrnu'n effeithiol. Gellir cyfuno casglu data am osgo (â'r llaw chwith neu'r llaw dde) â data arall (e.e. dyrnu neu amddiffyn yn llwyddiannus) er mwyn pennu llwyddiant cymharol yr osgo a fabwysiadwyd.

Cicio

Mae amrywiaeth o arddulliau cicio wedi esblygu i weddu i wahanol chwaraeon, mathau o bêl, rheolau gêm a'r rhan y mae cicio yn ei chwarae yn y gêm. Mae dadansoddiad nodiannol yn bwysig mewn chwaraeon fel pêl-droed er mwyn helpu i bennu cymhareb yr ergydion ar darged i goliau neu gywirdeb yr ergyd gyda phob troed (h.y. chwith neu dde).

Taflu

Mae hyn yn ganolog i lawer o chwaraeon (e.e. criced, pêl-droed Americanaidd a rygbi). Oherwydd y gwahaniaethau yn y math o bêl (a'r rhesymau dros daflu), mae yna wahanol dechnegau ar gyfer gwahanol chwaraeon. Fodd bynnag, gellir nodi pob techneg yn nhermau llwyddiant neu fethiant neu gymhareb y tafliadau a geisir gyda'r rhai sy'n dod o hyd i'w targed.

Dal

Un o'r peli anoddaf i'w dal mewn chwaraeon yw'r gic uchel mewn rygbi. Mae'n sgìl bwysig y dylai pob chwaraewr rygbi ei dysgu. Gan ei bod yn debygol y bydd gwrthwynebwyr o'ch cwmpas, bydd angen i chi ddal y bêl yn yr awyr. Gall dadansoddiad nodiannol helpu chwaraewyr a hyfforddwyr rygbi i olrhain nifer y dalfeydd a wnaed yn ystod gêm, ac a wnaed y dalfeydd hyn o gic uchel neu dafliad o'r linell.

Maesu

Mewn criced, wrth faesu, dylech 'ymosod' ar y bêl (symud tuag at y bêl os caiff ei tharo tuag atoch chi, yn hytrach na sefyll yn llonydd ac aros amdani). Yn ystod gêm, bydd maeswyr yn ceisio dal, taflu'r bêl at y stympiau gan obeithio am redeg chwaraewr allan, neu ymateb yn gyflym er mwyn atal rhediad. Ym mhob achos, gall dadansoddiad nodiannol gofnodi'r weithred dan sylw.

Batio

Mewn criced, mae yna lawer o ergydion wrth fatio sy'n gofyn am lefel uchel o allu technegol. Er enghraifft, mewn ergyd amddiffynnol ymlaen y nod yw rhoi'r bat o flaen y wiced er mwyn atal y bêl rhag taro'r wiced. Fel arall, gall batiwr fabwysiadu ergyd fwy ymosodol a bachu bowliwr am chwe rhediad. Mae yna nifer o ergydion mewn repertoire batiwr a gall dadansoddiad nodiannol gofnodi pa ergydion a ddefnyddiwyd a faint o rediadau a gymerwyd o ganlyniad. Gellir arddangos hyn mewn graff (fel olwyn wagen) neu'n ystadegol yn ôl cymhareb y peli a daflwyd i'r rhediadau a sgoriwyd.

Driblo

Rhaid i ddriblo gael cynnyrch terfynol, fel ergyd at y gôl/y fasged, ac yn y blaen, neu bas allweddol. Os nad oes cynnyrch terfynol, bernir bod y driblo'n aflwyddiannus. Yn y naill achos neu'r llall, gall dadansoddiad nodiannol gofnodi'r gwahanol ganlyniadau.

Sbrintio

Mae sbrintio yn agwedd allweddol ar lawer o chwaraeon tîm (er enghraifft, asgellwr pêl-droed yn gwibio ar ôl y bêl er mwyn gwneud croesiad).

Dwy elfen allweddol wrth sbrintio yw hyd ac amlder cam. Hyd cam yw'r pellter y mae athletwr yn ei deithio gyda phob cam (wedi'i fesur mewn metrau). Amledd cam yw nifer y camau a gymerir mewn amser penodol (eiliad fel arfer). Mae'n bosibl i ddadansoddiad nodiannol gofnodi'r ddwy elfen neu, yn wir, nifer y sbrintiau byr y mae pêl-droediwr yn eu cyflawni trwy gydol gêm.

Neidio

Mewn chwaraeon trac a maes, mae yna nifer o ddigwyddiadau neidio fel naid hir, naid driphlyg, naid uchel a naid bolyn.

Mae'r digwyddiadau hyn yn dechnegol iawn, oherwydd os oes gan yr athletwr dechneg wael mae'n debygol o arwain at berfformiad gwael. Gall dadansoddiad nodiannol helpu mewn nifer o feysydd: er enghraifft, cofnodi'r pellter o'r man cychwyn perffaith, nifer y neidiau troseddol neu ongl yr esgyniad.

Cyfraddau llwyddiant

Mae dadansoddiad nodiannol yn darparu cofnod ffeithiol o gydrannau technegol camp neu ddigwyddiad. Mae'r canlyniadau, boed yn graffigol neu'n ystadegol, yn caniatáu dadansoddiad dyfnach o lwyddiant neu fethiant cymharol pob cydran. Mae cynrychioliadau graffigol yn caniatáu ar gyfer darlun hawdd ei ddilyn er mwyn i'r athletwr neu'r tîm ei ystyried ac, ynghyd â hyfforddwr, nodi meysydd neu gydrannau technegol sydd angen sylw pellach fel rhan o'r gylchred hyfforddi ehangach.

Cofiwch, pan fyddwch chi'n gwerthuso unrhyw ddata o berfformiad, ei fod yn bwysig asesu dilysrwydd, cywirdeb, dibynadwyedd, rhwyddineb eu defnyddio, cost, iechyd a diogelwch a hygyrchedd y dulliau rydych chi'n eu defnyddio. Mae mwy am y rhain i'w gweld yn Nhabl 28.11 ar dudalen 503.

⏸ **MUNUD I FEDDWL**　Allwch chi feddwl am unrhyw anfanteision o ddadansoddi cydran dechnegol ar wahân?

> **Awgrym**　Mae llawer iawn o symudiadau chwaraeon yn symudiadau cyfansawdd (h.y. cyfuniad o fwy nag un gydran dechnegol yn olynol).

> **Ymestyn**　Meddyliwch am symudiad chwaraeon cymhleth a cheisiwch ei rannu'n gydrannau technegol ar gyfer dadansoddiad perfformiad pellach.

Y dadansoddwr chwaraeon Amy Hall a'r cynnig ynghylch dadansoddi perfformiad

Mae Amy yn fyfyriwr ôl-raddedig sy'n astudio ar gyfer ei MSc mewn Dadansoddi Perfformiad. Atebodd hysbyseb am ddadansoddwr chwaraeon rhan-amser i weithio gyda chlwb cynghrair sirol criced a dderbyniodd grant datblygu mawr yn ddiweddar i fuddsoddi mewn adnoddau hyfforddi ar gyfer y tîm.

Chwaraeodd Amy griced tra yn y brifysgol a rhagori ar fatio a bowlio. Dyma, ynghyd â'i chefndir dadansoddi chwaraeon, yw'r rheswm pam y cynigiodd y clwb criced rôl dadansoddwr rhan-amser iddi.

Mae tasg gyntaf Amy yn un anodd. Mae prif hyfforddwr y clwb wedi gofyn iddi ddrafftio adroddiad ar y dulliau posibl o ddadansoddi perfformiad ar gyfer batio a bowlio, a darparu crynodeb o berthnasedd a defnyddioldeb y dulliau hyn. Yna bydd yr adroddiad hwn yn cael ei drafod yng nghyfarfod nesaf y pwyllgor er mwyn penderfynu pa offer i'w brynu gyda'r arian grant.

Rhaid i Amy lunio adroddiad ar gyfer y cricedwyr sy'n mynd i'r afael â'r cynnwys allweddol canlynol ynghylch y dulliau o ddadansoddi perfformiad chwaraeon:

- nodau proffilio perfformiad – sut y gall hyn wella perfformiad cyffredinol chwaraewyr a'r tîm
- dulliau dadansoddi – pa brawf maes neu labordy y byddai'n argymell ei ddefnyddio.

Gwiriwch eich gwybodaeth

1 Ysgrifennwch eich diffiniad eich hun o broffilio perfformiad ac esboniwch pam rydych chi'n meddwl ei fod yn bwysig mewn lleoliad hyfforddi modern.

2 Rhestrwch gymaint o dechnegau ag sydd ar gael i hyfforddwyr ar gyfer dadansoddi chwaraeon.

Ymarfer asesu 28.1   A.P1 A.M1 A.D1

Rydych wedi sicrhau swydd fel hyfforddwr mewn clwb rhwyfo prifysgol. Yn ogystal â hyfforddi ffitrwydd cyffredinol, mae hyfforddwr y clwb wedi gofyn i chi ddylunio cyflwyniad ar y dulliau ar gyfer dadansoddi perfformiad chwaraeon. Mae gan y clwb ddisgwyliadau uchel o ran llwyddiant wrth gystadlu yn erbyn prifysgolion eraill eleni ac mae wedi penderfynu talu sylw agosach i berfformiad a hyfforddiant holl rwyfwyr y clwb.

Mae'r clwb yn disgwyl i rhwng 30 a 40 o rwyfwyr fynychu cyfarfod cyn y tymor ac rydych chi ymlaen yn gyntaf. Mae gennych slot 30 munud (20 munud ar gyfer cyflwyniad a 10 munud ar gyfer cwestiynau ac atebion) i roi eich cyflwyniad. Mae llywydd y clwb wedi gofyn i chi baratoi cyflwyniad i bawb yn y gynulleidfa, mewn fformat o'ch dewis (PowerPoint®, posteri, sioe sleidiau, ac ati). Rhaid i'r cyflwyniad fynd i'r afael â'r pwyntiau allweddol canlynol:

- proffilio perfformiad
- dulliau ar gyfer dadansoddi
- technegau ar gyfer dadansoddiad chwaraeon.

Bydd angen i chi wneud rhywfaint o ymchwil ar y pwyntiau hyn a dangos eich bod chi'n deall beth mae pob un ohonyn nhw'n ei olygu a sut y gallen nhw fod yn berthnasol i rwyfwyr a'u hyfforddiant. Sicrhewch fod eich cyflwyniad yn berthnasol ac yn addysgiadol. Bydd angen i chi amlinellu pwysigrwydd dadansoddi perfformiad a sut y gallai hyn fod o fudd i berfformiad.

Cynllunio
- Beth yw'r dasg? Beth y gofynnir i fy nghyflwyniad fynd i'r afael ag ef?
- Pa mor hyderus ydw i yn fy ngalluoedd fy hun i gyflawni'r dasg hon? A oes unrhyw feysydd y credaf y byddaf yn cael anhawster â hwy?

Gwneud
- Rwy'n gwybod sut i archwilio dulliau ar gyfer dadansoddi perfformiad chwaraeon.
- Gallaf adnabod ble y gallai fy nghyflwyniad fod wedi mynd o'i le ac addasu fy ngwaith meddwl/ dull er mwyn cael fy hun yn ôl ar y trywydd iawn.

Adolygu
- Gallaf egluro beth oedd y dasg a sut yr es i ati i adeiladu fy nghyflwyniad.
- Gallaf egluro sut y byddwn yn mynd at elfennau mwy anodd y dasg yn wahanol y tro nesaf (h.y. beth y byddwn yn ei wneud yn wahanol).

B Archwilio modelau, meincnodau a phrotocolau delfrydol ar gyfer dadansoddi perfformiad

Yn aml, bydd hyfforddwyr yn cydnabod potensial arsylwi perfformiad; mae hyfforddwyr da yn sylweddoli y gall hyd yn oed y perfformwyr mwyaf dawnus wella. Er mwyn cyflawni hyn maen nhw'n aml yn defnyddio model neu feincnod delfrydol er mwyn perffeithio techneg. Bydd hyfforddwr rhagorol yn ymwybodol o ble y gellir cael modelau neu feincnodau delfrydol o'r fath a sut orau i'w defnyddio i gywiro neu wella sgiliau technegol neu berfformiadau tactegol.

Ffynonellau o wybodaeth

Arsylwi/recordiadau

Mae arsylwi a dadansoddi fideo yn ffordd hawdd o ddeall a dadansoddi perfformiad athletwr. Gwneir hyn orau trwy wylio athletwr elitaidd neu brofiadol a nodi eu technegau, eu cryfderau a'u gwendidau posibl. Bydd cael eich perfformiad wedi'i ffilmio yn rhoi cofnod gwrthrychol i chi o'r hyn a ddigwyddodd gyda'r fantais o fedru ei ddadansoddi wedi ei arafu neu mewn amser real a'i gymharu yn erbyn y meincnod neu'r model perffaith.

Beth bynnag y math o feincnod neu fodel perffaith sy'n cael ei weld, mae'n bwysig bod hyfforddwr ac athletwr yn ystyried ac yn gwerthuso dilysrwydd, perthnasedd a chywirdeb y ffynonellau crai sy'n cael ei ddefnyddio. Mae'n bwysig bod y fideo, y delweddau neu'r sylwebaeth sy'n cael eu defnyddio yn ddilys (h.y heb eu haddasu), yn berthnasol ac yn fuddiol i'r athletwr. Os nad ydynt, gallant roi argraff ffug o'r hyn y gellir ei gyflawni neu, mewn rhai amgylchiadau, gallant fod yn beryglus eu dyblygu. Sicrhewch fod y ffynonellau ag enw da (h.y. cyrff llywodraethu chwaraeon, adroddiadau parchus ar YouTube, sianeli teledu neu gylchgronau/cyfnodolion chwaraeon cydnabyddedig) ac integreiddiwch y meincnodau hyn i'r gylchred hyfforddi ehangach.

Fideos

Mae dadansoddi fideo trwy arsylwadau a recordiadau yn ddefnyddiol ar gyfer nodi a chywiro diffygion gyda thechneg athletwr. Mae yna nifer o feincnodau perfformiad y gellir eu dadansoddi gan ddefnyddio fideo, gan gynnwys:

- ▶ safleoedd y pen a'r corff yn ystod perfformiad (e.e. ergyd golff)
- ▶ ongl rhyddhau ar gyfer digwyddiadau taflu (e.e. gwaywffon)
- ▶ onglau a chyflymderau cymalau (e.e. ergyd am i fyny mewn bocsio)
- ▶ cyflymder rhyddhau pêl a llwybr y bêl (e.e. bowlio mewn criced).

⏸ MUNUD I FEDDWL   Pa ffactorau y gallai fod angen i chi eu cofio wrth wylio fideo o ergyd golff?

Awgrym   Pa briodweddau biomecanyddol, materion yn ymwneud â phersbectif neu fanylion am gamera y byddai angen i chi eu hystyried er mwyn ceisio ailadrodd y sgiliau neu'r detholiadau technegol a ddangosir?

Ymestyn   Pa strategaethau ffilmio y gallech chi eu defnyddio er mwyn sicrhau, pe byddech chi'n ffilmio meincnod neu fodel perffaith, nad yw'ch lluniau'n aneglur ac yn gallu dangos y symudiadau allweddol er mwyn i eraill eu dadansoddi?

Lluniau

Gall lluniau fod yn gyfeirnod neu'n feincnod defnyddiol ar gyfer modelau technegol a thactegol. Er enghraifft, mae trefniannau pêl-droed yn aml yn cael eu hatgyfnerthu â delweddau neu luniau sy'n dangos ble y dylai chwaraewyr weithredu mewn cyfnodau ymosodol ac amddiffynnol o chwarae.

Sylwebaeth

Yn gyffredinol, recordiad sain yw sylwebaeth a wneir gan hyfforddwr neu arsylwr, fel arfer mewn gêm neu sefyllfa gystadleuol, sy'n rhoi arwydd neu ddisgrifiad o berfformiad athletwr neu dîm. Mae hon yn ffynhonnell rad o wybodaeth ond mae unrhyw ddadansoddiad yn oddrychol oherwydd ei fod yn darparu safbwynt yr arsylwr yn unig, a dim ond yr hyn y maen nhw'n ei feddwl neu'n credu ei fod yn digwydd y gallant ei gofnodi.

Ffynonellau Corff Llywodraethu Cenedlaethol

Bydd **Corff Llywodraethu Cenedlaethol (NGB)** pob camp yn cyhoeddi cyfres o lawlyfrau hyfforddi o Lefel 1 i Lefel 4. Yn y llawlyfrau hyn bydd canllawiau technegol a thactegol sy'n berthnasol i'w camp. Maen nhw'n ffynonellau rhagorol o wybodaeth ac yn aml maen nhw'n cynnwys arweiniad ar fodelau perffaith a gofynion corfforol a seicolegol ar gyfer y gamp honno.

Lefel perfformiad gymharol

NGBs yw ceidwaid data perfformiad penodol sy'n dangos y lefelau amrywiol o berfformiad (o newydd-ddyfodiad i athletwr o'r radd flaenaf) y gellir eu defnyddio fel dangosyddion mewn proffilio perfformiad a'r broses hyfforddi, neu alluogi athletwyr ar lefel benodol i gael cyllid ychwanegol tuag at eu costau hyfforddi.

Cyrsiau hyfforddi

Bydd mwyafrif yr hyfforddwyr wedi ennill cymhwyster cydnabyddedig ar ryw adeg yn eu gyrfa. Derbynnir yn gyffredinol y dylech ddod yn gymwys er mwyn gwella. Bydd y mwyafrif o NGBs yn cynnig cymwysterau cyfoes a fydd nid yn unig yn eich hyfforddi ond hefyd yn eich hysbysu am newidiadau perthnasol yn y protocol hyfforddi ac yn darparu deunydd craidd ar gyfer meincnodau perfformiad a modelau perffaith.

▶ **Pyramidiau hyfforddi cyrff llywodraethu** – mae NGBs chwaraeon wedi datblygu gwobrau hyfforddiant sydd wedi'u cynllunio i gefnogi hyfforddwr sy'n datblygu. Bellach mae gan bron pob NGB strwythur addysg i hyfforddwyr sy'n cynhyrchu cymwysterau o'r hyfforddwr cynorthwyol (Lefel 1), hyd at lefel hyfforddwr chwaraeon o'r radd flaenaf (Lefel 4 a 5). Mae'n bwysig bod hyfforddwr yn anelu at ennill y cymwysterau priodol sy'n ofynnol er mwyn dadansoddi perfformiad y perfformwyr sy'n gweithio gyda nhw. Mae hyn yn sicrhau bod yr athletwr yn derbyn y gefnogaeth a'r profiad a argymhellir gan y NGB.

▶ **Cymwysterau arbenigol** – mae sefydliadau addysg uwch yn cynnig cymwysterau arbenigol mewn dadansoddi chwaraeon. Mae'r cymwysterau hyn ar ffurf BSs (Anrh) neu MSc, a'u nod yw datblygu gwybodaeth arbenigol sy'n galluogi ymarferwyr i gynnal dadansoddiad perfformiad manwl neu o lefelau uchel.

> **Ymchwil**
>
> Mewn grwpiau bach, ymchwiliwch i un o'r NGBs; ymchwiliwch yn benodol i'r deunydd hyfforddi neu'r gwasanaethau sydd ar gael – allwch chi ddod o hyd i enghreifftiau o fodelau neu feincnodau delfrydol ar gyfer perfformiad? Cyflwynwch eich canfyddiadau fel taflen fer i'w rhannu gyda'r grŵp cyfan. Bydd hyn yn golygu y bydd gennych adnodd ar gyfer pob un o'r cyrff proffesiynol.

Papurau, cyfnodolion a dogfennau academaidd

Cyhoeddir llawer o bapurau academaidd bob blwyddyn, ochr yn ochr â chyfnodolion a dogfennau perthnasol eraill, sy'n darparu gwybodaeth am fodelau perfformiad a meincnodau. Bydd y rhai gorau i ymgynghori â nhw yn dibynnu ar y gamp rydych chi'n ei hasesu.

Term allweddol

Cyrff Llywodraethu Cenedlaethol (NGBs – *National Governing Bodies*) – yn gyfrifol am reolau a threfnu cystadlaethau ar gyfer eu chwaraeon. Maen nhw hefyd yn dewis timau cynrychioliadol ac yn delio â materion cyllido a disgyblu.

Maen nhw ar gael i helpu i ddarparu gwybodaeth am:

► **hyfforddi** – Cyhoeddir yr *International Sport Coaching Journal* (ISCJ) gan Human Kinetics. Trwy ei erthyglau ymchwil, traethodau a cheisiadau prosiect a adolygir gan gymheiriaid, nod yr ISCJ yw datblygu addysg, datblygiad ac arfer gorau hyfforddwyr. Mae'r cyfnodolyn hefyd yn cyflwyno gwybodaeth berthnasol am fodelau perfformiad a meincnodi

► **seicoleg** – Nod y *Journal of Applied Sport Psychology* yw hyrwyddo gwaith meddwl, theori ac ymchwil ar agweddau cymhwysol ar seicoleg chwaraeon ac ymarfer corff sy'n hyrwyddo strategaethau ymchwil ac ymyrraeth pellach y gellir eu defnyddio wrth ddadansoddi perfformiad chwaraeon

► **biomecaneg** – Mae'r *Journal of Biomechanics* yn cyhoeddi ymchwil sy'n archwilio'r defnydd o egwyddorion mecaneg i fynd i'r afael â phroblemau biolegol. Mae'r erthyglau'n helpu i ddangos sut y gall hyfforddwyr a gwyddonwyr chwaraeon ddadansoddi symudiad ymhellach o fewn rôl chwaraeon fel rhan o'r broses hyfforddi ehangach

► **maeth** – Mae'r *Journal of the International Society of Sport Nutrition* yn archwilio effeithiau strategaethau ac atodiadau maeth mewn chwaraeon a allai ategu neu wella rhaglenni a strategaethau hyfforddi

► **hyfforddiant ffitrwydd** – Mae'r *American College of Sports Medicine Health and Fitness Journal* yn archwilio'r ymchwil ddiweddaraf mewn technegau hyfforddi ffitrwydd a fydd yn cynorthwyo proffilio perfformiad a hyfforddiant ffitrwydd fel rhan o'r broses hyfforddi ehangach

► **llawlyfrau hyfforddi** – Mae'r rhan fwyaf o NGBs yn cynhyrchu eu llawlyfrau hyfforddi eu hunain, ac mae pob un ohonynt yn cynnwys adrannau ar broffilio perfformiad a chanllawiau ar ddadansoddiad nodiannol.

Hyfforddwyr, tiwtoriaid a gwyddonwyr chwaraeon

Yn ogystal â ffynonellau gwybodaeth cyhoeddedig am fodelau perfformiad a meincnodau delfrydol, y ffynhonnell fwyaf amlwg yw ymgynghori â hyfforddwyr, tiwtoriaid a gwyddonwyr chwaraeon eraill sy'n ymwneud â dadansoddi perfformiad.

Model delfrydol hyfforddwr

Fel rhan o'r broses hyfforddi, bydd athletwyr a hyfforddwyr yn gwerthuso'r data o'r dadansoddiad nodiannol a'r dadansoddiad symudiad. Mae cydran gynllunio'r broses hyfforddi yn ei gwneud yn ofynnol i'r hyfforddwr gymhwyso model delfrydol i'r rhaglen hyfforddi sy'n helpu'r athletwr i addasu neu newid ei berfformiad er gwell. Gellir dadansoddi ymhellach sy'n gofyn am addasiad ychwanegol, ac felly mae'r broses hyfforddi gylchol yn parhau, nes bod yr athletwr yn ailadrodd y model delfrydol.

Data meincnod

Yn gyffredinol, defnyddir data meincnod er mwyn mesur cynnydd unigolyn neu dîm dros amser, wrth i raglen hyfforddi newydd gael ei gweithredu. Fodd bynnag, gellir ei ddefnyddio hefyd fel cymorth hyfforddi gwerthfawr os yw canlyniadau profion unigolyn yn cael eu cymharu â chystadleuwyr neu er mwyn meithrin cystadleuaeth a chymhelliant o fewn tîm. Gellir rhoi athletwyr sy'n dangos gallu tebyg yn y gwahanol brofion a gynhaliwyd, neu ganlyniadau tebyg mewn dadansoddiad perfformiad ehangach, i weithio gyda'i gilydd, gan gynhyrchu amgylchedd hyfforddi gwell. Yn y modd hwn ni ofynnir i athletwyr weithio mewn grŵp sy'n rhy ddatblygedig neu nad yw'n ddigon datblygedig, o ran gallu a chyflawniad posibl.

Y rhyngrwyd a'r cyfryngau cymdeithasol

Mae'r rhyngrwyd a'r cyfryngau cymdeithasol yn prysur ddod yn blatfformau i sefydlu modelau perfformiad a meincnodau delfrydol. Mae'r cyflymder a'r symlrwydd y gellir uwchlwytho a lledaenu gwybodaeth yn caniatáu i hyfforddwyr ac athletwyr rannu syniadau, modelau technegol, syniadau tactegol a'r ymchwil a'r canlyniadau diweddaraf. Mae'n bwysig bod y fideo, y delweddau neu'r sylwebaeth sy'n cael eu defnyddio yn ddilys (h.y. heb eu haddasu), ac yn berthnasol ac yn fuddiol i'r athletwr. Os nad ydynt, gallant roi argraff ffug o'r hyn y gellir ei gyflawni neu, mewn rhai amgylchiadau, gallant fod yn beryglus os ydynt yn cael eu dyblygu.

Ystadegau o gemau

Mewn chwaraeon fel athletau neu nofio, gallai'r meincnod fod yn amser neu bellter gorau personol athletwr. Fodd bynnag, mewn llawer o gemau chwaraeon eraill mae ystadegau'n bwysig ac yn ffynhonnell berthnasol o wybodaeth ynghylch perfformiad unigolyn neu dîm. Mae pêl-droed, rygbi'r undeb, rygbi'r gynghrair a hoci iâ yn defnyddio gwybodaeth ystadegol am ffactorau fel pasio neu amser yn hanner y gwrthwynebwyr yn gynyddol. Mae chwaraeon fel criced yn gogwyddo'n naturiol tuag at wybodaeth ystadegol, ond hyd yn oed mewn criced mae datblygiadau newydd fel arddangosiadau 'olwyn wagen' am rediadau neu graffiau rhediadau/wiced 'Manhattan' yn olygfa gynyddol gyffredin ar sgriniau teledu.

Mae ystadegau o gemau yn darparu dadansoddiad parod o berfformiadau unigolion a thimau. Maen nhw'n dod â'r fantais ychwanegol o gael eu creu mewn amgylchedd cystadleuol.

> **Trafodaeth**
>
> Mae ystadegau gemau yn nodwedd allweddol mewn pêl-droed a llawer o chwaraeon tîm eraill. Dywedir wrthym am ganran meddiant tîm neu sawl metr y mae chwaraewr wedi'i deithio yn ystod y gêm. Beth os bydd y tîm sydd â'r swm lleiaf o feddiant yn ennill neu os bydd y chwaraewr sydd wedi teithio dros y cyfanswm lleiaf o dir yn derbyn gwobr 'seren y gêm'? A yw ystadegau gemau yn adrodd y stori gyfan neu a ydym yn rhoi gormod o bwyslais arnynt?
>
> Mewn grwpiau bach, ystyriwch a yw ystadegau gemau yn chwarae rhan bwysig wrth ddeall y gêm neu a ydyn nhw'n ddibwys ac yn aml heb gysylltiad â'r canlyniadau? Adroddwch eich barn yn ôl i weddill y dosbarth.

Recordiau ac amseroedd gorffen

- **Recordiau cenedlaethol** – yn berthnasol ar gyfer digwyddiadau fel athletau neu nofio, mae recordiau cenedlaethol ar gael gan NGBs ac maen nhw'n arwydd o feincnodau a pherfformiad o'r radd flaenaf.
- **Recordiau grwpiau oedran** – mae recordiau grwpiau oedran ar gyfer chwaraeon unigol ar gael gan NGBs ac maen nhw'n arwydd o feincnodau a pherfformiad o'r radd flaenaf.
- **Data amser gorffen** – yn darparu data cymharol, er enghraifft gan nofwyr neu athletwyr trac a maes. Mae'r wybodaeth hon ar gael yn gyffredinol gan NGBs.

Protocolau a deunydd ar gyfer dadansoddi perfformiad

Crynodeb o'r ffynonellau gwybodaeth

Mae'n bwysig bod y deunydd craidd a ddefnyddir ar gyfer dadansoddi perfformiad yn berthnasol ac yn gywir. Ni waeth a ydych chi'n edrych ar fodelau neu feincnodau delfrydol, gwnewch yn siŵr bod eich gwybodaeth yn dod o ffynhonnell ag enw da fel NGB, sefydliad academaidd neu sefydliad dadansoddi chwaraeon ag enw da. Ar ben hynny, sicrhewch fod eich deunydd yn ddilys trwy fod yn chwaraeon-benodol – nid oes fawr o bwrpas hyfforddi pêl-droediwr sut i berffeithio taflu trwy ddefnyddio lluniau o bas pêl-fasged â dwy law.

Amseru

Gall dadansoddi perfformiad fod yn broses sy'n cymryd llawer o amser. Os cynhelir dadansoddiad, bydd yn rhaid i'r hyfforddwr ddadansoddi'r perfformiad, dehongli'r data a gasglwyd, ei werthuso'n llawn a datblygu'r canlyniadau yn rhaglenni hyfforddi neu'n dactegau. Er mwyn i ddadansoddiad fod yn effeithiol, mae'n bwysig bod yr hyfforddwr a'r chwaraewyr yn rhoi digon o amser i werthuso canfyddiadau fel rhan o'r broses. Os yw'r gwerthusiad yn cael ei frysio, mae gwallau yn debygol o ddigwydd a gall y canfyddiadau fod yn anghywir.

Yn ystod neu ar ôl perfformiad

Gwneir y rhan fwyaf o ddadansoddiadau yn ystod perfformiad gan mai dyna pryd mae'r athletwr yn gweithredu sgiliau technegol a thactegol, ac yn rhoi eu corff dan bwysau corfforol a seicolegol. Ni ddylid cynnal profion meincnod fel rheol yn syth ar ôl perfformiad gan fod yr athletwr yn debygol o fod yn dioddef effeithiau blinder. Fodd bynnag, mewn rhai amgylchiadau, mae'n bosibl dadansoddi athletwr ar ôl perfformiad: mae hyn fel arfer yn cael ei wneud fel dangosydd ffitrwydd corfforol er mwyn pennu cyfradd adferiad yr athletwr yn syth ar ôl digwyddiad.

Amseru profion meincnod

Nid yw profion meincnod, er enghraifft profion VO_2 macsimwm, wedi'u cynllunio i'w cynnal bob dydd neu wythnos: dylid eu hamserlennu i ystyried tymor a digwyddiadau perfformiad yr athletwr. Yn achos hyfforddiant pêl-droediwr rhwng Gorffennaf a Mai, mae'n well cynnal profion meincnod cyn y tymor (ym mis Gorffennaf), ddwywaith yng nghanol y tymor (Tachwedd ac Ionawr) a thuag at ddiwedd y tymor (ym mis Mai).

Trwy roi bylchau rhwng profion, gall athletwr gael darlun cliriach o sut maen nhw'n perfformio trwy gydol tymor, a allai roi syniad o unrhyw ofynion hyfforddi ychwanegol.

Hyd y profion meincnod

Mae hyd prawf meincnod yn dibynnu ar ba brawf sy'n cael ei gynnal. Fodd bynnag, ychydig sy'n para mwy na 10 munud.

Ⅱ MUNUD I FEDDWL	Fel hyfforddwr, pam fyddech chi'n gyffredinol yn annog pobl i beidio â chynnal prawf meincnod ar ôl sesiwn hyfforddi?
Awgrym	Bydd blinder yn cael effaith negyddol ar allu athletwr i weithredu sgiliau technegol a thactegol yn gywir.
Ymestyn	Allwch chi feddwl am unrhyw amgylchiadau pan allech chi gynnal prawf meincnod ar ôl sesiwn hyfforddi?

Paratoi deunyddiau ar gyfer casglu gwybodaeth

Pan fyddwch wedi penderfynu pa feini prawf perfformiad y mae gennych ddiddordeb yn eu hasesu a'u dadansoddi, rhaid i chi gasglu ynghyd unrhyw offer angenrheidiol neu ddeunyddiau eraill y gallai fod eu hangen. Dylid gwirio'r offer hefyd er mwyn sicrhau ei fod yn gweithio, ac asesu ei ddefnydd am unrhyw oblygiadau iechyd a diogelwch posibl yn ystod yr asesiad. Er enghraifft, ni fyddech am i athletwr enwog gael ei anafu trwy faglu dros goesau camera fideo!

Dewis ac adolygu'r offer sydd eu hangen

Mae'r offer y gall hyfforddwr ei ddefnyddio er mwyn cynnal dadansoddiad yn amrywio'n fawr. Gellir defnyddio clipfwrdd i recordio arsylwadau yn ystod gêm, a stopwatsh syml i recordio amseroedd. Ond mae angen dadansoddiad manwl iawn ar berfformwyr mwy elitaidd gydag offer mwy datblygedig, fel meddalwedd dadansoddi symudiadau, llwyfannau grym a dadansoddwyr resbiradol.

Bydd yr offer sydd ei angen yn dibynnu ar y dadansoddiad sydd i'w gynnal, ond gall gynnwys:
► offer recordio fideo a/neu sain
► cyfrifiadur, dabled neu ffôn
► synwyryddion symud
► offer wedi'i addasu
► dynamomedrau
► mesuryddion pŵer
► stopwatsh.

Gall hefyd fod yn ddefnyddiol bod â dogfennau perfformiad presennol wrth law i weithredu fel pwynt cyfeirio yn ystod y dadansoddiad.

Creu deunyddiau i'w dadansoddi

Yn ogystal â chasglu offer, gall fod yn ddefnyddiol creu dogfennau a fydd yn eich helpu i gynnal y dadansoddiad (gweler Ffigur 28.5). Dangosir enghreifftiau o'r deunyddiau a allai fod yn ddefnyddiol yn Nhabl 28.10.

▶ **Tabl 28.10:** Deunyddiau a allai fod yn ddefnyddiol yn ystod dadansoddiad perfformiad

Darn o offer	Yn ddefnyddiol ar gyfer:
Rhestr wirio arsylwi	Pob camp – trosolwg cyffredinol o'r mathau o sgiliau sy'n cael eu harddangos
Siart cyfrif	Pob camp – dadansoddiad nodiannol neu gipolwg ar ba mor aml y mae athletwr yn arddangos sgìl, gyda chyfraddau llwyddiant ychwanegol
Rhestr ticio	Pob camp – trosolwg cyffredinol sy'n manylu a yw athletwr yn ceisio neu'n perfformio sgìl o restr a bennwyd ymlaen llaw
Taflenni recordio wedi'u fformatio	Chwaraeon-benodol – cofnodi math ac amlder y sgiliau technegol a arddangosir
Taflenni data	Chwaraeon-benodol (e.e. pêl-fasged, pêl-foli, ac ati) yn manylu ar feysydd o'r chwarae, manylebau eraill a gofynion chwaraewr
Taflenni ystadegau	Chwaraeon-benodol (e.e. pêl-fasged, criced) yn rhoi gwybodaeth am chwaraewr, systemau sgorio a gwybodaeth ystadegol arall
Dogfennau perfformiad wedi'u haddasu	Pob camp – cofnod ysgrifenedig cyffredinol wedi'i lunio gan hyfforddwr yn manylu ar gynnydd parhaus athletwr mewn meysydd technegol, tactegol, corfforol a seicolegol

Canlyniadau profion ffitrwydd

Enw:

Oedran (bl/mis):

Uchder (m):

Pwysau (kg):

Mynegai màs y corff (BMI kg/m^2):

Ffurflen cydsyniad gwybodus wedi'i chwblhau (*nodwch y dyddiad*):

Cydran o ffitrwydd	Prawf ffitrwydd	P1	P2	Canlyniad cyfartalog	Unedau	Dehongliad o ganlyniadau profion (sgôr)
Hyblygrwydd	Eistedd ac ymestyn				cm	
Cryfder	Dynamomedr gafael llaw				kg	
		Canlyniad				
Dygnwch aerobig	Prawf rhedeg 1.5 milltir				ml/kg/mun	
Cyflymder	Sbrint 35-metr				eiliadau	
Dygnwch cyhyrol	Eisteddiadau am 1 munud				Nifer o ailadroddiadau	
Cyfansoddiad y corff	Dadansoddiad rhwystriant biodrydanol (BIA)				% braster corff	

▶ **Ffigur 28.5:** Taflen casglu data profi ffitrwydd

Ystyriaethau ar gyfer gwerthuso mesurau perfformiad

Byddwch yn ofalus ble dewch o hyd i'ch gwybodaeth am recordiau, modelau delfrydol neu hyd yn oed dechnegau hyfforddi. Gwnewch yn siŵr bod eich gwybodaeth yn dod o ffynhonnell ag enw da fel NGB, sefydliadau academaidd neu sefydliad dadansoddi chwaraeon ag enw da. Os ydych yn aneglur ynghylch **dilysrwydd** eich deunydd craidd, gallai ddileu eich proses o ddadansoddi perfformiad.

Mae yna nifer o faterion allweddol a fydd yn dylanwadu ar ansawdd eich dadansoddiad, ac y mae angen i chi eu hystyried gyda'ch dulliau a'ch adnoddau. Dangosir y rhain yn Nhabl 28.11.

> **Term allweddol**
>
> **Dilysrwydd** – a yw mesuriad mewn gwirionedd yn mesur yr hyn y bwriedir ei fesur.

▶ **Tabl 28.11:** Ystyriaethau ar gyfer gwerthuso data perfformiad

Dylanwad	Disgrifiad
Dilysrwydd	Mae dilysrwydd yn hanfodol mewn dadansoddiad oherwydd ei fod yn ymwneud â'r cwestiwn a ydych chi mewn gwirionedd yn mesur yr hyn yr oeddech chi'n bwriadu ei fesur. Mae yna wahanol fathau o ddilysrwydd ond y ddau brif fath yw 'dilysrwydd mewnol' a 'dilysrwydd allanol'. • Mae **dilysrwydd mewnol** yn ymwneud â'r cwestiwn a ellir priodoli canlyniadau'r dadansoddiad i'r gwahanol driniaethau yn yr astudiaeth. Mae hyn yn golygu bod angen i chi sicrhau eich bod wedi rheoli popeth a allai effeithio ar ganlyniadau'r dadansoddiad. • Mae **dilysrwydd allanol** yn ymwneud â'r cwestiwn a ellir cymhwyso canlyniadau'r dadansoddiad i'r byd go iawn ai peidio.
Dibynadwyedd	Mae hyn yn ymwneud â'r cwestiwn a fyddech chi'n cael yr un canlyniadau neu ganlyniadau tebyg, pe bai'r dadansoddiad yn cael ei ailadrodd. Mewn dadansoddiad ansoddol, mae dibynadwyedd yn ymwneud â'r un hyfforddwr neu ddadansoddwyr neu rai gwahanol yn gosod canlyniadau yn yr un categori neu gategorïau tebyg ar wahanol achlysuron. Mae yna rai ffactorau y dylech eu hystyried a all effeithio ar ddibynadwyedd. Er enghraifft: • gall gwallau ddigwydd pan nad yw hyfforddwyr yn gwybod sut i ddefnyddio'r offer yn gywir • gall yr offer gael ei gynnal a'i gadw'n wael • gellir dewis y math anghywir o offer ar gyfer y prawf ffitrwydd. Mae dibynadwyedd profi ac ailbrofi yn ymwneud â gwneud yr un prawf ar wahanol adegau a chael yr un canlyniadau (neu ganlyniadau tebyg). Mae mesur cyfradd curiad y galon yn enghraifft o broblem dibynadwyedd rhwng profi ac ailbrofi ym maes chwaraeon. Mae gwahanol ffactorau, fel tymheredd, amser o'r dydd, deiet, patrymau cysgu, lefelau gweithgaredd corfforol ac alcohol oll yn effeithio ar gyfradd curiad y galon. Pe baech chi'n mesur cyfradd curiad y galon yr un unigolyn ar yr un adeg ond ar ddiwrnodau gwahanol, fe allech chi gael mesuriadau gwahanol.
Perthnasedd	Gofynnwch i'ch hun bob amser: a ydych chi'n gwneud y peth iawn? Mae'n bwysig sicrhau bod yr hyn rydych chi'n ei wneud neu'n ei ddadansoddi yn gysylltiedig neu'n briodol i'r perfformiad sy'n cael ei ystyried neu ei gyflawni. Er enghraifft, ni fyddai fawr o bwrpas dadansoddi techneg nofio rhedwr marathon.
Defnyddioldeb	Sicrhewch fod yr offer a ddefnyddir mewn dadansoddiad yn addas i'w ddefnyddio. Er enghraifft, ni ddylid defnyddio camera fideo nad yw'n wrth-ddŵr er mwyn ffilmio gêm bêl-droed yn y glaw. Sicrhewch fod unrhyw ddata rydych chi'n ei gasglu yn ddefnyddiadwy; nid yw hyfforddwyr nac athletwyr eisiau cael eu drysu gan ystadegau.
Cost	Sicrhewch fod cost dadansoddi (offer, amser neu bersonél) yn fforddiadwy. Nid oes fawr o bwrpas cynllunio dadansoddiad 3D cymhleth o ergyd golff os yw'ch cyllideb yn ymestyn i ddim ond ychydig gannoedd o bunnoedd.
Cywirdeb	Dylai unrhyw ddadansoddiad a wneir gan hyfforddwr ac athletwr fod yn rhydd o wallau mesur. Dylai'r hyfforddwr fod yn ymwybodol o sut mae'r holl offer yn gweithredu. Er enghraifft, gwnewch yn siŵr bod cyff monitor pwysedd gwaed wedi'i osod yn gywir neu fod amseriadau i gyd yn cael eu cofnodi i'r un lle degol.
Iechyd a diogelwch	Sicrhewch bob amser fod unrhyw ddadansoddiad y mae athletwr yn ei wneud yn ddiogel ac na fydd yn achosi anaf na niwed. Mae hyn yn berthnasol i'r offer a ddefnyddir a'r ardal ble mae'r dadansoddiad yn digwydd.
Hygyrchedd	Dylai'r broses ddadansoddi a'r canlyniadau fod ar gael i'r athletwr yn ôl yr angen a dylai'r canlyniadau fod ar gael i'w gweld neu eu trafod gyda'r hyfforddwr pan fydd yn gyfleus i'r ddau grŵp.

⏸ **MUNUD I FEDDWL**   Pa ystyriaethau y dylai'r gwerthusiad o fesur perfformiad prawf camu Coleg y Frenhines ar gyfer eich dosbarth neu'ch grŵp eu cynnwys?

Awgrym   Rhestrwch unrhyw ystyriaethau posibl ynghylch dibynadwyedd, defnyddioldeb, cywirdeb, ac iechyd a diogelwch.

Ymestyn   Sut ydych chi'n meddwl y gallai hyfforddwyr fynd i'r afael ag ystyriaethau tebyg ar gyfer eu hathletwyr elitaidd sy'n hyfforddi mewn gwahanol leoliadau ledled y byd trwy gydol y flwyddyn hyfforddi?

Y dadansoddwr chwaraeon Amy Hall a'r modelau dadansoddi perfformiad – rhan 1

Mae Amy yn datblygu'n dda fel dadansoddwr chwaraeon newydd y clwb criced. Yn dilyn cyfarfod pwyllgor llwyddiannus ble penderfynodd yr aelodau brynu offer fideo, meddalwedd gwerthuso ac amryw o offer rhad er mwyn profi yn y maes (caliperau braster corff, conau, monitorau cyfradd curiad y galon, stopwatshys, ac ati), mae hyfforddwr y clwb wedi gofyn i Amy helpu gyda'r cam nesaf yn rhaglen dadansoddi perfformiad y clwb.

Gofynnwyd i Amy weithio gyda hyfforddwr y clwb er mwyn archwilio modelau, meincnodau a phrotocolau delfrydol ar gyfer dadansoddi perfformiad y chwaraewyr. Er mwyn sicrhau bod holl gydrannau'r dadansoddiad perfformiad yn amlwg, mae Amy wedi

cael y dasg o gynhyrchu cyflwyniad mewn dau hanner: un ar gyfer batio ac un ar gyfer bowlio.

Rhaid i Amy sicrhau bod ei chyflwyniad:

- yn nodi, asesu a gwerthuso meincnodau delfrydol sefydledig ar gyfer batio a bowlio.
- yn cynnwys protocolau a deunyddiau manwl (e.e. pa brofion maes neu labordy i'w defnyddio a beth i'w ffilmio er mwyn ei ddadansoddi) ar gyfer dadansoddi perfformiad ar gyfer batio a bowlio.

Gwiriwch eich gwybodaeth

1 Rhestrwch y ffynonellau gwybodaeth posibl y byddech chi'n ymddiried ynddynt i ddarparu model neu feincnodau delfrydol dilys a dibynadwy ar gyfer dadansoddi perfformiad pêl-droediwr.

Ymarfer asesu 28.2　　　　　B.P2　B.P3　B.M2　B.M3　B.D2

Yn ymarfer asesu 28.1 gwnaethoch baratoi cyflwyniad ar ddulliau o ddadansoddi perfformiad chwaraeon ar gyfer clwb rhwyfo mewn prifysgol. Profodd eich cyflwyniad yn llwyddiannus.

Er mwyn mynd â nod y tymor o ddisgwyliadau uchel ymlaen, mae llywydd y clwb wedi gofyn i chi baratoi adroddiad ar y modelau, meincnodau a phrotocolau delfrydol ar gyfer dadansoddi perfformiad rhwyfwyr y clwb. Yna bydd hyfforddwyr y clwb yn astudio hyn ac fe fydd yn chwarae rhan bwysig yn amserlen hyfforddi'r tymor.

Er mwyn sicrhau bod holl gydrannau'r dadansoddiad perfformiad yn cael sylw, mae llywydd y clwb wedi sicrhau'r defnydd o labordai ac offer dadansoddi gwyddorau chwaraeon y brifysgol. Mae hyn yn gyfle prin, felly dylai eich adroddiad:

- nodi, asesu a gwerthuso modelau delfrydol sefydledig ar gyfer dadansoddi perfformiad wrth rwyfo
- cynnwys protocolau a deunyddiau manwl (e.e. pa brofion maes neu labordy i'w defnyddio a beth i'w ffilmio er mwyn ei ddadansoddi) ar gyfer dadansoddi perfformiad ar gyfer rhwyfo.

Bydd angen i chi wneud rhywfaint o ymchwil ar y pwyntiau hyn a dangos eich bod yn deall beth mae pob un ohonyn nhw'n ei olygu a sut y gallen nhw fod yn berthnasol i rwyfwyr a'u hyfforddiant. Sicrhewch fod eich adroddiad yn berthnasol ac yn addysgiadol. Cofiwch, mae gennych fynediad i holl offer profi labordy'r brifysgol a'u peiriannau rhwyfo dan do, a allai fod yn ddefnyddiol iawn.

Cynllunio

- Beth yw'r dasg? Beth y gofynnir i fy adroddiad fynd i'r afael ag ef?
- Pa mor hyderus ydw i yn fy ngalluoedd fy hun i gyflawni'r dasg hon? A oes unrhyw feysydd y credaf y byddaf yn cael anhawster â hwy?

Gwneud

- Rwy'n gwybod sut i archwilio modelau, meincnodau a phrotocolau delfrydol ar gyfer dadansoddi perfformiad rhwyfo.
- Gallaf adnabod ble y gallai fy nghyflwyniad fod wedi mynd o'i le ac addasu fy ngwaith meddwl/ dull er mwyn cael fy hun yn ôl ar y trywydd iawn.

Adolygu

- Gallaf egluro beth oedd y dasg a sut yr es i ati i adeiladu fy adroddiad.
- Gallaf egluro sut y byddwn yn mynd at elfennau mwy anodd y dasg yn wahanol y tro nesaf (h.y. beth y byddwn yn ei wneud yn wahanol).

C Gwneud dadansoddiad o berfformiad chwaraeon athletwr unigol neu dîm

Cynnal dadansoddiad chwaraeon

Ar ôl sefydlu'r protocolau dadansoddi, gellir ffilmio athletwyr gan ddefnyddio offer fideo yn ystod perfformiad byw neu eu profi gan ddefnyddio offer penodol o dan amodau labordy. Yn y ddau achos, cynhyrchir swm o ddata y mae angen ei gyflwyno wedyn mewn fformat fel y gall yr hyfforddwr ddadansoddi'r perfformiad yn iawn.

Trwy gydol y dadansoddiad dylech gadw'ch ffocws ar y perfformiad a'r prosesau, nid ar y canlyniad. Mae hyn yn golygu peidio â 'gadael i ddigwyddiadau fynd yn drech na chi' a pheidio â chael eich 'dallu' gan ganlyniad llwyddiannus: gall athletwr sicrhau llwyddiant trwy ddefnyddio techneg neu dacteg benodol, ond a allent fod wedi'i defnyddio hyd yn oed yn fwy llwyddiannus?

Amgylcheddau arsylwi

Athletwr mewn perfformiad cystadleuol byw

Mae perfformiadau cystadleuol byw yn sefyllfaoedd delfrydol ar gyfer dadansoddi athletwyr dan bwysau. Bydd sefyllfa gystadleuol yn ychwanegu ffactorau fel pwysau a phryder at berfformiad, ochr yn ochr â phwysau allanol fel sŵn torf, a gall pob un ohonynt waethygu diffygion technegol neu dactegol ymhellach. Mae hyn yn aml yn wahanol i sesiynau hyfforddi ble mae pwysau o'r fath yn absennol yn aml.

Mae perfformiad cystadleuol byw yn aml yn cael ei ffilmio a'i ddadansoddi'r diwrnod canlynol, pan fydd yr hyfforddwr neu'r dadansoddwr yn tynnu sylw at bwyntiau neu ystadegau allweddol na ddaeth i'r amlwg yn ystod y gêm neu'r digwyddiad. Mae hyn yn digwydd yn rheolaidd mewn gemau fel pêl-droed. Gyda 22 chwaraewr ar y cae ar unrhyw un adeg, mae'n anodd i hyfforddwyr ganolbwyntio ar bawb a pherfformiadau unigol. Ar ôl edrych ar y perfformiad a gofnodwyd a dadansoddi'r wybodaeth ystadegol (e.e. canran y pasiau a gwblhawyd, ergydion ar darged, ac ati), gall yr hyfforddwr drafod y tîm a pherfformiadau unigol gyda phob un o'r chwaraewyr yn fwy manwl.

Fideo o berfformiad

Wrth ffilmio athletwr mae siawns y gallai recordiad fod â **gwall persbectif** oherwydd eich bod yn ffilmio gweithred ddynamig. Mae'n hawdd egluro hyn trwy ddefnyddio sbrintiwr 100-metr. Efallai y bydd gennych ddiddordeb mewn cofnodi'r amser bob 10 metr, gyda'r camera wedi'i leoli ar y pwynt 50-metr. Mae Ffigur 28.6 yn dangos y byddai angen i chi ffilmio'r athletwr sy'n mynd trwy'r holl bwyntiau bob 10 metr. Gellir gweld y gwall persbectif ar y pwynt 80-metr gan nad yw llinell olwg y camera yn berpendicwlar i gyfeiriad teithio'r athletwr, felly ni allwch ddweud yn union pryd y bydd yr athletwr yn cyrraedd y pwynt 80-metr.

> **Term allweddol**
>
> **Gwall persbectif** – gwall ble mae'n ymddangos bod gwrthrychau'n mynd yn fwy neu'n llai wrth iddynt symud tuag at ac i ffwrdd o'r camera ac na allwch farnu eu safle yn effeithiol.

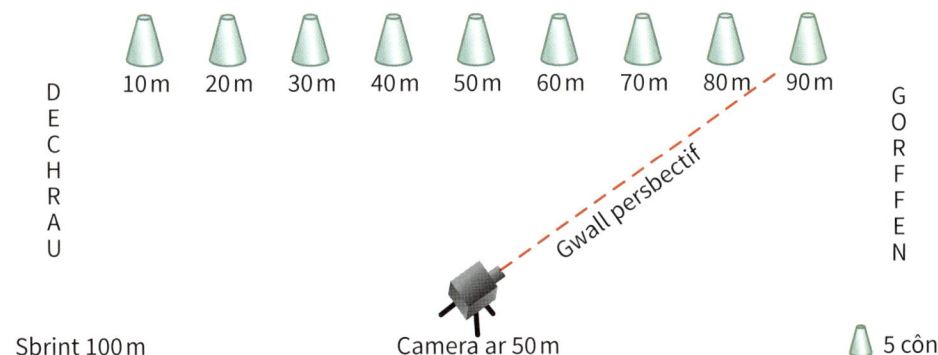

▶ **Ffigur 28.6:** Ffilmio athletwr gan ddefnyddio fideo

Prawf meincnod wedi'i gyflyru

Gall fod yn anodd penderfynu pa un o'r profion niferus i'w defnyddio wrth brofi athletwr. Lle bo modd, defnyddiwch brofion meincnod oherwydd gellir ailadrodd y rhain er mwyn barnu cynnydd athletwr. Fodd bynnag, dylech sicrhau, pan ailadroddir y profion, eu bod yn cael eu perfformio mewn amgylchedd neu amodau tebyg er mwyn sicrhau dibynadwyedd, cywirdeb a dilysrwydd y canlyniadau. Er enghraifft, bydd hyfforddwr yn gofyn i athletwr berfformio prawf ystwythder Illinois bob tri mis mewn neuadd chwaraeon, yn hytrach nag yn yr awyr agored mewn gwahanol dywydd.

Prawf ffitrwydd mewn campfa neu labordy

Yn ôl eu natur, mae campfeydd a labordai yn tueddu i fod yn amgylcheddau dibynadwy i gynnal profion ffitrwydd gan eu bod yn gyffredinol sefydlog o ran tymheredd a lleithder, ac nid yw'r tywydd a'r amser o'r flwyddyn yn effeithio arnynt gymaint.

Er mwyn gweinyddu profion ffitrwydd mewn labordy yn ddiogel ac yn effeithiol, mae angen gwybodaeth a dealltwriaeth dda o'r prawf arnoch a sut mae'n berthnasol i ddadansoddiad perfformiad yr athletwr/athletwyr dan sylw. Bydd angen i chi gynllunio'n dda a bod yn drefnus iawn trwy gydol gweinyddu'r prawf/profion. Defnyddiwch ddalen casglu data briodol i gofnodi canlyniadau'r athletwr wrth i chi fynd ymlaen (gweler Ffigur 28.5 ar dudalen 502). Yn ddelfrydol, er dibynadwyedd y canlyniadau, dylid ailadrodd yr holl brofion ffitrwydd a ddewisir. Fodd bynnag, efallai na fydd digon o amser i wneud hyn, ac efallai y bydd angen i chi ystyried hyn wrth roi adborth i'r athletwr neu'r hyfforddwr.

Defnyddiwch yr unedau mesur cywir ar gyfer y profion ffitrwydd rydych chi wedi dewis eu defnyddio. Ar gyfer rhai profion efallai y bydd angen i chi ddefnyddio tablau i brosesu data amrwd cyn y medrwch chi ddehongli ystyr canlyniadau'r profion a rhoi adborth i'r athletwr. Er enghraifft, cofnodir canlyniad prawf melin draed Astrand fel amser. Defnyddiwch y fformiwla (gweler tudalen 483) i gyfrifo VO_2 macsimwm rhagweladwy yr athletwr. Gallwch roi adborth ar lafar i'r athletwr neu'r hyfforddwr, ond sicrhewch bod eich canfyddiadau'n cael eu cyhoeddi fel tabl data neu daenlen yn eich adroddiad.

> **Damcaniaeth ar waith**
>
> Os ydych chi eisiau chwilio am wybodaeth dadansoddi perfformiad sy'n ymwneud â chwaraeon penodol, edrychwch ar un o'r gwefannau hyn:
> - gwyddorau chwaraeon – www.bases.org.uk
> - tennis – www.itftennis.com
> - pêl-droed a rygbi – www.prozonesports.com
> - chwaraeon cyffredinol – www.eis2win.co.uk/service/performance-analysis/
> - nofio – www.swimming.org/britishswimming/swimming/world-class/

Coladu a chyflwyno canlyniadau dadansoddi

Fel y gwelsom, bydd gwybodaeth a gesglir yn ystod neu ar ôl dadansoddi perfformiad yn cynhyrchu naill ai gwybodaeth feintiol neu ansoddol, neu gyfuniad o'r ddau. Mae'r ffordd rydych chi'n coladu ac yn cyflwyno'r gwahanol fathau hyn o wybodaeth yn bwysig: yr hawsaf yw deall rhywbeth, y gorau. Nid yw hyfforddwyr ac athletwyr eisiau cael eu dallu ag ystadegau: maen nhw am i'r wybodaeth gael ei chyflwyno mewn fformat defnyddiadwy ac addysgiadol.

Dulliau o goladu

Ar ôl i'r holl ddata gweledol neu ystadegol gael ei gasglu o arsylwad perfformiad, mae'n rhaid ei gasglu at ei gilydd neu ei goladu yn fformat defnyddiadwy i'w ddefnyddio gan yr hyfforddwr a'r perfformiwr.

Dadansoddiad ystadegol

Mae dadansoddiad ystadegol yn ei gwneud yn ofynnol i'r hyfforddwr ddisgrifio'r data a ddadansoddwyd a nodi unrhyw dueddiadau y gellir eu bwydo yn ôl i'r athletwr er mwyn helpu i wella perfformiad. Er enghraifft, yn ystod gêm bêl-droed cafodd ymosodwr fwy o ergydion ar y targed gan ddefnyddio ei droed chwith (7 allan o 8 ymgais) na'i droed dde (3 allan o 6 ymgais). Yna bydd yr hyfforddwr yn mynd ymlaen i gyflwyno'r canfyddiadau hyn mewn fformat graffigol neu rifiadol er mwyn eu hastudio ymhellach.

Cyfanswm cyfrifon

Mae siartiau cyfrif yn offer defnyddiol pan yn arsylwi perfformiad chwaraeon. Gall siart cyfrif gynnwys cyfrif ffactorau perfformiad fel:

▶ ergydion ar darged mewn pêl-droed
▶ nifer y troseddau a gyflawnwyd mewn pêl-fasged
▶ peli wedi'u bowlio yn llydan mewn criced
▶ nifer y serfiadau dwbl mewn badminton
▶ nifer yr ergydion a chwaraewyd i'r flaenllaw mewn tennis.

Cyfartaleddau

Mae cyfartaleddau yn ddangosyddion rhifiadol syml sy'n rhoi arwydd o berfformiad cyffredinol. Gallant ddarparu trosolwg o ffactorau fel:

▶ cyflymder cyfartalog mewn mya bowliwr yn ystod pelawd
▶ pellter taro cyfartalog golffiwr oddi ar y ti.

Gellir arddangos cyfartaleddau hefyd mewn fformat graffigol fel, er enghraifft, siart bar.

Canrannau

Fel cyfartaleddau, mae canrannau yn ddangosyddion rhifiadol syml sy'n rhoi arwydd o berfformiad cyffredinol. Gallant ddarparu trosolwg o ffactorau fel:

▶ amser meddiant i'r ddau dîm yn ystod gêm bêl-droed
▶ nifer y serfiadau cyntaf llwyddiannus mewn gêm o dennis
▶ ergydion dwbl llwyddiannus mewn dartiau.

Gellir arddangos canrannau hefyd mewn fformat graffigol fel, er enghraifft, siart cylch.

Datganiadau crynodeb

Dylai datganiadau crynodeb bwysleislo pwyntiau neu ganfyddiadau allweddol y dadansoddiad er budd yr hyfforddwr a'r athletwr. Dylai'r datganiadau fod yn gryno ac i'r pwynt.

Fformatau cyflwyno er mwyn caniatáu dod i gasgliadau

Ar ôl i'ch gwybodaeth gael ei choladu, mae angen ei chyflwyno mewn ffordd sy'n hygyrch i'r hyfforddwr a'r athletwr. Mae yna lawer o wahanol ffyrdd o arddangos eich data gan gynnwys graffiau, histogramau, siartiau bar a graffiau amlder cronnus.

Tystiolaeth ystadegol

Fel fformat ysgrifenedig, mae'n debyg mai'r ffordd orau o gyflwyno datganiadau crynodeb yw ar ffurf pwyntiau bwled, ynghyd â data graffigol neu dablau ychwanegol fel siartiau bar, siartiau cylch neu siartiau cyfrif.

Graffiau

Mae graffiau yn ddull rhagorol o droi data amrwd yn ddarlun hawdd ei ddeall er mwyn ei archwilio'n gyflym. Mae graffiau yn declyn defnyddiol ar gyfer cymharu data dros gyfnod o amser ac felly tynnu sylw at unrhyw dueddiadau, p'un a ydyn nhw'n welliannau neu'n ddirywiadau yn y ffactorau perfformiad sy'n cael eu profi. Mae siartiau bar a histogramau yn enghreifftiau addas o graffiau ar gyfer delweddu data cymharol (er enghraifft, pasiau gyda'r droed chwith yn erbyn pasiau gyda'r droed dde, ac ati). Mae graffiau llinell yn ddefnyddiol ar gyfer dangos tueddiadau (er enghraifft, cyfradd curiad calon athletwr yn ystod gêm).

Diagramau dosraniad

Mae dosraniad normal o ddata yn golygu bod y rhan fwyaf o'r canlyniadau prawf neu ddadansoddiad o fewn y set honno o ddata yn agos at y 'cyfartaledd', tra bod un neu ddau o ganlyniadau ar un pegwn neu'r llall. Mae gan gromliniau dosraniad arferol y nodweddion canlynol.

▶ Dim ond un brig sydd i'r gromlin.

▶ Mae ar siâp cloch.

▶ Mae'r cymedr (cyfartaledd) yng nghanol y dosbarthiad.

▶ Mae siâp y dosraniad yn cael ei bennu gan y cymedr a'r gwyriad safonol.

O safbwynt dadansoddi perfformiad, mae diagramau dosraniad yn offer defnyddiol i dynnu sylw at berfformiad cyfartalog grŵp o athletwyr, er mwyn gweld pwy sy'n tanberfformio a phwy sy'n rhagori.

❚❚ MUNUD I FEDDWL

Er budd hyfforddwyr ac athletwyr, a ydych chi'n credu bod data rhifiadol yn cael ei arddangos orau fel graff (graffiau neu siartiau), ar ffurf taenlen rifiadol, neu fel cyfuniad o'r ddau?

Awgrym

Agwedd allweddol ar ddadansoddiad perfformiad chwaraeon yw cadw adborth yn glir ac yn gryno: yn fyr ond i'r pwynt.

Ymestyn

Allech chi ddylunio rhestr wirio neu ffurflen fewnbwn er mwyn ei defnyddio gyda champ ddewisol? Pa gategorïau a gwybodaeth ydych chi'n meddwl y byddai angen i chi eu cynnwys?

Sylwebaeth fideo wedi'i golygu

Mae sylwebaeth fideo ar berfformiad wedi'i golygu yn darparu ciwiau clywedol neu esboniadau gan arsylwr neu hyfforddwr. Gall hyn fod ar ffurf ddigidol neu MP3 a gall gyd-fynd â fideo. Gan fod y sylwebaeth yn dod yn uniongyrchol gan hyfforddwr neu arsylwr, gall fod yn oddrychol yn ei farn.

Fideo wedi'i anodi

Gall fideo wedi'i anodi fod yn declyn pwerus wrth ddadansoddi perfformiad. Gan ddefnyddio meddalwedd priodol, gall hyfforddwr dynnu sylw at agweddau ar chwarae trwy ddefnyddio cyfuniad o offer lluniadu neu fideo digidol dros y fideo go iawn. Yn y modd hwn, gall hyfforddwr atgyfnerthu agweddau ar chwarae sy'n gadarnhaol neu rai sydd angen eu gwella. Gellir ailadrodd y clipiau neu'r sgrinluniau anodedig hyn dros amser a'u cymharu er mwyn gweld a oes gwelliannau wedi'u gwneud.

Ymchwil

Defnyddiwch y rhyngrwyd er mwyn dod o hyd i rai enghreifftiau o fideos chwaraeon wedi'u hanodi. Efallai y gallwch ddod o hyd i enghreifftiau ar wefannau darparwyr penodol, fel Dartfish.

D Adolygu'r data dadansoddi a gasglwyd a rhoi adborth i athletwr unigol neu dîm

Cymharu data â meincnodau a model delfrydol

Ar ôl i chi goladu'ch data, gallwch gymharu perfformiad eich athletwr â'r model dymunol neu ddelfrydol a ddewisoch yn gynharach. Gellir gwneud hyn yn hawdd gan ddefnyddio tabl ble rydych chi'n rhestru'r gydran dechnegol sy'n cael ei hasesu, darparu disgrifiad o'r model delfrydol wedi'i rannu'n gydrannau, ac yna ychwanegu bwlch lle gallwch chi ysgrifennu nodiadau ar y perfformiad a arsylwyd.

Gellir cynorthwyo'r broses hon â fideo, os yw'r gyllideb yn caniatáu, sy'n eich galluogi i dynnu sylw at agweddau ar chwarae trwy ddefnyddio cyfuniad o offer lluniadu neu fideo digidol dros y fideo go iawn.

Defnyddio tystiolaeth a data perthnasol

Yn y gwyddorau chwaraeon ac ymarfer corff, mae'r term 'ymarfer ar sail tystiolaeth' yn golygu y dylech seilio'ch argymhellion ar ffynonellau gwybodaeth priodol. Ar ôl i chi gynnal dadansoddiad perfformiad a chasglu swm o ddata amrwd, mae'n annhebygol y bydd yr holl ddata a gesglir yn cael ei ddefnyddio i fwydo yn ôl i'r athletwr. Rôl yr hyfforddwr yw didoli trwy'r data hwn a phenderfynu beth sy'n berthnasol a beth y gellir ei ddefnyddio i'w gyflwyno i'r athletwr fel adroddiad priodol. Sicrhewch fod unrhyw argymhellion yn eich adroddiad yn gysylltiedig yn uniongyrchol â pherfformiad eich athletwr a bod eich casgliadau'n cael eu hystyried ochr yn ochr â'r data a gasglwyd.

Camgymariadau proses a chanlyniad

Weithiau, bydd camgymariadau (*mismatches*) neu anomaleddau yn digwydd yn ystod dadansoddiad perfformiad a fydd yn gofyn am adborth a thriniaeth ofalus ar ran yr hyfforddwr. Enghraifft fyddai pan fydd perfformiad technegol gwael yn arwain at ganlyniad llwyddiannus. Er enghraifft, gall pêl-droediwr sgorio o gornel wrth geisio penio'r bêl pan, mewn gwirionedd, bownsiodd y bêl oddi ar ei ysgwydd. Er i'r athletwr sicrhau canlyniad llwyddiannus, mae'r tebygolrwydd y bydd y canlyniad hwn yn cael ei ailadrodd mewn sefyllfa gystadleuol yn fach. Yn yr un modd, mae'n bosibl bod sbrintiwr 100-metr wedi gweithredu techneg ragorol ac wedi gwella ar ei record bersonol, ond yn y pen draw wedi methu â chyflawni'r amser gofynnol i gystadlu mewn cystadleuaeth genedlaethol. Mewn sefyllfaoedd fel hyn, bydd hyfforddwr da yn canolbwyntio ar yr adborth cadarnhaol ac yn defnyddio'r methiant presennol fel ffynhonnell o gymhelliant ar gyfer ymdrechion yn y dyfodol.

Datblygu canlyniadau

Wrth i chi edrych ar y perfformiad (naill ai'n fyw neu ar fideo), bydd gweithredu technegol gwael yn dod yn amlwg o'i gymharu â model delfrydol. Fodd bynnag, bydd angen dadansoddiad mwy manwl ar gyfer gwallau mwy synhwyrol (er enghraifft arafu'r fideo i gyflymder ble y gellir arsylwi ar y gwallau bach hyn, a allai fod yn arwain at berfformiad technegol gwael). Efallai na fydd symudiad bach pen golffiwr wrth daro'r bêl yn amlwg yn ystod y perfformiad byw, ond unwaith y bydd unrhyw fideo yn cael ei arafu, gellir nodi'r gwall technegol ac ymgorffori argymhelliad addas ar gyfer gwella yn yr adborth.

> **Damcaniaeth ar waith**
>
> Mewn sefyllfa tîm, gall canolwr cefn mewn pêl-droed feddu ar sgiliau technegol da, ond gall eu hymwybyddiaeth dactegol neu leoliadol fod yn wael. Yn yr achos hwn, gall y dadansoddiad perfformiad nodi bod ymosodwr y gwrthwynebwyr yn pasio'r amddiffynnwr yn rhy hawdd. Gellir cywiro'r sefyllfa hon gydag argymhellion y dylai'r amddiffynnwr gymryd rhan mewn driliau neu hyfforddi penodol ar chwarae lleoliadol heb y bêl.

Patrymau ac anomaleddau mewn perfformiad

Gall defnyddio model perffaith dynnu sylw at rai patrymau neu arferion niweidiol mewn perfformiad. Mae batwyr yn aml yn tueddu tuag at batrymau chwarae wrth wynebu math o fowlio; er enghraifft, y batiwr sy'n ceisio bachu'r bêl wrth wynebu pêl fer. Mae risg uchel o gael eich dal yn y math hwn o ergyd, felly dull mwy ystyriol yn seiliedig ar fodel delfrydol (h.y. Steve Waugh) fyddai cymryd camau i osgoi'r bêl a gadael iddi barhau tuag at y wicedwr.

Mae anomaleddau yn ddiffygion mewn techneg y gellir eu nodi a mynd i'r afael â nhw. Enghraifft ddiweddar o hyn yw Tiger Woods, doedd ddim, oherwydd anaf i'w gefn a achosodd ddiffyg symudedd cylchdro yn ei gorff, yn gallu taro'r bêl oddi ar y ti yn gywir. Trwy gamau dadansoddi, sylweddolodd Woods a'i hyfforddwyr hyn a dewis llawdriniaeth i helpu i fynd i'r afael â'r diffyg hwn.

Rhoi adborth i athletwr ar berfformiad

Sicrhewch fod y wybodaeth rydych chi'n ei roi i athletwr neu hyfforddwr yn syml ac yn hawdd ei dilyn a'i bod yn rhoi digon o fanylion iddynt er mwyn eu helpu i ddatblygu. Gallai gormod o jargon gwyddonol eu drysu ond mae rhoi ychydig iawn o fanylion yn ddiwerth. Mae sawl ffactor gwahanol i'w hystyried wrth fwydo'n ôl i athletwr gan gynnwys:

▶ defnydd priodol o iaith – ei gwneud hi'n addas i athletwyr/hyfforddwyr

▶ cryfderau a meysydd i'w gwella

▶ adborth cadarnhaol a negyddol

▶ eglurder gwybodaeth

▶ math o adborth (er enghraifft, ysgrifenedig neu lafar)

▶ cael tystiolaeth i gefnogi'r adborth rydych chi'n ei ddarparu

▶ unrhyw ffactorau eraill sydd wedi dylanwadu ar berfformiad.

⏸ MUNUD I FEDDWL

Pa ffactorau y gallai fod angen i chi eu cofio wrth roi adborth i athletwr ar berfformiad?

Awgrym

Ydych chi'n meddwl ei bod hi'n bosibl rhoi gormod o wybodaeth ar unwaith?

Ymestyn

Sut allech chi rannu'ch adborth yn gategorïau? Pa strategaethau cwestiynu y gallech eu mabwysiadu er mwyn sicrhau bod yr adborth yn cael ei ystyried gan yr athletwr?

Ymchwil

Gellir dadlau bod dadansoddiad nodiannol bellach yn fusnes mawr. Er enghraifft, mae Prozone yn cael ei ystyried yn un o arweinwyr y byd ym maes dadansoddi chwaraeon. Ewch i www.prozonesports.stats.com ac edrychwch ar y meddalwedd a'r gwasanaethau sydd ar gael.

Ymchwiliwch i gynnyrch Prozone. Cymharwch hyn â'r hyn y gallech ei gyflawni gyda'r offer sydd ar gael yn eich ysgol neu goleg. A yw'r ddau yn cynnig yr un canlyniad o ran dadansoddi perfformiad? Dylech fod yn barod i gyflwyno'ch canfyddiadau fel grŵp bach i weddill eich dosbarth.

Pan fyddwch chi'n cyflwyno'ch adborth, canolbwyntiwch bob amser ar y perfformiad a'r broses, nid y canlyniad yn ystod y digwyddiad a ddadansoddwyd. Pe bai'r digwyddiad yn cael ei ddadansoddi, efallai bod yr athletwr wedi mwynhau canlyniad llwyddiannus ond nid yw hynny'n golygu nad oes meysydd ble y gellir gwella'r perfformiad neu'r broses.

Chwiliwch am gryfderau a meysydd i'w gwella bob amser wrth weithio gyda'ch athletwr. Wrth edrych ar gryfderau a meysydd i'w gwella, ystyriwch:

▶ berfformiadau yn y gorffennol (edrychwch am batrwm neu broffil)

▶ y dylanwadau ar berfformiad (fel cymhelliant)

▶ gwahanu cryfderau'r unigolyn oddi wrth gryfderau'r tîm, os yw'n berthnasol

▶ yr hyn y mae angen i'r athletwr ei ddatblygu gyntaf (y rhain fydd y pethau sy'n effeithio fwyaf ar berfformiad).

Defnyddio fformatau addas

Canlyniad pwysicaf dadansoddi perfformiad yw bod eich canfyddiadau yn gwneud gwahaniaeth cadarnhaol i'r athletwr. Mae sut mae'ch dadansoddiad yn cael ei gyflwyno i'ch athletwr neu hyfforddwr yn ddewis personol i raddau helaeth yn seiliedig ar yr hyn sy'n debygol o weithio orau iddyn nhw. Mae'n bwysig sicrhau bod eich gwybodaeth, eich data neu'ch argymhellion yn glir ac yn gryno. Cofiwch mai'r nod yn y pen draw yw hyrwyddo perfformiad sy'n dechnegol ac yn dactegol gywir er mwyn cynyddu'r tebygolrwydd o lwyddo yn y dyfodol.

Dylai'r adborth gael ei gyflwyno mewn ffordd sy'n atgyfnerthu'r casgliadau y daethpwyd iddynt. Er enghraifft, gellir cyflwyno ergydion a geisiwyd, ergydion ar darged a phwyntiau a sgoriwyd ar ffurf ystadegol neu graffigol.

Weithiau, adborth llafar neu weledol syml yw'r cyfan sy'n angenrheidiol, er enghraifft trafodaeth gyflym neu ailchwarae fideo. Yn aml, fodd bynnag, mae angen dadansoddiadau manylach, yn enwedig os na fydd gwelliant yn amlwg ar unwaith. Yn yr achos hwn, efallai y bydd angen adroddiad ysgrifenedig yn ymgorffori siartiau cyfrif, graffiau, fideo wedi'i anodi, cymhariaeth â modelau delfrydol neu ddadansoddiad ystadegol.

⏸ MUNUD I FEDDWL   Beth yw manteision darparu adroddiad ysgrifenedig byr i'ch athletwr ar ei berfformiad?

Awgrym   Ydych chi'n meddwl ei fod yn syniad da y gall ef neu hi fynd â rhywbeth i ffwrdd a meddwl am eu perfformiad?

Ymestyn   A ddylai fod gan adroddiad ysgrifenedig adran sy'n caniatáu i'r athletwr ychwanegu ei sylwadau ei hun neu hawl i ymateb i'r dadansoddiad?

Gosod nodau

Pa bynnag ddull y dewiswch er mwyn rhoi adborth, cofiwch y dylai eich mewnbwn wneud gwahaniaeth cadarnhaol i berfformiad yr athletwr yn y dyfodol. Rhan o'ch rôl yw darparu argymhellion ar gyfer yr athletwr neu'r hyfforddwr. Mae yna wahanol ffactorau y dylech eu hystyried, gan gynnwys:

▶ blaenoriaeth hyfforddi ac ymarfer yn y dyfodol

▶ sgiliau neu ymarferion tîm

▶ hyfforddi sgiliau unigol

▶ hyfforddiant ffitrwydd ar gyfer cydrannau penodol o ffitrwydd

▶ hyfforddiant techneg sy'n benodol i symudiad.

Mae gosod nodau yn agwedd hanfodol ar berfformiad chwaraeon; mae targedau clir, wedi'u diffinio'n dda yn declyn gwerthfawr wrth roi adborth i athletwr. Dylai'r nodau ddilyn patrwm CAMPUS (cyraeddadwy, wedi'i amseru, mesuradwy, penodol, uchelgeisiol ond synhwyrol). Dylai nodau ddatblygu o dystiolaeth o'r arsylwadau, ac wedi eu hategu ganddynt.

Mathau o nodau

O ran dadansoddi perfformiad chwaraeon, dylai'r nodau a osodwch fod yn gysylltiedig â dwy agwedd: nodau proses a nodau canlyniad. Dylent fod yn gyson â'r model a'r meincnodau delfrydol a nodwyd gennych cyn i'r arsylwad gael ei gynnal.

▶ Mae **nodau proses** yn mynd i'r afael â'r dechneg neu'r strategaeth sy'n ofynnol i berfformio. Ymhlith yr enghreifftiau mae cadw'r bêl-droed yn agos at eich troed wrth ddriblo neu gynnal 30 strôc y funud trwy gydol ras rwyfo 2000-metr.

▶ Mae **nodau canlyniad** yn cyfeirio at ganlyniad terfynol dymunol sy'n cynnwys perfformio'n well na chystadleuwyr neu ennill ond nid ydynt bob amser o fewn rheolaeth athletwr unigol. Enghraifft yw os dewisir athletwr i gynrychioli ei wlad.

Nodau cytunedig

Wrth osod nodau, mae'n bwysig deall y dylai fod nifer o dargedau tymor byr neu ganolig i'w cyflawni ar y ffordd er mwyn cyflawni'r nod 'delfrydol'. Bydd angen i athletwr sy'n breuddwydio am ennill medal aur Olympaidd 1500-metr osod nodau tymor byr, 'o ddydd i ddydd' er mwyn canolbwyntio eu hymdrech.

▶ Mae **nodau tymor byr neu ddyddiol** yn darparu ffocws ar gyfer hyfforddiant ym mhob sesiwn. Mae ymchwil yn y gorffennol ar athletwyr Olympaidd wedi canfod bod gosod nodau hyfforddi dyddiol clir yn un ffactor a oedd yn gwahaniaethu perfformwyr llwyddiannus oddi wrth y rhai llai llwyddiannus. Efallai y byddai'r rhedwr 1500-metr yn mynd ati i gyflawni ei arferion gydag arddull redeg dynnach a mwy effeithlon wrth i'r hyfforddwr ffilmio bob sesiwn, gan adolygu'r canlyniad wedi hynny gyda'r athletwr.

▶ Mae **nodau tymor canolig neu ganolradd** yn arwydd o ble rydych chi am fod ar adeg benodol yn eich rhaglen hyfforddi. Er enghraifft, pe bai gan y rhedwr 1500-metr y nod tymor hir o ostwng ei amser gorau personol am redeg 1500-metr o un eiliad dros ddeng mis, gallai nod tymor canolig fod yn welliant o hanner eiliad ar ôl pum mis.

▶ Mae **nodau tymor hir** yn ymddangos yn bell i ffwrdd ac yn anodd eu cyflawni. O ran amser, gallant fod yn unrhyw beth o chwe mis i sawl blwyddyn i ffwrdd. Dylai'r nodau hyn gynnwys nodau tymor byr a thymor canolig. Efallai y bydd y rhedwr 1500-metr yn anelu at osod record bersonol bob 12 mis. Ei nod ar ôl dwy flynedd fyddai ennill medal aur Olympaidd.

⏸ **MUNUD I FEDDWL**	Pa nodau y gallech chi eu gosod ar gyfer athletwr o'r radd flaenaf a gafodd ei ollwng o garfan genedlaethol yn ddiweddar?
Awgrym	Sut fyddech chi'n rhannu'r nodau cyffredinol hyn yn gynllun gan gynnwys nodau tymor byr, tymor canolig a thymor hir?
Ymestyn	Sut fyddech chi'n ymgorffori proffilio perfformiad yn y cynllun hwn a sut allai'r dadansoddiad hwn effeithio ar eich nodau awgrymedig?

Y dadansoddwr chwaraeon Amy Hall a'r modelau dadansoddi perfformiad – rhan 2

Mae cyflwyniad ac adroddiad Amy wedi helpu hyfforddwr y clwb criced i ddeall beth mae dadansoddiad perfformiad chwaraeon yn ei olygu. Gan fod ei gwaith wedi cael derbyniad da, mae'r pwyllgor wedi gofyn a allant fod yn dyst i sut mae'r broses ddadansoddi'n gweithio'n ymarferol a pha gynhyrchion terfynol y gall chwaraewyr y clwb eu disgwyl. Felly, gofynnwyd i Amy gynnal dadansoddiad o fatiwr a bowliwr a chyflwyno ei chanfyddiadau i'r pwyllgor. Os ydyn nhw'n hapus gyda'i gwaith, gallai hi ddechrau'r broses gyda'r holl chwaraewyr.

Mae Amy wedi cael mynediad i'r holl offer y soniwyd amdanynt yn yr astudiaeth achos flaenorol. Mae'r pwyllgor a hyfforddwr y clwb yn disgwyl iddi gynhyrchu adroddiad dadansoddi perfformiad manwl fel cynnyrch terfynol. I gyflawni hyn bydd Amy yn gwneud y canlynol.

1 Coladu data manwl a chyflwyno hyn mewn gwahanol fformatau (e.e. graffiau, rhestrau gwirio, fideo anodedig, dadansoddiad ystadegol) o arsylwi batiwr a bowliwr unigol a chymharu'r perfformiad â model a meincnodau delfrydol.

2 Rhoi adborth manwl i'r batiwr a'r bowliwr yn yr adroddiad sy'n gosod nodau ar gyfer datblygiad yn y dyfodol.

Gwiriwch eich gwybodaeth

1 Pa ddulliau adborth sydd ar gael i hyfforddwr wrth ddilyn y dadansoddiad o berfformiad athletwr?

2 Beth yw'r gwahanol fathau o nodau y gall hyfforddwr eu gosod i athletwr, a sut maen nhw'n wahanol?

Ymarfer asesu 28.3

C.P4   C.M4   D.P5   D.M5   CD.D3

Mae llywydd y clwb rhwyfo wrth ei fodd â'ch ymdrechion hyd yn hyn wrth egluro a sefydlu'r dulliau, modelau, meincnodau a phrotocolau sy'n gysylltiedig â dadansoddi perfformiad. Mae'n dweud wrthych bod y regata cyntaf ymhen tri mis yn yr Almaen, felly mae angen i'r dadansoddiad perfformiad ddechrau yn fuan.

Mae llywydd y clwb wedi trafod yr holl ofynion gyda'r hyfforddwyr, a hoffent weld a yw'ch cynigion yn gweithio'n ymarferol cyn dechrau'r hyfforddiant. Maen nhw'n cytuno i ganiatáu i un rhwyfwr gael dadansoddiad perfformiad llawn mewn amgylchedd campfa i weld yn uniongyrchol sut rydych chi'n cynnal dadansoddiad, adolygu'r data a gasglwyd a chyflwyno'ch canfyddiadau.

Rydych wedi cael mynediad i'r holl offer labordy, offer recordio a pheiriant rhwyfo dan do. Mae'r hyfforddwr yn disgwyl i chi gynhyrchu adroddiad dadansoddi perfformiad manwl fel cynnyrch terfynol. I gyflawni hyn mae'n rhaid i chi gyflawni'r tasgau canlynol.

- Coladu data manwl a'i gyflwyno mewn gwahanol fformatau (e.e. graffiau, rhestrau gwirio, fideo anodedig, dadansoddiad ystadegol) o arsylwi rhwyfwr unigol. Cymharwch y perfformiad â model a meincnodau delfrydol.
- Rhoi adborth manwl i'r rhwyfwr yn yr adroddiad sy'n gosod nodau ar gyfer datblygiad yn y dyfodol.
- Cofiwch ei fod yn adroddiad manwl, felly gwnewch yn siŵr bod y data'n cael ei werthuso, yn gryno ac i'r pwynt.

Cynllunio
- Beth yw'r dasg? Beth y gofynnir i'r adroddiad dadansoddi fynd i'r afael ag ef?
- A oes unrhyw feysydd o gasglu data nad wyf yn gyfforddus â nhw? A yw fy adroddiad o safon, dyluniad ac effaith ddigon uchel i'w rannu gyda hyfforddwyr ac athletwyr?

Gwneud
- Rwy'n gwybod sut i gynnal ac arolygu dadansoddiad o berfformiad chwaraeon, gan gynnwys yr holl wybodaeth angenrheidiol a chyfeirio at fodelau a meincnodau perfformiad delfrydol.
- Gallaf adnabod ble y gallai fy adroddiad fod wedi mynd o'i le ac addasu fy ngwaith meddwl/dull er mwyn cael fy hun yn ôl ar y trywydd iawn.

Adolygu
- Gallaf egluro beth oedd y dasg a sut yr es i ati i adeiladu fy adroddiad.
- Gallaf egluro sut y byddwn yn mynd at elfennau mwy anodd y dasg yn wahanol y tro nesaf (h.y. beth y byddwn yn ei wneud yn wahanol).

Deunydd darllen ac adnoddau pellach

Llyfrau

Franks, I. a Hughes, M. (2004) *Notational Analysis of Sport: Systems for Better Coaching and Performance in Sport*, Abingdon: Routledge.

O'Donoghue, P. (2014) *An Introduction to Performance Analysis of Sport*, Abingdon: Routledge.

Gwefannau

www.dartfish.com

www.statsperform.com

BETH AM ▶▶ Y DYFODOL?

Madeline Farrell, myfyriwr Gwyddorau Chwaraeon

Ar ôl i mi gwblhau cwrs Chwaraeon BTEC Lefel 3, euthum i'r brifysgol ac astudio ar gyfer BSc mewn Gwyddorau Chwaraeon ac Ymarfer Corff. Fe wnaeth y cwrs BTEC ennyn fy niddordeb mewn dadansoddi perfformiad chwaraeon ac roeddwn i'n gwybod fy mod i eisiau mynd â fy niddordebau i lefel gradd.

Tra yn y coleg, caniatawyd i mi ymuno â thîm pêl-fasged y coleg yn ystod sesiynau hyfforddi a gemau. Yna dadansoddais y fideo a defnyddio'r canlyniadau fel fy mhrosiect cwrs. Fe wnes i fwynhau edrych ar dechneg y chwaraewyr pan oedden nhw'n saethu, chwarae'r fideo yn ôl iddyn nhw a chwilio am ffyrdd i wella eu techneg. Mae'n rhaid ei fod wedi gwneud gwahaniaeth oherwydd yn ddiweddarach y flwyddyn honno enillodd y tîm y twrnamaint addysg bellach sirol blynyddol. Yn ystod fy nghais i'r brifysgol gofynnwyd i mi roi cyflwyniad byr ar agwedd ar hyfforddi neu ymarfer chwaraeon yr oeddwn wedi'i wneud yn y coleg. Siaradais am fy ngwaith gyda'r tîm pêl-fasged. Nawr rydw i yn fy mlwyddyn olaf ac yn gweithio ar draethawd hir. Rwy'n gweithio gyda chlwb pêl-droed proffesiynol yn cynnal dadansoddiadau perfformiad ar chwaraewyr eu hacademi. Gallaf ddefnyddio'r fideo yn fy nhraethawd hir a gwneud argymhellion ynghylch datblygiad corfforol, seicolegol, technegol a thactegol y chwaraewyr.

Nid oes ots gennyf ym mha gamp yr wyf yn gweithio ynddi – yr amrywiaeth a chymhlethdod o ddydd i ddydd a'r effaith gadarnhaol ar berfformwyr sy'n gwneud y rôl mor ddiddorol a gwerth chweil.

Canolbwyntio eich sgiliau

Defnyddio offer TG

Mae angen i chi ddeall sut i sefydlu a defnyddio darnau amrywiol o offer TG. Os yw un darn ar goll neu ddim yn gweithio, gallai gael sgil-effaith ar gyfer yr holl broses dadansoddi perfformiad.

- Dylai gwyddonwyr chwaraeon fod yn gyfarwydd â defnyddio camerâu a chamerâu fideo: sut i ddilyn athletwr sy'n symud a lawrlwytho'r data i liniadur neu ddreif caled.
- Dylech fod yn hyddysg gyda thaenlenni a meddalwedd mewnbynnu data sy'n cynhyrchu graffiau a dehongliadau graffigol eraill o ddata rhifiadol amrwd.
- Sicrhewch fod yr holl offer yn weithredol ac yn barod i'w ddefnyddio, e.e. bod yr holl fatris wedi eu gwefru a'r ceblau ynghlwm.
- Dylech fedru defnyddio meddalwedd dal symudiad a chynnal anodiadau ar sgrin ar gyfer proffilio perfformiad.

Gwybodaeth am hyfforddi a ffitrwydd

Er mai casglu data hanfodol ar gyfer proffilio perfformiad athletwr yw mwyafrif eich rôl, rhaid bod gennych wybodaeth allweddol am ffitrwydd a hyfforddi fel y gallwch ddeall yn well yr hyn yr ydych yn ei ddadansoddi.

- Mae angen i wyddonydd chwaraeon wybod sut mae'r corff yn symud ac yn gweithredu, yn enwedig mewn sefyllfaoedd chwaraeon.
- Yn aml mae angen deall y technegau a'r sgiliau sy'n rhan o'r gamp rydych chi'n ei dadansoddi.
- Yn dilyn proffilio perfformiad yn llwyddiannus, rhaid i chi ddeall sut i gyfuno nodau a thechnegau ysgogol i mewn i unrhyw raglen hyfforddi.
- Mae angen sgiliau cyfathrebu rhagorol gan ei bod yn bwysig trafod gyda'r hyfforddwr a'r athletwr sut y byddwch yn recordio, dadansoddi a chyflwyno'ch canfyddiadau.

Paratoi ar gyfer asesiad

Mae Dean yn gweithio tuag at gwblhau ail flwyddyn ei radd BTEC Cenedlaethol mewn Chwaraeon. Mae wedi cael aseiniad sy'n gofyn iddo greu cyflwyniad sy'n archwilio'r dulliau ar gyfer dadansoddi perfformiad chwaraeon. Gall y cyflwyniad fod ar ffurf o ddewis Dean (PowerPoint®, posteri, sioe sleidiau, ac ati), ond rhaid iddo fynd i'r afael â'r pwyntiau allweddol canlynol:

▶ proffilio perfformiad

▶ dulliau ar gyfer dadansoddi

▶ technegau ar gyfer dadansoddiad chwaraeon.

Mae Dean yn rhannu ei brofiad isod.

Sut y dechreuais i

Yn gyntaf, ysgrifennais restr o bopeth a ddysgais yn ystod fy narlithoedd yn y coleg. Dechreuais trwy rannu fy nghyflwyniad gan ddefnyddio tri phennawd allweddol:

▶ proffilio perfformiad

▶ dulliau o ddadansoddi

▶ technegau ar gyfer dadansoddiad chwaraeon.

Penderfynais ar gyflwyniad PowerPoint® er mwyn i mi allu cynnwys lluniau. Roedd y rhan gyntaf yn eithaf hawdd – edrychais trwy fy nodiadau a llunio fframwaith o'r hyn sy'n ffurfio proffil perfformiad ymarferol. Roedd yr ail a'r trydydd pennawd yn anoddach oherwydd, ar wahân i'r ychydig bethau yr oeddem wedi'u gwneud yn y coleg gyda chamera, rhestr wirio a chlipfwrdd, nid oeddwn yn rhy siŵr beth arall y gallwn ei gynnwys. Felly penderfynais ofyn i'm clwb pêl-droed di-gynghrair lleol a allent helpu. Roeddent yn ardderchog a cefais fy ngwahodd i gwpl o'u sesiynau hyfforddi. Defnyddiodd yr hyfforddwyr yno offer profi ffitrwydd a dadansoddi fideo a gosod monitorau cyfradd curiad y galon a dyfeisiau olrhain GPS ar y chwaraewyr fel y gallent ddweud pa mor bell yr oeddent wedi rhedeg yn ystod yr hyfforddiant. Yn ffodus, caniataodd y clwb i mi gymryd nodiadau a ffotograffau a gynhwysais yn ddiweddarach yn fy nghyflwyniad.

Sut y des â'r cyfan at ei gilydd

Er bod fy nghwrs coleg wedi dysgu llawer i mi am ddadansoddi perfformiad, rwyf mor falch fy mod wedi codi'r ffôn a siarad â'r clwb pêl-droed. Roedd yr hyn a welais yno yn rhoi popeth mewn persbectif. Caniataodd cyfuniad o'r ddau ddull i mi:

▶ werthuso'r gwahanol ddulliau a thechnegau ar gyfer mesur dadansoddiad perfformiad

▶ cyfiawnhau'r dulliau a'r technegau a ddefnyddir i ddadansoddi perfformiadau unigolion a thimau.

Beth ddysgais o'r profiad

Rwy'n falch fy mod wedi rhoi digon o amser i mi fy hun gynllunio fy nghyflwyniad. Pe bawn i wedi gadael popeth i'r funud olaf, ni fyddwn wedi cael cyfle i ymweld â'r clwb pêl-droed a chael profiad uniongyrchol o'r hyn sy'n digwydd mewn amgylchedd chwaraeon o'r radd flaenaf. Gwnaeth astudio'r uned hon wneud i mi sylweddoli y gall camera fod yn ddefnyddiol – nid yn unig i ddadansoddi ond i recordio digwyddiadau y gallwch eu defnyddio yn eich aseiniadau. Os ewch chi i wylio gêm, ewch â chamera gan nad ydych chi byth yn gwybod pryd y gallai'r delweddau fod yn ddefnyddiol.

Ar ôl i mi dreulio amser gyda'r clwb pêl-droed, roedd fy ffrindiau yn y coleg yn awyddus i ddarganfod beth roeddwn i wedi'i wneud. Roedd yn galonogol esbonio iddyn nhw fod popeth roedden ni wedi'i ddysgu am ddadansoddi perfformiad yn y coleg yn sydyn yn gwneud synnwyr. Ar ben hynny, roedd y staff hyfforddi pêl-droed yn ddefnyddiol iawn wrth fy arwain a fy helpu i feddwl am fy nghyflwyniad a dewisiadau gyrfa yn y dyfodol. O edrych yn ôl efallai byddai wedi bod yn well mynd i'r clwb pêl-droed i gael help gyda fy holl aseiniadau, ond rwy'n siŵr y byddent wedi cael llond bol arna i'n eithaf cyflym!

Pwyntiau i'w hystyried

▶ Sicrhewch eich bod yn rhoi digon o amser i'ch hun gynllunio ac ysgrifennu'ch aseiniadau.

▶ Peidiwch â bod ofn edrych y tu hwnt i'ch ysgol neu goleg am syniadau ac ysbrydoliaeth, ond ymgynghorwch â'ch tiwtor bob amser.

▶ Cofiwch mai myfyriwr chwaraeon ydych chi. Ewch i ddigwyddiadau chwaraeon ac arsylwi, nid yn unig yr athletwyr sy'n perfformio, ond hefyd y staff cymorth a'r hyfforddwyr sy'n gwneud y cyfan yn bosibl.

Mynegai

100% me 437

A

aciwbigo 74
adborth
    arweinyddiaeth 183, 208–9
    cyfweliadau 168
    perfformiad chwaraeon 253, 375–6, 378, 510–13
adborth anghynhenid 378
adborth cynhenid 378
adborth gan arsylwyr 208
adborth gan gyfranogwyr 208
adfer 433
adnoddau 201–2
ADP 49
adrenalin 71
Adventure Activities Licensing Authority (AALA) 148
addasiadau ar gyfer perfformiad 375
addasiadau chwaraeon 353
addysg 434, 464
anghydraddoldeb 358
ailadroddiadau 102
ailadroddiadau hyd methiant 104
alcohol 68, 70, 74–5, 435
alfeoli 30
allanadliad 31
allbwn cardiaidd 44, 99
alldyniad 15
Amcangyfrif o'r Gofynion Cyfartalog 85
amgylchedd 131, 202, 263, 329, 369, 371, 412–13
amodau allanol 401
amodau mewnol 401
amser hamdden 430
amser ymateb 99, 114–15, 245–6
anadlu 31–2, 34
anatomeg 1–58
anffrwythlondeb 70
angina 71
aorta 38
arbedion 450–1
arddangosiad 206–7
arddulliau dysgu 206
arfer gorau 357–62
arferion 363–70
arferion cyn-berfformiad 286, 291
arferion wedi'u cyflyru 328, 352, 365, 375
arferion ynysig 328, 364–5
argymhellion llywodraeth 68–9
arsylwi 497
arthritis 17
arweinwyr democrataidd 198, 203

arweinwyr *laissez-faire* 198
arweinwyr rhagnodedig 283
arweinwyr sy'n canolbwyntio ar berthnasoedd 281
arweinwyr sy'n canolbwyntio ar dasgau 281
arweinwyr sy'n dod i'r amlwg 283
arweinwyr tadol 198
arweinwyr unbenaethol 198, 283
arweinyddiaeth 177–212, 280–3
arweinyddiaeth chwaraeon 177–212, 280–3
arweinyddiaeth drafodaethol 195, 197
arweinyddiaeth drawsnewidiol 195, 197
arweinyddiaeth sefyllfaol 195, 197
arwynebau chwarae 316–17
asennau 8
asesiad
    anatomeg a ffisioleg 2–3, 57–8
    arweinyddiaeth chwaraeon 178–9, 212
    cymhwyso profion ffitrwydd 214–15, 256
    dadansoddiad perfformiad chwaraeon 472–3, 516
    datblygiad proffesiynol 128–9, 176
    ffordd o fyw yr athletwr 428–9, 470
    gofynion technegol a thactegol chwaraeon 386–7, 426
    hyfforddi a rhaglennu ffitrwydd 60, 123–6
    hyfforddi ar gyfer perfformiad 344–5, 384
    perfformiad chwaraeon ymarferol 306–7, 342
    seicoleg chwaraeon 258–9, 304
asesiad crynodol 207
asesiad ffurfiannol 207
asesiad risg 203–4, 359–60
asgwrn cefn 7–8
asgwrn cefn niwtral 8
asgwrn crimog 9
asgwrn mandyllog 5
asgwrn y forddwyd 9
asgwrn y frest 8
asgwrneiddiad 10
asiantiaid 449–50
asid lactig 26
asidau amino 89
asidau amino hanfodol 89
astudiaethau achos 35, 47, 53, 65, 66, 95, 120, 131, 132, 137, 145, 157, 162, 192, 194, 198, 201, 204, 221, 229, 230, 235, 244–5, 247, 270, 278, 282, 289, 293–4, 314, 323, 329, 348, 356, 366, 393, 396, 400, 402, 403, 404, 405, 407, 431, 437, 439, 444, 447, 451, 461, 467, 496, 504, 513
asthma 35
atalyddion beta 436
ATP 49
atria 38
atyniad 15
atherosglerosis 69

Athletic Coping Skills Inventory-28 292, 293–4
athletwyr o'r radd flaenaf
    cynllunio gyrfa 462–7
    dadansoddi perfformiad 418–23
    modelau rôl 440, 460–1
athro AG 142, 143, 150
Awdurdod Gweithredol Iechyd a Diogelwch (AGID) 146
awduron ysgrifau 456

B

bandiau / tiwbiau gwrthiant 108
beicio 74
beirniaid 320
brasgamu 113
brasterau 53, 88–9
brasterau annirlawn 88
brasterau dirlawn 88
briffio 206
British Association of Sport and Exercise Sciences (BASES) 148
bronci 30
bronciolynnau 30
broncitis 70
buddosddiadau 450
bwriad 372
bwrsa 13
bwrsariaethau 446
byrgyr canmoliaeth 190

C

cadw cofnodion 362
cadwyn cludo electronau 51
cadwyno 350–1
caffein 64
calon 37–9
calorïau 85
calsiwm 10
camau dysgu 374
cam-drin corfforol 357
cam-drin emosiynol 357
cam-drin plant 357–8
cam-drin rhywiol 357
CAMPUS (nodau) 117, 157, 201, 289, 338, 463
caniatâd 248–9, 292
caniatâd gwybodus 248–9, 292
canlyniadau 199–200
canlyniadau dysgu 200
Canllaw Bwyta'n Dda 62–3
canllaw cyfweliad 299, 300
canolbwyntio 476
canrannau 507
canser 61, 69
capasiti aerobig 53
capilarïau 39–40
capsiwl y cymal 12
carbohydrad 27, 87–8
carbohydradau cymhleth 87
carbohydradau syml 87

carpalau 8
cartilag cymalol 13
cefnblygiad 14
cefnogaeth cymdeithasol 272
cefnogi datblygiad athletwyr 441–2
ceidwaid amser 320
ceisiadau swydd 161–5
celloedd coch y gwaed 41
celloedd gwyn y gwaed 41
cemoderbynyddion 32
cerdded 73
cerdded ar drawst 240
cerddoriaeth 290
ceudod trwynol 29
ceudod thorasig 31
ceulo 42
cilia 70
cilocalorïau 85
cilojoules 85
ciwiau perfformiad allweddol 481
clefyd coronaidd y galon 61, 69
clic 188
codau ymarfer 148
codeiddio 308
cofrestru 362
coladu 506–7
colofnwyr 456
colofn yr asgwrn cefn 7–8
continwwm datblygiad chwaraeon 441
continwwm rhyngweithio 390
cortisol 71
cosbau 437
cramp 27–8
creatin 53
creuan 8
cryfder 98, 103–6, 224–5, 477, 486
cuddio 404
CV 164–5
cwmnïau rheoli 449–50
cwsg 71–2
cychwyn gohiriedig dolur cyhyrau 26
cychwynwr 320
cydbwysedd 98, 114, 239–40, 486
cydbwysedd dŵr 63, 92
cydbwysedd dynamig 98, 114, 239
cydbwysedd egni 85
cydbwysedd rhwng bywyd a gwaith 76
cydbwysedd statig 98, 114, 239
cydlyniad 278–80
cydlyniant cymdeithasol 188, 279
cydlyniant tasg 188, 278
cydlyniant tîm 188–9
cydraddoldeb 358
cydsymud 98, 114, 240
cyfangiad consentrig 23
cyfangiad ecsentrig 23, 26
cyfangiad isometrig 23

cyfaint allanadlol gwthiedig 1 (FEV1) 479
cyfaint allanadlol wrth gefn 33
cyfaint anadlol gwthiedig 479
cyfaint cyfnewid 33, 34
cyfaint gweddilliol 33
cyfaint mewnanadlol wrth gefn 33
cyfaint munud 33
cyfaint strôc 46, 99
cyfansoddiad y corff 82, 98, 233–7, 477
cyfannol 298
cyfanswm cyfaint yr ysgyfaint 33
cyfarpar diogelu personol 146
cyfartaleddau 507
cyfarwyddwyr y twrnamaint 320
cyfathrebu
    arweinyddiaeth 182
    cyfweliadau swydd 166–7
    hyfforddi 347
    swyddogion 322–3
    tactegau 328–9
cyfathrebu di-eiriau 182, 323, 347
cyfathrebu llafar 182, 347
cyfiawnder 151
cyflawni gweithgareddau 206–7
cyfleoedd gwaith 130–52
cyfleoedd gyrfa 130–52
cyflwr acíwt 70
cyflwr cronig 70
cyflwyniad dan arweiniad arweinydd 206
cyflwyniad dan arweiniad cyfranogwyr 206
cyflymder 98, 112–13, 231
cyfnewid nwyol 30
cyfnodau o chwarae 394–5
cyfnodoli 119–20
cyfnodolion 498–9
cyfradd curiad y galon 44, 46, 81–2, 99–100, 478
cyfradd curiad y galon ar orffwys 81–2
cyfradd curiad y galon uchaf 99–100
cyfradd metabolaeth 64
cyfradd metabolaeth tra'n gorffwys 86
cyfradd metabolaeth waelodol 85, 86–7
cyfradd resbiradol 33
cyfrifwyr 450
cyfryngau 448, 452–62
cyfryngau cymdeithasol 438, 457, 499
cyfryngau darlledu 455, 456–7
cyfryngau ysgrifenedig 454, 455–6
cyfweliadau
    cyfryngau 458–9
    dadansoddiad perfformiad 333
    recriwtio 166–70, 171–3
cyfweliadau gyda grŵp o gyfoedion 169–70
cyfweliadau lled-strwythuredig 292
cyfweliadau swydd 166–70, 171–3
cyffosis 8
cyffuriau 436–7
cyffuriau gwella perfformiad 436

cyffuriau hamdden 436
cyngor gyrfaoedd 138, 158
cynghreiriau 311
cyhyr cardiaidd 18
cyhyr croth y goes (gastrocnemius) 20
cyhyr llyfn 19
cyhyrau deuben 19
cyhyrau lletraws (obliques) 20
cyhyrau plygu ac estyn yr arddwrn 19
cyhyrau plygu'r glun 20
cyhyrau rhyngasennol 31
cyhyrau sefydlogi 22
cyhyrau sgerbydol 18, 19–25
cyhyrau'r abdomen 20
cyhyrynnau dyleddfol (supinators) 19
cylch perfformiad 330
cylchdroi 15
cylchddwythiad 15
cylchfesuriadau 237
cylchred asid citrig 51
cylchred broffilio perfformiad 482
cylchred gardiaidd 43
cylchred Krebs 51
cyllidebu 449
cyllido athletwyr 443–8
cymal cambylaidd 13
cymal colfach 13
cymal cyfrwy 14
cymal cylchdroi 14
cymal llithro 13
cymal pelen a chrau 13
cymalau 11–15
cymalau cartilagaidd 12
cymalau disymud 12
cymalau ffibrog 12
cymalau sefydlog 12
cymalau symudol 12
cymalau synofaidd 12–14
cymalau ychydig yn symudol 12
Cymeriant Diogel 85
cymeriant halen 66
Cymeriant Maetholion Cyfeiriol 84
Cymeriant Maetholion Cyfeiriol Is 85
cymhareb gwasg-i-glun 83
cymhelliant 190, 262–5, 286–9, 348–9, 476, 477
cymhelliant anghynhenid 190, 263, 349, 476, 477
cymhelliant cyflawniad 263
cymhelliant cynhenid 190, 262, 348, 476, 477
cymhorthion ergogenig 94–5
cymhwysedd 149
cymryd risg 67–8
cymwysterau 323, 359, 464, 498
cymwysterau academaidd 359
cynhwysedd hanfodol 33, 34
cynhyrchiant gwirioneddol 277
cynhyrchiant posibl 277
cynllun datblygu 338–9, 420–3

cynllun gweithredu 157–8, 173, 209
cynllun gweithredu datblygu gyrfa 158–9
cynllun gweithredu gyrfa 157–8, 173
cynllun wrth gefn 353, 464–5
cynlluniau ar gyfer gêm 398
cynllunio
    ar gyfer datblygiad 338–9, 420–3
    gweithgareddau 199–205
    gyrfa ar gyfer athletwr cystadleuol 462–7
    hyfforddi 353, 361, 370–7
    profion ffitrwydd 246–9
cynllunio gyrfa 462–7
cynnal pwysau 63, 93–4
cyplysiad 392
cyrff llywodraethu cenedlaethol 309–11, 359, 445, 498
cyrff llywodraethu rhyngwladol 309–11
cyrff proffesiynol 148
cytundebau am gyfnod penodol 139
cytundebau dim oriau 140

Ch

Chartered Institute for the Management of Sport and Physical
      Activity (CIMPSA) 148, 150
chwarae rôl 167
chwarae teg 313–15, 322
chwarae ymosodol 366
Chwaraeon Cymru 309, 445
chwaraeon tîm 309
chwaraeon unigol 309

D

dadansoddi anghenion 297, 298, 462–3
dadansoddiad ansoddol 412, 481
dadansoddiad fideo 409, 490–1, 497, 505, 508
dadansoddiad goddrychol 335–6, 378
dadansoddiad gwrthrychol 334–5, 378
dadansoddiad meintiol 412, 481
dadansoddiad nodiannol 332, 334, 409, 490, 491–5
dadansoddiad perfformiad 330–7, 378, 471–516
dadansoddiad perfformiad chwaraeon 330–7, 378, 471–516
dadansoddiad rhwystriant bio-drydanol 235–6
dadansoddiad SWOT 156, 173, 209, 331–2, 420, 421
dadansoddiad swydd 162
dadansoddiad symudiad 409–10
dadansoddiad ystadegol 507
dadhydradiad 93
dangosyddion perfformiad allweddol 395, 396
dal 391
damcaniaeth dysgu cymdeithasol 261
damcaniaeth gwrthdro 273
damcaniaeth gyrru 265
damcaniaeth hunaneffeithlonrwydd 274–6
damcaniaeth priodoli 192, 264–5
damcaniaeth pryder amlddimensiwn 273
damcaniaeth ryngweithiol 261
damcaniaeth sefyllfaol 261
damcaniaeth trychineb 266

damcaniaethau perthynas sbarduno-perfformiad 265–7
darpariaeth chwaraeon 130
data amser gorffen 500
data meincnodi 217, 416–17, 499, 501, 506
data normadol 80
datblygiad proffesiynol 127–76
datblygiad proffesiynol parhaus (DPP) 149–52, 359
datganiad ategol 164
datganiadau cadarnhaol 290–1
datganiadau crynodeb 507
datgeliadau uwch 144
dealltwriaeth 454
Deddf Diogelu Data (1998) 77, 220
Deddf Iechyd a Diogelwch yn y Gwaith (1974) 144–6
deddf popeth neu ddim 25
deddfau ar gyfer cystadleuaeth 308–24
deiet 62–7, 69, 87–93
deiet cytbwys 62–7, 69, 87–93
deltoidau 19
delweddu 290, 291
delweddu cinesthetig 291
delweddu clywedol 291
delweddu gweledol 291
derbyn hylif 63, 92–3
diabetes 54, 61
diaffysis 5
diagramau dosraniad 508
dibynadwyedd 216–18, 503
diffygion / colledion cydgysylltu 277
diffygion / colledion cymhelliant 277
dilsyrwydd 216, 503
dilysrwydd allanol 503
dilysrwydd mewnol 503
diodydd chwaraeon 96
diodydd protein 95
diogelu 144, 357–8
diogelwch *gweler* iechyd a diogelwch
diogi cymdeithasol 189, 278
diplomyddiaeth 348
dirprwyo 207
dirwyon 437
disgiau rhyngfertebrol 8
disgrifiad swydd 143, 162
disgwyliadau 274, 464
disgyblaeth 437
diwretigion 436
diwydiant chwaraeon 130–52
dogfennau 498–9
dopio 436
dril ystwythder pen saeth 487
driliau gwrthiant 113
dull cyfan-rhan-cyfan 350
dulliau hyfforddi 97–116
dyfarnwyr (*referees*) 320
dyfarnwyr (*umpires*) 320
dyfarnwyr cynorthwyol 320
dyfeisiau 416

dygnwch aerobig 97, 99–103, 226–30, 477
dygnwch cyhyrol 98, 106–8, 231–2, 477, 485
dyletswydd gofal 359
dyluniad rhaglenni hyfforddi 117–21
dymunoldeb cymdeithasol 292
dynameg grŵp 276–85
dynamometr gafael 225, 486
dysgu rhannol 350

E

economeg gymdeithasol 133
echelin 6
effaith corn neu eurgylch 482
effaith Ringelmann 277
eglurder 453
egni 85
egwyddor FITT 118
eiriolaeth 150
eistedd ac ymestyn 222–3
eisteddiadau (*sit-ups*) un munud 232
electrolytau 92
elfennau hybrin (*trace elements*) 91
emffysema 69–70
empathi 183, 355, 356
endorffinau 68
epiffysis 5
epiglotis 30
epineffrin 99
erector spinae 20
ergomedr 226
ergydio 392
esgeulustod 357
esgyrn 4, 5, 6, 8–9, 10
esgyrn afreolaidd 5, 11
esgyrn byr 5, 11
esgyrn gwastad 5, 11
esgyrn hir 5, 11
esgyrn sesamoid 5, 11
estyn 14
ewstraen 270

F

falf aortig 38
falf deirlen 38
falf ddwylen 38
falf meitrol 38
falf ysgyfeiniol 38
falfiau cilgant 38
fentriglau 38
fertebrâu gyddfol 7
fertebrâu meingefnol 7
fertebrâu thorasig 7
fertebrâu'r cwtyn 7
fertebrâu'r sacrwm 7
fideo wedi'i anodi 508
fitaminau 17, 90–1

Ff

ffactorau ariannol 443–52
ffactorau seicolegol
    arweinyddiaeth 187–96
    hyfforddi sgiliau seicolegol 285–301
    proffilio perfformiad 475–7
    seicoleg chwaraeon 257–304
ffalangau 9
ffaryncs 29
ffemwr 9
ffibr 66
ffibrau cyhyrol 24, 203, 106
ffibrau cyhyrol math I / IIa / IIx 24, 206
ffibrau Purkinje 43
ffibwla 9
ffisioleg 1–58
ffitrwydd 97, 432–3
ffitrwydd corfforol 97–8, 99–113, 222–37
ffitrwydd sy'n gysylltiedig â sgiliau 97, 98–9, 114–16, 237–46
ffioedd cyfranogi 444
ffioedd perfformiad 444
ffioedd ymddangosiad 444
ffocws sylwol 268–70, 476
ffolennau (*gluteals*) 20
ffordd o fyw 61–76, 427–70
ffordd o fyw eisteddog 72
ffordd o fyw yr athlewr 427–70
ffrindiau 431, 435, 438–9
ffrwythau a llysiau 66
ffurflen adborth cyfweliad 168
ffurflen arsylwi 169
ffurflen gais 164
ffurflen gwerthuso ymgynghoriad 301
ffynonellau o wybodaeth 497–500

G

gallu 396, 397
geiriau ciw 285, 286
geliau a bariau egni 94
Gemau Olympaidd 312
Gemau Paralympaidd 312
gewynnau 7, 13
glwcos 87
glycogen 27, 50, 54, 87
glycolysis aerobig 27, 51
glycolysis anaerobig 50
gofal iechyd 432–3
gofynion technegol a thactegol chwaraeon 385–426
gohebwyr chwaraeon 455
gohebwyr newyddion 455
gorbryder 71, 190–1, 272, 273, 476
gorbwysedd 47, 64, 70, 71
gorestyniad 15
gorflinder 433
gorffwys 433
gorhydradiad 93
gorlwytho 102

goslef 453

gosod amcanion 75, 286–9, 338, 349, 463, 511–12

graddfeydd graddio 410, 411

graffiau 507

grantiau 445–6

gwadnblygiad 14

gwaed 41, 42, 46

gwaed dadocsigenedig 38

gwaed ocsigenedig 38

gwahaniaethu 207

gwaharddiadau o gemau 437

gwall persbectif 505

Gwasanaeth Datgelu a Gwahardd, y 144, 358

gwasgau byrfraich (press-ups) un munud 231–2

gwastadedd 297, 338

gweinyddiaeth

    hyfforddi 361–2

    profion ffitrwydd 250–1

gweithdrefnau argyfwng 361

gweithgaredd anaerobig 24

gweithgaredd corfforol

    allbwn egni 86, 87

    argymhellion llywodraeth 68

    manteision 61–2

    rheoli straen 75

    strategaethau i gynyddu lefelau 73–4

gweithwyr llawn amser 138

gweithwyr rhan amser 139, 447–8

gweithyddion 22

gwerthoedd 439

Gwerthoedd Cyfeirio Deietegol 84

gwerthusiad 414–15

gwerthuso cyflogwr 170

gwneud penderfyniadau 328

gwobrau ariannol 448

Gwobr Bersonol Athletwyr (APA) 449, 450

gwrando 347, 453–4

gwregys pelfig 6

gwregys yr ysgwydd 6

gwrtharwydd (contraindication) 222

gwrthweithyddion 22

gwyddonydd chwaraeon 141

gwylwyr 318

gwythïen ysgyfeiniol 39

gwythienigau 41

gwythiennau 40

H

haearn 91

hawliau delwedd 448

hinsawdd gystadleuol 264

hinsawdd meistrolaeth 264

hinsawdd sy'n canolbwyntio ar dasgau 264

hinsawdd sy'n canolbwyntio ar ganlyniadau 264

hinsawdd tîm 279

holiaduron ffordd o fyw 77, 78

holiaduron sgrinio 77–9

Holiadur Parodrwydd Gweithgaredd Corfforol (H-PGC) 77, 79

hunan-barch 193

hunanddadansoddiad 462–3

hunanddelwedd 439

hunangyflogaeth 139–40

hunanhyder 192, 273–6, 286, 291

hunansiarad 75, 285–6

hunansiarad cadarnhaol 75, 285–6

hunansiarad cyfarwyddiadol 286

hunansiarad negyddol 286

hwmerws 8

hyblygrwydd 14, 98, 110–11, 222–4, 477, 486

hyblygrwydd dynamig 110

hyblygrwydd statig 110

hyder 68, 182, 191–2, 476

hydradiad 92–3

hyfforddi 343–84, 448, 498

hyfforddi a rhaglennu ffitrwydd 59–126

hyfforddi gan gyfoedion 369

hyfforddiant cylchol 102–3, 107

hyfforddiant chwaraeon-benodol 101

hyfforddiant Fartlek 101

hyfforddiant hunangenedledig 290

hyfforddiant hunanhyder 75

hyfforddiant parhaus 101

hyfforddiant plyometrig 115

hyfforddiant ysbeidiol 102, 113

hyfforddwr cyflawn 375–6

hyfforddwr chwaraeon 141, 151

hylif synofaidd 13

hypertroffedd (gordyfiant)

    cardiaidd 45

    cyhyrol 26, 103

hyperthermia (gorgynhesu) 48

hypoglycaemia 54

hyponatremia 93

hypothermia (goroeri) 48

hyrwyddo propriodderbyniad niwrogyhyrol 111

hysbysebion swydd 161

hysbysebu 448

I

iaith y corff 167, 454–5

iechyd a diogelwch 202–3, 248, 317–18, 32–2, 354, 373

incwm 443–8

inswlin 54

ioga 108–9

isbwysedd 47

iselder 70, 71, 72

is-gytundebau 140

J

jetludded (jet lag) 431

joules 85

L

lactad gwaed 100
laryncs 30
latissimus dorsi 20
Loteri Genedlaethol 445
Lwfans Dyddiol a Argymhellir (LDA) 84

Ll

llengig 31
lleoliadau 317, 321
llif allanadlol brig 479
llinell ardyfiannol 10
llinynnau'r garrau (hamstrings) 20
lluniau 497
llwybr resbiradu 29
llwytho carbohydrad 95
llwytho graddol 119
llythyr cais 165

M

macrofaetholion 85, 87–9
macrofwynau 91
macrogylched 119, 376
maeth 84–96, 432–3
manyleb person 163
materion cyfreithiol 77, 144–7
medulla oblongata 31
mentora 455
mentrau bwyta'n iach 69
mêr 10
mesogylched 119, 376
metaboledd aerobig 51
metacarpalau 9
metatarsalau 9
meini prawf perfformiad 493
meinwe bloneg 91
meinwe meddal 14
mewnanadliad 31
mewnosodiad 22
micro-addysgu 166, 167
microfaetholion 85, 90–1
microgylched 119, 376
micro-hyfforddi 167
mitocondria 24, 26–7, 54, 106
model delfrydol 416, 499
model perffaith 415–16
model Steiner o gynhyrchiant grŵp 277
modelau rôl 184, 440, 460–1
modelu 261
moesau 313–15
moeseg 220–1, 439
mwynau 91
myfyrdod 76
myfyrio 355, 356, 362, 379–80
myoglobin 27, 106

N

nawdd 446
nicotin 69
niwrodrosglwyddyddion 68
nod 371
nod atriofentriglaidd 43
nod sinoatriaidd 43
nodau canlyniad 288, 512
nodau cystadleuol 288
nodau meistrolaeth 288
nodau nesáu at berfformiad 288
nodau osgoi perfformiad 288
nodau proses 288
nodau tymor byr 338, 349, 463, 512
nodau tymor canolig 338, 349, 463, 512
nodau tymor hir 338, 349, 463, 512
nodwedd 482
nodweddion personoliaeth 260
nomogram Lewis 241
norepineffrin 99

O

oed
    system gyhyrol 27
    system sgerbydol 17
offer 316, 321, 369–70, 371, 501–2
offer mesur tactegol 418
offer mesur technegol 418
ôl-drafod 207
ôl-troed carbon 132
osteoblastau 10
osteoclastau 10
osteoporosis 17

P

padell pen-glin 9
papurau academaidd 498–9
paraplegig 200
partneriaethau cyhoeddus / preifat 136–7
parthau hyfforddiant 99–100
parthau unigol o weithredu optimaidd 267
patrwm taro llorweddol 392
pathogenau 432
pectoralau 19
pedomedr 73
pedwarpen (quadriceps) 20
pedwerydd dyfarnwyr 320
peiriannau gwrthiant-sefydlog 105, 108
pelfis 9
pellter cymdeithasol 430
Pencampwriaethau Byd 312
pendilio o blaid ystwythder 487
perfformiad chwaraeon ymarferol 305–42
perfformiad technegol 349–51
personau allblyg 189, 260
personau mewnblyg 189, 260
personoliaeth 189, 260–2

personoliaethau math A / B 262

perthnasedd 430

perygl 203

pibellau gwaed 39–41

Pilates 109

pilen resbiradol 32

pilen synofaidd 13

plasma 41

platennau 41

plât ardyfiannol 10

plygiad ochrol 14

plygu 14

pont yr ysgwydd 8

portffolio 160

prawf 1RM 224

prawf â chaliperau plygiadau'r croen 233–5

prawf camu Coleg y Frenhines 485

prawf camu Harvard 229

prawf camu i'r ochr 239

prawf cerdded Rockport 230

prawf cryfder abdomenol saith cam 225

prawf cylchdroi'r torso 223–4

prawf eisteddiadau 485

prawf eistedd yn erbyn wal 232

prawf ergomedr beicio facsimaidd Astrand 484

prawf ergomedr beicio YMCA 484

prawf ffitrwydd aml-gam 226–7

prawf ffitrwydd mewn campfa 506

prawf ffitrwydd mewn labordy 506

prawf gollwng pren mesur 246

prawf goniomedr 486

prawf gwasg fainc macsimwm cyflawni unwaith 224

prawf gwyriad seren 486, 487

prawf hyblygrwydd cyhyr croth y goes 223

prawf mynegai màs y corff (BMI) 82–3, 236

prawf naid fertigol 241, 486

prawf naid hir wrth sefyll 241–2

prawf naid Sargent 241

prawf pŵer Margaria Kalamen 242

prawf Romberg 486

prawf rhedeg 12-munud Cooper 228

prawf rhedeg 1.5 milltir 484

prawf rhediad ystwythder Illinois 238

prawf sefyll Storc 239–40

prawf-T 238–9

prawf taflu pêl griced 243

prawf taflu yn erbyn wal 240

prawf Wingate 243–4

prawf ystwytho'r ysgwyddau 223

prentisiaethau 140

profi dwysedd 485

profiadau'r gorffennol 193

profion cardioresbiradol 483–5

profion ffitrwydd 213–56

profion maes 487

profion monitro iechyd 80–3, 488

profion personoliaeth 262

profion sbrint 231

proffil ffitrwydd 251–2

proffilio perfformiad 292, 295, 332–3, 406, 474–82

proffwydoliaeth hunangyflawnol 191

pronadwyr (pronators) 19

propriodderbyniaeth 101

prosesau metabolaidd 63

prosesau sgrinio 77–83

protein 89

proteinau anghyflawn 89

proteinau cyflawn 89

protocol melin draed Astrand 483

protocolau 218, 413–14, 500–4

pryder cyflyrol 272

pryder gwybyddol 266

pryder nodwedd (trait anxiety) 272

pryder somastig 271

psyche 190

pump y dydd 66

PWC170 / PWC75% 485

pŵer 99, 115–16, 241–4, 486

pwysau 433–4

pwysau corff optimaidd 94

pwysau rhydd 105, 108

pwysedd gwaed 45, 46, 47, 80–1

pwysedd gwaed diastolig 45, 70

pwysedd gwaed systolig 45, 70

Q

Quit Kit 74

R

radio 457

radiws 8

rapport 181, 347

recordiau cenedlaethol 500

recordiau grwpiau oedran 500

recriwtio 161–70

Register of Exercise Professionals (REPS) 148, 150

Register of Personal Development Practitioners in Sport (RPDPS) 148

resbiradaeth aerobig 24

resbiradaeth anaerobig 24

RIDDOR 146

risgiau anghynhenid 360

risgiau cynhenid 360

Rh

rhagdybiaeth U-wrthdro 266

rhagfarn 358

rhagfarn hunanwasanaethol 193, 292

rhaglenni datblygu athletwyr ifanc 442

Rhaglen o Safon Byd 445

rhedeg 392

rheolau 308–24

rheolau anysgrifenedig 313–15

rheolau eilyddio mewn pêl-droed 316

Rheolau Gweithrediadau Trafod â Llaw (1992) 147
rheoli amser 75, 433
Rheoli Sylweddau Peryglus i Iechyd (2002) 146–7
rheoliadau 308–24
Rheoliadau Adrodd am Anafiadau, Clefydau a Digwyddiadau Peryglus (1995) 146
Rheoliadau Iechyd a Diogelwch (Cymorth Cyntaf) (1981) 147
rheolwr hamdden 142
rhestrau gwirio 412
rhewi 272
rhoi'r gorau i ysmygu 74
rhwygiadau micro 26
rhydweli ysgyfeiniol 39
rhydwelïau 39, 40
rhydwelïau coronaidd 38
rhydwelïynnau 39
rhyngrwyd 499

S
sacarid 87
Safonau Galwedigaethol Cenedlaethol (NOS) 148
SAQ 114
sarcopenia 27
sbarduno 190–1, 260, 270, 286, 289–91, 476
sbiromedr 478
sbrintiau cyflymu 113
sbrintiau gwag 113
sector cyhoeddus 135
sector gwirfoddol 136
sector preifat 136
sectorau yn y diwydiant chwaraeon 135–7
sefydlogi'r craidd 108–9
sefydlogrwydd 391, 486
sefyllfaoedd cystadleuol 328, 352, 366–7, 375
seicoleg chwaraeon 257–304
seicolegydd chwaraeon 143
seilwaith 132
seilwaith chwaraeon 132
septwm 37
sesiwn gynhesu 373–4, 478
sesiynau oeri 375, 478
set 102
setiau pyramid 105
sgapwla 8
sgerbwd atodol 6
sgerbwd echelinol 6
sgiliau
    archwiliad 152–6
    arweinyddiaeth 181–3
    hyfforddi 346–54, 363–7
    hyfforddi sgiliau seicolegol 285–301
    technegol 324–7, 388–98, 402, 404, 406–8, 409–18, 479
sgiliau agored 325
sgiliau arwahanol 326, 389, 479
sgiliau bras 326, 289
sgiliau caëedig 325, 389
sgiliau canfyddiadol 394

sgiliau cyflwyno 167–8
sgiliau cyfresol 326, 390, 479
sgiliau cymhleth 397
sgiliau chwaraeon-benodol 393–4
sgiliau gwybyddol 394
sgiliau llawdriniol 391
sgiliau manwl 326, 389
sgiliau parhaus 326, 389, 479
sgiliau syml 397
sgiliau symud sylfaenol 390–2
sgiliau sy'n amseru eu hunain 325, 389
sgiliau sy'n amseru'n allanol 325, 389
sgiliau technegol 324–7, 388–98, 402, 404, 406–8, 409–18, 479
sgiliau ymsymudol (locomotor) 391
sgoliosis 8
sgorio 318
sgowtio gwrthwynebwyr 407–8
sgrinio iechyd 248
sgrinio symudiadau gweithredol 488
sgyrsiau codi calon (pep talks) 290
siapio 351
siarad 453
siartiau cyfrif 410, 507
sirosis 70
soleus 20
sosiogromau 284
Sports Coach UK 148–9
sternwm 8
steroidau anabolig 436
straen
    perfformiad chwaraeon 270–2, 273, 476
    peryglon iechyd 71
    rheoli 75–6
strategaeth 398
strategaethau amddiffynnol 328, 367
strategaethau cysylltiadol 269
strategaethau datgysylltiol 269
strategaethau ymosodol 328
strôc 70, 71
strwythuro gweithgareddau 206–7
swyddog datblygu chwaraeon 142
swyddogion 320–4
sylw dethol 268
sylw rhanedig 268
sylwebaeth 498
sylwebaeth fideo wedi'i golygu 508
symbylydd 64, 436
symudiadau echddygol bras 260
syndrom gorymarfer 432
syndrom marwolaeth arhythmig sydyn 47
synergyddion 22
sypyn ffibrau His 43
system aerobig 51, 53
system alactig 50
system ATP-PC 50
system gardiofasgwlaidd 36–48
system gyhyrol 18–28

system imiwnedd 63
system lactad 50, 54
system nerfol parasympathetig 44
system nerfol sympathetig 44
system resbiradol 28–36
system sgerbydol 4–18
systemau egni 49–55
systemau lleoli fyd-eang 489

T

tactegau 327–9, 351–2, 363–7, 374–5, 398–405, 409–18, 480
tacycardia 81
taflu 391
taflu pêl ymarfer tra'n eistedd 243
tagu 270
Talented Athlete Scholarship Scheme (TASS) 447
tarddiad 22
taro peli 392
tarsalau 9
techneg TARGET 264
technegau 326, 363–7, 374–5, 479
technegau egnïol 290–1
technoleg 322, 333
teithio 431, 438
teledu 456–7
tendonau 9, 26
teres major 20
teulu 431, 435, 438–9
tibia 9
tibialis anterior 20
timau cymhellol 278
timau rhyngweithiol 278
tiwtor chwaraeon 142
tracea 30
trafod 455
trallod 270
trapesiws 20
trawiad ar y galon 71
treth 450
triglyseridau 88
triniaethau amgen 75, 76
triphen (*triceps*) 19
trydydd dyfarnwyr 320
trydydd sector 136
trylediad 32
twrnamaint dileu 311
tynwyr sylw 269
tynwyr sylw allanol 269
tynwyr sylw mewnol 269
tystiolaeth anecdotaidd 263

Th

therapi amnewid nicotin 74
therapydd chwaraeon 143
thermogenesis addasol 86
thermogenesis deietegol 86

U

uchder 36
uchder uchel 36
UK Sport 148, 445
Urdd Gobaith Cymru 140

V

vena cava isaf 39
vena cava uchaf 38
VO_2 macsimwm 99, 226, 230, 483

W

wlna 8
wlseri stumog 71

Y

ymarfer corff *gweler* gweithgaredd corfforol
ymarfer isometrig 111
ymarferion anadlu 76, 290
ymarferion yn y gampfa 109
ymateb acїwt 16
ymateb cronig 16
ymateb rhagweladwy 44
ymateb ymladd neu ffoi 272
ymddeol 465–7
ymddygiad 194, 272, 439–40
ymddygiad bwriadol 194
ymddygiad cefnogol 195
ymddygiad cyfeiriol 195
ymddygiad damweiniol 194
ymddygiad ymosodol 476
ymestyn 110–11
ymestyn cyn-gweithgaredd 110
ymestyn cynhaliaeth 110
ymestyn datblygiadol 110
ymestyn dynamig 111
ymestyn statig 111
ymgymalu 11
ymlacio 75–6, 289–90, 476
ymlacio cyhyrol cynyddol 289
ymyriadau cymdeithasol ynghylch ffordd o fyw 435–9
ymyriadau ffisiolegol ynghylch ffordd o fyw 435
ysgoloriaethau 446
ysgyfaint 30
    clefyd yn ymwneud ag ysmygu 69–70
    cyfeintiau 32–3
    dadansoddi gweithrediad 478–9
ysmygu 69–70, 435
ystadegau o gemau 500
ystodau o symudiadau 14–15
ystwythder 98, 114, 238–9
yswiriant 362, 450